Hamburg Lexikon

Ellert & Richter Verlag

Hamburg

Herausgegeben von Franklin Kopitzsch und Daniel Tilgner

Lexikon

„Ich fühl mich so Hamburg“ ist der Titel einer Kampagne des NDR Landesfunkhauses Hamburg – und genauso geht es mir auch beim Blättern durch das „Hamburg Lexikon“. Auf jeder Seite könnte ich heimisch werden: Angefangen bei einem Abstecher zum „A“ – wie der kulinarisch berühmten *Aalsuppe* oder dem gemütlichen Programmkino *Abaton* im Hamburger Studentenviertel – über den *Hamburger Kessel*, der mit Feinkost nichts zu tun hat, bis zum „Z“, dem *Zollenspieker*, einer Wehranlage aus Hamburger Vorzeit, oder dem *Zoologischen Garten*, der erst Vergnügungspark wurde und vor mehr als achtzig Jahren in *Planten un Blomen* aufging. So war das also – wieder etwas gelernt!

Sich nicht festzulesen fällt schwer – denn eine Fülle von faszinierenden, kuriosen, anregenden und aktuellen Informationen lädt zum Verweilen und Schmökern ein. So bunt und vielfältig wie unsere Hansestadt und so interessant und spannend wie NDR 90,3 und das Hamburg Journal ist auch dieses Lexikon. Ich wünsche Ihnen viele neue Entdeckungen bei dieser literarischen Rundreise durch die schönste Stadt der Welt: Hamburg.

Sabine Rossbach
Direktorin des
NDR Landesfunkhauses Hamburg

Wie angenehm wäre es doch „so wol für Bürger, als einwohnende Fremde“ der Stadt Hamburg, schrieb 1755 Michael Richey in der Vorrede zur zweiten Auflage seines Wörterbuchs der in und um Hamburg gebräuchlichen Mundart, wenn sie „ein allgemeines Lexicon reale Hamburgense“ zur Hand hätten. Der Professor am Akademischen Gymnasium in Hamburg dachte an ein umfassendes Nachschlagewerk über alles, was in der Hansestadt von Bedeutung war. Dazu zählten für ihn „der Stadt Hamburg Staats-Verfassung“, kirchliche Gegebenheiten, Geschichte, Handel und Gewerbe sowie „Gebiete und Gegend“.

Aber wie wünschenswert er dies auch fand und erwog, ob nicht vielleicht sogar die „Staats-Klugheit“ ein solches Werk erfordere, so sehr war ihm die Schwierigkeit der Umsetzung bewusst: „Allein wo ist in Hamburg der glückliche Mann, der zu einer so grossen Unternehmung gnugsames Leben und Musse hat, und der sich zugleich eines sattsamen Vorrathes aller dazu erforderlichen Hülffs-Mittel versichern kann?“

Was sich Richey noch nicht vorstellen und daher nur als Wunsch formulieren konnte, lag rund 250 Jahre später, im Herbst 1998 vor: ein Hamburg Lexikon. Es stammte jedoch nicht aus der Feder eines einzelnen „glücklichen Mannes“, sondern es war ein Gemeinschaftswerk von 49 Autorinnen und Autoren, die die über 1.200 Artikel verfassten. Bereits zwei Jahre später erschien die aktualisierte zweite Auflage, 2005 die auf den neuesten Stand gebrachte dritte Auflage.

Die nun im neuen Format und neuer Gestaltung vorliegende vierte Auflage wurde gründlich durchgesehen, um einige Artikel ergänzt und auch im Bildteil erneuert. Wie schon bei den vorangegangenen Auflagen war den Herausgebern und dem Verlag die Verknüpfung von Text und Abbildungen ein besonderes Anliegen.

Erstmals wird dem „Hamburg Lexikon“ mit dieser Auflage ein Literaturverzeichnis beigegeben, das den interessierten Leserinnen und Lesern Wege zu Nachschlagewerken, Gesamtdarstellungen und weiteren wichtigen Veröffentlichungen weist. Zur Zeitgeschichte und zur Politik des Stadtstaates kann generell auf die Publikationen der Landeszentrale für politische Bildung Hamburg hingewiesen werden (Infoladen in der Dammtorstraße 1; www.hamburg.de/politische-bildung).

Das „Hamburg Lexikon“ war das erste größere Vorhaben der Arbeitsstelle für Hamburgische Geschichte im Institut für Sozial- und Wirtschaftsgeschichte (seit 2004 im Historischen Seminar) der Universität Hamburg. Die Einrichtung einer solchen Arbeitsstelle war von der Hamburgischen Bürgerschaft im Dezember 1990 beschlossen worden. Als Aufgabe bestimmte das Landesparlament, „die vielfältigen staatlichen und privaten Aktivitäten im Bereich der regionalen Geschichtsforschung (Hochschulen, Museen, Geschichtswerkstätten) zu erschließen, zu dokumentieren und den Hamburger Bürgern den Zugang zu den Ergebnissen dieser Arbeit zu verschaffen“.

Im Sinne dieser Vorgabe begann in der Arbeitsstelle im Sommer 1994 die Geschichte dieses Buches bei einer der allwöchentlichen Teerunden. Teilnehmer waren Gerhard

Ahrens, Professor im Institut für Sozial- und Wirtschaftsgeschichte und Leiter der Arbeitsstelle, sein damaliger studentischer Mitarbeiter, Oliver Korn, und die beiden späteren Herausgeber, wissenschaftlicher bzw. studentischer Mitarbeiter der Arbeitsstelle. Neben verschiedenen anderen Projekten zur Stadtgeschichte wurde über ein handliches Lexikon zur hamburgischen Geschichte gesprochen und diese Idee bald darauf vertieft. Angestrebt werden sollte ein Nachschlagewerk mit Beiträgen über Begriffe, Ereignisse, Personen, Sachverhalte und Stadtteile.

Als ein konsensfähiges Vorbild kristallisierte sich zunächst das „Bremer Lexikon" heraus. Es erschien erstmals 1977 im Bremer Verlag H.M. Hauschild, zuletzt 1997 in dritter, von Reinhold Thiel überarbeiteter Auflage. Der Autor der Urfassung, Werner Kloos, hatte seinen „Schlüssel zu Bremen" nach jahrelanger Sammeltätigkeit im Alleingang herausgebracht. Als Grundlage seines Werkes dienten ihm neben den unabdingbaren Stichworten wie zum Beispiel Dom, Hanse, Rathaus und Roland vor allem unzählige Fragen, die ihm als langjährigem Direktor des Focke-Museums, des Bremer landesgeschichtlichen Museums, immer wieder von Auswärtigen und Einheimischen gestellt worden waren.

Wie das Bremer Nachschlagewerk konnte das „Hamburg Lexikon", das schließlich beschlossene Sache geworden war, allerdings nicht entstehen. Zum einen war abzusehen, dass es durch die größeren Ausmaße Hamburgs im Vergleich zu Bremen sehr viel umfangreicher werden würde, und zum anderen sollte es in einem Zeitraum von nicht mehr als zwei bis drei Jahren zusammengetragen werden. Also musste gezielter vorgegangen und eine Stichwortliste erstellt werden, die von mehreren Verfassern in Artikel umgesetzt werden sollte. Auch wenn nur verstorbene Persönlichkeiten einen Artikel erhalten sollten, musste eine unvermeidliche Auswahl aus einer weit umfassenderen Namenliste getroffen werden. Eine andere Grundsatzentscheidung ließ jedoch die Zahl der Beiträge wieder ansteigen: Alle 104 (heute 105) Stadtteile sollten einen eigenen Artikel erhalten.

Kurz nach dem Beginn der Niederschrift der ersten Stichworte verstärkte sich die Lexikon-Mannschaft um Dr. Sebastian Husen und um Dr. Helmut Stubbe-da Luz, die zusammen fast ein Sechstel aller Artikel übernahmen. Dennoch zeichnete sich ab, dass die Bearbeitung der über tausend Stichworte umfassenden Liste längere Fristen in Anspruch nehmen würde als den projektierten Zeitrahmen.

Aus diesem Grund und in Anerkennung der Tatsache, dass die so wichtige Auswahl der Stichworte in einem größeren Kreis von Fachkollegen mit deren Wissen aus ihren jeweiligen Spezialgebieten sinnvoll zu überprüfen und zu ergänzen wäre, bat Franklin Kopitzsch im Herbst 1994 in einem Rundbrief mögliche Autorinnen und Autoren um Mitarbeit. Die Resonanz war durchweg positiv, nur wenige um Mitwirkung Gebetene mussten anderer Verpflichtungen halber absagen.

Nach mehrjähriger intensiver redaktioneller Arbeit und in enger Kooperation mit den Fachkolleginnen und Fachkollegen konnte das „Hamburg Lexikon“ als Gemeinschaftswerk schließlich im Herbst 1998 erscheinen.

Als unentbehrliche Informationsquelle hatte sich der von Prof. Dr. Hermann Hipp verfasste, schon als legendär zu bezeichnende Kunstreiseführer für die Freie und Hansestadt Hamburg erwiesen. Dieses Buch stellt unvergleichlich mehr dar, als Titel und Genre vermuten lassen. Hipp hat in seine baugeschichtliche und kunsthistorische Darstellung des heutigen Hamburgs an vielen Stellen die kulturgeschichtliche Entwicklung der Stadt profund und facettenreich einbezogen. Sein unschätzbares Buch, das bis 1996 drei Auflagen erlebte, hat die gesamte Arbeit am Lexikon anregend und verlässlich begleitet. Es ist sehr zu wünschen, dass dieses Standardwerk bald in einer neuen Ausgabe erscheinen kann.

Die im Vorwort zur ersten Auflage ausgesprochene Hoffnung, die biografischen Artikel und das Personenregister des „Hamburg Lexikons“ könnten als Basis für ein Lexikon hamburgischer Persönlichkeiten dienen, sollte sich rascher als erwartet erfüllen. Dank der Unterstützung der Hamburger Feuerkasse, vor allem ihres damaligen Vorstandsvorsitzenden Herrn Wolfgang Poppelbaum, und mehrerer Hamburger Stiftungen sind, herausgegeben von Franklin Kopitzsch und Dirk Brietzke, von 2001 bis 2010 bereits fünf Bände der „Hamburgischen Biografie. Personenlexikon“ mit insgesamt 1.641 Artikeln im Christians Verlag Hamburg bzw. im Wallstein Verlag Göttingen erschienen. Ein sechster Band wird 2012 vorliegen.

Dem „Hamburg Lexikon“ folgte 2000 das „Schleswig-Holstein Lexikon“, herausgegeben von Klaus-Joachim Lorenzen-Schmidt und Ortwin Pelc, die beide auch am „Hamburg Lexikon“ mitgewirkt hatten, 2002 das von Herbert Schwarzwälder zusammengestellte „Große Bremen-Lexikon“, 2003 das federführend von Barbara Günther herausgegebene „Stormarn-Lexikon“, zu dessen Autoren auch mehrere Beiträger des „Hamburg Lexikons“ zählten, und schließlich 2006 das von Antjekathrin Graßmann herausgegebene „Lübeck-Lexikon“, an dem mit Gerhard Ahrens, Michael Hundt und Ortwin Pelc ebenfalls Autoren des „Hamburg Lexikons“ beteiligt waren.

Das „Hamburg Lexikon“ ist auch ein Beitrag zu einer neuen Form der Vermittlung von Stadtgeschichte. Für mehrere Städte und Regionen entstanden in den letzten Jahren solche Nachschlagewerke, die als Ergänzung der bisherigen, von einzelnen Autoren oder Autorenteams verfassten Gesamtdarstellungen veröffentlicht wurden, wie sie für Hamburg zuletzt von Werner Jochmann und Hans-Dieter Loose als Herausgebern 1982/86, von Eckart Kleßmann in einer Neuausgabe 2002 und in streng chronologischer Folge in zweiter Auflage 1997 mit der „Chronik Hamburg“ vorgelegt wurden.

Aufgrund der fortwährend anwachsenden Wissensfülle und der methodisch wie inhaltlich weiter voranschreitenden historischen Forschung gestaltet es sich immer schwieriger, solche Gesamtdarstellungen zur Stadtgeschichte herauszubringen. Für die einst selbstständigen Städte Altona, Bergedorf und

Wandsbek werden überhaupt neuere Stadtgeschichten noch schmerzlich vermisst, während sie für Harburg vorliegen.

Der Vorzug des „Hamburg Lexikons" ist es, viele Einzelinformationen zu bündeln, gezieltes Nachschlagen zu ermöglichen, Querverweisen nachzugehen und den Stand der Forschung, mag diese mitunter auch lückenhaft sein, zu dokumentieren.

Für Wien hat der Archivar und Historiker Felix Czeike eine fünfbändige Enzyklopädie erstellt; ein vergleichbares Werk könnte auch für Hamburg entstehen. Auch in Wien stand am Anfang ein einbändiges Nachschlagewerk. Eine neue Gesamtdarstellung der Geschichte Hamburgs, eine ausführliche Wirtschaftsgeschichte der Stadt oder eine „Hamburg-Enzyklopädie" werden sich wohl nur realisieren lassen, wenn sich Mäzene und Stiftungen zur Unterstützung für solche langfristigen Vorhaben bereitfinden.

Ein Nachschlagewerk wie das „Hamburg Lexikon" lebt, wenn es aktualisiert und ergänzt werden soll, von der Aufmerksamkeit seiner Leserinnen und Leser. Herausgeber und Mitarbeiter bitten daher darum, ihnen auch weiterhin Anregungen und Kritik nicht vorzuenthalten. Die Arbeitsstelle für Hamburgische Geschichte im Historischen Seminar der Universität Hamburg, Allende-Platz 1, 20146 Hamburg, wird auch weiterhin alle Hinweise gern sammeln und aufbereiten.

Die Herausgeber danken allen Mitarbeiterinnen und Mitarbeitern sowie dem Fotografen Michael Zapf für die vertrauensvolle und gute Zusammenarbeit. Zwei Autoren des „Hamburg Lexikons" sind seit der dritten Auflage verstorben: Dr. Jan Albers und Harald Richert. Wir gedenken beider in dankbarer Erinnerung. Der Jurist Jan Albers, Präsident des Hamburgischen Oberverwaltungsgerichts a. D., war ein großer Kenner und Förderer der hamburgischen und der lübeckischen Geschichte. Wir verdanken ihm neben seinen eigenen Beiträgen wertvolle Anregungen insbesondere zur Rechts-, Verfassungs- und Verwaltungsgeschichte. Der Lehrer Harald Richert war als engagierter und kenntnisreicher Heimat- und Familienforscher mit der Geschichte Bergedorfs und der Vierlande eng vertraut. Auch er hat neben eigenen Artikeln wichtige Hinweise zum „Hamburg Lexikon" beigesteuert.

Seit der ersten Auflage sind wir dem Staatsarchiv der Freien und Hansestadt Hamburg für die unkomplizierte Hilfe und Unterstützung, insbesondere den Herren Joachim W. Frank und Volker Reißmann von der Plankammer für ihre geduldige und kompetente Beratung hinsichtlich der Bildquellen, zu Dank verpflichtet, ebenso den Mitarbeiterinnen und Mitarbeitern vieler Hamburger Bibliotheken, Forschungsinstitute, Geschichtswerkstätten und Museen für die gute Kooperation, insbesondere Frau Angelika Voß von der Forschungsstelle für Zeitgeschichte in Hamburg, Frau Rita Hoitz, ehemals im Museum für Hamburgische Geschichte, und Frau Dr. Gabriele Betancourt Nuñez vom Museum für Kunst und Gewerbe, Herrn Eckart Krause und Herrn Prof. Dr. Rainer Nicolaysen von der Hamburger Bibliothek für Universitätsgeschichte, zahlreichen Behörden, Firmen und Verbänden für vielfältige Auskünfte und Mitwirkung, insbesondere Herrn Dr. Matthias Schmoock vom „Hamburger Abendblatt", dem ehemaligen Landesmedienzentrum sowie dem Amt für Strom- und Hafenbau (heute Hamburg Port Authority).

In der Arbeitsstelle für Hamburgische Geschichte haben sich die Herren Prof. Dr. Gerhard Ahrens, Dr. Dirk Brietzke, Dr. Holger Martens und Benedikt Nufer M.A. sowie die Mitarbeiterinnen Margarete Fowelin, Christiane Oberländer M.A., Birgit Steinke M.A., Sonja Döhring, Sonja Jüde und Anna-Maria Götz M.A. um das „Hamburg Lexikon" große Verdienste erworben. Ein Dank geht auch an Herrn Dr. Klaus Schlottau von der Arbeitsstelle Sozialgeschichte der Technik und Umwelt im Historischen Seminar für vielfache Unterstützung.

Für die unermüdliche und kenntnisreiche Mitarbeit in Lektorat und Korrektorat danken wir Frau Annette Krüger im Ellert & Richter Verlag, für die Gestaltung Herrn Heiko Aping vom Büro Brückner + Partner, für die Lithografien Herrn Stephan Griebel und für die ideelle Unterstützung des Vorhabens dem Verein für Hamburgische Geschichte. Ein herzlicher Dank gilt den Verlegern, Frau Marita Ellert-Richter und Herrn Gerhard Richter, für die stets anregende Zusammenarbeit und ihren Anteil am Gelingen des Lexikonprojekts.

Franklin Kopitzsch und
Daniel Tilgner

Hamburg und Bremen,
im Oktober 2010

Ländernamen oder Sprachen, die als Adjektive mit der Silbe -isch enden, sind durch einen Punkt abgekürzt und hier nicht gesondert aufgeführt (z.B. holländisch = holländ. oder thüringisch = thüring.). Ausnahmen sind Sonderabkürzungen (z.B. französisch = frz. oder hbg. = hamburgisch)

Abb.	Abbildung
AG.	Aktiengesellschaft
Aufl.	Auflage
Bd	Band
Bde	Bände
BRT	Bruttoregistertonne
bzw.	beziehungsweise
ca.	circa
christl.	christlich
d.Ä.	der Ältere
d.J.	der Jüngere
dt.	deutsch
Dtld	Deutschland
ebd.	ebenda
ehem.	ehemalig, ehemals
eigtl.	eigentlich
Einw.	Einwohner
ev.	evangelisch
e.V.	eingetragener Verein
Ex..	Exemplar
frz.	französisch
geb.	geboren
Gebr.	Gebrüder
gest.	gestorben
ha	Hektar
Hbg	Hamburg
hbg.	hamburgisch
Hbger	Hamburger
Hg.	Herausgeber
hl	Hektoliter
hl.	heilig
ital.	italienisch
Jh.	Jahrhundert
Jhs.	Jahrhunderts
jüd.	jüdisch
kaiserl.	kaiserlich
kath.	katholisch
kgl.	königlich
km	Kilometer
km^2	Quadratkilometer
km/h	Stundenkilometer
l.	Liter
lat..	lateinisch
luth.	lutherisch
m.	Meter
m^2	Quadratmeter
m^3	Kubikmeter
Min.	Minute
Mio.	Million
ml.	Mark lübisch
mm	Millimeter
mndt.	mittelniederdeutsch
Mrd.	Milliarde
m ü.NN	Meter über Normalnull
n.Chr.	nach Christi Geburt
ndt.	niederdeutsch
nördl.	nördlich
o.ä.	oder ähnlich
östl.	östlich
PS	Pferdestärke
Sek.	Sekunde
sog.	sogenannt
Std.	Stunde
südl.	südlich
t	Tonne
tlw.	teilweise
u.a.	und andere, unter anderem
ugs.	umgangssprachlich
urspr.	ursprünglich
v.a.	vor allem
vermutl.	vermutlich
vgl.	vergleiche
v.Chr.	vor Christi Geburt
westl.	westlich
zahlr.	zahlreich
z.B.	zum Beispiel
z.T.	zum Teil
z.Z.	zu der Zeit, zurzeit

Das Hamburg Lexikon ist alphabetisch gegliedert, wobei streng nach der Wortfolge verfahren wird. Es finden sich also Stichworte in Reihenfolgen wie
Große Freiheit
Großer Brand
oder
Hamburgische Wissenschaftliche Stiftung
Hamburgischer Correspondent

Die Umlaute ä, ö und ü werden wie ae, oe und ue behandelt. Es ergeben sich demnach Reihenfolgen wie
Badeanstalten
Bäckerbreitergang
Bästlein-Jacob-Abshagen-Gruppe
Bahrenfeld
oder
Münzwesen
Mundsburg
In den Registern wird entsprechend verfahren.

In den Texten wird auf andere Artikel durch einen Pfeil (➢) und Kursivschrift des betreffenden Stichworts verwiesen. Dort, wo es um der besseren Auffindbarkeit willen geboten erschien, sind zusätzliche Verweise zwischen den Texten an entsprechender Stelle im Alphabet eingerückt, z.B.

Hamburger Sportverein ➢*HSV*
oder
Axel Springer Verlag ➢*Springer, Axel*

Dies ist jedoch nicht die Regel, sondern die Ausnahme, und Personen oder Sachen, die nicht im A-Z-Teil stehen, sind in den Registern zu suchen. Es gibt zwei, eines der in den Artikeln genannten Personennamen und eines der dort erwähnten Sachen (Begriffe, Ereignisse, Gebäude, Institutionen, Örtlichkeiten). In beide Register integriert sind die Verzeichnisse aller Personen und Sachen, denen vorn ein eigener Artikel gewidmet ist. Auf diese Weise können über die Register alle vorhandenen Querverbindungen der Lexikonartikel nachvollzogen werden. In den Registern sind auch die Bildunterschriften berücksichtigt. Wenn sie ermittelt werden konnten, stehen im Personenregister hinter den Namen die Lebensjahre und eine Amts- oder Berufsbezeichnung in Klammern.

Aalsuppe Die Hbger A. ist spätestens seit dem 18. Jh. ein typisches Gericht der Hansestadt. Ein erstes Rezept findet sich bereits in einem Hbger Kochbuch von 1788. Bei der A. handelt es sich um eine kräftige süß-saure Gemüsesuppe, die mit gekochtem Aal (auf Wunsch auch zusätzlich mit geräuchertem Aal) als Hauptgericht serviert wird. Die Vorstellung, die A. sei urspr. eine Restesuppe gewesen, in der „alls drin" war – außer Aal natürlich –, ist eine Legende. Daran ändert auch die Tatsache nichts, dass die A. in unserer Zeit häufig ohne Aal, als einfache „suur Supp", angeboten wird. *OK*

Aalweber (eigtl. Karl Weber, gest. 24.8.1854 Hbg) war in der Biedermeierzeit ein stadtbekanntes Hbger

Der Aalweber, eines der Althamburger Originale, in einer mit künstlerischer Freiheit kolorierten zeitgenössischen Darstellung

Original. Der Bürstenbinder bot abends in heller Jacke, roter Weste und weißem Zylinder geräucherte Aale feil. *SH*

Abaton Das Abaton-Kino der Filmenthusiasten W. Grassmann und W. Fedder nahm in einer alten Garage in unmittelbarer Nachbarschaft der ➢*Universität Hamburg* am Bornplatz (seit 1983 Allende-Platz) nach einigen Probeläufen im November 1971 seinen dauerhaften Spielbetrieb auf. Der Name „Abaton" wurde v.a. gewählt, um bei allen alphabetisch geordneten Anzeigen und Publikationen Hbger ➢*Kinos* an erster Stelle zu stehen. Gezeigt wurden im A. zunächst vorrangig künstlerisch anspruchsvolle Werke und Experimentalfilme aller Art, die sonst keine Abspielstätte gefunden hätten. Das A. war Vorbild für viele Programmkinos in anderen Städten und wurde mit der Gründung der „agkino" (Arbeitsgemeinschaft Kino) im Jahr 1972 zu deren bundesweiter Zentrale. Im selben Jahr kam ein zweiter Saal hinzu; 1995 wurde mit dem „oberen Kino" ein dritter Saal geschaffen. Mehrfach für das beste Kinoprogrammm Dtlds ausgezeichnet, erhielt das A. 2006 erneut den „Kinoprogrammpreis des Kulturstaatsministers". Seit 1990 ist Matthias Elwardt Programmchef, seit 1996 auch Gesellschafter. *VR*

Abendroth, Amandus Augustus (geb. 16.10.1767 Hbg, gest. 17.12.1842 ebd.), Advokat, Bürgermeister. A. hat sich u.a. während der ➢*Franzosenzeit* große Verdienste um Hbg erworben. Nach Jurastudium und Promotion arbeitete er zunächst als Advokat. 1800 zum Ratsherrn gewählt, bewies er seit 1806 als Prätor (➢*Prätur*) während der ersten frz. Besetzung (November 1806 bis März 1813) Mut und Geschicklichkeit. 1809 ging er als Amtmann nach Ritzebüttel, Hbgs Außenposten an der Elbmündung (➢*Cuxhaven/Ritzebüttel*). Von den Franzosen 1811 als Maire (frz. Bürgermeister) nach Hbg zurückgerufen, trug er wesentlich dazu bei, der Bevölkerung den Druck der Fremdherrschaft zu erleichtern. Während seines Exils nach der erneuten Besetzung Hbgs durch frz. Truppen Ende Mai 1813 schrieb er in Kiel die Reformschrift „Wünsche bey Hamburgs Wiedergeburt", mit der er sich vergeblich für eine Reform der ➢*Verfassung* und Verwaltung einsetzte. Seine Volkstümlichkeit verdankte er besonders der vorbildlichen Tätigkeit als Erster Polizeiherr (➢*Polizei*), nachdem er 1814–21 nochmals Ritzebütteler Amtmann gewesen war. A. gründete 1816 das dortige Seebad, 1821 in Hbg das Magdalenen-Stift für „gefallene Mädchen" (seit 1929 Abendroth-Haus), 1827 die ➢*Hamburger Sparkasse* und 1830 die erste Warteschule, Vorläuferin der Kindertagesstätten. Von 1831 bis zu seinem Tod war A. ➢*Bürgermeister. SH*

Abgaben und Steuern Das Recht der Abgabenerhebung lag zunächst bei den ➢*Schauenburger* Grafen, die Übertragung auf den Hbger ➢*Rat* ist erstmals 1292 dokumentiert. Mit dem ➢*Rezess* von 1410 ging die Finanzhoheit gleichermaßen auf Rat und ➢*Erbgesessene Bürgerschaft* über. Durch die Einsetzung der ➢*Kämmerei*-Bürger zur Verwaltung der Staatsfinanzen 1563 konnte die Bürgerschaft ihren Einfluss ausweiten. Erst 1815 verlor die Kämmerei ihre Steuererhebungskompetenz an die neu errichtete Steuerdeputation, die diese wiederum nach dem Ersten Weltkrieg an die neu geschaffenen Organe der Reichsfinanzverwaltung, die heutige Oberfinanzdirektion, abgeben musste. Die Verpflichtung der Bürger zur Steuerzahlung war bis ins 19. Jh. an die Ablegung des Bürgereids gebunden. Für Gruppen, die aufgrund ihres religiösen Bekenntnisses das ➢*Bürgerrecht* nicht erwerben konnten, galten Sonderregelungen, wie z.B. der „Juden-Schoss"; ➢*Schutzverwandte* zahlten den „Schutztaler".

Neben den direkten Steuern existierten zahlr. indirekte Steuern, die sog. ➢*Akzise*, sowie Zölle und Gebühren, mit denen die Stadt je nach Bedarf ihre Finanzen deckte (➢*Zollwesen*). Die wichtigste Gebühr war der 1798 erstmals von der Bürgerschaft genehmigte „Stempel", der zunächst nur für Abschriften offizieller Schriftstücke erhoben wurde. Bald wurde die Stempelabgabe auch auf Spielkarten, Feuerversicherungspolicen, Wechsel, Bauverträge usw. ausgedehnt; sie fiel 1920 in den Kompetenzbereich des Finanzamts. Die wachsenden Staatsaufgaben sorgten erst im Laufe des 18. Jhs dafür, dass die direkten Steuern zur Haupteinnahmequelle des Staats ausgebaut wurden.

Viele der direkten Steuern hatten einen vorübergehenden Charakter und/oder waren zweckgebunden. So mussten z.B. alle Hausbesitzer durch Zahlung des Nachtwache-, des Leuchten- und des Dreckkarrengelds für die nächtliche Sicherheit, die ➢*Straßenbeleuchtung* und -reinigung aufkommen. Eine ausdrücklich vorübergehende, zweckgebundene Steuer war die 1843–65 erhobene Brandsteuer zum Ausgleich der beim ➢*Großen Brand* von 1842 entstandenen Schäden.

Zu den nicht zweckgebundenen Steuern gehörte der erstmals 1359 erwähnte Schoss, eine Art Vermögenssteuer, die nach der ➢*Franzosenzeit* durch neue, offen erhobene Vermögenssteuern ersetzt wurde. Zuvor unterlag die Festsetzung noch der Selbsteinschätzung durch den steuerpflichtigen Bürger, für deren Richtigkeit er sich durch den

Amandus Augustus Abendroth hat sich als Ratsherr, Maire und Bürgermeister um Hamburg verdient gemacht. Lithografie von Friedrich Carl Gröger, um 1800

Bürgereid verpflichtet hatte. Die Abgabe in die Schoss-Truhe erfolgte verdeckt, sodass Rückschlüsse auf das Vermögen des einzelnen Bürgers nicht möglich waren. Seit 1622 wurde zumindest das Immobi-

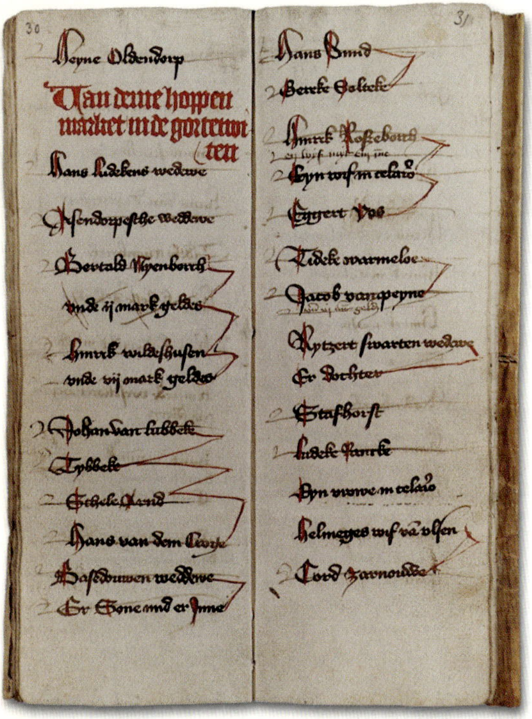

Zwei Seiten aus der ältesten erhaltenen Steuerliste von 1442. Sie zeigt anhand der durchgestrichenen Namen, welche Anwohner vom Hopfenmarkt und der Görttwiete ihre Steuern entrichtet hatten.

lienvermögen von eigens ernannten Ratsmitgliedern, den „Schoss-Herren", taxiert. Das Grabengeld, eine Abgabe zur Befreiung der Bürger von Schanzarbeiten, wurde erstmals 1519 erwähnt und bis 1810 erhoben. Seit 1820 wurden alle Einw. zur Zahlung einer Entfestigungssteuer (➢*Wallanlagen/Entfestigung*) herangezogen, die erst 1866 mit der Einführung der Einkommensteuer endete. Ihr Vorläufer war das seit 1542 unregelmäßig, d.h. nach Bedarf erhobene Kopfgeld, das wegen seiner häufigen Verwendung zur Deckung des hbg. Anteils an den Kriegen gegen das Osmanische Reich auch Türkensteuer genannt wurde. Grundlage war die Einteilung der Bürger in Berufs- oder Vermögensklassen, die seit 1770 ebenfalls durch die Schoss-Herren geschah. Das Kopfgeld wurde in der Franzosenzeit zusammen mit den übrigen althbg. Steuern durch das frz. Steuersystem ersetzt und nach 1815 zunächst sehr uneinheitlich wieder aufgebaut. 1866 erfolgte die Zusammenfassung verschiedener neu eingeführter direkter Steuern zu einer einheitlichen Einkommensteuer für Personen, die 1881 ebenfalls auf die Unternehmen ausgedehnt wurde. Mit der Reichsfinanzreform 1919/20 erfolgte der Übergang der Finanzhoheit auf die neu eingerichtete Reichsfinanzverwaltung mit reichseinheitlichem Steuerrecht, dessen Grundzüge bis heute gelten. 1950 übernahm die Bundesfinanzverwaltung diese Aufgaben. Hbg hat bundesweit die höchste Steuerkraft je Einw. *OK*

Adelungk, Wolfgang Heinrich (geb. 25.12.1649 Hbg, gest. 16.12.1710 ebd.), Pädagoge, historischer Schriftsteller. Nach dem Besuch der Jacobi-Kirchenschule blieb A. wegen Mittellosigkeit seiner Eltern ein Studium versagt. 1670 eröffnete er als Autodidakt auf dem Kattrepel im Jacobi-Kirchspiel eine eigene Schule, die zwar 1673 abbrannte, bald aber an alter Stelle weitergeführt werden konnte. 1689 wechselte A. an eine Armenschule im Katharinen-Kirchspiel und leitete seit 1698 auch die Knakerüggische Armenschule, eine Stiftungsschule, an der sein gleichnamiger Sohn, eines von elf Kindern, 1710 sein Nachfolger wurde. Als erste von A.s Schriften, die heute tlw. verschollen sind, erschien 1695 das dann mehrfach aufgelegte Werk „Thesaurus Historiarum oder Neueröffnete Schatzkammer rarer und auserlesener Historien". 1696 legte er seine „Kurtze Historische Beschreibung" der Stadt Hbg vor. Sie war die erste gedruckte Chronik Hbgs in dt. Sprache; eine barocke Kompilation, die wegen ihrer Betonung der mit dem dän. König strittigen Reichsfreiheit Hbgs sogleich verboten wurde. Bis zu seinem Tod verdiente sich A. mit verschiedenen Kalenderfolgen ein Zubrot. *RP*

Adickes, Franz (geb. 9.2.1846 Harsefeld, gest. 4.2.1915 Frankfurt a.M.), Altonaer Oberbürgermeister. Der Jurist wurde 1873 Beigeordneter in Dortmund, 1877 in ➢*Altona.* 1883–90 war er hier Oberbürgermeister. Mit dem Ausbau der Hafenanlagen, insbesondere des neuen Fischereihafens (1893–95) und des ➢*Fischmarkts*, der Förderung des Nahverkehrs und der Eingemeindung von ➢*Ottensen* (1889), ➢*Bahrenfeld*, ➢*Othmarschen* und ➢*Övelgönne* (1890) sicherte er Altonas Eigenständigkeit. 1891–1912 wirkte A. als Oberbürgermeister in Frankfurt a.M. Er war einer der profiliertesten dt. Kommunalpolitiker und Bodenrechtsreformer seiner Zeit. An der Gründung der 1914 eröffneten Frankfurter Universität war er maßgeblich beteiligt. *Ko.*

Admiralität Das 1623 durch Rat- und Bürgerschluss (➢*Erbgesessene Bürgerschaft*) zur Handhabung des Rechts in Seesachen und zur Sicherung der Schifffahrt eingesetzte A.kollegium bestand aus Vertretern des ➢*Rats*, der Kaufmannschaft und der Schiffer. Dem Kollegium oblag – neben den richterlichen Funktionen in allen die Schifffahrt und den Seehandel betreffenden Streitsachen – die Ernennung der hbg. Agenten und Konsuln, ferner die Förderung der Schifffahrt nebst Unterhaltung der Blüsen (Leuchtfeuer) und Baken auf ➢*Neuwerk* und Helgoland, die Aufsicht über das ➢*Lotsen-*, Stack- (Uferschutz), Assekuranz- und Dispache*wesen* (➢*Dispacheur*), über das Arsenal (Zeughaus) und über die zur Bereithaltung des Tauwerks bestimmte Einrichtung, die Dröge. Das Kollegium führte eine eigene Kasse. Die Einnahmen entstammten dem A.zoll, der zunächst von allen ausgehenden und ankommenden Waren erhoben und später modifiziert wurde. Der dem Kollegium anvertraute militärische Schutz der hbg. Handelsschifffahrt wurde 1662 einer besonderen Convoy-Deputation übertragen (➢*Konvoischifffahrt*). Sie war der A. und der ➢*Kämmerei* eng verbunden und hatte für Ausrüstung nebst Unterhaltung der Konvoischiffe zu sorgen. Das Protokoll führte der A.schreiber. 1814 wurde die A., die 1811 von der frz. Verwaltung abgeschafft worden war, formell aufgehoben. Die richterlichen Funktionen des Kollegiums übernahm das ➢*Handelsgericht*, die administrativen die neu gebildete Schiffahrts- und Hafendeputation (➢*Strom- und Hafenbau*). *LS*

Adreßbuch Die 1787–1966 erschienenen Hbger A. (in den Anfangsjahren abweichende Benennungen) sind eine wichtige Quelle zur hbg. Sozialgeschichte. Vorläufer des ersten, von J.H. Hermann herausgegebenen A.s sind „Jetzt belebtes Hamburg ..." (erstmals 1712) und „Hamburger

Von einem Dienstfahrzeug der Admiralität blieb diese Glocke von 1775 erhalten.

Kaufmannsalmanach" (1782–89). In den Anfängen handelte es sich um schmale Bändchen mit den Anschriften und Bankkonten der Kaufleute, die allmählich zu umfangreichen Bänden mit alphabetischem Namens- und Straßenverzeichnis (nach Hausnummern) anwuchsen. Die A. des 19. Jhs enthalten ausführliche Informationen zu öffentlichen und privaten Einrichtungen, auch über Bibliotheken, Museen, Vereine. *SH*

Ämter Die Korporationen der Handwerke wurden in den ndt. Städten Ä. (mndt. ampte) genannt. Ä. bildeten nur die Handwerke, die mehrere Vertreter in der Stadt hatten; dabei konnten die Ä. zwischen acht und über 100 Mitglieder zählen. Zumeist handelte es sich um einen gleichberechtigten Zusammenschluss von Meistern, der sich eine bestimmte Verfassung gab und diese in einer Amtsrolle schriftlich fixierte. Diese musste vom ➢*Rat* bestätigt werden und stellte eine Privilegierung dar, zumindest was gewisse Exklusivrechte angeht. Den Ä. standen gewählte Älterleute vor. Weitere Funktionen kamen neben dem Schreiber den Schaffern zu, die für das Einsammeln der Mitgliedsbeiträge sowie für Umlage und Organisation der Zusammenkünfte zuständig waren.

Aufgaben der Ä. lagen in der Kontrolle der Berufsausübung (Qualitätskontrolle der Produktion bzw. Dienstleistung), der Aufsicht über die Ausbildung, der Gewährung der Ausbildungsnachweise (Gesellen- und Meisterbrief), der sozialen Fürsorge für Arbeitsunfähige, Kranke oder Hinterbliebene des Amtes, der Leichenfolge für verstorbene Mitmeister und der Überwachung konkurrierender Handwerker bzw. nicht zugelassener ➢*Bönhasen* (nichtämtisch organisierter Produzenten, denen das Freimeister-Privileg fehlte). Die mehrmals jährlich stattfindenden Zusammenkünfte standen unter der Aufsicht des Rats bzw. der aus seiner Mitte dazu delegierten „Morgensprachsherren", die später (Amts-) Patrone genannt wurden. Die Morgensprache war die Hauptversammlung der Ä. Bei den Versammlungen wurden Verstöße ge-

Ausdruck von Stolz und Ehrgefühl der Handwerker: reich verziertes silbernes Stubenschild der Maurer aus dem Jahr 1803

gen die Amtsrolle mit Geld- und Bierstrafen geahndet. Zumeist waren die Versammlungen mit einem Ess- und Trinkgelage verbunden, das aus den Bierstrafen bestritten bzw. als das bei der Meisterwerdung obligatorische Festessen ausgerichtet wurde.

Im Mittelalter fanden sich viele Angehörige einzelner Ä. in speziellen, religiös tätigen ➢*Bruderschaften* zusammen und unterhielten gemeinschaftlich Altäre bzw. Vikarien. In der Neuzeit nannten sich einige jüngere ämtische Zusammenschlüsse nicht mehr Amt, sondern Brüderschaft. Den Ä. gegenüber standen die Gesellen, die sich in der frühen Neuzeit häufig ebenfalls organisierten und ihre Zusammenschlüsse nach dem Verwahrungsort ihrer Unterlagen „Laden" nannten. Diese dienten einerseits dem sozialen Zusammenhalt untereinander und – bei Zunahme des Gebots des Gesellenwanderns – auch der Beherbergung von wandernden Berufskollegen, hatten aber auch die Aufgabe, die zahlr. Konflikte mit den Meistern bzw. deren Ä. wirkungsvoller auszutragen. 1850 gab es 32 Ä. und acht als Brüderschaften bezeichnete Ä. Die Ä. wurden 1835 grundlegend reformiert, bevor mit Einführung der Gewerbefreiheit in Hbg 1863 ihre Aufhebung erfolgte. Viele ihrer Funktionen erfüllten nachfolgende Gewerke und Innungen. *LS*

Aepinus, Johannes (eigtl. Hoeck, Huck, Hoch, gräzisiert und latinisiert nach dem Wort hoch, geb. 1499 Ziesar/ Mark Brandenburg, gest. 13.5.1553 Hbg), luth. Theologe, Superintendent in Hbg. Ae. war Sohn eines Ratsherrn und trat in jungen Jahren in das hinterpommersche Prämonstratenserkloster Belbuck bei Treptow ein. Dessen Abt J. Boldewan berief 1517 J. ➢*Bugenhagen* als Lektor, der so zu Ae.s Lehrer wurde. 1518 in Wittenberg immatrikuliert, fand Ae. die Freundschaft von Luther und Melanchthon, die ihn bald für die neue Lehre gewannen. Nach dem Baccalaureatsexamen 1520 wirkte er in seiner Heimat als Lehrer.

Wegen seiner reformatorischen Lehre wurde Ae. verfolgt und vom Kurfürsten gefangengesetzt, konnte aber freikommen und suchte sich auf Anraten Melanchthons durch Gräzisierung seines Namens vor weiterer Verfolgung zu schützen. Nach Ende des Exils war Ae. Lehrer in Greifswald und Stralsund, 1524–28 Rektor einer Stralsunder Privatschule. Dort erwarb er solches Ansehen, dass er, ohne Pfarrer zu sein, vom Rat und dem 48er-Kollegium mit der Ausarbeitung einer reformatorischen Kirchenordnung betraut wurde; sie trat am 5.11.1525 als erste bekannte ev. Kirchenordnung überhaupt in Kraft. Als Boldewan im Juni 1529 nach Aufrichtung der Bugenhagen'schen Kirchenordnung in Hbg sein ein Jahr zuvor angetretenes Pastorenamt an ➢*St. Petri* altershalber aufgab, wurde Ae. sein Nachfolger. 1530 bezog er Stellung für den ➢*Rat* in dessen Streit mit dem ➢*Domkapitel* und legte „Eine korte Underwysinge van deme Sacramente des Lyves unde Blodes Christi" vor, die Luthers Abendmahlslehre bekräftigte.

1532 wurde Ae. zum ersten hbg. Superintendenten, wie ihn die Kirchenordnung vorsah, gewählt. Als solcher war er zugleich Pastor und Lector primarius am ➢*Dom* und hatte damit nicht nur Lehr- und

Johannes Aepinus prägte in Wort und Schrift Hamburgs lutherische Kirche im 16. Jahrhundert. Kupferstich von Christian Fritzsch, Mitte 18. Jahrhundert

Predigtaufgaben für die ganze Stadt übernommen, sondern besaß auch das Vorschlags-, Aufsichts- und Disziplinarrecht über alle hbg. Kirchen- und Schulbediensteten (➢*Schulwesen*). Um den Lektor mit der erforderlichen Qualifikation auszustatten, veranlasste der Rat, dass Ae. am 18.6.1533 in Wittenberg gemeinsam mit Bugenhagen zum ersten Doktor der ev. Theologie promoviert wurde. Als Superintendent war Ae. mit aktuellen Glaubens- und Lehrfragen befasst und beriet den Rat im Prozess mit dem Domkapitel vor dem Reichskammergericht, beim Beitritt zum Schmalkaldischen Bund 1536 und in vielen anderen kirchenpolitischen Fragen. 1534/35 reiste er mit einer hbg.-lübeck. Ratsdelegation auf Anforderung Heinrichs VIII. nach England, lehnte es allerdings ab, dessen Ehescheidungswunsch theologisch zu unterstützen. Die Sorge vor einem Übergreifen des radikalen Täufertums, das soeben in Münster zur Herrschaft gelangt war, veranlasste Ae., am 15.4.1535 in Hbg die erste ev. Synode Niedersachsens abzuhalten, auf der Vertreter aus Hbg, ➢*Lübeck*, ➢*Bremen*, Lüneburg, Rostock und Stralsund ein gemeinsames Mandat gegen das Täufertum formulierten. Durch seine überregionale kirchenpolitische Wirksamkeit trug er wesentlich zur Formierung des dt. Protestantismus bei und war zugleich um die Festigung des hbg. Kirchenwesens bemüht. So verfasste er 1539 eine neue Kirchenordnung, die den Schwierigkeiten bei der Verwirklichung der Bugenhagen'schen Kirchenordnung Rechnung trug. Da allerdings der Rat in einem eigenmächtig angehängten Schlussmandat erweiterte Eingriffsrechte beanspruchte, die Ae. ablehnte, unterblieb die Einführung, und es ist ungewiss, ob die 1556 erfolgte Bekanntgabe dieser Kirchenordnung gegenüber Ae.s Nachfolger P. von ➢*Eitzen* und den Geistlichen der Stadt eine offizielle Einführung bedeutete. Ae. arbeitete auch für das von Hbg und Lübeck gemeinschaftlich verwaltete Amt ➢*Bergedorf* eine Kirchenordnung aus, die 1544 angenommen wurde.

Ein Lehrstreit entzündete sich an Ae.s Erklärung des 16. Psalms (1544), in der er die Höllenfahrt Christi gegen verbreitete Auffassungen nicht als Sieg über Teufel und Hölle auslegte, sondern als letzte Stufe der Erniedrigung Christi; er konnte sich dabei zwar auf Luthers Psalmenauslegung von 1520 berufen, doch hatte auch dieser später die gängige Deutung bestätigt. Der Streit mündetete 1548 in heftige Kanzelpolemik, bis der Rat 1551/52 drei Gegner Ae.s der Stadt verwies. Allerdings setzte sich Ae.s Auffassung in der luth. Theologie nicht durch. Im Auftrag Hbgs, Lübecks und Lüneburgs verwarf Ae. 1548 das Augsburger Interim, das nach der Niederlage des Schmalkaldischen Bundes weithin die alte Lehre wiederherstellen sollte, und erhielt dafür den Beifall Melanchthons und Flacius'. Als nach dem Leipziger Interim die Diskussion darüber einsetzte, welche kath. Zeremonien und Gebräuche als „Adiaphora" (belanglose „Mitteldinge") zuzugestehen seien, widersprach Ae. 1549 der Konzessionsbereitschaft Melanchthons und hielt streng an Luthers Positionen fest. Wenige Wochen darauf starb Ae. und wurde vor dem Altar der Petrikirche beigesetzt. Die kath. Kirche erkannte die Wichtigkeit seiner streng an Luther orientierten theologischen Schriften an, indem sie sie 1559 auf den Index setzte. Vier seiner Schriften bildeten den Kern des „Hamburgischen Bekenntnisses“, auf das sich seit 1560 jeder hbg. Pastor zu verpflichten hat. Seine Amtsführung als Superintendent galt als so richtungweisend, dass er später gelegentlich als eigentlicher Reformator Hbgs angesehen wurde. Ae. war zweimal verheiratet und Vater mehrerer Kinder. *RP*

Ahlers-Hestermann, Friedrich (geb. 17.7.1883 Hbg, gest. 11.12.1973 Berlin), Maler, Kunsterzieher, Schriftsteller, Vater der Hbger Kunsthandwerkerin Tatiana A.-H. (geb. 28.3. 1919 Hbg, gest. 30.1.2000 ebd.). Während seines Parisaufenthalts (1907–14) kam A.-H. 1910 in die Malschule von H. Matisse. Hier lernte er seine spätere Frau kennen, die russ. Malerin A. Povorina. Seit 1928 war er Professor an den Kölner Werkschulen. Ohne Angabe von Gründen erhielt er am 23.3.1933 vor Ablauf der fünfjährigen Probezeit die Kündigung. Während der gesamten NS-Zeit blieb A.-H. ohne feste Anstellung und somit auf Privataufträge und -unterricht angewiesen. 1939 übersiedelte er nach Berlin.
Nach Kriegsende erfolgte 1945 seine Ernennung zum Direktor der Landeskunstschule Hbg (seit 1955: ➢*Hochschule für bildende Künste*), und 1950 wurde A.-H. ordentliches Mitglied der ➢*Freien Akademie der Künste* in Hbg. Bis 1951 blieb der Maler Leiter am Lerchenfeld, bevor er erneut nach Berlin zog. Nachhaltig prägten ihn H. Matisse und P. Cézanne während seiner Pariser Zeit. A.-H., der zahlr. Ausstellungen und öffentliche Ehrungen bekam, bevorzugte Stillleben, Interieurs und Landschaften als Themen. *IL*

Ahrensburg Nordöstl. von Hbg gelegen und mit der Hansestadt durch ➢*U-* und ➢*S-Bahn*-Anschlüsse verbunden, ist A. einschließlich der ehem. selbstständigen Gemeinden Wulksdorf, Beimoor, Kremerberg und Ahrensfelde mit 31.772 Einw. (2010), 35,29 km² Fläche und rund 13.980 Arbeitsplätzen (2008) die

Das Ahrensburger Schloss, die „Perle des nordischen Renaissancestils“, wurde für Peter Rantzau errichtet. Nach rund 20-jähriger Bauzeit war es 1596 fertiggestellt. Seit 1939 ist es ein Museum.

größte Stadt im Kreis ➢*Stormarn.* Im späten 13. Jh. wurde A. als Dorf Woldenhorn wahrscheinlich durch die ➢*Schauenburger* gegründet. Von 1327 bis etwa 1550 war es Vogtei des Zisterzienserklosters Reinfeld, 1567 wurde es vom dän. König an D. Rantzau übertragen, dessen Nachfolger Woldenhorn und einige umliegende Dörfer in eine Gutsherrschaft mit strenger Leibeigenschaft verwandelten. Als Gutsherrenhaus wurde 1596 das heute als Museum zugängliche „Ahrensburger Schloss" fertiggestellt, dessen Name auf die mittelalterliche Burganlage „Arx Arnsburga" im Forst Hagen zurückgeht. 1759 erwarb H.C. von ➢*Schimmelmann* das adlige Gut und ließ Woldenhorn nach barockem Vorbild umgestalten. Aus dem Gutsdorf Woldenhorn entstand 1869 die preuß. „Landgemeinde Ahrensburg", nachdem auch die 1865 neben dem Ort eröffnete Bahnstation der Hbg-Lübecker Linie den Namen von Gut und Schloss erhalten hatte. Einen starken Bevölkerungszuwachs erlebte A. im 20. Jh., insbesondere nach der Parzellierung von ehem. Gutsgebiet zu Beginn der 1930er Jahre sowie nach dem Zweiten Weltkrieg. 1933 entdeckte A. Rust, Archäologe und späterer Ehrenbürger der Stadt, bei Ausgrabungen die altsteinzeitliche, von Rentierjägern hinterlassene ➢*Hamburger Kultur.* Sie ist etwa 2.000 Jahre älter als die „Ahrensburger Kultur" aus der Zeit um 8000 v.Chr. *AB*

Akademisches Gymnasium Zwei Jahre nach dem Beschluss über seine Errichtung wurde 1613 das Gymnasium Academicum als Aufbaustufe für die Absolventen des ➢*Johanneums* eingeweiht. Es war ebenfalls im ehem. ➢*Johannis-Kloster* und ab 1840 in einem Neubau am Speersort untergebracht. Als Artistenfakultät stand dieser Schultyp zwischen Lateinschule und Universität; das A.G. war lange Mittelpunkt des wissenschaftlichen Lebens in Hbg. Hohes Ansehen kennzeichnete das Gymnasium unter dem Rektorat von J. ➢*Jungius* (1628–57) und im späten 18. Jh. während der Lehrtätigkeit von H.S. ➢*Reimarus* und J.G. ➢*Büsch.* 1883 wurde die inzwischen unzeitgemäße und immer weniger besuchte Einrichtung aufgelöst, in der seit ihrer Gründung über 3.000 Studenten eingeschrieben waren. Die Pflege der ➢*wissenschaftlichen Bildung* verlagerte sich schon lange vor der Schließung des Gymnasiums auf die zahlr. bestehenden Institute, Sammlungen, Museen und insbesondere auf das Allgemeine Vorlesungswesen. *Ti.*

Ein Mittelpunkt des Hamburger Geisteslebens: Blick in den Hof des Johannis-Klosters, in dem bis 1840 das Johanneum und das Akademische Gymnasium untergebracht waren. Kolorierte Zeichnung, 18. Jahrhundert

AKN (Altona-Kaltenkirchen-Neumünster Eisenbahn AG) Ursprung der AKN ist eine am 1.9.1884 vorwiegend zum Torf-Transport eröffnete

Privatbahn mit bald stark zunehmender Personenbeförderung. Die Strecke verlief von ➢*Altona* über Quickborn nach Ulzburg und Kaltenkirchen und wurde 1898 bis Bad Bramstedt, 1916 bis Neumünster verlängert. Der erste Bahnhof in Altona lag am Gählersplatz (im Winkel Thede- und Holstenstraße). 1912 entstand der Endbahnhof am Kaltenkircher Platz (heute: Standort des Paketpostamts). Nach der Rückverlegung wegen des Baus der ➢*S-Bahn* nach ➢*Langenfelde* bekam die AKN 1962 hier ihren ersten direkten S-Bahn-Anschluss. 1965 wurde ➢*Eidelstedt* Endbahnhof. Die Strecke ist heute die Linie A1 im ➢*HVV*. Die zweite Strecke wurde 1896 von der Elmshorn-Barmstedt-Oldesloer Eisenbahn AG (EBO) zwischen Elmshorn und Barmstedt eröffnet und ist heute die Linie A3. Die 1907 über Ulzburg nach Bad Oldesloe erfolgte Verlängerung wurde 1973 stillgelegt und abgebaut. Die heutige A2 geht auf die von der Alsternordbahn (ANB) 1953 eröffnete Strecke U-Bahnhof Ochsenzoll-(bis 1996 ab Garstedt, heute ab ➢*Norderstedt*-Mitte)-Ulzburg-Süd zurück. Beide Strecken wurden am 1.1.1981 von der AKN übernommen. Die Gesellschaft betreibt ferner die Regionalbahn Neumünster–Heide und Güterverkehr im Norden und Osten Hbgs (➢*Eisenbahnwesen*). *To*

Akzise ist eine Verbrauchssteuer, die in der ersten Hälfte des 16. Jhs zunächst auf eingeführtes ➢*Bier* erhoben wurde. Sie war in den ➢*Rezessen* von 1529 und 1548 festgeschrieben. Später wurden auch andere eingeführte Waren wie Mehl, Wein, Vieh und Kornbranntwein dauernd und zeitweilig auch Holz, Torf, Kohlen und Salz der Verbrauchssteuererhebung innerhalb der „Akzise-Linie" unterworfen. Diese umschloss die umwallte Stadt, den ➢*Grasbrook* und die Vorstadt ➢*St. Georg*. Die Abgabe betrug etwa 3 % des Verkaufswerts. Diese Regelungen galten bis zur frz. Okkupation. Nach 1814 wurden folgende Importwaren a.pflichtig: Korn- und Kartoffelbranntwein, Genever, Essig, Bier und Mineralwasser, Mehl, Grütze, geräuchertes und gesalzenes Fleisch, Butter, Käse und Kerzen. Die A. bestand als „Konsumtionsakzise" und unter anderen Bezeichnungen bis 1920. *LS*

Albers, Hans (geb. 22.9.1891 Hbg, gest. 24.7.1960 Kempfenhausen am Starnberger See), Schauspieler. Geboren in ➢*St. Georg*, Lange Reihe 71, war der „große, blonde Hans mit den blauen Augen" in rund 500 Bühnenstücken und mehr als 150 Filmen zu sehen. Bühnenpremiere hatte er 1911 im Neuen Theater in Frankfurt a.M., und bald folgten Gastspiele im Schiller-Theater in ➢*Altona*, in der ➢*Flora* und im ➢*Thalia Theater*. Nach vielen

Der Filmstar und seine Stadt: Hans Albers am 25.10.1955 beim Fototermin auf dem Balkon des Atlantic Hotels, unweit von seinem Geburtshaus in der Langen Reihe

Stummfilmauftritten übernahm A. Charakterrollen in Tonfilmen wie „Der blaue Engel" (1930), „Bomben auf Monte Carlo" (1931), „F.P.1 antwortet nicht" (1932), „Der Mann, der Sherlock Holmes war" (1937), „Sergeant Berry" (1938), „Wasser für Canitoga" (1939) und „Münchhausen" (1943). Besonders mit seiner Person verbunden sind die von ihm verkörperten Seeleute oder Kapitäne in Hbg-Streifen wie „Große Freiheit Nr. 7" (1944), „Käpt'n Bay-Bay" (1952), „Auf der Reeperbahn nachts um halb eins" (1954), „Das Herz von St. Pauli" (1957) und „Der Mann im Strom" (1958).

In der ➢*NS-Zeit* versuchte A. Distanz zum Regime zu wahren (seine Lebensgefährtin Hansi Burg musste als Jüdin nach England emigrieren); nur selten ist er daher in Filmen mit eindeutig propagandistischen Untertönen wie „Henker, Frauen und Soldaten" (1935) und „Carl Peters" (1941) zu sehen gewesen. Zahlr. Ehrungen wurden ihm zuteil, so das Große Verdienstkreuz des Verdienstordens der Bundesrepublik Deutschland. Vier Jahre nach seinem Tod wurde der Wilhelmplatz in ➢*St. Pauli* in Hans-Albers-Platz umbenannt. A. wurde auf dem ➢*Ohlsdorfer Friedhof* beigesetzt. *VR*

Alexander-Zinn-Preis Der 1963 gestiftete Literaturpreis ist nach dem ehem. Leiter der Staatlichen Pressestelle, Adelbert Alexander Zinn (1880–1941), benannt. Er ist nicht nur als Roman- und Bühnenautor hervorgetreten, sondern hat v.a. während seiner Tätigkeit als Direktor der Pressestelle 1922–33 das literarisch-kulturelle Leben Hbgs durch geistige Mitgestaltung entscheidend gefördert. Der Preis wurde Schriftstellern, die entweder in Hbg leben oder deren wesentliche Werke hier entstanden sind, verliehen. Zu den Preisträgern der bis 1978 mit 10.000 DM, dann mit 15.000 DM dotierten Auszeichnung gehören u.a. H.E. ➢*Nossack*, P. Rühmkorf und E. ➢*Lüth*. 1995 wurde der A.-Z.-P. durch den ➢*Hubert-Fichte-Preis* abgelöst. *Bü.*

Alfred Toepfer Stiftung F.V.S. Die Stiftung F.V.S. wurde 1931 von A. ➢*Toepfer* als gemeinnütziges Werk ins Leben gerufen. Ihr Name soll sowohl an den Sozialreformer Freiherr vom und zum Stein (1757–1831) als auch an den Dichter F. von Schiller (1759–1805) erinnern. In den folgenden Jahren übertrug ihr Gründer sein privates Vermögen u.a. dieser Stiftung, deren Ziele die Völkerverständigung – insbesondere die Förderung des europäischen Gedankens – und die Bewahrung der Natur und des Kulturerbes in Europa sind. Zu diesem Zweck verleiht die Stiftung vornehmlich Preise und Medaillen und gewährt Stipendien an Nachwuchskräfte. Die Auswahl der Empfänger ist Aufgabe unabhängiger Kuratorien. Die Stiftung vergibt den KAIROS-Europäischen Kulturpreis, den Freiherr-vom-Stein-Preis für gesellschaftliche Innovation, den Alfred-Toepfer-Preis für Agrar, Forst und Naturschutz, sowie den Hbger Max-Brauer-Preis für besondere Verdienste um Hbg. Nach dem Tod des Stifters wurde der urspr. Name zu seinem heutigen erweitert. *JA*

Alfred-Toepfer-Medaille Die Medaille wurde 1986 im Zeichen des sich wandelnden Umweltbewusstseins gestiftet. Mit ihr ehrt der ➢*Senat* Persönlichkeiten, die sich in Hbg in herausragender Weise um die Stadtentwicklung oder den Umweltschutz verdient gemacht haben, wie es ihr Namensgeber A. ➢*Toepfer* in der Lüneburger Heide und in der Entwicklung dt. Naturparks überhaupt getan hat. *RW*

Allermöhe ist ein Stadtteil im ehem. Ortsamtsgebiet ➢*Vier-* und ➢*Marschlande* des Bezirks ➢*Bergedorf* mit 15.388 Einw. auf 11,9 km² Fläche (2009). Das Marschendorf A. liegt zwischen der ➢*Dove-Elbe* und der Allermöher Landscheide. Vermutl. ist es Nachfolger der Ortschaft Anremuthe (= die „andere Mündung" der Dove-Elbe), die 1162 in einer kirchlichen Urkunde genannt und bald danach durch eine ➢*Sturmflut* untergegangen ist. 1395 gelangte A. von der Grafschaft ➢*Holstein* an Hbg. Zur Finanzierung von Deichbauarbeiten wurden 1313 mit Genehmigung des ➢*Domkapitels* drei Kirchenglocken des ➢*Billwerder* verkauft („Glockenurkunde"). Sie gehörten vermutl. schon zur kleinen Peterskirche, die Anfang des 17. Jhs baufällig wurde. An ihrer Stelle wurde 1614 die Dreieinigkeitskirche als großer Fachwerkbau geweiht. Der neben dem nun hohen Satteldach vergleichsweise klein wirkende Glockenturm stammt noch aus der Zeit der ersten Kirche und ist das älteste Bauwerk der Marschlande. Die darin hängende Glocke „Osanna" wurde 1483 gegossen. Für die Kirche schuf H. Baxmann als Ältermann des Hbger Tischleramts Kunstwerke, von denen nur der dreiteilige Tafelaltar im Stil der Spätrenaissance erhalten ist. A. bildet heute mit ➢*Reitbrook* eine gemeinsame Kirchengemeinde. Etwa 5 km östl. entstand seit den 1970er Jahren die Siedlung ➢*Neu-Allermöhe* (Ost und West). *HR*

Allgemeine Armenanstalt Als die Armut in Hbg infolge der ➢*Bevölkerungsentwicklung*, der ➢*Handelskrisen* und unzureichender sozialer Einrichtungen in der zweiten Hälfte des 18. Jhs fortwährend stieg, wurde in Kreisen der ➢*Patriotischen Gesellschaft* über eine Reform des Armenwesens beraten. Nach dem Vorbild bereits erfolgter Reformversuche in anderen Städten betrieben v.a. der Professor J.G. ➢*Büsch*, der ➢*Syndicus* N. Matsen, der Jurist J.A. Günther und der Kaufmann C. ➢*Voght* die Gründung der A.A. (1788). Auf der Grundlage des Prinzips der Selbstverwaltung und bürgerlichen Mitverantwortung sollten v.a. arbeitsunfähige Arme versorgt und arbeitsfähigen Arbeit gegeben werden. Arme Kinder erhielten Unterricht in Schulen der A.A., Schwangere und Wöchnerinnen wurden unterstützt, Armenärzte betreuten Kranke. Neben der humanitären Motivation der Gründer bestand auch ein ökonomisches Interesse an der Neuregelung der Armenfürsorge, und auch Disziplinierung und Zwang fehlten in deren Zielsetzung nicht (➢*Werk- und Zuchthaus*). Die Stadt wurde für die Armenbetreuung in fünf Bezirke (mit ➢*St. Georg* seit 1801 sechs) zu je zwölf Quartieren unterteilt, in denen je drei Armenpfleger tätig waren, die jeden Bedürftigen genau kennen mussten. Diese 180 ehrenamtlichen Pfleger wurden von der Verwaltung der A.A., dem 17-köpfigen Armenkollegium – darunter fünf Ratsherren –, gewählt. Mit der Gründung der A.A. wurde die geschlossene von der offenen Armenfürsorge in Hbg zurückgedrängt (➢*Sozialfürsorge*).

Die Wirkung der A.A. und die breite Publizität ihrer Arbeit machten sie zum Vorbild für ähnliche Institutionen in vielen europäischen Städten (C. Voght). Dieser Erfolg wurde jedoch durch die Krisen infolge der ➢*Franzosenzeit* bis 1814 zunichte gemacht; die Zahl der Unterstützungsbedürftigen stieg zwar seit den 1820er Jahren stark, das nun fehlende Engagement ließ die A.A. aber weitgehend zu Almosenzahlungen an erwerbsunfähige Arme übergehen. Die Armenschulen allerdings bildeten eine Grundlage für die Entstehung des öffentlichen Volksschulwesens im 19. Jh. (➢*Schulwesen*). Das Desinteresse an der A.A. führte zur Reduzierung der Armenpfleger auf zwei je Quartier, zur Aufhebung der wöchentlichen Sammlungen und 1865 zur ausschließlichen Finanzierung aus staatlichen Mitteln. *Pe.*

Allgemeine Deutsche Schiffszimmerer-Genossenschaft (ADSG) Die ADSG wurde am 18.11.1875 von Mitgliedern des Deutschen Schiffszimmerer-Vereins gegründet. Sie ist die älteste bestehende Genossenschaft Hbgs. Ihr Zweck war es zunächst, durch den Betrieb eigener ➢*Werften* den vom Eisenschiffbau in ihrer Existenz bedrohten Schiffszimmerleuten sichere Arbeit zu bieten. 1876/77 wurden Grundstücke in Memel und Kiel erworben, und es wurde mit dem Bau und der Reparatur von Holzschiffen begonnen. Angesichts der Konkurrenz durch moderne Großwerften und der größeren Wirkungsmöglichkeiten nach Aufhebung des Sozialistengesetzes wandte sich die ADSG 1890 der neuen Aufgabe zu, ihren Mitgliedern gute und preisgünstige Wohnungen zu schaffen. Die ADSG beschränkte sich zunächst auf den Kauf und die Sanierung von Altbauten und übernahm 1890–92 Häuser in ➢*St. Pauli* in der Tal-, Erich- und Wohlwillstraße. 1900 konnte in der ➢*Neustadt* der erste Neubau mit 136 Wohnungen errichtet werden. Dieser als „Arbeiterschloss" bekannten Wohnanlage folgten bis 1914 weitere, den Ideen der Wohnbaureform verpflichtete Häuser in ➢*Barmbek*, im Reiherstieg-Viertel und wiederum in der Neustadt. Zu den bekanntesten Vorhaben nach dem Ersten Weltkrieg gehörte der nach Plänen von F.R. Ostermeyer 1929 in der ➢*Jarrestadt* geschaffene Otto-Stolten-Hof. Heute bewirtschaftet die Genossenschaft in und um Hbg fast 9.000 Wohnungen. *KG*

Die Wohnanlage Martin-Luther-Straße/ Wincklerstraße (Neustadt) der Allgemeinen Deutschen Schiffszimmerer-Genossenschaft entstand 1913/14.

Allgemeine Krankenhäuser (AK) 1823 wurde als erstes AK ➢*St. Georg* eröffnet. Vorläufer war 1606–1814 der ➢*Pesthof* am ➢*Hamburger Berg*, der außer Infektiösen auch generell arme unbescholtene Kranke aufnahm. 1889 wurde in ➢*Eppendorf* das zweite AK endgültig in Betrieb genommen. Es dient seit 1919 auch der universitären Forschung und Lehre (➢*Universitäts-Kranken-*

haus Hamburg-Eppendorf). Das dritte, Barmbek, existiert voll ausgebaut seit 1914. Die Versorgung lokaler Patienten übernahm 1912 das Staatskrankenhaus Bergedorf (seit 1938 AK Bergedorf). Seit 1945 nutzt das AK Eilbek das Gelände der Notfälle gedient hatte, wurde 1900 das Hafenkrankenhaus gegründet. Ihm wurde 1914 das Seemannskrankenhaus (1863) angegliedert. 1997 wurde das Hafenkrankenhaus geschlossen, verblieben ist das Gesundheitszentrum St. Pauli mit Am-

„Das neue Krankenhaus von der Alster-Seite". Farbige Darstellung des Allgemeinen Krankenhauses St. Georg von Peter Suhr, 1826

ehem. „Irrenanstalt Friedrichsberg", die 1864 eröffnet wurde (➢*Friedrichsberg*). Aus ihr ging 1893 die spätere Staatskrankenanstalt Langenhorn hervor (seit 1943 AK Langenhorn, 1953 AK Ochsenzoll). Das AK Heidberg wurde 1945 in einer ehem. Kaserne eingerichtet. 1997 fusionierte es mit dem AK Ochsenzoll zum Klinikum Nord. Mit dem ➢*Groß-Hamburg-Gesetz* 1937 wurden die AK der ehem. preuß. Nachbarstädte hbg.: ➢*Altona* (1760 erste Krankenanstalt im Zuchthaus, 1783 Königstraße, 1861 neues Krankenhaus), ➢*Wandsbek* (1834 der Armenanstalt angegliedert, 1888 neues Krankenhaus), ➢*Harburg* (1844 „Marienstift", 1861 neues städtisches Krankenhaus). Als Nachfolger des Kurhauses, das seit 1814 als Gefängnis- und Polizeikrankenhaus v.a. für Mittellose und bulanz. 1979 kam die ➢*Frauenklinik* Finkenau an das AK St. Georg. Am 1. Januar 1981 entstand als Zusammenschluss der Allgemeinen Krankenhäuser der Landesbetrieb Krankenhäuser. Obwohl sich am 29. Februar 2004 77,6 % der Abstimmenden und damit 49,2 % der Wahlberechtigten in einem Volksentscheid dagegen aussprachen, die Mehrheit am Landesbetrieb zu verkaufen, entschied sich der neue CDU-Senat im November 2004 für den Verkauf von 74,9 % der Anteile an die Asklepios-Gruppe. *Ri.*

Alster Als Quelle der holstein.-hbg. A. gilt heute ein Moortümpel im Timhagener Brook südl. von Henstedt. Der Alsterlauf ist 56 km lang, hat ein Gefälle von 31 auf 4 m ü.NN und entwässert ein Gebiet von 587 km^2. Die Stadt Hbg dehnte ihre Rechte auf und an der A. bis weit in

Arthur Siebelists Ölgemälde „An der Außenalster“ entstand um 1907 und zeigt Hamburger Freizeitvergnügen zu Fuß und zu Pferde, auf Segelbooten und Alsterdampfern.

Alsterschwäne auf der Kleinen Alster vor den Alsterarkaden

den Oberlauf aus. Die Stadt nutzte das Mündungsgebiet (heute ➢*Alster-*, Nikolai- und ➢*Herrengrabenfleet*) als ➢*Hafen*, füllte mit dem Wasser die Stadtgräben und staute es zum Mühlenteich (➢*Alsterbecken*). Zahlr. Schleusen erinnern daran, dass es bis Ende des 19. Jhs von bzw. bis Kayhude/Stegen Transportschifffahrt mit Alsterschuten („Alsterböken“) gab, die gestakt oder getreidelt wurden; sie beförderten Bau- und Brennmaterial sowie Nahrungsmittel (➢*Alster-Kanal*). Zwischen der Fuhlsbüttler Schleuse und der ➢*Außenalster* wurde der Flusslauf bis zur 1914 begonnenen Kanalisierung „Streek“ genannt. *HWE*

Alsterarkaden Die 1842/43–46 von A. de ➢*Chateauneuf* errichteten A. liegen zwischen Schleusenbrücke und ➢*Jungfernstieg* auf der nördl. Seite der Kleinen Alster. Diese war vor dem ➢*Großen Brand* von 1842 ein kleiner See gewesen, wurde für den Bau der Anlage stark verkleinert und bildet als Einheit mit den A. seither das verbindende Element zwischen ➢*Rathausmarkt* und ➢*Binnenalster*. Die Gestaltung des bedeutenden städtebaulichen Ensembles aus Bogengang und dahinterliegenden, ebenfalls von Chateauneuf entworfenen Häusern war Vorbild der ➢*Nachbrandarchitektur*. Durch Neubauten und Umgestaltungen an den Ecken zur Schleusenbrücke (1896) und zum Jungfernstieg (1904/1949–53) blieben nur die Häuser A. Nr. 9–13 im Originalzustand erhalten, bevor dieser Abschnitt in der Silvesternacht 1989/90 durch Brandstiftung größtenteils zerstört wurde. Gerettet werden konnten nur die Fassaden,

hinter denen bis 1993 Stahlbetonbauten entstanden. Von Beginn an waren die A. Einkaufspassage. Ob ihre erste Farbgebung in Ockergelb oder in Weiß ausfiel, ist umstritten. *Ti.*

Alsterbecken Der Alstersee wurde durch den Reesendamm als Mühlenteich aufgestaut. Befestigungsbauwerke und ➢*Brücken* teilten den See seit den ➢*Befestigungen* des 17. Jhs in ➢*Außen-* und ➢*Binnenalster*. Letzere entwässerte durch verschiedene ➢*Fleete* zur ➢*Elbe*, heute in erster Linie durch die zwischen Reesendamm- und Schleusenbrücke gelegene Kleine Alster vor den ➢*Alsterarkaden* und das sich anschließende ➢*Alsterfleet*. Ein Tunnelprojekt als Straßenverbindung zwischen ➢*Harvestehude* (Alsterchaussee) und der ➢*Uhlenhorst* (Karlstraße) scheiterte 1862 ebenso wie weitere ehrgeizige Pläne seit den 1950er Jahren (1961: Tunnel mit Abzweig zu einem Parkdeck mit 3.000 Stellplätzen). *HWE*

Alsterburg In der hbg. Geschichte gilt als die A. ein befestigtes Wohnhaus, das sich Herzog Bernhard II. Billung der schriftlichen Überlieferung nach gegen Ende der ersten Hälfte des 11. Jhs errichten ließ. Der Billunger, dessen Geschlecht zu dieser Zeit auch die Grafengewalt über ➢*Holstein*, ➢*Stormarn* und Hbg innehatte, baute diese A. vermutl. zeitgleich oder kurz nach dem zwischen 1035 und 1043 entstandenen ➢*Bischofsturm* von Bezelin Alebrand.

Bei Ausschachtungsarbeiten für den Bau des ➢*Rathauses* wurden 1886/87 an dessen südöstl. Ecke 4 m dicke Fundamente eines steinernen, quadratischen Wohnturms mit 18–20 m Seitenlänge entdeckt. Auf einem Pfahlrost ruhend, fanden sich große Feldsteine, deren Zwischenräume mit Ziegelsteinbrocken ausgefüllt waren. Da ➢*Backsteinbau* jedoch erst für das 12. Jh. in Norddtld belegt ist, gehört das Fundament vermutl. zu einem Nachfolgebau. Die erste A. wird entweder an derselben oder an nicht weit entfernter Stelle gestanden haben. Etwa zwei Jahrzehnte später errichtete Bernhards Nachfolger Ordulf die ➢*Neue Burg* in der Alsterschleife. *Ri.*

Alsterdorf ist ein Stadtteil im ehem. ➢*Kerngebiet* des Bezirks ➢*Hamburg-Nord* mit 3,1 km² Fläche und 12.881 Einw. (2009). Die erste urkundliche Erwähnung des holstein. Ortes geschah 1219. Im 14./15. Jh. war er im Besitz des Klosters ➢*Harvestehude* und Hbger Bürger, 1464 wieder holstein., 1750–68 von Holstein-Gottorf an Hbg verpfändet. 1803 kam A. nach Verhandlungen Hbgs mit ➢*Dänemark* im Tausch gegen Bilsen (bei Quickborn) an das ➢*Kloster St. Johannis*. 1830 wurde es der Landherrenschaft der ➢*Geestlande* (➢*Landgebiet*) unterstellt, 1913 eingemeindet. Seit 1834 führte eine Brücke von A. zum Alsterkrug, einem Wirtshaus an der Chaussee von Hbg zum Ochsenzoll. Um 1855 hatte A. vier Voll-, sechs Viertelhufen, vier Katen und neun Anbauerstellen. Von den 148 Einw. lebten die meisten von der Landwirtschaft, einige waren Handwerker, es gab einen Krüger und einen Krämer. Vom Bauerndorf ist nur der Hinschen-Hof (Alsterdorfer Damm/Rathenaustraße) erhalten. Im Kaiserreich siedelten sich zahlr. Bleichereien und Wäschereien an. Der hier aufgewachsene Bremer Bürgermeister W. Kaisen hat das A. dieser Zeit beschrieben („Meine Arbeit, mein Leben", München 1967). In den 1920er Jahren entstanden Villenviertel an der Braband- und Inselstraße. 1935–38 wurde die Gartenstadt A. zwischen Hindenburg- und Sengelmannstraße, Heilholtkamp und Hochbahn angelegt, 1982–85 die Wolfgang-Borchert-Siedlung zwischen Brabandstraße und Maienweg. *Ko.*

Alsterdorfer Anstalten / Evangelische Stiftung Alsterdorf 1863 begann Pastor H.M. ➢*Sengelmann* in ➢*Alsterdorf* die Arbeit mit geistig

Behinderten, aus der die A.A., eine rechtlich selbstständige Stiftung, hervorgingen. An die Anfänge erinnert das Haus Schönbrunn aus dem Jahr 1863, das neben der St.-Nicolaus-Kirche von 1889, dem Gotteshaus der Einrichtung, steht. Die

Kirchengemeinde und Gotteshaus nicht nur für die Bewohner der Alsterdorfer Anstalten: die von dem Gründer der Stiftung 1889 erbaute neugotische St.-Nicolaus-Kirche in Alsterdorf

A.A. entwickelten sich zu einem der größten Zentren der Behindertenfürsorge in Dtld mit über 1.000 Pflegebefohlenen und einigen Hundert Mitarbeitern. Doch Sengelmanns Anspruch der individuellen Fürsorge und Förderung trat bald in den Hintergrund, die A.A. wurden zu einer eher medizinisch ausgerichteten Einrichtung.

In der ➢*NS-Zeit* wurden 629 behinderte Kinder, Frauen und Männer aus den A.A. in Zwischenanstalten oder direkt in Tötungsanstalten der „Euthanasie" gebracht, 508 kamen um. 1987 gaben die A.A. zum Andenken an diese Opfer eine Dokumentation heraus. 1996 wurden die sterblichen Überreste von zehn Frauen, die nach Wien deportiert und dort ermordet worden waren, auf dem ➢*Ohlsdorfer Friedhof* beigesetzt. Ihre Gehirne waren im Psychiatrischen Krankenhaus der Stadt Wien als Präparate verwahrt worden. An eines dieser Opfer, I. Sperling, erinnert seit 1985 ein Weg in der Wolfgang-Borchert-Siedlung in Alsterdorf. Nach einem weiteren Opfer, D. Kasten, wurde 1993 die Straße zwischen Alsterdorfer Straße und Sengelmannstraße benannt, an der sich der Haupteingang zu den A.A. befindet. 1988 erhielten die A.A. den Namen Evangelische Stiftung Alsterdorf. Sie ist mit rund 3.200 Mitarbeitern sowie 300 Fachschülern und Auszubildenden eine der großen diakonischen Stätten in Norddtld. Die Stiftung unterhält in der Behindertenhilfe Wohnstätten für rund 1.200 Menschen mit Behinderungen (auf dem Alsterdorfer Gelände und in Wohngruppen in Hbg und im Umland), einen Förderbereich und Werkstätten in Alsterdorf, außerdem ebendort einen Integrationskindergarten und die Bugenhagenschule für behinderte und nichtbehinderte Kinder mit Integrationsklassen bis zur Jahrgangsstufe zehn sowie das Kinderhaus St. Nicolaus in ➢*Mümmelmannsberg*, ferner das Evangelische Krankenhaus Alsterdorf, das Heinrich-Sengelmann-Krankenhaus für Psychiatrie in Bargfeld-Stegen und das 1974 in Alsterdorf eröffnete Werner-Otto-Institut zur Früherkennung und Frühbehandlung entwicklungsgestörter Kinder und Jugendlicher. Der Sitz der Stiftung befindet sich am 2003 eingeweihten Alsterdorfer Markt. *Ko.*

Alsterfleet Das A. entstand im Mittelalter durch Begradigung eines ➢*Alster*arms. Vom 13. bis 15. Jh. war das A. als Graben vor dem ➢*Alten Wall* in die ➢*Befestigung* der Stadt integriert. Heute ist es der Hauptentwässerungsweg der Alster in den ➢*Binnenhafen* und ersetzt somit das noch im 19. Jh. als Alsterunterlauf bezeichnete Nikolaifleet in dieser Funktion. Das A. beginnt im Anschluss an die Kleine Alster bei der 1846 eingerichteten Alsterschleuse (seit 1973: Rathausschleuse). Sie ist überbrückt und verbindet Poststraße und ➢*Rathausmarkt.* Durch Regulierung des einfließenden Alsterwassers hält die Schleuse den Pegelstand im A. konstant, sodass es in das schiffbare Fleetnetz einbezogen werden konnte. 1888 wurden hier 30.870 Schiffe geschleust. Heute beträgt der Wasserstand im A. morgens um sechs Uhr 2,95 m ü.NN. Seit 1967 bildet die zum ➢*Hochwasserschutz* errichtete Schaartorschleuse das südl. Ende vom A. *Ti.*

Alster-Kanal (Alster-Beste-, Alster-Trave-Kanal) Zweimal wurde versucht, einen die Wasserscheide zwischen Nord- und Ostsee überwindenden Kanal zwischen Hbg und ➢*Lübeck* zu schaffen, der dem ➢*Elbe* und Trave verbindenden Stecknitz-Kanal im Herzogtum Lauenburg Konkurrenz machen sollte. 1448–53 und 1525–29 wurde die Alte Alster (➢*Alster*) durch einen 8 km langen, am Nienwohlder und Sülfelder Moor vorbei bis Sülfeld führenden Graben mit der (Norder-) Beste, einem Nebenfluss der Trave, verbunden. Zahlr. Schleusen sollten den Wasserstand regulieren, doch wegen technischer Probleme der Wasserhaltung, besonders in den Mooren, konnten nur zwischen 1529 und 1550 Alsterschuten den insgesamt 91 km langen Wasserweg zwischen Hbg und Lübeck befahren. Danach war die ➢*Alsterschifffahrt* nur von/bis Kayhude/Stegen möglich. Der missglückte Kanalbau trug wesentlich zur Austrocknung der Alten Alster bei. *HWE*

Alsterpavillon Der 1953 fertiggestellte Bau von F. Streb ist der siebte an diesem Platz. Der erste entstand 1799 als Kaffeehaus im Auftrag des aus Frankreich zugewanderten Vicomte Augustin Lanclot des Quatre Barbes, der zweite 1835 durch C.L.

Seit 1799 Treffpunkt der Hamburger: der Alsterpavillon am Jungfernstieg. Den dritten Bau errichtete Martin Haller 1874/75. Foto von Georg Koppmann

➢*Wimmel,* der dritte als Umbau durch M. ➢*Haller* 1874/75, der vierte 1899/1900, der fünfte 1913/14 durch die Architekten Rambatz & Jolasse. Er war in der ➢*NS-Zeit* Treffpunkt der ➢*Swing-Jugend.* 1942 wurde er durch Bomben zerstört. Dem Neubau von 1950 folgte drei Jahre später der heutige A., der 1993/94 und erneut 1995 renoviert wurde. Strebs Bau gilt mit seiner eleganten, leichten und offenen Konstruktion als Symbol der Wiederaufbaujahre. *Ko.*

Alsterschifffahrt Mit der räumlichen Ausdehnung Hbgs um die ➢*Außenalster* Mitte des 19. Jhs entstand zunächst ein Fährverkehr mit Ruderbooten. 1859 wurde der Linienverkehr vom ➢*Jungfernstieg* nach ➢*Winterhude* und zum ➢*Mühlenkamp* mit dem ersten in Hbg gebauten Alsterdampfer „Alina“ aufgenommen. Wenig später wurde mit der 1876 gebauten „St. Georg“ der älteste noch heute fahrtüchtige

Dampfer in Betrieb genommen. Bis 1900 wurde die Personenschifffahrt weiter ausgebaut, wobei die Alsterdampfer mit dem sich ausdehnenden Netz der ➢*Straßenbahn* Ende des Jhs Konkurrenz erhielten. Nach der 1912 erfolgten Betriebsaufnahme der Hamburger Hochbahn AG (HHA, ➢*U-Bahn*) unternahm die Alster-Dampfschifffahrts-Gesellschaft, die das bisherige Unternehmen der Vereinigten Alsterschiffer (Fährleute und Bootsvermieter) umfasste, verstärkte Anstrengungen, um wettbewerbsfähig zu bleiben. Auf hiesigen ➢*Werften* entstanden moderne, leistungsfähige Alsterschiffe vom Typ Glattdecker mit von mittschiffs zum Bug verlagertem Steuerstand. Im Verlauf des Ersten Weltkriegs kam die A. infolge Kohlenmangels zum Erliegen. 1919 wurde sie durch ➢*Senats*beschluss in die HHA integriert. In den 1920er Jahren übernahm vorübergehend die Bugsierfirma Lütgens & Reimers den Betrieb, bis Mitte der 1930er Jahre erneut die Hochbahn für die A. verantwortlich war. Nach vorübergehendem Stillstand während des Zweiten Weltkriegs gehörte die A. 1965 als Betriebsteil der Hochbahn zu den Gründern des ➢*HVV*. Seit den 1960er Jahren wurde durch Fleet- und Kanalfahrten das Angebot erweitert, während der weiter bestehende Linienverkehr zunehmend seine Bedeutung als innerstädtisches Beförderungsmittel verlor. 1977 wurde die Alster-Touristik GmbH (ATG) als Tochter der HHA gegründet. 1984 schied die von der ➢*Volksfürsorge* geförderte ATG aus dem HVV aus und betreibt seitdem nur noch die Alsterkreuzfahrt als Liniendienst mit neun Anlegern. *Pr.*

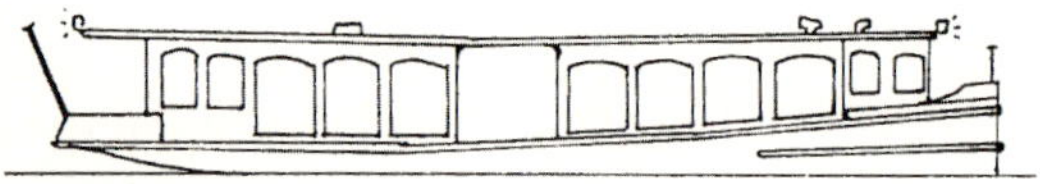

Seitenansicht und Foto des Alsterdampfers „Grevenau“ auf der Binnenalster. Das 15,98 Meter lange und 3,7 Meter breite Schiff mit 1,25 Meter Tiefgang konnte maximal 118 Passagiere befördern und wurde von einem 25-PS-Dieselmotor angetrieben. 1926 war es auf der Hamburger Werft Johann Oelkers für die Reederei Lütgens & Reimers erbaut und im selben Jahr als „Suomi“ in Dienst gestellt worden. Bis zum Verkauf in die Niederlande 1968 erhielt der Alsterdampfer bei fünf Besitzerwechseln die Namen „Wahrheit“ (1935), „Rönne“ (1949), „Grevenau“ (1951), „Heidi“ (1958), „Werner II“ (1960) und „Tobias Knopp“ (1966).

Alsterschwäne sind ein Wahrzeichen Hbgs. Eine Mühlenabrechnung von 1591/92 belegt, dass schon damals Hafer, Gerste u.a. Getreide von der Stadt für die Schwäne bereitgestellt wurden. 1664 stellte der ➢*Rat* die Vögel unter seinen besonderen Schutz. Ein Mandat belehrte die Bürger, dass es sich bei Schwänen nicht um wilde, sondern um zahme Tiere handele und dass es bei Strafe verboten sei, die Vögel zu „beleidigen“, zu verletzen oder gar zu töten. Auch als repräsentative Gastgeschenke waren hbg. Schwanenpaare sehr beliebt. Noch heute genießen die rund 120 Höckerschwäne eine besondere Fürsorge. Sie werden seit 1818 von einem eigens dafür besoldeten städtischen „Schwanenvater“ betreut. Mit Futter versorgt, verbringen die A. den Winter auf dem für sie eisfrei gehaltenen Eppendorfer Mühlenteich. *SH*

Alsterstaffel Am 22.8.1909 fand auf Initiative zweier Mitglieder des ➢*SC Victoria*, W.A. Cordua und A. Mannheimer, erstmals die inzwischen traditionelle Hbger Leichtathletikveranstaltung statt. Außer in

Kriegszeiten wurde sie jährlich ausgetragen, und zwar immer am letzten Wochenende im April. Die Strecke führte urspr. um die ➢*Außenalster* und hatte eine Länge von 7.600 m. Heute werden zwei Runden um die ➢*Binnenalster* gelaufen, die Gesamtstrecke beträgt 4.150 m. Hauptpreis ist der Silberne Staffelstab, ein Wanderpreis. Mehr als 100 Staffeln aller Altersklassen aus Vereinen und Schulen treten jährlich an. Seit 1981 gibt es gemischte Teams mit Jungen und Mädchen. *Smo*

Alsterverein Urspr. zur Förderung des Tourismus gedacht, entwickelte sich der 1900 gegründete A. unter dem Vorsitz des Poppenbütteler Lehrers L. Frahm auch zu einem Mittelpunkt heimat- und volkskundlicher Arbeit im Alstertal. Das seit 1901 erscheinende Jahrbuch widmet sich der Vor- und Frühgeschichte, der Geschichte und Volkskunde, dem Natur- und Landschaftsschutz; es enthält auch literarische Beiträge. 1957 konnte der A. im südöstl. Flügel des Torhauses des Gutes ➢*Wellingsbüttel* das Alstertal-Museum zur Geschichte der Region und der ➢*Alsterschifffahrt* eröffnen. 1973 zog das Museum in den renovierten östl. Flügel um, dessen Erneuerung dem Ersten Bürgermeister H. ➢*Weichmann* zu verdanken war. Bei einem Sonntagsspaziergang waren die wanderfreudigen Eheleute Weichmann auf das Torhaus und Museum aufmerksam geworden. Der A. zählt heute rund 240 Mitglieder. *Ko.*

Alte Post (Poststraße 11) Im 1845–47 von A. de ➢*Chateauneuf* errichteten Gebäude waren vier Poststationen untergebracht, die je durch ein Portal an der lang gestreckten Hauptfront betreten wurden. Die Wappen über den Eingängen gehören zur Hamburgischen Stadtpost, zur Thurn- und Taxis'schen Post, zur Königlich Hannoverschen Post und zur Königlich Schwedischen Post (➢*Postwesen*). Der Eckturm am Bleichenfleet, dessen oktogonaler Aufsatz in Anlehnung an den Brügger Belfried entstand, war bis 1848 Endstation des Optischen Telegrafen, der über eine Signalkette eine Verbindung Hbgs bis zur Elbmündung ermöglichte. 1887 zog die Post aus und städtische Verwaltung ein. Chateauneufs streng kubisch aufgebauter ➢*Backsteinbau* mit ebenem Dach verbindet im Rundbogenstil Elemente toskan. Repräsentations-

Der Turm an der Südseite der Alten Post entstand nach dem Vorbild des Brügger Belfried. Darstellung aus der zweiten Hälfte des 19. Jahrhunderts

architektur der Renaissance mit nordischer Spätgotik. Der fehlende weiße Verputz unterscheidet die A.P. von den meisten anderen Beispielen der ➢*Nachbrandarchitektur.* 1968–71 wurde die A.P. entkernt und hinter ihrer Fassade ein Bürohaus sowie eine Ladenpassage errichtet. *Ti.*

Altengamme ist ein am südöstl. Ende des Hbger Staatsgebiets im ehem. Ortsamtsgebiet ➢*Vier-* und ➢*Marschlande* des Bezirks ➢*Bergedorf* gelegenes Vierländer Dorf und ein Hbger Stadtteil mit 2.192 Einw. auf 15,6 km² Fläche (2009). Die Bebauung des Straßendorfs A. erstreckt sich auf ca. 10 km Länge entlang der Strom- und ➢*Dove-Elbe.*

Zeugnis Vierländer Volkskunst und bäuerlichen Reichtums: Das Gemeindegestühl in der Altengammer Kirche St. Nicolai stammt aus dem 17./18. Jahrhundert.

Der Dorfkern ist der kleinste der Vierlande. In der Mitte der alten Kulturlandschaft „Gamma" liegt das Ensemble der St.-Nicolai-Kirche (Mitte 13. Jh.) mit Friedhof, der alten Schulkate und der im ➢*Hamburger Heimatstil* erbauten Gebäude des Pastorats und der Volksschule. St. Nicolai ist als Barockbauernkirche wegen ihrer reichen Ausstattung aus heimischer Volkskunst überregional bekannt. Im frei stehenden Glockenturm befindet sich eine Glocke aus dem Hbger ➢*Dom.* Die erste urkundliche Nennung der Gammer Marsch erfolgte 1188, als A. und ➢*Curslack* einen Deichverband bildeten. Die Brookwetterung entlang dem Horster Damm diente als Entwässerungsgraben. Bemerkenswert ist die große Anzahl traditionell strohgedeckter Bauernhäuser und Katen, die vielfach modernisiert wurden. Die herkömmliche Landwirtschaft ist heute weitgehend vom Gartenbaubetrieb und Markthandel abgelöst und wird, wenn überhaupt noch, extensiv betrieben. Die Windmühle von 1876 ist schon lange flügellos. Westl. des Elbdeichs durchzieht die asphaltierte Trasse der ehem. Marschbahn das Dorf. *HR*

Altenwerder ist ein entvölkerter Stadtteil (3 Einw. 2009) im ehem. Ortsamtsgebiet ➢*Süderelbe* des Bezirks ➢*Harburg* mit 6,8 km² Fläche. Wahrscheinlich wurde die frühere ➢*Elbinsel* bereits im 9.–12. Jh. von Fischern genutzt. Ihre erste Erwähnung um 1250 zeigt landwirtschaftliche Nutzung. Um 1400 wurde A. durch ➢*Sturmfluten* zerstört, bevor 1418 die Neueindeichung und Neubesiedlung durch den Bremer Erzbischof und den Herzog von Braunschweig-Lüneburg erfolgte; nach 1420 schloss sich die Erbauung einer Pfarrkirche an. 1667 war A. ein großes Dorf mit 16 Hufnern und 37 Kätnern; 1867: 14 Vollhufner, 2 Halbhufner, 12 Großkätner, 188 Kleinkätner, 83 An- und Abbauer, 49 Häuslinge. Seit dem 18. Jh. gab es Milchwirtschaft, Fischerei, Schiff- und Gartenbau, die von den guten Absatzmöglichkeiten in Hbg und ➢*Altona* profitierten. Im 19. Jh. überwog die Fischerei den Milchhandel. 1937 kam A. vom Landkreis Harburg an Hbg. In den 1950er Jahren erreichte die Einwohnerzahl mit ca. 2.500 ihren Höchststand. Ein Großteil war im schifffahrtsbezogenen Gewerbe oder als ➢*Hafen*arbeiter beschäftigt. Das Hafenerweiterungsgesetz von 1961 brachte ein weitgehendes Neubauverbot, und 1974 wurde A. endgültig Hafenerweiterungsgebiet. Es folgten Räumung und Umsiedlung fast aller Bewohner, v.a. nach ➢*Hausbruch*, ➢*Neugraben* und ➢*Finkenwerder*. 1977 waren erste Hafenbauten fertiggestellt (Hansa Port). Damit verbunden waren politische Diskussionen, ob es wirklich unumgänglich war, im Zuge der Hafenerweiterung ein ganzes Dorf verschwinden zu lassen. 1998 verließen die letzten Bewohner A. Seit 2002 entsteht dort ein neuer Containerterminal, 2004 wurde dessen zweiter Bauabschnitt fertiggestellt. Erhalten geblieben ist die klassizistische Kirche St. Gertrud, deren Vorgängerinnen jeweils 1656 und 1769 neu erbaut wurden. Die heutige Kirche, bekannt durch die Orgelkonzerte zur Zeit der Baumblüte, stammt von 1831, der Turm von 1895. *Ri.*

Alter Wall heißt die heute ruhige Straße, die vom Rödingsmarkt an der Nordwestseite von ➢*Rathaus* und ➢*Börse* in Richtung ➢*Binnenalster* verläuft. Hier befand sich der im Rahmen der Verbesserungen der ➢*Befestigung* um 1480 angelegte Alte Wall, dessen vorgelagerter Graben das Bett des ➢*Alsterfleets* wurde. Der Wall erhielt im Volksmund die spöttische Bezeichnung „Dreckwall“, wobei unklar ist, ob sie wegen des möglicherweise hier zusammengetragenen Abfalls oder aufgrund des zweifelhaften Verteidigungswertes dieses Wallabschnitts entstand. Er wurde durch den davor angelegten ➢*Neuen Wall* überflüssig, 1560–62 eingeebnet, parzelliert und der Bebauung zugeführt. *KKW*

Altes Land Zum A.L. gehören die Marschgebiete, die mit etwa 25 km Längenausdehnung zwischen Schwinge und ➢*Süderelbe* und mit 2–8 km Breite zwischen ➢*Elbe* und Geestrandmoor gelegen sind. Sie gliedern sich durch die Flüsse Lühe und ➢*Este* in drei annähernd gleich große historische Teilbereiche, die „Meilen“ genannt werden. Der Landschaftsnatur nach gibt es im A.L. kleine, aber wesentliche Unterschiede. Der Streifen entlang der Elbe ist wegen der ufernahen Ablagerungen etwas höher gelegen. Das ausgedehnte, südl. davon gelegene Gebiet bis zum Geestrandmoor, das sog. Sietland, ist dagegen – da hier kaum noch Ablagerungen stattfanden – tiefer gelegen, bis zu mehrere Dezimeter unter dem Meeresspiegel. Wegen vieler Überschwemmungen erfolgte die Besiedlung hier erst viel später als auf der Geest. Bis zum 12. Jh. entstanden Elbdeiche. Kleine, ufernahe Teile wurden schon von Sachsen besiedelt, wie z.B. Rosengarten und Liedenkummer im heutigen ➢*Neuenfelde*. Im Sietland wurden seit dem 12. Jh. Holländer ansässig. Seit etwa 1140 setzten die

Viele Altländer Obstbauern leisteten sich aufwendig gestaltete Prunkpforten wie diese in Neuenfelde.

Erzbischöfe von Bremen sie im A.L. zu Kultivierungsarbeiten ein, von Westen nach Osten fortschreitend in den Drei Meilen von der Schwinge bis zur Lühe, zur ➢*Este* und zur Alten Süderelbe. Die zuerst besiedelten Gebiete wurden lat. als terra vetus, also Altes Land, die Dritte Meile dagegen als nova terra, Neues Land, bezeichnet. Der erstgenannte Name ging allmählich auf die ganze Region über.

Um sich gegen Überflutungen von der Elbe, ihren Seitenflüssen und den von Geest und Moor kommenden Wassermengen zu schützen, legten die Siedler innerhalb jeder Meile einen Ringdeich an, dessen Schutz als wichtigste Aufgabe von den Deichverbänden übernommen wurde. Dennoch kam es häufig zu Deichbrüchen, zuletzt 1962. Davon zeugen noch die Wasserlöcher der „Bracks". Die Bewohner wurden zu günstigem Recht angesiedelt und genossen ein hohes Maß an Selbstverwaltung. Außer landesherrlichem gab es auch Klosterbesitz und Adelsgüter.

Die Besiedlung in den Deich- und Marschhufendörfern geschah planmäßig. Die lang gestreckten Landstücke liegen jeweils geradlinig hinter den sich in einer Reihe befindlichen Hausstellen. Auf den fruchtbaren Böden brachten es die Bewohner mit der Zeit zu Wohlstand, was man den alten Häusern mit ihren der Straße zugewandten Fassaden ansieht. Im 19. und 20. Jh. wurde der seit dem 14. Jh. bezeugte Obstbau zum vorrangigen Erwerbszweig. Im nördlichsten geschlossenen Obstanbaugebiet Dtlds stehen mehr als zwei Mio. Obstbäume, v.a. Äpfel, daneben Kirschen, Birnen und Pflaumen. Lagerhäuser, in denen das Obst

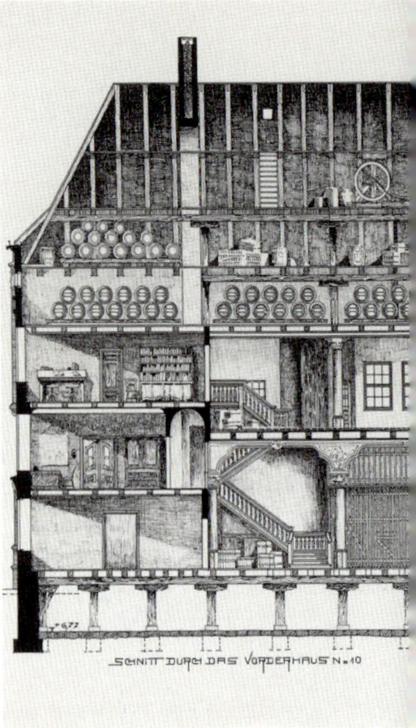

bei geeigneten Temperaturen monatelang frisch gehalten wird, schnelle LKW-Transporte und die Obstbauversuchsanstalt zu Jork tragen wesentlich zum Erfolg der Altländer Obstbauern bei. Die Äpfel werden tlw. auch zu Most und alkoholischen Getränken verarbeitet. Abnehmer sind v.a. Hbg, das Industriegebiet an Rhein und Ruhr u.a. Ballungsgebiete. Beliebtes Ausflugsziel ist das A.L. zur Kirsch- und Apfelblüte.

Bis 1932 bildete das A.L. im Amt und späteren Kreis Jork eine eigene Verwaltungseinheit. Als Folge des ➢*Groß-Hamburg-Gesetzes* von 1937/38 wurden der größte Teil der Dritten Meile mit ➢*Francop* und Neuenfelde sowie ➢*Cranz* in Hbg eingemeindet. *Me*

Althamburgisches Bürgerhaus In den prosperierenden Handelsstädten wie ➢*Lübeck*, ➢*Bremen* oder Hbg wurde bis ins frühe 13. Jh. mit dem Die-

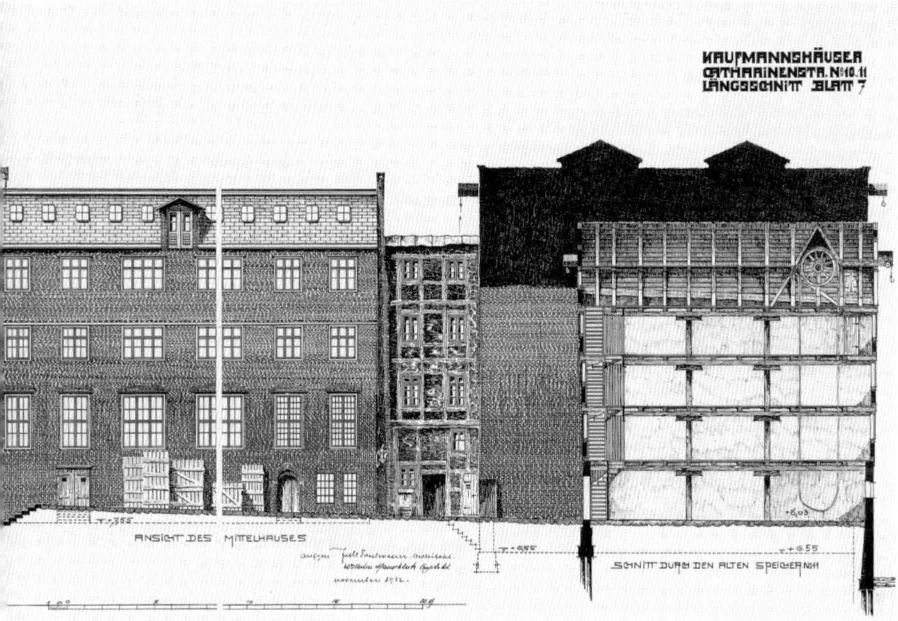

lenhaus ein spezieller Gebäudetyp nach den Bedürfnissen der Oberschicht der (Fern-) Kaufleute entwickelt. Es handelte sich um Fachwerkbauten, z.T. mit gemauertem Giebel. Ausgereiftes Funktionszentrum wurde die zwei Geschosse hohe, ebenerdige Diele mit Treppe und Galerie und abgeteiltem ➢*Kontor*. Sie diente auch als Pack- und Verkaufsraum, als zentrale Feuer- und häufig auch als Braustelle für ➢*Bier*. Von hier aus ließen sich mit einer Winde die Handelsgüter auf die über den Wohngeschossen liegenden Lagerböden in der Dachzone verteilen. In Hbg giebelständig am Deich gebaut, wurde es hier als sog. Binnen- bzw. Außendeichhaus zweifach variiert. Beim Binnendeichhaus schlossen sich weitere Wohnräume (auch für Angestellte) im mehrgeschossigen Hofflügel an, der sich die Grundstücksbreite mit einem tlw. als Garten genutzten Hof teilte. Hinter dem Hoftrakt befand sich ein ➢*Speicher* mit mehreren Böden. Seine Rückseite grenzte an urspr. zur Entwässerung angelegte ➢*Fleete* (➢*Cremon*, ➢*Grimm*). Spätestens seit dem 16./17. Jh. für ➢*Ewer* und ➢*Schuten* befahrbar, boten sie der Hausanlage eine vorteilhafte zweite Verkehrsanbindung. Den Binnendeichhäusern gegenüber wurde das auf der anderen Deichseite zum Wasser gelegene Vorland mit kleineren Außendeichhäusern bebaut (Dielenhaus, ohne Hofflügel- und Speicheranbau). Geringe Grundstücksbreiten ermöglichten die vielfache Wiederholung dieses wirtschaftlich hochfunktionalen Systems zur optimalen baulichen Erschließung der städtischen Marschlandschaft. Ca. 2.000 solcher bis zu Beginn des 19. Jhs gebauten A.B. gab es 1939, heute sind nur

Längsschnitt durch ein typisches Althamburgisches Bürgerhaus auf dem Cremon (Katharinenstraße 10/11). Der nicht erhaltene Komplex umfasste von links nach rechts: Diele, Kontor, Speicherböden, Wohnräume im zum alten Deich am Nikolaifleet gelegenen Haupthaus, den Wohnflügel („Mittelhaus") am Innenhof und den Speicher am rückwärtigen Fleet.

Altona um 1860. Kolorierte Lithografie von Julius Gottheil. Der Blick vom Turm der Ottenser Christianskirche nach Osten reicht über Altona und die Hamburger Vorstadt St. Pauli hinweg bis nach Hamburg. Im Vordergrund liegen der Altonaer Bahnhof und die Palmaille. Aus dem Häusermeer ragt die Hauptkirche St. Trinitatis hervor. Links ist das Alte Altonaer Rathaus an der Königstraße zu erkennen. Diese führt zu den Hamburger Reeperbahnen. An deren Ende sind die zwei Mühlen beim Millerntor auszumachen, und dahinter erscheint die nach dem Großen Brand noch nicht wieder vollständige Silhouette der Hamburger Kirchtürme. Jenseits der Elbe beginnt das Stromspaltungsgebiet mit den Elbinseln. Am rechten Bildrand mündet die vom hannöverschen Harburg kommende Süderelbe durch den Köhlbrand in die Norderelbe ein.

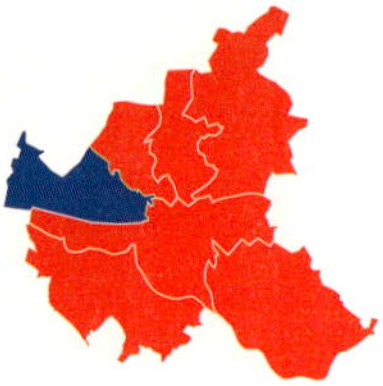

noch wenige in Ansätzen erhalten (Außendeichhäuser in der ➢*Deichstraße*, Binnendeichhaus Bei den Mühren 69). *Ti.*

Altona 1. Hbger Bezirk, der neben dem ehem. ➢*Kerngebiet* das frühere Ortsamtsgebiet ➢*Blankenese* umfasst. 2009 wohnten auf einer Fläche von 77,9 km^2 250.172 Einw.
2. Aus Altona-Altstadt (2,7 km^2 Fläche mit 26.160 Einw., 2009) und Altona-Nord (2,2 km^2 Fläche mit 21.350 Einw., 2009) bestehender Stadtteil im ehem. Kerngebiet des gleichnamigen Bezirks.
A. entstand im frühen 16. Jh., Hbg „all to nah", allzunah, als kleine Fischer- und Handwerkersiedlung in der sturmflutsicheren Gegend um die Kleine Elbstraße und den Fischmarkt. 1536 ist ein Wirtshaus, der „Krug Altona", urkundlich belegt. Bereits im 16. Jh. protestierte Hbg gegen die neue Konkurrenz, gleichwohl beteiligten sich Hbger am A.er Wirtschaftsleben. Das kleine Dorf in ➢*Holstein-Pinneberg* zählte 1570 rund 60 Einw. In den folgenden Jahrzehnten wurde es von den Landesherren, insbesondere dem Fürsten Ernst Graf von Holstein-Schauenburg, gefördert und zum Anziehungspunkt für Glaubensflüchtlinge. ➢*Katholiken*, ➢*Reformierte*, ➢ *Mennoniten*, portugies. und dt. Juden ließen sich in dem 1604 zum Flecken erhobenen Ort nieder. 1611/12 entstand das Viertel der „Freiheit", an das die Straßennamen ➢*Große* und Kleine *Freiheit* erinnern. In ihm galt uneingeschränkte Glaubens- und Gewerbefreiheit. Der Dreißigjährige Krieg unterbrach die positive Entwicklung.
Nach dem Aussterben der ➢*Schauenburger* kam A. 1640 mit der Herrschaft Pinneberg zum Dänischen Gesamtstaat. Dreimal bot ➢*Dänemark* A. Hbg zum Kauf an, doch die ➢*Bürgerschaft*, im 17. Jh. in ständigem Konflikt mit dem ➢*Rat*, lehnte eine Erwerbung ab. Dänemark begann nun, A. gezielt zu fördern. 1664 erhob König Friedrich III. A. zur Stadt und gewährte dieser Handels- und Zollprivilegien. Nach dem Vorbild von Livorno wurde A. zum ersten Freihafen in Nordeuropa. Zählte A. 1650 rund 3.000 Einw., so waren es 1710 bereits 12.000. Im Großen Nordischen Krieg 1700–21 wurde die Stadt 1713 von den Schweden zu zwei Dritteln zerstört, ein Racheakt für den dän. Angriff auf das damals schwed. ➢*Stade*. König Friedrich IV. erneuerte die Privilegien und bekräftigte die Tole-

ranz als Grundlage der Existenz. Oberpräsident C.D. von ➢*Reventlow* und Stadtbaumeister C. Stallknecht waren die bestimmenden Kräfte des raschen Wiederaufbaus, schon 1720 zählte A. erneut 12.000 Einw. Das 18. Jh. war für die Stadt in wirtschaftlicher und kultureller Hinsicht eine Blütezeit. 1738 entstanden das Commerz-Kollegium, Vorläufer der Altonaer Handelskammer, und das ➢*Christianeum* als Akademisches Gymnasium. 1768 erhielt A. eine Münze, 1775 wurde es Sitz des Königlichen Fischerei- und Handelsinstituts, 1777 einer Bank. A.er Handelshäuser waren in Europa und Übersee tätig, die Zahl der hier beheimateten Schiffe übertraf schließlich die der Hbger Handelsflotte (1806: A. 296, Hbg 258). Von den rund 24.000 Einw. am Ende des 18. Jhs waren fast 10 % Juden, als Kern der ➢*Dreigemeinde* war die Stadt ein Zentrum der mitteleuropäischen Juden. Auch als Pressestadt hatte A. neben Hbg Bedeutung, seit 1694 erschien der „Altonaische Mercurius", seit 1696 der „Relations-Courier" (1700–89 „Reichspostreuter"), 1773 kamen nach Hbger Vorbild die „Altonaischen Addreß-Comtoir-Nachrichten" hinzu. A. wurde zu einem Mittelpunkt der ➢*Aufklärung* in Schleswig-Holstein, 1799 entstand als gemeinnütziger Verein das ➢*Altonaische Unterstützungs-Institut*, 1812 die Schleswig-Holsteinische patriotische Gesellschaft, beide auch nach Hbger Beispiel. 1792/93

Blick auf Altona von Norden um die Mitte des 19. Jahrhunderts. Im Vordergrund typische Vorstadtbebauung, im Hintergrund die Stadtsilhouette mit dem Alten Rathaus, der Hauptkirche und fünf Windmühlen. Kolorierte Lithografie von Gustav Frank

gab es in Altona einen „Jacobiner-Club“, Zeichen zunehmender Politisierung wie die in der Stadt verlegten demokratischen und liberalen Zeitschriften, die u.a. im Verlag von Hammerich und Lesser erschienen (J.F. ➢*Hammerich*).

➢*Kontinentalsperre* und ➢*Elbblockade* beendeten das „Goldene Zeitalter“, das in der ➢*Palmaille* und den westl. gelegenen ➢*Landhäusern* architektonischen Ausdruck gefunden hatte. In der ➢*Franzosenzeit* nahmen A. und ➢*Ottensen* 1813/14 Tausende der vertriebenen Hbger auf. Die A.er Privilegien verloren nach 1815 an Bedeutung, auch blieb die Förderung durch Dänemark im Vergleich zum 18. Jh. zurück. Einen erneuten Aufschwung brachte die Amtszeit des Bürgermeisters K.H.K. Behn (1838–53) mit dem Hafenausbau, der 1844 eröffneten Ostseebahn nach Kiel und der Stadterweiterung nach Norden in das Gebiet zwischen Königstraße und Schulterblatt. Auch die kommunale Infrastruktur wurde ausgebaut. 1853 wurden die letzten Zollprivilegien aufgehoben, die Freihafenstellung blieb aber erhalten. Da A. inzwischen baulich mit Hbg zusammengewachsen war, wurde es zum Zollausland erklärt. Daraufhin entwickelte sich Ottensen zum Industriestandort.

Nach dem Deutsch-Dänischen Krieg 1864 und dem Deutschen Krieg 1866 kam A. mit Schleswig-Holstein an Preußen und wurde zu einer Arbeiterwohnstadt. Lebten 1867 hier noch 67.300 Einw., waren es 1885 bereits 104.700. 1888 kam A. mit Hbg zum dt. Zollgebiet. 1895 entstand der neue Hauptbahnhof (➢*Altonaer Bahnhof*), 1896–98 das neue ➢*Altonaer Rathaus*. 1889 wurde Ottensen eingemeindet, 1890 folgten ➢*Bahrenfeld*, ➢*Othmarschen* und ➢*Övelgönne*, die Zahl der Einw. stieg auf 143.000. Zur luth. Hauptkirche St. Trinitatis von 1649/50 kamen die St.-Johannis-Kirche (1868–72) und die doppeltürmige St.-Petri-Kirche (1880–83), beide von J. Otzen erbaut. 1901 erhielt das ➢*Altonaer Museum* einen Neubau. Wiederholt wurde ein Anschluss an Hbg erwogen, dem sich Preußen jedoch widersetzte.

In der Weimarer Republik wurde A. unter Oberbürgermeister M. ➢*Brauer* und Bausenator G. ➢*Oelsner* zu einem Modell fortschrittlicher Kommunalpolitik im Wohnungsbau, Schulwesen und im so-

zialen Bereich. 1927 entstand durch die Eingemeindung von ➢*Stellingen*-Langenfelde (➢*Langenfelde*), ➢*Eidelstedt*, ➢*Lurup*, ➢*Osdorf*, ➢*Groß Flottbek*, ➢*Klein Flottbek*, ➢*Nienstedten*, Blankenese, ➢*Sülldorf* und ➢*Rissen* Groß-Altona, die Einwohnerzahl stieg von 187.000 auf 232.000. Durch von der Stadt erworbene Gärten und Parks am Elbhang und an der ➢*Elbchaussee* und den ➢*Altonaer Volkspark* wurde A. zu einer „Stadt im Grünen". Die Weltwirtschaftskrise und ihre Folgen führten in A. zu großen sozialen Spannungen und ökonomischen Problemen. Sichtbarer Ausdruck der Radikalisierung war der ➢*Altonaer Blutsonntag* 1932. Eine Antwort auf diese Vorgänge war das ➢*Altonaer Bekenntnis* von 1933.
Durch das ➢*Groß-Hamburg-Gesetz* kam A. 1937 an Hbg. Die Verwirklichung der gigantomanischen Pläne einer „Führerstadt Hamburg" hätte A.s historische Struktur aufgelöst; sie wurde durch die ➢*Luftangriffe* im Zweiten Weltkrieg weitgehend zerstört. Auch die jüd. Gemeinde, an deren Spitze zuletzt J. ➢*Carlebach* stand, wurde vernichtet.
Pläne eines „Neu-Altona", die E. May und W. Hebebrand 1954–56 entwarfen, wurden im Bereich des alten Stadtkerns, wenn auch nicht vollständig, so doch tlw. realisiert. 1974–96 wurde der Bereich um den Altonaer Hauptbahnhof neu gestaltet, der Abriss des alten Bahnhofs wird von vielen Altonaern und Hamburgern noch heute bedauert. *Ko.*

Altonaer Bahnhof/Altonaer Hauptbahnhof/Hamburg-Altona Im Mai 1844 erfolgte die Grundsteinlegung des ersten A.B.s westl. der ➢*Palmaille*. Er sollte bewusst in größtmöglicher Entfernung zu Hbg entstehen. Bei der offiziellen Eröffnung der König-Christian-VIII.-Ostsee-Eisenbahn von ➢*Altona* nach Kiel im September befand sich das klassizistische Gebäude tlw. noch im Bau. 1845 war der Hafenanschluss über eine Steilstrecke fertiggestellt, die 1876 durch den Hafenbahntunnel ersetzt wurde. Der Kopfbahnhof wurde Endpunkt mehrerer schleswig-holstein. Eisenbahnlinien (Marschenbahn 1845; Flensburg/Dänemark 1858; ➢*Blankenese* 1867). Nach Erweiterungen und dem 1866 fertiggestellten Anschluss an die ➢*Verbindungsbahn* wurde er nach deren Ausbau seit 1890 größtenteils abgerissen. Reste des Südflügels sind ins ➢*Altonaer Rathaus* integriert. Die Gleisanlagen wurden nordwärts

Der alte Altonaer Bahnhof am Ostende der Palmaille.
Rechts ein wartender Pferdeomnibus. Kolorierter Kupferstich von Wilhelm Heuer, 1855 (oben)

Der Altonaer Hauptbahnhof von 1898.
Im Vordergrund der 1899 errichtete Stuhlmann-Brunnen, rechts das renommierte Hotel Kaiserhof. Postkarte, um 1900

verlegt, der heutige Platz der Republik ist das aufgelassene Bahngelände.
Am 30.1.1898 erfolgte die Einweihung des zweiten A.B.s an seinem heutigen Standort zwischen Bismarckstraße (heute: Ottenser Hauptstraße) und Großer Bergstraße als ➢*Backsteinbau* in viktorianisch-neugotischer Stilmischung mit mächtiger, vierschiffiger Empfangshalle. 1907 kam eine fünfte Halle für die ➢*Vorortbahn* hinzu. Nordwestl. davon liegt der Güterbahnhof, nördl. das 1982 aufgegebene Bahnbetriebswerk. 1938 wurde „Altona Hbf." in „Hamburg-Altona" umbenannt und 1977–79 gegen heftige Proteste aus wirtschaftlichen Gründen abgerissen. Äußerlich kaum als Bahnhof erkennbar („Kaufhaus mit Gleisanschluss", 2004/05 umgebaut) liegen im 1994 renovierten Erdgeschoss des Nachfolgebaus die Fernbahnsteige und Serviceeinrichtungen, die ➢*S-Bahn*-Gleise verlaufen unterirdisch. Der Bahnhof Hamburg-Altona ist heute wichtigster Knotenpunkt des Personenverkehrs im Westen der Stadt für zahlr. S-Bahn-Verbindungen und den Regionalverkehr nach West-Holstein. Der Bahnhof ist der Endpunkt der Hbger Fernbahnen in Nord-Süd-Richtung (elektrifiziert 1965). Durch die Elektrifizierung der Strecken nach Kiel und Flensburg/Dänemark verlor er im September 1995 an Bedeutung, da ihn seitdem die von Kiel und Flensburg nach Süden durchlaufenden Züge aus Zeitersparnis umfahren. *To*

Altonaer Balkon heißt die nach dem Zweiten Weltkrieg geschaffene Grünanlage und Aussichtsplattform am Steilufer der ➢*Elbe* oberhalb des Altonaer Fischereihafens, südl. vom ➢*Altonaer Rathaus* zwischen Klopstockstraße und ➢*Palmaille*. Der Ausblick vom „Kap Kiekut", wie H. ➢*Leip* 1953 den A.B. nannte, über den ➢*Hafen*, die Elbe und den ➢*Köhlbrand* zieht zu allen Jahreszeiten Seebären und Landratten an. Die Bronzeplastik mit den drei Fischern und ihren aufgestellten Rudern schuf G. Brandes 1968. Von hier führt der Elbuferweg in östl. Richtung zum Hafen, nach Westen bis ➢*Blankenese* und ➢*Rissen*. *Ko.*

Der Altonaer Balkon gehört zu den schönsten Aussichtspunkten an Elbe und Hafen. Maritime Assoziationen weckt die Bronzeplastik von Gerhard Brandes, die auch an die großen Zeiten des Altonaer Fischereihafens erinnert.

Altonaer Bekenntnis Unter der Führung von H. Asmussen erarbeiteten fünf Theologen als Reaktion auf den ➢*Altonaer Blutsonntag* das am 11.1.1933 verkündete „Wort und Bekenntnis Altonaer Pastoren in der Not und Verwirrung des öffentlichen Lebens", das von 21 der 25 Altonaer Pastoren unterschrieben wurde. In fünf Artikeln nahmen sie theologisch begründet Stellung zur politischen Situation in Dtld. Ausgehend vom Verständnis der Kirche als „die durch Gottes jetzt geschehendes Wort aufgerufene Schar" (Art. 1) werden Aufgaben von Kirche und Staat bestimmt. Trotz des autoritären Staatsverständnisses wird auch an das Recht auf Widerstand erinnert. Der Totalitätsanspruch der nationalsozialistischen Ideologie wird so grundlegend kritisiert, eine unmittelbare Kritik der wenig später etablierten neuen Ordnung konnte das A.B. aber nicht leisten. Dieses überregional intensiv rezipierte Bekenntnis gilt als erste kirchliche Stellungnahme in politischen Fragen und als wichtiger Schritt zur Positionsbestimmung der Kirche zu Beginn des „Dritten Reiches"; es war eine Voraussetzung für die weitaus berühmtere Barmer Theologische Erklärung von 1934. *He.*

Altonaer Blutsonntag In dem nach der Aufhebung des SA- und SS-Verbots durch Reichskanzler F. von Papen besonders aufgeheizten Reichstagswahlkampf veranstaltete die ➢*NSDAP* am Sonntag, dem 17.7. 1932 einen Propagandamarsch durch Teile ➢*Altonas*, darunter auch die Altonaer Altstadt, eine Hochburg von ➢*SPD* und ➢*KPD*. Während der erste Teil des „Werbemarsches" der ca. 7.000 SA-Angehörigen weitgehend ohne Störungen verlief, kam es in der Altstadt zu mehreren heftigen Auseinandersetzungen zwischen Zugteilnehmern und Gegendemonstranten. Dabei wurde gegen 16.45 Uhr an der Ecke Schauenburger Straße/Große Johannisstraße (heute Schomburgstraße/Walter-Möller-Park) auf den Altonaer SA-Sturm 2/31 ein Feuerüberfall – mit hoher Wahrscheinlichkeit durch eine kommunistische Schützengruppe aus Hbg – verübt. Zwei SA-Leute wurden dabei tödlich getroffen. Bei den folgenden Auseinandersetzungen und wesentlich bedingt durch das Eingreifen und den Schusswaffengebrauch stärkerer Kräfte der Altonaer und Hbger ➢*Polizei* wurden weitere Personen, meist unbeteiligte Zivilisten, getötet. Insgesamt forderte das Ereignis 18 Tote und zahlr. Verletzte. Reichskanzler von Papen nahm das Ereignis als einen Vorwand für den Staatsstreich gegen die geschäftsführende preuß. Staatsregierung am 20.7.1932. Über die zur Ablösung der Regierung erforderliche Notverordnung des Reichspräsidenten P. von Hindenburg verfügte er allerdings bereits seit dem 14.7.1932. Der Altonaer Polizeipräsident und sozialdemokratische Reichstagsabgeordnete O. Eggerstedt wurde nach dem 20.7.1932 seines Amtes enthoben und am 12.10.1933 im KZ Papenburg-Esterwegen (Emsland) ermordet.

Im Verfahren vor dem Sondergericht in Altona wurden 1933 im Zusammenhang mit dem „Blutsonntag" vier Angehörige der KPD wegen Mordes zum Tode verurteilt und am 1.8.1933 im Hof des Gerichtsgefängnisses mit dem Handbeil hingerichtet. Der Tat konnten sie in dem Verfahren nicht überführt werden. Die

Die Abteilung Schifffahrt und Fischerei im Altonaer Museum für Kunst und Kulturgeschichte, wie es seit 2006 heißt: geschnitzte Holzplastik in der Art einer Galionsfigur, vermutlich 19. Jahrhundert

Urteile wurden erst 1994 aufgehoben. Literarisch behandelt wurden die Hinrichtungen von A. Zweig in dem Roman „Das Beil von Wandsbek" (hebrä. 1943, dt. 1947). Nach den hingerichteten W. Möller und A. Lütgens wurden Parkanlagen in der Altonaer Altstadt benannt, nach B. Tesch die dortige Gesamtschule und nach K. Wolff eine Straße. Insgesamt fanden bis 1937 fünf „Blutsonntagsprozesse" mit zahlr. weiteren Verurteilungen statt. *WK*

Altonaer Geschichts- und Heimatschutzverein Auf Initiative interessierter Lehrer entstand 1924 der Verein für Geschichte und Heimatkunde von Altona und Umgegend, der 1928 seinen neuen Namen erhielt. 1931 erschien, herausgegeben vom Stadtarchivar P.Th. Hoffmann, der erste Band der „Altonaischen Zeitschrift für Geschichte und Heimatkunde", dem bis 1938 sechs weitere Bände und 1939 ein Gesamtregister folgten. Mit dem Ende der kommunalen Selbstständigkeit ➢*Altonas* durch das ➢*Groß-Hamburg-Gesetz* stellte der Verein 1938 seine Tätigkeit ein und ging im ➢*Verein für Hamburgische Geschichte* auf, der sich seither auch der Altonaer Belange angenommen hat, so z.B. 1964 mit dem Sammelband „300 Jahre Altona" zum Stadtjubiläum. *Ko.*

Altonaer Museum für Kunst und Kulturgeschichte 1863 schuf eine Bürgerinitiative das „Öffentliche Museum" zu ➢*Altona* an der ➢*Palmaille*. 1901 wurde das Museumsgebäude an der Museumstraße fertiggestellt, 1914 bereits der Erweiterungsbau bezogen. 1945 wurde das Haus tlw. zerstört, der Neubau wurde 1955–66 errichtet. Ein Großfeuer richtete 1980 beträchtlichen Schaden an. Die Neuaufstellung ist weitgehend abgeschlossen. Schwerpunkte des „Norddeutschen Landesmuseums" (so der Zusatzname 1974–2006) sind die Geschichte von Schifffahrt und Fischfang, Volkskunde und Kulturgeschichte, die Landschaftsgalerie und die Stadtgeschichte. Außenstellen sind das ➢*Jenisch Haus* und das Vierländer Freilichtmuseum Rieck Haus in ➢*Curslack*. Seit 2008 gehört das Altonaer Museum zur ➢*Stiftung Historische Museen Hamburg*. *Ko.*

Altonaer Rathaus Dass ein Rathaus aus einem Bahnhof entsteht, dürfte äußerst selten sein. In ➢*Altona* war dies der Fall, als das ehem. Empfangsgebäude der 1844 zwischen ➢*Palmaille* und ➢*Elbchaussee* eröffneten Eisenbahnstrecke Altona-Kiel als Südflügel in den von Stadtbaumeister E. Brandt 1896–98 im Stil der Neorenaissance errichteten Bau des neuen Rathauses einbezogen wurde. Das Rathaus mit seinen vier durch Dreiecksgiebel betonten Flügeln war Ausdruck des Selbstbewusstseins der größten Stadt in der preuß. Provinz Schleswig-Holstein

Das Altonaer Rathaus, davor das 1897 von Gustav Eberlein geschaffene Reiterstandbild Kaiser Wilhelms I. Das Giebelfeld zeigt eine allegorische Darstellung der Stadt Altona von Karl Garbers, an der Ernst Barlach mitgearbeitet hat.

um die Wende zum 20. Jh. Die Wandbildentwürfe von M. ➢*Liebermann*, Darstellungen der Jahreszeiten, wurden nicht ausgeführt, die Stadtväter entschieden sich für Historiengemälde (heute im ➢*Altonaer Museum*). Das Giebelfeld über dem Haupteingang im nördl. Flügel schmückt eine allegorische Darstellung der Stadt von K. Garbers, an der E. ➢*Barlach* mitgearbeitet hat. Das Rathaus wurde 1943–45 durch ➢*Luftangriffe* beschädigt und 1950–52 wiederhergestellt. Das Reiterstandbild Kaiser Wilhelms I. vor dem Rathaus schuf G. Eberlein 1898, das schwarze Quader-Monument von S. LeWitt wurde 1989 aufgestellt und soll an die jüd. Gemeinde Altonas und ihre Vernichtung erinnern. Stadtbaumeister C. Stallknecht errichtete 1716–20 das 1943 völlig zerstörte alte A.R., das am Altonaer Rathausmarkt zwischen Königstraße und Dosestraße stand. *Ko.*

Altonaer Sternwarte Mit Unterstützung des dän. Königs 1821 von H.Chr. ➢*Schumacher* gegründetes und geleitetes Observatorium an der Südseite der ➢*Palmaille*. Die Anlage entstand als rückwärtige Erweiterung seines privaten Wohnhauses (Nr. 27). Die Tätigkeit der A.S., die Anschaffung von Geräten (viele aus der Werkstatt von J.G. ➢*Repsold*) und die Beschäftigung von Mitarbeitern geschahen ohne festgeschriebene Organisation: Ein dem Gründer und Direktor vom König jährlich gewidmeter Fonds trug die Gehälter und Kosten. Durch Schumachers wissenschaftliches Wirken erlangte die A.S. internationale Bekanntheit. Sein Assistent A.C. Petersen folgte ihm 1851–54 als Direktor sowie als Herausgeber der namhaften Zeitschrift „Astronomische Nachrichten". Letzter Leiter war Chr.A.F. Peters, bevor das Observatorium 1872–74 aufgelöst und zur Angliederung an die dortige Universität nach Kiel verlegt wurde. Im Zweiten Weltkrieg ging das Gebäude verloren und mit ihm der Meridianstein, der den Nullpunkt der gesamten Vermessung Schleswig-Holsteins darstellte. *Ti.*

Das barocke Gebäude der Altonaer Sternwarte wurde 1941 von einer Luftmine zerstört.

Altonaer Volkspark 1895 bildete sich in ➢*Altona* ein Komitee zur Errich-

Übersichtsplan zum Altonaer Volkspark. Farbige Zeichnung des Gartenbaudirektors Ferdinand Tutenberg, der den Park 1914–27 gestaltete

tung eines Volksparks. Die städtischen Kollegien beschlossen 1913 zum 25-jährigen Regierungsjubiläum von Kaiser Wilhelm II. die Schaffung des Parks. Sie wurde 1914–27 vom Gartenbaudirektor F. Tutenberg verwirklicht. Die heute 205 ha umfassende Anlage ist eingebettet in einen großflächigen Wald, der durch ein weitläufiges Wegenetz strukturiert wird. Im westl. Abschnitt liegen der Dahliengarten, im östl. der Schulgarten, der Kindern die heimische Pflanzenwelt näherbringen sollte, und das Schleswig-Holstein-Modell, das den Grundriss der damaligen preuß. Provinz, des heutigen Landes, darstellt; Steine kennzeichnen die Lage wichtiger Städte. Im Norden entstanden Spiel- und Sportanlagen, darunter das 1919–21 errichtete Volksparkstadion, das mehrfach ausgebaut wurde. Dort trägt der ➢*HSV* (➢*Fußball*) seit Einführung der Bundesliga 1963 seine Heimspiele aus. 2001 wurde das von 1998 bis 2000 umgebaute Volksparkstadion in AOL-Arena, 2007 in HSH Nordbank Arena, 2010 in Imtech Arena umbenannt. Mit der Color Line Arena – seit 2010 O_2 World Hamburg –, einer im November 2002 eröffneten Multifunktionshalle für Veranstaltungen mit bis zu 16.000 Zuschauern, kam eine weitere Sport- und Freizeitstätte hinzu. Die Hamburg Freezers tragen

Moderne Gartenkunst und Reformpädagogik verbanden sich im Schulgarten des Altonaer Volksparks: Der Park wurde zum Lern- und Erholungsort der Großstadtkinder und wird als stadtnahe Grünfläche intensiv genutzt.

dort ihre Spiele in der Deutschen Eishockey Liga DEL, die HSV-Handballer ihre Bundesligatreffen aus. An den Schöpfer des Parks erinnert der „Tutenberg", eine Anhöhe mit Aussichtsplattform. *Ko.*

Altonaisches Unterstützungs-Institut Im Jahre 1799 gründeten 27 Altonaer das A.U.-I., das sich der ➢*Sozialfürsorge* und Gewerbeförderung, der Hilfe zur Selbsthilfe, annehmen sollte. Bereits im ersten Jahr stieg die Mitgliederzahl auf 123 an, auch religiöse Minderheiten waren darunter. 1801 errichtete das A.U.-I. eine Sparkasse, die zu den ältesten in Dtld zählte (➢*Sparkassenwesen*). Sie unterstützte in der Folge zahlr. soziale und kulturelle Aktivitäten. Die freie Sparkasse erhielt mit der 1882 gegründeten Städtischen Spar- und Leihkasse, die später als Sparkasse der Stadt Altona firmierte, eine öffentlich-rechtliche Konkurrenz; nach dem ➢*Groß-Hamburg-Gesetz* übernahm das ältere Unternehmen zum 1.1.1938 die jüngere Einrichtung. Der Name wurde in Altonaer Sparcasse von 1799 (Altonaisches Unterstützungs-Institut) abgeändert. Ein Jahr später wurde das Geldinstitut, dessen durch Spekulationsgeschäfte nach dem Ersten Weltkrieg entstandene Überschuldung offenkundig geworden war, aufgelöst und zu gleichen Teilen auf die Hamburger Sparcasse von 1827 und die Neue Sparcasse überführt (➢*Hamburger Sparkasse*). *Ko.*

Das Verwaltungsgebäude des 1799 gegründeten Altonaischen Unterstützungs-Instituts an der Catharinenstraße/ Ecke Königstraße. Zeichnung, 19. Jahrhundert

Altstadt Zur ➢*Hammaburg* gehörte spätestens seit ca. 830 eine Kaufmanns- und Handwerkersiedlung (Wik) am Nordufer des Reichenstraßenfleets, die 850–900 nach Süden und Westen erweitert wurde. Dies war der Ursprung der mittelalterlichen A. mit dem Bischof als Stadtherrn. 1216 vereinigte sie sich mit der zwischen 1181 und 1202 vom ➢*Schauenburger Grafen* Adolf III. westl. angelegten ➢*Neustadt (gräf-*

Der Abbruch des Gängeviertels in der Altstadt zwischen Steinstraße und Niedernstraße. Im Hintergrund die Hauptkirchen St. Jacobi und St. Petri und der Turm des Rathauses (von rechts nach links). Foto um 1914

liche Siedlung). In der ersten Hälfte des 13. Jhs wurden die ➢*Kirchspiele* Katharinen und Jacobi besiedelt. Seitdem bestand Hbg aus neun topografischen Einheiten in vier Kirchspielen („Altstadt" = Petrikirchspiel mit Reichen-, Bäcker- und Johannisstraße; „Neustadt" = Nikolaikirchspiel mit Neuer Burg, ➢*Deichstraße* und Rödingsmarkt; Katharinenkirchspiel mit ➢*Grimm* und ➢*Cremon*; Jacobikirchspiel). Sie gelten als Hbger Altstadt, seit im 17. Jh. die Hbger ➢*Neustadt* entstanden war. Im Stadtteil Hamburg-Altstadt des ehem. ➢*Kerngebiets* vom Bezirk ➢*Hamburg-Mitte* sind auf 1,3 km² Fläche nur noch 1.673 Einw. gemeldet (2009). *Ri.*

Amtsgerichte (AG) In Hbg bestehen als Eingangsstufe der sog. ordentlichen Gerichtsbarkeit (Zivil- und Strafsachen) acht AG: Hbg, ➢*Altona*, ➢*Harburg*, ➢*Wandsbek*, ➢*Bergedorf*, ➢*Barmbek*, ➢*St. Georg* und ➢*Blankenese*. Die AG Hbg und Bergedorf sind am 1.10.1879 aufgrund der sog. Reichsjustizgesetze an die Stelle des ➢*Niedergerichts* bzw. des seit 1855 für das Amt Bergedorf zuständigen Gerichts getreten. Das AG Hbg ist eines der größten Gerichte Dtlds. In seerechtlichen Verteilungssachen ist es für alle Länder der Bundesrepublik und in Binnenschifffahrtssachen auch für ➢*Bremen*, Niedersachsen und Schleswig-Holstein zuständig. Das Gericht, dessen Hauptsitz sich im Gebäude am ➢*Sievekingplatz* befindet, ist mit einem Präsidenten, einer Vizepräsidentin sowie 250 Richtern besetzt und hat rund 1.450 Mitarbeiter. *JA*

Ansgar (geb. 801 in der Picardie, gest. 3.2.865 Bremen), Erzbischof, Kirchenheiliger (3. Februar). Da die meisten der über A. Auskunft gebenden Urkunden sich als Fälschungen herausgestellt haben, ist es unklar, seit wann und in welcher Funktion er in Hbg wirkte. Sicher ist jedoch, dass der nach seiner Missionstätigkeit in Skandinavien „Apostel des Nordens" Genannte Benediktiner gewesen war und das in der ersten Hälfte des 9. Jhs (831/32 oder 834) gegründete Bistum Hbg leitete (➢*Erzbistum*). Papst Gregor IV. hatte A. als Missionslegat und Bischof entsandt. Wegen der Gefährdung durch ➢*Wikinger* wurde sein Sitz wohl nach dem verheerenden Überfall von 845 nach ➢*Bremen* verlegt und schließlich mit dem dortigen Bistum vereinigt; spätestens 864 wurde es Erzbistum. A.s Biografie schrieb Rimbert, sein Schüler und Nachfolger als Erzbischof. Ein spätmittelalterliches Bild des Heiligen (von H. ➢*Bornemann*) hängt in ➢*St. Petri*, sein ➢*Denkmal* (von E. Peiffer, 1883) steht auf der ➢*Trostbrücke*, und ein angeblicher Teil eines seiner Unterarme wird als Reliquie seit 1865 in der kath. St.-Ansgar-Kirche, dem Kleinen Michel, verwahrt. *Ti.*

Apothekenwesen/Pharmazeutische Lehranstalt Die Anfänge des Hbger A.s reichen ins Mittelalter zurück, 1265 ist die erste Nennung eines Arzneikrämers als „apotecarius" belegt. 100 Jahre später beginnen die städtischen Rechnungen für Apothekerdienste sowie den Unterhalt von Apothekergärten, und 1373 betraute der ➢*Rat* zwei seiner Mitglieder als „Krude-Herren" mit der Aufsicht über das A. Im Jahr 1543 gab es zwei Apotheken, deren vereidigte Betreiber samt ihren Familien und Angestellten von der Stadt versorgt wurden. Das Fehlen berufsqualifizierender Bestimmungen führte im 18. Jh. zu einem sprunghaften Anstieg auf über 50 Apotheken. Die seit 1473 am Neß bestehende Ratsapotheke konnte unter diesen Umständen keine Gewinne mehr erwirtschaften und wurde geschlossen. Die Missstände im A. behob erst die bereits 1797 von Senator J.A. Günther und dem Stadtarzt J.J. Rambach angeregte Medizinalordnung von 1818. Sie sah u.a. die staatliche Aufsicht über die Apotheken und ihre Begrenzung auf höchstens 20 (ohne ➢*Vororte*) vor. Ferner war nur noch examiniertes Personal zugelassen.

Heute gibt es 459 Apotheken in der Stadt. Sie sind zusammengeschlossen in der Apothekerkammer (1945), einen Apothekerverein gibt es seit 1816/19. Von 1824 an konnten Apotheker in der Pharmazeutischen Lehranstalt des Gesundheitsrates ausgebildet werden. Sie war aus der 1801 gegründeten Pharmazeutischen Gesellschaft hervorgegangen. Mit fortschreitender Verwissenschaftlichung der Pharmazie verlor die Einrichtung mit ihrem schulischen Ausbildungsbetrieb zunächst an Bedeutung. 1894 zur wissenschaftlichen Anstalt (➢*Wissenschaftliche Bildung*) erhoben, kann sie als Vorläuferin des Pharmazeutischen Instituts der ➢*Universität Hamburg* gelten. Eine der schönsten Hbger Apotheken ist die über 300 Jahre alte Pelikan-Apotheke am ➢*Großneumarkt*. *Ti.*

Arbeiter- und Soldatenrat Am 3.11. 1918 gelangten erste Gerüchte vom Kieler Matrosenaufstand nach Hbg (➢*Novemberrevolution*). Auf einer von der USPD (➢*SPD*) einberufenen Massenversammlung im ➢*Gewerkschaftshaus* am 5.11. kam es dann zu umjubelten Verbrüderungen zwischen Matrosen, Soldaten und Arbeitern. In der Nacht auf den 6.11.

Eichenholzstatue des heiligen Ansgar in St. Petri, entstanden um 1480–83 in der Werkstatt von Bernt Notke in Lübeck. Der Turm des Kirchenmodells in der linken Hand erinnert an den Turm des 1804-07 abgerissenen Doms, in dem die Statue bis dahin stand.

besetzten durchreisende Soldaten unter Leitung eines Matrosenmaats im ➢*Hafen* liegende Torpedoboote und den ➢*Elbtunnel*. Am folgenden Morgen konstituierte sich im Gewerkschaftshaus unter der Leitung von F. Zeller und dem Vorsitzenden der Hbger USPD, F. Kalweit, ein provisorischer A., der sofort die Übernahme der politischen Macht proklamierte. Aufgrund des Drucks in der Arbeiterschaft wurden die reformorientierten alten Arbeiterorganisationen SPD und Gewerkschaften an der 30-köpfigen Exekutive des am 8.11. von den Hbger Betrieben neu gewählten „Großen Arbeiterrats" beteiligt. Mit dem Vorsitzenden H. ➢*Laufenberg* hatten hier zwar die Linksradikalen noch großen Einfluss, es gelang dem A. jedoch nicht, die eigenständige Weiterarbeit von ➢*Senat* und Verwaltungsbehörden zu verhindern. In Zusammenarbeit mit letzteren konnte die SPD ihre Stellung im A. allmählich ausbauen und seine Machtposition aushöhlen. In den Wahlen zur Nationalversammlung am 19.1. und zur ➢*Bürgerschaft* am 16.3.1919 erhielt die SPD die Mehrheit. Der A. dankte ab, die rote Fahne wurde am 26.3. vom ➢*Rathaus* eingeholt. *Pe.*

Arbeitsgerichte (ArbG) Für Arbeitssachen bestehen in Hbg das ArbG mit 29 Kammern und das Landes-ArbG als Rechtsmittelgericht mit acht Kammern. Beide Gerichte entscheiden in der Besetzung mit einem Berufs- und zwei ehrenamtlichen Richtern. Die Gerichtsverfassung und das Verfahren regeln das ArbGGesetz von 1953 (mit späteren Änderungen) und ein hbg. Ausführungsgesetz. Das Gericht tagt in der Osterbekstraße 96. *JA*

Architekten- und Ingenieurverein Hamburg (AIV) Der AIV ging aus der Vereinigung des seit 1855 bestehenden Hbger „Architecten- und Ingenieur-Vereins" und 59 in der ➢*Patriotischen Gesellschaft* zusammengeschlossenen Architekten und Ingenieuren hervor. Am 18.4.1859

Zu den Aufgaben des Architekten- und Ingenieurvereins gehört die Dokumentation der hamburgischen Baugeschichte in der Reihe „Hamburg und seine Bauten". Die Abbildung zeigt Motive aus dem ersten Band. Zum Jubiläum des Vereins erschien 2009 die von Gerhard Hirschfeld herausgegebene Festschrift „Hamburg und sein AIV. 150 Jahre Architekten- und Ingenieurverein 1859–2009".

wurde er als „Architectonischer Verein" gegründet, bevor er 1872 seinen heutigen Namen erhielt. Durch seine Beratungsfunktion in allen Bau- und Stadtplanungsfragen samt den diesbezüglichen gesetzlichen Bestimmungen kam dem AIV ein beträchtlicher Einfluss zu, den seine Mitglieder, darunter F.A. ➢*Meyer*, F. ➢*Schumacher*, G. Leo und M. ➢*Haller*, zur Durchsetzung ihrer Vorstellungen zu nutzen wussten. 1879 wurde der Verein selbstständige „Section" der Patriotischen Gesellschaft. In Verbindung mit deren Bibliothek sammelte er bautechnische Fachbücher. Nach der Zwangsauflösung 1938 erfolgte 1946 die Neugründung des AIV. Eine seiner Aufgaben ist die Dokumentation der hbg. Baugeschichte in der Reihe ➢*Hamburg und seine Bauten*. Zudem werden Ausstellungen veranstaltet, Einzelveröffentlichungen herausgegeben und ein oder mehrere Gebäude als „Bauwerk des Jahres" ausgezeichnet. *Ti.*

Atlantic Hotel An der ➢*Außenalster* eröffnete 1909 das Hotel „Atlantic". Die Nobelherberge hatte 250 Zimmer mit 350 Betten und 100 Badezimmern. Es fehlten weder Ventilation, Luftfilterung und Wasserdestillation noch eine eigene Rohrpost und ein großer Sommergarten. Bauherr war die „Berliner Hotelgesellschaft"; der Baupreis betrug 14 Mio. Reichsmark. Die große Halle präsentierte sich schon im Eröffnungsjahr in nobler Schlichtheit, frei von wilhelminischem Pomp. Für Entwurf und Ausführung waren die Hoflieferanten Gebr. Bauer (Berlin) verantwortlich. Die mit dem Hotel verbundene Restauration von F. Pfordte genoss unter Feinschmeckern legendären Ruhm. Das „weiße Schloss an der Alster" gehört seit 1957 zur Kempinski AG. *SH*

Auer-Druck Mit der ersten Ausgabe des „Hamburg-Altonaer Volksblattes" (3.10.1875) beginnt die Existenz der Druckerei. Sie firmierte als „Genossenschafts-Buchdruckerei zu Hamburg" und war zunächst in der heute im Schatten des Springer-Hochhauses gelegenen Amelungstraße angesiedelt. Ihre Entwicklung ist aufs Engste mit der Hbger ➢*SPD*-Presse verbunden. Bereits drei Jahre nach der Gründung fiel die Druckerei dem Sozialistengesetz zum Opfer. J.H.W. ➢*Dietz*, ihr Leiter, meldete den Betrieb daraufhin als eigene Druckerei an, die als Privatbesitz nicht beschlagnahmt werden konnte. Vom 10.11.1878 an druckte er die bald verbotene „Gerichtszeitung". Mit dem Schriftsteller J. Wedde fand sich erneut ein Sozialdemokrat, der die „rote" Presselücke mit dem verharmlosenden Titel „Bürgerzeitung" schloss. Auch sie bestand nicht lange. Schon am 2.10.1887 wagte sich Wedde mit dem ➢*Hamburger Echo* erneut an die Öffentlichkeit. Noch während des Sozialistengesetzes ging man im

Die Westfassade des Atlantic Hotels an der Außenalster

November 1887 das Wagnis eines neuen Druckhauses in der Großen Theaterstraße ein. Nach dem Außerkrafttreten des Gesetzes (30.9.1890) löste Dietz „seine" Firma auf und überschrieb alles Auer & Co. (1891). Kompagnons waren A. ➢*Bebel*, Dietz, P. Singer und der Parteisekretär und Reichstagsabgeordnete I. Auer, der als Namenspatron fungierte.
Der Betrieb entwickelte sich zu einer der größten Druckereien in Norddtld. Zeitweise wurden 18 (Gewerkschafts-)Zeitschriften gedruckt. Als die Nationalsozialisten 1933 das „Echo" verboten, ließen sie mit den beschlagnahmten Rotationsmaschinen von Auer im eigens dafür erbauten ➢*Pressehaus* ihr „Hamburger Tageblatt" drucken. Nach dem Zweiten Weltkrieg erhielt die Nachfolgegesellschaft von Auer & Co. als Wiedergutmachung für die beschlagnahmten Grundstücke in der Großen Theater- und Fehlandtstraße das Gebäude, in dem heute nur noch ➢*DIE ZEIT* ansässig ist. Am 3.10.1975 feierte das inzwischen als Hamburger Buchdruckerei und Verlagsanstalt Auerdruck GmbH firmierende Unternehmen sein 100-jähriges Jubiläum. Am 15.3.1977 wurde das Pressehaus an eine Versicherung verkauft. Seit 1949 wurde die ➢*Hamburger Morgenpost* lange Zeit bei Auer & Co. gedruckt. *KT*

Aufklärung In Hbg entwickelte sich die A. vom ausgehenden 17. bis zum späten 18. Jh. in ungewöhnlicher Konsequenz und Intensität von einer zunächst wissenschaftlich-literarischen Richtung über eine breite literarisch-publizistische Strömung hin zu einer nahezu alle Lebensbereiche umfassenden praktisch-gemeinnützigen Reformbewegung. In der ersten Phase wandte sich die Moralische Wochenschrift ➢*Der Patriot* (1724–26) an die Öffentlichkeit, plädierte für ein vernunftgemäßes und dem Gemeinwohl verpflichtetes Leben. Neben der Bibel wurde das Buch der Natur aufgeschlagen, die Physikotheologie rezipiert; des Ratsherrn und Dichters B.H. ➢*Brockes* „Irdisches Vergnügen in Gott" (1721–48) begründete die dt. Naturdichtung. In der zweiten Phase erweiterte sich die Trägerschicht der A., ➢*Kaffeehäuser* wurden zu Agenturen und Werkstätten der Gelehrten und Literaten, die Zeitungen zu Medien der neuen Gedanken. Gleichwohl wagte H.S. ➢*Reimarus* seine radikale Bibelkritik mit Rücksicht auf die durchaus noch mächtige luth. Orthodoxie nicht zu publizieren. Neben Logen (➢*Freimaurer*) und Lesegesellschaften trat die ➢*Patriotische Gesellschaft*. Sie wurde zum Motor der dritten Phase der A. als Reformbewegung. Hilfe zur Selbsthilfe war das Ziel der nun auch von Kaufleuten getragenen Hbger A. Sie widmete sich der beruflichen Bildung, der Gesundheitsvorsorge und -fürsorge, schuf mit der Versorgungsanstalt von 1778, zu der auch die erste Sparkasse der Welt gehörte (➢*Sparkassenwesen*), und der ➢*Allgemeinen Armenanstalt* von 1788 weit über die Stadt hinaus beachtete Einrichtungen (➢*Sozialfürsorge*). In den 1790er Jahren intensivierten sich, auch unter dem Eindruck der Frz. Revolution, die Reformbemühungen. Die Trägerschicht der A. vergrößerte sich auf rund 1–2 % der Stadtbewohner. Aufgeklärte Sozietäten leiteten Modernisierung und Demokratisierung ein, praktizierten Toleranz und Nächstenliebe. *Ko.*

Augstein, Rudolf Karl (geb. 5.11.1923 Hannover, gest. 7.11.2002 Hamburg), Publizist, Verleger, Schriftsteller. Als Herausgeber der politischen Wochenzeitschrift ➢*DER SPIEGEL* prägte A. über fünf Jahrzehnte die Publizistik der Bundesrepublik ebenso wie die Medienstadt Hamburg. Aufgewachsen in seiner Geburtsstadt, begann er nach dem Abitur 1941 ein Volontariat beim „Hannoverschen Anzeiger". Nach Kriegsdienst und Gefangenschaft war er seit 1945 für das „Hannoversche Nachrichtenblatt" tätig und wechselte im folgenden Jahr zu dem unter britischer Leitung erscheinenden Nachrichtenmagazin „Diese Woche", das er seit 1947 unter dem Titel „DER SPIEGEL" herausgab. 1952 wurde die Redaktion der am Vorbild des amerikanischen Nachrichtenmagazins „Time" orientierten Zeitschrift nach Hamburg verlegt. A.s Kommentare und Kolumnen bestimmten wichtige politische Debatten der Bundesrepublik maßgeblich mit. Er kritisierte entschieden die Außenpolitik Adenauers, bezog Position gegen Wiederbewaffnung und Notstandsgesetze, gehörte zu den publizistischen Wegbereitern der Entspannungspolitik und der Ostpolitik W. Brandts und befürwortete die dt. Wiedervereinigung. Kennzeichnend für den auf akribischen Recherchen beruhenden investigativen Journalismus des Nachrichtenmagazins wurde die Aufdeckung zahlreicher innenpolitischer Skandale von der Hauptstadt-Affäre (1950) bis zur Flick-Spendenaffäre (1982/83) und zur Barschel-Affäre (1987). Besonderes Aufsehen erregte nach der Veröffentlichung eines Artikels, der die Bonner Verteidigungspolitik kritisiert hatte, die sogenannte Spiegel-Affäre (1962/63): Die Inhaftierung A.s und einiger Redakteure wegen angeblichen Verrats militärischer Geheimnisse führte zu heftigen Protesten gegen die Verletzung der Pressefreiheit und schließlich zu einer Kabinettskrise, die den Sturz des Verteidigungsministers und A.-Widersachers F.J. Strauß zur Folge hatte. 1978 wurde der Spiegel-Verlag Alleineigentümer des seit 1971 zusammen mit McGraw Hill herausgegebenen „manager magazins". 1988 betrat A. mit der Sendung „Spiegel-TV" das Parkett des politischen Fernsehjournalismus. Als Buchautor widmete er sich neben tagespolitischen Fragen vor allem historischen Themen (u.a. „Preußens Friedrich und die Deutschen", 1968; „Otto von Bismarck", 1990). Zu seinen zahlreichen Auszeichnungen gehören die Ehrensenatorwürde der ➢*Universität Hamburg* (1988), die Ehrenbürgerwürde (➢*Ehrenbürger*) der Freien und Hansestadt Hamburg, das Große Verdienstkreuz des Verdienstordens der Bundesrepublik Deutschland (1997) und der Ludwig-Börne-Preis (2001). *Br.*

Rudolf Augstein gab ab 1947 die Wochenzeitschrift DER SPIEGEL heraus.

Außenalster Mit 164 ha bildet die A. den größeren Teil des ➢*Alsterbeckens*. An den Ufern in ➢*Rotherbaum*, ➢*Harvestehude* und an der ➢*Uhlenhorst* entstanden im Zuge der ➢*Stadterweiterung* des 19. Jhs zahlr. Villen und ausgedehnte ➢*Stadthaus*bebauung. Als Teil der Internationalen Gartenbauausstellung IGA von 1953 wurde das Harvestehuder Alstervorland mit den bis dahin privaten Gärten zu einer öffentlichen Grünanlage, die sich bei den Hbgern als Promenade größter Beliebtheit erfreut. Im Som-

Blick vom Schwanenwik auf die Außenalster. Im Hintergrund sind die Türme von St. Petri, St. Nikolai und des Rathauses zu erkennen.

Die gefrorene Außenalster mit Blick auf die von der untergehenden Sonne angestrahlten Mundsburg-Türme und den Turm von St. Gertrud im Süden der Uhlenhorst

mer ist die A. ein viel befahrenes Ruder- und Segelrevier. *Ko.*

Außenmühlenteich Der A. ist ein südl. des ➢*Harburger* Stadtzentrums im Stadtteil ➢*Wilstorf* gelegener kleiner künstlicher See. Bei einer Nord-Süd-Ausdehnung von ca. 1 km ist er durchschnittlich 250 m breit, seine Gesamtwasserfläche beträgt 25,9 ha. Der Teich entstand 1564/65 bei Anlage der Wilstorfer oder Butenmühle durch Harburgs zweiten Herzog, Otto II. Es bestand Mahlzwang für die umliegenden Geestdörfer. Mit einem 250 m langen Damm wurde das Wasser des Mühlenbachs aufgestaut, der bei dem Dorf Beckedorf, ca. 4 km südl. von Harburg, entspringt. Den Abfluss bildet der Engelbek, der das Wasser – heute weitgehend unterirdisch – in den ➢*Seevekanal* führt. Im Erbregister von 1667 findet der A. als größter Fischteich des Amtes Harburg Erwähnung. Die namengebende, etwa in der Mitte des Dammes liegende Mühle wurde 1930 ab-

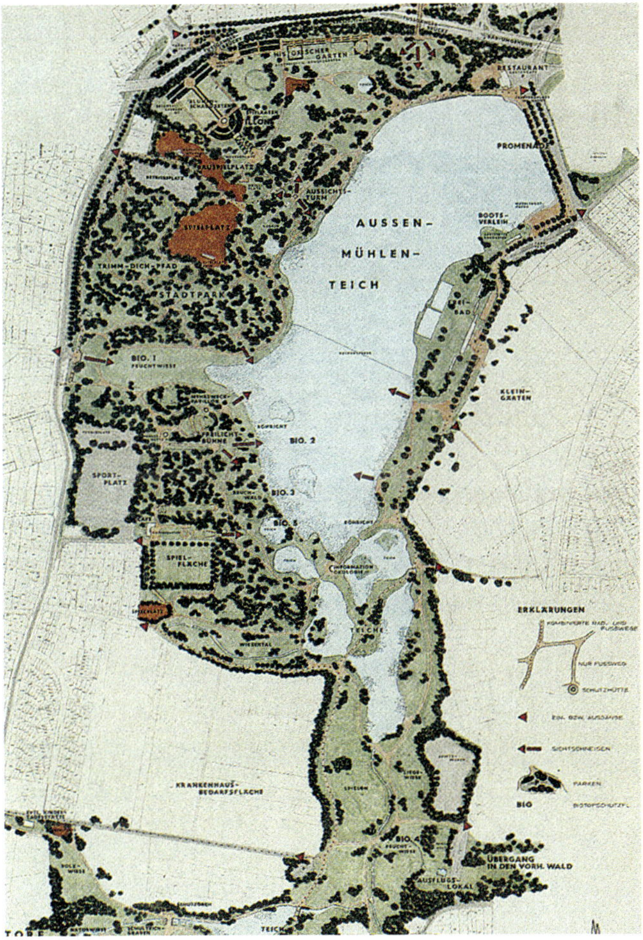

Plan der nur teilweise ausgeführten Neugestaltung des Harburger Stadtparks und des Außenmühlenteichs von 1979

gebrochen. Heute ist der A. ein beliebtes Naherholungsziel. Am Süd- und Westufer erstreckt sich der 1926 eingeweihte Harburger Stadtpark, am Ostufer existierte seit 1890 ein Freibad. Dessen Platz nimmt seit Ende 1996 der aufwendige Hallen- und Freibadkomplex „Erlebnisbad MidSommerland“ ein. *Cl.*

Ausstellungswesen Die 1790 von der ➢*Patriotischen Gesellschaft* veranstaltete erste Hbger Kunst- und Gewerbeausstellung war zugleich die erste ihrer Art in Dtld. Die wiederholten Bemühungen der Patriotischen Gesellschaft mündeten 1889 in die Hamburgische Gewerbe- und Industrieausstellung, die anlässlich des 1888 erfolgten ➢*Zollanschlusses* die Konkurrenzfähigkeit hbg. Waren mit den übrigen dt. Produkten eindrucksvoll dokumentierte. Diese erfolgreiche Universalausstellung, die Industrie, Handel, Fischerei, Gartenbau und Kunst miteinander verbunden hatte, zählte mit ih-

Das imposante Hauptgebäude der großen Hamburger Gewerbeausstellung von 1889. Links ist die Kuppel der Festhalle zu erkennen.

1891 von der Polizeibehörde ausgestellte Legitimations-Karte. Sie berechtigte einen Auswandererwirt oder seine Vertreter, bei der Ankunft der Auswandererzüge auf dem Bahnhof um Gäste zu werben oder diese abzuholen.

ren rund 2 Mio. Besuchern und einem Überschuss von knapp einer halben Mio. Mark zu den erfolgreichsten dt. Landesausstellungen des 19. Jhs. Ein Wiederaufleben der Ausstellung scheiterte 1912 hauptsächlich am Einspruch der Industrie, nachdem die absatz- und werbewirtschaftliche Funktion dieser Ausstellungen sich zunehmend auf neue Kommunikationsmittel verlagert hatte, u.a. auf die wenig später auch in Hbg etablierten Fachmessen (➢*Messe*). Bereits im 19. Jh. waren mit den zahlr. Museumsgründungen, die zumeist in enger Verbindung zum A. entstanden waren, die kulturellen Funktionen weitgehend verloren gegangen. Sichtbare Spuren des A. finden sich in der Hansestadt noch in den ➢*Wallanlagen*, die durch die Niederdeutsche Gartenschau ➢*Planten un Blomen* von 1935 sowie durch die Internationalen Gartenbauausstellungen (IGA) von 1953, 1963 und 1973 wesentlich mitgestaltet wurden. *OK*

Auswanderung In den 30er Jahren des 19. Jhs fand die A. von Dtld nach Übersee vorrangig über den Hbger ➢*Hafen* sowie über das bald zum größten europäischen Auswandererhafen aufgestiegene ➢*Bremen* statt. 1838–1914 fuhren mehr als 3,6 Mio. Auswanderer, die v.a. aus ökonomischen Gründen ihre Heimat verließen, aus Hbg ab, davon 80–90 % in die USA. 1871–1914 war Hbg wichtigster Transithafen für über 2 Mio. osteuropäische Auswanderer, v.a. Juden. Geregelt wurde die A. ab 1850 durch den privaten Hamburger Verein zum Schutze von Auswanderern, ab 1855 staatlicherseits durch eine ➢*Deputation* (später Behörde für das Auswandererwesen, seit 1928 Auswande-

„Über Hamburg in die Welt“: Dicht gedrängt stehen die Auswanderer auf den Zubringerbooten. Sie werden zu den Überseedampfern gebracht, auf denen sie in die Neue Welt fahren werden.

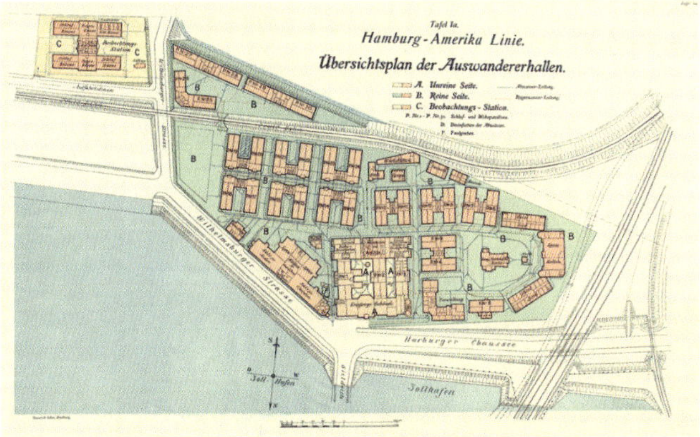

Historischer Übersichtsplan der Auswandererhallen. Gut erkennbar sind die Bahnlinie, die H- und U-förmigen Unterkunftspavillons und die Kirche in der Mitte einer Platzanlage im rechten Bildteil. Links oben, etwas abgetrennt, der Quarantänebereich

rungsamt). Vier konfessionelle Vereine betreuten die Auswanderer. Die vom Hbger ➢*Rat* zum Schutz der Auswanderer 1850 gesetzlich vorgeschriebenen Listen sind bis 1934 vollständig erhalten. 1901 erbaute die ➢*HAPAG* für die Auswanderer auf der ➢*Veddel* gut ausgestattete Pavillons. Das Museum ➢*BallinStadt* erinnert seit 2007 an die A. *Ri.*

Averdieck, Elise (geb. 26.2.1808 Hbg, gest. 4.11.1907 ebd.). Die schriftstellerisch ambitionierte Pädagogin war 1837–56 Lehrerin an einer von ihr geschaffenen christl. Elementarschule für Knaben. Ergriffen von der in Norddtld besonders ausgeprägten pietistischen ➢*Erweckungsbewegung*, befreundet mit A. ➢*Sieveking* und J.H. ➢*Wichern*, gründete sie die Heilanstalt Bethesda (1860, ➢*Innere Mission*). Weithin bekannt wurde A. durch ihre Kinderbücher, insbesondere durch die 1851 zuerst erschienene und immer wieder aufgelegte Erzählung „Roland und Elisabeth“, in der die Schreckenstage des ➢*Großen Brandes* von 1842 anschaulich geschildert sind. *SH*

Axel Springer Verlag ➢*Springer, Axel*

Altersfoto von Elise Averdieck, die als Kinderbuchautorin bekannt geworden ist. Aufgenommen im Oktober 1905 von Rudolph Dührkoop

Der Wirtschaftshistoriker und Bibliothekar Ernst Baasch. Ausschnitt eines Ölgemäldes in der Commerzbibliothek

Carl Philipp Emanuel Bach, Komponist und Städtischer Musikdirektor. Kupferstich nach einer Zeichnung von Andreas Stöttrup

Baasch, Ernst (geb. 19.11.1861 Hbg, gest. 29.1.1947 Freiburg im Breisgau). Der Historiker und Bibliothekar verfasste zahlr. Veröffentlichungen zur hbg. Wirtschaftsgeschichte. Nach dem Besuch der Gelehrtenschule des ➢*Johanneums* studierte B. an den Universitäten Tübingen, Berlin und Marburg Geschichte und Volkswirtschaft. 1887 erwarb er in Marburg die juristische Doktorwürde. Nach Hbg zurückgekehrt, trat er als Assistent in den Dienst der ➢*Commerzbibliothek*, deren Leiter er 1889 wurde. Als B.s Hauptwerke gelten „Die Handelskammer zu Hamburg 1665–1915“ (2 Bände in 3 Teilen, 1915) und seine „Geschichte Hamburgs 1814 bis 1918“ (2 Bände, 1924–25). *SH*

Bach, Carl Philipp Emanuel (geb. 8.3. 1714 Weimar, gest. 14.12.1788 Hbg), Komponist des Spätbarocks und der Frühklassik. B. war der zweite Sohn und Schüler Johann Sebastian Bachs; seit 1731 studierte er Jura in Leipzig und Frankfurt/O. und trat 1738 als Cembalist in die Kapelle des preuß. Kronprinzen und späteren Königs Friedrich II. ein (1741 Kammercembalist in Berlin). 1767 wurde B. als Nachfolger seines Paten G.Ph. ➢*Telemann* zum ➢*Städtischen Musikdirektor* der fünf Hauptkirchen der Hbger ➢*Kirchspiele* und in das damit verbundene Amt des Kantors am ➢*Johanneum* gewählt; Amtsantritt im März 1768. B. stand zu Lebzeiten in höherem Ansehen als sein Vater, erreichte in Hbg jedoch nicht die Popularität Telemanns. Sein umfangreiches Œuvre enthält neben der aus seinem Amt resultierenden kirchlichen Musik (Passionen, Oratorien, Kantaten) ein breites Spektrum weltlicher Kompositionen (Sonaten, Trios, Quartette, Fantasien, Konzerte, Sinfonien, Lieder) sowie musiktheoretische Abhandlungen. Besonderes Interesse brachte er den Tasteninstrumenten (Cembalo, Fortepiano, Clavichord) entgegen.
Zum Hbger Freundeskreis von B. gehörten führende Vertreter der ➢*Aufklärung* wie J.G. ➢*Büsch* und J.A.H. ➢*Reimarus*, Schriftsteller wie M. ➢*Claudius*, F.G. ➢*Klopstock*, G.E. ➢*Lessing* und J.H. Voß. Die Erinnerung an B. verblasste in Hbg rasch. Begraben wurde er im Gruftgewölbe in der Großen ➢*St.-Michaelis-*Kirche. Ohne umbenannt werden zu müssen, ist seit 1965 die Bachstraße (➢*Barmbek*-Süd, ➢*Uhlenhorst*) B.s Vater und der ganzen Musikerfamilie gewidmet – zuvor hieß sie nach dem „Bach“ Osterbek. *MH*

Bach-Preis Der Preis wurde 1950, im 200. Todesjahr Johann Sebastian Bachs, von ➢*Senat* und ➢*Bürgerschaft* gestiftet, um „deutsche Komponisten [...], deren Werke als Schöpfung echter Kunst einer Verbindung mit dem Namen Johann Sebastian Bach würdig sind“, zu ehren. Der alle vier Jahre zu vergebende Preis wurde zunächst mit 15.000 DM, später mit 15.000 € dotiert. Ein Drittel dieser Summe soll für Stipendien verwandt werden. Zu den Preisträgern gehören u.a. P. Hindemith, A. Schnittke und K. Stockhausen. *Bü.*

Backsteinbau In dem Ausspruch „Hamburg ist Backstein“ kommt die zumindest für das 20. Jh. zu erkennende stadtbildprägende Bedeutung des Baumaterials Backstein (= Ziegel) zum Ausdruck; sie zeigt sich auch in der DIN-Bezeichnung zweier älterer Steinformate (220x105x 55/65 mm) als „Hamburger Ziegel“. Seit dem 12. Jh. fanden der rote

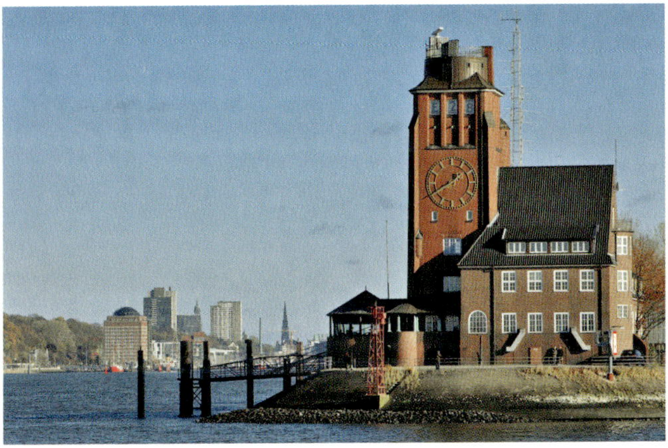

Ein markantes Beispiel des Backsteinbaus in exponierter Lage: das Lotsenhaus am Seemannshöft auf Waltershof, das Fritz Schumacher 1913/14 erbaute

Der Bildhauer Richard Kuöhl schuf farbige Keramiken für viele Hamburger Backsteinbauten, wie diese an der Finanzbehörde.

Backstein sowie später auch der druckfestere, mit höheren Temperaturen und daher z.T. in dunkleren Tönen gebrannte Klinker im Norden Dtlds Verwendung. In der Gotik wurde er Ausgangspunkt einer eigenen Stilrichtung („Backsteingotik"). Im Barock und Klassizismus erfolgten zunächst die vermehrte Hinzufügung von Werksteinelementen neben sichtbarem Backstein und später seine gänzliche Verdrängung durch hellen Verputz an Vorderfassaden Hbger Bürgerhäuser („Hamburg wird hell"; ➢*Görtz-Palais*). Dies blieb prägendes Merkmal des Zeitgeschmacks für fast 100 Jahre. Erst gegen Ende des 19. Jhs verhalfen der ➢*Hamburger Heimatstil* und v.a. F. ➢*Schumacher* dem Baustoff wieder zur Allgegenwärtigkeit in der Stadt. Auf der Suche nach „Wahrheit im Material" waren zuvor Backsteinrohbauten im Zuge der beginnenden Neugotik (seit den 1820er Jahren; A. de ➢*Chateauneuf*) und später durch die Hannoversche Schule („Hasik"; F.A. ➢*Meyer*) nur vereinzelt und kaum privat aufgeführt worden (Haus der

➢*Patriotischen Gesellschaft*, 1845–47; Haus Ferdinandstraße 65, 1844, beide Th. Bülau). Durchgängig fand der rote Backstein dagegen in allen Kunstepochen Verwendung an den Rück- und Fleetseiten der ➢*Althamburgischen Bürgerhäuser* und ➢*Speicher* sowie im Sakralbau.

Nach dem ➢*Großen Brand* kam der gelbe Trilluper Stein zur Anwendung. Zum Bau der Pfarrkirche ➢*St. Gertrud (2.)* wurden 1882–85 Hunderte Sorten Backstein verwendet, und im ➢*Kontorhausviertel* entstand einige Jahrzehnte später kunstvoll variierter B. (F. ➢*Höger*). Während der ➢*NS-Zeit* sollte mit den Ziegeln aus dem Klinkerwerk im KZ ➢*Neuengamme* das gigantomanische „Neue Hamburg“ errichtet werden (K. ➢*Gutschow*).

Farbige Darstellung vom „Badehaus“ auf der Binnenalster. Mit dem Badeschiff beginnt die Geschichte der Hamburger Badeanstalten.

Nach dem Zweiten Weltkrieg zunächst rückläufig, wurde B. 1950–70 nach skandinav. Vorbild vermehrt wieder in gelbem Klinker ausgeführt. Mit dem Austausch des Begriffs Heimatkunst durch Regionalismus findet der B. seit den 1980er Jahren zur erneuten, anhaltenden Blüte („Backsteineuphorie“), wenn auch meist nur zur Verblendung der Stahlbetonskelette als „Ziegelstein-Tapete“. *Ti.*

Badeanstalten Eine der ersten dt. Flussbadeanstalten entstand 1793 mit dem von J.A. Arens entworfenen Badeschiff, einem Floß mit zwölf Badekammern, in der ➢*Binnenalster.* Die Anregung hatte die ➢*Patriotische Gesellschaft* gegeben. 1809/10 erfolgte ein Neubau mit Frauenbad und Schwimmanstalt. 1845 wurde die Anlage durch Sturm stark beschädigt und erhielt ein Jahr später in der ➢*Außenalster* nahe der ➢*Lombardsbrücke* einen zweiten Standort, den sie 1867 erneut wechselte. An diesem, weiter östlich gelegen, entstand dann 1888 die „Alsterlust“, ein Lokal mit B., das bis 1940 bestand.

Freibäder wurden auch auf der ➢*Uhlenhorst*, in ➢*Winterhude* und ➢*Ohlsdorf* betrieben. Beliebte Badeplätze lagen ferner am ➢*Köhlbrand* und am Elbstrand bei ➢*Nienstedten*, ➢*Blankenese* und ➢*Wittenbergen.* Das erste Familienbad wurde 1927 in Ohlsdorf eröffnet. 1793–99 beschäftigte sich die Patriotische Ge-

Das von Fritz Schumacher 1914 erbaute Holthusenbad in Eppendorf: Baukunst, Badespaß und „Wellness“

sellschaft mit Plänen für ein Seebad im Amt Ritzebüttel (➢*Cuxhaven/Ritzebüttel*). Verwirklicht wurde es 1816 dank des tatkräftigen Amtmanns A.A. ➢*Abendroth.*

Auch das erste Hallenbad wurde von der Patriotischen Gesellschaft angeregt: die 1854 fertiggestellte älteste dt. Warmbadeanstalt am Schweinemarkt, deren Pläne W. ➢*Lindley* entworfen hatte. Der Bau wurde 1963 abgerissen, um dem Parkhaus an der Steinstraße Platz zu machen. Weitere Hallenbäder entstanden 1881 am Schaarmarkt, 1895 an der Hohen Weide, 1904 am Lübecker Tor, 1908 in der Bartholomäusstraße in ➢*Barmbek*, 1909 in ➢*Hammerbrook* und 1914 in ➢*Eppendorf*, das von F. ➢*Schumacher* erbaute Holthusenbad, in dessen Obergeschoss urspr. ein Standesamt untergebracht war. Die Bäder vereinten Schwimmhallen, „Wannen- und Brausezellen“. 1898 wurde in Hbg das Schulschwimmen eingeführt, 1918 zum pflichtmäßigen Unterrichtsfach erhoben.

Das älteste Hallenbad in ➢*Altona* entstand 1880/81 an der Bürgerstraße (heute Thedestraße), das sog. Thede-Bad. 1911 wurde das Bismarckbad in ➢*Ottensen*, unmittelbar am Bahnhof Altona (➢*Altonaer Bahnhof*), eröffnet (2005 geschlossen, 2007 abgerissen), 1927 das Schwimmstadion am ➢*Altonaer Volkspark.* 1927 wurde die neue Flussbadeanstalt („Bille-Bad“) in ➢*Bergedorf* errichtet, 1928/29 das Hallenbad an der Bremer Straße in ➢*Harburg.*

Markantester Neubau nach dem Zweiten Weltkrieg ist die Alsterschwimmhalle von 1973 in ➢*Hohenfelde.* Ein Ersatz für das Bismarckbad entsteht an der Holstenstraße. Seit 1924 wurden die Hbger

Die denkmalgeschützte Buden- und Sahlbebauung im Bäckerbreitergang zeigt einst in der ganzen Stadt weitverbreitete Wohnformen (Artikel nächste Seite).

Bäder von den Hamburger Wasserwerken (➢*Trinkwasserversorgung*) betrieben, 1995 entstand die Bäderland Hamburg GmbH. Sie verfügt über 26 Hallen- und Freibäder, Saunen und eine Eissporthalle. *Ko.*

Köpfe des kommunistischen Widerstands:

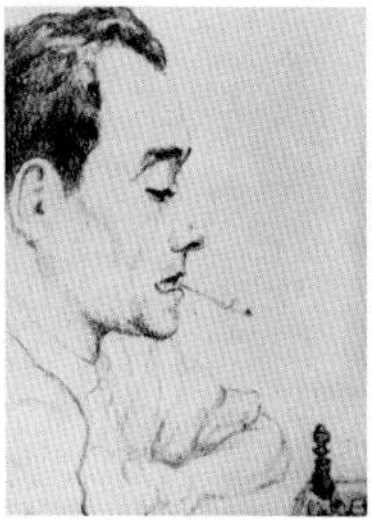

Bernhard Bästlein, zeitgenössische Zeichnung

Franz Jacob

Robert Abshagen

Bäckerbreitergang Die Fachwerkhäuser im B. gehören zu den letzten Resten der dicht bevölkerten ➢*Gängeviertel*, die seit dem 17. Jh. als Wohnquartiere der Unterschichten entstanden. Das Mietshaus Nr. 49–50 wurde um 1780 gebaut, die Zeile Nr. 51–58 entstand im frühen 19. Jh. mit ➢*Buden*- und Sahlbebauung (➢*Sähle*). Nach jahrelangem Tauziehen ist das Ensemble 2009 von der Stadt Hamburg zurückgekauft worden. *SH*

Bästlein-Jacob-Abshagen-Gruppe Aus der Zusammenführung kleinerer Kreise Gleichgesinnter, u.a. der auf Baustellen tätigen „ABC-Kolonne“ um die im April 1939 aus dem KZ Sachsenhausen entlassenen R. Abshagen, H. Bretschneider und H. Christoffers, entstand in Hbg 1941 die regional bedeutendste kommunistische Widerstandsorganisation. Sie gruppierte sich um den 1933 für die ➢*KPD* in den Reichstag gewählten B. Bästlein und den Hbger Bürgerschaftsabgeordneten F. Jacob, die im Frühjahr und Herbst 1940 ebenfalls aus dem KZ Sachsenhausen entlassen worden waren und nun ihre umfangreichen Kontakte zur Knüpfung eines konspirativen Netzes nutzten. In über 30 Hbger Firmen mit dem Schwerpunkt bei den ➢*Werften* gelang der Aufbau von zumeist kleineren Betriebszellen. Die Gruppe bei ➢*Blohm + Voss* hatte allerdings Verbindungen zu über 100 Belegschaftsangehörigen. Ziele der B.-J.-A.-G., der zumeist ehem. KPD-Mitglieder, aber auch einige Sozialdemokraten und Parteilose angehörten, waren die Mobilisierung der Arbeiterschaft gegen das Regime, die Unterstützung ausländischer Zwangsarbeiter und sowjet. Kriegsgefangener sowie die Verübung von Sabotageakten zur Störung der Rüstungsproduktion. Die von der B.-J.-A.-G. verfassten Schriften warben für ein sozialistisches Dtld an der Seite der Sowjetunion und wurden sicherheitshalber überwiegend nur intern verbreitet, um die Organisation nicht unnötig zu gefährden. Eine Ausnahme bildete das „Merkblatt für Bauarbeiter“, das im Rahmen einer größeren Aktion im Juni 1942 zur Verteilung kam. Mit ihm wurden Soldaten und Dienstverpflichtete vor der Verschickung an die Front unter der Losung „Hitlers Niederlage ist nicht unsere Niederlage, sondern unser Sieg!“ zur Störung der Kriegsführung aufgerufen und erhielten dafür praktische Tipps.

Den Dreierkopf der Organisation bildeten Bästlein als ihr politischer Leiter, der Flensburger KPD-Unterbezirksleiter O. Reincke als ihr Organisationsleiter und Abshagen als Zuständiger für Agitation und Propaganda. Im Frühjahr 1942 folgte Jacob für Abshagen. Die „Werften“ koordinierte der ehem. Rotsport-Funktionär W. Bohne und den Bereich „Metall“ G. Bruhn, vor 1933 Abgeordneter im Preuß. Landtag und Mitglied der KPD-Bezirksleitung Wasserkante. Es bestanden Kontakte zu ähnlichen Gruppierungen in anderen norddt. Hafenstädten und nach Berlin.

Über den früheren Redakteur der kommunistischen Parteizeitung „Rote Fahne“, W. Guddorf, kam die B.-J.-A.-G. in Kontakt mit dem

Widerstandsnetz der „Roten Kapelle“ um A. Harnack und H. Schulze-Boysen.
Im Oktober 1942 gelang es der Gestapo, die Aktivitäten der B.-J.-A.-G. aufzudecken. Über 100 ihrer ca. 200 Angehörigen wurden festgenommen. Jacob entkam nach Berlin. Gemeinsam mit A. Saefkow knüpfte er dort nach der ebenfalls 1942 erfolgten Zerschlagung der Berliner Widerstandsgruppen ein neues Netz von illegalen Zellen in Berliner Großbetrieben. Jacob war auch an der Kontaktaufnahme zu den sozialdemokratischen Akteuren des „Kreisauer Kreises“ J. Leber und A. Reichwein beteiligt. Anfang 1944 stieß auch der aus der Haft geflohene Bästlein zu der „Saefkow-Jacob-Gruppe“. Nach ihrer Verhaftung und dem Prozess vor dem Volksgerichtshof wurden Bästlein, Jacob und Saefkow im September 1944 hingerichtet.
Während der schweren ➢*Luftangriffe* Ende Juli 1943 erhielten in Hbg über 50 der noch auf ihren Prozess wartenden Gefangenen der B.-J.-A.-G. unerwartet Hafturlaub. Viele von ihnen tauchten unter und versuchten, die Widerstandsgruppe wiederaufzubauen. Nach einigen Monaten wurden die meisten Flüchtigen jedoch erneut gefasst. In den „Hamburger Kommunistenprozessen“ im Mai 1944 wurden – wie in späteren Verfahren – zahlr. hohe Zuchthausstrafen und über 20 Todesurteile verhängt. Insgesamt ließen über 70 Angehörige der B.-J.-A.-G. ihr Leben; sie starben in der Haft, wurden hingerichtet oder von der Gestapo ermordet. *DG*

Bahrenfeld ist ein Stadtteil im ehem. ➢*Kerngebiet* des Bezirks ➢*Altona* mit 10,9 km² Fläche und 26.383 Einw. (2009). Der Name des 1256 erstmals erwähnten Dorfes wird bis heute gerne auf den sagenhaften Ritter Otto von Bahren zurückgeführt. B. war über Jahrhunderte ein kleines Dorf mit fünf Hufen und fünf Halbhufen am Bahrenfelder Marktplatz, nördl. der Von-Sauer-Straße (= Dorfstraße). Es lag am Verbindungsweg von Hbg über Appen nach Pinneberg und gehörte zur Herrschaft ➢*Holstein-Pinneberg*, war jedoch im 14.–16. Jh. mehrfach an Hbg bzw. an Hbger Bürger oder das Kloster ➢*Harvestehude* verpfändet. Kirchlich war es zunächst ➢*St. Petri* in Hbg, seit 1547 ➢*Ottensen* zugeordnet.
Unter dem Dreißigjährigen (1618–48) und dem Nordischen Krieg (1700–21) hatte B. stark zu leiden. Im 18. Jh. erfolgte die Aufsiedlung der Bauernstellen. 1840 zählte B. 400 Einw. Im Süden siedelten sich an der 1867 fertiggestellten Bahnlinie von Altona nach ➢*Blankenese* (➢*Eisenbahnwesen*) erste Industrien an, im Norden entstanden Friedhöfe, die Trabrennbahn (1880) sowie ein Stadion und Parkanlagen („Gayens Tannen“, Lutherpark). Am 12.1.1867 wurde B. preußisch und am 1.4.1890 mit seinen inzwischen 2.200 Einw. nach Altona eingemeindet (1914:

Bahrenfeld: ein Stadtteil im Wandel. Hier das Gelände des ehemaligen Gaswerks mit dem Gastwerk Hotel Hamburg (rechts)

9.400 Einw.). 1898 bekam B. Anschluss an die ➢*Straßenbahn.* Seit 1910 wurden Richtung Ottensen vorstädtische Arbeitersiedlungen durch genossenschaftliche Bauvereine und später im Rahmen der Altonaer Stadtplanung im vorbildlichen sozialen Wohnungsbau (G. ➢*Oelsner*) aufgeführt. Das ➢*Groß-Hamburg-Gesetz* und die am 26.10.1938 erfolgte Neuordnung der Stadtteile brachten die Vergrößerung B.s um die östl. gelegene Ottenser Feldmark. An der Trabrennbahn entsteht seit 1980 ein Gewerbegebiet. 1939 hatte das ehem. Dorf 26.000, nach dem Zweiten Weltkrieg und dem anschließenden Zuzug ausgebombter und geflüchteter Menschen 43.000 Einw. (1956). 1964 wurde das ➢*DESY* westl. der Trabrennbahn auf dem ehem. Flugplatzgelände eingeweiht. In den 1970er Jahren verschwand der alte Marktplatz zugunsten der Autobahnauffahrt B. Inzwischen vollzieht sich ein wirtschaftlicher Strukturwandel vom industriellen zum Dienstleistungssektor. *To*

Ballin, Albert (geb. 15.8.1857 Hbg, gest. 9.11.1918 ebd.), Kaufmann, Reeder. 1874 erhielt B. Prokura in der von seinem Vater S.J. Ballin und von S.M. Hirsch gegründeten Auswanderer-Agentur Morris & Co. Nach 14 erfolgreichen Geschäftsjahren verließ B. 1888 die väterliche Firma. Er trat in den Vorstand der ➢*HAPAG* ein, deren Abteilungsleiter er seit 1886 war; 1899 wurde B. zum Generaldirektor ernannt. Untrennbar mit der Firmengeschichte verbunden ist der auf ihn zurückgehende Ausspruch: „Mein Feld ist die Welt." Durch Neuerungen und Verbilligungen im Massentransport nach Übersee beförderte die HAPAG große Auswanderungsströme, darunter auch viele ostjüd. Auswanderer, über den Hbger ➢*Hafen* nach Nordamerika (➢*Auswanderung,* ➢*BallinStadt*). B., der für sein Organisationstalent berühmt war, genoss großes Ansehen in der Hansestadt, auch weil er als einflussreicher „Berater" Wilhelms II. galt; er gehörte damit zum Kreis der „Kaiserjuden" (M.M. Warburg). B. beurteilte mit großer Skepsis das Wettrüsten zwischen Dtld und Großbritannien zur See und

Albert Ballin auf dem Höhepunkt seiner Karriere als Generaldirektor der HAPAG. Ölgemälde von Henry L. Geertz

Unter Ballins Leitung ließ die HAPAG für die Route Hamburg–New York drei Riesenschiffe bauen: 1912 lief der „Imperator" vom Stapel, 1913 die „Vaterland", 1914 die „Bismarck". Der „Imperator" (auf Wunsch Kaiser Wilhelms II. wurde ausnahmsweise der männliche Artikel benutzt) war damals das größte Schiff der Welt. Plakat von 1913/14

versuchte vergeblich, ein dt.-brit. Flottenabkommen herbeizuführen.

Den Zusammenbruch des Wilhelminischen Reiches und die ➢*Novemberrevolution* verstand B. als persönliche Niederlage; er starb am 9.11.1918 an einer Überdosis Schlaftabletten. Sein Freund M.M. Warburg (➢*Warburg, Bankhaus M.M.*) bezeichnete in seiner Trauerrede B. als „den großen Unternehmer, den Visionär und Pionier, den einzigartigen Kaufmann". In der ➢*NS-Zeit* wurde das Ballinhaus zwangsweise in ➢*Meßberghof* umbenannt. *IL*

BallinStadt An historischer Stätte, am Ort der ehem. Auswandererhallen der ➢*HAPAG* auf der ➢*Veddel*, befindet sich seit 2007 in drei rekonstruierten Hallen das Auswanderermuseum B. Es erinnert mit Objekten, Inszenierungen, Hörstationen und Datenbanken an den Weg der rund 5 Mio. Menschen, die über Hbg in die Neue Welt ausgewandert sind (➢*Auswanderung*). *Ko.*

Bankomark (Mark Banco) Die 1619 eingerichtete ➢*Hamburger Bank* diente dem Giro- und Wechselverkehr und entwickelte sich allmählich zu einer der größten Kreditquellen für die Hbger Kaufmannschaft und die Stadtverwaltung. Um den Wirren der durch die Kipper- und Wipperzeit hervorgerufenen Geldkrise, die sich v.a. in Schwankungen der Geldwerte und in Münzverschlechterungen äußerte, entgegenzuwirken, wurde in Hbg die B., oder auch „Mark Banco", als wertstabile Verrechnungseinheit geschaffen.

Im Gegensatz zur ➢*Kurantmark* wurde das Bankogeld nicht ausgeprägt. Da die Grundlage für die Stabilität der Bankowährung eine vollständige Deckung durch Edelmetalldeposita war, mussten die Kunden eine Einlage in vollgewichtigen Reichstalern oder auch in Silberbarren leisten. Die Rechnungseinheit Mark Banco wurde nun zu allen anderen Währungen in Beziehung gesetzt: Die B. zählte ein Drittel des vollgewichtigen Reichstalers, die alte lübische Mark wurde auf drei Reichstaler fixiert, und anderthalb Gulden waren für einen Taler zu zahlen. Nur 5 % einer Summe durften zunächst in Kleingeld zur Hinterlegung eingebracht werden, ab 1768 erfolgte die Fundierung mit Silberbarren.

Am Jahresende 1619 unterhielten 539 Firmen mit einem Jahresumsatz von gut 16,3 Mio. B. ein Konto bei der Hamburger Bank. Allein auf die beiden Brüder R. und A. Amsinck entfielen davon 641.846 B. In der Bankowährung konnten im Großhandel Zahlungen durch Anweisungen auf das Konto des entsprechenden Geschäftspartners am Ort oder im internationalen Zahlungsverkehr durch Wechsel erfolgen. Wegen ihrer Stabilität wurde die B. zu einer der beliebtesten Handelswährungen Europas. Erst mit der Einführung einer stabilen Umlaufwährung, die in einem festen Verhältnis zur Bankowährung stand, verlor diese ihre Notwendigkeit für den Zahlungsverkehr und wurde 1876 durch die Reichswährung ersetzt. *RW*

Bannmeile (juristisch streng genommen: Bannkreis) bezeichnet einen festgelegten Bereich um das Hbger ➢*Rathaus* als Sitz der gesetzgebenden ➢*Bürgerschaft*. In dieser Schutzzone ist die Versammlungsfreiheit (Art. 8 Grundgesetz) grundsätzlich aufgehoben. Die B. wird gemäß Hbger Bannkreisgesetz vom

5.2.1985 folgendermaßen eingegrenzt: „➢*Jungfernstieg* ab Einmündung ➢*Neuer Wall* – Bergstraße – Schmiedestraße bis Kreuzung Domstraße – Domstraße – ➢*Ost-West-Straße* bis Einmündung Neue Burg – Neue Burg bis Einmündung ➢*Trostbrücke* – Grundstück der ehem. ➢*St.-Nikolai-Kirche* – ➢*Hopfenmarkt* ab Einmündung Hahntrapp – Kleiner Burstah – Großer Burstah ab Einmündung Kleiner Burstah – Graskeller – Neuer Wall". Ausnahmen darf der ➢*Senat* im Einvernehmen mit der Präsidentin oder dem Präsidenten der Bürgerschaft nur dann gestatten, wenn keine Versammlung des Parlaments, des Ältestenrats oder einer Fraktion stattfindet.

Das germanische Wort „Bann" bezeichnete u.a. ein über bestimmte Orte, Gegenstände oder Personen verhängtes Meidungs-Gebot. Im Mittelalter durfte innerhalb der B. einer Stadt, d.h. im Umkreis von einer Meile (ca. 7,5 km), kein Fremder Handel und Gewerbe treiben. 1920 wurde nach einem blutigen Zwischenfall im Berliner Reichstag erstmals in Dtld ein Bannkreisgesetz verabschiedet. Hbg folgte dem mit der „Verordnung über den befriedeten Bannkreis des Rathauses" vom 12.5.1922. Im Oktober 2007 wurde eine für einen Sonnabend auf dem Rathausmarkt angekündigte Demonstration der rechtsextremen, in der Bürgerschaft nicht vertretenen Deutschen Volksunion (DVU) durch die Einberufung einer Fraktionssitzung im Rathaus verhindert. *luz*

Barbarossa-Privileg/Hafengeburtstag

Am 7.5.1189 ließ Kaiser Friedrich I. Barbarossa – auf einem Kreuzzug nach Palästina unterwegs – in Neuburg an der Donau angeblich ein Dokument ausfertigen, worin – wohl auf Bitten des ebenfalls am Kreuzzug teilnehmenden Adolf III. von ➢*Schauenburg* – Privilegien für die auf Adolfs Initiative gegründete ➢*Neustadt* (gräfliche Siedlung) entworfen, in Aussicht gestellt oder verliehen wurden. Jenes Dokument ist verschwunden, im ➢*Staatsarchiv* erhalten ist dagegen eine vom Hbger ➢*Rat* wohl im 13. Jh. veranlasste Fälschung, welche freilich einen älteren, wahren Kern enthält, dessen Gehalt sich gegen das konkurrierende Stade richtete. Teils von Friedrich I. Barbarossa seinerzeit ins Auge gefasst, teils darüber hinaus vom Rat beansprucht, finden sich in dem B.-P. „Garantien" für die Bürger der Neustadt: von Bedrückun-

Die um 1265 entstandene, auf den 7.5.1189 datierte Fassung des „Freibriefs" Kaiser Friedrichs I. Barbarossa. Von ihr wird der Hafengeburtstag abgeleitet.

gen und Abgaben freie Schifffahrt bis zur Elbmündung, freier Fischfang zwei Meilen beiderseits der Stadt und eine Meile die ➢*Bille* hinauf, Burgenbauverbot im Umkreis von zwei Meilen, Befreiung von der Heerfolge, d.h. der Wehrpflicht außerhalb der hbg. Stadtgrenzen (➢*Wehrhoheit*).
1907 deckte der Historiker H. ➢*Reincke* die Fälschung auf. So stammen Schrift und ➢*Siegel* nicht aus der Zeit Friedrichs I. Barbarossa, sondern frühestens aus der seines Enkels, Kaiser Friedrichs II. (1194–1250), vermutlich aus den Jahren um 1225.
Der wahre Kern des B.-P. schien freilich Anlass genug, 1939 und 1989 mit großem finanziellen Aufwand den 750. bzw. 800. „Geburtstag“ des ➢*Hafens* zu begehen. Die alljährlich stattfindenden Hafengeburtstagsfeste, jeweils Anfang Mai zwischen ➢*Baumwall* und ➢*St. Pauli-Landungsbrücken* veranstaltet, gehören seit vielen Jahren zum festen Bestand der Hbger Volksvergnügen. *luz*

Barkasse bezeichnet in der Marine das größte Ruderboot eines Kriegsschiffs. Im Hbger ➢*Hafen* ist sie ein Motorboot, häufig mit überdachtem Fahrerstand, welches als Transportmittel für Menschen und Güter verwendet wird oder auch zum Schleppen von ➢*Schuten*. Die Boote sind robust und manövrierfähig. Trotzdem kommt es immer wieder, vornehmlich durch Unachtsamkeit, zu Seenotfällen, z.T. auch mit Menschenverlusten. So kollidierte 1972 im Hbger Hafen eine B. mit einer Fähre; von den 45 auf der B. befindlichen ➢*Schauerleuten* konnten nur 28 gerettet werden. 19 Menschen, darunter zehn Kinder, ertranken bei dem wohl schwersten Unglück am 2.10.1984, als ein Barkassenführer bei Dunkelheit einen vorschriftsmäßig beleuchteten, vorfahrtsberechtigten Schleppzug übersah und die B. bei der Kollision unter Wasser gedrückt wurde.
B. ist übrigens auch eine Bezeichnung für einen Essensbehälter oder -kübel. *KKW*

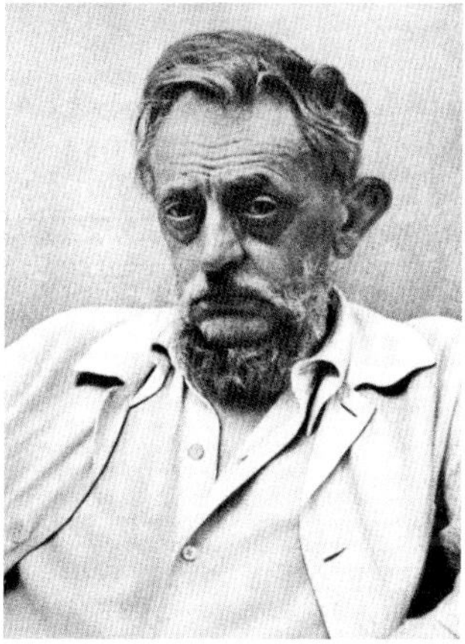

Der expressionistische Bildhauer, Grafiker und Dichter Ernst Barlach war eng mit Hamburg verbunden. Foto aus Paul Schureks Band „Begegnungen mit Ernst Barlach“ (Hamburg 1946)

Barlach, Ernst (geb. 2.1.1870 Wedel/Holstein, gest. 24.10.1938 Rostock), expressionistischer Bildhauer, Grafiker, Dichter. B. hat mit seinem reichhaltigen Werk vielfältige Spuren in Hbg hinterlassen. Noch vor seinen Studienaufenthalten in Dresden und Paris hatte er seit 1888 drei Jahre lang die Hbger Gewerbeschule besucht und blieb fortan mit der Hansestadt verbunden. Nachdem B. 1897 zusammen mit K. Garbers an Skulpturen für den ➢*Ratsweinkeller* gearbeitet hatte, bewarben sich die beiden im Jahr darauf um die Gestaltung des neuen ➢*Rathausmarkts*. Trotz ihres 1. Wettbewerbspreises erhielt J. Schilling den Auftrag und versah den Platz bis 1903 mit einem monumentalen ➢*Denkmal* Kaiser Wilhelms I. 1919 und

1921 fanden in den ➢*Hamburger Kammerspielen* Uraufführungen von B.s Theaterstücken „Der arme Vetter" und „Die echten Sedemunds" statt, die zugleich die ersten Inszenierungen von B.-Stücken überhaupt waren. Bei der Inbetriebnahme des Funkhauses der „Nordischen Rundfunk AG" (NORAG, ➢*NDR*) an der Rothenbaumchaussee am 8.1.1931 schmückten zwei Reliefs von B. den Funksaal 3.

B.s Entwurf eines Hbger Denkmals für die Opfer des Ersten Weltkriegs wurde 1929 abgelehnt; F. ➢*Schumacher* konnte jedoch durchsetzen, dass auf der Rückseite der von K. Hoffmann entworfenen und 1931 an der Viertelkreistreppe zur Kleinen Alster auf dem ➢*Rathausmarkt* eingeweihten Stele, die mit den Worten „Vierzigtausend Söhne der Stadt liessen ihr Leben für Euch" an die Kriegstoten erinnern sollte, ein Relief von B. angebracht wurde. Das gänzlich unheroische, der Trauer und Mahnung verpflichtete Relief „Mutter und Kind" war sofort Angriffen von rechts ausgesetzt und wurde schließlich 1939 von den Nationalsozialisten durch einen emporsteigenden Phoenix ersetzt. Nach dem erhaltenen Modell wurde das Relief 1949 rekonstruiert. Unter den 381 Gemälden, Grafiken und Plastiken B.s, die 1937 als „entartete Kunst" aus öffentlichen Sammlungen entfernt wurden, befanden sich auch Werke, die ihren Platz in der ➢*Hamburger Kunsthalle* gefunden hatten. Der Unternehmer H.F. Reemtsma, der schon nach 1933 den verfemten B. finanziell unterstützt hatte, stiftete das 1962 eröffnete ➢*Ernst Barlach Haus* im ➢*Jenischpark*. Seine Sammlung bildete den Grundstock des Museums. *Br.*

Barmbek ist ein in B.-Süd mit 3,1 km² Fläche und 30.772 Einw. und B.-Nord mit 3,9 km² Fläche und 37.738 Einw. (2009) gegliederter Stadtteil im ehem. Ortsamtsgebiet Barmbek-Uhlenhorst des Bezirks ➢*Hamburg-Nord*. B. wurde 1271 erstmals urkundlich genannt und gehörte seit 1355 dem ➢*Hospital zum Heiligen Geist*. In der Frühen Neuzeit verwalteten es die ➢*Oberalten*, die in B. ein Herrenhaus auf dem Platz der 1903 geweihten, 2008 abgerissenen Heiligen-Geist-Kirche besaßen. Ein Gedenkstein von 1817 am Kraepelinweg erinnert an 50 während der ➢*Franzosenzeit* 1814 aus Hbg Vertriebene, die in B. Aufnahme fanden und hier starben. Ab 1830 unterstand B. der Landherrenschaft der ➢*Geestlande*, 1871 wurde es ➢*Vorort*, 1894 Stadtteil.

Mitte des 19. Jhs hatte B. zwölf Vollhufen, acht Halbhufen und 95 Eigentumsstellen. Mit den Ortsteilen Rönnhaide und ➢*Friedrichsberg* zählte es rund 1.800 Einw. B.-Süd wurde in der zweiten Hälfte des 19. Jhs zu einem dicht besiedelten Arbeiterwohnquartier, das während der ➢*Luftangriffe* im Sommer 1943 stark zerstört wurde. Das Geschäftszentrum an der Hamburger Straße (➢*Mundsburg*) erhielt 1968 einen Nachfolger im Einkaufszentrum Hamburger Straße (seit 2010 „Shopping-Center Hamburger Meile"). Mit dem Werk- und Armenhaus an der Oberaltenallee (1853) und der „Separat-Irren-Anstalt Friedrichsberg" (1864) wurden soziale Einrichtungen aus der Stadt nach B. verlegt.

B.-Nord auf der alten Feldmark nördlich des Ortskerns und ➢*Dulsberg* wurden überwiegend in den 1920er Jahren bebaut. Mit dem ➢*S-* und ➢*U-Bahn*hof B. entstand 1906–

Das erste Barmbeker Bahnhofsgebäude bestand nur ein Jahrzehnt: von 1906 bis 1916. Der Ausbau des Verkehrsknotenpunktes erforderte seither mehrfach Um- und Neubauten.

12 ein Verkehrsknotenpunkt. Auch im Norden B.s. ging mit dem ➢*Allgemeinen Krankenhaus* Barmbek (1910–15) eine öffentliche Einrichtung der dichten Besiedlung voran. Unter F. ➢*Schumacher* entstand in B.-Nord das größte zusammenhängende Wohngebiet der 1920er und frühen 1930er Jahre in Hbg. Schumacher selbst schuf in B. mehrere Schulbauten.

Beispiele gemeinnützigen Wohnungsbaus in B. sind der Block Schleidenstraße 2–6 der ➢*PRO* (1905/06) und der Heinrich-Grosz-Hof (Kraepelinweg/Pinelsweg/Reyesweg) der ➢*Allgemeinen Deutschen Schiffszimmerer-Genossenschaft* (1928, F.R. Ostermeyer) in B.-Süd sowie die Blöcke zwischen Habichts- und Schwalbenplatz, Habichtstraße und Heidhörn (1927–31, K. ➢*Schneider*, H. Höger, Berg & Paasche) in B.-Nord. Das Hochhaus der ➢*Neuen Heimat* am Habichtsplatz entstand 1955.

Wie in ➢*Ottensen* entwickelte sich in B. vor dem ➢*Zollanschluss* Hbgs nördl. des Osterbekkanals ein Industriegebiet. Das ➢*Museum der Arbeit* ist auf dem Gelände der ➢*New-York Hamburger Gummiwaaren-Companie* an der Maurienstraße entstanden (Alte Fabrik 1871–73, Neue Fabrik – mit dem Museum – 1906–08). B. hatte 1880 noch 16.057, 1910 bereits 93.241 Einw. und war 1937 mit 186.887 Einw. der bei Weitem bevölkerungsreichste Hbger Stadtteil.

In B. spielt R. Giordanos Roman „Die Bertinis" (1982), dem er die Geschichte seiner Hbger Familie und ihrer Verfolgung in der ➢*NS-Zeit* zugrunde legte. Sein Vater war sizilian. Abstammung, seine dt. Mutter Jüdin. Das Buch wurde 1988 für das Zweite Deutsche Fernsehen von E. Monk verfilmt. Die Lindenallee des Buches ist die Hufnerstraße. Die Geschichtswerkstatt B. (➢*Geschichtswerkstätten*) plant für den Rundbunker am Wiesendamm ein Heimatmuseum. *Ko.*

Barmbek basch „Barmbeks Bevölkerung gilt", so weiß das ➢*Hamburgische Wörterbuch* zu vermelden, „als derb, dreist und verwegen." Daher stamme B.b. als „Bezeichnung des Stadtteils und der Bewohner, auch

Bürgermeister Johann Heinrich Bartels prägte Hamburgs Politik in der Zeit vor dem Großen Brand 1842. Darstellung nach einer Lithografie von Burchard Edinger

Der am Hopfenmarkt geborene Heinrich Barth gehört als „Abd el-Kerim" in Afrika zur Allgemeinbildung. Zeitgenössische Darstellung

als Sammelname für (Barmbeker) Halbstarke". „Basch" – im Hochdt. „barsch" – steht für scharf, schroff, verwegen, auch für kess, frech und burschikos. Neben baschen „Jungs" gibt es auch ebensolche „Deerns". Einer Anekdote zufolge soll um 1870 eine Barmbeker Bauerntochter in einer Privatschule auf der ➢*Uhlenhorst* ein mit Spinnen belegtes Frühstücksbrot verzehrt haben, was ihre Mitschülerinnen mit Entsetzen als „Uh, Barmbek basch" kommentierten. *Ko.*

Bartels, Johann Heinrich (geb. 20.5. 1761 Hbg, gest. 1.2.1850 ebd.), Advokat, Bürgermeister. B. gilt als herausragender Repräsentant der restaurativen Politik des ➢*Rates* in der Epoche des Vormärz. Nach Theologie- und Jurastudium mit anschließender Promotion arbeitete er bis zu seiner Wahl zum Ratsherrn (1798) als Advokat. Von 1820 bis zu seinem Tod war er ➢*Bürgermeister* und präsidierte 1821–44 dem ➢*Obergericht*. B. war ein entschiedener Verfechter der überkommenen Hbger ➢*Verfassung* von 1712 und Gegner der Reformbestrebungen seit 1815. Seine Maxime lautete: „Alles für das Volk, doch nichts durch die Masse! Das erste schafft Freiheit, das letzte Revolution und Anarchie." Bei den Bürgern erfreute er sich lange Zeit großer Beliebtheit. *SH*

Barth, Johann Heinrich (geb. 16.2.1821 Hbg, gest. 25.11.1865 Berlin), Geograf, Ethnologe, Linguist, Entdecker. Der Sohn eines Schlachters besuchte das ➢*Johanneum* und studierte anschließend in Berlin. Durch Vermittlung des preuß. Gesandten in London konnte er an einer engl. Afrika-Expedition teilnehmen. 1850 startete sie in Tripolis und zog durch die Sahara, um anschließend das noch weitgehend unbekannte Zentralafrika zu erforschen. Nach dem Tod des engl. Leiters übernahm B. die Führung der noch bis 1855 fortdauernden „Central African Mission", die 15.000 km zurücklegte. Außer ihm kamen in der Folge alle weiteren europäischen Mitglieder ums Leben, darunter der Hbger Geograf und Astronom A. Overweg. Auch B. wurde zwischenzeitlich für tot erklärt und konnte Jahre später bei seiner Rückkehr den Nachruf auf sich selbst in einer alten Zeitung lesen.

Seine Erlebnisse und Forschungsresultate hat der fehlerfrei Arabisch und Haussa sprechende Entdecker samt Wörter- und Grammatikverzeichnissen von 40 bis dahin unbekannten Sprachen auf ca. 14.000 Tagebuchseiten festgehalten. Sie erschienen als „Reisen und Entdeckungen in Nord- und Centralafrika" gleichzeitig auf Deutsch und Englisch (Gotha 1857/58). In seiner Heimat war der bedeutendste Afrikaforscher des 19. Jhs lange Zeit vergessen, während er in Zentralafrika als „Abd el-Kerim" (Diener des Allerhöchsten) bis heute fester Bestandteil der Allgemeinbildung geblieben ist. Die Stadt verlieh dem „kühnen und glücklichen Erforscher Afrikas" 1855 ihre erste ➢*Hamburgische Ehrendenkmünze* in Gold. Seit 1988 besteht an der Universität Köln das Heinrich-Barth-Institut mit der Aufgabe der Förderung der interdisziplinären Erforschung der Kultur- und Umweltgeschichte Afrikas, der Verbreitung gesicherter Erkenntnisse hierüber und deren Umsetzung im Sinne angewandter Kulturwissenschaften. *Ti.*

Basedow, Johann Bernhard (getauft 11.9.1724 Hbg, gest. 25.7.1790 Magdeburg), Reformpädagoge. Der aus ärmlichsten Verhältnissen stammende B. absolvierte das ➢*Johanneum* und wurde als Schüler von H.S. ➢*Reimarus* Theologe und Philosoph. Der theologische Rationalist trat zunächst in dänische Dienste und lehrte ab 1761 am ➢*Christianeum* in ➢*Altona*, wo er jedoch wegen freigeistiger Äußerungen samt Familie vom Abendmahl ausgeschlossen wurde. Die dänische Regierung berief ihn aus dem Lehramt ab. 1768 erschien in Hbg seine pädagogische Programmschrift „Vorstellungen an Menschenfreunde und vermögende Männer über Schulen und Studien und ihren Einfluß auf die öffentliche Wohlfahrt", die von J.-J. Rousseaus Erziehungsroman „Emile" (1762) beeinflusst worden war. 1771 wurde B. von Fürst Leopold III. Friedrich Franz von Anhalt nach Dessau gerufen. Dort konnte er 1774 zusammen mit anderen Philanthropen („Menschenfreunden") Dtlds erste Alternativschule eröffnen, das u.a. von I. Kant ideell unterstützte „Philanthropinum", das für Kinder unterschiedlicher Herkunft offenstand. Für dessen Lehrbetrieb verfasste er in aufklärerisch-enzyklopädischer Manier sein mehrbändiges „Elementarwerk" (1774). 1776/77 war auch J.H. ➢*Campe* am „Philanthropinum" tätig. B., eine ebenso kreative wie eigensinnige und streitbare Persönlichkeit, legte aber schon 1778 die Leitung des noch bis 1793 existierenden Instituts nieder. *luz*

Bauhof Der von H. Hamelau 1666–75 geschaffene B. am ➢*Deichtor* in der Nähe des ➢*Oberhafens* entstand als Ersatz für das zwischen Jungfern- und Kornhausbrücke am Neuen Wandrahm gelegene alte B.gebäude. Es wurde als zweigeschossiger, vierflügeliger Fachwerkbau um einen großen Werkplatz herum errichtet. Der B. diente dem städtischen Bauhandwerk als Materiallager und umfasste neben Lagerräumen und Pferdeställen auch Amtsstuben sowie Bedienstetenwohnungen. Ferner wurden von dort aus Baustoffe an die Bevölkerung verkauft. 1672 wurde durch einen Kanal eine Verbindung zum ➢*Hafen* geschaffen, um Bauholz direkt in den Hof transportieren zu können. Der B. wurde in der zweiten Hälfte des 19. Jhs etappenweise abgebrochen und musste dem Berliner Bahnhof weichen (➢*Eisenbahnwesen*). Die Hauptportale mit Inschrifttafeln, Holzschnitzereien und Sandsteinreliefs zeigen Szenen aus dem Bauhandwerk und befinden sich im ➢*Museum für Hamburgische Geschichte. Pr.*

Heute im Museum für Hamburgische Geschichte zu sehen (siehe auch S. 481): das kunstvoll geschmückte Portal des Bauhofs. Foto von der Tordurchfahrt, aufgenommen kurz vor dem Abriss der Anlage

Baum Ein B. bezeichnet eine Sperre, die aus einem Schlagbaum über einen Landweg oder aus einem in einen schiffbaren Wasserlauf zu legenden Baumstamm bestand. Er lag tagsüber zu friedlichen Zeiten – nur an einem Ende befestigt – im Uferwasser. Nachts und bei Kriegsgefahr auch tagsüber wurde er quer zur Fahrrinne festgeschlossen. Später wurden die Sperren durch mehrere vertäute Stämme verstärkt. 1529 heißt es, dass „vor allen bomen twe slote" sein sollen, von denen ein Schlüssel beim ➢*Rat*, der andere bei den Bürgern zu verwahren sei. Zu unterscheiden ist zwischen dem ➢*Winserbaum*, dem Niederbaum und dem Oberbaum. Schon nach der ➢*Stadterweiterung* durch das ➢*Kirchspiel* ➢*St. Jacobi* wurde der Winserbaum nach Osten verlegt, wo er etwas westl. der heutigen Oberhafen-Eisenbahnbrücke lag. Seitdem hieß er Oberbaum – im Gegensatz zum Niederbaum, der beim ➢*Baumhaus* (später weiter westl. beim Blockhaus Neptunus) den ➢*Hafen*eingang zur ➢*Elbe* hin schützte. Die schwimmenden Sperren bestanden bis 1852. *LS*

Hermann Baumeister: Vorkämpfer für eine neue Verfassung und bedeutender Jurist. Porträt von P. Grosenich

Baumeister, Hermann (geb. 4.1.1806 Hbg, gest. 16.4.1877 ebd.), Richter, Reformpolitiker. 1828 wurde B. Advokat und 1835 Richter am ➢*Niedergericht*. Als Rat setzte er 1859 seine Laufbahn am ➢*Obergericht* fort und wurde 1876 dessen Präsident. Er gehörte der Rat- und Bürgerdeputation von 1842 an und ebenso den Reformdeputationen von 1843 und 1848. B. engagierte sich in verschiedenen Vereinigungen und war Mitbegründer des „Vereins Hamburger Juristen" (1846) und Vorsitzender des „Deutschen Clubs" (1848). Als Führer der Linken (➢*Revolution von 1848/49*) war B. ferner Mitglied der ➢*Konstituante* und später deren Präsident. 1859 trat er in die ➢*Bürgerschaft* ein, der er mehrfach präsidierte (1863–65, 1868/69, 1869–77).
Der promovierte Jurist machte sich auch als Verfasser bedeutender rechtswissenschaftlicher Veröffentlichungen einen Namen („Privatrecht der freien und Hansestadt Hamburg", 2 Bände, 1856) und gab 1842 das „Hamburgische Stadtrecht von 1603" heraus. B.s Standbild (G. Morin, 1904) ist über dem Portal des Ziviljustizgebäudes am ➢*Sievekingplatz* zu sehen, seine Marmorbüste im Bürgersaal des ➢*Rathauses* (E. Peiffer, 1877). *JA*

Treffpunkt der Hamburger und Anziehungspunkt für viele Besucher von nah und fern: das 1857 abgebrochene Baumhaus in einer Rötelzeichnung von Valentin Ruths

Baumhaus Das B. wurde 1662 von H. Hamelau im Stil flämischer Renaissance als Zollstation am ➢*Baumwall* und somit in unmittelbarer Nähe des ➢*Binnenhafens* erbaut. Das Gebäude besaß drei Stockwerke, wobei sich im unteren Teil Zollstätte und Gasthaus befanden. Im Obergeschoss lagen Gesellschaftsräume sowie ein Festsaal mit vorgelagerter Galerie, von der sich ein malerischer Blick über den Hbger ➢*Hafen* bot. Von hier aus nahm die ➢*Admiralität* die Parade der beflaggten Schiffe ab, hier erklang die Admiralitätsmusik, und hier feierten gut situierte Bürger viele ihrer Feste. Als eine wichtige Einrichtung

Baumwall (im Hintergrund) und Freihafengebiet. Ansichtskarte um 1905

des Schiffsmeldedienstes hielt seit 1838 ein auf dem Dach aufgestellter Optischer Telegraf über zahlr. weitere Stationen Verbindung mit ➢*Cuxhaven*. 1857 wurde das B. abgebrochen. Über seinen einstigen Standort verläuft heute die ➢*U-Bahn* mit der wenige Meter westl. gelegenen Haltestelle Baumwall. *Pr.*

Baumwall heißt der Abschnitt des nördl. von ➢*Binnenhafen/Niederhafen* zwischen ➢*Vorsetzen* und Kajen verlaufenden Straßenzugs. Er liegt unterhalb des 1912 erbauten Hochbahnviadukts mit der ➢*U-Bahn*-Station B. und ist durch die Niederbaumbrücke mit der ➢*Kehrwiederspitze* verbunden. Hier versperrte seit 1531 ein ➢*Baum* die Binnenhafeneinfahrt. Die Sperre hieß Niederbaum und ihr nordöstl. am ➢*Meßberg* liegendes Gegenstück Oberbaum (dort wurde später die Oberbaumbrücke gebaut). Nach Fertigstellung des Festungs- und Wallrings (1616–28, ➢*Befestigung*) bildeten die Schwimmbäume die Verbindung zwischen B. und Kehrwiederspitze, auf der 1642 noch zusätzlich die Bastion „Hölzern Wams" errichtet wurde. Bei den Bäumen handelte es sich mittlerweile um schwere Flöße, die insbesondere auch den Schmuggel von der ➢*Akzise* unterliegenden Gütern verhindern sollten. Der Verteidigung des Baums diente auch das in die ➢*Elbe* hineingebaute Blockhaus (1655–1853), Quartier des Hafenmeisters. Am Ende des B.s stand das ➢*Baumhaus* als Mittelpunkt für den Hafenverkehr und das gesellschaftliche Leben der Stadt, ein Gasthaus mit viel gerühmter Panorama-Terrasse, die auch in Reiseberichten beschrieben wurde. *luz*

Wie kein anderer Park zu seiner Zeit war Baurs Park überreich an Aussichtsterrassen, romantischen Tempeln, Ruinen, Lauben und überraschenden Landschaftsszenen. Ludwig Philipp Strack, zuvor Hofmaler in Oldenburg und Eutin, schuf 1811 diesen „Blick von Baurs Park Richtung Hamburg".

Plan vom romantischen Baur'schen Park an der Altona-Blankeneser-Chaussee (heute Elbchaussee). Zustand um 1880

Georg Friedrich Baur, einflussreicher Altonaer Handelsherr mit internationalen Geschäftsverbindungen. Gemälde von Anton Hickel, 1797

Baur, Georg Friedrich (geb. 3.11. 1768 Altona, gest. 14.3.1865 ebd.), Kaufmann. B. war Sohn reicher und angesehener Eltern, des Kaufmanns und Zweiten Bürgermeisters von ➢*Altona* (1772), Johann Heinrich B. (1730–1819), und seiner Frau Maria Magdalena, geb. Droop. Sein Großvater war 1723 von Stuttgart über Bremen nach Altona gekommen. Nach dem Besuch des ➢*Christianeums* 1783–86 studierte B. Jura in Göttingen und Kiel, wurde dann aber ebenfalls Kaufmann und ließ sich 1794 gegen Zahlung von 300 Talern von der Übernahme bürgerlicher Ämter befreien. Gemeinsam mit seinem Bruder Johann Heinrich führte er seither unter dem Namen „J.H. & G.F. Baur" die von seinem Urgroßvater Neuhaus gegründete Firma mit Geld- und Warenhandel als Merchant Banker zu wachsendem Erfolg und in Bankgeschäften mit nordeuropäischen Staaten zu internationalem Ansehen.

Nach dem Tod des Bruders war bis 1817 B.s Schwager F.M. Mutzenbecher Gesellschafter. Danach führte B. die Geschäfte zunächst allein und nahm später seine Söhne Georg Friedrich und Franz Johannes als Teilhaber auf. 1837 wurde er Mitglied des Altonaer Commerz-Collegiums, 1840 zum kgl. dän. Etatsrat und 1847 bei seiner goldenen Hochzeit – er hatte 1797 seine Cousine M. Heise geheiratet, die Tochter des hbg. Senators und späteren Bürgermeisters (1807/1814) J.A. Heise – zum Konferenzrat ernannt. Bei gleichem Anlass erhielt er die juristische Ehrendoktorwürde der Universität Kiel. Berühmt wurde B. durch seinen Park in ➢*Blankenese* und durch seine kunstsinnige Bautätigkeit. 1802–17 erwarb er in Blankenese elf Grundstücke am nördl. Elbuferhang, die J. Ramée 1817–32 zu einem romantischen Park gestaltete. Hier gab es Tempel, Waldhütten, einen chines. Pagodenturm sowie einen Kanonenberg, von dem die einlaufenden eigenen Schiffe mit Böllerschüssen begrüßt wurden. 1829–36 ließ B. in diesem Park durch J.M. Hansen und O.J. Schmidt ein neues ➢*Landhaus* errichten, in dem er 1840 auch das dän. Königspaar empfangen konnte. Park und Bauten wurden nach seinem Tod als Fideikomiss weitergeführt. 1939 gelangten sie an den Hbger Staat und wurden öffentlich zugänglich. 1807 kaufte B. aus dem Nachlass seines Bruders dessen Besitzungen in ➢*Nienstedten*. An der ➢*Palmaille* erwarb er 1824 ein langes Grundstück, auf dem er durch J.M. Hansen für sich und seine zehn Kinder Häuser im klassizistischen Stil errichten ließ.

B. erwarb sich den Ruf großer Mildtätigkeit und unterstützte besonders die 1830 gegründete Altonaische Speiseanstalt, die Bedürftigen warmes Essen anbot. *RP*

Bebel, August (geb. 22.2.1840 Köln-Deutz, gest. 13.8.1913 Passugg/Schweiz, Kanton Graubünden), Sozialdemokrat, Reichstagsabgeordneter. Der Sohn eines preuß. Unteroffiziers wuchs nach dem frühen Tod des Vaters in bedrängten Verhältnissen in Wetzlar auf. Nach dem Besuch der Armen- und Bürgerschule erlernte er das Drechslerhandwerk und fand nach Wanderjahren Arbeit in Leipzig. Hier wurde er bald in die politische Tätigkeit der Arbeiterbewegung einbezogen, so als Vorsitzender des Arbeiterbildungsvereins Leipzig (1865) und des Verbandes der dt. Arbeitervereine (1867). 1869 gründete er zusammen mit W. Liebknecht in Eisenach die Sozialdemokratische Arbeiterpartei Deutschlands (➢*SPD*), deren Vorsitzender er bald wurde. Als Volksredner und Parlamentarier im Reichstag (seit 1867) fand B. selbst bei seinen politischen Gegnern Anerkennung. 1872 wurde er (zusammen mit Liebknecht) wegen Vorbereitung des Hochverrats und Majestätsbeleidigung, 1886 wegen Geheimbündelei verurteilt.

Zu Hbg stand er in enger Beziehung: Von 1883 bis zu seinem Tod vertrat er den Wahlkreis Hamburg I im Reichstag, unterbrochen nur in den Jahren 1893–98, als sein Genosse H. Molkenbuhr das Hbger Mandat innehatte. Nachfolger B.s im Reichstag wurde O. ➢*Stolten*. *SH*

Beckmann, Emmy Dora Caroline (geb. 12.4.1880 Wandsbek, gest. 24.12. 1967 Hbg), Oberschulrätin, Frauenrechtlerin, Politikerin. Die Tochter eines Oberlehrers und Schwester H. ➢*Beckmanns* erwarb Ostern 1900

August Bebel, Führer der deutschen Sozialdemokratie und langjähriger Vertreter Hamburgs im Reichstag. Foto von Nicola Perscheid, 1906

Die Lehrerin Emmy Beckmann war eine engagierte Frauenrechtlerin. Altersfoto von Willi Beutler

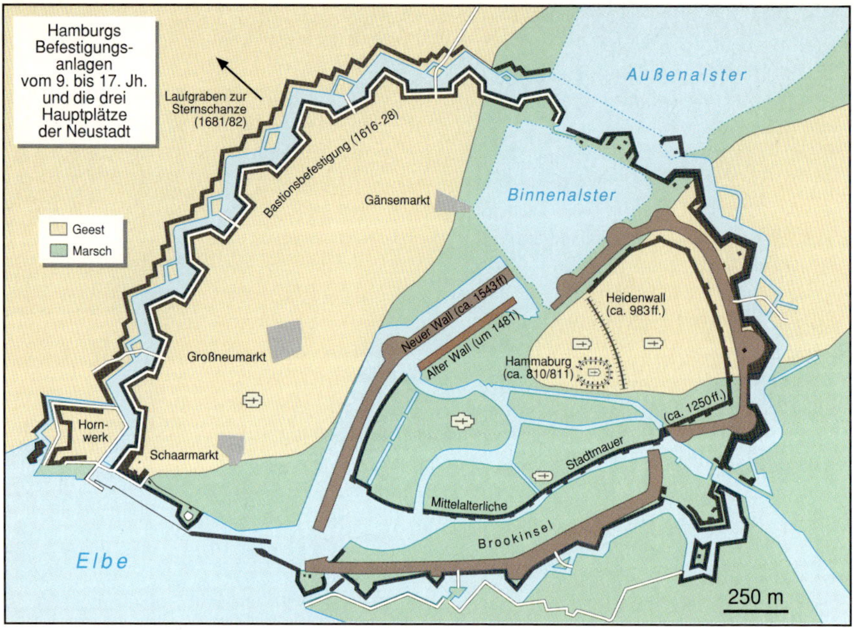

Die Entwicklung der Hamburger Verteidigungsanlagen vom 9. bis zum 17. Jahrhundert

die Lehrbefähigung für mittlere und höhere Schulen und legte 1909 das wissenschaftliche Examen für die Fächer Geschichte, Englisch und Philosophie ab. Sie arbeitete 25 Jahre im hbg. privaten und staatlichen, berufs- und allgemeinbildenden Schuldienst, überwiegend in der Mädchenbildung. 1927 wurde sie die erste Oberschulrätin der Hansestadt. Die literarisch sehr interessierte B. war lange Jahre mit dem Schriftsteller G. Frenssen befreundet. 1915–33 war sie stellvertretende Vorsitzende des Stadtbundes und als Nachfolgerin H. ➢*Langes* 1921–33 Bundesvorsitzende des Allgemeinen Deutschen Lehrerinnenvereins. 1921–33 vertrat sie die ➢*DDP* und 1949–57 die ➢*FDP* in der Hbger ➢*Bürgerschaft*. 1953 wurde ihr als erster Frau in Hbg das Große Bundesverdienstkreuz, 1955 vom ➢*Senat* der Professorentitel und 1961 die ➢*Bürgermeister-Stolten-Medaille* verliehen. Besonders als Frauenrechtlerin hat B. nachhaltige Spuren in der hbg. Geschichte hinterlassen (➢*Frauenbewegung*). *He.*

Beckmann, Heinrich **„Heinz"** Jakob Hartwig (geb. 8.6.1877 Wandsbek, gest. 12.8.1939 Sülzhayn/Südharz), Theologe. Nach dem Theologiestudium und dem Vikariat in Schleswig-Holstein war der Bruder E. ➢*Beckmanns* 1910–20 Pastor an der Marktkirche in Wiesbaden und von 1920 bis zu seinem Tod ➢*Hauptpastor* an der Hbger ➢*St.-Nikolai*-Kirche. Der theologisch liberal und politisch demokratisch eingestellte B. engagierte sich in Schulangelegenheiten sowie in der Theologenausbildung und setzte sich für die Gleichberechtigung von Theologinnen in der Kirche ein. In der Hbger Synode war der begabte und gebildete Redner Leiter der

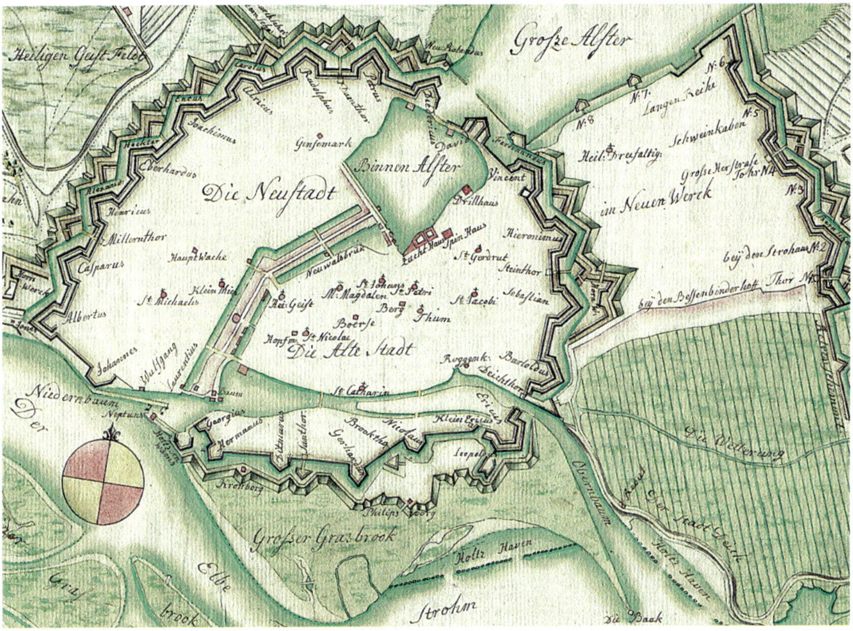

Das vollendete bastionäre Verteidigungssystem Hamburgs im 18. Jahrhundert zeigt der farbige Plan von Nicolaus Heinrich Olbers. Die Stadt galt lange als uneinnehmbar.

liberalen Fraktion. 1924–33 redigierte er die „Hamburgische Kirchenzeitung“.
Im Allgemeinen Vorlesungswesen (➢*Wissenschaftliche Bildung*) und in der Religionslehrerausbildung lehrte er Altes Testament, bis er 1934 seinen Lehrauftrag aus (kirchen-)politischen Gründen verlor. Bei der Bischofswahl 1933 wurde er entgegen der Tradition der Anciennität, die dem Dienstältesten den Vortritt gewährt, aufgrund seiner liberalen Haltung übergangen und fortan in seiner öffentlichen Wirksamkeit eingeschränkt. *He.*

Befestigung Das Recht zur B. war Teil der hbg. ➢*Wehrhoheit.* Die Stadt wurde im 13. Jh. von einer Ziegelmauer mit zahlr. Türmen und zehn ➢*Stadttoren* umgeben. Diese B. wurde im 15. Jh. zunächst durch einfache Wälle ergänzt und 1531–58 durch den Bau des parallel zum ➢*Alten Wall* verlaufenden ➢*Neuen Walls* und diverser Rondelle verstärkt. Wachsende äußere Bedrohungen erforderten dies. Gleichzeitig wurden die bestehenden Wälle aufgehöht und verbreitert sowie im Süden die etwa 20 ha umfassende Brookinsel in den Ring der B. einbezogen.
Schon seit etwa 1375 wurde die Stadt im Osten zusätzlich durch eine Landwehr, eine erste Verteidigungslinie aus Erdwerken, geschützt, die vom Hammerbaum über den Lübschen Baum bis zur ➢*Eilbek (2.)* führte und an die noch einige Straßennamen erinnern.
Die politische und militärtechnische Entwicklung zu Beginn des 17. Jhs gebot die Neukonzeption der B.anlagen. Die Planung und Leitung übernahm der niederländ. Festungsbaumeister J. van ➢*Valckenburgh.* 1616–28 entstand ein mo-

dernes B.system aus Erdwerken mit vorgelegtem Niederwall (Fausse-braie), Wassergräben, 21 vorgeschobenen, auf die Namensheiligen amtierender Ratsherren getauften Bastionen und elf Außenwerken (Ravelins) sowie einem Hornwerk im Westen. Diese Anlage, welche die Innenstadt annähernd halbkreisförmig mit einem Radius von ca. 1.150 m um ➢*St. Nikolai* umfasste, lehnte sich im Osten an den bestehenden Wall an, setzte sich als Damm durch das fortan in ➢*Außen-* und ➢*Binnenalster* getrennte ➢*Alsterbecken* fort und bezog im Westen den auf 27 m ansteigenden Geestrücken mit ein. Damit sollte die Gefahr des Beschusses von der Anhöhe in die tiefer gelegene Stadt gemindert werden. Im Süden wurden die bestehenden Anlagen lediglich verstärkt.

Die geschützte Stadtfläche vergrößerte sich um 167 % auf 373 ha, davon entfielen 112 ha auf die ➢*Neustadt* und 95 ha (25 %) auf die neuen B.anlagen. Über 1,6 Mio. lübische Mark, von denen mehr als 90 % durch Anleihen aufgebracht wurden, ließ sich die Stadt ihre B. kosten, die sie zu einer der stärksten Festungen im frühneuzeitlichen Europa machte.

In der Folgezeit wurden kleinere Verbesserungen, wie der Bau der Bastionen Hölzern Wams (1642) zur Sicherung des ➢*Hafens* und Klein Ericus (1645) sowie zusätzlicher Ravelins ausgeführt. Eine neue Verteidigungslinie aus Erdwällen mit drei ganzen und zwei halben Bastionen sowie zwei Stadttoren, das Neue Werk, entstand 1679–82 zum Schutz der vermehrt besiedelten östl. Vorstadt ➢*St. Georg*. Den anschließenden südl. Flankenschutz bildete ein niedriger, durch den ➢*Hammerbrook* führender Wall. 1682 wurde im Nordwesten der Stadt das Vorfeld der Bastionsbefestigung zusätzlich durch den Bau der stark bestückten Sternschanze (➢*Schanzenviertel*) gesichert, die durch einen Laufgraben, an den auch ein Straßenname erinnert, mit der B. verbunden war. *KKW*

Beginen sind in Hbg seit dem 13. Jh. bezeugt. Sie waren Frauen, die ohne Gelübde und Ordensregel allein oder meistens in klosterartigen Gemeinschaften ein religiöses Leben führten. Seit 1255 bestand ein Konvent in der Steinstraße gegenüber der Hauptkirche ➢*St. Jacobi*. Im 14. Jh. lebten einige B. im ➢*Hospital zum Heiligen Geist*, und es bestand vorübergehend eine zweite Hausgemeinschaft am Pferdemarkt. Im Jacobi-Konvent wohnten 20–25 Frauen, die sich religiösen Übungen, der Mädchenerziehung und möglicherweise karitativen Tätigkeiten widmeten. Nach der Farbe ihrer Kleidung auch „blaue Süstern" (= ndt. Schwestern) genannt, lebten sie von Leibrenten und dem Verkauf von Schlacht- und Brauereierzeugnissen. Die enge Anbindung des Konvents an den Hbger Domdekan schützte die B. vor Verfolgungen während der Inquisitionswelle gegen die Häretiker im 14. Jh. Da die Schwestern die ➢*Reformation* annahmen, behielten sie ihren Besitz und ihre Form des Zusammenlebens. Als bürgerliches Damenstift existierte der Konvent, der um 1866 nach ➢*Eilbek* in die Conventstraße zog, bis in die 1940er Jahre. *RR*

Beiderstädtisch wurde die gemeinsame Herrschaftsausübung über das Amt ➢*Bergedorf* (mit dem Städtchen Bergedorf, den ➢*Vierlanden* und der

Dorfschaft ➢*Geesthacht*) durch ➢*Lübeck* und Hbg genannt. Seit 1420 verwalteten die Städte diese dem Herzog von Sachsen-Lauenburg abgetrotzten Gebiete im Wechsel. Die staatsrechtlich seltene Konstruktion, die manche Besonderheiten im „Beiderstädtischen" zur Folge hatte, endete nach fast 450 Jahren durch einen Staatsvertrag am 1.1.1868, nachdem Lübeck seine Hoheitsrechte für 600.000 ➢*Kurantmark* an Hbg verkauft hatte. *Ah.*

Beiersdorf AG (BDF) Die Firma B. geht namentlich zurück auf den seit 1880 in der ➢*Neustadt* ansässigen Apotheker P.C. Beiersdorf. 1882, das als Gründungsjahr des heutigen Unternehmens gilt, meldete er ein von ihm in Zusammenarbeit mit dem Hbger Hautarzt P.G. Unna entwickeltes Herstellungsverfahren für medizinische Heftpflaster zum Patent an. Im Jahr darauf gab Beiersdorf die Apotheke zugunsten seines parallel geführten Laborbetriebs auf. Der Apotheker O. Troplowitz kaufte 1890 die kleine Firma und baute sie zu einem internationalen Unternehmen auf. Zwei Jahre später verlegte er die Zentrale nach ➢*Eimsbüttel* (zwischen der heutigen Quickborn- und Unnastraße). Von hier aus entwickelte die B. in ihren Kernbereichen Hautpflege, Wundversorgung und Klebetechnologie eine Vielzahl von Produkten unter verschiedenen Markenzeichen. Sie werden heute in über 100 Ländern vertrieben. 1897 wurde das technische Klebeband Citoplast hergestellt, ab 1936 nach der Sekretärin Elsa Tesmer „tesa" genannt, 1901 das medizinische Selbstklebepflaster Leukoplast sowie seit 1922 Hansaplast, 1909 der Lippenpflegestift Labello und seit 1911 die Nivea-Creme. Nivea (von lat. nix, nives = Schnee) ist die größte Körperpflegemittel-Marke der Welt. Die B., zu der über 150 Tochtergesellschaften gehören, setzte in ihrem 125. Jubiläumsjahr 2007 ca. 5,5 Mrd. EUR um und beschäftigte in mehr als 60 Ländern rund 22.000 Mitarbeiter. *Ti.*

Beim Andreasbrunnen ist der Name eines ehem. in der gleichnamigen Straße in ➢*Eppendorf* gelegenen Belegkrankenhauses, das seit 1962 als gemeinnützige Einrichtung von einem Ärztekollegium geleitet wird. Der Krankenhausbau von 1911 steht auf einem Gelände, dessen Grundwasser der Weinhändler G.A. Knauer 1824 als besonders heilträchtig nachweisen ließ. Er errichtete eine Brunnenanlage mit elf Heilwässern. Der im Hbger Ausflugsgebiet liegende Kurbetrieb florierte, und der „Andreasbrunnen" wurde ausgebaut. Mittelpunkt war das Gesellschaftshaus mit 110 Zimmern und Gesellschaftsräumen an der heutigen Ecke Eppendorfer Landstraße/Loogestieg. Nach 1850 schlief der Kurbetrieb ein. Das „Conservationshaus" wurde 1876 Gartenrestaurant, die Kuranlagen wurden zu Wohneinheiten. Dem Abriss 1910 folgte der Neubau für das private Entbindungs- und Operationskrankenhaus Geschwister-Ernst-Klinik. 1935–45 diente das Gebäude der ➢*NSDAP* als lokale Parteizentrale, danach wurde der Klinikbetrieb als Zweigstelle des Krankenhauses Bethanien wieder aufgenommen. 2005 schlossen sich das Michaelis Krankenhaus und das Krankenhaus B.A. zur Facharztklinik Hamburg zusammen, die ihren Sitz seit 2008 in der ehem. Hautklinik des ➢*Universitätskrankenhauses Hamburg-Eppendorf* hat. An Knauer erinnert ein Sandstein-

Oscar Troplowitz machte aus Beiersdorf ein internationales Unternehmen.

Start zu einem weltweiten Siegeszug: Die erste Dose der Nivea-Creme zeigte Jugendstil-Dekor (1911).

obelisk von 1829 vor dem Haus Eppendorfer Landstraße 42. *Ti.*

Benedikt V., Papst (geb. in Rom, gest. 4.7.965 oder 966 Hbg). Gegen den Willen Kaiser Ottos I. wurde 964 B. zum Papst gewählt. Wegen des von Otto ausgeübten politischen und militärischen Drucks währte sein Pontifikat nur einen Monat (22.5.–23.6.), bevor der in der Kirchengeschichte damit erstmals erwähnte Hirtenstab über ihm zerbrochen wurde. Unter Aufsicht von Erzbischof Adaldag gestellt, wurde B. ins ➢*Erzbistum* Hbg-Bremen als Diakon verbannt und nach seinem unerwarteten Tod zunächst im Hbger ➢*Dom* begraben; 999 ließ Otto III. ihn zur Überführung seiner Gebeine exhumieren. Außer einem hohen Bildungsgrad („Grammaticus") ist über B. wenig bekannt. Sein Grab ging im 11. Jh. bei einer Zerstörung des Doms verloren und wurde Ende des 13. Jhs oder um 1330 als Kenotaph (Ehrengrab) neu eingerichtet. Nachdem es 1782 bei Umbauarbeiten geschleift worden war, konnten bei Ausgrabungen nach dem Zweiten Weltkrieg nur noch Bruchstücke davon gefunden werden. Dabei handelt es sich um seltene Farbfayencen, vermutl. eine Auftragsarbeit aus dem Raum Elsass/Nordschweiz. *Ti.*

Beneke, Ferdinand (geb. 1.8.1774 Bremen, gest. 1.3.1848 Hbg), Jurist, Oberaltensekretär. Der Kaufmannssohn ließ sich nach dem Jurastudium in Halle und der Promotion in Göttingen sowie einer Praktikantenzeit in Minden 1796 als Advokat in Hbg nieder. Seit 1816 nahm er die einflussreiche Stellung des Oberaltensekretärs ein (➢*Oberalte*, ➢*Bürgerliche Kollegien*). B. gehörte während der langen Zeit seines Wirkens zu den prägenden Persönlichkeiten im öffentlichen Leben der Stadt. Von einem engagierten Aufklärer und überzeugten Anhänger der Frz. Revolution wandelte er sich zu einem der ersten Träger nationaler Gedanken in Hbg. Zusammen mit dem Buchhändler F.Chr. ➢*Perthes* war er der führende Kopf im bürgerlichen Widerstand der ➢*Patrioten* während der ➢*Franzosenzeit* (1811–14). Sein 1792–1848 geführtes Tagebuch, das zum Familiennachlass im ➢*Staatsarchiv* gehört, ist eine wertvolle Quelle zur hbg. Geschichte, wie zur Mentalitätsgeschichte überhaupt. A. ➢*Schmidt* nannte es das „unschätzbare Buch". Seit 2001 arbeitet ein sechsköpfiges Team an der Herausgabe der Tagebücher, Briefwechsel und Schriften. Die Edition umfasst voraussichtlich 24 Bände und wird ab 2011 veröffentlicht. *SH*

Beneke, Otto Adalbert (geb. 5.10.1812 Hbg, gest. 9.2.1891 ebd.), Jurist, Archivar. Der Sohn F. ➢*Benekes* trat nach dem Studium der Rechtswissenschaften 1840 als Mitarbeiter J.M. ➢*Lappenbergs* in die Dienste des hbg. Stadtarchivs (➢*Staatsarchiv*). 1863 wurde er dessen Nachfolger als Senatssekretär und Archivar. Neben historischen galt sein Interesse v.a. literarischen Themen. Seine „Hamburgischen Geschichten und Sagen" (1853) und „Hamburgischen Geschichten und Denkwürdigkeiten" (1856) sowie sein 1863 erschienenes Buch „Von unehrlichen Leuten" stellen wichtige Beiträge zur hbg. Kulturgeschichte dar und sind seitdem immer wieder aufgelegt worden.

Politisch konservativ und partikularistisch gesinnt, stand B. dem 1871 gegründeten Deutschen Reich distanziert gegenüber. Diese Einstellung spiegelt sich nicht zuletzt in seiner Gutachtertätigkeit in staatlichen Benennungsangelegenheiten wider. Als für die ➢*Colonnaden* der Name „Kaiserstraße" abgelehnt wurde, hatte B. zuvor im ➢*Senat* lapidar argumentiert, dass ein Vorbesitzer des Geländes namens Kaiser nicht bekannt sei. Die Benennungen des „Kaiserkais" (1871) oder die der zweiten Hbger Gelehrtenschule zu Ehren des Kaisers als ➢*Wilhelm-Gymnasium* (1881) hatte er allerdings nicht verhindern können. *SH*

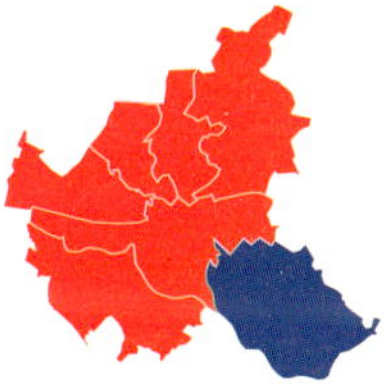

Bergedorf heißt der Zentralort des gleichnamigen südöstl. Hbger Bezirks, zu dem ➢*Lohbrügge* und die ➢*Vier-* und ➢*Marschlande* gehören. Im Vergleich zu den sechs anderen Bezirken zählt er die wenigsten Einw. (119.338, 2009) auf zweitgrößter Fläche (154,8 km²); kaum ein anderer verfügt über eine so umfangreiche Grün- und Ackerfläche. Der Stadtteil B. im ehem. ➢*Kerngebiet* des Bezirks hat 40.638 Einw. auf 11,3 km² Fläche.

Bevor der Ort 1162 als „Bergerdorp" zum Bistum Ratzeburg kam, gehörte er unter dem Sachsenherzog Heinrich dem Löwen als eines der Kirchspiele zum ➢*Erzbistum* Hbg. Später gelangte er in den Besitz der ➢*Schauenburger* Grafen von ➢*Holstein*. B. lag im Gau „Sadelbande" und gehörte zum lauenburg. Gebiet. Der Name B.s kann sowohl von einem Eigennamen abgeleitet sein als auch „Bewohner am Berge", d.h. auf der Geest, bedeuten. Das Dorf lag günstig am Kreuzungspunkt einer Fernhandelsstraße mit einer ➢*Bille*-Furt.

Zur Dänenzeit 1202–27 (➢*Dänemark/dänische Oberhoheit*) entstand das heute noch erkennbare historische Zentrum mit Kornwassermühle, ➢*Bergedorfer Schloss* und Kirche. Anschließend fiel B. wieder an das sächs. Herzoghaus. 1275 verlieh ihm Johann I. Stadtrecht nach Mölln-Lübecker Vorbild, und B. entwickelte sich von einem Flecken zum Ackerbürgerstädtchen mit Marktplatz (eingefasst vom wallgeschützten Stadtgraben und zwei Stadttoren). Das Schloss war Sitz des Vogts. 1330 wurde das B.er Gebiet an Gerhard V. von Holstein, 1370 das Städtchen selbst an ➢*Lübeck* verpfändet. Dies geschah entgegen den Interessen des sächs. Herzogs Erich IV.

Blick aus der Luft auf den historischen Kern des „Städtchens" Bergedorf mit der Kirche St. Petri und Pauli, dem Hasseturm (direkt vor dem Kirchturm) und dem Bergedorfer Schloss im Hintergrund. Der Kirchturm wurde 1759 von Ernst Georg(e) Sonnin gerade gerichtet.

1400/01 gelang ihm durch einen Überfall die erneute Inbesitznahme des Schlosses, bis Hbg und Lübeck 1420 Schloss, Stadt (die dabei stark zerstört wurde) und die Riepenburg von seinem Nachfolger Erich V. eroberten. Er musste im Perleberger Vertrag B., Riepenburg (➢*Kirchwerder*) mit der Zollstelle (➢*Eislinger Zoll*) und den halben ➢*Sachsenwald* den Städten abtreten.

Diese richteten die Ämter B. und Riepenburg ein. Die beiden Hansestädte stellten jeweils abwechselnd Amtmänner (für eine zunächst vier-, dann sechsjährige Dienstzeit) und seit 1620 Amtsverwalter auf Lebenszeit, die im Schloss residierten. Ab 1443 entstand der Schleusengraben zur ➢*Dove-Elbe* als Schifffahrtsweg zum Landgebiet und nach Hbg. Damals wurde die Kirche St. Petri erbaut, neben dem Schloss der Ortsmittelpunkt, dann bis 1502 als St. Petri und Pauli vergrößert. 1447 datiert die urkundliche Erwähnung des ersten Zunftamts (später zwölf). Die Handwerker standen nun neben dem (1518 erstmals genannten) Gremium der „46er", das die privilegierten 46 Inhaber der großen Hofstellen bildeten. 1554 und 1572 erlebten Ort, Schloss und die Vierlande gewaltsame Besetzungen durch Braunschweig-Wolfenbüttel. Dies erforderte die weitere Befestigung des Schlosses zwischen 1589 und 1661 (im Renaissancestil), was jedoch 1686 nicht die Besetzung durch Truppen des Herzogs Georg Wilhelm von Lüneburg-Celle verhindern konnte. 1593 entstand eine Bildkarte von H. Frese, worauf Stadtkern und Umgebung B.s gut zu erkennen sind. Ein Großbrand äscherte im Jahr 1621 das halbe Städtchen ein.

Mit der ➢*Franzosenzeit* wurde 1811 auch B. Teil des frz. Kaiserreichs, bis es 1813 russ. Truppen entsetzten. Im Zeichen der wirtschaftlichen Erholung wurde der Ausbau der Verkehrswege vorangetrieben (Wentorfer Straße Richtung Schwarzenbek, Kampchaussee nach Hbg, 1842 die Bahnstrecke Hbg–B., 1846 ihre Verlängerung nach Berlin). Politisch-freiheitliche Bestrebungen der Bergedorfer führten 1847 zur Gründung des ➢*Bürgervereins.* 1861–68 druckte der Ort, dem überregional allerdings wenig Bedeutung zukam, eigene Briefmarken, die mittlerweile gesuchte Sammlerstücke sind (➢*Postwesen*).

1867 kaufte Hbg der Stadt Lübeck deren Besitzrechte an B. ab und ersetzte in der „Landherrenschaft Bergedorf" (➢*Landgebiet*) die Amtsverwaltung durch eine neue Gemeindeordnung. Zum 1.1.1868 endete die ➢*beiderstädtische* Herrschaft von B. Begünstigt durch die Gewerbefreiheit (in B. seit 1867) und die Gewerbeordnung (1878) setzte in den 1870er und 1880er Jahren eine Industrialisierung ein. Zu einem modernen Vorort Hbgs entwickelte sich das Städtchen während der Amtszeit des Bürgermeisters E. Mantius (1882–97). Kurz darauf entstand um 1900 das Villenviertel am Gojenberg, in dem seit 1912 die ➢*Hamburger Sternwarte* angesiedelt ist. In den 1920er Jahren wurde B. weiter um- und ausgebaut (1927–29: Rathaus, Anlage der Vierlandenstraße, Zuschüttung des Stadtgrabens).

Mit dem ➢*Groß-Hamburg-Gesetz* verlor B. seine gemeindliche Selbstständigkeit und wurde Hbger Stadtteil. Während des Zweiten Weltkriegs wurde in B. ein Auffanglager

für Hbger Bombenflüchtlinge eingerichtet. 1945/46 baute K.A. ➢*Körber* in B. die weltweit exportierende Maschinenfabrik HAUNI auf. Er initiierte gemeinnützige Projekte wie den „Bergedorfer Gesprächskreis" (1961) und das „Seniorenzentrum Haus im Park" als B.s kulturellen Mittelpunkt für Konzert- und Theateraufführungen (seit 1977). Mit ➢*Lohbrügge*-Nord begann in den 1960er Jahren der bis heute fortgesetzte Bau von Großsiedlungen. 1971 erhielt B. mit der Straße Sachsentor eine Fußgängerzone, 1973 kam mit dem City-Center das erste große Einkaufszentrum hinzu.
Die Einw. des „Städtchens" B. und von Teilen des Bezirks haben trotz der mindestens seit 1868 währenden Zugehörigkeit zu Hbg eine eigene Identität bewahrt. Das ➢*Museum für Bergedorf und die Vierlande* widmet sich der Geschichte des Ortes und früheren Amtes. Auch das Kultur- und Geschichtskontor (➢*Geschichtswerkstätten*) und der Lichtwark-Ausschuss mit der nach A. ➢*Lichtwark* benannten Zeitschrift befassen sich mit der B.er Geschichte. Berühmte Bergedorfer sind der 1699 hier getaufte Komponist J.A. ➢*Hasse* und der 1914 verstorbene J. ➢*Brinckmann*, der sich in B. um die Erhaltung historischer Baukultur und um die Kunstförderung verdient gemacht hat. *HR*

Bergedorfer Schloss Das Schloss geht auf die 1212 erstmals genannte Wasserburg zurück, die nach der Eroberung durch Hbg und ➢*Lübeck* (1420) zum Sitz der Amtmänner von ➢*Bergedorf* wurde. Von hier aus verwalteten sie das Amt Bergedorf und seit 1512 das gesamte ➢*beiderstädtische* Gebiet. Unter dem Ostflügel (1589/90) haben sich Reste des mittelalterlichen Baues erhalten. Der Westflügel entstand 1610, der fachwerkgeschmückte Südflügel 1661. Der Turm des Nordflügels stürzte 1817 ein. Der heutige Torturm dieses Teils wurde 1897–1901 von F.A. ➢*Meyer* gestaltet. Das Landherrenzimmer entstand 1889–1902 im Vierländer Heimatstil. Nach der 1805 mit dem Schleifen der Verteidigungswälle des 16. Jhs erfolgten Entfestigung Bergedorfs verwilderte die Umgebung des Schlosses. Zwischen 1896 und 1908 wurde der Schlossgarten angelegt. Das B.S. nahm 1955 das ➢*Museum für Bergedorf und die Vierlande* als Außenstelle des ➢*Museums für Hamburgische Geschichte* auf. *Ko.*

„Das Schloß in Bergedorf", Stahlstich von James Gray nach einer Zeichnung von Carl Martin Laeisz, erschienen 1846 im Werk „Hamburg und seine Umgebungen im 19. Jahrhundert". Das Schloss war Mittelpunkt des beiderstädtischen Gebiets, das Hamburg und Lübeck 1420 erkämpften und bis 1867 gemeinsam verwalteten.

So präsentiert sich das Bergedorfer Schloss heute seinen Besuchern.

Bergedorfer Zeitung heißt die nach den ➢*Harburger Anzeigen und Nachrichten* zweitälteste noch bestehende Hbger Tageszeitung.
F. Bleidorn gründete 1868 den „Bergedorfer Anzeiger“ als Wochenblatt und 1870 die B.Z. Am 25.5.1874 erschien erstmals die „Bergedorfer Zeitung und Anzeiger“ (für die Landherrenschaften ➢*Bergedorf* und ➢*Marschlande*, die Kreise ➢*Stormarn* und Herzogtum Lauenburg). 1883 übernahm E. Wagner das Heimatblatt von G. Bleidorn, dem Sohn des Gründers der B.Z. Ihr Verbreitungsgebiet ist außer Bergedorf noch heute der Südosten Schleswig-Holsteins. Mit zwölf norddt. Heimatzeitungen gehört die B.Z., seit 1988 eine 100 %ige Tochter des Axel Springer Verlags (A. ➢*Springer*), zur Zeitungsgruppe Nord. Sie hat eine verkaufte Aufl. von 23.000 Ex. (2010). *KT*

Bergedorf-Geesthachter Eisenbahn AG (BGE) Die am 31.8.1905 gegründete Privateisenbahngesellschaft bestand bis 1954. Sie betrieb während dieser Zeit vier verschiedene Eisenbahnlinien. Dies waren: die Stammstrecke Bergedorf–Geesthacht (provisorische Eröffnung am 20.12.1906, endgültige Eröffnung am 1.5.1907), die Vierländer Eisenbahn von ➢*Bergedorf* nach ➢*Zollenspieker* (eröffnet am 1.4.1912), die 1921 übernommene Billwärder Industriebahn sowie die Hamburger Marschbahn, die von ➢*Geesthacht* über Zollenspieker nach Tiefstack führte (Eröffnung der einzelnen Teilabschnitte 1921, 1923 und 1928). Wichtigste Eisenbahnlinie war die Stammstrecke Bergedorf–Geesthacht. Im Zusammenhang mit dem Ausbau der Dynamit- und Pulverfabriken bei Geesthacht wurden während der beiden Weltkriege auf dieser Strecke die höchsten Beförderungsleistungen im Personen- und Güterverkehr erreicht.
Zur Ergänzung des Streckennetzes der Eisenbahn wurde 1926 ein Autobusverkehr mit zunächst sechs Linien eröffnet, der in der Folgezeit ständig erweitert wurde. 1952/53 wurde der Personenverkehr auf der Schiene vollständig eingestellt. Am 1.9.1953 erfolgte die Vereinigung mit den Verkehrsbetrieben des Kreises ➢*Stormarn*, ein Jahr später die Umbenennung in Verkehrsbetriebe Hamburg-Holstein AG (VHH). Am 1.1.1956 wurde der noch verbliebe-

Farbiges Werbeplakat mit Streckenverlauf der Bergedorf-Geesthachter Eisenbahn von 1907, gedruckt vermutlich zur Eröffnung der Kleinbahn

ne Eisenbahnbetrieb von der VHH an die ➢*AKN* verkauft bzw. verpachtet. Bei der VHH verblieb der Autobusbetrieb. *krue*

Bergedorf-West Aufgrund der immer größer werdenden Wohnungsnachfrage plante der ➢*Senat* – nachdem bei der Kampbille die Wohnsiedlung Wiesnerring entstanden war – westl. von ➢*Bergedorf* zwischen der unteren ➢*Bille* und der ➢*S-Bahn*-Linie den Bau einer Trabantensiedlung. Nach einem städtebaulichen Wettbewerb (1966) entstand sie auf einem Areal von 51 ha. Bis 1973 wurden ca. 2.700 Wohnungen in Hochhausgruppen und zwei- bis viergeschossigen Mittelhochbauten für etwa 8.000 Einw. geschaffen. Dadurch rückte Bergedorf in das Marschendorf ➢*Billwerder* hinein und ein Stück näher an Hbg. Einige der bis zu 16 Stockwerke hohen Wohntürme – z.B. der ➢*SAGA*-„Affenfelsen", in dem etwa 1.400 Menschen in 406 Wohnungen leben – und auch die seelenlos wirkende Betonarchitektur („Wohnsilos") erscheinen als Fremdkörper in der Landschaft. Zusammen mit einem Einkaufszentrum wurde eigens für B.-W. die neue S-Bahn-Station ➢*Nettelnburg* gebaut. 1971 entstand das Gemeindezentrum St. Christophorus. Die Belange der Bürger werden von der Arbeitsgemeinschaft Bergedorf-West vertreten, die auch das jährliche Sommerfest „Fest in West" ausrichtet. 1993 wurde die Begegnungsstätte „Westibül" eingeweiht. *HR*

Bergstedt entstand als sächs. Runddorf und ist nach einem Beric benannt. 1248 wurde es erstmals erwähnt, als das seit ca. 1150 bestehende und große Teile ➢*Stormarns* umfassende Urkirchspiel B. verkleinert wurde. Erst seit 1974 ist die mittelalterliche Kirche B.s nur noch für die eigene Gemeinde zuständig. 1345 wurde das Dorf von seinem Grundherrn von Wedel an das Hbger ➢*Domkapitel* verpfändet. In der Reformationszeit gelangte es an die Herzöge von Holstein-Gottorf und war 1750–73 erneut Pfandbesitz der Hansestadt. Von 1867 an wurde B. für 70 Jahre Teil des preuß. Kreises Stormarn, ehe 1937 seine Eingemeindung nach Hbg erfolgte (➢*Groß-Hamburg-Gesetz*). Größere Bautätigkeiten setzten erst nach dem Zweiten Weltkrieg ein. Die Einwohnerzahl des bisher noch ländlichen, 7,1 km² großen Stadtteils im ehem. Ortsamtsgebiet ➢*Walddörfer* des Bezirks ➢*Wandsbek* beträgt 9.728 (2009). *HWE*

Ein Wahrzeichen der Walddörfer ist die um 1200 entstandene, 1745–50 umgebaute Bergstedter Pfarrkirche (ehemals St. Maria und St. Willehad).

Berne ➢*Farmsen-Berne*

Bernhard-Nocht-Institut für Tropenmedizin Die 1900 unter dem damaligen Hafenarzt und späteren Obermedizinalrat B. Nocht als Institut für Schiffs- und Tropenkrankheiten gegründete Anstalt war bis 1914 im Seemannskrankenhaus untergebracht. Anschließend bezog sie ihr heutiges, 1910–14 von F. ➢*Schumacher* errichtetes Gebäude an der damaligen Bernhardstraße, die 1928 in Bernhard-Nocht-Straße umbenannt wurde. Das Institut widmet sich der Behandlung, Forschung und Ausbildung auf dem Gebiet Infektionskrankheiten durch tropische Krankheitserreger. *Ri.*

Berry, Henry Vaughan (geb. 28.3.1891 Madras/Indien, gest. 29.2.1979 Bath) war von August 1946 bis Mai 1949 Hbgs brit. Zivilbeauftragter (Regional Commissioner, ➢*Britische Besatzung*, auch als Gouverneur bezeichnet). B. hatte Dtld aus der Besatzerperspektive schon 1919–25 als Mitglied des Stabes der Interalliierten Rheinlandkommission kennengelernt. 1926–39 in Privatgeschäften tätig, trat der Sohn eines Bankiers bei Ausbruch des Zweiten Weltkriegs erneut in den Staatsdienst und wurde 1945 in Dtld zunächst als Regional Commissioner in Westfalen eingesetzt, und zwar bis zur Schaffung des Landes Nordrhein-Westfalen im Sommer 1946.

Henry Vaughan Berry, Hamburgs „Gouverneur“ in der Zeit der Britischen Besatzung, bei einem Wiedersehen in der Hansestadt, fotografiert im Oktober 1959 auf dem Flughafen Hamburg

B., der im Krieg einen Sohn verloren hatte, erwarb sich während der brit. Besatzung in Hbg durch sein zurückhaltendes, betont ziviles Auftreten, das auch auf seine Umgebung abfärbte, viele Sympathien. Bei wichtigen offiziellen Anlässen benutzte er die dt. Sprache. Nach der ersten Nachkriegswahl der ➢*Bürgerschaft*, die aufgrund des britischerseits verlangten Mehrheitswahlrechts eine übergroße Mehrheit der ➢*SPD* erbracht hatte, mahnte er zum Respekt vor Minderheit und Opposition. Im „Hungerwinter“ 1946/47 untersagte B. das Beheizen der brit. Verwaltungsräume und Messen – eine Geste der Solidarität. Er trat für die schnelle Erweiterung der Kompetenzen der dt. Behörden ein. 1949 wurde er brit. Vertreter in der Internationalen Ruhrbehörde in Düsseldorf. *luz*

Besenbinderhof heißt eine Straße an der Geestkante in ➢*St. Georg*, wo früher wohl eine Besenbinderei, im 17. Jh. jedenfalls ein Gasthaus dieses Namens bestand. Hier lagen Gärten und Sommerresidenzen, darunter der Garten von B.H. ➢*Brockes*, den er in seinen Naturgedichten häufig beschrieben hat. Bis ➢*Hamm* schlossen sich weitere Gärten und ➢*Landhäuser* an. Auf dem Areal des Gasthauses befand sich zwischen 1817 und 1890 am B. ein Vergnügungspark (Tivoli). An dessen Stelle entstand 1903–13 mit dem auch B. genannten ➢*Gewerkschaftshaus* die Reichs-Zentrale des Allgemeinen Deutschen Gewerkschaftsbundes (ADGB). Der rechte, 1906 vollendete Teil des Gebäudes wurde von A. ➢*Bebel* als dritte Sehenswürdigkeit neben ➢*Rathaus* und ➢*Hauptbahnhof* bezeichnet. Im selben Jahr wurde daneben das Hauptverwaltungsgebäude der gewerkschaftsverbundenen GEG (Großeinkaufsgesellschaft Deutscher Konsumvereine) erbaut. *luz*

Bevölkerungsentwicklung Die erste Volkszählung fand in Hbg während der ➢*Franzosenzeit* im Jahr 1811 statt. Für die vorangehenden Jahrhunderte können nur Schätzungen vorgenommen werden, die einen hohen Unsicherheitsfaktor enthalten. Die insgesamt rasche B. der Stadt liegt weit über dem mitteleuropäischen Durchschnitt und ist primär auf Wanderungsüberschüsse, weniger auf natürliche Bevölkerungsbewegung (Geburtenüberschuss) zurückzuführen.

Die Stadt als Handelszentrum und die mit dem ➢*Stadtrecht* verbundenen Freiheiten zogen frühzeitig ➢*Einwanderer* aus dem näheren und ferneren Umland an (Niedersachsen, Schleswig-Holstein, Mecklenburg). Dagegen bedingten die Ballung zahlr. Menschen auf engem Raum und die mangelhaften hygienischen Verhältnisse in einigen ➢*Wohnformen* eine höhere Sterblichkeit als im ➢*Landgebiet* sowie einen nahezu idealen Nährboden für die Ausbreitung von Seuchen. So fiel der Pest bei ihrem ersten Auftreten in Hbg 1350 ca. ein Drittel der Bevölkerung zum Opfer; weitere Epidemien des Schwarzen Todes folgten 1358, 1367, 1375/76, 1378/79, 1396, 1420/21, 1433, 1450/51, 1464, 1477/78, 1483, danach sporadisch weitere bis ins frühe 18. Jh., zuletzt 1714 in ➢*Altona* und Hbg. Daneben grassierten aber auch Grippe-, Typhus-, Masern- und ➢*Cholera-Epidemien*; die letzte große Cholera-Epidemie forderte 1892 etwa 8.600 Tote. Die Zuwanderung, insbesondere in Phasen konjunkturellen Aufschwungs, glich Bevölkerungsverluste rasch wieder aus. Einen Zuwachs von etwa 500.000 Menschen brachten die Eingemeindungen des ➢*Groß-Hamburg-Gesetzes* 1937 mit sich. Im Zweiten Weltkrieg kamen während der ➢*Luftangriffe* ca. 45.000 Menschen in der Stadt ums Leben; damit übertraf die Zahl der Opfer die der gefallenen Soldaten aus Hbg im Ersten Weltkrieg. An den Fronten des Zweiten Weltkriegs starben rund 63.000 Hbger. Im Mai 1945 lebten noch 1.110.539 Menschen in der Stadt. Durch die Rückkehr der ➢*Butenhamburger* und die Aufnahme vieler Flüchtlinge wurde in einem Jahrzehnt der Vorkriegsstand von ca. 1,7 Mio. erreicht. *MH*

Schätzungen der Einwohnerzahl

um	1040	500
um	1180	600–800
um	1200	1.000–1.300
um	1300	4.000–5.000
	1375	8.000
	1450	16.000
	1480	14.000
	1517	18.000
um	1550	25.000
um	1600	36.000–40.000
um	1660	75.000
	1675	68.000
	1700	70.000
	1710	75.000
	1750	90.000
	1763	93.000
	1787	100.000
	1794	130.000

Volkszählungen und statistische Berechnungen

Jahr	Stadt	Land	Staat
1811	106.983	25.024	132.017
1821	127.985	26.502	154.482
1830	144.383	29.560	173.943
1840	154.986	34.383	189.369
1850	171.013	43.628	214.641
1860	198.626	52.766	251.392
1870			326.502
1880			453.869
1890			622.530
1900			768.349
1910			1.014.664
1920			1.091.074
1930			1.236.416
1936			1.192.862
1937			1.677.067
1940			1.703.096
1950			1.605.606
1960			1.836.958
1970			1.794.640
1980			1.645.095
1990			1.640.074
2000			1.715.392
2007			1.754.182
2009			1.774.224

Bezirksverwaltung Seit dem Inkrafttreten des Gesetzes über die Bezirksverwaltung in der Hansestadt Hamburg vom 21.9.1949 ist die Einheitsgemeinde Hbg in sieben Bezirke mit je einem Bezirksamt aufgeteilt: ➢*Hamburg-Mitte*, ➢*Altona*, ➢*Eimsbüttel*, ➢*Hamburg-Nord*, ➢*Wandsbek*, ➢*Bergedorf* und ➢*Harburg*. Die Bezirksämter mit den ihnen bis 2008 unterstehenden Ortsämtern, Ortsdienst- und Außenstellen sind für eine Vielzahl von dezentral wahrzunehmenden Verwaltungsaufgaben zuständig, insbesondere im Sozial-, Gesundheits-, Bau-, Melde-, Wohnungs- und Liegenschaftswesen sowie im Bereich der Wirtschaftsüberwachung.

In die B. wurden 1949/50 größere Teile der 1943/44 aufgrund der ➢*Luftangriffe* geschaffenen regionalen Verwaltungsstruktur einbezogen: Von den zunächst 23 Ortsämtern bestanden 15 nach 1949 fort. Wesentliche konzeptionelle Grundlagen für den Aufbau der B. nach dem Zweiten Weltkrieg lieferte das 1948 dem ➢*Senat* vorgelegte Gutachten „Die Neuordnung der kommunalen Verwaltung der Hansestadt Hamburg" von O. Mulert, dem ehem. geschäftsführenden Präsidenten des Deutschen Städtetags.

Zur Beratung kommunalpolitischer Themen und zur Mitwirkung an der Verwaltung wurden 1949 in allen Bezirken Bezirksausschüsse ins Leben gerufen, die 1961 in Bezirksversammlungen umbenannt wurden; ihre Wahl geschieht gleichzeitig mit der Bürgerschaftswahl.

Die Neufassung des B.gesetzes vom 22.5.1978 war mit dem Ziel verbunden, die Bezirksversammlungen zu stärken. Über die Frage, ob eher eine Zentralisierung oder eine Dezentralisierung von Entscheidungskompetenzen anzustreben sei, wurde weiter heftig gestritten. Das von der ➢*Bürgerschaft* mit den Stimmen von ➢*SPD* und ➢*STATT-Partei* beschlossene B.gesetz vom 11.6.1997 wurde nach der Bürgerschaftswahl im September durch das von ➢*GAL* und ➢*CDU* durchgesetzte Gesetz zur Reform der Bezirksverwaltung vom 4.11.1997 in wesentlichen Punkten wieder abgeändert. Ein neues Bezirksverwaltungsgesetz wurde 2006 beschlossen. Die ➢*Kerngebiete* und Ortsämter wurden 2008 aufgelöst. An die Stelle der Kerngebiets- und Ortsausschüsse sind Regionalausschüsse getreten. *Wa.*

Bier Unter Hbgs Exportprodukten im Spätmittelalter stand B. an erster Stelle. Die Stadt galt als das „Brauhaus der Hanse". 1376 gab es 457 Brauereien, deren Jahresproduktion ca. 170.000 hl betrug. B. machte 1369 rund ein Drittel der Exporte Hbgs aus und ging v.a. nach ➢*Dänemark* und in die Niederlande. In der Frühen Neuzeit waren Produktion und Export stark rückläufig. Selbst dass noch im 18. Jh. die neu

Darstellung eines Brauerknechts aus Christoffer Suhrs grafischer Serie „Kleidertracht und Gebräuche in Hamburg". Als die Serie im 19. Jahrhundert entstand, war die Blütezeit Hamburgs als „Brauhaus der Hanse" jedoch längst vorüber.

gewählten Ratsherren in ihren Antrittsreden das Wohlergehen des Braugewerbes beschworen, half dagegen nicht. Erst mit dem starken Bevölkerungswachstum des späten 19. Jhs entstanden in Hbg und den Nachbarorten zahlr. neue Brauereien; um 1890 waren es 32 Betriebe.

Heute besteht nur noch die 1879 gegründete, 1882 nach ➢*Altona* verlegte Holsten-Brauerei, die seit 2004 ein Tochterunternehmen der dänischen Carlsberg-Brauerei ist. 1998 übernahm die Holsten-Brauerei die Bavaria- und St. Pauli-Brauerei mit der Marke Astra.

In Hbg werden nicht nur Export, Pils oder andere B.sorten konsumiert, auch die als Alsterwasser bezeichnete Kombination aus B. und Zitronenlimonade, die norddt. Variante von Radler/Radlermaß, erfreut sich v.a. in der wärmeren Jahreszeit großer Beliebtheit. *SH*

Biermann-Ratjen, Hans Harder (geb. 23.3.1901 Hbg, gest. 25.4.1969 ebd.), Jurist, Senator. Der oft als ➢*„hanseatisch"* lobend charakterisierte, 1936 von den Nationalsozialisten als Vorsitzender des ➢*Kunstvereins* abgesetzte Notar und Kulturpolitiker war als Stiefsohn des bibliophilen Bremer Kaufmanns und Mäzens Leopold Otto Heinrich Biermann groß geworden und entwickelte gelegentlich schriftstellerische Ambitionen. 1945 wurde er von den brit. Besatzungsbehörden auf Vorschlag von R. ➢*Petersen* an die Spitze der Kultusverwaltung berufen, blieb dort allerdings nur für einige Monate. Der ➢*FDP* beigetreten, kam B.-R. 1949 in die ➢*Bürgerschaft* und wurde 1953 im Rahmen des ➢*Hamburg-Block*-Senats erneut Kultursenator; er blieb in diesem Amt bis 1966, auch unter veränderter Regierungskoalition. Zugleich war er Vorsitzender der Senatskommission für die Justizverwaltung.

Gern zählte sich B.-R. zu den Initiatoren des ➢*Kunst-am-Bau*-Programms; zu seinen bekannteren Personalentscheidungen gehörte die Berufung G. ➢*Gründgens'* ans ➢*Deutsche Schauspielhaus.* Die eindrucksvollsten seiner oftmals selbst verfassten, nicht selten grundsätzlich und originell gehaltenen Reden sowie ein paar kleinere

Schriften erschienen 1961 unter dem Titel „Kultur und Staat“. 1978 wurde die ➢*Senator-Biermann-Ratjen-Medaille* gestiftet. *luz*

Bild-Zeitung Knapp drei Jahre nach der ➢*Hamburger Morgenpost* konterte der Verleger A. ➢*Springer* mit „Deutschlands modernster Zeitung“. Am 24.6.1952 erschien die Erstausgabe der B.-Z. in einer Auflage von 250.000 Ex. zum Preis von zehn Pfennig, als „gedruckte Antwort auf das Fernsehen“. Mit Emotionen und Schlagzeilen („Student schnitt nackte Hamburgerin tot“), die oft größer waren als der dazugehörige Text, machte das Bilderblatt Auflage. Im Gefolge der Studentenunruhen Ende der 1960er Jahre richteten sich Protestaktionen gegen den Springer-Verlag und die B.-Z., deren Auslieferung zu verhindern versucht wurde. Die Auflage wuchs von Jahr zu Jahr und lag 2010 bundesweit bei 3,1 Mio. Ex. (davon 239.275 in Hbg). Zur Bild-Gruppe gehören mittlerweile u.a. „Bild am Sonntag“, „Bild der Frau“, „Auto-Bild“, „Sport-Bild“ und „Computer-Bild“. 2008 zog die B.-Z. nach Berlin um. Eine Lokalredaktion verblieb in Hbg. *KT*

Bildungsverein für Arbeiter Angeregt durch den Frühsozialisten W. Weitling, der 1844 in Hbg weilte, entstand im Winter 1844/45 auf Initiative des Tischlers J.F. Martens und des Schriftstellers G.G. Schirges die Bildungsgesellschaft für Arbeiter. Die offizielle Konstituierung erfolgte im Februar 1845. Die ➢*Patriotische Gesellschaft* unterstützte den Verein, der 1846 den Namen Bildungsverein für Arbeiter in Hamburg annahm. 1848 trennte er sich von der Patriotischen Gesellschaft. Am ersten dt. Arbeiterkongress in Berlin, der zur Gründung der Allgemeinen Deutschen Arbeiterverbrüderung führte, waren der B.f.A. aus Hbg und der 1846 gegründete Zweigverein St. Georg beteiligt. Martens gehörte der Hbger ➢*Konstituante* an.

Nach 1849 lag der Schwerpunkt der Aktivitäten in der Allgemein- und Berufsbildung. Der B.f.A. unterhielt eine eigene Bibliothek und ein Lesezimmer. An der Schiller-Feier 1859 beteiligte er sich, er ehrte im folgenden Vierteljahrhundert den Dichter jährlich mit einer Festveranstaltung. 1861 entstand ein Zweigverein in ➢*St. Pauli*, der Verein in ➢*St. Georg* wurde als Zweiter Bildungsverein selbstständig. Oppositionelle Kräfte aus dem Hbger B.f.A. waren 1862/63 am Entstehen einer eigenständigen politischen Arbeiterbewegung beteiligt. Der Verein verblieb im bürgerlichen Lager, zunehmend traten ihm kaufmännische Angestellte bei. Zum 50-jährigen Bestehen gratulierte 1895 auch die Patriotische Gesellschaft.

In der sozialdemokratischen Bewegung entstand eine eigene Bildungsarbeit, bekannt wurde insbesondere der 1881 gegründete Fortbildungsverein Barmbek-Uhlenhorst, von dessen Schülern einige später in der ➢*SPD*, in den Gewerkschaften und den Genossenschaften Führungspositionen innehatten.

Martens engagierte sich nach dem Scheitern der ➢*Revolution von 1848/49* in Konsumvereinen, zunächst im 1851/52 entstandenen Assoziations-Waren-Magazin, dann in der aus ihm 1852 hervorgegangenen Gesellschaft zur Vertheilung von Lebensbedürfnissen. *Ko.*

Billbrook ist ein Industrie-Stadtteil im Südosten des Bezirks ➢*Hamburg-*

Mitte mit der ➢*Bille* im Norden und dem ➢*Moorfleeter* Kanal im Süden. Auf einer Fläche von 6,1 km^2 leben hier in zwei kleinen Wohngebieten 1.210 Einw. (2009). B. umfasst den westl. Teil des 1395 von Hbg erworbenen Landgebietes von ➢*Billwerder* sowie von dort aus im 13./14. Jh. eingedeichte Marschflächen an der Bille. Zu der bäuerlichen Besiedlung gesellten sich Landhäuser reicher Hamburger, die im Einzelfall noch erhalten sind. Um die Wende zum 20. Jh. wurde B. als Industriegebiet erschlossen, indem u.a. schleusenfreie Kanäle (Tiefstackkanal, 1903) ausgehoben und die tief liegenden Flächen mit dem Baggergut sowie mit Sand aus den östl. gelegenen ➢*Boberger Dünen* aufgehöht wurden. Straßen, Brücken (Liebigbrücke, 1914–17) und Bahnen kamen hinzu. 1913 wurde B. Stadtteil und somit aus Billwerder herausgelöst. 1914–17 errichteten die ➢*HEW* ihr (1993 erneuertes) Großkraftwerk Tiefstack; später sind ein Müllheizkraftwerk, eine Sondermüllverbrennungsanlage und ein Biomasseheizkraftwerk hinzugekommen. 1984 war in B. der Dioxinskandal der Firma Boehringer zu beklagen. Die Sanierungs- und Isolierungsmaßnahmen hinsichtlich der betroffenen Bodenflächen sind noch nicht abgeschlossen. W. ➢*Borchert* hat nach dem Zweiten Weltkrieg eine kleine Geschichte über einen kanad. Fliegerfeldwebel „Bill Brook" geschrieben, der 1946 „seinen" Stadtteil anschauen will, aber auf halbem Weg in der Trümmerwüste wieder umkehrt. *luz*

Bille Der in mittelalterlichen Urkunden „Bilna" genannte Fluss entspringt bei Linau in der Nähe von Trittau, fließt am Hahnheider Gehölz entlang, folgt dem nördl. Rand des ➢*Sachsenwalds* bis Reinbek und ➢*Bergedorf*, fließt durch die ➢*Marschlande* und mündet nach 53 km bei der Brandshofer Schleuse in die ➢*Elbe*. Der Oberlauf bildet streckenweise die Grenze zwischen ➢*Stormarn* und dem Herzogtum Lauenburg. Der Unterlauf war im Mittelalter zusammen mit dem Mündungsbereich der ➢*Alster* der Bereich des ersten Hbger ➢*Hafens* (Reichenstraßenfleet). Der Fluss war bis Bergedorf schiffbar. Hatte die B. immer schon zahlr. ➢*Mühlen* angetrieben, so nahm die Nutzung des Flusses durch Industrie und Gewerbe nach dem ➢*Zollanschluss* 1888 stark zu. *HWE*

Billstedt 1927/28 wurde aus den drei in ➢*Stormarn* gelegenen Dörfern ➢*Schiffbek*, ➢*Öjendorf* und Steinbek (➢*Kirchsteinbek*) die Gemeinde B. gebildet. Sie wurde aufgrund des ➢*Groß-Hamburg-Gesetzes* 1937 in Hbg eingemeindet. B. gehört zum Bezirk ➢*Hamburg-Mitte*, umfasst 16,8 km^2 Fläche und zählt 69.085 Einw. (2009), von denen fast ein Drittel in der Großsiedlung ➢*Mümmelmannsberg* lebt. Das ehem. Ortsamt B. war auch für die althbg. Stadtteile ➢*Horn* und ➢*Billbrook* zuständig (zusammen 38.887 Einw., 2009). *HWE*

Billwerder ist ein Stadtteil im ehem. Ortsamtsgebiet ➢*Vier-* und ➢*Marschlande* des Bezirks ➢*Bergedorf* mit 1.318 Einw. (2009) auf 9,5 km^2 Fläche. Die Marschenlandschaft zwischen der ➢*Bille* und der ➢*Dove-Elbe* hieß B., bis sie 1872 in drei Gemeinden (B. an der Elbe, B. an der Bille, ➢*Moorfleet*) eingeteilt wurde.

In einer Urkunde vom 15.7.1251 wird das Gebiet „Bilnawerthere" ge-

Alte Kulturlandschaft der Marschlande Bill- und Ochsenwerder, geprägt durch Wasserläufe, Weiden und Baumreihen

nannt. Die „alte Bille“ zwischen der Blauen Brücke und dem Heckkaten bildete die holstein. Grenze. Am Nordrand dieser Flusslandschaft lag B. an der Bille, am Südrand B. an der Elbe. Zusammen mit Moorfleet waren die Siedlungen durch einen Ringdeich vor eindrückendem Wasser hinlänglich geschützt. 1395 gelangte der Billwerder von ➢*Holstein*, zu dem er seit der Dänenzeit gehörte (1202–27, ➢*Dänemark/dänische Oberhoheit*), an Hbg, das daraufhin die „Landherrenschaft Bill- und Ochsenwerder“ einrichtete (➢*Landgebiet*). 1768 kamen mit dem ➢*Gottorper Vergleich* ➢*Nettelnburg*, die Bojewiese und drei Höfe hinzu. Unter dem Namen „Bilna“ wurde B. in der sog. Glockenurkunde im 13. Jh. als Kirchspiel erwähnt (später bis ins 16. Jh. als „Billenkercken“) und 1402 als eigene Parochie beurkundet.

Die St.-Nikolai-Kirche wurde 1739 als großräumiger Barockbau neu errichtet. Für die Einweihung komponierte G.Ph. ➢*Telemann* ein Oratorium auf einen Text von M. ➢*Richey*. Im 16./17. Jh. entstanden in B. ➢*Landhäuser* für Hbger Familien, von denen mit dem „Glockenhaus“ eines erhalten ist (seit 1984 Sitz des ➢*Deutschen Maler- und Lackierer-Museums*). Westl. des Mittleren Landwegs dehnt sich das Gewerbegebiet weiter aus, und es entstehen neue Wohnbauflächen.

Die „Dorfgemeinschaft Billwärder an der Bille e.V.“ setzt sich für den Schutz und Erhalt dieser wertvollen Natur- und Kulturlandschaft ein. Sie verwendet noch die alte, bis Anfang 1947 gültige ➢*Schreibweise*. *HR*

Binnenalster Die 18 ha umfassende B. ist der kleinere Teil des ➢*Alsterbeckens*. Ihre heutige Gestalt hat sie nach dem ➢*Großen Brand* erhalten, als im Zuge der Neugestaltung ihrer Uferanlagen der Wasserspiegel gesenkt wurde, Alsterdamm

Blick auf Binnenalster und Jungfernstieg. Aquatinta von John Harris, 1799. Nach dem Großen Brand wurde die Alster abgesenkt, und Hamburgs gute Stube entstand.

Die Binnenalster heute. Die Fontäne ist seit 1987 in Betrieb. In der Bildmitte das 1886–97 errichtete Rathaus mit seinem markanten Turm, ganz rechts die Fassade des Alsterhauses

(seit 1947 Ballindamm), ➢*Jungfernstieg* und Neuer Jungfernstieg ihre heutige Form erhielten und die von J.H. Maack geschaffene Reesendammbrücke entstand. Umgestaltungen erfolgten im Zuge des Baus der unter der B. verlaufenden ➢*S-Bahn*-Strecke 1969–75. *Ko.*

Binnenhafen/Niederhafen Vorläufer des B.s war eine mit den im 16. Jh. geschaffenen Anlagen der ➢*Befestigung* entstandene Schiffsreede vor der Zufahrt zum Alsterhafen im Nikolaifleet (➢*Hafen*). Stromregulierungsmaßnahmen, die insbesondere die Befahrbarkeit der Norderelbe erheblich verbesserten, sowie die Errichtung des neuen Befestigungssystems zu Beginn des 17. Jhs führten zu einem vergrößerten B. Durch zunehmend größer werdende Seeschiffe und beträchtliche Ausweitung des Warenverkehrs im Verlauf des 17./18. Jhs wurde der Binnen- zum Niederhafen in die ➢*Elbe* hinein erweitert. Beide Hafenbereiche

Blick über Hamburgs Binnenhafen von Kehrwieder um 1860. Kein Blatt von Wilhelm Heuer zeigt eindrücklicher die Enge und auch die Vielfalt des Hafenlebens vor dem Bau neuer leistungsfähiger Hafenbecken und Umschlaganlagen auf dem Großen Grasbrook.

Die Hülle fällt: Hugo Lederers monumentales Denkmal des ersten Reichskanzlers wird von den Festgästen mit Applaus bedacht. Foto von Otto Reich vom 2.6.1906

waren bis zur Entstehung des ➢*Sandtorhafens* die wichtigsten Umschlagzentren. *Pr.*

Bischofsturm Der Bremer Erzbischof Bezelin Alebrand, der 1035–43 amtierte, errichtete für sich in Hbg einen befestigten steinernen Wohnturm. Mit großer Wahrscheinlichkeit handelt es sich bei den 1962 an der Ecke Speersort/Kreuslerstraße entdeckten Fundamenten eines aus Findlingen errichteten Rundturms von 19 m äußerem und 11 m innerem Durchmesser sowie eines angebauten Brunnenturms von 4,5 m Durchmesser um den B. Der Befund wurde im Keller des Gemeindehauses von ➢*St. Petri* konserviert. Als Außenstelle des ➢*Helms-Museums* können die Fundamente des B.s zusammen mit einer kleinen begleitenden Ausstellung besichtigt werden. *Ri.*

Bismarck-Denkmal Das größte ➢*Denkmal* Hbgs ist das für den Reichskanzler Otto von Bismarck (1815–98). Vom ➢*Hafen* aus gut zu sehen, ist es mit 34,3 m Höhe einer der markantesten Punkte in der ➢*Neustadt.* Auf der ehem. Bastion Casparus (➢*Befestigung*) erhebt sich auf einem Rundsockel die 14,8 m hohe, seewärts blickende Figur, die den auf ein Schwert gestützten Bismarck in mittelalterlicher Rüstung und Mantel als „Roland“ stilisiert. Zu seinen Füßen sitzen zwei Adler, Athleten am Sockel symbolisieren die dt. Stämme. Bereits kurz nach dem Tod Bismarcks hatte sich unter dem Vorsitz von J.G. ➢*Mönckeberg* ein Hbger Komitee zur Errichtung eines Monumentes gegründet, für das Geldsammlungen im Bürgertum eine halbe Mio. Goldmark zusammenbrachten. Nach einem Wettbewerb mit über 200 Teilnehmern 1901/02 wurde der Bau aus Schwarzwälder Granit durch den Architekten E. Schaudt und den Bildhauer H. Lederer bis 1906 ausgeführt. Das Standbild wurde aus einhundert Steinen zusammengesetzt und hat ein Gewicht von 625.000 kg.

Durch seine mythische Übersteigerung ist das Denkmal Ausdruck des Bismarck-Kultes im Zeitalter des wilhelminischen Imperialismus. In weiten Teilen der Hbger Arbeiterschaft wurde das Denkmal grundsätzlich abgelehnt, da sie Bismarck negativ einschätzten und der Auffassung waren, das Geld hätte statt für ein Monument für die Förderung öffentlicher Einrichtungen verwendet werden sollen. Diese Ansicht überlieferten Spitzel der Politischen ➢*Polizei*, die Kneipengespräche belauschten und in ihren Vigilanzberichten festhielten. *He.*

Blankenese ist ein Stadtteil im Bezirk ➢*Altona*, ehem. Sitz des Ortsamts der westl. Elbvororte, und zählt auf 8,3 km² Fläche 12.839 Einw. (2009). B. liegt an der ➢*Elbe* und am westl. Ende des Geesthangs. Er erreicht hier seine höchsten Punkte (➢*Süllberg*) und weist zugleich starke Taleinschnitte auf, die der vom Hang bis zum Strand reichenden kleinteiligen Wohnbebauung eine unverwechselbare Atmosphäre verleihen. Der Name geht auf ➢*plattdeutsch* „blanke Ness“ zurück und bedeutet weiße, sandige Landzunge. Historische Ortskerne des Stadtteils sind die ehem. Dörfer B. und Mühlenberg sowie seit dem Zusammenschluss 1919 auch ➢*Dockenhuden*.

Als Siedlung am Anleger der bereits 1301 überlieferten Elbfähre ist B. im darauffolgenden Jahr erwähnt. Um das ehem. Fährhaus, heute Gaststätte „Sagebiels Fährhaus“, entstand am Hang das Treppenviertel mit kleinen Häusern für Fischer, Lotsen und Seeleute. Der Fährverkehr ging durch Abflauen des Ochsentransports (➢*Wedel*) und später durch die Sperrung des Postverkehrs Hbg-Bremen durch ➢*Dänemark* seit 1773 noch weiter zurück; er endete – bis auf die heutige ➢*HVV*-Personen-

Blankeneser Fischer: Ihren Fang verkauften sie nicht nur vor Ort, sondern auch auf den Märkten in Hamburg und Altona. Kolorierter Aquatintastich von Christoffer Suhr, 1803

Blick von Norden über Blankenese. Rechts die markante Erhebung des Süllbergs. Stahlstich von Julius Gottheil, 1855

Das Malerische an Blankenese ist seine Geesthanglage direkt an der Elbe, die sich dort zu einem zwei Kilometer breiten Strom weitet. Links der sich hoch über dem Wasser erhebende Süllberg mit den davorliegenden Terrassen, daneben das verwinkelte Treppenviertel mit seinen Stiegen und Wegen

fähre für Ausflügler nach ➢*Cranz* – mit dem Bau der ➢*Elbbrücken* 1872. Das mittelalterliche B. gehörte zur Vogtei Hatzburg und kirchlich zu ➢*Nienstedten*. Seit dem 15. Jh. befand sich am Mühlenberg eine Wassermühle und seit etwa 1700 eine Fischersiedlung. Mit seinen 200 Einw. (davon 80 namens „Breckwoldt") kam B. nach dem Aussterben der ➢*Schauenburger* 1640 an den kgl. Anteil des Herzogtums ➢*Holstein* als Teil des Dänischen Gesamtstaats. Seit dem 17. Jh. errichteten sich Hbger Bürger in B. und Dockenhuden ➢*Landhäuser*, die später z.T. inmitten weitläufiger Parkanlagen lagen. 1795 zählte B. mit Mühlenberg 1.500 Einw.

Nach dem Niedergang der Fischerei während der Napoleonischen Kriege begann 1815 der Aufbau einer Handelsflotte, die 1842 mit 243 seetüchtigen Schiffen 31 mehr umfasste als die der Hbger. Die Umstellung auf Dampfschifffahrt erfolgte jedoch zu zögerlich und führte 1900 zum Ende der eigenständigen Handelsschifffahrt von B.

Mit seinen ca. 3.000 Einw. (1859) wurde B. 1867 mit Schleswig-Holstein von Preußen annektiert. Im selben Jahr fuhr erstmals die Eisenbahn von B. nach Altona (➢*Eisenbahnwesen*), von 1883 an verkehrte die Kleinbahn nach Wedel, seit 1954 als durchgehende ➢*S-Bahn*. 1899–1921 war eine ➢*Straßenbahn* nach Altona in Betrieb. B.s Wandel vom Fischer- und Seefahrerdorf zum Hbger Villenvorort vollzog sich seit Ende des 19. Jhs und verstärkt während der ➢*Citybildung*. 1895 wurde B. selbstständige Kirchengemeinde, 1896 mit eigener Kirche. 1925 erwarb die Gemeinde B. den Hirschpark, einen von der Kaufmannsfamilie Godeffroy im 18./19. Jh. angelegten englischen Garten. Seit 1927 ist der Park öffentlich zugänglich. Am 1.7.1927 erfolgte die Eingemeindung nach Altona, am 1.4.1937 durch das ➢*Groß-Hamburg-Gesetz* die nach Hbg.

Trotz mancher wenig harmonisch eingefügter Architektur und des Zusammenwachsens der Ortsteile, v.a. durch die Ansiedlung vieler ausgebombter Hbger und Flüchtlinge nach dem Zweiten Weltkrieg, hat B. in weiten Teilen sein Ambiente erhalten und gilt mit seiner Mischung

aus Villenvorort mit Parkanlagen und historischer Hangsiedlung als eines der exklusivsten Wohnviertel in Hbg. *To*

Blaues Band hieß die Auszeichnung für die schnellste Dampfer-Überquerung des Atlantiks in ost-westl. Richtung. An unterschiedlichen Leuchttürmen im engl. Kanal (Eddystone, Bishop Rock, Needles) begann die Zeitmessung für den bis 1952 ausgetragenen Wettbewerb. Die angesteuerten Ziele südl. von New York City waren u.a. der Leuchtturm Sandy Hook oder das Ambrose Feuerschiff. Als erster Hbger Schnelldampfer erhielt 1900 das ➢*HAPAG*-Schiff „Deutschland" die begehrte Auszeichnung, drei Jahre nach dem Schnelldampfer „Kaiser Wilhelm der Große", der das B.B. erstmals nach Deutschland geholt hatte. *JJF*

Bleicken, Bleick Matthias (geb. 21.11. 1835 Keitum/Sylt, gest. 21.2.1900 Altona), Ottenser Bürgermeister. B. studierte in Bonn, Jena und Kiel Rechtswissenschaft. Nach dem Studium arbeitete er als Journalist, Privat- und Amtssekretär. Seit 1865 wirkte er an verschiedenen Orten Schleswig-Holsteins als Beamter, bevor er 1874 zum Ersten Bürgermeister der Stadt ➢*Ottensen* gewählt wurde. Aus gesundheitlichen Gründen legte er sein Amt 1885 nieder und war danach als Anwalt in Rendsburg und ➢*Altona* tätig. B. setzte sich für den Zusammenschluss Ottensens und Altonas ein, der 1889 zustande kam. Auch die umliegenden Landgemeinden wollte er in ein Groß-Altona einbezogen wissen. Ein Hauptanliegen B.s. war die Sozialreform, insbesondere die Förderung von Bau- und Wohnungsgenossenschaften. An B. erinnert die 1950 nach ihm benannte Bleickenallee (früher Tresckowallee) in Ottensen. *Ko.*

Blitzableiter Der erste B. in Dtld wurde 1770, angeregt von der ➢*Patriotischen Gesellschaft*, auf der Hauptkirche ➢*St. Jacobi* installiert. Zuvor hatte sich der vielseitig interessierte Hbger Arzt und Gelehrte J.A.H. ➢*Reimarus* mit der von B. Franklin in den USA 1752 konstruierten „Wetterstange" vertraut gemacht. Auf seine Anregung hin beschloss das Große Kirchen-Kollegium von St. Jacobi, einen B. auf dem Turm und am Gebäude der Kirche anzubringen. Über 200 Jahre später half der Christuskirche in ➢*Eimsbüttel* jedoch auch der B. nicht – ihr Turm wurde am 29.12.1982 durch ein vom Blitzeinschlag verursachtes Feuer zerstört. *Ti.*

Blohm + Voss GmbH Das 1877 von H. Blohm und E. Voss auf der ➢*Elbinsel* Kuhwerder gegründete Unternehmen ist mit heute rund 1.700 Beschäftigten die größte der noch verbliebenen Hbger ➢*Werften.* Da die hiesigen Reeder ihre Schiffe vornehmlich in England bauen ließen, blieben private Aufträge zunächst aus, bis Hbger Reedereien wie die

Die bescheidenen Anfänge einer Weltfirma: die Urwerft von Blohm + Voss im Jahr 1877. In dem Holz-Fachwerkgebäude entstanden die Maschinenanlagen für 42 Neubauten.

➢*HAPAG*, ➢*Hamburg Süd* oder ➢*Woermann* zu Stammkunden wurden. Im Zusammenhang mit dem Flottengesetz von 1898 entwickelte sich auch die Kaiserliche Marine zu einem bedeutenden Auftraggeber. Der Bau der Riesendampfer der Vaterland-Klasse der HAPAG („Bismarck", „Imperator" und „Vaterland") unmittelbar vor Ausbruch des Ersten Weltkriegs machte B+V überregional bekannt. Das Auflegen von Untersee- und Torpedobooten wurde schon bald zum alleinigen Werftprogramm.

Aufgrund der Bestimmungen des Versailler Vertrags konnte die Werft, die sich inzwischen auch beim Fertigen von Flugzeugen engagierte, nach dem Ersten Weltkrieg nur allmählich wieder an Bedeutung gewinnen. Im Verlauf des Zweiten Weltkriegs wurde sie erneut mit Rüstungsaufträgen belegt. Da die Werftanlagen am Ende des Krieges zerstört waren, standen die Chancen für einen Neubeginn zunächst schlecht. Mit dem Bau von Küsten- und kleineren Seeschiffen begann der langsame Wiederaufbau.

Nach Übernahme der Stülckenwerft 1966 vollzog sich auch eine allmähliche Erweiterung der Produktpalette mit Maschinenbauerzeugnissen. In den 1970er Jahren gingen Aufträge im Offshore-Bereich ein, und weiterhin wurden Kriegsschiffe für verschiedene Marinen gebaut. Durch die Verselbstständigung von Teilen der Firma konnte die Fertigung nicht schiffbaubezogener Produktionsbereiche verstärkt werden. 1996 wurde die Blohm + Voss AG in eine GmbH umgewandelt. Seit 2005 gehörte sie der ThyssenKrupp Marine Systems AG an, die ihren Sitz in Hamburg hat. 2010 erfolgte der Verkauf an den arabischen Investor Abu Dhabi MAR. *Pr.*

Blücher-Altona, Conrad Daniel Graf von (geb. 29.2.1764 Penzlin, gest. 1.8.1845 Altona), Altonaer Oberpräsident. Aus mecklenburg. Uradel stammend, hat B. seit 1808 in seiner langjährigen Funktion als oberster Verwaltungsbeamter in ➢*Altona* segensreich gewirkt. Während des Ausbaus Hbgs zur Festung durch die Franzosen und seiner Belagerung durch die Russen (1813/14) rettete er Altona durch diplomatisches Geschick und entschlossenes Handeln vor der Vernichtung. Viele der im Dezember 1813 aus Hbg ausgewiesenen Einw. fanden in Altona Aufnahme. Für seine tatkräftige Hilfe während der Tage des ➢*Großen Brandes* im Mai 1842 wurde ihm das hbg. ➢*Ehrenbürgerrecht* verliehen; an seine Verdienste während der ➢*Franzosenzeit* erinnert ein Standbild. Eine Kupferreplik dieses 1852 von F. Schiller geschaffenen ➢*Denkmals* steht seit 1953 in den Grünanlagen westl. des ➢*Altonaer Rathauses.* Seine Grabstätte wurde das bedeutendste Familiengrab des 1830/31 angelegten Friedhofs Norderreihe, südl. der 1868–72 erbauten „Norderkirche" St. Johannis. *SH*

Blumenfeld, Erik (geb. 27.3.1915 Hbg, gest. 10.4.1997 Lübeck-Travemünde), Politiker. Nach dem Abitur an der Schlossschule Salem 1933 und einer kaufmännischen Ausbildung in England, Frankreich und Skandinavien studierte B. ab 1935 Bergbau und Hüttenwesen in Berlin. 1939 legte er das Vorexamen ab und wurde in die Wehrmacht eingezogen. Wegen „halbjüdischer" Abstammung erfolgte 1941 seine Entlassung und im Jahr darauf die Verhaftung durch die Gestapo, die ihn nach Auschwitz brachte. Dort und im KZ Buchenwald musste er die Zeit bis 1945 verbringen. Durch die Verfolgung politisch sensibilisiert, trat B. 1946 der ➢*CDU* bei, für die er noch im selben Jahr in die ➢*Bürgerschaft* einzog. Seit 1949 war er Fraktionsvorsitzender und initiierte die Gründung des ➢*Hamburg-Blocks* (HB) zur Bürgerschaftswahl 1953. Die Rolle des HB-Bürgermeisterkandidaten überließ er zur Überraschung mancher mit dem Hinweis auf sein relativ niedriges Alter Kurt ➢*Sieveking.* Nach dem bürgerlichen Wahlsieg übernahm er die Führung der HB-Bürgerschaftsfraktion. Enttäuscht von Sievekings Politik als Senatspräsident, legte B. 1955 unter Angabe beruflicher Gründe den Fraktionsvorsitz und sein Abgeordnetenmandat nieder. Nach der verlorenen Bürgerschaftswahl von 1957 übernahm er 1958 den Parteivorsitz in der Hbger CDU, den er bis 1968 innehatte. Für die Bürgerschaftswahlen 1974 und 1978 stellte ihn seine Partei als Bürgermeisterkandidaten auf. B. gehörte 1946–55 und 1966–70 der Hamburgischen Bürgerschaft, 1961–80 dem Deutschen Bundestag und 1973–89 dem Europaparlament als Abgeordneter an. 1990 erhielt er die ➢*Bürgermeister-Stolten-Medaille.* *MR*

Boberg Zusammen mit Nedderndorf (Niederboberg) und Ohlenburg (Oldenburg) wurde B. 1233 in der Namensform Bocberge (= Buchenberge) erstmals urkundlich genannt. Gelegen am Rand des Waldes „Asbrook", gehörte es ab 1255 zum Hoheitsbereich der Grafen von ➢*Holstein.* Das Dorf kam 1321 an das Kloster Reinbek und verblieb bis 1534 beim inzwischen säkularisierten Zisterzienserinnenkloster. Danach war es Teil des holstein. Amtes Reinbek und kirchlich nach Steinbek eingemeindet (➢*Kirchsteinbek*). 1577 gab es in B. fünf Hufner und sechs Kätner. Der karge Boden litt unter ständiger Dezimierung durch Dünen und warf nur geringe Erträge ab. 1903 begann der großflächige Abbau der Sanddünen zwecks Aufschüttungen in ➢*Hammerbrook*, ➢*Billwerder* und im inneren Hbger Stadtgebiet. 1929 wurde die bis dahin selbstständige Gemeinde, zusammen mit den Dörfern ➢*Lohbrügge* und ➢*Sande*, in das neue

Der CDU-Politiker Erik Blumenfeld. In gewisser Hinsicht verkörperte der Auschwitz-Überlebende den letzten klassischen „Hanseaten" im politischen Raum, einen Elite- und Gentleman-Politiker, dessen Habitus und äußeres Auftreten ihn als Angehörigen der traditionellen kaufmännischen Führungsschichten Hamburgs auswiesen und der immer wieder als „Sir Erik" tituliert wurde.

Die Boberger Dünen sind Teil der jahrtausendealten Taldünenkette, die sich bis Geesthacht hinzieht. Mit ihrem Sand wurden Hammerbrook und Teile Billwerders sowie der inneren Stadt aufgeschüttet.

Lohbrügge eingemeindet. Seit 1937 gehört es zum Staatsgebiet der Hansestadt, die 1991 das ➢*Naturschutzgebiet* Boberger Niederung schuf. Seit 1952 ist B. Standort und Segelflugplatz des Hbger Aero Clubs. Der Name B. ist durch Vorgeschichtsfunde der mittleren und jüngeren Steinzeit („Boberger Stufe") überregional bekannt geworden, ebenso durch das seit 1959 auf Rehabilitationsmaßnahmen spezialisierte Berufsgenossenschaftliche Unfallkrankenhaus. *HR*

Bönhasen Seit dem 17. Jh. ist B. eine feste ➢*plattdeutsche* Bezeichnung für Handwerker, die heimlich arbeiteten, weil ihnen mit dem Freimeisterprivileg die Genehmigung der für ihr Gewerbe zuständigen ➢*Ämter* fehlte. Oft gingen sie ihrer Tätigkeit auf Dachböden (ndt. = Bö[h]n) nach. Als B. galten auch Handwerker, die außerhalb Hbgs ohne berufsständische Beschränkungen zum späteren Verkauf oder als Auftragsarbeiten produzierten, z.B. in ➢*Altona*, ➢*Ottensen* oder ➢*Wandsbek*, und Fertigwaren in die Stadt lieferten. Wurde ein B. bemerkt und einem Amtsmeister gemeldet, mussten ein Stadtdiener und die vier für die B.jagd zuständigen Amtsmeister verständigt werden. Danach durften die B. öffentlich und von jedermann wie Freiwild gejagt werden. Dies geschah häufig und konnte mitunter zu erheblichen Verletzungen der Verfolgten führen. Sie blieben jedoch unbehelligt, wenn sie mit Einverständnis eines Bürgers in dessen Haus arbeiteten. Das B.tum stand somit zwischen dem Interesse der Stadtbewohner an günstigen Handwerksleistungen und dem Bestreben der Ämter, unliebsame Konkurrenz abzuwehren. *Ti.*

Börse Der Begriff geht vermutl. auf die regelmäßigen Treffen der Brügger Kaufleute vor dem Haus der Fa-

milie „van der Burse" zurück und wurde auch auf andere Kaufmannstreffpunkte übertragen. Auf Initiative des Gemeinen Kaufmanns (➢*Ehrbarer Kaufmann*) entstand 1558 die erste Hbger B., zunächst nur als eingehegter Platz am Nikolaifleet. Sie war die erste ihrer Art in Dtld. 1583 wurde an gleicher Stelle, v.a. mit Mitteln der Gewandschneider, das erste B.gebäude errichtet, die sog. alte B., die in den Flammen des ➢*Großen Brandes* 1842 unterging.

Bereits in den Jahren 1839–41 war nach den Plänen der städtischen Baubeamten C.L. ➢*Wimmel* und F.G. Forsmann die neue B. als spätklassizistischer Putzbau an der Stelle des ➢*Maria-Magdalenen-Klosters* entstanden, das kurz zuvor wegen Baufälligkeit abgerissen worden war. Durch den selbstlosen Einsatz einiger Bürger unter der Leitung des Kaufmanns Th. Dill konnte der Neubau gerettet werden, ein Ereignis, an das die 1890 vollzogene Benennung der Dillstraße im ➢*Grindel* indirekt erinnert. Bis 1912 erfolgten sukzessive die Erweiterung und der Anschluss des B.komplexes an das 1897 vollendete ➢*Rathaus*. Das heutige Aussehen der B. geht auf die aus repräsentativen Gründen 1892–94 durchgeführte Verkleidung und Erweiterung des Mittelbaus im Stil der ital. Renaissance zurück. Das durch die Bombenangriffe des Zweiten Weltkriegs schwer beschädigte Gebäude wurde 1949–61 wiederhergestellt und 1991, zum 150-jährigen Jubiläum, mit Hilfe von Spenden der Hbger Wirtschaft restauriert. Es dient heute als Sitz der ➢*Handelskammer* sowie der Allgemeinen, der Wertpapier-, der Versicherungs-, der Getreide- und der Kaffeebörse. In der B. befindet sich auch die ➢*Commerzbibliothek*. *OK*

Das erste Börsengebäude an der Trostbrücke, daneben der Kran und das alte Zollhaus. Zwischen Kran und Börse wurde 1668 die Ratswaage errichtet. Kupferstich von J. Dierksen, Anfang 17. Jahrhundert

Börsenhalle war der Name eines 1804 von G. von Hoßtrup gegründeten beliebten Treffpunkts und „Club-Lokals“ Hbger Kaufleute. Dort standen auch eine Bibliothek und ein Lesezimmer zur Verfügung.
Von Hoßtrup schuf 1805 das gleichnamige Blatt als Abendzeitung für Handel, Schifffahrt und Verkehr. Gedruckt wurde in der B. Die Zeitung erschien zuerst zweimal wöchentlich, seit 1819 täglich. Hatte sich die B. anfangs auf Handelsnachrichten spezialisiert, griff sie während der Epoche des Vormärz zunehmend auch politische Themen auf. Ihre Redakteure, so der spätere Bürgermeister G.H. ➢*Kirchenpauer*, standen an der Spitze der Zollvereinsgegner. Das Blatt bestand bis 1905. *SH*

Die Börsenhalle in der Bohnenstraße nahe der alten Börse, um 1840

Umschlag der rororo-Taschenbuchausgabe von Wolfgang Borcherts „Draußen vor der Tür“, erschienen 1956

Borchert, Wolfgang (geb. 20.5.1921 Hbg, gest. 20.11.1947 Basel), Erzähler, Dramatiker, Lyriker. B. war Sohn eines Volksschullehrers und der Heimatdichterin Hertha B. Nach der Schulzeit absolvierte er eine Lehre im Buchhandel und ging im Anschluss zum Theater (Lüneburg). Seit 1941 war B. Kriegsteilnehmer. 1942 wurde er schwer verwundet und wegen „wehrkraftzersetzender“ Briefe, die er aus dem Lazarett schrieb, angeklagt. Nach achtmonatiger Haft in einem Nürnberger Militärgefängnis verurteilten ihn die Nationalsozialisten zunächst zum Tode, begnadigten ihn jedoch zur „Frontbewährung“ in Russland. Im Jahr 1943 kehrte B. nach Dtld zurück und wurde in der Garnison erneut wegen des gleichen Delikts zu neunmonatiger Haft in Berlin-Moabit und nochmaliger „Frontbewährung“ verurteilt. Im Frühling 1945 kam B. todkrank wieder nach Hause. Er arbeitete u.a. als Regieassistent am ➢*Deutschen Schauspielhaus* und als Regisseur in Westerland. Im Alter von 26 Jahren starb der an chronischem Fieber Leidende während eines von Freunden finanzierten Kuraufenthaltes in der Schweiz und wurde wenig später auf dem ➢*Ohlsdorfer Friedhof* beigesetzt.
B.s bedeutendstes Werk ist das im Spätherbst 1946 in wenigen Tagen geschriebene Antikriegsdrama

„Draußen vor der Tür", das in der Form eines expressionistischen Stationenstücks eindringlich die Erfahrungen des Kriegsheimkehrers Beckmann schildert. Es wurde zuerst am 13.2.1947, inszeniert von W. Liebeneiner, vom NWDR als Hörspiel gesendet (➢*NDR*). Die Theater-Uraufführung fand am 21.11.1947 in den ➢*Hamburger Kammerspielen* statt. 1949 verfilmte W. Liebeneiner das Stück unter dem Titel „Liebe 47" (mit versöhnlichem Ausgang). B.s Arbeiten, bis heute wegen ihrer emotionalen Wirkung und poetischen Kraft geschätzt, wurden bei ➢*Rowohlt* millionenfach gedruckt und in über 30 Sprachen übersetzt.

In ➢*Steilshoop* erinnert der Borchertring an den bedeutenden Hanseaten. An der Außenalster, in der Nähe des ➢*Literaturhauses* am Schwanenwik, wurde 1996 ein von T. Ulrichs geschaffenes ➢*Denkmal* errichtet. *JJF*

Borgfelde ist ein Stadtteil im ehem. ➢*Kerngebiet* des Bezirks ➢*Hamburg-Mitte*, mit 6.611 Einw. (2009) auf 0,9 km^2 Fläche, gelegen zwischen Berliner Tor (westl.) und Grevenweg, Lübecker Bahn (nördl.) und Mittelkanal. B. ist Teil jenes Gebietes zwischen ➢*St. Georg* und ➢*Hamm*, das Hbg 1256 von den ➢*Schauenburger* Grafen teils zur Nutzung, teils als Eigentum überlassen wurde. Vermutl. weideten hier Schweine (➢*plattdeutsch* „borg"). Die Schauenburger reservierten sich den Grevenweg („Grafenweg") als Passage vom Billedeich zum alten Heerweg nach Hamm, der das Gebiet in „Oben Borgfelde" und „Unten Borgfelde" teilte (Borgfelder Straße).

Zu einer Besiedlung des um 1350 durch eine Landwehr, 1681 durch das St. Georg vorgelagerte Neue Werk geschützten Gebietes kam es erst im 19. Jh., v.a., nachdem B. 1871 zum Vorort erhoben worden war. Zuvor wurde es als Glacis, als Vorfeld der ➢*Befestigung*, freigehalten und diente als Weideland (Bürgerweide, Borgesch von althochdt. „esch", Gemeindeweide). 1633 wurde am Geesthang ein „Gesundbrunnen" entdeckt. Den Namen trug später ein Gasthaus, das 1906 abgerissen wurde. Seit 1908 stützen in diesem Bereich Basaltmauern den Hang. Die nach Aufhebung der ➢*Torsperre* stark angewachsene Bevölkerung wurde 1943 (auf einem Stand von fast 25.000 Menschen) vom „Feuersturm" (➢*Luftangriffe*) dezimiert. In den 1950er Jahren wurde B. nach neuen Plänen wiederaufgebaut. *luz*

Bornemann, Hans (geb. um 1420, gest. nach 1473 Hbg), Maler. B.s Lehrmeister war vermutl. der Hbger Maler Conrad von Vechta. 1448 übernahm er dessen Werkstatt, nachdem er wohl zwischen 1444 und 1448 als selbstständiger Meister in Lüneburg im Auftrag eines Ratsherrn Miniaturen für eine Ausgabe des Sachsenspiegels gemalt hatte. Von seiner Kunst ist nur wenig und mit dem „Heiligentaler Altar" (1448) sein bedeutendstes Werk nur in Fragmenten in der Lüneburger Nicolaikirche erhalten; darauf ist eine Ansicht Lüneburgs zu sehen, die zu den frühesten Stadtansichten zählt. Um 1470 malte B. in Hbg die 17 Spitzbogennischen der aufgestockten Fassade des „Alten Rathauses" mit lebensgroßen Figuren röm. Kaiser aus (➢*Rathäuser, Alte, 4.*). Ein B. zugeschriebenes Gemälde des hl. ➢*Ansgar* hängt in der Hauptkirche ➢*St. Petri*. Sein Werk zeigt die selbstständige Aufnahme niederländ. Formensprache in der norddt. Spätgotik. B.s Sohn Hinrik (gest. 1499) begann in eigener, 1496 gegründeter Werkstatt die von ihm und seiner Frau Berteke gestifteten Flügelmalereien für den Altar des Apostels Lukas, des Schutzheiligen der Maler. Die Stifter sind auf den Außenseiten dargestellt. Der Altar stand bis 1804 im ➢*Dom*, kam dann in die Hauptkirche ➢*St. Jacobi* und gehört noch heute der Hbger Malerinnung (vollendet wurde er vermutl. 1500 von seinem Werkstattnachfolger W. Dedeke, möglicherweise war auch A. Stumme beteiligt). Das Kunstwerk befindet sich im Chor des äußeren südl. Seitenschiffs. *Ti.*

Botanischer Garten An historischen botanischen Einrichtungen gab es in Hbg den 1782 aufgehobenen Garten des Ratsapothekers für Heilpflanzen (➢*Apothekenwesen*) und einige Bürgergärten von wissenschaftlicher Bedeutung. Direkter Vorläufer des B.G.s war ein privater Gemeinschaftsgarten mit ca. 3.000 kultivierten Arten, der 1810–13 an der Fontenay bestand. Gründer der in der ➢*Franzosenzeit* zerstörten Anlage war J. Flügge.

Auf Betreiben von J.G.Chr. Lehmann, seit 1818 Professor für Physik und Naturgeschichte am ➢*Akademischen Gymnasium*, stellte der ➢*Rat* im Herbst 1821 ein Areal vor dem ➢*Dammtor* für die Anlage eines wissenschaftlichen Gartens zur Verfügung. Am 6.11.1821 pflanzte Lehmann die erste, noch heute erhaltene Platane. 1822 wurde ein Gewächshaus errichtet. Im Jahr darauf hatte sich die Größe des Gartens, in dem bis 1864 auch reger Pflanzenverkauf stattfand, annähernd verdoppelt. 1833 wurde der B.G. eines der staatlichen wissenschaftlichen Institute (➢*Wissenschaftliche Bildung*), blieb aber zugleich beliebte Erholungsstätte.

Die grundlegenden Umgestaltungspläne der ➢*Wallanlagen* und erhebliche Flächenverluste durch den Bau des ➢*Congress Centers Hamburg* hatten die Verlegung des Gartens nach ➢*Klein Flottbek* zur Folge. Die

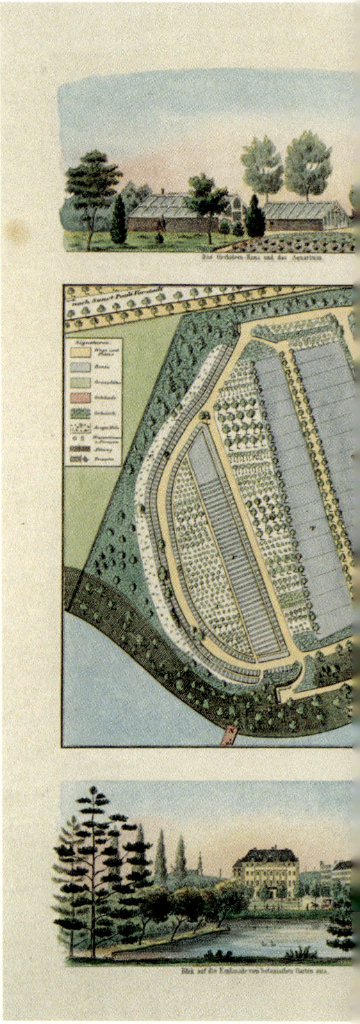

Wissenschaftlicher Forschung und bürgerlicher Erholung dient der 1821 angelegte, seither mehrfach veränderte Botanische Garten. Der farbige Plan von 1855 zeigt das Bild der ersten Ausbaustufen. Nach Verlegung des Gartens von Planten un Blomen nach Klein Flottbek bestehen Teile der Pflanzungen und die Gewächshäuser als „Alter Botanischer Garten“ fort.

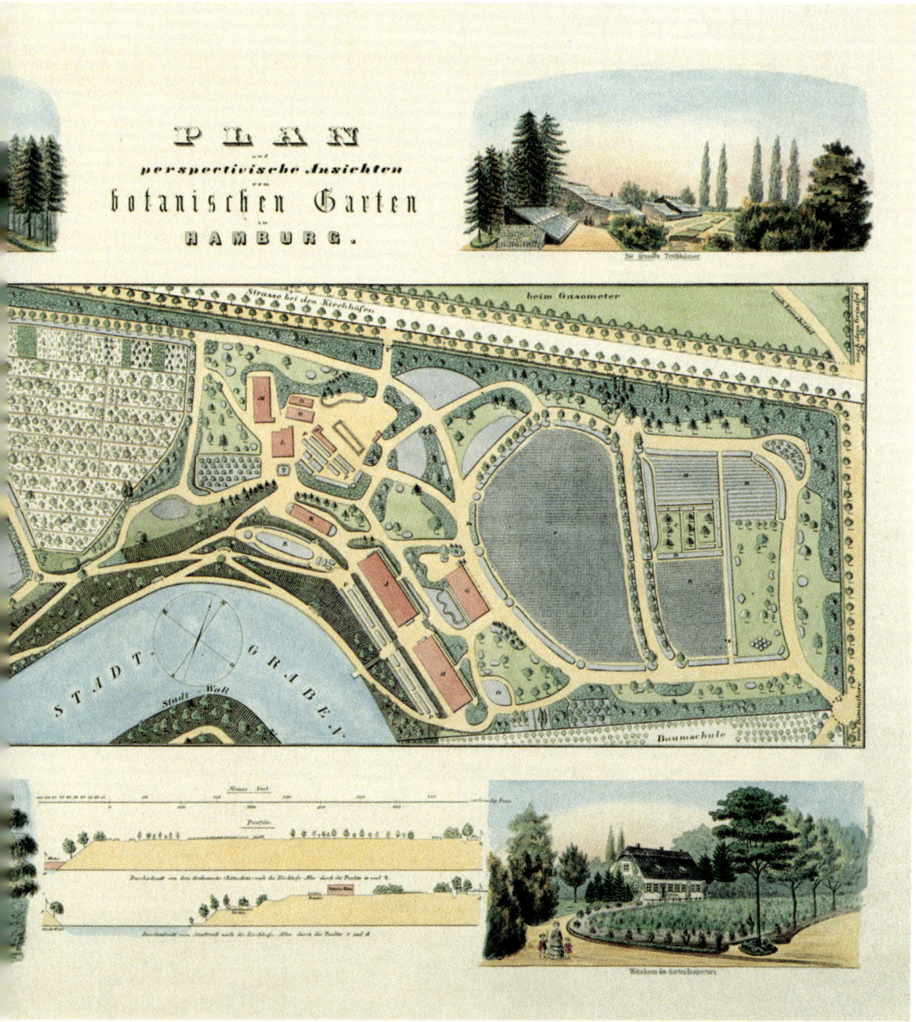

1963 zur Internationalen Gartenbauausstellung von B. ➢*Hermkes* errichteten Tropengewächshäuser blieben im nun Alten B.G. bestehen und beherbergen über 2.000 Pflanzenarten. Die von ihm entworfene Gesamtanlage mit Gewächshäusern, den vorgelagerten Mittelmeerterrassen, auf denen mediterrane Pflanzen gedeihen, und der Johan-van-Valckenburgh-Brücke wurde 1998 unter ➢*Denkmalschutz* gestellt. 1979 erfolgte auf ca. 25 ha Fläche nördl. des S-Bahnhofs Klein Flottbek die Eröffnung des neuen B.G., der als Teil des Instituts für Allgemeine Botanik und Botanischer Garten zum Department Biologie der ➢*Universität Hamburg* gehört. Die Pflanzungen sind in drei Haupt-

Der 1979 eröffnete Botanische Garten in Klein Flottbek, Teil des Instituts für Allgemeine Botanik der Universität Hamburg, in herbstlicher Stimmung

bereiche gegliedert: nach Bedeutung und Nutzen für den Menschen, nach ihrem Vorkommen auf der Erde und als Drittes nach ihren Verwandtschaftsverhältnissen. Letztere sind dargestellt mit dem „System", in dem die Gewächse gemäß ihrer Abstammung wie in einer zu durchwandernden Grafik arrangiert sind. *Ti.*

Brände und Feuerlöschwesen Der Stadtbrand von 1284 vernichtete Hbg fast vollständig (angeblich bis auf ein Haus) und nahm damit ein im Verhältnis verheerenderes Ende als der ➢*Große Brand* von 1842. 1350 unterstützte der ➢*Rat* feuersicheres Bauen mit einer Prämie (1.000 Mauersteine sowie Kalk zur Errichtung von ➢*Backstein*giebeln an den Holz-Lehm-Häusern, seit 1760 als Geldzahlung). Die Feuergefahr blieb unvermindert groß, und Brandstifter wurden zur Abschreckung qualvoll erstickt. 1529 enthielt der „Lange Rezess" (➢*Rezess*) eine Feuerordnung im Artikel 127: je Haushalt ein Löscheimer, in Brauhäusern zwei; Zwang zur Hilfeleistung; Melde- und Warnzeichensystem. Andere Brandschutzvereinbarungen folgten, und 1626 erweiterte noch einmal die „Wacht- und Feuerordnung" die nun von zwei „Feuerschauern" kontrollierten Maßnahmen der Brandvorsorge. In jedem ➢*Kirchspiel* mussten bei der Kirche 100 Eimer, eine fahrbare Spritze (Hebelpumpe) sowie Leitern und Einreißhaken vorhanden sein. Dennoch kam es in der dicht bebauten Stadt mit ihren oft engen Straßen und Gassen wiederholt zu Großbränden; 1676 brannten 30 Häuser auf dem ➢*Cremon*, die Ratswaage und der Neue ➢*Kran*, 1684 insgesamt 214 Häuser auf der Brookinsel.

1676 wurde die ➢*Hamburger Feuerkasse* eingeführt. Sie löste das bis-

Zwei nach ihren weißen Mänteln „Wittkittel" genannte „Sprützenleute der Brandwache". Kolorierte Aquatintaradierung von Peter Suhr, 1808

Das Hamburger Wahrzeichen in Flammen: der Brand der Großen St.-Michaelis-Kirche am 3.7.1906. Sofort nach der Katastrophe setzten sich die Hamburger für den originalgetreuen Wiederaufbau ihres „Michels" ein.

herige Versicherungswesen durch „Feuerkontrakte" einzelner Interessengemeinschaften ab. Bis 1697 erfolgte die Anschaffung von 13 „Schlangen" (Handdruckspritzen). 1728 wurden 25 „Feuerlöschanstalten" gegründet (fahrbare Spritze, 20 hell uniformierte Bereitschaftsleute, die „Wittkittel"). Unter der Leitung zweier „Stadt-Sprützenmeister" kamen sie um 1780 auf ca. 30, um 1835 auf ca. 120 Einsätze pro Jahr. Initiator vieler technischer Verbesserungen wurde J.G. ➢*Repsold*, der 1830 im Löscheinsatz ums Leben kam. Außer durch die Kriegseinwirkungen 1813/14 gingen bis zur Katastrophe von 1842 nie mehr als zehn Häuser verloren. 1863/64 konstruierte „Sprützenmeister" H. Moltrecht die erste Dampfspritze des Kontinents.

Bevor 1872 – dreißig Jahre nach der Katastrophe des Großen Brandes – in Hbg die Berufsfeuerwehr mit 48 Männern eingeführt wurde, waren ➢*Bürgerwache* und ➢*Bürgermilitär* zur Brandbekämpfung dienstverpflichtet. 1890 erhielt ➢*Altona* eine Berufsfeuerwehr, 1921 ➢*Harburg*. Die heutige Hbger Feuerwehr ist als Amt der Innenbehörde in drei Branddirektionen (West, Ost, Süd) gegliedert. In 22 Feuerwachen, zwei Löschbootstationen sowie im 1946 übernommenen Rettungsdienst mit 32 Rettungswachen verrichten heute ca. 2.500 Feuerwehrbeamte ihren Dienst. Unterstützt werden sie von 87 freiwilligen Feuerwehren mit ca. 2.600 Mitgliedern. 2008 bekämpfte die Hbg. Feuerwehr 8.981 Brände. Neben Brandbekämpfung und Ret-

Für den Fotografen in Positur gestellt: Feuerwehrmannschaft im Jahr 1897, genau ein Vierteljahrhundert nach Einführung der Berufsfeuerwehr

tungsdienst ist sie auch im Umwelt- und Katastrophenschutz tätig und leistet technische Hilfe auf unterschiedlichsten Gebieten. *Ti.*

Brahms, Johannes (geb. 7.5.1833 Hbg, gest. 3.4.1897 Wien), Komponist. Als Sohn eines Berufsmusikers erhielt B. schon früh regelmäßig Klavierunterricht, mit zehn Jahren trat er zum ersten Mal öffentlich auf. 1848 gab er sein erstes eigenes Konzert als Pianist. Er verdiente sich nebenbei Geld durch Unterrichten und

Johannes Brahms um 1855. Das Verhältnis zu seiner Geburtsstadt Hamburg war weitaus differenzierter, als es uns viele Quellen glauben machen wollen.

Foto von Brahms' Geburtshaus, Speckgang 24, Schlüters Hof, um 1920. Es wurde im Zweiten Weltkrieg zerstört. Das auf dem Bild unten erkennbare Bronzerelief mit dem Porträt des Komponisten von Ernst Hanssen ist heute an der Ecke Caffamacherreihe/Speckstraße am Brahmsdenkmal zu sehen.

im Auftrag eines Hbger Verlegers durch Arrangements damals beliebter Opern- und Orchesterwerke für Klavier. Aus dieser Zeit datieren auch seine ersten Kompositionen. 1853 verließ er Hbg zu seiner ersten Konzerttournee. Im selben Jahr erschien R. Schumanns Artikel „Neue Bahnen", mit dem B.s Ruf als Komponist begründet wurde. 1859–62 hielt sich B. erneut für längere Zeit in Hbg auf. Die Hoffnung auf eine feste Anstellung als Leiter der Philharmonischen Konzerte (➢*Philharmonische Gesellschaft*) erfüllte sich jedoch nicht. 1863 übersiedelte er nach Wien, das ihm fortan zur Heimat wurde. 1889 wurde B. nach langer kontroverser Diskussion in ➢*Bürgerschaft* und ➢*Senat* das Hbger ➢*Ehrenbürgerrecht* verliehen. Dafür widmete er seine „Fest- und Gedenksprüche" (op.109) Bürgermeister C.F. Petersen. B.s Werke gehörten schon zu seinen Lebzeiten zum festen Repertoire der Hbger Konzerte. Seit 1928 verleiht der Senat die ➢*Johannes-Brahms-Medaille* für Verdienste um das Werk des Komponisten. Seit 1969 besteht in Hbg eine Johannes-Brahms-Gesellschaft. Im ehem. Beyling-Stift in der ➢*Peterstraße* 39 befindet sich das Johannes-Brahms-Museum. *GJ*

Bramfeld ist ein Stadtteil im Bezirk ➢*Wandsbek* mit 10,1 km² Fläche (einschließlich Hellbrook) und 50.145 Einw. (2009). Mit ➢*Steilshoop* bildete B. ein eigenes Ortsamtsgebiet. Das Dorf wird erstmals 1271 – damals in adligem Besitz – urkundlich erwähnt. Um 1300 gehörte es größtenteils dem Kloster ➢*Harvestehude*, 1472 war es Pfandbesitz Hbger Kaufleute und 1537 dem ➢*Kloster St. Johannis* abgabepflichtig. B. war zu ➢*Bergstedt* eingepfarrt, bis es 1907 selbstständige Kirchengemeinde wurde. 1633 erfolgte in B. die Gründung der ersten Brandgilde in ➢*Stormarn*. B. war Zollstelle am Frachtweg von Hbg über Oldesloe nach ➢*Lübeck* und belieferte Hbg mit Molkereiprodukten. Seit den 1870er Jahren wurden umfangreiche Gemüsegärtnereien angelegt.

Industriebetriebe entstanden in den 1920er Jahren: Schweinemästereien und Fischräuchereien, Kalksandsteinwerk, metallverarbeitende Industrie an der Wandsbeker Chaussee

und Haldesdorfer Straße, Lebensmittelindustrie im Süden an der Bramfelder Chaussee und Fabriciusstraße. Aus der seit den 1880er Jahren bestehenden Stellmacherei Max Bahr entwickelte sich eine überregional agierende Baumarktkette. 1960 verlegte der Otto-Versand seinen Hauptsitz nach B., wo sich das Unternehmen (heute Otto Group) mit rund 7.000 Beschäftigten in Hbg (weltweit ca. 50.000) zur größten Versandhandelsgruppe der Welt entwickelte.
Um 1900 wurden ➢*Etagenhäuser* zwischen B. und Hellbrook gebaut, in den 1920er und 1930er Jahren entstanden Wohnsiedlungen u.a. an der Berner Chaussee, Pezolddamm, Hellbrook, Owiesenstraße, Maimoorweg, in den 1950er und 1960er Jahren u.a. an der Karlshöhe, Steilshooper Allee zwischen Bramfelder Chaussee und Fabriciusstraße, Gartenstadt Hohnerkamp, Bramfelder Drift, südl. Fabriciusstraße („Rosen"-Wege) und Hegholt. 1975/76 wurde die Siedlung Barmwisch fertiggestellt. Die seit 1961 in Planung befindliche Großsiedlung Steilshoop konnte 1977 bezogen werden. Dieser intensiven Bebauung folgte u.a. die Einrichtung von Schulen. Der B.er Dorfkern wurde 1961–71 umgestaltet. Der Geschichte B.s widmet sich das Stadtteilarchiv B. (➢*Geschichtswerkstätten*). *Pe.*

Brauer, Max (geb. 3.9.1887 Ottensen, gest. 2.2.1973 Hbg), Bürgermeister. Der Glasbläser trat 1904 der Gewerkschaft, 1905 der ➢*SPD* bei. 1908 wurde er Angestellter der Konsumgenossenschaft ➢*PRO*. Die ersten Stationen seiner politischen Laufbahn waren 1916 Stadtverordneter, 1918 Senator, 1919 Zweiter Bürgermeister und Stadtkämmerer in ➢*Altona*. 1924 wurde B. zum Oberbürgermeister gewählt; er war das jüngste Stadtoberhaupt in Preußen. Mit G. ➢*Oelsner* machte er Altona zu einem Modell fortschrittlicher Kommunalpolitik (Wohnungsbau, öffentliche Parks, 1927 Eingemeindung der Elbvororte sowie von ➢*Stellingen*-Langenfelde [➢*Langenfelde*] und ➢*Eidelstedt*). Das zweibändige Werk „Neues Altona 1919–1929" von P.Th. Hoffmann dokumentiert diese Leistungen. 1933 enthoben ihn die Nationalsozialisten seines Amtes, 1934 wurde er ausgebürgert. Vermittelt durch einen Völkerbundsvertreter, arbeitete B. zunächst als Berater der chines. Regierung. Über Frankreich, wo er Ende 1935 kurz in Haft war, emigrierte er in die USA. Seinen Lebensunterhalt verdiente er mit Vorträgen. Er half politischen Flüchtlingen und war in der German Labor Delegation aktiv.
Im Sommer 1946 kam B. im Auftrag der American Federation of Labor nach Hbg. Nach dem SPD-Sieg bei der Bürgerschaftswahl im Oktober 1946 nahm er – noch als US-Staatsbürger – die Wahl zum Ersten ➢*Bürgermeister* an. 1946–53 war er der Motor des Wiederaufbaus der Stadt. An der Freigabe von Schifffahrt und Schiffbau 1951 war er maßgeblich beteiligt. Nach dem Wahlerfolg des ➢*Hamburg-Blocks* 1953 musste B. abtreten und wurde Direktor der ➢*Volksfürsorge*. 1957 errang die SPD erneut die absolute Mehrheit, B. übernahm bis Ende 1960 noch einmal das Amt des Ersten Bürgermeisters. 1961–65 gehörte er dem Deutschen Bundestag und der Beratenden Versammlung des Europarates an. B. zählte in der SPD zu den Befürwortern der europäi-

Max Brauer: Altonaer Oberbürgermeister 1924–33, Hamburgs Erster Bürgermeister 1946–53 und 1957-60. Motor des Wiederaufbaus der Hansestadt. Fotoporträt von Fritz Kempe, 1960

schen Einigung und zu den entschiedenen Gegnern der Atombewaffnung. 1960 erhielt er das ➢*Ehrenbürgerrecht* und wurde mit dem Ehrendoktor (Dr. rer.pol.) der ➢*Universität Hamburg* ausgezeichnet. 1965 bekam er die ➢*Bürgermeister-Stolten-Medaille*, 1967 die ➢*Hamburgische Ehrendenkmünze*. Den Max-Brauer-Preis für besondere Verdienste um das kulturelle, wissenschaftliche und geistige Leben Hbgs verleiht die ➢*Alfred Toepfer Stiftung F.V.S.* seit 1993. *Ko.*

Braune Kuchen Zum weihnachtlichen „bunten Teller" gehören in Hbg unbedingt B.K., dünne rechteckige Kekse mit intensivem Gewürz-Aroma, die mit viel Sirup angereichert werden. 1782 wurde das Rezept in der Altonaer Bäckerei und Konditorei Kemm entwickelt, nach der die weithin bekannten Kekse auch „Kemmsche Kuchen" heißen. Firma J.G. Kemm und Geheimrezept blieben bis 1889 in Familienbesitz. 1994 liquidierte die 60 Angestellte beschäftigende GmbH mit Sitz in ➢*Lokstedt*, Rezept und Name des würzigen Gebäcks wurden verkauft. *SH*

Braunkohlenbergbau Gegen Versorgungsengpässe nach dem Ersten Weltkrieg behalfen sich die Vereinigten Gummiwaren-Fabriken Harburg-Wien (seit 1922 ➢*Phoenix Werke*) mit einem eigtl. unrentablen Bergwerk: der Grube Robertshall (1919–22). Sie lag im Emmetal (➢*Haake und Emme*) am Ehestorfer Heuweg bei ➢*Hausbruch* und war mit Abbau im Schachtbetrieb die einzige ihrer Art in Nordwestdtld. Im Gelände befinden sich der Rest eines Gebäudes sowie eine Erinnerungstafel, im ➢*Helms-Museum* ein Modell. An den B. erinnert auch die 1948 so benannte Straße Beim Bergwerk, die zuvor Robertshallstieg hieß. *JE*

Bredel, Willi (geb. 2.5.1901 Hbg, gest. 27.10.1964 Ost-Berlin), Schriftsteller. Der aus einer Hbger Arbeiterfamilie stammende B. arbeitete nach einer Lehre als Dreher bei ➢*Blohm + Voss* in der Maschinenfabrik Nagel & Kaemp und als Seemann. Ab 1923 war er Mitglied der ➢*KPD* und Redakteur kommunistischer Zeitungen, u.a. 1928–30 der „Hamburger Volkszeitung". Nach Haft 1930–32 und KZ 1933/34 floh B. 1934 nach Prag und lebte seit 1935 in Moskau, wo er 1936 zusammen mit B. Brecht und L. Feuchtwanger die Zeitschrift „Das Wort" herausgab. 1937/38 nahm er in den Internationalen Brigaden am Span. Bürgerkrieg teil. 1945 kehrte er nach Dtld zurück und lebte seit 1949 in Ost-Berlin. 1952–57 war er Chefredakteur der Zeitschrift „Neue Deutsche Literatur". Seit 1930 veröffentlichte B. als Schriftsteller des sozialistischen Realismus Biografien sowie Erzählungen und Romane, in denen er Themen aus der Geschichte der Arbeiterbewegung und eigene Erlebnisse im KZ ➢*Fuhlsbüttel (Konzentrationslager)* und in Spanien literarisch gestaltete. *Pe.*

Brehm, Alfred Edmund (geb. 2.2.1829 Renthendorf bei Neustadt/Orla, gest. 11.11.1884 ebd.), Zoologe, Schriftsteller. Bereits als 18-Jähriger machte der Sohn eines Ornithologen, zunächst noch als Mitarbeiter, später auf eigene Rechnung, eine Forschungsreise. Nach dem Abschluss seines naturwissenschaftlichen Studiums in Jena und Wien (1853–56) mit der Promotion zum Dr. phil. setzte B. seine Forschungsreisen fort, die er u.a. durch seine schriftstellerische Tätigkeit für die Zeitschrift „Die Gartenlaube“ finanzierte. 1863–66 war er als Gründungsdirektor des ➢*Zoologischen Gartens* in Hbg tätig und begann hier auch mit den Arbeiten zum noch heute berühmten „Tierleben“, das in sechs Bänden 1864–69 erschien und zahlr. Neuauflagen erfuhr.

Im Anschluss an seine Hbger Zeit leitete B. das von ihm gegründete „Aquarium Unter den Linden“ in Berlin. Seit 1874 beschränkte er sich auf seine schriftstellerische Tätigkeit, die durch zahlr. Reisen unterbrochen wurde. Seine Reisebeschreibungen und Tierbücher erreichten aufgrund ihres volkstümlichen und anschaulichen Stils eine breite Leserschaft und verliehen B. internationale Berühmtheit. *OK*

Bremen ist das kleinste Land der Bundesrepublik Dtld und besteht aus der Hafenstadt selbst und der Seestadt Bremerhaven (gegründet 1827). Die Stadt B. liegt an der Weser, ca. 65 km vor der Nordseemündung, und ist – nach ➢*Lübeck* – Hbgs zweite traditionelle ➢*Hanse*schwester (seit 1358). Bis Ende des Mittelalters nahmen die im ➢*Erzbistum* verbundenen Städte eine vergleichbare Entwicklung als Handels- und Hafenplätze, expandierten und verfügten seit dem 15. Jh. über ein umfangreiches ➢*Landgebiet*. Während des allmählichen Bedeutungsverlustes der Hanse blieb die Stadt jedoch in ihrer wirtschaftlichen Entwicklung gegenüber dem verkehrstechnisch ungleich günstiger an ➢*Elbe*, ➢*Alster* und ➢*Bille* gelegenen Hbg zurück.

Die Diskrepanz wuchs, als B. im 17. Jh. vergeblich gegen die weit weserabwärts reichende Unschiffbarkeit durch Versandung kämpfte und erfolglos für die 1619 verlorene Zollfreiheit des Flusses stritt. Ferner musste es trotz der 1646/1741 endgültig anerkannten Reichsunmittelbarkeit den tlw. Verlust seiner Selbstständigkeit an Schweden (1654) hinnehmen. 1629/30 kam es zur Bildung der ➢*Hanseatischen Gemeinschaft*. Die ➢*Franzosenzeit* verlief in B. kürzer und weniger hart als in Hbg. Anschließend versuchten beide Bürgerrepubliken im Verbund mit den anderen verbliebenen freien Städten (Lübeck, Frankfurt a.M.), im ➢*Deutschen Bund* mit einer Stimme zu sprechen; häufig sollte es die des Bremer Bürgermeisters und hbg. ➢*Ehrenbürgers* (1843) J. Smidt sein, der aus politischem Kalkül die historische hanseatische Verbundenheit mit neuen Inhalten beleben wollte. Als Kleinstaaten waren die Freien und Hansestädte gezwungen, zusammenzuarbeiten, was sie durch die Unterhaltung gemeinsamer Gesandtschaften, den Abschluss von ➢*Handelsverträgen* und die Einrichtung eines gemeinschaftlichen obersten Gerichts (➢*Oberappellationsgericht*) erfolgreich taten.

Nach dem Zweiten Weltkrieg wurde die schwer zerstörte Stadt aus der brit. Besatzungszone als amerikan. Nachschubhafen herausgelöst. Legendäre Figuren der Nachkriegszeit waren der in ➢*Alsterdorf* aufgewachsene Bürgermeister W. Kaisen und der aus ➢*Altona* stammende Automobilbauer C.F.W. Borgward. Andersherum ist in Hbg mit F. ➢*Schumacher* ein Bremer berühmt geworden. Aus B. stammten auch der Oberaltensekretär F. ➢*Beneke* und der Bürgermeister J.H. ➢*Burchard*. *Ti.*

Jurist, Journalist und wegweisender Museumsdirektor: Justus Brinckmann. Fotogravüre von Rudolph Dührkoop, 1905

Bremen, Verhältnis zu Zwischen gemeinsamen hanseatischen Interessen auf der einen und uralter, harter wirtschaftlicher Konkurrenz auf der anderen Seite gehört zu dem Verhältnis Hbgs zu ➢*Bremen* seit jeher eine kräftige Prise Spott und Häme, die von der Bevölkerung beider Städte weniger ernst als humorvoll gepflegt wird. So sind in: „Hüte dich vor Sturm und Wind und allem, was aus Bremen kimmt" die Städtenamen austauschbar. Pech der Bremer ist es, dass ein alter niederländ. Spruch gerade auf sie übergegangen ist. Darin wird ihnen unterstellt, dass sie sich „die Arbeit gern aus der Hand nehmen lassen".

Sportlich wird die Konkurrenz besonders im ➢*Fußball* zwischen Werder Bremen und dem Hamburger Sport-Verein (➢*HSV*) als „Nordderby" ausgetragen.

Zum grundsätzlichen Verhältnis der Städte erklärte Bundeskanzler H. Schmidt, der 1937–41 in Bremen Wehr- und Kriegsdienst geleistet hatte, in der Feierstunde zum 90. Geburtstag des ehem. Bremer Bürgermeisters W. Kaisen am 22.5. 1977: „Überhaupt, wenn ich das in Klammern als Hamburger sagen darf: mir kommt es immer komisch vor und peinlich, wenn die Bremer über die Hamburger und die Hamburger über die Bremer herziehen, in Wirklichkeit sind sie doch so ähnlich, dass sie fast gleich sind. Macht endlich mal einen Punkt hinter dieser kindischen Konkurrenz!". *Ti.*

Bremer, Detlev (geb. 1403, gest. 1464 Hbg), Kaufmann, Bürgermeister. B. war Kaufmann im Flandernhandel, wurde 1432 Mitglied des ➢*Rates* und 1447 ➢*Bürgermeister*. Berühmt wurde er durch sein kriegerisches und politisches Geschick, mit dem er im Interesse und zum Vorteil der ➢*Hanse* bzw. Hbgs agierte.

1434 wurde er vom Hbger Rat zum Hauptmann von Ostfriesland eingesetzt, das damals als Außenposten zum ➢*Landgebiet* der Stadt gehörte. Zuvor hatte er gegen die Seeräuber gekämpft, die hier ihre Stützpunkte besaßen und den Westhandel der Hanse und somit auch die wirtschaftlichen Interessen Hbgs fortwährend bedroht hatten. Von Emden aus erreichte er die Wiederherstellung der politischen Einheit des Territoriums und den Abschluss eines Landfriedens. 1445–47 gelang ihm als Amtmann zu Ritzebüttel (➢*Cuxhaven/Ritzebüttel*) und Otterndorf ein ähnlicher Erfolg im Gebiet zwischen den Mündungen von ➢*Elbe* und Weser.

B.s eigtl. Bedeutung für die Stadtgeschichte ist aber wohl darin zu sehen, dass er das Verhältnis zu ➢*Dänemark* auf eine neue Grundlage gestellt hat. Er konnte erreichen, dass die 1461 vom dän. König Christian I. als Graf von ➢*Holstein* geforderte einseitige Erbhuldigung – als Ausdruck der städtischen Bestätigung der von ihm beanspruchten landesherrlichen Rechte – in eine gegenseitige, durch Handschlag besiegelte persönliche „Annehmung" umgewandelt wurde. *IR*

Brinckmann, Justus (geb. 28.5.1843 Hbg, gest. 8.2.1915 Bergedorf), Kunsthistoriker, Museumsdirektor. B. wuchs als Sohn eines Juristen und einer Kaufmannstochter in wohlhabenden Verhältnissen auf. Nach Absolvierung des ➢*Johanneums* 1860 reiste er mehrere Jahre zu Studienzwecken durch das benachbarte Ausland. 1865 begann B. sein Studium der Naturwissenschaften, der Nationalökonomie sowie des Staatsrechts, das ihn an verschiedene dt. Universitäten führte; 1867 wurde er in Leipzig zum Dr.jur. promoviert. Während seiner Wiener Studienzeit hatte er sich zudem intensiv mit Kunstgeschichte und dem neu gegründeten Kunstgewerbemuseum beschäftigt. Nach der Promotion ließ sich B. als Anwalt in Hbg nieder und arbeitete zeitweilig als Redakteur beim ➢*Hamburgischen Correspondenten*, bis er 1873 „Gründungssecretair" der Hbger Gewerbekammer (➢*Handwerkskammer*) wurde.

1877 ernannte der ➢*Senat* B. zum ersten Direktor des ➢*Museums für Kunst und Gewerbe*, zu dessen Gründung B. entscheidend beigetragen hatte. Er setzte sich vehement für die Förderung des Hbger Kunstgewerbes, insbesondere der ndt. Heimatkunst, ein, u.a. durch seine Mitwirkung als Organisator oder Juror bei lokalen bzw. auswärtigen Gewerbeausstellungen (➢*Ausstellungswesen*). B. zählt neben seinem Schüler und Freund A. ➢*Lichtwark* zu den bedeutendsten Hbger Museumsdirektoren und hat innerhalb des dt. Museumswesens traditionsbildend gewirkt. Der von B. 1886 gegründete Kunstgewerbe-Verein wurde 1969 in Justus Brinckmann Gesellschaft e.V. umbenannt. Sie fördert das Museum für Kunst und Gewerbe. *OK*

Britische Besatzung Anders als die napoleonische Okkupation der ➢*Franzosenzeit* diente die B.B. (im engeren Sinne vom Kriegsende 1945 bis zum Besatzungsstatut 1949, im weiteren Sinne bis zu den Pariser Verträgen 1955) nicht der Kriegführung der Besatzer, sondern der Beendigung von Krieg und Diktatur nach den (brit. interpretierten) Maßgaben der alliierten Besatzungspolitik: Denazifizierung, Demilitarisierung, ➢*Demontagen*, Demokratisierung. An eine Annexion und Assimilation – wie durch Napoleon 1810 verfügt – war nicht gedacht, vielmehr an eine Befreiungs- und Disziplinierungs-Okkupation; die Bevölkerung sollte „umerzogen", nicht anglisiert werden.

An der Spitze der Besatzungsadministration in Hbg, das schon vor Beginn der Sitzungen des dt. Zonenbeirates, 1947, inoffizielle Hauptstadt der brit. Zone war, standen Brigadegeneral H.W.H. Armytage (1945/46), Zivilgouverneur H.V. ➢*Berry* (1946–49) und Commissioner J.K. Dunlop (1949–55).

Insbesondere Armytage und Berry, die unter den unmittelbaren Nachkriegsbedingungen arbeiteten, identifizierten sich mit der Stadt in einem Maße, wie es von Siegern nicht erwartet werden durfte. Nach dem in der Kolonialpolitik bewährten Prinzip der „indirect rule" (der indirekten Herrschaft) zogen sie frühere hbg. Eliten aus der Weimarer Zeit zur Verwaltung heran und schufen die Voraussetzungen dafür,

Erziehung zur Demokratie beginnt bei den Kleinen: Die britische Erziehungsministerin Ellen Wilkinson besucht im Juni 1946 eine Hamburger Schule.

dass das politische Leben dort wieder anknüpfen konnte, wo es 1933 unterbrochen worden war. Sie förderten die Rückgabe von Kompetenzen an dt. Stellen. *luz*

Brockes, Barthold Hinrich (geb. 22.9. 1680 Hbg, gest. 16.1.1747 ebd.), Dichter, Ratsherr. B. besuchte das ➢*Johanneum* und das ➢*Akademische Gymnasium*, studierte in Halle Jura und Philosophie, absolvierte am Reichskammergericht in Wetzlar ein Praktikum und lernte auf einer Bildungsreise Italien, die Schweiz, Frankreich und die Niederlande kennen. An der Universität Leiden wurde er 1704 zum Lizentiaten der Rechte promoviert. Nach Hbg zurückgekehrt, führte B. dank des väterlichen Vermögens einen aristokratischen Lebensstil, dem er ein gutes Jahrzehnt verhaftet blieb. Dann wurde er zu einem der Träger der ➢*Aufklärung* in Hbg. 1715 war er unter den Gründern der Teutschübenden Gesellschaft, die sich die Pflege der dt. Sprache und Literatur zur Aufgabe setzte. Mit ihm arbeiteten J.A. Fabricius und M. ➢*Richey* zusammen.

Barthold Hinrich Brockes war als Ratsherr wie als Dichter erfolgreich. Kupferstich von Christan Fritzsch

1720 wurde B. in den ➢*Rat* gewählt. Seine erste große diplomatische Aufgabe führte ihn 1721 nach Wien. Nach der Zerstörung der Kapelle im Haus des Kaiserlichen Gesandten 1719 war Hbgs Rat um die Wiederherstellung eines guten Verhältnisses zu Kaiser Karl VI. als Oberhaupt des ➢*Heiligen Römischen Reiches Deutscher Nation* bemüht, und B. trug zum Erfolg der Mission bei. An der Gründung der Patriotischen Gesellschaft Ende 1723 war B. beteiligt. Für ihr Organ, die Moralische Wochenschrift ➢*Der Patriot* (1724–26), verfasste er wichtige Beiträge, so zur Verbesserung von Erziehung und Bildung, auch der Frauen, deren Teilhabe an aufgeklärter Geselligkeit er befürwortete. Diese wurde 1770 in der Lesegesellschaft von J.G. ➢*Büsch* und F.G. ➢*Klopstock* verwirklicht.

Als Dichter wurde B. durch sein Passionsoratorium von 1712, das R. Keiser, G.F. ➢*Händel* und G.Ph. ➢*Telemann* vertonten, weithin bekannt. Sein Hauptwerk war das neunbändige „Irdische Vergnügen in Gott" (1721–48), eine Gedichtsammlung, mit der er die dt. Naturlyrik begründete. B. bewunderte, beeinflusst von der Physiotheologie und der modernen Naturwissenschaft, die Schönheit der Natur, der Landschaft in und um Hbg zum Lob und Preis des Schöpfers. Der siebte Band entstand, als er 1735–41 Amtmann in Ritzebüttel war (➢*Cuxhaven/Ritzebüttel*). Die sinnliche Wahrnehmung der Natur, die akribische Beschreibung der Pflanzen, zumal der Blumen, der Tages- und Jahreszeiten, des eigenen Gartens am ➢*Besenbinderhof* prägen B.s Werk. Auch manche seiner Gedichte wurden vertont, u.a. in „Neun deutsche Arien" von Händel. Bis zu seinem Tod war B. ein Förderer der Aufklärung, der für Vernunft, Toleranz und Engagement für das Gemeinwesen eintrat. *Ko.*

Broschek, Albert Vincent (geb. 3.2.1858 Danzig, gest. 10.7.1925 Königsberg), Buchdrucker, Zeitungsverleger. Das ➢*Hamburger Fremdenblatt* bestand bereits seit fast 80 Jahren, als der gelernte Setzer 1907 die Zeitung samt Verlagsgrundstück an den Großen Bleichen 38–58 übernahm. B. richtete das Blatt personell, kommerziell und technisch völlig neu aus und konnte so die Auflage erheblich steigern.

Dabei unterstützten ihn seine Söhne Ludwig und Kurt tatkräftig. Bahnbrechend wirkte die Einführung des Kupfertiefdruckverfahrens 1911, mit dem sich der Broschek-Verlag zur größten Kupfertiefdruckanstalt des europäischen Festlands entwickelte. Um 1925 wurde der Gebäudekomplex des Broschek-Hauses am angrenzenden Heuberg von F. ➢*Höger* erweitert und erhielt dort seine prägnante Fassade (1979–82 Ergänzung und Umbau zum Hotel). B., der zuvor Zeitungen in Plauen, Offenbach und Würzburg verlegt hatte, steigerte die Auflage der Zeitung auf 150.000 Ex. Kurt B., seit dem Tod des Vaters 1925 Herausgeber des „Hamburger Fremdenblatts", wurde 1936 von den Nationalsozialisten enteignet und starb 1946.
Heute wird die Tiefdruckerei Broschek Druck GmbH & Co.KG, seit 1973 mit Sitz in ➢*Rahlstedt*, von Nikolaus B., dem Enkel des Firmengründers, als Gesellschafter und Geschäftsführer geleitet. Die Broschek-Gruppe mit zwei Tochterunternehmen in ➢*Lübeck* und Stelle zählt rund 300 Beschäftigte. 2002 schloss sie sich der Schlott Gruppe AG in Freudenstadt an. *KT*

Bruderschaften sind freie Vereinigungen zu religiösem Gemeinschaftshandeln. Dies ist zunächst das Gebet füreinander, die gegenseitige materielle Unterstützung in Notfällen, das gemeinsame Erleben der heiteren und traurigen Lebensereignisse, darüber hinaus die Bestattung der verstorbenen Mitglieder, die Versorgung ihrer Hinterbliebenen und die religiöse Fürsorge für die Seelen der verstorbenen Brüder und Schwestern durch Gebete und Seelmessen. Zumeist treten die B. in enge Verbindung zum Klerus; sie gründen oder dotieren Altäre, stiften Vikarien und Kommenden und versichern sich der Dienste eines Geistlichen. Zumeist stehen ihnen auf Zeit gewählte Älterleute und bisweilen ➢*Oberalte* vor; die Rechnungsgeschäfte und die Festmähler besorgen die „Schaffer".
Die im Mittelalter in vielen Städten auftretenden B. behielten nach der ➢*Reformation* in den kath. gebliebenen Gebieten noch lange Zeit ihre Aufgaben, während sie in den protestantischen ihren Sinn verloren und dann bisweilen in veränderter Funktion (z.B. als Verbrüderung von Handwerkern und Dienstleistenden derselben Branche, ➢*Ämter*) neu begründet wurden. In Hbg gab es B. der Geistlichen (Kalande, Vikarb.) und Laienb., wobei hier B. eines Berufskreises (Kaufleute, Schiffer, Handwerker, Dienstleistende), B. verschiedener Berufskreise (oft durch gemeinsame Interessen verbunden, wie Kaufleute, Schiffer und Krämer

Herbergsschild der 1567 gegründeten Steinbrügger-Bruderschaft. Ihre Mitglieder pflasterten die Straßen und hielten sie instand. Das Schild gehört zu den „Zunftaltertümern" des Museums für Hamburgische Geschichte.

oder Brauer und Böttcher) und beruflich neutrale B. (z.B. durch Nachbarschaft oder bevorzugte Heiligenverehrung begründet) festzustellen sind.
Die meisten der 100 mittelalterlichen B. hatten ihren Altar in den Haupt- und in den beiden Klosterkirchen in der Stadt. Sie benannten sich oft nach dem Heiligen, vor dessen Altar sie sich versammelten und den sie unterhielten (z.B. B. des heiligen Thomas von Aquin zu St. Johannis oder B. aller Heiligen in der St.-Gertruden-Kapelle). Die meisten ➢*Kaufmannskompanien* sind aus B. hervorgegangen. *LS*

Brücken sind in Hbg, bedingt durch seine Flüsse sowie die zahlr. ➢*Fleete*, Kanäle, Schifffahrtswege und ➢*Hafen*becken auf seinem Staatsgebiet, immer fester Bestandteil des Stadtbildes gewesen. In der älteren Zeit wurden sie ausschließlich aus Holz errichtet, erst seit dem 15. Jh. entstanden einige B. in massiver Steinbauweise. Noch 1839 waren von den 82 B. im inneren Stadtgebiet 77 Holzkonstruktionen, die bis Ende des 19. Jhs überwiegend durch Bogenkonstruktionen ersetzt wurden. Heute ist Hbg mit über 2.500 B. und Stegen die brückenreichste Stadt Europas.
Historische Bedeutung kommt v.a. der 1881–83 erneuerten ➢*Trostbrücke* zu, welche bischöfliche ➢*Altstadt* und ➢*Neustadt* (gräfliche Siedlung) verband. Die älteste erhaltene Hbger B. ist die 1355 erstmals erwähnte und 1633 neu gebaute Zollenbrücke zum ➢*Grimm*. Besonders gelungene Zeugnisse der ➢*Nachbrandarchitektur* sind die Adolphsbrücke über das ➢*Alsterfleet* (1843) und die Bleichenbrücke (1844–46). Wie viele Hbger B. stammen sie von J.H. Maack, der auch die ➢*Lombardsbrücke* (1865–68) errichtete. 1895–97 erbaute F.A. ➢*Meyer* die Kersten-Miles-Brücke zur Überquerung des ehem. Stadtgrabens bei der ➢*Deutschen Seewarte*. Durch Statuen von vier Hbger Seehelden ist sie zugleich ein die Stadtgeschichte verherrlichendes ➢*Denkmal*. Als besondere Ingenieursleistungen gelten die ➢*Kattwyk-Hubbrücke* (1973) und die ➢*Köhlbrandbrücke* (1974). *SH*

Gerd Bucerius: Politiker, Verleger, Mäzen und Ehrenbürger. Fotoporträt von Fritz Kempe aus dem Jahr 1972

Bucerius, Gerd (geb. 19.5.1906 Hamm/Westf., gest. 29.9.1995 Hbg), Politiker, Verleger, Publizist. Der Sohn eines Juristen, zeitweiligen Kommunalpolitikers (u.a. in Essen, Hannover) und Firmenjustiziars (bei der Hugo Stinnes AG für Seeschiffahrt und Überseehandel, Hbg) studierte gleichfalls Jura, promovierte, arbeitete – nach Richtertätigkeit in der preuß. Provinz Schleswig-Holstein – seit 1933 in der väterlichen Kanzlei in Altona. In der ➢*NS-Zeit* wurde B., dessen jüdische Ehefrau 1938 emigrierte, wegen seiner Unerschrockenheit als „wehrunwürdig" eingestuft. Er vertrat 1937 einen jüdischen Hbger Reeder als seinen Mandanten, war aber 1943–45 auch als Syndikus der Hbger Diago-Werke tätig, welche beim Bau von Notunterkünften nicht zuletzt jüdische KZ-Häftlinge als Zwangsarbeiter beschäftigten. Nach Kriegsende galt er als „Persönlichkeit der ersten Stunde" und hatte in Wirtschaft und Politik einen fulminanten, anscheinend überwiegend als verdient betrachteten Erfolg. 1946 wurde er auf Empfehlung von Bürgermeister R. ➢*Petersen* von den Briten als Bausenator eingesetzt und war Mitinitiator der ➢*Ost-West-Straße*. Im selben Jahr erhielt er mit zwei anderen Journalisten von der britischen Besatzungsmacht die Lizenz für das Wochenblatt ➢*DIE ZEIT*; 1957 setzte er sich als ihr alleiniger Verleger durch und stieg in den 1960er Jahren zum Pressemagnaten auf, wesentlich durch seine Beteiligung an der Gründung des Konzerns ➢*Gruner + Jahr*. Als materiell und geistig unabhängiger Liberaler verließ B. – seit 1949 im Bundestag – 1962 die ➢*CDU* wegen ihm als „stern"-Verleger widerfahrener christl.-konservativer Intoleranz. Als Mäzen betätigte er sich über die ➢*ZEIT-Stiftung* u.a. 1988 beim Kauf und bei der Renovierung des ➢*Literaturhauses* Hamburg. Autobiografisch ist sein Buch „Der Adenauer" (1978). 1986 wurde B. das hbg. ➢*Ehrenbürgerrecht* verliehen. *luz*

Bucerius Kunst Forum Im dem ➢*Rathaus* unmittelbar benachbarten, 1914–19 für die Hbger Hauptstelle der Reichsbank am Rathausmarkt 2 errichteten Gebäude ist seit 2002 das von der ➢*ZEIT-Stiftung Ebelin und Gerd Bucerius* geschaffene Ausstellungshaus beheimatet. Jährlich werden in Kooperation mit Museen des In- und Auslandes vier Ausstellungen zur Kunst von der Antike bis zur Gegenwart gezeigt. Der wissenschaftlichen und didaktischen Aufbereitung der Ausstellungsthemen gilt besondere Aufmerksamkeit. Seit der Erweiterung um eine Etage im Jahr 2008 wird ein größeres Veranstaltungsprogramm mit Vorträgen, Lesungen, Gesprächsreihen und Konzerten angeboten. *Ko*

Bucerius Law School heißt die erste private Hochschule für Rechtswissenschaft mit Promotions- und Habilitationsrecht in der Bundesrepublik Deutschland. Gegründet wurde sie 2000 von der ➢*ZEIT-Stiftung Ebelin und Gerd Bucerius*. Rund 20 Professoren und 30 Lehrbeauftragte unterrichten die über 500 Studierenden. Neubauten von 2003 (Auditorium Maximum) und 2007 (Bibliotheks- und Hörsaalgebäude) ergänzen das Hauptgebäude an der Ecke Jungiusstraße/Marseiller Straße, das 1904–07 (erweitert 1913/14) von A. Erbe für die Botanischen Staatsinstitute gebaut wurde. *Ko*

Buchdruck Die erste Druckerei in Hbg betrieben die Brüder J. und Th. Borchard. 1491 veröffentlichten sie die „Laudes beatae Mariae virginis" des Jacobus a Voragine, ein Marienlob mit 160 Predigten über die Tugen-

In bester Lage gleich neben dem Hamburger Rathaus: das Bucerius Kunst Forum

Früher ein Ort botanischer Lehre und Forschung, heute die erste private Hochschule für Rechtswissenschaft: die Bucerius Law School

den und Wunder der Muttergottes. Neuen Auftrieb erhielt der B. auch in Hbg durch die ➢*Reformation.* Die Hbger Drucke des 16. Jhs haben W. Kayser und C. Dehn 1968 in einer Bibliografie erschlossen, die 740 Titel enthält, ein von Kayser 1986 in Band 72 der ➢*Zeitschrift des Vereins für Hamburgische Geschichte* veröffentlichter Nachtrag führt 27 weitere Nummern auf. Im 16. Jh. erschienen in Hbg auch zahlr. ndt. Drucke.

Die seit dem 17. Jh. in Hbg, dann auch in ➢*Altona,* ➢*Schiffbek* und ➢*Wandsbek* publizierten Zeitungen gaben dem Druckgewerbe wichtige Impulse. Mit der ➢*Aufklärung* wurde Hbg zu einem der führenden dt. Druck- und Verlagsorte. Zu den bedeutendsten Drucken gehören der sog. Hamburger Koran, die erste vollständige, gedruckte Ausgabe in der Originalsprache Arabisch (1694) und die von J.A. Fabricius und H.S. ➢*Reimarus* herausgegebene Ausgabe der Römischen Geschichte des Cassius Dio (1750–52). Im 19. Jh. gewann mit Ph.O. ➢*Runge* und O. ➢*Speckter* die Hbger Buchillustration auch überregionale Ausstrahlung. *Ko.*

Buden Dem Worte nach (auch mittellat. „boda") waren B. für nord- und mitteldt. Städte des Spätmittelalters und der Frühen Neuzeit kennzeichnende Kleinwohnungen und Gewerbestätten. Selbst ihre fast nur noch schriftliche Überlieferung lässt die Vielfalt ihrer Erscheinungsformen erkennen. Bis zu den ➢*Sanierungen* Ende des 19. Jhs gab es massenhaft B. in Hbg und darüber hinaus weitere Sondertypen. Dazu zählten mit „Klevelappen" kleine Handwerksbuden, angebaut an Häuser in Mittelstandsstraßen, Gewerbebuden allgemein, die in der Mittelstandskrise des 18. Jhs zurückgingen, sowie „Gottesbuden" als ➢*Wohnstifte.*

B. konnten nicht nur als Zubehör zum Haus bzw. Erbe (= bebautes Grundstück) gelten, sondern wurden gelegentlich gesondert verkauft. Dennoch blieben bloße Buden-Eigner wie Eigner weniger wertvoller Erben – und Mieter ohnehin – wirtschaftlich und politisch benachteiligt, gewährten doch B. weder Braurecht noch Mitbestimmung in der ➢*Erbgesessenen Bürgerschaft.* Geht man ihrer rechtlichen Stellung in den ➢*Erbebüchern* schon um 1700 nach, so interessieren sie in Beschreibungen zur Zeit größerer Wohnungsnot um 1800 als Bauform: „kleine Wohnungen von einem Stockwerke [...] gemeiniglich in Gängen und Höfen" (J.L. von ➢*Heß* in seiner ➢*Topografie* von Hbg). Von der Einräumigkeit im Mittelalter bis zur kleinen Einheit von (bisweilen unterkellerter) Stube und Diele, womöglich auch Dachraum, entwickelten sich B. nicht nur für das „Proletariat" als ein notgedrungen weitgenutzter Typ von Mietwohnung. Dabei waren sie von den Straßen (als traufständig von den giebelständigen Häusern unterschieden) zunehmend auf die hinteren Grundstücksteile zurückgedrängt worden, wo sie in Reihen („Häuslein" standen frei) von bis zu 95 m Länge, z.T. beidseitig des Hofes und mit dem Rücken gegen die entsprechende Reihe des Nachbargrundstücks standen. Während die Hauptalternativen für Mieter, die eher teureren ➢*Sähle* und eher billigeren ➢*Wohnkeller,* im 19. Jh. noch vermehrt wurden, wichen um 1800 B. zunehmend höherer, profitablerer Bebauung. Dabei konnte die Erdgeschosswohnung in reinen Mietshäusern noch B. heißen (wohnte der Eigner darin, hieß die Erdgeschosswohnung „Haus"). Die größte Zahl an B. befand sich im ➢*Kirchspiel* St. Michaelis, den höchsten Anteil unter den Wohnungstypen gab es in St. Jacobi. Von der dortigen Hauptkirche ➢*St. Jacobi* stand an der Steinstraße bis zu ihrem Abriss im Jahr 1881 die allgemein bekannte Häuserzeile der sog. Lübschen Buden (s.a. Abb. S. 647). *JE*

Bücherhallen/Stiftung Hamburger Öffentliche Bücherhallen Ihre Entstehung verdanken die B. einer Initiative der ➢*Patriotischen Gesellschaft* in den Jahren 1898/99. Auch die B. in den einzelnen Stadtteilen wurden oft von Vereinen gegründet. Die erste Bibliothek eröffnete 1899 an den Kohlhöfen. Der Ausbau der B. stand im Zusammenhang mit den pädagogischen und kulturellen Reformbewegungen vor 1914. 1919/20 wurde die Stiftung Hamburger Öffentliche Bücherhallen errichtet.

Die Zentralbibliothek, die erst 1971 am Gerhart-Hauptmann-Platz eingerichtet und 1986 in die Großen Bleichen verlegt wurde, bezog 2004 neue Räumlichkeiten im ehemaligen Postamt Hühnerposten in der Nähe des ➢*Hauptbahnhofs.*

Die Bücherhallen verzeichnen jährlich ca. 4,2 Mio. Besucher und ca. 12 Mio. Ausleihen aus dem Bestand von über 1,6 Mio. Büchern und anderen Medien in der Zentralbibliothek (mit Musik- sowie Film- und Videobibliothek), den ca. 35 Bücherhallen in den Stadtteilen und den beiden Bücherbussen. Die Bücherhallen haben rund 500 Mitarbeiterinnen und Mitarbeiter. *Ko.*

Bürgerausschuss Der gemäß der Hbger ➢*Verfassung* von 1952 (Art. 26–31) eingerichtete B. besaß in den dt. Landesverfassungen nicht (mehr) seinesgleichen. Bestehend aus dem Präsidenten der ➢*Bürgerschaft* und 20 aus ihrer Mitte gewählten Abgeordneten, nahm er „bestimmte durch die Verfassung oder durch Gesetz festgelegte Aufgaben" wahr und sollte „über die Einhaltung der Verfassung" wachen. Seinen Ursprung besaß er in der ➢*Konstituante* von 1848, die ihn mehrheitlich zur Entlastung der erstmals als repräsentativ konzipierten Bürgerschaft, eines „Feierabendparlaments", vorgesehen hatte; er sollte gewisse legislatorische Aufgaben erledigen, die zuvor – unter dem Zeichen des ➢*Kyrion* – vom handlungskräftigeren ➢*Senat* wahrgenommen worden waren. Eine liberal-demokratische Minderheit argwöhnte dagegen, der B. solle eine Fortsetzung der ➢*Oberalten* und ihrer „Mandatenwirtschaft" sein und dem Senat dazu dienen, die Bürgerschaft zu dominieren. Seit 1860 war der B. traditionelles Element hbg. Verfassungen mit Ausnahme der Vorläufigen Verfassung von 1946, die unter der Aufsicht der britischen Besatzungsmacht entstanden war. Er hatte u.a. die Befugnis der Notgesetzgebung und der Genehmigung von Ausgaben, „wenn ihre Erörterung in der Bürgerschaft dem Staatswohl zuwiderläuft". So drängte der B. die ihm nicht angehörige Mehrheit der Abgeordneten in die Rolle von Volksvertretern zweiter Klasse; als „ein kleines Schnellparlament" (so der ehemalige Präsident des Hbger Verfassungsgerichts, W. Stiebeler, 1996) schien er oft eher die Interessen der Exekutive zu ver-

Bildung und Information für alle. Werbeplakat für die 1899 gegründete erste Hamburger Bücherhalle an den Kohlhöfen, 1920

treten als die der Legislative. Die „Enquetekommission Parlamentsreform" kritisierte den B. 1992 als „Parlament im Parlament" und schlug seine ersatzlose Abschaffung vor. Dem ist die Bürgerschaft 1996 im Rahmen einer Parlamentsreform gefolgt. *luz*

Bürgerliche Kollegien Die Einsetzung von Bürgerausschüssen, die mit dem ➢*Rat* verhandeln sollten, war in Hbg seit dem späten Mittelalter Tradition. Diese Gremien hatten jedoch stets nur einen zeitlich befristeten Auftrag, z.B. zur Verhandlung für einen ➢*Rezess.* In der ➢*Reformation* entstanden dauernde Selbstverwaltungsorgane der vier ➢*Kirchspiele* für die Armen- und Krankenversorgung (➢*Gotteskasten*, ➢*Sozialfürsorge*), die durch den Langen Rezess 1529 in die städtische Verfassung integriert wurden. Alle Kollegien wirkten bis ca. 1600 in erster Linie in Kirchenfragen und für die soziale Stabilisierung in der Stadt. Im Rezess von 1603 wurden die Kollegien wieder als politische Organe eingesetzt, ihre Rechte und Funktionen durch den Hauptrezess von 1712 (➢*Verfassung*) bestätigt und präzisiert.

An der Spitze dieser B.K. standen die zwölf ➢*Oberalten* (drei aus jedem Kirchspiel), die mit 36 von ihnen benannten Diakonen das Kollegium der 48er bildeten (zwölf aus jedem Kirchspiel). Durch Zuwahl weiterer 96 Subdiakone (24 pro Hauptkirche) entstand das Kollegium der 144er. Nach der Aufnahme von ➢*St. Michaelis* als fünftes Kirchspiel gab es 15 Oberalte und die Kollegien der 60er und der 180er. Letztere hatten seit dem Hauptrezess 30 Adjunkte, die bei einem frei werdenden Platz nachrückten.

Die B.K. wirkten an der Gesetzgebung mit, wachten über die Einhaltung der Gesetze, hatten ein Beschwerderecht beim Rat und konnten Ratsherren anklagen. Mit der Verfassung von 1860 endete die politische Existenz der B.K.

Ein Oberaltenkollegium – je drei Vertreter der fünf Hauptkirchen – besteht bis heute und bildet den Vorstand der Altenwohnheim-Stiftung „Hospital zum Heiligen Geist, Maria-Magdalenen-Kloster und Oberalten-Stift" (➢*Hospital zum Heiligen Geist*, ➢*Maria-Magdalenen-Kloster*). *HWE*

Bürgerliche Mitsprache im alten Hamburg: Schaubild der Bürgerlichen Kollegien

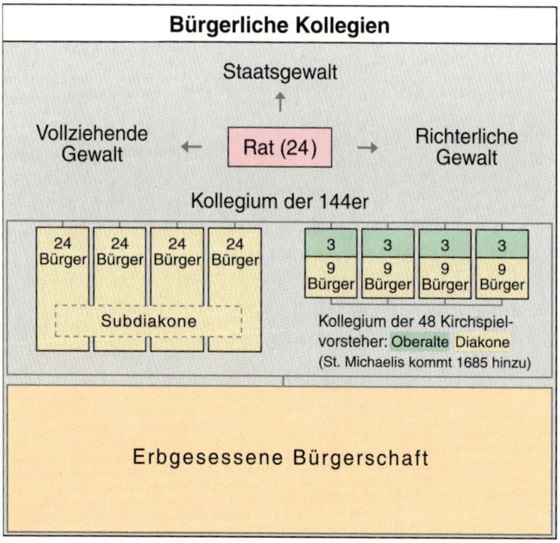

Bürgermeister Aus der Mitte des ➢*Senats* (bis 1860 ➢*Rat* genannt) wurden – seit 1264 bezeugt – jährlich zwei B. gewählt. Von Mitte des 14. Jhs an waren es sogar vier, von denen je zwei (in jährlichem Wechsel) als „worthaltend" amtierten, damit die anderen stärker ihren privatberuflichen Tätigkeiten nachgehen konnten (die zum Amt des B. Gewählten mussten die Wahl stets annehmen, andernfalls hätten sie die Stadt verlassen müssen). Nicht zuletzt aus diesem Grund war eine erneute Nominierung für das nächstfolgende Jahr in den ersten Jahrhunderten ausgeschlossen, im 19. Jh. dann aber schon die Regel. Die B.würde blieb ihrem Träger lebenslang erhalten, auch wenn er im Einvernehmen mit dem Rat von seinen Amtsgeschäften zurückgetreten war. Das Wahlverfahren schloss zwar eine Auslosung ein, war aber undurchsichtig und ohne Kontrollmechanismen.

Ab 1860 wählte der Senat unter den ihm angehörenden Juristen jährlich einen Ersten und Zweiten B. zu seinen Vorsitzenden; sie durften nicht länger als zwei Jahre nacheinander fungieren. 1921 wurde diese Bestimmung gestrichen, der Erste B. als „Präsident" des Senats bezeichnet.

In der Verfassung von 1952 erhielt der Präsident des Senats eine herausgehobene Stellung (er habe nicht nur die Aufgabe, „die Senatsgeschäfte zu leiten", sondern auch „das innere und äußere Gedeihen des Staatswesens zu überwachen", „für wichtige Staatsangelegenheiten persönlich einzutreten" und grundlegende Arbeiten auf dem Gebiet der Gesetzgebung und Verwaltung zu fördern), nicht jedoch die Richtlinienkompetenz, wie sie die Ministerpräsidenten in den Flächenstaatswesen der Bundesrepublik besaßen. Einfluss auf die Regierungsbildung nahm der Erste B. wesentlich in seiner Eigenschaft als Repräsentant und Spitzenkandidat seiner Partei.

Seit der ➢*Verfassungs*änderung von 1996 wird der Erste B. von der ➢*Bürgerschaft* gewählt. Er ist nicht länger „primus inter pares" (Erster unter Gleichen), sondern besitzt die von früheren Amtsinhabern seit Langem begehrte Richtlinienkompetenz ebenso wie das Recht, die Mitglieder des Senats, seinen Stellvertreter eingeschlossen, zu ernennen und zu entlassen. Die Wahl des Ersten B. durch die Bürgerschaft war bereits bei der Beratung der Verfassung von 1921 erwogen, damals aber abgelehnt worden. *luz*

Bürgermeisterpfennig Bei der Beerdigung von Hbger ➢*Bürgermeistern* war es üblich, dass an die Schüler, die der Leiche singend vorangingen, oder generell an die Personen, die dem Toten das letzte Geleit gaben, kleine Geldgeschenke verteilt wurden (➢*Leichenbegängnisse*). Gegen Ende des 17. Jhs entstand der Brauch, eigens für diesen Anlass geprägte, kleine Silbermedaillen, sog. B., an die Trauergemeinde zu verteilen. Dies geschah zuerst 1676, dann in dichter Folge bis zur Mitte des 19. Jhs, zuletzt 1875. Im Zuge der Einschränkung von feierlichen Leichenbegängnissen wurden die Medaillen nur noch an die amtierenden Bürgermeister (tlw. in Gold), die Mitglieder des ➢*Rates*, die ➢*Oberalten*, die ➢*Kämmereibürger* und die Angehörigen des Toten vergeben.

Hatten die B. anfangs einen Durchmesser von ungefähr 3 cm, wurden sie im Lauf der Zeit um 1–2 cm vergrößert; ihr Umfang näherte sich damit dem der Bildnismedaillen. Die Prägungen zeigen in der Regel das Familienwappen des Verstorbenen oder eine allegorische Darstellung, die Umschriften nennen die Lebens- und Amtsdaten. *RW*

Bürgermeister-Stolten-Medaille Die Stiftung der Medaille fällt in das

Der Bürgermeisterpfennig auf Bürgermeister Ludwig Becceler von 1722. Auf der Vorderseite das Familienwappen und die Lebensdaten, auf der Rückseite die zur Arche Noah fliegende Taube mit dem Ölzweig im Schnabel

Jahr 1925. Mit ihr werden vom ➢*Senat* Frauen und Männer geehrt, die sich durch ihr Wirken in der Öffentlichkeit bleibende Verdienste um Hbg erworben haben. Der Entwurf der Medaille stammt von R. Luksch, der in den 1920er Jahren eine Reihe von Porträtmedaillen schuf und dem – neben R. Bosselt – die schlichtere Ausgestaltung des hbg. ➢*Wappens* und somit die Abkehr von der schildhaltenden, von Löwen umlagerten „Hammonia" (➢*Stadt- und Schutzpatrone*) zuzuschreiben ist. Die Vorderseite zeigt Bürgermeister O. ➢*Stolten* im Profil und nach links sehend. Die Umschrift lautet: „BÜRGERMEISTER OTTO STOLTEN 1919★1925". Die Rückseite trägt das Wappen Hbgs sowie die Umschrift: „DAS GEMEINWOHL IST DAS HÖCHSTE GESETZ", „als Ausdruck des Dankes und zur dauernden Erinnerung an seine Person und sein Wirken". Unten befindet sich außerdem das Monogramm des Künstlers.

Vorder- und Rückseite der Bürgermeister-Stolten-Medaille, die für Verdienste um das Gemeinwohl der Stadtrepublik verliehen wird

Die erste Auszeichnung ging 1925 an ihren Namensträger. Bislang wurde die B. rund 60-mal verliehen, u.a. an R. ➢*Petersen* und A. ➢*Schönfelder* (1946), Chr. ➢*Koch* (1950), P. de ➢*Chapeaurouge* und A. Schäfer (1951), S. ➢*Schöffel* (1954), E. ➢*Beckmann* (1961), M. ➢*Brauer*, W. ➢*Dudek* und H. Landahl (1965), Kurt ➢*Sieveking* (1967), A. ➢*Toepfer* (1970), P. ➢*Nevermann* (1972), E. ➢*Weiß* (1978), K.A. ➢*Körber* (1980), E. ➢*Lüth* und E. ➢*Weichmann* (1984), K. ➢*Schiller* (1986), E. ➢*Blumenfeld* (1990), Ch. ➢*Fera* (1993), G. ➢Trebitsch (1994), K. von Dohnanyi (2003) und W. Otto (2005). *RW*

Bürgermilitär Als Nachfolgeinstitution der ➢*Bürgerwache* führte das 1814 eingerichtete B. deren Aufgaben mit vollständig neuer, strafferer Truppenorganisation nach frz. Vorbild fort (zunächst sechs Bataillons mit je acht Kompaniebezirken, dazu drei vorstädtische und drei ländliche Kompaniebezirke). Seine Mitglieder, die Bürgergardisten, leisteten parallel zu den Soldaten der Garnison (➢*Militär/Garnison*) Wachdienste und sorgten so auch für die Aufrechterhaltung von Ruhe und Ordnung in der Stadt.

Alle Bürger und Einw. sowie deren Söhne waren dienstverpflichtet. Sie konnten sich jedoch durch Finanzierung eines Stellvertreters dem B. weitestgehend entziehen. Jeder Gardist besaß Uniform und Gewehr. Mit dieser teuren und selbst zu beschaffenden Ausrüstung musste er durchschnittlich vier Wachen pro

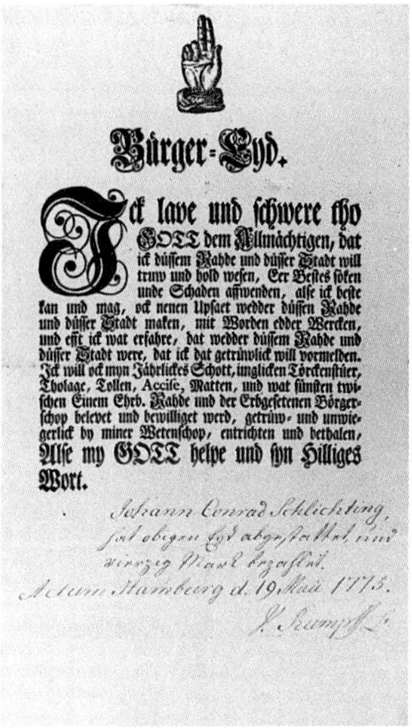

Bürger=Eyd.

Ick lave und schwere tho GOTT dem Allmächtigen, dat ick düssem Rahde und düsser Stadt will truw und hold wesen, Eer Beste söken unde Schaden affwenden, alse ick beste kan und mag, ock nenen Upsaet wedder düssen Rahde und düsser Stadt maken, mit Worden edder Wercken, und effte ick wat erfahre, dat wedder düssem Rahde und düsser Stadt were, dat ick dat getrüwlick will vormelden. Ick will ock myn Jährlickes Schott, ingllicken Törckenstüer, Tholage, Tollen, Accise, Matten, und wat sünsten twischen Einem Ehrb. Rahde und der Erbgesetenen Börgerschop belevet und bewilliget werd, getrüw- und unwiegerlick by miner Wetenschop, entrichten und bethalen, Alse my GOTT helpe und syn Hilliges Wort.

Johann Conrad Schlichting,

Actum Hamburg d. 19. Mai 1773.

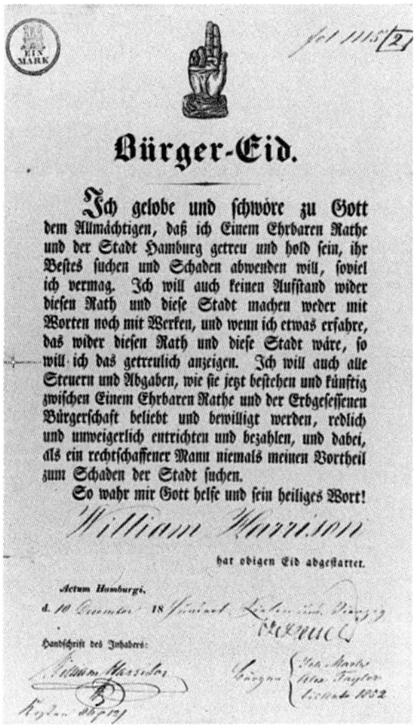

Bürger-Eid.

Ich gelobe und schwöre zu Gott dem Allmächtigen, daß ich Einem Ehrbaren Rathe und der Stadt Hamburg getreu und hold sein, ihr Bestes suchen und Schaden abwenden will, soviel ich vermag. Ich will auch keinen Aufstand wider diesen Rath und diese Stadt machen weder mit Worten noch mit Werken, und wenn ich etwas erfahre, das wider diesen Rath und diese Stadt wäre, so will ich das getreulich anzeigen. Ich will auch alle Steuern und Abgaben, wie sie jetzt bestehen und künftig zwischen Einem Ehrbaren Rathe und der Erbgesessenen Bürgerschaft beliebt und bewilligt werden, redlich und unweigerlich entrichten und bezahlen, und dabei, als ein rechtschaffener Mann niemals meinen Vortheil zum Schaden der Stadt suchen.

So wahr mir Gott helfe und sein heiliges Wort!

William Harrison

hat obigen Eid abgestattet.

Actum Hamburgi,

d. 10 Decemb. 18

Handschrift des Inhabers:

Plattdeutsche (1773) und hochdeutsche (1847) Fassung des hamburgischen Bürgereids. Wer das Bürgerrecht erwerben wollte, kam bis 1918 nicht umhin, den Eid vor dem versammelten Senat der Stadt abzuleisten.

Jahr ableisten und noch einmal so viele Tage mit militärischen Übungen und Manövern verbringen (u.a. auf dem ➢*Heiligengeistfeld* und der ➢*Moorweide*) – zu wenig, um soldatische Fähigkeiten zu erlernen.

Die zehn Bataillone (1861) des B.s waren nicht für einen tatsächlichen Kriegseinsatz geeignet und hatten ihn auch nie zu bestehen. Sie bewährten sich bei einigen Ordnungseinsätzen, u.a. beim ➢*Großen Brand.* Mit Aufhebung der ➢*Torsperre* (1861) und der ➢*Akzise*kontrolle zwischen Hbg und ➢*St. Georg* (1863) fielen wichtige Aufgabenfelder der 1858 ca. 8.500 Mann starken Truppe fort. 1867 lehnte die ➢*Bürgerschaft* die Reorganisation des B.s ab, und nach dem Ende der hbg. ➢*Wehrhoheit* im selben Jahr erfolgte 1868 seine Auflösung. *Ti.*

Bürgerrecht Wie andere mittelalterliche Städte entstand auch Hbg als eine Gemeinde von Personen, die von einem Stadtherrn (Bischof, Graf, Kaiser; ➢*Barbarossa-Privileg*) mit bestimmten Vorrechten (Bürgerrechten, im Plural) ausgestattet wurden und selbst solche beanspruchten. In erster Linie ging es dabei um die Rechte der Selbstverwaltung und – hier entscheidend – der Selbstergänzung: Die Inhaber des B. bestimmten über Neuzulassungen dazu. Neue Bürger(innen) kamen als legitime Kinder von Bürgern zur Welt oder wurden in einem förmlichen Verfahren aufgenommen. Voraussetzung für das B. war zunächst der Nachweis eines frei vererbbaren, also unbelasteten Grundbesitzes („Erbe") innerhalb der Stadt (Erbgesessenheit), wobei bereits im ➢*Stadtrecht* von 1270 Adlige aus Sorge vor dem Eindringen nichtstädtischer Interessen als ➢*Grundeigentümer* ausgeschlossen wurden. Ferner kamen die Ableistung eines Bürgereides (formalisiert seit 1483; H. ➢*Langenbeck*, ➢*Bürgerunruhen*), die Zahlung eines Bürgergeldes und seit der ➢*Reformation* bis 1814 der Nachweis der luth.

Religionszugehörigkeit hinzu. Juden konnten das B. seit 1849 erlangen.

Neben den bis ins 19. Jh. unterschiedenen „Kleinbürgern" und den betuchten „Großbürgern", die ein hohes Bürgergeld bezahlt hatten und deshalb die große städtische Waage benutzen und Jagd treiben durften, lebte bis 1918 die große Mehrzahl der Einw. mit abgestuft minderen Rechten (und freilich auch weniger Pflichten) – zum Teil als ➢*Schutzverwandte* oder aufgrund eines Fremdenkontraktes (➢*Fremden- und Ausländerpolitik*), im ➢*Landgebiet* mit Landbürgerrecht oder gesonderter Schutzverwandtschaft.

Die oft zitierten Worte J.C.D. ➢*Curios*, Hbg habe „nur einen einzigen Stand, den Stand eines Bürgers" und „Bürger sind wir alle, nicht mehr und nicht weniger" (1803) waren ein Teil bürgerlicher Ideologie: Nur Inhaber des B. hatten die „bürgerlichen Befugnisse" (selbstständige Erwerbstätigkeit, Grunderwerb), allein die Männer darunter auch die politischen Rechte in der ➢*Erbgesessenen Bürgerschaft*.

Mit dem Gesetz über Staatsangehörigkeit und Bürgerrecht vom 7.11.1864 wurde das B. auf seinen politischen Gehalt, das Wahlrecht zur ➢*Bürgerschaft*, reduziert und blieb damit zugleich „Frauenzimmern" verwehrt. Es bildete seither nur noch eine Schranke gegenüber Personen, denen die Erlangung politischer Handlungsfähigkeit erschwert werden sollte (v.a. Angehörigen der ➢*SPD*). Da die Zahl der B.-Inhaber gering war (1880: 30.500 Bürger unter 454.000 Einw.), wurde 1896 das Bürgergeld abgeschafft und durch eine bestimmte, mehrjährige Steuerleistung als Voraussetzung für den Erwerb des B. ersetzt.

Nach der ➢*Novemberrevolution* 1918 wurde Hbg verfassungsmäßig zu einem „Volksstaat", in dem das B. ein allgemeines Mindestprivileg wurde (➢*Staatsangehörigkeit*); von B. (Singular) war jetzt nicht mehr sinnvoll die Rede, aber weiterhin von „bürgerlichen Rechten" oder „Bürgerrechten"; diese sind heute, in der Bundesrepublik Deutschland, teils Angelegenheiten des Bundes, teils aber auch weiterhin des Bundeslandes Hbg, z.B. in Form plebiszitärer Elemente (Volksbegehren, Volksentscheid). *luz*

Bürgerschaft (Bürgerschaft, Gewählte Bürgerschaft, Ernannte Bürgerschaft 1946, Gewählte Bürgerschaft nach 1946) Die B. ist das Landes- und Kommunalparlament des Stadtstaates (Art. 4 Hbg. ➢*Verfassung*: „In der Freien und Hansestadt Hamburg werden staatliche und gemeindliche Tätigkeit nicht getrennt."). Die 121 Abgeordneten werden in allgemeiner, unmittelbarer, gleicher und geheimer Wahl nach reinem Verhältniswahlrecht auf vier Jahre gewählt und tagen i.d.R. zweiwöchentlich im Plenarsaal des ➢*Rathauses*. In der 19. Wahlperiode (2008–2012) besteht die B. aus vier Fraktionen (➢*CDU*: 56, ➢*SPD*: 45, ➢*GAL*: 12 Sitze, Die Linke: 8 Sitze). Die B. hat gegenwärtig 19 Ausschüsse eingesetzt.

Bis 1996 war die B. ein reines „Feierabendparlament", die Abgeordneten waren ehrenamtlich tätig und gingen überwiegend einem Beruf nach. Eine 1996 beschlossene Verfassungs- und Parlamentsreform strebt eine Professionalisierung des Parlaments an, ohne die Möglich-

keit zur Berufsausübung grundsätzlich einzuschränken.

Die B. ging mit der Verfassung von 1860 aus der ➢*Erbgesessenen Bürgerschaft* hervor. Erst 1859, in der Folge der ➢*Revolution von 1848/49* und einer Konstituanten-Wahl auch in Hbg, wurde die B. erstmals zu einem Teil in „allgemeinen Wahlen" gewählt (➢*Konstituante*). Die Hälfte der Abgeordneten wurde nun von den Bürgern, jeweils ein Viertel von ➢*Grundeigentümern* und ➢*Notabeln* gewählt. Das neue ➢*Wahlrecht*, das auf knapp 10 % der Bevölkerung Anwendung fand, ging in die Verfassung von 1860 ein. Damit war die B. noch kein demokratisches Parlament, aber das Prinzip der Erbgesessenheit wurde zugunsten des Repräsentativprinzips aufgegeben.

Gewählte B.: Trotz verschiedener Verfassungs- und Wahlrechtsreformen, die den politischen Einfluss der nichtvermögenden Bevölkerungsschichten, insbesondere der Arbeiterschaft, begrenzen sollten, wurde 1901 O. ➢*Stolten* als erster Sozialdemokrat in die B. gewählt, 1904 waren bereits 13 Abgeordnete Sozialdemokraten. Nach heftigen Krawallen und Demonstrationen verabschiedete die B. auf Vorschlag des ➢*Senats* 1906 ein neues, verschärftes Klassenwahlrecht („Wahlrechtsraub"), wonach den Wählern mit einem über 2.500 Mark liegenden Jahreseinkommen doppelt so viele Sitze zustanden wie den Wählern, die diese Einkommensgrenze nicht erreichen konnten.

Erst in der Folge der ➢*Novemberrevolution* 1918 wurde das ungerechte Wahlsystem beseitigt. Am 16.3.1919 fanden die ersten allgemeinen, gleichen, unmittelbaren und geheimen Bürgerschaftswahlen für Männer und Frauen statt. Wahlsieger war die SPD mit 50,4 %. Diese erste demokratisch gewählte B.

Blick in den Plenarsaal der Hamburgischen Bürgerschaft. Links vom Präsidium ist die Senatsbank zu erkennen, rechts die Bank der Bürgerschaftskanzlei. Die Glasmalereien der Fenster gingen im Zweiten Weltkrieg verloren.

arbeitete eine neue Verfassung aus, die 1921 in Kraft trat. Die B. ist seitdem alleiniger Gesetzgeber, ihr obliegen neben dem Budgetrecht die Wahl und Kontrolle des Senats. 1928 wurden die ersten Nationalsozialisten in die B. gewählt, die Wahl von 1931 brachte keine arbeitsfähige Mehrheit, bei der Neuwahl 1932 wurde die ➢*NSDAP* stärkste Fraktion, der Senat blieb geschäftsführend im Amt. Die SPD-Senatoren traten am 3.3.1933 wegen des geplanten Verbots des ➢*Hamburger Echos* zurück. Am 5.3.1933 stürmten die Nationalsozialisten das Rathaus, am 14.10.1933 wurden die B. wie die anderen Länderparlamente aufgelöst und die Funktionen auf die Regierung übertragen – dies bedeutete das Ende der parlamentarischen Demokratie bis 1946.

Ernannte B. 1946: Nach der Kapitulation Hbgs am 3.5.1945 setzte die brit. Militärregierung (➢*Britische Besatzung*) zwei Bürgermeister (R. ➢*Petersen*, parteilos, und A. ➢*Schönfelder*, SPD) ein und ernannte nach politischen und ständischen Kriterien im Februar 1946 eine B. mit 81 Mitgliedern, die Schönfelder zu ihrem Präsidenten wählte. Hauptaufgabe war die Versorgung der Bevölkerung mit Lebensmitteln und Feuerung. Die Militärregierung erließ 1946 ein Wahlgesetz nach brit. Vorbild (relatives Mehrheitswahlrecht), am 13.10.1946 wurde die B. erstmals wieder frei gewählt. Wahlsieger war die SPD (43,1 % der Stimmen, 75,5 % der Sitze), zum Bürgermeister wurde M. ➢*Brauer*, zum B.-Präsidenten Schönfelder gewählt.

Gewählte B. seit 1946: 1949 erließ die B. ein neues, kombiniertes Mehrheits- und Verhältniswahlrecht. Die SPD gewann im selben Jahr mit 65 der 120 Sitze die absolute Mehrheit. Zur B.-Wahl 1953 schlossen sich die konservativ-liberalen Fraktionen unter Führung der CDU zum ➢*Hamburg-Block* zusammen und gewannen mit 62 Sitzen knapp.

Mit dem Wahlgesetz von 1956 ging die B. zum reinen Verhältniswahlrecht mit 5 %-Klausel über. Die B.-Wahlen 1957, 1961, 1966, 1970 und 1978 ergaben jeweils absolute Mehrheiten für die SPD, die Wahl von 1974 eine relative Mehrheit der SPD. 1957–66 und 1970–78 bildeten SPD und ➢*FDP* eine Koalitionsregierung, 1982 scheiterte die FDP an der 5 %-Klausel. Bei der Wahl im Juni 1982 wurde die CDU erstmals stärkste Fraktion, konnte aber keine regierungsfähige Mehrheit bilden, die Neuwahl im November 1982 brachte der SPD wieder die absolute Mehrheit. Auch bei der Wahl 1986 wurde die CDU stärkste Fraktion, konnte aber erneut keine Regierung bilden, bei der Neuwahl 1987 zog die FDP wieder in die B. ein, und SPD und FDP bildeten einen Koalitionssenat. 1982 zogen erstmals Abgeordnete der GAL/Grünen in die B. ein. Die Wahl von 1991 brachte eine absolute Mehrheit für die SPD. Diese Wahl wurde jedoch vom ➢*Hamburgischen Verfassungsgericht* 1993 für ungültig erklärt, da die CDU ihre Kandidaten undemokratisch aufgestellt hatte. Die Neuwahl im September 1993 führte zu einer Kooperationsregierung von SPD (40,4 %) und der erstmals angetretenen ➢*STATT-Partei* (5,6 %) gegen eine ➢*Opposition* aus CDU (25,1 %) und GAL (13,5 %); die FDP konnte die 5 %-Marke nicht überschreiten.

Die Wahl im September 1997 hatte eine Koalition von SPD (36,2 %)

und GAL (13,9 %) zur Folge, die CDU (30,7 %) blieb in der Opposition. FDP und STATT-Partei scheiterten an der 5 %-Hürde.

Mit der Wahl im September 2001 verlor die Koalition aus SPD und GAL ihre Mehrheit. Die SPD blieb mit 36,5 % stabil, die GAL fiel auf 8,6 % ab, die CDU erlitt Verluste und kam auf 26,2 %, konnte aber mit der neu gegründeten Partei Rechtsstaatlicher Offensive (19,4 %) und der FDP (5,1 %) eine Koalition bilden. Diese zerbrach 2003. In der Bürgerschaftswahl vom Februar 2004 erreichte die CDU 47,2 % und die absolute Mehrheit der Mandate. Die SPD fiel auf 30,5 % zurück, die GAL erreichte 12,3 %, die FDP mit 2,8 %, die Partei Pro DM/Schill mit 3,1 % und die Offensive mit 0,4 % verfehlten die 5 %-Hürde.

In einem Volksentscheid entschieden sich am 13.6.2004 66,7 % der Abstimmenden und damit 21,2 % der Wahlberechtigten für ein neues Bürgerschaftswahlrecht, das erstmals 2008 angewendet wurde. Jede Wählerin und jeder Wähler hat nun 10 Stimmen, 5 für die Wahl im Wahlkreis, 5 für die Wahl zur Landesliste. 71 der 121 Bürgerschaftssitze werden in den 17 Wahlkreisen vergeben, 50 über die Landeslisten. Je nach Größe werden in den Wahlkreisen 3, 4 oder 5 Sitze vergeben. Die Stimmen können auch panaschiert (verteilt) und kumuliert (gehäuft) abgegeben werden. In der Wahl 2008 erreichte die CDU 42,6 %, die SPD 34,1 %, die GAL 9,6 % und Die Linke 6,4 % der Stimmen. Die FDP verfehlte mit 4,8 % die 5 %-Hürde.

B.-Präsidenten waren seit 1946 A. Schönfelder (SPD) bis 1960, H. Dau (SPD) 1960–78, P. Schulz (SPD) 1978–82, 1983–86, M. Willich (CDU) 1982–83, 1986–87. Mit E. Kiausch (SPD) 1987, 1991–93, H. Elstner (SPD) 1987–91, U. Pape (SPD) 1993–2000, D. Stapelfeldt (SPD) 2000–04 folgten erstmals Präsidentinnen, 2004–10 war B. Röder (CDU) Präsident, ihm folgte L. Mohaupt (CDU). *FF*

Bürgerunruhen im engeren Sinne bezeichnen spätmittelalterliche Aufstände aus der Mitte der ursprünglich nicht zum Zwecke der Repräsentation gewählten ➢*Bürgerschaft* heraus, die den ➢*Rat* zu ersten quasi verfassungsrechtlichen Regelungen zwangen. Teils latent, manchmal explizit standen einander stets eine „Bürgerschaftspartei" und eine „Ratspartei" gegenüber, entlang der Konfliktlinie zwischen diesen beiden zentralen Organen im politischen System. 1375 blieb die Mehrzahl der Handwerker-Korporationen mit der Forderung nach Steuersenkung noch erfolglos und musste Rats-Treue schwören. 1410 protestierte die Kaufmannschaft gegen willkürliche Verhaftungen, mangelnde Unterstützung von Bürgern vor fremden Gerichten und unbewilligte Steuererhöhungen. Der Rat ging auf diese Forderungen ein und verpflichtete sich zu ihrer Einhaltung in einem ersten ➢*Rezess* (Hbgs „Magna Charta"), der aber unter dem Druck der ➢*Hanse* 1417 kassiert wurde.

Alte und neue Forderungen fanden 1458 Niederschlag im zweiten Rezess – nach Protestversammlungen von Handwerkern und Kaufleuten. 1483 wurde während einer Wirtschaftskrise das Rathaus gestürmt (➢*Rathäuser, Alte, 4.*). Darauf folgte der dritte Rezess, in dem sich der Rat u.a. verpflichtete, künftig eine Anzahl erbgesessener Bürger über wichtige Angelegenheiten zu informieren. Die Aufständischen ihrerseits leisteten einen Treue-Eid, der als Bürgereid institutionalisiert wurde (bis 1918). Bis zu den B. der ➢*Reformationszeit* herrschte relative Ruhe. Eine andere Qualität hatten die Bürgerkämpfe mit der ➢*Jastram-Snitger-Rebellion* im späten 17. Jh. In der Tradition der Auseinandersetzungen zwischen „Bürgerschaftspartei“ und „Ratspartei“ stand auch noch die Revolution von 1848/49, die von geharnischt konservativen Bürgermeistern und Senatoren wie J.H. ➢*Bartels* noch als eine Art von B. abqualifiziert wurde. *luz*

Bürgervereine entstanden in der Mitte des 19. Jhs – der erste 1843 in der Vorstadt ➢*St. Pauli* – vorwiegend als kommunalpolitisch orientierte und nach Stadtteilen gegliederte Vereine des liberalen und konservativen Mittelstandes. 1886 schlossen sie sich in einem Zentralausschuss (ZA) zusammen (zehn B. mit 2.000 Mitgliedern), der sich als „Vorparlament“ neben der ➢*Bürgerschaft* sah. Bis zur Installierung des Parteienstaates 1919 wurden die Kandidaten zu den (allgemeinen) Bürgerschaftswahlen – für die drei „Alten Fraktionen“ (liberale „Linke“, „Linkes Zentrum“, konservative „Rechte“), seit 1906 z.T. auch für die ➢*Vereinigten Liberalen* – regelmäßig von den B. aufgestellt.

Nach der ➢*NS-Zeit* konstituierten sich die B. erneut und schlossen sich 1955 dem Verband Deutscher Bürgervereine an. In den 1950er Jahren noch aktiv an der ➢*Hamburg-Block*-Politik beteiligt, behaupteten sich die B. an Zahl, aber ihre Bedeutung verlagerte sich zunehmend auf das Gebiet der Geselligkeit. Die B. sehen ihre politische Existenzberechtigung in Art. 56 der Hbger ➢*Verfassung* („Das Volk ist zur Mitwirkung an der Verwaltung berufen“), haben aber nur mittelbar, über die Parteien, Zugang z.B. zu den ➢*Deputationen*. B. sehen sich heute zunehmend in die Konkurrenz von Bürgerinitiativen gestellt. 2009 bestanden in Hbg – nach Angaben des ZA – 60 B., welche ca. 85.000 Bürgerinnen und Bürger vertreten. *luz*

Bürgerwache Neben der vom ➢*Rat* bestellten hauptberuflichen ➢*Nachtwache* leisteten seit dem Mittelalter die männlichen Bürger als „Gardisten“ in der B. (oder Bürgergarde) ➢Polizeidienste. Ferner waren sie in Krisenfällen neben geworbenen Söldnern (➢*Militär/Garnison*, ➢*Wehrhoheit*) für Verteidigungsmaßnahmen eingeplant und im Feuerlöschwesen dienstverpflichtet (➢*Brände und Feuerlöschwesen*). Die Einteilung zu den Diensten geschah nach den ➢*Kirchspielen*.

Seit 1619 war die B. in vier, später in fünf Regimentsbezirke mit Kompanien, Quartieren und Rotten mit jeweils 16 Mann gegliedert. Die Hauptwache lag auf dem ➢*Großneumarkt*.

Unter Einschluss der Offiziere waren 1617 etwa 7.000 Mann in 19 Kompanien organisiert, deren Stärke durch die Abhängigkeit von der ➢*Bevölkerungsentwicklung* schwankte. Eine Kompanie wurde von einem Hauptmann, dem Bürger-Kapitän, ein Regiment von einem Colonell-Herrn geführt, der Mitglied des Rats war. Die Ablehnung der Wahl in ein Amt der B. stand unter Strafe, wie auch der Dienst durch ➢*Rezess* für alle Bürger und Einw. zwingend war. Die Ausnahme der „Wachfreiheit“ galt nur für Inhaber bestimm-

Aufzug der Bürgerwache auf ihrem Sammelplatz, dem Großneumarkt in der Neustadt. Aquarellierte Radierung, um 1754

ter öffentlicher Ämter oder für besonders privilegierte Personen. Die militärische Qualität der wenig disziplinierten Truppe war schon im 17. Jh. so gering, dass sie nur zur nächtlichen Bewachung des ➢*Befestigungs*areals und zu Schanzarbeiten eingesetzt werden konnte. Mit Beginn der ➢*Franzosenzeit* wurde die B. abgeschafft. An ihre Stelle trat 1814 in völlig neuer Organisation das ➢*Bürgermilitär. Ti.*

Büsch, Johann Georg (geb. 3.1.1728 Altenmedingen/Bevensen, gest. 5.8. 1800 Hbg), Professor, Aufklärer. Mit seinem Vater, P.Chr. Büsch, der 1731 aus dem Lüneburgischen als Pastor an ➢*St. Michaelis* und das Spinnhaus berufen wurde, kam der Sohn nach Hbg, besuchte hier das ➢*Johanneum* und das ➢*Akademische Gymnasium.* In Göttingen studierte er Theologie. 1756 kehrte er als Professor für Mathematik ans Akademische Gymnasium nach Hbg zurück. 1764 begann er mit öffentlichen Vorlesungen und begründete das Allgemeine Vorlesungswesen der Stadt (➢*Wissenschaftliche Bildung*). Ein Jahr später gehörte er zu den Gründern der ➢*Patriotischen Gesellschaft* von 1765, der er in den folgenden Jahrzehnten zusammen mit J.A.H. ➢*Reimarus* das Gepräge gab. Seit 1768 war B. auch Lehrer an der „Handlungs-Academie", deren Leitung er 1771 übernahm. Die Schüler kamen aus ganz Europa und allen christl. Konfessionen; auch A. von Humboldt und F. von Stein besuchten die Akademie. Mit F.G. ➢*Klopstock* schuf B. bald nach dessen Übersiedlung nach Hbg (1770) eine Lesegesellschaft, in der

Johann Georg Büsch, der Mathematikprofessor und Leiter der Handelsakademie, prägte in Wort und Schrift die Hamburger Aufklärung. Kupferstich von Andreas Stöttrup, 1792

Johannes Bugenhagen verfasste die hamburgische Kirchenordnung von 1529 und begründete damit die Gelehrtenschule des Johanneums, vor deren heutigem Bau in Winterhude das 1885 von Engelbert Peiffer geschaffene Denkmal steht.

die Frauen die Lektüre bestimmten. Seit 1783 traf sich ein Kreis Hbger und ➢*Altonaer* Aufklärer um B. und Klopstock zu einer monatlichen Tischgesellschaft. B. hatte erheblichen Anteil an der Gründung und Konzeption der ➢*Allgemeinen Armenanstalt* von 1788. Auch an der 1782 entstandenen „Credit-Casse für die Erben und Grundstücke" zur Aufrechterhaltung des hypothekarischen Kredits hatte B. großen Anteil. Er befasste sich bereits mit der Idee der Kreditversicherung.

B. war ein vielseitiger Gelehrter und Schriftsteller. Bedeutsam sind seine 1780 erschienene „Abhandlung von dem Geldumlauf" und seine Werke zur Geschichte, Theorie und Praxis des Handels. In seinen letzten Lebensjahren setzte sich B. für eine Reform des höheren ➢*Schulwesens* in Hbg ein, die dann J. ➢*Gurlitt* realisierte. B.s Haus zählte zu den Mittelpunkten der Hbger ➢*Aufklärung* und ihrer Geselligkeit. Großen Anteil daran hatte seine Frau Margarethe Auguste, geb. Schwalb. Die Patriotische Gesellschaft ließ B. 1802 durch J.A. Arens ein ➢*Denkmal* errichten, das erste öffentliche Ehrendenkmal der Stadt. Erster Standort war die Bastion Vincent, auf der heute die ➢*Hamburger Kunsthalle* steht. Nach mehrfacher Versetzung erhielt es 1984 in der Grünanlage zwischen Edmund-Siemers-Allee und Rothenbaumchaussee einen angemessenen Platz. *Ko.*

Bugenhagen, Johannes (geb. 24.6.1485 Wollin/Pommern, gest. 20.4.1558 Wittenberg), Reformator. Der Sohn eines Ratsherrn studierte 1502–04 in Greifswald und wurde 1504 Rektor der Stadtschule in Treptow an der Rega, 1509 zum Priester geweiht und Vikar im dortigen Kanonikerkolleg von St. Marien. 1517 übernahm B. auch das Lektorat der Bibel und Kirchenväter im Prämonstratenserkloster Belbuck. Um den Abt J. Boldewan und B. bildete sich ein Kreis humanistisch gesinnter Geistlicher. 1518 fasste B. seine historischen und genealogischen Arbeiten zur Geschichte Pommerns in den „Pomerania" zusammen.

Die Lektüre der Schriften Luthers beeindruckte B. so, dass er sich 1521 in Wittenberg immatrikulierte. Er schloss mit M. Luther und Ph. Melanchthon Freundschaft und hielt bald Vorlesungen, die großen Zulauf fanden. 1523 wurde B. die Stadtpfarre von Wittenberg übertragen. In der Folge erneuerte er dort Gottesdienst, Schulwesen und Diakonie, veröffentlichte außerdem biblische Kommentare, arbeitete an Luthers Bibelübersetzungen und ndt. Bibelausgaben mit. 1524 erhielt B. den Ruf der Hbger Gemeinde von ➢*St. Nikolai*, ihr Pfarrer zu werden. Nach Einspruch des ➢*Rats* nahm er ihn nicht an. 1525 richtete er dann sein Sendschreiben „Von dem Christenglauben und rechten guten Werken" an die Stadt Hbg, wodurch hier die ➢*Reformation* sehr gefördert wurde. B. organisierte ab 1528 das reformatorische Kirchen- und Schulwesen in Norddtld und ➢*Dänemark*, sein Werk sind die Kirchenordnungen von Braunschweig 1528, Hbg 1529, ➢*Lübeck* 1531, Pommern 1534, Dänemark 1537, Schleswig-Holstein 1542, Braunschweig-Wolfenbüttel 1543 und Hildesheim 1544. Seit er 1533 zum Doktor der Theologie promoviert wurde, gehörte er der Wittenberger theologischen Fakultät an, ab 1535 als Professor. B. war Luthers Seelsorger und Beichtvater, er hielt ihm

1546 die Grabrede. Seine Leistung als Organisator und Ordner der luth. Kirche ist weithin anerkannt. Als eigenständiger Theologe und Exeget ist B. noch zu würdigen. Die hbg. luth. Kirche verdankt B. ihre bis ins 19. Jh. wirksame Grundlage und Gestalt. 1885 erhielt er im Innenhof der von ihm 1529 gegründeten Gelehrtenschule des ➢*Johanneums* ein von E. Peiffer geschaffenes ➢*Denkmal*, das 1914 vor dem Neubau der Schule an der Maria-Louisen-Straße in ➢*Winterhude* einen neuen Platz fand. *Ko.*

Bullenhuser Damm Im April 1945 wurde das im kriegszerstörten Stadtteil ➢*Rothenburgsort* gelegene Schulgebäude Bullenhuser Damm 92 zum Ort des Massenmordes an 20 jüd. Kindern und weiteren KZ-Häftlingen. Die aus ganz Europa stammenden Kinder, zehn Jungen und zehn Mädchen im Alter von fünf bis zwölf Jahren, hatte der SS-Arzt K. Heißmeyer im November 1944 aus Auschwitz in das KZ ➢*Neuengamme* bringen lassen, um an ihnen medizinische Experimente vorzunehmen (Infizierung mit Tuberkelbakterien, Entfernung der Axillardrüsen). Um das Verbrechen zu verbergen, ließ die SS-Führung die Kinder und die vier zur Betreuung eingesetzten Häftlingsärzte und -pfleger wenige Tage vor Kriegsende ermorden. Zu diesem Zweck wurden sie in das seit Oktober 1944 als KZ-Außenlager genutzte Schulgebäude gebracht. In der Nacht des 20.4.1945 wurden sie im Keller der ehem. Schule von SS-Männern erhängt; wenige Stunden später wurden dort auch 24 sowjet. Häftlinge ermordet. Die beteiligten SS-Männer wurden im brit. Militärgerichtsprozess gegen die Lagerführung des KZ Neuengamme (18.3.–3.5.1946 im Hbger ➢*Curio-Haus*) zum Tode verurteilt.

Zwei Ermittlungsverfahren der Hbger Justiz aus den 1960er und 1980er Jahren gegen den Stützpunktleiter der Hbger KZ-Außenlager, A. Strippel, der das Mordkommando befehligt hatte, wurden mangels Beweisen bzw. wegen Verhandlungsunfähigkeit eingestellt. Seit 1980 befindet sich in den Kellerräumen des früheren Schulgebäudes eine Gedenkstätte. In ➢*Schnelsen* wurden 1995 drei Straßen nach ermordeten Kindern benannt. *DG*

Schauplatz grausamer medizinischer Experimente und des Massenmordes an jüdischen Kindern und Häftlingen des KZ Neuengamme: die Schule Bullenhuser Damm. Das Foto entstand kurz nach Kriegsende 1945 und zeigt die Ansicht von Westen mit KZ-Zaun und spielenden Kindern.

Bund Freies Hamburg war ein liberaler Zirkel, der aus einem gegen das NS-Regime organisierten Widerstandskreis hervorging und nach der Kapitulation 1945 bis zur Installierung der Parteien als informelle „Bürgermeisterpartei“ dem von den Briten eingesetzten R. ➢*Petersen* zuarbeitete. Der B.F.H. ging auf den 1924 entstandenen Klub vom 3. Oktober zurück, dessen Motor H. Landahl war (später Reichstagsmitglied der aus der ➢*DDP* hervorgegangenen Deutschen Staatspartei, 1945–53 und 1957–61 ➢*SPD*-Schulsenator). Während der ➢*NS-Zeit* wurde der bis zu 60 Köpfe zählende Kreis intern als „Freies Hamburg", nach außen hin als „Verein der Hafenfreunde" bezeichnet. Ihm gehörten Mitglieder aus SPD und Rechtsparteien an; es gab – im Rahmen der „(Hans) Robinsohn-(Ernst) Straßmann-Gruppe" Verbindungen zu Gruppen in Berlin, Kiel, Rostock und Greifswald, indirekt auch zu anderen, später bekannter gewordenen Widerstandsgruppen (Kreisauer Kreis u.a.). Am 11. Juni 1945 wurde eine B.F.H.-Delegation zum örtlichen Befehlshaber der britischen Besatzungsmacht vorgelassen und überreichte u.a. eine „Schwarze Liste" mit bekannteren NSDAP-Mitgliedern, welche sich noch im Hbger Staatsdienst befanden. Im Sommer 1945 verließen einige ➢*Katholiken* den B.F.H., um mit anderen Interessenten die „Arbeitsgemeinschaft christlich-demokratischer Gruppen" zu bilden, aus der die ➢*CDU* hervorging, während aus dem B.F.H. heraus – nach entsprechendem Beschluss am 16. Aug. 1945 – auf dem Weg über eine „Partei Freier Demokraten" (PFD) die ➢*FDP* entstand. Der verbliebene Teil um E. Wilkening und W. Jacobsen versuchte als „überparteiliches Organ [...] gegen Verbonzung und Verkalkung der Parteien" weiterzuarbeiten, wurde aber von der sich zunehmend fest etablierenden FDP ausmanövriert. *luz*

Bundesamt für Seeschifffahrt und Hydrographie Nach dem Ende des Zweiten Weltkriegs wurde die ➢*Deutsche Seewarte* aufgelöst, und es entstand Ende 1945 durch Kontrollratsbeschluss der Alliierten das Deutsche Hydrographische Institut (DHI) an der Seewartenstraße. Das DHI übernahm neben den bisherigen Aufgaben der Seewarte den bis dahin der Marine zugeordneten hydrografischen Dienst sowie die Aufgaben des Marineobservatoriums Wilhelmshaven. Die meteorologischen Bereiche wurden ausgegliedert und vom späteren Seewetteramt (SWA) des Deutschen Wetterdienstes wahrgenommen.
1990 wurde das DHI mit dem Bundesamt für Schiffsvermessung zum Bundesamt für Seeschifffahrt und Hydrographie (BSH) zusammengelegt. Es bildet die Bundesoberbehörde für zentrale maritime Aufgaben im Geschäftsbereich des Bundesministeriums für Verkehr. Das Aufgabenspektrum reicht von Wirtschaftsfragen in der Seeschifffahrt über Sicherheitsangelegenheiten bis hin zur wissenschaftlichen Beschreibung der Meere. 1990 dehnte das BSH seine Zuständigkeit auf die neuen Länder der Bundesrepublik aus. *Pr.*

Bunte Kuh Der Überlieferung nach war dies das Schiff, mit dem der spätere Hbger Bürgermeister S. von ➢*Utrecht* 1400 (oder 1401) vor Helgoland entscheidenden Anteil an der für Hbg erfolgreichen Schlacht gegen die ➢*Vitalienbrüder* unter K. ➢*Störtebeker* hatte. Historisch verbürgt ist der sich auf das Schiff und seinen Zweck beziehende Eintrag in den Hbger ➢*Kämmereirechnungen* aus dem Jahr 1401. Als Ausgabe sind dort 95 1/2 Pfund und fünf Schilling zum Bau des Schiffes und für den Kriegszug gegen die Seeräuber verzeichnet („ad construendum naves Simonis de Utrecht et bunte ko et pro expedicione eiusdem navis bunte ko"). *IR*

Bunthäuser Spitze Eine bedeutsame Stelle im Stromspaltungsgebiet der ➢*Elbe* ist die B.S. in ➢*Moorwerder.*

Seit jeher eine wichtige Stelle des Hamburger Staatsgebiets: die Bunthäuser Spitze, an der sich die Elbe in Norder- und Süderelbe teilt. Das Luftbild zeigt rechts Ochsenwerder, links den niedersächsischen Ortsteil Bullenhausen der Gemeinde Seevetal.

Weit oberhalb des Hbger ➢*Hafens* liegt hier der Trennpunkt der beiden Elbarme Norder- und ➢*Süderelbe*. Die Wichtigkeit der B.S. für die Wasserführung der Norderelbe wurde schon früh erkannt, lag doch dort ein Sandfeld, das weniger Wasser in ihr Bett fließen ließ als in das des anderen Elbarms. Um die Schifffahrt zum Hbger Hafen störungsfrei zu halten, wurde durchgängig die Vertiefung des Fahrwassers angestrebt. Dies betraf jedoch die Rechte der Anliegerstaaten Hannover bzw. Preußen, die im 19. Jh. um die jeweils größere oder geringere Wasserführung in „ihren" Flussarmen in einen regelrechten „Wasserkrieg" verfielen. Es bedurfte, v.a. mit Preußen zwischen 1867 und 1914, etlicher Staatsverträge wegen Elbregulierungen, Baggertiefen und Schaffung eines Leitdammes, um die Gleichstellung beider Stromarme zu erreichen (➢*Köhlbrandverträge*). Wichtig war auch die gleichmäßige Verteilung des Flut-Oberwassers auf beide Arme. Der erfolgreiche Abschluss der langwierigen Vertragsverhandlungen und kostspieligen Arbeiten erleichterte den ständig steigenden Schiffsverkehr auf der Elbe. Auf der B.S. befindet sich die Stackmeisterei Bunthaus, die für die Uferbefestigungen der Elbe bis zu den ➢*Elbbrücken* sorgt, wo die Zuständigkeit bis zur westl. Landesgrenze auf die ➢*Finkenwerder* Meisterei übergeht.

Der Stackmeisterei benachbart liegt am Moorwerder Hauptdeich auf dem Schulpolder von Bunthaus die vom 1901 gegründeten Verein für Ferienwohlfahrtsbestrebungen errichtete „Tageskolonie", später Freiluftschule genannt. Wie ihre drei Schwestereinrichtungen in ➢*Neugraben*, ➢*Wittenbergen* und ➢*Wohldorf* dient sie als Schullandheim und wird seit der Übernahme durch den Staat 1962 vom Verein Hamburger Freiluftschulen e.V. bewirtschaftet. *HR*

Burchard, Johann Heinrich (geb. 26.7. 1852 Bremen, gest. 6.9.1912 Hbg), Rechtsanwalt, Bürgermeister. B. war eine markante Erscheinung der wilhelminischen Ära. Nachdem er bereits seine Jugend in Hbg verbracht und das ➢*Johanneum* besucht hat-

Repräsentant Hamburgs in wilhelminischer Zeit: Bürgermeister Johann Heinrich Burchard in der bei festlichen Anlässen noch bis zur Novemberrevolution 1918 getragenen Amtstracht

Mit den Burspraken wurden den Bürgern mehrmals jährlich, zu Thomae (21. Dezember) und zu Petri (22. Februar) sowie bei Bedarf, Bestimmungen über das geordnete Zusammenleben in der Stadt vom Rathaus aus bekannt gemacht. Die Abbildung zeigt die Petri-Bursprake von 1383.

te, nahm er als Freiwilliger am Deutsch-Französischen Krieg 1870/71 teil, studierte dann Jura in Leipzig, Heidelberg und Göttingen und ließ sich 1876 in der Stadt als Rechtsanwalt nieder. 1885 erfolgte B.s Wahl in den ➢*Senat.* Zwei Jahre später trat er in die Senatskommission für Reichs- und Auswärtige Angelegenheiten ein, die fortan sein Hauptbetätigungsfeld wurde.

Als ➢*Bürgermeister* (seit 1902) betonte er die Funktion dieses Amtes als repräsentative Staatsspitze. Mit Kaiser Wilhelm II. verband ihn ein freundschaftliches Verhältnis. Mehrfach hat B. als vertrauter Berater auf Entscheidungen des Kaisers Einfluss genommen; dessen Angebot, Reichskanzler zu werden, lehnte er 1909 ab. Nach ihm sind der Burchardplatz und die Burchardstraße in Hbg.-Altstadt sowie der Burchardkai in Waltershof benannt. *SH*

Burspraken waren vom ➢*Rat* regelmäßig am 21.12. und 22.2. (➢*Petri Stuhlfeier*) oder bei Bedarf einberufene Bürgerversammlungen, die zur Abkündigung seiner Bekanntmachungen und Verordnungen dienten (B. = Bürgeransprachen). Die Bezeichnung B. wurde auf die Gesetzeswerke übertragen. In Hbg zuerst erwähnt wurden sie 1270. B. regelten verschiedenste Fragen des städtischen Alltags, der öffentlichen Ordnung und Sicherheit. Sie konnten Handel und Gewerbe, Schifffahrt sowie ➢*Hafen-*, Lohn- und Dienstbotenwesen, Kleider-, Fest- und Luxusordnungen betreffen und enthalten. Sie verboten Eigenmächtigkeiten und betonten die Autorität des Rats und der städtischen Gerichte, auch wenn sie bis ins 16. Jh. zumeist auf Rat- und Bürgerschlüssen beruhten, tlw. auch ➢*Rezess-*

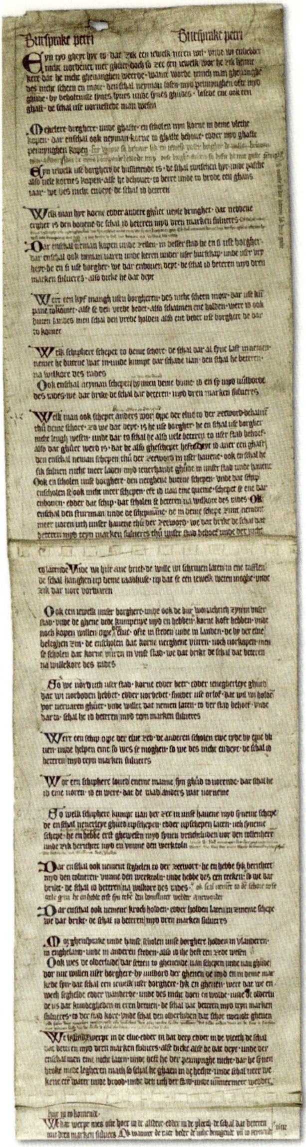

bestimmungen wiederholten und erst seither als obrigkeitliche Dekrete erschienen.

Die B. wurden, soweit nicht nur von vorübergehender Bedeutung, seit der Mitte des 14. Jhs schriftlich

überliefert, von Mal zu Mal korrigiert, ergänzt und aktualisiert, bevor im 16. Jh. eine allmähliche Erstarrung einsetzte. Bei ihrem wachsenden Umfang - 1479/80 wurden sie erstmals in Buchform zusammengefasst – ist unsicher, seit wann sich die jeweilige Verlesung auf Auszüge beschränkte; sie wurden in Hbg wie in ➢*Lübeck* bis zu Beginn des 19. Jhs beibehalten.
Eine gründliche Edition der hbg. B., herausgegeben von J. Bolland, erschien 1960 in einer Veröffentlichung des ➢*Staatsarchivs*. *RP*

Butenhamburger wurden Hbgerinnen und Hbger genannt, die im Zweiten Weltkrieg „aus kriegsbedingten Gründen" die Stadt verließen oder von den Behörden evakuiert wurden (für die 30.000 „unterverproviantierten" Menschen, fast ein Drittel der Bevölkerung, die zur Jahreswende 1813/14 gegen Ende der ➢*Franzosenzeit* von Generalgouverneur ➢*Davout* der Stadt verwiesen wurden, weil sie die russ. Belagerung nicht würden überstehen können, ist dieser Begriff wohl noch nicht verwendet worden). Während der ➢*Luftangriffe* 1943 flüchteten rund 1 Mio. Menschen, mehr als die Hälfte der Bevölkerung. Sie befanden sich dann „buten" (➢*plattdeutsch* = draußen) und wollten oder konnten oft nicht zurückkehren. 1943 sahen sich viele dennoch dazu gezwungen, denn Lebensmittelkarten gab es auf Dauer nur für Stadtbewohner. Wer nicht ausgebombt war, dem drohte die Beschlagnahme der Wohnung, wer nicht an seinen Arbeitsplatz zurückkehrte, dem drohten Lohnausfall und Strafverfahren.
Aufnahmegebiete waren Schleswig-Holstein, Ost-Hannover, Mecklenburg, Danzig-Westpreußen, Mark Brandenburg, Magdeburg-Anhalt und Bayreuth. Rund 28 % der B. kehrten noch vor Kriegsende zurück. Seit 1945/46 lebten die meisten der Evakuierten in Schleswig-Holstein und Niedersachsen.
Wegen der Luftangriffe reisten im Rahmen der sog. Erweiterten Kinderlandverschickung (KLV) ungefähr 150.000 Jungen und Mädchen aus Hbg in vermeintlich sichere Gebiete des Reiches, tlw. auch nach Dänemark und Ungarn.
Nach 1945 stand einer Rückkehr der B. noch fast zehn Jahre lang v.a. der Wohnungsmangel entgegen, weil Hbg zudem bis 1953 insgesamt 250.000 Vertriebene und Flüchtlinge aufgenommen hatte. B.-Familien wurden noch 1950 selbst dann nicht regelmäßig hineingelassen, wenn ihr „Ernährer" schon in der Stadt Arbeit gefunden hatte. Hbger Künstler traten gelegentlich in den Hauptevakuierungsorten auf, um Verbundenheit zu demonstrieren. Erst das Bundesevakuiertengesetz von 1953 war der Anfang vom Ende dieses Elends. *luz*

Caffamacher Caffa leitet sich aus dem ndt. Wort Kaff für Spreu, Kleingeschnittenes her. Ein Caffamacher (auch Kaff-Haarmaker) war ein Samtweber. Samtstoffe wurden meist aus Seide hergestellt, wobei der Stoff zunächst in Schlingen gewebt und dann abgeschoren wurde. Die abgeschorenen Fäden wurden, weil sie wie Haarspreu aussahen, als Kaffhaar bezeichnet. Die C. bewohnten seit dem 17. Jh. die nach ihnen benannte C.reihe in der ➢*Neustadt. Bü.*

Joachim Heinrich Campe in einem zeitgenössischen Schattenriss. Der pädagogische Reformer und Schriftsteller wirkte 1778–83 am Hammer Deich in Hamburg.

Campe, Joachim Heinrich (geb. 29.6. 1746 Deensen bei Holzminden, gest. 22.10.1818 Braunschweig), Pädagoge, Verleger. Nach Beendigung seines Studiums, der Hauslehrerzeit und Tätigkeit an J.B. ➢*Basedows* Dessauer Philanthropinum betrieb C. 1778–83 in Hbg eine Privaterziehungsanstalt. In einem Gartenhaus am Hammer Deich erzogen seine Frau und er Söhne der Kaufmannsfamilien Böhl und Schuback. Hier entstand 1779, angeregt durch J.-J. Rousseaus „Emile", sein „Robinson der Jüngere, zur angenehmen und nüzlichen Unterhaltung für Kinder". Dies Buch erwies sich als großer Erfolg, es wurde in zahlr. Auflagen und Übersetzungen gedruckt. Daran erinnert ein Denkstein im ➢*Hammer Park*, der urspr. 1883 an C.s Wirkungsort am Hammer Deich gesetzt worden war. C. und seine Frau Dorothea Maria fanden bald Anschluss an den Kreis der Hbger Aufklärer und befreundeten sich besonders mit J.A.H. ➢*Reimarus.* 1783 zogen die Campes mit vier Zöglingen nach Trittau. Drei Jahre später wurde C. nach Braunschweig berufen, um das Erziehungswesen des Herzogtums zu erneuern. 1787 gründete er als Verleger die Braunschweigische Schulbuchhandlung. Zeitlebens setzte sich C. für die ➢*Aufklärung* ein. *Me.*

Campe, Johann Julius (geb. 18.2.1792 Deensen bei Holzminden, gest. 14.10.1867 Hbg), Buchhändler, Verleger. C. erlernte den Buchhandel in Hbg bei seinem Halbbruder August (➢*Hoffmann & Campe*). Als Lützower Jäger nahm er 1813 an den Befreiungskriegen teil, stand bis 1816 in preuß. und braunschweig. Militärdiensten und trat nach einer

Julius Campe, der mutige Verleger des „Jungen Deutschlands" und Freund Heinrich Heines. Porträt, um 1850

zweijährigen Italienreise in das Geschäft Augusts ein, das er 1823 übernahm und bis zu seinem Tod leitete. Der Verlag Hoffmann & Campe wurde dank seiner Geschäftstüchtigkeit und der Autoren zu einem der führenden dt. Verlage. Als Verleger der Werke des „Jungen Deutschlands" (H. ➢*Heine*, L. Börne, K. Gutzkow, L. Wienbarg) bot er der Zeitkritik und Opposition ein Forum. Preußen verbot 1841 das gesamte Verlagsprogramm. Auch österreich. Autoren konnten bei C. kritische Bücher veröffentlichen. Schwierigkeiten mit der Zensur, Geldstrafen und Inhaftierungen konnten C. nicht einschüchtern. In seinem Verlag erschien 1841 das ➢*Deutschlandlied* von A.H. Hoffmann von Fallersleben. Zu C.s Autoren gehörte auch F. Hebbel (E. ➢*Lensing*). Als Maximilian Heine 1852 seinen todkranken Bruder Heinrich in Paris besuchte und im Gespräch meinte, der Geburtsort Düsseldorf werde ihm wohl als erste dt. Stadt ein ➢*Denkmal* errichten, antwortete der Dichter, in Hbg habe er schon eins: das schöne Haus seines Verlegers. „Das ist ein prachtvolles Monument aus Stein – in dankbarer Erinnerung an die vielen und großen Auflagen meines ‚Buches der Lieder'." *Ko.*

Cap San Diego Hbger Museumsschiff seit 1986. Als letztes von sechs baugleichen „Cap-San-Schiffen" der Reederei ➢*Hamburg Süd* wurde der Stückgutfrachter am 27.3.1962 von der Deutschen Werft (➢*Werften*) abgeliefert (159,4 m Länge, 21,47 m Breite, 9.998,36 BRT, 11.650 PS, 20,3 Knoten). Der Hbger Architekt C. ➢*Pinnau* gab dem Schiff und seinen mittlerweile abgewrackten Schwestern die elegante, an eine Hochseejacht erinnernde Form und gestaltete die Inneneinrichtung mit. Nach 20 Jahren Dienst wurde der Frachter ins Ausland verkauft und fuhr dort nacheinander unter zwei anderen Namen. Kurz vor der drohenden Verschrottung erwarb ihn 1986 der ➢*Senat*. Der technisch hoch entwickelte Schiffstyp stand am Höhepunkt und zugleich am Ende des konventionellen Seetransports von Stückgut. Das vielfältige Ladegeschirr mit Kränen und Masten ist von den Decks heutiger Schiffe verschwunden und die Fracht in einheitlichen Transportbehältern des ➢*Containerverkehrs* verstaut. Als „maritimes Denkmal" und „bleibendes Zeugnis deutscher Schiffbaukunst" ist die fahrtüchtige „MS Cap San Diego" zu besichtigen. Wenn sie nicht als maritime Botschafterin der Hansestadt oder einfach als gern gesehener Gast auf Schiffsparaden unterwegs ist, liegt sie an der 1930 von der Hamburg Süd neu erbauten Überseebrücke an den ➢*Vorsetzen*. *Ti.*

Maritimes Denkmal in eleganten Formen: die „Cap San Diego" vor der Überseebrücke an den Vorsetzen

Carlebach, Joseph (geb. 30.1.1883 Lübeck, ermordet 26.3.1942 im Hochwald bei Riga), Rabbiner, Pädagoge, Naturwissenschaftler. Sein Vater Salomon war seit 1870 Rabbiner in ➢*Lübeck*. Dem Besuch des dortigen Katharineums folgte für den Sohn 1901–05 ein Studium der Physik, Chemie und Mathematik an der Universität Berlin. Nach dem Oberlehrerdiplom für Mathematik und Naturwissenschaften 1905 war er bis 1907 Lehrer an der Lemel-Schule in Jerusalem, einem deutschsprachigen Lehrerseminar, unterhalten vom Hilfsverein der dt. Juden. 1909 wurde C. in Heidelberg mit einer Arbeit über das mathematische Werk von Rabbi Levi Gerson (1288–1344) zum Dr.phil. promoviert. 1909–14 studierte er am orthodoxen Rabbinerseminar in Berlin und erwarb das Rabbinerdiplom. Im Ersten Welt-

Würdige Zeremonie in unwürdiger Zeit: Amtseinführung des Oberrabbiners Joseph Carlebach (Dritter von rechts) im Jahr 1936

krieg war C. aktiver Offizier, ab 1915 organisierte er das jüd. Erziehungswesen in Litauen neu. 1920 übernahm er das Lübecker Rabbinat seines Vaters. Als Direktor der Hbger ➢*Talmud-Tora-Realschule* (1921–26) gestaltete er den Lehrplan pädagogisch neu. 1925 erfolgte seine Berufung zum Oberrabbiner von ➢*Altona*, wo er zehn Jahre wirkte, bis ihm 1936 als letztem Oberrabbiner in Hbg das Oberrabbinat des ➢*Deutsch-Israelitischen Synagogenverbands* übertragen wurde. C. galt als begnadeter Erzieher und Seelsorger, engagiert in der Verkündung der göttlichen Lehre des Judentums, erfahren in weltlichen Dingen. In der ➢*Jüdischen Gemeinde* Hbgs wirkte er insbesondere in der ➢*NS-Zeit* als rabbinische Integrationsfigur, die vielen half, die zunehmenden Repressionen des Alltags zu ertragen. Der Rabbiner veröffentlichte zahlr. Schriften zur Bibel, zu Religion und Religionsphilosophie, zu den Naturwissenschaften, zur Erziehung, zur Geschichte, zu Literatur und Kunst. Eine zweibändige Auswahl erschien 1982 in Hildesheim und New York, herausgegeben von seiner Tochter M. Gillis-Carlebach. Am 6.12.1941 wurde C., der die Ausreise aus NS-Dtld abgelehnt hatte, mit seiner Frau und den vier kleineren Kindern in einer der ersten Deportationen nach Riga transportiert. Am 26.3.1942 wurden er, seine Frau Charlotte und drei ihrer Kinder in der Nähe des KZ Jungfernhof bei Riga umgebracht. Der freie Platz am früheren Standort der Hauptsynagoge am Bornplatz heißt seit 1989 nach Joseph Carlebach und zeichnet in der Pflasterung den Grundriss der ehem. Synagoge und die Linien des Deckengewölbes nach. *IL*

Cassirer, Ernst (geb. 28.7.1874 Breslau, gest. 13.4.1945 New York), Philosoph. Nach Studienjahren in Marburg und kurzer Lehrtätigkeit in Berlin übernahm C. im Oktober 1919 eine Professur für Philosophie an der neu gegründeten Hamburgischen Universität (➢*Universität Hamburg*). Urspr. dem Neukantianismus der Marburger Schule nahestehend, verfasste er in Hbg unter dem Einfluss W. ➢*Sterns* und v.a. A. ➢*Warburgs* sein Hauptwerk „Die Philosophie der symbolischen Formen" (1923–29). In Abgrenzung zur traditionellen Transzendentalphilosophie wie auch zur Phänomenologie E. Husserls stellte C. dem herkömmlichen Primat wissenschaftlichen Erkennens die Pluralität symbolbildender Formen in Sprache, Mythos, Religion, Kunst und Wissenschaft gegenüber. Auf diesem Wege sollte eine Vermittlung von Lebenswelt und wissenschaftlicher Erfahrung ermöglicht werden. Weitere wichtige Werke sind neben philosophiehistorischen Arbeiten v.a. „The myth of the State" (1944) sowie „Essay on Man" (1944).

Nachdem er Rufe nach Frankfurt und Köln auf Bitten Warburgs abgelehnt hatte, wurde C. 1929/30

„Eine der großen humanistischen Persönlichkeiten und ein Kämpfer" (Käte Hamburger). – Der Philosoph Ernst Cassirer in seiner Hamburger Wohnung (Blumenstraße 26) Ende der 1920er Jahre

Rektor in Hbg. Erstmals übernahm damit ein Jude an einer dt. Universität das Rektorat. Da er sich zudem in der Öffentlichkeit stets vehement für die Weimarer Republik einsetzte – so führte er als Rektor eine universitäre Feier zum „Verfassungstag" ein –, war Cassirer massiven Anfeindungen antisemitischer und antidemokratischer Strömungen ausgesetzt. Kurz nach der „Machtergreifung" wurde er am 26.4.1933 zusammen mit E. ➢*Panofsky*, W. Stern u.a. zum Verzicht auf eine weitere Vorlesungstätigkeit gedrängt und emigrierte über Wien, Oxford und Göteborg in die USA, wo er als Gastprofessor an der Yale University und der Columbia University bis zu seinem plötzlichen Tod wirkte.

C.s Philosophie hat nach einer frühen Rezeption im angloamerikan. Raum und der starken Wirkung auf M. Merleau-Ponty („Phénoménologie de la perception", 1945) in der dt. Forschung erst seit den 1980er Jahren wieder intensivere Aufmerksamkeit gefunden. Die späte Würdigung eines der bedeutendsten Philosophen des 20. Jhs bezeugte zuletzt die Gründung der Ernst-Cassirer-Gesellschaft 1993 in Heidelberg. Im Hbger Felix Meiner Verlag erscheint seit 1995 die Ausgabe seiner „Nachgelassenen Manuskripte und Texte", seit 1998 die seiner „Gesammelten Werke". *Br.*

CDU (Christlich-Demokratische Union) Die politische Partei wurde in Hbg am 1.10.1945 als Christlich-Demokratische Partei (CDP) gegründet, v.a. von früheren Mitgliedern des kath. Zentrums und der ➢*DNVP*. Unterstützt von der ➢*Britischen Besatzung*, die ein Gegengewicht zu ➢*SPD* und ➢*KPD* suchte, wurde die CDU 1946 entscheidend verstärkt durch großbürgerliche Kreise unter R. ➢*Petersen* und P. de ➢*Chapeaurouge* (früher ➢*DVP*). Sie war mit M.D. Ketels (Handel, Schifffahrt, Gewerbe) und A.K. ➢*Gobert* (Kultur) am ersten, von den Engländern ernannten Nachkriegssenat beteiligt (1945/46). Sonst regierte sie nur in der Zeit des ➢*Hamburg-Blocks* mit (1953–57; Erster ➢*Bürgermeister* war Kurt ➢*Sieveking*). Nach der Parlamentsreform von 1971 als ➢*Opposition* weniger institutionell denn materiell gestärkt, konzentrierte sich die CDU auf die interne Verteilung der für sie erreichbaren Positionen. Unter dem Vorsitz J. Echternachs (1974–92) gewann sie viele Mitglieder und wurde insofern „Großstadtpartei". Bei den Wahlen zur ➢*Bürgerschaft* im Juni 1982 und im November 1986 wurde die CDU mit ihren Spitzenkandidaten W.L. Kiep und H. Perschau zwar stärkste Partei, blieb aber in den kurz darauf erneut folgenden Bürgerschaftswahlen dennoch hinter der SPD zurück. 1993 musste die

Bürgerschaftswahl wiederholt werden, weil das ➢*Hamburgische Verfassungsgericht* im Kandidatenaufstellungsverfahren der CDU schwere Verstöße gegen das Grundgesetz-Gebot der „Innerparteilichen Demokratie" festgestellt hatte. Der Landesverband Hamburg der CDU zählte 2009 9.330 Mitglieder. Ab 2001 stellte die CDU mit O. v. Beust den Bürgermeister, von 2001 bis 2003 in einer Koalition mit der rechtspopulistischen Partei Rechtsstaatlicher Offensive und der ➢*FDP*, von 2004 bis 2008 in einer Alleinregierung; seit 2008 in einer Koalition mit der ➢*GAL*. Im August 2010 übernahm C. Ahlhaus (CDU) das Amt des Ersten Bügermeisters. *luz*

Chapeaurouge, Paul de (geb. 11.12. 1876 Hbg, gest. 3.10.1952 ebd.), Notar, Politiker. Der nationalliberal eingestellte C., sozialpolitisch aufgeschlossen, Experte in Wohnungsbau und Stadtplanung, gehörte der ➢*Bürgerschaft* 1917–32 und 1946–52 an. Zeitweise war er Landes- und Fraktionsvorsitzender der ➢*DVP*, 1924–33 Mitglied des ➢*Senats* und fungierte u.a. als Präses des Verwaltungsrats der Beleihungskasse für Hypotheken. Außenpolitisch auf der Linie Stresemanns, lehnte er – im Gegensatz zur DVP-Mehrheit – ein Zusammengehen mit der von ihm als „unhamburgisch" betrachteten ➢*NSDAP* bis zuletzt kategorisch ab. 1933–36 konnte er daher seinen 1925 niedergelegten Beruf nicht wieder aufnehmen.

Nach 1945 bemühte sich C. durch einen Bürgerblock, den ➢*Vaterstädtischen Bund Hamburg*, ein Gegengewicht zur ➢*SPD* zu bilden, ohne diese von der Regierung ausschließen zu wollen. 1946 schließlich der ➢*CDU* beigetreten, fungierte er zeitweise als deren Fraktionsvorsitzender, wurde 1947 zum Präses der Hamburger Sparcasse von 1827 (➢*Hamburger Sparkasse*) gewählt. 1948/49 wirkte er zusammen mit A. ➢*Schönfelder* als zweiter Hbger Vertreter im Parlamentarischen Rat in Bonn an der Ausarbeitung des Grundgesetzes mit, nachdem die Hbger SPD-Fraktion sich zu einem politischen Tauschgeschäft bereit erklärt hatte (im Gegenzug wurde im damaligen Bundesland Württemberg-Hohenzollern der SPD-Verfassungsexperte C. Schmid von der CDU mitgetragen); C.s Vorschlag, 50 Abgeordnete des künftigen Bundestages allein durch Vertriebene wählen zu lassen, also durch Menschen mit später so genanntem „Migrationshintergrund" (➢*Einwanderung*) fand keine ausreichende Unterstützung. 1951 wurde C. mit der ➢*Bürgermeister-Stolten-Medaille* ausgezeichnet. *luz*

Chateauneuf, Alexis de (geb. 18.2. 1799 Hbg, gest. 31.12.1853 ebd.) Architekt. C. stammte aus alter, während der Revolutionszeit eingewanderter frz. Adelsfamilie. Nach Studien in Hbg (bei C.L. ➢*Wimmel*), in Paris und Karlsruhe sowie Reisen durch Europa war er seit 1822 als freier Architekt in der Stadt tätig. Als Bewunderer K.F. Schinkels teilte er dessen Vorliebe für den ➢*Backsteinbau* sowie dessen Auffassung über die „Wahrheit" dieses Materials gegenüber dem die Architektur verdeckenden klassizistischen Weiß. Seine unverputzten Bauten entsprachen nicht dem Zeitgeschmack, weshalb C.s Backsteinarchitektur an Privatbauten stark kritisiert und verspottet wurde („rothes ABC" für das 1826 erbaute, inzwischen abgerissene Doppelhaus

Alexis de Chateauneuf: der Architekt und maßgebliche Mitgestalter des Wiederaufbaus Hamburgs nach dem Großen Brand von 1842. Lithografie Otto Speckters nach dem Gemälde von Robert Schneider, um 1845

und den benachbarten Bau für M.H. Hudtwalcker in der ABC-Straße 31–35).

Zu C.s öffentlichen Bauten gehören 1841/42 die Bahnhöfe für die Hbg-Bergedorfer Eisenbahn, 1845 der Turm der Stadtwasserkunst, beides zusammen mit W. ➢*Lindley*, und 1844–49 ➢*St. Petri* mit H.P. Fersenfeldt. Nach dem ➢*Großen Brand* im Mai 1842 übernahm C. den Vorsitz der „Technischen Kommission". Durch die Tätigkeit in diesem für den Wiederaufbau verantwortlichen Gremium wurde er zum städtebaulich wie architektonisch maßgeblichen Gestalter des Neubaugebiets (➢*Nachbrandarchitektur*, ➢*Rathausmarkt*); er selbst entwarf u.a. die ➢*Alsterarkaden* (1842/43). Unter der Gesamtleitung von Baudirektor Wimmel hatte C. für die Stadtpost auf dem ➢*Neuen Wall* (1830–33) nach engl. Vorbild ein neues Gründungsverfahren angewandt (gemauerte Fundamente statt der üblichen Rammpfähle), das jedoch am morastigen Alstermarschboden scheiterte. Trotz des dadurch ausgelösten Streits mit Wimmel erhielt C. den Auftrag für den bald erforderlichen Neubau (➢*Alte Post*; 1845–47). Nach seiner Heirat mit einer Norwegerin 1846 lebte und arbeitete er seit dem folgenden Jahr überwiegend in Christiania (seit 1925: Oslo), wo er bis zu seiner krankheitsbedingten Rückkehr nach Hbg 1850 im Kirchenbau (Umbau der Erlöserkirche, Neubau der Apostelkirche) tätig war. *Ti.*

Chilehaus Das 1922–24 errichtete ➢*Kontorhaus* ist ein Hauptwerk des Baumeisters F. ➢*Höger*. Die gotisierenden Arkaden an der Nordfront schuf R. Kuöhl. Zur Mitarbeit an diesem Projekt hatte Höger eigens K. ➢*Schneider* nach Hbg engagiert.

Eine Herausforderung für Grafiker und Fotografen: das Chilehaus, hier in einer Aufnahme von Michael Zapf. Mit der Speicherstadt, dem Kontorhausviertel und dem Chilehaus möchte Hamburg in der UNESCO-Weltkulturerbeliste erscheinen.

Der Klinkerbau mit seiner einem Schiffsbug gleichenden Ostecke gilt als eines der bedeutendsten Bauwerke seiner Zeit und wurde zu einem Wahrzeichen der Stadt. Seine Eintragung in die UNESCO-Liste des Weltkulturerbes ist beantragt. *Ah.*

Chinesenkolonie war die inoffizielle Benennung der um 1890 von ca. 43 Asiaten gebildeten Ansiedlung rund um die Schmuckstraße im Stadtteil ➢*St. Pauli*. Die nahezu ausschließlich aus Männern bestehende Kolonie wuchs schnell und zählte 1910 bereits 207 Bewohner; zumeist kamen sie nach Hbg als sog. Kulis auf dt. Schiffen (Heizer, Wäscher, Köche, Hilfsstewards). Neben Gemischtwarenläden („shops"), Wäschereien und Restaurants entstanden in vielen z.T. weiträumig ausgebauten Kellergeschossen in der Schmuckstraße illegale Lokale für Glücksspiel und „Opiumhöhlen". In den 1930er Jahren stagnierte die auch „Chinatown" genannte Kolonie, bevor die Nationalsozialisten im Mai 1944 die etwa 150 Chinesen zu feindlichen Spionen erklärten und im Gefängnis Fuhlsbüttel (➢*Strafvollzug*) inhaftierten. Später folgte die Internierung im Arbeitslager „Langer Morgen" in ➢*Wilhelmsburg*. Etwa 17 Chinesen kamen in der Haft ums Leben. Nach ihrer Befreiung verließen fast alle Überlebenden die Stadt. *Ti.*

Cholera-Epidemien Hbg wurde seit 1831 mehrfach von der Cholera heimgesucht. Die Seuche forderte damals etwa 500 Todesopfer und

8.605 Tote forderte die Cholera-Epidemie von 1892. Das Foto zeigt einen der Leichentransportwagen, die während der Seuche ständig im Einsatz waren.

kehrte bis Ende des Jhs wiederholt und in stärkerem Maße zurück. Bei schweren Ausbrüchen wie 1832 forderte sie 1.652 Tote, 1848 starben 1.772 Menschen, 1859 waren 1.285 Opfer zu beklagen, 1866 ließen 1.158 Menschen ihr Leben, 1873 noch einmal 1.005. Diese Zahlen waren im damaligen Europa nichts Ungewöhnliches. Dass Hbg aber von August bis Oktober 1892 die letzte große Epidemie mit 16.956 Erkrankungen und 8.605 Todesfällen erlebte, war außergewöhnlich und warf ein schlechtes Licht auf die Stadt. Wahrscheinlich über von Le Havre kommende Schiffe eingeschleppt, verbreitete sich die Seuche über das der ➢*Elbe* noch immer entnommene ➢*Trinkwasser*, das nur geklärt und nicht gefiltert wurde. Die viel zu spät beschlossenen Filtrationsanlagen waren noch nicht in Betrieb. Hinzu kamen überbelegte und extrem unhygienische Wohnungen, v.a. in den hafennahen, dicht bevölkerten Gegenden. In erster Linie fielen der C.-E. Minderbemittelte zum Opfer. Folgerichtig wurde anschließend die ➢*Sanierung* großer Gebiete in der ➢*Neustadt* und später auch in der ➢*Altstadt* bis in die 1930er Jahre durchgeführt. *Ri.*

Christianeum heißt die 1738 vom dän. König Christian VI. zu einem Gymnasium erhobene „Altonaische Stadt Schule", die als „Friedrichsschule" 1724 eröffnet worden war und in der Lateinschule von 1683–90 einen Vorläufer hatte. 1744 erhielt das Gymnasium Academicum im Fundationsbrief Christians VI. den Namen C. Wie das ➢*Akademische Gymnasium* in Hbg stand das C. zwischen Lateinschulen und Universität. Als Holstein-Gottorf und damit die Universität Kiel an ➢*Dänemark* kamen, verlor das C. seine bisherige Hochschulfunktion für den kgl. Anteil der Herzogtümer Schleswig-Holstein (➢*Holstein*).

In der Ära ➢*Struensee* wurde das C. 1771 in ein Gymnasium umgewandelt, behielt aber bis 1844 mit der auf der Prima aufbauenden Klasse der Selekta, die gezielt auf das Universitätsstudium vorbereitete, eine

„Altonas hohe Schule". Ansicht der Gelehrtenschule des Christianeums im 18. Jahrhundert. Das Christianeum wurde 1738 als Gymnasium gegründet.

Sonderstellung unter den Gelehrtenschulen Schleswig-Holsteins. Einzigartig war auch die Öffnung des C.s für jüd. Schüler; zwischen 1778 und 1815 besuchten allein 110 von ihnen die Schule. Freunde und Bekannte G.E. ➢*Lessings* und M. Mendelssohns, die zu den Trägern der ➢*Aufklärung* in ➢*Altona* und Hbg gehörten, hatten daran entscheidenden Anteil.

Das erste Schulgebäude lag an der Hoheschulstraße, es wurde 1739–44 und 1872/73 erweitert sowie 1879/80 und 1903/04 durch Neubauten ersetzt. 1936 zog das C. in das von G. ➢*Oelsner* 1930 für eine Pädagogische Akademie entworfene, erst 1935/36 fertiggestellte Gebäude an der Behringstraße in ➢*Othmarschen*, das 1972 dem Bau des Neuen ➢*Elbtunnels* weichen musste. Das C. erhielt einen von den dän. Architekten A. Jacobsen und O. Weitling gestalteten Neubau an der Otto-Ernst-Straße in Othmarschen, vor dem das alte Portal den Schülerinnen und Schülern „IN FINE LAUS", am Ende das Lob, verheißt. 1761–71 war der Aufklärungspädagoge J.B. ➢*Basedow* als Professor am C. tätig. Auch die Reformer M. Ehlers und E.Chr. Trapp wirkten 1771–76 bzw. 1776/77 am C. Bekannte Schüler des C.s waren 1783–85 der Philosoph S. Maimon, 1804–07 der Arzt und Religionsphilosoph S.L. ➢*Steinheim*, 1834–38 der Historiker Th. Mommsen und der Mathematiker H. Weyl, der 1904 das Abitur bestand. Maimon und sein Mitschüler G.F. Schumacher haben das Schulleben in ihren Autobiografien geschildert.

Unten der von Arne Jacobsen und Otto Weitling entworfene, 1972 eingeweihte Neubau des Christianeums

Das C. besitzt ein eigenes Archiv mit reichen Beständen zur Schulgeschichte seit der Gründungszeit und eine wertvolle Bibliothek mit rund 27.000 Bänden, darunter eine Pergamenthandschrift von Dantes „Göttlicher Komödie“ und einige Inkunabeln. *Ko.*

Christine, Königin von Schweden (geb. 18.12.1626 Stockholm, gest. 19.4. 1689 Rom). Die Herrscherin regierte als Nachfolgerin ihres Vaters, des Königs Gustav II. Adolf 1632–54, und war Oberherrin des Hbger ➢*Domkapitels*. Nach ihrer Abdankung und dem Übertritt zum Katholizismus weilte sie mehrfach in ihrem Hbger Haus im Krayenkamp. Hier gab sie am 15.7.1667 ein prächtiges Diner zur Feier der Wahl Papst Clemens' IX. und widmete ihm eine aus 600 Lampen gebildete lat. Inschrift an der Außenfront des Hauses. Als diese bei Anbruch der Dunkelheit aufleuchtete, eskalierte die Stimmung in der Menge, die sich inzwischen versammelt hatte und tlw. alkoholisiert war. Chr.s Haus wurde mit Steinen beworfen und schließlich erstürmt, obwohl die Dienerschaft das Feuer eröffnete. Es gab Tote und Verletzte. Die ehem. Königin konnte sich mit knapper Not in die schwed. Gesandtschaft am Speersort retten. Sie hatte das tragisch-spektakuläre Ende ihrer Feier mitzuverantworten, denn es bestand kein Zweifel, dass ihre öffentliche Sympathiebekundung zugunsten eines Papstes im streng luth. Hbg als Affront aufgefasst werden musste. Der Gedanke an konfessionelle Toleranz war noch wenig verbreitet. Am nächsten Tag entschuldigte sich der ➢*Rat* für den nächtlichen Aufruhr, und Chr. spendete ihrerseits 2.000 Reichstaler für die Angehörigen der Opfer und die Verwundeten. *Ti.*

City Nord heißt die Ansammlung von weiträumigen, jeweils aus Einzelwettbewerben hervorgegangenen, architektonisch richtungweisenden Verwaltungsgebäuden von Großfirmen und Behörden auf einem der Stadt Hamburg gehörenden 1,2 km^2 großen Gebiet nördl. des ➢*Stadtparks*. Die in den 1960er und 70er Jahren erfolgte Auslagerung expandierender Firmen aus der Innenstadt machte dort Reserven frei für Be-

Früher als modern gelobt, heute oft als monoton und leblos gescholten: die City Nord als Bürostadt am Stadtpark mit ihren vielen preisgekrönten Bauten

hörden und auf Publikumsverkehr angewiesene Betriebe; eine Abwanderung von Konzernen wurde verhindert. Die Zerstörung der trotz der Kriegsverluste noch immer als „gewachsen“ zu bezeichnenden innerstädtischen Strukturen wurde vermieden.

Dem während der ➢*NS-Zeit* entstandenen Gedanken, die Innenstadt nach ➢*Altona* hin zu erweitern, hatte Oberbaudirektor W. Hebebrand um 1960 den Plan einer in sich geschlossenen, aber locker gegliederten Bürostadt „auf der grünen Wiese“ entgegengesetzt, nachdem er sich vom Central Park in Lower Manhattan (New York) hatte inspirieren lassen. Die angrenzenden Quartiere blieben davon weitgehend unberührt. Mit ➢*S-* und ➢*U-Bahn*-Anschlüssen (Rübenkamp und Sengelmannstraße), mit Geschäften und Restaurants ist versucht worden, der C.N. mit ihren 20.000 Arbeitsplätzen eine Infrastruktur zu geben und auf der theoretischen Grundlage der von dem Architekten und Stadtplaner Le Corbusier 1941 federführend redigierten Charta von Athen eine Bürostadt im Grünen zu schaffen. Gegenüber dem Verwaltungsgebäude der ➢*HEW* wurden die Baufachbereiche der ➢*Hochschule für Angewandte Wissenschaften* und die Staatliche Handelsschule mit Wirtschaftsgymnasium City Nord angesiedelt. Die City Nord krankt nicht nur an dem Umstand, dass die seinerzeit verbreiteten Großraumbüros durch die Computertechnik überholt worden sind. Vorübergehend wurde eine „U 4“ in die City Nord geplant, ferner eine marginale Wohnbebauung ins Auge gefasst. Eine Grundeigentümer-Interessengemeinschaft wirkt seit 2000 für die Weiterentwicklung des Quartiers; 2006 wurde auf ihre Initiative hin die Kindertagesstätte City Nord gebaut. *luz*

City Süd Unter dem in der Zeit einer Rezession geprägten Schlagwort „Unternehmen Hamburg“ wurde 1980/81 ein Stück „Boomtown“ (später „Wachsende Stadt“) im westl. Teil ➢*Hammerbrooks*, tlw. auch im östl. Teil ➢*Klostertors* geplant, v.a. im Trapez Spalding- und Süderstraße, Amsinckstraße und Heidenkampsweg. Sie wurde analog zur ➢*City Nord* als „City Süd“ bezeichnet, allerdings wurden beim Bau der Bürokomplexe keine vergleichbaren Grünflächen ausgespart. Parallelen zu den Londoner Docklands oder auch zu Teilen Amsterdams wurden gezogen, aber ein Jahrzehnt später wurde allgemein bedauert, dass hier nicht ein gemischt genutztes Quartier entstanden war, zumal umfangreiche Büroflächen sich als schwer vermietbar erwiesen. Trotz der Nähe zum ➢*Großmarkt*, zur Industrie in Ost-Hammerbrook und ungeachtet des starken Verkehrs auf Amsinckstraße und Heidenkampsweg begannen nun Ergänzungsplanungen mit dem Ziel, Raum für Wohnungen und Gewerbebetriebe für die Nahversorgung von Arbeitenden und Wohnenden zu schaffen, um nicht eine zweite „Bürowüste“ neben der City Nord entstehen zu lassen. Die Gesellschaftsstruktur in der C.S. weist aber Ungleichgewichte zugunsten von Selbstständigen, Singles und Männern auf. Seit 1995 engagiert sich eine Interessengemeinschaft City Süd für die Entwicklung des 82 ha umfassenden Quartiers – zusammengesetzt aus Unternehmern und Investoren. *luz*

Citybildung entstand als städtebaulicher Begriff in der zweiten Hälfte des 19. Jhs. Er umschreibt den Prozess der kontinuierlich fortschreitenden Umnutzung ehem. Wohnflächen bis zu deren fast vollständiger Verdrängung durch Verwaltungs-, Geschäfts-, Büro- und Hotelgebäude in einer „City". Dies war die Bezeichnung zunächst nur für die Innenstadt Londons („The City"), dann für amerikan. Städte und schließlich allgemein für die nach 1871 auch in Dtld schnell wachsenden Großstädte. Der Wandlungsprozess nahm in Hbg seinen Anfang nach dem ➢*Großen Brand* und kam zu seiner vollen Ausformung in der Zeit vom beschlossenen ➢*Zollanschluss* 1881 bis in die 1920er Jahre hinein. Die C. war zwingende städtebauliche Reaktion auf die ➢*Bevölkerungsentwicklung* mit der Vervierfachung der Einwohnerschaft von 1842–92 auf 600.000. Abgesehen von den Wohnquartieren der südl. und westl. ➢*Neustadt* wurde die Wohnbebauung in die entstehenden Stadtteile außerhalb der Innenstadt verlagert (➢*Terrasse*, ➢*Stadthaus*) und konzentrierte sich in den wachsenden ➢*Vororten*; es entstand eine funktionsgegliederte Stadt. Die ehem. Wohnflächen wurden im Zuge von ➢*Sanierungs*- bzw. Abrissmaßnahmen zum massenweisen Bau von ➢*Kontorhäusern* genutzt, wichen Warenlagern, Bankgebäuden, Kaufhäusern und öffentlichen Gebäuden. Höhepunkte der C. waren bis 1886 die Umsiedlung der über 20.000 Bewohner der ➢*Wandrahm-Insel*, des Brooks und des Kehrwiederquartiers für den Bau von ➢*Freihafen* und ➢*Speicherstadt*, der 1908–11 erfolgte Durchbruch der ➢*Mönckebergstraße* sowie die Entstehung des ➢*Kontorhausviertels*. Die Entwicklung Hbgs zur Millionenstadt und deren weiterführende Ausformung beeinflussten in der Stadtplanung, Verkehrsführung und Architektur maßgeblich F.A. ➢*Meyer* und F. ➢*Schumacher*. Seit einigen Jahren gibt die Umwidmung der südlich an die Speicherstadt grenzenden Hafenquartiere durch die Realisierung der ➢*HafenCity* der Hamburger City neue Impulse. *Ti.*

Classen, Walt(h)er Friedrich (geb. 24.4.1874 Hbg, gest. 7.9.1954 ebd.), Theologe und Pädagoge. Nach dem Studium der Theologie und dem Bestehen der beiden kirchlichen Examina setzte C. sich sehr für die Jugendarbeit ein, wobei er stark von C. Schultz, Pastor in ➢*St. Pauli*, geprägt war. Beeinflusst durch die brit. „Settlement-Arbeit" gründete er 1901 das Hamburger ➢*Volksheim* in ➢*Hammerbrook*. C. verzichtete 1904 auf das Pfarramt, zumal er durch seine neuen Ansätze in Konflikt mit der Kirchenleitung geraten war, und setzte die Volksheimarbeit hauptberuflich fort. Von 1916–34 unterrichtete er die Fächer Religion, Dt. und Geschichte an der Oberrealschule St. Georg. 1927 erhielt er die theologische Ehrendoktorwürde der Universität Marburg; 1931 verlieh ihm der ➢*Senat* den Professorentitel. Bereits seit dem Wintersemester 1915/16 hatte C. im Allgemeinen Vorlesungswesen in Hbg Vorlesungen und Kurse über Jugendpflege gehalten. Vom Sommersemester 1925 bis zum Wintersemester 1928/29 war er Leiter der Abteilung für Jugendpflege am Erziehungswissenschaftlichen Seminar der Hamburgischen Universität (➢*Universität Hamburg*) und baute die Religionslehrerausbildung auf. Neben seiner Unterrichts- und Lehrtätigkeit war C. auch als Schriftsteller sehr produktiv und veröffentlichte zahlr. historische, theologische, pädagogische und literarische Werke, darunter Theaterstücke für die Jugendarbeit. Er zählte zum Kreis um den Theologen und liberalen Politiker F. Naumann und den Evangelisch-sozialen Kongress. *He.*

Claudius, Matthias (geb. 15.8.1740 Reinfeld, gest. 21.1.1815 Hbg), Journalist, Schriftsteller. C. stammte aus einer holstein. Pastorenfamilie und strebte nach dem Besuch der Plöner Lateinschule selbst das Pfarramt an. In Jena wechselte er jedoch von der Theologie zur Rechts- und Staatswissenschaft. Ohne Abschluss verließ er 1762 die Universität und kehrte nach Reinfeld zurück. Sein erstes Buch „Tändeleyen und Erzählungen" im anakreontischen Stil des literarischen Rokokos erschien im selben Jahr. 1764/65 war er als Sekretär eines Grafen in Kopenhagen tätig und trat in Kontakt zum Kreis um F.G. ➢*Klopstock*. Danach weilte er erneut in Reinfeld. 1768 übernahm er die Redaktion der ➢*Hamburgischen Addreß-Comtoir-Nachrichten* und lernte C.Ph.E. ➢*Bach*, J.G. ➢*Büsch*, J.G. Herder und G.E. ➢*Lessing* kennen. C. fand seine eigene Sprache und seinen unverwechselbaren Stil. Deutlich wurde dies besonders in seiner Würdigung von Lessings „Minna von Barnhelm". 1771–75 redigierte er den neu gegründeten „Wandsbecker Bothen", der sich auf Dauer nicht gegen die Hbger und Altonaer Zeitungen zu behaupten vermochte. In seinem Blatt unterstützte C. die ➢*Aufklärung* im Dänischen Gesamtstaat und in Hbg, warb für Toleranz und nahm mit dem Gedicht „Der Schwarze in der Zucker-Plantage" Stellung zum Sklavenhandel, an dem auch der Wandsbeker Gutsherr H.C. von ➢*Schimmelmann* beteiligt war. 1774 schloss sich C. der ➢*Freimaurerei* an, auch in der „Gesellschaft der Theaterfreunde", die F.L. ➢*Schröder* unterstützte, wirkte er mit.

Durch Herders Vermittlung kam C. 1776 nach Darmstadt. Als Beamter und Redakteur konnte er dort nicht Fuß fassen und kehrte im Jahr darauf nach ➢*Wandsbek* zurück. Hier hatte er 1772 R. Behn, die Tochter eines Wandsbeker Zimmermanns, geheiratet, hier entstanden 1775–1812 die acht Teile des „ASMUS omnia sua SECUM portans, oder Sämmtliche Werke des Wandsbecker Bothen". Asmus, der all das Seinige mit sich trug, war der „Bothe". Mit der Vielfalt der Gattungen und Themen, der Verbindung von Text und Bild, mit der Komposition der einzelnen Bände bewies C. literarisches Format. Er lebte vom schmalen Ertrag seiner Werke und einiger Übersetzungen, vom Unterricht für Kinder, die seine Frau und er in Pension nahmen, von Zuwendungen adliger Gönner, einer Pension des dän. Kronprinzen Friedrich und dem Amt eines Revisors bei der Schleswig-Holsteinischen Speciesbank in ➢*Altona*, das ihm dieser 1788 übertrug. Insbesondere unter dem Eindruck der Frz. Revolution wandte sich C. von der Aufklärung ab; mit gegenaufklärerischen Kreisen stand er in Verbindung. 1813/14 floh er vor den Franzosen nach Kiel und ➢*Lübeck*. C. starb im Haus seines Schwiegersohns F. ➢*Perthes* am ➢*Jungfernstieg*. Daran erinnert eine Gedenktafel am Alsterhaus.

Matthias Claudius, der legendäre „Wandsbecker Bothe", nach einem Gemälde von Friederike Leisching, Ende 18. Jahrhundert. Der Dichter machte Wandsbeks Namen in ganz Deutschland bekannt.

Aus Poesie und Prosa des „Bothen“ sind manche Werke bis heute lebendig geblieben, v.a. das „Abendlied“ („Der Mond ist aufgegangen …“), das „Kriegslied“ („’s ist leider Krieg – und ich begehre/Nicht schuld daran zu sein!“) und der Brief „An meinen Sohn Johannes“. Die Gräber von C. und seiner Frau befinden sich auf dem ehem. Friedhof hinter der ev.-luth. Christuskirche in Wandsbek; ein Gedenkstein im Wandsbeker Gehölz wurde 1840 errichtet. Mit Stab, Tasche und Hut zeigt er die Embleme des Boten, die auch im Wandsbeker Wappen (➢*Wappen, Wandsbek*) wiederkehren. *Ko.*

Colonnaden heißt die gründerzeitliche Durchbruchstraße vom ➢*Jungfernstieg/Neuer Jungfernstieg* Richtung ➢*Dammtor* zur ➢*Esplanade*. Bereits 1842 von A. de ➢*Chateauneuf* als städtebauliche Maßnahme vorgeschlagen, entstand sie, wie kurz zuvor die Wexstraße, 1876/77 als Spekulationsobjekt eines von den Brüdern E. und A. Wex angeregten Konsortiums. Die Bebauung mit großzügigen ➢*Etagenhäusern* war 1879 fertiggestellt. Fast alle Gebäude wurden von namhaften Architekten der Stadt entworfen. Die C. fanden eine für Hbger Privatbauten bis dahin seltene überregionale Beachtung; zu den Architekten gehörten E. Wex selbst und W. Hauers, einer der späteren ➢*Rathaus*baumeister, der für sich das Wohnhaus Nr. 9 errichtete. Die Architektur spiegelt die politische und wirtschaftliche Stimmung der Gründerzeit wider. Die Bürger des aufstrebenden Kaiserreichs bauten selbstbewusst und repräsentativ, die angestrebte Benennung als „Kaiserstraße“ scheiterte allerdings (O. ➢*Beneke*). Die sich im Namen einer „Colonnade“, eines Säulengangs, zunächst ausdrückende Einheitlichkeit des Straßenbildes kam nur an der östl. Seite mit fortlaufenden Arkaden zur Umsetzung. Die größtenteils im Neorenaissancestil gebauten Fassaden wurden bewusst abwechslungsreich gestaltet und zeigen vielfältigen, oft figürlichen Gebäudeschmuck, während die Wandflächen zumeist mit gelbem oder rötlichem Klinker verblendet sind. 1974 wurden die C. in eine

Blick durch die von Gründerzeitarchitektur geprägten Colonnaden vom Gustav-Mahler-Platz Richtung Jungfernstieg

Fußgängerzone umgewandelt, 1978 unter ➢*Denkmalschutz* gestellt und im Jahr darauf durch die Gänsemarktpassage mit dem ➢*Gänsemarkt* verbunden. 2004 wurde im Zuge der Neugestaltung der C. der südliche Teil wieder für den Autoverkehr geöffnet, und im Jahr darauf erfolgte der Rückbau der Fußgängerbrücke über die Esplanade. *Ti.*

Commerzbank AG Die „Commerz- und Disconto-Bank in Hamburg" wurde am 26.2.1870 von zwölf Handels- und Bankhäusern am Neß gegründet, am Standort der beim ➢*Großen Brand* zerstörten ➢*Börse*. Dem im ➢*Iberoamerika*-Handel erfolgreichen Kaufmann Th. Wille war es gelungen, die Inhaber der Hbger Handelshäuser C. ➢*Woermann*, A.P. O'Swald, E. Nölting mit den sog. merchant bankers C.H. Donner und ➢*Hesse, Newman & Co.* (beide ➢*Altona*) sowie renommierte Privatbankiers, darunter S. Warburg (➢*Warburg, Bankhaus M.M.*), L.L. Königswarter, A.B.H. Goldschmidt (Frankfurt a.M.) und A. Mendelssohn (Berlin) zusammenzuführen, um eine Universalbank in der Form einer Aktiengesellschaft zu errichten. Hauptzielsetzung des neuen Bankhauses war, dem rasch wachsenden Hbger Überseehandel und Schiffbau neue Finanzierungsmöglichkeiten zu eröffnen. Die Gründung der C. mit einem Kapital von 20 Mio. ➢*Bankomark* fiel in eine Zeit stürmischen Wachstums, das 1873 in der „Gründerkrise" endete. Die C. überstand die Depression unbeschadet, indem sie das Kontokorrentgeschäft verstärkte. 1873 beteiligte sich die C. an der London und Hanseatic Bank, über die bis zum Ersten Weltkrieg wesentliche Teile der Überseegeschäfte liefen. In dem Aufschwung ab Mitte der 1890er Jahre gewann das Effekten- und Konsortialgeschäft mit der Schifffahrt, der Braunkohlen-, Nahrungsmittel- und Elektroindustrie sowie Staats- und Kommunalanleihen an Bedeutung. Die C. wirkte maßgeblich an der Gründung der Reederei ➢*Hamburg Süd*, 1883 an der AG Deutscher Rhederei Verein in Hamburg mit und leitete 1894 die Umwandlung der ➢*HEW* in eine AG.

1898 gab die C. den Namenszusatz „in Hamburg" auf, verlagerte nach der Angliederung der Berliner Bank 1905 ihren geschäftlichen Schwerpunkt in die Reichshauptstadt und stieg innerhalb kürzester Zeit zu einer deutschen Großbank auf. Nach einer vorübergehenden 70 %igen Mehrheitsbeteiligung des Reiches an der C. in der Weltwirtschaftskrise wurden die Staatsanteile 1937 reprivatisiert. 1940 bekam die Commerz- und Privat-Bank AG ihren heutigen Namen: Commerzbank AG. Nach der Internationalisierung des Bankgeschäfts in den 1970er Jahren und dem Aufbau eines eigenen Filialnetzes in den neuen Ländern stand die C. mit einer Bilanzsumme von 425 Mrd. € (zum 31.12.2004) an vierter Stelle der dt. Großbanken. Die Konzernbilanzsumme betrug 2008 625,2 Mrd. €. 2009 übernahm die C. die Dresdner Bank. In der Finanzmarktkrise griff die C. auf Unterstützung durch eine stille Einlage über 8,2 Mrd. € des Sonderfonds Finanzmarktstabilisierung zurück. Das Hbger Haus, immer noch am urspr. Platz, spielt nach wie vor eine bedeutende Rolle in der Finanzierung des europäischen Überseehandels. *Au.*

Commerzbibliothek heißt die 1735 von der ➢*Commerzdeputation* gegründete Bibliothek für die Interessengebiete der Kaufmannschaft. Im Zweiten Weltkrieg gingen über neun Zehntel der rund 200.000 Bände verloren. Heute besitzt die in der ➢*Börse* untergebrachte C. rund 170.000 Bücher u.a. aus den Bereichen Wirtschaftswissenschaft und Jura. Über 500 Zeitungen und Zeitschriften werden gehalten. Zum wertvollen Altbestand gehören ➢*Hamburgensien* sowie Zeitungen des 18. und 19. Jhs. Die Bibliothek verwahrt mit den Protokollen der Commerzdeputation bedeutsame historische Quellen. *Ko.*

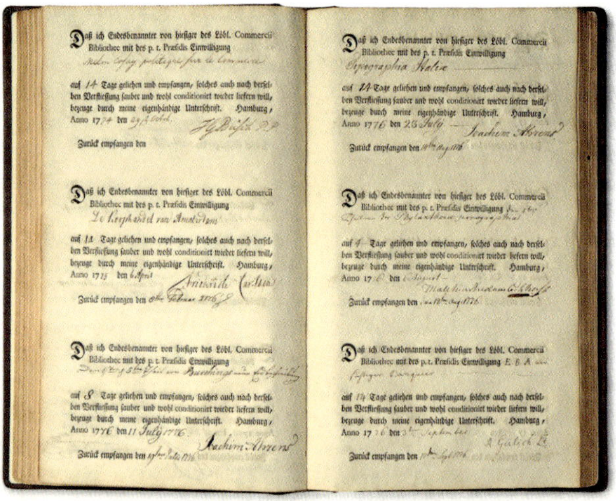

Leihscheinbuch der Commerzbibliothek, Signatur S/552. Hamburger Kaufleute „und andere sesshaft-bekannte“ Personen durften gegen Eintrag in einen Leihschein auf acht oder 14 Tage Bücher aus der Commerzbibliothek entleihen. Dieses Buch ist eine gebundene Sammlung der Leihscheine von 1748 bis 1786.

Commerzdeputation Der ➢*Ehrbare Kaufmann* gründete 1665 in der Tradition des untergegangenen „Gemeinen Kaufmanns“ von 1517 die C. als Interessenvertretung des Großhandels. Ihre sieben Mitglieder (sechs Kaufleute und ein Schiffer, der 1839 durch einen siebten Kaufmann ersetzt wurde) versuchten als Exekutivorgan des Ehrbaren Kaufmanns auf handelspolitische Entscheidungen einzuwirken. Der ➢*Rat* sperrte sich zunächst heftig gegen eine dauerhafte Einflussnahme des neuen Gremiums. Erst 1674, auf Vorschlag einer kaiserl. Kommission und nach Zustimmung der ➢*Erbgesessenen Bürgerschaft*, erkannte der Rat die Stellung der C. an und genehmigte deren Finanzierung aus dem Konvoigeld. Im Hauptrezess (➢*Rezess*) von 1712 wurde die Kontrollfunktion der C. erweitert und erstmals verfassungsmäßig verankert. Mit der Gründung der ➢*Commerzbibliothek* 1735 erfolgte die Unterbringung zunächst im „Commercium“ an der alten ➢*Börse* bei der ➢*Trostbrücke*. Seit 1841 ist der Sitz im neuen Börsengebäude. Im Zuge der Reformdiskussion um die ➢*Verfassung* von 1860 war die Unabhängigkeit der C. erneut bedroht und ab 1863 mit der Zuordnung zur ➢*Deputation* für Handel und Schiffahrt sogar aufgehoben. Im Jahr 1867 erhielt sie zur Unterscheidung von staatlichen Institutionen den von der Kaufmannschaft selbst vorgeschlagenen neuen Namen ➢*Handelskammer* und wurde dauerhaft etabliert. *OK*

Congress Centrum Hamburg (CCH) Das CCH am ➢*Dammtorbahnhof* wurde nach Plänen der Architekten J. Schramm und G. Pempelfort errichtet und im April 1973 eingeweiht. Es bietet in 19 Sälen 10.000 Plätze an, Räume für Musikveranstaltungen sowie für Tagungen und Kongresse internationalen Zuschnitts. Das benachbarte Kongresshotel ist mit einer Höhe von 118 m eines der modernen Wahrzeichen der Stadt. Vom CCH führt ein überdachter Gang durch den Park ➢*Planten un Blomen* zum ➢*Messegelände*. *KKW*

Containerverkehr Ab Mitte 1966 entstand mit dem Umbau des Burchardkais der erste Containerterminal, womit die neue Epoche in der Hafen- und Umschlagsentwicklung auch Hbg erreicht hatte. Das Verladen und der Transport von Stückgut in genormten Behältern, den Containern (TEU = Twenty-Feet Equivalent Unit), haben Schifffahrt und Umschlag seitdem grundlegend verändert. Der Einsatz der ständig an Größe zunehmenden Containerschiffe erfordert zwar bis heute kostenintensive Fahrwasservertiefungen der ➢*Elbe*, führt aber zu verminderten Transportkosten, verkürzten Liegezeiten sowie zu schnellerem Umschlag bei geringem Personaleinsatz. Anfang der 1970er Jahre wurden erste Container-Linien aufgenommen, und 1984 wurde Hbg in einen weltweiten Containerdienst eingebunden („Round-the-World-Service" der „Evergreen Marine Corporation"). Vor dem Hintergrund weltweiten Strukturwandels und technologischer Veränderungen wurden weitere Containerterminals auf ➢*Waltershof* errichtet, die durch rechnergestützte Anlagen sowie Satelliten-Ortungssysteme zu fortwährender Beschleunigung des Umschlags bei weiter abnehmendem Arbeitskräftebedarf führen. Ein neuer Terminal wird auf dem Gelände des zu diesem Zweck eingeebneten Dorfes ➢*Altenwerder* angelegt. 2008 wurden 9,7 Mio. TEU in Hbg umgeschlagen. Der sog. Containerisierungsgrad am Stückgutaufkommen liegt im Hbger ➢*Hafen* heute bei rund 97 %. *Pr.*

Ein Schlüsselbild für das Wachstum der Exportwirtschaft: der Hamburger Containerumschlag

Cranz liegt südl. der ➢*Elbe* am linken Ufer der ➢*Este* im ➢*Alten Land*. Es gehört seit 1937 zu Hbg und ist mit seinen 1,3 km² und 744 Einw. (2009) der am weitesten nach Westen reichende Stadtteil im ehem. Ortsamtsgebiet Süderelbe des Bezirks ➢*Harburg*. In dem Deichhufendorf wird auf fruchtbarem Marschboden in erster Linie Obst angebaut. Die Fähre nach ➢*Blankenese* war einst von größerer Bedeutung, als hier ganze Soldatenheere und Tierherden übergesetzt wurden. Auch Schifffahrt und Fischerei spielten einmal eine bedeutende Rolle. Von den ➢*Werften* ist nur noch die auf der gegenüberliegenden Esteseite in ➢*Neuenfelde* angesiedelte ➢*Sietas-Werft* geblieben. C. gehört zum Kirchspiel Estebrügge. Nach der ➢*Flutkatastrophe* von 1962, in der auch C. unter Wasser stand, ist der neue, höhere Deich mit dem Estemündungs-Sperrwerk errichtet worden.

Die an der anderen Seite auf dem rechten Este-Ufer gelegene Siedlung hieß ehem. „Cranz rechts der Este"; sie war Teil des Kirchspiels Neuenfelde und gehört heute zum Stadtteil Neuenfelde. *Me*

Cremon heißt eine Straße im heutigen Stadtteil ➢*Altstadt*; es ist der Name der ehem. Marschinsel, die 1188 den ersten Siedlern der ➢*Neustadt (gräfliche Siedlung)* als Weideland zugewiesen wurde. Von dieser Zeit geht aber möglicherweise auf einen Anwohner zurück (1255: „Gottschalk de Cremun", 1333: „Bertram de Cremon"); erste Erwähnungen der Straße sind 1251 als „Cremun" und 1289 als „platea Crymon" überliefert. Auf dem Deich entlang der Alster entstand jene Bebauung, aus der sich im Laufe des Mittelalters das ➢*Althamburgische Bürgerhaus* als eine der traditionellen ➢*Wohnformen* in Hbg entwickelte. Im hinteren Teil der Grundstücke wurde ein Entwässerungsgraben angelegt, das 1946 zugeschüttete Katharinenfleet. Auf dessen gegenüberliegendem Ufer setzte sich die Bebauung nach demselben Muster fort, ebenso in der ➢*Deichstraße* und auf dem ➢*Grimm*.

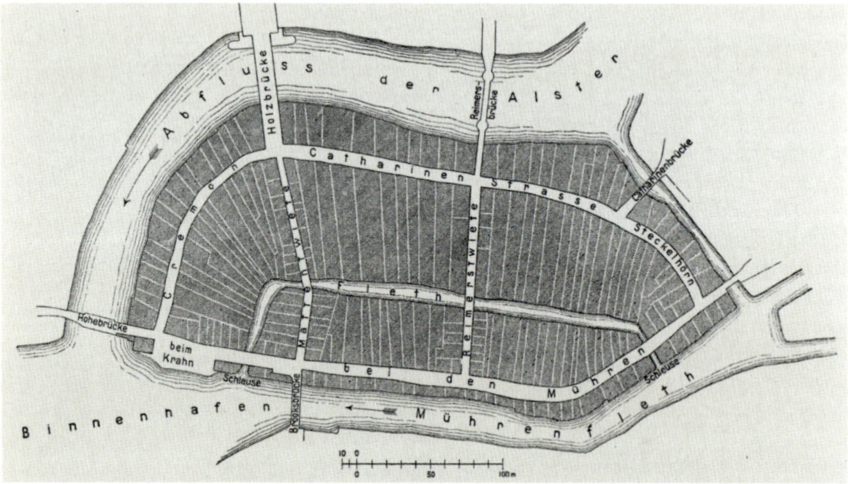

Die Straßen Cremon, Katharinenstraße, Steckelhörn und Bei den Mühren zeigen den Verlauf des Ringdeichs, der seit Anfang des 13. Jahrhunderts die Cremonhalbinsel schützte. Der historische Plan aus „Hamburg und seine Bauten" (1890) zeigt mit den streifenförmigen Grundstücken die Besiedlungsstruktur des alten Cremon. Zwischen Nikolaifleet („Abfluss der Alster") und Katharinenstraße stehen Außendeichhäuser, zwischen Katharinenstraße und Katharinenfleet („Fleth") Binnendeichhäuser.

an erfolgten die Anlage eines Ringdeichs und die Einteilung des C. in ca. 30 gleich große, streifenförmig geschnittene Grundstücke. Ihre Schmalseiten lagen entlang dem ehem. Hauptabfluss der ➢*Alster*, dem Nikolaifleet. Die Herkunft des Namens C. ist nicht zu belegen, sie

Die dem C. 1937 zugewiesene Bestimmung einer hanseatischen „Traditionsinsel" und die damit einhergehenden Restaurierungsmaßnahmen gingen 1943 samt den hier eingelagerten Kunstwerken während der ➢*Luftangriffe* verloren (➢*Denkmalschutz*). Außendeichs, zwischen

Straße und Fleet, stehen die letzten alten Hbger ➢*Speicher.* Sechs Brücken führten von und zum C., der als Insel bis nach dem Zweiten Weltkrieg vom Grimm durch das Steckelhörnfleet getrennt war. An der Holzbrücke liegt seit 1975 „Das Schiff". Der Initiator war E. Möbius, der dort vor allem Kabarett veranstaltete. Heute leiten A. und G. Schlesselmann das Theaterschiff. *Ti.*

Curio, Johann Carl Daniel (geb. 3.11. 1754 Helmstedt, gest. 30.1.1815 Hbg), Pädagoge. C., ein uneheliches Kind, wuchs im Waisenhaus in Helmstedt auf und besuchte 1769–77 die dortige Lateinschule. 1772 wechselte er zum ➢*Johanneum* nach Hbg und ging 1775 auf das ➢*Akademische Gymnasium.* Mit J.A. Günther und F.J.L. ➢*Meyer* gehörte er einem Schülerverein an, der freundschaftlichen literarischen Gesellschaft in Hamburg. In Helmstedt studierte C. 1775–79 Theologie und Philologie. Anschließend war er als Haus- und Privatlehrer tätig. Bevor er 1780 als Feldprediger für die braunschweig. Truppen in Kanada eingesetzt werden konnte, erhielt er ein Lehramt am Gymnasium Martineum in Braunschweig. Aus noch immer nicht geklärten Gründen wurde er 1793 amtsenthoben. Möglicherweise stand die Entlassung im Zusammenhang mit dem Scheitern der groß angelegten Schulreform von J.H. ➢*Campe* im Herzogtum Braunschweig. C. wurde 1795 Schulgehilfe der Fahrenkrögerschen Pensionsanstalt, einer bekannten Privatschule in Hbg. 1804 etablierte er eine eigene Lehr- und Erziehungsanstalt für Knaben in Hbg. Ein Jahr später war er Initiator und Mitgründer der ➢*Gesellschaft der Freunde des vaterländischen Schul- und Erziehungswesens.* C. war auch schriftstellerisch und publizistisch tätig, insbesondere für die von ihm seit 1805 herausgegebene Zeitschrift „Hamburg und Altona" (1801–07). Diese berichtete über aktuelle Themen aus beiden Städten und war ein Forum für vielfältige Reformvorschläge im Geist der ➢*Aufklärung.*

Viel zitiert werden C.s. Äußerungen, dass es in Hbg vom ➢*Bürgermeister* bis zum geringsten Diener nur einen Bürgerstand gebe (1802), dass in der Stadt kein Adel, keine Sklaven, keine Untertanen lebten, alle wirklichen Hbger nur den Bürgerstand kennen würden (1803). C., der selbst das ➢*Bürgerrecht* nicht erworben hatte, gab damit seinem Idealbild, nicht der Realität Ausdruck. Im Torweg des ➢*Curio-Hauses* erinnert ein 1911 geschaffenes Porträtrelief an ihn. *Ko.*

Johann Carl Daniel Curio gründete die älteste Lehrergewerkschaft der Welt. Zeitgenössisches Porträt des Pädagogen aus seiner Hamburger Zeit

Curio-Haus Als die ➢*Gesellschaft der Freunde des vaterländischen Schul- und Erziehungswesens* ihren Vereinssitz an der Rothenbaumchaussee nehmen wollte, stieß dies auf Bedenken mancher Anwohner in ➢*Rotherbaum,* die meinten, der Volksschulverein gehöre nicht in dies vornehme Viertel. Das 1910/11 von E. Schaudt und W. Puritz mit Anklängen an barocke und klassizistische Formen erbaute C.-H. spiegelt das Selbstbewusstsein Hbger Lehrer und ihrer größten Organisation wider. Den Skulpturenschmuck der Fassade schuf J.M. Bossard. Die Säle des C.-H.es wurden in den 1920er Jahren durch die Hbger Künstlerfeste weithin bekannt, für die u.a. K. ➢*Schneider* Dekorationen entwarf. 1946/47 fanden hier vor brit. Militärgerichten die sog. Curio-Haus-Prozesse gegen Verant-

Die selbstbewussten Hamburger Volksschullehrer gaben ihrer Zentrale außen wie innen eine repräsentative Gestalt: die Fassade des Curio-Hauses an der Rothenbaumchaussee

wortliche der Konzentrationslager ➢*Neuengamme* und Ravensbrück statt. Als Veranstaltungsort für politische und gewerkschaftliche Versammlungen wird das C.-H. weiterhin genutzt, 1966–97 war hier eine der Mensen des Studentenwerkes zu Gast. Die denkmalgerechte Restaurierung der Räumlichkeiten wurde 1998 abgeschlossen. *Ko.*

Curslack ist ein Stadtteil im Bezirk ➢*Bergedorf* mit 10,6 km^2 Fläche und 3.742 Einw. (2009). C. wurde als „Cureslake" 1217 urkundlich zuerst genannt. Der Name des Vierländer Marschhufendorfs geht vermutl. auf Cuwerslake zurück (= niedrige, dem Eindringen des Wassers stark ausgesetzte Sumpfgegend). Vom Bergedorfer „Neuen Weg" aus wurde der Ort in Richtung ➢*Zollenspieker* und Elbübergang berührt. Eine weitere Verbindung von der Holtenklinke zum Curslacker Deich wurde als Curslacker Heerweg 1568 geschaffen. Zwischen beiden Straßen wurde C. einseitig bebaut; mit ➢*Altengamme* befand es sich in einem Deichverband. 1420 wurde es vom lauenburg. Herrschaftsbereich getrennt und als Teil des Amtes ➢*Bergedorf* ➢*beiderstädtisch* von ➢*Lübeck* und Hbg verwaltet, bis es 1868 ganz an Hbg kam.

Die alte Kirche St. Johannis, 1306 erstmals genannt, wurde 1599–1603 durch Ausbauten vergrößert. Bei einer späteren Erneuerung erhielt sie 1801/02 die hier sonst kaum vorkommende Kreuzbauweise und zuvor 1761 einen frei stehenden schindelgedeckten Glockenturm. Bis 1903 erfolgte ihre vollständige, von J. ➢*Brinckmann* geleitete Instandsetzung und am 20.12. des Jahres, dem 300-jährigen Tag ihres Bestehens, ihre erneute Weihe. Die Kirche, das Friedhofstor und die Strohdachkate bilden als malerisches Ensemble ein bekanntes Motiv der ➢*Vierlande*, ebenso das Freilichtmuseum Rieck Haus (Curslacker Deich 284); mit Bauernhaus (16./17. Jh.), Scheune (1663), Schöpfmühle, Heuberg und Backhaus ist es eine Außenstelle des ➢*Altonaer Museums*. Liebevoll restauriert ist auch der Grashof mit Hufner- und Backhaus (Curslacker Deich 136). Rund um das Grund-

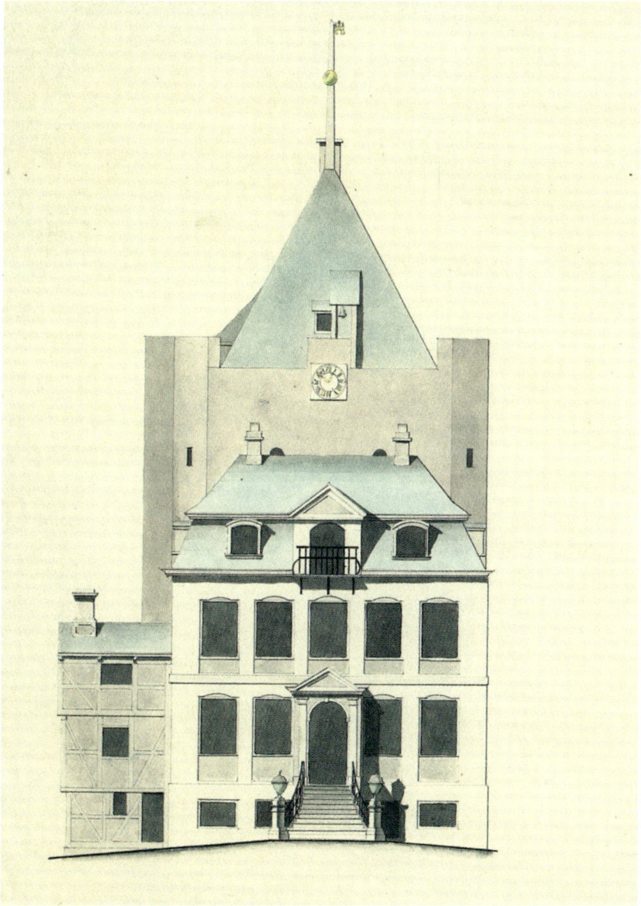

Das Schloss Ritzebüttel um 1790, Mittelpunkt des hamburgischen Amtes an der Elbmündung. Undatierte Kopie einer kolorierten Zeichnung von Otto Christian Gaedechens

wasserwerk der alten Stadtwasserkunst erstreckt sich ein umfangreiches Wasserschutzgebiet (➢*Trinkwasserversorgung*).

1963 wurde in C. die erste Zentralschule der Vier- und ➢*Marschlande* erbaut, die nach und nach viele bestehende kleinere Schulen in diesem Teil des Hbger ➢*Landgebiets* ersetzte. *HR*

Cuxhaven/Ritzebüttel Cuxhaven ist eine unmittelbar an der Elbmündung gelegene niedersächs. Stadt mit rund 51.000 Einw. (2009). Ihre Geschichte geht zurück auf die Wasserburg der Herren von Lappe, das „Schloss Ritzebüttel". 1393 wurde es samt den zugehörigen Ländereien von den Hbgern erobert und 1394 als Amt Ritzebüttel Teil des städtischen ➢*Landgebiets*. Für Jahrhunderte blieb es Hbgs Außenposten an der Elbmündung. Verwaltet wurde es von einem Amtmann mit Sitz im Schloss. Nördl. davon lag mit dem Alten Hafen die seit dem 16. Jh. entstandene Siedlung Kooghafen, die 1872 dem Ganzen den

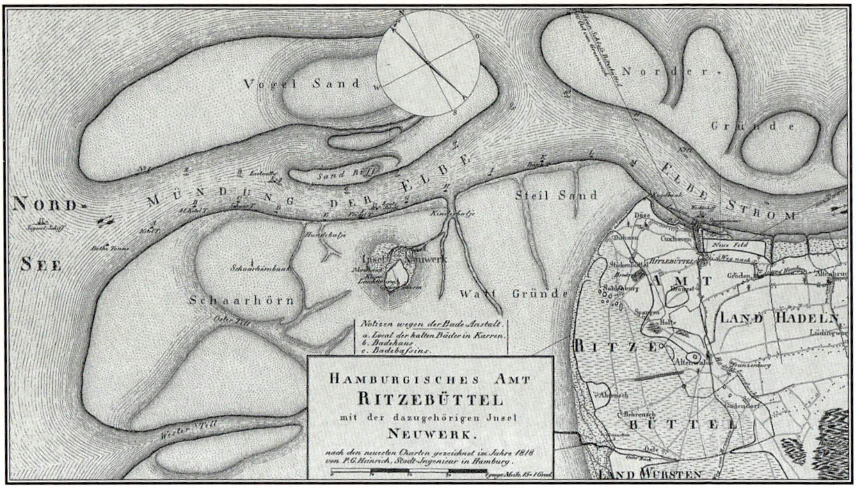

Hamburger Karte des Amtes Ritzebüttel und der Insel Neuwerk, gezeichnet 1818 von Paridom Gottlob Heinrich. Heinrichs Karte zeigt den hamburgischen Außenposten an der Elbmündung, den Elbstrom mit Seezeichen und das Wattenmeer.

Namen Cuxhaven gab. 1907 wurde sie zur Stadt erhoben. Seit 1890 wurden die Fischereihäfen, 1912–14 der Amerikahafen und später weitere Hafenbecken angelegt. Die nördlichste der Landungsbrücken geht vermutlich auf die 1732 hier zusammen mit anderen Schiffen zur Anlage eines Wellenbrechers versenkte „Oliva" zurück und trägt, davon abgeleitet, den Namen „Alte Liebe". Der Leuchtturm stammt aus dem Jahr 1803. In der Zeit der Weltkriege war C. Marinefestung und Kriegshafen.

Durch das ➢*Groß-Hamburg-Gesetz* von 1937 wurde die Stadt mit ➢*Neuwerk* und den Gemeinden des Amtes Ritzebüttel (Berensch und Arensch, Gudendorf, Holte und Spangen, Oxstedt) sowie Sahlenburg an Preußen abgetreten. 1946 ging C. an Niedersachsen über, der Amerikahafen folgte erst im Jahr 1997. Neuwerk und ➢*Scharhörn* kamen 1969 wieder an Hbg.

In den Jahren 1735–41 war B.H. ➢*Brockes* Amtmann in Ritzebüttel gewesen. Im siebten Teil seines Hauptwerkes „Irdisches Vergnügen in Gott" schilderte er Landleben und Landschaft. A.A. ➢*Abendroth*, der 1809–11 und 1814–21 Amtmann war, gründete 1816 das Seebad, das heute die Strände von Döse, Duhnen und Sahlenburg einbezieht, und veröffentlichte 1818 eine Topografie Ritzebüttels, die er 1837 um einen zweiten Teil ergänzte. *Me*

Dänemark/dänische Oberhoheit Die nördl. der ➢*Elbe* gelegenen Gebiete der heutigen Stadt Hbg waren im Mittelalter Teil der zum ➢*Heiligen Römischen Reich Deutscher Nation* gehörenden Grafschaft ➢*Holstein*. In den Thronwirren nach dem Tod Kaiser Heinrichs VI. wurde Holstein 1202 erst de facto, 1214 auch de jure dän. Lehen und damit zum ersten Mal Bestandteil des dän. Reiches. Es kehrte aber nach der Schlacht von Bornhöved 1227 in das röm.-dt. Reich zurück, als eine Koalition von norddt. Fürsten (Holstein-Schauenburg, Sachsen, Mecklenburg), dem Erzbischof von Bremen und den Städten (➢*Lübeck*, Hbg) gegen König Waldemar II. von Dänemark obsiegte. 1460 wurde allerdings der – aus dem Haus Oldenburg stammende – dän. König zum Grafen von Holstein gewählt und damit als dt. Reichsfürst Landesherr der Stadt Hbg. Die Stadt löste sich jedoch immer mehr aus dem 1474 zum Herzogtum erhobenen Holstein. Obwohl das Reichskammergericht 1618 feststellte, Hbg sei freie Reichsstadt, wurde die Reichsfreiheit – und somit die ➢*Souveränität* der Stadt – erst 1768 von Dänemark/Holstein im ➢*Gottorper Vergleich* anerkannt. 1801 besetzten dän. Truppen Hbg für zwei Monate (➢*Dänische Besetzung*).

Nach dem Ende des Heiligen Römischen Reiches Deutscher Nation 1806 wurde Holstein zum zweiten Mal Teil D.s. Zuvor war es 1803 mit den Bestimmungen des ➢*Reichsdeputationshauptschlusses* zum Gebietsaustausch zwischen Hbg und D. gekommen. Mit der Gründung des ➢*Deutschen Bundes* 1815 wurde der dän. König als Herzog von Holstein und Lauenburg wieder dt. Fürst. ➢*Altona*, ➢*Wandsbek* und andere heutige Stadtteile blieben bis zum ➢*Groß-Hamburg-Gesetz* 1937 holstein., hatten jedoch 1866 mit dem preuß. König einen neuen Landesherrn bekommen (nach kurzem österreich. Zwischenspiel seit der dän. Niederlage 1864). *HWE*

Der dänische Oberbefehlshaber hebt demonstrativ seine Uhr, um auf diese Weise den verhandlungsbereiten Ratsherren zu verdeutlichen, dass er sich keine Zeit für Gespräche nehmen wird. Aquarell von 1801

Dänische Besetzung Im Zeitalter der Frz. Revolution und Napoleons und im Zeichen des globalen Konflikts zwischen Großbritannien und Frankreich wurde es für Hbg immer schwieriger, an der Neutralitätspolitik festzuhalten. Eine nordische Koalition von Russland, Schweden, ➢*Dänemark* und Preußen verband sich 1800 gegen Englands Wirtschaftskrieg mit Frankreich. Vom 23.11. des Jahres bis zum 7.11.1801 wurde daraufhin zur Durchsetzung der Neutralität das Amt Ritzebüttel (➢*Cuxhaven/Ritzebüttel*) von Preußen besetzt. Am 29.3.1801 rückten dän. Soldaten unter Führung des Landgrafen Carl von Hessen, des Statthalters der Herzogtümer Schleswig und Holstein, in Hbg ein und besetzten die Stadt bis zum 23.5. 1801. Die Besetzung kostete Hbg insgesamt 555.000 ➢*Kurantmark*. *Ko.*

DAG (Deutsche Angestelltengewerkschaft) 1945 wurde in Hbg der Weg zu einer richtungsübergreifenden, aber auf Angestellte beschränkten Gewerkschaft beschritten. Vor 1933 waren Angestellte vielfach im (sozialistischen) Allgemeinen Freien Angestelltenbund, im (christlich-nationalen) Gesamtverband Deutscher Angestelltengewerkschaften (inkl. des ➢*Deutschnationalen Handlungsgehilfen-Verbandes, DHV*) und im (liberalen) Gewerkschaftsbund der Angestellten organisiert. Die nach Kriegsende innerhalb der Sozialistischen Freien Gewerkschaft (➢*DGB*) gebildete Gruppe „Handel, Banken, Sparkassen, Versicherungen" (durchweg aus Angestellten bestehend) wurde im Oktober 1945 zur DAG umgewandelt. Diese blieb zwar im Verbund der jetzt 13 „Freien Gewerkschaften", dehnte sich aber schnell in der brit. Besatzungszone aus. Der DAG-Hauptvorstand bezog 1946 das ehem. DHV-Gebäude am Holstenwall. 1948 erhielt die DAG weitere DHV-Vermögenswerte (Hanseatische Verlagsanstalt, Lebensversicherung Neue Welt). Der 1947 konstituierte DGB beschloss im selben Jahr das „Industrieverbandsprinzip" (in jedem Betrieb nur eine Gewerkschaft), wodurch die DAG sich ausgegrenzt sah. 1949 schritt sie in Stuttgart-Bad Cannstatt zu ihrem Vereinigungskongress für die drei Westzonen. Die Zentrale blieb in Hbg. 2001 verschmolz die DAG mit vier DGB-Gewerkschaften (DPG, HBV, ÖTV, IG Medien) zur Vereinten Dienstleistungsgewerkschaft (ver.di). *luz*

Johannes Dalmann, der geniale Wasserbauer und Vater des Hamburger Tidehafens. Undatierte Fotografie

Dalmann, Johannes (geb. 4.3.1823 Lübeck, gest. 2.9.1875 Wunsiedel), Wasserbaudirektor. Nach dem Studium der Hydrotechnik an der Bau-Akademie in Berlin wurde D. 1845 als Bauaufseher von der Hbger Wasserbaudirektion eingestellt. 1856 veröffentlichte er in der Schrift „Stromcorrectionen im Flutgebiet" seine jahrelangen Beobachtungen über die Strömungsverhältnisse der ➢*Elbe* und die sich daraus ergebenden Schlussfolgerungen. Aufgrund dieser bahnbrechenden Erkenntnisse veränderte D. in den folgenden Jahren den Verlauf der Elbe und arbeitete gleichzeitig an der Neugestaltung des ➢*Hafens.* 1864 wurde er Leiter des gesamten Hbger Strom- und Hafenbauwesens (➢*Strom- und Hafenbau*). In mühsamer Kleinarbeit gelang es ihm, ➢*Senat* und ➢*Bürgerschaft* davon zu überzeugen, in Hbg nicht nur Dockhäfen mit Schleusentoren zu bauen, sondern offene „Tidehäfen" mit langen Bassins, in denen der direkte Umschlag zwischen Seeschiffen, Binnenschiffen, Kai und Eisenbahn möglich ist. Dieses System fand wenig später in ➢*Harburg* und bald darauf im Ausland Anerkennung und Nachahmer. An D. erinnern eine Straße und ein Kai im Hbger Hafen. *BL*

Dammtor Im Zuge des Baus von Bastionsbefestigungen wurde das D. Anfang des 17. Jhs vom Alsterdamm nach Westen in den Bereich des heutigen Stephansplatzes verlegt. Das neue D. löste den alten, etwa an der Ecke ➢*Jungfernstieg/ Neuer Jungfernstieg* an der ➢*Alster* gelegenen Befestigungsturm ab. Er hieß Isern Hinerk und wurde wegen seines bläulich glänzenden Schieferdaches auch Blauer Turm genannt. Das alte wie das neue D. verbanden die Stadt mit dem nördl. Umland. Den Grundstein für das

Wer sich Hamburg aus dem nördlichen Umland näherte, fand durch das Dammtor Einlass in die Stadt. Darstellung des Dammtors, wie es Ende des 17. Jahrhunderts aussah

neue ➢*Stadttor* legte König Christian IV. von ➢*Dänemark* im Jahr 1622. Obwohl es 1624 dem Verkehr übergeben wurde, erfolgte die endgültige Fertigstellung erst 1632. 1817 wurde das Tor, an das heute noch einige Straßennamen (D.damm, D.straße, D.wall) und der Bahnhof (➢*Dammtorbahnhof*) erinnern, abgebrochen. *KKW*

Dammtorbahnhof Der Personenbahnhof am ➢*Dammtor* wurde am 16.7.1866 in Betrieb genommen, zusammen mit der am gleichen Tage eröffneten ➢*Verbindungsbahn* von ➢*Altona* nach ➢*Klostertor*. Der 1903 abgerissene erste D. war ein spätklassizistischer Bau in der Gegend des heutigen Gustav-Mahler-Parks mit Gleisen auf Straßenniveau. Ihn ersetzte der im Zuge des Ausbaus der Verbindungsbahn errichtete heutige Jugendstil-Hallenbau auf dem Bahndamm. Das repräsentative Gebäude diente als Empfangsbahnhof für Staatsgäste und erhielt den Beinamen „Kaiserbahnhof" (➢*Kaisertage*). Heute ist der D. wegen der Anbindung an das ➢*Messegelände* der „Messebahnhof". Die Weichen und Abstellgleise

Kaiser und Könige stiegen am Dammtorbahnhof aus ihren Hofzügen. Empfang des britischen Königs Edward VII. am 28.6. 1904 vor dem im Jahr zuvor fertiggestellten neuen Empfangsgebäude

(z.B. für Hofzüge) sind abgebaut, und der D. wurde ein viergleisiger Haltepunkt für Fernverkehr und ➢*S-Bahn* sowie Knotenpunkt für das nördl. Stadtzentrum und die Stadtteile westl. der ➢*Außenalster*. Das unter ➢*Denkmalschutz* stehende Gebäude wurde außen und im Hallenbereich in den 1980/90er Jahren renoviert und ist trotz des Einzugs von Einzelhandelsgeschäften in die ehem. Wartesäle und Fahrkartenausgaben im Erdgeschoss architektonisch der reizvollste Hbger Fernbahnhof. Die Neugestaltung des Erdgeschosses wurde 2002 abgeschlossen. 2006 wurde der D. von der „Allianz pro Schiene e.V." als bester Großstadtbahnhof in Dtld. ausgezeichnet. *To*

Der 1903 als Jugendstil-Hallenbau errichtete Dammtorbahnhof gilt nach seiner Restaurierung als einer der schönsten Bahnhöfe Europas.

Davidwache lautet der inoffizielle Name der ➢*Polizei*dienststelle Spielbudenplatz 31 (Polizeirevier 15) im Stadtteil ➢*St. Pauli*. Die D. entstand 1854 als klassizistisches Gebäude für die zusammengelegten Wachen „David" und „Paulus". Die fortschreitende Entwicklung des Ver-

Die Davidwache an der Ecke Spielbudenplatz/Davidstraße in den Tagen der Novemberrevolution 1918. Links das St. Pauli-Theater

gnügungsviertels am Spielbudenplatz (➢*Reeperbahn*) machte die verstärkte Präsenz der Ordnungshüter nötig. Der 1913/14 von F. ➢*Schumacher* im ➢*Hamburger Heimatstil* entworfene dreigeschossige Neubau mit ausgebautem Mansarddach ist durch seine exponierte Lage im Rotlichtbezirk der Stadt weithin bekannt und in zahlr. Film- und Fernsehproduktionen zu sehen („Polizeirevier Davidswache", 1964, Regie J. Roland). Der hohe Giebel des ➢*Backsteinbaus* ist an die Form eines ➢*Althamburgischen Bürgerhauses* angelehnt und repräsentiert so die bürgerliche Ordnung – deren Einhaltung wiederum die Legionärsköpfe am Erker der Seitenfront anzumahnen scheinen. Sie stammen von R. Kuöhl, der den gesamten farbig glasierten Keramikschmuck der 1987 restaurierten Fassade schuf. *Ti.*

Davout, Louis-Nicolas (geb. 10.5.1770 Annoux/Yonne, gest. 1.6.1823 Paris), Maréchal d'Empire (1804), Herzog von Auerstedt (1808), Fürst von Eckmühl (1810). Nach erfolgreicher Militär- und z. T. auch schon politischer Karriere wurde D. Generalgouverneur der 1810 dem Frz. Kaiserreich einverleibten „hanseatischen Departements" mit Sitz in Hbg (Departement „Bouches de l'Elbe"), um hier das Erste Korps der Grande Armée aufzustellen, mit der Napoleon 1812 Russland erobern wollte. Davout verließ Hbg im März 1812, um – unter Mitnahme zwangsrekrutierter Hbger – im Juni mit seinen über 200.000 Mann die Memel zu überschreiten. Der Russlandfeldzug endete für Napoleon mit einer Katastrophe. Davout eroberte Ende Mai 1813 das mittlerweile von einem russ. Streifkorps besetzte Hbg zurück, ließ den Festungsring ausbauen, rund herum durch umfangreiche Abrissmaßnahmen ein freies Schussfeld schaffen. Hartnäckig hielt er die Festung Hamburg-Harburg vom Dezember 1813 bis April 1814 gegen einen russ. Belagerungsring. Im Mai 1814, kurz vor der Räumung der Stadt, wurde er vom frz. König Ludwig XVIII. (aus dem wieder an die Macht gelangten Hause Bourbon) abberufen und sah sich in Frankreich innenpolitisch motivierten Angriffen wegen der Härte seiner Maßnahmen ausgesetzt (u.a. wegen der Beschlagnahme des Silberdepots der ➢*Hamburger Bank* und der Vertreibung von 30.000 für die Belagerungssituation unterverproviantierten Stadtbewohnern). Er verfasste eine Rechtfertigungsschrift. Während der „Hundert Tage" des aus der Verbannung zurückgekehrten Napoleon war er 1815 vorübergehend Kriegsminister. Hernach aus Paris gewiesen, degradiert und enteignet, wurde er später rehabilitiert und 1819 – wie andere napoleonische Marschälle – in die Pairskammer berufen. *luz*

DDP (Deutsche Demokratische Partei) Die Hbger DDP verstand sich als sozialliberale, der Persönlichkeit F. Naumanns und seinem ursprünglich „nationalsozial" genannten Programm verpflichtete Partei. Sie war 1918 aus den ➢*Vereinigten Liberalen* hervorgegangen und dann in der Weimarer Republik 1919–33 durchgehend in Koalition mit der ➢*SPD* im ➢*Senat* vertreten. Mit C. ➢*Petersen* stellte sie sechs Jahre lang den Ersten ➢*Bürgermeister*. Petersen wurde nach Naumanns Tod Reichsvorsitzender der Partei (1919–24). Die Hbger DDP, am linken Flügel der Reichs-„Demokraten" stehend, war die bevorzugte Partei für das „fortschrittliche" Bürgertum, für viele Lehrer, Beamte (Chr. ➢*Koch*), Angestellte, ferner für Juden und für die Vereine der ➢*Frauenbewegung* (E. ➢*Beckmann*). Die 1930 von der Reichs-DDP initiierte Erweiterung zur Deutschen Staatspartei (DStP) unter Einbeziehung des romantisch-konservativ-antisemitischen Jungdeutschen Ordens hätte den Hbger Landesverband fast gespalten. Gegenüber der ➢*NSDAP* zeigte dann auch die DStP Unsicherheit. Ihr letzter Reichstagsabgeordneter aus Hbg, H. Landahl, stimmte 1933 mit seinen vier Fraktionskollegen, darunter – auch unter Fraktionszwang – Th. Heuss, für Hitlers Ermächtigungsgesetz. Im Juni 1933 wurde die DStP aufgelöst. Einige Mitglieder betätigten sich im Untergrund (➢*Bund Freies Hamburg*), die nach 1945 gebildete Hbger ➢*FDP* zählte einstige DDP/ DStP-Mitglieder zu ihrem Kern, während aber Landahl beispielsweise zur ➢*SPD* ging. *luz*

Dehmel, Richard (geb. 18.11.1863 Wendisch-Hermsdorf, gest. 8.2.1920 Blankenese), Schriftsteller. Der seit 1902 in ➢*Blankenese* lebende naturalistische Schriftsteller wurde von den Hbgern ebenso wenig zur Kenntnis genommen wie er am Leben der Stadt partizipierte. Wie D. von ➢*Liliencron* in ➢*Ottensen* und später in ➢*Rahlstedt* führte auch D. in Blankenese eine weitgehend isolierte Existenz und galt dem Hbger Bürgertum v.a. wegen der panerotischen Freizügigkeit seiner Lyrik und seiner unbürgerlichen Lebensführung als suspekt. Dennoch erwarb der hbg. Staat 1924 seinen Nachlass (➢*Staats- und Universitätsbibliothek*). Literarisch bedeutend sind viele Gedichte und Dramen D.s, mit denen er auf den Expressionismus wirkte. Das Gedicht „Verklärte Nacht" diente A. Schönberg als literarische Vorlage seines gleichnamigen Streichsextetts op. 4 und gehört dadurch zu den wenigen Arbeiten

Louis-Nicolas Davout, der Generalgouverneur während der Franzosenzeit. Zeitgenössische Darstellung

Der Schriftsteller Richard Dehmel als Kriegsfreiwilliger im Oktober 1914. Foto Rudolph Dührkoop

D.s, die auch heute noch über Fachkreise hinaus bekannt sind. *Br.*

Deichstraße Die D. liegt entlang der nordwestl. Seite der sog. Alsterschleife kurz vor deren Mündung in den ➢*Binnenhafen.* 1304 erstmals als „dikstrate" genannt, führt sie einen Teil der um 1200 beginnenden Siedlungsgeschichte des Gebiets im Namen: Der Bau eines schützenden Deiches musste die südl. von der ➢*Neuen Burg* voranschreitende Geländeerschließung des Rödingsmarktviertels in der ➢*Neustadt (gräfliche Siedlung)* begleiten. Zunächst entstand auf der Deichkrone die Bebauung, der die Anlage eines Entwässerungsgrabens im hinteren Teil der schmalen Grundstücksstreifen folgte (nach dem Muster des ➢*Cremon*, der ebenso eine D. im Wortsinn ist wie die Katharinenstraße und der ➢*Grimm*).

Seltene Zeugnisse althamburgischer Baukunst: die dem Nikolaifleet zugewandte Rückseite der Häuser an der Deichstraße

In der D. Nr. 38 brach 1842 der ➢*Große Brand* aus; Nr. 27 ist der älteste erhaltene Hbger ➢*Speicher* („Bardowicker Speicher", 1780). 1972 wurde der Verein Rettet die Deichstraße gegründet, zwei Jahre später begann die Restaurierung einer Gruppe von Häusern und Speichern aus dem 17./18. Jh. Bei den Gebäuden handelt es sich um Außendeichhäuser, die auf dem Deichvorland errichtet wurden und somit vom alten Deich bis direkt ans Wasser reichen (➢*Althamburgisches Bürgerhaus*). *Ti.*

Deichtor Das D. stand südl. der heutigen Deichtorstraße am ➢*Oberhafen* und verband das südöstl. Umland mit der Stadt. Es war Ersatz für das 1445 neu erbaute, weiter westl. in dem alten Befestigungsring gelegene Winser Tor. Zunächst als Provisorium errichtet, wurde es erst 1644 mit einem Holzgewölbe durch den bis dahin unvollständigen Hauptwall geführt. 1671–73 wurde es durch einen Steinbau ersetzt. Das Tor wurde 1828 abgebrochen. An seiner Innenseite war die lat. Inschrift ➢*Libertatem quam peperere* ... angebracht, wie auch am ➢*Millerntor.* Sie war nach dem Abbruch des Tores unter der Uhr im Ratsgehege des Rathauses (➢*Rathäuser, Alte, 4.*) zu lesen. An der Außenseite des Tores standen die lat. Worte „Salus civitatis pietas et concordia" (In Frömmigkeit und Eintracht liegt das Heil der Bürger). *KKW*

Deichtorhallen wird heute das in zwei einander gegenüberliegenden ehem. ➢*Großmarkthallen* eingerichtete Kunstausstellungszentrum im Stadtteil ➢*Klostertor* genannt. Die D. entstanden 1911–14 für den Gemüsehandel in verkehrsgünstiger Lage zu Stadt und ➢*Hafen* auf dem Deichtorplatz, dem Gelände des ehem. ➢*Deichtors* und späteren Berliner Bahnhofs. Nach dessen Abriss waren sie vom Amt für Ingenieurwesen als Stahlkonstruktionen, verkleidet in der Manier des ➢*Hamburger Heimatstils*, errichtet worden – die nördl., größere Halle als

Von Markthallen zum Kunstzentrum: die Deichtorhallen. Den Wandel ermöglichte der Mäzen Kurt A. Körber. Von der Kunsthalle zu den Deichtorhallen führt die Kunstmeile.

dreischiffige Basilika, die südl. als stützenfreier Zentralbau. Ab 1963 dienten sie bis zu ihrer Stilllegung 1984 dem Blumengroßmarkt. Der Hbger Industrielle und Mäzen K.A. ➢*Körber* ermöglichte den 1988–90 erfolgten Ausbau der D. für ihre heutige, der Präsentation internationaler Kunst dienende Funktion. Im April 2005 wurde in der südl. Halle das Internationale Haus der Photographie eröffnet, das die Sammlung F.C. Gundlach zum Thema „Das Bild des Menschen in der Photographie" und das Bildarchiv des Nachrichtenmagazins ➢*DER SPIEGEL* mit rund 3,5 Mio. Pressefotografien sowie eine auf Fotografie spezialisierte Buchhandlung aufgenommen hat. *Ti.*

Demontagen betrafen während der ➢*Britischen Besatzung* (1945–49) v.a. den Schiffbau (Verlust von 30 % der Kapazitäten) und den Maschinenbau. Ziele der brit. D.-Politik waren – mit wechselnder Gewichtung – Zerstörung von Kriegspotenzial, Reparationseinnahmen (durch Übernahme abgebauter Produktionsstätten) und „economic security" (Schutz vor dt. Konkurrenz): Die Jahre der Besatzung stellten eine Disziplinierungs- und Ausschaltungsokkupation dar. Hbg war durch den relativ glimpflichen Ablauf der D. noch ein Sonderfall in der brit. Zone: Der erste dt. Widerstand gegen D.-Maßnahmen, die Proteste von Bürgermeister R. ➢*Petersen*, der ➢*Bürgerschaft* und der Gewerkschaften gegen die schon begonnenen Sprengungen von ➢*Werften* 1946, war erfolgreich. Ab 1947 wurden dann aufgrund einer D.-Liste, an deren Aufstellung hbg. Stellen hatten mitwirken dürfen, die durch die Aufrüstung nach 1936 hinzugekommenen Kapazitäten abgebaut. Meist konnten die D. von firmeneigenen Arbeitskräften durchgeführt werden. Die MAN-Motorenwerke in ➢*Steinwerder* z.B. (Bau und Reparatur von Schiffsdieseln) erreichten erst 1955 wieder die komplette Kapazität. Wenn auch ein durch die erzwungene Modernisierung erzielter Wettbewerbsvorteil der betroffenen Firmen nicht erwie-

Nach vier Jahren waren 1949 die Demontagen der britischen Besatzer in Hamburg abgeschlossen. Das Bild des schon verwitterten Warnschildes entstand im Herbst 1950 auf dem Werftgelände von Blohm + Voss.

sen ist, so haben sich die Schäden der D. insgesamt aber doch in Grenzen gehalten. *luz*

Heinrich Denicke, Harburgs verdienstvolles Stadtoberhaupt 1899–1924. Das Foto entstand vermutlich nach 1918.

Denicke, Heinrich (geb. 2.1.1856 Buxtehude, gest. 30.10.1943 Hbg), Harburger Bürgermeister (1899–1924, ab 1903 Oberbürgermeister). Der Jurist, der seit 1883 schon Erfahrungen als Stadtsyndikus und nebenamtlicher Sekretär der Handelskammer gesammelt hatte, wirkte zu der Zeit, als die städtischen Kommunalverwaltungen den Übergang von der „Ordnungsverwaltung" zur „(Dienst-)Leistungsverwaltung" vollzogen. 1930 wurde D., der noch aufgrund der „Revidierten Hannoverschen Städteordnung" durch nationalliberalen „Filz", d.h. in einem von den Wahlberechtigten unbeeinflussbaren Verfahren, an sein Amt gekommen war, vom ➢*Harburger* Magistrat unter seinem Nachfolger W. ➢*Dudek* (➢*SPD*) bescheinigt, die Stadt verdanke ihm „das Entstehen fast aller großen kommunalen Einrichtungen", z.B. der Kanalisation, des Neugrabener Wasserwerks, mehrerer Schulen. D. führte auch den Vorsitz der Harburger Ortsgruppe der Deutschen Kolonialgesellschaft, deren wichtigste Mitglieder Vertreter der ortsansässigen Kautschuk- und Palmölverarbeitungsindustrie waren. An erster Stelle in D.s Wirken stand die Erweiterung des Harburger Dockhafens durch einen gegenüber Hbg konkurrenzfähigen Seehafen (1907), der sich ab 1916 für Harburg zu rentieren begann. In den Groß-Hamburg-Plänen sah D. – im Sinne Preußens und seiner Provinz Hannover sowie als Lokalpatriot – nur ein allerletztes Mittel, um die Weltgeltung des Hbger ➢*Hafens* sicherzustellen. *luz*

Denkmäler Als erstes D. in Hbg wurde 1774 ein Obelisk gesetzt, der zunächst in ➢*Hamm* (und nach mehreren Standortwechseln zuletzt in ➢*Billwerder*) an die schwere Flut von 1771 erinnerte. Nach leichter Beschädigung im Zweiten Weltkrieg und weiterem Verfall wurde er später abgetragen und durch eine Tafel ersetzt (Bei der Grünen Brücke). Vor der ➢*Universität Hamburg* steht heute das älteste erhaltene Hbger Personendenkmal, ein Obelisk, der zu Ehren des Aufklärers J.G. ➢*Büsch* von J.A. Arens 1802 geschaffen und auf der Bastion Vincent, dem Platz der heutigen ➢*Hamburger Kunsthalle*, aufgestellt wurde. Auch dieses D. wechselte mehrfach seinen Standort. Am Dammtordamm befindet sich seit 1958 das 1860–66 von J. Lippelt und C. Börner geschaffene D. für den von der „vaterländischen Bewegung" zum „Nationaldichter" erkorenen F. von Schiller. Das größte und bekannteste Hbger Monument ist das ➢*Bismarck-D.* Es entstand auf dem Höhepunkt der nach der Mitte des 19. Jhs alle dt. Städte erfassenden D.-flut, die Hbg, neben Ehrenmälern für Persönlichkeiten aus den eigenen Reihen, größere und kleinere Kaiser-, Feldherrn- oder eben Kanzlerbilder bescherte. Häufig wurden sie von auswärtigen Künstlern geschaffen. Auch in den meisten Landgemeinden waren Kriege und die Reichsgründung 1870/71 Anlass für die Errichtung von D. Ebenso gab es ein dekoratives D.- und Skulpturenprogramm wie in ➢*St. Georg* der Hansa- oder auf dem ➢*Meßberg* der Vierländerin-Brunnen (heute ➢*Hopfenmarkt*), deren Figuren der in Hbg viel beschäftigte Bildhauer E. Peiffer schuf. Im überregionalen Vergleich besonders reich mit Skulpturen ausgestattet sind der Altbau der Kunsthalle von 1869 und, noch ausgeprägter, die Fassaden wie die Innenausstattung des ➢*Rathauses.*

Mit D. werden nicht nur Personen geehrt, sie verkörpern darüber hinaus häufig politische Ideen und Programme, die durch ihre Präsenz im Stadtbild zu nachhaltiger Außenwirkung gelangen können. In der ➢*NS-Zeit* wurde das besonders deutlich an der Entfernung der zwei ➢*Heine-D.* einerseits und der pomphaften Einweihung des Kriegerdenkmals für das ➢*Infanterieregiment Nr. 76* am 15.3.1936 andererseits. Durch die 1973 erfolgte Novellierung des seit 1920 bestehenden ➢*Denkmalschutz*gesetzes können als D. auch andere, nicht eigtl. als solche errichtete Erscheinungen des Stadtbildes gelten, z.B. Hbgs gründerzeitliche Straßenzüge oder Wohnsiedlungen der 1920er Jahre (➢*Colonnaden*, ➢*Jarrestadt*). *Ti.*

Denkmalschutz Dem nüchternen Sinn des Hbger Bürgertums für den Wert des Eigentums war es nicht gegeben, in jener Zeit den Vorreiter zu spielen, als zu Beginn des 19. Jhs die Entdeckung der Geschichte und ihrer Zeugnisse in vielen dt. Staaten zum D. als einem gesellschaftlichen und politischen Auftrag führte. Zwar wurde angesichts von massiven Veränderungen, ja Brüchen und Verlusten im Stadtbild der Gedanke der Erhaltung und Pflege von Zeugnissen der Vergangenheit von einigen wenigen Geschichtsfreunden und Aufklärern (➢*Aufklärung*) ins Spiel gebracht, konkrete Entschlüsse und Entscheidungen blieben aber noch auf Jahrzehnte hinaus bloßes Wunschdenken. Die Anpassung der Stadt an wirtschaftliche Herausforderungen hatte stets Priorität. Auch als Katastrophen wie der ➢*Große Brand* von 1842 die Stadt heimsuchten, war es einzig der junge ➢*Verein für Hamburgische Geschichte*, der zumindest die Sammlung und auch Dokumentation „Hamburgischer Alterthümer" betrieb.

Schon um die Mitte des 19. Jhs hatte sich so, als Hbg in den fordernden Sog einer anwachsenden D.bewegung im ➢*Deutschen Bund* geriet, in der Stadt das Vorurteil fest verankert, sie sei arm an historischen Altertümern – was die mangelnde Bereitschaft zu aktivem Handeln trefflich begründen half. Seit 1852 wurde ein Bestandsverzeichnis der ➢*Denkmäler* angemahnt, das freilich erst ab 1883 der Direktor des ➢*Museums für Kunst und Gewerbe*, J. ➢*Brinckmann*, als Beauftragter des ➢*Senats* für die vaterstädtischen Altertümer begann. Fortschrittlich war, dass Brinckmann keine der damals gängigen Zeitgrenzen für den Denkmalwert der betreffenden Bauten kannte. Auch war seine Dokumentationsmethode neuartig. In der Praxis aber kann man für die Epoche von einer „Musealisierung" der Denkmalpflege sprechen, da die Verbringung der gefährdeten Gegenstände in die Obhut einer Sammlung fast immer den Vorrang vor der Erhaltung am Ort hatte.

Erst mit dem Baupflegegesetz von 1912 wurden auch denkmalpflegerische Aspekte gesetzlich verankert, aber streng eingebunden in das eigtl. Ziel dieses Gesetzes, das weiterhin an die Stelle des alten tretende neue Stadtbild im Sinne der Heimatschutzbewegung positiv zu beeinflussen. Ein spektakulärer Einzelfall war die spontane Entscheidung aller Hbger Gremien, die 1906 durch ein Feuer weitgehend zerstörte Hauptkirche ➢*St. Michaelis* in historisch getreuer Form wiederzuerrichten, ein Akt von symbolhafter Bedeutung. Erst 1920 wurde ein D.gesetz für Hbg erlassen, dessen Vollzug jedoch auf enge finanzpolitische Grenzen stieß. Die Zuständigkeiten waren lange zersplittert, sodass erst 1964 ein reguläres, alle Arbeitsbereiche umfassendes D.amt in der Kulturbehörde geschaffen wurde. In den 1920er Jahren konzentrierte sich die Arbeit neben den herausragenden Einzeldenkmälern v.a. auf die ländlichen Gebiete. Ab 1933 wurde das Ziel der Schaffung einer althbg. Traditionsinsel als Gegenpol zur „Führerstadt" verfolgt, zu der Hbg mit ➢*Altona* („Gauforum") werden sollte.

Balthasar Denner, wegen seiner genauen Malweise „Poren-Denner" genannt. Zeitgenössischer Kupferstich, wohl von Johann Jacob Haid

Nach schweren Verlusten im Zweiten Weltkrieg war die Wiederherstellung der zerstörten Kirchen und der profanen Monumentalbauten die Hauptaufgabe. Dem Ideal der funktionsgerechten modernen Großstadt fielen aber noch weitere Denkmäler zum Opfer, z.B. die Nordseite der klassizistischen ➢*Esplanade*. Hingegen gelangen die Pflege und der Schutz der großbürgerlichen Villenkultur an der ➢*Elbchaussee*. Mit dem novellierten Gesetz von 1973 traten städtebauliche Zusammenhänge und die Mitarbeit an der Landesplanung in den Vordergrund, aber auch zunehmend die Quartiere der Gründerzeit, die herausragenden Staatsbauten und Siedlungsgebiete der 1920er Jahre (F. ➢*Schumacher*, G. ➢*Oelsner*). In der jüngsten Zeit wurde sehr erfolgreich der historische ➢*Kontorhausbau* aktiviert (➢*Chilehaus*) und zur Richtschnur der innerstädtischen Bürobauten entwickelt, ebenso die sehr kreative Umnutzung vieler leer gefallener Fabriken und Gewerbeflächen für neue Nutzungen. Dieses neue Bewusstsein für die historische Dimension in der Großstadt Hbg wird getragen von einer zunehmend sensibilisierten kritischen Öffentlichkeit. Dank des Einsatzes von ➢*Stiftungen* und Vereinen wächst das Spendenaufkommen für den D. in Hbg stetig. *MFF*

Denner, Balthasar (geb. 15.11.1685 Hbg, gest. 14.4.1749 Rostock), Bildnismaler, Radierer. D. stammte aus einer nach Hbg zugewanderten niederländ. ➢*Mennoniten*familie. Der als Folge eines Sturzes schon als Kind Gelähmte wandte sich früh der Malerei zu. An der Berliner Akademie erfuhr er seine Ausbildung und spezialisierte sich auf die Bildnismalerei. Wegen der sehr naturgetreu ausgeführten Werke wurde er mitunter als „Poren-Denner" bezeichnet. Da seine Porträts außerordentlich geschätzt waren, reiste er in ganz Europa zu den verschiedenen Auftraggebern, zumeist an Fürstenhöfe. In Hbg lebte er nur vorübergehend. Hier war er mit B.H. ➢*Brockes* und F. von ➢*Hagedorn* befreundet. Die ➢*Hamburger Kunsthalle* besitzt eine Anzahl seiner Werke. *Me*

Deputationen sind ehrenamtliche Mit-Leitungsgremien an der Spitze der Fachbehörden. Seit dem 16. Jh. traten allmählich Deputierte (Abgeordnete) der Bürger zur Mitwirkung und Kontrolle in die bis dahin ausschließlich von Ratsherren gebildete Leitung ein und bildeten mit ihnen zusammen Gremien, die nun meist Kommissionen oder D. hießen. Auch als 1860 die nunmehr gewählte ➢*Bürgerschaft* als Mitträgerin des ➢*Kyrion*, also der „höchsten Gewalt", dem ➢*Senat* an die Seite trat, blieben die Deputierten, die bis 1918 zu den ➢*Notabeln* gehörten, als Mit-Behördenleitung neben dem ➢*Präses* bestehen. So wurde es auch nach Einführung der parlamentarischen Kontrolle des Senats (1921) beibehalten. Die Deputierten wurden jetzt von den Fraktionen der Bürgerschaft (der sie seit 1971 nicht mehr angehören dürfen) nach deren Stärkeverhältnis gewählt und gegebenenfalls auch abberufen; wenn es also in der Hbger ➢*Verfassung* heißt (Art. 56), „das Volk" sei „zur Mitwirkung in der Verwaltung berufen", so wird die Auswahl der Deputierten als Volksvertreter doch aber von den Parteien vorgenommen. Die Senatoren verfügen in den D., deren Vorsitz sie führen, nicht nur über eine „eingebaute" (Regierungs-)Mehrheit, sondern können sich zudem über deren Mehrheitsentscheidungen durch Anrufung des Gesamtsenats hinwegsetzen. Einige Politikwissenschaftler haben angeregt, die Rekrutierung der Deputierten, die das Recht auf Akteneinsicht haben, anders zu gestalten: Eigenschaften wie Fachwissen, Sachbezogenheit und Unabhängigkeit sollten vor dem „Parteibuch" rangieren. *luz*

Der Hamburger und Germania Ruder Club ist 1934 hervorgegangen aus dem Zusammenschluss des am 18.7.1836 als älteste derartige Vereinigung in Hbg gegründeten Vereins „Der Hamburger Ruder Club" und dem am 13.4.1853 gestifteten „Germania Ruder Club". Das Rudern war seinerzeit eine exklusive Sportart, die von Hbger Kaufmannssöhnen nach ihrem traditionellen Englandaufenthalt in der Hansestadt heimisch gemacht worden war. Der Club gilt heute als der älteste noch bestehende Ruderclub auf dem Kontinent und verfügt über ein Vereinshaus in herausgehobener Lage am Westufer der ➢*Außenalster*. *Ah.*

Der Patriot erschien als bedeutendste deutschsprachige Moralische Wochenschrift 1724–26 in drei Jahrgängen. Herausgegeben wurde er von der wohl 1723 entstandenen Patriotischen Gesellschaft, der wichtige Träger der frühen Hbger ➢*Aufklärung* wie B.H. ➢*Brockes*, M. ➢*Richey* und J. ➢*Klefeker* angehörten. D.P. warb für gemeinnütziges Engagement, setzte sich für Verbesserungen im Armen- und ➢*Schulwesen* wie für die Teilhabe von Frauen an der Aufklärung ein, übte Sittenkritik, um „eingewurzelte Irrthümer, Mißbräuche und übele Gewohnheiten" der Hbger Mitbürger wie der Deutschen überhaupt zu überwinden. D.P. erreichte eine Auflage von rund 4.000, zeitweise sogar von über 5.500 Ex. Er wurde in ganz Dtld und im Ostseeraum gelesen.

Das Erscheinen der neuartigen Wochenschrift führte zu einem lebhaften Flugschriftenstreit für und wider die Zeitschrift. Die Attacken der streitbaren luth. Orthodoxie blieben wirkungslos, war D.P. doch eng mit den aufgeklärten Kräften im ➢*Rat* verbunden. Buchausgaben des Patrioten kamen 1728/29, 1737/38, 1747 und 1765 heraus. Die Patriotische Gesellschaft bestand bis in die 1740er Jahre als politisch und kulturell einflussreicher Freundeskreis weiter. Bald nach der Gründung wurde ihr Name als ehrende Bezeichnung auf die Hamburgische Gesellschaft zur Beförderung der Künste und nützlichen Gewerbe

(➢*Patriotische Gesellschaft*) übertragen. Eine direkte Verbindung der beiden Sozietäten bestand nicht, wohl aber lassen sich zahlr. Anknüpfungen an Gedanken und Ziele der Hbger Frühaufklärung erkennen. *Ko.*

DER SPIEGEL Das wöchentlich erscheinende Nachrichtenmagazin wurde 1946 auf Initiative der brit. Informationskontrolle in Hannover gegründet. Die zunächst unter dem Titel „Diese Woche" publizierte Zeitschrift übernahm 1947 in unabhängiger dt. Leitung der damalige Redakteur R. ➢*Augstein*, der sie seitdem als DER SPIEGEL herausgab. Die erste Nummer vom 4.1. umfasste 26 Seiten. Fünf Jahre später wurde Hbg Verlagsort und das ➢*Pressehaus* Domizil des Magazins. Der am 10.10.1962 veröffentlichte Artikel „Bedingt einsatzbereit", der die Bonner Verteidigungspolitik kritisierte, löste die „Spiegel-Affäre" aus. Die in der Öffentlichkeit heftig kritisierte Durchsuchung der Redaktionsräume sowie die Festnahme von Augstein und einigen Redakteuren führten schließlich zum Rücktritt des damaligen Bundesverteidigungsministers F.J. Strauß. Das Wochenmagazin, das bis vor einigen Jahren auf dem deutschen Zeitschriftenmarkt eine nahezu konkurrenzlose Stellung einnahm, erreichte 2010 eine Auflage von 995.000 Ex. *JJF*

Ein Hamburger auf dem Titelbild der „SPIEGEL"-Ausgabe vom 24.6. 1948: Finanzsenator Walter Dudek gehörte zu den Vorbereitern der Währungsreform, die in Rothwesten bei Kassel in Klausur getagt hatten.

Dessau, Paul (geb. 19.12.1894 Hbg, gest. 28.6.1979 Ost-Berlin), Musiker, Komponist. Mit 18 Jahren wurde D. für ein Jahr Korrepetitor am Hbger ➢*Stadttheater* und avancierte nach verschiedenen Stationen 1925 zum Opernkapellmeister in Berlin. Zwei Jahre später lernte er in Baden-Baden B. Brecht kennen, mit dem er seit 1942 eng zusammenarbeitete. Viele von Brechts Stücken und Gedichten wurden von D. vertont. Nach 15-jährigem Exil (Frankreich, USA) kehrte der Komponist 1948 nach Dtld zurück und lebte seitdem wieder in Berlin. 1957 wurde D. Vizepräsident der Deutschen Akademie der Künste der DDR. *Ti.*

DESY (Deutsches Elektronen-Synchrotron) Das DESY wurde 1959 als selbstständige Stiftung bürgerlichen Rechts gegründet. Zugleich ist es der Name des Teilchenbeschleunigers, der am 11.11.1964 im Stadtteil ➢*Bahrenfeld* eingeweiht wurde. Nach DESY wurden noch drei weitere Teilchenbeschleuniger auf dem Gelände errichtet, von denen der größte, HERA (Hadron-

Ein international bedeutendes Zentrum zur Erforschung der Materie: Blick auf das DESY-Gelände in Bahrenfeld. Am oberen Bildrand ist die Elbe zu erkennen.

Elektron-Ring-Anlage) ein ringförmiger Tunnel mit 6,3 km Länge und einem Durchmesser von 5,2 m, erst 1990 fertiggestellt wurde und in 10–20 m Tiefe durch Bahrenfeld verläuft; er war bis 2007 in Betrieb. Die Teilchenbeschleuniger dienen der Erforschung der Elementarteilchen, u.a. der Quarks, von denen das sechste und zugleich letzte erst 1995 zweifelsfrei wissenschaftlich nachgewiesen werden konnte, und der Erzeugung von intensivem Röntgenlicht für Forschungen in Naturwissenschaft und Technik. Dazu werden mithilfe elektromagnetischer Felder Kleinstteilchen (Protonen und Elektronen) bis auf nahezu Lichtgeschwindigkeit beschleunigt und dann zur Kollision gebracht. Dadurch wird der Aufbau des Protons aus seinen Bestandteilen, den Quarks, untersucht. DESY ist weltweit eines der bedeutendsten Zentren für Teilchenphysik und die Forschung mit Photonen. *OK*

Deutsche Seewarte Die D.S. ging als Reichsinstitut aus der 1868 gegründeten Norddt. S. hervor und nahm 1876 ihren Betrieb im Seemannshaus auf. Zu ihren wichtigsten Aufgaben gehörten Seewetterberichte

Bis zum Zweiten Weltkrieg kamen von hier die Seewetterberichte und Sturmwarnungen: die Seewarte zwischen Seemannshaus und St. Michaelis. Farbige Lithografie, Ende des 19. Jahrhunderts

und der Sturmwarndienst. Als erstes Institut in Dtld veröffentlichte sie fortlaufend Wetterkarten, auch für die Tagespresse. Darüber hinaus zählten Hydrografie, maritime Meteorologie und die Prüfung nautischer Instrumente zu ihren Tätigkeitsfeldern. Atlanten, Seekarten und weitere Veröffentlichungen dienten der Unterrichtung von Seeschifffahrt und Seefischerei. Das 1881 durch Kaiser Wilhelm I. eingeweihte Seewartengebäude auf dem ➢*Stintfang* gehörte bis zu seiner Zerstörung im Zweiten Weltkrieg zu den Wahrzeichen des Hbger ➢*Hafens*. 1919–24 wirkte der durch seine Kontinentalverschiebungstheorie bekannte Geophysiker und Meteorologe A. Wegener an der D.S. Mitarbeiter der Seewarte waren an nahezu allen dt. Polarexpeditionen und ozeanografischen Forschungsfahrten beteiligt. 1946 wurde das Institut von den Alliierten aufgelöst. Der Wetterdienst wurde vom Meteorologischen Institut für Nordwestdtld (ab 1953: Seewetteramt des Deutschen Wetterdienstes) übernommen, die nautischen und gewässerkundlichen Aufgaben vom Deutschen Hydrographischen Institut (➢*Bundesamt für Seeschifffahrt und Hydrographie*). *NF*

Deutscher Beamtenbund (DBB) Nach den Arbeitern (➢*DGB*) und den Angestellten (➢*Deutschnationaler Handlungsgehilfen-Verband*, ➢ *DAG*) waren die Beamten die letzte Gruppe der abhängig Beschäftigten, die sich zur Wahrung und Förderung ihrer Arbeits- und Wirtschaftsbedingungen zusammenschlossen – lange bevor ihnen (1918/19) Koalitionsfreiheit eingeräumt wurde. Im 1879 zum Zwecke der Beamtenselbsthilfe und der „Standespflege" gegründeten, heute noch bestehenden Verein Hamburgischer Staatsbeamten sammelten manche frühen Beamtengewerkschafter ihre ersten Erfahrungen. Die engagiertesten kamen aus den Reihen der Bürobeamten (C. Grevsmühl, Chr. ➢*Koch*) und der Volksschullehrer (K. Raue), aus der ➢*Gesellschaft der Freunde des vaterländischen Schul- und Erziehungswesens* und aus dem 1903 gegründeten Verein der Bureau-Angestellten des hamburgischen Staates (1906: Hamburgischer Bureaubeamten-Verein). Unter dem Druck der Kriegsumstände schlossen sich 40 Beamten-Organisationen 1917 zum Verband hamburgischer Beamtenvereine zusammen. 1922 wurde ein Hbger Landesverband des auf Reichsebene seit 1918 existierenden DBB ins Leben gerufen. Nach der ➢*NS-Zeit* entstanden die regionalen Beamtenorganisationen und 1948 auch der DBB erneut. 2009 waren im seit 2001 neu benannten „dbb hamburg beamtenbund und tarifunion" 23 Gewerkschaften und Verbände des öffentlichen Dienstes mit mehr als 25.000 Mitgliedern zusammengeschlossen. *luz*

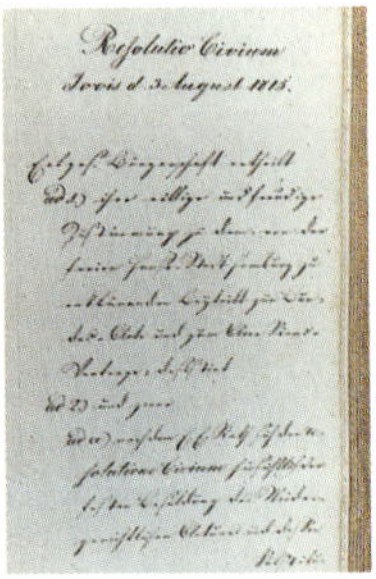

Beschluss der Erbgesessenen Bürgerschaft über den Beitritt Hamburgs zum Deutschen Bund vom 3.8.1815

Deutscher Bund hieß der am 8.6.1815 auf dem Wiener Kongress konstituierte und bis 1866 bestehende Staatenbund von anfangs 37, zuletzt 34 souveränen Fürstentümern und vier Stadtstaaten, nämlich ➢*Lübeck*, Frankfurt a.M., ➢*Bremen* und Hbg (die in der Bundesakte festgelegte Reihenfolge richtete sich nach der Erlangung der früheren Reichsstandschaft). Auf der in Frankfurt tagenden Bundesversammlung des D.B.es waren die vier Freien Städte in der letzten, der 17. Kurie zusammengefasst. Seinen militärischen Beitrag zum D.B. erfüllte Hbg gemeinsam mit Lübeck und Bremen (➢*Militär/Garnison*); zusammen mit ihnen und Frankfurt unterhielt es das ➢*Oberappellationsgericht* mit Sitz in Lübeck. *SH*

Deutsches Allgemeines Sonntagsblatt Die von der Ev. Kirche getragene „Christliche Wochenzeitung für Politik, Wirtschaft und Kultur", so ihr Untertitel, erschien erstmals am

1.2.1948. Gründer und Herausgeber war der hannoversche Landesbischof H. Lilje, erster Chefredakteur H. Zehrer. Lilje sah die Aufgabe des Blattes darin, Mittler zwischen ev. Kirche und Öffentlichkeit zu sein, die „Begegnung zwischen Kirche und Welt" zu fördern. Die Redaktion begann mit ihrer Arbeit in Hermannsburg in der Lüneburger Heide, zog aber schon bald nach Hbg. Theologischer Chefredakteur war 1950–75 H. Zahrnt, der mit seinen Artikeln und Büchern eine breite Öffentlichkeit erreichte. 1988 hatte das D.A.S. eine Auflage von 122.000, 1997 nur noch von 45.876 Ex. 2000 stellte das Blatt sein Erscheinen ein. Die Nachfolge trat „chrismon – Das evangelische Magazin" an, das monatlich als Beilage mehrerer Tages- und Wochenzeitungen erscheint. Die Gesamtauflage beträgt rund 1,6 Mio. Ex. Im Herbst 2005 wechselte „chrismon" vom Süddeutschen Verlag zum Gemeinschaftswerk der Evangelischen Publizistik in Frankfurt a.M. Die Redaktion wurde von Hamburg dorthin verlegt. *Ko.*

Deutsches Maler- und Lackierer-Museum heißt das am 18.5.1984 eröffnete Museum zur Geschichte des dt. Malerhandwerks im „Glockenhaus" am ➢*Billwerder* Billdeich. In den verschiedenen Abteilungen werden die Entwicklung verschiedener Mal- und Lackiertechniken dargestellt (Lukasdiele, Geräte- und Balkondiele) und zahlr. Exponate aus der Innungsgeschichte gezeigt (Fahnensaal, Silbersaal). Im Zunftsaal ist die Entwicklung der genossenschaftlichen Organisation des Berufsstandes erläutert (➢*Ämter*). Zunächst war ein Hbger Museum geplant. Während der erfolgreichen Materialsichtung und -sammlung kamen aber immer mehr überregionale Zeugnisse zusammen, sodass die Einrichtung zu einem bundesweiten Museum ausgebaut werden konnte. Das denkmalgeschützte „Glockenhaus" ist um 1600 als ➢*Landhaus* errichtet worden. 1972–83 erfolgte die Restaurierung und tlw. Wiederherstellung des Zustandes, in dem sich das Haus nach einem Umbau, den der ➢*Oberalte* P.D. Kern als Eigentümer vornehmen ließ, um 1780 befunden hatte. *Ti.*

Das „Glockenhaus" in Billwerder beherbergt seit 1984 das Deutsche Maler- und Lackierer-Museum.

Deutsches Schauspielhaus Hbger Bürger, die mit dem Angebot und der Qualität der vorhandenen Bühnen unzufrieden waren, brachten 1899 das Grundkapital von 1 Mio. Mark für ein neues Theater auf. Die Wiener Architekten und Theater-Spezialisten F. Fellner und H. Helmer errichteten 1899/1900 nach dem Vorbild des Wiener Volkstheaters an der Kirchenallee das Gebäude. Mit urspr. 1.831 Plätzen gehört es zu den größten dt. Sprechbühnen. Das Innere wurde 1982–84 restauriert und zeigt seitdem wieder die alte Pracht des Neorokokos. Als Spielstätten während dieser Zeit dienten ➢*Kampnagel* und das ➢*Operettenhaus*. Das Deckengemälde im Zuschauerraum stellt den Siegeszug des Apoll und die ihm gewidmete

Das Deutsche Schauspielhaus an der Kirchenallee, gegenüber vom Hauptbahnhof, ist eine der ersten Adressen in der deutschen Theaterlandschaft. Die Pracht des Neorokokos prägt die Innenausstattung.

Huldigung der Hammonia (➢*Stadt- und Schutzpatrone*) dar. Erster Intendant des D.S.es war der Wiener A. Freiherr von Berger, der ein „Burgtheater an der Alster" versprach und an den „Hamburger Stil" F.L. ➢*Schröders* anknüpfen wollte. Zum Erfolg Bergers trug bei, dass Kaiser Wilhelm II. das D.S. mehrfach besuchte und damit aufwertete. Berger inszenierte historistisch v.a. die Werke der Klassiker und F. Hebbels. 1909 verließ Berger Hbg, um die Leitung des Wiener Burgtheaters zu übernehmen. Das D.S. war als Privattheater nicht in der Lage, dauerhaft ein hohes Niveau zu halten. Nur kurzfristig, unter E. Ziegel, konnte dies 1926–28 mit Aufführungen von Stücken B. Brechts und H.H. ➢*Jahnns* u.a. erreicht werden.

1933 wurde das D.S. „Staatliches Schauspielhaus". Mit den Inszenierungen des „Don Carlos" von F. von Schiller und der „Minna von Barnhelm" von G.E. ➢*Lessing* fand J. Fehling 1935 große Beachtung; er rief damit Protest bei nationalsozialistischen und Zustimmung bei mutigen Theaterkritikern hervor. Ab 1942 bespielte das D.S. auch das Altonaer Theater. 1945–49 war an der Kirchenallee das „Garrison Theatre" der engl. Besatzungsmacht untergebracht, sodass meist Ausweichquartiere, u.a. im ➢*Gewerkschaftshaus*, gesucht werden mussten.

1955–63 leitete G. ➢*Gründgens* das Haus. In Erinnerung blieb v.a. der „Faust" mit W. Quadflieg in der Titelrolle und dem Intendanten als Mephisto. „Faust" I wurde erstmals 1957, „Faust" II 1958 aufgeführt, „Faust" I 1961 auch verfilmt. Mit „Faust" I gastierte das D.S. u.a. 1959 in Moskau und Leningrad. Kurz war 1968 die Intendanz des als Fernsehproduzent und -regisseur angesehenen E. Monk. Nach Jahren des Übergangs und der Krise übernahm 1972 I. Nagel das D.S., das er bis 1980 führte. Aufsehen über Hbg hinaus erregte die Inszenierung von W. Shakespeares „Othello" durch P. Zadek im Mai 1976. Zadek leitete das

Theater 1985–89. Während seiner Intendanz und der 1993 begonnenen von F. Baumbauer fand das D.S. wiederholt überregionale Beachtung und Anerkennung, u.a. durch Einladungen zum Berliner Theatertreffen und mehrfache Wahl zum „Theater des Jahres". 2000–05 leitete T. Stromberg das Schauspielhaus, 2005–10 folgte ihm F. Schirmer. *Ko*

Deutsches Zollmuseum Der Geschichte des ➢*Zollwesens* vom Altertum bis heute widmet sich das im Mai 1992 am Alten Wandrahm in den ehem. Räumen der Zollverwaltung am Rande der ➢*Speicherstadt* eröffnete D.Z. Mit Schwerpunkt auf der dt. Entwicklung werden Exponate aus allen Bereichen und Aufgabenfeldern des Zolls gezeigt und erklärt. Praktiken der Schmuggler fehlen ebenso wenig wie eine Uniformsammlung der sie bekämpfenden Beamten. Ein eigener Bereich ist dem für Hbg bedeutsamen Wasserzoll gewidmet. *Ti.*

Zu den musealen Attraktionen der Speicherstadt zählt das Deutsche Zollmuseum am Alten Wandrahm.

Deutsch-Israelitischer Synagogenverband (SV) Der SV war einer der drei jüd. Kultusverbände innerhalb der ➢*Jüdischen Gemeinde* in Hbg. Gegründet 1868/73, ist er die dem liberalen ➢*Neuen Israelitischen Tempelverein/-verband (TV)* vergleichbare Organisationsform der Orthodoxie. 1939 erfolgte die Selbstauflösung aller Kultusverbände, um Anordnungen des Reichssicherheitshauptamts zuvorzukommen. Im „Hamburger System" war der jüd. Kultusverband funktional und rechtlich selbstständig in seiner Verwaltung, in der Anstellung seiner Beamten (auch der Rabbiner) und in seiner Finanzhoheit.

Der SV hatte in Hbg eine religiös beherrschende Position inne. Ihm allein stand das Oberrabbinat zu, in seinen Händen lag das Schächtwesen, der Koscherfleischhandel, das Anfertigen der Mazzot und die Fürsorge für das rituelle Bad. Nach Gewohnheit wurden unter seiner Aufsicht die Beschneidungen vorgenommen, bei ihm lag die ausschließliche Nutzung der gemeindeeigenen ➢*Synagogen*gebäude. Sämtliche Einrichtungen der Jüd. Gemeinde hatten traditionell seinen religiösen Anforderungen unter Aufsicht des Oberrabbiners zu genügen.

Mit etwa 1.200 männlichen Mitgliedern (zuzüglich Familienangehörigen) war der SV der größte der Hbger Kultusverbände. Oberrabbiner in Hbg waren im 19. und im 20. Jh.: I. Bernays (1821–49), A. Stern (1851–88), M.A. Hirsch (1889–1909), S. Spitzer (1909–34) und J. ➢*Carlebach* (1936–41). *IL*

Deutschlandlied Das Gedicht A.H. Hoffmann von Fallerslebens wurde im August 1841 auf der damals engl. Insel Helgoland geschrieben und wenige Tage später von dem Hbger Verleger J. ➢*Campe* gekauft. Bereits am 4.9.1841 erschien das „Lied der Deutschen" in dessen Verlag, vertont mit der Melodie der Kaiserhymne „Gott erhalte Franz den Kaiser" von J. Haydn (1797). Erstmals öffentlich vorgetragen wurde das Lied am 5.10.1841 von Mitgliedern der ➢*Hamburger Tur-*

nerschaft von 1816 und der Hamburger ➢*Liedertafel* von 1823 vor ➢*Streit's Hotel* am ➢*Jungfernstieg* in Anwesenheit des Dichters. Eine Kapelle des ➢*Bürgermilitärs* begleitete die Sänger. Gesungen wurde zu Ehren eines Hotelgastes, des bekannten badischen Staatsrechtlers und liberalen Politikers K.Th. Welcker. Das Singen des D.s war zugleich Ausdruck der politischen Hoffnung auf eine Vereinigung der vielen dt. Länder zu einem Nationalstaat. Eine Bronzetafel im Eingangsbereich des Kinos Streit's erinnert an die musikalische Erstaufführung. *SH*

Deutschnationaler Handlungsgehilfen-Verband (DHV) 1893 gründeten Gehilfen, die der antisemitischen Deutschsozialen Partei nahestanden, in Hbg den DHV. Durch vielfältige Beziehungen zu Verbänden der völkischen Bewegung entwickelte er eine deutschnationale Ideologie. Er verwarf die Frauenarbeit, nahm keine Juden, sondern nur „Kaufleute deutschen Blutes" auf und warb Mitglieder innerhalb der Grenzen des dt. „Volkstums". Ab 1910/11 entwickelte der Verband sich zu einer standespolitischen Interessenorganisation, die ab 1919 den Charakter einer bürgerlichen Angestelltengewerkschaft annahm und eng mit christlichen Gewerkschaften zusammenarbeitete. Nach anfänglicher Unterstützung der ➢*DNVP* und der ➢*DVP* wurde die ➢*NSDAP* stärker gefördert und ein Bündnis von Zentrum und NSDAP angestrebt. Da der DHV, der sich auch als „Gesinnungsgemeinschaft" verstand, seine 400.000 Mitglieder (1930) weit stärker prägte als andere Verbände, beeinflusste er das Denken breiter Mittelstandsschichten. Angeschlossen waren zahlr. Organisationen und wirtschaftliche Unternehmungen, wie die ➢*Hanseatische Verlagsanstalt* und die Versicherung Deutscher Ring. 1933 wurde der DHV in die Dt. Arbeitsfront eingegliedert und 1934 aufgelöst.

^ Das markante Gebäude des DHV am Johannes-Brahms-Platz und Holstenwall beherbergte lange die ➢*DAG*. Der auffallende, von L. Kunstmann und K. Opfermann entworfene Gebäudeschmuck der Fassade und der Vorhalle ist ebenso reizvoll, wie er seinerzeit als Interpretation der imperialistischen und „völkischen" Träume des DHV auch ein politisches Programm darstellte. *He.*

DGB (Deutscher Gewerkschaftsbund) Als 1863 der Allgemeine Deutsche Arbeiterverein unter F. Lassalle gegründet wurde, war Hbg bereits eines der Zentren der dt. Arbeiterbewegung. Erstmals hatten sich Arbeiter in Kattundruckereien und Zuckerfabriken schon um 1800 an Streiks von Handwerkern beteiligt. Als 1890 in Berlin die Gründung der Generalkommission der Gewerkschaften Dtlds beschlossen wurde, übernahm deren Führung der Hbger Drechsler C. Legien; von den 58 mitwirkenden gewerkschaftlichen Zentralverbänden hatten 25 ihren Sitz in Hbg. Im Rahmen des Hbger Gewerkschaftskartells, 1891 gegründet, entstanden die Pläne für das 1906 eingeweihte ➢*Gewerkschaftshaus* am ➢*Besenbinderhof*. Legien stand auch noch an der Spitze des 1919 konstituierten Allgemeinen Deutschen Gewerkschaftsbundes und leitete 1920 den Generalstreik, der sich gegen den ➢*Kapp-Putsch*, einen rechtsradikalen Umsturzversuch, richtete. Nach der Aus- und Gleichschaltung der Gewerkschaften durch die Nationalsozialisten 1933–45 gingen im Juni 1945 aus einer anfänglichen Sozialistischen Freien Gewerkschaft zwölf Industriegewerkschaften (IG) und eine Angestelltengewerkschaft (➢*DAG*) hervor. 1947 entstand aus den IG der DGB – zunächst auf der Ebene der brit. Besatzungszone, 1949 für die Bundesrepublik Deutschland. In Hbg wird neben der Zentrale der DGB-Region (früher: des DGB-Kreises) Freie und Hansestadt Hbg auch die Zentrale des Bezirks Nord unterhalten (Hbg, Schleswig-Holstein, Mecklenburg-Vorpommern, bis 2002 des Landesbezirks Nordmark, umfassend Hbg, Schleswig-Holstein und vier angrenzende niedersächsische Kreise). 2009 waren im DGB Hbg vereinigt: ver.di (Vereinte Dienstleistungsgewerkschaft); IG Metall; IG Bauen-Agrar-Umwelt; IG Bergbau, Chemie, Energie; Gewerkschaft für Erziehung und Wissenschaft; Gewerkschaft Nahrung-Genuss-Gaststätten; Gewerkschaft der Polizei; Transnet (für die Eisenbahner). *luz*

Die Reform Das von J.F. Richter publizierte „Volksblatt" erschien erstmals am 23.3.1848 (➢*Revolution von 1848/49*). Früher als andere Zeitungen illustrierte das großformatige Blatt seine Ausgaben mit Holzschnitten. D.R. galt als die führende Zeitung des Mittelstandes und war auch bei den „kleinen Leuten" beliebt. Ihre Tendenz war freisinnig. Um 1865 erreichte sie mit 26.500 Ex. die höchste Auflage aller Hbger Zeitungen. Als sie die von Jahr zu Jahr stärker werdende Sozialdemokratie und deren Organ, das ➢*Hamburger Echo*, befehdete, sank die Zahl der Abonnements rapide. Am 28.2.1892 wurde D.R. endgültig eingestellt. *KT*

die tageszeitung Die kleinste überregionale Zeitung Dtlds (Erstausgabe: 17.4.1979) aus linksalternativem Berliner Hause publiziert seit dem 2.10.1981 auch einen Hbger Lokalteil. Das der grünen Bewegung nahestehende Blatt übt seit seiner Gründung als (größter deutscher) selbstverwalteter Betrieb den finanziellen Seiltanz und stand wiederholt vor dem Absturz, so zuletzt 1996, als erneut die Reserven erschöpft waren und den Lesern die „Vertrauensfrage" gestellt werden musste. Die Zeitung zeichnete sich zunächst eher durch interne Diskussionen als durch Qualität und Professionalität aus. Bis Anfang der 1990er Jahre erhielten alle Mitarbeiter den gleichen Lohn. Seit 1992 sind die „tazler" Teilhaber einer Genossenschaft; sie alle hoffen, dass die bundesweit wochentags verkaufte Auflage von 56.572 Ex.

Ein Kind der Revolution von 1848/49 war die Zeitung „Die Reform". Das „Volksblatt" arbeitete von Anfang an mit Karikaturen. Kopf der Ausgabe vom 6.8.1851

(2010; in Hbg: rd. 7.000 Ex.) gehalten und das von Anfang an zu geringe Anzeigenaufkommen gesteigert werden kann. *KT*

DIE WELT Die brit. Besatzungsbehörden ließen das Blatt erstmals am 2.4.1946 als überparteiliche Zeitung für die gesamte brit. Zone und als Antwort auf die ebenfalls überregional vertriebenen Organe der Sowjets (Neues Deutschland) und der Amerikaner (Neue Zeitung) erscheinen. Zu diesem Zweck beschlagnahmten sie das Verlagshaus ➢*Broschek*. Im September 1953 erwarb A. ➢*Springer* die Zeitung von den Briten und baute sie mit zunehmend konservativer Grundhaltung zu einem der führenden meinungsbildenden Blätter der Bundesrepublik auf.

Die Zentralredaktion der Zeitung, die seit 1970 keine schwarzen Zahlen mehr schrieb, wurde 1975 von Hbg nach Bonn und 1993 von dort nach Berlin verlegt. Die Hbger Lokalredaktion blieb erhalten. Die Auflage (mit WELT Kompakt) betrug 2010 258.659 Ex. Die Hbg-Auflage erreichte 2010 91.939 Ex. *KT*

DIE ZEIT Mit der 1946 von G. ➢*Bucerius*, L.H. Lorenz, R. Tüngel und E. Schmidt di Simoni in Hbg gegründeten und noch heute dort erscheinenden Wochenzeitung setzte das Wiederaufleben der Hbger Presse in der Nachkriegszeit ein. Die erste Ausgabe erschien am 21.2.1946 mit 25.000 Ex. Nach Auseinandersetzungen zwischen den Gründungsgesellschaftern, bei denen es auch um die künftige politische Linie des Blattes ging, wurde D.Z., die zunehmend konservativ-national geworden war, zur konsequent liberalen Wochenzeitung. G. Bucerius wurde 1957 Alleininhaber. Nachdem sich 1965 die Verleger Bucerius, J. Jahr und R. Gruner zur ➢*Gruner + Jahr GmbH & Co.* zusammengeschlossen hatten, erschien D.Z. zunächst in diesem nach dem Springer-Verlag (A. ➢*Springer*) zweitgrößten Pressekonzern der Bundesrepublik, weiterhin jedoch unabhängig und unter der persönlichen verlegerischen Verantwortung von G. Bucerius. Am 29.11.1972 fiel D.Z. vereinbarungsgemäß zurück in die Selbstständigkeit im Zeitverlag G. Bucerius. Heute erscheint sie im Zeitverlag Gerd Bucerius GmbH & Co. KG, der seit 1996 zur Stuttgarter Verlagsgruppe Georg von Holtzbrinck gehört. Die Auflage beträgt rund 502.000 Ex. (2010). Herausgeber sind heute J. Joffe und seit 1983 der frühere Bundeskanzler H. Schmidt. Das Profil des Blattes prägten u.a. M. Gräfin ➢*Dönhoff* (von 1946 bis 2002) und Th. Sommer (Chefredakteur 1973–92). Die erste Ausgabe trug das Hbger ➢*Wappen* im Titelkopf. Nach diesbezüglichen Beanstandungen des Hbger ➢*Senats* zeigte sich der Bremer Bürgermeister W. Kaisen (➢*Bremen*) weniger in Sorge um

Mit dieser Nummer begann die Karriere einer großen Wochenzeitung: Kopf der ersten Ausgabe der „ZEIT" vom 21.2.1946 noch mit dem bald durch den „Bremer Schlüssel" ersetzten Hamburger Wappen

DIE ZEIT

WOCHENZEITUNG FÜR POLITIK · WIRTSCHAFT · HANDEL UND KULTUR

Preis 40 Pf. / Nr. 1 / 1. Jahrgang — Veröffentlicht unter Zulassung Nr. 6 der Militärregierung — Donnerstag, 21. Februar 1946

sein Stadtwappen und stellte der Zeitung den „Bremer Schlüssel" zur Verfügung. *Br.*

Dietz, Johann Heinrich Wilhelm (geb. 3.10.1843 Lübeck, gest. 28.8.1922 Stuttgart), Verleger. Der weit über die dt. Grenzen hinaus bekannt gewordene sozialdemokratische Parteiverleger war nach der Schriftsetzerlehre in St. Petersburg tätig, kehrte 1866 nach ➢*Lübeck* zurück und engagierte sich in der Druckergewerkschaft.

1874 siedelte er nach Hbg über und übernahm die technische Leitung der sozialdemokratischen Genossenschaft-Druckerei (ab 1890 ➢*Auer-Druck*), in der im folgenden Jahr das „Hamburg-Altonaer Volksblatt" erschien. 1878 wurde diese Druckerei zum Schein an ihn verkauft, um sie vor den Sozialistengesetzen zu retten. Nach dem Verbot des Volksblattes 1878 gaben die Sozialdemokraten die „Gerichtszeitung" (später ➢*Hamburger Echo*) heraus, 1879/80 auch den ersten Jahrgang des „Wahren Jacob", einer satirischen Zeitschrift. Nach der Ausweisung von führenden Sozialdemokraten aus Hbg siedelte D. 1880 nach ➢*Harburg* über, musste aber nach Lübeck zurückkehren, als auch die neue Zeitung verboten wurde. Von dort aus holte ihn die Partei 1881 nach Stuttgart, wohin die Reste der Leipziger Parteidruckerei überführt worden waren.

Zugleich kandidierte D. im Hbger Wahlkreis II; das Reichstagsmandat errang er 1881 in der Nachwahl und hatte es bis 1918 inne. D. brachte das Stuttgarter Geschäft zur Blüte und führte es auch nach Aufhebung der Sozialistengesetze mit Erfolg weiter. Er verlegte seit 1883 die Zeitschrift „Die Neue Zeit", seit 1886 die „Internationale Bibliothek". Sein Name lebt fort im heute in Bonn ansässigen Verlag J.H.W. Dietz Nachfolger GmbH. *AGr.*

Dispacheur Zur Feststellung von Havarien und sonstigen Schäden an Schiffen und Ladungen bestellte der ➢*Rat* seit 1639 einen D. Das Dispachewesen war 1783–1811 der ➢*Admiralität*, ab 1815 der Hafen- und Schifffahrtsdeputation und deren Nachfolgebehörden unterstellt (➢*Strom- und Hafenbau*). Nachdem das Gesetz über das Dispachewesen schon 1922 vereidigte D. neben dem Dispache-Kontor zugelassen hatte, wurde das Dispache-Kontor Ende April 1924 aufgelöst. *LS*

DNVP (Deutschnationale Volkspartei) Teils konservative, mehr aber noch reaktionäre Partei der Weimarer Republik, deren Hbger Landesverband Ende November 1918 gegründet wurde. Sie war Sammelpartei für die bis dahin getrennt agierenden, oft vom Alldeutschen Verband koordinierten Konservativen, Christlichsozialen und Deutschvölkischen. Die DNVP war monarchistisch, antisemitisch, orthodox-luth., war mehr von Handwerkern, Ladenbesitzern, Akademikern und Industriellen geprägt als von den im ➢*Deutschnationalen Handlungsgehilfenverein* organisierten Arbeitnehmern. Die DNVP nahm in der Weimarer Republik an keinem Hbger ➢*Senat* teil, obgleich sie zeitweise die an Mitgliedern und Wählern stärkste bürgerliche Partei war (1922: 18.000 Mitglieder, 1924: 21,6 % der Stimmen). In der zweiten Hälfte der 1920er Jahre durch Abspaltungen geschwächt (Konservative Volkspartei, Christlichsozialer Volksdienst), verlor die DNVP zunehmend Anhänger und Wähler,

Johann Heinrich Wilhelm Dietz war als Abgeordneter, Drucker und Verleger unermüdlich im Dienste der Sozialdemokratie tätig. Zeitgenössische Porträtzeichnung

nicht zuletzt an die ➢*NSDAP*. Gegenüber den Nationalsozialisten zeigte der verbliebene DNVP-Kern eine Mischung aus Selbstbehauptungs- und Kooperationswillen. Zuletzt als Deutschnationale Front firmierend, wurde der Hbger Landesverband Ende Juni 1933 zur Auflösung gezwungen. Nach der ➢*NS-Zeit* fanden sich einige Ex-DNVP-Politiker bei der ➢*CDU* und bei der Deutschen Partei (DP) ein; im Senat des ➢*Hamburg-Blocks* (1953–1957) kam W. Ziegeler (DP) aus der früheren DNVP. *luz*

Dock Ein D. bezeichnet eine Anlage auf Schiffswerften, die zum Neubau oder zur Reparatur von Schiffen genutzt wird. Schwimmdocks sind U-förmige schwimmende Behälter mit doppeltem Boden und hohlen Seitenwänden, die durch Fluten abgesenkt werden und sich nach Einlaufen des Schiffes durch Leerpumpen mitsamt dem Schiffskörper wieder heben. Trockendocks sind ins Ufer hineingebaute und durch Tore verschlossene Becken, deren Boden unter der Wasserlinie liegt. Beim Heben bzw. Auspumpen der D.s senkt sich das Schiff auf ein vorbereitetes Tragegerüst (Kielpallung) ab. Das erste Trockendock in Hbg ließ der Reeder R.M. Sloman sen. auf ➢*Steinwerder* 1851 errichten. *KKW*

Dockenhuden ist ein altes, schon 1184 urkundlich genanntes Dorf, das 1919 mit ➢*Blankenese* unter dessen Namen zusammengeschlossen wurde. Es umfasste das Gebiet nördl. der Blankeneser Landstraße und östl. des Mühlenberger Weges. Zum Unterschied vom Fischerdorf Blankenese war D. ein Bauerndorf. Sein Kern befand sich an der Abzweigung der Dockenhudener Straße von der ➢*Elbchaussee*. Dazu gehörten auch das Goßlerhaus, der 1867 gebaute Bahnhof und die 1896 fertiggestellte Kirche. 1908 lag D. auf einer Fläche von 6,1 km^2 mit 3.925 Einw., Blankenese zählte dagegen auf 4,93 km^2 5.014 Einw. *Me*

Ein großes Seeschiff zur Reparatur im Dock bei Blohm + Voss. Trocken- und Schwimmdocks gehören zur traditionsreichen Infrastruktur des Hamburger Hafens. Foto aus den 1990er Jahren

Dönhoff, Marion Hedda Ilse **Gräfin** (geb. 2.12.1909 Schloss Friedrichstein/Ostpreußen, gest. 11.3.2002 Schloss Crottorf/Siegerland), Journalistin, Publizistin.

Aufgewachsen auf dem ostpreuß. Familienbesitz, absolvierte die Tochter des Reichstagsabgeordneten und Mitglieds im Preußischen Herrenhaus A. Graf Dönhoff nach dem Abitur und ausgedehnten Reisen ein Studium der Volkswirtschaft in Frankfurt a.M. und Basel, das sie 1935 mit einer Promotion abschloss. Im Januar 1945 floh sie vor den herannahenden sowjetischen Truppen nach Westfalen. 1946 kam sie nach Hamburg, um für die Wochenzeitung ➢*DIE ZEIT* zu arbeiten, deren Politik-Ressort sie seit 1950 leitete. Politische Differenzen mit dem konservativen Chefredakteur R. Tüngel führten 1954 zur Trennung D.s von der „ZEIT", doch schon im folgenden Jahr holte G. ➢*Bucerius* sie zurück; 1968 berief er sie zur Chefredakteurin. Ein zentrales Anliegen ihrer journalistischen Arbeit war die Unterstützung einer Ostpolitik der Versöhnung und Zusammenarbeit, für die sie 1971 den Friedenspreis des Börsenvereins des deutschen Buchhandels erhielt. 1973 wurde die prinzipienfeste, streitbare und strengen publizistischen Maßstäben verpflichtete D. Herausgeberin der „ZEIT". Zu den zahlreichen Büchern, die sie neben ihrer journalistischen Tätigkeit verfasste, gehören „Namen, die keiner mehr nennt. Ostpreußen – Menschen und Geschichte" (1962), der autobiografische Rückblick „Kindheit in Ostpreußen" (1988) und das zeitkritische Plädoyer „Zivilisiert den Kapitalismus. Grenzen der Freiheit" (1997). Ebenso wie ihre Veröffentlichungen war auch ihr Wirken für die Deutsche Gesellschaft für Auswärtige Politik, das Goethe-Institut, die ➢*ZEIT-Stiftung Ebelin und Gerd Bucerius* und viele weitere Organisationen vom Engagement für Toleranz, Frieden und soziale Gerechtigkeit geprägt. Die mit zahlreichen Preisen und Ehrendoktorwürden ausgezeichnete D. wurde 1982 Ehrensenatorin der ➢*Universität Hamburg*, von der Freien und Hansestadt Hamburg wurde sie 1994 zur Professorin und 1999 zur Ehrenbürgerin (➢*Ehrenbürger*) ernannt. Die 1988 gegründete Marion-Dönhoff-Stiftung vergibt seit 2003 gemeinsam mit der ZEIT-Stiftung für Verdienste um die internationale Verständigung den Marion-Dönhoff-Preis. *Br.*

Marion Gräfin Dönhoff war über 50 Jahre für die Wochenzeitung „DIE ZEIT" tätig.

Dom 1. Mit der Bischofsweihe ➢*Ansgars* 831 dürfte auch eine der Jungfrau Maria geweihte Kathedralkirche entstanden sein, zunächst wohl ein hölzerner D., der bei dem ➢*Wikinger*überfall 845 verbrannte. Trotz der Verlegung des ➢*Erzbistumssitzes* nach ➢*Bremen* blieb der D. mit seinem ➢*Domkapitel* bestehen. Im 11. Jh. wurde er als steinerne Kirche neu erbaut. Mit der Entwicklung der Stadt kamen die Kirchen der ➢*Kirchspiele* hinzu, die bis 1250 entstanden waren. Seit dem 14. Jh. mehrfach aus- und umgebaut, behielt der D. seine ab 1248 geschaffene Form als Emporenbasilika aus ➢*Backstein*, an die zahlr. Kapellenbauten angefügt wurden. Die ➢*Reformation* änderte an der Stellung des D.s nichts; die Domimmunität, also die Hoheit in dem zum Dom gehörenden Areal in der ➢*Altstadt*, gehörte weiterhin dem Erzbischof in ➢*Bremen* und dessen weltlichen Nachfolgern, also zeitweise Schweden und schließlich dem Kurfürstentum Hannover. Erst 1803 kam er nach dem ➢*Reichsdeputationshauptschluss* an die Stadt und wurde 1804–07 schnöde abge-

Der Dom, ungeliebte, zuletzt hannoversche Exklave inmitten der Stadt, kam 1803 an Hamburg. Kurz vor seinem Abriss im Jahr 1804 wurde er noch einmal in einem aquarellierten Kupferstich von Johann Marcus David festgehalten.

brochen – einmal wegen seiner Baufälligkeit, zum anderen wegen seines Symbolwertes für auswärtige Herrschaftsansprüche in der Stadt. Sein Inventar wurde verschleudert und in alle Winde zerstreut.

2. Kurzbezeichnung für das Volksfest auf dem ➢*Heiligengeistfeld*, den ➢*Hamburger Dom. LS*

Domkapitel Als D. werden die Zusammenschlüsse von Geistlichen an Kathedralen bezeichnet, die ein Recht zur Mitverwaltung der Diözese und zur Bischofswahl erworben haben. Die dem D. angehörigen Domherren (lat. canonici) lebten zunächst klosterähnlich, jedoch unter Belassung ihres Privatvermögens und der Rangunterschiede. In Hbg wurden den Mitgliedern des D.s unter Bischof Unwan, während dessen Herrschaft 1013–39 sich die kirchliche Organisation des ➢*Erzbistums* festigte, Anteile der Diözesaneinkünfte zugewiesen. Später wurde ihnen gestattet, Pfründen und Benefizien anzunehmen. Das Gemeinschaftsleben löste sich bereits im 12. Jh. auf. Die Zahl der Domherren wurde 1302 auf zwölf festgelegt.

Das D. hatte zunächst rein geistliche Aufgaben, entwickelte sich in Hbg aber infolge der Verlagerung des Erzbistumssitzes nach ➢*Bremen* immer stärker zur eigtl. Diözesanverwaltung. Es setzte sich aus Inhabern der größeren und der kleineren Präbenden (Pfründen) zusammen; letztere gab es in schwankender Zahl (vier bis acht) – das 15. Jh. kennt besonders viele Präbendenstiftungen von Adligen und Bürgern. Die Inhaber der größeren Präbenden waren die Inhaber der Dignitäten: Propst (praepositus), Dekan/Dechant (decanus), Scholaster/Schulmeister (scolasticus), Thesaurar/ Schatzmeister (thesaurarius) und Sangmeister (cantor). Daneben gab es Baumeister (structurarius), den Ersten Vorleser oder Lehrer der Theologie (lector primarius/doctor theologiae), Rittmeister (praefectus), Salzmeister (salinator), Brotmeister (panista), Börsenmeister (bursarius) und Almosenmeister (elemosynarius). Die Domherren bewohnten die Domherrenkurien und hatten z.T. beträchtliche Einkünfte, die auch privater Natur waren. Die soziale Zusammensetzung des Hbger D.s bis zur ➢*Reformation* wurde von hbg. Bürgersöhnen bestimmt, zum kleinen Teil entstammten die Domherren dem Nieder- und Hochadel. Das D. lag verschiedentlich im Streit mit dem ➢*Rat*. Von großer Wichtigkeit ist die Auseinandersetzung im Gefolge der Reformation, die nach einem Reichskammergerichtsprozess (1528–33) und einem Vergleich zwischen Rat und D. von 1561 schließlich zur – von zahlr. weiteren Reibungen begleiteten – Erhaltung des D.s bis zum ➢*Reichsdeputationshauptschluss* 1803 führte. Das D. als Teil des Erzbistums, später Herzogtums Bremen bestand bis zu diesem Zeitpunkt und war immer wieder ergänzt worden. Der letzte Domherr war der Aufklärer F.J.L. ➢*Meyer*. *LS*

Dove-Elbe In alter Zeit war die heutige D.-E., die als „Gamm-Elbe" oder „de ole Elv" das Land Gamma durchfloss, vom Wasser der ➢*Elbe* durchflutet. Als 1420 die ➢*beiderstädtische* Herrschaft begann, ergab sich die Möglichkeit, die Elbarme abzudämmen, um das Land vor Überschwemmung zu schützen und besser eindeichen zu können. Vermutl. setzten 1434 die Vorarbeiten zum ➢*Gammer Deich* ein, vier Jahre später war die Abdämmung des Gammer Orts beendet. Damit wurde dieser Elbarm zu einem ungefährlichen, tauben (= ndt. doven) Seitenarm. Dies war ein bedeutender Eingriff in die Strömungsverhältnisse der ➢*Elbe*, der die ➢*Vierländer* Marschen vor größeren ➢*Sturmfluten* schützte. Außerdem vermehrte sich die Wassermenge im Hauptstrom, was der Norderelbe zugute kam (➢*Bunthäuser Spitze*). Seitdem schlängelt sich die bedeichte D.-E. in engen Mäandern 19,7 km in Südost-Nordwest-Richtung durch die

Uferlandschaft der Dove-Elbe bei Allermöhe mit den für die Vier- und Marschlande charakteristischen Pappelgruppen

Marsch. Sie bildet die natürliche Trennungslinie der Ortschaften ➢*Neuengamme* zu ➢*Altengamme* und ➢*Curslack*, ➢*Reitbrook* zu ➢*Allermöhe*, ➢*Tatenberg* zu ➢*Moorfleet*, bis sie dort in die Norderelbe mündet. Die alten Elbarme Dove- und ➢*Gose-Elbe* waren noch bis etwa 1930 die Hauptverkehrswege durch das Gebiet. Sogar Dampfschiffe, wie die „Flora" und „Maiblume", besorgten den Frachtverkehr nach Hbg, bis Eisenbahn (➢*Bergedorf-Geesthachter Eisenbahn*) und Lastkraftwagen die Schiffe ablösten.

Mit dem Bau der Krapphofschleuse 1930 verlandete der Fluss mehr und mehr, versagte sich somit größeren Fahrzeugen und bildete stellenweise nur noch ein größeres Rinnsal. Die 1952 in Betrieb genommene Tatenberger Schleuse (➢*Tatenberg*) mit ihrem zusätzlichen Wehr dämmte den Fluss am Oberlauf völlig ab und schuf die Voraussetzung für den Wasser- und Freizeitpark Dove-Elbe mit Ruderregattastrecke (1986). Über die D.-E. führt auch der Kurs der weißen Flotte der Alster-Touristik (➢*Alsterschifffahrt*) vom ➢*Jungfernstieg* nach ➢*Bergedorf*. *HR*

Dreieckshandel Als D. wird ein transatlantisches Dreiecksgeschäft zwischen Europa, Afrika und Amerika während der Zeit des merkantilistischen Kolonialhandels (16.–18. Jh.) bezeichnet. Dabei gelangten Produkte wie Gewehre, Schnaps oder Leinen aus Europa nach Westafrika zum Tausch gegen Sklaven, die wiederum als Arbeitskräfte an die Plantagen in der Neuen Welt verkauft wurden. Die Rohstoffe der Plantagenwirtschaft, v.a. ➢*Zucker*, Baumwolle, Kaffee und Tabak, wurden zur Weiterverarbeitung nach Europa exportiert. Bis zum Verbot des Sklavenhandels im 19. Jh. teilten die mit Monopolen und Privilegien ausgestatteten Handelskompanien der Kolonialmächte den D. unter sich auf.

Seinen Zugang zum dän. Kolonialbesitz Dänisch-Westindien mit der Insel St. Thomas nutzte H.C. von ➢*Schimmelmann*. Als eine der wenigen Privatpersonen beteiligte er sich seit 1763 am atlantischen D., den er u.a. von seinem Hbger ➢*Kontor* aus steuerte. In Fabriken ließ er Kattun für den D. bedrucken, sog. Negertuch. Ohne einen vergleichbaren direkten Zugriff auf Kolonien waren die Hbger Reeder und Kaufleute von diesem lukrativen Geschäft ausgeschlossen. Zu Beginn des 19. Jhs verdächtigte Großbritannien gleichwohl einige Reeder und Schiffsbesatzungen aus der Hansestadt, am D. und damit am Sklavenhandel beteiligt zu sein. *AB*

Dreigemeinde (AHU) Im Jahr 1671 schlossen sich die fünf jüd. Gemeinden in ➢*Altona*, Hbg und ➢*Wandsbek* zum Gemeindeverband der D. zusammen (hebrä.: Schalosch kehillot AHU), der für gemeinschaftliche Institutionen und die Regelung von Streitfragen zwischen den Gemeinden zuständig war. Da Altona die größten jüd. Gemeinden hatte, wurde es Zentrum der D., Sitz des Oberrabbiners und des jüd. Gerichts. Während Hbgs Einverleibung in das frz. Kaiserreich (➢*Franzosenzeit*) wurde die D. 1812 aufgelöst. *Pe.*

Duckdalben (auch Duckdalven, Düükdalven) sind Rammpfahlgruppen zum Festmachen der Schiffe im ➢*Hafen*, erstmals 1740 als Duc d'Alben belegt. Der aus dem Niederländ. stammende Begriff ist 1568 als duc Dalba in Amsterdam, das damals dem span. Feldherrn Herzog Alba anhing, nachgewiesen. Nach anderer Lesart leitet er sich ab von düken (ducken) und Dollen (Pfähle), bedeutet also geduckt zueinander stehende Pfähle. *Ko.*

Dudek, Walter (geb. 11.10.1890 Altenburg/Thüringen, gest. 1.12.1976 Hbg-Harburg), Politiker. Der Sohn eines Postbeamten studierte Recht und Wirtschaft, erwarb den Doktorgrad, trat der ➢*SPD* bei und hatte mehrere Verwaltungspositionen inne (Referent und stellvertretender Landrat im Kreis Merseburg; Bürgermeister von Fürstenwalde/Spree

1919–22; Stadtrat und Dezernent für Wohlfahrtswesen in Dortmund, dort wegen seiner Haltung gegenüber der frz. Rheinlandbesetzung 1923 ausgewiesen). Zum (Ober-) Bürgermeister von ➢*Harburg* auf zwölf Jahre gewählt, konnte er sein Amt nur von 1925 bis zur Vertreibung am 11.3.1933 ausüben. Als „preußischer Sozialist", zuletzt auch als Abgeordneter im Hannoverschen Provinziallandtag, gehörte er zu den prägenden SPD-Kommunalpolitikern der Weimarer Republik, ohne in seiner Partei unumstritten gewesen zu sein.

D. erreichte die Vereinigung mit ➢*Wilhelmsburg* zur Großstadt Harburg-Wilhelmsburg und antwortete auf die Hamburgisch-Preußische Hafengemeinschaft von 1929 mit weitreichenden, aber erfolglosen Eingemeindungsplänen. Zu seinen Leistungen gehören auch die Erweiterung des höheren Schulwesens mit der dazugehörigen Friedrich-Ebert-Halle (1930) sowie die Förderung des Wohnungsbaus. Der Finanzexperte konnte die enorme Kommunalverschuldung in der Weltwirtschaftskrise nicht verhindern.

Das Naziregime überstand D. als Textilkaufmann in Berlin, in Verbindung mit liberalem Widerstand. Nach dem Zweiten Weltkrieg kurzfristig als Direktor des Kreises 8 wieder für Harburg zuständig, machte er sich 1946–53 als Hbger Finanzsenator um den Wiederaufbau verdient. Bei der Vorbereitung der Währungsreform von 1948 war er überregional wirksam. D. war – nicht nur als Abgeordneter in der ➢*Bürgerschaft* (bis 1954) – weiterhin Harburger Interessen, die er um 1970 wieder durch eine gewisse Verselbstständigung gestärkt wissen wollte, verbunden. Ähnlich weit gespannt war D.s Berufstätigkeit neben und nach der politischen Laufbahn: vom Verwaltungsratsvorsitz der Neuen Sparcasse von 1864 (➢*Hamburger Sparkasse*, ➢*Sparkassenwesen*) bis zur Finanzberatung für den ➢*DGB* in Düsseldorf. D. wurde Ehrensenator der ➢*Universität Hamburg* und erhielt 1965 die ➢*Bürgermeister-Stolten-Medaille*. In Harburg erfuhr er posthume Würdigung mit der nach ihm benannten Brücke über die Bahnhofsanlage 1985 und einem Gedenkstein mit Plakette ebd. 1988. *JE*

Düpe Schon zu Beginn des 16. Jhs war das Problem der Erhaltung einer hinreichenden Wassertiefe (mndt. düpe) für den Hbger ➢*Hafen* erkannt. Die beiden jüngsten Ratsherren führten seit 1555 als D.herren, später als Präsides einer entsprechenden Kommission die Aufsicht über das Fahrwasser. 1618 konnte nach dem Bau der neuen ➢*Befestigung* die Tiefgangsbeschränkung im Hafen aufgehoben werden. Die D.kommission wurde in der Zeit der frz. Besatzung (➢*Franzosenzeit*) außer Kraft gesetzt. 1814 gingen ihre Aufgaben an die neu geschaffene Schiffahrts- und Hafendeputation über (➢*Strom- und Hafenbau*). *LS*

Dulsberg Stadtteil im ehem. Ortsamtsgebiet Barmbek-Uhlenhorst des Bezirks ➢*Hamburg-Nord* mit 1,2 km^2 Fläche und 17.292 Einw. (2009). Der D. ist Teil der Gemarkung ➢*Barmbeks*; er wurde nach dem Ersten Weltkrieg als Siedlungsgebiet erschlossen und stellt als Modell des „Neuen Bauens" einen bedeutsamen Abschnitt hbg. Baugeschichte dar. Nahezu alle führenden Architekten

Walter Dudek: Harburger Oberbürgermeister und Hamburger Finanzsenator. Fotoporträt von Fritz Kempe, 1951

Hbgs waren in den 1920er Jahren an den Entwürfen beteiligt. Die städtebauliche Gesamtplanung lag bei Oberbaudirektor F. ➢*Schumacher.* Sein Ziel war es, die katastrophale Wohnversorgung des wirtschaftlich schwachen Bevölkerungsteils zu verbessern. Im Gegensatz zu den in Schlitzbauweise dicht bebauten gründerzeitlichen Quartieren zeichnet sich die Siedlung D. durch parallel angeordnete Blocks in Zeilenbauweise aus (➢*Etagenhaus*). Grünanlagen und große Innenhöfe sollten für ruhige und gesunde Wohnverhältnisse sorgen und Gemeinschaftseinrichtungen ein kollektives Wohngefühl vermitteln. Von F. Schumacher wurden die Volksschulen Ahrensburger Weg (heute Emil-Krause-Gymnasium) und Alter Teichweg (heute Gesamtschule) 1919–23 bzw. 1929–31 als architektonische Akzente des Stadtteils gestaltet. Im Krieg wurde D. nahezu vollständig zerstört. Die Siedlung galt jedoch als so vorbildlich, dass sie in weiten Teilen wieder aufgebaut wurde. Das Dulsbergbad ist Landesleistungszentrum des Hbger Schwimmverbands und gehört zum Olympiastützpunkt Hamburg. *SH*

Durchgangsheim für gefährdete weibliche Jugendliche Das staatliche Durchgangsheim entstand 1939 in dem ➢*Stadthaus* Schwanenwik 38, das der jüd. Eigentümer zwangsweise verkaufen musste. 50 Betten standen bereit für sozial auffällige „verwahrloste“ Mädchen, die hier in „Schutzhaft“ genommen wurden. Einweisungsgründe konnten ständiges Versagen in Hausstellungen oder Verdacht der ➢*Prostitution* sein, und generell drohte in der ➢*NS-Zeit* die mörderische Bezeichnung „nicht erbwertig“. Eine hohe Fluktuationsrate (über 450 Zu- und Abgänge 1941) ließ pädagogische Arbeit kaum zu, das Haus war insoweit eher eine kurzfristige Disziplinierungs- und Verwahrungseinrichtung. 1943 diente es zusätzlich als Notunterkunft. Nachdem 1941 weitere 50 Betten im Nachbarhaus Nr. 37 hinzugekommen waren, übersiedelte die Einrichtung im Januar 1945 vollständig dorthin. In den bisherigen Räumen entstand das „Dauerwohnheim für gefährdete Jungarbeiterinnen und Lehrlinge“. Einen Monat nach der Beschlagnahme durch die Behörden der ➢*Britischen Besatzung* wurde das Haus im Mai 1945 wieder seiner vorherigen Nutzung übergeben. Mit neuen, wechselnden pädagogischen Konzepten bestand die Einrichtung als Heim und später als Durchgangswohnort für weibliche Jugendliche in den Häusern Nr. 37–39 bis 1985 fort. Heute ist in Nr. 38 das ➢*Literaturhaus Hamburg* untergebracht. *Ti.*

Duvenstedt ist ein Stadtteil im Bezirk ➢*Wandsbek* mit 6,8 km^2 Fläche und 6.204 Einw. (2009). Die erste urkundliche Erwähnung des holstein. Ortes erfolgte 1261. D. war im späten 13. Jh. tlw. im Besitz des Hbger ➢*Domkapitels* und kam 1314 an die Pinneberger Linie der ➢ *Schauenburger Grafen* (Amt Tremsbüttel). Ab 1475 war das Amt lauenburg., es gelangte 1571 in den Pfandbesitz der Herzöge von Schleswig-Gottorf (Vorwerk Tangstedt des Gutes Tremsbüttel) und wurde 1649 an diese verkauft. Seit 1867 preuß. Landgemeinde, kam das Dorf durch das ➢*Groß-Hamburg-Gesetz* 1937/38 an die Hansestadt. Seinen ländlichen Charakter hat D. lange Zeit bewahren können; in der Zwischen-

Heute weitgehend unberührte Landschaft im Duvenstedter Brook, dem 785 Hektar großen Naturschutzgebiet im Nordosten Hamburgs, in dem zahlreiche Pflanzen und Tiere ein Refugium finden und sich Spaziergänger auf gekennzeichneten Wegen an Flora und Fauna erfreuen können

kriegszeit entstanden nur wenige ➢*Landhäuser* und Villen. In den letzten Jahren hat eine rege Bautätigkeit eingesetzt. Es sind vor allem Reihen- und Doppelhäuser für junge Familien entstanden. Der Anteil der unter 18-Jährigen beträgt 27 %. Damit ist D. nach ➢*Allermöhe* der Stadtteil mit der jüngsten Bevölkerung in Hbg. Träger der Stadtteilkultur ist die „Vereinigung Duvenstedt" (u.a. Blasorchester und plattdt. Amateur-Theater). An der Landesgrenze zu Schleswig-Holstein befindet sich mit dem ➢*Duvenstedter Brook* Hbgs größtes zusammenhängendes ➢*Naturschutzgebiet. SH*

Duvenstedter Brook Der D.B. ist ein 785 ha großes ➢*Naturschutzgebiet* im Nordosten Hbgs mit artenreicher Flora und Fauna. Über 400 Pflanzenarten, ca. 170 Vogelarten, darunter rund 100 Brutvögel, und zahlr. Schmetterlings- und Libellenarten kommen vor, ebenso seltene Amphibien und Säugetiere. Traditionell wurde der in einer wasserreichen Senke gelegene Brook von den Bauern aus ➢*Duvenstedt*, ➢*Lemsahl-Mellingstedt* und anderen Dörfern zur Viehweide genutzt; Bruchwälder und Moor lieferten daneben Brennholz und Torf. Bis zum 17. Jh. gehörte der D.B. zum Amt Tremsbüttel, später zum Kanzleigut Tangstedt. Die Allmendenutzung wurde erst durch die Gemeinheitsteilungen von 1862 (Lemsahl-Mellingstedter Anteil) und 1887 (Duvenstedter Anteil) aufgehoben. 1937/38 kam der D.B. zum hbg. Staatsgebiet, nachdem die Stadt hier schon ab 1925 größere Flächen durch Kauf erworben hatte. Reichsstatthalter K. ➢*Kaufmann* erklärte 1939 das Mittelstück des D.B. zum Naturschutzgebiet, nutzte es dann aber selbst zu privaten Zwecken. Er ließ u.a. ein Wildgehege anlegen, in dem er der Jagd auf ausgesetztes Rot- und Damwild nachging. 1958 wurde das Naturschutzgebiet erheblich vergrößert. Maßnahmen wie die Stilllegung von Entwässerungsgräben haben die Lebensbedingungen für Nässe liebende Pflanzen und Tiere seit den 1970er Jahren stark verbessert. Zu den Tierarten, die im D.B.

wieder heimisch geworden sind, gehört der Kranich. Einige Wege sind während der Brut der Kraniche und der Brunft der Hirsche gesperrt. *Wa.*

DVP (Deutsche Volkspartei) Nationalliberale Partei der Weimarer Republik, die v.a. das Großbürgertum aus Handel, Banken und Schifffahrt vertrat. Der Hbger Landesverband wurde im November 1918 gegründet. Die DVP lehnte die „Dutzendverfassung" von 1921 als „unhamburgisch" ab, u.a. weil darin eine „Sicherung des Einflusses der führenden Wirtschaftskreise bei der Gesetzgebung" fehle und weil der ➢*Senat* nur noch „Vollzugsausschuß" der ➢*Bürgerschafts*mehrheit sei. Ihr verständigungsbereiter Flügel bewog die DVP, in deren Fraktion die beiden Abgeordneten der katholischen Zentrumspartei hospitierten, 1924 in einen solchen Senat einzutreten (Senatoren W. Burchard-Motz, P. de ➢*Chapeaurouge*, M. Schramm, H. Vering). Als die DVP sich nach dem Tod ihres vor allem als Außenminister des Deutschen Reiches (ab 1923) erfolgreichen Vorsitzenden G. Stresemann 1929 stark der ➢*NSDAP* näherte und ihre Senatoren 1930 aufforderte, die von der ➢*SPD* angeführte Landesregierung zu verlassen, leistete der gemäßigte Flügel um de Chapeaurouge und Vering Widerstand.

Im Mai 1933 löste der NS-geführte Senat den DVP-Landesverband auf, weil sich ähnlicher Widerstand auch gegen den Plan der Mehrheit in der Partei erhob, diese korporativ in die NSDAP zu überführen. De Chapeaurouge sammelte 1945/46 Reste der DVP vorübergehend im ➢*Vaterstädtischen Bund Hamburg* und führte sie dann der CDU zu. De Chapeaurouge verstarb 1952 und konnte seine „Bürgerblock"-Pläne nicht fortsetzen, aber Vering und der Ex-Volksparteiler F.C. Rode organisierten für die 1953 gegründete Dachpartei ➢*Hamburg-Block* e.V. (CDU-FDP-DP) Gelder aus der Wirtschaft im Verein zur Förderung des Hamburgischen Wirtschaftslebens, und im Hamburg-Block-Senat (1953–57) saßen aus der „Weimarer" DVP außer Bürgermeister Kurt ➢*Sieveking* noch Erwin Jacobi und Renatus Weber. *luz*

Edwin-Scharff-Preis Die Verleihung des heute mit 7.500 € dotierten Preises an bildende Künstler und Kunsthandwerker wurde 1955 von ➢*Senat* und ➢*Bürgerschaft* erstmals beschlossen. Sein Namensgeber, der Bildhauer E. Scharff (1887–1955), lehrte von 1946 bis zu seinem Tod an der Kunsthochschule am Lerchenfeld (➢*Hochschule für bildende Künste*). Zuvor war er in München, Berlin und Düsseldorf tätig gewesen und während der ➢*NS-Zeit* mit Arbeitsverbot belegt worden. Den Hbgern ist er u.a. durch seine Plastik „Drei Männer im Boot" am Ufer der ➢*Außenalster* (Schwanenwik) bekannt. Zu den Preisträgern, die in Hbg oder seinem Umland ansässig sein müssen, gehören u.a. A. ➢*Mahlau*, W. Grimm, G. ➢*Marcks*, H. ➢*Janssen* und H. Darboven. *Bü.*

Ehejubiläumsmedaille In Hbg ist die Feier der goldenen Hochzeit erst seit dem 17. Jh. belegt. Die ersten Medaillen zu diesem Anlass ließen im 18. und 19. Jh. die Jubilare zuweilen selber herstellen, z.B. der Hbger Senator M. Mutzenbecher im Jahr 1732, der Schneidermeister J.L. Bergeest 1771 und der Domherr F.J.L. ➢*Meyer* im Jahr 1835. 1842 wurde erstmalig im Auftrag des ➢*Rates* eine Medaille zu einem solchen Anlass angefertigt. Jeweils ein goldenes Ex. ging an die Ehepaare ➢*Bartels* und ➢*Abendroth*. Die Angehörigen dieser beiden ➢*Bürgermeister* erhielten weitere 37 silberne und 84 bronzene Ex. der Medaille. Erst seit dem Jahr 1902 wird die E. vom ➢*Senat* zu 50. und 60. Hochzeitstagen vergeben. Im Laufe der Zeit wurde ihr Aussehen immer wieder verändert. Das jüngste Modell zeigt auf der Vorderseite das Hbger ➢*Wappen* und die Umschrift: „DER SENAT DER FREIEN UND HANSESTADT HAMBURG"; die Rückseite trägt zwei ineinander verschlungene Ringe und die Umschrift „ZUR GOLDENEN HOCHZEIT" bzw. „ZUR DIAMANTENEN HOCHZEIT". Erstere ist aus Bronze hergestellt, Letztere aus Silber. *RW*

Ehrbarer Kaufmann/Gemeiner Kaufmann Vorgänger des E.K. waren die mittelalterlichen ➢*Kaufmannskompanien* und der „Gemeine Kaufmann" (G.K.), ein 1517 von den zur See handelnden Kaufleuten erstmals gewähltes achtköpfiges Gremium. Der kontinuierlich sinkende Einfluss der ➢*Hanse* auf die auswärtigen Handelsangelegenheiten sowie die hansische Ausrichtung auf den Ostseehandel hatten diesen Schritt erforderlich gemacht. Zu den Aufgaben der Kaufmannsvertretung zählten neben der Ehrengerichtsbarkeit und der Organisation des kaufmännischen Botendienstes v.a. die Verwaltung der 1558 vom G.K. gegründeten ➢*Börse*. Ende des 16. Jhs trat an die Stelle des G.K.s der E.K. als Versammlung aller seehandelnden Kaufleute. Gegen den Widerstand des ➢*Rats* verstärkte der E.K. im 17. Jh. seinen Einfluss, so z.B. 1623 mit der Einsetzung der ➢*Admiralität* und 1665 mit der Gründung eines eigenen Exekutivorgans, der ➢*Commerzdeputation*. Seit 1700 konnten alle christl. und seit 1856 auch alle nichtchristl. Kaufleute Mitglied werden. Für die Commerzdeputation (seit 1867 ➢*Handelskammer*) bildete der E.K. bis 1933 den Wahlkörper, nach der „Machtergreifung" drängten die Nationalsozialisten den Einfluss der Versammlung immer weiter zurück, bis diese 1943 ihre Tätigkeit ganz

Medaille zur goldenen Hochzeit von Schneidermeister Jacob Ludewig Bergeest und seiner Frau Catharina Maria: Auf der Vorderseite reichen sich Mann und Frau über einem Altar mit aufgeschlagener Bibel die Hand, auf der Rückseite wacht das Auge der Vorsehung über ihre brennenden Herzen.

einstellte. 1954 errichtete die Handelskammer den E.K. unter dem Namen „Versammlung Eines Ehrbaren Kaufmanns zu Hamburg e.V." wieder und ernennt seitdem den Vorstand. Die Vereinsaktivität konzentriert sich auf die Verbreitung wirtschaftsethischer Grundsätze und die Nachwuchsförderung. Jeweils am Altjahrsabend lädt der E.K. zur traditionellen Jahresschlussansprache des Präses der Handelskammer in die Börse. *OK*

Die Prinzipalin der Hamburger Kammerspiele und Ehrenbürgerin Ida Ehre. Porträtfoto von Fritz Kempe

Ehre, Ida (geb. 9.7.1900 Prerau/Mähren, gest. 16.2.1989 Hbg), Schauspielerin, Regisseurin, Theaterleiterin. Die Tochter eines jüd. Oberkantors übersiedelte 1901 mit ihrer Familie nach Wien. E.s Karriere begann mit Engagements an verschiedenen Bühnen (u.a. Czernowitz, Cottbus, Bukarest, Frankfurt/O., Bonn, Königsberg, Mannheim, ab 1931 am Berliner Lessing-Theater) und ersten Filmaufnahmen. 1933 erhielt sie als Jüdin Berufsverbot. Die ➢*NS-Zeit* überlebte E. in Hbg in „privilegierter Mischehe", nachdem die geplante Auswanderung nach Chile 1939 misslungen war. 1943 wurde sie in der Haftanstalt Fuhlsbüttel (➢*Strafvollzug*) inhaftiert. 1945 gründete und eröffnete E. die ➢*Hamburger Kammerspiele*, eine der wichtigsten Bühnen der Nachkriegszeit, zu deren großen Erfolgen 1946 die Uraufführung von W. ➢*Borcherts* Stück „Draußen vor der Tür" gehörte. Als anerkannte „Prinzipalin" hatte sie die Geschäftsführung des Theaters bis zu ihrem Tod mehr als 40 Jahre inne. 1985 erhielt sie das ➢*Ehrenbürgerrecht* der Stadt Hbg. *IL*

Ehrenbürger

1. Friedrich Carl Freiherr von Tettenborn, russ. General (1813)
2. Gebhard Leberecht Fürst Blücher von Wahlstatt, preuß. Generalfeldmarschall (1816)
3. August Otto Graf Grote, preuß. Gesandter und bevollmächtigter Minister bei den Hansestädten (1826)
4. James Colquhoun, hanseatischer Generalkonsul und Geschäftsträger in London, letzter Stalhofmeister (1834; ➢*Stalhof*)
5. Georg Michael Gramlich, hanseatischer Geschäftsträger bei der Republik Venezuela (1838)
6. Conrad Daniel Graf von ➢*Blücher-Altona*, Oberpräsident in Schleswig-Holstein und Altona (1843)
7. Eduard Heinrich von Flottwell, Oberpräsident der Provinz Sachsen in Magdeburg (1843)
8. Johann Smidt, Bremer Bürgermeister (1843; ➢*Bremen*)
9. Heinrich Christian Gottfried von Struve, außerordentlicher russ. Gesandter und Minister bei den Hansestädten (1843)
10. Otto Fürst von Bismarck, Reichskanzler (1871)
11. Helmuth Graf von Moltke, preuß. Generalfeldmarschall (1871)
12. Gustav Christian Schwabe, Kaufmann in London und Kunstförderer (1886)
13. Johannes ➢*Brahms*, Komponist (1889)
14. Alfred Graf von Waldersee, preuß. Generalfeldmarschall (1901)
15. Paul von Beneckendorff und Hindenburg, Generalfeldmarschall (1917)
16. Henry Everling, Senator (1948)
17. Adolph ➢*Schönfelder*, Präsident der Hamburgischen ➢*Bürgerschaft* (1950)

18. Max ➢*Brauer*, Erster Bürgermeister der Freien und Hansestadt Hamburg (1960)
19. Herbert ➢*Weichmann*, Erster Bürgermeister der Freien und Hansestadt Hamburg (1971)
20. Herbert Dau, Präsident der Hamburgischen Bürgerschaft (1977)
21. Helmut Schmidt, 1974–82 Bundeskanzler (1983)
22. Ida ➢*Ehre*, Schauspielerin und Regisseurin (1985)
23. Gerd ➢*Bucerius*, Verleger und Herausgeber (1986, ➢*DIE ZEIT*)
24. Herbert ➢*Wehner*, ➢*SPD*-Politiker (1986)
25. Kurt A. ➢*Körber*, Industrieller und Mäzen (1991)
26. Alfred C. ➢*Toepfer*, Kaufmann und Mäzen (1991)
27. Rudolf ➢*Augstein*, Journalist und Herausgeber (1993; ➢*DER SPIEGEL*)
28. Marion Gräfin ➢*Dönhoff*, Journalistin und Herausgeberin (1999, DIE ZEIT)
29. Siegfried Lenz, Schriftsteller (2001)
30. Uwe Seeler, Fußballspieler ➢*HSV*, Ehrenspielführer der deutschen Nationalmannschaft (2003)

31./32. Hannelore und Helmut Greve, Unternehmer und Mäzene (2005)

33. John Neumeier, Ballett-Choreograf (2007)
34. Loki Schmidt, Naturschützerin und Ehefrau des Bundeskanzlers Helmut Schmidt (2009)

Im Jahr 1945 aberkannt:
Adolf Hitler (1933), Führer und Reichskanzler; Hermann Göring (1937), preuß. Ministerpräsident. *SH*

Ehrenbürgerrecht Die Ehrenbürgerschaft ist die höchste Auszeichnung, die Hbg zu vergeben hat. Für die Verleihung des E.s gibt es keine schriftlichen Bestimmungen. Das Recht der Verleihung steht dem ➢*Senat* zu. Um dieser seltenen Ehrung eine größere Bedeutung zu geben, wurde 1834 erstmalig und seit 1871 in jedem Fall die Zustimmung der ➢*Bürgerschaft* eingeholt. Bis 1948 wurde es meist an Nichthbger verliehen, um sie – im politischen und rechtlichen Sinne – zu „einem der Unsrigen" zu machen. Seit dem Zweiten Weltkrieg ist es üblich geworden, v.a. hbg. Persönlichkeiten diese Ehrung anzutragen. *SH*

Ehrungen (Auszeichnungen in Form von Medaillen) Der ➢*Senat* der Freien und Hansestadt Hbg verfügt über eine Vielzahl von Möglichkeiten, verdiente Bürger der Stadt, nationale und internationale Persönlichkeiten, aber auch Personengruppen auszuzeichnen. Voraussetzung ist, dass die zu ehrenden Leistungen der Stadt und ihrem Gemeinwohl wesentlich und nachhaltig förderlich sind. Folgende Medaillen werden auch heute noch für herausragende Leistungen auf bestimmten Gebieten verliehen: ➢*Alfred-Toepfer-Medaille*, ➢*Bürgermeister-Stolten-Medaille*, ➢*Ehejubiläumsmedaille*, ➢*Hamburgische Ehrendenkmünze*, ➢*Hamburgische Rettungsmedaille*, ➢*Johannes-Brahms-Medaille*, ➢*Medaille für Kunst und Wissenschaft*, ➢*Medaille für treue Arbeit im Dienste des Volkes*, ➢*Senator-Biermann-Ratjen-Medaille*, ➢*Sportmedaille*, ➢*Staatspreis der Freien und Hansestadt Hamburg*. *RW*

Eidelstedt Stadtteil im ehem. Ortsamtsgebiet ➢*Stellingen* des Bezirks ➢*Eimsbüttel* mit 8,7 km² Fläche und 30.300 Einw. (2009). Das holstein. Dorf in der Herrschaft Pinneberg (➢*Holstein-Pinneberg*) wurde erstmals 1266/69 urkundlich erwähnt. Es war 1347 zu ➢*Eppendorf* eingepfarrt, 1770 zu ➢*Niendorf* und besitzt seit 1906 eine eigene Kirche. Aus der um 1350 erstmals erwähnten gräflichen Wassermühle bezog das hbg. ➢*Domkapitel* Einkünfte. Die Verkoppelung des Dorfes erfolgte 1783–89. Die Chaussee Altona-Kiel führte 1830–34 durch E., das seit 1844 auch an der Eisenbahn zwischen diesen Städten lag; 1884 Station an der Altona-Kaltenkirchener Bahnlinie (➢*AKN*). 1912 gehörte E. zum Amtsbezirk Stellingen, wurde 1924 selbstständiger Amtsbezirk, 1927 nach ➢*Altona* eingemeindet und kam mit diesem 1937 zu Hbg. Die günstige Verkehrslage und preiswerte Grundstücke förderten den Wandel E.s zum Industrievorort seit dem Ende des 19. Jhs. Auf die Errichtung einer Glashütte 1877 folgte seit den 1880er Jahren die Anlage v.a. von Fisch verarbeitenden Fabriken sowie u.a. einer Brauerei, Porzellan-, Schwefelsäure-, Drahtnetz-, Öl- und Bleifabrik. Seit den 1920er Jahren wurden unter Aufgabe von Agrarland und durch die Erschließung von Wald- und Moorflächen verstärkt Wohnsiedlungen gebaut. 1984 wurde das Eidelstedter Heimatmuseum im Eidelstedter Bürgerhaus gegründet, in dem die Geschichte besonders des bäuerlichen E. gezeigt wird. Das 1985 eröffnete Einkaufszentrum mit Busbahnhof brachte die völlige Umgestaltung des Ortskerns mit sich. *Pe.*

Eiffe der Bär Die Sprüche des gescheiterten Studenten und Verwaltungsangestellten Peter-Ernst Eiffe mit dem Spitznamen „Eiffe der Bär" wurden 1968 zum Menetekel der Hbger Studentenrevolte. Mithilfe von Filzstiften und Spraydosen schaffte er quasi eine technische Kulturrevolution, die ihn mit seinen teils anarchistischen, teils klamaukigen Schmierereien zum Vater der Graffiti in der Hansestadt machte. Beispielsweise schrieb er unter Plakate des Müttergenesungswerks „Eiffe schenkt Frauen Rosen", „Eiffe liebt alle Muttis" und „Eiffe der Bär ist lieb, stark und potent". Sein politisches Programm konkretisierte er in der Formel: „Eiffe sieht gut aus. Eiffe schafft ein befriedigtes Deutschland. Eiffe will Bundeskanzler werden!" Seine zukünftige Regierungsmannschaft stellte er sich dabei folgendermaßen vor: „Eiffe Bundeskanzler, Springer außen, Augstein innen, Bartels vom Eros-Center Familienminister, Heinemann Rest!" Als er sich mit Schlips und Kragen unter die APO mischte, hielten ihn viele zunächst für einen Spitzel des Verfassungsschutzes, zumal sein kafkaesk wirkender Erklärungsversuch: „Ich bin Landvermesser!" nicht geeignet schien, diese Befürchtungen zu zerstreuen. Das Ganze nahm ein jähes Ende, als E. Ende Mai 1968 mit seinem Fiat Topolino in die Wandelhalle des Hbger ➢*Hauptbahnhofs* fuhr, sie zur „freien Eiffe-Republik" erklärte und mit „magischen Dreiecken": „Rockefeller – Mao – Eiffe" verzierte. Nach seiner Einweisung in die Psychiatrische Klinik in Ochsenzoll folgte ein kurzes Intermezzo als Werbetexter in Düsseldorf, bevor er für weitere 13 Jahre in der geschlossenen Anstalt im holstein. Rickling untergebracht war, von wo er Weihnachten 1983 verschwand.

Blick vom Turm der Versöhnungskirche entlang der Maxstraße in Richtung Wandsbeker Chaussee auf die Trümmerwüste in Eilbek, einem der im Zweiten Weltkrieg am meisten zerstörten Hamburger Stadtteile. Foto 1947

Monate später wurde er erfroren aufgefunden. *OK*

Eilbek 1. Stadtteil im ehem. ➢*Kerngebiet* des Bezirks ➢*Wandsbek*. Die erste urkundliche Erwähnung fällt in das Jahr 1247 („Ylenbeke"), als das ➢*Heiligen-Geist-Hospital* das östl. vor Hbg gelegene Acker- und Weideland samt dem stormarnschen Dorf E. erwarb. Noch 1818 hatte es nur etwa 90 Einw., bevor das Wachstum Hbgs sich auch hier bemerkbar machte; 1847 zählte E. ca. 290, 1874 bereits über 5.000 Einw. 1866 wurden Teile des zur Vogtei E. gehörigen Landes verkauft und bebaut. Es entstanden im Anschluss an die ➢*Uhlenhorst* und ➢*Hohenfelde* zwischen Wandsbeker Chaussee und Eilbeker Weg bürgerliche Wohnquartiere mit ➢*Stadthaus*-bebauung, denen um die Wende zum 20. Jh. ➢*Etagenhäuser* folgten (zwischen Wandsbeker Chaussee und ➢*Hasselbrook*straße). 1864 entstand in E. die „Irrenanstalt Friedrichsberg", deren Gelände seit 1945 das ➢*Allgemeine Krankenhaus* E. nutzt (➢*Friedrichsberg*). Die Vogtei wurde 1874 ➢*Vorort*, 1894 Stadtteil Hbgs. Im Juli 1943 erlitt E. schwere Zerstörungen. Ganze Straßenzüge brannten nieder. 1962 wurde die 1863/64 von I. Wood nach Entwürfen von A. de ➢*Chateauneuf* gebaute E.er Osterkirche wiederhergestellt. Sie liegt im 1954 geschaffenen Jacobipark und auf dem Gelände des 1848 angelegten Friedhofs von ➢*St. Jacobi*. Einige der Grabmale von z.T. berühmten Hbger Persönlichkeiten sind Bestandteile des Parks. Die Begräbnisstätte war die erste, die mit Rücksicht auf die Großstadtwerdung weit vor die Tore gelegt wurde (➢*Friedhöfe*). Heute leben 20.043 Einw. (2009) in dem 1,7 km² großen Stadtteil, dessen Name sich von Ylen, dem ➢*plattdeutschen* Wort für Blutegel, ableitet; sie wurden noch bis Mitte des 19. Jhs im Flüsschen E. (**2.**) gefangen.

2. E. ist der Name des Alsterzuflusses ➢*Wandse* zwischen ➢*S-Bahn*hof Friedrichsberg und Kuhmühlenteich, der für die 1247 erstmals erwähnte und 1874 abgebrochene Kuhmühle aufgestaut wurde. Seit 1854 der Bau des „Eilbekkanals" ab Friedrichsberger Straße. Zu den Arbeiten wurden arbeitsfähige Insassen des 1853 am E.ufer errichteten Werk- und Armenhauses hinzugezogen. *Ti.*

Eimbecksches Haus hießen ein mittelalterliches, von der Stadt mit verschiedenen Funktionen belegtes Ge-

Das Eimbecksche Haus Ecke Dornbusch/Kleine Johannisstraße diente den verschiedensten Zwecken. Dass die Hamburger in ihm den Anatomiesaal und den Ratsweinkeller unter einem Dach unterbrachten, veranlasste Gotthold Ephraim Lessing zu spöttischen Bemerkungen. Der Dichter war Stammgast in den Kellergewölben. Farbige Architekturzeichnung, 18. Jahrhundert

bäude Ecke Dornbusch/Kleine Johannisstraße sowie der Nachfolgebau an gleicher Stelle. Sein Name entstand, weil der Pächter der im E.H. befindlichen Bierstube eine der insgesamt drei Ausschankkonzessionen des ➢*Rats* für auswärtiges Bier besaß, also auch das allgemein geschätzte Einbecker (früher: „Eimbecker") anbieten konnte.

Das erste E.H. entstand Ende des 13. Jhs mit der Umnutzung und dem vollständigen Umbau des um 1230 errichteten und vermutl. beim Stadtbrand 1284 tlw. zerstörten Rathauses (➢*Rathäuser, Alte, 3.*). Das hohe Kellergewölbe diente weiterhin als ➢*Ratsweinkeller*. In zahlr. Um- und Anbauten wurden neben dem Pfandhaus (Küperhaus) diverse Einzelräume unterschiedlicher Funktionen in den Oberbau integriert (u.a. Mietsäle für Festivitäten, „Herrensaal", „Rosenkranzsaal", ➢*Apotheke*, Totenkammer, Anatomiesaal, zweite Trinkstube) und die städtische Münze angebaut. 1769–71 ließ der Rat die verwinkelte Anlage abreißen und durch den ➢*Bauhof*inspektor J. Kopp und den späteren Maurermeister J.G. Tiltzig einen dreigeschossigen Neubau mit abgewalmten Mansarddach errichten. Eine zweiläufige Freitreppe führte zu den beiden Eingängen des architektonisch gelungenen Gebäudes, in dem die bisherigen und zusätzliche städtische Einrichtungen untergebracht wurden. Zwischen den Türen prangte ein von zwei Löwen getragenes Hbger ➢*Wappen* des Bildhauers J.W. Manstadt. 1842 brannte das Haus aus und musste abgebrochen werden, die Bacchusstatue am Gebäude gelangte in die Sammlung „Hamburgischer Alterthümer" (➢*Denkmalschutz*) und schließlich in den neuen Ratsweinkeller. *Ti.*

Eimsbüttel ist der Name eines Hbger Bezirks mit 243.495 Einw. (2009) auf 49,8 km^2 Fläche und zugleich des Stadtteils in dessen ehem. ➢ *Kerngebiet* (54.077 Einw., 3,2 km^2). E. wurde 1275 zum ersten Mal erwähnt, als eine Hufe in dem Dorf an das Kloster ➢*Harvestehude* verkauft wurde. Das Dorf geriet 1339 vollends in den Besitz des Klosters, dem die Bauern auch nach seiner Umwandlung in das Damenstift ➢ *Kloster St. Johannis* abgabepflichtig blieben. 1830 kam es in hbg. Besitz. Nachdem die frz. Besatzung das Dorf 1813/14 niedergebrannt hatte, wurde es wiederaufgebaut. Einige Jahre später wurde eine Eimsbüttler Gastwirtschaft wegen ihrer Wirtin, der ➢*Schönen Marianne*, zum Anziehungspunkt für viele und illustre Gäste. Ausflügler schätzten das Dorf, seine idyllische Lage und seine Restaurationen. Nach Aufhebung der ➢*Torsperre* 1861 wurde E. zum Wohnvorort. Es war durch die Pferdebahn mit Hbg verbunden. Kleine

Handels- und Handwerksbetriebe siedelten sich an. Mit Gründung des Unternehmens ➢*Beiersdorf* entwickelte sich E. zum Industriestandort. 1880 zählte der ➢*Vorort* 16.229 Einw., 1925 bereits 129.664. Mit der Eingemeindung 1894 wurde E. Hbgs zweitgrößter Stadtteil nach ➢*Barmbek*. Heute zeichnet sich E. durch die soziale Vielfalt seiner Einwohnerschaft aus. Das Straßenbild zeigt eine Mischung aus renovierten Gründerzeitbauten (➢*Etagenhaus*) und Neubebauung, die nach den schweren Zerstörungen des Zweiten Weltkriegs entstanden ist. *SU*

Eimsbütteler Turnverband (ETV) Mit etwa 11.500 Mitgliedern ist der ETV der größte norddt. Sportverein im traditionellen Sinne, d.h. mit Mannschaftssport, Jugendarbeit und Vereinsleben, und gehört zu den zehn größten Sportclubs in Dtld. Auf der Gründungsversammlung am 12.6. 1889 obsiegte eine Mehrheit, die im Clubraum einer Gastwirtschaft turnen wollte („Eimsbütteler Männer-Turnverein von 1889"). Die Unterlegenen, die eine Turnhalle bevorzugten, bildeten die „Eimsbütteler Turnerschaft". 1898 schlossen sich die getrennten Turnbrüder zum ETV zusammen. Elf Jahre später weihten sie an der Bundesstraße die erste norddt. Turnhalle ein. Pioniergeist bewies der ETV auch im Faustball (seit 1896) und beim Fechten (seit 1900). 1911 begann man beim ETV zu schwimmen. Da die ➢*Elbe* in jenen Jahren noch sauber war, beteiligten sich die Eimsbütteler Schwimmer am 4.000-m-Wettschwimmen, das damals von ➢*Övelgönne* bis zur Elbschlossbrauerei bei ➢*Teufelsbrück* ausgetragen wurde. Zwei Jahre vor der Gründung der Leichtathletik-Abteilung gewann der ETVer H. Liesche bei den Olympischen Spielen 1912 in Stockholm mit 1,91 m die Silbermedaille im Hochsprung. 1934 stellte H.H. Sievert vom ETV einen Weltrekord im Zehnkampf auf; er nahm 1936 in Berlin als Kugelstoßer an den Olympischen Spielen teil. Auch die Fußballer erzielten in den 1930er Jahren ihre größten Erfolge (dreimal Nordgaumeister). H. Rohde, ihr bester Mann, brachte es auf 25 Einsätze in der Nationalmannschaft. Zu dieser Zeit und in den 1950ern glänzten die Handball-Damen viermal auf dem Feld und fünfmal in der Halle als dt. Meisterinnen. Heute gehören über die Hälfte der Mitglieder des ETV der Turn- und der Gymnastik-Abteilung an. Die anderen verteilen sich auf viele unterschiedliche Sparten, die von Kampfsportarten über Kanufahren bis zu Tanzangeboten reichen. Aktivitätszentren sind das traditionelle Vereinsgebäude mit dem 1996 eingeweihten Neubau an der Bundesstraße, das ETV-Sportzentrum Hoheluft und das Bootshaus an der Bismarckstraße. *KT*

Einwanderung Etwa 15 % der Hbger, also ca. 260.000 Menschen, waren 2009 ausländischer Herkunft. Ca. 451.000 wiesen einen Migrationshintergrund auf (Menschen, die nach 1949 auf das heutige Gebiet der Bundesrepublik zugewandert sind, sowie alle in Deutschland Geborenen mit zumindest einem zugewanderten oder als Ausländer in Deutschland geborenen Elternteil, Ausländer, Eingebürgerte, Vertriebene, Aussiedler, Spätaussiedler oder Asylbewerber); das waren ca. 26 % der Hbger Bevölkerung. Damit lag Hbg deutlich über dem Bundesdurchschnitt von 18 %.

70 % der in Hbg lebenden Menschen mit Migrationshintergrund gehörten zu den seit 1950 Zugewanderten; 30 % waren in Deutschland geboren. Das Durchschnittsalter der Bevölkerung mit Migrationshintergrund lag bei 33,6 Jahren und war damit niedriger als das der Bevölkerung ohne Migrationshintergrund mit 45,3 Jahren. Ferner war der Männeranteil in der Bevölkerung mit Migrationshintergrund mit 52 % höher als in der Bevölkerung ohne Migrationshintergrund (47 %).

Hbgs Bevölkerung hat stets von Einwanderung profitiert. Die Entwicklung des mittelalterlichen Hbgs (um 1200 rund 1.200 Einw.) zu einer Millionenstadt am Vorabend des Ersten Weltkriegs (➢*Bevölkerungsentwicklung*) war wesentlich ein Resultat kontinuierlicher Zuwanderung. Zunächst erfolgte sie aus dem norddt. Umland (v.a. links der ➢ *Elbe*), sodann aus den Gebieten, mit denen Hbg bevorzugt Handel pflegte (Friesland, Niederlande, Flandern) und später aus Portugal, Frankreich und England (v.a. dann, wenn zusätzlich zu der Anziehungskraft Hbgs dort Bürgerkrieg, Revolution, religiöse Verfolgungen herrschten).

Hbg war um 1600 trotz häufiger Seuchen die größte Stadt im Norden des Reiches, und dies war wesentlich auf den Zustrom von niederländ. Emigranten, Juden und engl. ➢*Merchants Adventurers* zurückzuführen, die damals zusammen angeblich bis zu einem Viertel der Bevölkerung ausmachten – ein Ergebnis auch der im Großen und Ganzen von Offenheit und Pragmatismus geprägten ➢*Fremdenpolitik* des ➢*Rats*. Die Frz. Revolution und die frz. Okkupation Hollands brachten den Zuzug vieler Kaufleute aus diesen Ländern nach Hbg. Im 19. Jh. wurden die Unterschichten der Stadt durch Einwanderer aus dem preuß. Osten und den poln. Gebieten Russlands verstärkt, woher sich z.T. auch der Strom der Auswanderer speiste (➢*Auswanderung*). Um 1900 bestand die Bevölkerung zur Hälfte aus Zugewanderten. Nach dem Zweiten Weltkrieg trug die Stadt das Ihre zur Aufnahme und Eingliederung von Vertriebenen und Flüchtlingen bei. Seit den 1960er Jahren ließen sich zahlr. ausländische Arbeitnehmer („Gastarbeiter"), später zunehmend Flüchtlinge und Asylsuchende aus vielen Krisengebieten dieser Welt sowie deutschstämmige Aussiedler aus Polen und Russland in Hbg nieder. Die (2007) über 62.000 in Hbg lebenden Türken – die größte Einwanderergruppe – sind vielfach schon in Hbg geboren. Seit 2000 erhalten in Deutschland geborene Kinder türkischer Staatsangehöriger automatisch die deutsche Staatsangehörigkeit. *luz*

Eisenbahnwesen Das Hbger E. ist aufgrund seiner vielgestaltig verlaufenden Entwicklung durch ein Neben- und Miteinander mehrerer Eisenbahngesellschaften gekennzeichnet. Zu ihnen gehören die Deutsche Bahn AG (Personennah- und -fernverkehr, ➢*S-Bahn*, Güter- und Güterfernverkehr), die ➢*AKN* (Öffentlicher Personennahverkehr im Norden Hbgs, Güterverkehr im Norden und Osten), die Hamburger Hochbahn AG (➢*U-Bahn*) und die Hafenbahn (Eigentum der Stadt, betrieben von der Deutschen Bahn AG). Einweihungsdaten von Bahnhöfen und Strecken sind:

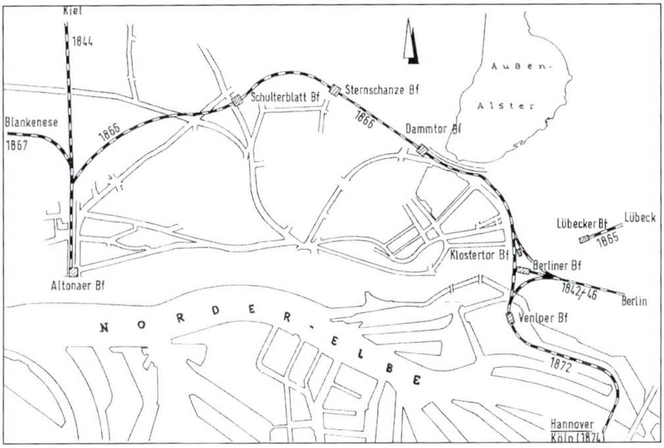

Die Skizze zeigt den Streckenverlauf der Verbindungsbahn von Hamburg nach Altona mit ihren Stationen und den teilweise angeschlossenen Bahnhöfen für die Fernverbindungen nach Norden, Süden und Osten.

Ein Zug der Verbindungsbahn verlässt auf dem Weg von Hamburg nach Altona den alten Dammtorbahnhof. Kolorierte Lithografie von Wilhelm Heuer, ca. 1866

16.5.1842 Hamburg–Bergedorf
18.9.1844 Altona–Kiel (20.7.1845 Zweigbahn Glückstadt)
15.12.1846 Hamburg–Bergedorf–Berlin
1.5.1847 Harburg–Hannover
1.8.1865 Hamburg–Lübeck
16.7.1866 Altona–Hamburg (Verbindungsbahn)
19.5.1867 Altona–Blankenese
15.10.1872 Hamburg–Harburg (➢*Elbbrücken*)
1.6.1874 Harburg–Bremen
1.4.1881 Harburg–Stade
2.12.1883 Wedel–Blankenese
1.9.1884 Altona–Kaltenkirchen (AKN)
5.12.1906 ➢*Vorortbahn* (Blankenese–Ohlsdorf)
29.6.1912 Hochbahn-Ringstrecke (U-Bahn)

Hafen- und Industriebahnen entstanden gleichzeitig: 1845 ➢*Altona* (1992 stillgelegt), 1849 ➢*Harburg*, 1866 Hbg (zum ➢*Sandtorhafen*); die Hbger Hafenbahnen sind heute auf 600 km Länge ausgebaut. In den 1880er Jahren wurden die meisten privaten Fernbahnen durch die Königlich Preußische Eisenbahnverwaltung verstaatlicht. 1884 kam es zur Gründung der Eisenbahndirektion Altona (ab 1938: Eisenbahndirektion Hamburg), die für das Gebiet Schleswig-Holstein, Hbg und das nördl. Niedersachsen zuständig ist. Mit der 1949 gegründeten Deutschen Bundesbahn erfolgte eine weitere Vereinheitlichung: Sie wurde Rechtsnachfolgerin der Deutschen Reichsbahn (1920), der Lübeck-Büchener-Eisenbahn (verstaatlicht 1.1.1938) sowie der preuß. Eisenbahnen (bis 1920). Danach schritt der Konzentrationsprozess weiter voran. Die AKN übernahm 1956 die Güterverkehrsstrecken der ➢*Bergedorf-Geesthachter Eisenbahn AG* und zum 1.1.1981 die Strecken der

Die Stirnseite des Hamburg-Berliner Bahnhofs, der rund 600 Meter südlich des heutigen Hauptbahnhofs lag. Die von Alexis de Chateauneuf entworfene Anlage war im Wesentlichen 1846/47 fertiggestellt. Dass sich die Bauarbeiten dennoch bis 1850 hinzogen, war eine Folge des Absackens der Halle auf dem schlechten Baugrund des zugeschütteten Wallgrabens. Die zermürbende Arbeit am Bahnhof soll ein maßgeblicher Grund für das spätere schwere Gemütsleiden des Architekten gewesen sein. Stahlstich von James Gray, 1850

Elmshorn-Barmstedt-Oldesloer und der Alsternordbahn. Die Hafenbahn wurde Nachfolgerin der Harburger, der Wilhelmsburger sowie der Hbger Industrie- und Hafenbahnen. Aufgegeben wurden die Wandsbeker und Ottenser Industriebahnen sowie die elektrisch betriebene Kleinbahn Altrahlstedt-Volksdorf-Wohldorf. Seit 1965 sind die Fernbahn-Strecken nach Hannover und ➢*Bremen* (1968) elektrifiziert, seit 1995/96 die nach Kiel und Flensburg/Dänemark; der elektrische Betrieb nach Berlin wurde 1996, der nach Lübeck 2008 aufgenommen. *To*

Eislinger Zoll Die Geschichte der Zollstätte führt in das Mittelalter zurück. 1216 ist der „Kraueler Zoll" (➢*Krauel*), Laßrönne gegenüber, urkundlich bezeugt. 1252 wird die Zollstätte „Eyslinghe" genannt; der Name könnte auf einen Flurnamen oder ein Rittergeschlecht hinweisen. Die Abgabe erhoben die Herren von Ribe im Auftrag der Lauenburger Herzöge. Dem Schutz der Zoll- und Fährabgabe diente deren Burg, die Riepenburg. 1296 tauschte Herrmann von Ribe d.J. den E.Z. samt Land- und Burgbesitz in ➢*Kirchwerder* mit Herzog Otto von Braunschweig-Lüneburg gegen einige Güter im Lüneburgischen. Die Zollstelle war Sitz eines Vogtes. Durch die gemeinschaftliche Eroberung der festen Häuser ➢*Bergedorf* und Riepenburg durch Hbg und ➢*Lübeck* im Jahr 1420 und den folgenden Vertrag von Perleberg traten die Sachsenherzöge die Zollstelle an die Hansestädte ab. Hbg war stärker an ihr interessiert, da es von hier aus die Elbhoheit sicherstellen und durch eine kleine Besatzungstruppe notfalls verteidigen lassen konnte. Auch die Landstraße ließ sich kontrollieren. Durch diese strategische Lage erklärt sich die verkehrs- und territorialgeschichtliche Bedeutung des Platzes. Sie machte ihn – neben dem ➢*Bergedorfer Schloss* – zum wichtigsten im ➢*beiderstädtischen* Amte Bergedorf. 1455 hatte der dortige Zolleinnehmer sowohl die Kruggerechtsame (Schankkonzession) als auch das Recht zur Ausübung der niederen Gerichtsbarkeit inne. Als sich durch ➢*Sturmflut*einwirkungen die Ilmenaumündung von Stöckte in Richtung Hoopte nach Westen verschob, musste ihr die Zollstelle folgen, um z.B. die Lüneburger Salzschiffe weiter mit Zoll belegen zu können. An die Stelle des E.Z.s trat der ➢*Zollenspieker*. *HR*

Eißendorf ist ein Stadtteil im ehem. ➢*Kerngebiet* des Bezirks ➢*Harburg* mit 8,4 km² Fläche und 23.433 Einw. (2009). 1332/33 das erste Mal erwähnt, zählte das Dorf 1667 sechs Hufner, fünf Groß- und sechs Kleinkätner. 1885–1905 stieg die Einwohnerzahl im Zuge der Industrialisierung von 799 auf 3.051. Die Bebauung der Eißendorfer Straße begann, und 1892 erfolgte die Anlage des Harburger Neuen Friedhofs an der Bremer Straße. 1910 wurde E. nach Harburg eingemeindet. 1928–30 entstanden mit dem Adolph-von-Elm-Hof und den Bauten in der Eißendorfer Straße zwei Großsiedlungen. Westl. des alten Dorfkerns wurden Einzelhäuser errichtet. 1871–1949 ging die Zahl der landwirtschaftlichen Betriebe von 37 auf 14 zurück. 1937 wurde E. mit Harburg-Wilhelmsburg nach Hbg eingemeindet. Nach dem Zweiten Weltkrieg lebten noch 11,4 % der Bevölkerung in 22 Kleingartenkolonien (1950), bevor in den 1960er bis 1980er Jahren die Verdichtung der Bebauung zwischen Denickestraße, Ehestorfer Weg und Beerentalweg mit Großsiedlungen vorangetrieben wurde. *Ri.*

Eitzen, Paul von (geb. 25.1.1521 Hbg, gest. 25.2.1598 Schleswig), Theologe. E., der einer angesehenen Hbger Familie angehörte, wurde 1549 an den Hbger ➢*Dom* berufen und 1555 Superintendent. Wie schon zuvor J. ➢*Aepinus* und J. ➢*Bugenhagen* schickte der ➢*Rat* auch ihn zur Erlangung des theologischen Doktorgrades nach Wittenberg, damit er den früheren, altgläubigen Domlektoren in akademischer Würde nicht nachstand. 1556 wurde er promoviert. Im Rahmen der Lehrstreitigkeiten um den Calvinismus, gegen den sich besonders J. ➢*Westphal*, Pastor an ➢*St. Katharinen*, stark gemacht hatte, vertrat E. eher gemäßigte Positionen. Dies führte zu Verdächtigungen, er sei ein Kryptocalvinist. Diese Angriffe erleichterten ihm 1562 die Entscheidung, in Holstein-Gottorper Dienste überzutreten und für den Gottorper Landesteil in Schleswig das Amt des Superintendenten zu besetzen. 1564 wurde er Generalsuperintendent und bestimmte die innerkirchliche Ausrichtung. Er formulierte 1574 einen Ordinationseid, der die angehenden Geistlichen auf ein Luthertum melanchthonscher Prägung verpflichtete. E. fand als Figur in S. Heyms 1981 veröffentlichten Roman „Ahasver" Eingang. *Ti.*

Ekhof, Hans Konrad Dietrich (geb. 12.8.1720 Hbg, gest. 16.6.1778 Gotha), Schauspieler. E., Sohn eines Schneiders und Stadtsoldaten, war zunächst als Schreiber tätig, schloss sich dann als Akteur verschiedenen Wandertruppen und Schauspielgesellschaften an. 1767–69 gehörte er zum Ensemble des Nationaltheaters und zum Freundeskreis von G.E. ➢*Lessing*. Nach dem Scheitern des Nationaltheaters ging er zur Truppe von A. Seyler, die 1771–74 in Weimar spielte. Nach dem Weimarer Schloss- und Theaterbrand wechselte E. nach Gotha und leitete ab 1775 das dortige Hoftheater. E. gilt als der erste realistische Darsteller des dt. Theaters, der v.a. durch seine wandlungsfähige Stimme und sein natürliches Spiel überzeugte. Er legte großen Wert auf die Ausbildung der Schauspieler und die Erziehung der Nachwuchskünstler. Durch seine hohen Ansprüche und sein Vorbild bereitete er die gesellschaftliche Anerkennung der Schauspieler vor, ihre soziale Absicherung strebte er an. Bereits zu Lebzeiten wurde E. als „Vater der deutschen Schauspielkunst" gerühmt. *Ko.*

Elbblockaden Wie leicht Hbg als ➢*Tor zur Welt* auf dem Seewege in seiner Funktionsfähigkeit gestört werden konnte, wurde besonders während der Konflikte zwischen dem nachrevolutionären Frankreich und dem die Ozeane beherrschenden England deutlich, in der letzten Phase des um die Weltherrschaft geführten „Zweiten Hundertjährigen Krieges". 1799 legte England Kriegsschiffe vor die ➢*Elbe*, um die Herausgabe in Hbg weilender irischer „Staatsfeinde" zu erzwingen. Im Juni 1803 blockierten engl. Schiffe in einer dem brit. Handel nicht nur Vorteile bringenden Aktion die Elbe-, aber auch die Wesermündung, nachdem Frankreich das mit England dynastisch verbundene Kurfürstentum Hannover okkupiert hatte. Diese zweite E. dauerte bis zum Oktober 1805. Im November 1806 wurde die britische Blockade mehrerer kontinentaler Flussmündungen von französischer Seite durch eine Art Selbstblockade (Auto-blocus, ➢*Kontinentalsperre*) teils bekämpft, teils ergänzt, bis 1813/14. Im an der Elbmündung gelegenen Amt Ritzebüttel (➢*Cuxhaven/Ritzebüttel*) begannen die Franzosen, gegen weitere englische Sperren Geschütze zu errichten, konnten aber beispielsweise nicht verhindern, dass engl. Schiffe im April 1807 erneut für kurze Zeit die Elbmündung versperrten. Der Hbger Im- und Export wurde während solcher Blockaden ebenso erfindungsreich wie aufwendig über Tönning an der Eider, Kiel und ➢*Lübeck* abgewickelt, obwohl Napoleon den dänischen Staat zum Verbündeten gewann; die Preise stiegen aber erheblich. Manche Handelsanteile gingen dauerhaft auf nichtblockierte kleinere Häfen über (Emden, Varel, Norden). 1848 litt Hbgs Handel erneut unter einer diesmal dän. E. im Rahmen des im April begonnenen dt.-dän. Krieges um Schleswig. *luz*

Elbbrücken Die Hbger E. sind die letzten vor der Elbmündung. 1813 verbanden die frz. Besatzer Hbg und ➢*Harburg* (im Rahmen der gegen die Alliierten zu verteidigenden Festung Hamburg-Harburg) erstmals durch eine (Holz-)Brücke; sie wurde 1817 wieder abgerissen, weil sie durch Eiseinwirkung schon arg mitgenommen war, ferner wohl auch, um dem Gedanken, Hamburg könnte Festungsstadt (im Deutschen Bund, als „Bundesfestung") bleiben, den Boden zu entziehen. Das zu Hannover gehörende Harburg wollte auch künftig selbst der Endpunkt des Süd-Nord-Verkehrs sein und lehnte Brücken ab. Erst nachdem Preußen das Königreich Hannover 1866 annektiert hatte, ersetzten 1872 die Eisenbahn-Gitterbrücken die Fähren über Norder- und ➢*Süderelbe* (➢*Köhlbrandverträge*). Mit preuß. Konzession wurden sie von der Cöln-Mindener Eisenbahn-Gesellschaft durch den Ingenieur H. Lohse errichtet. Die 1887 erbaute Neue Elbbrücke führte eine Straße über die Norderelbe (die neugotischen Torbögen waren bis zu ihrem Abriss 1957 ein Hbger Wahrzeichen); über den Oberhafenkanal hinweg wurde sie 1888 durch die Billhorner Straßenbrücke verlängert und 1929 um zwei Fahrstreifen erweitert. Die Süderelb-Straßenbrücke („Alte Harburger Elbbrücke"), eine Stahlbrücke mit Sandsteinportalen in der Form der Wilhelmsburger und Hamburger Wappen, folgte 1899. 1902–71 fuhr auf diesen Brücken auch die ➢*Straßenbahn*. 1894 war die zweite Norderelb-Eisenbahnbrücke (3. u. 4. Gleis) fertig, 1911 das Gegenstück über die Süderelbe. 1914–26 entstand die Freihafen-Elbbrücke, damals zweigeschossig konzipiert, weil die Absicht bestand, eine U-Bahn-Linie durch den Freihafen nach Steinwerder zu

Eisenbahn-Gitterbrücken verbanden seit 1872 Hamburg und das südliche Hinterland. David Martin Kannings farbige Darstellung mit den eindrucksvollen Turmportalen

verlegen (eine Absicht, die Absicht geblieben ist). 1937 wurde die Süderelb-Straßenbrücke im Zuge der Wilhelmsburger Reichsstraße eröffnet, 1938 die Reichsautobahnbrücke über die Süderelbe. Moderne Nachkriegsbauten sind die Europabrücke und die Brücke des 17. Juni, die ebenso wie die ➢*Kattwyk-Hubbrücke* (1973) über die Süderelbe führen. Seit 1959 gibt es eine Schrägseil-Brücke über die Norderelbe für die südl. Autobahnumgehung zwischen ➢*Wilhelmsburg* und ➢*Moorfleet*, seit 1980 die ➢*S-Bahn*-Brücke in Richtung Harburg. Konkrete Pläne für eine E. westl. Hbgs bei ➢*Altona* gab es während der ➢*NS-Zeit* (K. ➢*Gutschow*). Die Verwirklichung der neueren Idee einer Elbquerung bei Glückstadt ist noch nicht in Sicht. *luz*

Elbchaussee Die E. ist 8,5 km lang und führt von ➢*Ottensen* nach ➢*Blankenese*. Sie war urspr. eine einfache Landstraße. Die Besitzer der dort entstehenden ➢*Landhäuser* bildeten einen Wegeverein und bauten sie 1830 zur Chaussee aus (➢*Straßennamen*). Zu den Charakteristika der „schönsten Straße der Welt" (so der Dichter D. von ➢*Liliencron*) gehören die von reichen Hbger Kaufleuten zumeist in klassizistischen Formen erbauten Landhäuser, die mit ihren großen – heute überwiegend öffentlichen – Parks die Straße säumen. *SH*

Der Eingang zum Jenischpark von der Elbchaussee aus gesehen

Elbe Die E. (tschech. Labe, lat. albis) ist einer der Hauptströme Mitteleuropas. Gespeist von zahlr. Bächen ihres ca. 1.500 m ü. NN gelegenen Quellgebiets im Riesengebirge, durchfließt sie das böhm. Mittelgebirge, nimmt Moldau und Eger auf und beginnt nach 426 km ihren dt. Lauf durch das Elbsandsteingebirge und die Dresdner Elbtalweitung für weitere 739 km bis ➢*Cuxhaven*.

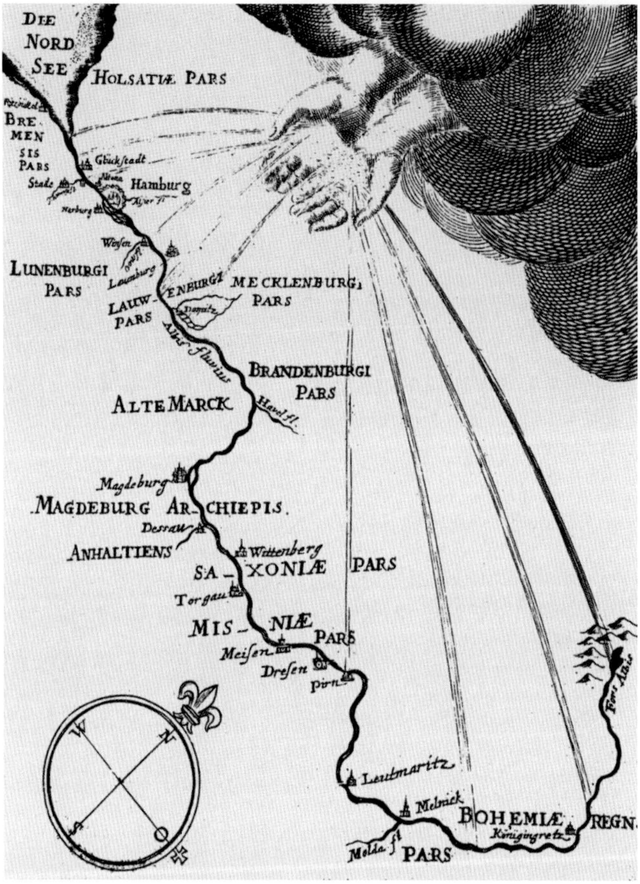

Der Verlauf der Elbe von Böhmen bis zur Mündung, wie ihn 1675 der Hamburger Geistliche Petrus Hesselius in seinen „Hertzfliessenden Betrachtungen von dem Elbe-Strom" darstellen ließ

Hier mündet sie auf einer Breite von 15 km in die Nordsee. Der Gezeitenwechsel beeinflusst die Strömung bis ➢*Geesthacht*, weshalb sich hier die Bezeichnung Oberelbe in Nieder- oder Unterelbe ändert. Östl. vor Hbg teilt sich der Fluss bei der ➢*Bunthäuser Spitze* bis zum Ausgang des ➢*Köhlbrands* in die Norder- oder „Stromelbe" und in die ➢*Süderelbe*. Zwischen ihnen breitet sich auf etwa 10 km das von zahlr. ➢*Elbinseln* und dem heutigen ➢ *Hafen* gebildete „Stromspaltungsgebiet" im Urstromtal des Flusses aus. Die Lage der Stadt am nördl. Elbarm bei den Einmündungen von ➢*Alster* und ➢*Bille* war im Mittelalter Garant der günstigen Entwicklung Hbgs als Handelsplatz und Hafen. Dabei hing für die Stadt bis ins 19. Jh. die volle wirtschaftliche Nutzbarkeit des Flusses als Handelsweg eng mit lang umkämpften Ansprüchen und politischen Rechten zusammen (➢*Lorichs' Elbkarte*, ➢*Stapelrecht*). Hohe Bedeutung kam in dieser Hinsicht Strombaumaßnahmen zu; Hbg versuchte mehrfach, ➢*Harburg* mit „Flusskorrektionen" das Wasser der größeren Süderelbe buchstäblich abzugraben (J. ➢*Dalmann*, ➢*Grasbrook*, ➢*Köhlbrandverträge*).

1821 schaffte die von allen Anrainerstaaten des Flusses geschlossene Elbschifffahrtsakte die seit dem Mittelalter bestehenden handelshemmenden Zollstellen ab, von denen Ende des 17. Jhs ca. 34 bestanden hatten: Von Melnik bis Hbg galt nun ein einheitlicher Zolltarif. Auf der Niederelbe endete 1861 der Stader Elbzoll, 1870 wurde die Zollstätte bei ➢*Wittenbergen* geschlossen. Durch Ergänzungen der Elbschifffahrtsakte wurden Vereinbarungen über Flusskorrekturen und -vertiefungen getroffen (1844/50). Sie ermöglichten weitere überregionale Maßnahmen wie die 1866 zwischen Magdeburg und Buckau aufgenommene Kettenschifffahrt. An eine armdicke, auf dem Grund der E. verlegten Kette wurden Schleppschiffe eingeklinkt, die über eine an Bord befindliche Dampfwinde sich selbst und zahlr. angehängte Lastkähne fortbewegten. 1885–95 reichte die Kette mit einer Länge von 720 km von Hbg bis Melnik.

Die Ausbaggerung des Flussbetts der Niederelbe für die größer werdenden Tiefgänge der ➢*Containerschiffe* auf 14,4 m war die bedeutendste Wasserbaumaßnahme in der Bundeswasserstraße. Auf ihr passieren täglich je rund 50 stromauf- und stromabwärts fahrende größere Schiffe ➢*Willkomm Höft*.

Durch gezielten Schutz vor Schadstoffeinleitungen erholt sich der lange als schmutzigster Fluss in Dtld bezeichnete Strom seit Anfang der 1990er Jahre. Lebensraum und Gesundheit der ca. 80 vorkommenden Fischarten verbessern sich kontinuierlich; seit einigen Jahren gilt das Baden in der Elbe wieder als unbedenklich. *Ti.*

Elbinseln Die heutigen hbg. E. zwischen Norder- und ➢*Süderelbe* waren in Gestalt, Nutzung und Namensgebung seit dem Mittelalter vielfältigen Veränderungen unterworfen. Noch im 12. Jh. existierte in diesem Bereich die große eingedeichte und bewohnte Insel „Gorieswerder", die von der heutigen E. Kaltehofe im Osten bis mindestens zur E. Dradenau im Westen reichte. ➢*Finkenwerder* und ➢*Altenwerder* werden seit dem 13. Jh. als eigenständige Inseln erwähnt, ➢*Stillhorn* seit 1319. ➢*Sturmfluten*, wohl insbesondere die von 1380 und 1393, führten zum Auseinanderbrechen des Gorieswerders in zahlr. kleinere Inseln (➢*Köhlbrand*). Diese wurden nur tlw. eingedeicht und in erster Linie zur Viehweide genutzt. Zu den ersten dauerhaften Erwerbungen Hbgs im Bereich der E. gehörten (abgesehen vom ➢*Kleinen Grasbrook*, den die Stadt als Teil des Weichbildes von 1258 an beanspruchte) ➢*Moorwerder* (1395), die Nordhälfte von Finkenwerder (1445), Roß (1465), Dradenau und Rugenbergen (ca. 1550). Mit dem ➢*Gottorper Vergleich* von 1768 gingen alle bis dahin noch dän., im nördl. Teil des Stromspaltungsgebiets gelegenen E. auf Hbg über, darunter Griesenwerder, das Gut Grevenhof mit zwölf Werdern, Baakenwerder, Große und Kleine ➢*Veddel*, Peute und Kaltehofe.

Seit etwa 1840 wurden hier immer größere Flächen für ➢*Werften* und ➢*Hafen*anlagen in Anspruch genommen. Der Bereich der weiter südl. gelegenen E., in dem jahrhundertelang das Herzogtum Braun-

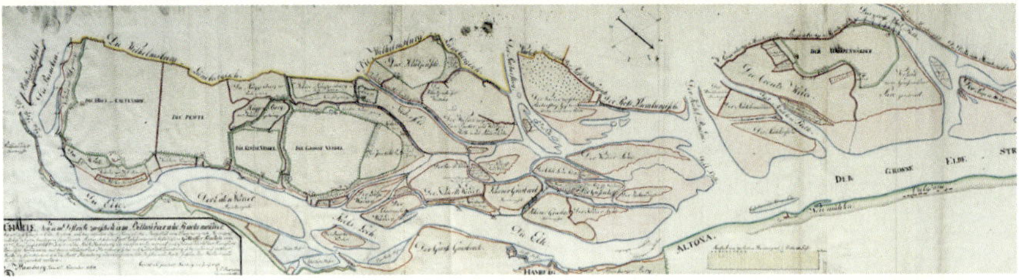

Die „Charte von dem Districte zwischen dem Billwärder und Finckenwärder" zeigt die Lage der Elbinseln. Farbige Zeichnung von Johann Henning Baxmann, 1795

schweig-Lüneburg die dominierende Kraft war und der 1866 preuß. wurde, kam erst 1937/38 an Groß-Hbg. Hierzu gehörten der Südteil Finkenwerders, Altenwerder und die zu ➢*Wilhelmsburg* zusammengefassten Inseln mit Neuhof (früher Kirchhof), Reiherstiegsland, Rotehaus, Kattwyk, Hohe Schaar, Georgswerder und Stillhorn. Zu den E. gehörten bis zur Abdämmung der Elbarme ➢*Dove-* und ➢*Gose-Elbe* Ende des 15. Jhs auch die Gebiete von ➢*Spadenland*, ➢*Tatenberg*, ➢*Ochsenwerder*, ➢*Kirchwerder*, ➢*Reitbrook* und ➢*Neuengamme*. Die Billwerder Insel und ➢*Entenwerder* (beide ➢*Rothenburgsort*) wurden im 19. Jh. mit dem Festland verbunden. Von der 1941/42 aufgeschütteten E. Neßsand, die die alten E. Schweinesand und Hanskalbsand verbindet, gehört nur ein Teil zu Hbg. *Wa.*

Elbphilharmonie Die E. soll ein architektonisches Wahrzeichen und ein kultureller Anziehungspunkt der ➢*HafenCity* werden. Der Grundstein für die von den Schweizer Architekten J. Herzog und P. de Meuron entworfene Konzerthalle auf dem ehem. Kaispeicher A wurde 2007 gelegt. Die von der Freien und Hansestadt Hbg zu tragenden Baukosten haben sich seitdem mehr als verdreifacht. Rund 70 Mio. € wurden bisher für die E. gespendet. Die Eröffnung wird nun 2013 erwartet. *Ko.*

Auf dem Kaispeicher A entsteht nach den Plänen des Baseler Architekturbüros Herzog & de Meuron die Elbphilharmonie.

Elbsegler heißt eine Mütze aus dunkelblauem Marine-Strichtuch, über deren relativ kleinem Tuchschirm sich ein Sturmriemen aus Rindslackleder befindet, der locker auf dem Schirm aufliegt. Nur mit diesem Lederriemen versehen – nicht mit einer Kordel wie beim etwas höheren Mützentyp „Altstädter" – handelt es sich um einen originalen E. Statt des teuren Lackleders wird für den Riemen heute vielfach Kunststoff verarbeitet. *IR*

Elbtunnel, Alter 1907 begann der Bau des ersten E.s. Er sollte als direkte ➢*Hafen*anbindung des Stadtkerns den überforderten Fährbetrieb für die schnell ansteigende Zahl der Hafen- und Werftarbeiter entlasten. Bis 1911 wurden im damals hochmodernen Schildvortriebsverfahren in 23 m Tiefe unter dem Elbspiegel

Zum hundertjährigen Bestehen erstrahlt der renovierte Alte Elbtunnel in neuem Glanz.

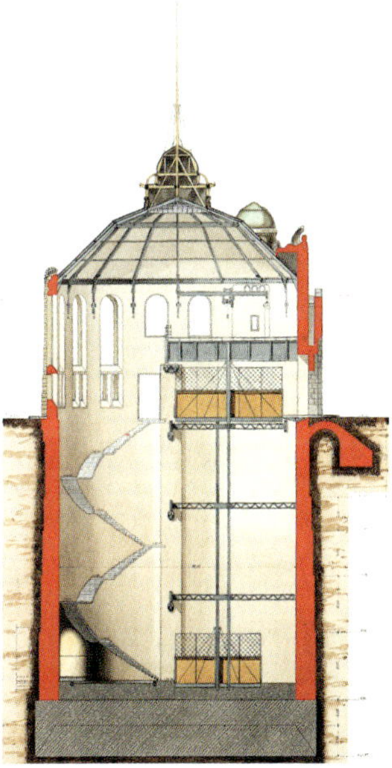

Fahrschacht des 1911 eingeweihten Alten Elbtunnels auf einer Konstruktionszeichnung aus dem Jahr 1905

zwei 448,5 m lange Röhren zwischen ➢*St. Pauli* und der Elbinsel ➢*Steinwerder* verlegt. Der Zugang für Fußgänger und Fahrzeuge erfolgt durch zwei Kuppelbauten über ein Treppen- und Aufzugssystem in zylindrischen Schächten. Das auf der Stadtseite westl. neben den ➢*St. Pauli-Landungsbrücken* gelegene repräsentative Eingangsgebäude schufen die Architekten Raabe und Wöhlecke. Sein kriegszerstörtes Gegenüber war ein in schlichteren Formen errichteter Ziegelbau, der vereinfacht wiederaufgebaut wurde. *Ti.*

Elbtunnel, Neuer 1968–75 entstand der N.E. als Teil der westl. Autobahnumgehung Hbgs (A7) und der Europastraße von Skandinavien nach Portugal (E3). Von Süden kommend, beginnt die 3,325 km lange Strecke (davon 2,653 km in geschlossener Bauweise) westl. des ➢*Köhlbrands* auf der Elbinsel ➢*Waltershof* (neben dem ehem. Maakenwerder Hafen). Sie verläuft schräg unter dem Flussbett und tritt bei ➢*Othmarschen* aus dem Elbhang. In vier Röhren verlaufen je zwei Fahrspuren, am tiefsten Punkt ca. 27 m unter dem mittleren Elbspiegel. Das Unterwasserstück des Tunnels besteht aus acht vorgefertigten, je 132 m langen und 46.000 t schweren Stahlbetonelementen. Sie wurden zur Einpassung schwimmend an ihre Position gebracht und auf den Grund abgesenkt. Die Durchtunnelung des Elbhangs er-

Blick auf die Aus- und Zufahrten des Neuen Elbtunnels von Norden

folgte wie schon beim Alten Elbtunnel per Schildvortrieb im Überdruck auf einem Durchmesser von elf Metern.

Urspr. auf ca. 65.000 Fahrzeuge täglich projektiert, wird der N.E. heute regelmäßig von bis zu 150.000 Fahrzeugen genutzt. Möglich wurde das durch die 2002 nach mehr als fünfjähriger Bauzeit in Betrieb genommene vierte Röhre. 2009 begann die Sanierung der drei älteren Röhren. Im selben Jahr entschied der Senat den Bau einer 3,5 km langen lärmschützenden Bedeckelung der nördlich durch Wohngebiete führenden Einfahrtsstrecke der A7. *Ti.*

electrum – Das Museum der Elektrizität Das größte elektrotechnische Spezialmuseum der Bundesrepublik ging aus einer seit 1964 bestehenden Sammlung der ➢*HEW* von Anschauungsmaterial für Fachleute hervor. Diese wurde 1979 im ausgedienten HEW-Unterwerk in ➢*Barmbek*-Süd als „Museum zum Anfassen“ von 200 Jahren Technikgeschichte ausgebaut. Im e. konnten viele Knöpfe, Hebel, Apparate und Modelle bedient und in Bewegung gesetzt werden. Unter dem Titel „electric art“ fanden regelmäßig Ausstellungen namhafter Künstler statt, die häufig überraschende Einblicke in den kreativen Umgang mit dem elektrischen Strom vermittelten. Das e., dessen Name als Kunstwort aus „Electron“ und „Museum“ entstand, wurde aus Kostengründen Ende 2001 geschlossen. *Ti.*

Elm, Adolph von (geb. 24.9.1857 Wandsbek, gest. 18.9.1916 Hbg), Journalist, Gewerkschafter. Der durch sein Engagement für die gewerkschaftliche Organisation der Zigarrenarbeiter und die dt. Genossenschaftsbewegung hervorgetretene Sozialdemokrat besuchte die Bürgerschule, wurde Zigarrenmacher (-sortierer) und verbrachte mehrere Jahre in Amerika.

Nach der Rückkehr arbeitete er als Geschäftsführer im Verein der Zigarrensortierer. Unter seinem Einfluss kam es zum Zusammenschluss der Organisationen der Zigarrenarbeiter zum Tabakarbeiterverband. E. erwarb sich Verdienste als Streikführer beim Tabakarbeiterstreik 1890/91 und gehörte 1892 zu den Gründungsmitgliedern der Tabakarbeitergenossenschaft, die 1910 von der Großeinkaufsgesellschaft deutscher Konsumvereine GEG übernommen wurde. Ferner hatte E. 1898 großen Anteil an der Gründung der Genossenschaft „Produktion" (➢*PRO*) in Hbg, später auch an der Gründung der gewerkschaftlich-genossenschaftlichen Versicherung (➢*Volksfürsorge*).

Journalistisch war er für verschiedene Parteiblätter tätig (u.a. für den „Vorwärts" und die „Sozialistischen Monatshefte"). E. vertrat 1894–1907 den Wahlkreis Elmshorn/Pinneberg im Reichstag. *AGr.*

Ender, Emma Elisabeth (geb. Behle, 2.8.1875 Frankfurt a.M., gest. 25.2.1954 Hbg), Frauenpolitikerin. Durch Heirat nach Hbg gekommen, engagierte sich die Hausfrau sozialfürsorgerisch im Allgemeinen Deutschen Frauenverein. 1910 erfolgte ihre Wahl zur Vorsitzenden des Verbandes Hamburgischer Mädchenhorte, 1912 trat sie als eine der ersten Frauen dem Nationalliberalen Verein bei. 1915 wurde E. als Initiatorin des Stadtbundes Hamburgischer Frauenvereine dessen Vorsitzende (bis 1933); ihre unter diesem Dachverband in 44 Vereinen organisierten 15.000 Geschlechtsgenossinnen forderten 1917 – nicht zuletzt aufgrund ihrer „Kriegshilfe"-Leistungen an der „Heimatfront" und einer zunehmenden Integration in das Berufsleben selbstbewusster geworden – durch Petitionen und Unterschriftensammlungen das bisher verwehrte ➢*Bürgerrecht* auch für Frauen. 1919–24 gehörte E. für die ➢*DVP* der ➢*Bürgerschaft* an und setzte sich für eine parteienübergreifende Zusammenarbeit aller weiblichen Abgeordneten im Parlament ein. Um die politische Beteiligung der jetzt wahlberechtigten Frauen quantitativ und qualitativ zu steigern, gründete E. mit anderen zusammen den Wahlwerbeausschuss Hamburgischer Frauenvereine. 1925–31 war sie Reichsvorsitzende des BDF (Bund Deutscher Frauenvereine) und stand damit zeitweise an der Spitze sowohl der hbg. als auch der reichsweiten bürgerlichen ➢*Frauenbewegung. luz*

Entenwerder ist eine Halbinsel in ➢*Rothenburgsort.* Seit dem frühen 18. Jh. ist E. nachweisbar als unbewohnte Insel, die durch einen „Haken" genannten schmalen Flussarm vom Festland getrennt war. Sie wurde als Viehweide und zum Sodenstich genutzt. Mit dem Bau eines Leitdamms 1862, der den Haken an seinem östl. Ende abdämmte, wurde E. zur Halbinsel. 1870–72 entstand hier ein Zollhafen für oberelbische Flussschiffe, den die Stadt nach dem Zweiten Weltkrieg wieder zuschütten ließ. Pläne vom Anfang der 1950er Jahre, hier einen neuen Binnenschiffhafen anzulegen, blieben unverwirklicht. Aufgrund des Wohnwagengesetzes von 1959 wurde im Ostteil von E. ein Wohnwagenplatz hergerichtet, der insbesondere von Dom-Schaustellern

Die zum Stadtteilpark umgestaltete Halbinsel Entenwerder. Im Vordergrund die Billhorner Brücke

(➢*Hamburger Dom*) genutzt wurde. Das übrige Gebiet von E. gewann zunehmend als Erholungsgebiet an Bedeutung. Ein Open-Air-Rockkonzert lockte am 17.6.1989 ca. 13.000 Besucher hierher. 1993 beschloss der ➢*Senat*, auf E. einen Stadtteilpark für Rothenburgsort anzulegen. Dafür wurde ein Teil des Hakens zugeschüttet und der Schaustellerplatz nach ➢*Bergedorf* verlegt; Tag der Einweihung: 23.8.1997. *Wa.*

Eppendorf ist ein Stadtteil im ehem. ➢*Kerngebiet* des Bezirks ➢*Hamburg-Nord* und Sitz des Bezirksamts. In E. leben 22.835 Einw. (2009) auf 2,7 km² Fläche. Ins Reich der frommen Legenden gehört die Vermutung, die Kirche sei um 840 von Ebbo oder Eppo, Erzbischof von Reims, gegründet worden. Erstmals urkundlich erwähnt wurde sie 1267. Zum Kirchspiel, das vom ➢*Dammtor* bis zum Ochsenzoll reichte, zählten bis 1768 auch ➢*Eidelstedt*, ➢*Stellingen*, ➢*Schnelsen*, ➢*Niendorf*, ➢*Lokstedt* und ➢*Hummelsbüttel*.

Das 1140 erstmals genannte E. gelangte im 14. Jh. an das Kloster ➢*Harvestehude*, mit der ➢*Reformation* kam es an das ➢*Johannis-Kloster*. Im 17. Jh. gab es zwischen ➢*Dänemark*, zu dem seit 1640 die holstein. Orte des Kirchspiels gehörten (➢*Holstein-Pinneberg*), und Hbg Streitigkeiten um die Besetzung der Pfarrstelle. Ein 1690 geschlossener Vergleich sah vor, dass die Pastoren abwechselnd von Hbg und dem dän. König eingesetzt werden sollten. Im ➢*Gottorper Vergleich* von 1768 verzichtete König Christian VII. auf seine Rechte. Die holstein. Orte erhielten in Niendorf ein eigenes Gotteshaus, zu dem Hbg 6.000 ➢*Kurantmark* beisteuerte. In E. begann der Kantor, Organist und Küster S. ➢*Heinicke*, der hier 1769–77 amtierte, mit der Taubstummenerziehung. In der Mitte des 19. Jhs hatte E. sechs Vollhufen, 15 Halbhufen und 70 Brinksitzer- und Eigentumsstellen, darunter auch zahlr. Land- und Gartenhäuser (➢*Landhaus*), die Hbger hier errichtet hatten. Auch der Kurbetrieb

Die St.-Johannis-Kirche am alten Alsterübergang zwischen Eppendorf und Winterhude gehört zu den ältesten Kirchen im einstigen Hamburger Landgebiet. Heute zählt sie zu den beliebtesten Hochzeitskirchen der Stadt. Undatierte Darstellung von unbekannter Hand, vermutlich frühes 19. Jahrhundert

➢*Beim Andreasbrunnen* zog viele Hbger an.

1841 verband eine Brücke E. mit ➢*Winterhude*; sie löste den hölzernen Steg für Fußgänger und die Furt für Pferde und Wagen ab. In E. lebten in dieser Zeit rund 1.400 Einw., darunter zwei Ärzte, ein Apotheker, mehrere Krämer und Handwerker, unter ihnen ein Konditor, und eine Hebamme. Den Wandel vom Dorf und Landsitz zum Großstadtvorort hat der in E. aufgewachsene Schriftsteller K. Scheffler in seinem autobiografischen Werk „Der junge Tobias" (1927, Neuausgabe mit Vorwort von M. ➢*Brauer* 1962) anschaulich beschrieben.

1871 wurde E. ➢*Vorort*, 1894 eingemeindet. 1900 lebten in E. 29.200, 1910 schon 72.100 Menschen, 1925 waren es 85.948 Einw. Im Süden bestimmte die repräsentative ➢*Wohnform* des ➢*Stadthauses* (bürgerliches Reihenhaus) den Stadtteil, im Norden das 1885 gegründete ➢*Allgemeine Krankenhaus* (heute ➢*Universitäts-Krankenhaus Hamburg-Eppendorf, UKE*) und die seit 1894 aus der Innenstadt hierher verlegten ➢*Wohnstifte* um Fricke-, Schede- und Tarpenbekstraße. Das nördl. E. war auch ein Arbeiterquartier; hier lebten zeitweise E. ➢*Thälmann* (Gedenktafel am Haus Tarpenbekstraße 66/Ernst-Thälmann-Platz) und W. ➢*Borchert* (Gedenktafel am Geburtshaus Tarpenbekstraße 82). An das alte E. erinnert die Pfarrkirche St. Johannis, deren ➢*Backstein*turm um 1200 erbaut wurde und 1571 seine heutige Gestalt erhielt. Das Langhaus, ein Fachwerksaal, stammt von 1622. Die Kirche wurde 1902/03 von J. Faulwasser umfassend erneuert. Das aus dem späten 18. Jh. stammende Fachwerkhaus des Klostervogts (Eppendorfer Markplatz 11) und das ehem. Landhaus Ludolfstraße 19 (Willsches Haus, um 1700 erbaut, nach 1800 erweitert) erinnern an das dörfliche E. und die Landhäuser der Hbger. Das Lokal „Alte Mühle" an der ➢*Tarpenbek* ist einer der Schauplätze des 1985 erschienenen Romans „Ins Blaue" von K. Modick. *Ko.*

Erbebücher In Hbg wurde von alters her ein Grundstück als Erbe bezeichnet, sodass es sich bei den Erbebüchern um die Vorgänger der im Jahr 1900 eingeführten Grundbücher handelt. Bereits seit dem 13. Jh. galt die Einschreibung eines Grundstücks in das öffentlich geführte Stadterbebuch als unwiderlegbarer Eigentumsbeweis. Kapitalbelastungen eines Grundstücks wurden jedoch in den ➢*Rentebüchern* verzeichnet. Beide befinden sich heute im Bestand Hypothekenamt im ➢*Staatsarchiv*. *Bü.*

Erbgesessene Bürgerschaft ist die Bezeichnung für die Gemeinschaft der Einw., die bis zur ➢*Verfassung* von 1860 Anteil an der höchsten Gewalt in der Stadt besaß (➢*Kyrion*, ➢*Souveränität*). Voraussetzung für die Zugehörigkeit war das ➢*Bürgerrecht*, das nur „erbgesessene" Einw. erwerben konnten, denen also unbelasteter, frei vererbbarer Grundbesitz (= ein Erbe, ➢*Erbebücher*) in der Stadt gehörte. Bereits im ältesten erhaltenen ➢*Stadtrecht* von 1270 finden sich die Wittigesten (= Weisesten) als Bürgervorsteher und Teilhaber des Stadtregiments gegenüber und mit dem ➢*Rat*.

Die Repräsentation der Stadt durch Rat und Bürger wird augenfällig durch zahlr. Rechte der E.B. wie der Mitbestimmung beim Verkauf städtischen Grundbesitzes, der Mitentscheidung bei Kriegserklärungen, Steuerfestsetzungen, Vertragsabschlüssen, bei Fragen des Bierbrauens, des Ladens und Löschens im ➢*Hafen* sowie bei der Wehr- und Wachpflicht (➢*Bürgerwache*, ➢ *Nachtwache*). Eine Beteiligung der Bürger an der Beschlussfassung der ➢*Burspraken* lässt sich dagegen erst seit 1458 nachweisen, jedoch ging bereits der erste ➢*Rezess* von 1410 aus Verhandlungen zwischen Rat und gewählten Bürgervertretern hervor. Die Bürgerschaft organisierte sich seit Mitte des 13. Jhs in den ➢*Kirchspielen*, die gleichzeitig die Verwaltungsgliederung der Stadt darstellten, und wählte aus ihrer Mitte einen Kirchenvorstand (➢*Juraten/Leichnamsgeschworene*).

Die Rechte der Bürger wurden seit 1410 in zahlr. Rezessen schriftlich fixiert. Erst mit der ➢*Reformation* entwickelte sich jedoch eine ständige bürgerliche Vertretung neben dem Rat. Aus den gewählten Verwaltern der eingezogenen geistlichen Güter (➢*Gotteskasten*), den gewählten Armenvorstehern (➢*Sozialfürsorge*) und weiteren gewählten Verordneten je Kirchspiel entwickelten sich mit den ➢*Bürgerlichen Kollegien* drei Gremien. Daneben waren die Pfarrerwahl, die Verwaltung der Armenpflege, die Kasten- und Hospitalverwaltung sowie die Schulaufsicht, 1563 auch die gesamte Finanzverwaltung in die Hände der Bürgerschaft gelangt (➢*Kämmerei*). In der zweiten Hälfte des 17. Jhs kam es zu den schwersten Unruhen in der Stadtgeschichte und zu einem immer aggressiver ausgetragenen Kampf mit dem Rat. Nach 1660 zwang die E.B. wiederholt gegen die bestehenden Gesetze einzelne Ratsherren zum Rücktritt, wählte selbst neue in dieses Amt, schaltete die Kollegien aus und tagte nicht mehr nach Kirchspielen getrennt, sondern als allgemeiner Bürgerkonvent, wobei sie die höchste Gewalt im Staate, das Kyrion, für sich allein beanspruchte und die Bedingung der Erbgesessenheit für die Teilnahme an den Konventen aufhob. Diese nach modernen Begriffen wie Volkssouveränität anmutenden Zustände führten jedoch zur Auflösung der inneren Rechtsordnung der Stadt, ohne dass neue Strukturen geschaffen wurden. Einer kaiserl. Kommission gelang 1674 nur eine vorübergehende Neuordnung, derzufolge die E.B. wieder in Kirchspiele geteilt wurde. Gleichwohl hielten die Unruhen an (➢*Jastram-Snitger-Rebellion*) und führten 1699 sogar zu einer faktischen Entmachtung des Rates. Erst 1708–12 gelang einer erneut eingesetzten kaiserl. Kommission eine Neuordnung, die bis 1860 Gültigkeit behielt. Zugelassen zur E.B. waren zum einen die „Realisten", zum anderen die „Personalisten" (➢*Notabeln/Personalisten*). Zu den Realisten zählten Einw., die mindestens einen Besitz von 1.000 Talern freien Geldes in Grundstücken innerhalb der Stadt erblich oder ein entsprechendes Grundstück im Wert von 2.000 Talern in den Vorstädten sowie wenigstens ein – und sei es ein noch so kleines – Grundstück in der Stadt besaßen, zudem luth. Glaubens waren und nicht in fremden Diensten standen. Unabhängig hiervon blieben alle Personen ausgeschlossen, die mit Eid an den Rat gebunden waren, Bedienstete der Kirchen, Hospitäler und Schulen, finanziell verschuldete Bürger und ➢*Bönha-*

sen sowie Personen, die nicht Bewohner der Stadt oder der Vorstädte waren. Durch die scharfe Eingrenzung der konventfähigen Bürger sank ihre Zahl 1712 um nahezu 90 % und betrug 1763 nur etwa 10 % der Gesamteinwohnerschaft.
Die E.B. wurde vom Rat einberufen und hatte über dessen Vorlagen, die bereits vom Rat mit den Bürgerlichen Kollegien vorbereitet worden waren, zu entscheiden, konnte aber Veränderungen vornehmen. Die Mitglieder versammelten sich zunächst gemeinsam, teilten sich dann aber nach den fünf Kirchspielen. Jedes stimmte getrennt über den Ratsantrag ab, und die Mehrheit der fünf Kirchspielvoten ergab – unabhängig von der Anzahl der Anwesenden pro Kirchspiel – das Gesamtvotum der E.B. Fiel dies zustimmend aus, war der „Rat- und Bürgerschluss" vollzogen. Für die Beschlussfähigkeit war die Anwesenheit von mindestens 195 Bürgern erforderlich, eine Zahl, die in den Jahren 1713–20 in 105 von 133 angesetzten Konventen nicht erreicht wurde; ab 1756 waren alle 180 Mitglieder der Kollegien zur Anwesenheit verpflichtet.
Dennoch blieb es auch in den 1820er Jahren noch bei durchschnittlich nur 250 Anwesenden. Ursache hierfür war das Wissen der Bürger um ihre geringe Einflussmöglichkeit in den Versammlungen. Nachdem erst nach der Aufgliederung in Kirchspiele die jeweiligen ➢*Oberalten* die Vorlagen des Rats bekanntgaben (eine Diskussion vorab war daher unmöglich), stimmten zunächst sie selber sowie die weiteren Mitglieder der Bürgerlichen Kollegien ab, sodass die Voten der übrigen Bürger häufig ohne Einfluss auf das Gesamtergebnis blieben. Insbesondere im 19. Jh. zeigte sich die E.B. wiederholt reformunwillig. So verhinderte sie 1815 und mehrfach zwischen 1849 und 1859 Reformvorlagen des Rats, der Kollegien und eingesetzter Kommissionen, da das in ihr vertretene Besitzbürgertum um seinen Einfluss auf die Staatsgeschäfte fürchtete. An die Stelle der E.B. trat mit der Verfassung von 1860 wenigstens partiell eine gewählte ➢*Bürgerschaft*. *MH*

Ernst, Otto (eigtl. Ernst Otto Schmidt, geb. 7.10.1862 Ottensen, gest. 5.3.1926 Groß Flottbek), Lehrer, Schriftsteller. Der literarisch ambitionierte Volksschullehrer, Sohn eines Zigarrenmachers, gehörte mit seinen Komödien „Jugend von heute" (1900) und „Flachsmann als Erzieher" (1901) zu den erfolgreichsten Bühnenautoren seiner Zeit. Fortan als freier Schriftsteller tätig, mit D. von ➢*Liliencron* befreundet, R. ➢*Dehmel* und G. ➢*Falke* nahestehend, wurde er zu einer zentralen Persönlichkeit des literarischen Lebens in Hbg. Die autobiografisch gefärbte Trilogie um die Hauptfigur Asmus Semper (1905–16) erlebte hohe Auflagen; seine gemütvoll-humoristischen Erzählungen um „Appelschnut" (1907), seine Tochter Senta-Regina, werden noch heute verlegt. *Ah.*

Viel gespielte Komödien und seine Autobiografie machten ihn bekannt: der Schriftsteller Otto Ernst. Foto von Arnold Mocsigay, 1911

Ernst Barlach Haus Das etwa 10 km westl. vom Stadtzentrum Hbgs im ➢*Jenischpark* nahe der ➢*Elbe* gelegene Museum beherbergt eine der bedeutendsten Sammlungen des Bildhauers, Grafikers und Dichters E. ➢*Barlach*. Der Industrielle und Mäzen H.F. Reemtsma hatte den Hbger Architekten W. Kallmorgen mit dem Bau des Museums beauf-

tragt, das die 1960 in eine Stiftung umgewandelte Barlach-Sammlung Reemtsmas beherbergen sollte. Seit der Eröffnung im Oktober 1962 hat sich der Sammlungsbestand des von der Stiftung Hermann F. Reemtsma verwalteten Hauses mehr als verdoppelt und umfasst rund 140 plastische Werke, mehr als 400 Zeichnungen, das fast vollständige druckgrafische Werk und viele Briefe des Namengebers.
Neben dem Œuvre Barlachs zeigt das Museum Sonderausstellungen anderer Künstler; für Forschungszwecke stehen eine Bibliothek und ein umfangreiches Archiv zu Verfügung. *Br.*

Schlichte Eleganz der Klassischen Moderne: Werner Kallmorgens Ernst Barlach Haus im Jenischpark

Ernst-Deutsch-Theater heißt die von den Schauspielern F. Schütter und W. ➢*Borchert* im Oktober 1951 unter dem Namen „Junges Theater“ gegründete Bühne mit Spielstätte im damaligen brit. Begegnungszentrum „Die Brücke“ in den Großen Bleichen. Nach zwei weiteren Stationen in den Stadtteilen ➢*Rotherbaum* und ➢*Barmbek* bezog das Theater 1964 sein heutiges Domizil und gilt als größtes deutsches Privattheater. Seit 1973 trägt es den Namen des Schauspielers E. Deutsch, der hier 1967 mit G.E. ➢*Lessings* „Nathan der Weise“ erfolgreich war. Unter den zahlr. Inszenierungen des Hauses verdient die Regieleistung von K. Paryla in P. Weiss' „Die Verfolgung und Ermordung Jean Paul Marats, dargestellt durch die Schauspielgruppe des Hospizes zu Charenton unter Anleitung des Herrn de Sade“ mit ca. 60 Mitwirkenden (1965) besondere Erwähnung. Nach dem Tod Schütters 1995 übernahm seine Witwe, I. Vértes-Schütter, die künstlerische Leitung. Den Streit, ob das 1962 geschlossene Lichtspieltheater, der UFA-Kino-Palast an der ➢*Mundsburg*, 1964 das E.-D.-T. werden sollte oder ein Supermarkt, beendete der Hausbesitzer mit dem Satz: „Dat weer 'n Theoter un dat blievt 'n Theoter“. *Ti.*

Erweckungsbewegung Diese protestant. Richtung des ausgehenden 18. und besonders des 19. Jhs ist in Opposition gegen den Rationalismus der ➢*Aufklärung* entstanden und wollte den biblischen Offenbarungsglauben durch Rückbesinnung auf die Bekenntnisschriften in gefühlsbetonter Frömmigkeit erneuern. Eine Wurzel lag im Pietismus. Ein besonderes Betätigungsfeld waren die Armenfürsorge sowie die innere und äußere Mission (➢*Innere Mission*). Ohne Aufklärung und E. ist der heutige Protestantismus nicht zu verstehen. Auch in Hbg gewann die E. Bedeutung, wenngleich ihre Vertreter zahlenmäßig gegenüber denen des Rationalismus zurückstanden. V.a. Pastor J.W. Rautenberg (1791–1865) wirkte über seine Kirche, die Dreieinigkeitskirche zu ➢*St. Georg*, weit hinaus. Mit der Vertiefung der Frömmigkeit kam es 1814 zur Gründung der Hamburg-Altonaischen Bibelgesellschaft.

Im Zeichen der E. erfolgten v.a. auf karitativ-sozialem Gebiet viele Aktivitäten. Rautenberg begründete 1825 die St. Georger Sonntagsschule, um auch den ärmsten Kindern Unterricht erteilen zu lassen. Mit seinem sozialen Engagement gehörte er zum Kreis derer, die systematisch versuchten, die Not bedürftiger und benachteiligter Gruppen in der Stadt zu lindern (E. ➢*Averdieck*, A. ➢*Sieveking*, H.M. ➢*Sengelmann*, J.H. ➢*Wichern*). Im Widerspruch zur rationalistisch geprägten Amtskirche kam es 1851 zur Loslösung einer ev.-luth. Freikirche mit der Zionsgemeinde und der Gemeinde der heiligen Dreieinigkeit. Seit Mitte des 19. Jhs wurden auch vier Kapellengemeinden gegründet, die zwar in der hbg. Kirche verblieben, in ihr aber ein Eigenleben führten. Zentrum der E. war die Hauptkirche ➢*St. Nikolai*. *Me*

Erzbistum Da die Quellen zu Hbgs kirchenrechtlicher Stellung im 9. Jh. verfälscht sind, wird kontrovers diskutiert, ob Hbg von Beginn an Erzbistum oder lediglich Bistum war. Sicher ist, dass Hbgs Rolle als kirchliches Zentrum nur 17 Jahre dauerte. Kaiser Ludwig der Fromme errichtete 831 wahrscheinlich ein Bistum Hamburg, indem er den Bau eines hölzernen ➢*Doms* in der ➢*Hammaburg* und die Weihe ➢*Ansgars* zum Bischof veranlasste. 831/32 bestätigte Papst Gregor IV. diese Gründung. Nachdem die ➢ *Wikinger* 845 Hbg verwüstet hatten, vereinigten Ludwig der Deutsche und die führenden Reichsbischöfe 848 das Bistum Hamburg mit dem Bistum ➢*Bremen* und übertrugen Ansgar die vakante Stelle des Bremer Bischofs. Papst Nikolaus I. bestätigte 864 die Vereinigung und erhob das neue große Bistum zum Erzbistum Hamburg-Bremen mit Sitz in Bremen. Anknüpfend an diese Tradition erfolgte 1995 aus Teilen der bisherigen kath. Diözese Osnabrück die Neugründung eines Erzbistums Hamburg für Hbg, Schleswig-Holstein und Mecklenburg. Kathedralkirche ist St. Marien in ➢*St. Georg*. Erster Erzbischof wurde L. Averkamp, der vorher Bischof von Osnabrück war. Ihm folgte 2002 W. Thissen, zuvor Weihbischof in Münster. *Ri.*

Esplanade heißt die etwa 300 m lange und 50 m breite Straße zwischen ➢*Lombardsbrücke* und Gorch-Fock-Wall mit einer vierreihigen Linden-

Um 1830 schuf Peter Suhr diese Ansicht der Esplanade, gesehen vom Neuen Jungfernstieg in Richtung des heutigen Stephansplatzes.

allee im Mittelstreifen. An beiden Seiten der zwischen 1827 und 1830 angelegten Straße standen urspr. gleichförmige, klassizistische Gebäude, die nach Plänen des Architekten C.L. ➢*Wimmel* erbaut worden waren. Die palaisartigen „Wimmel-Häuser" standen seit 1944 unter ➢*Denkmalschutz* und hatten im Zweiten Weltkrieg keine nennenswerten Schäden erlitten. Trotzdem wurden die an der Nordseite der E. stehenden mehr als 100 Jahre alten Häuser von 1958 an abgebrochen, darunter auch das Embden-Palais

Nr. 39, in dem der Dichter H. ➢*Heine* häufig bei seiner Schwester Charlotte, die den Kaufmann M. Embden geheiratet hatte, zu Gast war. Von der Erstbebauung blieb nur die Nr. 37 erhalten. Die Nordseite der E. wird dominiert von zwei Hochhäusern, dem BAT-Haus (British-American Tobacco, 1958/59) und dem Finnland-Haus (1964–66), das von dem Hbger Büro der Architekten Hentrich, Petschnigg & Partner als erstes europäisches Hochhaus in Hängekonstruktion errichtet wurde. *Smo*

Olga Essig: engagierte Frauenrechtlerin und Schulreformerin in der Weimarer Republik und nach dem Zweiten Weltkrieg. Foto von Willi Beutler, 1953

Essig, Olga Margaretha (geb. 15.7.1884 Gogolin/Kreis Kulm, Westpreußen, gest. 14.12.1965 Hbg), Pädagogin, Frauenpolitikerin. Die promovierte Diplomhandelslehrerin trat 1924 als Direktorin der Allgemeinen Gewerbeschule für das weibliche Geschlecht in den hbg. Staatsdienst. Wie auch A. ➢*Siemsen* hatte sie zuvor eine herausgehobene Stellung im sozialdemokratisch regierten Thüringen innegehabt und war als „Vortragender Rat“ im Ministerium für Volksbildung mit der Aufsicht über das Mädchenschulwesen betraut. 1929 zur Oberschulrätin in der Berufsschulbehörde ernannt, wurde E. zu Beginn der ➢*NS-Zeit* entlassen und erst mit einem Ruhegehalt versehen, nachdem sie versichert hatte, sie hätte ihre Verbindung zur ➢*SPD* schon vor dem März 1933 gelöst. Im selben Jahr 1933 erschien noch ihre Dokumentation „Die Frau in der Industrie“. 1945 erkämpfte sie sich eine Stelle in der Schulbehörde und war 1949 bis zu ihrem Ruhestand 1950 erneut Oberschulrätin in der Abteilung Berufs- und Fachschulen. E. gehörte 1946 zu den Gründerinnen des Hamburger Frauenrings (➢*Frauenbewegung*), der sich – sehr bescheiden – die „Wiedergewinnung einer den Frauen und Müttern zukommenden Stellung im Leben des Volkes und der Familie“ zum Ziel setzte, und war 1946–48 sowie 1950–52 dessen Vorsitzende. *luz*

Este Die E. entspringt im westl. Vorland des Wilseder Berges, der höchsten Erhebung der Lüneburger Heide. Erster bedeutender Ort ist Moisburg, einst Sitz der Gaugrafen des Gaues Mosidi, dann Burg und Amtssitz einer welfischen Nebenlinie. Der Geest vorgelagert, an der Straße und Bahnlinie von ➢*Harburg* nach ➢*Stade*, liegt Buxtehude mit 40.142 Einw. (2008), die einstige Hansestadt mit sehenswerten Gebäuden. Nach dem Geestrandmoor folgt die Marschlandschaft des ➢*Alten Landes* mit Deichhufendörfern auf beiden Seiten. Hier wirken Ebbe und Flut auf die Landschaft ein. Der ehem. Adelssitz, die in Resten erhaltene Esteburg, liegt unweit des heutigen Estebrügge, das mit St. Martin eine aufwendig gestaltete Barockkirche besitzt (1700, Glockenturm 1640). An der Mündung in die ➢*Elbe* liegt auf der linken Seite ➢*Cranz* mit der Personenfähre nach ➢*Blankenese* und auf der rechten Seite ein Teil ➢*Neuenfeldes* mit der ➢*Sietas-Werft*. Nach den Überschwemmungen als Folge der ➢*Flutkatastrophe* von 1962 wurde der neue, höhere Deich mit dem Estemündungs-Sperrwerk angelegt. *Me*

Etagenhaus Wer in Hbg „auf Etage“ wohnt, lebt in einem mehrgeschossigen Gebäude mit abgeschlossenen Wohnungen und meist zur Miete. Während das Mietwesen in der Stadt generell schon im Mittelalter verbreitet war (➢*Buden*, ➢*Sähle*,

➢*Wohnkeller* als ➢*Wohnformen*), kam das typische E. mit selbstständigen Geschosswohnungen erst im 19. Jh. und verstärkt nach dem ➢*Großen Brand* auf. In der Folgezeit wurde es vor dem Hintergrund des beständig hohen Wohnraumbedarfs der schnell wachsenden Großstadt zum bauwirtschaftlichen Spekulationsobjekt. Bis auf die Sonderform der ➢*Terrassen* war Geschosswohnungsbau grundsätzlich nicht an eine soziale Schicht gebunden. Repräsentative Etagenwohnungen entstanden z.B. mit dem Bau der Wex- und Brüderstraße (1866–76) oder der ➢*Colonnaden* (1876/77) und später in ➢*Harvestehude* und ➢*Rotherbaum* (Heimhuder Straße). Zur Wohnungsvermietung an den weniger bemittelten Großteil der Bevölkerung wurden massenweise E. in den ➢*Stadterweiterungs*gebieten im Zuge der ➢*Citybildung* und v.a. in ➢*Eimsbüttel* errichtet. Die bauliche Konzeption orientierte sich an möglichst optimaler Grundstücksausnutzung bei gleichzeitiger Einhaltung der gesetzlich vorgeschriebenen Untergrenzen für Lichteinfall und Belüftung. So kam es nach dem Baupolizeigesetz von 1882 (novelliert 1893) bei aneinandergrenzenden Häusern zur „Schlitzbauweise". Weil die vorgeschriebene Belichtung von Räumen im Gebäudemittelteil zwangsläufig zur Seite und somit zum benachbarten Reihenhaus zeigen musste, verjüngten sich die Gebäude nach hinten. Eine Zeile dieser Häuser ließ also – aus der Luft betrachtet – ein forkenartiges Gebilde entstehen. Bessere Wohnverhältnisse als die Privatwirtschaft schufen seit der Jahrhundertwende die Baugenossenschaften. „Hamburger Burg" hieß ein bald verbreiteter Grundrisstyp für E. Er war als Idee des Architekten R. Rzekonski 1898 im Wettbewerb des Bau- und Sparvereins zu Hamburg eingebracht und in der Eimsbütteler Methfesselstraße 84–86 erstmals umgesetzt worden. Ein u-förmiger Baukörper öffnet sich um eine Grünfläche herum zur Straße und gewährleistet gute Licht- und Luftverhältnisse bei wirtschaftlicher Grundstücksausnutzung. *Ti.*

Evangelische Stiftung Alsterdorf ➢*Alsterdorfer Anstalten*

Ewer ist die Bezeichnung für einen kleinen, flachbodigen Frachtsegler mit einem und seit den 1820er Jahren auch mit zwei Masten (Besan-E., seit 1880 mit kleinerem Mast, dem „Fischerbesan"), die umgelegt werden konnten. Ausgerüstet mit dieser Takelung, wurden auch die Prahme, die im Rumpf kantiger waren, E. genannt. Die meisten Variationen von E. gab es auf der Niederelbe, wo sie noch bis in die 1930er

Ewer waren als Frachtsegler unentbehrliche Transportmittel auf den Gewässern in und um Hamburg. Foto eines voll beladenen Ewers aus den 1920er Jahren

Jahre verkehrten, seit den 1880er Jahren zunehmend mit Eisenrumpf (1898 gab es 32, 1928 bereits 421 eiserne E.).

Als wichtiges regionales Transportmittel belieferten die 12–16 m langen E. die Hbger ➢*Großmärkte* v.a. mit Gemüse, Obst und Blumen aus den ➢*Vierlanden* (Vierländer-E.) und dem ➢*Alten Land* (Lühe-E.). Die Milcherzeugnisse von den ➢*Elbinseln* kamen auf den kleineren Milch-E. in die Stadt, von denen viele auf dem ➢*Köhlbrand*, auf ➢*Altenwerder* und in Lauenbruch (➢*Harburg*) beheimatet waren. Von der Oberelbe nach Hbg segelten die größeren Stroh-E. (ca. 20 m). Vor Aufkommen der Dampfschifffahrt wurden E. auch zum Personenfährverkehr eingesetzt, der bekannteste Typ war der etwa 17 m lange, mit Rahsegeln ausgerüstete Harburger E. Größter E.hafen Hbgs war ➢*Finkenwerder*, auf den Segeln zu erkennen als HF (= Hamburgisch Finkenwerder).

Bis ins 20. Jh. fuhren zweimastige E. mit rundem Vordersteven und Kielschwert in der Küstenschifffahrt, besonders in der Küstenfischerei. Der Fang wurde in der Bünne, einem mitschiffs liegenden, vom Meerwasser durchfluteten Raum, aufbewahrt und lebend angelandet. Von der motorisierten Fischerei längst verdrängt, ist der E. jedoch als Freizeitgefährt wiederentdeckt worden. *Ti.*

Ewerführer ist der Führer einer ➢*Schute*. Die Bezeichnung leitete sich aus der Verwendung ausgedienter ➢*Ewer* ab, die in abgetakeltem Zustand als Schuten im ➢*Hafen* eingesetzt wurden. Die Fahrzeuge werden einzeln oder im Verband durch ➢*Schlepper* oder ➢*Barkassen* bewegt, in flachem Gewässer durch Staken mit dem Peekhaken, einer dem Bootshaken ähnlichen, 3–7 m langen Stange. Der E. übernimmt mit seinem Schiff die Beladung, Beförderung und im Bedarfsfall auch Zolldeklarierung von Gütern im Hbger Hafen und den hafennahen Gewässern. Seit 1962 ist E. ein Lehrberuf, aber schon Ende des 18. Jhs ging der Tätigkeit eine längere Ausbildung voraus. *KKW*

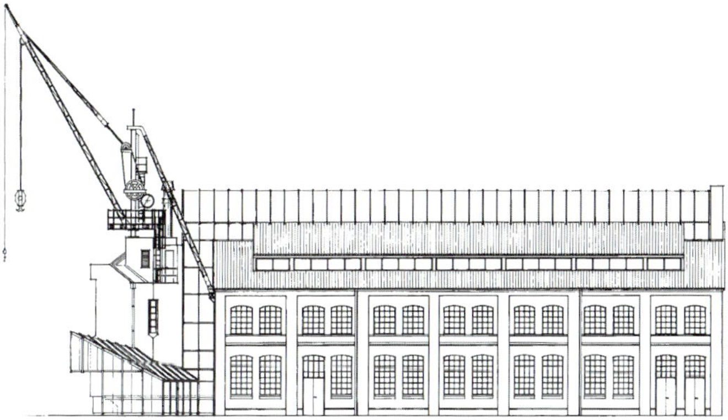

Wiederaufbau im alten Stil: Konstruktionszeichnung der Fabrik aus dem Jahr 1979. Der Kran stammt von einer Anfang der 1990er Jahre abgerissenen Halle der „Maschinen-Fabrik Menck & Hambrock“, die unmittelbar neben den heutigen Zeisehallen an der Behringstraße lag.

Fabrik ist der Name von Dtlds ältestem Kultur- und Kommunikationszentrum, gelegen an der Barnerstraße in ➢*Ottensen*. Der Maler und Grafiker H. Dietrich und der Architekt F. Zeuner eröffneten die F. am 25.6. 1971 in der dreigeschossigen Halle einer ehem., 1830 erbauten Maschinenfabrik (Basilika als Holzkonstruktion mit Backsteinaußenwänden). Neben einem bunt gemischten Musikprogramm gab es Kunstwerkstätten, Galerien, Kneipen, Kinovorführungen, Musik-Theater, literarische und gesellschaftspolitische Workshops sowie stadtteilbezogene Kinder- und Jugendarbeit. Einige Projekte und Angebote erhielten später staatliche Förderung. Das Konzept wurde bald Vorbild zahlr. ähnlicher Einrichtungen in anderen Städten. Die durch einen Brand am 11.2.1977 im Inneren fast vollständig zerstörte F. konnte nach zweieinhalbjähriger Bauzeit an gleicher Stelle wiedereröffnen; heute empfängt sie jährlich etwa 170.000 Besucher zu rund 300 Veranstaltungen. 1972 entstand ein Förderverein, seit 1979 erscheint monatlich die „Fabrik-Zeitung“. Viele Kunstausstellungen fanden hier statt, und unzählige Bands aus Hbg, Dtld wie der ganzen Welt traten auf, feierten ihre ersten Erfolge (u.a. U. Lindenberg, O. Waalkes) oder kehrten wieder einmal zurück in die F., die insbesondere Jazzmusiker wegen ihrer eigenwillig-unnachahmlichen Atmosphäre schätzten (u.a. M. Davis). 2006 wandelte sich die zuvor seit 1978 von der Fabrik Horst Dietrich GmbH geführte F. in eine private gemeinnützige Stiftung um. *Ti.*

Fachhochschule Hamburg ➢*Hochschule für Angewandte Wissenschaften (HAW) Hamburg*

Falk Verlag Kurz nach seiner 1945 in ➢*Winterhude* erfolgten Verlagsgründung konnte der Kartograf G. Falk mit zwei von ihm entwickelten Weltneuheiten aufwarten. Er brachte eine neuartige Kartenfaltung zur Anwendung, bei der nur der jeweils benötigte Ausschnitt herausgefaltet werden kann, und stellte seine Pläne in der Hyperboloidprojektion dar (größerer Maßstab in der Innenstadt, kleinerer für die Außenbezirke). Beide Vorzüge bescherten dem F.V. die erste Mio. verkaufter Pläne nach fünf Jahren (1996: über 110 Mio.). Weltweit sind heute 320 Städte mit Falk-Plänen zu erschließen. Der erste Stadtplan des F.V. war

Der erste „Patent-Plan Hamburg“ in der 2. Auflage 1946

1946 der von Hbg, der bis heute in über 80 Neuauflagen überarbeitet und aktualisiert wurde. Ein Jahr nach dem Tod Falks erfolgte 1979 die Umwandlung des Familienunternehmens in eine GmbH, 1993 in eine AG (ca. 95 Mitarbeiter).
Seit 1998 gehört der F.V. für Landkarten und Stadtpläne zur Verlagsgruppe MairDumont (Ostfildern). *Ti.*

Der Schriftsteller Gustav Falke. Foto zum Nachruf des „Hamburger Fremdenblatts“ vom 9.2.1916

Falke, Gustav (geb. 11.1.1853 Lübeck, gest. 8.2.1916 Hbg), Schriftsteller. Seit den 1890er Jahren lebte der mit D. von ➢*Liliencron* und R. ➢*Dehmel* befreundete Dichter in Hbg. Seine Lyrik war seinerzeit geschätzt, die Romane hingegen, die zumeist in der Hansestadt spielen, brachten ihm kaum Anerkennung, allenfalls die Lebenserinnerungen „Die Stadt mit den goldenen Türmen“ (1912). Der ➢*Senat* zahlte dem in beschränkten Verhältnissen lebenden Poeten seit seinem 50. Geburtstag ein Ehrengehalt, eine damals weithin beachtete Auszeichnung. *Ah.*

Farmsen-Berne ist ein Stadtteil im Bezirk Wandsbek mit 8,3 km^2 Fläche und 33.315 Einw. (2009). Bei der Neuordnung des hbg. ➢*Landgebiets* im Jahr 1830 wurde das Gut Berne der Vogtei Farmsen (ab 1871/72 Gemeinde) zugeteilt. Bis 1937 gehörte F.-B. zu den hbg. ➢*Walddörfern.*
Die erste urkundliche Erwähnung des holstein. Ortes Farmsen stammt von 1296. 1477 erwarb die Stadt Hbg einen Anteil am Bauerndorf F., 1576 den Rest. Im 15. Jh. gab es frühe gewerbliche Ansätze, so durch den Abbau vorhandener Tonlager und die Errichtung von Ziegeleien sowie durch Kupferverarbeitung. Seit 1899 erfolgten Landaufkäufe durch die Stadt und die Errichtung des Staatsgutes sowie einer Zweigstelle des ➢*Werk- und Zuchthauses* (des späteren Versorgungs- und heutigen Alten- und Pflegeheims). 1918 wurde F. durch die ➢*Walddörferbahn* verkehrstechnisch erschlossen. 1954–60 entstand die Gartenstadt Farmsen (➢*Gartenstadtbewegung*), 1980 wurde das Einkaufszentrum fertiggestellt. Die 1911 eröffnete Trabrennbahn Farmsen machte den Ort in ganz Deutschland bekannt. Auf dem Gelände entstand unter Einbeziehung der Landschaftsstruktur bis 2000 ein grüner Wohnpark mit 1.170 Wohnungen.
Berne wurde erstmals 1296 als Meierhof dieses Namens erwähnt. 1375 erwarb das ➢*St.-Georgs-Hospital* das Gut, in dessen Besitz es bis 1806 verblieb; Ende des 18. Jhs waren das Herrenhaus erneuert und Parkanlagen errichtet worden. Haus und Park wurden für den Sommeraufenthalt des kaiserl. Gesandten genutzt. Die eigtl. Entwicklung des Ortes setzte erst nach dem Ersten Weltkrieg mit dem Bau einer genossenschaftlichen Siedlung ein (Gartenstadt Berne, 1919–32). Die Schule an der Lienaustraße schuf F. ➢*Schumacher* 1929/30. In der Erzählung „Leben und Lügen“ von D. von ➢*Liliencron* spielt das Gut Berne eine Rolle. *SH*

Das Vereinswappen des FC St. Pauli von 1910

FC St. Pauli von 1910 ist Hbgs zweiter ➢*Fußball*verein, der sich im Profi-Fußball etablieren konnte. Der erste große Erfolg war 1947 die Hamburger Meisterschaft vor dem ➢*HSV*. In der Fußball-Oberliga-Nord war der Club 1947–63 vertreten, in den ersten Jahren stets auf vorderen Rängen, 1948/49 lag er am Saisonende punktgleich mit dem HSV an zweiter Stelle und unterlag im Entscheidungsspiel. 1977 stieg der Verein in die Fußball-Bundesliga auf, verließ die erste Liga aber nach einer Spielzeit, 1988–91, 1995–97, 2001/02 gehörte der FC erneut der ersten Liga an, ebenso seit 2010/11. Seine Heimspiele trägt der Club im Stadion am ➢*Millerntor* auf ➢*St. Pauli* aus, dem „Freudenhaus der Liga" mit seiner durch die Fans geprägten unverwechselbaren Atmosphäre. *Ko.*

FDP (Freie Demokratische Partei) Aus dem ➢*Bund Freies Hamburg* hervorgegangen, am 20.9.1945 als Partei Freier Demokraten (PFD) gegründet, versuchte die ab Frühjahr 1946 FDP genannte Partei, an die ➢*DDP* und deren in der Weimarer Zeit gepflegtes Bündnis mit der ➢*SPD* anzuknüpfen. Sie widersetzte sich 1945/46 allen Bürgerblockbestrebungen und beteiligte sich 1946–49 am ➢*Senat*, obwohl die SPD eine Dreiviertelmehrheit in der ➢*Bürgerschaft* besaß. 1949 schloss sich die FDP jedoch dem ➢*Vaterstädtischen Bund* Hamburg und 1953 dem erfolgreichen ➢*Hamburg-Block* an, weil das 1946 eingeführte Mehrheitswahlsystem große Parteien oder „Blöcke" begünstigte. Nachdem 1956 das Verhältniswahlrecht beschlossen worden war, trat die FDP 1957–66 und 1970–74 in eine Koalition mit der SPD ein, obwohl diese erneut eine absolute Mehrheit hatte. Bei den FDP-Senatsbeteiligungen 1974–78 und 1987–91 waren die Koalitionen rechnerisch notwendig. Die Wahlergebnisse der FDP lagen meist um die 5 %-Marke (u.a. 1978–86, 1993 und 1997 darunter). Ihre Senatoren übernahmen häufig das Kultur- und das Wissenschaftsressort (u.a. H.H. ➢*Biermann-Ratjen*, I. von Münch) und das Justizressort (u.a. Chr. ➢*Koch*, U. Klug) sowie das Amt des Zweiten Bürgermeisters (u.a. Chr. Koch, E. Engelhard, H. Rau, D. Biallas, I. von Münch). Von 2001 bis 2004 war die FDP am ➢*Senat* beteiligt, in einer Art neu aufgelegter „Bürgerblock"-Koalition mit der CDU und der populistischen Partei Rechtsstaatlicher Offensive („Schill-Partei"), 2004 und 2008 scheiterte sie an der 5 %-Hürde. Die FDP hatte 2009 in Hbg 1.462 Mitglieder. *luz*

Fera, Charlotte (geb. Helmke, 24.10. 1905 Bremen, gest. 10.5.1998 Hbg), Politikerin. 1957–93 gehörte die Christdemokratin der Hamburgischen ➢*Bürgerschaft* an. Siebenmal eröffnete sie als Alterspräsidentin die neue Legislaturperiode. Wegen ihres Engagements, ihrer Fairness und Sachkunde wurde die leidenschaftliche Parlamentarierin über alle Parteigrenzen hinweg anerkannt. In der Hbger ➢*CDU* war sie Vorsitzende der Frauen-Union und der Senioren-Union. 1957–73 war F. Präsidentin der Europäischen Frauen-Union; in der Weltunion Christlich-Demokratischer Frauen wirkte sie als Generalsekretärin. 1993 wurde F. mit der ➢*Bürgermeister-Stolten-Medaille* ausgezeichnet. *Ko.*

Fernsehturm ➢*Heinrich-Hertz-Turm*

Festmacher ist der Hafenarbeiter, der die Festmacherleinen eines Schiffes entgegennimmt und am Kai an der dafür vorgesehenen Vorrichtung, zumeist einem Poller, befestigt. Als „Festmacher" werden neben den Leinen oder Trossen auch die Handschuhe bezeichnet, die der F. zum Schutz der Hände trägt. *KKW*

Fichte, Hubert (geb. 21.3.1935 Perleberg, gest. 8.3.1986 Hbg), Schriftsteller. Der in der Julius-Vosseler-Straße in ➢*Lokstedt* aufgewachsene und dann zwischen seinen zahlr.

Der Hamburger Schriftsteller und Kulturethnologe Hubert Fichte und eine Taschenbuchausgabe seines Hamburg-Romans „Die Palette“

Weltreisen auch in Hbg ansässige Schriftsteller veröffentlichte 1968 den Hbg-Roman „Die Palette“. Der Titel bezieht sich auf das Lokal gleichen Namens in der ABC-Straße, in dem der Protagonist Jäcki die Gegenwelt zur westdt. Wohlstandsgesellschaft kennenlernt. F. zeichnet das Gegenmilieu der Gammler-, Huren- und Stricherkneipe mithilfe sprachlicher Mimesis und gibt sich doch nie der Illusion hin, einen Ausschnitt der Wirklichkeit authentisch zu erfassen. Auch in seinem folgenden Buch, dem 1971 ebenfalls im ➢*Rowohlt Verlag* erschienenen Roman „Detlevs Imitationen Grünspan“, bezieht sich der Schriftsteller auf eine bekannte Hbger Lokalität: Dem am 9.8.1968 eröffneten Veranstaltungszentrum „Grünspan“ an der ➢*Großen Freiheit*, das v.a. als Veranstaltungsort für psychedelische Musik bekannt war, setzt er in dem Buch ein literarisches Denkmal. Das vielschichtige Werk des auch durch zahlr. kulturethnologische und journalistische Arbeiten hervorgetretenen F. ist noch längst nicht zu ermessen, zumal sein vielbändiges Hauptwerk, die „Geschichte der Empfindlichkeit“, an der er seit 1974 arbeitete, erst in den letzten Jahren aus dem Nachlass publiziert wurde. Seit 1995 wird der ➢*Hubert-Fichte-Preis* an Schriftsteller verliehen, die in ihrem Schaffen eine Beziehung zu Hamburg erkennen lassen. *Bü.*

Finanzbehörde Zu den Hauptaufgaben der F. gehören heute die Finanz- und Haushaltspolitik mit der Aufstellung des Haushaltsplans, ferner das Management von stadtstaatlichen Vermögensbeständen und Beteiligungen, das Immobilienmanagement und die Steuerverwaltung. 1861 wurde die ➢*Kämmerei*, das Herzstück der Hbger Finanzverwaltung, in die Finanzdeputation umgewandelt. Die daneben bestehenden ➢*Deputationen* (für Steuern, Zölle etc.) wurden im Laufe der Zeit eingegliedert. 1863 traten zu den zehn von der ➢*Bürgerschaft* gewählten Deputierten drei Senatoren, von denen einer als ➢*Präses* fungierte. Die Finanzdeputation hatte ihren Sitz ab 1897 im neuen ➢*Rathaus*, 1926 zog sie in das von F. ➢*Schumacher* erbaute Dienstgebäude am ➢*Gänsemarkt* um. Der Name „Finanzdeputation“ wurde damals von der Bürgerschaft beibehalten, obwohl der ➢*Senat* die Umbenennung in „Finanzbehörde“ wünschte. Zu dieser Bezeichnung kam es erst 1947, nachdem die Finanzdeputation während der ➢*NS-Zeit* mehrfach umbenannt worden war, zuletzt wieder in „Kämmerei“. Die Etathoheit lag zwischen 1919 und 1933 und bald nach 1945 wieder bei der Bürgerschaft, für die Rechnungsprüfung wurde 1948 der

Die Finanzbehörde am Gänsemarkt/Ecke Valentinskamp (1919–26) ist einer der prägnantesten „Staatsbauten“ von Fritz Schumacher. Im Vordergrund das Lessing-Denkmal

➢*Rechnungshof* geschaffen. 1947 wurde für die F. – wie für die anderen Behörden auch – eine Deputation eingerichtet, deren Mitglieder ehrenamtlich an der Behördenleitung beteiligt und von der Bürgerschaft gewählt werden. Die F. entsendet je einen ihrer Deputierten in die Deputationen der Fachbehörden. *luz*

Finanzgericht (FG) Das FG besteht heute aus acht Senaten (besetzt mit je drei Berufsrichtern und zwei ehrenamtlichen Richtern). Ihm gehören ein Präsident, ein Vizepräsident und 20 Richter an. Das Verfahren regeln die FGOrdnung von 1965 (mit späteren Änderungen) sowie ein hbg. Ausführungsgesetz. Einer der Senate ist der Gemeinsame Senat der Länder Hbg, Niedersachsen und Schleswig-Holstein für Angelegenheiten des Zolls, der Verbrauchssteuern und der Europäischen Marktordnung. Das FG hat seinen Sitz am Lübeckertordamm *JA*

Finkenau ➢*Frauenklinik Finkenau*

Finkenwerder heißt der westlichste Stadtteil im Bezirk ➢*Hamburg-Mitte* mit 19,3 km² Fläche und 11.660 Einw. (2009). Mit ➢*Waltershof* bildete F. ein Ortsamtsgebiet. Zugleich ist F. der Name der Halbinsel zwischen der Norderelbe und der nach der ➢*Flutkatastrophe* 1962 eingedämmten Alten Süderelbe (➢*Süderelbe*).

Im 13. Jh. wurde das nach der Grundbesitzerfamilie Vynk benannte „Vinkenwerder" durch ➢*Sturmfluten* von der größeren ➢*Elbinsel* Gorieswerder abgetrennt. Die Holsteiner Grafen gaben 1265 die südl. Hälfte als Mitgift für eine Tochter an das Herzogtum Lüneburg und verkauften 1445 die nördl. Hälfte an Hbg. Als Grenze wurde 1568 die Landscheide, ein Elbarm, festgelegt. Die hbg. Hälfte wurde 1919 ➢*Vorort*, die 1866 an Preußen gefallene kam infolge des ➢*Groß-Hamburg-Gesetzes* 1937 hinzu. Für den Hbger Teil von F. war die ➢*Schreibweise* Finkenwärder üblich, bis Anfang 1947 die heutige Version allein gültig wurde. Großwohnanlagen entstanden neben den Überresten des Fischerdorfes, das durch das Werk ➢*Gorch Focks* in die Literatur einging. Die seit dem 17. Jh. intensiv betriebene Fischerei ging im 20. Jh. aufgrund der Konkurrenz durch Hochseefischerei und wegen der zunehmenden Elbverschmutzung zurück. Die mit „HF" (Hbg.-F.) gekennzeichneten Fischkutter waren in allen Nordseehäfen zu sehen; die F. Scholle ist ein bekanntes Fischgericht. Im aufgeschütteten Außendeichgebiet begann 1918 die Deutsche Werft zu produzieren (bis 1973), 1933 kam die von W. Blohm gegründete Hamburger Flugzeugbau GmbH (➢*Blohm + Voss*) hinzu. Daraus entstand 1969 die Firma Messerschmitt-Bölkow-Blohm (MBB, seit 1995 Daimler-Benz Aerospace GmbH), die von Anbeginn maßgeblich an der Produktion des Flug-

„Sommertag in Finkenwerder". Ölgemälde von Friedrich Schaper, 1895

zeugtyps Airbus beteiligt ist. Die 1970 gegründete Airbus S.A.S. mit Sitz in Toulouse-Blagnac gehört seit 2000 zur European Aeronautic Defence and Space Company (EADS) und ist seit 2006 zu 100 % in ihrem Besitz. Die Flugzeuge werden an zwölf Standorten in Dtld, Frankreich, Großbritannien und Spanien produziert. In F. sind über 10.000 Mitarbeiter beschäftigt. Der Airbus A380 ist das größte Passagierflugzeug der Welt. Die erste Auslieferung auf F. fand im Oktober 2009 statt. Für die Airbus-Produktion wurde das Werksgelände 2001–04 durch Ausfüllung und Aufspülung ins Mühlenberger Loch erweitert, einen ursprünglich als Fahrrinne von ➢*Blankenese* nach ➢*Cranz* genutzten Priel durch die Sandbänke gegenüber vom Blankeneser Mühlenberg (als Norder- und Süderelbe dort noch miteinander verbunden waren). Seit umfangreichen Ausbaggerungen durch die Flugzeugwerke von Blohm + Voss 1935–40 , die hier eine große Wasserfläche für den Test vom Wasserflugzeugen benötigten, wird das gesamte Wassergebiet, das stromabwärts an Hamburg-Finkenwerder grenzt, als „Mühlenberger Loch" bezeichnet; es stellt das größte Süßwasserwatt Europas dar, ein bekanntes ➢*Natur-* und Vogel*schutzgebiet.* Von der Erweiterung des Werksgeländes, dem Mühlenberger Sand, ist ein Fünftel (170 ha) betroffen. 2005 bestätigte das Oberverwaltungsgericht eine „mittelbare Gemeinnützigkeit" für das gesamte Airbus-Projekt und damit auch für diese Werkserweiterung, wenn nicht gar für alle weiteren. Politisch und juristisch umstritten blieb einstweilen die Verlängerung der Airbus-Start- und Landebahn in Richtung ➢*Neuenfelde.* Auch die Verkehrsführung in F. und um F. herum stellte lange Zeit ein Problem dar. 2009 beschloss der Hamburger Senat nach 30-jähriger Planung die Ortsumgehung F., für die ein großer Teil des F. umgebenden Obstanbaugebiets im ➢*Alten Land* von der Stadt angekauft werden musste. *luz*

Fischmarkt Der erste F. genannte Platz ist in dieser Nutzung seit dem 14. Jh. belegt und war wohl der erste Marktplatz der bischöflichen ➢*Altstadt.* Er lag südl. des ➢*Doms,* unweit vom „Salzhaus" und vom „Heringshaus". An den F. erinnert der Straßenname Alter Fischmarkt. Während andere Marktfunktionen nördl. auf den bei ➢*St. Petri* gelegenen „Berg" übergingen, blieb hier die ganze ➢*Hanse*zeit hindurch ein Fischhandelsplatz bestehen. Daneben wurde auch Leder angeboten. Im 16. Jh. begann der Fischverkauf auf dem ➢*Hopfenmarkt.*

Seit 1861 entstand an der Grenze zu ➢*Altona* der St.-Pauli-F.; dieser wuchs Ende des 19. Jhs mit dem 1703 entstandenen Altonaer F. zusammen. 1889 wurde auf dem Hbger Teil eine Fischauktionshalle in Betrieb genommen, die bis zu ihrem Abriss 1971 bestand. Die Stadt Altona erbaute 1895/96 in einer Eisen-Glas-Konstruktion eine eigene Halle. Sie wurde im Krieg stark beschädigt, erst 1982–84 restauriert und ist seither Veranstaltungszentrum. Als Beispiel gründerzeitlichen Ingenieurbaus steht sie unter ➢*Denkmalschutz.* Die Rivalität zwischen Hbg und Altona um den F. griff P. Türpe im 1900 geschaffenen Stuhlmannbrunnen vor dem ➢*Altonaer Bahnhof* auf: Zwei Kentauren kämpfen um einen Fisch.

Laut und hektisch ging es in der 1895/96 erbauten Altonaer Fischauktionshalle immer dann zu, wenn der angelandete Fang zur Versteigerung gelangte.

Altona obsiegte und wurde zum größten Anlandeplatz der dt. Fischfangflotte. 1934 erfolgte die Zusammenlegung mit dem Hbger F.

Der sonntägliche Markt ist, obwohl die namengebende Ware stark an Bedeutung verloren hat, nach wie vor ein Anziehungspunkt für Nachtschwärmer und Frühaufsteher, darunter zahlr. Touristen. Südfrüchte und Blumen, Imbissbuden und Flohmarktstände bestimmen das Bild. Die Versteigerungen von Fisch finden heute in Hallen der Fischmarkt Hamburg-Altona GmbH, einer Tochter der ➢*Hamburger Hafen und Logistik AG (HHLA)*, an der Großen Elbstraße zwischen dem ehemaligen Terminal der Englandfähre und dem Elbhang statt. *Ko.*

Flagge Hbg führt drei F. als staatliche Hoheitszeichen: die Landesflagge, die jedermann benutzen darf, sowie die ➢*Admiralitäts*flagge und die Staatsflagge, die nur dienstlich geführt werden dürfen. Die Landesflagge zeigt auf rotem Grund die dreitürmige weiße Burg des Wappens (➢*Wappen, Hamburg*) und wird seit dem 16. Jh. verwendet. Zeitweise wies sie eine umgekehrte Farbgebung (➢*Landesfarben*) auf. In der heutigen Form wird sie seit

Handelt der Senat als Staatsoberhaupt, schmückt die Staatsflagge den Rathausturm der Stadtrepublik.

der ersten Hälfte des 19. Jhs verwendet. Die Admiralitätsflagge zeigt auf rotem Tuch die weiße Burg, unterlegt mit einem blauen Anker mit gelbem Ankerstock. Seit 1642 bekannt, ist sie die älteste dt. Dienstflagge, geführt in erster Linie von staatlichen Schiffen. Die

Bis zum Zweiten Weltkrieg waren die Fleete wichtige Hamburger Verkehrsadern, die die innere Stadt mit dem Hafen verbanden. An der Schaartorbrücke mündet das Alsterfleet in den Binnenhafen. Rechts neben der Brücke die Rückfront der Häuser beim alten Waisenhaus. Foto von Georg Koppmann, aufgenommen im September 1884

Staatsflagge zeigt auf rotem Tuch ein weißes Rechteck mit dem Großen Landeswappen. Sie wurde 1897 aus Anlass der Einweihung des ➢*Rathauses* geschaffen und wird nur vom ➢*Senat* in seiner Funktion als Staatsoberhaupt geführt. *HWE*

Fleete heißen die seit dem 9. Jh. teils ausgebauten, teils angelegten innerstädtischen, oft schiffbaren Wasserwege in Hbg., ursprünglich tideabhängige Fließgewässer, später zu Kanälen entwickelt. Sie sind teils aus Mündungsarmen von ➢*Alster* und ➢*Bille*, aus Schutz- und Entwässerungsgräben oder aus dem als Mühlensee aufgestauten ➢*Alsterbecken* und seinen Überlaufgräben entstanden, teils als Verkehrsverbindungen oder zur Wasserversorgung eigens angelegt worden. Mehrfach geschah dies parallel zu Straßen, in deren fleetseitiger Bebauung dann häufig ➢*Fleetgänge* ausgespart wurden. Die ➢*Düpekommission* war u.a. beauftragt, die hygienischen Verhältnisse in den als Aborte und Mülldeponien missbrauchten F. zu kontrollieren; am schlimmsten waren die Zustände in den ➢*Hasenmooren*, die zumeist in ein F. mündeten. ➢*Schuten* und ➢*Ewer* befuhren die F., ➢*Fleetenkieker* stocherten auf dem Grund nach Brauchbarem.

Im 18. Jh. war der Höhepunkt dieses Verkehrsnetzes erreicht, 29 F. bildeten zusammen 18 Wasserstraßen. Nach dem ➢*Großen Brand* von 1842 wurde bis 1900 ein Drittel der F. zugeschüttet. Ein modernes Siel- und Wasserversorgungssystem sowie breite Straßen übernahmen zunehmend ihre Aufgaben. Die Zuschüttungen nach dem Zweiten Weltkrieg ließen nur noch ein Dutzend F. bestehen, davon fünf im Innenstadtbereich: ➢*Herrengraben-* und Bleichen*fleet* auf der einen, ➢*Alsterfleet* auf der anderen Seite vom ➢*Neuen Wall*, von ➢*Fleetinsel* und Admiralitätsstraße, ferner Nikolai- und Mönckedammfleet. Seit Januar 1947 ist die ➢*Schreibweise* „Fleet" verbindlich, zuvor variierte sie, z.B. als Flet oder Fleth. Nach der Sturmflut von 1962 wurden die Fleete durch Schleusen sowohl geschützt als auch potenziell durchgängig schiffbar gemacht. Fleetfahrten mit Schiffen der „Alsterflotte" gehören zum Standardprogramm für Touristen und bieten einen besonderen Blick auf Teile der Hbger Innenstadt. *luz*

Fleetenkieker Obwohl die ➢*Fleete* auch der privaten und gewerblichen Wasserversorgung dienten (z.B. für ➢*Bier*brauereien), landeten doch massenhaft Exkremente sowie private und gewerbliche Abfälle (z.B. der Knochenhauer) darin. Reiseberichte über Hbg erwähnen den oft grauenhaften Gestank der Fleete. Vor allem aus wirtschaftlichen Gründen musste dem eine Grenze gesetzt werden. Die Häuser der reichen Kaufleute – oft zugleich Wohn-, Kontor- und Lagerhauszwecken dienend – waren häufig mit der Rückfront zum Fleet und der Vorderfront zur Straße gebaut.

Urspr. wurden die Mitglieder und Mitarbeiter der ➢*Düpe*kommission, die sich um die Schiffbarkeit und die Reinhaltung der Fleete kümmerte, amtlich F. genannt. Später ging die Bezeichnung auf private Abfallsammler über, die vorwiegend bei Ebbe und Trockenheit den Grund der Fleete nach Verwertbarem absuchten – mit hohen Stiefeln, oft auch bei Nacht mit Laternen. Gegen ein Entgelt suchten die F. auch nach aus Versehen in die Fleete gefallenen Wertgegenständen – ein häufig vorkommendes Missgeschick. „Dat is in'n Fleet gefulln" war eine verbreitete Redensart, die auf Unglücksfälle und Fehlleistungen aller Art bezogen werden konnte. Anfang des 20. Jhs waren manche der noch regelmäßig tätigen F. verelendet. Erst später erfolgte eine Romantisierung dieser volkstümlichen Gestalten, z.B. im Namen einer Gaststätte in der Nähe des Nikolaifleets. Heute werden die Fleetgründe einmal jährlich bei Ebbe gereinigt.

1994 gründete sich mit „De Fleetenkieker" ein Verein für Umwelt- und Gewässerschutz in Hamburg. Er besitzt seit 1995/96 zwei Flachbodenboote und kümmert sich um den Schutz der Fleete und Kanäle sowie ihrer Uferanlagen. 1997 initiierte er die Aktion: „Hamburg räumt auf" in Form eines Frühjahrsputzes auf der Alster. *luz*

Fleetgänge In den parallel zu den ➢*Fleeten* verlaufenden Straßen wurde die dem Wasser abgewandte Seite zuerst bebaut. Die Anrainer verfügten meist über den Zugang zum Fleet in der Breite ihres Grundstückes. Seit dem 13. Jh. konnte aufgrund bautechnischer Fortschritte auch die dem Wasser zugewandte Seite dieser Straßen bebaut werden. Zugleich begann attraktiver Baugrund knapp zu werden, sodass die Eigentümer der zu beiden Seiten der Straße gelegenen Grundstücke oft eine der beiden ungleichen Hälften verkauften. War es die wasserzugewandte, sicherten sie sich als Zugang zum Fleet je einzeln oder zu mehreren schmale Wege, die F.

Über Anlage und Nutzung der F. gab es stets zahlr. nachbarschaftliche (Rechts-)Streitigkeiten. Bald wurde sogar die Einrichtung öffentlich nutzbarer Durchbrüche zu den

Fleeten vorgeschrieben. Die F. begünstigten allerdings bei Hochwasser die Überschwemmung der Straßen und der jenseitigen, tiefer gelegenen Grundstücke. Als im 19. Jh. mit dem Bau eines Siel- und Wasserversorgungsnetzes begonnen wurde, verloren die F., wie auch die Fleete insgesamt, an Bedeutung. F. kann man heute noch in der Deichstraße besichtigen: Über die beiden F. zwischen den Häusern 39/41 und 43/45 gelangt man auf die Pontons im Nikolaifleet. *luz*

Fleetinsel Gebietsstreifen zwischen ➢*Herrengraben-* und ➢*Alsterfleet*, Stadthausbrücke und ➢*Baumwall*, im Grenzbereich zwischen ➢*Altstadt* und „neuer“ ➢*Neustadt*. Die F. ist durch mehrere Brücken mit der Umgebung verbunden. Die dort seit dem 18. Jh. entstandene ➢*Speicher-* und ➢*Kontorhaus*bebauung wurde im Zweiten Weltkrieg bis auf wenige Einheiten – v.a. das Ensemble zwischen Michaelisbrücke/Heiligengeistbrücke und ➢*Ost-West-Straße* – zerstört.
1971 wurde die damals im Zuge der ➢*Citybildung* für unumgänglich gehaltene Überbauung dieses Teils der F. (d.h. der F. im engeren Sinne) vorgesehen – in einem Bebauungsplan, der eine städtebauliche Verbindung zwischen ➢*Alster* und ➢*Elbe* anvisierte und sich an den Wirtschafts- und Verwaltungsgebäuden der „Wirtschaftswunder“-Zeit orientierte. Dagegen gewannen in den folgenden Jahren – angeregt auch durch das Europäische Denkmalschutzjahr 1975 und die Aktivitäten auf der F. wohnender Künstler und Galeristen – Aspekte des Denkmal- und Ensembleschutzes an Raum; mehrere alte Gebäude wurden unter ➢*Denkmalschutz* gestellt. Dazu entstanden Anfang der 1990er Jahre um den privaten „Fleetmarkt“ herum v.a. Hotels und Bürohäuser, sodass eine Mischung aus historischen und hochmodernen Bauten entstanden ist. *luz*

Neues Leben und moderne Architektur in der Neustadt: die Fleetinsel von der Michaelisbrücke aus gesehen. Links die Ellerntorsbrücke aus dem Jahr 1668

Fliegender Hamburger lautet die volkstümliche Bezeichnung für den erstmals am 15.5.1933 fahrplanmäßig zwischen Hbg und Berlin verkehrenden Schnelltriebwagen der Reichsbahn. Mit zwei 410-PS-Dieselmotoren mit elektrischer Kraftübertragung wurde er mit einer Durchschnittsgeschwindigkeit von 124,7 km/h auf der 293 km langen Strecke zum damals schnellsten Reisezug der Welt. Im regulären Zugverkehr benötigte der Zug 2 Std. und 18 Min. Nur 3 Min. schneller ist der am 29.5.1997 in Berlin auf den Namen „Fliegender Hamburger“ getaufte ICE zwischen beiden Städten. Der alte F.H., VT 04, der nach dem Krieg und im geteilten Dtld nicht mehr das gewohnte Tempo halten konnte, wurde 1959 außer Dienst gestellt. Nach der Wiedervereinigung wurde die Verbindung Hbg–Berlin grundsaniert und erneut zu einer der

Der Fliegende Hamburger bei seiner Ankunft im Hamburger Hauptbahnhof am 31.12.1932 – ein halbes Jahr vor Aufnahme des fahrplanmäßigen Betriebs zwischen Hamburg und Berlin

modernsten und schnellsten Eisenbahnlinien ausgebaut.
Den Geschwindigkeitsrekord auf der Strecke nach Berlin erzielte der von F. Kruckenberg gebaute „Schienenzepp“, der von einem Flugzeugmotor und einem Holzpropeller angetrieben wurde, als er am 21.6.1931 zwischen ➢*Bergedorf* und Spandau stolze 230 km/h erreichte. Auch ein Dampflok-Weltrekord wurde zwischen Hbg und der dt. Hauptstadt aufgestellt. Am 11.5.1936 gelang der stromlinienförmig verkleideten Lokomotive „05 002“ mit ihren 2,30 m hohen Treibrädern die Überschreitung der 200-km/h-Marke: Sie zog den Zug mit einem Tempo von 200,4 km/h. *SH*

Flitner, Wilhelm (eigtl. Willy, geb. 20.8.1889 Berka bei Weimar, gest. 21.1.1990 Tübingen), Pädagoge. F. wurde 1912 an der Universität Jena zum Dr.phil. promoviert und erhielt nach seiner Tätigkeit als Lehrer und Leiter der dortigen Volkshochschule 1923 die venia legendi, die Lehrberechtigung für Philosophie und Pädagogik. Nachdem er 1926 an die Pädagogische Akademie in Kiel berufen worden war, lehrte der Mitbegründer der „geisteswissenschaftlichen Pädagogik“ von 1929 bis zu seiner Emeritierung 1958 als Professor Erziehungswissenschaft an der ➢*Universität Hamburg*, wobei er sich besonders in der Lehrerbildung engagierte und zahlr. Standardwerke vorlegte, die Generationen von Lehrern prägten. Aus dem Kreis seiner Studenten schlossen sich einige dem Hbger Zweig der ➢*Weißen Rose* an. *He.*

Flora heißt ein am 2.6.1889 am Schulterblatt 71–73 eröffnetes Konzerthaus, das nach dem Einbau einer festen Bühne im Jahr 1900 zu den führenden dt. Varieté-Theatern zählte. Am Bahnhof Holstenstraße entstand 1990 die „Neue Flora“ als Spielstätte für das Musical „Phantom der Oper“. Der urspr. dafür vorgesehene Bau auf dem Gelände des alten Flora-Theaters war nach heftigen Protesten der Anwohner des alternativ geprägten ➢*Schanzenviertels* und teils tätlichen Auseinandersetzungen mit der ➢*Polizei* noch vor Planungsreife aufgegeben worden. Seit 1989 ist die „Rote Flora“ ein selbstverwaltetes kulturelles und politisches Projekt. *SH*

Die Sommersaison 1897 begann in der Flora mit einem Gartenfest am Himmelfahrtstag. Ankündigungsplakat

Flughafen Hamburg-Fuhlsbüttel Im Stadtteil ➢*Fuhlsbüttel* gelegener internationaler Flughafen mit zwei Start- und Landebahnen auf einer Gesamtfläche von 580 ha. 1911 gründeten Kaufleute, darunter A. ➢*Ballin* und E.J.A. ➢*Siemers*, die Hamburger Luftschiffhallen GmbH (HLG). Ein Jahr später wurde die erste Zeppelin-Halle eingeweiht. 1912–16 waren hier die Zeppeline

Blick in das elegant geschwungene Terminal 2 des Flughafens Hamburg-Fuhlsbüttel. Eine Rohrfachwerkkonstruktion trägt das Dach, dessen äußere Form an die Tragfläche eines Flugzeugs erinnert.

„Hansa" und „Victoria Luise" stationiert. Die 148 m langen Luftschiffe galten als die „längsten Hamburger". Nach der ausschließlich militärischen Nutzung im Ersten Weltkrieg machte der Aufschwung des zivilen Luftverkehrs Hamburg-Fuhlsbüttel 1925 zum größten dt. Flughafen. Im Zweiten Weltkrieg wurde er Flugstützpunkt der Luftwaffe und Fliegerschule. Unter der ➢*Britischen Besatzung* 1945–49 verwaltete ihn die Royal Air Force und beteiligte sich 1948/49 von dort aus an der Luftbrücke nach Berlin.

Seit 1950 expandiert der nun wieder unter dt. Leitung stehende Flughafen in allen Bereichen: 1995 überschritt der älteste noch bestehende dt. Flughafen erstmals die 8-Mio.-Grenze bei den Passagieren, 2009 waren es 12,2 Mio. Damit ist er der fünftgrößte Flughafen der Bundesrepublik. Über 250 Unternehmen beschäftigten 2009 auf dem Hbger Flughafen über 14.000 Mitarbeiter, die ihn damit zur zweitgrößten Betriebsstätte Hbgs nach dem ➢*Hafen* machen; größte Arbeitgeberin unter ihnen ist die Lufthansa Technik AG (➢*Lufthansa Basis Hamburg*). Betreiberin des F.s ist die Flughafen Hamburg GmbH (Gesamtumsatz 2009: 224 Mio. €), deren Stammkapital das Land Hbg (51 %) und die Hochtief AirPort GmbH und Dublin Airport Authority plc. (49 %) halten. U.a. durch die Architekten Gerkan, Marg und Partner entstanden 1989–93 die mehrfach preisgekrönten Neubauten von Terminal 4 und Pier. Mit dem Ausbauprojekt HAM 21 wurde der Flughafen bis 2008 grundlegend erneuert. Im Mai 2005 wurde der Terminalneubau mit Terminal 1 sowie neuen Zufahrten in Betrieb genommen, 2008 die Airport Plaza. Rund 60 Fluggesellschaften verbinden Hbg weltweit mit über 125 Zielen. Seit Anfang der 1960er Jahre war mehrfach ein neuer Großflughafen bei Kaltenkirchen im Gespräch, auch wegen des Fluglärms, der das Wohnen in den anliegenden Stadtteilen und in ➢*Norderstedt* beeinträchtigt. Seit 2008 besteht eine ➢*S-Bahn*-Anbindung nach ➢*Ohlsdorf*. *AB*

Flutkatastrophe In der Nacht vom 16. zum 17.2.1962 brach eine schwere Sturmflut über Norddtld herein. Insgesamt wurden 340 Menschen getötet, davon 317 in Hbg. Es war die größte F. seit 1855 (➢*Sturmfluten*). Mehr als 20 % der Stadt standen un-

Moorburg im Februar 1962. Noch eine Woche nach der großen Flut waren Schlauchboote das einzige Verkehrsmittel in dem meterhoch überfluteten Stadtteil.

ter Wasser. In den besonders betroffenen Kleingartensiedlungen waren die Warnungen häufig nicht wahrgenommen bzw. für übertrieben gehalten worden. Stark überflutet wurden ➢*Wilhelmsburg* (über 60.000 eingeschlossene Menschen), ➢*Neuenfelde*, ➢*Moorburg*, ➢*Moorfleet*. Bereits kurz nach Mitternacht wurden auf Anweisung des Kommandeurs der Schutzpolizei, O. Grot, alle in Hbg und Umgebung stationierten Verbände der Bundeswehr alarmiert. Nach seiner Rückkehr von einer Konferenz in Berlin am Morgen des 17.2. übernahm der Präses der im Aufbau befindlichen Behörde für Inneres, H. Schmidt, die Leitung der Rettungsarbeiten, an denen sich über 25.000 Helferinnen und Helfer beteiligten, darunter amerikan. Einheiten (v.a. Hubschrauberverbände), brit., niederländ. und belg. NATO-Streitkräfte, Feuerwehr, Technisches Hilfswerk, Ziviler Bevölkerungsschutz, Rotes Kreuz u.a. Organisationen. Der entstandene Sachschaden betrug ca. 3 Mrd. DM. Nach der F. wurde ein umfangreiches Deichbauprogramm durchgeführt (u.a. Absperrung der ➢*Süderelbe*; ➢*Hochwasserschutz*). Für die Opfer der F. wurde auf dem ➢*Ohlsdorfer Friedhof* eine Ehrengrabanlage errichtet. *WK*

Fontenay, John (geb. nach eigenen Angaben um die Jahreswende 1769/70 Philadelphia, gest. 7.3.1835 Hbg), Schiffsmakler. Das Dunkel der Herkunft F.s in der engl. Kolonie Pennsylvania aufzuhellen ist trotz umfangreicher Forschung bisher nicht gelungen. Im Jahr 1797 soll er von Paris nach Hbg gekommen sein. Ab 1801 erschien F. im Hbger ➢*Adreßbuch*. Im Mai des Jahres wurde er zum Schiffsmakler gewählt und erhielt das Hbger ➢*Bürgerrecht*. 1802 heiratete er die wohlhabende Witwe A.C. Kirsten, geb. Ballheimer, die

Der erfolgreiche Unternehmer John Fontenay auf einem zeitgenössischen Ölgemälde

vier unmündige Kinder mit in die Ehe brachte.
Bis zur ersten ➢*Elbblockade* durch die Engländer 1803 war F. sehr erfolgreich. 1804 fand er in dem letzten Schiffsmakler des „English Court“ (➢*Merchants Adventurers*), Th.G. Hesleden, einen kongenialen Geschäftspartner. Über Tönning organisierten beide, wie auch andere Hbger Kaufleute, die Versorgung der blockierten Stadt. Der katastrophale wirtschaftliche Niedergang Hbgs durch die ➢*Kontinentalsperre* zwang die beiden Partner, getrennte Wege zu gehen. F. reiste im Mai 1810 mit seiner Frau und den vier Stiefkindern zunächst nach London und ging im Mai 1811 nach Frankreich. Über zwei Jahre lebte er als amerikan. Staatsbürger mit seiner Familie in Clermont-Ferrand und kehrte nach dem endgültigen Ende der ➢*Franzosenzeit* im Mai 1814 über Schleswig nach Hbg zurück. In den folgenden Jahren waren F. und Hesleden die bedeutendsten Schiffsmakler in Hbg.
Ab dem Jahr 1816 kaufte F. in großem Umfang Ländereien neben seinen drei alten Grundstücken vor dem ➢*Dammtor*. Das urspr. parkähnliche Gelände zwischen ➢*Alster*, Badestraße und Mittelweg wurde nach ihm schlicht „die Fontenay“ genannt. 1831 bestimmte er testamentarisch das Gelände als wirtschaftliche Basis für seine Nachkommen. F. starb in seinem Wohnhaus, heute Mittelweg 185, und wurde vor dem Dammtor auf dem Begräbnisplatz von ➢*St. Michaelis* beigesetzt. *Au.*

Jahresbericht der Forschungsstelle für Zeitgeschichte in Hamburg: „Zeitgeschichte in Hamburg“ 2009

Forschungsstelle für Zeitgeschichte in Hamburg (FZH) 1949–56 bestand eine der Schulbehörde unterstellte „Forschungsstelle für die Geschichte Hamburgs von 1933 bis 1945“. Ihr folgte 1960 die „Forschungsstelle für die Geschichte des Nationalsozialismus in Hamburg“. Unter Leitung des Historikers W. Jochmann, der ihr 1960–86 vorstand, entwickelte sie sich zu einem überregional bedeutenden und anerkannten Forschungsinstitut mit den Schwerpunkten ➢*NS-Zeit* und Arbeiterbewegung.
1966 schenkten ➢*DGB* und ➢*SPD* der Einrichtung ihre wertvollen Zeitungs-, Zeitschriften- und Buchbestände, die ihr als Hamburger Bibliothek für Sozialgeschichte und Arbeiterbewegung angegliedert wurden. 1968 übergab die ➢*Handwerkskammer* ihre historischen Bestände der Bibliothek, die derzeit rund 84.000 Bände umfasst. In der „Werkstatt der Erinnerung“ hat die FZH über 1.000 lebensgeschichtliche Interviews zusammengetragen; diese Sammlung wird fortlaufend ergänzt. 1979 wurde die Forschungsstelle der Behörde für Wissenschaft und Forschung zugeordnet. Zum 1.1.1997 erfolgte die Umwandlung der FZH in eine Stiftung des bürgerlichen Rechts, mit der sie auch ihren heutigen Namen erhielt. Laut Satzung ist Aufgabe der FZH „die wissenschaftliche Erforschung der neueren Sozialgeschichte und der Zeitgeschichte unter besonderer Berücksichtigung der Geschichte des Nationalsozialismus und seiner Opfer, sowie der Geschichte der Arbeiterbewegung in Hamburg und der Region Norddeutschland“. Forschungsergebnisse werden u.a. in der Reihe der „Hamburger Beiträge zur Sozial- und Zeitgeschichte“ veröffentlicht.
Seit dem Jahr 2000 ist die FZH eine wissenschaftliche Einrichtung an

der ➢*Universität Hamburg*. Sie befindet sich seit 2007 im ehem. Finanzamt Hamburg-Schlump (Beim Schlump 83) im Stadtteil ➢*Rotherbaum*. *Ko.*

Forstwesen Die Wälder in Hbgs Umgebung wurden vom 13. bis ins 18. Jh. durch raubbauartige Nutzung und die Expansion der Stadt stark dezimiert; zu den vernichteten Wäldern gehören das „Eichholz" (➢*Neustadt*, ➢*St. Pauli*) und die „Hamme" bei ➢*Hamm* (➢*Hasselbrook*). Die Versuche Hbgs, sich gemeinsam mit ➢*Lübeck* eine Hälfte des ➢*Sachsenwalds* zu sichern, blieben erfolglos, obwohl das Reichskammergericht den Anspruch der Städte zwischen 1561 und 1684 mehrfach bestätigte. In den von Hbg im 15. Jh. erworbenen ➢*Walddörfern* waren für die Aufsicht über die Waldnutzung, zu der auch Schweinemast und Viehweide gehörten, der seit 1473 nachweisbare Waldvogt sowie ab 1698 zwei Waldreiter zuständig. Ab 1772 wurden in ➢*Großhansdorf*, ➢*Volksdorf* und im ➢*Wohldorfer* Wald für den Holzanbau reservierte „Zuschläge" eingerichtet, die um 1800 im Zuge der Verkoppelung zu Forstrevieren erweitert wurden.

Der Übergang zu einer planmäßigen Forstwirtschaft erfolgte unter dem 1798–1822 amtierenden Waldvogt und Förster J.L.E. Brinckmann. 1880–96 entstand durch Aufforstung eines Heide- und Dünengebiets in Sahlenburg im Amt Ritzebüttel (➢*Cuxhaven/Ritzebüttel*) mit dem „Wernerwald" Hbgs größtes Revier. Infolge des ➢*Groß-Hamburg-Gesetzes* musste Hbg 1937/38 seine Reviere Großhansdorf und Sahlenburg abgeben, erhielt aber dafür größere Forstgebiete, besonders im Harburger Raum (➢*Haake und Emme*), den ➢*Klövensteen* und den ➢*Duvenstedter Brook*.

Heute unterstehen dem Fachamt für ökologische Forst- und Landwirtschaft der Umweltbehörde die zehn Revierförstereien Eißendorf, Hausbruch, Klövensteen, Volksdorf, Wohldorf-Ohlstedt, Wulksfelde, Alt-Erfrade, Bergedorf, Duvenstedter Brook und Niendorfer Gehege. Die zu betreuende Fläche beläuft sich auf ca. 4.398 ha (2005). Das Landeswaldgesetz vom 13.3.1978 erklärte den gesamten Staatswald der Hbger Forstreviere, soweit er nicht im ➢*Naturschutzgebiet* liegt, zu Erholungswald. *Wa.*

Franck, James (geb. 26.8.1882 Hbg, gest. 21.5.1964 Göttingen), Physiker. Seit 1916 war F. Professor in Berlin, wo er 1917–20 das Kaiser-Wilhelm-Institut für physikalische Chemie leitete. Anschließend arbeitete er bis 1923 an der Universität Göttingen. Zusammen mit G. ➢*Hertz* erhielt F. den Nobelpreis des Jahres 1925 für Physik. Mit dem von ihnen entwickelten Verfahren konnten grundlegende elementarphysikalische Erkenntnisse bei chemischen Reaktionen erzielt werden. Aus Protest gegen die nationalsozialistische Politik legte F. 1933 seine Ämter nieder und emigrierte im Jahr darauf in die USA. Während des Zweiten Weltkriegs arbeitete F. an der technischen Verwertung der Kernenergie. 1945 warnte er im „Franck-Report" vor den Konsequenzen des Einsatzes von Atombomben. *Ti.*

Francop ist ein Stadtteil mit 9,1 km^2 Fläche und 636 Einw. (2009) im ehem. Ortsamtsgebiet ➢*Süderelbe* des Bezirks ➢*Harburg*, hervorgegangen aus einem ehem. Dorf im

Kosaken auf dem Jungfernstieg. Sie gehörten zu den russischen Befreiern unter General Friedrich Carl Freiherr von Tettenborn, die am 18.3.1813 in Hamburg einzogen. Kolorierte Radierung

➢*Alten Land* zwischen ➢*Moorburg* und ➢*Neuenfelde.* Der erste Nachweis geht auf das Jahr 1235 zurück, der Name wohl auf den Gründer Franco und kop (= Kauf). 1266 wurde die Graft genannt, eine dem Deich vorgelagerte, von Wasser umgebene Wurtsiedlung, die als Fährstelle nach ➢*Altenwerder* diente. Hier stand ein Gasthaus, in dem mehrfach Verträge zwischen umliegenden Herrschaften geschlossen wurden. Die Gemarkung besteht aus Marschland.

In F. gab es bis zu vier adlige Güter, aus denen die von Düring und von dem Bussche besonders hervorgetreten sind. Das Dorf wurde häufig bei ➢*Sturmfluten* überschwemmt. So erfolgte nach 1480 praktisch eine Neubesiedlung. Zuletzt wurde F. 1962 überflutet. Im Deichhufendorf, das 1937 nach Hbg eingemeindet wurde, gibt es viel Obstanbau. Der Ostteil mit Hohenwisch ist für die Hafenerweiterung in Aussicht genommen. Zwischen dem F.er Außendeichsland und der Alten Süderelbe wurden zur Anlage eines Freizeitgeländes Sandberge aufgespült. *Me*

Franzosenzeit Nach dem Sieg über die preuß. Armee bei Jena und Auerstedt im Oktober 1806 besetzten frz. Truppen am 19.11.1806 auch das neutrale Hbg. Die Stadt verblieb zunächst im Besitz ihrer erst im August erworbenen ➢*Souveränität.* Nachdem Bemühungen zur Aufnahme in den Rheinbund 1809/10 zu keinem Ergebnis geführt hatten, wurde Hbg per Dekret mit Wirkung vom 1.1.1811 dem frz. Kaiserreich einverleibt und bildete einen Teil des Departements der Elbmündung unter dem Generalgouverneur und Oberkommandierenden Marschall L.N. ➢*Davout.* Die alte ➢*Verfassung* wurde aufgehoben und die frz. eingeführt. Ein Präfekt übernahm die zivile Leitung des Departements und präsidierte einem 30-köpfigen Munizipalrat; Chef der Gemeindeverwaltung wurde ein Maire (Bürgermeister; A.A. ➢*Abendroth*) mit fünf Stellvertretern. Im Gerichtswesen wurden die alten Instanzen ersetzt, und die mündliche Verhandlung wurde eingeführt. Im Finanzwesen waren Budget und Rechnungskontrolle die Neuerungen. Zudem wurden alle Einw. rechtlich gleichgestellt, und Religionsfreiheit wurde gesetzlich verankert, wobei sich die Juden jedoch bereits 1808 wieder neue Beschränkungen gefallen lassen mussten. Den durchaus anerkannten Vorzügen des neuen Systems standen schwerwiegendere Nachteile entgegen: Hausdurchsuchungen, Beschlagnahmungen, Verhaftungen, hohe Steuern, Zwangskontributionen, willkürliche Pressezensur, ein ausgebildetes Bestechungswesen, ein besonders die ärmeren Bevölkerungsklassen belastendes Konskriptionswesen (Einziehung zur Armee), mangelnde Umsetzung der verkündeten Rechte sowie ein rascher wirtschaftlicher Niedergang infolge der ➢*Kontinentalsperre* führten bereits 1812 zu Unruhen in der Bevölkerung.

Nach der Niederlage Napoleons im Russlandfeldzug 1812 nahmen die Unruhen Anfang 1813 zu und nötigten die Franzosen am 12.3. zum Abzug. Sechs Tage später rückten russ. Truppen in Hbg ein, und die alten Verfassungsverhältnisse wurden wiederhergestellt. Nur zweieinhalb Monate später, am 30.5., kehrten die frz. Truppen zurück; die Bürgergarde und die gemeinsam mit ➢*Lübeck* gebildete Hanseatische Legion (➢*Militär/Garnison*) hatten sich zuvor nach Mecklenburg zurückgezogen, wo im August 1813 von geflohenen ehem. Ratsmitgliedern und einflussreichen Bürgern das Hanseatische Direktorium, eine Art Exilregierung, gebildet wurde (➢*Patrioten*). Die Stadt wurde von den frz. Besatzern in den Belagerungszustand versetzt und unter Einbeziehung von ➢*Harburg* und ➢*Wilhelmsburg* zur Festung ausgebaut. Zur Schaffung eines Glacis wurden von ➢*Hamm* bis ➢*Harvestehude* die Bäume gefällt und sämtliche Häuser abgerissen. Im Westen erfolgte die Niederlegung der Vorstadt ➢*Hamburger Berg* mit der St.-Pauli-Kirche. Die Stadt wurde mit Zwangskontributionen in Höhe von 25 Mio. ➢*Bankomark* belegt und zur Soldzahlung an die Besatzungstruppen verpflichtet, der Bankfonds in Höhe von 7,5 Mio. Bankomark wurde geraubt (➢*Hamburger Bank*). Zu Weihnachten 1813 wurden schließlich 20.000 Einw., die sich nicht mit Lebensmitteln für sechs Monate hatten versorgen können, aus der Stadt getrieben. Ein großer Teil fand Zuflucht in ➢*Altona*, ➢*Ottensen* und auch in Lübeck, während 1.183 Menschen auf der Flucht umkamen. Erst nach dem Sieg der Alliierten über Frankreich,

Die Petrikirche in der Weihnachtsnacht 1813. Das Gotteshaus war einer der Sammelplätze für die aus der Stadt gewiesenen 20.000 Einwohner. Gemälde von Siegfried Bendixen, 1817

der Abdankung Napoleons und der Wiedereinsetzung des Herrscherhauses der Bourbonen übergaben die frz. Besatzungstruppen am 30.5. 1814 die Stadt an die Belagerer. *MH*

Frauenbewegung Hbg hat stets zu den Zentren der für ➢*Frauenemanzipation* kämpfenden Organisationen gehört. Schon 1848/49 wirkten hier wohltätige Frauenvereine; 1850 wurde auf Initiative eines Frauenbildungsvereins (Ch. ➢*Paulsen*, E. ➢*Wüstenfeld*) eine „Hochschule für das weibliche Geschlecht" gegründet, die jedoch 1851 unter behördlichem Druck geschlossen wurde. Die zweite Phase begann 1896 mit der Gründung der Ortsgruppe des Allgemeinen Deutschen Frauenvereins (H. Bonfort, L.G. ➢*Heymann*). Gleichberechtigung war das Hauptziel dieser vornehmlich bürgerlichen Bewegung (mit christl. und sozialistischen Nebenströmungen), führende Frauen der Hbger Ortsgruppe spielten bis zur ➢*NS-Zeit* auch auf Reichsebene eine Rolle (E. ➢*Beckmann*, E. ➢*Ender*). Nach 1945 fügte sich die Arbeitsgemeinschaft Hamburger Frauenorganisationen ins gesellschaftliche und politische Leben der Stadt ein.

Frische Impulse für das „Establishment" gingen nach 1968 von einer „Neuen Frauenbewegung" aus. Es entwickelten sich autonome Frauenprojekte mit gesundheits- und sozialpolitischen sowie wissenschaftlich-kulturellen Zielen. Die zunächst große Distanz zu herkömmlichen Organisationsformen ist zugunsten von Formen politischer Einmischung einerseits, von Bemühungen um öffentliche Finanzierung andererseits verringert worden. 1987 wurde aus der „Arbeitsgemeinschaft" der Landesfrauenrat Hamburg e.V. 2009 organisierte diese von der Behörde für Soziales und Familie geförderte Dachorganisation mehr als 50 Frauenverbände und repräsentierte etwa 300.000 Hamburgerinnen. Sie unterhält die Hamburger Bibliothek für Frauenfragen. *luz*

Frauenemanzipation Nicht zuletzt aufgrund der Forderungen der ➢*Frauenbewegung* haben die Männer in Hbg den Frauen v.a. im 20. Jh. gleiche Würde und Freiheit zuerkannt, ihnen die Teilnahme an politischen Entscheidungsprozessen eingeräumt, sie mit Ansprüchen gegenüber Staat und Gesellschaft ausgestattet. 1919 erhielten die Frauen das gleiche aktive und passive ➢*Wahlrecht*, blieben aber gesellschaftlich immer noch benachteiligt. Nach der massiven patriarchalischen Restauration und Reaktion in der ➢*NS-Zeit* wurde in der Nachkriegszeit zunächst an die leichten Fortschritte der Weimarer Zeit angeknüpft, dann aber staatlicherseits gezielte Gleichberechtigungspolitik zur Kompensation der jahrhundertelangen Benachteiligung in Angriff genommen. Aus einer Leitstelle Gleichstellung der Frau (1979) wurde das behördenübergreifend tätige ➢*Senatsamt* für die Gleichstellung, welches seine Bemühungen nicht auf Frauen beschränkt. Es wacht insbesondere über die Einhaltung des Gesetzes zur Gleichstellung (1991), wodurch individuelle und strukturelle Frauenförderung Bestandteil der Personalpolitik in Behörden und zunehmend auch in öffentlich-rechtlichen Körperschaften geworden ist.

Der Prozess der F. ist damit freilich noch lange nicht abgeschlossen, für so manchen Aspekt der Benachteiligung von Frauen entsteht erst allmählich die angemessene Sensibilität. *luz*

Frauenklinik Finkenau 1910 beschloss die ➢*Bürgerschaft* die Errichtung einer eigenständigen „Entbindungs- und Hebammenlehranstalt mit einem Wöchnerinnen- und Säuglingsheim und einer gynäkologischen Abteilung". Der Bauplatz lag auf der ➢*Uhlenhorst* zwischen Finkenau (Nr. 35) und Uferstraße.
F. ➢*Schumacher* konzipierte die aus einem mehrflügeligen Trakt und aufgelockert gruppierten Einzelbauten bestehende Anlage. Als „Institut für Geburtshilfe" nahm die Klinik am 1.7.1914 ihren Betrieb auf und diente bis 1919 tlw. als Lazarett. 1925 war die Zahl der Entbindungen auf mehr als 4.000 pro Jahr angestiegen, bevor sie während der Weltwirtschaftskrise stark zurückging, sodass zwei Stationen aufgehoben werden mussten. Obwohl die Klinik während der ➢*Luftangriffe* 1943 z.T. schwer zerstört worden war, wurde dennoch der Betrieb im Luftschutzbunker des Geländes fortgesetzt (mit Kreißsaal, OP-Trakt, 40 Betten). Nach dem Zweiten Weltkrieg und beständig fallenden Geburtenraten stieg die Zahl der Entbindungen in den 1950er Jahren erneut stark an, bis sie 1963 mit über 5.000 ihren Höchststand erreichte. 1979 wurde die Einrichtung dem AKH St. Georg (➢*Allgemeine Krankenhäuser*) angegliedert. Bis zur Schließung 1998 kamen in der „Finkenau" über eine Viertelmillion Kinder auf die Welt. Heute nutzt u.a. die ➢*Hochschule für Angewandte Wissenschaften Hamburg* den seit 2004 unter Denkmalschutz gestellten und schrittweise sanierten Gebäudekomplex, der Teil des geplanten „Kunst- und Mediencampus Finkenau" werden soll. *Ti.*

Freie Akademie der Künste Ihre Anfänge reichen ins Jahr 1947 zurück. Der Freundeskreis um die Schriftsteller R. Italiaander und H.H. ➢*Jahnn* gab im Dezember 1949 eine Presseerklärung heraus, die von der Gründung der F.A. am 3.12. berichtete. Satzung und Gründungsprotokoll wurden am 13.2.1950 verabschiedet, das Präsidium gewählt. Erster Präsident wurde Jahnn. Die F.A. gliederte sich in drei Klassen: Literatur, Musik, Bildende Kunst, 1963 erhielt die Baukunst, 1973 die Darstellende Kunst eine eigene Klasse. Die Berufung erfolgt durch Zuwahl. Ziele sind „Pflege und Fortentwicklung der Künste" sowie „Bewahrung und Förderung der geistigen und künstlerischen Kultur". Das Akademie-Emblem der drei Tore, Sinnbild der drei Klassen, entwarf A. ➢*Mahlau.*
Mit Publikationen und Veranstaltungen sucht die F.A., zu deren Förderern E. ➢*Blumenfeld* gehörte, ihre Ziele zu erreichen. Mit der ebenfalls von A. Mahlau entworfenen Plakette und der Verleihung von Ehrenmitgliedschaften, 1953 an Th. Mann, zeichnet die F.A. einheimische und auswärtige Künstler aus. Nach Jahnns Tod amtierten als Präsidenten Oberbaudirektor W. Hebebrand (1960–66), der Direktor der Musikhochschule W. Maler (1967–71), der Architekt G. Nissen (1971–80) und der Maler A. Sandig (seit 1980). 1975 konnte die F.A. eigene Räume im Souterrain des Altbaus der ➢*Hamburger Kunsthalle* beziehen. Seit 1993 verfügt sie im Dachgeschoss der südl. ➢*Markthalle* über ein großzügiges Domizil für Ausstellungen, Vorträge und Lesungen. *Ko.*

Vogelschau des Freihafens mit der Speicherstadt. Im Hintergrund die Elbbrücken, im Vordergrund die Niederbaumbrücke. Lithografie, um 1890

Freihafen Als F. wird jener Teil eines See- oder Flusshafens bezeichnet, der Zollausland ist. Über seine Grenzen können Waren ohne Zahlung eines Ein- oder Ausfuhrzolls importiert und exportiert werden. Zoll ist erst dann zu zahlen, wenn die Waren in das gegen den F. abgegrenzte Zollinland gebracht werden. Der erste F. Dtlds wurde 1664 im seinerzeit dän. regierten ➢*Altona* eingerichtet. Nach langwierigen Verhandlungen zwischen dem Deutschen Reich und Hbg kam am 25.5.1881 der sog. ➢*Zollanschluss*vertrag zustande. Hbg wurde mit Ausnahme eines als F. ausgewiesenen Teils dem Zollgebiet des Deutschen Reiches angegliedert. Für die Schaffung dieses F.gebiets und den Bau der ➢*Speicherstadt* mussten über 20.000 Menschen umgesiedelt und deren Wohnhäuser sowie zahlr. ➢*Kontore* und ➢*Speicher* niedergelegt werden (➢*Wandrahm-Insel*). Am 15.10.1888 wurde der F. seiner Bestimmung übergeben. Mit seiner Einrichtung war ein wirtschaftlicher Aufschwung verbunden. Deshalb kam es 1910 zur Erweiterung der Fläche um östl. des ➢*Köhlbrands* gelegene Gebiete. Zugleich wurde

FREIHAFEN HAMBURG
AUSKUNFT/STAATLICHE KAIVERWALTUNG/HAMBURG 14
GÜNSTIGSTE VERBINDUNG MIT ALLEN HÄFEN DER WELT DURCH DEN GUTAUSGEBILDETEN REGELMÄSSIGEN LINIENDIENST
MODERNSTE UMSCHLAGSANLAGEN ERMÖGLICHEN SCHNELLSTE SCHIFFSABFERTIGUNG UND RASCHESTEN GÜTERUMSCHLAG

Werbeanzeige der Staatlichen Kaiverwaltung für den Freihafen aus dem vom Übersee-Club herausgegebenen Hamburger Übersee-Jahrbuch 1929

westl. des Köhlbrands der „neue F." ➢*Waltershof* geschaffen. Der F. umfasste zwar nur etwa ein Siebtel der 10.000 ha großen Gesamtfläche des Hbger ➢*Hafens*, dennoch bildete er mit seinen zahlr. Speichern, Lagerhäusern und Industriebetrieben lange dessen Zentrum. Der ➢*Senat* hat beim Bund die Aufhebung des F. zum 1.1.2013 beantragt. *Pr.*

Freimaurer Am 6.12.1737 wurde die „Loge d'Hambourg" gegründet, die älteste dt. Freimaurerloge. Einheimische und Zugewanderte, Lutheraner, ➢*Reformierte* und ➢*Katholiken* wirkten in dem der Humanität und Toleranz verpflichteten Bund mit. Der ➢*Rat* beschloss 1738 ein Verbot der Logentätigkeit, das bereits 1740 wieder aufgehoben wurde. 1738 nahmen Hbger F. in Braunschweig den Kronprinzen Friedrich von Preußen in ihre Loge auf; diese erhielt 1741 den Namen „Absalom" (später „Absalom zu den drei Nesseln"). Im selben Jahr entstand die Provinzial-Großloge von Hamburg, aus der 1811 die Große Loge zu Hamburg wurde. In Hbg gehörten ihr die Vereinigten fünf Hamburgischen Logen an („Absalom", „St. Georg zur grünenden Fichte", „Emanuel zur Maienblume", „Ferdinande Caroline zu den drei Sternen", „Ferdinand zum Felsen"). Sie errichteten 1795 das Freimaurerkrankenhaus, Hbgs erstes privates Krankenhaus, das zunächst weibliche Dienstboten, seit der Erweiterung 1804 auch männliche Dienstboten aufnahm. Großmeister der Großen Loge war 1814–16 F.L. ➢*Schröder*, der Reformator der dt. Freimaurerei nach einer Phase innerer Auseinandersetzungen und Wirrungen. Die „Schrödersche Lehrart" erneuerte das freimaurerische Ritual und wurde für die Arbeit vieler Logen bestimmend. Die Große Loge setzte sich Mitte des 19. Jhs auch für die Aufnahme von Juden in die Logen ein. Sie hatte Anteil an der Verbreitung der sog. humanitären Freimaurerei in Skandinavien und in Übersee. 1932 zählte die Große Loge weltweit 56 Tochterlogen mit 5.000 Brüdern, wie sich die F. untereinander nennen. 1935 mussten sich die Vereinigten Logen in Hbg auflösen. 1945 gründete sich die Große Loge wieder, 1949 war sie an der Entstehung der Vereinigten Großlogen von Deutschland beteiligt. Sitz der Vereinigten Logen ist das Logenhaus an der Welckerstraße.

Die Akten und Protokolle der fünf Logen und der Großen Loge, die in der ➢*NS-Zeit* beschlagnahmt und nach Berlin verbracht worden waren, galten nach 1945 jahrelang als verschollen, nach der Wende 1989/90 wurden sie in der DDR aufgefunden. Nun sind sie als Depositum im ➢*Staatsarchiv* und stehen für die wissenschaftliche Benutzung zur Verfügung.

Eine andere Richtung der Freimaurerei, das sog. Schwedische System, begründete der preuß. Arzt J.W. Kellner von Zinnendorf, der 1770 die Große Landesloge der Freimaurerei von Deutschland schuf; 1777 wurde die Provinzialloge von Niedersachsen mit Sitz in Hbg gegründet. Die Lehrart ihrer Logen ist auf das Christentum gegründet. Mit Zinnendorf stand G.J. von Rosenberg in Verbindung, der 1771 G.E. ➢*Lessing* in seine Loge „Zu den drei Rosen" aufnahm.

Ungeachtet seiner negativen Eindrücke von der Logenarbeit war Lessing weiter an Ursprüngen, Aufgaben und Zielen der Freimaurerei stark interessiert. 1778–80 erschien sein Werk „Ernst und Falk. Gespräche für Freymäurer", mit dem er die F. aufforderte, nationalen, sozialen und konfessionellen Grenzen und Trennungen entgegenzutreten, Humanität und Duldung zu praktizieren. Die „Provinzialloge von Niedersachsen" hat ihren Sitz im Logenhaus an der Moorweidenstraße. Das Gebäude wurde 1907–09 errichtet. *Ko.*

Fremden- und Ausländerpolitik Hbgs Entwicklung zur Weltstadt mit deutlicher „multikultureller" Pluralität ist ein Ergebnis anhaltender ➢*Einwanderung.* Diese ist stets Objekt politischer Regelungen gewesen, denen jeweils eine generelle Vorstellung darüber zugrunde lag, wer als „fremd" einzustufen und wer gleichwohl willkommen sei. Ein Indiz für Hbgs relative Offenheit insbesondere begüterten Personen gegenüber ist z.B. der Umstand, dass von den vier 1490 amtierenden ➢*Bürgermeistern* keiner in Hbg geboren war. Den ➢*Rezess* der ➢*Hanse* von 1497, demzufolge das ➢*Bürgerrecht* und die Genehmigung für ein Gewerbe an (Hanse-)Fremde nicht vergeben werden durfte, umging der ➢*Rat* – nicht zuletzt aus ökonomischen Erwägungen – 1567 durch den Abschluss eines Fremdenkontraktes mit den engl. ➢*Merchants Adventurers.* 1605 erhielten Zuwanderer aus den span. Niederlanden einen ähnlichen Vertrag, in den auch weitere Fremde eingeschlossen wurden. 1638 wurde für den Abschluss von Kontrakten mit Fremden (damit waren zunehmend Nichtdeutsche gemeint) eigens eine ➢*Deputation* eingesetzt; sie beschränkte die Aufnahme auf Lutheraner, ➢*Reformierte,* ➢*Katholiken* und ➢*Mennoniten.* Mit der Integration Hbgs in den dt. Nationalstaat im 19. Jh. galten zunehmend Regeln höherer politischer Ebenen.

Heute ist die Ausländerpolitik des ➢*Stadtstaates* vornehmlich Sozial- und Kulturpolitik; die „Ausländerangelegenheiten" werden im Einwohnerzentralamt vorwiegend nach (freilich oft auslegungsbedürftigen) Bundesregelungen verwaltet. Ein Ausländerbeauftragter des ➢*Senats* hat u.a. die Funktion eines Fürsprechers für die in Hbg lebenden Ausländerinnen und Ausländer. 2008 war Hamburg – noch vor Berlin – das Bundesland mit dem höchsten Ausländeranteil: 14,3 % der 1,75 Mio. Menschen hatten keine deutsche Staatsbürgerschaft, das waren 248.000. Unter den Großstädten dagegen lag Hamburg an siebter Stelle, hinter München (23,6 %), Stuttgart, Frankfurt a.M., Düsseldorf, und Köln. Die Verteilung der Ausländer(innen) über die Stadt ist ungleichmäßig: Die meisten Ausländer(innen) wohnten in den Bezirken Mitte und Harburg, auf der Veddel lag ihr Anteil sogar über 50 %. Die größte Gruppe stellten die Menschen mit türkischer Herkunft. *luz*

Friedhöfe Wie überall in christl. Tradition, wurde auch in Hbg zunächst auf dem Kirchhof bestattet sowie, als besonders privilegiertem Ort, im Gotteshaus selbst (u.a. Gruftkeller der ➢*St.-Michaelis*-Kirche). In den 1790er Jahren legten die Hauptkirchen neue, heute verschwundene Begräbnisplätze vor der Stadt am ➢*Dammtor* und am ➢*Steintor* an. Neben diesen waren im 19. Jh. in der Oberschicht auch landschaftlich reizvoll gelegene F. wie ➢*Hamm* und ➢*Nienstedten* begehrt. In ➢*Al-*

tona diente der Friedhof Norderreihe (1831, heute Park) als zentraler Bestattungsort, bevor ab 1860 neue Begräbnisplätze in ➢*Bahrenfeld* angelegt wurden. Neben dem kommunalen ➢*Ohlsdorfer Friedhof* (1877) wurden auch die „Neuen Friedhöfe" ➢*Harburg* (1892) und ➢*Bergedorf* (1907) zu zentralen, landschaftlich ausgestalteten Anlagen. In ➢*Wandsbek* entwickelte sich der Tonndorfer Friedhof (1880) zum wichtigsten Bestattungsort. Die seit dem frühen 20. Jh. dominierende sachlich-funktionale Ästhetik der „Friedhofsreform" wurde beispielhaft auf dem damaligen Zentralfriedhof Altona (1923) realisiert. Nach 1945 entstanden überschaubare Bezirksfriedhöfe (z.B. ➢*Wilhelmsburg*/Finkenriek, 1955), mit ➢*Öjendorf* (1966) aber auch ein weiterer Großfriedhof. Der Typus des Waldfriedhofs wird repräsentiert von ➢*Wohldorf* (1932) und ➢*Volksdorf* (1959), alte ländliche Kirchhöfe sind u.a. in den ➢*Vier-* und ➢*Marschlanden* zu finden. Der ➢*Jüdische Friedhof Königstraße* (1611) in Altona gilt auch überregional als bedeutendes Zeugnis jüd. Kultur. *NF*

Friedrichsberg ist heute ein Ortsteil des Stadtteils ➢*Barmbek*. Die frühere „Separat-Irren-Anstalt Friedrichsberg", das heutige Klinikum ➢*Eilbek*, wurde 1864 an der Grenze zwischen Barmbek und ➢*Wandsbek* eröffnet. Die Kosten beliefen sich auf fast 900.000 ➢*Bankomark*. Die vorbildliche Einrichtung verwirklichte unter L. Meyer als erste dt. Anstalt das Prinzip einer offeneren Behandlung psychisch Kranker mit Verzicht auf vergitterte Fenster und Zwangsjacken, deren Bestand öffentlich versteigert wurde. *SH*

Führungsakademie der Bundeswehr Die „FüAk" abgekürzte Einrichtung wurde 1957 in Bad Ems gegründet. Am 1.10.1958 nahm sie in der Clausewitz-Kaserne in ➢*Blankenese* den Ausbildungsbetrieb auf, der 1974 auf die Generalleutnant-Graf-von-Baudissin-Kaserne in ➢*Osdorf* ausgedehnt wurde. Die Akademie schult unter dem lat. Motto „mens agitat molem" (der Geist bewegt die [Heeres-]Masse) jährlich in mehr als 30 Lehrgängen über 2.000 Offiziere und Stabsoffiziere. Neben militärischen Führern der drei Teilstreitkräfte Heer, Luftwaffe und Marine nutzen seit 1962 Soldaten aus über 80 Nationen das Programm der Einrichtung, die dem Stellvertreter des Generalinspekteurs der Bundeswehr untersteht. *JJF*

Fuhlsbüttel Stadtteil mit 6,6 km^2 Fläche und 11.822 Einw. (2009) im gleichnamigen ehem. Ortsamtsgebiet des Bezirks ➢*Hamburg-Nord*, war Sitz des Ortsamts.

F. wurde erstmals 1283 erwähnt, als das Lehen der Grafen von ➢*Holstein* von der Hbger Familie vom Berge an das Kloster Reinfeld überging. 1284 kauften die vom Berge Dorf und Mühle zurück. Im 14. Jh. kamen beide an die Stadt Hbg. Die Dänen besetzten 1641 F. und errichteten dort ein Winterquartier; 1686 nahmen sie den Ort erneut ein. Im frühen 19. Jh. hatte F. sechs Vollhufen und eine Halbhufe sowie 18 Brinksitze, deren Bewohner Bauern, Alsterschiffer und Butterhändler waren. Für die Schifffahrt auf der ➢*Alster* war die im 15. Jh. bereits vorhandene Schleuse wichtig. Der Schleusenmeister war auch Dorfschmied und Krugwirt. 1865 begann die Stadt, Land für ein Zentralgefängnis aufzukaufen, das in zwei Abschnitten 1876–81 am Suhrenkamp und 1906 Am Hasenberge erbaut wurde (➢*Strafvollzug*). 1933–35 befand sich dort das Konzentrationslager ➢*Fuhlsbüttel (Konzentrationslager)*, ab 1936 ein Polizeigefängnis.

F. wurde 1913 eingemeindet. Die ➢*Straßenbahn*- und ➢*Vorort*bahnverbindungen bis zum nahen ➢*Ohlsdorf*, seit 1914 der eigene ➢*U-Bahn*-Anschluss förderten das Wachstum des Stadtteils, in dessen Westen seit 1911 der ➢*Flughafen* angelegt wurde. Einzelhausbebauung und qualitätvolle Wohnanlagen (Siedlung Flughafen von F. ➢*Höger* am Lilienthalplatz, 1927/28, die jüngst dem Flughafenausbau weichen musste, und Kleekamp/Bergkoppelweg von K. ➢*Schneider*, 1928/29, gegenüber der 1909 von L. ➢*Migge* geschaffenen Grünanlage) prägen das Ortsbild. Östlich vom U-Bahnhof erstreckt sich zwischen Brombeerweg und Hummelsbütteler Landstraße die Siedlung Alsterhöhe, eine seit 1907 vom Bauverein zu Hamburg angelegte kleine Gartenstadt. An den Gründer des Bauvereins, den Unternehmer und Senator H. Traun, erinnert auf dem nach ihm benannten Platz eine Büste. Bis 1893 gehörte F. zum Kirchspiel ➢*Eppendorf*. Dann entstand die St.-Lukas-Kirche (heutiger Bau von 1937/38) am Erdkampsweg; ganz in der Nähe liegt die von F. ➢*Schumacher* 1929/ 30 erbaute Realschule im Alstertal (heute Gymnasium Alstertal). *Ko.*

Fuhlsbüttel (Konzentrationslager) Das im Nordwesten Hbgs gelegene KZ (ab Ende 1936: Polizeigefängnis) F. wurde 1933 in Gebäuden der dortigen Strafanstalten eingerichtet und unterstand zunächst der Landesjustizverwaltung. Auf Weisung des Gauleiters K. ➢*Kaufmann* ging am 4.9.1933 (Datum der offiziellen Eröffnung) die Bewachung auf ein Kommando besonders skrupelloser SS-Angehöriger über. Binnen Kurzem wurde das im zeitgenössischen Sprachgebrauch als „Kola-Fu“ bezeichnete KZ zu einem Inbegriff von Willkür und Gewalt.

F. kam im System der KZ eine gewisse Sonderstellung zu, da es der Gestapo als eine Art Vor-Untersuchungsgefängnis diente. Die „Schutzhäftlinge“ wurden je nach Beweislage entweder zur Aburteilung an die Justiz übergeben oder in andere KZ überstellt. V.a. Regimegegner (zumeist Hbger Kommunisten und Sozialdemokraten), aber auch „Asoziale“, Zeugen Jehovas, Homosexuelle, Juden (über 700 Einlieferungen nach dem Novemberpogrom 1938) und – während des Krieges – Tausende ausländischer Widerstandskämpfer und Zwangsarbeiter waren in F. inhaftiert. Auch die ➢*Strafvollzugs*anstalten F., die der Justiz unterstanden, waren Teil des NS-Verfolgungsapparates. Viele Gefängnis- und Zuchthausinsassen verbüßten wegen „Vorbereitung zum Hochverrat“ oder anderer politischer Delikte eine Haftstrafe; Sondergerichte wiesen schon bei Unmutsäußerungen Menschen wegen „Heimtücke“ in Strafhaft ein (➢*Hanseatisches Sondergericht*).

Von Oktober 1944 bis Februar 1945 nutzte die SS einen Gebäudeteil des Zuchthauses F. als Außenlager des KZs ➢*Neuengamme*; in diesen vier Monaten wurden von den dort auf engstem Raum untergebrachten 1.300 Häftlingen über 200 Menschen aus zehn Nationen Opfer der unmenschlichen Behandlung. Insgesamt kamen in F. über 450 Frauen und Männer ums Leben – sie starben an den Folgen von Misshandlungen, wurden ermordet oder in den Tod getrieben. Im Torhaus am Suhrenkamp wurde 1987 eine Gedenkstätte mit einer Ausstellung eingerichtet. *DG*

Funhof, Hinrik (geb. zw. 1430–40, gest. 1484/85 Hbg), bedeutendster Maler Hbgs in der zweiten Hälfte des 15. Jhs. Vieles deutet darauf hin, dass F. bei D. Bouts in den Niederlanden lernte, bevor er 1475 nach Hbg kam. Nach dem Tod H. ➢*Bornemanns* (nach 1473) heiratete er dessen Witwe und übernahm die Werkstatt. Er malte für die Städte Hbg (u.a. einen Altar für den ➢*Dom*) und Lüneburg. Nachweislich ist aus seinem Werk nur wenig erhalten: das Ölbildnis „Maria im Ährenkleid" (1480, ➢*Hamburger Kunsthalle*) und der Hochaltarflügel mit Szenen aus dem Leben der hl. Cäcilia, der hl. Ursula sowie des hl. Georg und Johannes' des Täufers in der Lüneburger Johanniskirche (1482–84). Seine Werkstatt übernahm A. Stumme. *Ti.*

Fußball Unter engl. Einfluss entwickelte sich in den 1870er Jahren in Hbg das Ballspiel „Foot-Ball", für das Schüler der Gelehrtenschule des ➢*Johanneums* 1876 erstmals Regeln niederschrieben. 1881 wurde der „Anglo-American Football-Club" gegründet, dessen Spiele auf der ➢*Moorweide* stattfanden.

Der erste Rasensportverein, in dem regelmäßig Fußball gespielt wurde, war der „Hamburger Fußballclub von 1888", gegründet von Schülern des ➢*Wilhelm-Gymnasiums*. 1894 wurde der Hamburg-Altonaer Fußballbund gegründet. Um die Jahrhundertwende waren acht Hbger Vereine Mitglieder des DFB: HFC 88, Altona 93, FC Association von 1893, Borgfelder FC von 1894, Eintracht Hamburg, St. Georger FC, SC Germania, Hammonia und FC Victoria (seit 1908: ➢*SC Victoria*). Der Hamburger Sport-Verein (➢*HSV*) ist 1919 aus einer Fusion von HFC 88, SC Germania und FC Falke 06 hervorgegangen und wurde in den 1920er Jahren zu einem der führenden dt. Clubs. Seit Gründung der Bundesliga 1963 ist der HSV im dt. Profi-Fußball dabei. Mit dem Aufstieg in die Bundesliga etablierte sich 1977 der Stadtteilverein ➢*FC St. Pauli* von 1910 als zweiter Hbger Profi-Club.

Im Hbger Fußballverband sind über 300 Vereine mit fast 3.000 Mannschaften und rund 60.000 Spielern registriert. Traditionsstätten des Fußballsports in Hbg sind u.a. das Stadion an der ➢*Hoheluft* (SC Victoria spielt dort seit 1907), die Adolf-Jäger-Kampfbahn (Altona 93 seit 1908), der ➢*Rothenbaum* (seit 1910 HSV-Platz, 1996 eingeebnet und bebaut), das Altonaer Volksparkstadion (gebaut 1925, ausgebaut 1961, umgebaut 1998/99, HSV), und das Millerntor-Stadion (von 1970 bis 1999 Wilhelm-Koch-Stadion; FC St. Pauli). *FF*

Gängeviertel Die zu Beginn des 17. Jhs in der ➢*Alt*- und ➢*Neustadt* durch zunehmende bauliche Verdichtung entstandenen Wohnviertel bildeten Labyrinthe aus engen Straßen und Höfen, die für Fuhrwerke nicht zugänglich waren. Da sich die bauliche Entwicklung Hbgs bis weit ins 19. Jh. hinein innerhalb der Stadtmauern vollzog, entstanden durch Hinterhausbebauung und Aufstockung schon vorhandener Häuser diese eng bebauten Wohnquartiere der städtischen Unterschichten mit vielfach baufälligen Fachwerkhäusern und völlig unzureichenden sanitären Verhältnissen (➢*Trinkwasserversorgung*). Zugleich wurden die G. zum geschlossenen subkulturellen Milieu der Hbger Arbeiterschaft, da hier v.a. Hafen- und Gelegenheitsarbeiter billige Quartiere in der Nähe des ➢*Hafens* fanden.

Den bürgerlichen Schichten hingegen galten die Viertel als gefährliche Brutstätten für Kriminalität, ➢*Prostitution* und soziale Abweichung. Nachdem die G. seit den 1860er Jahren zunehmend Gegenstand kontroverser Diskussionen über Erhalt oder Abriss geworden waren und 1867 die Wexstraße eine erste Schneise durch das G. der nördl. Neustadt geschlagen hatte, fasste der ➢*Senat* in den 1870er Jahren erste Pläne für eine umfassende Flächensanierung. Doch erst nach der ➢*Cholera-Epidemie* von 1892, die verstärkt die Frage nach den hygienischen Verhältnissen aufgeworfen hatte, kamen die Pläne erneut auf die Tagesordnung. 1893 entstand mit der Kaiser-Wilhelm-Straße eine zweite große Schneise durch das G. der nördl. Neustadt. Den letzten Anstoß zur Flächensanierung gab der große ➢*Hafenarbeiterstreik* 1896/97, da das Zentrum der Streikaktivitäten in den G. lag. Ausgehend von der Neustadt-Süd begann 1901 die Flächensanierung. Schon beim ersten ➢*Sanierungs*abschnitt scheiterten die Senatspläne, die alten Bewohner in neu errichteten erschwinglichen Kleinwohnungen wieder im Sanierungsgebiet anzusiedeln, am Profitinteresse der ➢*Grundeigentümer*; im weiteren Verlauf der Sanierung unterblieben solche sozialpolitischen Maßnahmen dann ganz. Ab 1908 wurde die Sanierung in der Altstadt-Ost fortgesetzt. Die noch übrigen Reste des G.s um den ➢*Großneumarkt* wurden 1933–38

Blick in ein Gängeviertel kurz nach 1900. Für den Fotografen Paul Wutcke unterbrachen die Bewohner und Passanten des Großen Bäckergangs einen Moment lang ihren geschäftigen Alltag.

abgerissen – nicht zuletzt, weil das Viertel als Hochburg der ➢*KPD* den Nationalsozialisten ein Dorn im Auge war. *Br.*

Gänsemarkt heißt ein Platz in der ➢*Neustadt.* Er wurde erst mit der Erweiterung der ➢*Befestigung* bis 1626 Teil der umwallten Stadt. Der G. zählt somit nicht zu den alten hbg. Handels- und Verkaufsstätten, denn im letzten Namensteil zeigt sich lediglich die hbg. Eigenheit, dass die Begriffe „Markt" und „Platz" synonym verwandt werden (➢*Straßennamen*). Seine Benennung erhielt das dreieckige Areal im 17. Jh. vermutl. wegen der Gänse, die dort täglich gesammelt und anschließend durch das ➢*Dammtor* auf die nördl. der Stadt gelegenen Weiden getrieben wurden. 1678 entstand am G. die erste bürgerliche Oper Europas (➢*Stadttheater*), 1770–76 fanden auf dem Platz die öffentlichen Ausspielungen des hbg. Zahlenlottos statt (➢*Lotterie/Lotto*). Nach Abriss des ➢*Doms* zu Beginn des 19. Jh. wurde der bis dahin auf dem dortigen Gelände abgehaltene Weihnachtsmarkt auf den G. verlegt (➢*Hamburger Dom*). 1881 wurde das ➢*Lessing*-Denkmal F. Schapers errichtet (Beschädigung 1943, Wiederherstellung 1955). Im Zuge der Neugestaltung des Platzes 1985 ist es gedreht und in Richtung Gerhofstraße versetzt worden. Am nordöstl. Rand des G.s, zu dem insgesamt sieben Straßen führen, steht das Gebäude der ➢*Finanzbehörde* (1926, F. ➢*Schumacher*, Keramikschmuck von R. Kuöhl). *Ti.*

Gärten und Parks Gärten im Besitz Hamburger Bürger lassen sich bereits für das 13. Jahrhundert nachweisen. Seit dem 14. Jh. entwickelte sich das zu der Zeit noch vor der umwallten Stadt liegende Gebiet des heutigen Stadtteils ➢*Neustadt* zu einer beliebten Gartengegend; auch ➢*St. Georg* gewann in dieser Hinsicht bald an Bedeutung. Dienten die Gärten zunächst hauptsächlich zur Selbstversorgung mit Gemüse, Obst und Kräutern, wurden sie später zunehmend zur Erholung und auch als Statussymbole genutzt. Reiche Bürger legten sich seit der zweiten Hälfte des 16. Jhs besonders in ➢*Hamm*, ➢*Horn*, ➢*Billwerder*, ➢*Eppendorf* und in den Elbvororten Sommersitze mit repräsentativen Lustgärten zu (➢*Landhaus*). Zu den bedeutendsten Privatanlagen innerhalb der Stadt gehörte der Garten des Ratsherrn Caspar

Die nicht ganz durchgehend vierreihige Lindenallee im Hirschpark gehört mit ihren 60 hohen Bäumen zu den schönsten Partien in Hamburgs Gärten und Parks. Die meisten der Linden waren bereits angepflanzt, als das Gelände 1786 in den Besitz der Hamburger Kaufmannsfamilie Godeffroy kam.

Anckelmann, von dem noch ein Florilegium (Sammlung gemalter Blumenporträts) existiert. Im 18. Jh. suchten schon viele Stadtbewohner die inzwischen stark bepflanzten Wallanlagen der ➢*Befestigung* und allgemein zugängliche Gehölze in der Stadtumgebung zu Spaziergängen und -fahrten auf. Zu einem besonders beliebten Ausflugsziel entwickelte sich ab ca. 1770 ➢ *Schimmelmanns* Schlossgarten in ➢*Wandsbek*. In Abwendung von der geometrisch-architektonischen Gartengestaltung des Barocks kam Ende des 18. Jhs das Ideal des englischen Landschaftsgartens auf (➢ *Jenischpark*). Schwere Verluste erlitt Hbgs Gartenkultur durch die Zerstörungen von 1813/14 (➢*Franzosenzeit*). Nach der 1819 beschlossenen Entfestigung wurde Hamburgs Wallring zielgerichtet in öffentliche Grünanlagen mit Spazierwegen umgewandelt. An sie anschließend, entstanden ab 1821 westlich vom ➢*Dammtor* der ➢*Botanische Garten* und ab 1863 der ➢ *Zoologische Garten*; Letzterer wurde 1934/35 zu ➢*Planten un Blomen* umgestaltet. Die erste mit städtischen Mitteln hergerichtete Grünanlage im damaligen Stadtumland war der Sternschanzenpark (1867–69). Als Ergebnis der Volkspark-Bewegung entstanden 1900–1930: der ➢*Stadtpark* in ➢*Winterhude*, der ➢*Altonaer Volkspark* in ➢*Bahrenfeld*, der ➢*Hammer Park* und der Harburger Stadtpark in Wilstorf (➢*Außenmühlenteich*). Nach 1945 hat Hbg zwei weitere große Anlagen erhalten: den ➢*Öjendorfer* Park (gestaltet ab 1958) und den Neuen Botanischen Garten in ➢*Osdorf* (1979 eröffnet). Insgesamt besitzt Hbg. etwa 1.460 staatliche Parkanlagen mit einer Fläche von rund 3.000 ha (2010). Mit den Kleingärten, die ab 1900 populär wurden, erhielten auch weniger Vermögende die Möglichkeit, Freizeit in privatem Grün zu verbinden. Existentielle Bedeutung erlangten die Kleingärten in der Nachkriegszeit als Notquartiere und Gemüseanbauflächen. 2007 gab es in Hbg 310 Kleingartenvereine mit rund 33.500 Kleingartenparzellen und einer Gesamtfläche von ca. 1.400 ha. *Wa.*

GAL (Grün-Alternative Liste) Bei der Bürgerschaftswahl 1978 erhielten die linksalternative „Bunte Liste – wehrt euch" 3,5 % und die „Grüne Liste Umweltschutz" 1 % der Stimmen. Mit 5 % Stimmenanteil zog die „Bunte Liste" in die Bezirksversammlung ➢*Eimsbüttel* ein. 1979 formierten sich auch in Hbg die Grünen, 1981 entstand die Alternative Liste, aus beiden 1982 die GAL. 1984 wurde sie Hbger Landesverband der Grünen. Die GAL erreichte bei der Bürgerschaftswahl im Juni 1982 einen Anteil von 7,7 %. Das Scheitern der Tolerierungsverhandlungen, die von der ➢*SPD* mit der GAL geführt wurden, führte zur Neuwahl im Dezember 1982, bei der die GAL 6,8 % der Stimmen erhielt. 1986 gewann die Partei 10,4 % der Stimmen und zog mit einer reinen Frauenfraktion in die ➢*Bürgerschaft* ein. Bei der Neuwahl 1987 erreichte die GAL – wiederum mit einer Frauenliste – 7 %. Ende März 1990 wurde aus der Grünen/GAL-Fraktion aufgrund parteiinterner Streitigkeiten die Frauenfraktion. Bei den Bürgerschaftswahlen 1991 und 1993 erreichte die GAL 7,2 % und 13,5 % der Stimmen. Koalitionsverhandlungen mit der SPD scheiterten 1993, die SPD kooperierte daraufhin mit der ➢*STATT-Partei*. 1997 gewann die GAL 13,9 % der Stimmen und trat in eine Koalition mit der SPD ein. Bis 2001 war die GAL am ➢*Senat* beteiligt, bis 2008 gehörte sie zur parlamentarischen Opposition, seither bildet sie mit der ➢*CDU* die erste schwarz-grüne Koalition auf Länderebene. Die GAL hatte 2009 1.366 Mitglieder. War die GAL in den Anfangsjahren durch heftige innere Differenzen und Spannungen, durch Kämpfe zwischen Ökosozialisten und der sog. Realo-Strömung geprägt, so konnte der Hbger Politologe J. Raschke schon 1993 feststellen: „Heute ist die GAL ein normaler, gemäßigter Landesverband, mit einer Links-Rechts-Pluralität in einem begrenzten, reformpolitischen Spektrum.“ *Ko.*

Gammerdeich Vermutl. in den 1430er Jahren wurde mit dem G. zur Abdämmung der ➢*Dove-Elbe* eine die Deiche von ➢*Altengamme* und ➢*Neuengamme* verbindende neue Deichstrecke gezogen. Sie entlastete nicht nur die Deiche dieser beiden Orte, sondern auch die von ➢*Curslack*, ➢*Reitbrook* und ➢*Billwerder* und andere Binnendeiche. Daraufhin beklagten sich 1438 mehrfach Herzog Otto III. von Braunschweig-Lüneburg und sein Bruder Friedrich über Rechtsbruch, Gewalt und Landschäden, die dabei ihrem Territorium seitens der Stadt Hbg entstanden seien. Sie befürchteten, dass die durch diesen Verbindungsdeich vermehrte Strömung der ➢*Elbe* ihren eigenen Deichen und Marschen Schäden zufügen könnte. Ihr Protest erging unter Androhung von Gewalt, sofern das Lüneburger Land durch Überflutungen geschädigt würde. Entgegen den Beschwichtigungsversuchen der Hansestädte bekräftigten die Lüneburger, dass der G. das Aufstauen des Wassers an der Stromelbe bewirke, wodurch die Winser Marsch gefährdet sei. 1488 klagten sie bei Kaiser Friedrich III., was jedoch wie gewaltsame Durchstechungsversuche 1496 und 1501 ergebnislos blieb. Ein Reichskammergerichtsprozess schleppte sich endlos hin und ruhte jahrzehntelang. Erst 1619 erging die Entscheidung zugunsten Braunschweig-Lüneburgs. Daraufhin brachen am 22.2.1620 die herzöglichen Brüder Christian Ludwig und Georg von Artlenburg und dem ➢*Zollenspieker* aus mit großer Kriegsmacht über die vereiste Elbe in die ➢*Vierlande* ein. Vergeblich versuchten sie, den G. zu durchstechen und abzutragen. Über vier Wochen lang wurde geplündert und gebrandschatzt, bis es den Hansestädten gelang, die Eindringlinge über den Strom wieder zurückzutreiben. Der Friede von Boizenburg bestätigte Hbg und ➢*Lübeck* das Recht auf die Vierlande. In Erinnerung an die überstandene Not feierten fortan die Vierlande am 22.2. den Petritag, an dem sie die jährlich wechselnden Deichgeschworenen vereidigten (➢*Petri Stuhlfeier*). *HR*

Gartenstadtbewegung Die Gartenstadt ist urspr. ein seit der Mitte des 19. Jhs in England entwickelter Stadttypus („garden city“) einer großzügig mit Grünanlagen ausgestatteten Wohn- und Arbeitssiedlung außerhalb der ungesunden städtischen Ballungsräume. Während die engl. G. aus der Initiative sozial engagierter Unternehmer entstand, gründete sich die Hbger G. zunächst auf die genossenschaftliche Vereinigung von Arbeitern und Handwerkern, später traten gemeinnützige Wohnungsbaugesellschaften an die Spitze dieser Siedlungsbewegung. Den Ausgangspunkt bildete die 1910 begonnene Wandsbeker Gartenstadt (1939 vollendet), deren erfolgreiches Konzept von der 1919 gegründeten Wohnungsgenossenschaft Gartenstadt Hamburg eG in Berne aufgegriffen wurde. Sie verfügte 75 Jahre nach ihrer Gründung über 3.700 Mitglieder und 2.136 Wohnungen. Bereits 1912 begannen die Planungen für die Siedlung Siemershöh in ➢*Langenhorn* (benannt nach ihrem Initiator E. ➢*Siemers*). In drei (grundverschiedenen) Bauabschnitten entstand auf städtische Initiative ab 1914 die Siedlung Steenkamp in ➢*Bahrenfeld*, zuletzt unter der Leitung des Altonaer Bausenators G. ➢*Oelsner.* 1935–38 wurde die Gartenstadt ➢*Alsterdorf* („Frühlingsgarten") als bürgerliche Einzelhaussiedlung gebaut. Fortsetzung erfuhr die G. nach dem Zweiten Weltkrieg durch die ➢*Neue Heimat* mit der Siedlung Hohnerkamp in ➢*Bramfeld* (1953/54, 1.600 Wohnungen, H.B. Reichow, Außenanlagen G. Lüttge), der ersten frei finanzierten und frei vermieteten Großsiedlung in der Bundesrepublik, und der ➢*Farmsener* Gartenstadt (1954–60, H.B. Reichow, O. Gühlk), bei der erstmalig im sozialen Wohnungsbau Reihenhäuser errichtet wurden. *OK*

Geesthacht Der 1216 als „hachede" erstmals urkundlich erwähnte und namentlich auf das mndt. Hag (= Einhegung) zurückgehende Ort kam 1420 mit ➢*Bergedorf* unter ➢*beiderstädtische* Herrschaft von Hbg und ➢*Lübeck.* Seit dem 15. Jh. wurde es im Unterschied zu Marschacht am gegenüberliegenden Elbufer G. genannt. Nach einer langen Zeit des Niedergangs entwickelte es sich im 18. und 19. Jh. zu einem wichtigen Handwerkerort. G. erhielt die Bezeichnung „Bandreißer-Dorf", weil hier die an der ➢*Elbe* gelegenen Weidenkulturen zu Bändern verarbeitet wurden, die als Material bei der Fassherstellung dienten. Ab 1850 siedelten sich Fabriken an: neben einem Glaswerk besonders Sprengstoffindustrie (u.a. Nobelsche Dynamitfabrik). Die Industrialisierung verhalf dem 1868 angelegten Hafen zur Blüte und führte zur Entfaltung einer starken Arbeiterbewegung, auf „Pulverstadt" folgte daher der Name „Klein-Moskau". 1899 stiftete der Hbger Kaufmann E. ➢*Siemers* die Lungenheilstätte Edmundsthal-Siemerswalde, die bis 1914 auf 400 Betten ausgebaut wurde.

1924 erhielt G. Stadtrecht und kam durch das ➢*Groß-Hamburg-Gesetz* 1937/38 zum damals preuß. Kreis Herzogtum Lauenburg. Seit dem Zweiten Weltkrieg wird die heute knapp 30.000 Einw. zählende Stadt durch großtechnologische Projekte geprägt: HEW-Pumpspeicherwerk mit Elbstaustufe, Atomforschungsreaktor, Atomkraftwerk Krümmel. 1954 wurde die Strecke der 1905 gegründeten ➢*Bergedorf-Geesthachter Eisenbahn AG* eingestellt und durch einen Busverkehr ersetzt. Historische Architektur ist nur wenig erhalten – zu nennen sind v.a. die 1685 errichtete Fachwerkkirche St. Salvatoris in der elbnahen Unterstadt und das Krügersche Haus, ein als Heimatmuseum, Archiv und Kulturveranstaltungsort eingerichtetes ndt. Hallenhaus. *NF*

Geestlande wurden die nördl. der Stadt auf dem Geestrand liegenden

Gebiete genannt, die zumeist im 14. und 15. Jh. als Eigentum oder Pfand zur Sicherung der Schifffahrt auf der ➢*Alster* und des Landwegs nach ➢*Lübeck* in hbg. Besitz gelangten. Die Verwaltung war in den einzelnen Distrikten unterschiedlich. Die ehemals geistlichen Stiftungen des ➢*Johannis-Klosters*, des ➢*St.-Georg-Hospitals* und des ➢*Hospitals zum Heiligen Geist*, die durch die Säkularisierung infolge der ➢*Reformation* einen Sonderstatus erhalten hatten, unterstanden der Stadt nur mittelbar. Zum Kloster gehörten die Dörfer ➢*Eppendorf*, ➢*Eimsbüttel*, ➢*Groß Borstel*, ➢*Winterhude*, ➢*Harvestehude*, ➢*Ohlsdorf* und ➢*Alsterdorf*; zum *St.-Georg-Hospital* der nördl. Teil von ➢*St. Georg*, die Dörfer ➢*Langenhorn* und ➢*Klein Borstel* sowie das Gut Berne (➢*Farmsen-Berne*); zum Heiligen-Geist-Hospital die Dörfer ➢*Barmbek*, ➢*Eilbek* und ➢*Hohenfelde*. Bei der Reorganisation des ➢*Landgebiets* 1830 wurden die Geestorte (außer ➢*Hamburger Berg*, der zur Vorstadt ➢*St. Pauli* wurde) der Landherrenschaft der Geestlande als einziger Verwaltungsbehörde unterstellt. *SH*

Geistliches Ministerium Nach der ➢*Reformation* Hbgs (1529) fiel das Kirchenregiment ausschließlich dem ➢*Rat* und dem Kirchenkollegium der Sechziger zu (➢*Bürgerliche Kollegien*), während die Geistlichkeit weiterhin ausgeschlossen blieb. Zur Wahrnehmung ihrer Interessen wurden die ev.-luth. Geistlichen der Stadt im G.M. zusammengefasst. Nach den von J. ➢*Aepinus* in der gescheiterten Kirchenordnung geäußerten Vorschlägen (1556) sollten ➢*Hauptpastoren*, Superintendent und lector secundarius (Pastor am ➢*Dom*) am Dom regelmäßige Zusammenkünfte halten. Diese Versammlungen wurden wenig später um die Diakone, die Pastoren an den Hauptkirchen, erweitert. Die Hauptfunktion des G.M.s war die Beratung des Rates und der Sechziger in geistlichen Angelegenheiten. Darüber hinaus wurde dem Gremium die Überwachung des kirchlichen Lehramtes, der theologischen Wissenschaft und des Bekenntnisstandes der Kirche zuerkannt. Daraus erwuchsen (nach 1870) auch Rechte bei der Pastorenwahl und Disziplinierung der Pastoren. Dem G.M. kam die Verantwortung für Katechismus, Gesangbücher und Agenden (Gottesdienstordnungen) zu. Unter der Leitung des Seniors und später des ➢*Landesbischofs* übte das Gremium diese Funktionen bis zur Einführung der ➢*Nordelbischen Landeskirche (NEK)* 1977 aus, wobei es durch die Dominanz der Hauptpastoren zunehmend an Bedeutung verlor. Vergleichbare Pastorenkonvente existieren heute auf verschiedenen Ebenen der NEK. *Sl.*

Gensler, Gebrüder (geb. und gest. in Hbg). Die Maler Johann Günther (28.2.1803–28.5.1884), Johann Jacob (21.1.1808–26.1.1845) und Martin (9.5.1811–14.12.1881) haben sich vielfach um das künstlerische Leben Hbgs verdient gemacht: Günther als Zeichenlehrer an den Schulen der ➢*Patriotischen Gesellschaft* und der Gelehrtenschule des ➢*Johanneums* sowie als Kunstkritiker der ➢*Hamburger Nachrichten*, Jacob durch seine bildlichen Darstellungen des Volkslebens in den ländlichen Regionen Hbgs und Martin als Lehrer an der Gewerbeschule der Patriotischen Gesellschaft und als Förderer des ➢*Museums für Kunst* *und Gewerbe* und der Sammlung Hamburgischer Alterthümer (Vorläufer des ➢*Museums für Hamburgische Geschichte*). Alle drei waren rührige Mitglieder des ➢*Kunstvereins. SH*

Gerichtswesen Aufbau und Verfahren der meisten staatlichen Gerichte sind seit 1879, als die sog. Reichsjustizgesetze (Gerichtsverfassungsgesetz, Zivilprozessordnung, Strafprozessordnung und Konkursordnung) in Kraft traten, durch Reichs- bzw. Bundesgesetze geregelt; nur für wenige Bereiche ist Landesrecht maßgeblich, namentlich für die Landesverfassungsgerichte und die Disziplinargerichte. Die oberste Dienstaufsicht über die Gerichte liegt hinsichtlich der ➢*Arbeits-* und der ➢*Sozialgerichte* bei der Behörde für Arbeit, Gesundheit und Soziales, hinsichtlich aller anderen Gerichte bei der Justizbehörde, also bei Fachbehörden mit ➢*Deputationen.* Organisation und Verfahren der verschiedenen Gerichte schreiben Bundesgesetze und hbg. Ausführungsgesetze vor (➢*Finanzgericht,* ➢*Verwaltungsgerichtsbarkeit*). Die Dienstverhältnisse der Richter aller Gerichtszweige sind durch das Deutsche Richtergesetz und das hbg. Richtergesetz geregelt. *JA*

Siegel der von Hamburg aus weltweit agierenden Gesellschaft Germanischer Lloyd auf dem Titelblatt des Jubiläumsregisters zum 125-jährigen Bestehen 1992

Germanischer Lloyd AG Die 1867 in Hbg gegründete Gesellschaft (seit 1889 AG) klassifiziert in erster Linie See- und Binnenschiffe nach Güteklassen. Durch die Herausgabe von Bauvorschriften für Schiffe, Prüfung von Konstruktionszeichnungen und von zum Bau geliefertem Material und Zubehör sowie die Begleitung des gesamten Herstellungsprozesses der Fahrzeuge auf den Werften überwacht der G.L. fortwährend die Schiffssicherheit. Darüber hinaus veröffentlicht die Gesellschaft jährlich ein Schiffsregister. Bei allen registrierten Schiffen ist in regelmäßigen Abständen zu überprüfen, ob die Voraussetzungen für die vergebene Klassifikation noch vorliegen. Neben dieser Haupttätigkeit werden technische Anlagen auf Zustand und Sicherheit überwacht. In 130 Staaten fertigt die Gesellschaft in hoheitlichem Auftrag Gutachten und stellt in Vertretung des jeweiligen Landes Sicherheitszertifikate aus. Der G.L. beschäftigt heute weltweit über 5.000 Mitarbeiter, die rund 6.800 Schiffe betreuen. Die Hbger Hauptverwaltung liegt an den ➢*Vorsetzen* (bis 1978 im ➢*Görtz-Palais*). *Ti.*

Geschichtswerkstätten In den 1980er Jahren entstanden in mehreren Hbger Stadtteilen G. und Stadtteilarchive, in denen Historiker und Laien die Geschichte „vor Ort" und „von unten" erforschen, vermitteln und darstellen. Besondere Bedeutung kommt der Zeitgeschichte und der Arbeit mit Zeitzeugen zu. Die G. sammeln Materialien, auch Bildquellen, zu ihren Arbeitsgebieten. Durch Veröffentlichungen, Ausstellungen, Gesprächsrunden und Führungen geben sie die Ergebnisse ihrer Arbeit weiter. Die erste G. in Hbg war 1980 das Stadtteilarchiv ➢*Ottensen.* Heute arbeiten G. in ➢*Barmbek,* ➢*Bergedorf,* ➢*Billstedt,* ➢*Bramfeld,* ➢*Dulsberg,* ➢*Eimsbüttel,* ➢*Eppendorf,* ➢*Fuhlsbüttel,* ➢*Hamm,* ➢*Horn,* ➢*Jarrestadt,* ➢*Jenfeld,* ➢*Lurup,* Ottensen, ➢*St. Georg,* ➢*St. Pauli,* auf der ➢*Veddel* und in ➢*Wilhelmsburg.* Auch in ➢*Norderstedt* besteht eine G.

„Alternative Stadtrundfahrten" zur Geschichte Hbgs in der ➢*NS-Zeit* bietet der Landesjugendring Hamburg an, Stadtteilrundgänge gehören auch zum Programm des ➢*Museums der Arbeit*. Ein Gemeinschaftswerk der Hbger G. ist das Buch „Kiek mol. Stadtteilrundgänge" (1992, 3. Aufl. 1998). „Kiek mol" heißt auch das jährlich im Frühjahr erscheinende Faltblatt zu den Aktivitäten der G. Die Kulturbehörde unterstützt die G. jährlich mit rund 400.000 €. Die 2007 gegründete Stiftung Hamburger Geschichtswerkstätten und Stadtteilarchive erhielt 2009 von der Stadt eine Zustiftung von 1 Mio. €. Die Stadtteilarchive in Eppendorf und Hamm machten 1997 zwei Bunker aus dem Zweiten Weltkrieg – als Außenstellen ihrer Einrichtungen – wieder zugänglich, die „Subbühne", einen Zwei-Röhren-Bunker am Ernst-Thälmann-Platz (Tarpenbekstraße 68/Ecke Lokstedter Weg), und das Bunkermuseum im Wichernweg 16. *Ko.*

Gesellschaft der Bücherfreunde zu Hamburg Der eingetragene Verein wurde 1908 unter Beteiligung von J. ➢*Brinckmann*, A. ➢*Warburg* und G. ➢*Schiefler* gegründet. Ziel war und ist die Herausgabe mustergültig gestalteter Publikationen für die Mitglieder. Darüber hinaus dienen Besichtigungen und Vorträge dem Zweck, die Kenntnis über die Buchherstellung zu vertiefen. Neben die bibliophilen traten immer stärker historische Interessen, die sich in der Veröffentlichung von Erinnerungen und wissenschaftlichen Darstellungen, oft mit kunsthistorischem Einschlag, erfüllten. Dabei wird zunehmend mit dem ➢*Verein für Hamburgische Geschichte* kooperiert. Seit der Anfangszeit mit dem ➢*Staatsarchiv* verbunden, ist die G. seit 1991 zugleich auch dessen Förderverein. *HWE*

Gesellschaft der Freunde des vaterländischen Schul- und Erziehungswesens 1805 gründete der Privatlehrer und Publizist J.C.D. ➢*Curio* die älteste Lehrergewerkschaft der Welt, deren langer Name auch als „Genitivverein" abgekürzt wird. Seit 1976 firmiert die traditionsreiche Vereinigung als Gewerkschaft Erziehung und Wissenschaft Landesverband Hamburg (GEW) im ➢*DGB*. Ziele der G. waren die Fortbildung der Lehrer, auch durch Lesezirkel und Bibliotheken, die Unterstützung in Alter und Not und die Interessenvertretung der Lehrerschaft. Als sich die G. weigerte, auch Schulgehilfen aufzunehmen, gründeten diese den Schulwissenschaftlichen Bildungsverein. 1873 entstand ein Verein Hamburger Volksschullehrer, der sich für eine fortschrittliche Schulpolitik einsetzte. Nach seiner Auflösung 1894 und dem Übertritt seiner Mitglieder zur G. wurde diese endgültig zum führenden Lehrerverein der Stadt und hatte maßgeblichen Anteil an der Erneuerung des ➢*Schulwesens* in Hbg, insbesondere in der Zeit der Weimarer Republik. Die G. setzte auch die im Verein Hamburger Volksschullehrer 1888 begonnene Arbeit für das pädagogisch und künstlerisch wertvolle Jugendbuch fort. Die kritische Stellungnahme der G. zur ➢*Wahlrechts*verschlechterung von 1906 führte zu Konflikten mit der Oberschulbehörde und dem ➢*Senat*, auch zu inneren Auseinandersetzungen. Bis 1933 hielt die G. an demokratischen und republikanischen Überzeugungen fest. 1933 wurde die Organisation gleichgeschaltet. Repräsentanten der G. aus der Weimarer Republik, die unbelastet waren, bauten den Lehrerverein 1945 wieder auf und waren aktiv an der Entstehung der Lehrergewerkschaft GEW beteiligt. Sichtbares Zeichen der Stärke und des Selbstbewusstseins der in der G. tätigen Volksschullehrer ist das ➢*Curio-Haus* von 1910/11. Die 85.000 Bände umfassende Bibliothek der Hamburger GEW wurde 2001 von der Bibliothek für Bildungsgeschichtliche Forschung des Deutschen Instituts für Internationale Pädagogische Forschung in Berlin übernommen. *Ko.*

Gewerkschaftshaus Das am ➢*Besenbinderhof* errichtete G. sollte nach der Aussage des damaligen ➢*SPD*-Vorsitzenden A. ➢*Bebel* zur „geistigen Waffenschmiede“ des Proletariats werden. Die zwei 1903–13 erbauten repräsentativen Büro- und Tagungsgebäude dienten ab 1919 als Hbger Hauptquartier des Allgemeinen Deutschen Gewerkschaftsbundes (seit 1947 Deutscher Gewerkschaftsbund; ➢*DGB*) und als traditionelles Ziel der Aufmärsche zum 1. Mai. Die Bauten dokumentieren zugleich eindrucksvoll Hbgs Bedeutung für die Arbeiterbewegung. 1918 diente das G. dem revolutionären ➢*Arbeiter- und Soldatenrat* als Zentrale. 1933 wurde es Quartier der nationalsozialistischen Deutschen Arbeitsfront. Das 1943 schwer beschädigte Gebäude war bereits am 11.5.1945, unmittelbar nach der dt. Kapitulation, Gründungsort der Sozialistischen Freien Gewerkschaft, wobei diese Einheitsgewerkschaft bereits einen Monat später durch Einzelgewerkschaften ersetzt wurde. Der Vorsitzende der Bauarbeitergewerkschaft, P. Bebert, meißelte Hakenkreuz und Zahnrad, Zeichen der Deutschen Arbeitsfront, von der Fassade. 1977–82 entstand ein Erweiterungsbau. *OK*

Der Hamburger Baugewerkschafter Paul Bebert meißelt am 14.9.1945 eigenhändig Hakenkreuz und Zahnrad, die Symbole der Deutschen Arbeitsfront (DAF), von der Jugendstilfassade des Gewerkschaftshauses am Besenbinderhof.

Giftgas Die Firma Tesch und Stabenow mit Sitz in Hbg, ➢*Meßberghof*, handelte seit 1924 mit G. und war Dienstleistungsanbieter für Schädlingsbekämpfung. Der Chemiker B. Tesch hatte das Verfahren mitentwickelt, das tödliche Gas der Blausäure, Cyanwasserstoff, in einem Aufsaugmaterial zu binden. Unter dem Handelsnamen „Zyklon B“ ließ der Frankfurter Hersteller mit G. gefüllte Dosen in Dessau und Kolin bei Prag produzieren. Die abgekürzt „Testa“ genannte Hbger Firma übernahm den Alleinvertrieb östl. der ➢*Elbe*. Bald nachdem 1941 im KZ Auschwitz die ersten Häftlinge mit Zyklon B ermordet worden waren, begannen die Massenvernichtungen mit dem Gas. Tesch und Stabenow beschäftigte 35 Mitarbeiter und belieferte auch das KZ ➢*Neuengamme* sowie viele andere Lager. Allein 1942/43 gingen 19 t des tödlichen Gases nach Auschwitz. Hier wurden bis zu 6.000 Menschen täglich ermordet. Tesch und sein Mitgeschäftsführer wurden 1946 von der brit. Militärregierung zum Tode verurteilt und hingerichtet. Ehem. Mitarbeiter führten die 1949 im Handelsregister gelöschte Firma nun unter dem amtlichen Namen „Testa" bis 1979 weiter. An die G.lieferungen der ➢*NS-Zeit* und ihre ungezählten Opfer erinnert eine 1997 angebrachte Tafel am Meßberghof. *Ti.*

Glitza, Friedrich Johann Heinrich (eigtl. Glitz, 1848 geändert in G., geb. 10.1.1813 Hbg, gest. 24.9.1897 ebd.), Pädagoge, Politiker. G. war seit 1828 an der neu gegründeten Taubstummenanstalt tätig, zuerst als Hilfslehrer, ab 1841 als Direktor. Er entwickelte die von S. ➢*Heinicke* begründete „deutsche Methode" weiter (Sprechen der Lautsprache auch für Gehörlose). 1849–53 war G. als Privatlehrer – u.a. 1851–53 an der Bildungsanstalt für Lehrerinnen – beschäftigt. 1853 wurde er zusammen mit seinem Bruder Wilhelm Mitbegründer und ein Jahr später Vorsteher einer bis 1897 bestehenden privaten höheren Bürgerschule. G. gehörte der ➢*Konstituante* von 1848 sowie 1859–65 der ➢*Bürgerschaft* an. Von 1841 an war er ➢*Freimaurer* und wurde zweimal zum Meister vom Stuhl der Loge „Emanuel" ernannt (seit 1868 im Großbeamtenrat, ab 1872 Großmeister der Großen Loge von Hbg). Seine Ziele waren die Vereinigung aller Freimaurerlogen und Anerkennung der Logen der Farbigen in den USA. 1846–49 war G. Turnwart der ➢*Hamburger Turnerschaft von 1816*. Seine Brüder Wilhelm, Schulvorsteher, und Adolph, seit 1876 ➢*Hauptpastor* an der Hauptkirche ➢*St. Katharinen* und u.a. Mitbegründer der Gesellschaft Hamburgischer Kunstfreunde, sammelten seit 1856 Werke niederländ. und alter dt. Maler („Sammlung Glitza"). *gro*

Glockenfriedhof Auf Befehl der NS-Regierung begann 1940 die Ablieferung nahezu aller Kirchenglocken aus Dtld und den besetzten Gebieten an die Reichsstelle für Metalle in Berlin. Diese veranlasste die Weiterleitung der Glocken an Hüttenwerke, hauptsächlich an die ➢*Norddeutsche Affinerie* und die Zinnwerke Wilhelmsburg. Bei Kriegsende befanden sich in Hbg auf verschiedenen Lagerplätzen noch rund 8.000 Glocken. Für ihre wissenschaftliche Erfassung und Rückführung schlossen sich Vertreter der Kirche und der Denkmalpflege (➢*Denkmalschutz*) zu einem Verein zusammen, der sich zunächst „Glockenbüro", später „Ausschuß für die Rückführung der Glocken" (ARG) nannte und sich nach der Erfüllung seiner Aufgaben auflöste. Die Arbeitsergebnisse wurden im Glockenarchiv des ARG gesammelt, das sich heute im Germanischen Nationalmuseum in Nürnberg befindet. *HWE*

Glückel (von) Hameln (geb. 1646/47 Hbg, gest. 1724 Lunéville), Kauffrau. Die in Hbg und ➢*Altona* aufgewachsene Tochter des angesehenen jüd. Kaufmanns L. Pinkerle wurde im Alter von etwa 14 Jahren mit dem aus Hameln stammenden Chaim Hameln verheiratet, mit dem sie 14 Kinder hatte. Von G. unterstützt, wurde dieser ein wohlhabender Perlen- und Juwelenhändler sowie Geldverleiher in Hbg. Nach seinem Tod 1689 führte G. das weitverzweigte Handelsgeschäft weiter und gründete eine Strumpffabrik. Im Jahr 1700 heiratete sie den Bankier C. Levy aus Metz, durch dessen Bankrott G. jedoch mittellos wurde.

Die schriftlichen Lebenserinnerungen der frommen Jüdin G. geben ein lebendiges Bild besonders der hbg. und der jüd. Sozialgeschichte und lassen G. zur bekanntesten jüd. Kauffrau ihrer Zeit werden. *Pe.*

Gobert, Ascan Klée (geb. 19.3.1894 Hbg, gest. 14.7.1967 ebd.), Schiffsversicherer, Feuilletonist, Schriftsteller, Kulturpolitiker. Als Buchautor trat der promovierte Jurist und Kaufmann G., freier Mitarbeiter der „Frankfurter Zeitung", erstmals 1937 mit seinem autobiografisch gefärbten, seiner jüngsten Tochter gewidmeten, vielgelesenen Büchlein „Glück durch Sibylle" hervor. In dem 1941 publizierten Band „Blaue Tage" übte G., im Ersten Weltkrieg Jagdflieger im Geschwader Udet, jetzt, nach kurzem Einsatz als Kommandant im Schloss Grosbois (bei Paris) als Hauptmann im Luftverteidigungskommando Hbg tätig, eine verhaltene, aber deutliche Kritik an den Lehrmethoden der Gelehrtenschule des ➢*Johanneums*, die er selbst besucht hatte. Anfang 1946 wurde G. auf Vorschlag R. ➢*Petersens* als Nachfolger H.H. ➢*Biermann-Ratjens* von den Engländern zum Kultursenator ernannt, trat im Gegenzug der ➢*CDU* bei, amtierte aber nur bis zur ersten Nachkriegsbürgerschaftswahl im Okt. 1946 und verließ die Partei auch bald wieder. 1947 übernahm er den Vorsitz der neu gegründeten Deutsch-Französischen Gesellschaft „Cluny". 1951 wurde G. Vorsitzender des Hauptausschusses der Freiwilligen Selbstkontrolle der deutschen Filmwirtschaft. In seinen Büchern „Kindheit im Zwielicht" (1947), „Zacke und Loch" (1963) und „Der Stundenplan" (1967) zeichnet G. ein ebenso liebevolles wie ironisches und teils auch kritisches Bild des Hbger Großbürgertums um 1900. Der gleichaltrige Historiker P.E. ➢*Schramm* rühmte G.s „optisches Gedächtnis", das ihm zusammen mit seinem „Gehör und Geruchssinn" beim „Erwecken der Vergangenheit" helfe. Die Mehrzahl von G.s vielfach verstreuten Feuilletons und Kurzgeschichten erschien 2002 unter dem Titel „Der Zwiebelfisch". *luz*

Boy Gobert: Der Hamburger Kaufmanns- und Senatorensohn gehörte zu den bekanntesten Film- und Bühnenschauspielern seiner Zeit. Unter seiner Intendanz erlebte das Thalia Theater eine Glanzzeit. Fotoporträt von Rosemarie Clausen, 1970

Gobert, Boy (geb. 5.6.1925 Hbg, gest. 30.5.1986 Wien), Schauspieler, Regisseur, Intendant. Der Sohn des Kaufmanns und Senators A.K. ➢*Gobert* gab 1947 sein Debüt in H. Gmelins ➢*Theater im Zimmer*. Engagements in Karlsruhe, Frankfurt a.M., am ➢*Deutschen Schauspielhaus* in Hbg und am Schauspielhaus Zürich schlossen sich an. Auch in Filmen wirkte G. mit. 1960–69 war er am Burgtheater in Wien tätig, 1969–80 mit großem Erfolg als Intendant, Regisseur und Schauspieler am ➢*Thalia Theater*, für das er J. Flimm und P. Zadek als Regisseure gewann. 1980–85 leitete er die Staatlichen Schauspielbühnen in Berlin. Er starb kurz vor seinem Amtsantritt als Direktor des Theaters in der Josefstadt in Wien. E. Wendt, Theater- und Filmkritiker und Regisseur, hat G. in der Zeitschrift „Theater heute" 1986 treffend charakterisiert: „Ein Theatermann, frei von doktrinärem Denken, loyal, ohne sich selbst zu verleugnen, spiellustig bis zur Komödianterie, aber auch kampfesfreudig, wenn es darum ging, die Bühne als eine noch immer moralische Anstalt zu verteidigen." *Ko.*

Godeffroy, Johann César (VI.) (geb. 1.7. 1813 Kiel, gest. 9.2.1885 Dockenhuden), Überseekaufmann, Reeder,

Residenz Hamburger Handelsherren, die durch Handel mit Iberoamerika zu Reichtum gelangt waren: das um 1855 im englischen Stil erbaute Landhaus „Beausite“ der Godeffroys in Dockenhuden wurde 1935 abgebrochen. Lithografie von Wilhelm Heuer, 1857

Werftbesitzer, Industrieller. Angehöriger einer im 18. Jh. ursprünglich aus La Rochelle nach Berlin eingewanderten Hugenottenfamilie, übernahm G. 1845 die väterliche, 1766 gegründete, v.a. Südamerikahandel betreibende, sich auf die Reederei erstreckende, zunehmend aber auch Schwerindustrie betreibende Firma. Diese fasste 1857 auch auf der Samoa-Insel Upolu Fuß und importierte – vielfach auf Schiffen, die auf der eigenen ➢*Werft* Reiherstieg gebaut waren – Kopra und Perlmutterschalen. G., führendes Mitglied der „Hamburger Kreise“, gehörte nicht nur der ökonomischen, sondern auch der politischen Klasse an, fungierte zeitweise als Präses der Handelskammer und als Abgeordneter in der Bürgerschaft. Obwohl G. nach der ➢*Handelskrise* 1857 Geschäftszweige aufgeben musste, stieg er – durch die Anlage von Plantagen und von 50 Stationen – zum „König der Südsee“ auf. Er wurde als Mäzen tätig, entsandte Naturforscher (u.a. A. Dietrich) und richtete ein Museum ein. Nach Fehlspekulationen musste die Firma 1879 Konkurs anmelden, wurde aber von Banken und Handelshäusern in einer Deutschen Handels- und Plantagengesellschaft der Südsee-Inseln zu Hamburg aufgefangen; Direktor wurde Johann César VII. Godeffroy. Der Vorstoß, von Reichsseite eine Zinsgarantie zu erhalten (Samoa-Vorlage im Reichstag 1880) schlug fehl, aber die dt. Kolonie Samoa knüpfte an das Godeffroy-Imperium an. *luz*

Görtz-Palais heißt der 1710/11 von J.N. ➢*Kuhn* am ➢*Neuen Wall* im Barockstil mit niederländ. Einflüssen errichtete dreigeschossige ➢*Backsteinbau* für den Gesandten Holstein-Gottorfs und späteren schwed. Minister Baron von Schlitz genannt von Görtz. Zwei Seiten- und ein Mittelrisalit mit Segmentbogen und vier Sandsteinpilastern gliedern die Fassade. 1722–1806 stellte die Stadt (bis zum Kauf 1726 als Mieterin) das Palais der kaiserl. Gesandtschaft aus Wien zur Verfügung. Schon in dieser Zeit wurde das Gebäude zumeist ➢*Stadthaus (städtisches Verwaltungsgebäude)* genannt. Während der ➢*Franzosenzeit* diente das erst seit 1776 in modischem Weiß verputzte Palais

Einen „vornehmen Fremdling in Hamburgs Straßen“ nannte Fritz Schumacher 1927 das barocke Görtz-Palais am Neuen Wall, das im 18. Jahrhundert in Größe und Ausstattung kaum seinesgleichen in der Stadt fand.

als Hôtel de Ville dem Bürgermeister (Maire) und später als Sitz der ➢*Polizeibehörde* und anderer offizieller und offiziöser Einrichtungen (1827 öffnete hier z.B. eine der beiden ersten Geschäftsstellen der ➢*Hamburger Sparkasse*). 1820–1918 wohnte dort jeweils der Ratsherr, der das Amt des Ersten Polizeiherrn innehatte. Im 19. Jh. wurde das G. mehrfach umgebaut und mit den Erweiterungsbauten der Polizeibehörde (1888–92, 1914–23) zum kleinsten Teil des durch Mittelkorridore verbundenen Komplexes, auf den nun die Bezeichnung „Stadthaus“ übergegangen war. Hinter der im Juli 1943 zerstörten Fassade wurde nach dem Verkauf des Hauses an den ➢*Germanischen Lloyd* (1953) ein bautechnisch viel beachteter siebengeschossiger Neubau (Nissen & Fischer) ohne Verbindung zum Stadthauskomplex errichtet. Dem G.-P. gegenüber steht seit 1955 wieder das 1897 enthüllte Bronzestandbild des Bürgermeisters und langjährigen Polizeiherrn C.F. Petersen (V.O. Tilgner). *Ti.*

Johan Melchior Goeze; den streitbaren Hauptpastor von St. Katharinen porträtierte Christian Fritzsch 1756, im Jahr nach der Berufung des Geistlichen nach Hamburg.

Goeze, Johan Melchior (geb. 16.10. 1717 Halberstadt, gest. 19.5.1786 Hbg), Theologe, Hauptpastor. G. stammte aus einer Halberstädter Pastorenfamilie, studierte in Jena und Halle Theologie, wurde 1744 Prediger in Aschersleben und wechselte 1750 als Zweiter Prediger an die Heilige-Geist-Kirche in Magdeburg. Hier wurde er 1751 Pastor. 1755 erhielt er die Berufung als ➢*Hauptpastor* an ➢*St. Katharinen* in Hbg. Über drei Jahrzehnte wirkte er dort als streitbarer und wortgewaltiger Kämpfer für die luth. Orthodoxie, ein Nachfolger E. ➢*Neumeisters*, der sich wie dieser gegen Pietismus und ➢*Aufklärung* wandte und die Rechte der Lutheraner gegenüber den konfessionellen Minderheiten verteidigte. 1760–70 war er auch Senior des ➢*Geistlichen Ministeriums*. G. ging keiner Auseinandersetzung aus dem Wege, ob es sich um den Religionsunterricht, die Sittlichkeit des Theaters, die Ewigkeit der Höllenstrafe, die Mission der Heiden und Juden oder die Frage handelte, ob ➢*Katholiken* und ➢*Reformierte* erhörlich beten könnten. Konflikte mit dem ➢*Rat* und mit Diplomaten auswärtiger Mächte, die sich für ihre Glaubensgenossen unter den Minderheiten einsetzten, blieben nicht aus. Auch mit Amtsbrüdern hatte G. heftigen Streit. Bekannt wurde G. v.a. durch den Fragmentenstreit. Als G.E. ➢ *Lessing* Fragmente der Glaubens- und Bibelkritik des H.S. ➢*Reimarus* veröffentlichte, rief G. nach der Obrigkeit, wollte Einwände gegen Bibel und Religion allenfalls in Latein vorgebracht wissen. Eine heftige Polemik zwischen Lessing und G. war die Folge. Der Patriarch in Lessings Schauspiel „Nathan der Weise“ wurde von Zeitgenossen mit G. identifiziert.

G. besaß eine bedeutende Bibelsammlung, die auch Lessing in seiner Hbger Zeit besichtigte, G. wiederum besuchte die Wolfenbütteler Bibliothek unter Lessings Direktorat. G. nutzte die Presse und die Öffentlichkeit für seine Ziele, untersagte ihm der Rat den Druck, wich er nach ➢*Altona* aus. Hatte er in seinen ersten Hbger Jahrzehnten durchaus großen Rückhalt in der Bevölkerung, so war gegen Ende seines Lebens die Resonanz gering geworden. *Ko.*

Goldbek Ein kleiner Bach, der, von früher bestehenden Teichen an der Sengelmannstraße kommend, zur ➢*Alster* floss, wurde in seinem Unterlauf in der zweiten Hälfte des 19. Jhs kanalisiert. 1899 benannte man den vom Rondeel-Kanal zur Barmbeker Straße führenden Ausbau G.-Kanal. Er wurde mehrfach verlängert und verbreitert und 1916 mit dem Barmbeker Stichkanal verbunden. 1912 entstand an der Südseite die Straße Goldbekufer, die größtenteils mit Boden aus der Kanalverbreiterung aufgeschüttet wurde. *LS*

Goldenes Buch 1897 zur Einweihung des neuen ➢*Rathauses* nach dem Vorbild anderer großer Städte (Köln, München) von der Familie C.F. Petersens gestiftet, birgt das G.B. auf losen Büttenblättern die Unterschriften von Gästen, die vom Ersten ➢*Bürgermeister* einer Eintragung für würdig befunden wurden. Bis Ende 2009 wurden 459 Blätter beschrieben. Die Namen werfen ein Licht auf die Abschnitte der hbg. Geschichte im 20. Jh. und die jeweilige Ausrichtung der auswärtigen Beziehungen des ➢*Stadtstaates*: 1897–1909 finden sich v.a. Aristokraten; das Fehlen von Eintragungen 1909–21 zeugt von Spannungen, Krieg und Isolation; in der

„Weimarer“ Zeit begegnen Namen wie F. Ebert und G. Hauptmann. Die in der ➢*NS-Zeit* beschriebenen Blätter wurden 1948 ins ➢*Staatsarchiv* verlagert (nur Goebbels entging dieser „Entnazifizierung“ des G.B., weil er sich 1933 auf dem 1926 von Hindenburg beschriebenen Blatt eingetragen hatte). Nach einer eintragslosen Zeit 1943–47 spiegeln sich die Westbindung der Bundesrepublik, die Öffnung nach Osten und zur Dritten Welt sowie das Ende des Ostblocks in den Eintragungen wider. *luz*

Gorch Fock (eigtl. Johann Wilhelm Kinau, geb. 22.8.1880 Finkenwerder bei Hbg, gest. 31.5.1916 in der Seeschlacht vor dem Skagerrak). Der schriftstellerisch ambitionierte kaufmännische Angestellte, Sohn eines Schiffers, schuf nach zahlr. hoch- und ➢*plattdeutschen* Kurzgeschichten und Gedichten mit seinem 1913 veröffentlichten Roman „Seefahrt ist not!“, dessen Titel zum Schlagwort wurde, sein bedeu-

Staatsoberhäupter, Politiker und prominente Gäste aus aller Welt verewigen sich beim Besuch des Rathauses mit ihrer Unterschrift im Goldenen Buch der Stadt.

Porträtfoto des Finkenwerder Schriftstellers Gorch Fock von Arnold Mocsigay aus dem „Hamburger Fremdenblatt“ vom 16.6.1916

tendstes Werk. Die hochdt. Erzählung (mit plattdt. Dialogen) erlebte in rascher Folge viele Auflagen. Den Inhalt des Buches bildet neben der breit angelegten Schilderung des Alltagslebens der ➢*Finkenwerder* Fischer die Auseinandersetzung mit der durch Industrie und Technisierung bedrohten traditionellen Arbeitswelt auf der ➢*Elbinsel*. Das Pseudonym des Dichters wurde Name von zwei Segelschulschiffen der dt. Marine; 1933 lief die erste Dreimastbark vom Stapel, 1958 die zweite, die heutige „Gorch Fock". *SH*

Gose-Elbe Schon Anfang des 14. Jhs, lange vor der ➢*Dove-Elbe*, wurde die G.-E. abgedämmt. Über die Zeit davor liegen so gut wie keine Dokumente vor. Es heißt, die heutige G.-E. sei einst der Hauptstrom gewesen. Damit hätte das heutige ➢*Kirchwerder* auf dem linken Elbufer gelegen und zum Verdener Gebiet gehört, von wo es anscheinend bedeicht wurde. Der Elbnebenfluss und die Norderelbe bildeten die Diözesangrenze zwischen dem ➢*Erzbistum* Hamburg und dem Bistum Verden. Als die ➢*Elbe* bei ➢*Geesthacht* ihren Lauf verlegt hatte, versandete der Elbarm, bis er in seinem Oberlauf, bei der Inselgruppe ➢*Krauel*-Kronshorst, von ➢*Neuengamme* aus abgedämmt wurde. Auf einer Karte vom Elbverlauf südöstl. von Hbg aus der Zeit um 1400 erscheinen Dove- und G.-E. bis ➢*Stillhorn* noch unter dem Namen „Gamm-Elbe", letztere danach als „Goeß Elv", wobei „goeß" so viel wie flach, trocken gefallen bedeutet (sprachlich wohl verwandt mit dem Wort Geest). Sie wurde zur natürlichen Trennlinie der Orte Kirchwerder zu Neuengamme, ➢*Ochsenwerder* zu ➢*Reitbrook*, ➢*Tatenberg* zu ➢*Moorfleet*. Ihre Einmündung in die Dove-Elbe liegt heute bei der Hohen Reit. Die endgültige Abdämmung der G.-E. 1925 durch die Reitschleuse ließ diesen Altarm weitgehend verlanden. Ihr mäandrierender Lauf bietet stimmungsvolle Eindrücke. *HR*

Gotteskasten Im Zuge der reformatorischen Umgestaltung des Armenwesens, die an die Stelle der Werk-

St. Nikolai war das erste Hamburger Kirchspiel mit einem Gotteskasten in seiner Hauptkirche. Die eingesammelten Gelder dienten der Versorgung armer Gemeindeglieder. Zeichnung aus dem 16. Jahrhundert

heiligkeit das Motiv des ev. Liebesgebots setzte und die Armenunterstützung zentralisierte, richtete das ➢*Kirchspiel* St. Nikolai am 16.8. 1527 nach dem Vorbild der Leisniger Kastenordnung von 1523 und der Magdeburger Armenordnung von 1524 mit der „gemeinen Kiste" einen G. ein. Die Einnahmen sollten aus milden Gaben, Nachlässen, Leibrentegeschäften und den aufgelösten Kapitalien von Klöstern, ➢*Bruderschaften* und Stiftungen bestritten werden. Die zwölf Vorsteher der gemeinen Kiste hatten die Aufgabe, in monatlich durchzuführenden Inspektionen die bedürftigen Armen ihres Kirchspiels zu registrieren und ihnen aus der Kiste eine Unterstützung zukommen lassen. Die Kistenordnung legte die Kriterien der Bedürftigkeit fest und verbot zugleich das Betteln. Am 18.12.1527 wurde beschlossen, die Kistenordnung von ➢*St. Nikolai* auch in den anderen Kirchspielen einzuführen und dort weitere Kisten aufzustellen. Um die bessere Versorgung der Armen unabhängig von ihrem Wohnort zu gewährleisten, wurde schließlich am 29.9.1528 der Beschluss gefasst, einen zentralen G. einzurichten, der die Einkünfte der übrigen Kästen vereinen sollte. Seine Verwaltung geschah durch die zwölf ➢*Oberalten*. Obgleich die ➢*Bugenhagen*'sche Kirchenordnung von 1529 mit Ausnahme des kategorischen Bettelverbots die Neuerungen bestätigte, hatte der zentrale G. mit Finanzierungsproblemen zu kämpfen und erfüllte seine Aufgabe vermutl. nur für kurze Zeit. *Br.*

Gotteswohnungen oder auch Gottesbuden wurden die bis in das 17. Jh. hinein durch private, christl. gebundene Stiftungen finanzierten Wohnungen für Arme und Bedürftige genannt. Die Hbger G., die nur Witwen oder alten, unverheirateten Frauen mit gutem Leumund vorbehalten waren, sind sämtlich untergegangen. Die Häuser fielen dem ➢*Großen Brand* von 1842 zum Opfer oder wurden im Zuge der Großstadtwerdung von anderen Formen von ➢*Wohnstiften* verdrängt. Die Bewohner der G. wurden bis zur ➢*Reformation* „Provēner“ und danach „Prövener“ genannt. *AB*

Gottorper Vergleich Mit dem am 27.5.1768 zwischen ➢*Dänemark* und Hbg auf Schloss Gottorf (Gottorp) bei Schleswig geschlossenen Vergleich wurden die zwischen beiden Staaten strittigen Fragen, insbesondere hinsichtlich der Reichs-

Die von Dänemark im Gottorper Vergleich an Hamburg abgetretenen Gebiete, wertvolle Flächen für den späteren Hafenausbau

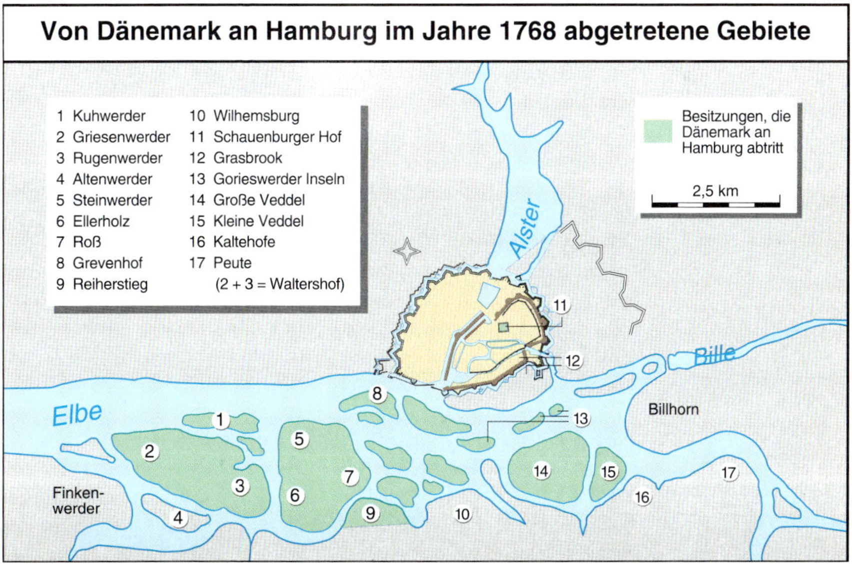

mittelbarkeit Hbgs, geklärt. Das Haus ➢*Holstein* verzichtete auf die Revision des 1618 vom Reichskammergericht ausgesprochenen Urteils, das Hbg zur Reichsstadt erklärt hatte, und anerkannte die „unmittelbare Reichsstandschaft der Stadt Hamburg", die fortan mit Sitz und Stimme auf dem Immerwährenden Reichstag zu Regensburg vertreten war. Holsteiner Besitz in der Stadt und die zu Holstein gehörenden Inseln und Halbinseln, die „Wärder und Sände" zwischen ➢*Billwerder* und ➢*Finkenwerder* (Kaltenhofe, Peute, Große und Kleine ➢*Veddel*, ➢*Steinwerder*, Grevenhof mit Kuhwerder, Griesenwerder und Pagensand), gingen an Hbg über; damit kamen für die späteren ➢*Hafenerweiterungen* bedeutsame Gebiete an die Stadt. Die in den ➢*Vier-* und ➢*Marschlanden* gelegenen, 1750 von Holstein-Gottorf an Hbg verpfändeten Orte und Ländereien der Ämter Reinbek und Trittau blieben bei Hbg, alle übrigen Pfänder mussten zurückgegeben werden (➢*Rühmerdörfer*). Der Hbger Handel erhielt in Dänemark und Norwegen, auch beim Sundzoll, die Meistbegünstigung. Die Stadt Hbg verzichtete auf die Rückzahlung gewährter Anleihen in Höhe von 4 Mio. ➢*Bankomark* bzw. 1.333.333 Reichstalern und 16 Schillingen. Die finanziellen Lasten für die Stadt waren erheblich, die langfristigen Vorteile immens. Auf dän. Seite war H.C. ➢*Schimmelmann* an den Verhandlungen und ihrem Abschluss maßgeblich beteiligt, für Hbg ➢*Syndicus* J. Schuback. *Ko.*

Grasbrook Brook, so erklärte M. ➢*Richey* 1755 in seinem ➢*Idioticon Hamburgense*, werde niederes und feuchtes Land genannt, entweder aus Morast und Gebüschen oder aus Wiesen und Wäldern bestehend. Als solches reichte der G. im Südwesten bis an die alte Stadtmauer vor ➢*Alt-* und ➢*Neustadt* heran. Dazwischen lag nur „Dat Deep", ein Gewässer, dessen Verlauf noch heute der von ➢*Oberhafen*, Zollkanal und ➢*Binnenhafen* ist.

Der G. wurde vorwiegend als Weideland für Milchkühe benutzt. Im Westen befand sich der Richtplatz, wo u.a. K. ➢*Störtebeker* sein Leben ließ. Mit dem Bau der ➢*Befestigung* in den 1620er Jahren wurde der nördl. G. Teil der umwallten Stadt. Dessen westl. Abschnitt begann mit der ➢*Kehrwiederspitze*, der mittlere behielt die Bezeichnung Brook. Schon im Spätmittelalter hatten im östl. Bereich die Wandbereiter (Tuchmacher) ihre Wandrahmen aufgestellt, wonach dieser den Namen ➢*Wandrahm-Insel* erhielt.

1605 war mit dem bereits 1568 begonnenen Neuen Graben quer durch den G. eine Verbindung zwischen ➢*Süderelbe* und Norderelbe, der dadurch mehr Wasser zugeführt werden sollte, hergestellt worden. Der westl. Teil, jetzt ➢*Kleiner Grasbrook* genannt, verschob sich dann im Laufe der Zeit weiter nach Süden auf die andere Seite des Flusses. Auf dem G. wurde 1845 das erste Hbger Gaswerk errichtet. Nach Fertigstellung der großen ➢*Elbbrücken* nahm 1872 der Venloer Bahnhof (auch Pariser und später Hannoveraner Bahnhof genannt) auf dem G. seinen Betrieb auf. Mit einer Drehscheibe war er mit dem Bahnhof ➢*Klostertor* verbunden. Die Reste des im Zweiten Weltkrieg tlw. zerstörten Bahnhofs wurden 1955 gesprengt. In der zweiten Hälfte des 19. Jhs wurde dieses Gebiet zu

Der 1872 erbaute Bahnhof der „Rheinisch-Belgisch-Französischen-Eisenbahn" auf dem Grasbrook. Das Gebäude wurde von den Hamburgern auch Venloer, Pariser und Hannoveraner Bahnhof genannt. Lithografie von David Martin Kanning

➢*Hafenanlagen* umgebaut: zum ➢*Sandtorhafen* (1868) und G.hafen (1876/81) kamen – durch Reihen von ➢*Duckdalben* ermöglicht – der Schiffbauerhafen und der Strandhafen dazu. *luz*

Griffelkunst-Vereinigung Hamburg-Langenhorn e.V. Die G.-V. verdankt ihr Entstehen der von A. ➢*Lichtwark* initiierten ➢*Kunsterziehungsbewegung.* Gründer war 1925 der Volksschullehrer J. Böse, der sie bis zu seinem Tod 1956 ehrenamtlich führte. Die G.-V. will das Interesse an bildender Kunst fördern, zum Aufbau eigener Sammlungen ermutigen, mit neuen Tendenzen der Kunstentwicklung bekannt machen und Künstler zu druckgrafischen Arbeiten anregen. Die Mitglieder wählen zweimal im Jahr vier Blätter originaler Druckgrafik aus und können ältere Werke erwerben. Neuerdings finden sich auch Beispiele künstlerischer Fotografie im Angebot. Der G.-V. gehören heute rund 4.200 Mitglieder an, darunter zahlr. Schulen. In Dtld bestehen 86 Zweiggruppen. *Ko.*

Grimm heißt eine Straße im Stadtteil ➢*Altstadt* zwischen Gröninger- und Katharinenstraße nordwestl. der Hauptkirche ➢*St. Katharinen.* G. war urspr. vielleicht die Bezeichnung für die gesamten sumpfigen Alstermarschwiesen, eher wohl für eine unwirtliche Alstermarschinsel (östl. des ➢*Cremon*). Die ➢*Schauenburger Grafen* ließen hier die Alsterufer aufhöhen, und um 1200 holte Adolf III. Siedler aus Westfalen. In der ersten Hälfte des 13. Jhs schlossen sich G. und Cremon zum dritten ➢*Kirchspiel,* St. Katharinen, zusammen. 1248 wurde „Im Grimm" als Straße erwähnt (die dem Volksmund zugeschriebene Angabe, Kain habe Abel „im Grimm" erschlagen, ist deshalb nicht nur geografisch, sondern auch zeitlich unzutreffend). Zuerst wurde die östl., dem Wasser (➢*Alster,* Nikolaifleet) abgewandte Seite bebaut. Als die Nachfrage nach Baugrund stieg und die Bewohner ihre am Wasser gelegenen Grundstücksteile im Laufe des 13. Jhs veräußerten, sicherten sie sich für die Zukunft schmale Zugänge, ➢*Fleetgänge.* Vom G. zur Altstadt führten die Zollenbrücke, die Brandstwiete, die Brauerstraßen- und die Winserbrücke. Im 19. Jh.

wurde für die Straße „Im Grimm" die Kurzbezeichnung G. geläufig. *luz*

Grindel Das Grindelviertel im Stadtteil ➢*Rotherbaum* ist heute annähernd identisch mit dem sog. Universitätsviertel. Urspr. lag in dem zwischen Rothenbaumchaussee, Grindelberg und Bundesstraße gelegenen Gebiet der Grindelwald, der im Mittelalter zum Kloster Herwardeshude (➢*Harvestehude*), später zum ➢*Johannis-Kloster* gehörte. 1752 wurde das Gelände an die Stadt verkauft. Die Besiedlung begann nach dem ➢*Großen Brand* 1842 und verstärkte sich nach dem Ende der ➢*Torsperre* 1860. Seit der Wende zum 20. Jh. siedelten sich viele Juden an, das Grindelviertel wurde zu ihrem bevorzugten Wohngebiet in der Stadt. Etwa 40 % der Hbger Juden lebten in dem im Volksmund „Klein-Jerusalem" genannten Viertel (➢*Jüdische Gemeinde*). Neben der alten und neuen Dammtor-Synagoge (➢*Synagogen*), dem erhaltenen Tempel in der Oberstraße und dem Haus des ➢*Jüdischen Kulturbunds* in der Hartungstraße (➢*Hamburger Kammerspiele*) waren die Hauptsynagoge am Bornplatz und die ebenfalls erhaltene ➢*Talmud-Tora-Schule* (1909–11) am Grindelhof Zentren des religiösen Lebens. Vom Haus der ➢*Freimaurer*-Provinzialloge Niedersachsens in der Moorweidenstraße und dem gegenüberliegenden Teil der ➢*Moorweide* wurden Tausende Hbger Juden ins KZ deportiert. Heute ist dies der Platz der Jüdischen Deportierten mit einem Gedenkstein von U. Rückriem (1983). Am Bornplatz (heute Joseph-Carlebach-Platz) erinnert eine Grundrissabbildung der Synagoge an die jüd. Gemeinde Hbgs, die die zweitgrößte in Dtld war. In dem von Bombenschäden des Krieges besonders betroffenen Teil des Viertels im westl. Teil Harvestehudes entstanden 1949–56 die ➢*Grindel-Hochhäuser.* Heute ist das Gebiet um die ➢*Universität* herum durch studentisches Leben und regen Einzelhandel geprägt. *FF*

Grindel-Hochhäuser 1946–56 errichtete Großwohnanlage im Stadtteil ➢*Harvestehude.* Im Rahmen des „Hamburg Project" wurden die G.-

Die Grindel-Hochhäuser im Stadtteil Harvestehude sind Symbole des Wiederaufbaus und Zeugnisse der klassischen Architekturmoderne.

H. 1946 von den brit. Besatzern in Auftrag gegeben, um Wohnraum für die Angehörigen ihrer Zonenverwaltung zu schaffen (➢*Britische Besatzung*). Acht Hbger Architekten, die sich mit ihren Entwürfen der G.-H. zur Wiederkehr der klassischen Moderne der 1920er Jahre bekannten, planten gemeinschaftlich die zwölf Hochhausscheiben mit mehr als 2.100 Wohnungen (B. ➢*Hermkes*, B. Hopp, R. Jäger, R. Lodders, A. Sander, F. Streb, F. Trautwein, H. Zess). Nachdem sich die Briten früh zurückgezogen hatten, vollendete die ➢*SAGA* die Fertigstellung der gelb verklinkerten Bauten bis 1956. Die G.-H. bildeten die erste Wohnanlage ihrer Art in Dtld. Licht, Luft und Sonne sollten den Bewohnern geboten werden, und Lodders kündigte 1946 ihren Bau als „Impfstiche" zur Gesundung des städtischen Organismus an; die G.-H. wurden nicht nur Vorbild zahlr. Hochhausplanungen, sondern ebenso Symbol für den Wiederaufbau insgesamt. *Ti.*

Gröger, Friedrich Carl (geb. 14.10.1766 Plön, gest. 8.11.1838 Hbg), Porträtmaler. Nur autodidaktisch vorgebildet, war G. zunächst in Schleswig-Holstein und Lübeck als Miniaturmaler tätig. Dann vervollkommnete er seine Fähigkeiten auf Reisen, wobei er Kontakte zu den Lehrern der Akademien in Berlin, Dresden und Kopenhagen suchte, und trat fortan überwiegend als Bildnismaler auf. Seit 1816 war er in Hbg ansässig und betrieb sein Atelier gemeinsam mit seinem Freund, dem Miniaturmaler H.J. Aldenrath. Seine vom Klassizismus geprägte Porträtauffassung, die die Dargestellten leicht idealisch verschönte, traf ganz den Geschmack seiner Auftraggeber. Im schleswig-holstein. und dän. Adel sowie im Lübecker und Hbger Bürgertum galt er als beliebtester Porträtmaler seiner Zeit. Werke von ihm finden sich in großer Zahl in den öffentlichen Sammlungen wie auch im Privatbesitz alteingesessener Familien. Nach seinen Zeichnungen, die als Grundlage der Ölbildnisse dienten, schuf G. seit 1818 in der ➢*Speckter*'schen Steindruckerei zahlr. Lithografien, mit denen er zum erfolgreichen Pionier der Porträtlithografie wurde. *GJ*

Grönlandfahrt Der Walreichtum der arktischen Gewässer war bereits seit dem Ende des 16. Jhs in Europa bekannt, was bald dazu führte, dass einige Seemächte Fangschiffe ausrüsteten. Hbg schaltete sich erst 1643 in die G. ein, nachdem der dän. König Christian IV. das Privileg erteilt hatte. Die ertragreiche Fahrt – insgesamt wurden bis 1861 etwa 6.000 Fahrten unternommen – führte 1649 zur Anlage der ersten Tranbrennerei auf dem ➢*Hamburger Berg*, der später andere folgten. Jährlich wurden – mit kriegs- und krisenbedingten Schwankungen – bis zu 83 Schiffe ausgeschickt, deren Besatzungen allein 1670–1715 ca. 10.000 Wale erlegten. Höhepunkte der G. lagen im 17. und 18. Jh. Der gewonnene Tran diente v.a. als Energiespender für Lampen; Walbarten wurden als „Fischbein" für verschiedene Zwecke verwendet. Die Hbger G. stützte sich – ebenso wie die weniger bedeutende Altonaer – überwiegend auf nautisches und Fangpersonal von den Nordfriesischen Inseln. *LS*

Groß Borstel, früher auch Kalen-Borstel genannt, ist ein Stadtteil im ehem. ➢*Kerngebiet* des Bezirks ➢*Hamburg-Nord* mit 4,5 km^2 Flä-

Die 1937/38 zu Hamburg gekommenen Stadtteile in ihrer damaligen Schreibweise auf der Karte der Gebietsveränderungen, die als Anlage zur Monatszeitschrift „Aus Hamburgs Verwaltung und Wirtschaft“ veröffentlicht wurde (gezeichnet im März 1937 im Statistischen Landesamt)

Stadt Altona

1 Altstadt
2 Ottensen
3 Bahrenfeld
4 Othmarschen
5 Oevelgönne
6 u. 6a Blankenese
7 Eidelstedt
8 Groß Flottbek
9 Klein Flottbek
10 Lurup
11 Nienstedten
12 Osdorf
13 Rissen
14 Stellingen
15 Sülldorf
16 Forst Klövensteen

Stadt Wandsbek

1 Wandsbek (Altstadt)
2 Marienthal
3 Hinschenfelde
4 Gartenstadt
5 Tonndorf
6 Jenfeld

Stadt Hamburg

1 Altstadt
2 Neustadt
3 St. Georg
4 St. Pauli
5 Eimsbüttel
6 Rotherbaum
7 Harvestehude
8 Eppendorf
9 Groß Borstel
10 Fuhlsbüttel
11 Langenhorn
12 Klein Borstel
13 Ohlsdorf
14 Alsterdorf
15 Winterhude

che und 7.821 Einw. (2009). Das holstein. Dorf, dessen Name sich vom altsächs. bûr-stal = Wohnstelle herleitet, gelangte 1325 durch Kauf an das Kloster ➢*Harvestehude*, 1530 kam es an das ➢*Kloster St. Johannis*. 1830 wurde es der Landherrenschaft (➢*Landgebiet*) der ➢*Geestlande* unterstellt, 1913 eingemeindet. Einige Katen (Borsteler Chaussee, Moorweg) sind erhalten geblieben. Das 1703 vom späteren ➢*Oberalten* E. Tieffbrunn errichtete Herrenhaus an der Frustbergstraße ist seit 1962 als Stavenhagenhaus – benannt nach dem Schriftsteller F. Stavenhagen, der in G.B. wohnte – kultureller Mittelpunkt des Stadtteils. Mit dem „Alsterkrug“ (seit 1720) und dem „Borsteler Jäger“ (1837) sowie der Rennbahn (1891) war der Ort ein beliebtes Ausflugsziel. Nördl. der Rennbahn entstand ab 1911 der ➢*Flughafen*. 1954 wurde die Luftwerft in Betrieb genommen (➢*Lufthansa Basis Hamburg*). F. ➢*Schumacher* erbaute 1927–29 an der Borsteler Chaussee das erste staatliche Altenheim in Hbg. *Ko.*

Groß Flottbek ist ein Stadtteil im ehem. ➢*Kerngebiet* des Bezirks ➢*Altona* mit 2,4 km² Fläche und 10.559 Einw. (2009).

Als „flotbek inferior et superior“ bzw. „Over und Nedder Vlotbek“ ist das Dorf erstmals in einem Kaufbrief von 1305 und zusammen mit ➢*Klein Flottbek* erwähnt, von dem es nördl. in waldreicher Umgebung lag. Das Dorf gehörte zur Vogtei Hatzburg (➢*Wedel*) in ➢*Holstein-Pinneberg* und zum Kirchspiel ➢*Nienstedten*. Im Dreißigjährigen Krieg (1618–48) hatte G.F. unter den Soldatendurchzügen und Plünderungen der Dänen (1620), der Kaiserlichen (1627) und der Schweden (1643) stark zu leiden sowie erneut im Nordischen Krieg (1700–21). Neben den sandigen Geestböden gab es Lehmgebiete, aus denen Hbger Töpfer ihre Potterde bezogen. Der Ort wuchs langsam und zählte 1789 sieben Vollbauern neben 21 Kätnern und Handwerkern. 1640 kam er nach dem Aussterben der ➢*Schauenburger* an den kgl. Anteil des Herzogtums ➢*Holstein* als Teil des Dänischen Gesamtstaates. Seit dem 17. Jh. entstanden ➢*Landhäuser*. Ab 1785 kaufte C. ➢*Voght* großflächig Land, auf dem später auch der ➢*Jenischpark* entstand.

Als das Dorf 1867 zum preuß. Kreis Schleswig-Holstein kam, zählte es noch keine 500 Einw. 1882 eröffnete die Bedarfshaltestelle Groß Flottbek-Othmarschen in der Nähe der 1897 eingerichteten ➢*S-Bahn*-Station Othmarschen. Zu dieser Zeit war der Ausbau G.F.s zu einem Hbger Villenvorort schon in vollem Gange, der Charakter eines holstein. Geestdorfs ging allmählich verloren (1912 ca. 5.000 Einw.). 1908 wurde G.F. eigene Kirchengemeinde und erhielt 1911/12 die ev.-luth. Groß Flottbeker Backsteinkirche. Die Architekten Raabe & Wöhlecke gaben ihr einen bewusst dörflichen Charakter. 1927 wurde das Dorf mit ca. 6.000 Einw. nach Altona eingemeindet und zehn Jahre später durch das ➢*Groß-Hamburg-Gesetz* nach Hbg. Infolgedessen kamen 1938 Teile Klein Flottbeks zu G.F. Am 30.11.1944 wurde G.F. von einem ➢*Luftangriff* schwer getroffen. Neben einigen Wohnanlagen an der Osdorfer Landstraße hat G.F. bis heute seinen Charakter als grüner, von Einzelhäusern geprägter Stadtteil erhalten. An das alte Dorf erinnern nur wenige Überreste in der

Groß-Flottbeker-Straße 45 und 47 sowie in der Baron-Voght-Straße 177. *To*

Groß-Hamburg-Gesetz Gesetz zur territorialen Neuordnung des hbg. Raumes durch die Nationalsozialisten vom 26.1.1937 (in Kraft getreten am 1.4.1937), durch dessen Vollzug, der bis zum 1.4.1938 erfolgte, das Gebiet der Stadt Hbg um 80 %, die Bevölkerung um 41 % anwuchs. Eingemeindet wurden die zuvor preuß. Stadtkreise ➢*Altona*, ➢*Wandsbek* und Harburg-Wilhelmsburg (➢*Harburg*, ➢*Wilhelmsburg*) sowie die Gemeinden ➢*Bergstedt*, ➢*Billstedt*, ➢*Bramfeld*, ➢*Duvenstedt*, ➢*Hummelsbüttel*, ➢*Lemsahl-Mellingstedt*, ➢*Lohbrügge*, ➢*Poppenbüttel*, ➢*Rahlstedt*, ➢*Sasel*, ➢*Steilshoop*, ➢*Wellingsbüttel* (alle zuvor Landkreis ➢*Stormarn*), ➢*Lokstedt* (Landkreis ➢*Pinneberg*), ➢*Cranz* (Landkreis ➢*Stade*), ➢*Altenwerder*, ➢*Finkenwerder*, Fischbek (➢*Neugraben-Fischbek*), ➢*Francop*, ➢*Gut Moor*, Preußisch-Kirchwerder (➢*Kirchwerder*), ➢*Langenbek*, ➢*Marmstorf*, ➢*Neuenfelde*, ➢*Neugraben*, ➢*Neuland*, ➢*Rönneburg*, ➢*Sinstorf* sowie die rechts der ➢*Elbe* gelegenen Teile der Gemeinde Over (Landkreis

16 Barmbeck
17 Uhlenhorst
18 Hohenfelde
19 Eilbeck
20 Borgfelde
21 Hamm
22 Horn
23 Billwärder Ausschlag
24 Billbrook
25 Moorfleeth-Stadt
26 Steinwärder-Waltershof
27 Kleiner Grasbrook
28 Veddel
29 Finkenwerder

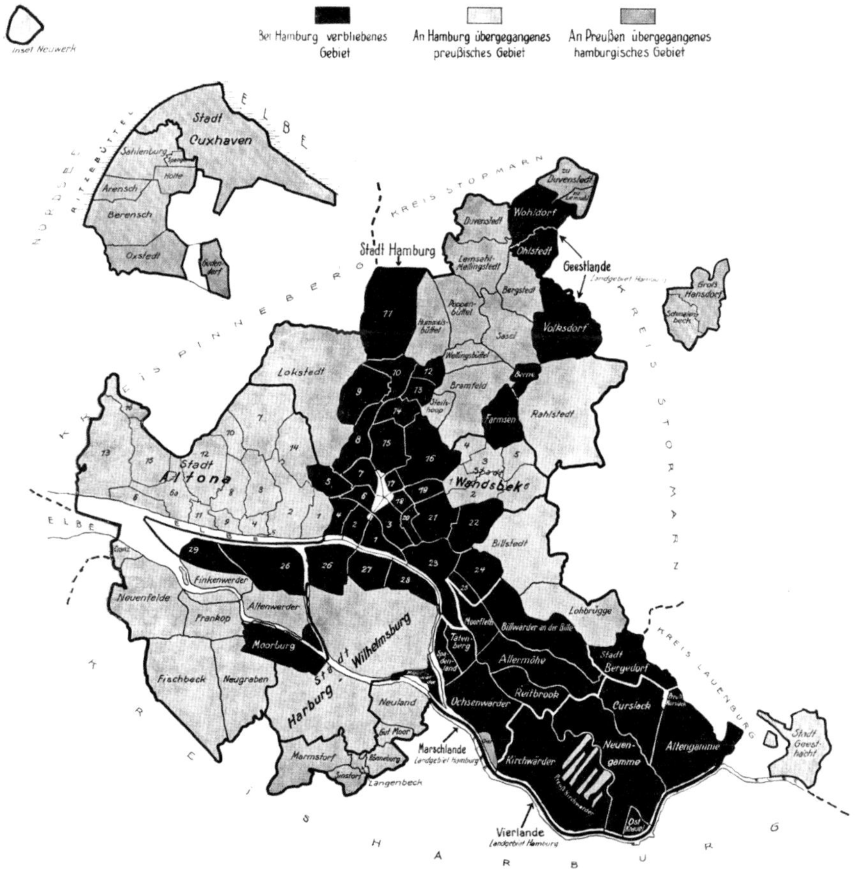

Harburg); schließlich der Wohnplatz ➢*Curslack* im Achterschlag von der Gemeinde Börnsen (Landkreis Herzogtum Lauenburg). Dafür fielen das Amt Ritzebüttel, die Stadt ➢*Cuxhaven* und die Insel ➢*Neuwerk* an die preuß. Provinz Hannover, ➢*Geesthacht*, Großhansdorf und Schmalenbeck (➢*Großhansdorf-Schmalenbeck*) an die preuß. Provinz Schleswig-Holstein. Ziel des Gesetzes war es, durch Vereinheitlichung der Verwaltungsgebiete eine Konzentration der Wirtschaftskräfte zu erreichen. So fanden sich in „Groß-Hamburg" ein Drittel der Fischindustrie, ein Viertel der ➢*Werften* und ein Fünftel der Mineralölindustrie des „Dritten Reiches". Die Eingemeindungen stießen gerade südl. der Elbe z.T. auf Widerstände, die jedoch in der ➢*NS-Zeit* ohne Aussicht auf Erfolg waren; doch auch Revisionsbegehren nach Kriegsende blieben ohne Resonanz. *MH*

Große Freiheit und die 1688 so benannte Parallelstraße Kleine Freiheit erinnern mit ihren Namen an den 1611/12 auf Anweisung des Grafen Ernst von Holstein-Schauenburg (➢*Schauenburger*) geometrisch errichteten Freibezirk in ➢*Altona*, in dem die unbedingte Gewerbe- und Religionsfreiheit galt. Die „Freiheit" bildete den Kern eines merkantilistischen Konzepts der Wirtschaftsförderung, das qualifizierte Handwerker – vorzugsweise Glaubensflüchtlinge – anziehen sollte. Erst 1636 wurde dieser Zustand rechtlich bestätigt und geografisch präzisiert. Die Freistatt war die erste ihrer Art in Nordeuropa und wurde in wirtschaftlicher, religiöser und städtebaulicher Hinsicht Vorbild späterer Städtegründungen, so z.B. für Glückstadt (1616) und Friedrichstadt (1619). Erst 1664, mit der Erhebung des mittlerweile dän. Orts zur Stadt, wurden die Privilegien auf ganz Altona ausgedehnt. Von den verschiedenen nicht-luth. Kirchen steht heute nur noch die 1718–1723/29 erbaute kath. Kirche St. Joseph. Im Zuge der Bezirksreform von 1949 wurde das schwer zerbombte Gebiet neu gegliedert und die G.F. dem Stadtteil ➢*St. Pauli* zugeschlagen; die alte Stadtgrenze entlang dem Nobistor ist nur noch stellenweise erkennbar.

Überregionale Bedeutung erreichte die G.F. zu Beginn des 20. Jhs nach der Wandlung von der Arbeiterwohnstraße zum Amüsierviertel, wie sie sich z.B. in dem 1944 von H. Käutner in Szene gesetzten Film „Große Freiheit Nr. 7" präsentierte. Der Film, in dem H. ➢*Albers* als singender Seemann mit Liedern wie „Auf der Reeperbahn nachts um halb eins" oder „La Paloma" im Hippodrom auf der G.F. brillierte, wurde erst nach der Entschärfung des Titels durch den Zusatz „Nr. 7" von den Machthabern und auch nur im von Dtld besetzten Ausland zur Aufführung freigegeben. Für neue Berühmtheit sorgte in den 1960er Jahren der ➢*Star-Club*; heute wird mit dem Straßennamen v.a. erotische Unterhaltung verbunden. *OK*

Großer Brand Vom 5. bis zum 8.5.1842 entwickelte sich aus einem ➢*Speicher*brand in der ➢*Deichstraße* 38 ein Großfeuer mit katastrophalen Folgen, dem in noch nicht einmal 80 Std. ein beträchtlicher Teil der inneren Stadt zum Opfer fiel. 1.750 Häuser und öffentliche Gebäude, darunter das zur Brandbekämpfung gesprengte Rathaus (➢*Rathäuser, Alte, 4.*) und zwei Hauptkirchen,

Ein Drittel des alten Hamburg zerstörte der Große Brand, der vom 5.5. bis zum 8.5.1842 das Gebiet von der Deichstraße bis zur heutigen Straße Brandsende in Schutt und Asche legte. Die kolorierte Lithografie von G.F. Wurzbach zeigt die brennenden Quartiere vom Wall bei der Lombardsbrücke aus.

wurden vernichtet. Außer 51 Toten und 130 Verletzten wurden 20.000 Obdachlose gezählt; das waren über 10 % der Bevölkerung. Im nordöstl. Teil der ehem. umwallten Stadt zeigt der Verlauf der Straße „Brandsende" an, wo das Feuer zum Stillstand kam. Der Wiederaufbau und die städtebauliche Neugestaltung durch die wenige Tage nach Erlöschen des Brandes einberufene „Technische Kommission" haben eine umfassende Modernisierung der Stadt eingeleitet (➢*Nachbrandarchitektur*). Zugleich wurde die Diskussion über eine Reform von ➢*Verfassung* und Verwaltung neu belebt. Literarisch behandelt wurde der Brand von E. ➢*Averdieck* („Roland und Elisabeth", 1851) und C. Reinhardt („Der fünfte Mai", 1866). *Ah.*

Großhansdorf-Schmalenbeck Die zwei Dörfer, die im 13. Jh. im Bereich des Grenzwalls gegen die Wenden von german. Kolonisten gegründet worden waren, kamen 1435 durch Kauf bzw. Verpfändung an die Stadt Hbg, zu der sie über 500 Jahre gehörten. Erst durch das ➢*Groß-Hamburg-Gesetz* von 1937/38 gelangten diese beiden ehem. ➢*Walddörfer* an Preußen. Schon 1871 waren die beiden Orte zu der Hbger Landgemeinde G.-S. (ab 1938 nur noch Großhansdorf) zusammengelegt worden. Die Entwicklung vom Bauerndorf zur Wohngemeinde setzte um die Wende zum 20. Jh. ein und wurde v.a. durch die Inbetriebnahme der ➢*Walddörferbahn* (1921) mit den Bahnhöfen Schmalenbeck, Kiekut und Großhansdorf gefördert. Zum geplanten Bahnhof Beimoor führt der Bahndamm weiter. Heute gehört Großhansdorf (9.049 Ew., 2010) nicht zuletzt aufgrund seiner verkehrstechnischen Anbindung an Hbg zu den bevorzugten Wohngemeinden im schleswig-holstein. Landkreis ➢*Stormarn. SH*

Großmarkt/Großmarkthalle Traditionelle Großmarkthandelsplätze waren in Hbg der ➢*Hopfenmarkt* und der ➢*Meßberg*. Hier erfolgte der Umschlag von aus dem Hbger Umland eintreffenden Waren für die Einzelhändler, v.a. von Gemüse für die „Grünhöker", in deren Händen ein Großteil der Versorgung der Bevölkerung lag (➢*Zippelhaus*). 1911 endete der Marktbetrieb auf diesen Plätzen zugunsten des Deichtor-

Das wellenförmige Schalendach der 1962 fertiggestellten Großmarkthallen im Stadtteil Hammerbrook zwischen Amsinckstraße und Oberhafen überdeckt eine Fläche von mehr als vier Fußballfeldern.

markts, der mit den ➢*Deichtorhallen* und der nördl. gelegenen ➢*Markthalle* an der Stelle des ehem. Berliner Bahnhofs entstanden war. 1962 wurde der G. nach ➢*Hammerbrook* an seinen heutigen Standort verlegt. In vierjähriger Bauzeit war hier mit der ca. 40.000 m^2 großen Halle der „Bauch von Hamburg" errichtet worden. Zu der Architektengemeinschaft gehörten u.a. B. ➢*Hermkes*, G. Becker (Hallenkonstruktion) sowie das Büro Schramm & Elingius (Untergeschosse). Der wellenförmige Entwurf der dreischiffigen Halle wurde durch seinen eleganten Schwung bundesweit bekannt und ein weiteres Symbol der Architektur des Wiederaufbaus. Seit 1996 steht die Halle unter ➢*Denkmalschutz*. 1982–84 wurde die Blumenmarkthalle fertiggestellt (9.400 m^2). *Ti.*

Großneumarkt Der G. liegt in der Mitte der ➢*Neustadt*. J. van ➢*Valckenburgh* erhielt vom ➢*Rat* den Auftrag, die innerhalb des neuen ➢*Befestigungsrings* entstandene neue Bau- und Wohnfläche, die ebenso groß war wie die des alten Hbg, durch Plätze und Straßen aufzuteilen; dabei sparte er vier Areale aus: ➢*Gänsemarkt*, Schaarmarkt, ➢*Zeughausmarkt* und den günstig an einer Landstraße (Alter/Neuer Steinweg) gelegenen „Großen Neumarkt", so genannt zur Unterscheidung vom kleineren, früher „Neumarkt" genannten ➢*Hopfenmarkt* vor ➢*St. Nikolai.*

Genutzt wurde der G. hauptsächlich als täglicher Sammelplatz der ➢*Bürgerwache*. Hier lag die Hauptwache, die bis 1859 erst Lokal der ➢*Nachtwache* und später der ➢*Polizei* war. Zugleich war der G. Alarm- und Aufmarschplatz der Garnison (➢*Militär/Garnison*), bis später – nach dem Abriss des ➢*Doms* – der Domplatz dazu diente. Der G., der 1704 einen 18 m tiefen Brunnen mit tempelartigem, bildhauerisch verziertem Oberbau erhielt, wurde später auch zum Mittelpunkt des ➢*Gängeviertels*, dessen Reste erst um 1930 abgerissen bzw. saniert wurden. Die Umgestaltungsmaßnahmen des 19. Jhs und die Zerstörungen des Zweiten Weltkriegs haben den Platz gänzlich verändert. 1913 bezog die auf das Jahr 1696 zurückgehende Pelikan-Apotheke einen Neubau im Fassadenstil eines ➢*Althamburgischen Bürgerhauses* mit aufwendiger Jugendstileinrichtung. *luz*

Gründgens, Gustaf (geb. 22.12.1899 Düsseldorf, gest. 7.10.1963 Manila), Schauspieler, Regisseur. Ein Grundstein G.' schauspielerischer Karriere waren die Jahre in E. Ziegels Kleinen Kammerspielen hinter dem ➢*Gewerkschaftshaus* (➢*Hamburger Kammerspiele*). Besonders bei der Verkörperung klassischer Rollen wie des Mephisto in Goethes „Faust" oder der Titelfigur in Shakespeares „Hamlet" wurden seine Eleganz, sein sprühender Charme und seine souveräne Intellektualität gelobt. 1934 übernahm er als Intendant das Staatliche Schauspiel in Berlin, 1937 wurde er zum Generalintendanten und Staatsschauspieler ernannt. Nach dem Zweiten Weltkrieg ging G. als künstlerischer Leiter der Städtischen Bühnen nach Düsseldorf, 1955 kehrte er als Generalintendant des ➢*Deutschen Schauspielhauses* nach Hbg zurück. Während seiner Tätigkeit in der Hansestadt (bis 1962 als Intendant, dann als Regisseur) entstanden viel gerühmte Inszenierungen, darunter auch die des „Faust I" mit W. Quadflieg und E. Flickenschildt. Auch in Filmen wie „Tanz auf dem Vulkan" (1938), „Friedemann Bach" (1941) und „Das Glas Wasser" (1961) war G. zu sehen. Umstritten ist seine Rolle in der ➢*NS-Zeit*: So half er zwar verfolgten Künstlern, war jedoch nach dem Kriege dem Vorwurf ausgesetzt, sich um der Karriere willen dem NS-Regime gegenüber opportunistisch verhalten zu haben. Diese Auffassung vertrat schon K. Mann in seinem 1936 verfassten Schlüsselroman „Mephisto", der wegen der Verletzung des allgemeinen Persönlichkeitsrechts von G. 1968–81 in der Bundesrepublik nicht erscheinen durfte. *VR*

Goldene Theaterzeiten in der Erinnerung vieler Hamburger waren die Jahre zwischen 1955 und 1962, als Gustaf Gründgens Intendant am Deutschen Schauspielhaus war. Gründgens als Mephisto und Will Quadflieg als Faust in der Szene „Wald und Höhle" der Faust-Inszenierung im Deutschen Schauspielhaus am 20.4.1957

Grundeigentümer Die G. haben bis ins 19. Jh. hinein als Bürger „erster Klasse" die Politik Hbgs entscheidend bestimmt. Bis ins 15. Jh. war jeder Bürger (im Gegensatz zum Einw.) Inhaber eines „Erbes", d.h. eines Grundstücks. Mit zunehmender Bodenknappheit erwarben schließlich auch Männer ohne Erbe das ➢*Bürgerrecht*, während allein die ➢*Erbgesessene Bürgerschaft* dem ➢*Rat* als Vertretung sämtlicher Bürger und als Mit-Obrigkeit an die Seite trat. Als 1860 die erste moderne ➢*Verfassung* die ➢*Bürgerschaft* auch offiziell zum Repräsentations-

Einen markanten Akzent am Hafenrand setzte das Verlagshaus Gruner + Jahr mit einem Neubau, den die Münchner Architekten Otto Steidle und Uwe Kiessler mit ihren Partnern 1987–90 gestalteten.

organ machte, wurden getrennte Wahlen für G., ➢*Notabeln* und „normale" (Einkommensteuer zahlende) Männer eingeführt; die G. durften aus ihrer Mitte noch 48 der 192 Abgeordneten wählen. 1918 wurde die Wahl allgemein und gleich, die G. verloren ihre politischen Privilegien. Solche G., die zugleich Vermieter waren, hatten im Jahr 1832 den Grundeigentümer-Verein in Hamburg gegründet, um gemeinsam dem „Leichtsinn oder bösen Willen der Miether" entgegenzutreten. 2009 vertrat der Grundeigentümerverband Hamburg von 1832 e.V. (untergliedert in Vereine in vielen Stadtteilen) die Interessen von 31.000 (keineswegs nur vermietenden) Mitgliedern, als „Pressure group" der privaten Haus-, Wohnungs- und Grundeigentümer in Hamburg. *luz*

Gruner + Jahr heißt das 1965 von den Zeitschriftenverlegern J. Jahr („Brigitte", „Capital") und G. ➢*Bucerius* (➢*DIE ZEIT*, „stern") sowie dem Drucker R. Gruner gegründete Druck- und Verlagshaus. Seit 1976 hält die Bertelsmann AG insgesamt 74,9 % der Anteile. Zunächst erwarb G+J Beteiligungen an dt. Verlagshäusern, u.a. am Hbger Spiegel-Verlag (➢*DER SPIEGEL*, 24,9 %), und gründete ab 1978 auch europäische und US-amerikanische Zeitschriftenverlage bzw. kaufte sich dort ein. Mit der ➢*Hamburger Morgenpost* stieg der Verlag 1986 bis 1999 in den Zeitungsmarkt ein. G+J erzielte 2007 weltweit einen Umsatz von 4,83 Mrd. € und beschäftigte mehr als 14.000 Mitarbeiter. Davon sind rund 2.400 in Hbg tätig. Hier betreibt G+J mit der Henri-Nannen-Schule seit 1978 eine verlagseigene Journalistenschule, die nach dem Gründer, langjährigen Chefredakteur und Herausgeber des „stern" benannt wurde. *AB*

Johann Joachim Faber porträtierte den Erneuerer des Johanneums, Rektor Johannes Gurlitt, auf diesem Kunstschabblatt.

Gurlitt, Johannes (geb. 13.3.1754 Halle/Saale, gest. 14.6.1827 ebd.), Aufklärer, Pädagoge. Der Sohn eines Schneiders wuchs in Leipzig auf, besuchte die dortige Thomasschule und die Universität. Als Lehrer am Gymnasium in Kloster Berge bei Magdeburg erwarb sich G. den Ruf eines ausgezeichneten Pädagogen, 1797 wurde er alleiniger Direktor dieser angesehenen Schule. Wissenschaftliche Arbeiten galten der Theologie, Philologie, Philosophie und Archäologie. 1802 wurde er als

Rektor an das ➢*Johanneum* nach Hbg berufen und führte die Schule, die sich in einer tiefen Krise befand, zu neuer Blüte. G. verband Gelehrten- und Bürgerschule, verknüpfte Sprach- und Sachunterricht und ersetzte das starre Jahrgangsklassenprinzip durch Fach- und Leistungsklassen. G. öffnete das Johanneum auch jüd. Schülern. Die Abschiedsrede des Primaners D. Mendel über die Gleichberechtigung von Christen und Juden ließ G. 1805 mit einem Nachwort, in dem er sich für dieses Ziel einsetzte, drucken. Mendel trat 1806 zum Christentum über und wurde als A. Neander ein bekannter Theologe und Kirchenhistoriker. G. unterrichtete als Professor der orientalischen Sprachen auch am ➢*Akademischen Gymnasium.* Der Aufklärer G. gilt als „Restitutor Johannei", als Erneuerer des Johanneums, wie ihn das Grabkreuz nennt, das sich im Innenhof des Johanneums befindet. Ein Geschenk G.s an die Schule ist die Glocke, die von den Abiturienten nach bestandener Prüfung geläutet wird. *Ko.*

Gurlitt, Louis (geb. 8.3.1812 Altona, gest. 19.9.1897 Naundorf/Erzgebirge), Maler. Nach erstem Unterricht bei J.G. ➢*Gensler* besuchte G. seit 1828 die Hbger Malschule von S. Bendixen. Anschließend setzte der nun 20-Jährige an der Kopenhagener Akademie seine Ausbildung fort, bevor er nach Aufenthalten in Norwegen und Schweden ganz Europa bereiste. Auf seinen Reisen fertigte er zahlr. Skizzen an, die ihm für seine später im Atelier geschaffenen Ölgemälde als Vorlagen dienten. G. strebte in besonderer Weise danach, den Geist der Natur zu erfassen. Um sich einzustimmen und dem Wesen einer Landschaft nachzuspüren, begab er sich mitunter tagelang auf Wanderung. In Rom wurde der Dichter F. Hebbel ein enger Freund. G. hinterließ einen weit mehr als tausend Schreiben umfassenden Briefwechsel mit Freunden, Förderern und seiner Familie. Das ➢*Altonaer Museum* besitzt eine große Anzahl seiner Werke. *Ti.*

Gut Moor heißt ein Stadtteil im ehem. ➢*Kerngebiet* des Bezirks ➢*Harburg* mit 2,0 km² Fläche und 124 Einw. (2009), hervorgegangen aus dem 1630 von Herzog Wilhelm August seinem Kanzler J. von Drebber geschenkten freien Gut im Moor (Kanzlershof). Im 19. Jh. entstanden dort einige Anbauerstellen, mit der Industrialisierung zogen Arbeiter und Handwerker zu. Das alte Herrenhaus von 1713 fiel um 1910 der Erweiterung des Harburger Rangierbahnhofs zum Opfer. 1937 kam G.M. vom Landkreis Harburg zu Hbg. *Ri.*

Gutschow, Konstanty (geb. 10.12.1902 Hbg, gest. 8.6.1978 ebd.), Architekt, Städteplaner. Nach dem Besuch des ➢*Johanneums* studierte G. in Danzig und Stuttgart (1921–26). Schon als Student gewann er Wettbewerbe und erhielt Bauaufträge. 1926 kehrte er für Anstellungen in der Hbger Baubehörde und bei F. ➢*Höger* nach Hbg zurück. In „ausgreifenden Architekturphantasien" entwarf er nebenher ein modernes Hbg („Turmhaus an der Binnenalster", 22 Geschosse). Nach Tätigkeit im Stadtplanungsamt ➢*Wandsbek* wurde er 1930 freier Architekt und als solcher 1939 Leiter der „Durchführungsstelle für die Elbufergestaltung", 1941 „Architekt für die Neugestaltung der Hansestadt Hamburg" und 1943 Leiter der Hbger Baubehörde; 1940/41 und 1944 entwarf er zwei Generalbebauungsplä-

Die alte Hansestadt sollte als „Neues Hamburg“ zu einer „Führerstadt“ ausgebaut werden. Links die Hochbrücke über die Elbe mit 180 Meter hohen Pylonen und einer Spannweite von 750 Metern. Foto eines in der Baubehörde entstandenen Modells, das jedoch nicht zur Grundlage der weiteren Planungen wurde, von 1938

ne. Über Hitlers persönliche Vorstellungen zur Elbufergestaltung bei ➢*Altona* hinausgehend, entstanden in G.s zeitweise 250 Mitarbeiter umfassendem Büro an der ➢*Palmaille* weitreichende Pläne für das zur „Führerstadt“ ausgerufene „Neue Hamburg“ (Hochbrücke über die ➢*Elbe*, ca. 30.000 Ersatzwohnungen für die Neuplanung mit 250 m hohem Gauhochhaus und „Volkshalle“ für 50.000 Besucher).

Nach den Zerstörungen durch die ➢*Luftangriffe* wurde G. Mitglied im „Arbeitskreis für den Wiederaufbau“ (Leiter A. Speer). Als Planer des Wiederaufbaus in Hbg, Wilhelmshaven und Kassel verfolgte er das Konzept des ihm nahestehenden F. ➢*Schumacher* und entwarf locker gegliederte „Stadtlandschaften“. Ende 1945 verließ er Hbg und wurde Berater der Aufbaugemeinschaften in Hannover, wo er 1957 den Fritz-Schumacher-Preis der Stiftung F.V.S. (➢*Alfred Toepfer Stiftung F.V.S.*) erhielt, zahlr. Bauten und städtebauliche Planungen durchführte und Erste Preise gewann. *Ti.*

Haake und Emme heißt ein Wald- und Landschaftsschutzgebiet im Stadtteil ➢*Heimfeld*. Obwohl H. und E. früher zwei voneinander abgegrenzte Waldgebiete waren, wird die Emme heute häufig als Teil der Haake angesehen. Die H. diente im 16. und 17. Jh. den Herzögen von ➢*Harburg* als Holzreservoir und Jagdgebiet, während die westl. von ihr gelegene E. zum Erzstift Bremen gehörte. Im 19. Jh. bildeten H. u. E. einen Hauptteil des zur Oberförsterei Harburg gehörenden Forstreviers Vahrendorf. 1937/38 kamen H. u. E. an Groß-Hbg. Der nördl. Teil gehört heute zur Revierförsterei ➢*Hausbruch*, der südl. zu der von ➢*Eißendorf*. Schon um die Jahrhundertwende waren H. u. E. als Teil der „Harburger Schweiz" an Sonn- und Feiertagen viel besuchte Ausflugsziele. Dank der Höhenunterschiede – die höchste Erhebung ist der Reiherberg (79 m) – bietet das Gebiet im Winter Möglichkeiten zum Rodeln und Skifahren. Im Süden schließen sich an H. u. E. mit Eißendorfer Sunder und Stuck weitere zu Hbg gehörige Forstgebiete an (➢*Forstwesen*). *Wa.*

HADAG Die von Hbger Kaufleuten 1888 gegründete Hafen-Dampfschiffahrts-Aktien-Gesellschaft diente v.a. der Personenbeförderung innerhalb des Hbger ➢*Hafens*. Bis zu Beginn des 20. Jhs fuhren die Hafenarbeiter mit Ruderbooten, offenen Jollen und Dampffähren zu ihren auf den ➢*Elbinseln* gelegenen Arbeitsstätten. Um 1900 übernahm die HADAG die Finkenwerder-Linie. Doch nach Eröffnung des ➢*Elbtunnels* 1911 zogen viele Hafenarbeiter diese finanziell weniger belastende Elbunterquerung vor, anstatt sich per Schiff nach ➢*Steinwerder* übersetzen zu lassen. 1921 begründete die HADAG die sich schnell großer Beliebtheit erfreuenden Hafenrundfahrten. Ende der 1920er Jahre übernahm die Gesellschaft auch die Stade-Altenländer-Linie, und noch bis in die Nachkriegszeit verkehrten zwischen Hbg und ➢*Harburg* die vor der Jahrhundertwende gebauten, beliebten Raddampfer. Ein zunächst von der ➢*HAPAG* betriebener ➢*Seebäderdienst* nach Helgoland sowie den Nordseebädern wurde von der HADAG übernommen und weiter ausgebaut. Daneben waren auch zahlr. private ➢*Barkassen*betreiber an der Personenbeförderung innerhalb des Hafens beteiligt. Doch ist die einstige Bedeutung dieses Zweigs der Hafenschifffahrt infolge von Strukturveränderungen im Hafen sowie in der Schifffahrt allgemein nicht mehr gegeben. Bei der HADAG-Seetouristik und Fährdienst AG wurden insbesondere mit der Errichtung der ➢*Köhlbrandbrücke* 1974 und dem verstärkten Aufkommen des ➢*Containerverkehrs* viele Hafen- bzw. Zuliefererdienste entbehrlich. *Pr.*

Zu den großen touristischen Attraktionen der Stadt gehören seit 1921 die Hafenrundfahrten der HADAG. Die mitunter blumigen Erläuterungen der Schiffsführer für die Landratten pflegten die Hafenarbeiter mit dem lauten Zuruf „He lücht!" (hochdt.: Er lügt!) zu kommentieren.

Händel, Georg Friedrich (geb. 23.2. 1685 Halle/Saale, gest. 14.4.1759 London), Komponist. Der neben J.S.

Bach berühmteste dt. Komponist des Barocks war mit Hbg nur wenige Jahre verbunden. 1703 verließ H. seine Vaterstadt und ging – vermutl., um sich musikalisch weiter fortzubilden – nach Hbg, wo er bald als Geiger im Orchester der Gänsemarkt-Oper mitwirkte (➢*Stadttheater*). Im Januar 1705 wurde hier seine erste Oper, „Almira“, uraufgeführt, der sich bereits im Februar die zweite, „Nero“, anschloss. 1706 verließ H. Hbg und folgte einer Einladung an den Hof der Medici in Florenz. 1710 kehrte er als überall gefeierter Komponist nach Dtld zurück und wurde zum Hofkapellmeister des Kurfürsten von Hannover ernannt, verlegte aber noch im selben Jahr seine Hauptaktivität nach London, das 1712 auch sein Wohnsitz wurde. Er machte durch sein Schaffen die Opera seria in London heimisch und begründete die engl. Oratorientradition. H.s Werke fanden dank seiner Freundschaft mit G.Ph. ➢*Telemann* sehr früh ihren Weg auf die Hbger Opernbühne, während die späteren Oratorien erst nach seinem Tod durch engl. Einfluss in Hbg bekannt wurden. Der Musikwissenschaftler F. Chrysander, der seit 1866 in ➢*Bergedorf* lebte, besorgte die kritische Gesamtausgabe der Werke H.s. *GJ*

Hafen Eine erste Schiffsanlegestelle befand sich seit dem 9. Jh. südl. des ➢*Doms* im Reichenstraßenfleet. Das in unmittelbarer Nähe befindliche Nikolaifleet bildete im Mittelalter das H.zentrum Hbgs. Mit den größer werdenden Schiffen verlagerte sich der „Alsterhafen“ Richtung ➢*Binnenhafen* ins „Alstertief“, wo die ➢*Alster* in die ➢*Elbe* mündet. Zusammen mit dem als Erweiterungsgebiet entstandenen Niederhafen in der Elbe dienten diese Bereiche bis zur Mitte des 19. Jhs als Umschlagplatz der vor Reede an den ➢*Duckdalben* ankernden Seeschiffe. ➢*Schuten* und Prahme (➢*Ewer*) übernahmen den Warentransport zu den an den ➢*Fleeten* liegenden ➢*Speichern*. Mit dem verstärkten Aufkommen der Dampfschifffahrt um die Mitte des 19. Jhs und dem allmählichen Anwachsen des Schiffsverkehrs wurde ein erstes H.becken, der ➢*Sandtorhafen*, errichtet. Mit

Die „Monte Rosa“, Passagierdampfer der Hamburg Süd. Im Hintergrund der „Kaiserquai-Speicher“ auf dem Kaiserhöft zwischen Grasbrook- und Sandtorhafen, links eine Barkasse. Foto aus den 1930er Jahren von Gustav Werbeck

diesem offenen Tidehafen begann der eigtl. Ausbau zum modernen H. (➢*Strom- und Hafenbau*) Mit der Schaffung weiterer Becken in der Folgezeit der zwischen Hbg und Preußen geschlossenen ➢*Köhlbrandverträge* (1868, 1896, 1908) und der zur gemeinsamen Verwaltung neu zu erschließender H.gebiete gebildeten Hamburgisch-Preußischen Hafengemeinschaft von 1928/29 entwickelte sich dieser allmählich zum Welthafen.

Der Hbger H. wurde durch seine Neustrukturierung im Zusammenhang mit dem ➢*Groß-Hamburg-Gesetz* 1937 den Erfordernissen nach dem Zweiten Weltkrieg gerecht. Mit dem Bau erster ➢*Containerverkehrs*anlagen Mitte der 1960er Jahre sowie dem Verschwinden kleinerer Schiffswerften und dem allmählichen Zuschütten bisheriger H.becken wurden neue Flächen für Warenlagerung und Umschlag geschaffen. Diese Entwicklung der Errichtung weiterer Warenverteilungszentren wird sich fortsetzen und damit das bisherige Aussehen des H.s grundlegend verändern. *Pr.*

Hafenarbeiterstreik 1896/97 Für bessere Lohn- und Arbeitsbedingungen traten die ➢*Schauerleute* im November 1896 in den Streik. Ausgelöst wurde er von unorganisierten Arbeitern, deren Anteil im ➢*Hafen* besonders groß war. Auch andere Hafenarbeiter, ➢*Ewerführer* und Seeleute schlossen sich an. Das Kartell der Hbger Gewerkschaften erkannte den Streik nach einer Woche an, beschloss die aktive Unterstützung und rief am 5.12. zum Generalstreik auf. Auch aus dem Kleinbürgertum erhielten die Hafenarbeiter Unterstützung. Ein Schiedsgericht wurde von den Arbeitgebern abgelehnt, die Streikbrecher auch aus dem Ausland anwarben. Vermittlungsversuche des ➢*Senats* scheiterten. Am 14.12. verbot er Haussammlungen für die Streikenden und forderte diese vier Tage später auf, die Arbeit wieder aufzunehmen und mit den Arbeitgebern in Verhandlungen einzutreten. Zwar beschlossen die Streikkommissionen, dem stattzugeben, doch die Streikenden lehnten ein Ende des Streiks ab. Am 12.1.1897 wurde über das Hafengebiet der kleine Belagerungszustand verhängt; die Streikenden blieben ausgesperrt. Vier Tage darauf traf sich eine Delegation der Streikenden mit Arbeitgebern in der ➢*Handelskammer*, eine Lösung schien sich abzuzeichnen. Ein Aufruf liberaler Wissenschaftler und Politiker an die dt. Bevölkerung, die Hafenarbeiter materiell und ideell zu unterstützen, trug dazu bei, dass im Arbeitgeberlager eine Verhärtung eintrat. Der harte Winter und die zunehmende Zahl der Streikbrecher führten zum Ende des Streiks, an dem schließlich über 16.000 Arbeiter beteiligt waren. Am 30.1. lehnten die Streikenden einen Abbruch des Streiks noch mit 72 % ab, eine Woche später votierten

Der Film „Brüder“ des Hamburger Regisseurs Werner Hochbaum (1929) schildert den Konflikt zweier verfeindeter Brüder, die den Hafenarbeiterstreik als streikender Arbeiter und als Polizist erleben. Auf dem Szenenfoto sitzen sie einander am Tisch gegenüber. Zwischen ihnen die Uniformmütze, die der Arbeiter gleich auf den Boden legen wird.

Traditionsschiffe und moderne Neubauten prägen heute das Bild des Sandtorhafens in der HafenCity.

66 % dafür. Nach elf Wochen, am 6.2.1897, war die Niederlage vollkommen.

Mittelbar führte der Arbeitskampf jedoch zu Erfolgen. Die Gewerkschaften gewannen zahlr. Mitglieder, der Senat setzte eine Kommission zur Prüfung der Lohn- und Arbeitsbedingungen ein, die Arbeitgeber waren zu Verbesserungen bereit. Die Verbände der Reeder, Schiffsmakler und ➢*Stauer* schlossen sich 1906 zum Hafenbetriebsverein zusammen und richteten einen Arbeitsnachweis ein; vor dem Streik erfolgten Arbeitsvermittlung und Lohnauszahlung meist in den Hafenkneipen. Bis 1913 kamen in allen Hafenbereichen Tarifverträge zustande. *Ko.*

HafenCity Zwischen ➢*Speicherstadt* und ➢*Elbe* entsteht ein neuer Stadtteil mit Wohnungen, Büros, Kultur- und Freizeiteinrichtungen. 2008 wurde die H. auch offiziell Stadtteil im Bezirk ➢*Hamburg-Mitte* mit 930 Einw. (2009) auf 2,4 km². Das Plangebiet umfasst 155 ha, 100 davon sind Landflächen. Der von H. Vo-

Der aktuelle Masterplan für die HafenCity zeigt in dieser Simulation die geplante Vielfalt und Kleinteiligkeit der Baustruktur.

scherau geleitete Senat schuf die Grundlagen, 1997 beschloss die ➢*Bürgerschaft* die Realisierung, 2000 legte der nun von O. Runde geführte Senat den Masterplan vor, 2001 begannen die Bauarbeiten. Die H. wird in Teilabschnitten verwirklicht, mit der Fertigstellung wird in den Jahren 2020–25 gerechnet. Geplant sind u.a. Liegeplätze für Kreuzfahrtschiffe, eine Sportboot-Marina und eine Konzerthalle auf dem Kaispeicher A (➢*Elbphilharmonie*). Im Kaispeicher B wurde 2008 das ➢*Internationale Maritime Museum* Hamburg, das die Sammlung von P. Tamm präsentiert, eröffnet. Im Kesselhaus der Speicherstadt ist ein InfoCenter zur H. eingerichtet worden (Am Sandtorkai 30). Für den Bau der H. wurden die Grenzen des ➢*Freihafens* verändert. Die Speicherstadt gehört seit 2003 nicht mehr zum Freihafengebiet. *Ko.*

Die Magellan-Terrassen am Kopf des Sandtorhafens sollen zu einem zentralen Platz in der HafenCity werden.

HafenCity Universität Hamburg Die Universität für Baukunst und Raumentwicklung, die einmal 1.500 Studentinnen und Studenten auf-

Modell der neuen HafenCity Universität. Noch ist die Realisierung nicht gesichert.

Hafenarbeit und Hafenumschlag, Schifffahrt und Hafentaucherei werden im Hafenmuseum Hamburg anschaulich vermittelt.

nehmen soll, wurde 2006 gegründet. Ihre Schwerpunkte liegen in der Architektur, im Bauingenieurwesen, in der Geomatik und in der Stadtplanung. Die neue Hochschule, die derzeit noch auf verschiedene Standorte verteilt ist, sollte 2012 einen Neubau am Magdeburger Hafen in der ➢*HafenCity* beziehen. Wegen der gegenüber der ursprünglichen Planung mehr als verdoppelten Kosten ist mit dem Bau noch nicht begonnen worden. *Ko.*

Hafengeburtstag ➢*Barbarossa-Privileg/Hafengeburtstag*

Hafenkapitän heißt der Leiter des Oberhafenamts, einer Behörde der Stadt Hbg, der die Hafenämter Ost, Süd und West unterstellt sind. Dem H. obliegt die nautische Beaufsichtigung des ➢*Hafens* in Bezug auf Sicherheit, Leichtigkeit und Umweltverträglichkeit des Schiffsverkehrs. Weiterhin untersteht ihm die Nautische Zentrale, die mithilfe von Radar-Landstationen den ein- und auslaufenden Schiffsverkehr überwacht und leitet. Der H. und die ihm unterstellten Ämter haben für die Einhaltung aller einschlägigen Gesetze, Verordnungen und Vorschriften Sorge zu tragen. *KKW*

Hafenmuseum Hamburg Im und um den Schuppen 50 A zeigt das H.H. an der Australiastraße auf dem ➢*Kleinen Grasbrook* traditionelle Formen der Hafenarbeit und des Hafenumschlags, es informiert auch über Schiffbau, Hafentaucherei und Revierschifffahrt. Der Stückgutfrachter „Bleichen" von 1958, Portalkräne, ein Arbeitszug der Hafenbahn, der Schutendampfsauger „Sauger IV" von 1909, der Schwimm-Dampfkran „Saatsee" von 1917, der 65 Jahre lang auf dem Nord-Ostsee-Kanal im Einsatz war, und die Hbger Kastenschute H 11347 von 1913 können besichtigt werden. Im H.H. kooperieren das ➢*Museum der Arbeit* und die Stiftung Hamburg Maritim. *Ko.*

Hafenstraße ist als Begriff für ein Dutzend heruntergekommener Mietshäuser an der St. Pauli-Hafenstraße und der Bernhard-Nocht-Straße entstanden, die zwischen 1981 (damals noch der stadteigenen Wohnungsgesellschaft ➢*SAGA* gehörend) und 1995 weithin bekannt wurden. Von Angehörigen der Protestszene partiell besetzt, teils renoviert, teils festungsartig verstärkt, durch spektakuläre Bemalung zur Touristenattraktion geworden, bildeten sie jahrelang einen nahezu rechtsfreien Raum, worin Mietzahlungsverweigerung, Energiediebstahl und Gewaltakte ungeahndet blieben. Zahlr. vor Gericht erwirkte Räumungsbefehle blieben unvollstreckt. Demonstrationen für den Hungerstreik von gefangenen Mitgliedern der RAF (1985) einerseits, unverhältnismäßige Aktionen der Polizei andererseits führten zur Eskalation, bis zu zeitweise „bürgerkriegsähnlichen" Zuständen. Mit immer neuen Rechtskonstruktionen versuchte der ➢*Senat*, sich mit den im Kern nur rund 120 Bewohnerinnen und Bewohnern zu einigen. Bürgermeister K. von Dohnanyi trat 1988 wegen eines Konflikts in seiner Partei, der ➢*SPD*, über die H. zurück. 1995 wurden die Häuser zu einem „politischen Preis" an eine Genossenschaft „Alternativen am Elbufer" verkauft. Nicht nur die „Neue Zürcher Zeitung" sprach von einer „Kapitulation des Rechtsstaats". Anderen gilt die H. als ein Symbol für Defizite in der Wohnungspolitik einerseits, für den Wunsch junger Leute nach selbstbestimmtem Wohnen andererseits. Diese Kreise begrüßten den Verkauf als Beitrag zur friedlichen Konfliktlösung. *luz*

Die besetzten Häuser an der St. Pauli-Hafenstraße sorgten länger als ein Jahrzehnt für Schlagzeilen und politische Grundsatzdebatten. Aufnahme vom Oktober 1990

Hagedorn, Friedrich von (geb. 23.4. 1708 Hbg, gest. 28.10.1754 Hbg), Dichter. H., Sohn eines dän. Diplomaten, verlor schon 1722 seinen Vater. Trotz dürftiger Vermögensverhältnisse ermöglichte ihm die Mutter, Anna Maria von H., den Besuch des ➢*Akademischen Gymnasiums*, wo ihn insbesondere M. ➢*Richey* beeinflusste. 1726 beteiligte sich H. an der Zeitschrift ➢*Der Patriot*. Das Jurastudium in Jena musste er 1727 schuldenhalber abbrechen. Als Privatsekretär eines dän. Gesandten ging er nach London. Die engl. Literatur und Philosophie beeindruckten ihn tief.

1731 kehrte H. nach Hbg zurück, war als Hofmeister (Privatlehrer) tätig und wurde 1733 Sekretär des English Court (➢*Merchants Adventurers*). Das Amt ließ ihm ausreichend Zeit für seine literarischen und geselligen Neigungen. Mit seinen Gedichten und Fabeln, Epi-

Ein Dichter der Aufklärung, Freundschaft und Geselligkeit: Friedrich von Hagedorn. Zeichnung von Balthasar Denner aus dem Jahr 1744

Carl Hagenbeck jun., größter Tierhändler der Welt und Begründer des seinerzeit revolutionären Tierparks in Stellingen. Foto um 1905

grammen und Liedern trug H. entscheidend zur Erneuerung der dt. Dichtung in sprachlicher wie inhaltlicher Hinsicht bei. Seine Werke waren frei von jedem Schwulst, leicht und anmutig, geprägt von den Gedanken der ➢*Aufklärung*, der Welt und ihren Freuden zugewandt. H. und sein Freundeskreis wurden zu einem neuen Mittelpunkt der Hbger Aufklärer. Enge Verbindungen bestanden zu den Hbger Zeitungen und Zeitschriften, u.a. zum ➢*Hamburgischen Correspondenten*. Ein beliebter Treffpunkt des Zirkels waren die ➢*Kaffeehäuser*. Bekannt geblieben ist H.s Gedicht „Die Alster" („Befördrer vieler Lustbarkeiten,/Du angenehmer Alsterfluß ...!"), ein Lob des Flusses und seiner Landschaft, der Geselligkeit und Freundschaft aus Anlass einer Bootspartie. Auch ➢*Harvestehude*, schon damals ein beliebtes Ausflugsziel, hat H. in einem Gedicht gerühmt. G.E. ➢*Lessing* interessierte sich in seiner Hbger Zeit sehr für H. und seinen Kreis. H.s jüngerer Bruder Christian Ludwig (geb. 14.2.1712 Hbg, gest. 24.1.1780 Dresden) war ein bekannter Kunstwissenschaftler und Kunstsammler. *Ko.*

Das Elefantentor ist das markante Erkennungszeichen von Hagenbecks Tierpark.

Hagenbecks Tierpark 1848 begann der Fischhändler C. Hagenbeck sen. mit der Zurschaustellung von Seehunden auf dem Spielbudenplatz in ➢*St. Pauli*. Regelmäßige Vorführungen von exotischen Tieren auf dem ➢*Hamburger Dom* folgten. 1866 übernahm C. Hagenbeck jun. den von seinem Vater begründeten Tierhandel. Mit professionellen Tierfängern begann er, afrikan. Tiere zu importieren und an Zoologische Gärten und Zirkusse zu verkaufen. Dies Geschäft weitete sich rasch aus. Am Neuen Pferdemarkt richtete er 1874 „Carl Hagenbecks Thierpark" ein. Seit 1875 veranstaltete er – auch in anderen Städten Europas – erfolgreich die ersten „Völkerschauen" (bis 1931).

1887 eröffnete C. Hagenbeck seinen eigenen Zirkus, der in den folgenden Jahren in der ganzen Welt gastierte und u.a. durch die „zahme Dressur" der Tiere bekannt wurde. 1902 wurde ein 27 ha großes Gelände in ➢*Stellingen* erworben und zu einem mit künstlichen Felsen be-

1907 war der Umzug von Carl Hagenbecks Tierpark vom bisherigen Gelände zwischen dem Neuen Pferdemarkt und der Ludwigstraße nach Stellingen abgeschlossen. Plakat zur Neueröffnung

stückten Landschaftsgarten ausgebaut, in dem die Tiere unter möglichst naturgetreuen Bedingungen leben sollten (Eröffnung am 7.5. 1907). 1920–24 war der Tierpark wegen der Wirtschaftskrisen geschlossen. Die Wiederaufnahme des Tierfangs und der weltweiten Zirkusvorstellungen sowie ein weiterer Ausbau des Tierparks erfolgten in den 1920er und 1930er Jahren. Beim ➢*Luftangriff* am 25.6.1943 wurde die Anlage fast vollständig zerstört. Der provisorischen Instandsetzung 1945 folgte die Wiederaufnahme des Tierfangs 1949. Seit den 1950er Jahren wurde der bis heute privat betriebene Tierpark stetig ausgebaut und verzeichnete Aufzuchterfolge mit Panzernashörnern und Orang-Utans. 1997 wurde H.T. unter ➢*Denkmalschutz* gestellt. *Pe.*

Haller, Martin Emil Ferdinand (geb. 1.12.1835 Hbg, gest. 25.10.1925 ebd.), Architekt. Schon als Schüler des ➢*Johanneums* beteiligte sich H. 1854 mit beachtlichem Erfolg am Wettbewerb um die Gestaltung des Hbger ➢*Rathauses*. In Potsdam, Berlin (bei F.A. Stüler), Frankreich und England absolvierte der Sohn des Hbger Bürgermeisters Ferdinand H. die handwerkliche und akademische Ausbildung. In Paris entdeckte er seine Vorliebe für die ital. Hochrenaissance und lernte, ihre repräsentative Kraft einzusetzen. Seit 1861 in Hbg selbstständig, zählte H. bald zu den führenden Architekten seiner Heimatstadt, in deren ➢*Bürgerschaft* er sich 14 Jahre engagierte.

Von H.s insgesamt 562 Bauvorhaben ist das bedeutendste der Rathausneubau (1886–97); er führte maßgeblich den von ihm 1880 ins Leben gerufenen „Rathausbaumeisterbund" von zunächst acht angesehenen Hbger Architekten. An Großprojekten aus seinem mit H. Geißler zusammen betriebenen Büro folgten u.a. das ➢*HAPAG*-Gebäude an der ➢*Binnenalster* (1900–03) und die ➢*Musikhalle* am Holstenplatz, dem späteren Karl-Muck- und heutigen Johannes-Brahms-Platz (zusammen mit E. Meerwein, 1904). Nachhaltig prägte H. das Stadtbild auch auf indirekte Weise: 1885/86 entwickelte und baute er mit dem durch seine Funktionalität bestechenden Dovenhof den Prototyp des ➢*Kontorhauses*; diesem Vorbild folgten zahlr. weitere, sodass innerhalb weniger Jahrzehnte ein neues Stadtbild entstand (➢*Citybildung*). *Ti.*

Hamburg (Bedeutung des Namens) Der Name Hbg wird – in der Form „Hammaburg" – erstmals in einer undatierten, heute auf 831/32 angesetzten Papsturkunde erwähnt und bezeichnet den schon länger besiedelten Ort auf der Südkante eines Geestsporns oberhalb der ➢*Alster*-➢*Bille*-Niederung, am Ufer des späteren Reichenstraßenfleets. Das altsächs. Wort „ham" bedeutet „Bucht, Ufer, Sumpfgelände". Frei übersetzt heißt Hbg also Burg (= befestigter, hoch gelegener Ort) am Rand der von Wasserläufen durchzogenen Marsch. Die Namenerklärung „ham" gilt also auch für das 4 km östl. in gleicher Übergangssituation zwischen Geest und Marsch gelegene Dorf ➢*Hamm*, das Hammoor bei Bargteheide, die Stadt Hamm in Westf. sowie den Fluss Hamme im Moorgebiet nordöstl. von ➢*Bremen*. Weltweit gibt es die Ortsbezeichnung „Hamburg" über 40-mal, 19 Nennungen finden sich allein in Nordamerika. *HWE*

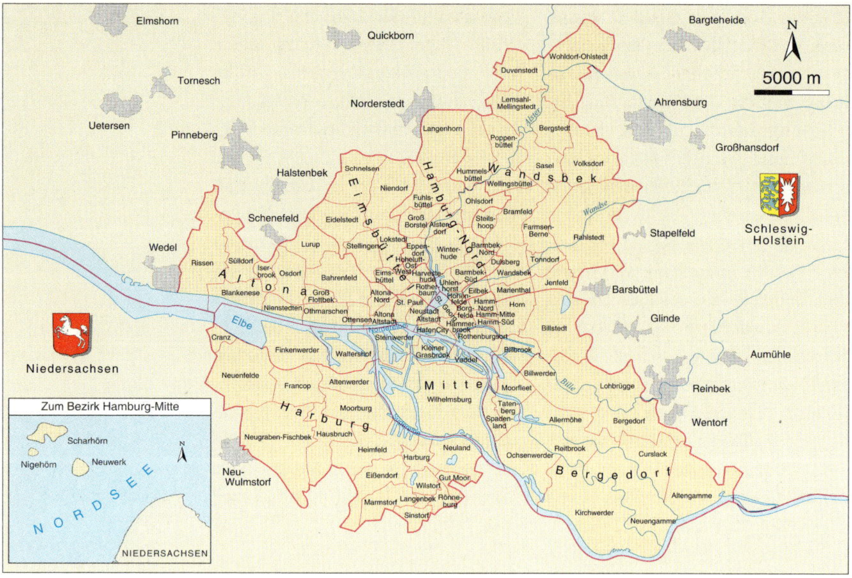

Hamburg gliedert sich in sieben Bezirke und 105 Stadtteile.

Hamburg (geografisch) Die Freie und Hansestadt Hamburg (➢*Staatstitel*) liegt in der Norddeutschen Tiefebene am Unterlauf der ➢*Elbe* ca. 100 km vor ihrer Mündung in die Nordsee und beiderseits einer 8–12 km breiten Flussgabelung, dem Stromspaltungsgebiet, dessen ➢*Elbinseln* größtenteils zu ➢*Hafen-* und Industrieanlagen ausgebaut wurden. Das Urstromtal des Flusses ist hier fast ausschließlich fruchtbares Flussmarschengebiet und wird südl. vom Endmoränengürtel der ➢*Schwarzen Berge* begrenzt. Nördl. der Elbe erstreckt sich der durch eiszeitliche Schuttablagerungen entstandene holstein. Geesthang von ➢*Blankenese* bis ➢*Bergedorf* (z.T. steil abfallend bei ➢*Wittenbergen*, unterbrochen durch die Flussniederungen der ➢*Alster* und ➢*Bille*).

Die mit 1,7 Mio. Einw. zweitgrößte Stadt Dtlds ist zugleich Land der Bundesrepublik Deutschland. Das Hbger Staatsgebiet ist in sieben Bezirke mit 105 Stadtteilen (bis 2008 104) unterteilt, die zusammen 755,3 km^2 umfassen (einschließlich Inseln ➢*Neuwerk* und ➢*Scharhörn*). 8 % davon sind Wasserflächen. Die Stadt erstreckt sich (ohne ihre Inseln) ca. 38 km in Nord-Süd-Richtung (53°23'45"–53°44'30" nördl. Breite) und ca. 39 km von Ost nach West (9°44'00"–10°19'30" östl. Länge von Greenwich). Die längste Luftlinie innerhalb Hbgs beträgt zwischen Nordosten und Südwesten ca. 42 km. Von den 205 km Gesamtlänge seiner Grenzen verlaufen ca. 79 km mit Niedersachsen und 126 km mit Schleswig-Holstein. Der Nullpunkt der althbg. Vermessung war der Turm des Michels (53°32'56" nördl. Breite, 9°58'42" östl. Länge von Greenwich). Der geografische Mittelpunkt der Stadt liegt direkt vor der Kirche ➢*St. Gertrud (2.)* auf der ➢*Uhlenhorst* am Kuhmühlenteich (➢*Meridian*).

Die mit 116,1 m höchste Erhebung südl. der Elbe liegt in den Harburger Bergen, Stadtteil ➢*Neugraben-Fischbek*, Bezirk ➢*Harburg*; höchste Erhebung nördl. der Elbe ist der 93 m hohe Baursberg am Geesthang. Die tiefste Bodenstelle liegt im Alten Nincop (0,8 m unter NN im Stadtteil ➢*Neuenfelde*).

Zu Hbgs Wetter siehe ➢*Klima* und ➢*Schmuddelwetter*. *Ti.*

Hamburg Ballett ➢*Stadttheater/Staatsoper*

Hamburg und seine Bauten ist der Titel eines seit 1890 in unregelmäßigen Abständen erscheinenden Sammelwerks, das Rechenschaft ablegt über die Entwicklung des Bauwesens in der Hansestadt. Herausgeber der mit zahlr. Abbildungen und Plänen versehenen großformatigen Bände ist der ➢*Architekten- und Ingenieurverein Hamburg*, der unter dem Titel „Hamburg, historisch-topographische und baugeschichtliche Mitteilungen“ 1868 den Grundstein zu der Reihe legte. Die frühen der vorliegenden sieben Ausgaben (1890, 1914, 1929, 1953, 1968, 1984, 1999) sind gesuchte ➢*Hamburgensien* und gelten als ein unverzichtbares Quellenwerk zur hbg. Baugeschichte seit Mitte des 19. Jhs. *Ah.*

Hamburg-Block war der Name einer Rahmenpartei, die vor der Bürgerschaftswahl 1953 von führenden Mitgliedern der ➢*CDU*, der ➢*FDP*, der Deutschen Partei (DP) und des Blocks der Heimatvertriebenen und Entrechteten (BHE) gebildet wurde. Hinter ihr standen u.a. der Zentralausschuss Hamburgischer ➢*Bürgervereine* und der Verein zur Förderung des Hamburgischen Wirtschaftslebens (H.C. Vering, W. Güssefeld). Mit dieser Konstruktion sollten die Bestrebungen des ➢*Vaterstädtischen Bundes* wiederaufgenommen und das im Bürgerschaftswahlgesetz 1952 ausgesprochene Verbot von Listenverbindungen umgangen werden. Der H.-B. erhielt 61 von 120 Sitzen und löste durch ein konstruktives Misstrauensvotum den von M. ➢*Brauer* geführten

Das Titelblatt des ersten Bandes von „Hamburg und seine Bauten“. Der Zeichner Georg Thielen wollte in seinem fantasievollen Stadtbild auf das erst sieben Jahre später fertiggestellte Rathaus nicht verzichten.

Wahlplakat des Hamburg-Blocks, der Liste 2, aus dem Jahr 1953

Wilhelm Heuer schuf viele Hamburgensien. Sein grafisches Werk erschien 1996 in einer Gesamtausgabe.

➢*SPD*-Senat ab. Erster Bürgermeister wurde Kurt ➢*Sieveking* (CDU), Stellvertreter E. Engelhard (FDP), H.-B.-Fraktionsführer waren zunächst E. ➢*Blumenfeld*, dann, 1955, Güssefeld. Der H.-B.-Senat regierte insgesamt glücklos und wurde mehrfach von Querelen zwischen den Block-Parteien erschüttert; 1957 traten diese getrennt zur Wahl an, nachdem bereits 1956 auf Initiative von SPD und FDP das Verhältniswahlsystem eingeführt worden und Blockpolitik nunmehr überflüssig war. DP und BHE scheiterten an der 5 %-Hürde, die FDP ging mit der Wahlsiegerin SPD eine Koalition ein. Als die CDU 2001 erstmals seit 1957 wieder einen Senat bilden und einen Bürgermeister stellen konnte, geschah dies in Koalition mit der FDP und der rechtspopulistischen (insofern entfernt der DP vergleichbaren) „Schill-Partei"; von einer ausdrücklichen Anknüpfung an die frühere Bürgerblockpolitik wurde aber überwiegend Abstand genommen. *luz*

Hamburgensie Der Begriff bezeichnet zunächst etwas unverwechselbar „Hamburgisches" und ist aus der latinisierten Form des Adjektivs hamburgisch gebildet. Von der ersten Hälfte des 19. Jhs bis heute steht eine H. im engsten Sinn für pittoreske grafische Darstellungen hbg. Motive, die seither begehrte Sammel- und Handelsobjekte sind. Anfang und Inbegriff der H. bilden wohl die Arbeiten der Gebr. ➢*Suhr*, besonders die von P. Suhr 1829 herausgegebene lithografische Serie „Ansichten von Hamburg und der Umgegend". Sie erfuhr weite Verbreitung und vielfache Nachahmung, aus der besonders W. Heuers großes, 104 Lithografien umfassendes Werk „Hamburg und seine Umgebungen" (1853–64) zu erwähnen ist.
Daneben gelten ebenso Hbg-Bücher als H., besonders wenn sie qualitätvolle Bilder der Stadt enthalten oder von der Stadtgeschichte handeln. Um letztere bemüht sich in langer Tradition der ➢*Verein für Hamburgische Geschichte*. Auch die ➢*Gesellschaft der Bücherfreunde zu Hamburg* hat zahlr. H. veröffentlicht. Hbg-Literatur allgemein sammelt die ➢*Staats- und Universitätsbibliothek* im Hamburgensien-Lesesaal.
Zu den H. im weitesten Sinne können ferner bestimmte Besonderheiten der hbg. Verwaltung zählen wie z.B. die 1996 abgeschaffte „Ewigkeit" des ➢*Senats* oder die rechtlichen Verhältnisse im ➢*beiderstädtischen* ➢*Bergedorf* bis 1868 – dies freilich mit der Einschränkung, dass es sich hierbei gleichermaßen um eine „Lubecensie" handelte. *Ti.*

Hamburger **1.** Bewohner der Stadt und des Landes Hamburg.
2. In den USA ist H. sowohl die übliche Bezeichnung für ein mageres,

kurz gebratenes Rinderhacksteak als auch für ein kleines Gericht. Dafür wird ein H. als flaches „Patty“ zumeist zwischen zwei weiche Sesambrötchenhälften gelegt und mit Würzsaucen (Ketchup, Senf, Mayonnaise), einem Salatblatt, Zwiebelstücken, Tomaten- und Gurkenscheiben serviert.

Fein gehacktes rohes Fleisch auf Brötchen entdeckten vermutl. Hbger Kaufleute im letzten Jh. im Baltikum als Speise-Idee. Die Neuheit, das Hack anzubraten, erreichte Mitte der 1880er Jahre New York und Boston durch dt. Seeleute. 1889 ist der Begriff H. erstmals im „Oxford English Dictionary“ verzeichnet. Im März 1976 kam die moderne Variante der Zwischenmahlzeit mit Macht zurück an die ➢*Elbe*, als zeitgleich drei Restaurants der amerikan. McDonald's-Kette eröffneten. Von dem aus der Hand verzehrten amerikan. „Snack“ nahezu völlig verdrängt wurde das früher sehr beliebte „Rundstück warm“ (➢*Rundstück*).

3. Name einer aus engl. und norddt. Landhühnern gezüchteten mittelhohen, schlanken Leghuhnrasse mit Rosenkamm. Beine und Schnabel des in drei Farbschlägen und als Zwergform gezüchteten H. Huhns sind blaugrau. Eier- und Fleischleistung der H. gelten als gut. Bekannt sind die H. Küken. *Ti.*

Hamburger Abendblatt Die Lizenz für die Tageszeitung wurde im Dezember 1947 von dem Verleger A. ➢*Springer* beim ➢*Senat* beantragt. Urspr. sollte sie „Excelsior“ heißen. Der Name „Hamburger Abendblatt“ geht auf den Springer-Mitarbeiter W. Hansemann zurück, der auch die grafische Gestaltung des Titels (angelehnt an das renommierte ➢*Hamburger Fremdenblatt*) übernahm. Dazu versah Hansemann eine Abbildung des ältesten Hbger ➢*Siegels* mit einem Spruch des Küsten-Poeten ➢*Gorch Fock*: „Mit der Heimat im Herzen die Welt umfassen“.

Am 19.6.1948 erhielt das H.A. vom „Beratenden Ausschuss für das Pressewesen“ die Zulassung und erschien vom 12.7.1948 an zunächst dreimal wöchentlich, ab Herbst 1949 täglich (außer sonntags). Die Startauflage betrug 60.000 Ex., direkte Konkurrenten waren die vier anderen Hbger Tageszeitungen: ➢*Hamburger Echo*, „Hamburger Freie Presse“, „Hamburger Allgemeine Zeitung“ und „Hamburger Volkszeitung“. Schon im Januar 1949 war die Auflage auf 120.000 gestiegen. Im selben Jahr wechselte das Blatt vom Hammerich & Lesser Verlag (J.F. ➢*Hammerich*) zum Axel Springer Verlag. Hier brachte es 1964 als erste Tageszeitung der Welt ein gefunktes Farbfoto. Zum H.A., das heute als auflagenstärkste nordt. Regionalzeitung mit 229.802 Ex. (2010) erscheint und 1992–2001 den Untertitel „Norddeutsche Zeitung“

Hamburger Abendblatt

UNABHÄNGIG ÜBERPARTEILICH

Veröffentlicht unter Zulassungs-Nr. 1 des Senats der Hansestadt Hamburg

Nr. 1 Jahrgang 1948 20 Pfennig

Donnerstag, 14. Oktober 1948

„Mit der Heimat im Herzen die Welt umfassen“. Bis 1992 trug das „Hamburger Abendblatt“ dieses Zitat Gorch Focks in seinem Untertitel. Kopf der ersten Ausgabe, 14.10.1948

trug, gehören fünf Regional-Ausgaben: „Norderstedter Zeitung", „Pinneberger Zeitung", „Harburger Rundschau", „Ahrensburger Zeitung", „Lüneburger Rundschau". *Smo*

Hamburger Anzeiger Als einer der dt. Pioniere des neuen Zeitungstypus General-Anzeiger gründete der Essener Großverleger W. Girardet nach seinen Zeitungen in Leipzig und Elberfeld (heute Wuppertal) am 2.9.1888 den „General-Anzeiger für Hamburg-Altona", obwohl gerade ein Jahr zuvor mit dem ➢*Hamburger Echo* eine neue Zeitung herausgekommen war. Unter dem Motto „Unparteilichkeit in allen Dingen" drückte er das Blatt mit niedrigen Bezugs- und Anzeigenpreisen sowie einer außerordentlich hohen Startauflage von 80.000 Ex. auf den Markt. Indem es durch aktuelle und kurz gefasste Berichterstattung v.a. unter den Industriearbeitern eine neue Leserschicht erschloss, erreichte es unter allen Hbger Zeitungen schnell die höchste Auflage und konnte sie fortan behaupten.

Trotz parteipolitischer Unabhängigkeit vertrat der General-Anzeiger ebenso wie die siebeneinhalb Jahre später mit Blick auf den gebildeten Mittelstand von Girardet gegründete „Neue Hamburger Zeitung" (NHZ) linksliberale Positionen. 1922 ging die NHZ im großen Schwesterblatt auf, das sich seit dem 3.1.1921 nur noch „Hamburger Anzeiger" nannte. Ebenso wie das ➢*Hamburger Fremdenblatt* und das NS-Organ „Hamburger Tageblatt" verlor der „Anzeiger" im August 1944 seine Selbstständigkeit. Unter dem Titel „Hamburger Zeitung" bildeten die drei Presseorgane von September 1944 an eine Kriegsarbeitsgemeinschaft.

Nach dem Krieg versuchte der H.A. vom 13.9.1952 an einen Neuanfang, übernahm zwischenzeitlich die der ➢*CDU* nahestehende „Hamburger Allgemeine Zeitung", konnte sich aber gegen die ➢*Springer*-Zeitungen ➢*Hamburger Abendblatt* und ➢*DIE WELT* nicht behaupten. Am 31.3.1957 gab das Blatt auf. *KT*

Hamburger Arbeitskreis für Regionalgeschichte (HAR) Der 1980 an der ➢*Universität Hamburg* gegründete HAR ist ein Zusammenschluss von regionalgeschichtlich tätigen Wissenschaftlern verschiedener Fachrichtungen innerhalb und außerhalb der Hochschulen. Ihm gehörten 2009 rund 500 Mitglieder an. Ziel des HAR ist die Förderung regionalgeschichtlicher Forschung durch Information – zweimal jährlich erscheinen die „Mitteilungen" –, Veranstaltungen und Veröffentlichungen. Schwerpunkt der Arbeit ist die Geschichte der Stadt Hbg und ihrer regionalen Beziehungen, auch zum hansischen Raum, zur Elbregion und nach Übersee. Angrenzende Gebiete werden einbezogen, andere vergleichend berücksichtigt.

Der HAR wird von der 1992 errichteten Arbeitsstelle für Hamburgische Geschichte im Schwerpunkt Sozial- und Wirtschaftsgeschichte des Historischen Seminars der Universität Hamburg betreut. *Ko.*

Hamburger Arbeitsstelle für deutsche Exilliteratur 1933–1945 Die Arbeitsstelle wurde 1970 vom Hbger Germanisten H. Wolffheim am Literaturwissenschaftlichen Seminar der ➢*Universität Hamburg* gegründet und von ihm bis zu seinem Tod geleitet. Sein Nachfolger wurde H.-A. Walter, der sich wegen der geringen finanziellen und personellen Ausstattung der Arbeitsstelle bald zurückzog. Ein Schwerpunkt ist das Exiltheater, gestützt auch auf den Nachlass des Schauspielers und Regisseurs P.W. Jacob. Wissenschaftliche Veranstaltungen und Tagungen („Exilforum") sowie die Herausgabe der Fachzeitschrift „Exil" begleiten die Forschungsarbeit. Die Bibliothek ist im Ossietzky-Lesesaal der ➢*Staats- und Universitätsbibliothek* untergebracht und verfügt über Bücher, Broschüren, Zeitschriften, Archivmaterialien, darunter zahlr. Originalausgaben, sowie nahezu alle Exilzeitschriften, Mikrofilme, Ton- und Videokassetten. Die Archivmaterialien werden in Datenbanken erschlossen. Über die Bibliothek ist auch der Bestand des universitären Arbeitsbereichs „Literarische Zeugnisse aus KZ, Ghetto, Gefängnis 1933–1945" zugänglich. 2000 wurde sie nach dem 1933 von der Hbger Universität vertriebenen Germanisten in Walter-A.-Berendsohn-Forschungsstelle für deutsche Exilliteratur umbenannt. Berendsohn gehörte in Dänemark und Schweden zu den Mitbegründern der Exilliteratur-Forschung. *AGr.*

Hamburger Aufstand Im Zusammenhang mit der Absicht der ➢*KPD*, im Deutschen Reich gewaltsam die Herrschaft zu übernehmen, kam es vom 23. bis zum 25.10.1923 in Hbg zu einem kommunistischen Aufstandsversuch, zu Auseinandersetzungen zwischen ➢*Polizei*, v.a. der kasernierten Ordnungspolizei, und kommunistischen Gruppen. Die militärische Führung der KPD-Gruppen lag bei H. Kippenberger, der durch den sowjet. Militärberater L. Stern unterstützt wurde. Vermutl. hat der Hbger KPD-Führer E. ➢*Thälmann* weitgehend eigenmächtig den Aufstand ausgelöst. Die Parteiführung hatte bereits am 21.10. beschlossen, die geplante Aktion, die urspr. in Kiel ausgelöst werden sollte, nicht durchzuführen. Die Unruhen begannen in der Nacht vom 22. auf den 23.10. mit Straßen- und Eisenbahnblockaden, u.a. in ➢*Ahrensburg* und ➢*Rahlstedt*. Die kommunistischen Pläne sahen vor, zunächst am frühen Morgen die eher in den Außenbezirken und in den KPD-Hochburgen liegenden Wachen des Aufsichtsdienstes der Ordnungspolizei (ehem. „Schutzmannschaft") zu überfallen, um sich der dort lagernden Waffen zu bemächtigen. Mit den Waffen sollten dann zunächst die kommunistischen Hochburgen verteidigt werden, um anschließend die im preuß. ➢*Wandsbek* kasernierte Hbger Ordnungspolizei anzugreifen. Der Aufstand begann planmäßig mit Überfällen auf 24 Polizeidienststellen in ➢*Altona* (3), Hbg (19), ➢*Schiffbek* (1) und Wandsbek (1). Erfolgreich waren die Aktionen gegen die Wache I in Wandsbek, gegen das (allerdings unbesetzte) Polizeiamt in Schiffbek, gegen die Polizeiposten in ➢*Billbrook* und ➢*Langenhorn*, sowie gegen die Wachen 23 und 32 in ➢*Barmbek*, 26 in ➢*Borgfelde*, 42 in ➢*Eimsbüttel*, 41 in ➢*Winterhude*, 43 auf der ➢*Uhlenhorst*, 28 und 45 in ➢*Hamm*, 27 in ➢*Horn* und gegen die Radfahrwache Hamm.

Alle besetzten Polizeiwachen wurden im Laufe der Vormittags- und Mittagsstunden des 23.10. von der Polizei wieder eingenommen. Heftige Auseinandersetzungen gab es in Eimsbüttel sowie in Barmbek und Schiffbek, wo sie erst am 24.10. beendet wurden, und in ➢*Bramfeld*, wo sie noch einen weiteren Tag anhielten, bevor die Polizei – trotz unzureichender Lageanalyse und zu geringen Kräfteeinsatzes (1.200–1.500 von 5.500 Beamten) – die Unruhegebiete wieder vollständig unter Kontrolle hatte. Die von der KPD zur eigenen Unterstützung erhoffte Streikbewegung blieb aus.

Bei den Auseinandersetzungen wurden 17 Polizeibeamte, 24 Putschisten und mindestens 61 Zivilisten getötet sowie über 300 Personen verletzt. Die DDR-Geschichtsschreibung hat die Bedeutung des Aufstandes – insbesondere die Rolle Thälmanns – stark überhöht dargestellt. Im Zusammenhang mit dem H.A. wurden ca. 1.400 Personen angeklagt und etwa 300 verurteilt, die in der Regel aber unter die Amnestien der folgenden Jahre fielen. *WK*

Hamburger Ausgabe wird die von dem Kieler Germanisten E. Trunz herausgegebene 14-bändige Sammlung von Goethes Werken deshalb genannt, weil sie urspr. 1948–60 im Christian Wegner Verlag in Hbg erschien. Die H.A. zeichnet sich durch ihre sorgfältige und ausführliche Kommentierung aus. Auch der 1957–69 an der ➢*Universität Hamburg* lehrende Physiker und Philosoph C.F. von Weizsäcker hat an ihr mitgearbeitet. Seit 1972 wird die H.A. bei C.H. Beck in München verlegt. *Ko.*

Hamburger Bank 1619 ermöglichte eine Girobank erstmals in Dtld bargeldlose Zahlungen. Die vom ➢*Rat* gegründete, von einem Bankherrn, ab 1767 von der ➢*Commerzdeputation* geführte, zunächst im Rathaus residierende H.B. folgte Vorbildern in Venedig (1587) und Amsterdam (1609). Bald war sie Hauptgläubiger des Rates. Zu ihren bedeutendsten Kontoinhabern gehörten aus den Niederlanden zugewanderte Kaufleute.

Die auf Silber basierende ➢*Währung* waren die ➢*Bankomark* als Verrechnungs-, die ➢*Kurantmark* als Zahlungseinheit. Wechsel ab einer bestimmten Höhe mussten über die H.B. laufen; ferner bot sie die Beleihung von Gold, Silber, Juwelen, später auch von Waren an. Über die von Währungsverfall gekennzeichnete „Kipper- und Wipperzeit“ mit ihrem Höhepunkt im Dreißigjährigen Krieg hinaus trug die H.B.

Neben der Börse der wichtigste Ort der Hamburger Kaufmannschaft: die Hamburger Bank. Ansicht von der Großen Johannisstraße, Stahlstich von James Gray, um 1850

zu Stabilität, Kapitalbildung und Belebung des Handels bei. Die Konfiskation ihrer Silberbestände 1813 durch den französischen Generalgouverneur L.-N. ➢*Davout* (➢*Franzosenzeit*) erfolgte im Ausnahme- und Belagerungszustand und wurde korrekt quittiert; die entsprechende Rückzahlung nach Kriegsende erfolgte aber zögerlich und unvollständig und stellte zeitweise ein europäisches Politikum dar. Im 19. Jh. zeigte die H.B., auf einer nicht unkomplizierten, halb staatlichen, halb privaten Grundlage fußend, bankpolitische Unbeweglichkeit und sah sich zunehmend rein privatwirtschaftlicher Konkurrenz (Vereinsbank, Norddeutsche Bank) gegenüber. 1873 schloss sich Hbg der Reichswährung an. 1876 trat an die Stelle der H.B. gegenüber der ➢ *Börse* eine Hauptgeschäftsstelle der Deutschen Reichsbank. *luz*

Hamburger Berg war der Name einer Geesthöhe westl. des alten Hbg. Seit 1258 gehörte sie zum Hoheitsbereich der Stadt und reichte bis zum Pepermölenbek, später bis zur Grenze zu ➢*Altona*. Zwischen dem Altonaer Nobistor und dem Hbger ➢*Millerntor* entstand im 17. Jh. eine Siedlung mit Wohnhäusern, Gewerben (Glashütten, Ölmühlen, Tranbrennereien) und Einrichtungen, die innerhalb der Umwallung als störend empfunden wurden: ➢*Pesthof* (1605, seit 1797: Krankenhof), ➢*Friedhöfe*, Müllhalden, Pulvermagazine, Bordelle, Unterhaltungsbetriebe: den Spielbudenplatz an der ➢*Reeperbahn* gab es schon Ende des 18. Jhs. 1682 war die St.-Pauli-Kirche auf dem Pinnasberg als Filiale der St.-Michaelis-Gemeinde errichtet geworden. Sie wurde 1686 durch die Hbger ➢*Bürgerwache* im Kampf gegen die Dänen (➢*Dänemark/dänische Oberhoheit*) zerstört und erlitt dasselbe Schicksal erneut zum Ende der ➢*Franzosenzeit*. Am Millerntor wurde 1805 der erste „Hamburger Trichter" erbaut, ein hölzerner Erfrischungspavillon mit Spitzdach. Nicht nur er wurde Anfang 1813 dem Erdboden gleichgemacht, als sich die frz. Festung „Hambourg-Harbourg" von russ.-preuß. Truppen belagert fand und der frz. Generalgouverneur ➢*Davout* die Niederbrennung des Vorortes H.B. befahl, um dort ein freies Schussfeld zu schaffen – angesichts der geringen Entfernung zur dän. Stadt Altona ein auch militärisch umstrittenes Unterfangen. Völlig überraschend kam dies Ereignis freilich nicht, denn die Siedlungen vor den Toren hatten auch in der Vergangenheit schon unter dem Damoklesschwert einer Belagerung und entsprechender Abwehrmaßnahmen gestanden.

Der z.T. rasterförmig wiederaufgebaute H.B. (mit regelmäßigen, nach alphabetisch gegriffenen Vornamen benannten Straßen) zählte um 1820 rund 6.000 Bewohner. 1820 wurde auch das „Ballhaus Trichter" wiedereröffnet. Es war jahrzehntelang Domizil eines erfolgreichen Revuetheaters (➢*St. Pauli*). 1830 erhielt der H.B. den Status einer ➢*Vorstadt*, 1833 den Namen St. Pauli-Vorstadt. *luz*

Hamburger Dom Ein marktartiges Handeltreiben im bzw. am ➢*Dom* ist erstmals für das Jahr 1329 belegt, urspr. möglicherweise nur zu bestimmten Jahreszeiten oder Festen, regelmäßig zu Weihnachten, nach der ➢*Reformation* wohl verstärkt auch zu anderen Zeiten. Der

Dreimal jährlich ist „Dom“ auf dem Heiligengeistfeld – „Frühlingsdom“, „Sommerdom“ und „Winterdom“.

Name des Veranstaltungsorts ging auf die Veranstaltung selbst über. Mit Abbruch der Domkirche (1804–07) fand der traditionelle Weihnachtsmarkt 1804 erstmals auf dem ➢*Gänsemarkt* statt, behielt aber die Bezeichnung „Dom“, auch als sich die Veranstaltungen auf andere Straßen und Plätze ausdehnten und die Volksbelustigung zunehmend vor den eigtl. Markthandel trat. Nachdem sich der H.D. seit 1892 auf das ➢*Heiligengeistfeld* konzentriert hatte, übertrug sich die Bezeichnung D. auf alle dort stattfindenden Jahrmärkte.

Heute finden unter dem Sammelbegriff H.D. der „Frühlingsdom“ (30 Tage), der „Sommerdom“ (31 Tage) und der „Winterdom“ (30 Tage im Spätherbst) statt. *HWE*

Hamburger Echo Die Zeitung der Hbger Sozialdemokraten geht auf das 1875 gegründete „Hamburg-Altonaer Volksblatt“ zurück. Bevor das Blatt mit Aufhebung des Sozialistengesetzes 1890 den Namen H.E. annahm, war es seit 1878 als „Gerichtszeitung“ und seit 1881 als „Bürgerzeitung“ erschienen. Zu den Redakteuren gehörten anfangs W. Blos, J. Wedde, dann O. ➢*Stolten* und W. Metzger. Gedruckt wurde in der Hbger Genossenschafts-Buch-

Hamburger Echo

Hamburg-Altonaer Volksblatt

Hamburgs Katastrophenwahl

Senat ohne Mehrheit · Keine Grundlage für neue Koalition

Das sind sie!

unsere Hauptgegner im Wahlkampf — —

Von ihnen kann nicht erwartet werden, daß sie das „Hamburger Echo“ lesen, wohl aber von jedem klassenbewußten Arbeiter!

Werbung um politisch bewusste Leser in der Endphase der Weimarer Republik. Das „Hamburger Echo“ wurde Anfang März 1933 nach einem kritischen Artikel zum Reichstagsbrand vom 28.2. für zunächst 14 Tage verboten, durfte jedoch nach der Machtübernahme durch die NSDAP in Hamburg nicht wieder erscheinen.

druckerei (ab 1890 ➢*Auer-Druck*). Der Zwangspause in der ➢*NS-Zeit* folgte 1946 die Zulassung für das Gebiet der brit. Besatzungszone. Lizenznehmer für die ➢*SPD* war P. Bugdahn, Sitz der Redaktion das ➢*Pressehaus*. Wie fast alle Parteizeitungen vermochte sich das H.E. im Pressewettbewerb nicht zu behaupten und wurde 1966 im 91. Jahrgang eingestellt. *AGr.*

Hamburger Feuerkasse Als erste dt. Feuerversicherung trat der genossenschaftliche Zusammenschluss der „Generalfeuercassa" 1676 an die Stelle der ca. 50 bisher bestehenden privaten „Feuerkontrakte" (seit 1591; ➢*Brände und Feuerlöschwesen*). Der Beitritt zur Versicherung war zunächst freiwillig, ein Ausscheiden jedoch nicht möglich. Ab 1817 galt Versicherungszwang für alle öffentlichen und privaten Gebäude. Im 19. Jh. erfolgte nach und nach die Vereinigung mit den Feuerkassen der ➢*Vororte* und des ➢*Landgebiets* und 1867 die Umbenennung in H.F. Für das Löschwesen trennte man im Jahr 1867 eine eigene Deputation ab. Die Feuerkasse war zunächst eine gesetzlich angeordnete Vereinigung von Eigentümern zur gemeinschaftlichen und gegenseitigen Versicherung, ab 1929 eine öffentliche Versicherungsanstalt auf Gegenseitigkeit und selbstständige Körperschaft des öffentlichen Rechts und ist gemäß Gesetz zur Neuordnung der Rechtsverhältnisse der H.F. vom 29.3.1994 seit dem 1.7.1994 eine AG. Mit Jahresbeginn 1997 gelangte sie für den Verkaufspreis von 220 Mio. DM in den Besitz der Kieler Provinzial Versicherungsgruppe. *Bü.*

Das Hamburger Wappen mit zwei schildhaltenden Löwen als Werbung für die Hamburger Feuerkasse von 1676. Reproduktion eines Emailleschildes

Hamburger Fremdenblatt Die Zeitung geht auf die erstmals 1828 von F. Menck herausgegebene „Liste der angekommenen Fremden in Hamburg" zurück. Menck hatte bereits 1817 den „Beobachter an der Alster" postiert, den er bald in „Hamburger Beobachter" umbenannte. 1852 vereinigte er die „Fremdenliste" mit der „Morgenzeitung", der Nachfolgerin des „Beobachters". Nach seinem Tod 1862 folgte ihm G. Diedrich (bis 1894) als Verleger nach. Er ließ die Zeitung vom 24.9.1864 an unter dem neuen Titel „Hamburger Fremden-Blatt" erscheinen. Sie stand der Fortschrittspartei nahe. Mitte der 1890er Jahre übernahm A. Diedrich die Hauptanteile der nun als Gustav Diedrich & Co. m.b.H. firmierenden Gesellschaft, die 1907 mehrheitlich in den Besitz des Verlegers A. ➢*Broschek* überging. Broschek führte den Kupfertiefdruck ein und brachte am 19.3.1911 die erste Beilage in dieser Technik heraus. Neben der „Frankfurter Zeitung" war das H.F. während der ➢*NS-Zeit* eines der wenigen dt. Presseorgane, die noch im Ausland beachtet wurden. Im August 1944 verlor es jedoch ebenso seine Selbstständigkeit wie der ➢*Hamburger Anzeiger* und das „Hamburger Tageblatt", da die drei Blätter vom September an als „Hamburger Zeitung" zwangsvereinigt wurden. Ein Versuch, das H.F. 1954 erneut erscheinen zu lassen, scheiterte bereits nach zwei Monaten. Vom 24.12.1954 an schmückte sich das ➢*Hamburger Abendblatt* mit dem traditionsreichen Namen im Zeitungskopf, bis mit der Ausgabe am 6.4.1992 der Untertitel überraschend in „Norddeutsche Zeitung" geändert wurde. Seit 2001 verzichtet das Abendblatt ganz auf einen Untertitel. *KT*

Hamburger Gaswerke GmbH Die H.G. bildeten 1994 mit einem Jahresumsatz von über 1 Mrd. DM und etwa 630.000 Kunden das größte kommunale Erdgasversorgungsunternehmen Dtlds. Die Geschichte des im Volksmund ➢*Hein Gas* genannten Unternehmens begann am 28.3. 1844, als einige wohlhabende und fortschrittlich gesinnte Hbger Bürger die „Gas-Compagnie" gründeten, deren erstes Werk auf dem ➢*Grasbrook* die Hansestadt seit dem 4.10.1845 mit Gas versorgte. Den Anstoß für diese Entwicklung gaben die nach dem ➢*Großen Brand* von 1842 einsetzenden Modernisierungsbestrebungen, die auch die Umstellung der ➢*Straßenbeleuchtung* von Öl- auf Gaslampen einschlossen. 1891 übernahm der hbg. Staat das Unternehmen. 2003 fusionierten die Gaswerke mit der Schleswag in Rendsburg, beide Unternehmen verschmolzen zur E.ON Hanse im Energiekonzern E.ON, Fir-

Die „Gasfabrik auf dem Grasbrook" nahm 1845 ihren Betrieb auf. Zeitgenössischer Stahlstich

mensitz ist das holsteinische Quickborn. *OK*

Hamburger Hafen und Logistik AG (HHLA) 1885 wurde im Vorgriff auf den ➢*Zollanschluss* Hbgs und die Einrichtung eines gesonderten ➢*Freihafens* (1888) vom ➢*Senat* und von Hamburger Kaufleuten die Hamburger Freihafen-Lagerhaus-Gesellschaft (HFLG) gegründet. Auf der Brook-, der späteren Kehrwiederinsel und der ➢*Wandrahm-Insel* errichtete sie nach Abbruch der dortigen Quartiere die ➢*Speicherstadt*, den weltweit größten Lagerhauskomplex, und bot – unbeschränkt haftend – sämtliche mit der Lagerung zusammenhängenden Dienstleistungen an wie Sortieren, Markieren, Umpacken oder Probenziehen. 1935 übernahm sie die bis dahin staatliche Kaiverwaltung und erhielt 1939 den Namen Hamburger Hafen- und Lagerhaus-AG. Nach dem Zweiten Weltkrieg und seinen Zerstörungen wurde die HHLA durch massive Investitionen seit den 1970er Jahren zum „Hafenriesen" – eine Entwicklung, die auch mit dem Namen H. Kerns verbunden ist (1966–76 Wirtschaftssenator und als solcher HHLA-Aufsichtsratsvorsitzender, 1976–91 Vorstandsvorsitzender). 2004 war die HHLA mit ihren Niederlassungen und Tochterfirmen im gesamten ➢*Hafen*bereich am Stückgutumschlag mit 65 %, am Containerumschlag mit 63 % beteiligt (➢*Containerverkehr*). 2005 wurde unter Beibehaltung des Kürzels die heutige Bezeichnung angenommen. 2007 teilte sich die HHLA in die Bereiche Hafenlogistik und Immobilien; während sie mit dem Bereich Hafenlogistik an die Börse ging, befinden sich die Aktien des Immobilienbereichs (Speicherstadt, Fischmarkt) im Besitz des Hamburger Stadtstaats. Die HHLA verfügt über drei Containerterminals in Hbg: Burchardkai, Tollerort und Altenwerder, betreibt aber auch in Odessa einen Containerterminal über eine Tochtergesellschaft. *luz*

Das Verwaltungsgebäude der Hamburger Hafen und Logistik AG (HHLA), Bei St. Annen 1, auch „Rathaus der Speicherstadt" genannt

Hamburger Heimatstil bezeichnet einen Architekturstil, der – als regionaler Teil der „Heimatschutzbewegung" – in den ersten zehn Jahren des 20. Jhs die in der Stadt vorherrschende Stilvielfalt zu beenden begann. Der H.H. verdrängte Neorenaissance, neoklassizistische Tendenzen sowie Jugendstilansätze und leitete die Wiederkehr des sichtbaren Backsteins ein (➢*Backsteinbau*). Dies geschah weniger durch neugotische Anlehnung und Rückgriff auf die Hannoversche

Inspiration aus der eigenen Geschichte: Albert Erbe ließ sich bei der Gestaltung seiner „Staatsbauten" von Formen barocker Hamburger Bürgerhausfassaden anregen. Das Gebäude der Feuer- und Rettungswache Innenstadt errichtete er 1906–08 am Schaartor/Ecke Admiralitätstraße.

Schule wie bei F.A. ➢*Meyer*, sondern durch andeutende Verwendung von Barockelementen und Aufgreifen ländlicher Einflüsse. Letztere förderte J. ➢*Brinckmann* durch seine Neubelebung der ➢*Vier-* und ➢*Marschländer* Bauernkultur. A. ➢*Lichtwark* setzte sich nachhaltig für den H.H. ein, der durch Backsteinrohbauten mit hohen Dächern und kleinteiligen Sprossenfestern norddt. Bodenständigkeit repräsentierte und somit – wie die auch in Hbg aufgenommene ➢*Gartenstadtbewegung* – ein Ausdruck der umfassenden Lebensreformbewegung wurde.

Den frühen H.H. prägte noch stark die Anlehnung an barocke Bürgerhausbauweise (Polizeiwache Klingberg 1, 1906–08, von A. Erbe, urspr. auch Amtssitz der Landherrenschaften; ➢*Davidwache*, F. ➢*Schumacher*, 1913/14). Protagonist der neuen Architektur wurde zunächst A. Erbe, der als Bauinspektor 1901–10 die Gestaltung hbg. Staatsbauten prägte, insbesondere mit mehreren im H.H. errichteten Schulen. Die volle Durchsetzung und Ausbreitung des Stils bis zu seiner tlw. noch heute zu erkennenden Beherrschung weiter Teile des Stadtbildes vollzog sich unter F. Schumacher als Oberbaudirektor und durch die Arbeit der „Baupflegekommission", die gemäß dem Baupflegegesetz von 1912 für alle Neubauentwürfe zuständig war. F. ➢*Höger* wurde bedeutender Rezipient des Stils und gab ihm neue Impulse.

In den 1920er Jahren gingen, gefördert von Schumacher in Hbg und G. ➢*Oelsner* in ➢*Altona*, der Geschosswohnungsbau und die Siedlungsarchitektur vermehrt zum „Neuen Bauen" über (K. ➢*Schneider*). In diesem den H.H. langsam ablösenden Stil zeigten sich moderne, funktionalistische Gestaltungsideen mit dem Streben nach kostensenkenden Bauverfahren vereinigt. *Ti.*

Hamburger Institut für Sozialforschung Das 1984 von J.Ph. Reemtsma als Stiftung bürgerlichen Rechts gegründete Institut, das seinen Sitz am Mittelweg 36 hat, widmet sich der Sozialforschung in den Arbeitsbereichen „Theorie und Geschichte der Gewalt", „Die Gesellschaft der Bundesrepublik" und „Nation und Gesellschaft".

Das Institut verfügt über ein Archiv, u.a. mit einer Sondersammlung „Archiv, Protest, Widerstand und Utopie in der BRD", und eine Bibliothek mit rund 40.000 Bänden und 260 laufend gehaltenen Periodika. Seit 1992 erscheint zweimonatlich die Zeitschrift „Mittelweg

36“ mit einer Auflage von 1.200 Exemplaren. Die vom Institut organisierte Wanderausstellung „Vernichtungskrieg. Verbrechen der Wehrmacht 1941 bis 1944“ löste an zahlr. Orten lebhafte Diskussionen aus. 2008 hatte das H.I.f.S. rund 60 interne und externe Mitarbeiterinnen und Mitarbeiter. *Ko.*

Hamburger Kammerspiele Anschließend an die Tradition der 1918 von E. Ziegel gegründeten ersten „Kammerspiele“ am ➢*Besenbinderhof*, in denen der Hbger E. Engel seine ersten Regieerfolge hatte, nannte I. ➢*Ehre* 1945 das von ihr neu ins Leben gerufene Theater in der Hartungstraße 9 die „Hamburger Kammerspiele“. Unter dieser Adresse hatten sich 1903–30 die jüd. Henry-Jones-Loge, 1937–41 der ➢*Jüdische Kulturbund Hamburg* befunden. 1947 wurde in den H.K. W. ➢*Borcherts* „Draußen vor der Tür“ uraufgeführt, Werke zeitgenössischer Autoren wie M. Frisch, J. Anouilh, J. Giraudoux und J.P. Sartre folgten. Nach anspruchsvollen und erfolgreichen Inszenierungen der Anfangsjahre leitete I. Ehre später mit wechselndem künstlerischem und finanziellem Erfolg das Theater als eine Hbger „Institution“. Nach ihrem Tod übernahmen 1990/91 U. Lingen, 1992–94 S. Barbarino, 1994/95 G. Schlesselmann, 1995–2003 U. Waller und U. Tukur die Intendanz. Seit 2003 liegt diese bei A. Schneider. *IL*

Hamburger Kessel Im Zusammenhang mit einer Demonstration gegen das Atomkraftwerk Brokdorf an der Unterelbe am Vortag versammelten sich am Sonntagvormittag, dem 8.6.1986, mehr als 800 Personen auf dem ➢*Heiligengeistfeld* in der Nähe des ➢*U-Bahn*hofs Feldstraße. 862 Demonstranten wurden auf Anweisung der ➢*Polizei*führung von mehreren Hundert Polizeibeamten umstellt („eingekesselt“) und über Stunden hinweg festgehalten (in Einzelfällen bis zu 16 Std.). Die von der Polizei gegebene rechtliche Begründung wurde vom Verwaltungsgericht Hamburg für rechtswidrig erklärt, betroffene Demonstranten erhielten ein Schmerzensgeld in Höhe von 200 DM. 1991 wurden vier hohe Polizeibeamte der „Frei-

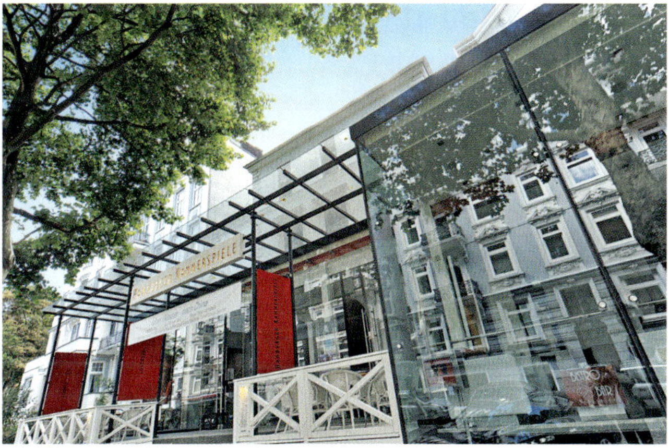

Das Domizil der Hamburger Kammerspiele in der Hartungstraße wurde 1863/64 erbaut, 1903/04 erweitert und 1937 vom Jüdischen Kulturbund Hamburg zu einem Kammerspieltheater mit fast 500 Plätzen ausgebaut. Der Eingangsbereich wurde 2004 neu gestaltet.

heitsberaubung und Körperverletzung" für schuldig befunden und zu Geldbußen verurteilt. Eine Verurteilung zur Geldstrafe wurde in einer „Verwarnung mit Strafvorbehalt" zur Bewährung ausgesetzt. Im Zusammenhang mit dem „Hamburger

Eine Polizeiaktion, die als Hamburger Kessel Geschichte machte: Die stundenlange Einkesselung von Demonstranten am 8.6.1986 löste bundesweit Empörung und Bestürzung aus.

Kessel" trat der Staatsrat der Behörde für Inneres, P. Rabels (➢*SPD*), zurück. Der damalige Präses der Behörde, Senator R. Lange (SPD), übernahm die „politische Verantwortung", behielt aber sein Amt. Die Staatsanwaltschaft stellte die Ermittlungen gegen ihn ein. *WK*

Hamburger Kultur 1933 entdeckte A. Rust, der Ahrensburger Hobby-Archäologe und spätere Kieler Professor für Vorgeschichte, bei Grabungen im Stellmoor-Ahrensburger Tunneltal – einem unter Gletschereis durch Erosion entstandenen Talzug zwischen ➢*Rahlstedt* und ➢*Ahrensburg* – in den Ablagerungen eines heute verlandeten Teiches bei ➢*Meiendorf* die Überreste einer jungpaläolithischen Rentierjägerkultur. Mit den Zeugnissen dieser vergangenen Lebensgemeinschaft, die nach ihrem Fundort H.K. oder auch „Hamburger Stufe" genannt wird, gelang Rust erstmals der Nachweis, dass der altsteinzeitliche Mensch auch in Nordeuropa gelebt hat. Die „Kulturfunde" der nomadisierenden Rentierjäger der eiszeitlichen Tundra wie z.B. Geräte aus Geweih, Feuersteinwerkzeuge oder Tierkopfgravierungen auf Bernstein wurden durch biologische und geologische Untersuchungen auf die Zeit um ca. 14.000–10.000 v.Chr. datiert und damit eindeutig von weiteren Grabungsfunden im Tunneltal bei Stellmoor abgegrenzt, die wahrscheinlich aus der Zeit um 8.000 v.Chr. stammen und der jüngeren Ahrensburger Kultur zugeschrieben werden. Seit 1978 ist das Stellmoorer Tunneltal Hbger ➢*Naturschutzgebiet. AB*

Hamburger Kunsthalle Die H.K. am Glockengießerwall zählt zu den kulturellen Einrichtungen, die auf Initiative Hbger Bürger entstanden sind. Ihren Ursprung hat sie im 1817 gegründeten ➢*Kunstverein*, der seit 1850 in den Börsenarkaden die erste öffentliche Gemäldegalerie Hbgs unterhielt. Diese bildete den Grundstock für die 1869 eröffnete H.K., die von G.T. Schirrmacher und H. von der Hude errichtet worden war. Die Kosten von 300.000 Mark für den im Stil der ital. Renaissance gehaltenen Neubau mit reichem Figurenschmuck wurden zu zwei Dritteln aus privaten Mitteln finanziert. Unter der Leitung A. ➢*Lichtwarks* (seit 1886) gewann die Einrichtung

Am 30.8.1869 öffnete die Hamburger Kunsthalle ihre Pforten. Fotografie um 1900, Strumper & Co.

Alt und Neu im spannungsreichen Gegenüber. Die Galerie der Gegenwart von Oswald Mathias Ungers wurde 1997 eingeweiht. Rechts im Bild der nordwestliche Eckpavillon des Altbaus mit einem Porträtmedaillon des Malers und Baumeisters Georg Wenzeslaus von Knobelsdorff

internationale Bedeutung. Er baute die Gemäldegalerie und das Kupferstichkabinett aus, erwarb die Altäre von ➢*Meister Bertram* und ➢*Meister Francke* als Zeugnisse älterer Hbger Malerei, sammelte gezielt in Hbg wirkende Künstler des 19. Jhs, beginnend mit Ph.O. ➢*Runge*, und schuf die „Sammlung von Bildern aus Hamburg", die er bei modernen Malern in Auftrag gegeben hatte. Nicht allen Besuchern gefiel diese Abteilung, manche empfanden „Horror vor der ‚Schreckenskammer'".

Der Direktor entwarf zusammen mit A. Erbe den südöstl. Erweiterungsbau in Kalkstein (1912–19). Zu Lichtwarks Nachfolgern gehörten mit G. ➢*Pauli* (1914–33) und C.G. Heise (1945–55) bedeutende Kunstsammler. Unter der Leitung W. Hofmanns (1969–90) fand die H.K. mit dem Ausstellungszyklus „Kunst um 1800" große Resonanz. Dem Altbau gegenüber wurde im Februar 1997 durch Hofmanns Nachfolger U.M. Schneede (1990–2006) die „Galerie der Gegenwart", erbaut nach einem Entwurf von O.M. Ungers, eröffnet.

Alle drei Gebäude liegen auf der sog. Kunstinsel. *SH*

Hamburger Morgenpost Gegründet von H. Braune, erschien das bei ➢*Auer-Druck* gedruckte sozialdemokratische Blatt, eine politische Boulevardzeitung, ab dem 16.9.1949 zum Preis von zehn Pfennig. Nach 30-jähriger Existenz drohte der finanziell notleidenden „Mopo" das Aus. Doch der Basler Verleger E. Greif und sein Bruder Chr. übernahmen 1980 in letzter Minute die Zeitung. 1986 verkauften die Greifs das Blatt an den Hbger Verlag ➢*Gruner + Jahr*, der damit erstmals in das Zeitungsgeschäft einstieg. Nach 1999 wechselten mehrmals die Besitzer. Seit 2009 gehört die H.M. zur Kölner Unternehmensgruppe M. DuMont Schauberg. Die Auflage beträgt 112.935 Ex. (2010). *KT*

Hamburger Museum für Archäologie und die Geschichte Harburgs ➢*Helms-Museum*

Hamburger Nachrichten Fünf Jahre nach der Herausgabe seines Hbger Adreßbuches (➢*Adreßbücher*) gründete der damit zu Geld gekommene J.H. Hermann am 29.2.1792 die „Wöchentlichen gemeinnützigen Nachrichten von und für Hamburg". Sie erschienen zunächst zweimal, ab 1811 viermal wöchentlich und ab 1814 täglich. In diesem Jahr vereinigten sich die „Nachrichten" mit dem 1673 gegründeten „Relations-Courier", der damals ältesten Hbger Zeitung. Hermanns Nachfolger A.H. Hartmeyer, der aus dem Blatt eine große politische Zeitung machen wollte, brachte 1829 erstmals „politische Nachrichten" ein. Außerdem widmete er sich verstärkt der Theaterkritik. Als eine der ersten dt. Zeitungen führte das Blatt im Frühjahr 1850 das Feuilleton „unter dem Strich" ein. Vom 1.7.1851 an firmierte es nur noch als „Hamburger Nachrichten". Zu dieser Zeit bezeichnete sich das florierende Zeitungsunternehmen als linksliberal, bevor Ende 1888 die politische Orientierung auf Bismarcks konservativ-nationalliberalen Kurs ausgerichtet wurde. Die H.N. nahmen direkte Beziehungen zu dem Reichskanzler auf, und ihr Verleger E. Hartmeyer stellte ihm bald „das gesamte weiße Papier der H.N. zur Verfügung". Als Sprachrohr des ehem. Reichskanzlers fand die Zeitung weltweit Beachtung.

Im Verlauf des 20. Jhs verloren die H.N. gegenüber der örtlichen Konkurrenz (➢*Hamburger Fremdenblatt*, ➢*Hamburger Anzeiger*) an Popularität. Zum 1.4.1934 konnte ihr Verlag (Hermann's Erben) dennoch den ➢*Hamburgischen Correspondenten* neben anderen Zeitungen der Hamburger Börsenhalle GmbH übernehmen. Nur fünf Jahre später, am 9.3.1939, erschien die letzte Ausgabe. Der Verlag des „Hamburger Tageblatts", der Gauverlag der ➢*NSDAP*, übernahm die im 147. Jahr erscheinende Zeitung. *KT*

Hamburger Rabbinerstreit Der H.R. entspann sich im 18. Jh. in ➢*Altona* zwischen zwei geistig beherrschenden Persönlichkeiten der ➢*Dreigemeinde* und ging in die jüd. Geistesgeschichte ein (auch: Amulettenstreit). Die hoch angesehene talmudische Autorität Rabbiner J. Emden, der sich als Privatgelehrter auch den profanen Wissenschaften widmete, machte 1751 dem Oberrabbiner J. Eybeschütz, dem Talmudisten und hervorragenden Kenner des rabbinischen Schrifttums, den Vorwurf, an Wöchnerinnen Amulette mit sabbatianischen Motiven verteilt zu haben und ein Anhänger des Pseudo-Messias Sabbatai Zwi zu sein, der in der zweiten Hälfte des 17. Jhs im Mittelmeerraum eine messianische Bewegung ausgelöst hatte. Diese Beschuldigung spaltete die Gemeinde in zwei Glaubenslager; auch Rabbiner aus anderen europäischen Ländern gaben Gutachten zur Kontroverse ab. Der Streit wurde 1756 unentschieden beigelegt: Eybeschütz blieb Oberrabbiner und Emden bei seinen Anschuldigungen.

Auch heute werden in der jüd. Wissenschaft noch divergierende Meinungen dazu vertreten, jedoch wird der Streit übereinstimmend als Wendepunkt des traditionellen Judentums zur modernen jüd. Aufklärungsbewegung der 1780er Jahre angesehen. *AS*

Hamburger Schapp ist die Bezeichnung für einen großen, zweitürigen Schrank mit kunstvollem Schnitzwerk und weit auskragendem Kranzgesims. Hergestellt in Hbger Möbeltischlereien, fand er seit dem 17. Jh. entlang der Niederelbe bis nach Dithmarschen Verbreitung. Das ➢*Museum für Kunst und Gewerbe* besitzt in seiner Sammlung alter Möbel wertvolle Stücke. *Ti.*

Die als Hamburger Schapp bekannt gewordenen Schränke schmückten die Dielen in den Häusern wohlhabender norddt. Kaufleute und reicher Bauern in den Elb- und Küstenmarschen. Das Bild zeigt ein Exemplar aus Tatenberg (17./18. Jahrhundert) aus dem Besitz des Museums für Hamburgische Geschichte.

Hamburger Sparkasse Die H.S. ist 1972 im Wege der Gesamtrechtsnachfolge entstanden, und zwar – unter Ausschluss der Abwicklung – durch Aufnahme der „Neuen Sparcasse von 1864“ in die „Hamburger Sparcasse von 1827“. Die Fusion hat keine Änderung des Rechtsstatus zur Folge gehabt, sodass auch die H.S. eine Freie Sparkasse ist, also ein ohne jede Gewährträgerschaft in Selbstfinanzierung autonom bestehendes Kreditinstitut. Sie ist daher nicht an das Regionalprinzip gebunden und dementsprechend mit einigen ihrer 220 Geschäftstellen im Hbger Umland, also in den Ländern Schleswig-Holstein und Niedersachsen, tätig. Die H.S. bildet heute den Kern der Haspa Gruppe. Die HASPA Finanzholding ist Alleinaktionärin der H.S. AG. Der Bankbetrieb wurde auf diese AG ausgegliedert. Die juristische Person alten hamburgischen Rechts besteht als HASPA Finanzholding fort. Die H.S., von den Hbgern liebevoll-vertraut „Haspa“ genannt, ist mit mehr als 1 Mio. Girokonten v.a. im Mittelstand verankert. Mit einer Bilanzsumme von 37,5 Mrd. € (2009) ist sie die größte Sparkasse in der Bundesrepublik Deutschland. Ihr Eigenkapital liegt bei 1,6 Mrd. €, die Zahl der Beschäftigten beträgt 5.547. *Ah.*

Die Zentrale der Hamburger Sparkasse am Großen Burstah/ Ecke Adolphsplatz

Hamburger Speck heißt ein v.a. bei Kindern beliebtes, auch auf dem ➢*Hamburger Dom* angebotenes Schaum-Naschwerk aus Zucker, das die Hbger ➢*Landesfarben* in der Variante rot-weiß-rot zeigt. Seinen Namen erhielt es, weil seine Plattenform an durchwachsenen Speck erinnert. In den Farben Rot-Weiß-Grün ist es als „Helgolänner Speck“ oder „Helgoländer Schnitten“ verbreitet. *Ti.*

Hamburger Sport-Verein ➢*HSV*

Hamburger Sternwarte Nach ersten wissenschaftlich-astronomische Beobachtungen im 17. Jh. am ➢ *Akademischen Gymnasium* entstand um 1721 die erste H.S. des Mechanikers J. Beyer in seinem bald „Steerenkikerhus“ genannten Haus auf dem ➢*Baumwall.* Um 1790 errichtete J.G. ➢*Büsch* ein kleines privates Observatorium im ➢*Baumhaus*, bevor J.G. ➢*Repsold* 1802 mit Genehmigung des ➢*Rats* eine selbstständige Sternwarte auf der Bastion Albertus (➢*Befestigung*) aufbaute. Nach ihrem Abbruch 1813 bekam sie zusammen mit der ➢*Navigationsschule* 1824/25 beim ➢ *Millerntor* auf der ehem. Bastion Hinricus einen Neubau. 1827 nahm Chr.A.F. Peters, der spätere Leiter der ➢*Altonaer Sternwarte*, die Beobachtungen auf. Er wurde 1833 Assistent des Direktors C.L.Chr. Rümker, der zuvor schon privat observiert hatte und mit seinen Forschungen an der nun staatlichen H.S. international bekannt wurde; 1862–99 folgte ihm sein Sohn George als Leiter. 1855 erhielt die H.S. eine Drehkuppel aus Metall und 1867 einen neuen Refraktor (26 cm; 2,9 m Brennweite).

Eine Hauptaufgabe der H.S. war die offizielle Zeitmessung. 1876 wurde auf dem westl. Turm des „Kaiserquai-Speichers“ (auf Kaiserhöft zwischen ➢*Sandtor*- und ➢*Grasbrook*hafen) eine von der H.S. aus elektrisch gesteuerte Zeitballanlage eingerichtet (exakt um 12 Uhr mittags fiel ein an dem 10 m hohen Mast montierter weithin sichtbarer Lederball 3 m abwärts). Die H.S. überwachte später weitere solcher Anlagen in ➢*Cuxhaven* und Bremerhaven. Ebenfalls 1876 wurde in Hbg auf dem Gelände der H.S. ein Chronometerprüfungsinstitut gegründet (ab 1899 Abteilung der ➢*Deutschen Seewarte*).

Wegen Zunahme der Störungsquellen der empfindlichen Optiken im Großstadtalltag wurde die H.S. 1906–12 nach ➢*Bergedorf* verlegt (neubarocker Kuppelbau, A. Erbe, Anlage heute unter ➢*Denkmalschutz*). Der in 108 Jahren dritte Direktor R. Schorr (bis 1941) baute am Gojenberg eine der modernsten

Hamburger Sternwarte in Bergedorf. In zahlreichen Veranstaltungen werden die Teleskope erläutert und die Besucher in die Sternenwelt eingeführt.

Sternwarten Europas auf (53°28' 46,9" nördl. Breite, 10°14'26" östl. Länge von Greenwich). 1930 wurde hier von B. Schmidt das Spiegelteleskop erfunden (Schmidt-Spiegel). In mehreren Ausgaben erschienen die Bergedorfer Sternkataloge mit Positionsangaben von bis zu 200.000 Sternen. Schorrs Nachfolger, O. Heckmann (bis 1965), wurde Präsident der Internationalen Astronomischen Union und erster Generaldirektor des European Southern Observatory (ESO) in Chile.

Heute forscht die H.S. v.a. mit Daten aus überregionalen Observatorien sowie des amerikan. Hubble Space Telescops (1991 Entdeckung des bisher hellsten Objekts im All: Quasar HS 1946+76588). Seit 1968 ist die H.S., deren Leiter seit Schließung des Akademischen Gymnasiums 1883 im Zuge der Fortführung der dortigen astronomischen Tradition zu öffentlichen Vorlesungen verpflichtet waren (➢*Wissenschaftliche Bildung*), eines der sechs physikalischen Institute des Fachbereichs Physik der ➢*Universität Hamburg* (ca. 30 Personen wissenschaftliches Personal, Bibliothek). *Ti.*

Hamburger Tafel e.V. Die H.T. ist ein im November 1994 nach dem Berliner Vorbild von 1993 gegründeter Verein zur Linderung der Not der ca. 7.000 Hbger Obdachlosen und mehr als 140.000 Sozialhilfeempfänger. Aufgabe des Vereins ist es, gespendete Lebensmittel von bis zu 50 t monatlich zu sammeln, zu sortieren und deren Verteilung an über 40 soziale Einrichtungen für bedürftige Menschen zu organisieren. Z.Z. sind bei der H.T. zwei hauptamtliche Kräfte, ein Zivildienstleistender und ca. 100 ehrenamtlich tätige Mitarbeiterinnen und Mitarbeiter beschäftigt. Im Falle besonderer Lieferungen erfolgt die Ausgabe mitunter durch den Verein selbst (wie z.B. die 4 t Milchprodukte, Kuchen und Brot aus Überschüssen des Hbger Kirchentages 1995 oder die 2 t Obst, Gemüse, Brot u.a. nach dem Erntedankfest 1995). Ermöglicht wird die Arbeit der H.T., die keine staatlichen Zuwendungen erhält, ausschließlich durch private und gewerbliche Lebensmittel- und Geldspenden sowie Sachzuwendungen für den Bürobetrieb und den Unterhalt der vier Lieferwagen. In Anlehnung an das Berliner Projekt, dessen Vorbild die 1982 in New York gegründete „City Harvest" war, folgten nach der Hbger bisher 80 weitere Tafeln in dt. Städten. *Ti.*

Hamburger Turnerschaft von 1816 r.V. Am 2.9.1816 eröffnete G. Nicolai aus ➢*Altona* eine Turnanstalt und begann mit privatem Turnunterricht für Hbger Jungen und anfangs auch für Mädchen. Bald schloss sich eine Gruppe um den Berliner Kaufmann J.W. Benecke an, die seit 1815 in Hbg Turngeräte baute und nutzte. Im folgenden Jahr zog die Anstalt in die Kirche des ehem. ➢*Johannis-Klosters*, die seit der ➢*Franzosenzeit* nicht mehr als Gotteshaus diente und nun als Turnhalle hergerichtet wurde. Neben den sportlichen Aktivitäten (Reiten, Fechten, Schwimmen, Turnen) stand der „vaterländische Gedanke" von „Turnvater" F.L. Jahn im Mittelpunkt, und Hbger Turner begründeten die Tradition, Fackelzüge anlässlich der Jahrestage der Völkerschlacht bei Leipzig zu organisieren. 1841 sangen Hbger Turner erstmals das ➢*Deutschlandlied.* Die dabei gezeigte Fahne von 1840 befindet sich im ➢*Museum für Hamburgische Geschichte*.

1838 hatten die Turner einen Verein gegründet, der bis 1850 von einem „Turnrat" verwaltet wurde. Als typischer dt. Turnverein der Zeit unterstützte er die ➢*Revolution von 1848/49*. Zwei Jahre später löste

Seit Gründung der Hamburger Turnerschaft von 1816 gehörte die Stadt zu den Zentren des Turnsports in Deutschland. 1898 fand in Hamburg das 9. Deutsche Turnfest statt, zu dem mit diesem Plakat eingeladen wurde.

sich der alte Verein wegen politischer Wirkungslosigkeit auf. Die H.T. hatte sich entpolitisiert, führte die Selbstverwaltung ein und besann sich auf das Turnen; „Freiübungen" lockerten das strenge Riegenturnen auf. 1873 wurde das Turnen von den staatlichen Schulen in den Lehrplan integriert. Der Verein nahm seit 1888 auch Frauen auf. 1922 hatte er die höchste Mitgliederzahl (5.646), bevor andere Sportarten beliebt und vom Turnen getrennt in anderen Vereinen betrieben wurden. Während der ➢*NS-Zeit* arrangierte sich die Turnerschaft mit den Machthabern – Juden wurden ausgeschlossen. 1959 wurde die heutige Turnstätte, die Jahnhalle im Stadtteil ➢*Hamm-Nord*, eingeweiht. Die H.T. ist der älteste bestehende Turnverein Dtlds. *gro*

Hamburger Verhältnisse ist eine 1982 entstandene Bezeichnung für einen parteipolitisch begründeten Zustand tatsächlicher oder vermuteter Unregierbarkeit der Stadt, der sich 1987 noch einmal wiederholte.

In beiden Fällen (Juni 1982, November 1986) ging die ➢*CDU* aus den Bürgerschaftswahlen als stärkste Partei hervor (und besetzte deshalb die Position des Bürgerschaftspräsidenten), bildeten die Grünen/➢*GAL* neben der ➢*SPD* die einzige weitere Fraktion. Da SPD und CDU nicht bereit bzw. in der Lage waren, eine große Koalition zu bilden oder mit der GAL zusammenzugehen, gab es jeweils einen von der GAL tolerierten SPD-Minderheitssenat, ein Zustand, der der GAL die Möglichkeit bot, wechselnde Mehrheiten herzustellen. In beiden Fällen beschloss die ➢*Bürgerschaft* mehrheitlich, sich gemäß Art. 11 der ➢*Verfassung* aufzulösen, der ➢*Senat* schrieb Neuwahlen aus: Das Volk hatte sich offenbar geirrt und wurde aufgerufen, seine Wahlentscheidung zu korrigieren. In beiden Fällen kam „der Souverän" dann auch dieser Aufforderung nach: 1983 erhielt die SPD eine absolute Mehrheit, 1987 konnte sie mit der wieder in die Bürgerschaft eingezogenen ➢*FDP* einen Senat bilden.

Wie kurz das Gedächtnis für solche oft als „historisch" bezeichnete Situationen sein kann, zeigt der Umstand, dass vor der Wahl zur ➢*Bürgerschaft* 2008 mehrfach „Hessische Verhältnisse" für die Hansestadt befürchtet wurden: Die damals aktuelle Lage des aufgrund parteipolitischer Taktiken von Unregierbarkeit bedrohten Landes Hessen stand näher vor Augen als die H.V. 20 Jahre zuvor. *luz*

Hamburger Volksbühne e.V. Mit rund 30.000 Mitgliedern ist die H.V. nach der Kulturgemeinschaft Stuttgart die zweitgrößte dt. Organisation von Theaterbesuchern. Einen Vorläufer hatte die H.V., die 1919 in das Vereinsregister eingetragen wurde, in der „Freien Volksbühne", die 1892–99 Vorträge und Theateraufführungen, darunter Hbger Premieren von Werken G. Hauptmanns, veranstaltete. Die H.V. war eng mit den volksbildnerischen und kulturellen Bestrebungen der Arbeiterbewegung verbunden, zu ihren führenden Köpfen gehörte R. ➢*Roß*. In der ➢*NS-Zeit* wurde die H.V. gleichgeschaltet. Im Dezember 1945 nahm sie ihre Arbeit wieder auf, die erste Vorstellung galt G.E. ➢*Lessings* Drama „Nathan der Weise", dargeboten vom Ensemble des ➢*Deutschen Schauspielhauses*. Seit 1979 verleiht die H.V. für besondere künstlerische Leistungen die „Silberne Maske", die als Erste I. ➢*Ehre* erhielt. Seit 1981 besitzt die H.V. am Graumannsweg 31 in ➢*Hohenfelde* ein eigenes Haus. Neben preisgünstigen Theaterbesuchen werden den Mitgliedern auch weitere Veranstaltungen und Kulturreisen angeboten. *Ko.*

Hamburgische Addreß-Comtoir-Nachrichten Das erste Ex. dieser Zeitung kam „Mit allergnädigstem Kayserlichen Privilegio", gedruckt bei D.A. Harmsen, am 3.1.1767 heraus. Aufmacher der achtseitigen Erstausgabe waren „Anmerkungen die Geschichte des Englischen Kornhandels betreffend". Die H.A.-C.-N. gelten als eine der ersten dt. Handelszeitungen; zu ihren Mitarbeitern gehörte auch J.G. ➢*Büsch*. 1768/69 redigierte M. ➢*Claudius* das Blatt. Mit ihren Beiträgen zu sozialen und wirtschaftlichen Themen, zur Geschichte und Gegenwart Hbgs förderten die H.A.-C.-N. die ➢*Aufklärung*. Einen Tag früher, am 2.1.1767, erschien zum ersten Mal die „Hamburgische Neue Zeitung", in der die H.A.-C.-N. 1826 aufgingen. Am 31.12.1846 wurde das Blatt eingestellt. *KT*

Hamburgische Dramaturgie ➢*Lessing, G.E.*

Hamburgische Ehrendenkmünze Urspr. als Auszeichnung für Rettung aus Seenot wird die silberne H.E. seit dem ➢*Rats*beschluss vom 21.7. 1853 verliehen. Seit 1855 wird sie auch in Gold geprägt. Die Medaille wurde in der bekannten Berliner Münzprägeanstalt G. Loos von dem dort 1851–57 arbeitenden Medailleur H. Bubert entworfen und zeigt auf der Vorderseite den nach rechts gewandten Kopf der „Hammonia" mit Lorbeerkranz und Mauerkrone (➢*Stadt- und Schutzpatrone*). Die Rückseite trägt einen breiten, mit Bändern umwundenen Lorbeer- und Eichenkranz sowie das ➢*Wappen* der Stadt. In das innere, zunächst frei bleibende Feld wurde bei den silbernen Stücken die entsprechende Widmung eingraviert, bei den goldenen Ex. wurde die Widmung mitgeprägt. Voraussetzung für die Verleihung der Medaille sind bedeutende Verdienste um den Schutz von Leben und Eigentum Hbger Bürger. Bei ihrer Schaffung war sie lediglich für Nichthamburger vorgesehen. In besonderen Fällen wurden jedoch auch Hbger Bürger ausgezeichnet, die sich durch ihr Wirken auch außerhalb der Stadt

Vorder- und Rückseite der Hamburgischen Ehrendenkmünze, vom Senat der Freien und Hansestadt in Gold verliehen als höchste Auszeichnung nach dem Ehrenbürgerrecht, in Silber für Verdienste um den Schutz von Leben und Eigentum Hamburger Bürger.

Verdienste erworben und das Ansehen Hbgs gemehrt hatten.

Die erste H.E. in Silber erhielt „Herm. Célestine Isidore Nivert, zweiter Capitain der frz. Bark Maurice", die erste in Gold wurde am 1.10.1855 dem „kühnen und glücklichen Erforscher Afrikas Hbgs Sohne Dr. Joh. Hein. Barth" verliehen (J.H. ➢*Barth*). Bekannte Namen finden sich unter den mit der goldenen H.E. ausgezeichneten Personen (Bankier J.H. Schröder, 1869; Generalpostmeister H. von Stephan, 1895; Direktor der ➢*Deutschen Seewarte* G. von Neumayer, 1903; E. ➢*Siemers*, 1911; H. Eckener, 1929), unter denen als 24. Träger auch H. Göring zu nennen ist (1935). Nach dem Zweiten Weltkrieg ist die goldene H.E. nur achtmal verliehen worden, 1956 an die ➢*Phoenix Werke* in ➢*Harburg*, 1960 an A. ➢*Schönfelder*, 1967 an M. ➢*Brauer*, 1976 an H. ➢*Weichmann*, 1984 an A. ➢*Toepfer*, 1985 an H. Zassenhaus, 1990 an R. Liebermann, 1994 an W. Otto.

Zum Ende des Ersten Weltkriegs wurde die H.E. in Eisen geprägt. Die Verleihung dieser Version ist jedoch nur einmal belegt (General M. von Boehn, 1917). Seit 1903 wird für Rettungstaten die ➢*Hamburgische Rettungsmedaille* vergeben. Die silberne H.E. wird weiterhin für verschiedene Verdienste um Hbg verliehen. *RW*

Hamburgische Geschichts- und Heimatblätter (HGH) Die HGH waren ein halbjährlich erscheinendes Periodikum des ➢*Vereins für Hamburgische Geschichte*, das 1877 auf Anregung von K. ➢*Koppmann* als „Mittheilungen des Vereins für Hamburgische Geschichte" begründet wurde. Zwischen 1878 und 1923/25 erschienen 41 Jahrgänge (= 14 Bände). 1926 erfolgte die Fortsetzung als neue Folge unter dem Obertitel HGH. Die 1964–2009 von der Historikerin R. Hauschild-Thiessen redigierten HGH enthalten zumeist kleinere Beiträge und Zeitzeugnisse zur hbg. Sozial- und Kulturgeschichte und verfolgen das Ziel, das Interesse für hbg. Geschichte zu wecken und zu fördern. Seit 2010 erscheint als Nachfolgeorgan einmal im Jahr der „Tiedenkieker, Hamburgische Geschichtsblätter, Neue Folge". *SH*

Hamburgische Landesbank Im Zuge des ➢*Groß-Hamburg-Gesetzes* entstand 1938 die Hamburgische Landesbank-Girozentrale. Bis 1996 befand sich die H.L. als Anstalt des öffentlichen Rechts im alleinigen Eigentum der Freien und Hansestadt Hamburg, die Anstalts- und Gewährungsträgerin war. 1997 wurden für 1,35 Mrd. DM 49,5 % der Anteile von der Landesbank Schleswig-Holstein Girozentrale übernommen. Ein Gebot der ➢*Hamburger Sparkasse* kam nicht zum Zuge. 51,5 % der Anteile verblieben bei Hbg.

Am 2. Juni 2003 entstand aus der Fusion der H.L. mit der Landesbank Schleswig-Holstein die HSH Nordbank. Sie verfügte über eine Bilanzsumme von rund 204 Mrd. € und hat weltweit rund 4.900 Mitarbeiter. Die Bank hat einen Doppelsitz in Hamburg und Kiel. Eigentümer sind die Freie und Hansestadt Hamburg (10,9 %), das Land Schleswig-Holstein (10,4 %), der Sparkassen- und Giroverband Schleswig-Holstein (5,3 %), die HSH Finanzfonds AöR (gemeinsame Anstalt der Länder, 64,2 %) und neun Investorengruppen, beraten von J.C. Flowers & Co.LLC. (9,2 %).

Durch die Finanzkrise 2008/09 geriet die Bank in so große Turbulenzen, dass sie von den Ländern Hamburg und Schleswig-Holstein mit 13 Mrd. € gestützt werden musste. *Ko.*

Hamburgische Landeskirche (1870–1977) Mit der ➢*Verfassung* von 1860 erfolgte in Hbg die rechtliche Trennung von Staats- und Kirchenwesen. Eine neue Verfassung für die „evangelisch-lutherische Kirche im Hamburgischen Staate" beendete 1870 das Kirchenregiment des ➢*Senats*, beließ diesem aber mit dem Patronat die Oberaufsicht. Finanzielle Basis der H.L. war ein Teil des Erlöses aus den Grundstücksverkäufen des ➢*Klosters St. Johannis* (➢*Harvestehude*) 1866. Für die hbg. Kirche bedeutete die Neuordnung ihres Status in der Stadt eine ebenso große Herausforderung wie die Betreuung der wachsenden Bevölkerung im industriellen Zeitalter. Letzterer versuchte sie durch die Gründung neuer Gemeinden und die Einsetzung von Stadtmissionaren zu begegnen. Das Aufkommen von neuen Religionsgemeinschaften führte zu intensiveren Maßnahmen in der Mission (z.B. Seemannskirchen).

Neue Kirchenverfassungen wurden 1874 und 1883 sowie nach dem Ersten Weltkrieg (1923) verabschiedet. Die H.L. wurde zu einer Körperschaft des öffentlichen Rechts. 1933 wurde das Amt des ➢*Landesbischofs* eingeführt. Erster und Zweiter Weltkrieg sowie die Weltwirtschaftskrise (1929) hatten verheerende Auswirkungen für die H.L. Sie wurden verstärkt von dem theologischen und intellektuellen Werteverlust, den die Nationalsozialisten und die ihnen nahestehenden Deutschen Christen verursachten. Dennoch gewann die H.L. in der Nachkriegszeit erneut an Zulauf. Während des 1950 einsetzenden Baubooms wurden bis zum Jahr 1980 mehr neue Kirchengebäude errichtet als in den vorangegangenen Jahrhunderten zusammen. Eine neue Kirchenverfassung (1959) trug weiter zur Konsolidierung der H.L. bei. 1977 ging diese zusammen mit den Landeskirchen Schleswig-Holsteins, ➢*Lübecks* und Eutins und mit dem Kirchenkreis ➢*Harburg* der hannoverschen Landeskirche in der ➢*Nordelbischen Landeskirche* auf. *Sl.*

Hamburgische Rettungsmedaille Die Medaille wird seit 1903 an Personen verliehen, die unter Gefahr für ihr Leben Rettungstaten auf hbg. Staatsgebiet vollbracht haben und somit die Voraussetzungen für den Erhalt der ➢*Hamburgischen Ehrendenkmünze* erfüllen. Sie wird auch am Bande in den ➢*Landesfarben* Weiß-Rot vergeben und soll auf der linken Brustseite getragen werden. Die von R. Bosselt gestaltete Medaille zeigt auf der Vorderseite das hbg. ➢*Wappen* mit dem Motto: „FÜR RETTUNG AUS GEFAHR" und der Umschrift: „FREIE UND HANSESTADT HAMBURG". Die Rückseite zeigt die allegorische Darstellung eines Ertrinkenden, der von Polypenarmen umschlungen wird.

Die autorisierten Prägungen des ➢*Senats* sind mit dem Medailleurzeichen „B" versehen. Besonders diese Medaille ist in erheblichem Umfang von privaten Auftraggebern in unterschiedlichen Legierungen und Größen nachgeprägt worden. So ist z.B. eine Variante in Aluminium neben der Ausführung in Silber in Umlauf. *RW*

Hamburgische Schiffbau-Versuchsanstalt (HSVA) Als Gründung dt. Werften, Reedereien und der Stadt Hbg wurde die HSVA 1913–15 am Schlicksweg in ➢*Barmbek*-Nord gebaut. Nach der Teilzerstörung im Zweiten Weltkrieg erfolgte zunächst die ➢*Demontage* durch die britische Besatzungsmacht, ab 1952 dann der Wiederaufbau an der Bramfelder Straße in ➢*Wandsbek*. In Schleppkanälen, Manövrierteichen, Strömungstunneln und einem Kavitationstank werden dort jährlich mehr als hundert Schiffe, Bohrinseln und andere schwimmende Objekte als Modell getestet. Aufträge kommen aus der ganzen Welt.

Die HSVA ist eine gemeinnützige GmbH mit 83 Mitarbeitern, getragen von rund 20 dt. Werften und Reedereien sowie dem ➢*Germanischen Lloyd*. Sie zählt weltweit zu den drei größten derartigen Forschungsanstalten. Das Gesamtgelände umfasst 4,9 ha mit etwa 32.000 m^2 Nutzfläche. *Smo*

Hamburgische Sezession Obwohl bereits kurz nach der Jahrhundertwende der Galerist P. Cassirer und die Commetersche Kunsthandlung expressive Bilder zeigten und E. Munch oder E. Nolde in G. ➢*Schiefler* einen Förderer in der Stadt fanden, gab es in Hbg vor dem Ersten Weltkrieg kaum moderne Kunst zu sehen.

Im Sommer 1918 zeigte die Ausstellungsgemeinschaft „Neue Gruppe Hamburg“ bei Commeter ihre Arbeiten. Zu den Mitgliedern und meist auch zu den späteren Sezessionisten zählten F. ➢*Ahlers-Hestermann*, A. del Banco, F. Nölken, A. Povorina und G. Wohlwill. Vermutl. gab H. Steinhagen im Sommer des folgenden Jahres den Anstoß zur Gründung der „Hamburgischen Secession“, deren Vorsitzender er wurde. In ihr fanden sich 33 Künstler und Künstlerinnen zusammen, darunter auch A. Rée, E. Maetzel und F. Wield, deren erste gemeinsame Ausstellung am 14.12.1918 in der ➢*Hamburger Kunsthalle* eröffnet wurde. Ein Grundsatz der Vereinigung lautete „Abtrennung [...] vom geistlos herabgeleierten Handwerk“. Die in erster Linie expressionistische Kunst der H.S. wurde als „Hamburgische Malerei“ in der dt. Kunstszene bekannt.

Mitte der 1920er Jahre orientierten sich die Sezessionisten vermehrt an Gegenständlichem und erweiterten ihren Wirkungskreis mit Sonderausstellungen (Wandmalerei, Raumgestaltung). O. Rodewald, K. Löwengard und I. Hauptmann setzten neue Akzente. K. ➢*Schneider* wurde aufgenommen und gestaltete 1928–33 den „Zinnober“, das Künstlerfest der H.S. im ➢*Curio-Haus*. Ab 1929 prägten junge Maler wie E. Bargheer, W. Grimm, K. Kluth und R. Nesch die H.S. Mit ihnen richtete sich das Interesse auf „Nordisches“ („Nordische Renaissance“).

Die H.S. kennzeichnete ein elitäres Selbstverständnis. Es gab mehrfach Auseinandersetzungen, schon 1920 waren einige Künstler ausgetreten, darunter auch Steinhagen. F. Flinte und A. Povorina wurden später wieder Mitglieder. Seit Mitte der 1920er Jahre kam es zu Spannungen mit der als Dachorganisation bildender Künstler 1920 gegründeten „Hamburgischen Künstlerschaft e.V.“, 1932 zum endgültigen Bruch. Die zwölfte Ausstellung der H.S. wurde im März 1933 von den Nationalsozialisten verboten. Als die Künstler aufgefordert wurden, sich von ihren jüd. Mitgliedern zu trennen, löste sich die Vereinigung einige Monate später auf. Mit einer Ausstellung bei Hauswedell & Co. an der ➢*Esplanade* 38 vom 10.11. bis zum 15.12.1945 sollte sie wiederaufleben. Trotz hoher Mitgliederzahl verlief der Neuanfang wegen fehlender gemeinsamer Interessen schließlich im Sande. Einer letzten Ausstellung 1952 folgte die erneute Selbstauflösung der H.S. Ende 1953. *Ti.*

Um 1930 malte Fritz Flinte dieses „Stillleben mit Tisch" (Öl auf Leinwand, 60 x 80 cm).

Hamburgische Wissenschaftliche Stiftung Die Stiftung wurde 1907 von Hbger Bürgern mit einem Anfangskapital von über 3,7 Mio. Mark errichtet. Sie entstand auf Betreiben W. von ➢*Melles*, der bis 1935 den Vorsitz führte. Er plante, mit der Stiftung die finanzielle Basis für die Errichtung einer Universität zu schaffen. Wesentliche Maßnahmen waren die Einrichtung einer Stiftungsprofessur für Geschichte (E. ➢*Marcks*) sowie die Ermöglichung der Berufung 21 weiterer Professoren im Rahmen des Allgemeinen Vorlesungswesens, die Finanzierung einer mehrjährigen Südsee-Expedition („Bootshalle" im ➢*Museum für Völkerkunde*) und die Unterstützung der in Hbg bestehenden wissenschaftlichen Institute (➢*Wissenschaftliche Bildung*). Seit Gründung der Universität 1919 fördert die Stiftung wissenschaftliche Vorhaben, die in Bezug zu Hbg stehen. 1951–88 war K.H. Siemers ihr Vorsitzender, der als ihr „zweiter Gründer" maßgeblich dazu beitrug, die wirtschaftlichen Folgen des Zweiten Weltkriegs zu überwinden. Nach ihm benannt ist der mit 10.000 € dotierte Preis, der alle zwei Jahre an jüngere Wissenschaftler vergeben wird. *JA*

Erste Sitzung des Komitees der Hamburgischen Wissenschaftlichen Stiftung am 16.4.1907 im Phoenixsaal des Rathauses. Fünfter in der ersten Reihe von links Albert Ballin; am Tisch sitzend, Fünfter von rechts Edmund Siemers; ganz rechts Werner von Melle. Foto eines im Zweiten Weltkrieg verbrannten Gemäldes von Henry L. Geertz

Hamburgischer Correspondent Von allen bisher in Hbg erschienenen Zeitungen existierte keine so lange wie die „Sta(a)ts- und Gelehrte Zeitung des Hamburgischen unpartheyischen Correspondenten" (später: „Hamburgischer Correspondent"). Sie bestand vom 2.1.1731 bis zum 31.3.1934. Ein erster Vorläufer war der 1712–14 erschienene „Aviso. Der Hollsteinische unpartheyische Correspondente" in ➢*Schiffbek*. „Wegen zugestoßener beschwerlicher Leibesbeschaffenheit" hatte der Verleger der ebenfalls hier seit dem 3.6.1721 herausgekommenen „Stats- und Gelehrten Zeitung des Hollsteinischen unpartheyischen Correspondenten", H.H. Holle, Ende 1730 das politische Blatt an seinen Schwiegersohn, den Hbger Buchdrucker und Verleger G.C. Grund, übergeben. Er führte es unter dem oben genannten Titel in seiner Druckerei neben der ➢*Börse*/Ecke Bohnenstraße viermal wöchentlich fort, um „denen respect. Lesern je länger je mehr mit auserlesenen Neuigkeiten gefällig zu werden", und zwar „Mit allergnädigst Kayserlicher Freyheit". Mit Originalbeiträgen eigener Korrespondenten aus aller Welt entwickelte sich das Blatt zur führenden Zeitung Dtlds. Dank hoher Glaubwürdigkeit stieg die Auflage um die Wende zum 19. Jh. außerordentlich stark an. Nach eigener Darstellung war es 1802 „unbedingt das gelesenste Blatt Europas". 1806 wurden 30.000 Ex. verkauft. Die für die damalige Zeit sensationell hohe Auflage machte den H.C. zur ersten dt. Zeitung von Weltrang. Die Londoner „Times" erreichte damals 8.000 Ex. Dass die intellektuell anspruchsvollste Zeitung zugleich die weitaus beliebteste war, ist in der Geschichte der dt. Publizistik ein einmaliges Phänomen geblieben.
Während und nach der frz. Besetzung Hbgs (➢*Franzosenzeit*) büßte der H.C. viel von seinem Ansehen und seiner Auflage ein, blieb aber dennoch Hbgs bedeutendste Zeitung, die vom 1.7.1830 an täglich erschien. Am 1.2.1852 übernahm sie auf Beschluss des ➢*Rats* der Stadt die Funktion eines Amtsblattes, indem sie bis Ende Dezember 1886 die amtlichen Mitteilungen auf der Titelseite und vor den redaktionellen Beiträgen veröffentlichte (➢*Hamburgisches Gesetz- und Verordnungsblatt*). Während attraktiver gestaltete Zeitungen wie die ➢ *Hamburger Nachrichten*, ➢*Die Reform* oder der „Freischütz" großen Zuspruch in der Leserschaft fanden, verlor der farblose, „Bleiwüsten" produzierende H.C. immer mehr an Resonanz. Aufgrund wirtschaftlicher Schwierigkeiten ging das nationalliberal orientierte Blatt am 1.1.1869 in den Besitz der AG der „Neuen Börsenhalle" über (➢*Börsenhalle*). Doch die finanziellen Probleme blieben bestehen. Auch ein (vorübergehender) Verkauf an den Berliner Großverleger Scherl brachte keine Wende. E. Hirt, der Herausgeber der „Hamburgischen Neuesten Nachrichten", sollte der letzte Verleger des einst so ruhmreichen Blattes werden. Unter seiner Ägide hielt sich die Zeitung noch knapp 30 Jahre, ehe sie am 31.3.1934 zum letzten Mal erschien und nur noch als Untertitel der „Hamburger Nachrichten" einige Jahre fortbestand. *KT*

Hamburgischer Künstlerclub von 1897 Im September 1897 schlossen sich neun Hbger Maler zum H.K. zusammen (J. von Ehren, E. Eitner, Th. Herbst, A. Illies, P. Kayser, A. Mohrbutter, F. Schaper, A. Siebelist, J. Wohlers). Sie taten dies auf Anregung A. ➢*Lichtwarks*, der in Anlehnung an Hbger Künstlergemeinschaften des frühen 19. Jhs (C.J. ➢*Milde*) die Wiederbelebung einer „Hamburger Schule“ plante. Die jungen Maler zogen hinaus an den Oberlauf der ➢*Alster* und an die ➢*Elbe*. Sie setzten dem traditionellen Kunstempfinden eine neue Sichtweise der Natur entgegen und erfassten das ländliche Leben mit einer bis dahin in Hbg unbekannten Farbgebung. Sie ließen sich dabei von den frz. Impressionisten inspirieren, die Lichtwark 1895 in der ➢*Hamburger Kunsthalle* gezeigt hatte. Der abrupte Bruch mit der akademisch geprägten Kunst der Wilhelminischen Ära, wie er sich besonders in den modernen Plakatentwürfen von Eitner und Illies zeigte, empörte die Öffentlichkeit. 1902/03 schlossen sich auch die Schüler A. Siebelists dem Club an. Nach rund zehn Jahren ihres Bestehens löste sich die Vereinigung auf, nachdem sich das Themenrepertoire zusehends erschöpft hatte. *SH*

Die Maler des Hamburgischen Künstlerclubs von 1897 zogen vor die Tore der Stadt und malten die Natur. Ernst Eitners „Sommerlandschaft“ entstand um 1900 (Öl auf Karton, 55 x 60 cm).

Hamburgisches Gesetz- und Verordnungsblatt ist der Name des amtlichen Verkündungsblatts des ➢*Senats*, das von ihm unter fachlicher Verantwortung der Justizbehörde herausgegeben wird. Neben diesem „Teil I“ erscheint der „Amtliche Anzeiger“ als „Teil II“, verantwortet von der Staatlichen Pressestelle. Da die hbg. Staatsorgane sich erst 1851 eine (eingeschränkte, ab 1860 umfassende) Publikationspflicht für Gesetze und Verordnungen auferlegten (nach dem schon 1810–14 praktizierten frz. Vorbild), musste bis dahin auf private, im 18. Jh. begonnene Sammlungen zurückgegriffen werden (von J.F. Blanck, J. ➢*Klefeker*, Chr.D. Anderson, J.M. ➢*Lappenberg*). Das neue Amtsblatt erschien 1852–86 als gesonderter Teil des ➢*Hamburgischen Correspondenten*. Ab 1887 wurde das „Amtsblatt der Freien und Hansestadt" zusammen mit dem Beiblatt „Öffentlicher Anzeiger" verteilt. Beide wurden bis 1906 vom Statistischen Landesamt (➢*Statistisches Amt für Hamburg und Schleswig-Holstein*), dann von der Senatskanzlei herausgegeben. Ab 1920 erschien das Amtsblatt unter dem Titel „Hamburgisches Gesetz- und Verordnungsblatt" (mit dem „Amtlichen Anzeiger" als Beiblatt). In der ➢*NS-Zeit* wurde 1938 die Verkürzung „Hamburgisches Verordnungsblatt" eingeführt (bis 1946). Seit 1950 gilt wieder die vorherige Bezeichnung. Druck, Verlag und Ausgabe besorgt seit 1887 der frühere „Ratsdrucker" Lütcke & Wulff; seit 1995 ist das HGVB über das Internet abrufbar. *luz*

Hamburgisches Verfassungsgericht Die Rechtsgrundlage sind Art. 65 der hbg. ➢*Verfassung* und das Gesetz über das H.V., beide im September 1996 neu gefasst. Es ist besetzt mit einem Präsidenten und acht Verfassungsrichtern; der Präsident und drei Verfassungsrichter müssen hbg. Richter auf Lebenszeit sein, zwei weitere die Befähigung zum Richteramt haben. Alle Mitglieder (und ihre Vertreter) werden von der ➢*Bürgerschaft* auf sechs Jahre gewählt, der Präsident und ein Berufsrichter auf Vorschlag des ➢*Senats*. Zuständig ist das Gericht u.a. für Wahlprüfungen und Streitigkeiten zwischen Verfassungsorganen (z.B. zwischen Senat und Bürgerschaft). *JA*

Hamburgisches Wörterbuch heißt ein 1917 von der Germanistin A. Lasch begonnenes „Lexikon des Wortschatzes der in Hamburg gesprochenen und geschriebenen Mundarten". A. Lasch, seit 1923 Professorin an der ➢*Universität Hamburg*, wurde 1934 als Jüdin aus dem Hochschuldienst entlassen, 1942 deportiert und in einem Konzentrationslager ermordet. Die erste Lieferung des vom Hamburgischen Wörterbucharchiv am Germanischen Seminar (heute: Institut für Germanistik I) der Universität erarbeiteten Werkes erschien 1956, der erste Band (Lieferungen 1–8: A–Extrapost) wurde 1983 abgeschlossen. 2006 kam der abschließende fünfte Band heraus. Das H.W. setzt auf ungleich größerer Grundlage und mit vielen Nachweisen das ➢*Idioticon Hamburgense* fort. Das Werk ist nicht nur für Sprachwissenschaftler, sondern auch für Historiker und Volkskundler eine Fundgrube. *Ko.*

Hamburg-Mitte Der Bezirk umfasst die historische Innenstadt, die ehem. Vorstädte ➢*St. Georg* und ➢*St. Pauli*, die Stadtteile ➢*Borgfelde* und ➢*Hamm*, den neuen Stadtteil ➢*HafenCity* sowie die Insel ➢*Neuwerk* (mit ➢*Scharhörn*) im ehem. ➢*Kerngebiet* sowie die früheren Ortsamtsgebiete ➢*Billstedt* (mit ➢*Horn*), Veddel-Rothenburgsort und ➢*Finkenwerder*. In H.-M. leben 280.430 Einw. (2009) auf 142,3 km² Fläche. Seit 2008 gehört ➢*Wilhelmsburg* zum Bezirk Hamburg-Mitte. Das Bezirksamt hat seinen Sitz im City-Hof am Klosterwall. *Ko.*

hamburgmuseum ➢*Museum für Hamburgische Geschichte*

Hamburg-Nord Der Bezirk umfasst im ehem. ➢*Kerngebiet* die Stadtteile ➢*Hoheluft-Ost*, ➢*Eppendorf*, ➢*Groß*

Borstel, ➢*Alsterdorf* und ➢*Winterhude* und besitzt mit Barmbek-Uhlenhorst (➢*Barmbek*, ➢*Hohenfelde*, ➢*Uhlenhorst*) und ➢*Fuhlsbüttel* (samt ➢*Ohlsdorf* und ➢*Langenhorn*) zwei frühere Ortsamtsgebiete. In H.-N. leben 278.961 Einw. (2009) auf 57,8 km² Fläche. Das Bezirksamt befindet sich an der Kümmellstraße, Robert-Koch-Straße und Lenhartzstraße in Eppendorf. *Ko.*

Hamburg Port Authority ➢*Strom- und Hafenbau*

Hamburg Süd (Hamburg-Südamerikanische Dampfschifffahrtsgesellschaft Eggert & Amsinck; HSDG) Am 4.11. 1871 wurde die „Hamburg-Südamerikanische Dampfschifffahrtsgesellschaft" auf Anregung des Reeders A. Bolten (auch Mitgründer der ➢*HAPAG*) von elf Hbger Handelshäusern gegründet, in der Nachfolge der Hamburg-Brasilianischen Dampfschiffahrtsgesellschaft. Seit 1887 konnte sie ihre Frachtfahrten nach Brasilien und Argentinien (➢*Iberoamerika*) wöchentlich anbieten. Auch das Passagiergeschäft nahm einen erfolgreichen Verlauf. Die HSDG bot dt. Auswanderern und span. Saisonarbeitern Passagen nach Südamerika an und führte zwischen den Weltkriegen auch Kreuzfahrten auf den Schiffen der „Monte-Klasse" durch. Flaggschiffe waren die schnellen und komfortablen Dampfer „Cap Polonio" (1914, 1922–35) und die luxuriöse „Cap Arcona" ab 1927. In beiden Weltkriegen verlor die HSDG ihre gesamte Flotte (jeweils zwischen 55 und 60 Schiffe) durch Zerstörung oder Beschlagnahme der Siegermächte. Beide Male gelang der Wiederaufbau: 1951 wurde die AG in eine KG umgewandelt und mit dem

Luxus auf hoher See: farbiger Umschlag einer Speisekarte für die Passagiere auf der Fahrt zwischen Hamburg und Südamerika mit Dampfern der Hamburg Süd, um 1920

Zusatz „Eggert & Amsinck" versehen. Im selben Jahr nahm sie den Verkehr nach Südamerika wieder auf. Als größte dt. Privatreederei zum Bielefelder Oetker-Konzern gehörig, dirigierte das Unternehmen 2009 148 Schiffe mit einer Stellplatzkapazität von 304.000 TEU. Sitz der Reederei ist das bauhistorisch bedeutsame, 1959–64 entstandene Verwaltungshochhaus an der ➢*Ost-West-Straße* 59–61 von C. ➢*Pinnau*, der auch die sechs „Cap-San-Schiffe" entwarf (➢*Cap San Diego*).

Mit der Zunahme des ➢*Containerverkehrs* auf den Liniendiensten Europa–Südamerika/Ost- und Westküste und Karibik, Nordamerika–Südamerika (jeweils Ost- und Westküste), Nordamerika–Australien/Neuseeland hat sich die HSDG seit 1971 zu einer modernen Transport-Logistik-Organisation entwickelt, nicht zuletzt durch eine Reihe von teilweisen oder kompletten Übernahmen anderer Firmen seit 1986, als die „Deutsche Nah-Ost-Linie" angegliedert wurde. Es folgten u.a. britische, schwedische, niederländische Firmen, 1998 die brasilianische „Aliança". Die HSDG beschäftigte 2009 rund 4.800 Mitarbeiter(innen), und erzielte einen Jahresumsatz von 3.193 Mrd. €. *luz*

Trümmer, so weit das Auge reicht: Kriegszerstörungen im Sommer 1943 in Hamm-Mitte (Diagonalstraße, Droopweg, Hübbesweg, Dobbelersweg)

Hamm Die erste urkundliche Erwähnung des holstein. Dorfes geschah 1256, als Hbg es samt den umliegenden Ländereien zur Pacht nahm. Der endgültige Kauf erfolgte 1358, die Einrichtung der Landherrenschaft H. und ➢*Horn* 1410 (➢*Landgebiet*). Seit dem 16. Jh. erwarben Hbger Bürger hier Grundstücke und errichteten stadtnahe Landsitze (➢*Landhaus*). Schon vor dieser Zeit begann die Abholzung der „Hamme", eines Waldgebiets bei H. Während der ➢*Franzosenzeit* wurde zur Schaffung eines freien Schussfeldes das östl. vor der ➢*Befestigung* Hbgs liegende Dorf zerstört, verschont blieben nur die Hammer Kirche von 1638 (zerstört 1943, heute Dreifaltigkeitskirche 1956/57) sowie eines der 369 Häuser. 1939 lebten in H., das seit 1871 ➢*Vorort* und seit 1894 Stadtteil war, rund 90.000 Menschen. Überwiegend Beamte und Angestellte wohnten in „Oben Hamm", also nördl. des Geestrückens, während „Unten Hamm" ein Arbeiterquartier war. 1914–20 entstand auf dem Gelände des ehem. Gutsbesitzes der Familie Sieveking der ➢*Hammer Park*. Bomben und Flächenbrände zerstörten während der ➢*Luftangriffe* H. zu 96 %. Die heutigen Stadtteile H.-Nord, -Mitte und -Süd umfassen zusammen 3,8 km² mit 36.810 Einw. (2009). Sie gehörten zum ehem. ➢*Kerngebiet* des Bezirks ➢*Hamburg-Mitte*. Um die Vergangenheit des ehem. Dorfes und seiner angrenzenden Gebiete kümmert sich das Stadtteilarchiv Hamm. Zum Namen des Stadtteils: ➢*Hamburg (Bedeutung des Namens). Ti.*

Hammaburg Die für Hbg namengebende H. könnte zwischen 810 und 822 nach Eingliederung Nordalbingiens in das Frankenreich errichtet worden sein. Sie war Sitz eines Burggrafen, der die militärische und zivile Verwaltung von Burg und Umgebung leitete. Historisch belegt ist das Bestehen der H. vor dem Jahr 831, und mit 845 ist ebenso das Jahr ihrer Zerstörung durch die ➢*Wikinger* bekannt. Bislang wurde angenommen, dass die H. an der Südwestseite der Geestzunge im Bereich des späteren ➢*Doms* lag. Eine hier bei Ausgrabungen in den Jahren 1949–56 freigelegte Holz-Erde-Befestigung mit vorgelagertem Graben, die lange Zeit als die H. angesehen wurde, datiert nach heutigem Kenntnisstand in das 10. Jh. *Ri.*

Hammer Park Der H.P. geht zurück auf den „Hammer Hof", ein beim Dorf ➢*Hamm* gelegenes ➢*Landhaus*. 1773 erwarb der aus der Schweiz eingewanderte J. de Chapeaurouge den Besitz, den er in der Folgezeit erweiterte und von dem er Teile an Landwirte verpachtete. Ein schon 1803 als besonders schön beschriebener engl. Garten entstand, „der von dem humanen Besitzer der öffentlichen Beschauung offen gelassen" wurde. In der ➢*Franzosenzeit* mussten Park und Dorf zur Anlage eines freien Schussfeldes im Winter 1813/14 abgeholzt und die Gebäude niedergelegt werden. 1829 übernahm Karl ➢*Sieveking* den gesamten Besitz von Chapeaurouges Erben und errichtete in „Kombination von ‚empfindsamem' Garten und Gutsbetrieb" eine „Ornamented farm". Er folgte dabei dem Vorbild seines Patenonkels C. ➢*Voght* in Flottbek (➢*Jenischpark*, ➢*Klein Flottbek*). Versuche, auf dem heutigen Rodelhügel Wein anzubauen, scheiterten ebenso wie die nur anfänglich erfolgreichen Projekte einer Bierbrauerei und einer Zieglei.

Als Hamm sich vom Dorf zum Stadtteil entwickelt hatte und die Landwirtschaft fast vollständig städtischer Bebauung gewichen war, kaufte die Stadt 1914 für 650.000 Mark 17,5 ha des Sieveking'schen Besitzes. Noch im selben Jahr begannen auf dem Gelände um das ehem. Herrenhaus die Arbeiten

Das Modell im Museum für Hamburgische Geschichte zeigt Hamburg und seine Wehranlagen im 11. Jahrhundert: rechts die Ringburg mit der Baustelle des Doms, nördlich der Bischofsturm und der sich anschließende Heidenwall; in der Mitte die Alsterburg; links die Ringanlage der Neuen Burg, später das Areal der gräflichen Neustadt

zur Errichtung eines Stadtteilparks nach Plänen von O. Linne. 1920 wurde die Anlage eröffnet und in den folgenden Jahren erweitert. Nach den Reformideen der Zeit wurden Sport- und Spielstätten in-

Der Hammer Park, eine grüne Oase zwischen den Stadtteilen Hamm-Nord und Hamm-Mitte

tegriert, bis 1924 waren Teile des 1914 gegründeten Kirchenpauer-Realgymnasiums im ehem. Herrenhaus untergebracht. Nach den Zerstörungen durch die ➢*Luftangriffe* 1943–45 wurde der H.P. wiederhergestellt und z.T. im freien Gartenstil der 1950er Jahre neu angelegt. *Ti.*

Kanäle bestimmten das Bild in Hammerbrook: Blick von der Nagelswegbrücke über den vereisten Mittelkanal Richtung Osten. Im Hintergrund die St.-Annen-Kirche zwischen Victoriakanal und Hammerbrookstraße. Foto um 1910

Hammerbrook ist ein Stadtteil im Bezirk ➢*Hamburg-Mitte*, zu beiden Seiten vom Heidenkampsweg; 1938 wurde er in seinen Grenzen festgelegt. Urspr. war er der westlichste Teil der 1383 vom ➢*Rat* erworbenen Marschniederung H., die sich zwischen ➢*Bille* und Geestkante vom Oberhafen bis über die Höhe von ➢*Horn* hinaus erstreckte. Für die Entwässerung des H.s setzte sich im 19. Jh. besonders W. Amsinck als Syndicus des ➢*Senats* ein. Die eigtl. Erschließung begann im Zusammenhang mit dem Bau der Hbg-Bergedorfer Bahnlinie 1839–42 und des Bahnhofs Berliner Tor. Nach den Plänen W. ➢*Lindleys* entstand – nach tlw. Aufhöhung des Geländes durch den Trümmerschutt des ➢ *Großen Brandes* (1842) – ein Netz von Straßen, Kanälen und ➢*Fleeten*. Herzstück der Entwässerung war das Hochwasserbassin, das durch den Mittelkanal mit Oberhafen bzw. ➢*Elbe* verbunden war. Nach Aufhebung der ➢*Torsperre* begann die Besiedlung, nach dem ➢*Zollanschluss* zusätzlich auch die Industrialisierung H.s. Es handelte sich um ein dicht besiedeltes, „proletarisches" Quartier, wo der Sozialdemokrat O. ➢*Stolten* 1901 erstmals einen Hamburger Wahlkreis für die Sozialdemokratie „eroberte". Bei den ➢*Luftangriffen* 1943 wurde H. total zerstört, und 12.000 Menschen fanden den Tod. Hernach diente H. v.a. als Gewerbefläche, die U-Bahn mit den Stationen Spaldingstraße und Süderstraße wurde nicht wieder hergerichtet, und 2009 lebten auf 2,5 km^2 Fläche nur noch rund 1.673 Einw. Im westl. Teil von H., zwischen Heidenkampsweg und Amsinckstraße, wurden allerdings – nach Plänen von 1981/82 – die ➢*City Süd*, 1983 der ➢*S-Bahn*hof H. (im Zuge der S-Bahn-Linie nach ➢*Harburg*) errichtet. *luz*

Hammerich, Johann Friedrich (geb. 7.7. 1763 Quern/Angeln, gest. 16.9.1827 Altona), Buchhändler, Verleger. Der Pastorensohn verbrachte nach dem frühen Tod des Vaters seine Jugend bei Verwandten und absolvierte eine Lehre bei dem Flensburger Buchhändler J.Chr. Korte. Im November 1789 etablierte sich H. in ➢*Altona* mit einer Buchhandlung und einem Verlag, zu dessen Autoren in den folgenden Jahren u.a. J.H. Voß, A. Hennings und E.M. Arndt gehörten. Enge Beziehungen bestanden zu Professoren der Kieler Universität, die vielfach bei H. publizierten. Mit seinen zahlr. pädagogischen, historischen, politischen und theologischen Werken sowie aufklärerisch-liberalen Zeitschriften wie dem von Hennings herausgegebenen „Genius der Zeit" und den „Annalen der leidenden Menschheit" erlangte der Verlag v.a. in den Herzogtümern Schleswig und Holstein große Bedeutung. Eine 1811 von H. gemeinsam mit P.H. Heineking in Altona erworbene Buchdruckerei blieb bis 1909 in Familienbesitz und ging dann an H. Springer über (A. ➢*Springer*). Das Verlagsgeschäft wurde nach dem Tod H.s durch den Buchhändler W.B.T. Lesser fortgeführt, der 1829 H.s Pflegetochter Amalie Cäcilie Maria heiratete. Unter Lesser gewann der Verlag v.a. mit dem ab 1834 publizierten 15-bändigen „Staats-Lexikon" der Liberalen Rotteck und Welcker überregionale Beachtung. Veröffentlicht wurden auch Schriften u.a. von Th. Mundt und G. ➢*Riesser*. 1882 verkaufte Lesser den Verlag an die Frommann'sche Buchhandlung in Jena. *KG*

Hammonia-Lied heißt die Stadthymne der Hbger. Sie führt die Patronin ihrer Stadt im Namen (➢*Stadt- und Schutzpatrone*). Das Lied erklang erstmals am 19.4.1828 beim fünften Stiftungsfest der Hamburger ➢*Liedertafel* von 1823. Einem größeren Publikum wurde das Werk als Schlussgesang des Schauspiels „Bürgertreue" von G.N. Bärmann bekannt. Es wurde aus Anlass der 300-Jahr-Feier der Konstituierung der ➢*Bürgerlichen Kollegien* am 29.9.1828 im ➢*Stadttheater* aufgeführt. Zu dem sieben Strophen umfassenden Text von Bärmann hatte der Musiklehrer und Dirigent A. Methfessel eine passende Melodie komponiert. Es gab mehrere Textfassungen. Um drei Strophen gekürzt und leicht umgearbeitet, entwickelte sich das Lied mit seiner eingängigen ersten Zeile „Stadt Hamburg an der Elbe Auen" seit den 1890er Jahren zu einer inoffiziellen „Nationalhymne" der Stadt. *SH*

Handelsgericht (HG) Aufgrund guter Erfahrungen mit dem 1813 während der ➢*Franzosenzeit* eingesetzten „Tribunal de Commerce" wurde durch Verordnung vom 3.8.1815 ein selbstständiges HG errichtet, das mit zwei Berufsrichtern (Präsident und Vizepräsident) sowie neun, später zehn, vom ➢*Ehrbaren Kaufmann* auf Zeit gewählten Kaufleuten besetzt war (Sitz im ➢*Eimbeckschen Haus*). Es war für Handelssachen im weitesten Umfang zuständig. Die Aufhebung des HGs geschah infolge der sog. Reichsjustizgesetze (➢*Gerichtswesen*) zum 1.10.1879. Letzter Präsident war S. Albrecht, der als Erster dem im selben Jahr geschaffenen ➢*Landgericht* präsidierte. An die Stelle des HGs traten die nach seinem Vorbild mit einem Berufsrichter und zwei Handelsrichtern besetzten Kammern für Handelssachen des Landgerichts. 1868–79 erschien die „Hamburgische Handelsgerichtszeitung" mit Beiheft, die 1880–1927 als „Hanseatische Gerichtszeitung" fortgesetzt wurde. *JA*

„Einen der ausgezeichnetsten deutschen Musiker" nannte Heinrich Heine den Hamburger Komponisten Albert Methfessel, der auch die Hamburger Nationalhymne, das Hammonia-Lied, vertonte. Zeitgenössisches Porträt

Sitz der Handelskammer ist noch immer die neue Börse am Adolphsplatz, errichtet 1839-41 von Carl Ludwig Wimmel und Franz Gustav Forsmann. Stahlstich von James Gray, um 1850

Der Börsensaal in der Handelskammer bietet ein erlesenes Ambiente. Die mit 664 Quadratmetern größte Halle des Gebäudes (Höhe 25 Meter) wird für Veranstaltungen, Messen, Hauptversammlungen oder Ausstellungen genutzt.

Handelskammer heißt seit dem 1.1. 1867 die Rechtsnachfolgerin der ➢ *Commerzdeputation*. Sie ist als solche die Standes- und Interessenvertretung aller Hbger Kaufleute, in deren Auftrag sie durch ihre vornehmlich beratende Funktion Einfluss auf wirtschaftspolitische Entscheidungen zu nehmen sucht. Im Verlauf der Industrialisierung nahm sich die H. – zunächst noch zögernd – auch der Industriellen an. Seit 1880 hatten diese die Möglichkeit, dem ➢*Ehrbaren Kaufmann*, also dem Wahlkörper der H., beizutreten und waren dadurch für die H. wählbar. Das Gerangel um die Industrievertretung zwischen der H. und der 1873 gegründeten Gewerbekammer (➢*Handwerkskammer*) beendeten ➢*Senat* und ➢*Bürgerschaft* 1907, indem sie diese Aufgabe beiden Institutionen zubilligten. Erst während der ➢*NS-Zeit* veränderte sich der Aufgabenbereich: 1934 wurde die H. alleinige Industrievertretung, 1935–43 führte sie den Namen Industrie- und Handelskammer. Seit 1935 ist sie für die kaufmännische Berufsausbildung zuständig. 1937 wurden ihr die Krämer, die seit 1904 in der Detaillistenkammer organisiert waren, eingegliedert. Mit dem Aufgehen in der Gauwirtschaftskammer 1943–45 verlor die H. vollständig ihre Unabhängigkeit.

Nach dem Zweiten Weltkrieg setzte zunächst der Senat die Mitglieder der H. ein, bevor mit den ersten Kammerwahlen 1954 und dem Kammergesetz von 1956 die volle Selbstständigkeit wieder erreicht wurde. Als Körperschaft des öffentlichen Rechts mit verfassungsrechtlich genehmigter Zwangsmitgliedschaft wird die H. allerdings nicht mehr vom Ehrbaren Kaufmann gewählt, sondern direkt von den Mitgliedsfirmen. Die Finanzierung, bis 1919 noch durch die Börseneinnahmen und einen Staatszuschuss gesichert, wird durch Beitragserhebung bei allen Pflichtmitgliedern, d.h. im Handelsregister eingetragenen, und bei freiwilligen Mitgliedern aufgebracht. *OK*

Handelskrisen haben Hbgs Wirtschaftsleben immer wieder beeinträchtigt. Angesichts der großen Bedeutung von Handel und Wandel für die Hansestadt konnte das kaum anders sein. V.a. nach dem Siebenjährigen Krieg (1756–63) und im Anschluss an die Koalitionskriege gegen das revolutionäre Frankreich (1792–99) war es nach ertragreicher Kriegskonjunktur zu kräftigen Rückschlägen in der wirtschaftlichen Tätigkeit gekommen. Am stärksten indes wurde Hbg im Herbst 1857 von der ersten weltweiten Wirtschaftskrise im Anschluss an den Krimkrieg (1853/54–56) getroffen. Ende November war die H. (genau genommen war es eine Geld- und Kreditkrise) innerhalb weniger Tage zu einer förmlichen Staatskrise eskaliert. Erst nachdem der ➢*Rat* sich entschlossen hatte, weitreichende Kreditgarantien zu übernehmen, ja sogar Privatdarlehen mit Staatshaftung zu gewähren, normalisierte sich die Entwicklung. Die im Dezember 1857 mit der Nationalbank in Wien kontrahierte Staatsanleihe über 10 Mio. ➢*Bankomark* in Silberbarren sorgte schlagartig für Entspannung und eine lang anhaltende Dankbarkeit der Hbger gegenüber Österreich. *Ah.*

Handelsverträge konnten nach der auf dem Wiener Kongress 1815 verabschiedeten Deutschen Bundesakte wegen des Fehlens einer Zentralgewalt von allen Bundesstaaten abgeschlossen werden (➢*Deutscher Bund*). Die drei Freien Hansestädte ➢*Lübeck*, ➢*Bremen* und Hbg haben

Freundschafts-, Handels-
und
Schifffahrts-Vertrag
zwischen
den Senaten der freien und Hansestädte Lübeck,
Bremen und Hamburg
und
den Vereinigten Staaten von Nord-America
unterzeichnet zu Washington am 20. December 1827.

Die Ratificationen des Vertrages sind am 2. Juni 1828 zu Washington
ausgewechselt worden.

Nach dem authentischen Text in Englischer und Französischer nebst beigefügter
Uebersetzung in Deutscher Sprache.

Hamburg, 1828.
Gedruckt bey Johann August Meißner, E. Hochedl. und Hochw. Raths Buchdrucker.

Druck des Vertrags, den die Hansestädte mit den Vereinigten Staaten von Amerika 1827 schlossen

einzeln, zumeist aber gemeinsam solche völkerrechtlichen Verträge mit auswärtigen Staaten in großer Zahl ausgehandelt. Zwischen 1825 und 1865 sind über 20 Vertragswerke ratifiziert worden, und zwar v.a. mit überseeischen, besonders lateinamerikan. Staaten (➢*Iberoamerika*). Hauptgrundsätze solcher „Freundschafts-, Handels- und Schiffahrtsverträge" waren die gegenseitige Gleichstellung und die Meistbegünstigung. Einige dieser Verträge sind 1866 vom ➢*Norddeutschen Bund* und dann 1871 vom Deutschen Reich übernommen worden; die mit neun Jahrzehnten längste Geltungsdauer hatten die H. mit den USA (1827–1917) und mit Großbritannien (1825–1914). *Ah.*

Handwerkskammer Bereits in der Verfassung von 1860 war die Wahl eines Gewerbeausschusses vorgesehen, aber erst mit der Einführung der Gewerbefreiheit zum 1.2.1865 entstand ein Interimsausschuss, der die Gründung der Gewerbekammer vorbereitete, die dann 1873 erfolgte. Nachdem die Kammer zunächst nur als Gutachterin und Interessenvertretung des Handwerks aufgetreten war, erhielt sie 1900 alle Rechte und Pflichten einer H. Nach langjährigen Kompetenzstreitigkeiten übernahm die Gewerbekammer 1907 auch tlw. die Industrievertretung, bevor diese 1934 endgültig an die ➢*Handelskammer* überging. Die wechselnde Unterbringung der H. endete erst 1915 mit dem Einzug in das nach Entwürfen von F. ➢*Schumacher* errichtete Gewerbehaus am Holstenwall, das übrigens in bewusster Opposition zum ➢*Gewerkschaftshaus* entwickelt worden war. Die Umbenennung der Gewerbekammer in H. erfolgte 1936, erst 1946 erhielt diese ihre Unabhängigkeit und ihren heutigen Status als Körperschaft des öffentlichen Rechts. *OK*

Hansa-Theater Am 5.3.1894 eröffnete P.W. Grell in den Räumen des bisherigen „Hansa-Concert-Saals" am Steindamm in ➢*St. Georg* das H.-T. Der aus Heide in ➢*Holstein* stammende Brauereibesitzer hatte das Lokal 1892 erworben. Um den Absatz seines ➢*Bieres* zu fördern, engagierte er zur Unterhaltung seiner Gäste nicht nur Orchester, sondern bald auch Gesangskünstler und Artisten. Der große Erfolg beim Publikum machte aus der anfänglichen Neben- eine Hauptsache, und Grell entschloss sich zum Umbau des Lokals. In dem alsbald sehr populären

Mittelhalle des nach Plänen von Fritz Schumacher errichteten ehemaligen Gewerbehauses am Holstenwall. 1989 ging das bis dato städtische Gebäude endgültig in den Besitz der Handwerkskammer über.

Varieté-Theater, das 1.500 Zuschauern Platz bot, traten in den folgenden Jahrzehnten zahlr. bekannte Künstler auf, wie die Sängerin Y. Guilbert, die Tänzerin J. Baker, der Kabarettist O. Reutter und die Gesangsgruppe der Comedian Harmonists oder der Entfesselungskünstler Houdini. Nach der Zerstörung des Gebäudes bei einem der ➢*Luftangriffe* 1943 eröffnete das H.-T. im August 1945 zunächst in provisorischen Räumlichkeiten. Später wurde das Gebäude am Steindamm mit einem verkleinerten Saal wieder aufgebaut. Ende 2001 stellte das H.-T. seinen Betrieb ein. 2008/09 wurde ein Neuanfang gewagt. *KG*

Das traditionsreiche Hansa-Theater am Steindamm im Jahr 1936 mit Werbung für die offiziell „Meister-Sextett" genannte Nachfolgegruppe der seit 1935 verbotenen Comedian Harmonists. Die von deren nichtjüdischen Mitgliedern gegründete neue Gruppe benutzte als Werbung aber weiterhin den berühmten Namen.

Hanse Die H. war eine spätmittelalterliche Interessengemeinschaft hauptsächlich norddt. Handelsstädte bzw. der Fernkaufleute. Den Anfang nahm sie im 12. Jh. als Verbund von Händlern, die zur jeweils wirtschaftlich und politisch ausschlaggebenden Schicht gehörten, während die Blütezeit der H. als wirtschaftlich, auch politisch starker, sogar zu gemeinsamen Kriegsanstrengungen fähiger Städtebund im 13.–15. Jh. lag. Hbg spielte in der Spätzeit der H. eine wichtige Rolle. Mitglied im „wendischen" Quartier unter Führung ➢*Lübecks* (das auch meist als „Vorort" der gesamten, nur locker verfassten H. galt), trieb es v.a. Handel nach Holland, Flandern (Brügge) und England (London, ➢*Stalhof*). Hauptexportgut war lange Zeit das ➢*Bier.* Im 14. Jh. wurde Hbg beinahe aus der H. ausgeschlossen, weil es zunächst den Aufwand scheute, sich an den gegen die dän. Bedrohung des Ostsee-

Die Gebrüder Wolf, hier in einer Szene aus „Snuten und Poten", gehörten als Hamburger Originale zu den beliebtesten Künstlern auch des Hansa-Theaters, bis sie ihrer jüdischen Herkunft wegen in der NS-Zeit Auftrittsverbot erhielten.

Mit der Urkunde vom 9.9.1361 besiegelten die Hansestädte ihr Bündnis mit den Königen von Schweden und Norwegen gegen Dänemark. Die folgenden kriegerischen Auseinandersetzungen führten zur Niederlage Dänemarks. Der Stralsunder Frieden von 1370, der die Kämpfe beendete, gilt als Höhepunkt hansischer Macht.

handels gerichteten Kriegsmaßnahmen zu beteiligen. Ungleich stärker engagierte sich der Hbger ➢*Rat*, wenn es um die Verkehrswege und Handelsprivilegien in Westeuropa ging. Als die H. insgesamt verfiel, konnte Hbg seine Position als führende Handelsstadt behaupten, nicht zuletzt allerdings durch die – den Gepflogenheiten der H. zuwiderlaufende – Begünstigung der Niederlassung ausländischer Kaufleute. Nach der Entdeckung der Neuen Welt, infolge der Erstarkung der europäischen Nationalstaaten, der „oberdeutschen“ (süddeutschen) Konkurrenz, infolge auch von Konflikten, die mit der Reformation zusammenhingen, nahm die Bedeutung der H. insgesamt ab, und es setzte ein Konzentrationsprozess auf immer weniger große Städte ein. 1629, also zu Zeiten des Dreißigjährigen Kriegs, wurde Hbg zusammen mit Lübeck und ➢*Bremen* von den verbliebenen Hansestädten beauftragt, bis auf Weiteres die gemeinsamen Interessen wahrzunehmen (➢*Hanseatische Gemeinschaft*). Die Zeiten der offiziell nie aufgelösten H. waren lange vor dem letzten Hansetag 1669 in Lübeck vorüber. *luz*

hanseatisch ist eine ebenso vage wie emotionsgeladene Bezeichnung für bestimmte „typische“ Eigenschaften der Hansestädte ➢*Lübeck*, ➢*Bremen*, Hbg und ihrer Bewohner, v.a. der alteingesessenen und etablierten. Während sich neben „hanseatisch“ auch das ältere Adjektiv „hansisch“ hielt, dass auf die gesamte ➢*Hanse* bezogen (➢*Hansischer Geschichtsverein*) oder deutschtümelnd verwendet wurde („Hansische Universität“ in der ➢*NS-Zeit*; ➢*Universität Hamburg*), steht „hanseatisch“ für das Gemeinsame innerhalb der ➢*Hanseatischen Gemeinschaft*. Mit Ausdrücken wie „klassisch-hanseatische Lebensart“ oder „hanseatisch-gediegener Flair“ lässt sich Werbung für Produkte

betreiben, die in die Welt des „gehobenen“ oder gar „Großbürgertums“ zu passen scheinen. Die Senate der drei vom Städtebund der Hanse übrig gebliebenen Städte entwickelten ein gemeinsames Programm, „Hanseatische Desiderien“, wozu v.a. die Aufrechterhaltung der Verfassung als Stadtstaatswesen gehörte. Das Wort h. gelangte ins Englische und Französische („hanseatic“, „hanséatique“). In der ➢*Franzosenzeit* bildeten Hbg, Bremen und Lübeck das Zentrum der von Napoleon geschaffenen „Hanseatischen Departements“ (1811–1813/14). Gegen die Franzosen wurden in Hbg u.a. „Hanseatische Bürgergarden“ aufgestellt (auch eine Hanseatische Legion; ➢*Militär*). „Hanseatisch“ weckt Assoziationen zu Weltoffenheit, Urbanität, vornehmem Understatement, nüchterner Zuverlässigkeit und merkantiler Prosperität, erinnert aber auch mit kritischem Beigeschmack an großbürgerliches Patriziertum, steife Zurückhaltung, ja Standesdünkel und gar kleinkarierten Krämergeist. Sogar von „hanseatischer Unterkühltheit“ ist umgangssprachlich-sprichwörtlich die Rede. Der Versicherungskaufmann und Kulturpolitiker A.K. ➢*Gobert*, „Ein Hanseat aus Pöseldorf“ (wie er 1967 im Nachruf des ➢*Hamburger Abendblatts* tituliert wurde), vereinigte in seiner Person viele hanseatische Tugenden und ironisierte als Schriftsteller („Zacke und Loch. Hamburger Patrizier um 1900“, 1963; „Der Stundenplan. Die pünktliche Gesellschaft in Hamburg zu Beginn des 20. Jahrhunderts“, 1967) auch die Defizite: „Hanseatische Familien [vor dem Ersten Weltkrieg] kamen eigentlich niemals mit dem Volke zusammen.“ *luz*

Hanseatische Gemeinschaft bezeichnet eine die ➢*Hanse* ab 1629 zunächst nur repräsentierende, dann überdauernde Verbindung von ➢*Lübeck*, ➢*Bremen* und Hbg. 1630 schlossen die drei Städte ein 1641 noch einmal um zehn Jahre verlängertes Bündnis (u.a. zur Verteidigung). Der von ihnen 1669 in Lübeck organisierte Hansetag war der letzte. 1679 erreichte der Dreistädtebund, dass „die Hanse“, obwohl sie längst nicht mehr in ihrem ursprünglichen Sinne existierte, sondern nur noch im Sinne des Anspruchs der drei Städte, den einstigen Bund zu repräsentieren, in den nach der Hansestadt Nimwegen benannten Frieden zwischen den Niederlanden und Frankreich einbezogen wurde. Hbg, Bremen und Lübeck blieben Rechtsnachfolger der Hanse als Eigentümer des Londoner ➢*Stalhofs* (Verkauf 1853) und des Antwerpener Osterlingehauses (Verkauf 1862). Nachdem neben Lübeck (1226) auch Bremen (endgültig 1741) und Hbg (1768 im ➢*Gottorper Vergleich*) Freie Reichsstädte geworden waren und das von dem Bremer Senator J. Smidt herausgegebene „Hanseatische Magazin“ (1799–1804) mit dem Anspruch angetreten war, das Zusammengehörigkeitsgefühl der drei Städte gegen die Bedrohungen ihrer Unabhängigkeit zu stärken, entfiel 1806 das Heilige Römische Reich als der konföderale staatsrechtliche Rahmen, der unter den zahlreichen deutschen Staatswesen auch die drei verbliebenen Hansestädte zusammengehalten hatte. In dieses maßgeblich von ihm selbst hergestellte Vakuum drang Napoleon ein: Von 1806 bis 1810 bildeten die drei Städte das französische Generalgouvernement der Hansestädte („des villes hanséatiques"), von 1811 bis 1813/14 den Kern des Generalgouvernements der Hanseatischen Departements. 1815 wurden alle drei, zusammen mit Frankfurt, als Freie Städte in den ➢*Deutschen Bund* eingefügt und nannten sich Freie Hansestadt bzw. Freie und Hansestadt (Hbg seit 1819, seit 1820 auch Lübeck und Bremen, deren Titel sich später wieder änderten); als ➢*hanseatisch* wurde nun mehr noch als zuvor das Verbindende bezeichnet. Von den gemeinsamen Einrichtungen wie der Hanseatischen Gesandtschaft in Berlin hat das ➢*Hanseatische Oberlandesgericht* nur dem Namen nach überlebt. Lübeck wurde freilich 1937 Bestandteil der preuß. Provinz, 1946 des Landes Schleswig-Holstein, während Hbg und Bremen auch nach Gründung der Bundesrepublik als Stadtstaaten („Bundesländer") ihre relative Selbstständigkeit und ihre unter manchen Gesichtspunkten allerdings hinderlich engen Grenzen wahren konnten. *luz*

Hanseatische Krankenkasse (HEK) Die Ostern 1826 in Hbg von Handlungs-Gehilfen (= kaufmännische Angestellte) als „Kranken-Verein der Commis des Löblichen Kramer-Amts" (➢*Krameramt*) gegründete HEK ist die älteste dt. Unternehmung ihrer Art. Wer versichert werden wollte, musste ledig sein, da davon ausgegangen wurde, dass Verheiratete im Krankheitsfall von Familie und Nachbarschaft Hilfe erwarten konnten. 1862, als die HEK bereits 329 Mitglieder zählte, fiel diese Bedingung fort. 1970 nahm das inzwischen in ganz Dtld versichernde und 1940 mit der Merkur-Ersatzkasse fusionierte Unternehmen als eines der Ersten Früherkennungsmaßnahmen in seinen Leistungskatalog auf. Zur Betreuung ihrer bundesweit rund 365.000 Versicherten und 260.000 Mitglieder beschäftigt die HEK mit Hauptverwaltung in ➢*Wandsbek* rund 640 Mitarbeiter. *Ti.*

Hanseatische Verlagsanstalt (HAVA) 1893 gründete der ➢*Deutschnationale Handlungsgehilfen-Verband* die HAVA als eigene Druckerei und Verlag, 1916 wurde mit der „Deutschnationalen Hausbücherei" die erste Buchgemeinschaft geschaffen. Bis 1934 war der Verlag das institutionelle Rückgrat der „Konservativen Revolution", in den folgenden Jahren bis zum Ende des Zweiten Weltkriegs nahm er eine zentrale Brain-Trust-Funktion ein. Nach der Übernahme durch die nationalsozialistische Deutsche Arbeitsfront wurde der Verlag zu einem komplex orientierten Großunternehmen, das eine Schlüsselstellung im „Dritten Reich" erlangte. Durch die Zusammenarbeit mit Instituten, Ministerien, Wehrmacht und Sicherheitsdienst konnte ein geistiger Führungsanspruch erlangt werden. Neben Autoren wie H.F. Blunck, E. Jünger und C. Schmitt wurden auch die Schriftsteller des traditionellen bürgerlichen Lesepublikums verlegt. Einige Autoren, wie W. Bergengruen, wurden nicht nur aus absatztechnischen Gründen als oppositionell stilisiert. Am 2.1.1947 wurde die Verlagsanstalt von der brit. Militärregierung (➢*Britische Besatzung*) liquidiert. *He.*

Hanseatisches Oberlandesgericht Das Gericht wurde aufgrund der sog. Reichsjustizgesetze (➢*Gerichtswesen*) als gemeinschaftliches oberes Landesgericht der Stadtstaaten ➢*Lübeck*, ➢*Bremen* und Hbg gegründet und trat am 1.10.1879 an die Stelle des ➢*Oberappellationsgerichts* in Lübeck. Erster Präsident wurde E.F. ➢*Sieveking*. 1937 schied Lübeck, 1947 Bremen aus der Gerichtsgemeinschaft aus. Das Gericht ist zuständig als Rechtsmittelgericht für das ➢*Landgericht* und die ➢*Amtsgerichte*. Es ist außerdem erste Instanz in bestimmten Strafsachen (insoweit auch für Bremen) und Vollstreckungsgericht für den ➢*Internationalen Seegerichtshof*. Heute ist es mit einer Präsidentin, einem Vizepräsidenten und rund 65 Richtern besetzt. An Spruchkörpern umfasst es 14 Zivil-, sieben Straf- und zwei Kartellsenate sowie einen Senat für Baulandsachen, einen für Notarsachen und zwei für Steuerberater- und Steuerbevollmächtigtensachen. Der Präsident ist kraft Amtes auch Präsident des Gemeinsamen Prüfungsamts der Länder Bremen, Schleswig-Holstein und Hbg. Der Sitz des Gerichts befindet sich am ➢*Sievekingplatz*. *JA*

Die Kuppel des Hanseatischen Oberlandesgerichts an der Stirnseite des Justizforums, des Sievekingplatzes. In dem Gebäude hat auch das Hamburgische Verfassungsgericht seinen Sitz. Architekten des Kuppelbaus von 1907–12 waren Werner Lundt und Georg Kallmorgen. Im Vordergrund ist ein Teil der Brunnenanlage des Bildhauers Arthur Bock zu sehen. Die drei Frauen symbolisieren die Städte Bremen, Hamburg und Lübeck.

Hanseatisches Sondergericht Nach Aufhebung der Grundrechte durch die „Reichstagsbrandverordnung" vom 28.2.1933 wurden zur schnellen Aburteilung politischer Regimegegner spezielle Strafgerichte eingerichtet, bei denen die herkömmlichen Verfahrensrechte abgeschafft waren (Wegfall der gerichtlichen Voruntersuchung, keine Berufungs- oder Revisionsmöglichkeit, stark eingeschränkte Verteidigerrechte). Am 18.4.1933 trat erstmals in Hbg das für den Bezirk des ➢*Hanseatischen Oberlandesgerichts* zuständige H.S. zusammen. Im benachbarten ➢*Altona* tagte das für den OLG-Bezirk Kiel gebildete Schleswig-Holsteinische Sondergericht. In der Vorkriegszeit erfolgten die meisten Aburteilungen aufgrund des „Gesetzes gegen heimtückische Angriffe auf Staat und Partei". 1935–38 fanden zahlr. „Bibelforscherverfahren" gegen mehr als 300 Angehörige der verbotenen Zeugen Jehovas statt.

Als mit Kriegsbeginn den Sondergerichten für eine erweiterte Strafverfolgung zahlr. neue Deliktgruppen zugeordnet und sie zur Regelinstanz des Kriegsstrafrechts wurden, stieg sowohl die Zahl der Verurteilungen als auch die Höhe des Strafmaßes beim H.S. stark an. Von den im „Dritten Reich" durch Hbger Strafgerichte verhängten 229 Todesurteilen wurden allein 218 vom H.S. ausgesprochen; sie wurden in der Regel im Hbger Untersuchungsgefängnis am Holstenglacis durch das Fallbeil vollstreckt. Zumeist ergingen die Todesurteile beim H.S. aufgrund der „Volksschädlingsverordnung" (76,3 %) oder der „Kriegswirtschaftsverordnung" (12,3 %); der Anteil der rein politischen Delikte (u.a. „Wehrkraftzersetzung") betrug 11,4 %. Insbesondere in der zweiten Kriegshälfte stieg die Zahl der Todesurteile stark an; im Jahr 1943 endete vor dem H.S. jedes siebte Verfahren mit einem Todesurteil. Die Spruchtätigkeit des H.S. wies nunmehr entsprechend der Aufgabenbestimmung als „Panzertruppe der Rechtspflege" (R. Freisler) standgerichtlichen Charakter auf. *DG*

Zeitgenössisches Porträt des dänischen Landbaumeisters Christian Frederik Hansen: Das „Weiße Haus" am Elbhang (rechts) stattete er für Peter Godeffroy mit prächtigen Abgüssen von antiken Reliefs und Figuren aus. Sie waren ursprünglich für den preußischen Hof bestimmt, doch das Schiff, das sie aus Rom brachte, strandete vor Blankenese, und Hansen konnte die Kunstwerke weit unter Wert ersteigern.

Hansen, Christian Frederik (geb. 29.2. 1756 Kopenhagen, gest. 10.7.1845 ebd.), dän. Baumeister. Der Sohn eines Schuhmachers und einer kgl. Amme besuchte die Kopenhagener Kunstakademie und durchlief eine Ausbildung zum Bauhandwerker. Seit 1775 arbeitete H. als Zeichner und Maurer bei dem Architekten K.F. Harsdorff. 1782 ging er nach Erhalt mehrerer Auszeichnungen und der Gewährung eines Stipendiums der Akademie auf Studienreise nach Italien. 1783 wurde er Mitglied der Akademie und kgl.-dän. Landbaumeister in ➢*Holstein*. Nach Amtsantritt in ➢*Altona* im folgenden Jahr begann er hier und in den Elbvororten seine Nebentätigkeit für private, vielfach in Hbg ansässige Bauherren. Entlang der ➢*Palmaille* errichtete er zahlr. Wohnhäuser und begründete damit die Gestalt der Straße als klassizistisches Ensemble. J.M. Hansen, sein Neffe und Nachfolger, setzte dies Werk fort (G.F. ➢*Baur*). Entlang der ➢*Elbchaussee* baute H. mehrere ➢*Landhäuser*, u.a. für J.C. IV. Godeffroy (1789–92, Nr. 499), für dessen Bruder Peter das „Weiße Haus" (um

1790, Nr. 547) und für J.H. Baur d.J. das „Elbschlösschen" (1804–06, Nr. 372). An Baurs Haus zeigt sich deutlich H.s Anlehnung an A. Palladio, den bedeutenden Architekten der ital. Renaissance, und seine Rezeption klassisch-antiker Bauformen. Zugleich ließ er sich von der frz. Revolutionsarchitektur beeinflussen. Zusammen mit dem Hbger Architekten J.A. Arens verhalf H. dem Klassizismus in Hbg und Altona zum Durchbruch. Weil er dennoch neuere Entwicklungen seit Anfang des 19. Jhs nicht in seinen Entwürfen berücksichtigte, gilt sein umfangreiches Gesamtwerk als konservativ. Durch den Brand des Schlosses Christiansborg (1794) und den verheerenden Stadtbrand (1795) in Kopenhagen hatten sich für H. zahlr. Bauaufgaben in seiner Heimatstadt ergeben. 1799 in die Wiederaufbaukommission berufen, kehrte er 1804 endgültig dorthin zurück. An der Akademie übernahm er 1808 den Lehrstuhl für Architektur und nach 1811 mehrmals das Direktorat. *Ti.*

Hanseviertel Im Netz der City-Passagen (v.a. Bleichenhof, Europa-Passage, Gänsemarkt-Passage, Galleria, Hamburger Hof, Levante-Haus, Neuer Gänsemarkt) sticht das vielteilige und vielseitige H. hervor. Es wurde 1980 als „längste Ladenpassage Europas" (280 m) von einem Versicherungskonzern im Dreieck Poststraße/Große Bleichen auf der Fläche von 30 ehem. Einzelgrundstücken eröffnet, 1981 kam ein Hotel dazu, 1983 ein Parkhaus. Sinn für Tradition wurde in postmoderner Pluralität durch die Einbeziehung restaurierter Jugendstilfassaden sowie durch „hanseatisches Gepräge" bewiesen: ➢*Backstein*-Mauerwerk, Bronze-Intarsien im Fußboden (Urkundentexte, Wappen), maritime Motive in Brandgiebelbemalungen, Glockenspiel. Die Intarsien zeigen die Wappen von Städten der ➢*Hanse* (u.a. Bergen, Danzig, Königsberg, La Rochelle, Reval, Riga). Die Architekten Gerkan, Marg und Partner bemühten sich um „weltstädtische Noblesse" und ➢*hanseatische* Zurückhaltung; „unterschwelliger Klaus-

Das „Elbschlösschen", das ehemalige Landhaus Baur, ist Sitz der Hermann Reemtsma Stiftung. An Johann Heinrich Baurs Haus zeigt sich deutlich Christian Frederik Hansens Anlehnung an den Renaissance-Architekten Andrea Palladio und dessen Rezeption klassisch-antiker Bauformen.

trophobie" wollten sie durch Glaskuppeln und übersichtliche Anordnung der Ausgänge entgegenwirken. Eine gewisse Abgeschlossenheit der Geschäfte soll den Passanten freies Flanieren gestatten. Die 45.000 m² vermietete Fläche schließen außer Geschäften und Gastronomiebetrieben auch Büroräume und Wohnungen ein. *luz*

Flanieren und Shopping bei jedem Wetter: Mit dem Hanseviertel begann der Siegeszug der Passagen in Hamburgs Innenstadt. Foto aus den 1990er Jahren

Hansischer Geschichtsverein Der H.G. wurde im Mai 1870 in Stralsund aus Anlass der 500. Wiederkehr des Stralsunder Friedens, mit dem sich die ➢*Hanse* 1370 die Vormacht im Norden sicherte, von Vertretern der Geschichtsvereine zu ➢*Lübeck*, ➢*Bremen*, Hbg, Greifswald und Stralsund gegründet. Seine Aufgabe ist es, „die Erforschung der Geschichte der Hanse und ihrer einzelnen Städte zu fördern und das Interesse für die hansische Geschichte zu beleben"; so hieß es in der Einladung zur ersten Jahresversammlung nach Lübeck 1871, auf der auch die Satzung beschlossen wurde. Der H.G. bildet einen Zusammenschluss von Historikern und interessierten Geschichtsfreunden. Auch Städte und Institute sind Mitglieder. Regelmäßig finden in der Woche nach Pfingsten Tagungen in ehem. Hansestädten statt. Seit 1871 gibt der Verein die „Hansischen Geschichtsblätter" heraus (zuletzt Jahrgang 127, 2009). Der H.G. hat rund 500 Mitglieder. *SH*

HAPAG (Hapag-Lloyd AG) Die 1847 als „Hamburg-Amerikanische Packetfahrt-Actien-Gesellschaft" gegründete Reederei betrieb anfänglich Personen- und Frachtverkehr zwischen Hbg und Nordamerika mit Seglern, seit 1855 auch mit Dampfern. Insbesondere unter der Leitung von A. ➢*Ballin* entwickelte sich die Reederei, die sich selbst das Kürzel „HAL" (Hamburg-Amerika Linie) gab, zur weltweit größten Schifffahrtsgesellschaft vor dem Ersten Weltkrieg. Sie betrieb mit nahezu 200 Ozeandampfern neben Linien- auch Trampschifffahrt und führte Vergnügungs- und Erholungsreisen durch. Die HAPAG war v.a. in der Beförderung von Auswanderern in die USA tätig (➢*Auswanderung*). Zu Beginn des 20. Jhs errichtete sie auf der ➢*Veddel* die „Auswandererhallen", die zu jener Zeit als vorbildliche Einrichtungen galten und eine zügige Abwicklung ermöglichten (➢*BallinStadt*). Die Reederei widmete sich auch dem aufkommenden Luftverkehr. Ihre Abteilung Luftschifffahrt bot nach Errichtung einer Luftschiffhalle in ➢*Fuhlsbüttel* bereits vor Beginn des Ersten Weltkriegs Zeppelin-Rundfahrten über Hbg an. Ihre Geschäftsräume am Dovenfleet wurden zugunsten eines prachtvollen, 1901–03 von M. ➢ *Haller* erbauten und 1912–23 durch F. ➢*Höger* stark erweiterten Verwaltungsgebäudes am Alsterdamm (heute: Ballindamm) aufgegeben. Zwischen 1911 und 1914 wurden die drei Riesendampfer „Imperator" (52.117 BRT), „Vaterland" (54.282 BRT) und „Bismarck"

Der Stapellauf des „Imperator", eines der Riesendampfer der HAPAG, erfolgte 1912. Bei der Fahrt nach Cuxhaven lief das Schiff auf Grund und konnte erst nach mehreren Wochen die Jungfernfahrt von Cuxhaven nach New York antreten.

(56.551 BRT) gebaut, die in Schiffbau und Passagierfahrt Maßstäbe setzten (➢*Blaues Band*). Nach Ende des Ersten Weltkriegs musste die HAPAG ihre Flotte bis auf wenige kleinere Schiffe an die Siegermächte abliefern. Der Wiederaufbau unter Generaldirektor W. Cuno wurde 1920–26 in Interessengemeinschaft mit den United American Lines (Harriman-Gruppe) durchgeführt. Im Rahmen politischer und wirtschaftlicher Schwierigkeiten in den 1930er Jahren begannen große Reedereien miteinander zu kooperieren, so auch die HAPAG mit dem ➢*Norddeutschen Lloyd* in ➢*Bremen*. Der Zweite Weltkrieg brachte der HAPAG einen Totalverlust. Mit der schrittweisen Lockerung der Schiffbau- und Tonnagebeschränkungen in den Nachkriegsjahren konnte die Gesellschaft alte Liniendienste allmählich wieder aufnehmen. Vor dem Hintergrund sich wandelnder Linienverkehre und durch den einsetzenden ➢*Containerverkehr* entstand 1970 durch Fusion der Hamburg-Amerika Linie und des Norddeutschen Lloyd Bremen die Hapag-Lloyd AG mit Sitz in Hbg. Seit 1997 gehörte sie zum Preussag-Konzern, seit 2002 zur TUI AG. 2008 übernahm das Hbger Albert-Ballin-Konsortium 56,67 % der Anteile, die restlichen Anteile verblieben bei der TUI AG. *Pr.*

Zentrale einer Weltreederei: das von Martin Haller 1901–03 errichtete und von Fritz Höger 1912–23 umgebaute und erweiterte Verwaltungsgebäude der HAPAG am Ballindamm

Harburg ist Hbgs südelbischer Bezirk mit 125,2 km² Fläche und 152.429 Einw. (2009) und ein Stadtteil in dessen ehem. ➢*Kerngebiet* mit 3,9 km² Fläche und 21.531 Einw.

An der mittelalterlichen „Horeburg“ = Sumpfburg (➢*Harburger Schloss*), einem strategischen Punkt im ➢*Süderelbe*gebiet, entwickelte sich am Verbindungsdamm zur Geest hin in einem langwierigen Prozess eine Siedlung; sie an der heutigen Harburger Schlossstraße mit wenigen Fachwerkbauten wiederzuentdecken fordert Archäologie und Vorstellungskraft. In einer schon im 12. und 13. Jh. umkämpften Region konnte das 1288/97 stufenweise erlangte Stadtrecht H. lediglich beschränkte Selbstständigkeit unter dem Herzogtum Braunschweig-Lüneburg sichern. Im 15. Jh. einigen Hansestädten, schließlich nur Lüneburg als Pfand überlassen, erfuhr H. als Sitz einer welfischen Nebenlinie (1527–1642) wirtschaftlichen Aufschwung (➢*Seevekanal*). Mit Beginn der Herrschaft der Nebenlinie gelangte auch die Reformation nach H. Aus dieser „Herzogenzeit“ hat sich die Schützengilde milieuprägend erhalten (➢*Harburger Vogelschießen*). Mit dem Festungsbau gegen Ende des Dreißigjährigen Krieges (1618–48), der die Stadt selbst – im Unterschied zu Hbg – nicht schützte, bekam H. eine Garnison, die sich besonders während der Belagerung im Siebenjährigen Krieg (1757) und in den Napoleonischen Kriegen (um 1800) als belastend erwies. Wiederholten Versuchen, hier Manufakturen oder gar, gegen die übermächtige Hbger Konkurrenz, Hafen und Handel aufzuhelfen, war auch während der Zugehörigkeit zum Kurfürstentum Hannover, seit 1815 Königreich, kein dauerhafter Erfolg beschieden. Seiner militärischen Bedeutung und den weitreichenden Streitigkeiten mit Hbg verdankt H. immerhin seit dem 16. Jh. die Berücksichtigung in ➢*Lorichs' Elbkarte* sowie in gedruckten Karten und Ansichten (besonders bei Merian 1654 und dann nach 1757).

Das Bild der Stadt, dem neben – bis in heutige Haltungen spürbaren – Benachteiligungen durch Hbger auch positive Wirkungen der Nachbarschaft zu eigen sind, besonders dank der Verkehrslage, wandelte sich mit der Industrialisierung entscheidend. Sie setzte nach dem Bau der ersten Eisenbahn (1847 nach Hannover) und des damit verbundenen Seehafens (1849 fertiggestellt, um das ehem. Schloss) in starken Schüben ein. Die weitgehend mit Hbger Kapital betriebenen Investitionen wurden von H.s früher Zugehörigkeit zum Deutschen Zollverein begünstigt (seit 1854 mit dem Königreich, ab 1866 in der nun preuß. Provinz Hannover). Schwerpunkte waren gänzlich neue Kautschuk- und dann Pflanzenölfabriken von europaweiter Bedeutung, dazu Metallverarbeitung, eine Spezialwerft und im 20. Jh. Mineralölanlagen. So wurde aus der alten Rechtsform Stadt auch ein wirtschaftlich und sozial komplexes Gebilde. Zwischen 1850 und 1900 verzehnfachte sich die Bevölkerung auf knapp 50.000 Menschen. Mit dem Wachstum der Stadt entwickelte sich kultureller Ehrgeiz, der 1894 zum Theater und 1898 zum ➢*Helms-Museum* führte. Erste Brücken über die Süderelbe (1872 Eisenbahn, 1899 Straße, ➢*Elbbrücken*) erleichterten zwar die Verbindung mit Hbg, besiegelten jedoch den früheren Verzicht auf die alte Privilegierung der Fährschifffahrt im Stromspaltungsgebiet. Verstärktes Kommunalbewusstsein zeigte sich im großen Rathausneubau 1888–92. In H. bil-

„Der Hafen zu Harburg mit seiner nächsten Umgebung“ in einer farbigen Lithografie von 1851/52 (Maßstab etwa 1:8.100).
Der Plan lässt die einzelnen Phasen der Stadtentwicklung gut erkennen: die Schlossinsel („Citadelle“), die südlich anschließende, zur Stadt gewordene Siedlung, die Garnison im Südwesten, den Bahnhof im Osten, die neuen Kanäle und modernen Häfen.

deten sich eine jüd. und eine kath. Gemeinde (seit den 1860er Jahren mit eigenen Gotteshäusern).
Die Kommune wuchs durch raumgreifende Eingemeindungen, mit ➢*Heimfeld* und ➢*Wilstorf* 1888 beginnend, bis zu ➢*Eißendorf* 1910. Der Seehafenausbau verdrängte das Dorf Lauenbruch, diente der örtlichen Industrie wie überlokalen Hafeninteressen (drei tideoffene Becken 1904–08, das vierte 1927–29). Die hannoversche, später preuß. Magistratsverfassung des 19. Jhs, landesherrlich-bürgerlich geprägt, gab der Arbeiterschaft kaum politische Chancen. Dennoch kam durch die Wirkung von Organisationen (➢*Volkswohl*) und Persönlichkeiten (Th. ➢*York*) der Ruf vom „roten Harburg“ auf. 1925–33 stellte die Sozialdemokratie ihren einzigen

Im Harburger Binnenhafen ist es gelungen, altes Hafengewerbe mit High-Tech-Betrieben auf attraktive Weise zu verbinden: Rückfront der ehemaligen Speicher am Schellerdamm, in denen ein neues Wohnquartier entstanden ist. Das Foto wurde von der Brücke Veritaskai gemacht.

Das 1888–92 gebaute Harburger Rathaus im Stil der Neorenaissance. Zeitgleich wurde der Harburger Rathausplatz angelegt.

(Ober-)Bürgermeister: W. ➢*Dudek*. Mit ihm erreichte das „Groß-Harburg"-Streben nicht nur Beachtliches im Bildungs-, Bau- und Wohlfahrtswesen, sondern auch den Zusammenschluss mit ➢*Wilhelmsburg* 1927 zur Großstadt H.-Wilhelmsburg. Der Hamburgisch-Preußischen Hafengemeinschaft von 1929 blieb infolge der Weltwirtschaftskrise, die H. enorme Arbeitslosigkeit bescherte, ein Schub zur Kooperation versagt. Vielmehr vereinigten sich 1937 im ➢*Groß-Hamburg-Gesetz* übermächtige Interessen von Hansestädtern und NS-Reichs- und Rüstungspolitik und führten so zum Ende von H.s Selbstständigkeit. Sie war zwar stets sehr begrenzt gewesen, ist aber über ihre Dauer hinaus bis heute wirksam geblieben, wie im Klagen, so im Können. H. war „kriegswichtig" und erlitt das von den Nationalsozialisten Provozierte: Bomben-Zerstörungen von Industrie, die auch mit Kriegsgefangenen und Zwangsarbeitern betrieben wurde, und Wohngebieten – verheerend erst 1944/45. Dann wurden gerade hier, über die Frontlinie hinweg, die noch die „Festung Hamburg" halten sollte, Kapitulation und Befreiung eingeleitet.

Aus einem Kreis der Einheitsgemeinde Hbg nach dem Krieg in einen Bezirk (Ortsamtsbereiche: Wilhelmsburg und Süderelbe) überführt, entging H. in Wiederaufbau und Stadtentwicklung v.a. durch Autoverkehrsfixierung nicht modernen Unwirtlichkeiten. Seit Jahren wird die Wiederbelebung des Altstadt-Schlosshafen-Bereichs angestrebt. Wie dies durch die ➢*Technische Universität* gefördert wird, so stehen ökonomische Standortfaktoren dagegen, die nach dem Schließen einiger Traditionsbetriebe besonderes Gewicht erlangten. Sowohl für Hbg wie auch für den nach ihm benannten niedersächs. Landkreis ist H. ein Nebenzentrum geblieben. *JE*

Harburger Anzeigen und Nachrichten Am 9.3.1844 erhielt der Buchdrucker J.Chr. Hergeröder von der Landesdrostei Lüneburg die Lizenz zur Herausgabe eines Wochenblatts und übertrug sie seinem Sohn Carl; dieser brachte am 5.10.1844 die erste Ausgabe der „Harburger Anzeigen" heraus, die unter strenger Zensur und dem Verzicht auf politische und unterhaltende Beiträge eine Auflage von 300 Ex. erreichten. Im Oktober 1854 erschien der erste Artikel mit politischem Inhalt, und ab April 1856 wurden regelmäßig lokale Berichte abgedruckt. 1860 erhielt die Zeitung ihren heutigen Namen und durfte sich ab 1870 als „Amtliches Kreisblatt für die Städte Harburg und Winsen sowie für die Ämter Harburg, Winsen und Tostedt" bezeichnen. Als Tageszeitung (seit 1875) erhöhte sich ihre Auflage bis 1914 auf 14.000 Ex. Die Nationalsozialisten verfügten am 1.3.1943 die Einstellung. Schon 1945 erfolgten wieder erste Anzeigenveröffentlichungen und ab Oktober 1949 erneut der Vertrieb als Abonnementszeitung. Durch das Erfordernis erheblicher Investitionen sah sich das seit fünf Generationen im Familienbesitz befindliche Unternehmen 1989 zum Verkauf an eine Gesellschaftergruppe gezwungen. 2010 betrug die Auflage von Hbgs ältester noch erscheinender Zeitung 15.729 Ex. *KKW*

Harburger Schloss Die für die spätere Stadt namengebende „Horeburg" wurde auf einer Talsandinsel an der heutigen Bauhofstraße spätestens um 1100 errichtet. Bei den Kämpfen um die Grafschaft Stade 1144–1257 gehörte sie abwechselnd zum Erzstift Bremen, zum welfischen Herzogtum und zur Grafschaft ➢*Holstein*. Seit 1257 diente sie als Grenzfestung des Herzogtums Braunschweig-Lüneburg und regionaler Verwaltungsmittelpunkt. 1527–1642 war sie Residenz einer abgeteilten Nebenlinie des Herzogshauses und wurde zum dreiflügeligen Schloss ausgebaut. Die Celler Hauptlinie ließ 1644–60 um die alte Anlage eine moderne große Festung errichten. Seit dem 18. Jh. nahmen die ehem. Schlossgebäude die Harburger Regionalverwaltung auf. 1900 erwarb eine Werft das Gelände. Heute existiert nur noch das ehem., im Kern um 1400 errichtete Hauptgebäude, dessen urspr. Funktion infolge seines Umbaus zum Mietshaus 1900 nicht mehr erkennbar ist (Privatobjekt Bauhofstraße 8, seit 1988 unter ➢*Denkmalschutz*). *Ri.*

Harburger Vogelschießen Als Gründer der Harburger Schützengilde und des H.V.s gilt Herzog Otto I. aus der Harburger Nebenlinie der Welfen, der 1528 Schützenkönig wurde und das erste noch vorhandene Königsschild stiftete. Auch in der Folgezeit 1569–1625 wurden siebenmal Angehörige des Herzogshauses Schützenkönige und stifteten entsprechende Schilder, die bis heute erhalten sind. Sämtliche Bürger ➢*Harburgs* waren zur Teilnahme am H.V. verpflichtet. 1710 wurde generell das öffentliche Scheibenschießen im Kurfürstentum Hannover verboten. Erst 1818 fand es wieder statt, ein Jahr später erfolgte die Neugründung der Schützengilde. Seitdem werden – von kriegsbedingten Unterbrechungen abgesehen – jährlich auf dem Schwarzenberg H.V. abgehalten; sie sind eines der populärsten Hbger Volksfeste. *Ri.*

Harmonie heißt der 1789 auf Initiative des zugewanderten Kaufmanns G.L. Peitzner nach engl. Vorbild gegründete großbürgerliche Herrenklub. Er war der erste auf dem Kontinent und nach raschem Mitgliederanstieg bald der größte und bekannteste seiner Art. Das an den Großen Bleichen erworbene Domizil befand sich in der für Kaufleute, Juristen und Politiker, die auf sich hielten, geradezu obligatorischen Entfernung von nur 250 m zum Rathaus (➢*Rathäuser, Alte, 4.*) und zur ➢*Börse*. Die Räume standen den Mitgliedern ganztägig zu Gespräch, Spiel, Lektüre und Mahlzeiten zur Verfügung. Ein Klingelzeichen kündigte später so rechtzeitig den Börsenbeginn an, dass die Zahlung des „Sperrgeldes" durch pünktliches Eintreffen vermieden werden konnte. Diese Heimstatt wurde beim Großen Brand 1842, nach Wiederaufbau erneut im Zweiten Weltkrieg 1942 zerstört, aber v.a. der Kreis des „Juniorentisches" sorgte für ein Wiederaufleben nach Kriegsende – mit wechselnden Treffpunkten u.a. im „Alt-Hamburger Bürgerhaus" in der ➢*Deichstraße*, im Gebäude der ➢*Patriotischen Gesellschaft* an der ➢*Trostbrücke* oder im ➢*Hotel Vier Jahreszeiten*. Mit Selbstbewusstsein wird auf die familiale Kontinuität in der Mitgliederschaft verwiesen, im Kern begegnen oft die bekannten Namen der „Hamburger Kreise". Auch nach einem Neuanfang 2001 ist die Voraussetzung für eine Mitgliedschaft die Einführung durch ein Altmitglied der H. *luz*

Harvestehude Ein „Secondhandname" für ein nobles Wohnviertel an der ➢*Alster* im ehem. ➢*Kerngebiet* des

Bezirks ➢*Eimsbüttel* mit 16.387 Einw. (2009) auf 2,0 km² Fläche. „Herwardeshuthe" wurde nämlich zuerst ein elbnahes Dorf genannt, das einem 1245/46 gegründeten Zisterzienserinnenkloster gehörte. Die Nonnen zogen 1295 an die Alster um, der alte Name blieb am neuen Ort erhalten. Viehzucht, Imkerei, Alsterfischfang, Mühlenbetriebe, Abgaben der Bauern und Kreditgeschäfte waren die Grundlagen des klösterlichen Wohlstands. Der Lebensstil wurde zunehmend patrizisch und vornehm. Daher verordnete 1482 der Administrator des Erzbischofs in ➢*Bremen* (➢*Erzbistum*) eine einschneidende Reform des Klosters. Sie scheiterte durch eine heftige Protestdemonstration von Hbger Bürgern. Danach unterstellten sich die Zisterziensernonnen dem Schutz des Hbger ➢*Rats*. Als die Stadt luth. wurde, kam sie das bös zu stehen: Weil die Nonnen den neuen Glauben strikt ablehnten, ließ der Rat 1530 das Kloster abreißen und auflösen. Erst im 19. Jh. wurde der Landbesitz zur Bebauung freigegeben. 1866 kaufte das Klosterland-Konsortium vom ➢*Kloster St. Johannis* das Gelände für 4 Mio. ➢*Bankomark*. 1,55 Mio. Mark wurden der ➢*Hamburgischen Landeskirche* überwiesen, die damit ihre finanzielle Basis erhielt. Das Klosterland mit seinem schachbrettartigen Straßenplan und dem von F.A. ➢*Meyer* entworfenen Innocentiapark wurde zu einem von der Oberschicht bevorzugten Wohngebiet. Villen, ➢*Stadt-* und ➢*Etagenhäuser* unterschiedlicher Stilrichtungen vom gründerzeitlichen Historismus über den Jugendstil bis zur Reformarchitektur prägen das Bild des Quartiers. Markantes Wahrzeichen von H. und ➢*Rotherbaum* ist die St.-Johannis-Kirche zwischen Mittel- und Turmweg, die 1880–82 von W. Hauers im neogotischen Stil erbaut wurde. *SU*

Reihenweise prägen gründerzeitliche Etagenhäuser das Straßenbild von Harvestehude, hier Jungfrauenthal.

Hasenmoore hießen kleine, zumeist ausgemauerte Rinnsale im Stadtgebiet. In ihnen wurden Abfälle und Abwässer in Fleete und in die Alster geleitet, und sie dienten zugleich als Rückhaltevorrichtungen für Schlamm („Schlammkisten"). Besonders bei ihrer Entleerung verpesteten sie ganze Straßenzüge mit ihrem Gestank. In Hbg gab es um 1832 noch 13 H. Noch um 1876 wurde H. als technischer Ausdruck für abwässerführende Abflussgräben verwandt. Das Wort entstand vermutl. durch Beibehaltung untergegangener mndt. Wörter und bedeutete so viel wie „aus Unrat entstandenes Schlammlager". *Ti.*

Hasse, Johann Adolf (getauft 25.3. 1699 Bergedorf, gest. 16.12.1783 Venedig), Komponist. Aus einer weitverzweigten nordelbischen Organistenfamilie stammend, wurde der musikalisch Begabte 1714 zur weiteren Ausbildung nach Hbg geschickt. Er wirkte hier als Tenorist an der Gänsemarkt-Oper (➢*Stadttheater/Staatsoper*), verließ aber bereits 1719 Hbg für immer, um an die Oper in Braunschweig zu wechseln. Dort wurde seine erste Opernkomposition „Antioco" 1721 aufgeführt. Die weiteren Stationen seiner Karriere waren Neapel, Venedig und schließlich Dresden, wo er 1734–64 als Hofkapellmeister die weltliche und geistliche Musikpflege des sächs. Kurfürsten bestimmte. Danach lebte er in Wien und Venedig. H. wurde durch sein Schaffen zum führenden Repräsentanten der Opera seria und galt seiner Zeit als „der berühmteste Komponist". In ➢*Bergedorf* pflegen die 1910 gegründete Hasse-Gesellschaft und das ihr 1986 angegliederte Hasse-Archiv sein Werk durch Forschung und Aufführungen. *GJ*

Johann Adolf Hasse, Bergedorfs berühmter Sohn. Die Plastik von Gisela Varzandeh aus dem Jahr 2005 steht neben seinem Geburtshaus.

Der turmartige Anbau von 1836 am Geburtshaus des Komponisten Johann Adolf Hasse gehört zu den markanten Punkten in der Bergedorfer Altstadt.

Hasselbrook lautet der alte Flurname für die seit 1864 erschlossene Gegend nördl. der Hasselbrookstraße im Stadtteil ➢*Eilbek*, unmittelbar an der Grenze zu ➢*Hamm-Nord*, abgeleitet vom Strauch der Haselnuss (eine andere Deutung führt H. auf Pferdeweide zurück: „harsebrook" von altsächs. horse = Ross). Der H. war urspr. Teil eines großen Waldgebiets bei Hamm, das im Mittelalter als Jagdgebiet dem Adelsgeschlecht der Ritter von Hamme gehörte (daher: Ritterstraße). Ein Teil musste 1865 der Eisenbahnstrecke von Hbg nach ➢*Lübeck* weichen. Der als burgartiger ➢*Backsteinbau* 1905–07 für die ➢*Vorortbahn* errichtete Bahnhof H. gehört zu den letzten Hbger Verkehrsgebäuden im gründerzeitlichen Stil der Hannoverschen Bauschule (F.A. ➢*Meyer*). Der Zugang zum Bahnsteig wurde verlegt, und der Mitte der 1990er Jahre restaurierte Bau beherbergt eine Gastronomie. Ca. 40 m entfernt steht einer der zwölf in Hbg 1939/40 im „System Zombeck" gebauten Rundbunker: Klinkerverkleidung und Biberschwanzdach sollten an einen mittelalterlichen Stadtmauerturm erinnern und so das trügerische Gefühl von sicherer Heimat vermitteln. *Ti.*

Hauptbahnhof Der H. wurde am 5.12.1906 eingeweiht. Er entstand in vierjähriger Bauzeit im alten Wallgraben (➢*Befestigung*, ➢*Wallanlagen*) auf städtischem Gelände zwischen der ➢*Lombardsbrücke* und dem ehem. „Bahnhof am Klosterthor", auf den ehem. Friedhöfen von ➢*St. Georg* und ➢*St. Jacobi*

und den Fundamenten des alten ➢*Steintors*. Die Jugendstilelemente im preisgekrönten Entwurf des Berliner Architekturbüros Reinhardt & Süßenguth wurden nach persönlichem Eingreifen Kaiser Wilhelms II. durch Formen der Neorenaissance ersetzt, die dem Gebäude einen burgartigen Charakter verliehen. Vorbild dieser größten dt. Bahnhofshalle (37 m hoch, 73 m weit, 121 m lang) war die Konstruktion der „Galeries des Machines" der Pariser Weltausstellung von 1889 (abgerissen 1910). Der H. fasste die Gleise der Lübecker, der Berliner, der Hannoveraner sowie der ➢*S-* und der ➢*Verbindungsbahn* zusammen und enthielt bereits einen Tunnel für die ➢*U-Bahn*. Er ersetzte somit den Berliner Bahnhof (ehem. Bergedorfer, geschlossen 1.5.1903), den Lübecker (4.12.1906), den Klostertor- (5.12.1906) und den Venloer Bahnhof (auch Pariser und später Hannoveraner Bahnhof genannt und als Güterbahnhof weitergenutzt). Erweiterungen waren 1968 die U-Bahn-Station Hauptbahnhof Nord und 1975 die östl. verlaufenden unterirdischen S-Bahn-Gleise. Der H. ist heute zentraler Personenbahnhof mit ca. 1.400 S-Bahn-Fahrten und 800 Reisezugfahrten werktäglich für die City und den Osten Hbgs. Mit bis zu 450.000 Reisenden pro Tag ist er der meistfrequentierte Personenbahnhof Dtlds. Zudem ist er Knotenpunkt der Fernbahnen von Skandinavien/Kopenhagen (Vogelfluglinie), Rostock, ➢*Lübeck*, Berlin, Frankfurt/Hannover, Köln/➢*Bremen* und nach der Elektrifizierung 1995/96 auch der Bahnen aus Jütland/Flensburg sowie Kiel. Der Regionalverkehr führt nach Nordniedersachsen, Ostholstein und Mecklenburg. Im H. kreuzen sich alle S- und U-Bahn-Linien. *To*

Die Gleise des Hauptbahnhofs sind bereits verlegt; die Stahlkonstruktion der Halle befindet sich noch im Bau. Das Foto entstand um 1905.

Hauptpastor Mit der Einführung der Kirchenordnung J. ➢*Bugenhagens* bekamen die vier ➢*Kirchspiele* je einen Pastor. Unter ihm waren Kapläne (später Diakone) tätig, die die Mehrzahl der Gottesdienste und sakramentalen Amtshandlungen durchführten. Die Funktion des Pastors war es, die Geistlichen des Kirchspiels zu beaufsichtigen und die Predigt im Hauptgottesdienst am Sonntagmorgen zu halten. Nur gelehrte und hoch angesehene Männer kamen für dieses Amt in Betracht. Seit dem 17. Jh. galten die Inhaber der ersten Pastorenstellen in den seit 1685 fünf Kirchspielen als H. Sie bildeten ein Kollegium, das die Prüfung der Kandidaten (Pastoren) vornahm. Zudem gehörte jeder H. dem Scholarchat an (➢*Schulwesen*) und war Inspektor der privaten und kirchlichen Schulen in seinem Kirchspiel. Mit Einführung der Synode (1870) wurden die H. von Amts wegen Mitglieder derselben und nahmen am Kirchenregiment teil, besonders im Kirchenrat. In der Regel wurde der amtsälteste H. Senior genannt, d.h. er wurde als oberster Repräsentant der hbg. Kirche und Leiter des ➢*Geistlichen Ministeriums* anerkannt (➢*Landesbischof*). Mit der Schaffung der ➢*Nordelbischen Landeskirche* 1977 verloren die H. ihren kirchenleitenden Status. Ihre herausgehobene Stellung als Repräsentanten der Kirche in Hbg und ihrer fünf urspr. Stadtgemeinden blieb aber bestehen. *Sl.*

Hausbruch Der Stadtteil im ehem. Ortsamtsgebiet Süderelbe des Bezirks ➢*Harburg* mit 11,2 km² Fläche und 17.136 Einw. (2009) besteht aus den vier Ortsteilen H., Dubben, Alt- und ➢*Neuwiedenthal*. Das H., ein Birken- und Erlenbruchwald, wurde bis um 1550 vom Eigentümer, dem Erzbischof von Bremen, zur Holznutzung verpachtet. Es war das „Hürersbrok", das Bruch der Pächter (= Hürer). Die erste Erwähnung von 1540 nennt einen Bienenstand sowie einen Bruchwart. 1546 ließ der Landesherr, Herzog Otto I. aus der Harburger Nebenlinie der Welfen, die Bäume fällen und einen Obsthof anlegen. Um 1610 baute Herzog Wilhelm August ein Vorwerk (Cuxhavener Straße 66), das nicht erhalten ist. Seit dem 18. Jh. wurden die Ländereien auf Erbzins ausgegeben, ab ca. 1880 begann der Verkauf an An- und Abbauer. Mit Anlage der Cuxhavener Bahn und dem Bau des Bahnhofs 1881–84 zogen viele Neubürger nach H., und zahlr. Einfamilienhäuser entstanden. Entlang der Cuxhavener Straße wurden Hotels, Pensionen und Gasthäuser errichtet, ein reger Ausflugsverkehr zur Haake kam in Gang (➢*Haake und Emme*). 1909–14 verdoppelte sich die Häuserzahl. In den 1930er Jahren wurde die Hafenbahn nach ➢*Waltershof* gebaut (➢*Kattwyk-Hubbrücke*). 1937 kam H. vom Landkreis Harburg nach Hbg. Seit 1980 besteht hier ein Gewerbegebiet. *Ri.*

HAW ➢*Hochschule für Angewandte Wissenschaften (HAW) Hamburg*

Heckscher, Johann Gustav Wilhelm Moritz (vor der Taufe 1808: **Moritz**, geb. 26.12.1797 Hbg, gest. 7.4.1865 Wien), Jurist, Politiker. H. stammte aus einer jüd. Bankiersfamilie in Hbg, sein Vater Markus Abraham, Geschäftspartner von S. ➢*Heine*, wurde 1815 luth. Christ. Seine Ausbildung erhielt H. im thüring. Schnepfenthal, einer angesehenen privaten Reformschule, sowie in

Genf und Hbg. 1815 nahm er am Feldzug der Hanseatischen Legion (➢*Militär*) teil. 1818–20 studierte H. in Göttingen und Heidelberg Jura, 1820 wurde er in Göttingen promoviert. Nach ausgedehnten Reisen durch Europa ließ sich H. als Anwalt in Hbg nieder und gehörte bald zu den angesehensten Juristen der Stadt. Auch als Journalist war er tätig.

1848 wurde H., der schon dem Vorparlament angehört hatte, in die Frankfurter Nationalversammlung gewählt. Im ersten Kabinett des Reichsverwesers, Erzherzog Johann von Österreich, war er als Justiz-, dann als Außenminister tätig. Der preuß.-dän. Waffenstillstand 1848 führte zu seinem Sturz. Danach vertrat er das Reich als Gesandter in Turin und Neapel, kehrte aber nach Frankfurt zurück, um an der Reichsverfassung mitzuarbeiten. Als überzeugter Großdeutscher lehnte H. ein preuß. Erbkaisertum ab. Ende April 1849 nahm er in Hbg seine Advokaktur wieder auf, ab 1853 vertrat er als Minister-Resident die hbg. Interessen in Wien. Am Zustandekommen der österreich. Unterstützung in der ➢*Handelskrise* von 1857 war er maßgeblich beteiligt. *Ko.*

Heiligengeistfeld heißt eine Fläche von nahezu 30 ha im Norden von ➢*St. Pauli*, westl. der ➢*Wallanlagen*. Urspr. handelte es sich um Weideland, das dem 1247 erstmals bezeugten ➢*Hospital zum Heiligen Geist* in der ➢*Altstadt* (nahe der Heiligengeistbrücke) gehörte, welches seit dem Ende des 13. Jhs von Ratsherren verwaltet wurde. Im Zuge der ➢*Befestigung* Hbgs (1615–26) wurde das Gelände teils in die Wallanlagen einbezogen (wofür das Hospital in ➢*Hamm* und ➢*Horn* territorial entschädigt wurde), teils diente es als Glacis, als von der Stadtbefestigung her leicht abfallende Fläche, als von Bebauung frei gehaltenes Schussfeld, wo ➢*Bürgerwache* und ➢*Bürgermilitär* exerzierten.

Auf dem H. wurden keine Häuser gebaut, vielmehr färbte der Amüsement-Betrieb von der ➢*Reeperbahn* her ab: Nach 1880 wurden auf dem H. drei Panoramen errichtet, steinerne Rundbauten, in denen über-

Der 47 Meter hohe Hochbunker auf dem Heiligengeistfeld während des Zweiten Weltkriegs. Auf dem Dach die Rohre der Flugabwehrkanonen, rechts die Häuser der Feldstraße. Südlich in Richtung Budapester Straße stand ein zweiter, kleinerer, nach dem Krieg von der Post genutzter Hochbunker, der Mitte der 1970er Jahre teilweise gesprengt und dann abgetragen wurde.

dimensionale Gemälde, z.B. von Schlachten, bewundert werden konnten. 1880 eröffnete die erste Kunsteisbahn. Seit 1893 findet das Volksfest ➢*Hamburger Dom* zunächst partiell, seit der Marktordnung von 1900 ausschließlich hier statt. In der ➢*NS-Zeit* wurden zwei Hochbunker errichtet, von denen einer nach dem Krieg erhalten blieb und heute v.a. auch von Künstlern genutzt wird. Von einer Bebauung wurde nach dem Zweiten Weltkrieg u.a. aus dem Grund abgesehen, dass hier eines Tages die Regierungs- oder Parlamentsgebäude eines „Nordstaates" (Schleswig-Holstein, Hamburg, Bremen, Niedersachsen) stehen könnten. 1986 kam es auf dem H. zum ➢*Hamburger Kessel.* 2006, 2008 und 2010 fanden hier Fernsehübertragungen von Fußballspielen auf Großbildleinwänden statt und zogen teils über 100.000 Zuschauer an. *luz*

Heiliges Römisches Reich Deutscher Nation ist der Titel des alten, 1806 aufgelösten Reichs, das seit 962 durch das Kaisertum Ottos I. mit der Tradition des Römischen Reichs verbunden war und dem Hbg trotz jahrhundertelanger Auseinandersetzung mit ➢*Dänemark* als privilegierte Handelsstadt und als Reichsstadt angehörte. *SH*

Heimfeld ist ein Stadtteil im ehem. ➢*Kerngebiet* des Bezirks ➢*Harburg* mit 11,7 km^2 Fläche und 20.117 Einw. (2009). Gegründet um 1545 als Vorwerk von Herzog Otto I. aus der Harburger Nebenlinie der Welfen (Heimfelder Straße/Milchgrund), wurde es 1784 unter 15 Anbauern aufgeteilt (= „Groß Heimfeld"). 1799 erfolgte die Ansiedlung von vier Anbauern (= „Klein Heimfeld", Nobléestraße). Der Hbger Fabrikant H.Chr. Meyer kaufte 1853 den später nach ihm benannten Park, in dem er seine Villa errichtete (heute Krankenhaus Mariahilf); 1866–76 erwarb er mehrere Bauernhöfe. Als H. 1888 mit 1.332 Einw. nach Harburg eingemeindet wurde, bestanden keine eigenständigen Hofstellen mehr. Schon zuvor hatte entlang der Buxtehuder Straße die Bebauung begonnen. Ab 1900 entstanden im Anschluss an Klein H. ➢*Etagenhäuser*, entlang der Heimfelder Straße ab Lohmannsweg/Milchgrund Einzelhäuser in offener Bauweise und am Eißendorfer Pferdeweg Häuser im Landhausstil für Wohlhabende. Ab 1935 gab es drei Kasernen: Rennkoppel (heute Pflegeheim), Eißendorfer Pferdeweg (heute Asklepios Klinik Harburg), Heimfelder Straße (Scharnhorst Höhe). 1937 wurde H. mit Harburg-Wilhelmsburg nach Hbg eingemeindet. Die ehem. Feldmark H.s ist seit 1960 vollständig bebaut (zuletzt Wohnsiedlungen Denickestraße, Grumbrechtstraße). Die westl. gelegenen Waldungen Meyers Park, Heimfelder Holz und Haake sind Landschaftsschutzgebiete und bilden ein beliebtes Ausflugsziel (➢*Haake und Emme*). *Ri.*

Hein Gas ist die volkstümliche Bezeichnung für die ➢*Hamburger Gaswerke*. Ihren Ursprung hat die Bezeichnung in dem Hbger Gastwirt P. Ahrens, dem es 1823 erstmals gelungen war, aus Steinkohle Leuchtgas zu destillieren. Mit dem so gewonnenen Brennstoff beleuchtete er nicht nur sein Lokal, sondern belieferte auch wohlhabende Privatleute, sodass er über Hbgs Grenzen hinaus nur unter dem Namen „Hein Gas" bekannt war. *OK*

Heine, Christian Johann **Heinrich** (bis zur protestant. Taufe am 28.6.1825 Harry, geb. 13.12.1797 Düsseldorf, gest. 17.2.1856 Paris). Der politisch dem Jungen Deutschland nahestehende Dichter und Publizist knüpfte als Lyriker zunächst an die romantische Tradition an, näherte sich später jedoch zunehmend einer realistischen Kunstauffassung. H. hielt sich zwischen 1815 und 1831 mit längeren Unterbrechungen für Studium und Reisen in Hbg auf. 1816 begann er im Hbger Bankhaus seines Onkels S. ➢*Heine* eine Lehre und unternahm darauf 1818 den erfolglosen Versuch, eine eigene Handelsfirma für Manufakturwaren in Hbg zu gründen. Nach Studienjahren in Berlin, Bonn und Göttingen (1819–25) erwog er eine Bewerbung als Ratssyndicus (➢*Syndicus*) oder die Niederlassung als Advokat in Hbg. Nachdem H. bereits als Lyriker berühmt geworden war („Gedichte", 1822; „Lyrisches Intermezzo", 1823) veröffentlichte der Hbger Verlag ➢*Hoffmann & Campe*, in dem auch die Schriften anderer Autoren des Jungen Deutschland wie Wienbarg, Börne, Gutzkow und Weerth erschienen, insgesamt 22 Bücher H.s, angefangen mit den „Reisebildern" (1826–31). Ab 1831 als Korrespondent in Paris tätig, wo er u.a. mit K. Marx und L. Börne in Kontakt trat, besuchte H. die Hansestadt noch zweimal in den Jahren 1843 und 1844 für jeweils einige Wochen. Der erste Aufenthalt spiegelt sich in dem satirischen Versepos „Deutschland, ein Wintermärchen", der zweite diente u.a. dessen Drucklegung. H.s liebste Plätze in der Hansestadt waren die ➢*Kaffeehäuser* an der ➢*Binnenalster*, der ➢*Alsterpavillon* und der Schweizer Pavillon. 1856 starb er in der frz. Hauptstadt an einem Rückenmarkleiden.
Wie auch die Geschichte des ➢*Heine-Denkmals* zeigt, tat sich Hbg schwer mit dem politisch unliebsamen Dichter jüd. Herkunft, der den bornierten hanseatischen Kaufmannsgeist so oft ironisch verspottete (z.B. in „Aus den Memoiren des Herren von Schnabelewopski", 1834) und dennoch der Stadt in einer eigentümlichen Hassliebe verbunden war. *Br.*

Heine, Salomon (geb. 19.10.1767 Hannover, gest. 23.12.1844 Hbg), Bankier und Wohltäter, Onkel von H. ➢*Heine*. 1797 gründete H. mit M.A. Heckscher ein Bankhaus. Mit Beginn des Jahres 1819 machte er sich als Bankier mit einem Eigenvermögen von 1 Mio. Taler selbstständig. H. hatte in der ersten Hälfte des 19. Jhs auf die Wirtschafts- und Finanzwelt Hbgs einen großen Einfluss. In der Hbger Öffentlichkeit genoss er hohes Ansehen, v.a. dank seiner überragenden sozialen Leistungen – der Stiftung des ➢*Israelitischen Krankenhauses* (1839–41), der großzügigen Hilfen beim ➢*Großen Brand* (1842), der Gründung der Vorschußkasse für israelitische Gewerbetreibende, seines Mäzenatentums für das Hbger Theater sowie testamentarischer Vermächtnisse an jüd. und christl. Wohlfahrtseinrichtungen. Dem im Dezember 1842 gestellten Antrag auf Verleihung des ➢*Ehrenbürgerrechts* an H. schloss sich der ➢*Rat* nicht an, da „Israeliten nicht Bürger werden können". Die ➢*Patriotische Gesellschaft* verlieh ihm die Ehrenmitgliedschaft. Die Literaturgeschichte sieht H. zumeist nur in seiner konfliktreichen Rolle als Familienoberhaupt und Finanzier seines Neffen Heinrich.

Heinrich Heine in einer Lithografie von Friedrich Weber (nach der Zeichnung von Julius Ernst Benedikt Kietz), die der Verlag Hoffmann & Campe 1851 publizierte

Als Bankier und Wohltäter einer der großen Hamburger: Salomon Heine. Porträt von Friedrich Carl Gröger, um 1820

1975 wurde der Verein „Heine-Haus“ e.V. gegründet. Er ist Träger des 1979 restaurierten Hauses an der ➢*Elbchaussee* 31, das 1832 als Gartenhaus für H. erbaut worden war. Neben einer Galerie beherbergt es eine kleine Ausstellung über seinen ehem. Besitzer. *IL*

Heine-Denkmal 1909 kaufte J. Campe, ein gleichnamiger Enkel des Verlegers von H. ➢*Heine*, ein von dem dän. Bildhauer L. Hasselriis 1891 geschaffenes ➢*Denkmal* des Dichters. Die urspr. im Auftrag der Kaiserin Elisabeth von Österreich entstandene Skulptur, die den sitzenden Dichter mit einer Schreibfeder in der Hand zeigt, hatte zunächst in

Das neue Heine-Denkmal auf dem Rathausmarkt ist ein Werk des Bildhauers Waldemar Otto. Es lehnt sich in der Darstellung des Dichters an das von den Nationalsozialisten zerstörte Denkmal von Hugo Lederer an, dessen Vernichtung auf den Sockelreliefs dargestellt ist.

deren Sommerresidenz auf Korfu gestanden. Nach Elisabeths Tod 1898 fiel das Anwesen an Kaiser Wilhelm II., der das ungeliebte Denkmal an Campe veräußerte. Doch auch in Hbg hatte man kein Interesse an dem politisch suspekten Dichter jüd. Herkunft. Der ➢*Senat* lehnte 1909 den Antrag Campes, einen öffentlichen Platz für das Denkmal auszuweisen, ohne Begründung ab. Das Denkmal wurde daraufhin 1910 im Hof von Campes ➢*Kontorhaus* an der ➢*Mönckebergstraße* aufgestellt, dem Barkhof. 1927 ließ Oberbürgermeister M. ➢*Brauer* es demonstrativ nach ➢*Altona* überführen und schließlich in Donners Park in ➢*Neumühlen* aufstellen, da das Denkmal in Hbg zuvor immer wieder von Rechtsradikalen verunstaltet worden war. Um es vor den Nationalsozialisten zu retten, schenkten Campes Erben das Denkmal schließlich 1939 der Stadt Toulon, wo es 1956 im Park Mourillon aufgestellt wurde.

Ein anderes, von H. Lederer geschaffenes und 1926 gegen den erbitterten Widerstand von Heine-Gegnern im ➢*Stadtpark* eingeweihtes Denkmal wurde 1933 von den Nationalsozialisten entfernt und eingeschmolzen; erhalten blieb allein das Modell. Erst ein halbes Jahrhundert später würdigte Hbg den Dichter mit einem neuen Denkmal: In Anlehnung an das Lederer'sche Vorbild schuf W. Otto eine Skulptur, die seit 1982 auf dem ➢*Rathausmarkt* steht. *Br.*

Heinicke, Samuel (geb. 10.4.1727 Nautschütz/Kursachsen, gest. 29.4.1790 Leipzig), Sprachlehrer. H. gilt als Begründer des dt. Gehörlosenbildungswesens. Erste Unterrichtserfahrungen mit gehörlosen Kindern sammelte H. neben seinem Dienst in der Leibgarde des Kurfürsten Friedrich August II. von Sachsen. In Jena studierte er Philosophie, Mathematik und Naturlehre. 1758 übersiedelte er nach Hbg, bevor er zwei Jahre später im Schloss ➢*Ahrensburg* Hauslehrer beim dän. Lehnsgrafen H.C. von ➢*Schimmelmann* wurde. Zum 1.1.1769 trat er die mit dem

Organisten- und Schulmeisteramt verbundene Stellung eines Kantors der St.-Johannis-Kirche in ➢*Eppendorf* an. An der Dorfschule wandte er erfolgreich die von ihm entwickelte „Lautiermethode", eine artikulierte Lautsprache, an.
Im Zuge der ➢*Aufklärung* setzte sich H. für verbesserte Volksbildung und Lehrerausbildung ein und gründete privat in Eppendorf die erste Taubstummenanstalt Dtlds. Er entwickelte die „deutsche Methode", die Gehörlose sprechen ließ und sie so in seinen Augen „bildungsfähig" machte. 1777 legte er sein Amt als Kantor nieder und engagierte sich fortan nur noch für die Ausbildung Gehörloser. Im April 1778 zog er mit seinen Zöglingen nach Leipzig, wo H. die erste staatliche Taubstummenanstalt gründete. Seine von F. ➢*Glitza* weiterentwickelte Lehrmethode blieb die für lange Zeit gültige Grundlage der Gehörlosenbildung. An H. erinnert ein Denkmal von 1895 im Seelemannpark zwischen Heilwigstraße und ➢*Alster* in Eppendorf. *gro*

Heinrich-Hertz-Turm heißt der Hbger Fernsehturm (204 m, mit Antenne 271,5 m). Der dem Physiker H. ➢*Hertz* gewidmete, im Volksmund „Tele-Michel" genannte Turm nahm am 11.11.1968 nach dreijähriger Bauzeit den Sende- und Empfangsbetrieb auf. Das Bauwerk entstand im Auftrag der Deutschen Bundespost nach dem später prämierten Entwurf F. Trautweins (zusammen mit R. Behn) und wurde von F. Leonhardt konstruiert. Auf der Höhe von 130 m gab es bis 2001 eine Aussichtsplattform und ein sich innerhalb einer Std. um 360° drehendes Café-Restaurant. An den namengebenden „Sohn der Stadt Hamburg" erinnert eine Plakette am unteren Turmschaft. *Ti.*

Ein weithin sichtbares, noch junges Wahrzeichen der Stadt: der Heinrich-Hertz-Turm an der Lagerstraße/Ecke Rentzelstraße

Helling oder Helgen heißt der Platz für die Montage und das Zuwasserlassen eines Schiffskörpers auf der ➢*Werft*. Die H. ist zum angrenzenden Wasser hin geneigt, sodass der Stapellauf durch Schwerkraft erfolgt. Es gibt Längs- und Querhellinge. *KKW*

Helms-Museum – Hamburger Museum für Archäologie und die Geschichte Harburgs Der Harburger Mühlenbesitzer und Getreidekaufmann A. Helms gründete 1898 den Museums-Verein für den Stadt- und Landkreis ➢*Harburg*. Die Sammlungen des Vereins erhielten 1925 in der Buxtehuder Straße ein eigenes Gebäude, 1957 einen Neubau in der Knoopstraße. Das H.-M. mit seinen beiden Schwerpunkten, der Archäologie Hbgs und der Stadtgeschichte Harburgs, befindet sich derzeit in einer Phase der Umgestaltung. Die Dauerausstellung zur Archäologie (Archäologisches Museum Hamburg) hat in den Räumen der ehem. ➢*Bücherhalle* am Harburger Rathausplatz ein neues Domizil erhalten. Im Haus an der Knoopstraße befinden sich Verwaltung und Bibliothek, demnächst auch die Dauerausstellung zur Stadtgeschichte Harburgs (Stadtgeschichtliches Museum Harburg). Seit 1988 ist das H.-M. auch für die Bodendenkmalpflege in Hbg zuständig. 1986 wurde das seit 1953 als Außenstelle des H.-M.s errichtete Freilichtmuseum Kiekeberg an den Landkreis Harburg verkauft. Das Museum vermittelt mit seinen Gebäuden und Sammlungen ein anschauliches Bild ländlicher Kultur und Lebensweise in der nördl. Lüneburger Heide wie der Veränderungen in der Landwirtschaft (Landtechnische Sammlung). Seit 2008 gehört das H.-M. zur ➢*Stiftung Historische Museen Hamburg.* *Ko.*

Herbert und Elsbeth Weichmann Stiftung Die Stiftung bürgerlichen Rechts mit Sitz in Hbg wurde im Herbst 1989 rechtsfähig – rund ein Jahr nach dem Tod ihrer Gründungsinitiatorin E. ➢*Weichmann.* Satzungsgemäß soll die Einrichtung die wissenschaftliche Erforschung des Wirkens der demokratischen Opposition im Exil gegen die totalitäre Herrschaft Hitlers sowie die Folgen dieses Wirkens für Dtld nach dem Krieg in Erinnerung rufen und für künftige Generationen bewahren. Die Stiftung erfüllt diesen Zweck insbesondere durch die Förderung wissenschaftlicher Untersuchungen zu diesen Themen und durch Veröffentlichungen ihrer Ergebnisse. In der „Schriftenreihe der Herbert und Elsbeth Weichmann Stiftung" ist ein Quellenband über die „Schicksale deutscher Emigranten" erschienen. 1996 veröffentlichte die Stiftung aus Anlass des 100. Geburtstags eine Dokumentation über H. ➢*Weichmann.* Mit Fördermitteln der Stiftung konnten mehrere Forschungen zur Emigration publiziert werden. *Ti.*

Herbertstraße heißt eine weit über die Grenzen Hbgs hinaus bekannte Straße im Stadtteil ➢*St. Pauli,* an der ausschließlich Bordelle liegen und die nur für männliche Fußgänger passierbar ist. Die 1797 angelegte und 1801 Heinrichstraße benannte Gasse wurde um 1900 von der Stadtverwaltung zur geschlossenen Wohnanlage umgestaltet, um die ➢*Prostitution* besser kontrollieren zu können. 1922 versuchte ein „Wohnungskomissar" kurzzeitig, die rund 100 m lange und knapp 7 m breite Gasse in eine Wohnstraße umzuwandeln. Um die Neugestaltung deutlich zu machen, wurde der Straßenname – willkürlich – in H. geändert. Der Versuch scheiterte jedoch. Die H. besteht (laut Liegenschaftsbericht) aus zwölf Grundstücken, auf die 22 Hausnummern verteilen sich rund 200 Prostituierte. Die knapp 30 eingetragenen Hausbesitzer sind ausschließlich Privatpersonen. Kennzeichnend für die H. sind die an beiden Seiten befindlichen Eisentore mit Sichtblenden und die sog. Koberfenster, in denen sich die Prostituierten zur Schau stellen. *Smo*

Hermkes, Bernhard (geb. 30.3.1903 Trier, gest. 17.4.1995 Hbg), Architekt. H. zählt zu den wichtigsten Hbger Nachkriegsarchitekten. Herausragende seiner mehr als 25 Hbger Bauten sind u.a. das Auditorium Maximum der ➢*Universität Hamburg* (1957–59, 13 cm starke, 57 m weite Spannbetonkuppel auf schlanken Stützen), die ➢*Großmarkthalle* am ➢*Deichtor* (1960–63, zusammen mit J. Schramm u. J.

Elingius) und die Neue Lombardsbrücke (1952/53, ➢*Kennedybrücke*). Außerhalb Hbgs ist sein bedeutendstes Gebäude die Architekturfakultät der Technischen Universität Berlin (zusammen mit H. Scharoun, 1966–68). Nach dem Studium in Berlin und Stuttgart machte sich der gelernte Maurer im Alter von 24 Jahren selbstständig. Durch seine engagierte Mitarbeit an der Errichtung der ➢*Grindel-Hochhäuser* (1946–56) erhielt H. den Spitznamen „Mr. Grindel". In ➢*Lurup* entwarf er die später veränderte Siedlung Fahrenort. Klare Formen bestimmen H.s Arbeiten, der während der ➢*NS-Zeit* als „Kulturbolschewist" galt, jedoch im Industrie- und Rüstungsbau eine Nische finden konnte. 1963 erhielt H. den Großen Preis der Bundesregierung und sechs Jahre später den Fritz-Schumacher-Preis der Stadt Hbg. *Ti.*

Herntrich, Volkmar Martinus (geb. 8.12.1908 Flensburg, gest. 14.9. 1958 bei Nauen nach einem Unfall auf einer Dienstreise), Hauptpastor, Landesbischof. Nach dem Theologiestudium wurde H. 1931 zum Lic.theol. promoviert und 1932 ordiniert sowie für das Fach Altes Testament in Kiel habilitiert. Nachdem er seine Lehrbefugnis 1934 aus (kirchen-)politischen Gründen verloren hatte, war er bis 1942 Pastor und Dozent an der Kirchlichen Hochschule in Bethel, 1939–42 stand er dem Burckhardthaus in Berlin-Dahlem vor.

1943 wurde H. ➢*Hauptpastor* an der ➢*St.-Katharinen*-Kirche in Hbg und leitete – neben zahlr. anderen Aufgaben – seit 1946 die ➢*Alsterdorfer Anstalten.* 1949 wurde er Rektor der bis 1954 bestehenden ➢*Kirchlichen Hochschule Hamburg,* an der er – seit 1950 als Professor – Altes Testament lehrte. 1950 erhielt er die theologische Ehrendoktorwürde der Kieler Universität. 1954 wurde er Honorarprofessor für Altes Testament an der ➢*Universität Hamburg*, 1956 wählte ihn die Synode zum ➢*Landesbischof. He.*

Herrengrabenfleet Das H. wurde 1499 als westl. Verteidigungsgraben parallel zum heutigen ➢*Alsterfleet* angelegt, 1547 verbreitert und nach Nordosten durch das spätere Bleichenfleet verlängert. Zum besseren Schutz der Stadt wurde 1475–1558 unmittelbar vor die alten Stadtgräben des 13. und 14. Jhs eine neue ➢*Befestigungs*linie mit starken Wällen und tiefen Gräben gezogen. Der Name ist vermutl. auf das Nutzungsrecht der ➢*Ratsherren* zurückzuführen. *SH*

Hertz, Gustav (geb. 22.7.1887 Hbg, gest. 30.10.1975 Ost-Berlin), Physiker. Der Neffe von H. ➢*Hertz* untersuchte u.a. die Anregung von Atomen durch Elektronenstöße, wofür er, zusammen mit J. ➢*Franck*, 1925 den Nobelpreis für Physik erhielt. H. war Professor zunächst in Halle, dann in Berlin, dort auch Leiter des Forschungslaboratoriums der Siemens-Werke, nach 1945 wirkte er in der UdSSR und wurde 1954 erneut Professor, nun in Leipzig. *Ti.*

Hertz, Heinrich Rudolf (geb. 22.2.1857 Hbg, gest. 1.1.1894 Bonn), Physiker. Der Sohn des Hbger Senators Gustav H. war Professor in Karlsruhe und Bonn. Er forschte v.a. auf dem Gebiet der Elektrodynamik, und seine Erkenntnisse bilden eine der physikalischen Grundlagen der drahtlosen Funktechnik. 1887 gelang ihm der Nachweis des Einflusses von UV-Licht auf die elektrische Entladung, die zur Entdeckung des

Weltweit lernt jedes Schulkind die Abkürzung seines Namens: Hz, die Einheit für die elektromagnetischen Schwingungen pro Sekunde. Fotoporträt des Physikers Heinrich Hertz

lichtelektrischen Effektes (Fotoeffekt) führte. Nach ihm benannt ist die Einheit der elektromagnetischen Schwingungen pro Sek. (= Hz). Eine Gedenktafel am ➢*Heinrich-Hertz-Turm*, dem Hbger Fernsehturm, erinnert ebenso an ihn wie das 1994 im Eichenpark an der Alster aufgestellte Objekt „Ätherwelle" des Bildhauers F. Wield. 1931 bekam Wield von der Norag (➢*NDR/Norag/NWDR*) den Auftrag und erstellte einen Gipsabdruck. Der Abguss konnte erst über 60 Jahre später erfolgen, da während der ➢*NS-Zeit* dem Wissenschaftler mit jüd. Vorfahren kein ➢*Denkmal* gesetzt werden sollte und die Fertigstellung verhindert wurde. *Ti.*

Heß, Jonas Ludwig von (geb. 8.4.1756 Stralsund, gest. 20.2.1823 Hbg), Publizist, Politiker, Offizier. Zunächst Offizier im Heere seines schwed. Landesherrn, schrieb H. eine medizinische Dissertation und war seit 1785 in Hbg ansässig. Hier veröffentlichte er zahlr. Schriften zur Politik, Literatur und Philosophie im Sinne seiner entschieden republikanischen Überzeugung mit der Absicht von Verfassungsreformen. Sein Hauptwerk ist eine ➢*Topografie* Hbgs, die eine umfangreiche, vielseitige und genaue Beschreibung der Stadt vor der Eingliederung in das frz. Kaiserreich gibt. Das Werk ist heute noch von beträchtlichem Quellenwert. Nach der ersten Befreiung Hbgs im März 1813 stand er an der Spitze der Bürgergarde, bevor er infolge der Wiederbesetzung durch die frz. Truppen nach England floh und erst nach der ➢*Franzosenzeit* nach Hbg zurückkehrte. *Me*

Hesse Newman Bank 1777 von I. Hesse in Hbg gegründetes Bankhaus. 1768 ließ sich der aus dem Harz eingewanderte Hesse als Kattun-Makler in der Stadt nieder und arbeitete u.a. für die Familien Berenberg und Warburg (➢*Johann Berenberg, Gossler & Co.*, ➢*Warburg, Bankhaus M.M.*). Bald sah er sich seines jüd. Glaubens wegen im Hbger ➢*Maklerwesen* persönlichen Anfeindungen ausgesetzt, gegen die er sich jedoch schließlich erfolgreich behaupten konnte. 1777 gründete er ein Bankgeschäft, das sein Sohn Heinrich Levin zunächst mit seinem zweiten, als Stifter bekannt gewordenen Sohn Hartwig weiterführte (Hartwig-Hesse-Stiftung). Während der ➢*Franzosenzeit* wurde das ➢*Kontor* von der Elbstraße in der ➢*Neustadt* zur ➢*Palmaille* nach ➢*Altona* verlegt. Heinrich betätigte sich zugleich als Reeder und wurde 1839 Altonaer Senator. Von 1843 an führte dessen Sohn George Heinrich die Firma und nahm zwei Jahre später H.L. Newman als Teilhaber auf (nach ihnen heißen der Hesse-Park in ➢*Blankenese* und die Straße Newmans Park in ➢*Nienstedten*). In den 1930er Jahren schieden alle Nachfahren aus dem Bankhaus in der Schauenburgerstraße aus. 1964 begann mit dem Engagement A. ➢*Toepfers* die Intensivierung des Auslandsgeschäfts der H.N.B. 1988 übernahm die röm. Banca Nazionale del Lavoro die Privatbank und wandelte sie 2000 in eine AG um. Heute agiert das Unternehmen als Emissionshaus für geschlossene Fonds mit den Investitionsschwerpunkten Schifffahrt, Immobilien, Lebensversicherungen und alternative Investments und firmiert als Hesse Newman Capital AG mit Sitz am Gorch-Fock-Wall. Die Bank wurde 2009 an den Computer-Leasinganbieter GRENKELEASING AG verkauft und trägt nun den Namen GRENKE Bank. *Ti.*

HEW (Hamburgische Electricitäts-Werke AG) Der Siegeszug des Stroms begann mit der elektrischen Beleuchtung, die gegenüber der Gasbeleuchtung durch einfache Bedienung und größere Helligkeit deutliche Vorteile aufwies (➢*Straßenbeleuchtung*). Zu diesem Zweck lieferten private Stromerzeuger seit 1879 und öffentliche Versuchsstationen seit 1882 in der Hansestadt die Energie für die ersten Elektrolampen; 1888 nahm das erste städtische E-Werk seinen Betrieb auf. 1893 privatisierte der ➢*Senat* die städtische Stromversorgung, indem er sie der Nürnberger Elektrizitätsfirma Schuckert & Co. übertrug, die diese nur ein Jahr später unter Beteiligung führender Hbger Banken, Handelshäuser und Reedereien als Geldgeber in eine Aktiengesellschaft umwandelte. Die Geburt der „Hamburgischen Electricitäts-Werke" 1894 demonstrierte Akzeptanz und Zukunftsträchtigkeit der neuen Energie. Hauptabnehmer des HEW-Stroms war noch bis zum Ersten Weltkrieg die – seit 1894 elektrifizierte – Hbger ➢*Straßenbahn*. Das Jahr 1914 brachte die entscheidende Zäsur in der Geschichte des Unternehmens, als ein Konzessionsvertrag zwischen der Stadt und den HEW eine staatliche Beteiligung in Höhe von 50 % festlegte und so eine gemischtwirtschaftliche Unternehmensstruktur erreicht wurde. Späterer Aktienzukauf ließ die staatliche Beteiligung auf über 70 % ansteigen, bevor 1997 der Anteil bis auf 50,2 % verkauft wurde. Zugleich regelte der Vertrag von 1914 die Ausdehnung des Versorgungsauftrags auf das gesamte hbg. Staatsgebiet. Bereits 1896 hatten die HEW mit der Übernahme des ➢*Altonaer* E-Werks begonnen, sich auch auf das (damalige) Hbger Umland auszudehnen, bevor 1938 – mit dem ➢*Groß-Hamburg-Gesetz* – die Neuordnung der Versorgungsgebiete wirksam wurde. Seit den 1980er Jahren wurde das unternehmerische Betätigungsfeld ergänzt durch die Beteiligung bzw. Übernahme zahlr. Ver- und Entsorgungsbetriebe, wie z.B. 1989 bei der Übernahme der ➢*Hamburger Gaswerke* GmbH. Zur Kundeninformation richteten die HEW nach dem Zweiten Weltkrieg zahlr. Ausstellungs- und Beratungsräume ein, deren Programm vom Energiesparen bis zur Weihnachtsbäckerei reicht. Die Hauptverwaltung der HEW – heute Vattenfall Europe Hamburg AG – befindet sich in dem nach Entwürfen von A. Jacobsen und O. Weitling 1969 fertiggestellten Bürogebäude in der ➢*City Nord*, zugleich eines der herausragenden Beispiele neuerer Hbger Bürohausarchitektur.

2001 beteiligten sich die HEW an der Berliner Bewag und übernahmen die Mehrheit der ostdeutschen Energieunternehmen VEAG und Laubag. Damit wurden die HEW zum drittgrößten deutschen Energiekonzern. Der schwedische Energiekonzern Vattenfall, der seit 1999 mehrheitlich an den HEW beteiligt war, erwarb 2002 die restlichen 25,1 %. Sitz der Holding ist Berlin. 2006 ist auch der traditionsreiche Name HEW untergegangen. *OK*

Hexen Zwischen 1444 und 1642 wurden in Hbg 40 bis 50 Frauen als Zauberinnen, Giftmischerinnen und Wahrsagerinnen sowie vier bis fünf Männer angeklagt bzw. verbrannt. Zu Massenverfolgungen kam es nicht. Das hbg. ➢*Stadtrecht* kannte bis Ende des 16. Jhs nur den Straftatbestand des Schadenzaubers und nannte erst 1603/05 den des Teufelspakts, des wesentlichen Bestandteils der H.lehre des „Hexenhammers", der 1487 erschien und als Handbuch für die Beschreibung des H.wesens und seiner Bekämpfung gilt. Noch die Bilderhandschrift des hbg. Stadtrechts von 1497 zeigte eine Schadenzauberin ohne die H.attribute wie Teufelsbuhlschaft, H.flug oder H.sabbat. Traktate zum H.wesen sind von zwei Pastoren 1587 (Samuel Meigerius aus Holstein) und 1705 (Peter Goldschmidt aus Angeln) sowie von dem Juristen Hartwig von Dassell (1597) überliefert; in der bildenden Kunst Hbgs finden sich drei Kupferstiche von D. Lemkus von 1693.

Zu den höchstinstanzlichen Strafsachen gehörte auch die Hexerei, dargestellt durch die „zaubernde" Frau im Bogen in der Bildmitte. Miniatur aus dem Stadtrecht von 1497

Kupferstich des Hamburger Künstlers Diederich Lemkus zur Titelblatt-Illustration des Buches „Daemonolatria" von Nicolaus Remigius, Hamburg 1693. Der Titel lautet zu Deutsch etwa „Teufelsdienerin".

Heute beschäftigt sich das „Johann-Kruse-Hexenarchiv" im ➢*Museum für Völkerkunde* mit dem neuzeitlichen H.glauben. *RR*

Heydorn, Karl Eduard Heinrich **Wilhelm** (geb. 4.9.1873 Neustadt/Holstein, gest. 27.12.1958 Hbg), Theologe, Pädagoge. H. war Sohn eines ev. Vaters und einer kath. Mutter. Nach ev. Erziehung konvertierte er als junger Mann zum kath. Glauben. 1890 begann er in Rendsburg die Offizierslaufbahn und studierte 1898–1901 an der Berliner Kriegsakademie. 1900 wechselte H. abermals die Konfession und nahm zwei Jahre später ein Studium der ev. Theologie in Kiel und Berlin auf. Über theologische Ämter in Kiel, Breslau und Burg auf Fehmarn kam H. im April 1912 als Pastor im Pfarrbezirk der ➢*St.-Katharinen*-Kirche an den Stephan-Kempe-Saal der St.-Annen-Gemeinde in ➢*Hammerbrook.*

Seine liberale Amtsführung, seine kirchenkritischen Veröffentlichungen („Die 100 Thesen") und seine Sittlichkeit, Demut, Bildung und Freundschaft beschwörenden Predigten prägten sein charismatisches Auftreten. H. war aktives Mitglied im Deutschen Monistenbund, in dem er konfessionslosen Jugendunterricht erteilte, und Gründer der ersten Hbger Bahai-Gemeinde. Weil H. Dogmen und rituelle Amtshandlungen ablehnte, wurde er 1920 suspendiert und ein Jahr später seines Kirchenamtes enthoben, woraufhin er aus der Amtskirche austrat. 1922 wurden ihm sein Titel, die Anstellungsfähigkeit als Pastor und sein Ruhegehalt aberkannt. 1922–24 studierte H. Altphilologie und Medizin, arbeitete als Heilpraktiker und hielt bis 1933 in verschiedenen Schulen freireligiöse Predigten. 1927 bestand er das Volksschullehrerexamen und wurde danach an der Schule Telemannstraße und als

Hauslehrer für körperbehinderte Kinder tätig. Die Nationalsozialisten verboten 1933 die drei Jahre zuvor von H. gegründete „Menschheitspartei“, entließen ihn 1935 aus dem Schuldienst, woraufhin er privat weiter unterrichtete. 1939 wurde er wegen Abfassung und Verbreitung staatsfeindlicher Schriften verurteilt. 1945 gründete H. den „Menschheitsbund“. *gro*

Heymann, Lida Gustava (geb. 15.3.1868 Hbg, gest. 31.7.1943 Zürich), Frauenrechtlerin, Pazifistin. Einer Kaufmannsfamilie entstammend und finanziell unabhängig, war H. nicht nur bestrebt, ihre „persönliche Freiheit niemals durch Männer beeinträchtigen zu lassen“, sondern richtete in dem 1897 erworbenen Haus Paulstraße 9 ein Frauenzentrum ein – u.a. mit Kinderhort, einer Handelsschule „Industria“ und Räumen für Frauenvereine. 1899 gründete sie einen Zweigverein der Internationalen Abolitionistischen Föderation, die sich gegen die staatliche Reglementierung der ➢*Prostitution* wandte, 1902 zusammen mit ihrer Lebensgefährtin A. Augspurg den Deutschen Verein für Frauenstimmrecht. Von der Politischen ➢*Polizei* schikaniert, seit 1907 meist in München lebend, wandte sich H. seit 1914 besonders dem von ihr als typisch weiblich betrachteten Pazifismus zu und stand während des Krieges in Hbg zeitweise unter Aufenthaltsverbot. 1915 gründete H. die Internationale Frauenliga für Frieden und Freiheit (IFFF) in Den Haag mit. Von 1919 bis 1933 gab H. – wiederum zusammen mit Augspurg – die Zeitschrift „Frau im Staat“ heraus. 1933 ins Exil getrieben, gab H. der Freiheit den Vorrang vor dem Frieden und lieh der militärischen Bekämpfung NS-Dtlds ihre moralische Unterstützung. *luz*

HHLA ➢*Hamburger Hafen und Logistik AG (HHLA)*

Hinschenfelde hieß ein 1336 erstmals erwähntes Dorf im heutigen Stadtteil ➢*Wandsbek*. 1646–1807 gehörte es zum Gutsbereich Wandsbek. Nach der Gutsteilung erlebte H. in enger Verbindung mit dem Flecken Wandsbek (seit 1833) eine gründliche Umwandlung durch gewerbliche Ansiedlungen, v.a. von Ziegeleien. 1900 wurde das Dorf in die Stadt Wandsbek eingemeindet und gelangte mit dieser durch das ➢*Groß-Hamburg-Gesetz* 1937/38 an die Hansestadt. *SH*

Hinz & Kunzt – Das Hamburger Straßenmagazin wird seit der ersten Nummer im November 1993 von obdach-, wohnungs- und ehem. wohnungslosen Frauen und Männern in Hbgs Straßen verkauft. 0,90 € des Kaufpreises (1,70 €) erhalten die Verkäufer als Vergütung. Das monatlich erscheinende Blatt wendet sich an alle Hbger und bringt eine Mischung aus kulturellen und sozialen Themen sowie Berichte von Obdachlosen. Das Projekt finanziert sich nahezu ausschließlich durch den Verkauf der Zeitungen und aus dem Anzeigengeschäft. Ziel ist es, Obdachlosen eine feste Tätigkeit anzubieten als ersten Schritt zum (Wieder-) Aufbau einer sozialen und wirtschaftlichen Existenz.

Gründer und erster Herausgeber der Zeitung war mit S. Reimers der Leiter des Diakonischen Werkes in Hbg (➢*Innere Mission*), das Gesellschafter der seit Januar 1996 bestehenden „Hinz & Kunzt“ gemeinnützige Verlags- und Vertriebsgesellschaft mbH ist. Ein Drittel der Anteile übernahm im Oktober 1996 die ➢*Patriotische Gesellschaft* als weiterer Gesellschafter.

Im Oktober 2010 erschien die Ausgabe Nr. 212 mit einer Aufl. von 71.666 Ex. *Ti.*

Hochbaum, Werner Paul Adolf (geb. 7.3.1899 Kiel, gest. 15.4.1946 Potsdam), Filmregisseur. H. war in den 1920er Jahren zunächst Filmkritiker für das ➢*Hamburger Echo.* Auf Vermittlung H. Braunes, des Kulturredakteurs der Zeitung, und eines Bürgerschaftsabgeordneten der ➢ *SPD* drehte er 1929 zwei Wahlkampfkurzfilme. Im selben Jahr fand die Premiere seines ersten, noch ohne Ton in Hbg produzierten Spielfilms „Brüder" statt. Vor dem Hintergrund des ➢*Hafenarbeiterstreiks 1896/97* zeigt er beeindruckende Bilder und Szenen aus der Hbger Arbeiterwelt. Auch für „Razzia in St. Pauli" (1932) ist das Hafenmilieu Kulisse. 1932 half er H. George bei der Inszenierung von „Schleppzug M 17". Der für eine österreich.-schweizer. Firma gedrehte Film „Die ewige Maske" wurde H.s größter Erfolg und brachte ihm weitere Regiearbeiten für UFA-Produktionen wie „Leichte Kavallerie" (1935) und „Ein Mädchen geht an Land" (1938) ein.

Aufgrund eines früheren Prozesses wegen „versuchten Hochverrats" zugunsten Frankreichs, in dem H. 1923 aus Mangel an Beweisen freigesprochen worden war, erfolgte 1939 sein Ausschluss aus der Reichsfilmkammer. Während des anschließenden Militärdienstes erkrankte H. an Tuberkulose, an deren Folgen er während der Vorbereitungen zu seinem ersten Filmprojekt nach dem Krieg, „Der Weg im Dunkeln", starb. *VR*

Hochschule für Angewandte Wissenschaften (HAW) Hamburg Die HAW ist mit rund 13.000 Studierenden in rund 50 Studiengängen an vier Fakultäten und 17 Departments die zweitgrößte Hbger Hochschule und eine der größten ihrer Art in der Bundesrepublik. Sie ging 2001 durch Umbenennung aus der Fachhochschule Hamburg (FH) hervor, die 1970 durch organisatorische Zusammenfassung von vier Ingenieurschulen und sechs Höheren Fachschulen unter einem Dach als FH entstanden war. Räumlich blieben die 13 Fachbereiche über das ganze Stadtgebiet verteilt, wobei jedoch die drei großen Standorte Berliner Tor, ➢*Bergedorf* und ➢*City Nord* drei Viertel aller Studienplätze auf sich vereinen. Zwei von drei Studierenden sind in den Ingenieurswissenschaften eingeschrieben. Zu den nichttechnischen Fachbereichen Sozialpädagogik, Bibliothek und Information, Gestaltung und Ökotrophologie kam 1994 Wirtschaft hinzu. Vorgängerinstitutionen der FH und damit der HAW sind die ➢*Navigationsschule* von 1749 für die nautische Ausbildung im Fachbereich Seefahrt, die Bauzeichenklasse des E.G. ➢*Sonnin* von 1767 für die Baufachbereiche (Architektur, Bauingenieurs- und Vermessungswesen in der City Nord), die Gewerbeschule für Mädchen von 1867 für den Fachbereich Gestaltung und die Wagenbauschule von 1896 für den Fachbereich Fahrzeugtechnik. Die Geschichte der Ingenieur-Fachbereiche beginnt 1893 mit dem staatlichen Technikum. 1912 wurde es umbenannt in Technische Staatslehranstalten und hieß 1938–70 Ingenieurschule. 1910–22 erhielt die Einrichtung ein von F. ➢*Schuma-*

Fritz Schumacher erbaute 1911–13 das neue Domizil für die Kunstgewerbeschule, die heutige Hochschule für bildende Künste (HfbK) am Lerchenfeld.

cher am Berliner Tor erbautes Gebäude (1943 tlw. zerstört, heute durch Neubauten ergänzt). Der Fachbereich Sozialpädagogik hat seinen Ursprung in dem 1917 von G. Bäumer gegründeten ➢*Sozialpädagogischen Institut. Ti.*

Hochschule für bildende Künste (HfbK)
Die HfbK hat ihren Ursprung in der Zeichenklasse der ersten Gewerbeschule Dtlds, die von der ➢*Patriotischen Gesellschaft* 1767 in Hbg begründet wurde. Zu den Schülern gehörten u.a. der Maler Ph.O. ➢*Runge* und der Architekt M. ➢*Haller.* 1896 entstanden aus der Einrichtung mehrere staatliche Gewerbeschulen, u.a. die Kunstgewerbeschule, die ihren Platz im ➢*Museum für Kunst und Gewerbe* fand. Zu den Schülern dieser Zeit gehörten der Bildhauer E. ➢*Barlach* sowie der Maler und Grafiker L. Feininger. Lehrer in der 1905 mit der Ernennung eines eigenen Direktors beginnenden sog. Wiener Zeit waren Künstler der Wiener Sezession, wie der Bildhauer R. Luksch und der Maler und Gebrauchsgrafiker C.O. Czeschka. Seit dem 1.10.1913 ist die Schule im von F. ➢*Schumacher* erbauten Gebäude am Lerchenfeld untergebracht. Die Nationalsozialisten entließen Professoren wie den Kunstgewerbler und Architekten F. Adler und den Architekten K. ➢*Schneider.*
1955 wurde die Landeskunstschule, die diesen Namen 1928–33 und nach der Wiedereröffnung unter dem Maler F. ➢*Ahlers-Hestermann* seit 1946 trug, zur Staatlichen Hochschule für bildende Künste. Bereits seit 1948 war sie Ausbildungsstätte für angehende Kunsterzieher (➢*Kunsterziehungsbewegung*). Die Architektur wurde ein eigenständiger Studiengang. Das 1951–68 begangene Künstlerfest „LiLaLe“ wurde zur kulturellen Institution. Berühmte Dozenten und Professoren der HfbK waren der Maler und Grafiker K. Kranz, der Maler und Zeichner A. Illies, die Bildhauer E. Scharff (➢*Edwin-Scharff-Preis*) und G. ➢*Marcks*, der Grafiker A. ➢*Mahlau* sowie als Gastdozenten die Maler E.W. Nay und D. Hockney, J. Beuys und der Video-Künstler N.J. Paik. Als eine der prägendsten Lehrerpersönlichkeiten der neueren Zeit gilt der zwischen 1946 und 1969 lehrende Maler des „Rummel-

potts" (das von Haus zu Haus um kleine Gaben Laufen der ➢*Blankeneser* Kinder) W. Grimm; seine Schüler waren u.a. die Konzeptkünstlerin H. Darboven, der Maler und Grafiker P. Wunderlich und der Maler H. Duwe.

Im Wintersemester 2008/09 wurden die vormaligen Diplom-Studiengänge durch den Bachelor-/Master-Studiengang Bildende Künste ersetzt. Er umfasst die Fächer Bildhauerei, Bühnenraum, Design, Film, Grafik/Typografie/Fotografie, Malerei/Zeichnen, Theorie und Geschichte sowie Zeitbezogene Medien. Der Studiengang Architektur lief durch die Zusammenlegung aller Hamburger Architekturstudiengänge in die neu gegründete ➢HafenCity Universität Hamburg aus. *gro*

Hochschule für Musik und Theater (HfMT) Die HfMT nahm mit dem Sommersemester 1950 den Lehrbetrieb als „Staatliche Hochschule für Musik in Hamburg" auf (später: „Hochschule für Musik und darstellende Kunst"). Vorläufer waren vor dem Zweiten Weltkrieg private Konservatorien (Vogt, Bernuth, Krüß-Färber). Zwei Konservatorien existieren noch heute: „Johannes-Brahms-Konservatorium in Hamburg" und „Konservatorium in Hamburg (Akademie)". Die Privateinrichtungen wurden 1943 unter der Leitung des Direktors E.G. Klußmann zur „Städtischen Schule für Musik" zusammengefasst und mit dem Ziel der Gründung einer Hochschule verstaatlicht. Diese erfolgte 1950, erster Direktor war P. Jarnach, von 1978 bis 2004 war H. Rauhe Präsident, sein Nachfolger ist Elmar Lampson.

Im ehemaligen Budge-Palais und in den anschließenden Neubauten ist die Hochschule für Musik und Theater in bester Hamburger Lage untergebracht: am Harvestehuder Weg und an der Milchstraße in Sichtweite der Außenalster.

Zunächst war die HfMT provisorisch untergebracht (u.a. in einer alten Villa Rothenbaumchaussee/Ecke Hagedornstraße und im ➢*Curio-Haus*), bevor 1956 der zunächst teilweise Einzug in das Budge-Palais erfolgte, eine ehem. Kaufmannsvilla am Harvestehuder Weg, die in der ➢*NS-Zeit* Sitz der Hbger Gauleitung war und 1945 durch die brit. Behörden beschlagnahmt wurde. 1973 wurde auf dem Gelände der erste Abschnitt eines Neubaus fertiggestellt, die letzten Abschnitte folgten 1986 und 2003. Der heutige Komplex umfasst sämtliche Unterrichts- und Übungsräume, Studios, Verwaltung sowie das „Forum“, einen mit modernster Bühnentechnik ausgestatteten Theater- und Konzertsaal.

Gegenwärtig werden ca. 750 Studierende in Komposition/Theorie/Multimedia, Instrumentalmusik, Dirigieren, Jazz, Kirchenmusik, Gesang, Oper, Musiktheater-Regie, Schauspieltheater-Regie, Dramaturgie, in wissenschaftlichen und pädagogischen Studiengängen sowie den Aufbaustudiengängen Musiktherapie und Kultur- und Medienmanagement ausgebildet. *To*

Hochschule für Wirtschaft und Politik (HWP) Nach dem Zweiten Weltkrieg strebten Sozialdemokraten und Gewerkschafter eine Reform des Hochschulwesens außerhalb der Universität an, weil diese ihre Erwartungen bezüglich der demokratischen Ausrichtung der Institution und der Erweiterung des Hochschulzugangs für alle Schichten nicht erfüllt hatte. 1948 gründeten sie in Anlehnung an die Frankfurter Akademie der Arbeit die Akademie für Gemeinwirtschaft, die 1970 in Hochschule für Wirtschaft und Politik umbenannt wurde. An dieser Hochschule können auch Bewerber ohne Hochschulreife mit einer abgeschlossenen Berufsausbildung oder nach vierjähriger Berufstätigkeit und Bestehen einer Aufnahmeprüfung zu einem sozialwissenschaftlichen Studium zugelassen werden. Es bringt sie zu einem Abschluss als Bachelor of Arts in Sozialökonomie und kann in acht Masterstudiengängen fortgesetzt werden. Von den an der Akademie geleisteten Forschungen seien besonders die von H. Schelsky geleiteten soziologischen Erhebungen über die bundesrepublikanische Gesellschaft genannt. Seit dem 1. April 2005 gehört die HWP als Fachbereich Sozialökonomie zur Fakultät Wirtschafts- und Sozialwissenschaften der ➢*Universität Hamburg*. *He.*

Hochwasserschutz Hbgs H.linie ist 100 km lang, von denen 77,5 km als Deich verlaufen und der Rest als H.mauer. Im April 1995 entschied sich der ➢*Senat* gegen den Bau eines Sperrwerkes in der ➢*Elbe* und für die Erhöhung der Deiche als Schutzmaßnahme. Vor 1962 betrug die Höhe der H.anlagen 5,70 m ü.NN. Sie wurden im Rahmen des Flutschutzprogramms der folgenden Jahre auf 7,20 m erhöht und liegen heute zwischen 7,60 und 9,00 m. Bei der ➢*Flutkatastrophe* im Februar 1962 brachen die Deiche an 60 Stellen und wurden an 45 weiteren schwer geschädigt. Eine Schutzmaßnahme für die Innenstadt ist die 1967 erbaute Schaartorschleuse zur Regulierung des bei Flut ins ➢*Alsterfleet* eindrückenden Elbwassers und eine Besonderheit das Gatt für Airbus in Finkenwerder: Ein 85 m breites Hubtor kann in abgesenktem Zustand von Flugzeugen überrollt werden. Das Hochwasserschutzprogramm von 2007 sieht vor, die Anlagen durchschnittlich um einen Meter zu erhöhen. Die Baukosten wurden auf etwa 600 Mio. € veranschlagt. *Ti.*

Höger, Fritz (eigtl. Johann Friedrich, geb. 12.6.1877 Bekenreihe bei Elmshorn, gest. 21.6.1949 Bad Segeberg), Baumeister. Der ausgebildete Zimmermann besuchte die Baugewerbeschule in Hbg und sammelte anschließend im Architektenbüro Lundt und Kallmorgen erste Erfah-

Fritz Höger: Der eigenwillige Baumeister zählte in den 1920er Jahren zu den führenden Hamburger Architekten. Sein Werk zeichnet sich vor allem durch eine expressionistisch anmutende Formensprache und den kunstvollen Einsatz von Backsteinornamentik in der Fassadengestaltung aus.

rungen. Nachdem er sich 1907 selbstständig gemacht hatte, wandte H. sich zunehmend dem Bau von ➢*Kontorhäusern* zu. Nach viel beachteten Erfolgen der Bebauung der neu angelegten ➢*Mönckebergstraße* (z.B. Klöpperhaus 1912/13) gelang ihm mit dem ➢*Chilehaus* 1922–24 im ➢*Sanierungs*gebiet ➢*Altstadt*-Süd der künstlerische Durchbruch. Bauwerke wie das Broschekhaus 1925, die Mädchenschule Curschmannstraße 1926–28 oder die Zigarettenfabrik Haus Neuerburg in ➢*Wandsbek* 1927–29, aber auch auswärtige Bauvorhaben wie das Anzeiger-Hochhaus in Hannover 1927/28, das Rathaus in Rüstringen (heute Wilhelmshaven) 1928/29 und die Kirche am Hohenzollernplatz in Berlin 1931–33 festigten H.s Ruf. Seine umfangreichste Bauaufgabe wurde der 1927–43 zusammen mit H. und O. Gerson in drei Bauabschnitten errichtete ➢*Sprinkenhof*-komplex, nördl. des Chilehauses.

H.s zahlr. Geschäfts- und auch Schulbauten haben das Bild der Hansestadt unverwechselbar mitgeprägt. Ausdruck seiner Liebe zur ndt. Heimat war die fast ausschließliche Verwendung von Backstein zur Ummantelung der Stahlbetonskelettbauten (➢*Backsteinbau*). Die ornamentalen Gestaltungsmöglichkeiten von Backstein und Klinker handhabte er so virtuos, dass man ihn scherzhaft auch den „Klinker-Sticker" nannte. Dem Nationalsozialismus stand H. aufgeschlossen gegenüber, doch dessen Machthaber haben sich seines Könnens nicht bedient. Im Grunde war er ein Einzelgänger, der auch nicht schulbildend gewirkt hat. *Ah.*

Hoffmann & Campe Der Hbger Verlag wurde 1781 von dem aus Schlesien zugewanderten Buchhändler B.G. Hoffmann gegründet. 1810 heiratete der Buchhändler und Verleger A. Campe Hoffmanns Tochter Elisabeth. Er schloss 1816 die Verlage zur Firma Hoffmann & Campe zusammen. Sein Halbbruder, Julius ➢*Campe*, machte den Verlag zu einem der bekanntesten in Dtld. Buchhandlung und Verlag wechselten später mehrfach den Besitzer. 1941 wurde K. Ganske Mitinhaber, 1950 Alleininhaber; nach seinem Tod übernahm sein Sohn Thomas den Verlag.

Im Verlag H.&C. erscheinen die historisch-kritischen Ausgaben der Werke H. ➢*Heines* und die Bücher von H.H. ➢*Jahnn.* Dem Verlag stets treu geblieben ist der Schriftsteller S. Lenz. Heute prägen internationale Bestsellerautoren und bekannte Fernsehjournalisten das Programm. Im Juli 1948 kam mit dem Würzburg-Heft die erste Ausgabe der Kultur- und Reisezeitschrift „MERIAN" heraus, die seither monatlich Städte und Landschaften porträtiert. Hbg war 1948, 1961, 1972, 1981, 1988, 1994, 1998, 2002 und 2008 Thema von „MERIAN"-Heften. *Ko.*

Blick in Julius Campes Buchladen an der Neuen Burg 22. Radierung von Johann Peter Theodor Lyser, abgebildet in seinem 1830 bei Hoffmann & Campe erschienenen Roman „Benjamin. Aus der Mappe eines tauben Malers. Erster Theil". Links am Tisch steht, im Gespräch mit Kunden, der Buchhändler und Verleger.

Hoheluft ist ein durch die Hoheluftchaussee in die Bereiche Ost und West gegliederter Stadtteil. H.-Ost liegt im ehem. ➢*Kerngebiet* des Bezirks ➢*Hamburg-Nord*, H.-West in dem des Bezirks ➢*Eimsbüttel.* Beide sind die flächenkleinsten Hbger

Stadtteile (Ost 0,6 km^2, West 0,7 km^2), zählen aber zu den dichtestbesiedelten Gebieten (Ost 9.194 Einw., West 12.606; 2009). H. wurde erst 1939 ein eigener Stadtteil. Der Name wird entweder auf einen 1602 errichteten Galgen oder auf das „Hoge Licht" des dortigen Wirtshauses zurückgeführt. Das Licht sollte den Fuhrleuten bei Nacht und Nebel zur Orientierung dienen.

Die größte noch erhaltene Hamburger Terrasse findet sich im Stadtteil Hoheluft-Ost am Falkenried. Sie entstand 1890–1903 für die Arbeiter des Betriebsbahnhofs und der Fahrzeugwerke Falkenried der Straßen-Eisenbahn-Gesellschaft.

H. gehörte urspr. zu ➢*Eppendorf.* Noch Mitte des 19. Jhs war H. eine kleine Ansiedlung an der 1864 so benannten Hoheluftchaussee und Zollstation zum holstein. ➢*Lokstedt.* Im Kaiserreich setzte die Wohnbebauung ein, die vor dem Ersten Weltkrieg abgeschlossen wurde. Zwischen der heutigen Unna- und Quickbornstraße entstand ab 1892/ 93 die chemische Fabrik ➢*Beiersdorf*, an der Hoheluftchaussee 95 die Tabakfabrik von Eicken (1902–09, seit 1986 unter ➢*Denkmalschutz*). Das Generalsviertel, dessen Straßen nach preuß.-dt. Generälen benannt sind und deren Umbenennung in den 1970er Jahren vergeblich gefordert wurde, ist reich an ➢*Stadt-* und ➢*Etagenhäusern* in wilhelminischer und Jugendstilarchitektur. In H.-Ost befindet sich mit den Falkenried-Terrassen (1890–1903, ➢*Terrasse/Passage*) das größte zusammenhängende Beispiel dieser ➢*Wohnform* in Hbg. *Ko.*

Hohenfelde ist ein Stadtteil im ehem. Ortsamtsgebiet ➢*Barmbek*-Uhlenhorst des Bezirks ➢*Hamburg-Nord* mit 1,1 km^2 Fläche und 8.854 Einw. (2009). Das im 15. Jh. erstmals genannte „hohe Feld" zwischen ➢*St. Georg* und ➢*Eilbek (1.)* gehörte zum Besitz des ➢*Hospitals zum Heiligen Geist*, seit 1679 war es Vorfeld des Neuen Werkes (➢*Befestigung*). In der ➢*Franzosenzeit* wurden 1813/14 die wenigen Häuser zerstört, um auch hier freies Schussfeld zur Verteidigung der Stadt zu schaffen. In den Jahrzehnten nach dem ➢*Großen Brand* setzte die Verstädterung ein. Bei den ➢*Luftangriffen* im Juli 1943 wurde H. schwer getroffen. Teile der älteren Bebauung haben sich am Graumannsweg, der Mundsburger Brücke und der Uhlandstraße erhalten. Markantes Wahrzeichen wurde die 1885 eingeweihte Kirche ➢*St. Gertrud (2.)* am Kuhmühlenteich. F. ➢*Schumacher* entwarf die an der Lübecker Straße im ➢*Hamburger Heimatstil* erbaute ehem. Polizeiwache. Ebenfalls an der Lübecker Straße errichtete die Planungsabteilung der ➢*Neuen Heimat* unter E. May 1956–58 die Hauptverwaltung des Unternehmens. 1968–73 entstand an der ➢*Sechslingspforte* die Alsterschwimmhalle, die der Volksmund ihrer auffälligen Konstruktion und Glasfassade wegen bald als „Schwimmoper" bezeichnete. *Ko.*

Holstein H. bildete im frühen Mittelalter mit ➢*Stormarn* und Dithmarschen die drei sächs. Gaue im Gebiet nördlich der ➢*Elbe*. Der Name leitet sich von holtsati, den Holzsassen, Waldbewohnern, ab. Der an beiden Ufern der Stör gelegene Gau erstreckte sich etwa vom Geestrand bei Itzehoe bis an die Eider im Norden und den Isarnho (Eisenwald) im Nordosten. Er reichte bis an den Grenzsaum zu den Jüten im Norden und zu den seit etwa 700 n.Chr. nach Wagrien eingewanderten Westslawen. Der Gau, dem ein Overbode vorstand, war viergeteilt; die Gauviertel unterstanden den Boden. Der Vierteleinteilung entsprach die Einteilung in Kirchspiele, die sich bis 1000 so darstellt: Kellinghusen, Schenefeld, Nortorf und Jevenstedt. Mit der Expansion in den nordöstl. anschließenden neuen Gau Faldera/Wippendorf (Mittelpunkt wurde das Missionsstift Neumünster) wurde hier die Basis für die Eroberung und Kolonisation Wagriens gelegt.

H. und Stormarn bildeten den Kernbereich der Grafschaft, die 1111 an die ➢*Schauenburger* verlehnt wurde. Hinzu kam das eroberte Gebiet Wagriens (Fehmarn blieb bei Schleswig). 1460 wurde – nach dem Aussterben der schauenburgischen Hauptlinien – der dän. König Christian I. von der Ritterschaft H.s unter der Bedingung der fortwährenden Realunion des Herzogtums Schleswig mit der Grafschaft H. zum Landesherrn gewählt. 1474 erhob der Kaiser die Grafschaft (unter Einschluss Stormarns) zum Herzogtum. 1490 kam es zur ersten – nur kurzlebigen – Landesteilung, 1544 wurde dann eine Teilung herbeigeführt, die über 200 Jahre lang anhielt und erbitterte Zwistigkeiten durch die Konkurrenz zwischen ➢*Dänemark*/Schleswig-Holstein einerseits und Holstein-Gottorf/Schweden andererseits ausbrechen ließ. Erst 1726 und 1773 wurde durch Reunionen das Herzogtum weitgehend wiederhergestellt.

Hbg blieb bis zur staatsrechtlichen Anerkennung seiner reichsständischen Stellung durch den Herzog von H.(-Stormarn) im ➢*Gottorper Vergleich* 1768 de jure eine h.(-stormarnsche) Landstadt; bis Anfang des 17. Jhs huldigten die Hbger dem holsteinischen Landesherrn, obwohl sie seit 1461 von einer „Annehmung" sprachen (D. ➢*Bremer*). *LS*

Holstein-Pinneberg Durch die wiederholten Teilungen der Grafschaft ➢*Holstein*(-Stormarn) unter den Nachfolgern Graf Adolfs IV. von Schauenburg (➢*Schauenburger*) kam es seit Beginn des 14. Jhs zur Herausbildung einer nahezu abgeschlossenen Teilgrafschaft im Südosten des Landes, die eine immer stärkere Abschottung gegenüber den anderen Teilgrafschaften verfolgte. Von ihr wurden im Mittelalter die Gebiete östl. der ➢*Alster* verkauft bzw. vertauscht, sodass sich ihr Herrschaftsbereich schließlich auf das westl., nordwestl. und nördl. von Hbg gelegene Gebiet, zwei Exklaven in der Krempermarsch (Herzhorn und Sommerland mit Grönland) sowie die schauenburgischen Stammlande um Bückeburg an der mittleren Weser beschränkte. In der Geschichte Schleswig-Holsteins spielten die 1460 von allen Ansprüchen ausgekauften Grafen von H.-P. (oder Holstein-Schauenburg) keine Rolle mehr, zumal sie sich meist an der Weser aufhielten und ihre Verwaltung in Pinneberg einem Drosten übertrugen. Umso stärker fühlte Hbg die Nähe des Kleinterritoriums, v.a. durch die Ansiedlung ➢*Altona*, die im 16. Jh. unmittelbar an der westl. Stadtgebietsgrenze (vor dem ➢*Hamburger Berg*) entstand. 1619 erwarb Graf Ernst den persönlichen Reichsfürstentitel; auf die Reichsstandschaft musste er auf politischen Druck der Holsteiner Herren verzichten.

1640 starb mit Otto V. die männliche Linie des Schauenburger Geschlechts aus. Der Herzog von Holstein (und König von ➢*Dänemark*) sowie der Herzog von Holstein-Gottorf teilten die Grafschaft, wobei der König-Herzog drei Fünftel und der Gottorfer zwei Fünftel, nämlich das Amt Barmstedt und 160.000 Taler, erhielten. Der kgl. Anteil wurde zur Herrschaft Pinneberg, der herzogliche Anteil 1649/50 eine selbstständige Reichsgrafschaft in Rantzauer Besitz, die bereits 1726 an den dän. König Friedrich IV. gelangte. Die Herrschaft war in fünf Vogteien geteilt: Haus- und Waldvogtei (mit ➢*Niendorf*, ➢*Lokstedt* und ➢*Schnelsen*), Ottensen (mit ➢*Ottensen*, ➢*Eidelstedt*, ➢*Stellingen* und zunächst Altona), Hatzburg, Amtsvogtei und Klostervogtei Uetersen.

Die Herrschaft Pinneberg wurde 1867 gemeinsam mit der Administratur Rantzau und den adligen Gütern Seestermühe, Haselau und Haseldorf in den neu gebildeten preuß. Kreis Pinneberg überführt. Heute pendeln aus dem schleswig-holsteinischen Kreis täglich etwa 41.000 Berufstätige nach Hbg. *LS*

Hopfenmarkt Der H. liegt vor der ehem. Hauptkirche ➢*St. Nikolai* und war bei seiner Entstehung der Hauptplatz der ➢*Neustadt (gräfliche Siedlung)* und Standort ihres Rathauses (➢*Rathäuser, Alte, 1.*). Nach der Vereinigung mit der ➢*Altstadt* wurde aus dem Platz der „Neue Markt" – der „Alte Markt" lag vor dem südl. Ausgang des ➢*Doms* (seit dem 14. Jh. „Fischmarkt", heute „Alter Fischmarkt"). Auf dem H. standen 40 bis 60 Marktbuden zusammen, das Angebot reichte von Ständen für Korbwaren bis zum „Fleischschrangen", der amtlich zugelassenen Verkaufsstelle für Fleisch. Seinen heutigen Namen erhielt der Platz im 14. Jh., als hier die ➢*Bier*brauer ihren Bedarf an Hopfen deckten.

Später wurde der H. wie der ➢*Meßberg* zum Hbger ➢*Großmarkt* für Lebensmittel. Von 1897 bis zur 1911 erfolgten Verlegung des gesamten Marktbetriebs auf den Deichtorplatz wurde ausschließlich Gemüse verkauft. Wegen der ca. 900 Verkaufsstände (1907) herrschte größtes Gedränge auf dem H. Die Waren stammten überwiegend aus den ➢*Vierlanden*, woran heute der Vierländerin-Brunnen erinnert. Das achteckige Brunnenbecken und dessen Ausgestaltung entstanden 1878 nach einem Entwurf von F.A. ➢*Meyer*, die Standfigur einer Vierländer Marktfrau mit Korb schuf E. Peiffer. Bevor der Brunnen 1975 auf dem H. aufgestellt wurde, stand er zunächst auf dem Meßberg und später bei den Markthallen an der Amsinckstraße. *Ti.*

Lebhaftes Markttreiben auf einem der zentralen Plätze des alten Hamburgs: der Hopfenmarkt in der ersten Neustadt. Zeichnung von Friedrich Carl Alexander Lill, 1836

Horn ist ein Stadtteil im ehem. Ortsamtsgebiet ➢*Billstedt* des Bezirks ➢*Hamburg-Mitte*, zwischen der Güterumgehungsbahn im Westen und dem Schiffbeker Weg mit 37.677 Einw. (2009) auf 5,8 km² Fläche. Das Geestdorf H. wurde erstmals 1306 urkundlich erwähnt und kam 1383 durch Kauf zu Hbgs ➢*Landgebiet*; es gehörte 1410–1830 zur Landherrenschaft ➢*Hamm* und H., dann zur Landherrenschaft der ➢*Geestlande*. Im 17. Jh. wurde H. Erholungsgebiet für Hbgs Bürgertum: mit ➢*Landhäusern*, ➢*Gärten und Parks*, auch einem Zoo, der erst im 19. Jh. der Konkurrenz ➢*Hagenbecks* weichen musste. Mitte des 19. Jhs lebten in H. 1.024 Einw., darunter viele Milchhändler und Gärtner. 1874 wurde H. Vorort, 1894 Stadtteil. Der ➢*Senat* betrieb planmäßige Bodenankaufspolitik. In den 1920er und 30er Jahren wuchs H. v.a. im westl. Teil durch Massenwohnungsbau im üblichen Hbger Backsteinstil, in der ➢*NS-Zeit* durch Siedlungen, insbesondere für Erwerbslose. 1943, als Horn weitgehend zerstört wurde, kamen zahlreiche der durch die ➢*Luftangriffe* Ausgebombten in Notunterkünften im Kleingarten-Bereich des H.er Ostteils unter. Der Wiederaufbau vollzog sich langsam. 1990 waren noch 8 % der Wohnungen Behelfsheime, obwohl 1959–68 u.a. in der Siedlung Horner Geest zahlr. Wohnblocks gebaut worden waren (sie liegen an der Dannerallee auf der Grenze zu ➢*Schiffbek/Billstedt*). Das ➢*Horner Rennen* und das ➢*Rauhe Haus* (J.H. ➢*Wichern*) gehören zu den Aktivposten dieses Stadtteils, in dem mit dem „Horner Kreisel" in der NS-Zeit der Beginn der Autobahn nach Berlin und ➢*Lübeck* angelegt wurde. *luz*

Horner Rennen Das Deutsche Galoppderby für Dreijährige in ➢*Horn* ist das bedeutendste Turfereignis in Dtld. Erstmals wurde es 1869 vom Hamburger Rennclub von 1852 veranstaltet. Vorläufer ist ein auf Wandsbeker Gebiet ausgerichtetes Pferderennen, das bei seiner ersten Austragung im Jahr 1835 zwischen 40.000 und 50.000 Besucher anlockte. Häufiger Gast beim H.R. war Kaiser Wilhelm II. (➢*Kaisertage*). *SH*

Hospital zum Heiligen Geist Wie in zahlr. dt. Städten seit dem Ende des 12. Jhs wurde auch in Hbg auf Initiative der ➢*Bürgerschaft* ein Hospital für durchreisende Pilger sowie kranke, alte und arme Menschen gegründet. Erstmals wurde es 1247 als bereits vermögende Institution erwähnt, es bestand damals aber bereits seit etwa 20 Jahren. Das H.z.H.G. lag unmittelbar an der westl. Stadtmauer beim Stadttor (➢*Millerntor*) am Ende des Großen Burstah. Die Kapelle des H.z.H.G. wurde erstmals 1308 als „nova capella" genannt. 1559 erhielt sie einen Neubau. Der Gottesdienst musste 1805 wegen Baufälligkeit dieser Kirche eingestellt werden. In der ➢*Franzosenzeit* diente sie als Heumagazin. Von 1816 an hielten im oberen Teil der Kirche, dem mit dem H.z.H.G. verbundenen Betsaal, Pastoren von ➢*St. Nikolai* Gottesdienste, bis 1831 die baufällige Kirche auf Abbruch verkauft wurde.

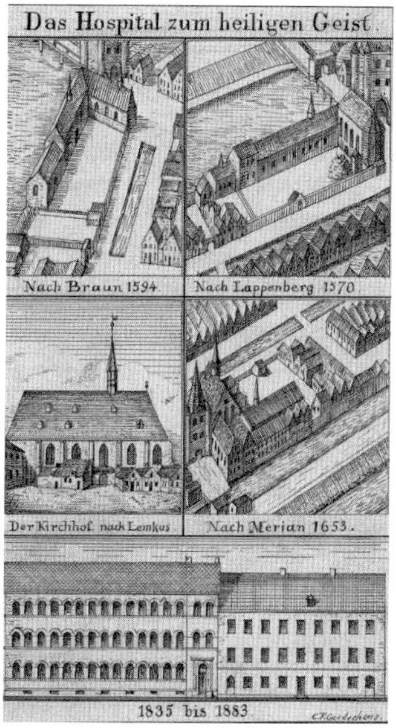

Das Hospital zum Heiligen Geist war jahrhundertelang ein Ort Hamburger Wohltätigkeit. Fünf Detailansichten der Anlage, zusammengestellt von Cipriano Francisco Gaedechens

Die Bewohner des H.z.H.G. bildeten einen ordensartigen Verband von Brüdern und Schwestern, daneben gab es im Mittelalter ein Gasthaus für arme Fremde. Um 1400 entstand eine „Elenden-Brüderschaft unserer lieben Frauen zum Heiligen Geist", die sich um die Armen, Altäre und Beerdigungen kümmerte (➢*Bruderschaften*). Das Haus wurde von einem Provisor und zwei Ratsherren geleitet. Das Vermögen des H.z.H.G. bestand aus gestiftetem Grundbesitz und Renten (➢*Rentebücher*), darunter Häusern in der Stadt, dem ➢*Heiligengeistfeld* und dem Dorf ➢*Barmbek* sowie Besitz in ➢*Horn*, ➢*Hammerbrook*, ➢*Ottensen*, Lüneburg und Krempe. Mit der Neuordnung des Hbger Armenwesens im Zuge der ➢*Reformation* gingen die Verwaltung und der Besitz des Hospitals 1528 an die ➢*Oberalten* über. Um 1600 und 1730 wurden je rund

100 im Hospital lebende Arme gezählt. Als die in den vorangegangenen Jahren mehrfach umgebauten und erweiterten Gebäude des Hospitals einem Straßen- und Neubau weichen mussten, wurde es 1883 in einen Neubau an der Richardstraße in ➢*Eilbek* verlegt. 1831 war das Landgebiet des H.z.H.G. in die Verwaltung des ➢*Rats* übergegangen. Die Einnahmen aus umfangreichen Grundstücksverkäufen verwandte das H.z.H.G. in den 1860er Jahren für den Bau des Oberalten-Stifts am Mühlendamm, das ebenso wie die Hospitalsgebäude 1943 durch Bomben zerstört wurde. Seit 1951 erhielten die beiden Institutionen gemeinsam mit dem ➢*Maria-Magdalenen-Kloster* in ➢*Poppenbüttel* neue Gebäude für ihren Stiftungszweck, denen in den 1970er Jahren weitere Neubauten mit über 1.000 Bewohnern folgten. *Pe.*

Das Hotel Vier Jahreszeiten am Neuen Jungfernstieg zählt zu den besten Hotels der Welt.

Hotel Vier Jahreszeiten 1897 ersteigerte der Schwabe F. Haerlin das schmale, 1887 nach dem Umbau eines Wohnhauses begründete, aber schon heruntergewirtschaftete „Hotel zu den Vier Jahreszeiten" am Neuen Jungfernstieg. Durch Erwerb von Nachbarimmobilien, durch Um- und Anbauten gab er ihm bis 1905 die seither gewohnte äußere Form. Hbgs wirtschaftlicher Aufstieg begünstigte das Unternehmen, dessen Erfolg auch durch das ➢*Atlantic Hotel* (1909) und das Esplanade-Hotel am Stephansplatz nicht gebremst wurde. Haerlins Grundsatz lautete: „Ich will meinen Gästen keine Herberge bieten, sondern ein Zuhause"; dementsprechend hoch war das Niveau von Ausstattung, Service und Preis. Nach dem Zweiten Weltkrieg stieg das Hotel bei stets nur mäßiger Belegung in die Spitzengruppe der Welthotels, aber auch zum größten Ausbildungsbetrieb unter seinesgleichen in Europa auf. 1990 wurde Hbgs bekanntestes Hotel nebst einem Gut bei ➢*Ahrensburg* (zur Versorgung von Küche und Blumenbinderei) an einen japan. Unternehmer und von diesem 1997 an die Raffles-Gruppe (Singapur) verkauft. Seit 2007 gehört das Hotel zur US-Gruppe Fairmont Hotels & Resorts. *luz*

HSV (Hamburger Sport-Verein) Der HSV ist 1919 aus einer Fusion der Vereine Hamburger FC von 1888, SC Germania von 1887 und FC Falke 06 hervorgegangen. Der Sportplatz des HFC 88 am ➢*Rothenbaum*, den dieser seit 1910 nutzte, wurde übernommen.

In den 1920er Jahren wurde der HSV zu einem der führenden dt. ➢*Fußball*-Clubs. Auch in anderen Sportarten war der HSV erfolgreich, so im Handball und in der Leichtathletik. 1922 erreichte er das Endspiel gegen den 1. FC Nürnberg; zwei Treffen endeten unentschieden. Das erste wurde wegen Erschöpfung der Akteure nach 3 Std. 9 Min. vom Schiedsrichter abgebrochen. Beim zweiten entschied der Unparteiische, da zwei Nürnberger Spieler die Rote Karte erhalten hatten und zwei wegen Verletzung ausgeschieden waren, nach 110 Min. die Begegnung zu beenden. Der HSV wurde zum Meister erklärt; dieser verzichtete jedoch auf den Titel, den er 1923 erstmals gewann. 1928 konnte der Verein diesen Erfolg wiederholen.

In der Fußball-Oberliga Nord war der HSV 1947–63 mit einer Ausnahme (1954: Hannover 96) stets norddt. Fußballmeister. Die dritte dt. Meisterschaft gewann der HSV 1960, 1963 wurde erstmals der DFB-Pokal errungen. Seit Gründung der Fußball-Bundesliga 1963 gehört der HSV der obersten Spielklasse an. 1972 nahm U. Seeler, der populäre Mittelstürmer, der seit 1953 in der Liga-Mannschaft 810 Spiele für den HSV bestritten, 704 Tore geschossen und bei 72 Länderspielen 43 Treffer für die dt. Nationalmannschaft erzielt hatte, seinen Abschied. 1976 gewann der HSV zum zweiten Mal den DFB-Pokal, 1977 den Europapokal der Pokalsieger. 1979 wurde der HSV erneut dt. Meister, ebenso 1982. Den größten Erfolg hatte der Verein im Mai 1983 mit dem Gewinn des Europapokals der Landesmeister, im Juni 1983 kam eine weitere dt. Meisterschaft hinzu, 1987 der Sieg im DFB-Pokal. Die Heimspiele des HSV werden in der Imtech Arena (ehem. Volksparkstadion; ab 2001: AOL Arena, 2007–10: HSH Nordbank Arena) ausgetragen. *Ko.*

Die Raute, das HSV-Symbol. Ihre Anhänger zieht es in die Fußball-Arena am Volkspark, den Austragungsort der Bundesligaheimspiele.

Der Verwaltungslehrling Helmuth Hübener war ein mutiger und entschiedener Kämpfer im Widerstand gegen das NS-Regime.

Hubert-Fichte-Preis Der Hubert-Fichte-Preis ist 1995 aus dem ➢*Alexander-Zinn-Preis* für Literatur hervorgegangen. Er wird alle drei Jahre im Gedenken an den Hbger Schriftsteller H. ➢*Fichte* verliehen. Die Preisträger sollen in ihrem Schaffen eine Beziehung zu Hbg erkennen lassen. Der Preis ist mit 7.500 € dotiert (2008). Bisherige Preisträger sind G. Steinwachs, B. Kronauer, P. Hultberg, F. Schulz und K. Duve. *Ko.*

Hübener, Helmuth (geb. 8.1.1925 Hbg, gest. 27.10.1942 Berlin), Widerstandskämpfer. Ab Sommer 1941 versuchte der Hbger Verwaltungslehrling, durch die Verbreitung ausländischer Rundfunknachrichten die Öffentlichkeit über den wahren Charakter des NS-Unrechtsregimes aufzuklären. In selbst verfassten Flugblättern brandmarkte er die dt. Kriegführung zum Zeitpunkt ihres größten „Triumphes“ als „Mord wehrloser Frauen und Kinder, Krüppel und Greise“. H. und seine ebenfalls jugendlichen Mitstreiter R. Wobbe und K.-H. Schnibbe waren Mormonen, Mitglieder der „Kirche Jesu Christi der Heiligen der letzten Tage“. Einen Anstoß für den Entschluss, die Widerstandstätigkeit ungeachtet des hohen Risikos aufzunehmen, bildete die Empörung über den örtlichen Mormonenleiter, der dem verschärften Druck der Nationalsozialisten auf die kleine Glaubensgemeinschaft durch die Anbringung eines Schildes am Gemeinde- und Kirchenraum mit der Aufschrift „Juden nicht gestattet“ nachgab. Aufgrund einer Denunziation wurden H. und seine Freunde im Februar 1942 verhaftet. Die Gestapo suchte vergeblich nach „Hintermännern“, weil sie es nicht für möglich hielt, dass eine derart aktive und organisierte Widerstandstätigkeit allein das Werk von Jugendlichen gewesen sein konnte. Dennoch gab es keine Verbindungen zu anderen Widerstandsgruppen.

Der Volksgerichtshof verurteilte H. am 11.8. zum Tode und seine Mitstreiter zu Gefängnisstrafen. In der Gerichtsverhandlung bekannte sich H. offen zu seiner antinazistischen Gesinnung und erklärte, dass er „die Religion höher stelle als die Nazipartei und ihre Ideologie“. Am 27.10.1942 wurde der 17-Jährige in Berlin-Plötzensee enthauptet. *DG*

Hummel (eigtl. Johann Wilhelm Bentz, getauft 21.1.1787, gest. 15.3.1854 Hbg), Hbger Original. H. wohnte in der Großen Drehbahn Nr. 36 und arbeitete als Wasserträger (➢*Trinkwasserversorgung*). Bei seiner schweren Arbeit wurde er von Straßenkindern der ➢*Neustadt* geneckt, die er deshalb stets zu greifen suchte. Sie riefen ihm „Hummel, Hummel“ hinterher. Ihr Ausruf leitete sich von der ndt. Bezeichnung „Griephummer“ oder kurz „Hummer“ ab, dem Spottnamen der ebenfalls „greifenden“ Gerichtsdiener. Hummer wurde sprachlich zu Hummel verschliffen. Der gepeinigte Wasserträger konnte selten einen kleinen Racker schnappen und entgegnete statt dessen ein deftiges „Mors, Mors!“, eine hbg. Variante des Götz-Zitats: die Doppelung des ➢*plattdeutschen* Wortes für „Hintern“.

H. wurde 1848, nachdem die Neustadt an die bereits 1845 errichtete Stadtwasserkunst in ➢*Rothenburgsort* angeschlossen worden war, arbeitslos. Er starb sechs Jahre später und wurde auf dem Dammtorfriedhof beerdigt. An H. erinnert der 1938 vom ➢*Verein geborener Ham-*

burger gestiftete, von R. Kuöhl ausgeführte Brunnen aus Muschelkalk auf dem Platz in der Mitte des Rademachergangs. Er korrespondiert mit einer am gegenüberliegenden Memel-Haus der ➢*Allgemeinen Deutschen Schiffszimmerer-Genossenschaft* angebrachten Kinderfigur. *JJF*

Hummelsbüttel ist ein Stadtteil im ehem. Ortsamtsgebiet Alstertal des Bezirks ➢*Wandsbek* mit 9,2 km^2 Fläche und 16.921 Einw. (2009).

H. wurde erstmals 1319 im Zusammenhang mit der möglicherweise hier ansässigen adligen Familie Humersbotle als Dorf erwähnt. Die Herleitung des Namens von einem fränk. Dorfgründer Hunmar gehört wohl ins Reich der Sage. Mit der Herrschaft ➢*Holstein-Pinneberg* kam H. 1640 zu ➢*Dänemark*. Das Bauerndorf wurde 1937 hbg. Sein ländliches Idyll haben der Maler E. Eitner (➢*Hamburgischer Künstlerclub*) und der Schriftsteller H. Claudius („Ulenbütteler Idylle" 1948), die beide zeitweise in H. wohnten, überliefert. Die seit den 1950er Jahren einsetzende Verstädterung hat den Charakter H.s nahezu vollständig verändert. Die 1962 abgebrochene Grützmühle wurde mit dem erhaltenen alten Mahlwerk im Museumsdorf ➢*Volksdorf* wiederaufgebaut.

Mehrere H.er Bauern waren im 19. Jh. als Butterhändler tätig; die von ihnen in ➢*Holstein* aufgekaufte Butter wurde in Hbg abgesetzt. Im Kaiserreich entstanden in H. mehrere Ziegeleien, um 1968 erlosch die Produktion des letzten Betriebes. Die Großsiedlung Tegelsbarg (1975–80) unterscheidet sich von den Hbger Großwohnprojekten der 1960er Jahre durch reduzierte Geschosszahlen, stärkere Gliederung und die Verwendung von ➢*Backstein* als Verblendmaterial. *Ko.*

HVV (Hamburger Verkehrsverbund) Als weltweit erster Verkehrsverbund wurde der HVV am 29.11.1965 durch folgende Unternehmen gegründet: Hamburger Hochbahn AG (HHA; ➢*U-Bahn*, ➢*Straßenbahn*, Busverkehr, ➢*Alsterschifffahrt*), die Deutsche Bundesbahn (DB; ➢*S-Bahn*), die Verkehrsbetriebe Hamburg-Holstein AG (VHH; Buslinien) und die Hafen-Dampfschiff AG (➢*HADAG*, einschließlich der Hamburg-Blankenese-Este-Linie).

Als Dachorganisation besorgte der HVV die Vereinheitlichung und Verbesserung der Fahrpläne und Tarife und führte am 1.12.1966 den Gemeinschaftstarif im gesamten Verbundraum ein. Ferner gehören seither Marketing, Finanz- und Verkehrsplanung zu seinen Aufgaben. Die Eigentumsverhältnisse der Verbundpartner an Fahrzeugen und Anlagen blieben unberührt. Weitere Beitritte: 1.12.1966 Elmshorn-Barmstedt-Oldesloer Eisenbahn AG (EBO), Alsternordbahn GmbH (ANB) und ➢*AKN*; 1.10.1967 Deutsche Bundespost mit zwei Buslinien (zum 1.1. 1983 abgelöst von der Kraftverkehr GmbH-Stade, KVG); 1.10.1972 Pinneberger Verkehrsgesellschaft (PVG); 25.9.1977 Stadtwerke Norderstedt. Trotz öffentlicher Proteste des Publikums schied am 29.10.1983 die Alsterschifffahrt aus wirtschaftlichen Gründen aus.

Der Umbau des HVV zu einer GmbH wurde durch europa- und bundesrechtliche Neuregelungen notwendig. Die heutigen Gesellschafter sind Hbg (85,5 %), Schleswig-Holstein (3 %), die Landesnahverkehrsgesellschaft Niedersachsen (2 %), die Kreise Herzogtum Lauenburg,

Der Wasserträger Johann Wilhelm Bentz, genannt Hummel, mit grimmigem Gesicht wegen der Neckereien von Straßenjungen. Kolorierter Holzschnitt, Ende des 19. Jahrhunderts

Pinneberg, Segeberg und ➢*Stormarn* (je 1,5 %) sowie Harburg, Stade (je 1 %) und Lüneburg (1,5 %). Der Verbundraum umfasst das hbg. Staatsgebiet sowie das Umland in Schleswig-Holstein und Niedersachsen von Kehdingen bis zum Amt Neuhaus und zur Göhrde, von Mittelholstein bis in die Heide. Insgesamt beförderte der HVV 2009 in seinem 12.485 km langen Streckennetz auf 686 Linien mit 3.864 Fahrzeugen 993 Mio. Fahrgäste von und zu 10.725 Haltestellen. *To*

HWWA – Institut für Wirtschaftsforschung Das Hamburgische Welt-Wirtschafts-Archiv (HWWA) erhielt seinen Namen 1919, nach dem Verlust der dt. Kolonien, die das Archiv seit dem 20.10.1908 als „Zentralstelle" des ➢*Kolonialinstituts* erforscht und dokumentiert hatte. Während es zunächst Informationsmaterial über die dt. Kolonien sammelte und auswertete sowie Kolonialbeamte ausbildete, erweiterte sich der Aufgabenbereich des Archivs innerhalb weniger Jahre zur globalen Informationsbeschaffung. Im Anschluss an die Gründung der Hamburgischen Universität (➢*Universität Hamburg*) wurde das HWWA 1919 eine wissenschaftliche Anstalt mit der Aufgabe, Fachleute aus Presse, Wirtschaft und Wissenschaft bei ihren Arbeiten zu unterstützen (➢*Wissenschaftliche Bildung*). Seit 1948 gehören auch eigene empirische Forschungen und Veröffentlichungen zu den Tätigkeitsfeldern.

Das HWWA zählte zu den sechs großen Wirtschaftsforschungsinstituten der Bundesrepublik, die mit ihren Gutachten Entscheidungshilfen für die Praxis in Politik und Wirtschaft liefern. 2006 wurde es aufgelöst. An seine Stelle trat das HWWI, das Hamburgische WeltWirtschafts-Institut, eine gemeinnützige GmbH mit der Freien und Hansestadt Hamburg und der ➢*Handelskammer* als Gesellschafter. Das HWWI ist als An-Institut der Universität Hamburg verbunden.

Herzstück des Informationsdienstes ist neben der individuellen Beratung der „Thesaurus Wirtschaft", der über die Titelerfassung hinaus eine aktuelle und umfassende Erschließung der vorhandenen Literatur garantiert. 2005 besaß die Bibliothek über 1,2 Mio. Bände, darunter einen bedeutenden Bestand „grauer Literatur", der ansonsten schwer oder gar nicht zugänglich wäre. Den Benutzern steht auch ein reichhaltiges, laufend aktualisiertes Zeitungsausschnittsarchiv zur Verfügung. 2007 wurde der Arbeitsbereich Bibliothek mit der Deutschen Zentralbibliothek für Wirtschaftswissenschaften (Hauptsitz Kiel) verbunden. *OK*

Iberoamerika Hbg ist Dtlds bedeutendster Platz für den I.-Handel, den Warenaustausch mit den süd- und mittelamerikan. Staaten. Als die jungen Republiken des Kontinents 1822 von den USA anerkannt wurden, unterhielten die Hanseaten schon zwei Konsulate in Brasilien. 1827 schlossen ➢*Syndicus* Karl ➢*Sieveking* und der Bremer Senator J.C.F. Gildemeister mit Kaiser Dom Pedro I. einen ➢*Handelsvertrag* für die drei Hansestädte (➢*Hanseatische Gemeinschaft*). Die Zahl der auf I. spezialisierten Handelshäuser und Schifffahrtslinien (➢*Hamburg Süd*) wuchs: Fertigwarenexporte standen dem Import von Rohstoffen gegenüber (Kupfer, Kaffee, ➢*Zucker*, Zinn u.a.). Auswanderer schifften sich nach Brasilien und Chile ein.
In keiner Stadt Europas ließen sich so viele I.-Konsulate (➢*Konsulate*) nieder wie in Hbg; 1926 stifteten sie die Bolívar-Büste im ➢*Rathaus*. 1960 schenkte Venezuela Hbg die Bolívar-Statue im Harvestehuder Bolívarpark. Schon 1916 hatte der Romanistik-Professor B. Schädel die Gründung des Hamburgisch-Iberoamerikanischen Vereins initiiert (nach mehreren Namenswechseln ab 1957 Ibero-Amerika-Verein, seit 2007 Lateinamerika Verein, LAV). Im Iberoamerika-Haus am Alsterglacis 8 hatte u.a. das Institut für Iberoamerika-Kunde seinen Sitz (heute am Neuen Jungfernstieg 21). Die Mexiko-Bibliothek, die C.R. Linga der Hansestadt schenkte (Linga-Bibliothek), befindet sich in der ➢*Staats- und Universitätsbibliothek*. Dem Studium der Sprachen und Kulturen von I. widmet sich das Iberoamerikanische Forschungsinstitut der ➢*Universität Hamburg*. Das 1962 gegründete Institut für Iberoamerika-Kunde, dem die Zielsetzung mit auf den Weg gegeben war, die politischen, wirtschaftlichen und sozialen Entwicklungsprozesse in den Ländern Lateinamerikas und der Karibik zu beobachten und wissenschaftlich zu analysieren, trägt seit 2007 als Regionalinstitut der Stiftung GIGA (German Institute of Global and Area Studies/Leibniz-Institut für Globale und Regionale Studien) den Namen Institute of Latin American Studies/Institut für Lateinamerika-Studien (ILAS), es verfügt über eine der größten Fachbibliotheken in ganz Deutschland. *luz*

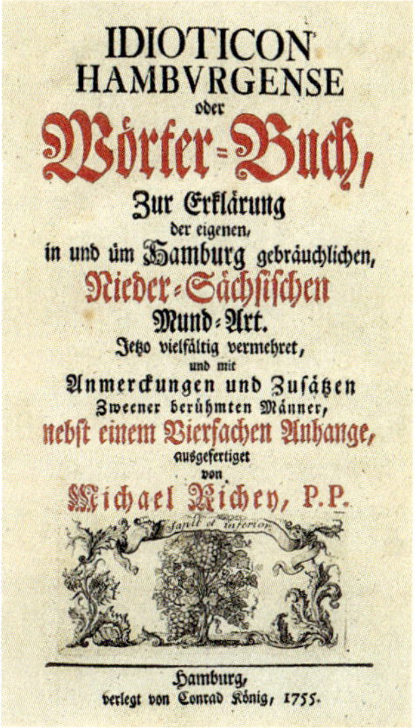
IDIOTICON HAMBVRGENSE oder Wörter-Buch, Zur Erklärung der eigenen, in und üm Hamburg gebräuchlichen, Nieder-Sächsischen Mund-Art. Jetzo vielfältig vermehret, und mit Anmerckungen und Zusätzen Zweener berühmten Männer, nebst einem Vierfachen Anhange, ausgefertiget von Michael Richey, P.P.

Hamburg, verlegt von Conrad König, 1755.

Michael Richey verstand sein „Idioticon" als Beitrag zu einem „allgemeinen Teutschen Wörter-Buche" und als Dokumentation des in Hamburg gesprochenen Plattdeutsch. Auch Redensarten und Sprichwörter nahm er auf. Die erste Auflage widmete er seinem Kollegen am Akademischen Gymnasium, dem Moralprofessor Heinrich Gottlieb Schellhaffer, die zweite, hier abgebildete, seinem Freund, dem Syndicus Johann Klefeker.

Idioticon Hamburgense ist der Titel des von M. ➢*Richey*, Professor für Geschichte und Griechisch am ➢*Akademischen Gymnasium*, veröffentlichten „Wörterbuchs zur Erklärung der eigenen, in und um Hamburg gebräuchlichen, Nieder-Sächsischen Mund-Art". Es erschien erstmals 1743 und in stark erweiterter Ausgabe 1755. Das Wörterbuch umfasste 1743 genau 47 Seiten, bis 1755 wuchs es auf 374 Seiten an. Richey folgte einer Anregung des Universalgelehrten G.W. Leibniz, der empfohlen hatte, den Wortschatz der dt. Mundarten aufzuzeichnen. Nachdrucke kamen 1975 in Hbg und 1976 in Leipzig heraus. Richeys Werk ist eine wichtige Grundlage des ➢*Hamburgischen Wörterbuchs*. *Ko.*

Infanterie-Regiment 31 Das 2. Infanterie-Regiment der Russisch-Deutschen Legion wurde 1815 in die Königlich Preußische Armee als 31. Infanterie-Regiment übernommen und in das 9. Armeecorps (seit 1870 Sitz des Generalkommandos an der ➢*Palmaille* in ➢*Altona*) eingegliedert. Die Verlegung des Truppenteils nach Altona erfolgte 1871. Die Uniform der Einheit, die seit 1894 Königlich Preußisches Infanterie-Regiment Graf Bose (1. Thüringisches) Nr. 31 hieß, bestand bis 1914 aus einem dunkelblauen Waffenrock mit gelben Knöpfen, rotem Kragen sowie roten Achselklappen (seit 1897 weiß). Die Mütze zierten die preuß. und die dt. Kokarde. Die Musketiere kämpften u.a. bei Ligny 1815, Königgrätz 1866, Beaumont 1870, an der Marne 1914, an der Somme 1916 und in der sog. Kaiserschlacht 1918. An das 1919 aufgelöste Regiment erinnert das 1925 u.a. von A. Henneberger errichtete ➢*Denkmal* vor der „Norderkirche" St. Johannis in Altona. *JJF*

Infanterie-Regiment 76 Das unter der Bezeichnung „Sechsundsiebziger" bekannte Königlich Preußische Infanterie-Regiment (2. Hanseatisches) Nr. 76 wurde 1867 gemäß der Militärkonvention zwischen Preußen und den Hansestädten nach Hbg beordert. Zuerst trafen nur die beiden Musketier-Bataillone an der ➢*Elbe* ein, das Füsilier-Bataillon lag bis 1891 in ➢*Lübeck*. Die Einheit war dem Generalkommando des 9. Armeecorps (➢*Altona*) unterstellt. Die Soldaten trugen einen blauen Rock mit gelben Knöpfen, roten Kragen und weißen Achselklappen. Die Mütze war mit der preuß. und der hbg. Kokarde (Hanseatenkreuz; ➢*Orden*) versehen. Die seit 1904 unter dem Namen Königlich Preußisches Infanterie-Regiment Hamburg (2. Hanseatisches) Nr. 76 kämpfenden Soldaten wurden u.a. bei Loigny-Pouprey 1870, an der Marne 1914, bei Cambrai 1917 und in der großen Westfrontoffensive 1918 (Kaiserschlacht) eingesetzt. Nach dem Ersten Weltkrieg wurde der Truppenteil aufgelöst.

An die Sechsundsiebziger erinnern zwei Monumente: das von J. Schilling entworfene Kriegerdenkmal für die Gefallenen von 1870/71, das 1877 an der ➢*Esplanade* enthüllt und 1926 an das Alsterufer versetzt wurde, sowie das von R. Kuöhl geschaffene und 1936 von den Nationalsozialisten feierlich eingeweihte ➢*Denkmal* am ➢*Dammtor*. Die 1985 begonnene Gegendenkmal-

Das von Richard Kuöhl geschaffene Ehrenmal des Infanterie-Regiments Nr. 76 wurde am 15.3.1936 in einer pompösen Zeremonie eingeweiht. Vor den Ehrengästen defilierten die ehemaligen 76er, eine Ehrenkompanie der SS sowie Abordnungen von NSDAP und Reichswehr. In der NS-Zeit war das Denkmal immer wieder Ort aufwendig inszenierter Aufmärsche zur Kriegsverherrlichung. Foto von Horst Frege

gruppe des Bildhauers A. Hrdlicka („Denkmal der Opfer von Krieg und Faschismus“) blieb bis auf die Teile „Feuersturm“ und „Cap Arcona“ unvollendet. *JJF*

Innere Mission Besonders die aus pietistischen Strömungen gespeiste ➢*Erweckungsbewegung* schuf seit etwa 1830 eine Reihe von Werken christl. Nächstenliebe. Aus persönlicher Initiative entstanden Sozialeinrichtungen wie das ➢*Rauhe Haus* (1833; J.H. ➢*Wichern*), der Weibliche Verein für Armen- und Krankenpflege (1832; A. ➢*Sieveking*), das Diakonissen-Mutterhaus Bethesda (1860; E. ➢*Averdieck*) oder das St.-Nikolai-Stift zu ➢*Moorfleet* (1850; H.M. ➢*Sengelmann*; 1863 gingen daraus die ➢*Alsterdorfer Anstalten* hervor). Wichern gründete 1848 den Hamburger Verein für Innere Mission, so zur Unterscheidung von dem Begriff „Heidenmission“ genannt, und bemühte sich in Vorträgen und Veröffentlichungen um seine Ausdehnung auf ganz Dtld. 1849 initiierte er in Berlin den Centralausschuß für innere Mission. Ziel war es, sich der menschlichen Not im Geiste Christi anzunehmen, zunächst in Form von Vereinen, schließlich als karitativer Arm der Kirche.

Die vielfältigen Aufgaben der I.M. reichen von der Hilfe für verwahrloste Kinder bis zur Armen- und Krankenpflege, zur Gefängnisfürsorge, zu F. von Bodelschwinghs Betheler Anstalten für Epileptiker, zu den Kindertagesstätten und zur Bahnhofsmission. Bundesweit wurde die I.M. 1975 mit dem Hilfswerk der Evangelischen Kirche zum Diakonischen Werk zusammengeschlossen, das heute ein wichtiger Partner der öffentlichen Sozialarbeit ist. In Hbg wurde die Fusion nicht vollzogen, und die Einrichtung, die z.Z. 338 Mitgliedschaften von selbstständigen Rechtsträgern sozialer Dienste umfasst, heißt heute: Diakonisches Werk Hamburg – Landesverband der Inneren Mission e.V. Es betreut Projekte wie ➢*Hinz & Kunzt*, ➢*Hamburger Tafel e.V.*, das 1995 ins Leben gerufene Hamburger Spendenparlament e.V., dessen Mitglieder über die Vergabe der von ihnen zur Verfügung gestellten Mittel selbst entscheiden, und die von der gemeinnützigen Passage gGmbH getragene Rathauspassage, in der in einem Teil des ➢*S-* und ➢*U-Bahn*hofs ➢*Jungfernstieg* verschiedene Dienst- und Serviceleistungen angeboten werden, um Langzeitarbeitslosen neue Perspektiven zu eröffnen. *Me*

Institut für die Geschichte der deutschen Juden (IGdJ) Stiftung privaten Rechts. Das 1964 gegründete, 1966 im Universitätsviertel eröffnete IGdJ war in der Bundesrepublik das erste, für längere Zeit auch einzige Forschungsinstitut für die dt.-jüd. Geschichte. Das Institut soll u.a. der wissenschaftlichen Aufarbeitung der im ➢*Staatsarchiv* verwahrten, außerordentlich reichhaltigen Archivbestände der ehem. jüd. Gemeinden in ➢*Altona*, Hbg und ➢*Wandsbek* dienen. Die Forschungsschwerpunkte liegen in der jüd. Regionalgeschichte, der jüd. Geschichte der Frühen Neuzeit und der dt.-jüd. Geschichte im 19. und 20 Jh.; daneben in der Lehrtätigkeit der wissenschaftlichen Referenten an der ➢*Universität Hamburg*. Das IGdJ führt eine umfangreiche Spezialbibliothek als öffentlich zugänglichen Präsenzbestand mit über 40.000 Bänden und gibt zwei wissenschaftliche Buchreihen heraus. Seit 2007 befindet sich das IGdJ im ehem. Finanzamt Hbg-Schlump (Beim Schlump 83). *IL*

Internationaler Seegerichtshof Der mit 21 Richtern besetzte Gerichtshof wurde aufgrund des Seerechtsübereinkommens der Vereinten Nationen aus dem Jahr 1982 und des Durchführungsabkommens vom Juli 1994 errichtet. Für die inländische Vollstreckung bestimmter Entscheidungen nach dem Übereinkommen von 1982 ist nach dem Seegerichtsvollstreckungsgesetz von 1994 das ➢*Hanseatische Oberlandesgericht* in Hbg zuständig. Sitz des I.S.s ist ein Neubau nahe der ➢*Elbchaussee* in ➢*Nienstedten* (Am Internationalen Seegerichtshof 1). *JA*

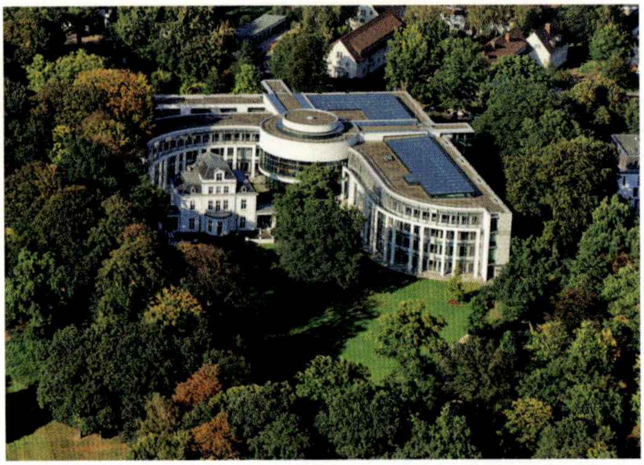

Der Internationale Seegerichtshof in Nienstedten

Der 1878/79 erbaute Kaispeicher B beherbergt seit 2008 das Internationale Maritime Museum Hamburg.

Internationales Maritimes Museum Hamburg Im historischen Kaispeicher B wurde 2008 das den Meeren und der Schifffahrt gewidmete neue Museum eröffnet. Auf neun Decks wird die umfangreiche Sammlung von P. Tamm zur Geschichte der Schifffahrt und des Schiffbaus, der Marinen der Welt, der Marinemalerei und der Meeresforschung präsentiert. Zum Museum gehören eine große Sammlung von Schiffsmodellen und eine Bibliothek mit mehr als 120.000 Bänden. An der Renovierung des 1878/79 am Brooktor- und Magdeburger Hafen erbauten Kaispeichers B in der ➢*HafenCity* beteiligte sich die Freie und Hansestadt Hbg mit 30 Mio. €. Wegen dieser Summe und der starken Betonung von Marine und Militaria ist das neue Museum nicht unumstritten. Nach Aussage seines Gründers und Sammlers P. Tamm soll sich aus der Sammlung ein Museum erst entwickeln. *Ko.*

Isebek Der kleine bei ➢*Bahrenfeld* entspringende Bach mündete in die ➢*Alster* und diente im 14. Jh. als Teil einer Landwehr (➢*Befestigung*).

An der Heilwigbrücke mündet der Isebek in die Alster. Das niederdeutsche Wort Bek (Bach) wird in Hamburg als Maskulinum und auch als Femininum (die Isebek) gebraucht.

1633 wurde er tlw. reguliert und 1646 zum I.-Kanal ausgebaut, der von der Alster über ➢*Eppendorf* in Richtung ➢*Elbe* führte. Dabei wurde der I. zu einem stehenden Gewässer, welches nur noch durch den kleinen Ottersbek in ➢*Eimsbüttel* geringen Zufluss erhält. Nach einer Umgestaltung des Kanals 1883 wurde ein Stammsiel hinzugefügt, das Hbger Regen- und Abwasser führt. Seither endet der Kanal bei der Eimsbütteler Christuskirche und wird in Röhren unter dem ➢*Schanzenviertel* weitergeleitet. Durch Überlaufen des Stammsiels kam es häufig zu Fischsterben im stillen I. Daraufhin wurde 1988 eine Anlage zur Sauerstoffanreicherung installiert. *SU*

Iserbrook ist ein Stadtteil im ehem. Ortsamtsgebiet ➢*Blankenese* des Bezirks ➢*Altona* mit 2,7 km² Fläche und 10.862 Einw. (2009). Einst befanden sich hier Heide, Wiesen und Äcker der Gemarkungen von ➢*Dockenhuden*, ➢*Osdorf* und ➢*Sülldorf*. Die Kaufmanns- und Reederfamilie ➢*Godeffroy* kaufte im 19. Jh. große Flächen und ließ sie aufforsten. Die Besiedlung begann mit dem nach einem Flurnamen benannten „Waldhotel Iserbrook", das 1892 an der Kreuzung der Straßen von Schenefeld nach Dockenhuden und von Sülldorf nach Osdorf erbaut wurde. Die Bevölkerung nahm zuerst langsam, nach dem Zweiten Weltkrieg stark zu. 1951 wurde I. eigener Stadtteil mit Ortszentrum, Kirche, Schulen und einer Station der ➢*S-Bahn*. *Me*

Israelitische Töchterschule/Mädchenschule der Deutsch-Israelitischen Gemeinde, Volks- und Realschule Finanziert von dem Kaufmann M. ➢*Nordheim*, konnte 1884 in der Karolinenstraße 35 die I.T. als neue Armenschule der ➢*Jüdischen Gemeinde* eingeweiht werden. Die beiden Vorsteherinnen setzten ein modern konzipiertes, breit gefächertes Lehrangebot durch, was dem Bildungsstreben jüd. Eltern entgegenkam. Unter der engagierten Leiterin M. Marcus (1884–1924, zusammen mit

Der gelbe Backsteinrohbau (1882–84) war bis zur zwangsweisen Schließung 1942 der letzte Schulort jüdischer Mädchen und Jungen vor der Vernichtung der Jüdischen Gemeinde.

M. Lippmann 1884–99) erwarb sich die Schule durch ihr hohes Niveau und moderne pädagogische Methoden einen ausgezeichneten Ruf. Ihr emanzipatorisches Ziel war es, die Mädchen mit fortschrittlicher Pädagogik und breitem Bildungsangebot auf eine Berufstätigkeit und damit auf den sozialen Aufstieg vorzubereiten.

A. Jonas (Vorsteher 1924–42) förderte wieder stärker jüd.-traditionelle Inhalte und führte eine Neuorganisation der Schule durch, entsprechend den gewandelten Anforderungen an moderne Mädchenbildung. 1930 erhielt die Schule mit ihrem Volks- und Realschulzweig die staatliche Anerkennung als Realschule.

Da jüd. Schulkindern ab 1938 nur noch der Besuch jüd. Schulen gestattet war und die ➢*Talmud-Tora-Schule* im Jahr darauf ihre Arbeit einstellen musste, blieb die I.T. bis zu ihrer Schließung am 30.6.1942 der letzte Hbger Unterrichtsort und Schutzraum aller verbliebenen Schülerinnen und Schüler. Die Kinder und ihre Lehrkräfte wurden in Konzentrationslagern ermordet.

Das Gebäude gehört heute als Gedenk- und Bildungsstätte Israelitische Töchterschule zur ➢*Volkshochschule. AS*

Israelitisches Krankenhaus Das Krankenhaus der ➢*Jüdischen Gemeinde* in Hbg wurde 1841–43 an der heutigen Simon-von-Utrecht-Straße auf städtischem Gelände fertiggestellt und später mehrfach erweitert. Der Bankier S. ➢*Heine* übernahm die Kosten für das von H. Klees-Wülbern im Rundbogenstil errichtete Gebäude. Von Anbeginn interkonfessionell eingerichtet, gleichwohl jüd.-orthodox geführt, genoss das Krankenhaus dank seiner Ärzte und seines Pflegepersonals bald einen ausgezeichneten Ruf. 1928–30 erfolgten der rückwärtige Neubau und der Umbau bestehender Gebäude, nun allerdings unter Verwendung beträchtlicher staatlicher Mittel. Aufgrund der NS-Gesundheitspolitik geriet das I.K. nach 1933 zunehmend in Zahlungsschwierigkeiten, da es sich auf die Aufnahme von jüd. Patienten beschränken musste. Der Verkauf an die Hansestadt erfolgte 1939 zur Ablösung aufgenommener Darlehen. Ein Ersatz-Krankenhaus gab es zunächst in der Johnsallee, später im jüd. Altenhaus in der Schäferkampsallee. 1961 wurde der mit staatlicher Hilfe finanzierte Neubau des wiedereingerichteten I.K. am Orchideenstieg in ➢*Alsterdorf* eröffnet. *IL*

Dem von seinem Onkel Salomon gestifteten, 1843 fertiggestellten Krankenhaus widmete Heinrich Heine das Gedicht „Das neue Israelitische Hospital zu Hamburg“, in dem er auch die den Juden noch immer verwehrte bürgerliche Gleichberechtigung thematisierte: „Er gab mit reicher Hand – doch reichre Spende entrollte manchmal seinem Aug, die Träne, die kostbar schöne Träne, die er weinte, ob der unheilbar großen Brüderkrankheit.“

Seit über 200 Jahren ist das Restaurant Jacob mit seiner Lindenterrasse eine viel besuchte Adresse für Gourmets und Kaffeegäste. Wilhelm Heuer zeichnete diese Ansicht 1854.

Jacob (Louis C. Jacob Hotel Restaurant) 1791 heiratete der aus Frankreich stammende Landschaftsgärtner Daniel Louis Jacques die Witwe eines ➢*Nienstedtener* Zuckerbäckers. In deren Haus an der heutigen ➢*Elbchaussee* eröffneten sie ein Weinrestaurant und legten zum Elbhang eine mit Linden bepflanzte Terrasse an. Unter dem Namen „Jacob" entwickelte sich die in der Nachbarschaft vieler ➢*Landhäuser* gelegene Gaststätte zum gesellschaftlichen und kulinarischen Treffpunkt. Gleichwohl war er als solcher bis in die 1840er Jahre hinein der Konkurrenz von ➢*Rainville* ausgesetzt. Nach 1860 wurde das Haus unter der Leitung von Louis Carl J. und dessen Sohn Carl Louis J. zunehmend als Hotel genutzt und auch als solches bezeichnet. Dem Ende des Bestehens als Familienunternehmen – nach fünf Generationen – folgten seit 1963 einige glücklos agierende Pächter und schließlich der Verkauf. Der neue Besitzer sanierte das Haus 1992–96 von Grund auf und bezog das auf der anderen Straßenseite gelegene ehem. „Landhaus Dill" als Weinbistro „Kleines Jacob" sowie das frühere Nienstedtener Ball- und Clubhaus „Holthusen" als Hotelgebäude in sein Familienunternehmen ein.
Weithin bekannt wurde das J. durch ein Ölgemälde der Lindenterrasse, das M. ➢*Liebermann* während eines Hotelaufenthaltes im Sommer 1902 schuf (heute in der ➢*Hamburger Kunsthalle*). Sein zweites Bild dieses Motivs galt lange Zeit als verschollen, bevor es die jetzigen Besitzer des J. ersteigern konnten. Es ist zusammen mit Bildern weiterer Hbger Maler wie E. Eitner, F. ➢*Kallmorgen* und A. Illies im Hotel ausgestellt. Die Fassade und der Eiskeller des J. stehen unter ➢*Denkmalschutz*. *Ti.*

Jahnn, Hans Henny (geb. 17.12.1894 Stellingen, gest. 29.11.1959 Hbg), Dichter, Orgelbauer. J. wuchs als Sohn eines Schiffszimmerers auf. Dem Kriegsdienst entzog er sich 1915 durch Desertion nach Norwegen. Nach Hbg zurückgekehrt, übernahm er 1919 die Restaurierung der berühmten ➢*Arp-Schnitger*-Orgel in ➢*St. Jacobi* und wurde amtlicher Orgelsachberater der Stadt (bis 1933). Sein 1919 erschienenes und

Der Schriftsteller und Akademiegründer Hans Henny Jahnn. Fotoporträt von Fritz Kempe, 1951

1923 von B. Brecht und A. Bronnen aufgeführtes Drama „Pastor Ephraim Magnus" begründete seinen literarischen Ruhm, doch begann damit auch die lang anhaltende Diffamierung des Autors und seines Werks in Literaturkritik und Publizistik. Vor dem Nationalsozialismus floh J. 1934 auf die dän. Insel Bornholm. Hier lebte er bis zu seiner endgültigen Rückkehr nach Hbg 1950 als Landwirt. Auf Bornholm entstand sein wohl bedeutendstes Werk, der dreiteilige Roman „Fluß ohne Ufer" (1949–61). J.s schwer deutbares Œuvre war und ist umstritten. Psychoanalyse, Expressionismus und Naturalismus sowie eine verzweifelte Suche nach Sinn in einer Welt, die für ihn durch Verlorenheit, Schmerz und Zufall geprägt war, haben die Thematik seiner Bücher beeinflusst. J. gehörte zu den Gründern der ➢*Freien Akademie der Künste*; 1956 erhielt er den ➢*Lessing-Preis*. *SH*

Ein großer Zeichner, ein produktiver Schriftsteller, ein Hamburger Kopf: Horst Janssen

Janssen, Horst (geb. 14.11.1929 Hbg, gest. 31.8.1995 ebd.), Zeichner, Grafiker. Der Sohn der Oldenburgerin Martha J. wuchs 1942–45 als Zögling einer Nationalpolitischen Erziehunganstalt im Emsland auf. 1946–51 studierte er an der Landeskunstschule Hbg (➢*Hochschule für bildende Künste*) bei dem Zeichner und Gebrauchsgrafiker A. ➢*Mahlau*. J. gilt als einer der bedeutendsten Zeichner der dt. Gegenwartskunst. Der temperamentvolle, oft auch exzentrische Künstler wurde v.a. durch seine in großer Zahl geschaffenen Radierungen, Zeichnungen und Aquarelle von Blumenstillleben, Mädchenakte und Selbstporträts bekannt. Auch als Schriftsteller war J. produktiv. Beliebt war er besonders bei Hbger Taxifahrern, die er aus Prinzip auch für die kürzeste Fahrt mit nicht weniger als 100 DM entlohnte. Sie dankten ihm mit einem Korso zur Beisetzung in Oldenburg.

In der Galerie der Gegenwart hat die ➢*Hamburger Kunsthalle* J.s Œuvre einen eigenen Raum gewidmet. *gro*

Jarrestadt heißt die 1927–30 errichtete Wohnsiedlung im Süden des Stadtteils ➢*Winterhude* zwischen Glindweg, Goldbekufer, Wiesendamm und der (inoffiziell) namen-

Das zu Beginn der 1930er Jahre aufgenommene Luftbild zeigt die Strukturen der Jarrestadt. Im Hintergrund der Stadtparksee

gebenden Jarrestraße (benannt 1892 nach ➢*Bürgermeister* N. Jarre). F. ➢*Schumacher* legte das Straßennetz fest und leitete den Bau der zunächst für ca. 1.800 Wohnungen konzipierten Anlage, zu der K. ➢*Schneider* 1926 den städtebaulichen Wettbewerb gewonnen hatte. Die Gebäude entstanden in Blockrandbebauung, einheitlich in Flachdachbauweise und mit Klinker als Fassadenmaterial. Dadurch fügten sich die unterschiedlichen Grundrisse der Häuser zu einem vom „Neuen Bauen" geprägten Ganzen. Je nach Interessen und Bedürfnissen der verschiedenen privaten, genossenschaftlichen und gemeinnützigen Bauherren entwarfen 20 von Schneider koordinierte Architekten(-büros) die 35 Blocks. Im östl., vom Wettbewerb ausgenommenen Teil entstand 1929/30 eine bautechnische Versuchssiedlung (Zeilenform). Bald nach ihrer Fertigstellung wurde die J. nicht nur als Beitrag zur Linderung der Wohnungsnot nach dem Ersten Weltkrieg, sondern bereits als „Baudenkmal" angesehen.

Heute leben in der im Krieg erheblich zerstörten und seit 1974 unter Milieuschutz stehenden J. über 9.000 Einw. in ca. 4.500 Wohnungen. Die Epiphanienkirche (ev.-luth., Wiesendamm/Semperstraße, 1961/62) und den Otto-Stolten-Hof (1928/29) entwarf F.R. Ostermeyer. Seit 1990 gibt es das J.-Archiv, das als ➢*Geschichtswerkstatt* in vielfältiger Weise die Vergangenheit der J. bewahrt (u.a. Fotos, Alltagsgegenstände, Interviews). *Ti.*

Jastram-Snitger-Rebellion 1685 erreichte der Dauerkonflikt zwischen ➢*Rat* und ➢*Erbgesessener Bürgerschaft* ein Ausmaß, das die Unabhängigkeit der Stadt gefährdete. Sowohl der Rat, der sich nur Gott und dem Kaiser verantwortlich fühlte, als auch die Wortführer der Bürgerschaft, die eben diese als den Souverän betrachteten, holten Hilfe von außerhalb: der Rat beim Kaiser in Wien, der seinerseits den Herzog von Lüneburg-Celle mit der Unterstützung der „Ratspartei" beauftragte. Die charismatischen Führer der „Popularpartei" (auch als „Bürgerschaftspartei" im Gegensatz zur „Ratspartei", später „Senatspartei" bezeichnet), der Reeder C. Jastram und der Kaufmann H. Snitger, die ihre Hauptanhängerschaft im bevölkerungsreichsten ➢*Kirchspiel* St. Michaelis hatten (das 1685 den vier alten Kirchspielen gleichgestellt wurde), wandten sich zunächst an Friedrich Wilhelm, den Großen Kurfürsten von Brandenburg, dann an König Christian V. von ➢*Dänemark*. Als dieser jedoch zu erkennen

Bürgermeister Hinrich Meurer, Gegenspieler der Volksführer Cord Jastram und Hieronymus Snitger, deren Hinrichtung am 4.10.1686 auf einem Kupferstich dargestellt ist. Die Köpfe der Verurteilten wurden am Millern- und am Steintor zur Abschreckung aufgespießt.

gab, dass er durch seine Intervention die Oberhoheit über Hbg zu erzwingen beabsichtigte, endete der innenpolitische Streit ebenso rasch wie Jastrams und Snitgers Einfluss. Die Dänen wurden 1686 militärisch abgewehrt, Jastram und Snitger nach langer und schwerer Folterung – sicherlich zu Unrecht – wegen Hochverrats hingerichtet. ➢*Bürgermeister* H. Meurer, der von Jastram und Snitger inhaftiert gewesen war, kehrte aus dem Celler Exil nach Hbg zurück.

Als in den Jahrzehnten nach der napoleonischen Herrschaft (➢*Franzosenzeit*) die Reformdebatten und -kämpfe in Hamburg Konjunktur erlebten, wurden von einigen Politikern und Intellektuellen Nachspiele veranstaltet: Z.B. stritten sich Bürgermeister J.H. ➢*Bartels* und der Historiker C.F. ➢*Wurm* in längeren Schriften über die Person des damaligen Bürgermeisters Meurer. *luz*

Jenfeld ist ein Stadtteil im ehem. ➢*Kerngebiet* des Bezirks ➢*Wandsbek* mit 5,0 km^2 Fläche und 24.511 Einw. (2009). Die erste urkundliche Erwähnung des Ortes erfolgte 1304. Seit Mitte des 14. Jhs war er im Besitz des Klosters Reinbek. Im Zuge der ➢*Reformation* wurde er wieder landesherrlicher Besitz (Gottorper Anteil des Herzogtums ➢*Holstein*). Seit 1867 war J. preuß. Gemeinde. 1927 wurde J. nach Wandsbek eingemeindet und kam 1937/38 zu Hbg. Nach 1900 wandelte sich das Bauerndorf zur Vorstadtgemeinde. Mitte der 1930er Jahre wurde auf dem Gebiet des ehem. Exerzierplatzes der ➢*Wandsbeker Husaren* im westl. Teil von J. die Douaumont-Kaserne gebaut, 1973 folgte die ➢*Universität der Bundeswehr.* In der Feldmark zwischen J. und ➢*Tonndorf* entstanden nach 1933 die Lettow-Vorbeck- und die Estorff-Kaserne. Seit Mitte der 1960er Jahre hat der Ort sein Gesicht grundlegend verändert. Wo Behelfsheime der Nachkriegszeit und Bauernhöfe das Bild prägten, entstanden Großsiedlungen mit hohem Anteil an Sozialwohnungen. Auf dem Gelände der inzwischen geschlossenen Lettow-Vorbeck-Kaserne entsteht eines der größten Neubauvorhaben Hbgs (auf 35 Hektar Fläche etwa 720 Wohneinheiten für 2.000 Bewohner). *SH*

Das im Jenischpark gelegene, 1832–35 von Franz Gustav Forsmann für den Hamburger Ratsherrn Martin Johann Jenisch errichtete Landhaus ist heute Museum für bürgerliche Wohnkultur des 19. Jahrhunderts. Mit seinem mehr als 200 Jahre alten Baumbestand zählt der Park zu den schönsten an der Elbchaussee.

Jenisch Haus An der höchsten Stelle seines Parks ließ der Bankier und Senator M.J. Jenisch d.J. 1831–34 von dem Architekten F.G. Forsmann eine Villa im klassizistischen Stil errichten. Die Entwürfe hatte der Bauherr dem preuß. Baumeister K.F. Schinkel zur Begutachtung vorgelegt. Dessen großzügige Version gab Jenisch zugunsten der bescheideneren Fassung Forsmanns auf. 1955 wurde das J.H. Außenstelle des ➢*Altonaer Museums* und im Inneren als Beispiel großbürgerlicher Wohnkultur neu eingerichtet. Wenige Schritte entfernt liegt das 1961/62 erbaute ➢*Ernst Barlach Haus. SH*

Jenischpark Der Park in ➢*Klein Flottbek* entstand als Teil der „ornamented farm" des Hbger Kaufmanns C. ➢*Voght* Ende des 18. Jhs. Erhalten haben sich an der Baron-Voght-Straße dessen ➢*Landhaus* und die gegenüberliegenden, 1786–98 errichteten „Instenhäuser" für die Landarbeiter des Musterguts. 1828 erwarb M.J. Jenisch d.J. das Anwesen und schuf unter Mitwirkung des Inspektors des ➢*Botanischen Gartens*, J.H. Ohlendorff, die im Wesentlichen bis heute erhaltene Gestalt des nach ihm benannten Parks. Das Gelände wurde 1927 unter Oberbürgermeister M. ➢*Brauer* von der Stadt ➢*Altona* gepachtet und als öffentlicher Park mit Museum und Gästehaus im ➢*Jenisch Haus* eingerichtet.
1939 wurden Park und Haus von der Stadt Hbg angekauft, denn in Klein Flottbek sollte im Rahmen des Ausbaus von Hbg zu einer „Führerstadt" eine „Hansische Universität" entstehen (auch K. ➢*Gutschow* erstellte dafür Pläne). Der J. entspricht dem Süderpark der Voght'schen Anlage. Der Westerpark ist heute der Bereich des Derbyparks, auf dem ehem. Norderpark liegen der Polo-Club sowie der Neue Botanische Garten und auf dem Osterpark das ➢*Christianeum* sowie der Großflottbeker Tennis-, Hockey- und Golf-Club. Teile des Westerparks mit dem Quellental sind rekonstruiert worden. *SH*

Joachim Jungius-Gesellschaft der Wissenschaften Die J.-G. wurde 1947 als eingetragener Verein gegründet; die Satzung wurde 1981 geändert, um sie denen von Akademien der

Wissenschaften in der Bundesrepublik Deutschland anzugleichen. Zweck der J.-G. ist die Förderung von Wissenschaft und Forschung „durch die Vereinigung von Wissenschaftlern unterschiedlicher Fachrichtungen und durch Zusammenarbeit mit anderen wissenschaftlichen Gesellschaften und Vereinen". Die J.-G. hat 70 ordentliche Mitglieder zumeist aus Hbg und Schleswig-Holstein. Zu ihren Projekten gehört die Edition der Werke von J. ➢*Jungius* und H.S. ➢*Reimarus* sowie der Briefe von C.Ph.E. ➢*Bach*. Die J.-G. trat für die 2004 erfolgte Gründung der Akademie der Wissenschaften in Hamburg ein. *Ko.*

Johann Berenberg, Gossler & Co. (Berenberg Bank) Aus den Niederlanden nach Hbg eingewandert, gründeten die Brüder Hans und Paul Berenberg um 1590 einen Tuchhandel, der von den nachfolgenden Generationen ihrer Familie zu einem breit gefächerten Warenhandel in ganz Europa ausgeweitet wurde (v.a. Livorno, Lissabon). Cornelius Berenberg, ein Enkel von Hans, betätigte sich verstärkt in Geldgeschäften, und dessen Enkel Johann verkörperte am Ende des 18. Jhs schließlich den typischen Merchant Banker, der Finanz- und Warengeschäfte verband. Als letzter seines Namens gewann er 1769 J. Hinrich Gossler als Partner für das Unternehmen, der es nach seinem Tod weiterführte. Mit der Aufnahme eines Teilhabers 1788 entstand drei Jahre später der heutige, traditionelle Firmenname. Durch Geldtransfers zwischen den beteiligten Regierungen konnte das Unternehmen während der Napoleonischen Kriege Gewinne erzielen. J. Hinrichs Enkel, J. Heinrich Gossler (1805–79), knüpfte 1828–30 in Amerika weitreichende Geschäftsverbindungen und führte mit seinem Bruder Wilhelm die Firma nach dem Tod des Vaters erfolgreich und zunehmend als Bankhaus fort (u.a. Beteiligungen an ➢*HAPAG* und ➢*Norddeutscher Lloyd*).

Im Jahr 1880 benannte sich die Familie Gossler in Berenberg-Gossler um. J. Heinrichs Sohn John wurde neun Jahre später vom preuß. König nobilitiert und 1910 in den erblichen Freiherrnstand erhoben. Nach den Jahren der Weimarer Republik, dem Rückzug aus dem aktiven Bankgeschäft und der Umwandlung der Bank in eine Holdinggesellschaft begann der Wiedereinstieg in die alte Tätigkeit erst 1948 mit dem Tag der Währungsreform. Nach dem Tod seines Vaters Cornelius 1953 führte Heinrich Freiherr von Berenberg-Gossler die heute als Berenberg Bank (mit mehreren Tochterunternehmen und Niederlassungen in der Schweiz und in Luxemburg) bekannte Privatbank weiter. Seit 1970 ist ihr Sitz am Neuen Jungfernstieg 20. *Ti.*

Johannes-Brahms-Medaille Die Vorderseite der Medaille zeigt das Porträt des 1833 in Hbg geborenen Komponisten. J. ➢*Brahms* ist hier im Halbprofil nach links dargestellt. Die Inschrift lautet: „JOHANNES BRAHMS". Die Rückseite zeigt das Hbger ➢*Wappen* sowie die Inschrift: „DIE HANSESTADT HAMBURG / FÜR VERDIENSTE UM DAS HAMBURGISCHE MUSIKLEBEN". Unten ist die Medaille mit dem Namen ihres Schöpfers versehen (F. Wield). Mit der 1928 gestifteten Medaille werden Persönlichkeiten oder Institutionen ausgezeichnet, die sich durch herausragende Leistungen auf dem Gebiet der Musik, insbesondere der Pflege von Brahms' Werk, Verdienste erworben haben. Preisträger waren u.a. das ➢*Philharmonische Orchester* (1929), Generalmusikdirektor K. Böhm (1933), W. Furtwängler (1937), Generalintendant H. Tietjen (1958), der Monteverdi-Chor der ➢*Universität Hamburg* (1976), A. Detel von der Hochschule für Musik und darstellende Kunst (1978, ➢*Hochschule für Musik und Theater*) und die Hamburger Symphoniker (1982). *RW*

Johanneum Als Konsequenz aus der Kirchenordnung J. ➢*Bugenhagens* entstand 1529 die „Gelehrtenschule des Johanneums", die die älteste höhere Bildungseinrichtung Hbgs ist. Untergebracht war sie im ehem. ➢*Johannis-Kloster*, wo sich später auch das ➢*Akademische Gymnasium* befand. 1779 wurde eine eigene Schulbibliothek begründet, 1804 die freiwillige Abiturprüfung eingeführt, die 1871 verpflichtend wurde. 1840 erfolgte der Einzug in einen Neubau auf dem Domplatz (Speersort). 1914 wurde die Gelehrtenschule aus der Innenstadt nach ➢*Winterhude* in einen von F. ➢*Schumacher* entworfenen Neubau verlagert, der den Typus des alten Gebäudes auf dem Domplatz (Dreiflügelanlage mit Arkade als Hofabschluss) aufnahm und in einen ➢*Backsteinbau* umsetzte. 1976 wurde die Koedukation eingeführt. Das „Realgymnasium des Johanneums" ging aus einer innerhalb der Gelehrtenschule begründeten Bürgerschule hervor, die 1834 selbstständige Realschule wurde. *He.*

Zweites Domizil der hamburgischen Gelehrtenschule des Johanneums war das Gebäude auf dem Domplatz, das auch die Stadtbibliothek beherbergte. Die Anlage schuf Carl Ludwig Wimmel nach einem Entwurf von Franz Gustav Forsmann. Die Schule war hier 1840–1914 zu Hause, die Bibliothek bis zu ihrer Zerstörung 1943. Zeitgenössische Darstellung der Ansicht vom Speersort

Der von Fritz Schumacher geschaffene Neubau des Johanneums an der Maria-Louisen-Straße in Winterhude

Die Kirche des Johannis-Klosters kurz vor ihrem Abbruch 1829 im Zentrum lebhaften städtischen Treibens

Johannis-Kloster Das Kloster entstand um 1236/37, nachdem ➢*Rat*, ➢*Erbgesessene Bürgerschaft* und ➢*Domkapitel* zwei Dominikanermönchen die Zustimmung zu seiner Errichtung gegeben hatten. In der Folgezeit wurden in Nachbarschaft zum ➢*Maria-Magdalenen-Kloster* auf dem Gelände des heutigen ➢*Rathausmarkts* Gebäude und Kirche des Klosterkomplexes erbaut. Nach einem Brand wurde die direkt an der hbg. ➢*Befestigung* liegende Anlage 1314 neu errichtet. In der Marienkapelle der Klosterkirche wurde in der ersten Hälfte des 15. Jhs der Thomas-Altar von ➢*Meister Francke* aufgestellt, der hier vermutl. selbst Dominikaner gewesen war. Zu Beginn des 16. Jhs lebten im Kloster 41 Mönche und 13 Novizen.

Im Zuge der ➢*Reformation* wurde ihre Gemeinschaft durch Beschluss von Rat und Bürgerschaft vom 20.5.1529 aufgelöst, und die Dominikaner mussten ausziehen. Der umfangreiche Landbesitz ging im Jahr darauf im Hbger ➢*Landgebiet* auf. In die Gebäude zogen die 1529 gegründete Gelehrtenschule des ➢*Johanneums* und 1531 die ehem. Zisterzienserinnen des Klosters Herwardeshude (➢*Harvestehude*, ➢*Kloster St. Johannis*); 1613 wurde hier das ➢*Akademische Gymnasium* eingerichtet. Die Kirche wurde noch bis zur ➢*Franzosenzeit* als ev. Gotteshaus genutzt, aber schon seit dem 18. Jh. waren die Seitenschiffe als Buchläden vermietet. Vor ihrem Abriss 1829 hatte die Kirche noch als Lagerraum der frz. Besatzungstruppen, als Exerzierplatz des ➢*Bürgermilitärs*, als Turnhalle der ➢*Hamburger Turnerschaft* und als Kunstausstellungsraum gedient.

Nach über 400-jähriger Unterbrechung ist der Dominikanerorden seit 1962 wieder in der Stadt tätig. 1966 wurde an der Weidestraße in ➢*Barmbek*-Süd ein zweigeschossiger, hinter der kath. St.-Sophien-Kirche gelegener Rundbau mit Innenhof als sein neues Hbger Domizil geweiht. *Ti.*

Judenemanzipation Im sog. Judenreglement von 1710 wurden in Hbg die z.T. stark restriktiven Rechte der portugies. und hochdt. Juden erstmals genau geregelt. Nach der ➢*Franzosenzeit*, die den Juden die Gleichstellung brachte, trat das Reglement wieder in Kraft. Offiziell wurde Juden Grundbesitz ab 1842 erlaubt, als die Stadt nach dem verheerenden ➢*Großen Brand* Investoren benötigte. Dem Einsatz von G. ➢*Riesser* ist die Aufnahme einer Emanzipationsklausel in den Grundrechtskatalog von 1848 (Artikel 16 der „Grundrechte des Deutschen Volkes") der Frankfurter Nationalversammlung zu verdanken. Auch Hbg übernahm die Gleichstellungsgesetze, die es in der Reaktionszeit ab 1850 nicht förmlich aufhob, indes aufschob. Aufgrund von Artikel 16 konnten ab 1849 nunmehr auch Juden das Hbger ➢*Bürgerrecht* erwerben. In der hbg. ➢*Verfassung* von 1860 wurde in Artikel 110 jedermann „volle Glaubens- und Gewissensfreiheit" gewährt – also auch den Juden. 1861 führte Hbg – zu der Zeit einmalig in Dtld – ein allgemeines Gesetz über die Zivilehe ein, d.h. die interkonfessionelle Ehe (Mischehe) wurde gestattet. 1864 erfolgte die Aufhebung der Zwangsmitgliedschaft eines Juden in der ➢*Jüdischen Gemeinde*. Die bürgerliche und staatsbürgerliche Gleichstellung der Juden setzte sich im 19. Jh. im Wesentlichen durch, nicht aber die gesellschaftliche Gleichstellung und nur eingeschränkt die berufliche. Erst in der Weimarer Republik gab es in Hbg höhere jüd. Beamte und Senatoren. *IL*

Jüdische Friedhöfe Der j.F. gilt als ein „beth olam", d.h. „Haus der Ewigkeit"; nach jüd. Religionsgesetz ist er auf ewige Zeiten bis zum Erscheinen des Messias angelegt. Zugleich ist er ein bedeutendes Konstitutiv für die Einrichtung einer Gemeinde. Hbg verwehrte im 17. Jh. den Juden einen Begräbnisplatz auf seinem Gebiet. Der älteste j.F. im Hbger Raum ist der Friedhof Königstraße in ➢*Altona* (gegründet 1613, etwa 2.500 sefardische und 6.000 aschkenasische Gräber), heute ein kulturhistorisches Denkmal von hohem Rang; der j.F. in ➢*Wandsbek* (gegründet 1637) an der Langenreihe, später Königsreihe, wurde 1886 geschlossen; zeitlich folgt der j.F. ➢*Ottensen* (gegründet 1663, etwa 4.000 Gräber), im NS-Staat entwidmet (1941), durch Bunkerbauten zerstört (1939, 1942/43), seit 1995

Der älteste jüdische Friedhof im Hamburger Raum an der Altonaer Königstraße ist mit seinen über 8.000 Grabdenkmälern ein einzigartiges kulturhistorisches Zeugnis. Hier wurden auch Samson Heine, der Vater des Dichters, und Salomon Ludwig Steinheim begraben.

mit dem Einkaufszentrum Mercado überbaut.
Während der Pestzeit erlaubte der Hbger ➢*Senat* den Juden notgedrungen die Anlegung eines innerstädtischen Friedhofs am ➢*Grindel* (gegründet 1711/13, etwa 9.000 Gräber), im „Dritten Reich" 1937 aufgehoben, im Einvernehmen mit der jüd. Gemeinde vollständige Exhumierung, Neubestattung und Translozierung bedeutender Grabsteine zum j.F. in ➢*Ohlsdorf* an der Ilandkoppel. Nur eine kurze Belegungsfrist gab es während der frz. Besetzung von Hbg (➢*Franzosenzeit*) von Januar bis Mai 1814 für den provisorischen Friedhof am Neuen Steinweg mit 57 Toten und 18 Grabsteinen, 1954 fand eine Exhumierung und Überführung zum Jüdischen Friedhof Ohlsdorf statt. Dieser wurde 1882/83 nach besonderen Verträgen mit Hbg, das Eigentümer der Grundfläche blieb, von der aschkenasischen und sefardischen Gemeinde eingerichtet. Er wird als einzige jüd. Begräbnisstätte in Hbg noch heute genutzt. Durch die Überführung der wertvollsten Grabsteine vom Grindelfriedhof und vom Ottenser Friedhof ist er ein bedeutendes jüd. Kulturdenkmal. Daneben gibt es vier kleinere, geschlossene j.F.: Harburg Schwarzenbergstraße (Ende 17. Jh.), Bahrenfeld Bornkampsweg (gegründet 1874), Wandsbek Jenfelder Straße (gegründet 1886) und Langenfelde Försterweg (gegründet 1886/87). *IL*

Jüdische Gemeinde zu Hamburg Nach Auflösung der ➢*Dreigemeinde* Altona-Hbg-Wandsbek (AHU), die 1671–1812 bestanden hatte, nahm 1821 die Hbger j.G. im Unterschied zur portugies. Gemeinde den Namen „Deutsch-Israelitische Gemeinde zu Hamburg" an (1821–1938). 1811 umfasste die Gemeinde 6.429 Juden (etwa 4,87 % der Stadtbevölkerung), 1871 zählte sie 13.796 (4,07 %), 1910 waren es 18.932 (1,87 %), 1925 gehörten ihr 19.904 Juden an (1,73 %), 1933 noch 16.855 (1,41 %), 1939 war die Zahl auf 9.943 gesunken und betrug 1945 nur noch 647. 1867 bildete sich nach längeren innerjüd. Auseinandersetzungen infolge der Aufhebung der Zwangsmitgliedschaft in Hbg durch das

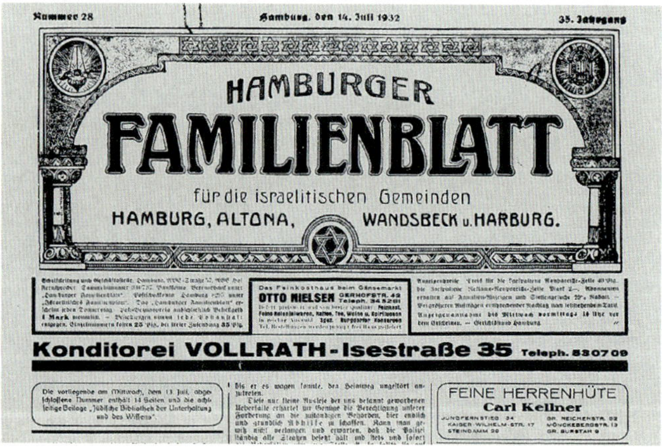
Nummer 28 Hamburg, den 14. Juli 1932 35. Jahrgang

HAMBURGER
FAMILIENBLATT
für die israelitischen Gemeinden
HAMBURG, ALTONA, WANDSBECK u. HARBURG.

Das Feinkosthaus beim Gänsemarkt
OTTO NIELSEN
Konditorei VOLLRATH - Isestraße 35 Teleph. 530709

Die vorliegende am Mittwoch, dem 13. Juli, abgeschlossene Nummer enthält 14 Seiten und die achtseitige Beilage „Jüdische Bibliothek der Unterhaltung und des Wissens".

FEINE HERRENHÜTE
Carl Kellner

Kopf des „Hamburger Familienblatts für die israelitischen Gemeinden Hamburg, Altona, Wandsbeck u. Harburg" von 1932. Die Wochenzeitung ist ein beredtes Dokument zur Geschichte des jüdischen Lebens im Hamburger Raum.

„Gesetz, betreffend die hiesigen israelitischen Gemeinden" (1864) das „Hamburger System". Unter dem gemeinsamen Dach der Gemeinde gab es zwei, ab 1892 drei Kultusverbände: den orthodoxen Synagogenverband (SV; ➢*Deutsch-Israelitischer Synagogenverband*), den liberalen Tempelverein/-verband (TV; ➢*Neuer Israelitischer Tempelverband*) und die traditionell-konservative ➢*Neue Dammtor-Synagoge (NDS)*. Zentraler Punkt des Hamburger Systems war die rechtliche, organisatorische und mitgliedschaftliche Selbstständigkeit der Kultusverbände. Gemeindeaufgaben waren nach dem Statut von 1867 das Schul- und Erziehungswesen, das allgemeine Wohlfahrtswesen, das Begräbniswesen sowie die Vertretung der Gemeindeangelegenheiten nach außen. Sowohl die Mitgliedschaft in der Gemeinde als auch in den Kultusverbänden war eine fakultative: Man konnte Gemeindemitglied sein, ohne einem der religiösen Verbände anzugehören, und umgekehrt.

In der ➢*NS-Zeit* flüchteten etwa zwei Drittel der Hbger Juden ins Ausland. 1938 wurde der Jüdische Religionsverband Hamburg unter Einbeziehung der j.G. von ➢*Altona* und ➢*Wandsbek* gegründet. 1942 erfolgte der endgültige Verlust eines „rechtlichen Status" und im Juni 1943 die zwangsweise Auflösung. 8.877 namentlich ermittelte Juden in und aus Hbg, wahrscheinlich annähernd 10.000, wurden Opfer der nationalsozialistischen Verfolgungen und Deportationen. *IL*

Jüdischer Kulturbund Hamburg war der Name einer Selbsthilfeeinrichtung für jüd. Künstler nach deren Verdrängung und dem späteren Ausschluss aus dem Kulturleben. Im Januar 1934 als Jüdische Gesellschaft für Kunst und Wissenschaft in Hamburg gegründet, wurde sie im August 1935 in Jüdischer Kulturbund Hamburg e.V. umbenannt. Der J.K. sicherte als soziale Einrichtung die Beschäftigung jüd. Künstler in den Bereichen Theater, Musik und Vortragswesen. Mit zunehmender Ausgrenzung der Juden war der J.K. ein Ort der kulturellen Gemeinschaft und Zuflucht. Später wurde er Mitglied des Reichsverbandes der jüdischen Kulturbünde in Deutschland (bis zu 70.000 Mitglieder). 1937 erwarb die Jüdische Gemeinschaftshaus GmbH das ehem. jüd. Logenheim Hartungstraße 9 (heute ➢*Hamburger Kammerspiele*) für den J.K. als kulturelles und gesellschaftliches Zentrum der Hbger Juden. Die formale Auflösung erfolgte 1939 und die Liquidation mit Beginn der Deportationen 1941. *IL*

Jungfernstieg Der Rang der bekanntesten Straße der Stadt wird dem J. allenfalls von der ➢*Reeperbahn* streitig gemacht. Der um 1235 errichtete Mühlendamm, der zum besseren Antrieb der Mühle des Müllers Reese die ➢*Alster* aufstauen sollte, wurde urspr. Reesendamm genannt. 1665 wurde die Straße verbreitert,

Den Jungfernstieg als beliebte Promenade gut betuchter Damen und Herren zeigt die kolorierte Lithografie von Valentin Ruths, die um 1860 entstand.

gepflastert und mit Bäumen bepflanzt sowie nach dem Vorbild der ➢*Palmaille* in ➢*Altona* mit einer Spielbahn versehen. Daher trug der Reesendamm in der zweiten Hälfte des 17. Jhs zeitweise den Namen Palmaille. Seit 1684 ist die Straße als J. belegt, ein Name, der darauf

Das Bild des Jungfernstiegs in den 1930er Jahren wurde vom Ballindamm aus fotografiert. 2004/05 wurde der Jungfernstieg für rund 16 Millionen Euro umgestaltet.

zurückzuführen ist, dass die Promenade v.a. vom weiblichen Geschlecht besucht wurde. Ein beliebter Treffpunkt ist zu allen Zeiten der ➢*Alsterpavillon* gewesen. 1841 wurde vor ➢*Streit's Hotel* auf dem J. erstmals das ➢*Deutschlandlied* vorgetragen. *SH*

Der Universalgelehrte Joachim Jungius gehört zu den bedeutendsten Wissenschaftlern und Schulmännern des 17. Jahrhunderts. Zeitgenössischer Kupferstich

Jungius, Joachim (geb. 1.11.1587 Lübeck, gest. 3.10.1657 Hbg), Naturwissenschaftler, Philosoph. J. zeigte bereits als Schüler des Katharineums in ➢*Lübeck*, an dem sein schon 1589 gestorbener Vater Lehrer war, philosophische und literarische Begabung. Das Studium der Philosophie und Mathematik absolvierte er in Rostock und Gießen, das der Medizin in Rostock. In Padua wurde er 1619 zum Dr.med. promoviert. Er war als Arzt in Braunschweig und Wolfenbüttel, als Hochschullehrer in Helmstedt und Rostock tätig. Um 1623 gründete er die Societas Ereunetica, eine Forschungsgesellschaft, die Theorie und Praxis, Überlegung und Experiment verknüpfen sollte. Seit 1629 wirkte J. als Naturwissenschaftler am ➢*Akademischen Gymnasium* in Hbg, bis 1640 war er auch Rektor des ➢*Johanneums.* Konflikte mit der Geistlichkeit und missgünstigen Kollegen hielten J. nicht davon ab, seine Schüler zu kritischen Geistern zu erziehen und ihnen die modernen Erkenntnisse aus Wissenschaft und Technik zu vermitteln. J. war ein vielseitiger Forscher. In der „Logica Hamburgensis" entwickelte er eine eigene Wissenschaftslehre. Er trug wesentlich zur Systematisierung der Botanik und der Chemie bei. Nach ihm wurde die 1947 gegründete ➢*Joachim Jungius-Gesellschaft der Wissenschaften* benannt. *Ko.*

Juraten/Leichnamsgeschworene Seit dem 12. Jh. sind in der christl. Welt sog. Kirchenpfleger belegt. In den Hbger ➢*Kirchspielen* wurden diese aus dem Kreis der Gemeindeglieder gewählten Laien nach ihrem zu schwörenden Amtseid J. oder Kirchgeschworene genannt. In ihrer

Hand lag die weltliche Verwaltung der Gemeinde, vom Bau und von der Instandhaltung der Kirche und anderen Gebäuden bis zu den Einkünften und Ausgaben der Kirchspielskasse. Die J. bildeten ein Zweierkollegium, aus dem jedes Jahr der länger amtierende ausschied. Es agierte völlig unabhängig von den Pastoren und war lediglich dem Kirchspielsherrn (Patron), einem im Kirchspiel ansässigen Ratsherrn, sowie einem Vertreter des ➢*Domkapitels* jährlich Rechenschaft schuldig. Handelte es sich um besonders weitreichende Beschlüsse, mussten die im Kirchspiel alteingesessenen Bewohner gehört werden, zumindest aber die ehem. J. Neben den J. gab es zwei auf Lebenszeit gewählte Leichnamsgeschworene (iurati corporis christi). Ihr Name leitet sich von ihrer urspr. Aufgabe ab, der Aufsicht über die Abendmahlsgeräte Kelch und Hostienschale, in denen der „Leib des Herrn" gereicht wurde. Später wurde ihnen die Verwaltung der gesamten Kircheneinrichtung übertragen. Zusammen mit den J. bildeten sie die Beede, die zusammen mit dem Kirchspielsherrn die Laienvertretung jedes Kirchspiels war und weltliche und kirchliche Funktionen vereinte. Beede war zugleich der Name für das Kirchengestühl, in dem die vier Mitglieder des Kollegiums während der Gottesdienste saßen. Im Kreis der ehem. J. ist der Vorläufer des heutigen Kirchenvorstands einer Gemeinde zu sehen, in der Beede sein geschäftsführender Ausschuss. *Ti.*

Kämmerei hieß die Hbger Finanzverwaltung bis 1861. Erstmals 1264 sind zwei Mitglieder des ➢*Rats* als „Kämmerei-Herren" (lat. Camerarii) urkundlich nachgewiesen, die über die Stadtlade (latula civitatis) und über den Schatzkasten (cista camerariorum) wachten und das Bauwesen besorgten. Nach anhaltender finanzieller Krise im Anschluss an die ➢*Reformation* und Auseinandersetzungen mit dem Rat konnte die ➢*Erbgesessene Bürgerschaft* das Ressort 1563 an sich ziehen: Sie wählte hinfort acht K.-Bürger, daher auch Achtmannen genannt (je zwei aus den vier ➢*Kirchspielen*), ohne deren Zustimmung keine Ausgaben möglich waren (z.B. konnten die Achtmannen die Rats-Honorare begrenzen); der Rat musste seine Finanzen bei der K. einwerben. Nach Hinzutritt des Kirchspiels St. Michaelis 1685 wählten die nunmehr zehn K.-Verordneten aus ihrer Mitte einen ➢*Präses.* Als Entgelt für ihre Tätigkeit konnten sie u.a. ein 1711 erworbenes, 1813 niedergebranntes „Lusthaus" auf der ➢*Uhlenhorst* nutzen.

Die kostbare Ausstattung der Rechnungs- und Wappenbücher der Kämmerei belegt die hohe Bedeutung, die Hamburgs Bürger ihrem Aufsichtsrecht über die Finanzverwaltung beimaßen. Haushaltsrechnungen und Wappenbuch der Kämmereibürger im Staatsarchiv

Im Zuge einer Verwaltungsreorganisation nach der ➢*Franzosenzeit* verzichtete die Bürgerschaft 1816 auf ihre 1563 erworbenen Kompetenzen der Budgethoheit und Rechnungsprüfung. Ferner wurden der K. die Zoll-, Akzise-, Stempel-, Schuldenadministrations- und Steuerdeputationen an dic Seite gestellt. 1861 trat an die Stelle der K. die Finanzdeputation, der seit 1863 auch Senatsmitglieder angehörten, eines davon als Präses. Nach mehrmaligem Wechsel der Bezeichnungen in der ➢*NS-Zeit* führt sie seit 1947 den Namen ➢*Finanzbehörde. luz*

Kaffeehäuser Den Ruhm, Dtlds erstes K. in seinen Mauern gehabt zu haben, musste Hbg 1994 ➢*Bremen* überlassen, als ein Archivfund belegte, dass ein Niederländer dort 1673 einen Kaffeeausschank eröffnet hatte. In Hbg ist das erste K. für das Jahr 1677 überliefert. Engländer und Niederländer führten den Ausschank von Kaffee und Tee ein. K. wurden im späten 17. und im 18. Jh. zu Treffpunkten von Kaufleuten, Juristen, Diplomaten, ➢*Rats*mitgliedern und Journalisten, zu Umschlagplätzen von Nachrichten und Meinungen. Zeitungen und Zeitschriften lagen dort aus und boten Grundlagen für kritische Diskussionen. Auch Billard-, Brett- und Kartenspiele waren möglich. Neben Kaffee und Tee wurde auch Trinkschokolade angeboten. Die K. um Rathaus (➢*Rathäuser, Alte, 4.*) und ➢*Börse* wurden zu Mittelpunkten der ➢*Aufklärung.* Besonders eng war die Verbindung von K. und Presse in den Anfängen der ➢*Hamburgischen Addreß-Comtoir-Nach-*

richten, deren Redaktion sich im Vorderzimmer des Dresserschen Kaffeehauses an der Zollenbrücke befand. Hier erlernte M. ➢*Claudius* das journalistische Handwerk.
Gab es 1700 sechs K. in Hbg, so stieg ihre Zahl bis 1750 auf 14, bis 1800 auf 20 und 1810 auf 32 an. Mit dem ➢*Alsterpavillon* kam 1799 ein neuer Typ von K. nach Hbg, das Konditorei-Café. Es zog auch und besonders Frauen an. Neben dem Alsterpavillon am ➢*Jungfernstieg* war die Alster-Halle am Neuen Jungfernstieg ein beliebtes Ziel. 1835 wurde die Inneneinrichtung bei tätlichen Ausschreitungen gegen jüd. Besucher zerstört. Freunde der Kaffeehauskultur bedauern heute die geringe Zahl der K. mit Stil und Atmosphäre. *Ko.*

Kaffeeklappen hießen im Volksmund die Volksspeise- und Kaffeehallen im Hbger ➢*Hafen*, die den dort Beschäftigten alkoholfreie Getränke und warmes Essen anboten. Die erste dieser Hallen eröffnete 1885 der Verein gegen den Missbrauch geistiger Getränke in der Wexstraße, ab 1888 entstanden mehrere Hallen im Hafengebiet, deren Träger der im Jahr zuvor gegründete Verein für Volkskaffeehallen war. 1959 unterhielt der Verein noch fünf Haupt-, neun Nebenkaffeehallen und vier Verkaufsstände in Schuppen. 1971 erfolgte die Umwandlung des Vereins in die Hafen-Rast-Hamburg-GmbH, die vier Jahre später in Konkurs ging. Die letzte K. schloss 1985 am Kaiser-Wilhelm-Hafen. *Ko.*

Kaisertage Hatte schon König Wilhelm I. von Preußen in seiner Funktion als Präsident des ➢*Norddeutschen Bundes* (1868) und auch später als Deutscher Kaiser Hbg wiederholt mit einer Visite bedacht, so wurden die Besuche unter seinem Enkel Wilhelm II. als sog. K. zu einer festen Einrichtung. Nicht nur alljährlich im Zusammenhang mit der Kieler Woche und dem ➢*Horner Rennen*, sondern auch zu besonderen Anlässen wie der Einweihung des ➢*Freihafens* 1888 oder der Eröffnung des Nord-Ostsee-Kanals 1895 war der Kaiser ein den städtischen Obrigkeiten hoch willkommener und von der Mehrheit der Bevölkerung umjubelter Gast an der ➢*Elbe*. Anlässlich der K. 1911 schuf L. Corinth die Gemälde „Kaisertag in Hamburg“ (heute im Kölner Wallraf-Richartz-Museum) und „Illumination auf der Alster“ (Privatbesitz). *SH*

An „Kaisertagen“ wurde besonders während der Zeit Wilhelms II. der hohe Besuch stets mit viel Beifall und Jubel begrüßt. Das Foto von Otto Reich zeigt die Ankunft des Kaiserpaares auf der Horner Rennbahn am 19.6.1904.

Kalkhof Auf dem K. waren alle erforderlichen Einrichtungen zur Herstellung des vom öffentlichen und privaten Bauwesen benötigten Kalkmaterials untergebracht (Kalköfen, Göpelmühlen). Ferner befanden sich hier die Amtsräume für den Kalkschreiber sowie die Ausgabe- und Verkaufsstelle. Als städtische Einrichtung entstand der K. Mitte des 14. Jhs in unmittelbarer Nähe einer Jahrzehnte zuvor errichteten Kalkbrennerei auf dem Wandrahm

(➢*Wandrahm-Insel*). Als 1616 eine neue Anlage den Betrieb aufnahm, erhielt das Gelände zunächst den Namen „Alter Kalkhof", bevor hier das ➢*Kornhaus* gebaut wurde. Der neue K. lag in direkter Nähe zum alten ➢*Dammtor*. Er besaß über einen Stichgraben unmittelbare Verbindung zur ➢*Alster*, sodass der von Segeberg kommende Kalk per Schiff angelandet werden konnte. Ende des 18. Jhs kam der Betrieb durch die preisgünstigere Konkurrenz des fertig gebrannten Lüneburger Kalks zum Erliegen. Auf dem Gelände des ehem. K.s wurde 1826/27 das ➢*Stadttheater* gebaut und auf dem zugeschütteten Kalkgraben die Fehlandtstraße angelegt. 1922 wurde die Schwiegerstraße beim ➢*Gänsemarkt* in K. umbenannt. *Pr.*

Kallmorgen, Friedrich (geb. 15.11.1856 Altona, gest. 4.6.1924 Grötzingen bei Karlsruhe), Maler, Grafiker. Seine Ausbildung erhielt K. in ➢*Altona*, Düsseldorf und Karlsruhe; er war Mitbegründer des Karlsruher Künstlerbundes. 1902–18 an der Berliner Hochschule für bildende Künste tätig, lebte er danach in Heidelberg. Sein Frühwerk stand wie die gesamte zeitgenössische Genremalerei im Zeichen anekdotischer Schilderung. Allmählich verschob sich sein Schwerpunkt zu einer impressionistisch beeinflussten, häufig recht stimmungsvollen Landschaftsmalerei, in die sich die Figur als untergeordnetes Bildelement einfügt. K.s eigenstes Gebiet wurde der Motivkreis des Hbger ➢*Hafens*, als dessen klassischer Maler er gilt. Als Grafiker hatte er starken Anteil an der neuen Blüte der Lithografie in den 1890er Jahren. In zahlr. öffentlichen Galerien finden sich seine Werke, in Hbg ist er im ➢*Altonaer Museum* und im ➢*Museum für Hamburgische Geschichte* vertreten. *KKW*

Kampnagel heißt das Kulturzentrum im Stadtteil ➢*Winterhude*. Es liegt auf dem ehem. Produktionsgelände (35.000 m^2) des später zu K. umbenannten metallverarbeitenden Unternehmens Nagel & Kaemp, das u.a. Reismühlen, Verladeeinrichtungen und ➢*Kräne* herstellte und 1875–1968 bestand. Das Arbeiterleben in den 1920er Jahren schilderte

Eingang zum Kampnagelgelände an der Jarrestraße am 10.9.1963: Feierabend für die Fabrikarbeiter

W. ➢*Bredel* in seinem ersten Roman „Maschinenfabrik N & K" (1930) am Beispiel der Fabrik, in der er als Dreher beschäftigt war. 1969–81 wurden hier Gabelstapler gefertigt. Nach der völligen Stilllegung begann die dreijährige Nutzung einiger Hallen als Ausweichspielstätte des ➢*Deutschen Schauspielhauses*, das hier 1982 ein Festival freier Theatergruppen unterstützte. 1986 startete ein dauerhaftes Programm auf dem der Kulturbehörde unterstehenden Gelände. Seitdem werden staatliche und freie Theaterproduktionen auf insgesamt 12.000 m^2 und in vier parallel bespielbaren Hallen aufgeführt. Außer Theatervorstellungen finden „auf Kampnagel" andere Veranstaltungen aller Art statt (Flohmarkt, Zirkus, Tanzkurse, Tanztheater- und andere Festivals); 1993 fand hier das Alabama-Kino eine neue Heimat. Im Jahr zuvor war die Internationale Kulturfabrik Kampnagel GmbH gegründet worden. Die Errichtung einer Randbebauung des Geländes und die Sanierung der alten Hallen wurden 1998 abgeschlossen. 2007 startete auf Kampnagel das Projekt „K3 – Zentrum für Choreographie/Tanzplan Hamburg" zur Förderung des zeitgenössischen Tanzes, und im selben Jahr wurde Kampnagels Mietvertrag mit der Sprinkenhof AG bis 2030 verlängert. *Ti.*

Kapp-Putsch Am 13.3.1920 putschte ein Teil der Reichswehr unter General von Lüttwitz gegen die Reichsregierung in Berlin, zwang diese zur Flucht nach Stuttgart und ernannte den ostpreuß. Generallandschaftsdirektor W. Kapp zum Reichskanzler. Die militärischen Oberbefehlshaber in Hamburg, P. von Lettow-Vorbeck und A. von Wangenheim, sowie hohe Offiziere der Sicherheitspolizei (➢*Polizei*) stellten sich sofort auf die Seite der Putschisten, die Mannschaften und Unteroffiziere hielten dagegen zu ihrem Eid auf die ➢*Verfassung*. Die ➢*SPD*, die USPD, die ➢*DDP*, die Gewerkschaften, Beamtenverbände u.a. riefen den Generalstreik aus. Der ➢*Senat* und die genannten Parteien bekräftigten in einer Bürgerschaftssitzung ihre Treue zur Reichsverfassung. Loyale Kräfte der Sicherheitspolizei und der stark sozialdemokratisch orientierten Einwohnerwehren entwaffneten und verhafteten selbstständig mit den Putschisten sympathisierende Offiziere und Soldaten. Am 16.3. wurde der Generalstreik beendet, der Putsch scheiterte am folgenden Tag auch reichsweit. *Pe.*

Karolinenviertel In ➢*St. Pauli*, zwischen dem ➢*Heiligengeistfeld*, dem Messegelände und dem ➢*Heinrich-Hertz-Turm* sowie dem Fleischgroßmarkt (vormaligen Schlachthof), um den neogotischen ➢*Backsteinbau* des 1896 in Betrieb genommenen ➢*HEW*-Heizkraftwerkes „Karoline" herum, da liegt dieses Quartier, auf das die Emissionen jener „Dreckschleuder" herunterrieselten, bis sie 1989 endlich stillgelegt werden konnte. Das K. ist nach der Karolinenstraße (ursprünglich Carolinenstr.) benannt, die ihrerseits 1843 den schlicht nach dem Alphabet gewählten weiblichen Vornamen erhalten hatte, als die Wiederbebauung der Vorstadt St. Pauli vorgenommen wurde.

In den Jahrhunderten, in denen Hamburg eine Festung war, befanden sich dort die „Kirchhöfe vor dem Dammtor" sowie Siedlungen, die stets unter dem Vorbehalt des Abrisses standen: Das Glacis der Festung sollte etwaigen Angreifern keine Deckung bieten.

Das von den französischen Okkupanten (➢*Franzosenzeit*) 1814 angesichts einer bevorstehenden russ. Belagerung verwüstete Gelände außerhalb des Wallrings (➢*Hamburger Berg*) wurde noch bis 1820 als Schussfeld freigehalten, danach entstanden zunächst wieder Gärten, dann auch, v.a. nach der durch den ➢*Großen Brand* 1842 hervorgerufenen Wohnungsnot und dem 1859 erfolgten Bau des Holstentors (dort, wo heute die Gerichtsbauten am

➢*Sievekingplatz* stehen) auch eine immer dichter werdende Wohnhausbebauung. Aus dem Jahr 1907 stammt die neoromanische Gnadenkirche, seit 2004 dem russisch-orthodoxen Glauben geweiht.

Die Wohnqualität wurde schon bald ein erstes Mal durch die ➢*Verbindungsbahn* zwischen Hbg und ➢*Altona* (1866) beeinträchtigt, die zugleich auch Vieh für den Zentralviehmarkt und den Zentralschlachthof zum Bahnhof Sternschanze brachte. Die Häuser – größtenteils vor 1900 fertiggestellt und vom Krieg verschont – waren in der zweiten Hälfte des 20. Jhs vielfach Gegenstand heftiger Auseinandersetzungen um ➢*Sanierungs*pläne, Spekulationsgeschäfte und Hausbesetzungen. Eine Reihe origineller Wohnprojekte wurden hier verwirklicht, u.a. das Wohn- und Atelierhaus Vorwerkstift. Zahlr. Menschen mit Migrationshintergrund zogen hierher. Es entstand eine vielfältige, dynamische, freilich nur vordergründig romantisch wirkende Alternativ-Szene, deren Hauptachse von der Marktstraße gebildet wird. *luz*

Der legendäre Kapitän der Hamburger Konvoischifffahrt, Berend Jacobsen Karpfanger. Porträt auf einem Gedenkblatt, das anlässlich seines Todes bei der Explosion der Pulverkammer der „Wapen von Hamburg I" am 10.10.1683 erschien

Karpfanger, Berend (Bernard) Jacobsen (getauft 21.11.1622 Hbg, gest. 10.10. 1683 Cádiz), Hbger Konvoikapitän. K. gilt als Hbgs größter Seeheld. Seit 1644 war er Hbger Bürger und schon in jungen Jahren eine angesehene Persönlichkeit (➢*Jurat* in ➢*St. Michaelis*, Mitglied der ➢*Admiralität* und der ➢*Commerzdeputation* sowie Vorsteher der Bruderschaft der seefahrenden Schiffer). 1674 wurde K. als Konvoikapitän vereidigt. Sein erstes Schiff war die 1668 fertiggestellte „Leopoldus Primus" (➢*Konvoischifffahrt*), deren Heckfigur sich im ➢*Museum für Hamburgische Geschichte* befindet. Auf seinen elf Reisen als Konvoikapitän, von denen neun nach Spanien und zwei in das Eismeer führten, zeichnete sich K. außer durch seemännische auch durch diplomatische Fähigkeiten aus und wies damit die Begabungen auf, die einem Konvoikapitän abverlangt wurden. Seinen Ruhm begründete er 1678, als es ihm in einem Seegefecht in der Elbmündung gelang, den Angriff fünf frz. Kaperschiffe auf seinen Konvoi von 50 Grönlandfahrern mit 550 erlegten Walen an Bord fast ohne Verluste abzuwehren. 1683 fing sein zweites Schiff, die ➢*Wapen von Hamburg I*, im Hafen von Cádiz Feuer. K. weigerte sich, das brennende Schiff zu verlassen, und kam bei der Explosion der Pulverkammer ums Leben. *IR*

Kartoffelkrieg Als Folge erheblicher Preissteigerungen bei Kartoffeln und anderen Grundnahrungsmitteln kam es am 15.6.1847 auf dem Schaarmarkt zu schweren Unruhen. Dabei protestierten aufgebrachte Marktbesucher gegen den mutmaßlichen Wucher, der sich an den steigenden Kosten für Lebensmittel deutlich ablesen ließ. So war der Preis für einen halben Zentner Kartoffeln seit 1837 von 19 auf 64 Silbergroschen gestiegen. Zur Verteuerung trug die ➢*Akzise* erheblich bei, weil gerade Grundnahrungsmittel wie Butter, Getreide und eben Kartoffeln damit belegt waren. Die ➢*Polizei* beendete den K. durch energisches Eingreifen nach nur einem Tag. Der Schaarmarkt in der Nähe der Hauptkirche ➢*St. Michaelis* galt damals als Markt der einfachen Leute, die bei Bäuerinnen und Fischhökerinnen aus den Elbmarschen besonders günstig einkaufen konnten. *Smo*

Katholiken Mit der ➢*Reformation* Hbgs 1529 wurde die öffentliche Feier der kath. Messe verboten. Menschen kath. Glaubens verloren das ➢*Bürgerrecht* und wurden aufgefordert, die Stadt zu verlassen. Trotzdem konnten die in der Stadt gebliebenen K. ihren Gottesdienst in den Gesandtschaftskapellen (➢*Heiliges Römisches Reich Deutscher Nation*, Frankreich, Spanien) und später auch in ➢*Altona* (St.-Josephs-Kirche, 1660) ausüben. Erst 1785 erkannte der ➢*Rat* die dauerhafte Existenz der kath. Gemeinde an und gab das Reglement für die fremden Religionsverwandten heraus, das eine freie, private Religionsausübung und den Bau von „Bethäusern" erlaubte. Eine eigene Kirche bekamen die K. während der ➢*Franzosenzeit*: 1811 wurde die Kleine Michaeliskirche („Kleiner Michel") der Gemeinde übergeben und dem hl. ➢*Ansgar* geweiht. Die Entfaltung der Gemeinde nach 1860 wurde durch zahlr. im Zuge von beginnender Industrialisierung und ➢*Zollanschluss* (1888) in die Stadt strömende Einwanderer und nach den beiden Weltkriegen durch weitere ➢*Einwanderung* vieler K. aus allen Teilen Dtlds befördert. Schulen, Krankenhäuser (Marienkrankenhaus, 1862) und Kirchen (St.-Marien-Kirche, Danziger Straße, 1893) wurden gebaut. Heute gibt es in Hbg etwa 180.000 K. und 28 Gemeinden, die seit 1995, nach über 1000-jähriger Unterbrechung, wieder in einem selbstständigen ➢*Erzbistum* Hamburg organisiert sind. Fremdsprachige K. (17,5 % der Gläubigen in Hbg) werden in 13 Missionsgemeinden in der Stadt betreut. *Sl.*

Blick in das Kirchenschiff der St.-Marien-Kirche (1893) in St. Georg, deren Namensgebung in bewusster Anlehnung an den 1804–07 abgerissenen Dom geschah. Seit 1995 ist sie Sitz des katholischen Erzbistums Hamburg. Die neoromanischen Formen des doppeltürmigen Gotteshauses waren im Hamburger Sakralbau zur Zeit der Errichtung der Kirche ohne Beispiel.

Kattwyk-Hubbrücke Als weltweit größte Hubbrücke wurde am 21.3.1973 zur Anbindung der Eisenbahnstrecke an die Waltershofer Häfen die K.-H. über die ➢*Süderelbe* eröffnet (➢*Waltershof*). Sie führt von der ehem. ➢*Elbinsel* Hohe Schaar, die wie die namengebende Kattwyk-Halbinsel zu ➢*Wilhelmsburg* gehört, zum ➢*Moorburger* Ufer. Das Mittelteil der Straßenbrücke bildet mit zwei im Wasser stehenden, 70 m ü.NN hohen Pylonen eine Portalkonstruktion. An ihr kann über vier

Die Kattwyk-Hubbrücke verbindet die ehemalige Elbinsel Hohe Schaar mit dem Moorburger Ufer.

Seile die Fahrbahn auf 53 m ü.NN hochgezogen werden. Somit weist die K.-H. dieselbe Durchfahrtshöhe auf wie die ➢*Köhlbrandbrücke*, kommt aber durch das Hubprinzip ohne lange Auffahrten aus. Unter nicht völlig geklärten Umständen rammte im September 1991 ein Frachter die geschlossene Brücke und verursachte einen Schaden von 10 Mio. DM. *Ti.*

Kauffmann, Hermann (geb. 7.11.1808 Hbg, gest. 24.5.1889 ebd.), Maler. K. war Sohn einer aus Frankfurt a.M. übergesiedelten Kaufmannsfamilie. Der Schüler von G. Hardorff d.Ä. besuchte 1827–33 die Münchner Akademie und wirkte danach in Hbg. Zusammen mit seinen Malerkollegen ➢*Gensler*, Haeselich, Morgenstern, ➢*Speckter* u.a. gehörte er zur sog. Hamburger Schule. Seine Motive fand er v.a. in der Umgebung Hbgs, deren Landschaften und Volksleben er realistisch zu schildern verstand. K. wurde von seinen Zeitgenossen sehr geschätzt, darunter auch A. ➢*Lichtwark*, der seinen künstlerischen Nachlass für die ➢*Hamburger Kunsthalle* erwarb. Seitdem war er lange Zeit durch den Wandel des Geschmacks weniger beachtet worden, und schon G. ➢*Pauli* als Direktor der Kunsthalle teilte nicht mehr die überaus positive Einstellung seines Vorgängers Lichtwark. K.s Werk kommt in jüngster Zeit dank mehrerer Ausstellungen wieder zu Ansehen. *Me*

Kaufmann, Karl (geb. 10.10.1900 Krefeld, gest. 4.12.1969 Hbg), NS-Gauleiter 1929–45, Reichsstatthalter 1933–45. Der Kriegsfreiwillige kämpfte nach dem Ersten Weltkrieg noch in der Brigade Ehrhardt in Oberschlesien (1919/20) und trat 1921 der ➢*NSDAP* bei. 1922–29

Karl Kaufmann im Gespräch mit Adolf Hitler, den er häufig in Hamburg empfing. Undatiertes Pressefoto von W. Winkelmann

war er Leiter der Parteigaue Rheinland und Ruhr, 1928 Mitglied des Preußischen Landtags, bevor ihn Hitler 1929 nach Hbg beorderte. 1930 wurde der Berufspolitiker Mitglied des Reichstags. Am 16.5.1933 von Hitler zum Reichsstatthalter ernannt, war K., der 1935–37 weitere Kompetenzen erhielt und schließlich Chef von Partei, Landesregierung und Kommunalverwaltung war, der politisch Hauptverantwortliche während der Hbger ➢*NS-Zeit* gewesen. Dennoch wurde K., der 1945 darauf verzichtete, gegen die Engländer einen „Kampf um Hamburg" zu befehlen, zwar nach der Kapitulation verhaftet und 1946 in Nürnberg vom Internationalen Gerichtshof als Zeuge verhört, aber 1948 aufgrund der Folgen eines Unfalls wieder entlassen, ohne dass ihm ein Prozess gemacht worden wäre. Ein 1949 in Hamburg gegen ihn angestrengter Prozess, der 1951 begonnen werden sollte, verlief im Sande. Die durch K.D. Möllers Buch „Das letzte Kapitel" (1947) entstandene Legende, K. sei ein „guter Gauleiter“, ein „Rebell gegen den Führer“, ja ein „Retter Hamburgs“ gewesen, ist mittlerweile widerlegt. Anfang der 1950er Jahre versuchte K. ein politisches Comeback in rechtsextremistischen Kreisen; nachdem der „Naumann-Kreis“ 1953 auf Initiative des britischen Geheimdienstes zerschlagen worden war, sah K. sich vorübergehend inhaftiert, aber ein Verfahren vor dem Bundesgerichtshof wurde bald eingestellt. *luz*

Kaufmannskompanien Die nach Handelszielgebieten organisierten Kaufmannsgesellschaften gehen bis in das Mittelalter zurück. Ihre Gründungsdaten sind nicht sicher nachzuweisen. 1392 vereinigten sich die Flandernfahrer zu einer ➢*Bruderschaft*. Die Gesellschaften (mit Ausnahme der Islandfahrer) standen 1517 bei der Bildung der Gesamtkaufmannschaft Pate und stellten die Börsenalten. Ihre Bedeutung ließ bald nach. 1665 wurde die ➢*Commerzdeputation* geschaffen. Die Englandfahrer-Gesellschaft wurde zuerst 1402 erwähnt. Sie bildete seit 1435 die Bruderschaft des hl. Thomas von Canterbury an einem Altar in der St. Johannis-Kirche (➢*Johannis-Kloster*). Das Vordringen der ➢*Merchants Adventurers* und ihre Niederlassung in Hbg förderten den Verfall der Gesellschaft, die schließlich nur noch geselligen Charakter hatte und 1889 mit dem Tod des letzten Mitgliedes erlosch. Die Schonenfahrer-Gesellschaft trat 1395 zusammen und bildete die St.-Marthae-Bruderschaft in St. Marien-Magdalenen (➢*Maria-Magdalenen-Kloster*). Sie umfasste v.a. die im Heringshandel tätigen Kaufleute. Im 19. Jh. ging die Bedeutung zurück, und 1854 starb das letzte Mitglied. Die 1392 zur Bruderschaft des Heiligen Leichnams zu St. Johannis vereinigten Flandernfahrer verloren im 18. und 19. Jh. stark an Bedeutung, ihre Gesellschaft wurde 1889 aufgelöst. Im Jahr 1500 bildete die Gesellschaft der Islandfahrer die St.-Annen-Bruderschaft der Islandfahrer, die nie die feste Organisation der anderen Kaufleute-Gesellschaften erreichte. Immerhin bestand sie bis 1843. *LS*

Kehrwiederspitze heißt der westl. Zipfel der südl. des ➢*Binnenhafens* gelegenen Kehrwieder-, der früheren Brookinsel, die heute zur neuen ➢*HafenCity* gehörig ist. Die K. wurde 1885–88 im Zuge der ➢*Freihafen*gestaltung durch das Kehrwiederfleet vom südlicheren Sandtorkai (➢*Sandtorhafen*) abgetrennt und war mit diesem nur noch über die Wilhelminenbrücke verbunden.

Die K. war ein „strategischer“ Punkt: 1531–1852 war die Einfahrt zum Binnenhafen zwischen K. und ➢*Baumwall* durch einen schwimmenden ➢*Baum* gesperrt, 1619 wurde die K. durch die Bastion „Georgius“ befestigt (1827 abgerissen). Bis zum Bau der Niederbaumbrücke 1878 zwischen K. und

Das Hanseatic Trade Center auf der Kehrwiederspitze macht dem Namen seines Standorts alle Ehre. An der Kehrwiederspitze beginnt die HafenCity.

Baumwall musste man am Ende der Straße Kehrwieder, einer der vornehmsten im ➢*Kirchspiel* St. Katharinen, tatsächlich „wieder umkehren". Eine andere Version zur Erklärung des Namens besagt, dass sich darin die Hoffnung auf Rückkehr der ausfahrenden Seeleute ausdrücke. 1883–85 wurde die Bebauung im Kehrwiederquartier abgerissen und durch ➢*Speicher* ersetzt (➢*Speicherstadt*). 1995 wurde auf der K. Richtfest für das Hanseatic Trade Center gefeiert, einen von engl. und amerikan. Investoren geplanten imposanten Büro- und Wohnkomplex auf einer Fläche von 3,4 ha, die zuvor aus dem Freihafengebiet ausgegliedert worden war. *luz*

Stephan Kempe, Wegbereiter der Reformation in Hamburg, kam aus Rostock an die Elbe. Kupferstich von Christian Fritzsch, 1728

Kempe, Stephan (gest. 23.10.1540 Hbg), Theologe, Reformator. 1521 war der Franziskanermönch K. an der Rostocker Universität immatrikuliert. Von hier aus wurde er im April 1523 nach Hbg in das ➢*Maria-Magdalenen-Kloster* gesandt. In der Hansestadt hatten zu dieser Zeit bereits einige seiner Ordensbrüder und Bürger die luth. Lehre rezipiert (➢*Reformation*).

K.s eindrucksvolle Predigten im Sinne des Reformators Luthers fanden bei seinen Zuhörern nun umso stärkeren Widerhall, und ein größerer Kreis von Bürgern setzte sich für sein Verbleiben in der Stadt ein. Die Absage der für Anfang Juni geplanten Abreise und seine baldige Versetzung in den Hbger Konvent waren praktisch die erste Berufung eines Geistlichen in bürgerlicher Eigenregie. 1527 erfolgten seine Wahl zum Pastor an ➢*St. Katharinen* und sein Austritt aus dem Kloster. Noch im selben Jahr stritt K. mit einem Domlektor in der Abendmahlsfrage und 1528 noch einmal mit einem altgläubigen Dominikanermönch. In beiden daraufhin anberaumten Disputationen, den Streitgesprächen zwischen Vertretern beider Lehren vor ➢*Rat* und ➢*Bürgerschaft*, obsiegte die ev. Seite. Für das Jahr 1530, in dem K. wie viele andere Geistliche vor und nach ihm eine ehem. Nonne heiratete, ist seine Mitwirkung bei der Durchführung der Reformation in Lüneburg belegt. K. ist Verfasser der ersten Reformationsgeschichte Hbgs. *Ti.*

Kennedybrücke Zur Entlastung der ➢*Lombardsbrücke* als Neue Lombardsbrücke 1952/53 errichtet, gilt das Bauwerk des Architekten B. ➢*Hermkes* als repräsentativ für die Wiederaufbauzeit. Die Umbenennung in K. erfolgte keine drei Wochen nach der Ermordung des amerikan. Präsidenten J.F. Kennedy (1917–63) am 22.11. Die kühn geschwungene Brücke liegt auf dem 10. Längengrad östl. von Greenwich, worauf eine auf dem nördl. Fußweg eingelassene Markierung hinweist (➢*Meridian*). *Ah.*

Kerngebiete Zu K. waren in den sieben Bezirken (➢*Bezirksverwaltung*) die Stadtteile zusammengefasst, die nicht durch Ortsämter verwaltet wurden, d.h. die um das jeweilige Bezirksamt, meist zur Stadtmitte hin, gelegenen Teile der Bezirke. Während das Bezirksverwaltungsgesetz die Bezirksversammlungen verpflichtete, Regionalausschüsse bei den Ortsämtern einzusetzen (Ortsausschüsse), war ihnen dies bei den K. anheimgestellt. Gegebenenfalls hatten die Kerngebietsausschüsse 15 Mitglieder, die alle im jeweiligen K. wohnen, nicht aber Mitglied der Bezirksversammlung sein mussten. Die Kerngebietsausschüsse, die zumeist beratend den Bezirksversammlungen zuarbeiteten, konn-ten in Angelegenheiten, „die keine grundsätzliche Bedeutung haben", ermächtigt werden, Beschlüsse anstelle der Bezirksversammlung zu fassen. Hier lag eine Spur von Selbstständigkeit, gar Selbstverwaltung der K.e; seit 2008 gibt es keine K. und keine Ortsämter mehr. *luz*

Ketelklopper hatten die äußerst schmutzige und schwere Arbeit des Kesselreinigens auf Dampfschiffen durchzuführen. Die sich an den Kesselwandungen und -böden festsetzende, bei Temperaturen bis zu 2.000 °C zu lavaartiger Masse festgebrannte Dreckschicht wurde mit Hammer und Meißel, später mit Schlaghämmern gelöst, um die Leitungsfähigkeit des Metalls aufrechtzuerhalten. Die K. gehörten mit den „Ketelschmieden" und den „Nietenkloppern" (oder „Nieters") zur „Schwarzen Gang" des ➢*Hafens.* Heute werden darunter nur noch die Mitarbeiter des Schiffsdurchsuchungstrupps des Wasserzolldienstes verstanden (➢*Zollwesen*). Das engl. „Gang" ist im ➢*Hafen* eine übliche Bezeichnung für die zusammen in einer Schicht arbeitenden Männer. *KKW*

Keyser, Bertha (geb. 24.6.1868 Maroldsweisach bei Coburg, gest. 21.12.1964 Hbg), Schwester der Straßenmission. Schwester Bertha kam als Diakonissin 1913 zur sog. Strand-Mission nach Hbg. Vorwiegend in den Stadtteilen ➢*Neustadt* und ➢*St. Pauli* kümmerte sie sich um sozial schwache, „gestrandete" Menschen, für die sie in stetig wachsendem Umfang Spendenaktionen organisierte. In den 1920er Jahren verteilte sie täglich 600 Essensportionen aus ihren drei Feldküchen und richtete Obdachlosenunterkünfte ein. Nachdem 1943 ihr Haus „Fels des Heils" in der Rothesoodstraße zerstört war, wirkte Schwester Bertha nach dem Zweiten Weltkrieg mit neuem Domizil in ➢*St. Georg* und später in einer Ladenwohnung im Bäckerbreitergang 7, wenige Schritte vom ➢*Pik As* entfernt. Bis zu einhundert Besucher empfing der „Engel von St. Pauli" jeden Tag. Wer zu ihr kam, erhielt eine warme Mahlzeit und in manchen Fällen Kleidung oder Unterkunft. Im Alter von 96 Jahren, nach insgesamt 51 Hbger Arbeitsjahren, starb Schwester Bertha während der Arbeit mit ihren „Sperlingen". 500 Trauergäste nahmen am Trauerzug zum ➢*Ohlsdorfer Friedhof* teil. 1983 wurde in St. Pauli der Bertha-Keyser-Weg benannt, und seit ihrem 25. Todestag erinnert in der Krypta des Michels (➢*St. Michaelis*) ein Gemälde an sie. *Ti.*

Kiez ist eine moderne, als Wort nicht in Hbg entstandene Bezeichnung für das Vergnügungsviertel in ➢*St. Pauli*, rund um die ➢*Reeperbahn* und deren Parallel- und Querstraßen (➢*Große Freiheit*). Der vermutl. im frühen Mittelalter im slaw.-nordostdt. Siedlungsraum entstandene Begriff „Kie[t]z" meinte urspr. kleine, Burgen vorgelagerte Siedlungen niederer slaw. Dienstleute (häufig Fischer) und später ugs. spöttelnd: „ärmliche Vorstadt". Heute wird K. auch – und besonders – im Berliner Volksmund als Bezeichnung für Wohnquartiere mit eigener, gewachsener Identität verwendet. *Ti.*

Kino Begleitet von großem öffentlichem Interesse, begann die Geschichte des K.s in Hbg mit Vorführungen von Edisons „Kinetoskop" seit dem 16.5.1895 im Parterre des

Hamburger Schüler in Erwartung einer Filmvorführung vor „Knopf's Lichtspielhaus" am Spielbudenplatz. Foto vermutlich aus den 1920er Jahren

Hauses ➢*Gänsemarkt* Nr. 2 (neben ➢*Streit's Hotel*). Im selben Jahr wurden auch die von den Brüdern Skladanowsky (Berlin) und Lumière (Paris) entwickelten Großprojektionsverfahren in der Stadt vorgestellt. Bald folgten weitere Vorführungen, jedoch zunächst nur als Attraktion auf Jahrmärkten, in Wirtshäusern, Konzerthäusern und Varietés (wie dem ➢*Hansa-Theater*). Ein festes Lichtspieltheater erhielt Hbg erst mit der Jahrhundertwende: Der Gastwirt E. Knopf eröffnete im April 1900 am Spielbudenplatz ein Etablissement, in dem neben musikalischen Darbietungen auch ständig „lebende Photographien" gezeigt wurden; erst 1949 gab es mit den „Stern-Lichtspielen" ein zweites K. auf ➢*St. Pauli* (➢*Star-Club*). „Knopf's Lichtspielhaus" bestand bis in die 1960er Jahre, heute befindet sich die Diskothek „Docks" in den Räumen.

Viele weitere, später traditionsreiche Filmtheater entstanden in den nächsten Jahren, darunter „Cinéma/Waterloo" (eröffnet 1905, geschlossen 1974), „Scala/Thalia" (1912, 1995), „Barkhof-Theater/Schauburg am Hauptbahnhof/Die Barke" (1913, 1982). In der Ära der großen Filmpaläste in den 1920er und 1930er Jahren entstanden Lichtspielhäuser wie der „UFA-Palast" im Deutschlandhaus am Valentinskamp mit 2.665 Sitzplätzen sowie der 1927/28 von K. ➢*Schneider* entworfene „Emelka-Palast" in ➢*Eimsbüttel*, Osterstraße 124. Es war der erste Bau, der nicht zugleich eine kleine Bühne aufwies (zerstört 1943, in der Osterstraße 95 bestand bis 1971 ein neuer „Emelka-Palast"). Auf dem Höhepunkt der Kinobooms zählte man 1952 in Hamburg 139 Kinos mit 69.530 Plätzen, danach setzte der rasante Niedergang (verursacht auch durch den Siegeszug des Fernsehens) ein.

Zwischen 1900 und 1992 existierten in Hbg ca. 480 Filmabspielstätten. Nach dem Wiederanstieg der Besucherzahlen in den 1980er Jahren versuchten der Hbger K.besitzer H.-J. Flebbe (mit dem 1997 eingeweihten „Cinemaxx“ am ➢*Dammtorbahnhof*) und die UFA-Kette (mit dem „UFA-Palast am Gänsemarkt“) das „Erlebnis Kino“ in ihren großzügig ausgestatteten und mit modernster Technik versehenen Filmtheatern noch attraktiver zu gestalten. Im Zeichen der sich verschärfenden Kinokrise kurz nach der Jahrtausendwende kam es dann kurzzeitig zu einer Zusammenarbeit der beiden Konkurrenten Cinemaxx und UFA; 2003 ging jedoch die UFA in die Insolvenz, und ihre letzten beiden eigenen Multiplex-Kinos, der „UFA-Palast am Gänsemarkt“ und der „Grindel-UFA-Palast“, wurden 2006 bzw. 2009 abgerissen. Anfang des Jahres 2009 existierten nur noch 23 Kinos in Hamburg. *VR*

Kirchdorf Das heute zu ➢*Wilhelmsburg* gehörende K. geht auf die 1388 gegründete, auf einem alten Dünenzug errichtete und von einem Begräbnisplatz umgebene Kreuzkirche zurück – das Gotteshaus für das zuvor nach ➢*Ochsenwerder* eingepfarrte ➢*Stillhorn*. 1614 erfolgte der Neubau der Kirche. Auch nach der Begründung von Wilhelmsburg (1672) blieb die Kreuzkirche lange Zeit das einzige Gotteshaus, bis der rasante Bevölkerungsanstieg die Teilung der Kirchengemeinde nach sich zog. Neben der Kirche sorgte das hannoversche Amtshaus von 1724 dafür, dass K. als historisches Zentrum von Wilhelmsburg gilt. Auf dem Gelände des Amtshauses stand früher jene Burg, die erstmals um 1370 vom Adelsgeschlecht der Groten erbaut worden war (Neubau um 1600) und von der aus die Herrschaft Wilhelmsburg ab 1672 zunächst verwaltet wurde. 1865 wurde um das Amtshaus ein weiterer Begräbnisplatz für Wilhelmsburg angelegt. In dem urspr. nur dünn besiedelten, bäuerlichen K. entstand ab 1930 nördl. und westl. des Ortskerns ein neues Siedlungsgebiet, das in der ➢*NS-Zeit* zur „Hermann-Göring-Siedlung“ erweitert wurde. Heute präsentiert sich K. als ein Ortsteil voller Gegensätze: Sind an der Kirchdorfer Straße, der alten Hauptdurchgangsstraße, auch über Kreuzkirche und Amtshaus hinaus noch Reste der alten bäuerlichen Siedlung erhalten geblieben, so gilt die aus den 1960er Jahren stammende Hochhaus-Siedlung Kirchdorf-Süd als städtebaupolitisches Negativbeispiel. *NF*

Kirchenpauer, Gustav Heinrich (geb. 2.2.1808 Hbg, gest. 4.3.1887 ebd.), Jurist, Bürgermeister. K. gehört zu den bedeutenden hbg. Staatsmännern des 19. Jhs. Nach dem Studium in Dorpat und Heidelberg war der promovierte Jurist seit 1832 Advokat in Hbg. Daneben befasste er sich als Mitarbeiter und Redakteur verschiedener Zeitungen v.a. mit handelspolitischen Fragen. 1840 wurde er Protokollist und Bibliothekar der ➢*Commerzdeputation* (Vorläuferin der ➢*Handelskammer*). 1843 in den ➢*Rat* gewählt, gehörte K. u.a. der Kommission für die auswärtigen Angelegenheiten an und vertrat Hbg in verschiedenen politischen Missionen in Kopenhagen, Berlin und auf der Frankfurter Nationalversammlung. Ab 1851 war er Hbgs Bundestagsgesandter in Frankfurt, 1858–64 letzter Amtmann zu Ritzebüttel (➢*Cuxhaven/Ritzebüttel*), seit 1868 Zweiter und seit 1869 Erster ➢*Bürgermeister* von Hbg. Als Be-

Vom Anwalt und Journalisten zum Bürgermeister: Gustav Heinrich Kirchenpauer war einer der bedeutendsten Hamburger Politiker des 19. Jahrhunderts. Foto von Hermann Joop

vollmächtigter beim Bundesrat in Berlin (1867–80) stellte K. sich gegen einen Eintritt Hbgs in den Deutschen Zollverein und geriet so in Gegnerschaft zur Politik Bismarcks. 1880, als dieser den Beitritt der Stadt zum Zollverein erzwingen wollte, verzichtete K. auf seine Berliner Mission. Fortan widmete er sich in erster Linie seinen Aufgaben als ➢*Präses* der Oberschulbehörde (➢*Schulwesen*). Er förderte das Volksschulwesen und gliederte die Privatschulen in das Hbger Schulsystem ein. In Erinnerung an ihn wurde 1914 das Kirchenpauer-Realgymnasium in ➢*Hamm* benannt. *SH*

Kirchliche Hochschule Hamburg Die Hamburgische Universität (➢*Universität Hamburg*) war 1919 ohne Theologische Fakultät gegründet worden. Als 1945 der Bedarf an Studienplätzen im Fach Theologie stark anstieg, richtete die ➢*Hamburgische Landeskirche* ein Kirchliches Vorlesungswesen ein, an dem v.a. (Haupt-)Pastoren lehrten. Als die Verhandlungen über die staatliche Fakultät stockten, schuf die Landeskirche 1948 eine eigene Kirchliche Hochschule mit Konvikt auf dem Gelände der ➢*Alsterdorfer Anstalten*, die bis zur Fakultätsgründung 1954 bestand. Die K.H. sollte der Landeskirche die Möglichkeit geben, schon frühzeitig auf den theologischen Nachwuchs Einfluss zu nehmen. Die ➢*Hauptpastoren* waren dort zugleich hauptamtliche Dozenten und erhielten 1950 vom Kirchenrat den Titel „Professor der Theologie an der Kirchlichen Hochschule Hamburg" verliehen. 1954 wurden fast alle Lehrenden in unterschiedlicher Funktion in die Fakultät übernommen. *He.*

Kirchspiele Erst vier, später fünf urspr. kirchliche, bald auch städtische Verwaltungsbezirke, die bis zur ➢*Verfassung* von 1860 Bestand hatten, als Staat und Kirche bis zu einem gewissen Grad getrennt wurden. Zentren der bis Mitte des 13. Jhs entstandenen K. waren die dem ➢*Domkapitel* unterstehenden Hauptkirchen: ➢*St. Petri* (erwähnt 1195) für die bischöfliche ➢*Altstadt*, ➢*St. Nikolai* (1195 als Kapelle gegründet) für die ➢*Neustadt* (gräfliche Siedlung), ➢*St. Katharinen* (1251–56 erstmals erwähnt) für die Marschinseln ➢*Cremon* und ➢*Grimm*, ➢*St. Jacobi* (1255 erwähnt) für die ➢*Stadterweiterung* entlang der Steinstraße. Die von den Bewohnern gewählten Kirchgeschworenen (➢*Juraten/Leichnamsgeschworene*) verwalteten zunächst den Kirchenbesitz, repräsentierten in ihrer Gesamtheit aber bald die Bürger gegenüber dem ➢*Rat*, der im ➢*Rezess* von 1458 freilich ihre Macht mindern konnte. Im Langen Rezess von 1529 wurde dann eine wesentliche politische Mitsprache der auf den Juratenkollegien aufbauenden ➢*Bürgerlichen Kollegien* verankert, die sich – paritätisch aus den vier K. zusammengesetzt – während der Auseinandersetzungen um die Einführung der ➢*Reformation* gebildet hatten. Die K. waren zur Rekrutierung von ➢*Bürgerwache* und ➢*Bürgermilitär* in Bezirke eingeteilt. 1647 wurde St. Michaelis als fünftes K. (für die „neue" Neustadt) von St. Nikolai abgetrennt, 1677 mit den politischen Rechten versehen und 1685 zu den bürgerlichen Kollegien zugelassen, die entsprechend erweitert wurden. Mittelpunkt dieses K.s war die 1648–61 als Ersatz für die zu klein geworde-

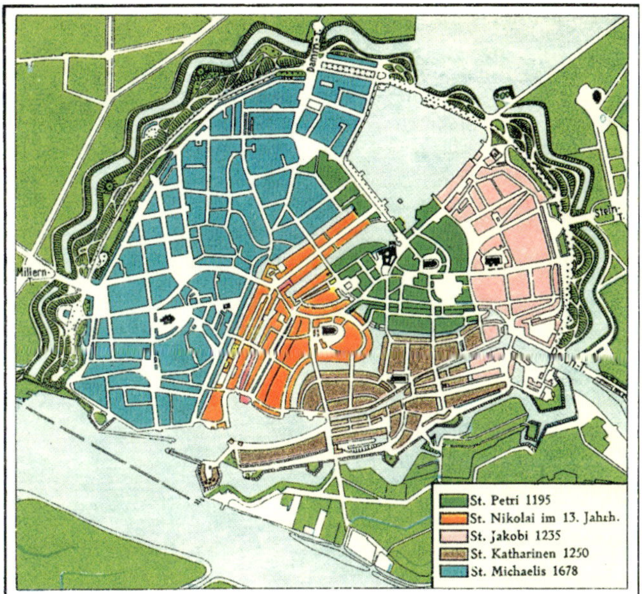

57. Die fünf Kirchspiele. (auf Grund des Planes von 1834).
Diese Einteilung ist auch für die Verwaltung sowie für die Rekrutierung maßgebend geworden.

Die Lage der fünf Kirchspiele im Stadtgebiet zeigt diese Karte aus dem von Karl Wölfle 1926 herausgegebenen „Hamburger Geschichtsatlas", der für den Heimatkundeunterricht erarbeitet wurde.

ne alte St.-Michaelis-Kirche („Kleiner Michel") errichtete Große ➢*St.-Michaelis*-Kirche. *luz*

Kirchsteinbek Der Ort K. ist erstmals 1212 als Stenbeke erwähnt. Benannt wurde er nach dem heute Glinder Au heißenden Bach, in dessen Bett sich auffallend viele Steine zeigten. Der Name K. tauchte erstmals 1239 auf, wurde aber erst 1867 amtlich. K. war Zentrum eines urspr. sehr großen Kirchspiels, dem nach der Abtrennung von Trittau und Siek noch 18 Dörfer zugehörten, u.a. Reinbek und seit 1265 die ehem. zur Hbger Hauptkirche ➢*St. Jacobi* eingepfarrten Nachbarorte ➢*Schiffbek* und ➢*Öjendorf*. Die weithin sichtbar auf dem Geestrand gelegene Kirche brannte 1646 und 1881 nieder. Zeitweise dem Hbger ➢*Domkapitel* abgabepflichtig, gelangte das Dorf 1321 an das Kloster Reinbek und fiel mit dem gleichnamigen Amt 1867 an Preußen. Durch die industrielle Entwicklung in Schiffbek und Hbg stieg die Einwohnerzahl stark an (1925: 2.154). 1927/28 wurde K. mit Schiffbek und Öjendorf zur Gemeinde ➢*Billstedt* zusammengeschlossen. *HWE*

Kirchwerder ist ein Stadtteil im ehem. Ortsamtsgebiet ➢*Vier-* und ➢*Marschlande* des Bezirks ➢*Bergedorf* mit 32,4 km² Fläche und 9.023 Einw. (2009). Gelegen zwischen ➢*Elbe* und ➢*Gose-Elbe*, nimmt K. an Fläche mehr als ein Drittel der Vierlande ein. 1217 ist es als altes Kirchspiel „Kercenwerder" genannt. Sein vorheriger Name seit dem 12. Jh. lautete Remerswerder, als das es kirchlich zum Bistum Verden gehörte. Schwere ➢*Sturmfluten* mögen zum Untergang der alten Siedlung und zum Namenswechsel geführt haben. 1252 errichteten die Herren von Ribe auf einem alten Ringwall ein festes Haus, die Riepenburg. Später war sie lauenburg. Vogtei und seit 1420 ➢*beiderstädtischer* Verwaltungssitz des Landgebiets. 1512 wurde sie nach längerer Baufälligkeit schließlich abgebrochen und das ➢*Bergedorfer Schloss* alleiniger Amtssitz.

Das weitläufig angelegte Dorf K. gewann Bedeutung durch den Elbübergang ➢*Zollenspieker* und besaß schon in alter Zeit durch ein Wegesystem am Elbdeich, den Kirchenheerweg und verschiedene Querwege eine relativ gute Verkehrsanbindung. Die lange Wegstrecke führt noch heute durch ca. 15 alte Dorfschaften (u.a. durch Zollenspieker, ➢*Krauel*). Von der ehem. territorialen Zerrissenheit des Gesamtortes zeugten bis zum ➢*Groß-Hamburg-Gesetz* 1937/38 noch die Enklaven, die als „Preußisch-Kirchwerder" inmitten des hbg. „Kirchwärder" bestanden. Es handelte sich um sechs lang gestreckte, schmale Flurstücke rund um den „Mönkhof" von insgesamt 234 ha Größe. Die dazugehörigen sieben Hofstellen waren alter Besitz des Klosters Scharnebeck im Lüneburgischen und unterstanden schließlich hannoverscher, seit 1866 preuß. Hoheit.

Heute findet sich besonders am Kirchwerder Hausdeich an der bis zum Kirchwerder Landweg reichenden Deichstrecke eine ganze Reihe von Wohn- und Wirtschaftsgebäuden aus dem 18. und 19. Jh. Zugleich ist jedoch festzustellen, dass die ländliche Bautradition der Vierlande mehr und mehr durchbrochen wird.

Im Ort K. steht mit der Kirche St. Severini das größte Vierländer Gotteshaus. Als Feldsteinbau 1319 erstmals erwähnt, wurde es 1785–91 grundlegend renoviert. Der alte Teil des anschließenden Kirchhofs zeigt über 90 aufrechte große Sandsteinplatten des 16. bis 19. Jhs. Im Ortskern bilden die historischen Stätten der Kirche, des Pastorats mit Garten, die Friedhofsteile mit Grabmalen, Kapelle und Gefallenenmal ein denkmalgeschütztes Ensemble. Ein weiteres Wahrzeichen in K. ist die Riepenburger Mühle. *HR*

Blick auf den heutigen Friedhof von Kirchwerder und St. Severini mit dem einzeln stehenden Kirchturm (Turmspitze von 1771)

Klasen, Karl (geb. 23.4.1909 Hbg, gest. 22.4.1991 ebd.), Jurist, Bundesbankpräsident. Der Sohn eines Reedereiangestellten begann 1928 sein Jurastudium. Währenddessen war er als Werkstudent bei der ➢*HAPAG* beschäftigt, zu der er zweimal – zunächst als Referendar und 1959 als deren Vorstandsvorsitzender – zurückkehren sollte. Nach Promotion (1933) und Assessorexamen (1935) blieb K. als Sozialdemokrat (seit 1931) die angestrebte Richterlaufbahn verwehrt, worauf er in die Deutsche Bank und Disconto-Gesellschaft eintrat. Nach Kriegsdienst kehrte er dorthin zurück und gehörte ab 1957 dem Vorstand an. 1948–52 war er Präsident der Landeszentralbank in Hbg.

1970 wurde K. vom Bundeskabinett als Präsident der Deutschen Bundesbank nach Frankfurt berufen (bis 1977), übernahm zwei Jahre später den Vorsitz der Weltwährungskonferenz und 1973 den des Ausschusses der Notenbank-Gouverneure der EG-Länder. K.s restriktive, kontinuierliche Währungspolitik war nicht unumstritten und stand z.T. im Widerspruch zu den wirtschaftspolitischen Vorstellungen K. ➢*Schillers.* Von Bundeskanzler H. Schmidt gestützt, bewirkte sie, dass die Bundesrepublik in den 1970er Jahren im internationalen Vergleich zumeist mit der niedrigsten Inflationsrate aufwarten konnte. *Ti.*

Karl Klasen: Seine Laufbahn führte ihn vom Werkstudenten bei der HAPAG zum Bundesbankpräsidenten. Fotoporträt von Fritz Kempe, 1964

Klefeker, Johann (geb. 14.8.1698 Hbg, gest. 2.11.1775 ebd.), Syndicus. Der Sohn eines ➢*Kämmerei*schreibers studierte in Tübingen die Rechte und erwarb dort 1720 den Lizentiatengrad. Im Anschluss daran ging er auf eine Reise durch Dtld und Skandinavien. Seit 1721 wirkte er in diplomatischen Missionen für seine Vaterstadt, die er als Gesandter auch in Wien vertrat. 1725 wurde er ➢*Syndicus.* In diesem Amt bestimmte er ein halbes Jh. lang maßgeblich die Politik der Stadt mit. Seine Sammlungen der Gesetze und Verfassungen schufen für Verwaltung, Rechtsprechung und Wirtschaft grundlegende Orientierung und Information, für viele Bereiche auch erste historische Darstellungen. K. gehörte zu den wirksamsten Förderern der ➢*Aufklärung* in Hbg. *Ko.*

Medaille zum 50-jährigen Amtsjubiläum des Syndicus Johann Klefeker 1775

Klein Borstel ist ein Ortsteil im Stadtteil ➢*Ohlsdorf* im ehem. Ortsamtsgebiet ➢*Fuhlsbüttel* des Bezirks ➢*Hamburg-Nord.* In früherer Zeit auch Aver-, Ober-, Lamberts-, Brotlosen-, Dreck- und Magerborstel genannt, kam K.B. 1304 durch Schenkung der Grafen von ➢*Holstein* an Hbger Bürger, von diesen zwischen 1488 und 1615 durch Kauf an das ➢*St.-Georgs-Hospital.* 1830 wurde es Teil der Landherrenschaft der ➢*Geestlande*, 1913 nach Hbg eingemeindet. 1938 wurde der Stadtteil mit Ohlsdorf vereinigt.

Vom Bauerndorf, zu dem auch der an der ➢*Alster* gelegene Struckholt gehörte, ist nur eine Hofanlage an der Wellingsbütteler Landstraße 59 erhalten. Nach den Anschlüssen 1921 an die Hochbahn (➢*U-Bahn*) und 1924 an die ➢*S-Bahn* wuchs die Bevölkerung rasch an. Ortsteilprägend ist die 1934–39 von den Brüdern P. und H. Frank errichtete Frank'sche Siedlung mit ihren „Klein-Häuschen" und Gärten. Bundesweit bekannt wurden die Klein Borsteler 1993/94 durch ihren Kampf um das eigene Postamt, wobei sie immerhin eine Postagentur erstritten. *Ko.*

Klein Flottbek ist ein ehem. Dorf mit Kern an der Straße Hochrad, dessen Gebiet bis zur ➢*Elbe* bei ➢*Teufelsbrück* reichte und infolge des ➢*Groß-Hamburg-Gesetzes* heute von den Stadtteilen ➢*Nienstedten*, ➢*Osdorf*, ➢*Groß Flottbek* und ➢*Othmarschen* abgedeckt wird und zum Bezirk ➢*Altona* gehört.

Als „flotbek inferior" und „Nedder Vlotbek" 1305 in einem Kaufvertrag erstmalig schriftlich bezeugt, lag es in waldiger, fruchtbarer Umgebung südl. Groß Flottbeks, mit dem es bis 1937 die Besitz- und Rechtsverhältnisse teilte. Seit dem 17. Jh. erwarben Hbger Bürger hier Grundbesitz. Berühmt wurde der Dorfname durch den Kaufmann C. ➢*Voght*, der von 1785 an mehrere Höfe aufkaufte und sein „Mustergut Flottbek" für landwirtschaftliche Nutzung und Versuchsbau sowie ein ➢*Landhaus* und Parkanlagen schuf. M.J. Jenisch folgte Voght als Großgrundbesitzer nach und ließ 1831–34 das ➢*Jenisch Haus* im heutigen ➢*Jenischpark* errichten. Auf dem übrigen Gebiet des Voght'schen Musterguts liegen heute der Derbypark, der Polo-, ein Tennis- und ein Golf-Club sowie der Neue ➢*Botanische Garten* und das ➢*Christianeum*.

Seit 1867 gehörte K.F. mit seinen ca. 600 Einw. zur preuß. Provinz Schleswig-Holstein. Im gleichen Jahr erfolgte die Eröffnung der Eisenbahnstrecke von Altona nach ➢*Blankenese* und des Bahnhofs „Klein Flottbek" sowie 1899 der ➢*Straßenbahn*anschluss nach Altona. Bis zur Eingemeindung nach Altona am 1.7.1927 stieg die Bevölkerung auf 2.230 Einw. Trotz weiter steigender Einwohnerzahlen und der tlw. Zersiedlung der Voght'schen Besitzungen hat K.F. bis heute ein parkähnliches Erscheinungsbild und daher seinen „vornehmen" Charakter erhalten. *To*

Kleiner Grasbrook ist ein zwischen Reiherstieg im Westen (➢*Steinwerder*) und der Bahnlinie nach Hannover im Osten (➢*Veddel*) gelegener Hafen-Stadtteil im Bezirk ➢*Hamburg-Mitte* (4,5 km², 1.145 Einw. 2009). Nachdem der ➢*Grasbrook* 1549 durch Strombaumaßnahmen vom Neuen Graben durchschnitten worden war und sich dieser dann 1605 mit Hilfe eines Durchstichs zur eigtl. Norderelbe erweitert fand, geriet der kleinere Teil des Grasbrooks auf deren südl. Seite. In der ersten Hälfte des 19. Jh wurde der K.G. zum Hafenerweiterungsgebiet erklärt, und 1838 begann der Bau von Kanälen und Kaianlagen. Mitte des 19. Jhs wurden erste Industrien angesiedelt, und seit der Gründerzeit entstanden hier auch die ersten Hafenerweiterungsbauten im Stromspaltungsgebiet, zunächst, 1879, der heutige Südwesthafen, wo in sicherer Entfernung zur Stadt Petroleum gelöscht wurde. 1871 wurde das Gebiet – einschließlich einiger kleinerer südl. gelegener Inseln, die 1768 im ➢*Gottorper Vergleich* zu Hbg gekommen waren – zum ➢*Vorort*, 1894 zum Stadtteil erklärt.

Im 20. Jh. erschloss die Hamburger Hafenbahn das Gebiet, verschwand die einstige grüne Insellandschaft des K.G. in einem lückenlosen System von Hafenbecken (Segelschiff-, Oberländer-, Hansa-, Indiahafen), von Kaimauern, Schuppen und Löscheinrichtungen. Im Zweiten Weltkrieg wurde die Bebauung großenteils zerstört, und im Zuge des Wiederaufbaus wurden einige Hafenbecken und Kanäle zugeschüttet, um in der Folgezeit u.a. Gebäuden Platz zu machen, die zur ➢*HHLA* gehörten. Zentrale Behörde im K.G. ist die Hamburg Port Authority (HPA), früher Amt für ➢*Strom- und Hafenbau. luz*

Klima Das Hbger K. ist das der Norddeutschen Tiefebene. Unter maritimem Einfluss von Nord- und Ostsee stehend, beschert es der Stadt am Fluss meist eine leichte bis frische Brise, überwiegend aus westl. Richtungen, und kurzfristige Wetterumschläge. Die Winde sorgen auch dafür, dass trotz aller großstädtisch-industrieller Emissionen eine recht gute Luftqualität vorhanden ist. Zusammen mit der Erwärmung der bebauten und versiegelten Flächen und dem schnellen Abfluss des Regenwassers durch die Kanalisation bewirken diese Emissionen jedoch die Bildung einer Wärmeinsel über dem Stadtgebiet. Sie bringt dem dicht bebauten Stadtkern im Vergleich zu den Außenbezirken und dem Umland höhere Niederschlagsmengen an den jährlich ca. 200 Niederschlagstagen. Aus Hbgs K. nicht wegzudenken ist das sprichwörtliche ➢*Schmuddelwetter.*

Langjährige Mittelwerte aus Hbgs Wetter im Jahresdurchschnitt: Niederschlag 760 mm; Temperatur 10,7 °C; Sonnenscheindauer 1.522 Std. (= 34 % der möglichen Sonnenscheindauer). *Ti.*

Klövensteen ist ein Hbger Forstrevier mit einer Forstfläche von rund 5,1 km^2; davon ca. 3,55 km^2 in Rissen und 1,55 km^2 im schleswig-holstein. ➢*Wedel.* Im Jahr 1793 wurde hier nach Abschluss der Verkoppelung mit der Aufforstung eines 1,73 km^2 großen Heide- und Moorgebiets begonnen. Dieses „Königliche Gehege Klövensteen“ bildete damals das größte Aufforstungsprojekt in der zum Königreich ➢*Dänemark* gehörenden Herrschaft Pinneberg (➢*Holstein-Pinneberg*). Aufgrund der ungünstigen Bodenbedingungen wurden die urspr. Absichten, ein Laubholzrevier anzulegen, bald aufgegeben und vorwiegend Kiefernbestände herangezogen. 1928 kam der K. zum Gemeindebezirk der Stadt ➢*Altona*, 1937/38 zu Groß-Hbg. Durch die Übernahme weiterer Waldparzellen, darunter Forstflächen des ehem. Guts Haidehof (1956), ist das Revier K. seitdem stark vergrößert worden. Seit 1972 besteht im Südwesten ein Wildgehege. Waldbauliches Ziel der Hbger Forstverwaltung ist es, den noch immer hohen Nadelholzanteil allmählich zu verringern und den Laubholzarten mehr Raum zu geben. Das im Revier K. gelegene Schnaakenmoor ist seit 1979 Naturschutzgebiet. *Wa.*

Das Forstrevier Klövensteen gehört zu den beliebten Ausflugszielen der Hamburger. Eine besondere Attraktion ist das Wildgehege.

Klopstock, Friedrich Gottlieb (geb. 2.7. 1724 Quedlinburg, gest. 14.3.1803 Hbg), Dichter. Als Dichter des „Messias“ errang K. frühen literarischen Ruhm. Das 1748 begonnene Werk,

Die Gräber Klopstocks, seiner beiden Frauen und seines Bruders (vorn) auf dem Friedhof der Christianskirche in Ottensen

Der Dichter des „Messias“ auf einem nach seinem Tode veröffentlichten Kupferstich von Loeser Leo Wolf (1803)

das die Leidensgeschichte Christi vom Einzug in Jerusalem bis zur Himmelfahrt in 20 Gesängen erzählt, wurde 1773 abgeschlossen. Der dän. König Friedrich V. gewährte K. eine jährliche Pension mit der einzigen Auflage, den „Messias“ zu vollenden. Auf der Reise nach Kopenhagen lernte K. 1751 in Hbg Meta Moller kennen, die er 1754 heiratete (M. ➢*Klopstock*). Bis zur Amtsenthebung seines Freundes und Gönners, des dän. Staatsmannes J.H.E. Graf von Bernstorff, durch König Christian VII. 1770 (➢*Struensee*) lebte K. in ➢*Dänemark*.

Danach ließ er sich in Hbg nieder und gehörte zu den Trägern der ➢*Aufklärung* in der Stadt, mit J.G. ➢*Büsch* gründete er eine Lesegesellschaft, mit ihm war er Mitglied einer Tischgesellschaft Hbger und Altonaer Aufklärer, die sich monatlich versammelten. In seiner Hbger Zeit schrieb K. 1774 „Die deutsche Gelehrtenrepublik“, die J.W. Goethe die „Einzige Poetik aller Zeiten und Völker“ nannte, Dramen und Oden. Begeistert begrüßte K. die Frz. Revolution. An der Freiheitsfeier, die G.H. ➢*Sieveking* 1790 in ➢*Harvestehude* veranstaltete, beteiligte er sich mit eigenen Oden. 1792 wurde K. gemeinsam u.a. mit J.H. ➢*Campe* und F. von Schiller zum Ehrenbürger der Frz. Nation ernannt. 1791 hatte K. J.E. von Winthem, eine Nichte seiner verstorbenen ersten Frau Meta, geheiratet.

Als K. am 22.3.1803 zu Grabe getragen wurde, begleiteten 25.000 Menschen den Trauerzug von Hbg zur Christianskirche nach ➢*Ottensen*. Der Dichter des „Messias“ hatte sich einen nahezu legendären Ruhm als Künder des Göttlichen erworben. Die Aufklärer ehrten ihn als Sänger der Freiheit und Vorkämpfer für die gesellschaftliche Anerkennung der Kunst, die Senatoren und Diplomaten respektierten ihn als einen von der dän. Krone mit besonderer Gunst Ausgezeichneten. Der junge H. ➢*Heine* widmete 1816 dem Grab, „wo der heilige deutsche Sänger schlief“, ein Gedicht. Der Hbger Germanist K.L. Schneider schrieb 1960 über „Klopstock und die Erneuerung der deutschen Dichtersprache im 18. Jahrhundert“ ein grundlegendes Werk (2. Aufl. 1965). An der Klopstock-Arbeitsstelle in der ➢*Staats- und Universitätsbibliothek* entsteht seit 1974 die historisch-kritische „Hamburger Klopstock-Ausgabe“. *Ko.*

Klopstock, Meta (eigtl. Margareta, geb. Moller, 16.3.1728 Hbg, gest. 28.11.1758 ebd.). Die Hbger Kaufmannstochter erhielt eine für Mädchen ungewöhnlich gute und sorgfältige Erziehung. Sie sprach Englisch, Französisch, Italienisch, Latein und erwarb auch Kenntnisse des Griechischen. 1751 lernte sie F.G. ➢*Klopstock* kennen, mit dem sie sich 1752 verlobte und den sie 1754 heiratete. Sie starb, nachdem sie schon zwei Fehlgeburten erlitten hatte, bei der Totgeburt eines Sohnes.

K. unterstützte ihren Mann bei seiner schriftstellerischen Arbeit, vermittelte ihm engl. Literatur und war selbst schriftstellerisch tätig. F.G. Klopstock gab 1759 ihre „Hinterlaßnen Schriften" heraus, die religiöse Gedichte, das Trauerspiel „Der Tod Abels" und „Briefe von Verstorbnen an Lebendige" umfassen. Ihre Korrespondenz mit Klopstock, Familienangehörigen und Freunden ist geprägt durch die „Sprache der Freundschaft und der Liebe", die „Kunst des Spontanen, Persönlichen und Lebensnahen", wie der Germanist E. Trunz treffend feststellt. Der Briefwechsel ist darüber hinaus ein wertvolles kultur- und sozialgeschichtliches Zeugnis. Er wurde erstmals 1956 veröffentlicht und seither mehrfach neu aufgelegt. Das Grab K.s an der Christianskirche in ➢*Ottensen* wurde im Zeitalter der Empfindsamkeit zu einem Wallfahrtsort für junge Hbger Kaufleute um G.H. ➢*Sieveking* und C. ➢*Voght* wie für Schüler des ➢*Christianeums* in ➢*Altona*. *Ko.*

Kloster St. Johannis Nach dem Abriss des Nonnenklosters ➢*Harvestehude* siedelten 19 der ehem. Nonnen 1531 in das leer stehende ➢*Johannis-Kloster* um und nannten sich Konventualinnen des nunmehr ev. Jungfrauenstifts Kloster St. Johannis. An ihrer Spitze steht die „Domina". Neue Bewohnerinnen wurden gegen ein Eintrittsgeld aufgenommen. Nur Familien der Oberschicht konnten es sich leisten, eine Angehörige in St. Johannis unterzubringen. Die Ländereien und das Vermögen des ehem. Klosters wurden nach 1536 von Vorstehern verwaltet. Gegen diese Bevormundung und andere Missstände setzten sich die Konventualinnen wiederholt zur Wehr. Weil das alte Kloster in der Stadtmitte baufällig war, wurde 1837 ein neues, von C.L. ➢*Wimmel* entworfenes Konventualinnenhaus am Klosterwall bezogen. Der Landbesitz wurde in der Folgezeit verkauft. Das Vermögen reichte für den Unterhalt einer Mädchenschule (➢*Klosterschule*, ➢*Schulwesen*) und für einen weiteren Neubau; erst der Inflation in den 1920er Jahren fiel es zum Opfer. Die heutigen Gebäude von 1912–14 liegen an der ➢*Alster* in ➢*Eppendorf* und beherbergen weiterhin ein Damenstift im Sinne eines traditionsbewussten Seniorinnenwohnheims. Noch immer sind der Erste und Zweite ➢*Bürgermeister* Patrone des Stifts. *SU*

Ein Damenstift mit langer Tradition: das Kloster St. Johannis an der Heilwigstraße in Eppendorf. Seine Architektur erinnert an englische Landsitze.

Meta Klopstock, die erste Frau des Dichters, auf einem Kupferstich nach einer Zeichnung von Siegfried Bendixen, Anfang des 19. Jahrhunderts

Klosterschule Aus dem 1866 erzielten Verkaufserlös ehem. Grundstücke des ➢*Klosters St. Johannis* konnten die „Unterrichtsanstalten des Klosters St. Johannis“ aufgebaut werden. 1872 wurde die halbstaatliche Kuratoriumsschule als Hbgs erste höhere Mädchenschule zusammen mit einem Lehrerinnenseminar eröffnet. Die Schulaufsicht führten Klosterpatrone, Schulvorsteher und Oberschulbehörde. Zwei Jahre später wurde das neue Schulgebäude am Holzdamm 5 in ➢*St. Georg* bezogen. Zeitgleich mit der Eröffnung der ersten staatlichen höheren Mädchenschulen Hbgs, des Gymnasiums Hansastraße (heute Helene-Lange-Gymnasium) für das rechte und des Gymnasiums Lerchenfeld für das linke Alsterufer, wurden 1910 die ersten Mädchenklassen eingerichtet, die 1916 ihr Abitur ablegten. 1923 entstand mit der Verstaatlichung der Name „Klosterschule“. 1931 konnte mit G. Philippi erstmals eine Frau die Schulleitung der Mädchenschule übernehmen. Sie wurde zwei Jahre später aufgrund ihrer „nichtarischen Abstammung“ von den Nationalsozialisten in den Ruhestand versetzt. 1934 wurde die K. mit der „Deutschen Oberschule für Mädchen auf dem Lübeckertorfeld“ in deren Schulgebäude am Westphalensweg in St. Georg zusammengelegt. Bis 1968, als auch in der K. die Koedukation eingeführt wurde, führte die Schule den einzigen humanistischen Zweig für Mädchen in Hbg. 1985 wurde ein Kunstzweig an der Schule errichtet, 1992 die Klosterschule als erstes Gymnasium in Hbg zur offenen Ganztagsschule umgewandelt. *gro*

Klostertor war ein von Verkehr und Gewerbe geprägter Stadtteil im Bezirk ➢*Hamburg-Mitte*. Das Gebiet ist zwischen Geesthang und ➢*Hafen* gelegen und von Kanälen und Gleisen durchzogen, mit geringer Wohnbevölkerung von 1.334 Einw. (2007). K. umfasste formal auf zuletzt 2,1 km² Fläche Teile der alten Niederungen ➢*Grasbrook* und ➢*Hammerbrook* und die ehem. Insel Baakenwerder. Aus Gebieten der früheren Stadtteile Altstadt-Süd und ➢*St. Georg* wurden 1938 die Bezirke K. und K.hafen gebildet und dann ihrerseits 1951 zum Stadtteil K. zusammengefasst.

Der Name geht auf das zweite Gebäude des ➢*Klosters St. Johannis* zurück, 1834–36 als Damenstift erbaut, das ebenfalls die Namen „Klosterwall“, „Klosterstraße“, „Klosterschule“ und „Johanniswall“ hervorgebracht hat. Um 1900 wurde das Gebiet als Folge der Einrichtung des Freihafens durch von dort Vertriebene dicht besiedelt, der für die ➢*Verbindungsbahn* eröffnete „Bahnhof am Klosterthor“ allerdings 1906 bereits wieder geschlossen und abgerissen. Durch die Bombeneinschläge des Jahres 1943 wurde die Bebauung großenteils zerstört, hernach entstanden überwiegend nur mehr Gewerbebauten. Seit Beginn der 1980er Jahre wurde K. in die Planungen für eine stadtteilübergreifende ➢*City Süd* einbezogen. Mit der ➢*Markthalle* und den ➢*Deichtorhallen*, verbliebenen Gebäuden des 1911 im Dreieck von Fernstraßen, Eisenbahnlinien und Hafen errichteten ➢*Großmarkts*, bietet die Gegend wichtige Kultur- und Kommunikationszentren. 2008 hörte K. formal als Stadtteil auf zu bestehen. Der südliche Teil (ehemals K.hafen) ging an den neu geschaffenen Stadtteil ➢*HafenCity* (zusammen mit Teilen der Altstadt und ➢*Rothenburgsorts*), der nördliche fiel an den Stadtteil ➢*Hammerbrook*. Dort, in den City-Hochhäusern am Klosterwall, residiert das Bezirksamt Hamburg-Mitte. *luz*

Knolle, Theodor Louis Georg (geb. 18.6. 1885 Hildesheim, gest. 2.12.1955 Hbg), Hauptpastor, Landesbischof. Nach dem Theologiestudium war K. 1913–24 Pastor in Greppin und Wittenberg, bis er 1924 als ➢*Hauptpastor* an die ➢*St.-Petri*-Kirche nach Hbg berufen wurde. Von Juli 1933 bis zum März 1934 war K. Generalsuperintendent; dieses Amt war von ➢*Landesbischof* S. ➢*Schöffel* für ihn eingerichtet worden und wurde mit dessen Rücktritt wieder abgeschafft. 1946 wurde K. zusätzlich Oberkirchenrat, 1948–54 war er Präsident der Synode, die ihn 1954 zum Landesbischof wählte. K. war Mitbegründer und Schriftführer der Luthergesellschaft in Wittenberg sowie Gründer und Leiter der Hbger Kirchenmusikschule. Seit 1929 las er am ➢*Allgemeinen Vorlesungswesen* und seit 1945 am Kirchlichen Vorlesungswesen. An der ➢*Kirchlichen Hochschule* lehrte er als hauptamtlicher Dozent und seit 1950 als Professor Praktische Theologie. 1954 wurde er Honorarprofessor für dieses Fach an der Theologischen Fakultät der ➢*Universität Hamburg*. Neben der Lutherforschung war die Liturgie K.s Hauptarbeitsgebiet. 1929 erhielt er die theologische Ehrendoktorwürde der Universität Halle. *He.*

Koch, Christian (geb. 10.5.1878 Hbg, gest. 30.10.1955 ebd.), Beamtengewerkschafter, Strafvollzugsreformer, Bürgermeister. K. arbeitete sich vom Tagschreiber zum Gerichtsvollzieher empor, engagierte sich seit 1904 in der Bürobeamtenbewegung, seit 1906 bei den ➢*Vereinigten Liberalen*. 1919 Mitglied der Nationalversammlung (➢*DDP*), wurde K. aufgrund einer Wahl durch das Personal Direktor des Gerichtsvollzieheramtes in Hbg, 1920 durch parteipolitische Patronage Direktor des Hbger Gefängniswesens. Als Vorsitzender der Gewerkschaft der öffentlichen Verwaltungs- und Justizbeamten und -angestellten (Göviba) war K. führend im Landesverband des ➢*Deutschen Beamtenbundes* tätig. Nach den Konzeptionen des Hbger Rechtslehrers M. Liepmann zur Humanisierung des ➢*Strafvollzugs* führte K., seit 1931 Präsident des Strafvollzugsverbundes der drei Hansestädte sowie Braunschweigs und Oldenburgs, Reformen durch. 1933 befürwortete K. eine Koalitionsregierung mit der ➢*NSDAP*, doch dessen ungeachtet fand er sich von den neuen Machtinhabern bald entlassen. 1945 sammelte K. im parteiübergreifenden ➢*Bund Freies Hamburg* Kräfte für eine liberale Partei und wurde Landesvorsitzender der ➢*FDP*. 1945/46 von den Briten zum Verkehrssenator ernannt, fungierte K. im ersten ➢*Brauer*-Senat (1946–49) als Zweiter Bürgermeister (ab 1948 auch wieder für die Gefängnisse zuständig), dem zweiten Brauer-Senat gehörte er – vorübergehend aus seiner Partei, die mit der ➢*CDU* den ➢*Vaterstädtischen Bund* bildete, ausgeschlossen – noch bis 1950 an. Im selben Jahr erhielt er die ➢*Bürgermeister-Stolten-Medaille*. *luz*

Köhlbrand heißt der 325 m breite Elbarm mit der Fahrrinne zwischen ➢*Süder-* und Norder*elbe*. Der K. entstand durch schwere ➢*Sturmfluten*, die im Laufe des 14./15. Jhs die ➢*Elbinsel* Gorieswerder in zwei

Teile trennten. Der Name rührt möglicherweise von Köhlern her, die an den Ufern Holzkohle brannten und an die Schiffer verkauften. Bis ins 19. Jh. waren entlang dem K. ➢*Werften* angesiedelt. Entsprechend dem dritten ➢*Köhlbrandvertrag* von 1908 wurde der Elbarm der weithin sichtbaren, zu einem Wahrzeichen Hbgs gewordenen K. ist die vierspurige, 520 m lange Stahlbrücke. Sie hängt zwischen zwei 135 m ü.NN hohen Pylonen an 88 Stahlseilen, von denen jedes ca. 400 t trägt. Am 23.9.1974 wurde das Bauwerk nach vierjähriger Bauzeit

Elegantes Wahrzeichen Hamburgs seit 1974: die Köhlbrandbrücke im Freihafen. An ihrer Gestaltung wirkte maßgeblich der Architekt Egon Jux mit. Zur Eröffnung wurde sie auch für Fußgänger geöffnet; 600.000 Hamburger nahmen ihre neue Brücke an drei Tagen in Besitz.

600 m westwärts verlegt (auf Kosten Hbgs) und um 4 m auf 8,4 m unter NN vertieft (auf Kosten Preußens). Den alten Verlauf kennzeichnet der Kohlenschiffhafen, der vom heutigen K. durch eine schmale Landzunge getrennt ist. Sie heißt „Köhlbrandhöft“ und trägt ein 1961 errichtetes, durch seine zehn eiförmigen Faultanks weithin sichtbares Klärwerk. *Ti.*

Köhlbrandbrücke ist der Name der Schrägseilbrücke über den ➢*Köhlbrand* zwischen den ➢*Freihafen*teilen ➢*Waltershof* und ➢*Steinwerder*. Die 3,94 km lange Brücke (mit Auffahrten) ruht auf 75 Pfeilern und ermöglicht bei einer Höhe von 54 m über dem Wasserspiegel bei Niedrigwasser (Kartennull) auch größeren Schiffen die Durchfahrt. Kernstück

für den Verkehr freigegeben und der dortige Trajektfährenbetrieb eingestellt. 1910 eingerichtet, war dieser zu Beginn der 1970er Jahre mit über 6.000 Fahrzeugen täglich völlig überlastet. Die fast 160 Mio. DM Baukosten erhöhten sich bald um weitere 12,5 Mio. DM, als schon nach wenigen Jahren eine Generalüberholung der Seile nötig wurde. *Ti.*

Köhlbrandverträge werden die drei Abkommen mit Preußen über strombauliche Verbesserungen und die verkehrspolitischen Regelungen im Bereich der Norder- und ➢*Süderelbe* genannt (1868, 1896, 1908). Ein älterer K. mit dem Königreich Hannover (1856) trat nicht in Kraft. Im Mittelpunkt der Vereinbarungen stand jeweils die Vertiefung der beiden Elbarme. Weitere Vertragsgegenstände waren die Zustimmung Preußens zur Eisenbahnbrücke über die ➢*Elbe* (1896), die Verlegung der ➢*Bunthäuser Spitze* (1896) sowie umfangreiche ➢*Hafen*erweiterungen und die Verlegung des ➢*Köhlbrands* (1908). Die drei K. standen im Zeichen der wirtschaftlichen Konkurrenz Hbgs mit der industriell expandierenden preuß. Stadt ➢*Harburg* und ihrem Hafen. *Ti.*

Koel, Ditmar (gest. 22.9.1563 Hbg), Seeheld, Bürgermeister. K. erwarb seinen Ruhm als Seeheld in der Schlacht bei Greetsiel am 3.10.1525. Er befehligte die vier Hbger Schiffe und konnte den gefürchteten Piraten und dän. Admiral K. Kniphoff besiegen und mit 162 seiner Männer gefangen nehmen. Ende des Monats folgten auf dem ➢*Grasbrook* die Hinrichtungen Kniphoffs und 73 seiner Leute. Die Seeschlacht, die Hbg im Auftrag der ➢*Hanse* geführt hatte, stand im Zusammenhang mit dem dän. Thronstreit und bedeutete zugleich das Ende der Seeräuberei in der Nordsee. 1527 wurde K. Mitglied des Hbger ➢*Rats.* Seit 1542 Amtmann in ➢*Bergedorf,* führte er zwei Jahre nach seinem Amtsantritt mit der von J. ➢*Aepinus* verfassten ➢*Kirchenordnung* auch hier die ➢*Reformation* ein. Im Dezember 1548 wurde K. zum ➢*Bürgermeister* gewählt. Sein ➢*Denkmal* befindet sich an der Kersten-Miles-Brücke in Hbg. *IR*

Köllisch, Hein (geb. 19.9.1857 Hbg, gest. 18.4.1901 Rom), Volksdichter und Liedersänger auf ➢*St. Pauli.* K. kam dort am Paulsplatz (seit 1949: Hein-Köllisch-Platz) als Sohn eines Schuhcremefabrikanten zur Welt und erlernte das Schlosserhandwerk. 1892 trat er zum ersten Mal mit selbst verfassten Couplets öffentlich an der ➢*Reeperbahn* auf und wurde in kurzer Zeit zum Liebling der Hbger. Schon zwei Jahre

In Drucken und auf Postkarten waren die Couplets von Hein Köllisch weit verbreitet. Postkarte aus dem Verlag der Gebrüder Israel, Hamburg

De Kehrsiet vun dütt Blatt.
Plattd. Orig.-Couplet von Heinrich Köllisch.
Watt kriegt man for Paläste doch
In Hamborg blos to seh'n
Esplonod und Jungfernstieg,
De Hüs sind wirklich scheun.
De Alster und de Lombardsbrück
Datt is enn wohre Pracht
Doch is uns Hamburg ook sehr scheun
Wenn man ett sütt bi Nacht
Dett Obends bi Elektrisch Licht
Mutt man de Lodens seh'n,
Manch Fremder ropt begeistert ut:
Hamburg, wie bist du schön!
Und denkt in Still'n noch sick dorbi,
Welch' Wohlstand herrschet hier.
Mel.: Still ruht der See.
De Mond schient hell op Hof, op Gäng'n
Op Hüs so olt, verfulln und swatt,
Jo dorhin kummt so leicht keen Frem'n,
Dor wohnt datt Elend vun de Stadt
Datt is de Kehrsiet vun dütt Blatt.
Im Winter um de Wiehnachtstied
Mutt man no Hamborg kom,
De Meuh is wirklich wert to seh'n
Den Trubel op'n Dom.
Theoter, Schaukel, Carosells,
Schaubuden, Telt an Telt,
Dat is een wohre Seligkeit
Jo for de Kinnerwelt
Mit Vatter und mit Mutter nu
De Reis no'n Dom losgeiht.
Alln's strohlt in hellstem Lichterglanz,
O, wie sick de Lüdden freid,
Und liggt's se noher in't warme Bett,
Dreumt se von Wiehnachtsmann.
Mel.: Still ruht der See.
De Wind geiht kolt, de Snee fallt dichter,
Een blasses Kind irrt dorch de Stadt,
Verkoft ob Stroot noch Wiehnachtslichter
Is half verfror'n, so meud und matt,
Datt is de Kehrsiet vun dütt Blatt.
Hamborger Köök, de is berühmt
In ganze dütsche Land.
Grossortig sind hier de Hotels
Und ook de Restaurants.
Hamburger Hof, Hotel l'Europe,
Denn Pfordte und noch mehr,
Dor spiest man blos de Haute volèe,
Pickfein, alle bonneur.
Dor sitt se an de Table d'hôte,
Ett ist gor nicht to segg'n,
Watt de dor all to Middag eet,
Soss, söben verschied'ne Gäng'n,
Und achterher de Nohdisch noch,
Dorto Champagnerwien.
Mel.: Still ruht der See.
Achterm Hotel stoht Froo'n und Kinner,
In Lumpen hüllt, mit Kumm und Napp,
Se lurt dor op de Abfallrest'n,
Dormit se eeten könt sick satt
Datt is de Kehrsiet von dütt Blatt.
Nachdruck verboten
Heinrich Köllisch,
Hamburger Volkshumorist.

später konnte er sein eigenes Unternehmen, das „Köllisch Universum" am Spielbudenplatz, eröffnen (später: „Köllisch's Lachbühne"). Seine Lieder – am bekanntesten sind „De Pingsttour" und „De Reis na Helgoland" – erfreuen sich noch heute großer Beliebtheit. Ein im Krieg auf dem ➢*Ohlsdorfer Friedhof* zerstörtes Bronze-Relief von K. wurde 1957 wiederhergestellt. *BL*

Kurt A. Körber: Industrieller, Stifter, Mäzen und Ehrenbürger Hamburgs

Körber, Kurt A[dolf] (geb. 7.9.1909 Berlin, gest. 10.8.1992 Hbg), Industrieller, Ingenieur, Stifter. Als 15-Jähriger meldete K. mit der Ables-Skala für Radios sein erstes Patent an, dem er über 200 weitere folgen ließ. Nach dem Studium arbeitete der Elektroingenieur im Laufe seiner Wirtschaftskarriere zunächst für Siemens in Berlin und wurde 1939 technischer Direktor eines Tabakmaschinenherstellers in Dresden. Im Zweiten Weltkrieg mussten die „Universelle-Werke" Rüstungsaufgaben übernehmen, wofür K. und die 4.000 Mitarbeiter vom Fronteinsatz befreit wurden. In ➢*Bergedorf* gründete er 1946 die Maschinenfabrik HAUNI (HAnseatische UNIverselle), die in 40 Jahren zum international führenden Technologiekonzern für Maschinen zur Tabak- und Papierverarbeitung und für Werkzeugmaschinen wuchs.

K. sprach früh vom „Bildungsnotstand", rief 1959 die Kurt A. ➢*Körber-Stiftung* und zehn Jahre später die Hauni-Stiftung ins Leben, die der Schaffung und Förderung von Einrichtungen der Bildung und der Forschung dienen sollte. Er investierte mehrere Mio. DM in die von ihm gegründete Ingenieurschule, die später in der Fachhochschule Hamburg (➢*Hochschule für Angewandte Wissenschaften*) aufging und ausgebaut wurde. 1961 initiierte K. den „Bergedorfer Gesprächskreis", der weltweit an wechselnden Orten, auch im ➢*Bergedorfer Schloss*, internationale Tagungen zu Kernproblemen der Gesellschaft und zur Völkerverständigung durchführt. 1980 erhielt K. die ➢*Bürgermeister-Stolten-Medaille*, 1991 das ➢*Ehrenbürgerrecht*. Alleinerbin seines gesamten Vermögens ist die Stiftung. *Ti.*

Körber-Stiftung heißt der 1981 entstandene Zusammenschluss der Kurt-A.-Körber-Stiftung und der Hauni-Stiftung. Beide waren 1959 bzw. 1969 von dem Industriellen und Mäzen K.A. ➢*Körber* gegründet worden. Die K.-S. fördert unmittelbar gemeinnützige Zwecke der Völkerverständigung, Wissenschaft und Forschung, Bildung und Erziehung, Kultur sowie Fürsorge für alte und kranke Menschen. Zur Diskussion grundlegender Zeitfragen versammelt die Stiftung seit 1961 im „Bergedorfer Gesprächskreis" regelmäßig internationale Vertreter aus Politik, Wirtschaft, Wissenschaft und Publizistik zu Tagungen an wechselnden Orten. Die K.-S. finanziert seit 1973 den Schülerwettbewerb Deutscher Geschichte um den Preis des Bundespräsidenten und seit 1985 für ehem. Sieger Auslandsstipendien aus dem Herbert-Weichmann-Preis für angehende Journalisten. Seit 1985 wird im Hbger ➢*Rathaus* der Körber-Preis für die Europäische Wissenschaft verliehen. Seit 1995 wird der Deutsche Studienpreis ausgeschrieben. Das Vermögen der K.-S., darunter die Körber-AG, beläuft sich auf rund 510 Mio. €, aus denen jährlich etwa 15 Mio. € für Stiftungszwecke aufgebracht werden. Die Stiftung mit

Sitz auf der ➢*Kehrwiederspitze* beschäftigt dort und am Berliner Standort ca. 60 Mitarbeiter. *Ti.*

Kogge ist die von ➢*plattdeutsch* K. (= Kugel) stammende Bezeichnung für den vom 12.–14. Jh. v.a. in der dt. ➢*Hanse* bevorzugten Schiffstyp. Die K. erhielt ihren Namen aufgrund ihrer runden, bauchigen Gestalt. Die bis zu 20 m langen Schiffe segelten mit einem Rahsegel und boten durch ihre erhöhten Aufbauten einen wirksamen Schutz gegen Überfälle. Die besonders stabile Bauart versetzte die Koggen in die Lage, bis zu 400 t Gewicht zu transportieren und so wesentlich schneller und billiger Waren zu befördern, als dies mit Fuhrwerken auf dem Landwege möglich gewesen wäre. Der Fund einer großenteils erhaltenen K. aus der Zeit um 1380 bei Baggerarbeiten in einem ➢*Bremer* Hafenbecken 1962 führte zu einer aufwendigen Restaurierung im Deutschen Schifffahrtsmuseum in Bremerhaven, wo sie zu besichtigen ist. *OK*

Kollau Der Fluss beginnt seinen Lauf in ➢*Schnelsen*, führt um ➢*Niendorf* herum und mündet nahe der Straße Kellerbleek zwischen ➢*Lokstedt* und ➢*Groß Borstel* in den ➢*Tarpenbek*. Vom Vielohweg bis zur Mündung führt der Kollau-Wanderweg durch landschaftlich abwechslungsreiches Gebiet. *Ko.*

Kolonialhandel Als M.J. Haller, ➢*Präses* der ➢*Commerzdeputation*, 1822 die von den jungen Staaten in ➢*Iberoamerika* errungene Unabhängigkeit mit den Worten begrüßte, Hbg habe „Colonien erhalten“, wollte er nicht einer erneuten Okkupation das Wort reden. Die meisten Hbger Kaufleute waren bis ca. 1890 für den Freihandel – freilich auch deshalb, weil sie unkontrolliert Spirituosen, Waffen und Schießpulver nach Afrika exportieren wollten. Nur diejenigen, die in Afrika und im Pazifik mit Plantagenwirtschaft begonnen hatten (J.C. VI. ➢*Godeffroy*, ➢*Woermann*), unterstützten offen die großenteils an Hbgs Verbindungen nach Übersee (z.B. nach Ostafrika; W.H. ➢*O'Swald*) anknüpfende Kolonialerwerbspolitik Bismarcks. Dann freilich entdeckten viele, dass sie in befriedeten „Schutzgebieten“ gute Umsätze erzielen konnten, mit Kakao aus Kamerun, Kupfer aus Namibia oder Kopra aus Samoa. Sie gehörten zu den Hauptnutznießern der insgesamt für das Reich nie sehr ertragreichen Kolonien, die in der Folge des Ersten Weltkriegs wieder verloren gingen. Zahlr. koloniale Konzessionsgesellschaften ließen sich in Hbg nieder, denn der dt. K. vollzog sich v.a. durch des Reiches ➢*Tor zur Welt*. 1908 wurde in Hbg das ➢*Kolonialinstitut* errichtet. *luz*

Kolonialinstitut Das Hamburgische Kolonialinstitut wurde im Oktober 1908 eröffnet. Es hatte die Aufgabe, Beamte des Reichskolonialamtes, Kaufleute, Landwirte, Juristen, Lehrer, Ingenieure und Missionare nach beendeter Berufsausbildung ergänzend auf den Kolonialeinsatz vorzubereiten. Acht Fachgebiete wurden durch die Direktoren der Wissenschaftlichen Anstalten (➢*Wissenschaftliche Bildung*) vertreten: Astronomie, Botanik, Geologie, Geschichte, Nationalökonomie, Tropenhygiene, Völkerkunde, Zoologie. Anlässlich der Gründung wurden Professuren für Öffentliches Recht, Geografie sowie Geschichte und Kultur des Orients geschaffen. Die Lehrtätigkeit währte knapp zehn Jahre (Wintersemester 1908/09–

WS 1917/18). Die höchste Besucherzahl lag im WS 1911/12 bei 391. Das K., das 1911 das von E. ➢*Siemers* gestiftete Vorlesungsgebäude bezog, ist eine der Wurzeln der ➢*Universität Hamburg.* Seine „Zentralstelle" – eine archivarische und wissenschaftliche Forschungsstätte für koloniale Wirtschaftspraxis – ist der Vorläufer des Hamburgischen Welt-Wirtschafts-Archivs (➢*HWWA-Institut für Wirtschaftsforschung*). *HWE*

Die von der Konstituante 1849 vorgelegte Hamburger Verfassung enthielt nach dem Vorbild der Frankfurter Paulskirchenverfassung auch einen Katalog der Grundrechte. Die späteren Hamburger Verfassungen folgten ihr darin nicht.

Konstituante Am 14.12.1848 (➢*Revolution von 1848/49*) trat auf Beschluss von ➢*Rat* und ➢*Erbgesessener Bürgerschaft* auch in Hbg eine K., eine verfassunggebende Versammlung zusammen, wie dies zentral schon zuvor in der Frankfurter Paulskirche sowie in Preußen (dort am 5.12. freilich bereits wieder aufgelöst) und in anderen dt. Einzelstaaten geschehen war. Die Hbger K. war von allen volljährigen, d.h. mindestens 25 Jahre alten Männern gewählt worden, die zuvor schon die Hbger Abgeordneten für die Nationalversammlung in Frankfurt a.M. gewählt hatten. Die 188 Abgeordneten der K. – zu zwei Dritteln dem liberal-demokratischen Liberalen Wahlkomitee zugehörig, volkstümlich die „Wühler" genannt, zu einem Zehntel dem liberal-konservativen Patriotischen Verein (den „Heulern") – verabschiedeten am 11.7.1849, als die Paulskirchenversammlung schon gescheitert war, eine erste „Verfassung des Freistaates Hamburg", der innerhalb eines – noch nicht existenten – „Deutschen Reichs" bestehen sollte. Überschwänglich wurde das Demokratieprinzip zum Ausdruck gebracht: „Alle Staatsgewalt" werde künftig „von den Staatsbürgern ausgeübt" – unmittelbar oder mittelbar. Konkreter sollte eine ➢*Bürgerschaft* (300 Abgeordnete) durch allgemeine, direkte und geheime Wahl gebildet werden und ihrerseits auf sechs Jahre den Rat bestellen. Verfassungsänderungen sollten durch Volksabstimmung erfolgen. Der Verfassungstext enthielt einen Grundrechtekatalog. Der Rat – ermutigt durch die Anwesenheit preuß. Truppen in der Stadt – lehnte den Text, die K. aber seine Überarbeitung ab; die Versammlung verlor den Rückhalt in der Öffentlichkeit, zerfiel und wurde im Juni 1850 aufgelöst. Die Kämpfe um eine ➢*Verfassung* zogen sich bis 1860 hin. *luz*

Konsulate Die Einrichtung konsularischer Vertretungen auswärtiger Mächte in Hbg ist vornehmlich auf die Bedeutung der Stadt als Handelsmetropole zurückzuführen; hinzu kamen die bei Einrichtung der ersten festen Vertretungen (1630) vorherrschenden politischen Verhältnisse im Zeitalter des Dreißigjährigen Krieges (1618–48) zwischen den Staaten des Nordens und Mitteleuropas. Die bedeutendsten Gesandten oder Botschafter, die hier eine bleibende Stellung erwarben, wurden Residenten genannt. Das erste K. in Hbg dürfte das frz. gewesen sein (errichtet 1655). Die Konsuln fremder Mächte waren zumeist Bürger Hbgs; einige bemühten sich zum Zweck der Rangerhöhung eigens um ein K. oder wenigstens um die Agentur eines kleinen dt. Staates. Nur die großen auswärtigen Mächte unterhielten Residenturen und K. mit eigenen Untertanen; im Falle Englands war der Übergang zwischen dem Courtmaster des Courts der ➢*Merchants Adventurers* und einem eigens etablierten Residenten nicht trennscharf.

Erster Abschnitt.

Allgemeine Bestimmungen.

Art. 1.

Der Freistaat Hamburg bildet einen selbstständigen Einzelstaat des deutschen Reichs.

Art. 2.

Das Gebiet des hamburgischen Staats umfaßt sämmtliche gegenwärtig demselben angehörenden Theile. Die Regulirung der Verhältnisse des Amtes Bergedorf bleibt vorbehalten.

Jede Gebietsveränderung gilt als eine Veränderung der Verfassung.

Art. 3.

Angehöriger des hamburgischen Staats ist Jeder, welchem nach gesetzlicher Bestimmung das Heimathsrecht in demselben zusteht.

Art. 4.

Das Staatsbürgerrecht wird durch Verpflichtung auf die Verfassung erworben. Nur Volljährige werden zu dieser Verpflichtung zugelassen.

Die Form derselben bestimmt das Gesetz.

Art. 5.

Für Staatsangehörige ist die Erwerbung des Staatsbürgerrechts an keine andere Bedingung geknüpft, als die im vorigen Artikel vorgeschriebenen.

Art. 6.

Nicht-Staatsangehörige haben vor Erwerbung des Staatsbürgerrechts nachzuweisen, daß ihrer Aufnahme als Gemeindebürger in die städtische oder eine der übrigen Gemeinden nichts entgegensteht. Sie können auch nach Erlangung des Staatsbürgerrechts die in demselben enthaltenen Befugnisse erst, nachdem sie das Bürgerrecht in einer Gemeinde erworben haben, ausüben.

Art. 7.

Die Verfassung des Staats ist die demokratische.

Alle Staatsgewalt wird von den Staatsbürgern entweder unmittelbar oder mittelbar durch verfassungsmäßig gewählte Vertreter ausgeübt.

Art. 8.

Die gesetzgebende Gewalt ist der Bürgerschaft,
die vollziehende dem Rath,
die richterliche den Gerichten
übertragen.

Zweiter Abschnitt.

Grundrechte.

Art. 9.

Alle Staatsangehörigen sind vor dem Gesetze gleich.

Art. 10.

Der Staat erkennt bei seinen Angehörigen keinen Adel, noch sonst einen bevorrechteten Stand an.

Art. 11.

Kein Staatsangehöriger darf von einem anderen Staate einen Titel oder Orden annehmen.

Ein von einem anderen Staate übertragenes Amt befreit keinen Staatsangehörigen von den ihm gegen den hamburgischen Staat obliegenden Pflichten.

Art. 12.

Niemand darf verhindert werden, aus dem Staatsverbande zu treten, wenn er die zur Zeit bereits entstandenen Obliegenheiten gegen den Staat erfüllt, und keine privatrechtlichen Ansprüche gegen seinen Austritt geltend gemacht werden. Abzugsgelder dürfen nicht erhoben werden.

Art. 13.

Kein Staatsangehöriger darf einem anderen Staate zur Bestrafung ausgeliefert werden.

Art. 14.

Die öffentlichen Aemter sind für alle Staatsbürger, welche die gesetzlich vorgeschriebenen Eigenschaften besitzen, gleich zugänglich.

Das Gesetz darf nur solche Bedingungen der Wählbarkeit aufstellen, welche die Natur des Amtes fordert.

Art. 15.

Die Freiheit der Person ist unverletzlich.

Niemand darf anders, als in den gesetzlich bestimmten Fällen, verhaftet oder in polizeiliche Verwahrung genommen werden.

Art. 16.

Die Verhaftung einer Person soll, außer im Fall der Ergreifung auf frischer That, nur geschehen in Kraft eines richterlichen mit Gründen versehenen Befehls. Dieser Befehl muß im Augenblicke der Verhaftung oder innerhalb der nächsten vier und zwanzig Stunden dem Verhafteten schriftlich zugestellt werden.

Die Polizeibehörde muß Jeden, den sie in Verwahrung genommen hat, im Laufe des folgenden Tages entweder freilassen oder der richterlichen Behörde übergeben.

Art. 17.

Jeder Verhaftete soll gegen Stellung einer vom Gerichte zu bestimmenden Caution oder Bürgschaft der Haft entlassen werden, sofern nicht dringende Anzeigen eines schweren Verbrechens gegen ihn vorliegen.

Art. 18.

Im Fall einer widerrechtlich verfügten oder verlängerten Gefangenschaft ist der Schuldige und nöthigenfalls der Staat dem Verletzten zur Genugthuung und Entschädigung verpflichtet.

Art. 19.

Die für das Militairwesen erforderlichen Abweichungen von den in den Art. 14 bis 18. enthaltenen Bestimmungen bleiben der Gesetzgebung vorbehalten.

Art. 20.

Die persönliche Haft als Vollstreckungsmittel wegen Schuldforderungen soll abgeschafft werden.

Art. 21.

Die Wohnung ist unverletzlich. Das Eindringen in dieselbe und namentlich eine Haussuchung ist nur in den gesetzlich bestimmten Fällen und Formen zulässig.

Art. 22.

Die Beschlagnahme von Briefen und Papieren kann nur in den gesetzlich vorgeschriebenen Fällen und Formen, die Durchsuchung in Beschlag genommener Briefe und Papiere nur kraft eines richterlichen, mit Gründen versehenen, schriftlichen Befehls vorgenommen werden.

Bei der Durchsuchung ist, wenn möglich, der Betheiligte zuzuziehen, welchem dann der Befehl sofort zu eröffnen ist.

Art. 23.

Das Briefgeheimniß ist gewährleistet. Ausnahmen von dieser Bestimmung können nur in strafgerichtlichen Untersuchungen nach Maaßgabe gesetzlicher Vorschriften und in Kriegsfällen eintreten.

Art. 24.

Zur Erlangung eines Geständnisses in Untersuchungen darf kein Zwangsmittel angewendet werden.

Art. 25.

Keine Strafe darf angedroht oder verhängt werden, als in Gemäßheit eines bestimmten Gesetzes.

Art. 26.

Die Todesstrafe, ausgenommen wo das Kriegsrecht sie vorschreibt, oder das Seerecht im Fall einer Meuterei sie zuläßt, so wie die Strafen des Prangers, der Brandmarkung und der körperlichen Züchtigung sind abgeschafft.

Art. 27.

Jeder hat das Recht, durch Wort, Schrift, Druck und bildliche Darstellung seine Meinung frei zu äußern.

Die Preßfreiheit darf unter keinen Umständen und in keiner Weise durch vorbeugende Maaßregeln, namentlich Censur, Concessionen, Privilegien, Sicherheitsleistungen, Staatsauflagen, Beschränkungen der Druckereien oder des Buchhandels, Postverbote, oder andere Hemmungen des freien Verkehrs beschränkt, suspendirt oder aufgehoben werden.

Verbrechen und Vergehen, zu welchen die Ausübung dieses Rechtes mißbraucht wird, unterliegen den allgemeinen Strafgesetzen.

Art. 28.

Jeder hat das Recht, einzeln oder in Gemeinschaft mit Mehreren sich mit Gesuchen schriftlich an die Behörden des Staates und der Gemeinden zu wenden.

Abweisende Bescheide müssen mit Gründen versehen sein.

Art. 29.

Jeder hat volle Glaubens- und Gewissensfreiheit.

Niemand ist verpflichtet, seine religiöse Ueberzeugung zu offenbaren.

Art. 30.

Die gemeinsame häusliche und öffentliche Uebung der Religion ist unbeschränkt.

Verbrechen und Vergehen, zu welchen die Ausübung dieses Rechts mißbraucht wird, unterliegen dem Strafgesetz.

Art. 31.

Durch das religiöse Bekenntniß wird der Genuß der bürgerlichen und staatsbürgerlichen Rechte weder bedingt noch beschränkt. Den bürgerlichen und staatsbürgerlichen Pflichten darf dasselbe keinen Abbruch thun.

Art. 32.

Jede Religionsgesellschaft ordnet und verwaltet ihre Angelegenheiten selbstständig, bleibt aber den allgemeinen Staatsgesetzen unterworfen.

Art. 33.

Keine Religionsgesellschaft genießt vor anderen Vorrechte durch den Staat; es besteht fernerhin keine Staatskirche.

Hbg, besser gesagt: die drei ➢*Hansestädte* gemeinsam, unterhielten keine stehenden Gesandtschaften von höherem Rang, sondern nur Agenturen. Eine Ausnahme bildete der hansische Resident in Den Haag, später auch in Paris. Eigene Ministerresidenten stellte Hbg erst nach 1819 an. Die erste Hälfte des 19. Jhs war die Blütezeit der hanseatischen und hbg. K. in der ganzen Welt, besonders in den Staaten, mit denen ➢*Handels-* und Schifffahrts*verträge* abgeschlossen wurden. Das eng geknüpfte Netz ist bei der Reichsgründung 1871, in deren Gefolge die Politik des Auswärtigen ganz auf das Reich überging, im dt. Konsularwesen aufgegangen. – Heute ist Hbg mit rund 100 (General-)K. nach Hongkong und New York die drittgrößte Konsularstadt weltweit. *LS*

Kontinentalsperre Mit der per Dekret vom 21.11.1806 verordneten Abschottung des europäischen Festlandes gegenüber Großbritannien wollte Napoleon (➢*Franzosenzeit*) das militärisch nicht zu schlagende Inselreich wirtschaftlich niederringen. Jeder Handel, Reise- und Postverkehr von und nach England war verboten. London reagierte 1807 mit einer Gegenblockade, die auch für Schiffe neutraler Staaten galt. Hbg als wichtigster Importhafen für engl. Waren wurde von den Handelssperren besonders hart getroffen. Der Seehandel der Stadt kam nahezu völlig zum Erliegen, über 300 Schiffe lagen abgetakelt im ➢*Hafen*, und viele Handelshäuser verließen Hbg.

Nicht weniger betroffen war das verarbeitende Gewerbe, das unter fehlenden Rohstofflieferungen litt. Gab es 1797 in der baumwollverarbeitenden Industrie der Stadt 1.392 Druckstöcke mit 3.100 Arbeitern, so wurde 1811 keine nennenswerte Tätigkeit mehr in diesem Gewerbe verzeichnet; auch die ➢*Zucker*produktion war durch die Sperre stark beeinträchtigt.

Die Armenanstalt von 1788 (➢*Sozialfürsorge*) versorgte 1809 rund 17 % der Stadtbevölkerung und musste im folgenden Jahr aufgrund finanzieller Engpässe während der schweren Wirtschaftskrise und der anhaltend hohen Arbeitslosigkeit ihre Fürsorgetätigkeit einstellen.

Der rege Schmuggel – zunächst über das dän. ➢*Altona*, später von

Eine Besatzungsmacht demonstriert Stärke: Unter militärischer Bewachung lässt die französische Verwaltung am 16.11.1810 geschmuggelte englische Kolonialwaren öffentlich verbrennen. Farbiges Aquarell von Peter Suhr, 1810

Helgoland aus mit Fischerbooten an die holstein. Nordseeküste, besonders nach Tönning, und auf dem Landweg nach Hbg – konnte keinen ausreichenden Ersatz bieten und wurde zudem zunehmend streng geahndet. 1810 brachte das Lizenzsystem, das den Kauf von Handelsrechten mit England ermöglichte, zwar auf der einen Seite gewisse Erleichterungen, die Nachverzollung von 50 % auf alle Kolonialwaren beim Weitertransport von Hbg in die kontinentaleuropäischen Staaten machte aber auf der anderen Seite selbst den Schmuggel unrentabel. Erst nach der Niederlage Napoleons 1814/15 konnte der freie Warenverkehr wiederaufgenommen werden. *MH*

Kontor Der Begriff ist abgeleitet vom frz. Comptoir, dem Schreib- und Geschäftsraum des Kaufmanns. Es bedeutet eigtl. „Zahltisch“ (von compter = zählen, [be]rechnen) und ist im Laufe des 20. Jhs von der heute üblichen Bezeichnung „Büro“ weitgehend verdrängt worden. Der ältere Name lautete „Skrivekammer“ als ➢*plattdeutsches* Wort für Schreibkammer. K. und Wohnung des Kaufmanns befanden sich im ➢*Althamburgischen Bürgerhaus* noch unter einem Dach, bevor mit dem ➢*Kontorhaus* eine eigene, weite Teile der Hbger City prägende Architekturgattung aufkam. *Ti.*

Kontorhaus Das K. ist ein im ausgehenden 19. Jh. zur ausschließlichen Unterbringung von (überwiegend Handels-) Firmen entwickelter Gebäudetyp nach amerikan. Vorbild. Im Zuge von Hbgs Umbau für die Bedürfnisse eines modernen Handels- und Geschäftszentrums beherrschte er bald das Bild der Innenstadt. Zentrales Merkmal des K.es ist ein regelmäßiger Grundriss, dessen (zumeist fünf) Geschosse je nach Anzahl und Bedürfnissen der sich einmietenden Firmen frei einteilbar sind. Die Fassadengliederung des um 1910 ausgereiften K.es ist funktionsbestimmt: Stahl- und Betonbau erlaubten die Konstruktion tragender, weitgehend in Fensterflächen

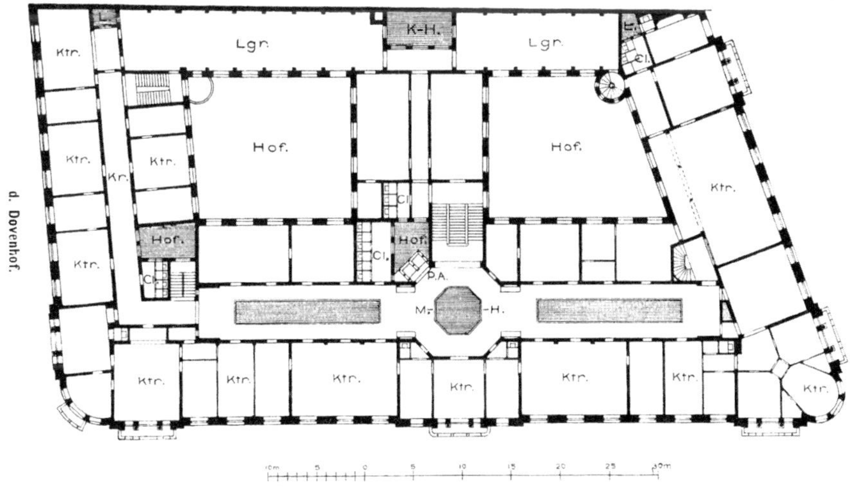

Grundriss vom ersten Obergeschoss des Dovenhofs, des ersten, wegweisenden Hamburger Kontorhauses (Entwurf Martin Haller)

gleichmäßig aufgelöster Außenwände als Pfeilersystem und somit optimale Raumvariation und -belichtung. Der Gebäudeschmuck folgte mit Neorenaissance, Jugendstilelementen oder Reformarchitektur dem jeweiligen Zeitgeschmack.

Bei der Arbeit in einem Hamburger Kontorhaus: Der Vorsteher des Schreibbüros gibt sich als Aufsichtsbeamter. Foto um 1900

Der Prototyp des Hbger K.es war der Dovenhof (1885/86, Ecke Dovenfleet/Brandstwiete, 1967 abgerissen). Dieses von M. ➢*Haller* im Auftrag des Freiherrn H. von Ohlendorff konzipierte und entworfene Gebäude zeigte mit ➢*Paternoster*, Hauspost, zentraler Sanitär- und Heizungsanlage den künftigen Standard der technischen Ausstattung. Zu den erfolgreichen Architekten des im ➢*Kontorhausviertel* seine Vollendung findenden Bautyps zählten u.a. G. Radel, die Brüder H. und O. Gerson, E. Elingius und das Büro Rambatz & Jolasse. Ein weltweit bekanntes K. ist das ➢*Chilehaus* von F. ➢*Höger*. Wie dies überstanden ca. 250 weitere den Zweiten Weltkrieg. *Ti.*

Kontorhausviertel Das in den 1920er Jahren vollends ausgebaute K. entstand im Zuge der ➢*Sanierung* des ➢*Gängeviertels* in der östl. ➢*Altstadt* (seit 1908) und der durch wirtschaftlichen Druck nach dem Ersten Weltkrieg verstärkt vorangetriebenen ➢*Citybildung* zwischen Steinstraße und ➢*Meßberg* rund um den Burchardplatz. Statt der noch vor 1914 vorgesehenen Errichtung von Wohnhäusern wuchs hier ein bald in ganz Dtld bekanntes, vom dunklen Rot des Backsteins (➢*Backsteinbau*) geprägtes Stadtbild von dichter Geschäfts- oder genauer: ➢*Kontorhaus*bebauung. Bedeutend sind v.a. das ➢*Chilehaus*, der ➢*Meßberg*- und der ➢*Sprinkenhof* sowie der Mohlen- und Montanhof. Das erste moderne Gebäude im heutigen K. entstand als Sitz der Landherrenschaften (➢*Landgebiet*) und einer ➢*Polizei*dienststelle (Polizeirevier 12) Klingberg 1 (1906–08, A. Erbe; ➢*Hamburger Heimatstil*); eines der letzten ist das ➢*Pressehaus* am Domplatz (1938). *Ti.*

Konvoischifffahrt Die K. entstand im letzten Drittel des 17. Jhs. Sie war eine Reaktion auf die großen Verluste, die die hbg. Schifffahrt durch Kaperer hinnehmen musste. Besonders die Mittelmeerfahrt wurde durch nordafrikan. Piraten gefährdet, die häufig nicht nur die Ladung erbeuten, sondern auch die Seeleute als Sklaven oder Geiseln nehmen wollten (➢*Sklavenkasse*). Die Kriegsschiffe („Convoyer") begleiteten jeweils 20 bis 50 Handelsschiffe. 1668/69 wurden die mit 54 Kanonen bewaffneten Dreimast-Fregatten „Leopoldus Primus" und ➢„*Wapen von Hamburg*" in Dienst gestellt. Ihnen folgten bis 1740 weitere fünf Schiffe desselben Typs, die zusammen 118 Konvois sicherten. Für weitere 23 Reisen charterte Hbg Begleitschiffe. Eingestellt wurde die zu gleichen Teilen von ➢*Admiralität* und ➢*Kämmerei* finanzierte K.

1747, da die Überfälle mit Beginn des 18. Jhs zurückgegangen waren und die Stadt das Geld für die kostspieligen Kriegsschiffe nicht länger aufbringen wollte. *Ti.*

Modell der „Wapen von Hamburg I" (links). Es wurde der Handelskammer als Dauerleihgabe überlassen.

Modell der „Leopoldus Primus" (rechts). Sie wurde von Eduard E. Wilke 1992 im Maßstab 1:16 aus Lindenholz rekonstruiert. Das Modell gehört der Handelskammer.

Die beiden ersten der insgesamt sieben Hamburger Konvoischiffe: links die „Wapen von Hamburg", rechts die „Leopoldus Primus". Kupferstich von Jochim Wichmann, 1688

Koppel, Walter (geb. 23.4.1906 Köln, gest. 25.10.1982 Marburg/Lahn), Filmkaufmann. Der frühere Angestellte eines ➢*Bergedorfer* Kaufhauses war jüd. Herkunft und wurde 1942 in Frankreich, wohin er über Österreich, die Tschechoslowakei und Belgien geflohen war, vom dt. Sicherheitsdienst verhaftet und nach ➢*Fuhlsbüttel (Konzentrationslager)* verbracht. Er überlebte als Patient des ➢*Israelitischen Krankenhauses.* Nach 1945 war K. UFA-Lichtspieltheater-Treuhänder für Hbg (➢*Kino*) und lernte 1946 bei einem Treffen ehem. politisch Verfolgter G. Trebitsch kennen. Zusammen gründeten sie am 10.1.1947 die REAL-FILM. Nach der ersten erfolgreichen Produktion „Arche Nora" (1948) wurde das um eine alte Villa entstandene

Ateliergelände an der Tonndorfer Hauptstraße bald zu einer der wichtigsten Filmproduktionsstätten der Bundesrepublik. Künstlerische Erfolge waren v.a. die preisgekrönten Zuckmayer-Verfilmungen „Des Teufels General" (1955, Regie H. Käutner, mit C. Jürgens) und „Der Hauptmann von Köpenick" (1956, Regie H. Käutner, mit H. Rühmann). 1956 erhielt K. das Große Verdienstkreuz des Verdienstordens der Bundesrepublik Deutschland. Nach der Produktion von insgesamt 126 Spiel-, Kultur- und Dokumentarfilmen erfolgte 1959 die Entflechtung von Filmgesellschaft und Atelierbetrieb in zwei unabhängige Unternehmungen. Aus dem Atelier ging das ➢*Studio Hamburg* hervor. Die von K. geleitete REAL-FILM meldete nach drei Jahren Konkurs an. 1967 scheiterte auch sein Versuch, mit „Die Heiden von Kummerow" und der NEUEN-REAL-FILM wieder im Filmgeschäft Fuß zu fassen. *VR*

Walter Koppel nach der Verleihung des Großen Verdienstkreuzes des Verdienstordens der Bundesrepublik Deutschland im Gespräch mit einem langjährigen Mitarbeiter der REAL-FILM

Koppmann, Karl (geb. 24.3.1839 Hbg, gest. 25.3.1905 Rostock), Historiker, Archivar. Nach einer Uhrmacherlehre und Volksschullehrertätigkeit studierte K. 1862 auf dem ➢*Akademischen Gymnasium* und von 1863 an in Göttingen und Berlin Geschichte. 1866 wurde er in Göttingen mit einer Dissertation über „Die ältesten Urkunden des ➢*Erzbistums* Hamburg-Bremen" promoviert, fand danach jedoch nur eine bescheidene wissenschaftliche Tätigkeit im Hbger Archiv. Lehraufträge am Akademischen Gymnasium (1868) nahm er wegen fehlender Neigung nur kurze Zeit wahr.

Seit 1868 gehörte K. dem ➢*Verein für Hamburgische Geschichte*, 1869–72 dessen Vorstand an, wurde 1874 dessen ständiger Sekretär, redigierte ein Jahrzehnt lang dessen Zeitschrift und begründete 1878 dessen „Mittheilungen" für Vereinsberichte und kleinere Beiträge (➢*Zeitschrift des Vereins für Hamburgische Geschichte*, ➢*Hamburgische Geschichts- und Heimatblätter*). Im Auftrag des Vereins gab K. 1869–94 in sieben Bänden die „Kämmereirechnungen der Stadt Hamburg, 1350–1562" heraus. Seinen wissenschaftlichen Ruf begründete besonders die Edition der Hanserezesse 1256–1430 (8 Bände, 1870–97), für die er von Livland bis Flandern das Material gesammelt hatte. Als ständiger Sekretär des 1870 gegründeten ➢*Hansischen Geschichtsvereins* gab K. 31 Bände der „Hansischen Geschichtsblätter" mit zahlr. eigenen Beiträgen heraus. Auch an der Gründung des ➢*Vereins für niederdeutsche Sprachforschung* 1875 war er beteiligt, redigierte dessen „Korrespondenzblatt" bis 1884 mit und gab für ihn 1876 das „Seebuch" heraus. Für die Königliche Bayerische Historische Kommission in München übernahm er 1879 seine dritte große Editionsausgabe, die lübeck. Chroniken (3 Bände, 1884–1902). Erst 1884 erlangte K. eine feste Anstellung als erster Stadtarchivar in Rostock und wandte sich in vielen Publikationen der Rostocker und Mecklenburger Geschichte zu, besonders in den 1890 von ihm begründeten und herausgegebenen „Beiträgen zur Geschichte der Stadt Rostock". 1889 wurde er korrespondierendes Mitglied der Göttinger Akademie der Wissenschaften. *RP*

Kornhaus Das K. existierte als zentraler städtischer Kornspeicher seit dem 13. Jh. und sollte Hbgs Getreideversorgung in Krisenzeiten, wie nach Missernten oder evtl. Belagerung, sicherstellen. Das letzte K. errichtete der Stadtbaumeister H. Hamelau 1660/61 an der Kreuzung Alter Wandrahm/St. Annen auf dem Gelände des ehem. ➢*Kalkhofs*. Noch heute erinnert daran der Name der Kornhausbrücke. Während der ➢ *Franzosenzeit* wurde das K. von den Besatzern zunächst als Kaserne, später als Lazarett benutzt. Nach der Befreiung 1814 nutzten die Hbger das K. als Infanteriekaserne, bevor es 1871 aus städtebaulichen Erwägungen abgerissen wurde. *OK*

KPD (Kommunistische Partei Deutschlands) Aus Protest gegen die Politik der Parteiführung im Ersten Weltkrieg entwickelte sich in der ➢*SPD* eine wachsende innerparteiliche Opposition, aus der im April 1917 die Unabhängige Sozialdemokratische Partei (USPD) und die Gruppe der „Linksradikalen" um H. ➢*Laufenberg* und F. Wolffheim hervorgingen. Beide, USPD und „Linksradikale", waren an der ➢*Novemberrevolution* führend beteiligt. Am 31.12.1918 entstand aus Teilen der USPD (Spartakusbund), „Linksradikalen" und kleineren Organisationen die Hbger Kommunistische Partei. Sie lehnte die Weimarer Republik ab und versuchte sie durch Generalstreiks („Märzaktion" 1921) und bewaffnete Aufstände (➢*Hamburger Aufstand* im Oktober 1923) zu stürzen. Bei den Bürgerschaftswahlen erreichte die KPD 1921 einen Stimmenanteil von 11,04 %, 1924 von 14,7 % und 1927 von 16 %. 1927 scheiterten Koalitions-

Erst Getreidespeicher, dann Kaserne: das Kornhaus, 1660/61 von Hans Hamelau erbaut. Foto von Georg Koppmann

verhandlungen zwischen SPD und KPD. Die von der KPD angebotene Tolerierung eines SPD-Senats lehnten die Sozialdemokraten ab. 1928 erschütterte ein Korruptionsskandal die Hbger KPD, der zur Amtsenthebung des aus Hbg stammenden Parteivorsitzenden E. ➢*Thälmann* durch das ZK (Zentralkomitee) der KPD führte. Das zur Entscheidung angerufene Exekutionskomitee der Kommunistischen Internationale setzte Thälmann nach Intervention J. Stalins wieder in seine Ämter ein. Bei den Wahlen zur ➢*Bürgerschaft* verbesserte sich die KPD 1928 auf 16,65 %, 1931 sogar auf 21,8 %. Die Wahl von 1932 brachte mit 15,97 % einen Rückschlag. Hauptgegner der KPD blieb die SPD, die Partei der „Sozialfaschisten". Wie auch anders-

wo war die KPD in Hbg in der Weimarer Republik durch große Mitgliederfluktuation, interne Richtungskämpfe und Differenzen geprägt.
Der Widerstand gegen den Nationalsozialismus führte mehrfach zur Zerschlagung der Gruppen, die Bezirksleitung Wasserkante der illegalen KPD musste bis zum Herbst 1935 siebenmal erneuert bzw. umbesetzt werden. Die Hbger F. Schulze und E. André, führende Funktionäre der KPD, wurden 1935 bzw. 1936 zum Tode verurteilt. Die Prozesse, die auch internationale Beachtung und Proteste hervorriefen, sollten die Liquidierung der KPD öffentlich dokumentieren. Die ➢*Bästlein-Jacob-Abshagen-Gruppe* bewies in den Kriegsjahren, dass der Widerstand nicht erloschen war. Fünf ehem. Bürgerschaftsabgeordnete der Hbger KPD wurden Opfer der „Säuberungsaktionen“ Stalins.

Einen Eindruck von althamburgischer Bauweise vermitteln die Krameramtswohnungen am Fuße des Michels. Eine der Wohnungen kann als Außenstelle des Museums für Hamburgische Geschichte besichtigt werden.

Bei der Bürgerschaftswahl 1946 erhielt die KPD 10,4 %. Mit F. Dettmann stellte sie bis Juli 1948 den Gesundheitssenator. Er wurde durch ein Misstrauensvotum der ➢*Bürgerschaft* abgelöst, weil er sich einem Protest gegen die sowjet. Blockade Westberlins nicht anschließen wollte. Der Stimmenanteil bei den Bürgerschaftswahlen sank 1949 auf 7,4 %, 1953 auf 3,2 %. 1956 wurde die KPD durch das Bundesverfassungsgericht für verfassungswidrig erklärt und daraufhin verboten. Die 1968 gegründete DKP (Deutsche Kommunistische Partei) blieb auch in Hbg eine Splitterpartei. *Ko.*

Krameramt Die Kramer, als Detailhändler von der Gruppe der Kaufleute und Wandschneider (Tuchhändler) getrennt, erhielten 1375 ihre „settinge“ (Amtsrolle). In dieser wurden sie privilegiert, jedoch nicht so weit, dass ihnen das Recht zum Detailverkauf ausschließlich reserviert wurde. Das Amtshaus befand sich seit 1618 in der Großen Johannisstraße; 1773 wurde nach dessen Abbruch an seiner Stelle das 1842 zerstörte „Hôtel du Commerce“ als Amtshaus gebaut. Die Auflösung der ➢*Ämter* 1863 bedeutete dann auch das Ende des K.s Die aus dem 17. Jh. stammenden „Krameramtswohnungen“ am Krayenkamp stellten seit 1676 insofern eine Sozialeinrichtung der Vereinigung dar, als hier Wohnungen für arbeitsunfähige Amtsbrüder und Witwen von Kramern geschaffen wurden. Sie gingen 1866 in die Obhut des städtischen Armenkollegiums über (➢*Sozialfürsorge*). *LS*

Kran Ein K. ist ein Hebezeug zur Förderung von Einzellasten. Der älteste Hbger K. stand bis zum ➢*Großen Brand* unweit der ➢*Trostbrücke* am Nikolaifleet neben ➢*Börse* und Waage. Urspr. wurde die Hebekraft über ein Tretrad im Inneren erzeugt. Nach mehreren Modernisierungen betrug die Tragfähigkeit im 19. Jh. bis zu 4 t. Seit 1352 war an den Kajen auf dem ➢*Cremon* ein zweiter K. in Betrieb („Niewe Kran"). Seine hölzerne Konstruktion wurde 1858 durch einen eisernen Schwerlastkran mit integrierter Wiegevorrichtung ersetzt. 1896 erfolgte die Umstellung auf elektrischen Betrieb. Zwölf Jahre nach seiner Stilllegung 1974 wurde er 1986 renoviert und wenige Meter südl. neu aufgestellt.
Der erste elektrische Kaikran der Welt wurde 1891 auf dem Petersenkai in Zusammenarbeit mehrerer Firmen, darunter auch Nagel & Kaemp (➢*Kampnagel*), montiert. Im Jahr darauf folgte ein zweiter, beide wurden 1893 an den Kirchenpauerkai verlegt.
2005 waren im Hbger ➢*Hafen* ca. 110 Kräne und 40 Containerbrücken im Einsatz. Die meisten sind Portal- und Drehkonstruktionen. Erstere bestehen aus einem kurz- oder weitgespannten Portal, auf dem eine Katze oder ein Drehkran angeordnet sind, die auf dem Portal verfahrbar sind; Letztere verfügen über eine kurze Stützweite und einen lediglich kreisförmigen Arbeitsbereich. Beide Kranarten laufen zumeist auf Schienen. Daneben werden zahlr. Sonderformen verwendet, u.a. Mobil- und Schwimmkräne (➢*Museumshafen Övelgönne*). *KKW*

Krankenhäuser, Allgemeine ➢*Allgemeine Krankenhäuser*

Der „Neue Krahn" am Binnenhafen wurde 1568 aufgerichtet. Den Zustand vor dem Abbruch im Jahr 1868 dokumentiert das Foto von Charles Fuchs, 1857.

Krantz, Albert (geb. 1448 Hbg, gest. 7.12.1517 ebd.), Theologe, ➢*Syndicus*. K. stammte aus angesehener Hbger Kaufmanns- und Reederfamilie. Von 1463 an studierte er Theologie an der Rostocker Universität, wo er mehrmals das Amt eines Dekans innehatte sowie 1482/83 das Rektorat übernahm. 1486 trat er als Syndicus in die Dienste der Stadt ➢*Lübeck*, die ihn mit der Vermittlung in innerstädtischen und auswärtigen Angelegenheiten, auch im Namen der ➢*Hanse*, beauftragte. Nach der vermutl. 1491 in Mainz erfolgten Promotion beendete er sein Studium auch in Perugia mit der Erlangung der theologischen Doktorwürde. Im Mai 1493 kam K. nach Hbg und wurde Lector primarius am ➢*Dom* (➢*Domkapitel*), als der er zahlr. theologische und philosophische Schriften verfasste. Daneben war er in vielen diplomatischen Missionen für Lübeck und Hbg tätig, sowie erneut als hansischer Wortführer in Verhandlungen mit England, der Stadt Brügge, dem burgund. Herzog und Frankreich (1497 wegen Überfällen frz. Seeräuber auf Hanseschiffe).

Albert Krantz: Theologe, Diplomat, Geschichtsschreiber und hansischer Humanist. Kupferstich aus dem 18. Jahrhundert

1508 wurde K. Domdekan. Aus seiner Tätigkeit als hbg. Syndicus entwickelte sich ein festes Dienstverhältnis zur Stadt. Während eines Streits des ➢*Rats* mit dem Domkapitel ruhte K.s diplomatische Aufgabe 1500–04 weitgehend, sodass er sich seinen historischen Arbeiten widmen konnte. Sie wurden posthum in vier Teilen herausgegeben und enthalten eine Geschichte des sächs. Stammes und dt. Reiches („Saxonia", 1520), eine niedersächs. Kirchengeschichte („Metropolis", 1548), eine Geschichte der Wandalen, Wenden und Osteuropas („Wandalia", 1519) sowie eine Geschichte Skandinaviens, der Goten und Normannen („Chronica regnorum aquilonarium", 1546). Der Stil seiner Darstellungen zeigt den selbstbewussten hansischen Diplomaten ebenso wie K.s starke Beeinflussung durch den ital. Humanismus. *Ti.*

Krauel Der K. bildet den südlichsten Punkt des Hbger Staatsgebiets. Heute im geschützten Vorland der ➢*Gose-Elbe* gelegen, war er in alter Zeit Teil des Inselgewirrs der damals einem Flussdelta ähnelnden Elbmarsch. 1216 wurde der Kraueler Zoll erwähnt, der sich später wegen der Verlegung der Ilmenau-Mündung an der Stelle des heutigen ➢*Zollenspieker* befand (➢*Eislinger Zoll*). Der K. war 1310 bis ins 16. Jh. ein Adelssitz der Familie von dem Berghe, welche Lehnsleute der Braunschweiger und der Lauenburger Herzöge waren. Die von dem Berghe waren das einzige Geschlecht, dem es gelang, in den Marschen eine Grundherrschaft aufzurichten. Als 1420 die Städte Hbg und ➢*Lübeck* mit dem ➢*Bergedorfer Schloss* auch die Vogtei Riepenburg (➢*Kirchwerder*, ➢*Vierlande*) erwarben, blieb der Adelssitz davon unberührt. Während der westl. Teil des K.s ➢*beiderstädtisch* wurde, verblieb der östl. bei den von dem Berghe und ihren Lehnsherren, den Herzögen von Sachsen-Lauenburg. 1571 gelangte er an Herzog Adolf von ➢*Holstein* und wurde vom Amt Reinbek verwaltet. Die Gottorfer Herzöge verpfändeten ihren „Holsteinischen Krauel" 1724 an Hbg, bei dem er durch den ➢*Gottorper Vergleich* 1768 endgültig verblieb. Seitdem wurde er „Hamburger Krauel" genannt. Er lag als hbg. Exklave im beiderstädtischen Gebiet und gehörte zur Landherrenschaft ➢*Bill-* und ➢*Ochsenwerder* bzw. ➢*Marschlande* (➢*Landgebiet*). 1873 wurde er als selbstständige Gemeinde der Landherrenschaft Bergedorf angegliedert. Damit wurden beide Teile des K.s politisch vereint. *HR*

Krause, Emil (geb. 8.7.1870 Goslar, gest. 17.10.1943 Wintermoor/Lüneburger Heide), Redakteur, Senator. K. wurde 1887 in das Lehrerseminar in Wolfenbüttel aufgenommen. Als er 1892 wegen unerlaubten Wirtshausbesuchs aus der Abschlussklasse zurückversetzt werden sollte, trat er aus dem Seminar aus. Der Antrag auf Wiederaufnahme wurde abgelehnt, da K. als Welfe galt, als Anhänger der Deutschhannoverschen Partei, die die Wiedererrichtung des 1866 von Preußen annektierten Königreichs Hannover forderte, und somit politisch verdächtig war. K. hatte sich jedoch der ➢*SPD* zugewandt, für die er seit seiner Übersiedlung nach Hbg als Redner warb und in deren Zeitung, dem ➢*Hamburger Echo*, er das Feuilleton besorgte. Seine Rednertätigkeit brachte ihm 1894 und 1895 Gefängnisstrafen ein. 1907–33 gehörte K. der ➢*Bürgerschaft* an. Er war Schul- und Bildungsexperte seiner Fraktion, schloss Freundschaft mit R. ➢*Roß*, arbeitete mit C. ➢*Petersen* zusammen und hatte gute Verbindungen zur ➢*Gesellschaft* der Freunde des vaterländischen Schul- und Erziehungswesens.
Als erster Sozialdemokrat wurde K. 1915 in eine Behörde gewählt, und zwar die für Gewerbe- und Fortbildungsschulwesen. 1919–33 war K. Mitglied des ➢*Senats* und leitete als ➢*Präses* die Oberschulbehörde (➢*Schulwesen*). Zahlr. Schulneubauten, mehrere Reformversuche – Selbstverwaltung der Schulen und Förderung des sozialen Aufstiegs durch Schulgelderlass, Erziehungsbeihilfen und Begabtenauslese – kennzeichneten seine Amtszeit. An der Gründung der Hamburgischen Universität (➢*Universität Hamburg*) und der ➢*Volkshochschule* war K. 1919 maßgeblich beteiligt. 1926 wurde die Lehrerausbildung an der Universität gesetzlich verankert. Ein Jahr zuvor war das Institut für Lehrerfortbildung eingerichtet worden. *Ko.*

Kreek ist die Bezeichnung für einen kleinen, selbst gezimmerten Schlitten, der noch bis vor wenigen Jahrzehnten besonders in ➢*Blankenese*, aber auch in Marschgebieten wie ➢*Altenwerder* und ➢*Finkenwerder* den Kindern ein beliebtes Wintervergnügen bot. Beim Rüschen, wie das Fahren mit der K. genannt wur-

Blankeneser Tradition: in Schinckels Park sich halsbrecherisch mit der Kreek, einem mithilfe einer Latte gesteuerten Schlitten, den Hang hinabstürzen

de, konnten an den verschneiten, steilen Hangwegen und Treppen am nördl. Elbufer Geschwindigkeiten von über 50 km/h erreicht werden. Gesteuert wurde die K., die keine Ähnlichkeit mit heutigen Rodelschlitten aufweist, mit einer langen, hinterherschleifenden Stange. Beim Rüschen auf ebener Strecke diente diese durch Abstoßen zugleich zur Fortbewegung auf dem vereisten Untergrund. *Ti.*

Krematorien Das erste Hbger K. wurde 1892 an der Alsterdorfer Straße eröffnet; es war das dritte in Dtld nach Gotha (1878) und Heidelberg (1891). Bevölkerungswachstum und Raumprobleme hatten in vielen Städten den Ruf nach einer hygienischen, platzsparenden Bestattungsart laut werden lassen. Gebaut und betrieben wurde das K. von dem 1883 gegründeten Hamburger Feuerbestattungsverein, der nach langwierigen Verhandlungen mit ➢*Bürgerschaft* und ➢*Senat* die gesetzliche Grundlage für die damals heftig umstrittene Feuerbestattung erreichte. Bei dem von E.P. Dorn entworfenen späthistoristischen Bauwerk kamen die technischen Anlagen, wie allgemein üblich, ins Untergeschoss. Die zunächst nur geringe Einäscherungsrate stieg, nach der 1915 erfolgten Verstaatlichung, in der Weimarer Zeit rasch an. 1933 wurde auf dem ➢*Ohlsdorfer Friedhof* ein neues, größeres K. eröffnet. Von F. ➢*Schumacher* als monumentaler ➢*Backsteinbau* entworfen, löste es das alte, heute unter ➢*Denkmalschutz* stehende Bauwerk ab. Ein weiteres K. entstand 1965 auf dem Friedhof in ➢*Öjendorf.* Gegenwärtig liegt der Anteil der Feuerbestattungen in Hbg bei knapp 60 %. *NF*

Das alte Krematorium an der Alsterdorfer Straße erbaute Ernst Paul Dorn 1892. Ein 1883 gegründeter Feuerbestattungsverein für Hamburg und Altona hatte sich mit Erfolg gegen Vorbehalte und Widerstände durchgesetzt. Foto um 1900

Kriegsrat/Kommissariat/Militair-Departement Der Kriegsrat entstand 1628 als Reaktion auf die fortgeschrittene Militarisierung Hbgs (➢*Militär/Garnison*). Zugleich diente er der Verstärkung des Mitspracherechts der ➢*Erbgesessenen Bürgerschaft,* die in Verteidigungsfragen bisher nur reagieren konnte; Zusammensetzung: zwölf von der Erbgesessenen Bürgerschaft gewählte Bürger (ab 1635: acht Kommissare, zwei ➢*Oberalte*, zwei ➢*Kämmerei*bürger) und sechs ➢*Ratsvertreter* (ab

1635: „Generalissimus" als Vorsitzender des K.s, seit 1644 der älteste ➢*Bürgermeister*, und die fünf ältesten Ratsmitglieder als Colonellherren und gleichzeitige Regimentsbefehlshaber der ➢*Bürgerwache*). Das Gremium sollte sich mit allen Belangen der Stadtverteidigung befassen und war v.a. für die Entlassung von Offizieren und Mannschaften sowie für die Soldauszahlungen zuständig. Im Kommissariat konnten die Kämmereibürger durch die Verweigerung der Finanzmittel die militärischen Vorstellungen des Generalissimus blockieren. Neben der militärischen Funktion spielte der Kriegsrat somit eine politische Rolle, besonders z.Z. der ➢*Jastram-Snitger-Rebellion*, als die beiden Aufständischen 1685/86 Kriegskommissare waren. Seit 1635 nahm der Stadtkommandant als stimmberechtigtes Mitglied an den Sitzungen des Kriegsrates teil und war vermutl. der einzige militärische Fachmann in der Runde. Beide Gremien bestanden bis zur ➢*Franzosenzeit*. Die Funktion des Kriegsrates übernahm das 1814 geschaffene Militair-Departement. Seine Verwaltung wurde im Wesentlichen von vier bürgerlichen Militärkommissaren geführt. *Ti.*

Krogmann, Carl Vincent (geb. 3.3.1889 Hbg, gest. 14.3.1978 ebd.), Erster ➢*Bürgermeister* (März-Mai 1933), Regierender Bürgermeister (1933–38), Hauptamtlicher Erster Beigeordneter mit dem Titel „Bürgermeister" von 1938 bis zum Ende der ➢*NS-Zeit*. K., einer Reeder- und Kaufmannsfamilie entstammend, gehörte bei seiner am 8.3.1933 erfolgten Wahl zum Präses des von ➢*NSDAP*, ➢*DNVP*, ➢*DVP* und Deutscher Staatspartei (➢*DDP*) gebildeten ➢*Senats* der Hitler-Partei noch nicht an (erst ab 1.5.1933), hatte ihr aber schon als Wirtschaftsberater gedient; freilich plädierte er – Mitglied eines Bundes für freie Wirtschaftsführung – gegen Autarkie-Bestrebungen. Ab 1936 fungierte er – gemäß der jetzt auch für Hamburg geltenden Deutschen Gemeindeordnung - als Leiter der Gemeindeverwaltung. Geeignet zur Pflege der Verbindungen zu Großbritannien, wurde K. – ein Vorzeigekandidat des NS-Regimes – 1937 auch Vorsitzender der Deutsch-Französischen Gesellschaft in den Hansestädten e.V., die ab 1942 der Aufgabe nachging, frz. Kriegsgefangene und Zwangsarbeiter zu betreuen, aber auch zu beeinflussen. 1945 amtsenthoben, dann in Internierungshaft, wurde K. 1948 wegen seiner Zugehörigkeit zum Korps der politischen Leiter vor einer Bielefelder Spruchkammer angeklagt (als Leiter des NS-Gauamtes für Kommunalpolitik 1938–45), erhielt aber keine weitere Bestrafung. K. schrieb „Bellevue. Die Welt von damals" (1961), „Geliebtes Hamburg" (2. Aufl. 1963), „Es ging um Deutschlands Zukunft 1932–39" (1977). Das letzte Buch zeigte, wie wenig er politisch dazugelernt hatte. *luz*

Kuhn, Johann Nikolaus (geb. 27.7.1670 Schweinfurt, gest. 13.11.1744 Hbg), Baumeister. Angeblich hat K. bald nach der Wende zum 18. Jh. in Hbg als Zimmermannsgeselle gearbeitet und eine vom Hbger Kaufmann J. von Overbeck finanzierte Studienreise nach Italien unternommen. Das erste nachweislich von K. entworfene Gebäude in der Stadt war das Wohnhaus für den schleswig-holstein. Staatsminister von Wedderkop, Speersort/Domstraße (1709, drei Geschosse, neun Fensterachsen, Mittelrisalit mit Dreiecksgiebel, 1943 zerstört). 1710/11 entstand das deutlich größere ➢*Görtz-Palais* auf dem ➢*Neuen Wall*, das K.s Aufstieg zum wohl bedeutendsten Hbger Architekten seiner Zeit begründete. Dennoch blieb ihm die Zulassung zum Meisteramt vermutl. wegen eines vorehelichen Kindes verwehrt. Die hohe Qualität seiner Arbeiten und seine Aufträge aus Adelskreisen lassen die Vermutung zu, dass er eine höhere Schule oder Universität besucht hat, was für seine Hbger Kollegen noch unüblich war. 1721/22 errichtete er in Steinhorst (Kreis Herzogtum Lauenburg) ein repräsentatives, noch heute bestehendes Herrenhaus; seine späteren Hbger Wohnhäuser sind sämtlich verloren. Den Originalzustand aus den 1730er Jahren zeigen lediglich einige seiner zahlr. Um- und Anbauarbeiten in kirchlichem Auftrag (Westfassade des Katharinen- und Westportal des Jacobikirchturms, Kirchenschiff von St. Nikolai in ➢*Billwerder*). *Ti.*

Kulturinstitute anderer Länder Vier offizielle K. ausländischer Staaten residierten in Hbg, alle im Bereich der Stadtteile ➢*Harvestehude* und ➢*Rotherbaum*; sie sind den dt. Goethe-Instituten im Ausland vergleichbar. An der Rothenbaumchaussee residierte, bald nach dem Zweiten Weltkrieg unter ➢*Britischer Besatzung* als „Die Brücke" gegründet, von 1959 bis 2001 das deutsche Zentrum des 1934 weltweit etablierten British-Council-Netzwerks; es wechselte dann nach Berlin über. In Hamburg finden – wie in zwölf weiteren deutschen Städten – IELTS-Sprachtests statt (International English Language Testing System). Das erste Amerika-Haus war 1950 in einem Pavillon an der ➢*Lombardsbrücke*/Ballindamm eröffnet worden. Sieben Jahre später erhielt es in der Tesdorpfstraße an der ➢*Moorweide* einen Neubau des Architekten P. Seitz, der 2004 abgerissen wurde. 1996 beschloss der Träger, das United States Information Service, das Haus aufzugeben. Es wurde 1997 wegen Geldmangels geschlossen. Das Auditorium des Amerika-Hauses hatte stets auch externen Veranstaltern offengestanden. Der Verein Amerikazentrum Hamburg e.V. ist der Träger des seit 2008 in der ➢*HafenCity*, Am Sandtorkai, residierenden Amerikazentrums Hamburg; er wird von der amerikanischen Botschaft und der Freien und Hansestadt Hamburg unterstützt. Das Institut Français de Hambourg wurde 1951 gegründet, ist seither in der Heimhuder Straße ansässig und zählt den Philosophen M. Foucault zu seinen Leitern (1959/60). Es ist Bestandteil des frz. Kulturnetzwerks in Deutschland (réseau culturel français en Allemagne), ebenso wie das Lycée Antoine de Saint-Exupéry de Hambourg, und wird in Personalunion mit dem Hamburger Generalkonsulat geleitet. Das 1954 gegründete Istituto Italiano di Cultura in einer von M. ➢*Haller* erbauten Villa an der Hansastraße hat weltweit 100 Schwesterinstitute, sieben davon in Dtld.

Die Profile der K. sind individuell, aber einander nicht unähnlich. Die Institute (auch für den umliegenden norddt. Raum zuständig) verleihen Sprachdiplome und vermitteln Kulturkenntnisse im weitesten Sinn. Sie verschicken ihren umfangreichen, nicht selten auch aus der Kooperation mit anderen hbg. Einrichtungen erwachsenen Veranstaltungskalender, unterhalten Bibliotheken und Datenbanken und bieten über elektronische Medien abrufbare Auskünfte an. Zusammengeschlossen sind die jeweiligen Dachinstitute als European Union National Institutes for Culture (EUNIC). *luz*

Kunert, Marie Luise **Sophie** (verheiratete Benfey-Kunert; geb. 1.3.1895 Spandau, gest. 18.1.1960 Göttingen), erste Pfarramtshelferin in Hbg und Seelsorgerin im Frauengefängnis. Aus großbürgerlichem Hause stammend, setzte K. durch, das Abitur ablegen und ev. Theologie studieren zu dürfen, obwohl es für Akademikerinnen damals noch keine Berufsperspektive in den ev. Kirchen gab. Daher musste sie nach dem ersten Examen 1921 auch als Erzieherin und Direktionssekretärin arbeiten, bis sie 1925 eine Stelle als Sozialpädagogin im Hbger ➢*Strafvollzug* erhielt, wobei sie mit der Seelsorge im Frauengefängnis beauftragt war. Noch im selben Jahr konnte sie mit der Unterstützung des ➢*Hauptpastors* H. ➢*Beckmann* als erste Frau in der ➢*Hamburgischen Landeskirche* das zweite theologische Examen ablegen. Auf ihre Initiative hin wurde 1927 ein Kirchengesetz verabschiedet, das Theologinnen die Arbeit als Pfarramtshelferinnen ermöglichte. 1928 wurde sie als erste Frau für ihren Dienst in ➢*Fuhlsbüttel* eingesegnet. Neben ihrer Berufstätigkeit studierte sie Psychologie und verfasste die Arbeit „Abhängigkeit, eine personale Struktur straffälliger Frauen", mit der sie 1933 bei W. ➢*Stern* promoviert wurde. 1934 kündigte sie ihre Stelle in Hbg und heiratete den Göttinger Pastor B. Benfey, der aus rassischen Gründen verfolgt wurde und mit dem sie 1939 ins Exil in die Niederlande ging. Nach 1946 lebten beide wieder in Göttingen, wo K. in der Gemeinde ihres Mannes mitarbeitete. *He.*

Kunst am Bau 1951 ordnete der ➢*Senat* an, dass künftig bei staatlichen, möglichst auch staatlich geförderten Hochbaumaßnahmen bis zu 2 % der Bausumme für künstlerischen Schmuck einzusetzen und die Aufträge dafür nach Vorschlägen der Kulturbehörde und des Berufsverbandes bildender Künstler (BBK) in Hbg von der Baubehörde zu vergeben seien. Damit sollte – wie auch in anderen Bundesländern – nicht zuletzt die materielle Not der einheimischen Künstler gemildert werden. 1958 legte die Baubehörde eine repräsentative Auswahl von über hundert derart (nicht zuletzt in Schulen) realisierter Kunstwerke vor: Wandbehänge, -reliefs und -bilder; Glasmosaiken, -schliffbilder und -fenster; frei stehende und Reliefplastiken aus Stein und Metall.

Mit den Jahren trat eine gewisse Routine ein: Baugesellschaften beauftragten häufig über längere Zeit dieselben Künstler (z.B. F. Fleer), um die regelmäßig anfallenden Kunst-am-Bau-Aufgaben erledigen zu lassen. 1966 wurde das Verfahren reformiert: An den Sitzungen der die Projekte beschließenden „Kunstkommission" nahmen nun auch Vertreter der jeweils betroffenen Bezirke teil. In der Folgezeit wurde von Künstlern, Kritikern und Kulturpolitikern gefordert, die Kunst von Bauvorhaben zu emanzipieren. 1981 wurde das Kunst-am-Bau-Programm in Hbg durch die Verwaltungsanordnung ➢*Kunst im öffentlichen Raum* ersetzt. *luz*

Kunst im öffentlichen Raum 1981 trat dieses bis dahin umfangreichste staatliche Förderungsprogramm für bildende Kunst die Nachfolge des Modells ➢*Kunst am Bau* an – initiiert von dem Kunsthistoriker V. Plagemann, Senatsdirektor in der Kulturbehörde, der es zuvor schon in ➢*Bremen* als Leiter der Kulturverwaltung unter demselben Namen eingeführt hatte. Die Ziele sind: Verbesserung der städtischen Umwelt, Ausprägung der urbanen Identität Hbgs und der Eigenart seiner Stadtteile. Dahinter steht die Auffassung, Kunst solle nicht „Bekanntes noch einmal vorführen", sondern „Störfaktor, Irritation, Denkanstoß" sein. Über Projekte entscheidet drei- bis viermal jährlich die „Kunstkommission" aus bildenden Künstlern, Experten aus Kunstinstitutionen, Architektenschaft und Kulturbehörde sowie Bezirksvertretern. Die Künstlerinnen und Künstler sind eingeladen, eigenständig Projekte vorzuschlagen. Zu den noch während der 1980er Jahre realisierten, teils heftig umstrittenen Projekten gehören H. Hellingers Eisenplastik am Spadenteich und F.E. Walthers halb stählernes, halb immaterielles Kunstwerk „Sieben Orte für Hamburg" in der Innenstadt. *luz*

Kunsterziehungsbewegung Wie der Schulunterricht Ende des 19. Jhs im Wesentlichen Aufnahme von unverarbeitetem Wissen bedeutete, so bestand der Zeichenunterricht aus bloßem Kopieren von Vorlagen. Dies zugunsten einer Entwicklung der Ausdrucksfähigkeit des Kindes zu ändern wurde pädagogische Reformaufgabe der dt. K. Die Jugend sollte „im Geist lebendiger Kunst" erzogen werden (A. ➢*Lichtwark*). Die aus der engl. Kunsthandwerker-hervorgegangene Jugendstilbewegung mit ihren Kunstgewerbeschulen sowie der Aufstieg der Psychologie, v.a. der neueren Wahrnehmungspsychologie, führten zur Entdeckung der Kinderzeichnung als eines eigenen Ausdrucks und zur Abkehr von klassischen Ornamenten hin zum Zeichnen nach der Natur. Zum Reformmittelpunkt wurde die 1896 in Hbg gegründete Lehrervereinigung für die Pflege der künstlerischen Bildung. Mitbegründer war mit C. Götze der Leiter der seit 1905 monatlich erscheinenden Zeitschrift „Der Säemann". Sie war ein Jahr zuvor unter dem Titel „Pädagogische Reform" als Vierteljahrsschrift gegründet worden und bestand neben der gleichnamigen wöchentlichen Zeitschrift, die seit 1877 eine Freie Vereinigung von Lehrern herausgab. Die eigene schöpferische Tätigkeit des Kindes wurde entdeckt und im Rahmen der Ausstellung „Das Kind als Künstler" in der ➢*Hamburger Kunsthalle* 1897 vorgestellt. Die Bemühungen um eine Reform des künstlerischen Unterrichts, die auch eine allgemeine Revision der Lehrmethoden anstrebte, mündeten in drei Tagungen („Kunsterziehungstage"), deren letzte 1905 in Hbg mit den Schwerpunkten Gymnastik und Musik durchgeführt wurde. Ihre direkte Nachfolge fand die Bewegung in der Pädagogik „vom Kinde aus" und in der Forderung nach Einheits- bzw. Versuchsschulen. *gro*

Kunsthalle ➢*Hamburger Kunsthalle*

Kunstverein Die Geschichte des K.s reicht bis in das Jahr 1817 zurück, als sich im Haus des Bleideckermeisters D.Chr. ➢*Mettlerkamp* kunstliebende Bürger trafen, um sich über Kunst zu unterhalten und Kunst-

Die Markthalle ist Sitz des Kunstvereins und der Freien Akademie der Künste, eine wichtige Station der Kunstmeile, die von der Kunsthalle über das Museum für Kunst und Gewerbe, die Markthalle und die Deichtorhallen zum Bucerius Kunst Forum führt.

werke zur gegenseitigen Anregung zu studieren. 1822 gaben sich 19 Mitglieder ein erstes Statut. 1826 veranstaltete der Verein die erste öffentliche Kunstausstellung in einem Rohbau eines seiner Mitdirektoren, des Architekten A. de ➢*Chateauneuf*, und 1836 begann der Aufbau einer eigenen Kunstsammlung. In den Börsenarkaden wurde 1850 eine vom Verein betriebene Gemäldegalerie eröffnet, die „jedem anständig Gekleideten“ offenstand. Sie bildete den Grundstock für die spätere ➢*Hamburger Kunsthalle.*

Nach Quartieren am ➢*Neuen Wall* (1899) und im Kunstausstellungshaus in der Neuen Rabenstraße (Architekt K. ➢*Schneider*, 1929/30, zerstört 1943) erhielt der K. 1963 am Ferdinandstor vor dem Altbau der Kunsthalle ein neues Gebäude des Architekten P. Seitz. Der annähernd quadratische Kubus mit angeschlossenem Flachbau wurde für die von O.M. Ungers entworfene „Galerie der Gegenwart“ abgerissen. Etwa 3.000 Kunstfreunde aus Hbg und Umgebung nutzen als Mitglieder das Angebot des K.s, sich durch Ausstellungen, Vorträge, Künstlergespräche und Reisen mit Gegenwartskunst auseinanderzusetzen.

Sitz des Vereins ist seit 1993 der aufwendig renovierte südl. Anbau der ➢*Markthalle*, in dem auch die 1950 gegründete ➢*Freie Akademie der Künste* und das Kunsthaus mit dem Berufsverband bildender Künstler (BBK) angesiedelt sind. *SH*

Zu den besonders schmerzlichen Kriegsverlusten gehört das Gebäude des Kunstvereins an der Neuen Rabenstraße von Karl Schneider, 1929/30.

Kurantmark (Mark Courant) Als Kurantmünze (frz. courant = laufend) wird die vollgewichtig ausgeprägte Landesmünze bezeichnet, bei der Nennwert, die aufgeprägte Wertangabe, und Metallwert übereinstimmen. Dieses auch als „Grob-Courant“ bezeichnete Münzgeld war im Kleingeldverkehr jedoch immer weniger in Umlauf. Die fortschreitenden Münzverschlechterungen seit dem Mittelalter führten dazu, dass im alltäglichen Zahlungsverkehr eine immer größere Menge von kuranten Münzen notwendig war, um den Wert einer Gewichtsmark Silber zu repräsentieren. Zur Abschwächung dieser instabilen Währungsverhältnisse wurde bei der Gründung der ➢*Hamburger Bank* mit der ➢*Bankomark* eine stabile Verrechnungseinheit geschaffen. *RW*

Hamburger Kurantmünzen aus dem 16.–19. Jahrhundert (von oben links nach rechts): 32 Schilling von 1758 mit dem Reichsadler und den Reichsinsignien auf dem Revers (Rückseite), 32 Schilling von 1755 mit dem hamburgischen Wappen auf dem Avers (Vorderseite), Doppelschilling von 1599, Schilling von 1855, Mark von 1679, Taler von 1620, 24 Schilling von 1762

Kyrion lautet die griech. Bezeichnung für die „höchste Gewalt“ im Sinne von staatlicher Herrschaft. Zur Schlichtung der lang andauernden Streitigkeiten zwischen ➢*Rat* und ➢*Erbgesessener Bürgerschaft* um die ➢*Souveränität* wurde 1712 im Hauptrezess (➢*Rezess*) festgelegt, dass sie von da an beiden „inseparabile nexu conjunctim“ (ungetrennt und in unlösbarer Verbindung) zustehen sollte und nicht „bei einem oder andern Theile privative“ läge. Diese gemeinsame Ausübung der Legislative galt bis zum Ende des Ersten Weltkriegs auch in ➢*Lübeck* und ➢*Bremen*. Erst die ➢*Verfassung* von 1921 legte als Grundsatz fest: „Alle Staatsgewalt geht vom Volke aus“ (Art. 1), und wies damit die Legislative ausschließlich der gewählten ➢*Bürgerschaft* zu. *Ah*.

Labskaus heißt ein Eintopf aus gestampftem Pökelfleisch (Rind- und/ oder Schweinefleisch) und gestampften Kartoffeln als Grundrezept. Nach Belieben werden Zwiebeln, Salzgurken, Rote Bete dazugemischt oder separat serviert, ebenso möglich sind Matjes oder saure Heringe sowie Spiegeleier; auch die Gewürze variieren. L. ist ein traditionelles Seefahrergericht der Segelschiffzeit, dessen Grundzutaten schon vor Erfindung moderner Konservierungsmethoden länger haltbar waren. Variation und Qualität der verwendeten Lebensmittel ergaben sich zwangsläufig, das Rezept „wusste" häufig nur der Smutje. Der Name stammt mit „lobs-cou(r)se" aus dem Englischen und bedeutet Speisegang für derbe Männer. Seit 1701 ist er nachweisbar.

L. ist kein typisch hbg. Gericht. Bis ins 20. Jh. erschien es als Seefahrer-, d.h. Arme-Leute-Gericht nicht in den gutbürgerlichen Hbger Küchen, deren Rezepte sich zudem von denen des bäuerlichen Küsten- und Umlandes durch die aus aller Welt importierten Lebensmittel eher als luxuriös auszeichneten. Seit dem Aussterben der Segelschifffahrt und der nostalgischen Hinwendung zu heimatlichen Traditionsgerichten der einfacheren Leute findet sich L. in all seinen Variationen heute auf jeder Speisekarte guter Traditions-Restaurants in Hbg und der ganzen norddt. Küstenregion. *To*

Laeisz (gesprochen: Leiß) ist der Name einer aus Schwaben stammenden Familie, deren Angehörige in der zweiten Hälfte des 19. Jhs zu den führenden Reedern in der Hansestadt zählten: **Ferdinand** (geb. 2.1.1801 Hbg, gest. 7.2.1887 ebd.) stammte aus kleinen Verhältnissen und stieg vom Handwerkergesellen zum Kaufmann in Kolonialproduktion auf. Zusammen mit seinem Sohn **Carl Heinrich** (geb. 27.4.1828 Hbg, gest. 22.3.1901 ebd.) dehnte er die geschäftlichen Aktivitäten immer stärker auf den Reederei- und Versicherungssektor aus. Die Schiffe der „Flying-P-Linie" – so benannt, weil alle Schiffsnamen (bis heute) mit einem „P" beginnen (wie „Pamir", „Passat", „Peking", „Potosi", „Preußen" usw.) – galten als Inbegriff technischer Perfektion. Sie waren insbesondere als „Salpeter-Clipper" in der Linienfahrt um das Kap Hoorn nach Chile eingesetzt und genossen internationales Ansehen. Neben dem Aufbau der eigenen Seglerflotte beteiligten sich die L. seit der Gründung der ➢*HAPAG* (1847) an der Errichtung fast aller hbg. Aktienreedereien. Der Enkel **Carl Ferdinand** (geb. 10.8.1853 Hbg, gest. 22.8.1900 ebd.), ab 1887 Vorstandsvorsitzender der See-Berufsgenossenschaft, hat den Aufbau dieser wichtigen berufsständischen Selbstverwaltungskörperschaft geprägt. 1898 entstand unter Beteiligung von M. ➢*Haller* das ➢*Kontorhaus* Laeisz-Hof an der ➢*Trostbrücke*, das bis heute Firmensitz geblieben ist. Die in den ➢*Landesfarben* gehaltene Reedereiflagge zeigt ein rotes FL auf weißem Feld. *Ah.*

Der Reeder Carl Heinrich Laeisz dehnte die geschäftlichen Aktivitäten der Reederei Laeisz immer stärker auf den Reederei- und Versicherungssektor aus.

Laeiszhalle ➢*Musikhalle*

Lämmermarkt hieß ein Hbger Jahrmarkt, der am Freitag vor Pfingsten abgehalten wurde. Er ist erstmals 1722 vor dem ➢*Steintor* in ➢*St. Georg* als beliebte Veranstaltung für Kinder belegt. Neben Lämmern, Schafen und Ziegen wurde eine Vielzahl an Spielzeugen angeboten, bis im frühen 19. Jh. auch Karussellbetreiber und andere Schausteller zum Vergnügen beitrugen. 1873 wurde er das letzte Mal in der Gegend des heutigen ➢*Museums für Kunst und Gewerbe* abgehalten und wechselte dann vor das Lübecker Tor. Der letzte L. fand 1914 statt. *Ti.*

Lämmertwiete Das letzte noch einigermaßen geschlossen erhaltene Ensemble ➢*Harburger* bürgerlicher Fachwerkhäuser des 16.–18. Jhs wurde ab 1975 durch das Bezirksamt Harburg, das ➢*Denkmalschutz*amt, den Verein zur Förderung der Harburger Altstadt und kooperationsbereite Grundeigentümer zu einem Milieugebiet als Fußgängerzone mit abwechslungsreicher Gastronomie umgestaltet. Teile der Originalsubstanz gingen verloren. Von den urspr. zwölf Fachwerkhäusern sind vier mehr oder weniger erhalten, vier in Anlehnung an das Original neu aufgebaut worden. Anstelle des Aufbaus eines weiteren erfolgte die fassadengetreue Rekonstruktion des vormals am Kleinen Schippsee belegenen Mayrschen Hauses aus dem 17. Jh. *Ri.*

Schmuckstück der Harburger Altstadt: Blick in die liebevoll restaurierte Lämmertwiete

Ländervereine In Hbg haben einige der bedeutendsten dt. L. ihren Haupt- oder Nebensitz; in Berlin ist hier freilich seit der Wiedervereinigung eine starke Konkurrenz entstanden. Es handelt sich vor allem um den ➢*Ostasiatischen Verein* (seit 1900), den Lateinamerika Verein (seit 1916, ➢*Iberoamerika*), den Afrika-Verein (seit 1934) und den Ost- und Mitteleuropa-Verein (seit 1990). Die L. sind privatrechtliche, von großen Konzernen unterstützte, teils öffentlich, von diversen Ministerien bezuschusste Vereine, deren Zielsetzung die Förderung der Wirtschaftsbeziehungen mit einem bestimmten Land oder einer Region ist. Eine enge Zusammenarbeit besteht mit dem Deutschen Industrie- und Handelskammertag. L. sind in erster Linie als Service-Institutionen für Mitgliedsfirmen gedacht, stellen ihr umfangreiches Wissen über die Länder ausgewählter Regionen auch der Politik zur Verfügung und halten – beispielsweise durch Tagungen – Verbindung mit der Wissenschaft. Z.T. in ihren Anfängen ins 19. Jh. zurückreichend, wurden die L. jeweils durch Kaufleute gegründet. Der Ostasiatische Verein (OAV, German Asia-Pacific Business Association), das „Netzwerk der deutschen Asienwirtschaft", der den ehemals eigenständigen Australien-Neuseeland-Südpazifik Verein einschließt, organisierte 2009 zum 89. Mal sein „Ostasiatisches Liebesmahl" für Vertreter aus Wirtschaft und Politik. Der Lateinamerika Verein (LAV) veranstaltete 2009 den 60. Lateinamerika-Tag. Der Afrika-Verein geht indirekt auf A. ➢*Woermann* zurück, der schon 1884 ein Westafrika-Syndikat ins Leben gerufen hatte; nachdem 1902 ein Verein der Westafrika-Kaufleute entstanden war, mündeten diese Aktivitäten 1934 in den Afrika-Verein (damals noch Afrika-Verein Hamburg-Bremen e.V.), heute „Afrika-Verein der Deutschen Wirtschaft/German-African Business Association". Ebenfalls 1934 entstand in Berlin der Deutsche Orient-Verein, 1950 als Nah- und Mittelostverein (NUMOV) in Hbg neu gegründet, „Deutschlands älteste Fachorganisation" für jene Region. 1960 gründete der NUMOV die Deutsche Orient-Stiftung als Trägerin des Deutschen Orient-Instituts. NUMOV, Orientstiftung und Orientinstitut residieren seit 2007 nicht mehr in Hbg, sondern in Berlin, während in Hbg seither das Institute of Asian Studies/Institut für Asien-Studien (IAS, 1956 begründet) im Rahmen des German Institute of Global and Area Studies (GIGA) arbeitet, welches seinerseits auf das Deutsche Überseeinstitut zurückgeht. Der Ost- und Mitteleuropa Verein e.V. (OMV) mit Sitz in Berlin und Hamburg fördert die wirtschaftlichen Beziehungen auch mit den GUS-Ländern. *luz*

Landesbischof Das Amt des L.s wurde erst 1933 eingerichtet. 1529 wurde mit der Kirchenordnung von J. ➢*Bugenhagen* das Amt des Superintendenten geschaffen, der über den ➢*Hauptpastoren* stand und die Aufsichtsfunktion über die Geistlichen innehatte sowie die Einheit der kirchlichen Lehre überwachen sollte. 1593 wurde dieses Amt nicht wieder besetzt, dafür schuf der ➢*Rat* das Seniorat. Zum Senior gewählt wurde – zunächst vom ➢*Senat*, ab 1870 vom Kirchenrat, seit 1919 von der Synode – in der Regel der amtsälteste Hauptpastor, der als primus inter pares (Erster unter Gleichen) die Sitzungen des ➢*Geistlichen Ministeriums* leitete und dem Kollegium der Hauptpastoren vorstand. Seit den 1920er Jahren wurde die Einführung eines hierarchischen Bischofsamts diskutiert, die erst nach der Machtübertragung an die Nationalsozialisten (➢*NS-Zeit*) realisiert werden konnte. Am 29.5. 1933 verabschiedete die Synode das Gesetz betreffend den L., der die Führung der Kirche und umfangreiche Befugnisse innehatte. Als erster L. wurde S. ➢*Schöffel* (➢*St. Michaelis*) gewählt. Von Juli 1933 bis zum März 1934 bestand auch das mit Th. ➢*Knolle* (➢*St. Petri*) besetzte Amt des Generalsuperintendenten erneut. 1959 wurde die Amtsbezeichnung L. in „Bischof" geändert, er wurde von der Synode in geheimer Wahl auf Lebenszeit gewählt; Stellvertreter war der Senior, der amtsälteste Hauptpastor. Mit dem Aufgehen der ➢*Hamburgischen Landeskirche* in der ➢*Nordelbischen Evangelisch-Lutherischen Kirche* 1977 wurde die Amtszeit des Bischofs für Hbg auf zehn Jahre – mit Möglichkeit einer Wiederwahl – begrenzt. 1992 wurde mit M. Jepsen in Hbg die erste ev.-luth. Bischöfin der Welt gewählt. *He.*

Landesfarben Die ➢*Verfassung* von 1952 regelt die L. vor den Bestimmungen für ➢*Wappen* und ➢*Flagge*. Sie sind weiß-rot. Dies legte der ➢*Rat* erstmals 1834 fest und beendete damit die bisweilen umgekehrte Reihenfolge der beiden Farben, die als solche seit dem 16. Jh. in Gebrauch sind. Die Verwendung der Reichsfarben Weiß und Rot betonte den Anspruch, freie Reichsstadt des ➢*Heiligen Römischen Reiches Deutscher Nation* zu sein. *HWE*

Landgebiet Als L. wurde das außerhalb der befestigten Stadt liegende hbg. Territorium bezeichnet, das sich teils an die Stadtmauern anschloss, teils unmittelbar an wichtigen Handelswegen lag. Die Sicherung dieser Routen einerseits und der militärische Schutz der Stadt andererseits waren Hauptziele der hbg. Territorialpolitik. So erwarb Hbg die Insel ➢*Neuwerk* (1299), das Amt Ritzebüttel (1394; ➢*Cuxhaven/Ritzebüttel*) sowie die Pfandherrschaft über das Land Hadeln (1402–81) zur Sicherung der Elbmündung und schützte die Schifffahrt auf der ➢*Alster* und den Landweg nach ➢*Lübeck* durch Pfandnahme oder Kauf zahlr. Dörfer im nördl. und nordöstl. Umland. Auch die Eroberung des fortan ➢*beiderstädtisch* verwalteten Amtes ➢*Bergedorf* (mit den ➢*Vierlanden* und der Dorfschaft ➢*Geesthacht* im Herzogtum Lauenburg) durch lübeck. und hbg. Truppen im Jahr 1420 diente der Sicherung des Warenverkehrs. Episode blieb zwischen 1434 und 1453 der Besitz Emdens und Ostfrieslands (D. ➢*Bremer*).

Bis zur Neuordnung im Jahr 1830 war das außerstädtische Gebiet in sieben sog. Landherrenschaften eingeteilt:

1. ➢*Hamm* und ➢*Horn*
2. ➢*Hamburger Berg* (seit 1833 ➢*St. Pauli*)
3. ➢*Bill-* und ➢*Ochsenwerder* (1395, seit 1835: Landherrenschaft ➢*Marschlande*)
4. ➢*Walddörfer*
5. die ehem. geistlichen Ländereien (Gebiet des ➢*St.-Georgs-Hospitals*, des ➢*Johannis-Klosters*, des ➢*Hospitals zum Heiligen Geist*)
6. Amt Ritzebüttel
7. Amt Bergedorf, bis 1867 gemeinschaftlicher Besitz von Lübeck und Hbg.

Die rechtliche Bindung der einzelnen Gebiete an die Stadt war unterschiedlich. Jedem der Bezirke standen zwei Ratsherren (die sog. Landherren) vor, die Verwaltung und Gerichtsbarkeit ausübten. Rechtlich waren die Landbewohner denen der Stadt nicht gleichgestellt. Sie durften weder in der Stadt einem Gewerbe nachgehen, noch besaßen sie politische Mitbestimmungsrechte (➢*Wahlrecht*). Auch die Reorganisation von 1830 bedeutete im Wesentlichen nur eine Neueinteilung des L.s. Fortan teilte es sich in die beiden Vorstädte ➢*St. Georg* und Hamburger Berg (deren Bewohner 1833 zum Stadtbürgerrecht zugelassen wurden), in die Landherrenschaft der Marschlande und der ➢*Geestlande* sowie in die Ämter Ritzebüttel und Bergedorf. Durch die Landgemeindeordnung von 1871 wurden die 15 der Stadt am nächsten gelegenen Ortschaften direkt den städtischen Behörden unterstellt und hießen später ➢*Vororte*. Noch in der Verfassung von 1921 waren die Landgemeinden (mit Selbstverwaltung unter Aufsicht des ➢*Senats*) garantiert, bis nach dem ➢*Groß-Hamburg-Gesetz* 1937/38

Entwicklung des hamburgischen Landgebietes

die Einheitsgemeinde geschaffen wurde (➢*Stadtstaat*). *SH*

Landgericht (LG) Das LG entstand aufgrund der sog. Reichsjustizgesetze von 1879 (➢*Gerichtswesen*) als erstinstanzliches und Rechtsmittelgericht der sog. ordentlichen Gerichtsbarkeit. Seine Vorgänger waren das ➢*Handels-*, das ➢*Nieder-* und das ➢*Obergericht*. Auf einigen Rechtsgebieten ist das LG über das hbg. Staatsgebiet hinaus zuständig, z.B. in Streitigkeiten in Patentsachen auch für ➢*Bremen*, Mecklenburg-Vorpommern und Schleswig-Holstein. An ihm sind heute ein Präsident, ein Vizepräsident und rund 230 Richterinnen und Richter tätig. Es bestehen 31 Große und 37 Kleine Strafkammern sowie eine Kammer für Steuerberatersachen, 33 Zivil- und eine Spezialkammer für Baulandsachen sowie 18 Kammern für Handelssachen. Der Hauptsitz des LGs befindet sich am ➢*Sievekingplatz*. *JA*

Landhaus Das L. hat eine lange Tradition als ➢*Wohnform* der Hbger Oberschicht. Nachdem im Mittelalter der Grundstücks- und Häuserkauf von Hbger Bürgern vor der

Die Karte des hamburgischen Landgebiets folgt der Übersicht in Karl Wölfles Geschichtsatlas von 1926 und zeigt auch den Lübecker Besitz.

Stadt in erster Linie der Selbstversorgung mit Lebensmitteln gegolten hatte, trat die gleichzeitige Nutzung als Sommeraufenthalt außerhalb

Ein typisches Landhaus ist das von Johann August Arens für Caspar Voght 1794–97 errichtete Anwesen in Nienstedten. Auf dem Aquarell von Johann Jacob Gensler (1837) ist rechts im Vordergrund der Hausherr mit seinem Geheimsekretär und Vorleser zu sehen.

Die Frauenrechtlerin Helene Lange war Alterspräsidentin der ersten Bürgerschaft in der Weimarer Republik. Zeitgenössische Porträtzeichnung

des unruhigen Hbgs zunehmend in den Vordergrund. Die L.kultur begann im 16. Jh. mit der Errichtung von Landsitzen östl. von Hbg (in der Gegend der heutigen Stadtteile ➢*Hamm* und ➢*Horn* und bis in die Elbmarschen). Später setzte sie sich im Westen in den „Elbvororten" fort und kam im 18. Jh. zu ihrer Blütezeit. Zunächst im frz., dann im engl. Stil entstanden um die L. herum Ziergärten und Parklandschaften (➢*Jenischpark*). Im Laufe des 19. Jhs wurden L. immer häufiger ganzjährig bewohnt und entwickelten sich somit zur Villa im heutigen Sprachgebrauch.

Weltberühmt wurde der ➢*Klein Flottbeker* Landsitz von C. ➢*Voght* durch dessen Mustergut. Am ➢*Billwerder* Bill*deich* ist mit dem um 1600 errichteten Glockenhaus ein frühes L. erhalten. Es erhielt seinen Namen nach dem Glocken-Dachreiter auf dem spitzgiebligen Dacherker an der Vorderseite. Zwischen 1779 und 1785 wurde es durch den Hbger ➢*Oberalten* P.D. Kern umgebaut und im Stil der Zeit eingerichtet. Seit 1972 steht dieses L. unter ➢*Denkmalschutz.* Die Restaurierung des verfallenden Gebäudes dauerte bis 1983, bevor im Jahr darauf das ➢*Deutsche Maler- und Lackierer-Museum* eröffnete. Im „Fahnensaal" wurde die für ein L. um 1800 typische Raumdekoration wiederhergestellt, aus vorheriger Zeit stammt eine aufwendig bemalte Holzdecke (um 1630). *Ti.*

Landungsbrücken ➢*St. Pauli-Landungsbrücken*

Lange, Helene (geb. 9.4.1848 Oldenburg i.O., gest. 13.5.1930 Berlin), Pädagogin. Die Lehrerin und geistige Führerin der zweiten ➢*Frauenbewegung* war Gründerin und bis 1921 Vorsitzende des Allgemeinen deutschen Lehrerinnenvereins, 1902-21 auch Vorsitzende des Allgemeinen Deutschen Frauenvereins (ADF), der 1910 mit der Zusatzbezeichnung Verband für Frauenarbeit und Frauenrechte in der Gemeinde seine kommunalpolitischen Ambitionen signalisierte. Sie kam 1916 zusammen mit ihrer Lebensgefährtin G. Bäumer, der Vorsitzenden des Bundes Deutscher Frauenvereine, nach Hbg, um gemeinsam mit ihr am neu gegründeten ➢*Sozialpädagogischen Institut* zu unterrichten. 1919 gelangte sie als Abgeordnete der ➢*DDP* in die ➢*Bürgerschaft* und eröffnete deren konstituierende Sitzung am 24.3.1919 als Alterspräsidentin. Im September 1919 gab sich der ADF in Hbg ein Kommunalpolitisches Frauenprogramm. 1920 kehrte L. nach Berlin zurück, als Bäumer Ministerialrätin im Reichsinnenministerium wurde. 1927 erhielt die staatliche Oberrealschule für Mädchen in ➢*Eimsbüttel* ihren Namen (heute: Helene-Lange-Gymnasium). *luz*

Langenbeck, Hermann (geb. 1452 Buxtehude, gest. 1.5.1517 Hbg), Jurist, Bürgermeister. L. kam nach dem Studium der Rechtswissenschaft nach Hbg. Hier wurde er 1478 ➢*Ratsherr* und 1481 ➢*Bürgermeister.* Mit ihm begannen – neben den bis dahin allein als ratsfähig anerkannten Kaufleuten und Brauhausbesitzern (➢*Bier*) – die Juristen im Rat eine Rolle zu spielen. Mehrfach übernahm er wichtige auswärtige Missionen. Geschickt sorgte er dafür, dass Hbg durch eine konsequente Neutralitätspolitik seine unabhängige Stellung zwischen dem Reich und ➢*Dänemark* weiter ausbauen konnte. Ebenso bedeutsam war sein Einfluss auf das Stadtregiment. So war L. maßgeblich an der Wiederherstellung des inneren Friedens nach den Teuerungsunruhen (➢*Bürgerunruhen*) durch den ➢*Rezess* von 1483 beteiligt und hatte dabei den Bürgereid in ➢*plattdeutscher* Sprache aus dem Stegreif formuliert; ab 1845 wurde dieser Eid hochdt. abgelegt (➢*Bürgerrecht*). Die reich bebilderte Handschrift des Hbger ➢*Stadtrechts* von 1497, die über Leben und Treiben im mittelalterlichen Hbg Auskunft gibt, entstand auf seine Veranlassung. *SH*

Langenbek ist der Name eines Stadtteils im ehem. ➢*Kerngebiet* des Bezirks ➢*Harburg* mit 0,8 km² Fläche und 4.142 Einw. (2009). Die erste Erwähnung um 1306/24 nennt einen Hof mit Wassermühle, 1488 waren es zwei Höfe mit Wassermühle. 1667 ist ein einstelliger Hof belegt, 1755 sind es ein Vollhufner und ein Zubauer. 1839 gab es zwei Stellen. 1937 kam L. vom Landkreis Harburg nach Hbg. 1950–70 erfolgte die intensive Bebauung mit überwiegend zweigeschossigen Reihenhäusern, 1973–75 die Anlage des Friedhofs Langenbek durch das Bezirksamt, 1987–94 entstand die gemischte Wohnsiedlung „Langenbeker Feld“ auf der letzten bis dahin in größerem Umfang landwirtschaftlich genutzten Fläche. *Ri.*

Langenfelde An der Chaussee von ➢*Altona* nach Kiel entstand in der Gemarkung des Dorfes ➢*Stellingen* neben einer bereits im 18. Jh. bestehenden Zollstelle eine kleine Ansiedlung mit den ausgebauten Stellen eines Zollverwalters, eines Zollkontrolleurs, mehrerer Unterzollbeamter und eines Chausseegeldeinnehmers. Bei L. wurde nach 1870 an der Eisenbahnstrecke Altona–Elmshorn ein ausgedehntes Gleisareal aufgebaut, das dem Rangierbetrieb für den Kopfbahnhof Altona (➢*Altonaer Bahnhof*) dienen sollte und auch den noch heute bestehenden Betriebsbahnhof L. aufnahm. *LS*

Langenhorn ist ein Stadtteil mit 13,8 km² Fläche und 41.172 Einw. (2009) im ehem. Ortsamtsgebiet ➢*Fuhlsbüttel* des Bezirkes ➢*Hamburg-Nord.* L. wurde urkundlich erstmals 1283 genannt. 1332 kam es von den Grafen von ➢*Holstein* an die Hbger Familie vom Berge. Zwischen 1514 und 1615 erwarb das ➢*St.-Georgs-Hospital* den Ort, der 1830 an die Landherrenschaft der ➢*Geestlande* gelangte und 1913 nach Hbg eingemeindet wurde. Mitte des 19. Jhs waren in dem lang gestreckten Dorf an der von Hbg nach Norden führenden Chaussee sieben Voll- und drei Halbhufen vorhanden, außerdem bestanden 56 Brinksitzer- und Anbauerstellen. Die meisten der 895 Einw. lebten von der Landwirtschaft, einige waren als Handwerker und Gastwirte tätig.

Die 1921 fertiggestellte Hochbahnverbindung (➢*U-Bahn*) zum Ochsenzoll an der Grenze zu Schleswig-Holstein, wo 1612–1867 eine Zollstelle eingerichtet war, führte zu stärkerer Besiedlung. Im Süden entstand seit 1913 die Siedlung Siemershöh, eine Gründung von E. ➢*Siemers* im Geiste der ➢*Gartenstadtbewegung*. Im Norden schuf F. ➢*Schumacher* 1919–21 die nach seinem Tode 1949 ihm zu Ehren umbenannte Kleinhaus-Siedlung L. Seinen Namen trägt auch die von ihm 1928–30 erbaute Schule, bis heute das kulturelle Zentrum der Siedlung und Heimat der ➢*Griffelkunst-Vereinigung*, die 1925 in L. ihre Arbeit begann.

1893 wurde in L. die Irrenanstalt L. errichtet, zunächst als Filiale der Irrenanstalt Friedrichsberg, seit 1898 als selbstständige Institution (➢*Friedrichsberg*). In der ➢*NS-Zeit* war die Staatskrankenanstalt L. die einzig verbliebene staatliche Anstalt für Geisteskranke in Hbg. Eine 1993 erschienene Darstellung zeigt auf, dass von 3.755 im Rahmen der „Euthanasie" aus L. abtransportierten Pflegebefohlenen nachweislich 2.668 ermordet wurden. 1952 wurde die L.er Anstalt in das Allgemeine Krankenhaus Ochsenzoll umgewandelt.

Seit 1935 gehörte L. zu den Standorten der Rüstungsindustrie in Hbg. Neue Siedlungen entstanden im Nordosten des Stadtteils, so an der Essener Straße 1939/40 die Schwarzwaldsiedlung, in die Facharbeiter aus dem Schwarzwald einzogen, die in L. Präzisionsuhren und Bombenzünder herstellten. Weltweit bekannt wurde L., als der dort wohnende Bundeskanzler H. Schmidt während seiner Amtszeit 1974–82 Staatsbesucher in sein Reihenhaus einlud. *Ko.*

Archivar, Historiker und erster Vorsitzender des Vereins für Hamburgische Geschichte: Johann Martin Lappenberg. Zeichnung von Carl Julius Milde (1834) aus dem Besitz des Vereins

Lappenberg, Johann Martin (geb. 30.7.1794 Hbg, gest. 28.11.1865 ebd.), Archivar, Historiker. L.s Jugend fiel in die ➢*Franzosenzeit*, die ihn der patriotischen Bewegung nahebrachte (➢*Patrioten*). Statt sich jedoch nach Besuch von ➢*Johanneum* und ➢*Akademischem Gymnasium* 1813 dem Befreiungskorps des russ. Generals F.C. von Tettenborn anzuschließen, ging er gemäß väterlichem Willen zum Medizinstudium nach Edinburgh. 1815 kehrte er nach Dtld zurück, studierte Jura in Berlin und Göttingen; dort wurde er 1816 promoviert. 1819 erfolgte seine Wahl zum hbg. Ministerresidenten in Berlin.

Von seinen Aufgaben nicht ausgefüllt, erhielt L. 1823 als hbg. Archivar die Stellung eines ➢*Rats*sekretärs, die neben der Archivarbeit die Anfertigung historisch-juristischer Gutachten und die Erfüllung gelegentlicher diplomatischer Aufträge verlangte. Seit 1826 redigierte er die Edition der hbg. Verordnungen. L. erreichte eine Öffnung des Archivs für die historische Forschung, in der er sich selbst in vielfältiger Weise verdient machte. In seiner Neubearbeitung der zweibändigen „Urkundlichen Geschichte des Ursprungs der deutschen Hanse" von G.F. Sartorius bot er ein wesentlich korrigiertes Bild von den Anfängen der ➢*Hanse*. Aus einem Gutachten anlässlich der Verkaufsverhandlungen ging seine Geschichte des ➢*Stalhofs* in London hervor. Grundlegend für die Hanseforschung wurde die Edition der Hanserezesse, die L. für die Münchner Historische Kommission anregte und vorbereitete. 1828 gewannen ihn F.Chr. Dahlmann und

B.G. Niebuhr zur Mitarbeit an den „Monumenta Germaniae Historica", der großen dt. Quellensammlung des Mittelalters, für die er Werke zahlr. norddt. Chronisten des Mittelalters herausgab, darunter Thietmar von Merseburg, Adam von Bremen und Helmold von Bosau. 1864 wurde L. in die Zentralredaktion berufen. Angeregt von F. ➢*Perthes*, hatte er 1834/37 eine zweibändige Geschichte Englands veröffentlicht. L.s langjährige Freundschaft mit J. Grimm wurde fruchtbar für mehrere Arbeiten zur dt. Literaturgeschichte, insbesondere Ausgaben der Gedichte P. Flemings und der Briefe von und an F.G. ➢*Klopstock*. Den umfangreichsten Teil seines Werkes bilden jedoch Arbeiten zur hbg. Geschichte, besonders in der ➢*Zeitschrift des Vereins für Hamburgische Geschichte*; dem Verein selbst stand er seit dessen Gründung 1839 vor. L. verfasste richtungweisende Aufsätze zur hbg. ➢*Verfassungs*geschichte, gab zahlr. Quellenwerke heraus (1842 den ersten Band des Hamburgischen Urkundenbuches), edierte 1861 die hbg. Chroniken in niedersächs. Sprache und 1865 die Chronik A. Tratzigers. L. führte in der vom Handel bestimmten Stadt ein eher zurückgezogenes Leben und stand den politischen Reformen nach 1848 ablehnend gegenüber. Trotz politischer Ambitionen blieb L. Archivar, bis er 1864 in den Ruhestand trat. Als Gelehrter fand er internationale Anerkennung, erhielt zahlr. Ehrungen, darunter die Kieler Ehrendoktorwürde und die Mitgliedschaften der Akademien zu Berlin, Göttingen, München, St. Petersburg und Stockholm. Als der ➢*Verein für Hamburgische Geschichte* 1864 den 25-jährigen Vorsitz L.s feierte, erhielt er die nach ihm selbst benannte Medaille überreicht, die der Verein seither für besondere Verdienste um die hbg. Geschichte verleiht. *RP*

Laufenberg, Heinrich (geb. 19.1.1872 Köln, gest. 3.2.1932 Hbg), Journalist, Politiker. Der bedeutende sozialdemokratische Parteihistoriker („Geschichte der Arbeiterbewegung in Hamburg, Altona und Umgebung", 2 Bände, 1911 und 1931) besuchte das Gymnasium, studierte

Heinrich Laufenberg im Dezember 1918 als Vorsitzender des Arbeiterrates im Hamburger Rathaus, rechts Wilhelm Heise, Erster Vorsitzender des Obersten Soldatenrates

Philosophie und wurde in Rostock promoviert. Nach einem Aufenthalt in England schloss er sich zunächst der kath. Zentrumspartei an, trat aber dann der ➢*SPD* bei. 1904–07 arbeitete er als Redakteur der Düsseldorfer „Volkszeitung", bevor er 1907 nach Hbg übersiedelte und die umfangreichen Recherchen zu seiner Hbger Parteigeschichte begann. Während des Ersten Weltkriegs gehörte L. zu den entschiedenen Gegnern der Kriegskredite und damit zum radikalen Flügel der SPD. Mit F. Wolffheim gründete er die „Linksradikalen". 1918 wurde er Vorsitzender des Hbger ➢*Arbeiter- und Soldatenrates* und 1919 Mitglied der ➢*KPD*, die ihn allerdings wegen anarcho-syndikalistischer Politik ausschloss. L. wurde Mitglied der KAPD (Kommunistische Arbeiterpartei Deutschlands), die ihn ebenfalls – wegen bürgerlich-nationalistischer Abweichungen – ausschloss. Wiederum mit F. Wolffheim rief er 1920 den Bund der Kommunisten ins Leben, zog sich dann aber aus der aktiven Politik zurück. *AGr.*

Leichenbegängnisse waren v.a. im 17. und 18. Jh. für die Hbger Oberschicht ein bedeutendes gesellschaftliches Ereignis. Sog. Leichenbitter bestimmten die Zeit des Trauerzuges und sprachen die Einladungen aus; Letzteres geschah bei besonders vornehmen Verstorbenen durch ➢ *Reitendiener*. Ein an der ➢*Börse* angeschlagener öffentlicher Leichenzettel kündigte das L. an. In dessen Mittelpunkt stand der Sorgemann (Trauermann) als Repräsentant der Familie. Der Trauerzug konnte mehrere Hundert Personen umfassen. Er wurde von Singschülern begleitet und von Weinausschank sowie einem opulenten Trauermahl abgerundet. Aus der zweiten Hälfte des 18. Jhs sind prachtvolle, fackelbeleuchtete „Abendleichen" bekannt. Durch die Verlegung der Begräbnisplätze vor die ➢*Stadttore* (➢*Friedhöfe*) wurde die gesellschaftliche Wirkung der L. bereits relativiert, bevor im Verlauf des 19. Jhs ihre Bedeutung stark nachließ. Die Eröffnung des weit vom Stadtzentrum entfernten ➢*Ohlsdorfer Friedhofs* (1877) entzog dieser Tradition endgültig den Boden. *NF*

Leip, Hans (geb. 22.9.1893 Hbg, gest. 6.6.1983 Fruthwilen/Schweiz), Schriftsteller, Maler, Grafiker. L. wuchs als Sohn eines Seemanns und Hafenarbeiters in Hbg auf, wo er ab 1914 als Volksschullehrer tätig war. Nach der Einberufung zum Kriegsdienst 1915 verfasste er noch während der Grundwehrdienstzeit sein wohl bekanntestes Werk „Lili Marleen". Durch das 1938/39 von N. Schultze vertonte und von L. Andersen interpretierte Lied erlangte L. Weltruhm. Seit August 1941 wurde das Lied täglich vom dt. Soldatensender Belgrad nach den Abendnachrichten, später auch von anderen dt. Sendern ausgestrahlt sowie auf über 2 Mio. Schallplatten in mehr als 20 Sprachen verkauft. Aufgrund einer Kriegsverletzung dienstuntauglich, war L. ab 1917 wieder als Lehrer in Hbg tätig, später auch als Redakteur und Lektor, wobei er sich vermehrt schriftstellerischen und künstlerischen Aufgaben widmete. L.s literarisches Œuvre, hinter dem seine anderen künstlerischen Arbeiten zurücktraten, blieb bis zuletzt vom Expressionismus seiner frühen Werke geprägt. Seine versöhnliche bis liebenswürdige Darstellungsart schützte ihn dabei vor Anfeindungen. Das umfangreiche Werk enthält u.a. Erzählungen, Romane, Gedichte, Schauspiele, Hörspiele und Drehbücher, von denen die meisten maritime Themen behandeln, wie z.B. der in seinem langjährigen Heimatort ➢*Övelgönne* angesiedelte Roman „Jan Himp und die kleine Brise" (1934) um eine Jugendliebe zwischen einem Bootsjungen und einer Reederstochter.

L. war nach 1940 nur noch gelegentlich in seiner Heimatstadt, die

In Hamburg viel gelesen und viel geehrt: der Schriftsteller Hans Leip. Fotoporträt von Lotte Dickmann, New York

ihn mit zahlr. Ehrungen bedachte, u.a. der ➢*Medaille für Kunst und Wissenschaft* (1961), dem vom ➢*Senat* verliehenen Professorentitel (1973) und der ➢*Senator-Biermann-Ratjen-Medaille* (1978). *OK*

Lemsahl-Mellingstedt ist ein Stadtteil im Bezirk ➢*Wandsbek* mit 7,9 km^2 Fläche und 6.440 Einw. (2009). Das Dorf L.-M. ist aus zwei früher selbstständigen Orten entstanden, die zu einem unbekannten Zeitpunkt zusammengelegt wurden. Die erste urkundliche Erwähnung der beiden holstein. Orte geht auf das Jahr 1271 zurück. Seit dem späten 13. Jh. tlw. im Besitz des Hbger ➢*Domkapitels* und des Klosters ➢*Harvestehude*, wurde L.-M. später wieder holstein. Besitz (Amt Tremsbüttel; zur weiteren Entwicklung: ➢*Duvenstedt*). Zum Dorf gehört auch der Ortsteil Trillup. Hier befand sich lange Zeit eine Ziegelei, der besonders im 19. Jh. große Bedeutung zukam. Viele Gebäude in Hbg wurden nach dem ➢*Großen Brand* von 1842 mit dem gelben Trilluper Stein wiederaufgebaut.
Im Ortskern von L.-M. bestimmen bis heute Hofanlagen und Bauernhäuser das Bild. An der Grenze zu Duvenstedt entstanden in den 1990er Jahren zwei dicht bebaute Neubauviertel mit Einzel- und Reihenhäusern. *SH*

Lensing, Elise (geb. 14.10.1804 Lenzen, gest. 18.11.1854 Hbg), Geliebte des Dichters F. Hebbel. Als Tochter eines Bader-Chirurgen erhielt L. eine Ausbildung als Handarbeitslehrerin. Später zog sie zu ihrer Mutter nach Hbg, in deren Wohnung der junge Dichter ein Zimmer gemietet hatte. L. half ihm und unterstützte ihn anfangs auch materiell. Aus der Verbindung entsprangen zwei Söhne, die beide noch im Kindesalter starben. Hebbel sprach zwar von einer „Gewissensehe" mit L., doch heiratete er später die Burgschauspielerin Chr. Enghaus. Nach dem Tod des zweiten Kindes lud diese L. nach Wien ein, wo sie über ein Jahr im Hause der Hebbels blieb. Nach Hbg zurückgekehrt, erkrankte sie an Schwindsucht und starb 50-jährig. S. Knauss hat ihr in ihrem 1981 erschienenen Roman „Ach Elise oder Lieben ist ein einsames Geschäft" ein literarisches Denkmal gesetzt. *BL*

Lessing, Gotthold Ephraim (geb. 22.1. 1729 Kamenz/Oberlausitz, gest. 15.2. 1781 Braunschweig), Schriftsteller, Kritiker. Als L. 1767 nach Hbg kam, zählte er als Schriftsteller und Kritiker, als Autor von Schauspielen und Fabeln zu den führenden Köpfen der dt. ➢*Aufklärung*. Mit Hbg verband L., der zunächst freier Schriftsteller und Journalist, 1760–65 Sekretär eines preuß. Generals in Breslau gewesen war, die Hoffnung auf eine gesicherte Existenz. Doch das Nationaltheater, die „Hamburgische Entreprise", der er als Dramaturg und Kritiker dienen wollte, wurde aufgrund interner Querelen, mangelnden Rückhalts in den hbg. Führungsschichten und der Kluft zwischen Anspruch und Wirklichkeit ein Fehlschlag. Erfolgreichstes Stück war L.s 1766 vollendetes Lustspiel „Minna von Barnhelm", das 1767/68 16-mal aufgeführt wurde. Die urspr. als Wochenschrift geplante „Hamburgische Dramaturgie" wurde zu einem Grundlagenwerk über die Schauspielkunst, ihr Wesen und ihre Wirkungen.
Wie das Nationaltheater scheiterte bald auch das von L. und dem befreundeten Schriftsteller J.J.Chr.

Für Gotthold Ephraim Lessing war Hamburg Ort beruflicher Enttäuschungen und freundschaftlicher Verbindungen. Porträt nach einem Ölbild von Georg Oswald May, 1766

Enthüllung des Lessing-Denkmals auf dem Gänsemarkt 1881. Hundert Jahre zuvor wollte der Rat von der Ehrung im Theater „keine Notiz" nehmen.

Bode begonnene Druckerei- und Verlagsunternehmen, zumal Nachdrucke der „Dramaturgie" das Geschäft schädigten. In Hbg schrieb L. neben kleineren Beiträgen wichtige Werke zur Altertumswissenschaft, die „Briefe, antiquarischen Inhalts" (1768/69) und „Wie die Alten den Tod gebildet" (1769). Zu seinem Freundeskreis gehörten J.A.H. ➢*Reimarus* und seine Schwester E. ➢*Reimarus*, J.G. ➢*Büsch*, Lehrer und Journalisten aus Hbg und ➢*Altona*. Besonders interessiert war L. an der Geschichte der Hbger Oper und Literatur, so am Werk F. von ➢*Hagedorns*, an Büchern und Bibliotheken, auch an der des ➢*Hauptpastors* J.M. ➢*Goeze*.

1770 verließ L. Hbg und wurde Bibliothekar in Wolfenbüttel. Dem Freundeskreis blieb er eng verbunden. Mit Eva König, der Witwe seines Freundes Engelbert König, verlobte er sich 1771. Erst am 8.10. 1776 konnte er sie im Hause des Hbger Kaufmanns J. Schuback in Jork im ➢*Alten Land* heiraten. Am 27.12.1777 starb der zwei Tage zuvor geborene Sohn Traugott, am 30.1.1778 Eva Lessing. Der Briefwechsel zwischen L. und seiner Braut ist eine der menschlich ansprechendsten Korrespondenzen der dt. Literatur, ein wichtiges Zeugnis der Sozial- und Kulturgeschichte jener Zeit.

1771 hatte sich L. in Hbg der ➢*Freimaurerei* angeschlossen. Als er „Fragmente eines Ungenannten", Teile der radikalen Glaubens- und Bibelkritik des H.S. ➢*Reimarus*, die er in Hbg kennengelernt hatte, veröffentlichte, um ein Gespräch über Grundfragen und Grundlagen des christl. Glaubens zu eröffnen, trat ihm J.M. Goeze entgegen. Der Fragmentenstreit erregte 1778/79 großes Aufsehen. L., dem der Landesherr weitere Flugschriften untersagte, veröffentlichte 1779 sein Schlusswort, das Schauspiel „Nathan der Weise".

Als nach L.s Tod das Hbger Theater unter Leitung von C. ➢*Voght* eine Trauerfeier veranstalten wollte, ließ der ➢*Rat* zwar diese Ehrung, aber keine Zeitungsberichte darüber zu. Das Ratsprotokoll vermerkte unter dem 7.3.1781, „daß davon keine Notiz zu nehmen" sei. 1881 wurde auf dem ➢*Gänsemarkt* das von F. Schaper geschaffene L.-Denkmal enthüllt, 1929 stiftete der ➢*Senat* den ➢*Lessing-Preis*. Der Vorschlag des damaligen Rektors H. Sieveking, die Hamburgische Universität (➢*Universität Hamburg*) nach L. zu benennen, blieb ohne größere Resonanz. *Ko.*

Lessing-Preis Anlässlich der 200. Wiederkehr des Geburtstages von G.E. ➢*Lessing* stiftete der ➢*Senat* 1929 den L.-P. als Auszeichnung für Dichter, Schriftsteller und Gelehrte, „deren Werke auf den von Lessing gepflegten Wissensgebieten die Erkenntnis gefördert und zugleich durch ihre künstlerische Darstellung und sprachliche Form die dt. Prosa weitergebildet haben". Erster Preisträger war 1930 der Germanist F. Gundolf. Zu den später ausgezeichneten gehören H.H. ➢*Jahnn* (1956), H. Arendt (1959), W. Jens (1968), G. Heinemann (1975), R. Klibansky, der als junger Wissenschaftler mit E. ➢*Cassirer* und A. ➢*Warburg* in enger Verbindung stand (1994), und J.Ph. Reemtsma (1997). Wie auch andere Preisträger haben sich die genannten in ihren Reden zur Preisverleihung mit Leben und Werk Lessings in historischer und aktueller Perspektive auseinandergesetzt. Seit 1953 wird mit dem L.-P. auch ein Stipendium vergeben. Der jüngste Abgeordnete in der ➢*Bürgerschaft*, E. ➢*Lüth*, hatte sich schon 1929 für die Förderung des Nachwuchses eingesetzt. Erster Stipendiat war 1953 S. Lenz. *Ko.*

Libertatem quam peperere ... Obwohl die ➢*Bürgerschaft* 1894 ausdrücklich beschlossen hatte, dass am und im neuen ➢*Rathaus* nur Inschriften in deutscher Sprache angebracht werden sollten, findet sich an herausgehobener Stelle der Fassade, nämlich hoch über dem Eingangsportal, der lat. Sinnspruch: „Libertatem quam peperere maiores digne studeat servare posteritas" (zu Deutsch: Die Freiheit, die schwer errungen die Alten, möge die Nachwelt würdig erhalten). Der Satz fand sich schon am ➢*Deichtor* und wurde von dort 1828 unter die Uhr im Ratsgehege des alten Rathauses übertragen (➢*Rathäuser, Alte, 4.*). Er stand auch am alten ➢*Millerntor.* Erst auf wiederholten Hinweis der Rathausbaukommission, dass die Worte schon dies alte Tor geschmückt hätten und damit eine rechte ➢*Hamburgensie* seien, ließ man die Rathausbaumeister schließlich gewähren. Mit größter Selbstverständlichkeit dagegen wurde im Inneren des Rathauses (wie übrigens auch an anderen Stellen der Stadt) das stolze „SPQH" (= Senatus populusque hamburgensis, zu Deutsch: ➢*Senat* und Volk von Hbg) angebracht – eine selbstbewusste Anlehnung an die röm. Hoheitsformel. *Ah.*

Lichtwark, Alfred (geb. 14.11.1852 Reitbrook, gest. 13.1.1914 Hbg), Kunsterzieher, Museumsdirektor. Zunächst Volksschullehrer in Hbg, erhielt L. erst mit 27 Jahren die Möglichkeit, Kunstgeschichte in Leipzig zu studieren. Zuvor waren seine autodidaktischen Bemühungen v.a. von J. ➢*Brinckmann* angeregt worden. 1884 an das Berliner Kunstgewerbemuseum empfohlen, begann L. eine rege publizistische Tätigkeit und Korrespondenz, wurde 1885 promoviert und 1886 zum ersten Direktor der ➢*Hamburger Kunsthalle* berufen. Sie war zuvor von einer Kommission verwaltet worden und besaß lediglich provinziellen Zuschnitt, bevor L. finanziell in die Lage versetzt wurde, sie durch gezielte Erwerbspolitik zu einem der bedeutendsten dt. Museen ihrer Art zu machen. Dabei gelang es ihm trotz des Widerwillens mancher Gönner, seine Neigung zum Moder-

Hochverdient um das hamburgische Kunstleben: Alfred Lichtwark. Foto des Gemäldes von Graf Leopold von Kalckreuth, der mit dem ersten Kunsthallendirektor befreundet war. Die Aufnahme des Bildes von 1912 besorgte die Photographische Gesellschaft in Berlin.

Das von Fritz Schumacher 1922–25 vollendete Gebäude gab der nach Alfred Lichtwark benannten Reformschule am Stadtpark das stimmige Gehäuse.

nismus zum Programm werden zu lassen. L. setzte Schwerpunkte auf Künstler und Motive aus dem norddt. Raum, speziell Hbg, sowie im 19. Jh.; hier konfrontierte er mehrfach dt. und frz. Werke. L. protegierte einen Kreis „alternativer" Künstler um A. Siebelist (➢*Hamburgischer Künstlerclub*) und beeinflusste noch die Architektur des Kunsthallenerweiterungsbaus (1912–19). Seine pädagogischen Ideen lagen der 1920 begründeten ➢*Lichtwarkschule* zugrunde (der späteren Heinrich-Hertz-Schule). 1951 wurde der Lichtwark-Preis gestiftet, den der ➢*Senat* an Maler, Zeichner und Bildhauer vergeben kann, deren Werke neue Akzente setzen. *luz*

Lichtwarkschule Die Geschichte des Hbger ➢*Schulwesens* ist reich an Schulversuchen und -reformen. Die 1920–37 bestehende L. ist das bekannteste Beispiel für Hbgs Versuchsschulen der Weimarer Republik. Sie praktizierten koedukativen, konfessionsfreien Unterricht und Lehrplanfreiheit, kombiniert mit demokratischen Methoden der Pädagogik, mit Selbstverwaltung sowie Eltern- und Schülermitarbeit. Solche Versuchsschulen waren die Volksschulen Berliner Tor 29, Breitenfelder Straße 35, Telemannstraße 10, Tieloh-Süd, die höhere Schule Lichtwarkschule sowie zehn weitere in der Hbg. Schulengemeinschaft zusammengeschlossene Gemeinschaftsschulen.

Die ehem. Realschule in ➢*Winterhude*, die spätere Oberschule am ➢*Stadtpark*, wurde 1921 nach A. ➢*Lichtwark* benannt, der als Direktor der ➢*Hamburger Kunsthalle* die Idee der ➢*Kunsterziehungsbewegung* gefördert und mitbestimmt hatte. Die neue staatliche höhere Schule nannte sich „Kulturschule". Sie wollte nicht nur auf dem Papier eine Schule für das Leben sein, sondern die Schülerschaft zu verantwortungsvollen, freiheitsbewussten Menschen erziehen. Die Schule zeichnete sich durch Erziehung zu eigenständigem Denken und ein offenes, demokratisches Verhältnis der Schülerinnen und Schüler zu den Lehrkräften aus. Eine Schulgemeinde mit Mitspracherecht der Schülerschaft in Schulfragen wurde gebildet. Neu waren u.a. das aus Deutsch, Geschichte und Religion kombinierte Fach Kulturkunde, die Hervorhebung der künstlerisch-gestalterischen Fächer, die Wahl von Neigungskursen, die tägliche Sportstunde, vermehrte Klassenreisen und Aufführungen. 1925 erhielt die Schule ein von F. ➢*Schumacher* entworfenes Gebäude mit einer Schulorgel von H.H. ➢*Jahnn* in der Aula. 1933 wurde der Schulleiter, H. Landahl, abgesetzt und das Konzept der Schule durch die Nationalsozialisten unterdrückt, bevor sie 1937 geschlossen wurde.

Nach 1945 wurde die L. entgegen anfänglichen Überlegungen nicht wiedereröffnet. H. Landahl, inzwischen Schulsenator, betraute ehem. Schüler und Lehrer der L. mit wichtigen Aufgaben im Schulwesen. So trat die in der ➢*NS-Zeit* versetzte und verfolgte ehem. Lehrerin E. Stahl für ein ähnliches, zeitgemäßes Reformkonzept ein. Sie wurde Leiterin der Oberschule im Alstertal und begründete dort einen Schulversuch, der sich auf die Waldorfpädagogik und die Ideen der L. gründete. Daraus entstand später die erste Gesamtschule Hbgs, die Albert-Schweitzer-Schule. Heute befindet sich in dem Gebäude der L. die Gesamtschule Heinrich-Hertz-Schule. *gro*

Liebermann, Max (geb. 20.7.1847 Berlin, gest. 8.2.1935 ebd.), Maler, Grafiker. Der aus einer wohlhabenden jüd. Kaufmannsfamilie stammende L. war einer der bedeutendsten dt. Vertreter des Naturalismus und Impressionismus. In der vorwiegend realistischen Haltung und der Bewahrung humanistischer Tradition liegt seine Bedeutung für die Kunstentwicklung. Er führte seit 1899 die Berliner Sezession. Nach 1933 wurde er mit Mal- und Ausstellungsverbot belegt; viele seiner Werke waren als „entartete Kunst" eingestuft. Erster Hbger Bildnisauftrag war 1891 „Bürgermeister Carl Friedrich Petersen" durch A. ➢*Lichtwark*, dessen Ausführung lange Zeit äußerst umstritten war. Danach entstanden eine Reihe bester Porträts und Hbger Motive (➢*Jacob*, ➢*Uhlenhorster Fährhaus*). Eine umfangreiche Sammlung seiner Werke besitzt die ➢*Hamburger Kunsthalle*. *KKW*

Liedertafel Der Begriff L. steht im 19. Jh. für Männerchor. Vorbild war die 1809 von C.F. Zelter in Berlin gegründete L. (25 Sänger – analog zur Tafelrunde König Artus'). Erste Chöre in Hbg waren die Hamburger Liedertafel von 1823 (gegründet von A. Methfessel; ➢*Hammonia-Lied*) und die Bergedorfer Liedertafel von 1838, die beide bis heute existieren; 1841 gründete sich ein erster Gesangverein in ➢*Altona*. L. entstanden vor 1848 nicht nur aus romantischer Musizierbegeisterung, sondern waren nach den die Versammlungs- und Meinungsfreiheit einschränkenden Karlsbader Beschlüssen von 1819 im ➢*Deutschen Bund* die einzigen neben den Turn- und Schützenverbänden offiziell geduldeten Vereine. Unter dem Mantel des Gesanges waren L. im Vormärz Orte politischer Meinungs- und Willensbildung, wie auch die Uraufführung des ➢*Deutschlandliedes* in Hbg 1841 verdeutlicht. Neben den L. entstanden gemischte und Frauenchöre (L. ➢*Reichardt*). Weitaus mehr als auf Alt-Hbger Gebiet bestanden Sangesgemeinschaften in den angrenzenden Städten und Gemeinden. 1862 wurde der konservative Deutsche Sängerbund gegründet, später der linksgerichtete Allge-

Max Liebermann, ein Bürger mit Pinsel und Palette, war auch an Alster und Elbe auf Motivsuche. Foto von 1894

meine Sängerbund, der 1933 mit Beginn der ➢*NS-Zeit* aufgelöst wurde. 1937 kamen die zahlr. Umland-Chöre zum Hbger Kreis, alle gehörten nun zum Deutschen Sängerbund Nordmark (Auflösung 1945, 1947 Neugründung als Hamburger Sängerbund). Im Jahr 1993 erfolgte die Umbenennung in Chorverband Hamburg e.V. im Deutschen Sängerbund, als Ausdruck der Gesangs- und Stilvielfalt der Chöre (vom Shanty- bis zum Konzertchor). Mit 5.500 Mitgliedern (2010) in ca. 100 Männer-, Frauen-, gemischten sowie Kinder- und Jugendchören ist der Chorverband heute die größte kulturelle Laienbewegung Hbgs. *To*

In Positur gestellt: der Schriftsteller Detlev von Liliencron mit seinem Sohn in Alt-Rahlstedt, um 1905

Liliencron, Detlev von (eigtl. Friedrich Adolph Axel Freiherr von L., geb. 3.6.1844 Kiel, gest. 22.7.1909 Altrahlstedt), Lyriker, Dramatiker. Als Sohn eines Zollverwalters und einer Generalstochter erlebte L. eine beschauliche Kindheit und trat als Volljähriger in den preuß. Militärdienst ein. Wegen hoher Spielschulden musste L. jedoch 1875 die früh eingeschlagene Offizierslaufbahn vorzeitig beenden. Danach wanderte er in die Vereinigten Staaten aus und versuchte sich als Pianist, Sprachlehrer und Stallmeister. 1877 kehrte er nach Dtld zurück, wurde Gesangslehrer in Hbg und trat 1882 in den preuß. Verwaltungsdienst (Hardesvogt auf Pellworm, Kirchspielvogt in Kellinghusen).

1886 bat L. wegen erneuter Schulden um seine Entlassung. Seitdem lebte er als freier Schriftsteller in München, Berlin und ➢*Altona*. 1889–99 wohnte er in ➢*Ottensen*, wo er sich u.a. mit R. ➢*Dehmel*, G. ➢*Falke* und H. Spiero anfreundete. 1901 zog er in die Altrahlstedter Bahnhofstraße. Zwei Jahre später gewährte ihm Kaiser Wilhelm II. einen Ehrensold. 1909 verlieh ihm die Universität Kiel die Ehrendoktorwürde.

Als Lyriker ist L. der wichtigste Vertreter des dt. Impressionismus. Mit seiner wirklichkeitsnahen Dichtung wandte er sich gegen die Nachahmer der Klassik und Romantik. Das von Dehmel in Auftrag gegebene und von R. Luksch geschaffene Grabmal L.s befindet sich auf dem Altrahlstedter Friedhof. Von dort ist der Liliencronpark nicht weit, in dem ein ➢*Denkmal* an den Dichter erinnert (Quader mit Porträtmedaillon, 1934). Auch eine Rahlstedter Straße wurde nach dem Literaten benannt. *JJF*

William Lindley war als Ingenieur maßgeblich am Wiederaufbau Hamburgs nach dem Großen Brand 1842 beteiligt. Kohlezeichnung von Kurt Kranz nach einer historischen Fotografie, 1955

Lindley, William (geb. 7.9.1808 London, gest. 22.5.1900 ebd.), Ingenieur. Als Schüler und späterer Assistent des Ingenieurs F. Giles in London arbeitete L. bereits in frühen Jahren beim Eisenbahnbau, bewährte sich als Konstrukteur von Brücken und sammelte Erfahrungen beim Bau des Themse-Tunnels. 1834 kam er erstmals als Assistent von Giles nach Hbg und entwarf hier die Pläne für eine Eisenbahn nach ➢*Lübeck*. L. kannte sich aus: Nach dem Schulabschluss war er zehn Monate bei Pastor J.A.D. Schröder in ➢*Wandsbek* in Pension gewesen.

Seit 1837 arbeitete L. an dem Bau der Hamburg-Bergedorfer Eisenbahn mit (➢*Eisenbahnwesen*). Beim ➢*Großen Brand* im Mai 1842 stellte er seine Fachkenntnisse dem ➢*Rat* zur Verfügung. Sein Vorschlag, den Brand durch Sprengungen zu stoppen, rettete viele Menschenleben und Gebäude. Den Wiederaufbau Hbgs prägte er als beratender Ingenieur der Rat- und Bürgerdeputation entscheidend mit. In der Technischen Kommission entwickelte er einen Plan für das neu aufzubauende Stadtzentrum und arbeitete eng mit dem Architekten A. de ➢*Chateauneuf* zusammen. L. erhielt den Auftrag, eine zentrale ➢*Trinkwasserversorgung* und ein modernes Sielsystem zu entwerfen. Sein Kanalisationsnetz wurde eine technische Meisterleistung, die in einigen Teilen bis heute in Betrieb ist. *SH*

Lippmann, Leo (geb. 16.5.1881 Hbg, gest. 10./11.6.1943 ebd.), Staatsrat, stellvertretender Vorsitzender der ➢*Jüdischen Gemeinde*. Nach seiner Promotion in Jena 1903 absolvierte L. in Hbg das Referendariat und übernahm 1906 nach juristischem Assessorexamen ein Ressort in der Hbger Finanzdeputation (➢*Finanzbehörde*); er leistete dort während des Ersten Weltkriegs maßgebliche Arbeit im neu gegründeten Kriegsversorgungsamt. Im Jahr 1920 wurde er zum letzten Senatssekretär des Hbger ➢*Senats* gewählt, ab 1921 war er der erste ➢*Staatsrat* jüd. Glaubens einer Hbger Behörde, der Finanzbehörde (➢*Judenemanzipation*). L. leitete damit als hoher Beamter mit umfassender, unangefochtener Sachkenntnis zusammen mit dem ➢*Präses* die gesamte Finanz- und Steuerpolitik Hbgs für die Dauer der Weimarer Republik. Unmittelbar nach der nationalsozialistischen „Machtergreifung" in Hbg wurde L. am 14.3.1933 beurlaubt und am 21.6.1933 aufgrund des sog. Berufsbeamtengesetzes vom 7.4.1933 „wegen politischer Unzuverlässigkeit" entlassen. Im November 1935 erfolgte L.s Berufung in den Vorstand der Deutsch-Israelitischen Gemeinde. Seine wichtigste Aufgabe war zunächst die Sanierung der Gemeindefinanzen. 1937 betrieb er aufgrund des ➢*Groß-Hamburg-Gesetzes* die Vereinigung der jüd. Gemeinden Hbg, Altona und Wandsbek im Jüdischen Religionsverband e.V., musste aber seit 1941 die Auflösung der Gemeinde und deren Liquidation durchführen. Nach Erhalt des Deportationsbefehls ging er gemeinsam mit seiner Frau in der Nacht vom 10. auf den 11.6. 1943 in den Freitod. Der Ausstellungssaal in der Finanzbehörde trägt seit 1981 seinen Namen. L.s. Erinnerungen „Mein Leben und meine amtliche Tätigkeit" gab W. Jochmann 1964 aus dem Nachlass heraus. *IL*

Literaturhaus Hamburg Das L.H. entstand per Senatsbeschluss von 1987 und war nach Berlin und Frankfurt das dritte seiner Art in Dtld. Der 1985 gegründete Verein Literaturhaus e.V. ist Träger der Einrichtung, die ihr prachtvolles, 1868 erbautes ➢*Stadthaus* (Schwanenwik 38) u.a. mit Unterstützung der ➢*ZEIT-Stiftung* erwerben konnte. Zuvor war hier das ➢*Durchgangsheim für gefährdete weibliche Jugendliche* untergebracht. Das L.H. versteht sich als ein Ort für „literarische Sprache" und deren Reflexion, wobei der

Foto des Staatsrats Leo Lippmann von Minya Diez-Dührkoop. Lippmann schenkte das Bild dem Syndikus der Jüdischen Gemeinde, Nathan Max Nathan, „zur Erinnerung an gemeinsame Arbeit in schwerer Zeit" zum Neujahrstag 1938.

Ein schöner Treffpunkt für Literaten und ihre Freunde: das seit 1989 unter Denkmalschutz stehende Stadthaus am Schwanenwik mit seinem Saal, in dem oft Lesungen und Diskussionen stattfinden

Schwerpunkt auf internationaler Gegenwartsliteratur liegt. Wöchentlich werden zwei bis drei Lesungen veranstaltet, für die der „Gartensaal" einen stimmungsvollen Rahmen bietet. Ferner beherbergt das L.H. neben dem Café Schwanenwik eine Buchhandlung und ist Sitz des Literaturzentrums e.V. sowie des Norddeutschen Verleger- und Buchhändlerverbandes e.V. 1996 wurden weitere Räume des Gebäudes zur Nutzung für Veranstaltungen ausgebaut. *Ti.*

Lohbrügge Der heutige Stadtteil L. im ehem. ➢*Kerngebiet* des Bezirks ➢*Bergedorf* mit 13,0 km² Fläche und 38.657 Einw. (2009) geht auf das alte stormarnsche Rodungsdorf „Lohbrugghe" zurück, dessen Name so viel wie Wald-Übergang bedeutet. Es lag am Rande des Waldgebiets „Asbrook" (= Eschen-Bruch) und wurde erstmals 1257 in einer Urkunde der Grafen von ➢*Holstein* genannt. 1303 verkauften die Grafen L. an das Kloster Reinbek. Als dieses säkularisiert wurde, gelangte das inmitten wenig fruchtbarer Feldmark liegende Dorf an das Amt Reinbek. Nicht weit vom alten Dorfkern (heute im Bereich Binnenfeldredder/Leuschnerstraße) führte ein alter Heerweg von Bergedorf nach Hbg vorbei. Die älteste, etwa 1576 entstandene Kartendarstellung zeigt L. noch als kleines Dörflein. Es sollte noch lange Zeit nur sechs Vollhufnerstellen besitzen und seinen ländlichen Charakter behalten.

Seit 1544 zum gottorfischen Amt Reinbek gehörig, wurde L. mit den kleineren Siedlungen ➢*Sande* und Ladenbek von 1750 bis zum ➢*Gottorper Vergleich* 1768 an Hbg verpfändet. 1773 kam Holstein-Gottorf unter dän. Oberhoheit (➢*Dänemark*). Nachdem Schleswig-Holstein 1866 preuß. Provinz geworden war, gehörte L. bis 1937 zu Preußen. 1895 wurden L., Sande, das sich zu einem Industriestandort entwickelt hatte, und Ladenbek unter dem Namen „Sande" zu einer Gemeinde. Bis 1894 hatte L. kirchlich zu Steinbek gehört (➢*Kirchsteinbek*); nun wurde es eine selbstständige Kirchgemeinde und baute sich, nachdem das Waldgebiet Sander Tannen abgebrannt war, dort ein eigenes Gotteshaus, die Erlöserkirche (1899 geweiht). 1906/07 entstand am Richard-Linde-Weg der 28 m hohe Wasserturm, der zum Wahrzeichen L.s wurde. 1929 wurden Sande, ➢*Boberg* und Ohlenburg unter dem Namen „Lohbrügge" zusammengefasst. Die Gemeinde verlor durch das ➢*Groß-Hamburg-Gesetz* 1937/38 ihre Selbstständigkeit und wurde in Verwaltungseinheit mit Bergedorf nach Hbg eingemeindet.

Inzwischen ist L. längst ein Teil der Großstadt geworden. Die 1948 hier gegründete Baugenossenschaft Bille hat große Bauvorhaben verwirklicht, u.a. um 1954 am Richard-Linde-Weg, in den 1960er Jahren das Wohnbaugebiet ➢*Lohbrügge-Nord* (lange Jahre das größte zusammenhängende in Europa), nach 1966 das Gewerbegebiet Bode-Straße, ab 1986 den Bille-Bogen. In der Zwischenzeit wurde in Verlängerung des Bergedorfer Einkaufszentrums Sachsentor die Fußgängerzone Alte Holstenstraße geschaffen. Seit 1965 ist L. Sitz der Bundesanstalt für Forst- und Holzwirtschaft, 1967 wurde der Grundstein für den Fachbereich Produktions- und Verfahrenstechnik der ➢*Hochschule für Angewandte Wissenschaften (HAW)*

Hamburg gelegt. 1988 wurde der Sendeturm der Bundespost in den Sander Tannen in Betrieb genommen. *HR*

Lohbrügge-Nord 1960 wurde nördl. vom alten Ortskern ➢*Lohbrügges* die Wohnsiedlung L.-N. für insgesamt 5.800 Menschen auf 215 ha konzipiert. Noch im selben Jahr wurde der Grundstein gelegt. Von 1962 bis in die 1970er Jahre entstanden auf der grünen Wiese einzelne Wohnhochhäuser als parallel verlaufende Zeilenbauten sowie niedrige Atrium- und Reihenhäuser. Die im Ganzen aufgelockerte Bauweise wurde zusätzlich unterbrochen von Parkanlagen, Kleingärten, Teichen und Seen, Sportplätzen – z.B. der Wilhelm-Lindemann-Sportanlage – beiderseits des neu geschaffenen Grünen Zentrums. Am Havighorster Weg entstand ein Fernheizwerk. 14 Trägergesellschaften waren neben privaten Bauherren mit dem Projekt befasst. Die Zahl der Einw. dieses Neubaugebiets stieg auf 80 je ha. Ein markantes Baudenkmal, das mit dem westl. vorgelagerten Grünen Zentrum kontrastiert, wurde die Baugruppe Der Lindwurm, die wegen ihrer weit ausholenden Gestaltung diesen Namen erhielt. Sie hat mit 258 Wohnungen in drei- bis viergeschossiger Bauweise eine Länge von 400 m und enthält 18.000 m^2 Wohnfläche. 1976 entstand am Schulenburgring 160 die Gnadenkirche. Ein vom Grünen Zentrum ausstrahlendes Wanderwegsystem führt u.a. zu nahen Grünausläufern und benachbarten Feld- und Waldgebieten. *HR*

Lokstedt ist ein Stadtteil im gleichnamigen ehem. Ortsamtsgebiet des Bezirks ➢*Eimsbüttel* mit 25.003 Einw. (2009) auf 4,9 km^2 Fläche. Das ehem. Dorf L. gehörte bis 1867 zur Haus- und Waldvogtei der Herrschaft Pinneberg (➢*Holstein-Pinneberg*) und war bis 1770 dem Kirchspiel ➢*Eppendorf*, danach dem Kirchpiel ➢*Niendorf* eingepfarrt. 1855 gab es hier neun Vollhufner, zwei Drittelhufner, einen Viertelhufner, 17 Zwölftelhufner und 20 Kleinbauernstellen. Einige Häuser nahe der hbg. Grenze hießen ebenso wie die Häuser auf hbg. Gebiet ➢*Hoheluft*. Hier war 1839 eine Zollstelle eingerichtet worden. Schon 1855 verkehrten von Pferden gezogene Omnibusse täglich von Hbg nach L., das damals wegen seiner schönen Lage mit Land- und Gartenhäusern als Ausflugsziel und Vergnügungsort galt. Ein früherer Freihof hieß Kollau (Coldowe). Er wurde 1590 zu einer Pulvermühle, die 1660 explodierte, später eine Gastwirtschaft, danach eine Baumwollweberei und schließlich Wohnsitz eines Hbger Kaufmanns. An diesen erinnert am Heckenrosenweg ein Obelisk für die früh verstorbene Tochter C.M. von Axen, das älteste erhaltene Gartendenkmal Hbgs. Die 1883 in L. gegründete Anstalt Anscharhöhe der ➢*Inneren Mission* mit eigener Kirche beherbergte auf 11 ha Grundfläche verschiedene Einrichtungen, nämlich den Kastanienhof, das Emilienstift, die Häuser Bethanien, Emmaus und Siloah sowie das Marienheim mit zusammen über 200 betreuten Personen. Um 1900 teilte sich die Bebauung L.s in Villen und Industriebebauung, u.a. für eine Kalksandsteinfabrik, die Hanseatische Tauwerkfabrik, eine Holzsägerei und zahlr. kleinere Gewerbebetriebe aller Art. Ein Wahrzeichen des heutigen Stadtteils ist der 1910/11 in neogotischen For-

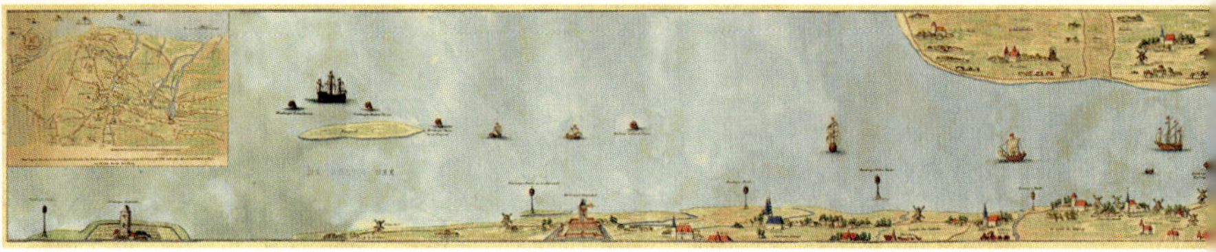

men errichtete Wasserturm. 1937 kam L. an Hbg. Es ist heute Standort der 1964–67 errichteten und seither vielfach erweiterten Fernsehstudios des ➢*NDR*. *LS*

Lombardsbrücke Die dreibogige Ziegel- und Werksteinkonstruktion der L. überquert die ➢*Alster* parallel zur ➢*Kennedybrücke*. Beide Brücken verlaufen entlang der alten ➢*Befestigungs*linie des 17. Jhs. Damals hatte dort zunächst eine Klappbrücke, dann ein Steg und schließlich eine hölzerne Fahrbrücke den Übergang zwischen den Bastionen Didericus und Davidus ermöglicht. Der Name der L. geht auf den Lombard, das gleichnamige städtische Leihhaus, zurück. Es wurde 1651 auf gleicher Höhe am westl. Alsterufer errichtet und 1827 abgebrochen. Der Entwurf der heutigen, 1865–68 fertiggestellten L. stammte von J.H. Maack. Die Brücke ist geschmückt mit acht von C. Börner entworfenen Kandelabern. Der Bau war notwendiges Teilstück der ➢*Verbindungsbahn* zwischen dem Berliner Bahnhof und dem ➢*Altonaer Bahnhof*. Zur Entlastung der L. wurde 1952/53 die Neue Lombardsbrücke errichtet (➢*Kennedybrücke*). *JJF*

Nur auf den ersten Blick ein Mann von Welt: Hamburgs legendärer Einbrecher Julius Adolf Petersen, der „Lord von Barmbeck“

Lord von Barmbeck (geb. 7.10.1882 Hbg, gest. 21.11.1933 ebd.). Der „Ein- und Ausbrecher“, wie er sich selber nannte, war Hbgs berühmtester Krimineller. Er hieß mit richtigem Namen Julius Adolf Petersen und stammte aus dem heutigen ➢*Hamm*-Süd. Im Alter von 13 Jahren wurde er zum ersten Mal inhaftiert. Nach außen führte der stets elegant auftretende Petersen ein unauffälliges Leben als Inhaber eines Kellerlokals. 1917 musste er zum wiederholten Male einsitzen, konnte sich jedoch durch Ausbruch befreien. Bevor er 1921 wieder gefasst wurde, glückten der von ihm geführten Bande („Barmbecker Verbrechergesellschaft“) mehrere Ein-

Kolorierte Lithografie der Lombardsbrücke. Links im Hintergrund der Altbau der Kunsthalle, rechts die doppeltürmige, 1854–57 erbaute Reformierte Kirche an der Ferdinandstraße

Die über zwölf Meter lange Elbkarte des Flensburger Malers Melchior Lorichs zeigt den Abschnitt vom Amt Bergedorf bis Neuwerk. Die Karte wird unter günstigsten klimatischen Bedingungen im Staatsarchiv verwahrt und nur zu besonderen Gelegenheiten dem Licht ausgesetzt.

brüche und Raubüberfälle, bei denen hohe Summen erbeutet wurden. Im Gefängnis gestand er 1922 mehr als 50 Einbrüche und Räubereien. 1932 wegen guter Führung entlassen, wurde Petersen kurz darauf wieder straffällig und 1933 erneut verhaftet. Einen Monat später erhängte er sich in seiner Zelle. Nach der im Gefängnis geschriebenen Autobiografie, die 1973 im Druck erschien, verfilmte O. Runze den Lebensbericht des Ganoven noch im selben Jahr. 2005 war die Premiere des biografischen Stückes „Der Lord von Barmbeck" im ➢*St. Pauli-Theater. Ti.*

Lorichs' Elbkarte Die Karte wurde 1568 vom ➢*Rat* bei dem aus Flensburg stammenden Maler M. Lorichs in Auftrag gegeben. Sie diente erfolgreich als Beweisstück für einen Prozess vor dem Reichskammergericht. U.a. stritt Hbg dort gegen die Herzöge von Braunschweig-Lüneburg um die Wahrung seiner alleinigen Hoheit über die ➢*Elbe* (➢*Stapelrecht*). Auf der über 12 m langen Karte ist der Fluss vom Amt ➢*Bergedorf* bis zur Nordsee abgebildet. Jede einzelne Fahrwassermarkierung ist eingezeichnet, mit Namen und hbg. ➢*Wappen* versehen, wodurch die von der Stadt wahrgenommene Verantwortung für die Elbe herausgestellt werden sollte. L.E. zeigt die wasserärmere Norderelbe gegenüber der ➢*Süderelbe* viel zu groß: Die Karte war als Entgegnung auf eine ca. 15 Jahre ältere der braunschweig-lüneburg. Gegenseite gedacht, die dies Verhältnis aus ihrer Sicht überzogen hatte. L.E. befindet sich heute im ➢*Staatsarchiv. Ti.*

Lotsenwesen Lotsen (vermutl. abgeleitet von mndt. Loedsage = der das Lot führt) sind ortskundige Berater des Kapitäns. Bis 1880 hießen sie Piloten (abgeleitet vom Wort peilen). Auf der ➢*Elbe* waren vermutl. Helgoländer Fischer die Ersten, die passierenden Schiffen ihre Dienste anboten. 1575 errichtete Hbg zwei Lotsenhäuser auf ➢*Neuwerk.* Aus

Ein nicht ungefährlicher Moment im Alltag der Lotsen: der Aufstieg von dem kleinen Versetzboot auf die Jakobsleiter, die lose an der Bordwand hängt

dem Jahr 1610 ist der erste Eid eines Hbger Lotsen überliefert. Nach holländ. Vorbild entstand 1656 eine Elblotsenordnung für die bis 1890 sog. „Admiralitätslotsen" (➢*Admiralität*). Deren Hilfslotsen hießen Hauer- und Beilotsen. 1745 wurde die Övelgönner Lotsenvereinigung gegründet und 1750 für die Böschlotsen, die auf der Uferböschung auf die Schiffe warteten, vor Brunsbüttel bei St. Margarethen eine Warte- und Wechselstation eingerichtet. 1785 erfolgte die Einführung der Patentlotsen für die Fahrt von Hbg elbabwärts. 1855 wurden in ➢*Cuxhaven* die Kreuzerlotsen stationiert, die auf Schonern in der Deutschen Bucht kreuzten.

Ende der 1850er Jahre erforderten die wachsenden ➢*Hafen*anlagen Lotsen, die nur hier zuständig waren. Ihre Station lag zunächst in ➢*St. Pauli* und seit 1914 auf dem Seemannshöft (1992–94 erweitert). Sie blieben Staatsbeamte, bis sie sich mit Gründung ihrer Brüderschaft 1981 wie die Elblotsen freiberuflich organisierten; seitdem stehen sie lediglich unter der Aufsicht der Abteilung Seeverkehr des Bundesverkehrsministeriums.

1891 schlossen sich die Hamburger, Hannoveraner, Övelgönner, Blankeneser und Glückstädter Patentlotsen zum Verein Hamburger Elblotsen zusammen, 1919 gründete sich der Allgemeine Elblotsenverein. 1937 übernahm das Wasserstraßenamt Hbg die Aufsicht über alle Elblotsen. Die Brüderschaften Hbg und Cuxhaven vereinigten sich 1957 zur Lotsenbrüderschaft Elbe mit Sitz in Hbg. Neben dieser mit heute 252 Lotsen in den zwei Lotsbezirken Hbg-Brunsbüttel (100) und Brunsbüttel-See (152) besteht die Hafenlotsenbrüderschaft Hamburg mit heute 65 Lotsen.

Das Seelotsrevier Elbe umfasst die rund 90 Seemeilen lange Strecke von Tonne „E 3“ querab von Helgoland bis zur Grenze des Hbger Hafens. Ende der 1990er Jahre wurde das Versetzsystem in der Deutschen Bucht durch den Einsatz besonders seetüchtiger Lotsentender (SWATH) modernisiert. Dadurch kommen die Lotsen schneller und sicherer an und von Bord. Gleichzeitig wurden bedeutend weniger Hubschrauberversetzungen vorgenommen, was für die Schifffahrt enorme Einsparungen brachte.

Die Lotsen arbeiten nach der Börtordnung, die sich mit dem Prinzip eines Taxistands vergleichen lässt: Wer vorne steht, bekommt das nächste Schiff und stellt sich nach Erledigung des „Jobs“ hinten wieder an (➢*Reihefahrt*). Trotz moderner Radarunterstützung von Land wird auch in Zukunft die Schiffsführung auf die unmittelbare Unterstützung der Lotsen an Bord nicht verzichten können. *Ti.*

Das Glücksrad dreht sich nicht mehr: Lostrommel der Hamburgischen Stadtlotterie (um 1830) im Museum für Hamburgische Geschichte

Lotterie/Lotto Während staatliche Lotterien zur Finanzierung öffentlicher Ausgaben in Hbg schon seit 1614 gebräuchlich waren – die erste diente der Finanzierung des ➢*Werk- und Zuchthauses* und war die erste dt. Staatslotterie überhaupt –, bedurften die seit 1712 nachgewiesenen Privatlotterien der Erlaubnis des ➢*Rats* und waren ansonsten grundsätzlich verboten. Da die Privatlotterie als Spiel begriffen wurde, fiel sie unter das am 23.9.1709 verkündete und bis 1790 siebenmal erneuerte Mandat, das Glücksspiele mit Geldeinsatz untersagte. Ausgenommen waren davon solche Spiele, die lediglich zum Zeitvertreib und um wenig Geld gespielt wurden. Zuvor war das Glücksspiel seit dem Stadtrecht von 1270 nur an öffentlichen Orten wegen der zu befürchtenden Friedensstörung verboten; dieses eingeschränkte Verbot hatten auch die Rezesse von 1458 und 1529 übernommen (➢*Rezess*). Trotz des Verbots fanden die als „Glückstöpfe“ oder „Glückshäfen“ bezeichneten Privatlottos auf Jahrmärkten, vor den Toren sowie auf öffentlichen Gassen oder Plätzen häufig statt. V.a. die Glückstöpfe auf Jahrmärkten veranlassten den Rat 1736 und 1765 zu neuerlichen Verboten. Auf Antrag genehmigt wurden in der Regel nur Privatlotterien, die wohltätigen und gemeinnützigen Zwecken dienten.

In seiner Serie „Der Ausruf in Hamburg“ stellte Christoffer Suhr 1808 auch diesen Losverkäufer dar. Kolorierte Aquatintaradierung

Obwohl er weiterhin von der moralischen Schädlichkeit des Lottos überzeugt war, führte der Rat 1770 selbst das „genuesische Lotto“ (= Zahlenlotto) in Hbg ein und verpachtete es an einen Unternehmer, um zu verhindern, dass fremde L.-Kollektanten Geld aus der Stadt abzogen. Die erste Ziehung fand am 17.6.1770 statt. Nachdem das Lotto 1776 kurze Zeit unter staatlicher Regie geführt worden war, musste es im April 1776 aufgrund zahlr. Eingaben von angesehenen Bürgern aufgehoben werden. 1785 wurde auch das Spielen in fremden Lotterien durch ein Mandat verboten, das sich v.a. gegen die 1771 in ➢*Altona* und 1774 in ➢*Wandsbek* eingerichteten Ausspielungen richtete, an denen die Hbger eifrig teilnahmen.

Das 1786 bestätigte und 1791 erneuerte Verbot rief eine lebhafte öffentliche Auseinandersetzung hervor; Klassenlotterien, erstmals 1701 ausgespielt zur Deckung kurzfristig benötigter Soldatenlöhnung, bestanden dagegen weiter; als 1797 das schles. Gut Schockwitz ausgespielt wurde, erwarb auch J.W. von Goethe ein Los, das sich freilich als Niete erwies. Die Klassenlotterie ging 1938 in der Deutschen Reichslotterie auf; 1947/48 entstand die Nordwestdeutsche Klassenlotterie. 1955 wurde das Nordwest-Lotto (Zahlenlotto) gegründet und 1958 das Nordwest Lotto und Toto. *Br.*

Lübeck, der „Vorort“ der ➢*Hanse*, ist seit vielen Jahrhunderten mit Hbg „stadtfreundschaftlich“ verbunden. Die gleichzeitige Hinwendung zur ➢*Reformation*, eine ähnliche Organisation der politischen Herrschaft, sich ergänzende wirtschaftliche Interessen und schließlich zahlr. verwandtschaftliche Verbindungen haben diese Vertrautheit entstehen lassen. Nach hbg. Vorbild der ➢*Patriotischen Gesellschaft* von 1765 war an der Trave 1789 die „Gesellschaft zur Beförderung gemeinnütziger Thätigkeit“ gegründet worden, während der ➢*Franzosenzeit* wurden zahlr. Vertriebene aus Hbg aufgenommen. In der Zeit des ➢*Deutschen Bundes* entstand nachgerade eine neue ➢*Hanseatische Gemeinschaft*, indem beide Stadtstaaten (zusammen mit ➢*Bremen*) ihre Militärhoheit einheitlich organisierten, ein gemeinsames ➢*Oberappellationsgericht* schufen und zahlr. Freundschafts-, Handels- und Schifffahrtsverträge mit ausländischen Staaten abschlossen. Bis zum Ende des 19. Jhs galt L. als Hbgs Ostseehafen, Hbg dagegen als L.s Nordseehafen. Erst der Bau des Kaiser-Wilhelm-Kanals (heute: Nord-Ostsee-Kanal) und die mutige Antwort der Freien und Hansestadt L. darauf, die Schaffung des Elbe-Trave-Kanals (heute: Elbe-Lübeck-Kanal), haben aus der traditionellen wirtschaftlichen Arbeitsteilung eine Konkurrenzsituation entstehen lassen. Im Zusammenhang mit dem ➢*Groß-Hamburg-Gesetz* verlor L. 1937/38 seine eigenstaatliche Stellung und wurde zur kreisfreien Stadt in der preuß. Provinz bzw. im heutigen Land Schleswig-Holstein. *Ah.*

Lühring, Johanna (verheiratete Lucks, geb. 3.8.1796 Bremen, gest. 25.8. 1866 Hbg), Freiheitskämpferin. Geboren in der ➢*Bremer* Neustadt als Tochter des Stadtbaumeisters, schlich sich die 17-Jährige im Februar 1814 durch den Garten des elterlichen Hauses über die zugefrorene Kleine Weser, um in die Freiheitskriege gegen die Franzosen zu ziehen. Als „Eduard Kruse aus Oldenburg" stand sie im 3. Bataillon der Lützower Jäger unter dem Kommando von F.L. Jahn, dem späteren „Turnvater". Sie nahm an der Belagerung Jülichs teil und wurde später in Berlin groß gefeiert. L. zog nach Hbg und heiratete 1821 einen Altonaer Kellner. Mit 35 bereits Witwe, lebte sie in ➢*Horn* und ernährte sich kümmerlich als Näherin. Erst als sie nahezu erblindet war und nur noch grobe Matrosenhemden nähen konnte, wurde ihr vom Senat ihrer Vaterstadt auf Antrag des ehem. Lützower Jägers und späteren kämpferischen Demokraten J. Rösing ein Ehrensold von jährlich 150 Talern gewährt. Am Haus Nr. 176 der Horner Landstraße, wo sie wohnte und starb, erinnerte bis 1943 eine vom Horner ➢*Bürgerverein* nach dem Ersten Weltkrieg angebrachte Gedenktafel an „Anna Lühring, Lützower Jäger von 1813". Ihr Grab befindet sich auf dem Hammer Friedhof. *Ti.*

Lüth, Erich (geb. 1.2.1902 Hbg, gest. 1.4.1989 ebd.), Journalist, Senatssprecher, Schriftsteller. Der Sohn eines Harvestehuder Kolonialwarenhändlers besuchte die Oberrealschule Eppendorf und die ➢*Lichtwarkschule.* Die Reifeprüfung legte er zugunsten der Tätigkeit als Journalist nicht ab. Eine feste Anstellung

Politische Weggefährten: Erich Lüth (links) im Gespräch mit Bürgermeister Max Brauer, undatiertes Pressefoto

fand er zunächst beim ➢*Hamburger Anzeiger*, dann im Sekretariat der ➢*DDP.* Ab 1928 gehörte er als jüngster Abgeordneter der ➢*Bürgerschaft* an, doch schon 1929 musste er nach Richtungskämpfen die DDP verlassen und verzichtete auf sein Mandat. Als Geschäftsführer und Verbandsleiter war er anschließend für die Nähmaschinen-

händler tätig, seit 1935 bei der Nähmaschinenfabrik Pfaff in Kaiserslautern angestellt. 1943 wurde L. Soldat, Kriegsende und Gefangenschaft erlebte er in Italien. 1946 wurde L. Direktor der Staatlichen Pressestelle in Hbg. 1947–65 gab er in 15 Bänden die Reihe „Neues Hamburg" heraus, in Wort und Bild eine eindringliche Dokumentation des Wiederaufbaus der Stadt. L. setzte sich mit großem Engagement für die dt.-frz. Verständigung und die christl.-jüd. Zusammenarbeit ein; 1951 veröffentlichte er die „Friedensbitte an Israel".
Schon 1950 hatte L. als Vorsitzender des Hbger Presseclubs gegen das Wiederauftreten des Regisseurs V. Harlan – zu seinen Arbeiten gehören die im Geist der NS-Ideologie gedrehten Filme „Jud Süß", „Kolberg" und „Die goldene Stadt" – protestiert und zum Boykott seines Films „Unsterbliche Geliebte" aufgerufen. Film- und Verleihfirma wehrten sich dagegen, der Rechtsstreit ging bis zum Bundesverfassungsgericht, das 1958 in einer heute noch viel beachteten, grundlegenden Entscheidung zugunsten L.s und seines Grundrechts auf freie Meinungsäußerung entschied („Lüth-Urteil").
Nur unterbrochen von der Zeit des ➢*Hamburg-Blocks*, leitete L. die Staatliche Pressestelle bis 1964. Im Ruhestand verstärkte er seine publizistische und literarische Tätigkeit und verfasste zahlr. ➢*Hamburgensien*, auch zwei autobiografische Werke. 1969 erhielt L. den ➢*Alexander-Zinn-Preis*, 1984 die ➢*Bürgermeister-Stolten-Medaille*. *Ko.*

Luftangriffe Infolge des nationalsozialistischen Angriffskriegs wurde Hbg als Standort bedeutender Rüstungsproduktion seit 1940 – der erste Angriff fand am 18.5. statt – zum Ziel brit. und amerikan. L. Bis 1945 warfen die brit. Royal Air Force und die 8. US-Luftflotte mit rund 17.000 Bomben- und Kampfflugzeugen bei 213 L. etwa 101.000 Sprengbomben und 1,6 Mio. Brandbomben auf Hbg ab.
Die größten Zerstörungen richtete die „Operation Gomorrha" des brit. Bomber Commands vom 25.7. bis zum 3.8.1943 an, nachdem Köln und ➢*Lübeck* schon zu Zielen ähnlicher Großangriffe geworden waren. Nach dem Plan von General A.T. Harris, dem Chef der brit. Luftstreitkräfte, sollten die Bombardie-

Das alte Hamburg in Trümmern. Blick vom Turm der Nikolaikirche nach Süden in das später zugeschüttete Steckelhörnfleet. Im Hintergrund die Speicherstadt, davor die Ruine von St. Katharinen

Die Brückenkonstruktion der Jumbo-Halle überspannt mehr als 170 Meter. Das Gebäude erhielt 1996 den Preis des Bundes Deutscher Architekten in Hamburg.

rungen nicht nur wie bisher die Rüstungsproduktion und wichtige Verkehrswege direkt treffen, sondern auch durch die gezielte Zerstörung von Arbeiterwohnstätten mittelbar die Rüstungsindustrie lahmlegen und die Loyalität der Bevölkerung zum NS-Regime brechen. Allein die „Operation Gomorrha" forderte mehr als 30.000 Todesopfer und zerstörte etwa ein Drittel aller Wohnhäuser. Hunderttausende flüchteten in Panik aus der Stadt oder wurden evakuiert. Dennoch erreichten die Bombardierungen ihr Ziel nicht: Schon fünf Monate nach dem Großangriff war die Rüstungsproduktion wieder auf 80 % ihrer vorherigen Kapazität gestiegen. 1944 gelang es dagegen, die Raffinerien der Mineralölindustrie in Harburg-➢*Wilhelmsburg* nachhaltig betriebsunfähig zu machen und so die Treibstoffversorgung der Wehrmacht zu beeinträchtigen. Mit den letzten Angriffen von Januar bis April 1945, bei denen auch Hafen- und Industrieanlagen in ➢*Harburg* getroffen wurden, forderte der Luftkrieg in Hbg insgesamt über 45.000 Tote. Nur 20,5 % des Wohnungsbestands von 1939 blieben unbeschädigt, 42,2 % hingegen wurden völlig zerstört. Das Stadtgebiet war mit 43 Mio. m^3 Trümmern bedeckt, 69 % der Bevölkerung hatten ganz oder tlw. ihre Habe verloren. Dies Schicksal teilte auch der Schriftsteller H.E. ➢*Nossack*, der das Geschehen in seinem Buch „Der Untergang" (1948) schilderte, mit den Hamburgern. *Br.*

Lufthansa Basis Hamburg heißt der Standort der Lufthansa Technik AG (LHT, 1995, früher Lufthansa Werft) am Südrand des ➢*Flughafens Hamburg-Fuhlsbüttel.* Das 1953/54 von der Stadt finanzierte und von der Luftag (AG für Luftverkehrsbedarf) samt Gebäuden gemietete Gelände

wurde bis heute auf über 1 Mio. m^2 erweitert. 1991 erfolgte die Fertigstellung der von einem 54 m hohen Bogen getragenen Jumbo-Halle (200.000 m^2), die zwei Boeing 747-400 und einem Airbus A300 zugleich Platz bietet.
Die LHT, alleinige Tochtergesellschaft der Deutschen Lufthansa, ist einer der größten Verkäufer flugzeugtechnischer Dienstleistungen weltweit. Sie zählt über 630 Fluggesellschaften und private Betreiber von Verkehrsflugzeugen zu ihren Kunden. Die LHT betreute 2008 eine Flotte von 1.702 Flugzeugen weltweit. Neben dem lizenzierten Instandhaltungsbetrieb für Fluggeräte ist auch die Entwicklung und Herstellung neuer Produkte ein Aufgabenfeld. Mit 6.350 Beschäftigten in Hbg und 3,02 Mrd. € Umsatz (2007) ist die LHT einer der größten Industriebetriebe in der Stadt. *Ti.*

Lurup ist ein Stadtteil im ehem. Ortsamtsgebiet ➢*Blankenese* des Bezirks ➢*Altona* mit 33.604 Einw. (2009) und 6,4 km^2 Fläche. Gegen Mitte des 18. Jhs entstand das Dorf aus einer um ein Wirtshaus namens L. angewachsenen Bauernsiedlung in der Schenefelder Heide. Der Legende nach bezieht sich der Name auf einen räuberischen Hinterhalt in dieser Gegend. 1927 wurde L. nach Altona eingemeindet und kam 1937 mit diesem durch das ➢*Groß-Hamburg-Gesetz* an Hbg. Gartenbau und Schrebergärten prägten das Bild des Ortes noch nach dem Zweiten Weltkrieg. Die Bauart der ärmlichen, in den 1920er Jahren entstandenen Schreberhäuser verlieh L. im Volksmund den Namen „Fischkistendorf". In den Kleingärten entstanden nach 1943 Behelfsheime. Zwischen den 1950er und 1970er Jahren wurden Eigenheime, Mietwohnungen für Mitarbeiter der Bundesbahn, Schulen, Kindergärten, Hochhäuser und 1957–69 die Siedlung Fahrenort mit 3.500 Wohnungen in unterschiedlichen Haustypen (B. ➢*Hermkes*) errichtet. *SU*

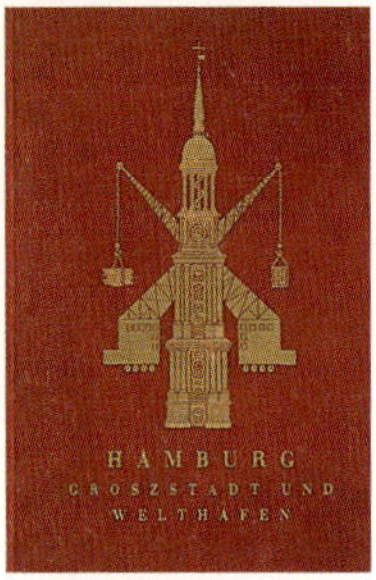

Kräne hinter der Westfassade des Michels. Von Alfred Mahlau gestalteter Einband der Festschrift zum 30. Deutschen Geographentag in Hamburg 1955

Mahlau, Alfred (geb. 21.6.1894 Berlin, gest. 22.1.1967 Hbg), Grafiker, Kunsterzieher. Nach Kunststudium und Zeichenlehrerexamen in seiner Vaterstadt ließ M. sich in ➢*Lübeck* nieder und wurde bald zum viel beschäftigten Gebrauchsgrafiker. Gefördert durch C.G. Heise, gestaltete er seit den 1920er Jahren die offizielle Werbung für die Hansestadt und entwickelte Reklamekonzepte für zahlr. Gesellschaften und Firmen. 1945 wurde M. nach Hbg an die Landeskunstschule am Lerchenfeld berufen (➢*Hochschule für bildende Künste*), wo er bis 1959 eine Klasse für Freie Grafik, Illustration und Entwurf geleitet und weithin stilbildend gewirkt hat; sein bekanntester Schüler wurde H. ➢*Janssen*. Daneben widmete er sich der Aquarellmalerei, der er, besonders in der Landschaftsdarstellung, reizvolle Intimität zu geben verstand. Es gibt kaum ein Gebiet der angewandten Kunst, auf dem M. sich nicht versucht hat: Von der Gedenktafel für den ➢*Finkenwerder* Dichter am nach diesem benannten Gorch-Fock-Wall bis hin zum Entwurf des ➢*Rathaus*-Porzellans reicht denn auch die Spannweite seines Wirkens in Hbg. 1963 erhielt M. den ➢*Edwin-Scharff-Preis*. Sein Grab befindet sich auf dem Friedhof ➢*Sülldorf*. *Ah.*

Mahler, Gustav (geb. 7.7.1860 Kalischt/Böhmen, gest. 18.5.1911 Wien), Komponist, Dirigent. Der aus einer jüd. Kaufmannsfamilie stammende M. kam nach Musikstudium und ersten Anstellungen in Laibach, Olmütz, Leipzig und Budapest 1891 als Erster Kapellmeister an das Hbger ➢*Stadttheater* und dirigierte daneben regelmäßig Abonnementskonzerte. Er setzte sich besonders für das zeitgenössische dt. und ital. Opernschaffen ein und machte die Werke von F. Smetana und P. Tschaikowsky auf der Hbger Opernbühne heimisch. Während M.s Hbger Zeit entstanden u.a. seine 2. und 3. Sinfonie. Die 2. Sinfonie weist zudem einen besonderen Bezug zu Hbg auf: Zum Schlusssatz mit der ➢*Klopstock*-Choraldichtung „Auferstehen (...)" ließ sich M. anlässlich der Trauerfeier für H. von Bülow in ➢*St. Michaelis* inspirieren, bei der dieser Choral erklang. 1897 verließ M. Hbg, um die Direktion der Wiener Hofoper zu übernehmen, gastierte aber noch zweimal in der Hansestadt (1905/08). Seit 1988 widmet sich die Gustav-Mahler-Vereinigung Hamburg der Pflege seines Werkes an seiner einstigen Wirkungsstätte. 1990 wurde der Platz hinter der Staatsoper an den ➢*Colonnaden* nach ihm benannt. *GJ*

Gustav Mahler wirkte 1891–97 als Kapellmeister und Dirigent am Hamburger Stadttheater.

Maklerwesen Makler als Vermittler zwischen Anbietern und Abnehmern von Waren und Dienstleistungen entwickelten sich angesichts der Differenzierung des hbg. Handels als selbstständige Berufsgruppe recht früh. Schon 1579 wurden erste Regelungen des M.s getroffen, die insbesondere darauf zielten, dass die Vermittlung von Geschäften zwischen Fremden in Hbg rechtliche Sicherung erfuhr. Eine 1642 entworfene Maklerordnung wurde nicht in Kraft gesetzt, wohl aber eine spätere, die zuerst 1654 gedruckt veröffentlicht wurde. Die Makler wurden damit der Aufsicht einer ➢*Deputation*, die im Laufe der Zeit unterschiedlich zusammengesetzt war, unterworfen. Diese Deputation vereidigte die Makler, und nur diese durften „für Andere Waaren kaufen und verkaufen, Schiffe befrachten und sonst bedienen, Assecuranzen schließen, Immobilien kaufen, verkaufen und vermiethen sowie den öffentlichen Geld- und Wechsel-Cours notiren und über geschlossene Wechsel- und Geld-Negationen amtliche Atteste erteilen". Als Zeichen trugen die Makler seit 1660 ein medaillenähnliches Kupferstück mit dem ➢*Wappen* der Stadt, dem Namen des Maklers und der Jahreszahl seiner Beeidigung, seit 1787 einen Maklerstock. Die Courtage war in einer Taxe genau festgelegt und durfte nicht überschritten werden.

Im Jahr 1809 verzeichnete das Hbger ➢*Adreßbuch* „Assecuranzmakler, Auctionsmakler, Discontomakler, Drogerymakler, Eisenmakler, Eisenwaarenmakler, Fettwaarenmakler, Fruchtmakler, Geldmakler, Gewürzmakler, Glasmakler, Gold- und Silbermakler, Häutemakler, Hausmakler, Heering- und Thranmakler, Holzmakler, Kaffeemakler, Kameelgarnmakler, Landgütermakler, Ledermakler, Leinewandmakler, Manufakturwaarenmakler, Materialmakler, Mehlmakler, Papiermakler, Porcellain- und Steinzeugmakler, Rauhwaarenmakler, Russische Waarenmakler, Schiffsmakler, Seidemakler, Theemakler, Tobacksmakler, Waarenmakler, Holländische Waarenmakler, Wechselmakler, Weinmakler und Zuckermakler". Nach den Ereignissen des ➢*Hafenarbeiterstreiks* 1896/97 gründete sich die Vereinigung Hamburger Schiffsmakler und Schiffsagenten. Heute gibt es über 240 Maklerfirmen in Hbg. Sie betreuen jedes im Hbger ➢*Hafen* einlaufende Schiff, wenn dessen Reeder kein Büro in der Stadt unterhält. An seiner Stelle kümmert sich der Makler um die Abwicklung aller nötigen Geschäfte und vertritt dessen Interessen gegenüber den Handelspartnern, Behörden (Zoll, Liegegebühren), Schiffsausrüstern oder Versorgern. *LS*

Marcks, Erich (geb. 17.11.1861 Magdeburg, gest. 21.11.1938 Berlin), Historiker. Nach Studium und Promotion wurde M. 1887, gefördert durch H. von Treitschke, in Berlin habilitiert. Über Freiburg und Leipzig gelangte er 1901 auf einen Heidelberger Lehrstuhl. Von Senator W. von ➢*Melle* geradezu hofiert, avancierte M. zu einem der beliebtesten Dozenten des Allgemeinen Vorlesungswesens (➢*Wissenschaftliche Bildung*). V.a. die Nähe zu Bismarcks Nachlass in Friedrichsruh bewog ihn, einem Ruf der ➢*Hamburgischen Wissenschaftlichen Stiftung* zu folgen (1907–12). 1909 erschien mit „Bismarcks Jugend" der erste Band seiner einfühlsamen, freilich nicht vollendeten Biografie, die 21 Auflagen erreichte. Die kulturelle Atmosphäre um A. ➢*Lichtwark* und den Grafen L. von Kalckreuth, überhaupt die herzliche Gastlichkeit der hanseatischen Gesellschaft entsprach so ganz seinem Naturell, doch das Scheitern der Universitätspläne veranlasste ihn, 1913 nach München und 1922 schließlich nach Berlin zu gehen. Mit dem Weltkrieg vollzog sich bei ihm in Denken, Wort und Schrift eine schroffe Wendung zum Nationalismus, die ihn später zu einem der geistigen Wegbereiter des Nationalsozialismus hat werden lassen. *Ah.*

Der als Bismarck-Biograf bekannt gewordene Historiker Erich Marcks lehrte mit großer Resonanz im Allgemeinen Vorlesungswesen der Hansestadt. Foto von W. Höffert, Ende des 19. Jahrhunderts

Marcks, Gerhard (geb. 18.2.1899 Berlin, gest. 13.11.1981 Burgbrohl/Eifel), Bildhauer. 1946–51 wirkte der u.a. als Tierplastiker bekannt gewordene Künstler, ein Vetter von E.

➢*Marcks*, an der Landeskunstschule am Lerchenfeld (➢*Hochschule für bildende Künste*). In jenen Jahren vollendete er den von E. ➢*Barlach* entworfenen Figurenfries an der Lübecker Katharinenkirche (1947), schuf die volkstümliche Gruppe der Stadtmusikanten am Bremer Rathaus (1951) und gestaltete seit 1948 das vier Jahre später eingeweihte Mahnmal für die Bombenopfer auf dem ➢*Ohlsdorfer Friedhof* (Charon in seinem Nachen). Auch nach seiner Berufung nach Köln entstanden Auftragswerke für die Hansestadt, so der Heilige Georg mit dem Drachen in der Turmkapelle der Dreieinigkeitskirche in ➢*St. Georg* oder der Schwebende Albatros über der auch von ihm gestalteten Gedenktafel für die Opfer des im September 1957 gesunkenen Segelschulschiffs „Pamir" in der Hauptkirche ➢*St. Katharinen* (beide 1958). M. erhielt 1962 den ➢*Edwin-Scharff-Preis*; sein reicher Nachlass wird im Bremer Bildhauermuseum Gerhard-Marcks-Haus verwahrt. *Ah.*

Der von Gerhard Marcks 1958 geschaffene Albatros schwebt in der Katharinenkirche über der Gedenktafel für die auf See gebliebenen Besatzungsmitglieder der „Pamir".

Maria-Magdalenen-Kloster Der Überlieferung nach verdankt das Kloster seine Gründung dem ➢*Schauenburger* Grafen Adolf IV., der es zum Dank für den Sieg in der Schlacht von Bornhöved gegen den König von ➢*Dänemark* stiftete. Sie hatte am 22.7.1227 stattgefunden, dem Tag der hl. Maria Magdalena. Im Kloster sollten Mönche nach der 1223 vom Papst bestätigten Regel des Franziskanerordens leben. 1239 begann Adolf selbst das Leben eines Bettelmönchs und trat in das Kloster ein. Der zweistöckige, später um mehrere Trakte erweiterte ➢*Backsteinbau* stand auf dem Areal der heutigen ➢*Börse*, das seit 1821 Adolphsplatz heißt.

Im Zuge der ➢*Reformation* wurde das Kloster aufgehoben, und in die Gebäude zogen 20 bedürftige Frauen ein, die zuvor im 1427 gestifteten St.-Ilsaben-Haus am Burstah gelebt hatten. Später entstanden im ehem. Kloster weitere Räume, die günstig an Arme verkauft wurden. Anfang des 19. Jhs wiesen die verwinkelten, dreistöckigen Gebäude so starke Schäden auf, dass 1806 der Turm abgenommen und im Jahr darauf die ganze Kirche abgerissen werden musste. Die Konventbauten folgten Ende der 1830er Jahre, und die Bewohnerinnen bezogen im Oktober 1839 am Glockengießerwall einen von C.L. ➢*Wimmel* entworfenen Neubau. An dessen Stelle steht heute ein 1903/04 errichtetes ➢*Kontorhaus*; sein Name „Klosterburg" erinnert noch an die Stiftsdamen, die 1901 in der Richardstraße einen Neubau erhielten (zerstört 1943). *Ti.*

Ansicht des Maria-Magdalenen-Klosters von der Seite des Alten Walls. Farbige Lithografie nach Peter Suhr

Marienthal ist ein Stadtteil im Bezirk ➢*Wandsbek* mit 3,3 km² Fläche und 11.924 Einw. (2009). Auf dem heutigen M.er Gebiet lag früher der Mittelpunkt Wandsbeks, das 1568 für H. Rantzau erbaute Schloss. Für 230.000 Reichstaler erwarb 1857 der Grundstücksspekulant J. Carstenn das Gut Wandsbek, um das Gelände in Villengrundstücke aufzuteilen und weiterzuverkaufen. Das von H.C. von ➢*Schimmelmann* neu erbaute Schloss ließ er 1861 abreißen. Das Wandsbeker Gehölz kaufte die Kommunalverwaltung Wandsbek während der Erschließung M.s für 96.000 Mark wieder zurück und verhinderte damit die Zerstörung des weitläufigen Grünzuges. 1861 erhielt Carstenn die Genehmigung, dem von ihm angekauften Besitz den Namen M. zu geben. Diese historische Bezeichnung war in Anlehnung an die Baronin Maria von Kielmannsegg gewählt worden, die sie für ihren 1684 erbauten Witwensitz am Mühlenteich verwandt hatte. Der Streckenverlauf der Eisenbahn Hbg-Lübeck über M. (1865) schuf die Voraussetzung dafür, dass sich der Ort bis zur Jahrhundertwende zu einem bevorzugten Villenviertel entwickeln konnte. Seit 1877 bildete der Bezirk M. einen Teil der Stadt Wandsbek und gelangte so durch das ➢*Groß-Hamburg-Gesetz* 1937/38 an die Hansestadt. *SH*

Markthalle Die Silvesterparty 1976/77 war der Beginn des Kultur- und Kommunikationszentrums M. Seither war es Veranstaltungsort für mehr als 7.000 Veranstaltungen aus vielen Bereichen, mit Schwerpunkt auf Konzerten. Ziel der Betriebsgesellschaft mbH ist die Förderung von Jugendkultur auf allen Ebenen. Namengebendes Domizil ist die 1913/14 von F. ➢*Schumacher* erbaute ehem. Gemüse- und spätere Blumenhalle am Klosterwall. Nach jahrelangem Leerstand bauten Investoren 1975 das Gebäude zum Veranstaltungsort um. Dem „Großen Saal" folgte der „Kleine", in den 1980 ein Programmkino und später das Theater in der Markthalle (ThiM) einzogen. Viele berühmte Bands und Solisten verschiedenster Stilrichtungen kamen zu Konzerten („Embryo", „The Police"). Im Zuge umfangreicher Renovierungen und Neustrukturierungen 1993–95 wurde im Foyer ein auch lokalen Nachwuchsbands offenstehender Konzertclub („MarX") eingerichtet, der Große Saal erweitert und der südl. Anbau von 1951 aufwendig umgebaut. Er ist seitdem Sitz des ➢*Kunstvereins*, der ➢*Freien Akademie der Künste* und beherbergt ferner das Kunsthaus mit seinen 500 m² Ausstellungsfläche für zeitgenössische Kunst, u.a. auch Austauschprojekte mit Instituten aus Hbgs Partnerstädten (➢*Städtepartnerschaften*), sowie dessen Träger, den Berufsverband bildender Künstler Hamburgs e.V. Der 1945 gegründete BBK vertritt die Interessen sei-

Die 1914 fertiggestellte Blumenhalle ist heute Teil der Hamburger Kunstmeile. Sie beherbergt das Kommunikationszentrum Markthalle und im südlichen Anbau den Kunstverein, das Kunsthaus, die Freie Akademie der Künste und Galerien.

ner über 560 Mitglieder und versucht, durch Mitarbeit in Beiräten und Sachgremien die Kunst- und Künstlerförderung zu verbessern. *Ti.*

Marmstorf ist ein Stadtteil im ehem. ➢*Kerngebiet* des Bezirks ➢*Harburg* mit 5,8 km² Fläche und 8.811 Einw. (2009). Mit dem Herkunftsnamen der bis 1326 wahrscheinlich hier ansässigen Ministerialenfamilie von M. erfolgte 1162 die Ersterwähnung. 1667 gab es im Dorf acht Hufner sowie drei Groß- und drei Kleinkätner. Ab 1890 kam es verstärkt zur Ansiedlung von in Harburg Beschäftigten. 1924 begann der Verkauf bäuerlicher Ländereien an Baugesellschaften, die Ein- und Zweifamilienhäuser errichteten. 1937 kam M. vom Landkreis Harburg nach Hbg. Größere Bauvorhaben waren ab 1954 Krönenbarg und 1963–67 die Wohnsiedlung Ernst-Bergeest-Weg. Inzwischen ist die ehem. Feldmark von M. bis auf das Appelbütteler Tal weitgehend bebaut. Der Ortskern wurde nach seiner 1814 erfolgten Niederbrennung durch frz. Truppen während der Kämpfe um Hbg neu errichtet und ist sehr gut erhalten. Zu M. gehören die beiden in einer jüngeren Rodungsphase des hohen Mittelalters entstandenen kleinen Dörfer Appelbüttel (Ersterwähnung 1450) und Lürade (1338) mit 1667 jeweils zwei Höfen, die in Appelbüttel heute gastronomisch, in Lürade hingegen noch landwirtschaftlich genutzt werden. *Ri.*

Marquard, Peter (geb. um 1600 in Plauen/Vogtland, gest. 1689/90 Hbg), Baumeister. M. kam 1654 mit seinem Bruder Joachim nach Hbg. Von ihrem vorherigen Wirken ist nichts überliefert. Für die Hauptkirche ➢*St. Nikolai (1.)* errichtete M. einen neuen, reich verzierten Turmhelm (1654–56, 121,7 m); der alte war in der stürmischen Nacht vom 1. Advent 1644 eingestürzt und hatte das Kirchengewölbe durchschlagen. Unter Mitarbeit seines Bruders schuf er anschließend für das Kirchenkollegium von ➢*St. Katharinen* den Ersatz für den 1648 ebenfalls bei einem Sturm zerstörten Turm der Hauptkirche (1657/58, 112 m; von E.G. ➢*Sonnin* 1770 gerichtet). Vier Jahre zuvor hatte er die Oberbauleitung für die Große ➢*St.-Michaelis*-Kirche übernommen und gab auch diesem Turm (1667–69, 132 m) eine dreihaubige Spitze aus Holz und Kupfer. Zusammen mit den beiden oktogonalen Schwestern prägte sie Hbgs Stadtbild bis zur Zerstörung durch Blitzeinschlag im Jahr 1750. St. Nikolai ging 1842 verloren. Beim Wiederaufbau der 1943 zerstörten Katharinenkirche wurde M.s bedeutendstes, weil schönstes Werk in äußerlich originalgetreuer Stahlkonstruktion nachgebildet. *Ti.*

Peter Marquards Turmhelm von St. Katharinen wurde 1955–57 als markanter Punkt der Stadtsilhouette in einer Stahlkonstruktion wieder aufgebaut.

Marschlande Während unter „Marschland“ allgemein eine tief gelegene, von Wasserarmen durchzogene Landfläche entlang einer Flachküste zu verstehen ist, sind „die Marschlande“ im Südosten Hbgs als eine von mehreren Flussmarschen im Urstromtal der ➢*Elbe* ein politisch und geografisch festgelegtes Gebiet mit ca. 77 km² Fläche. Seit mehr als 600 Jahren gehören die M. zum hbg. ➢*Landgebiet*. Sie schließen an ➢*Billbrook* an und reichen etwa vom Unteren zum Oberen Landweg, folgen dem Durchdeich, der Strom- und Norderelbe. Dieses Gebiet zwischen ➢*Bille*, Kampbille und Elbe ist von seiner Geschichte und politischen Entwicklung her von den angrenzenden ➢*Vierlanden* zu unterscheiden, wiewohl die urspr. Besiedelung auf großen zusammenhängenden Werdern innerhalb lang gestreckter Ringdeiche in gemeinsamen Deichverbänden erfolgte. Die politische Trennung ergab sich durch die Aufteilung des Gesamtgebiets in ein holstein. (Marschlande) und ein sächs. Hoheitsgebiet (Vierlande), das sich dann nach diesem vorgegebenen Muster in ein hbg. und ein ➢*beiderstädtisches* Landgebiet teilte. Bei der möglicherweise im 12. Jh. vorgenommenen Abgrenzung der Interessengebiete war offenbar eine Linie vom Ende des Billetals bei ➢*Bergedorf* und dem Ende des Seevetals bei Over als Grenze zwischen der Grafschaft Holstein-Stormarn im Westen und Sachsen(-Lauenburg) im Osten maßgeblich, wobei ➢*Kirchwerder* allerdings über diese Grenze weit nach Westen hinausreichte. Fast deckungsgleich wurden auch die kirchlichen Grenzen seit 1154 unter den beteiligten Bistümern festgelegt. Zur Grafschaft Holstein-Stormarn, Hbger Sprengel, gehörten ➢*Billwerder*, ➢*Allermöhe*, ➢*Moorfleet* und ➢*Reitbrook*, zur gleichen Grafschaft, Verdener Sprengel, kamen ➢*Ochsenwerder*, ➢*Stillhorn*, ➢*Tatenberg*, ➢*Spadenland* und ➢*Moorwerder*, zum Bistum Ratzeburg kamen die später als „Vierlande" bezeichneten Gebiete.

Im Laufe der Zeit ergaben sich durch wechselnde Besitzverhältnisse der einzelnen Bestandteile viele Veränderungen. Die Gemeinden der M. bezeichneten sich seit dem Mittelalter als „Landschaften". Sie besaßen eine eigene Landschaftsvertretung, die dem Vogt, der dem jeweiligen „Landherrn" unterstand, gegenübertrat. Erst 1872 wurden die Landschaften in Gemeinden mit einheitlichem Recht umgewandelt. Heute gehören zu den als Gemüseland der „Hausgarten Hamburgs" genannten M. Billwerder mit Moorfleet und Allermöhe, Ochsenwerder mit Tatenberg und Spadenland, schließlich Reitbrook. *HR*

Maße und Gewichte In Hbg entwickelte sich analog zu den M.u.G. anderer Städte und Landschaften im Mittelalter ein eigenes System, das hauptsächlich duo- und sedezimal, also auf den Grundzahlen 12 und 16 aufgebaut war. Dieses System, das im Verlauf der Zeit Veränderungen unterworfen war und zahlr. Adaptationen infolge des regen Handels mit vielen Plätzen aufwies, wurde mit der Gründung des Deutschen Reiches 1871 und dem hier 1872 festgelegten Dezimalsystem außer Kraft gesetzt, blieb aber im täglichen Umgang noch länger erhalten. Es enthält folgende Grundelemente:

a) Längenmaße
   1 Meile = 24.000 Rheinländische Fuß (7.531,2 m)
   1 Rute (4,5851 m)
   1 Marschrute (4,012 m)
   1 Faden = 3 Ellen (1,7194 m)
   1 Elle = 24 Zoll (0,573 m)
   1 Fuß = 12 Zoll (0,28657 m)
   1 Zoll = 12 Linien (0,0239 m)
   1 Linie (0,00199 m)
b) Flächenmaße (es wurden die Längenmaße ins Quadrat gesetzt, also Quadratmeile bis Quadratlinie)
c) Hohlmaße (es wurden die Längenmaße zum Kubus multipliziert, also Kubikfuß bis Kubiklinie)
d) Hohlmaße für trockenes Schüttgut
   1 Wispel = 10 Scheffel (1.052,64 – 1.099,20 l)

1 Scheffel = 2 Fass (105,264–109,92 l)
1 Fass = 2 Himten (52,632–54,96 l)
1 Himten = 4 Spint (26,316–27,48 l)
1 Spint (6,578–6,87 l)
1 Tonne Salz (164,79 l)
1 Tonne Steinkohlen (223,87 l)

e) Hohlmaße für Getränke
1 Fass = 2 Pipen (869,448 l)
1 Pipe = 3 Ahm (434,73 l)
1 Oxhöft = 6 Anker (217,36 l)
1 Ahm = 4 Anker oder 5 Eimer (144,91 l)
1 Anker = 10 Stübchen (36,2275 l)
1 Eimer = 4 Viertel (28,982 l)
1 Stübchen = 2 Kannen (3,62275 l)
1 Viertel (7,2455 l)
1 Kanne = 2 Quartier (1,811375 l)
1 Quartier = 2 Oeßel oder Planken (0,9057 l)
1 Oeßel oder Plank = 2 Ort (0,45285 l)
1 Ort (0,226425 l)
1 Tonne Bier (173,89 l)
1 schmale Tonne (115,93 l)
1 Tonne Essig (108,68 l)

f) Hohlmaße für andere Handelsgüter
1 Tonne Butter bucket Band (280 Pfund)
1 Tonne Butter schmales Band (224 Pfund)
1 Tonne Tran (116,04 l)

g) Raummaße für Holz
1 Faden (1,695 m^3)

h) Zählmaße
1 Großtausend = 10 Großhundert (1.200 Stück)
1 Ring = 4 Schock (240 Stück)
1 Großhundert = 2 Schock (120 Stück)
1 Schock = 3 Stieg oder 4 Mandel oder 6 Decher (60 Stück)
1 Stieg (20 Stück)
1 Mandel (15 Stück)
1 Decher (10 Stück)

i) Gewichte
1 Schiffslast = 4.000 Pfund (1.937,448 kg)
1 Schiffspfund = 20 Liespfund (zur See 135,621 kg, zur Fuhre 154,664 kg)
1 Liespfund = 14 Pfund zur See oder 16 Pfund zur Fuhre (9,687 kg)
1 Pfund = 16 Unzen (484,46 g)
1 Unze = 2 Lot (30,2788 g)
1 Lot = 4 Quentin (15,1394 g)
1 Quentin = 4 Ort (3,7848 g)
1 Ort (0,946 g)

In vielen Bereichen waren überdies Sondermaße mit speziellen Bezeichnungen gebräuchlich. *LS*

Mathematische Gesellschaft Die M.G. wurde 1690 als eine der ältesten wissenschaftlichen Vereinigungen der Welt mit dem Namen „Kunst-Rechnungs-Liebende Sozietät“ gegründet. Ihre Initiatoren waren H. Meißner, Schulvorsteher zu ➢*St. Jacobi*, und sein Freund V. Heins, Lehrer an der ➢*St.-Michaelis-*Kirchenschule. Der Zusammenschluss von sechs einheimischen und neun auswärtigen Mitgliedern sollte dazu dienen, den unzureichenden mathematischen Unterricht an den Schulen zu verbessern. Aus der Verbindung entstand 1790 die „Gesellschaft zur Verbreitung der mathematischen Wissenschaften“ und 1877 die noch heute bestehende M.G. *SH*

Matthiae-Mahl Das 1356 zuerst genannte „Convivium Eines Ehrbaren Rathes“ mit Vertretern der Hbg freundlich gesinnten Mächte wurde am Tage des hl. Matthias (24. Februar) begangen. Die Veranstaltung mit über 400 Gästen, die jeweils Ende Februar im Großen Festsaal des ➢*Rathauses* stattfindet (früher im ➢*Eimbeckschen Haus*), gerät heutzutage zu einer glanzvollen Selbst-

Hamburgs größtes Gastmahl führt alljährlich im Februar Hamburger Prominenz und internationale Ehrengäste im Großen Festsaal des Rathauses zusammen.

darstellung Hbgs. Die dabei gehaltenen Reden der Ehrengäste – zumeist handelt es sich bei ihnen um prominente in- und ausländische Politiker – tragen oft programmatischen Charakter. *SH*

Medaille für Kunst und Wissenschaft Mit der 1956 gestifteten Medaille werden Personen ausgezeichnet, die in Kunst und Wissenschaft besonders herausragende Leistungen von bleibendem Wert für Hbg vollbracht haben. 1993 erhielt der engl. Historiker R.J. Evans die Medaille, der in Hbg zur Stadtgeschichte des 19. Jhs gearbeitet und dabei grundlegend die ➢*Cholera-Epidemie* von 1892 erforscht hat („Tod in Hamburg", 1990), und 1994 ging sie an N.B.-G. Bamberger, der sich in besonderer Weise um die Bewahrung der Erinnerung an die jüd. Vergangenheit in Hbg verdient machte. *RW*

Medaille für treue Arbeit im Dienste des Volkes Im Jahr 1926 wurde diese Medaille gestiftet. Sie heißt auch „Gemeinwohl-Medaille", weil mit ihr eine langjährige ehrenamtliche Tätigkeit für die hbg. Verwaltung einschließlich der öffentlichen Körperschaften ausgezeichnet wird. Voraussetzung für die Vergabe ist ein mindestens 25-jähriges Wirken. Aktive Angehörige des hbg. öffentlichen Dienstes sind von der Verleihung ausgeschlossen. Die Vorderseite der Medaille zeigt einen umlaufenden Lorbeerkranz, der die Worte umschließt: „DAS GEMEINWOHL IST DAS HÖCHSTE GESETZ". Die Rückseite trägt das große hbg. Wappen (➢*Wappen, Hamburg*) und die Umschrift: „•FREIE UND HANSESTADT•HAMBURG". Wurde die Medaille zunächst nur in Bronze vergeben, existiert seit 1956 auch eine silberne Variante. Diese stellt jedoch eine höherrangige Auszeichnung mit besonderen Dienstvoraussetzungen gegenüber der Bronzemedaille dar, weshalb zwischen beiden kein Stufenverhältnis besteht. Die Vergabe der Medaille in Bronze erfolgt in der Regel zum 1. Mai, während die Auszeichnung in Silber jeweils zum gegebenen Anlass als hohe Ehrung für besonders herausragende Verdienste um das Gemeinwohl verliehen wird. In Silber werden seit 1953 jährlich zwei bis drei Personen ausgezeichnet. *RW*

Meiendorf ist ein Ortsteil im Stadtteil ➢*Rahlstedt* (Bezirk ➢*Wandsbek*). Das holstein. Bauerndorf wurde erstmals 1318 erwähnt. Seit 1333 befand es sich größtenteils im Besitz des Hbger ➢*Domkapitels*, bevor es 1576 wieder holstein. wurde und zum Amt Trittau gehörte. 1750–73 war es von ➢*Holstein-Gottorf* an Hbg verpfändet. Aufsehenerregende Entdeckungen aus der Steinzeit machten M.s Namen in der Vorgeschichtsforschung weithin bekannt: In den 1930er Jahren veröffentlichte A. Rust seine Forschungen zum Stellmoorer Tunneltal, nach denen hier schon vor 14.000 bis 16.000 Jahren Nomaden lebten und auf M.s Gemarkung einen Lagerplatz besaßen (➢*Hamburger Kultur*).

1927 wurde der Ort nach Rahlstedt eingemeindet und gelangte mit diesem im Rahmen des ➢*Groß-Hamburg-Gesetzes* 1937/38 an die Hansestadt. In der Straße Bei der Neuen Münze nahm 1982 die Hamburgische Münze (➢*Münzhoheit/Hamburgische Münze*) ihren Betrieb auf. *SH*

Meister Bertram (geb. um 1340, vermutl. Minden, gest. um 1415 Hbg), Hauptvertreter der spätgotischen norddt. Malerei und ältester namentlich bekannter Hbger Künstler. Seit 1367 war M.B. in Hbg tätig. Sein Hauptwerk ist der zwischen 1379 und 1383 vollendete ehem. Hochaltar der Hauptkirche ➢*St. Petri*. Dieser war 1731 von der Gemeinde nach Grabow/Mecklenburg geschenkt worden (daher auch Grabower Altar genannt) und wurde 1903 von A. ➢*Lichtwark* zurückgekauft. Der fast 2 m hohe und 3,5 m breite Schrein ist ein zweifacher Wandelaltar; er besteht aus einem geschnitzten, in der Werkstatt von M.B. entstandenen Altarschrein mit 44 Standbildern und zwei von M.B. stammenden Flügelpaaren, die auf 24 Bildtafeln die Schöpfung, den Sündenfall, den Alten Bund und die Kindheit Jesu behandeln.

Einer der größten Schätze der Kunsthalle: der 1903 von Alfred Lichtwark aus Mecklenburg zurückgeholte Petri-Altar von Meister Bertram

Der Altar ist in der ➢*Hamburger Kunsthalle* ausgestellt, wie auch der Buxtehuder und der Harvestehuder Altar, die beide der Schule M.B.s zugeschrieben werden. *KKW*

Meister Francke war ein im ersten Drittel des 15. Jhs in Hbg tätiger Maler, der wahrscheinlich als Dominikanermönch dem ➢*Johannis-*

Kloster angehörte. Als bedeutendster Meister der norddt. Gotik war er Vertreter des sog. weichen Stils, der sich durch einen subtilen Realismus, eine sinnlicher werdende Schönheit und eine neue Intensität der Farbigkeit auszeichnet. M.F.s Hauptwerk, der Thomas-Altar, wurde 1424 von der Gesellschaft der Englandfahrer (➢*Kaufmannskompanien*), deren Schutzheiliger der hl. Thomas von Canterbury war, für

die Bruderschaftskapelle in der St.-Johannis-Kirche in Auftrag gegeben. Er ist nur noch tlw. erhalten und in der ➢*Hamburger Kunsthalle* ausgestellt. Dort ist auch M.F.s „Christus als Schmerzensmann" zu sehen. *KKW*

Melle, Werner von (geb. 18.10.1853 Hbg, gest. 18.2.1937 ebd.), Senator, Bürgermeister. Nach dem Studium der Rechtswissenschaften und anschließender Promotion 1876 in Göttingen arbeitete M. als politischer Redakteur der ➢*Hamburger Nachrichten* und verfasste wissenschaftliche Arbeiten. Im Juli 1891 wurde er zum Senatssyndicus gewählt und der Oberschulbehörde als Präsidialmitglied zugeordnet, wo er sich schwerpunktmäßig der Verwaltung der Wissenschaftlichen Anstalten zuwandte (➢*Wissenschaftliche Bildung*). M. setzte sich maßgeblich für die 1919 erfolgte Gründung der Hamburgischen Universität ein (➢*Universität Hamburg*), die die von ihm initiierte ➢*Hamburgische Wissenschaftliche Stiftung* unterstützen sollte. 1900 wurde er zum ➢*Senats*mitglied, 1904 zum Präses der Oberschulbehörde und 1914 zum Zweiten Bürgermeister bestellt. Nach seinem Ausscheiden aus dem Senat wurde er 1921 zum „Rector magnificus honoris causa" ernannt, eine in der dt. Universitätsgeschichte einmalige Ehrung; 1917 erhielt er den theologischen Ehrendoktor der Göttinger, 1919 den philosophischen und 1928 den staatswissenschaftlichen der Hbger Universität. *He.*

Mellingstedt ➢*Lemsahl-Mellingstedt*

Mendelssohn Bartholdy, Felix (geb. 3.2. 1809 Hbg, gest. 4.11.1847 Leipzig), Komponist. Der Enkel des Philosophen M. Mendelssohn und Sohn des Bankiers A. Mendelssohn verließ Hbg mit seinen Eltern bereits 1811 und wuchs in Berlin auf. Seine musikalische Begabung machte ihn zu einer Art Wunderkind; seine ersten Kompositionen sind bereits für 1819 bezeugt. Die Aufführung von Bachs „Matthäuspassion" 1829 in der Berliner Sing-Akademie unter seiner Leitung ging als „Wiederentdeckung" in die Musikgeschichte ein. Nach ausgedehnten Tourneen banden ihn Verträge zunächst in Düsseldorf und dann seit 1835 an das Leipziger Gewandhaus als Dirigent und Chorleiter. Sein umfangreiches musikalisches Schaffen umfasst Lieder, Kammermusik, Orchesterwerke und Oratorien, die ihn zu einem der bedeutendsten Komponisten der Romantik machten und

Der junge Werner von Melle. Undatiertes Foto

Den „Martertod des heiligen Thomas von Canterbury" malte Meister Francke als unteres Bild der Außenseite des rechten Innenflügels seines Thomas-Altars (99 x 89,8 cm, Öl auf Eichenholz, Hamburger Kunsthalle). Der Heilige in bischöflichem Gewand kniet blutüberströmt auf dem Boden, die heruntergeschlagene Mitra liegt neben ihm.

Der berühmte Komponist Felix Mendelssohn Bartholdy verbrachte nur die ersten Lebensjahre in Hamburg. Darstellung nach dem Ölgemälde von Eduard Magnus, zweite Fassung, 1845/46

auch bald in Hbg zum Konzertrepertoire gehörten. Er selbst hat Hbg nach 1811 nur noch auf der Durchreise besucht. Zwei Tafeln in der Nähe seines zerstörten Geburtshauses, Große Michaelisstraße 14, erinnern heute an den großen Sohn der Stadt ebenso wie an seine älteste Schwester **Fanny** Cäcilia (geb. 14.11.1805 Hbg, gest. 14.5.1847 Berlin, Komponistin). Seit 1829 mit dem Maler W. Hensel verheiratet, stand sie ihrem Bruder an musikalischer Begabung nicht nach, hatte aber als Frau zu ihrer Zeit weniger Ausbildungs- und Auftrittsmöglichkeiten. Ihr Werk umfasst überwiegend Lieder und Klaviermusik, aber auch Orchester- und v.a. Chorwerke. Sie gilt vielen als „bedeutendste Komponistin des 19. Jahrhunderts". *GJ*

Mennoniten Die M. gehören zu den Täuferbewegungen der Reformationszeit und nennen sich nach dem niederländ. Täuferführer Menno Simons (geb. um 1496 in Witmarsum, gest. 1561 bei Oldesloe). Sie bauten ein freikirchliches, vom Staat unabhängiges Kirchenwesen auf (Glaubenstaufe, Eides- und Kriegsdienstverweigerung). Zunächst überall verfolgt, erhielten die M. schon 1601 in ➢*Altona* religiöse und wirtschaftliche Freiheiten. Diese führten zur Ansiedelung zahlr. mennonitischer Familien, u.a. vom Niederrhein und aus den Niederlanden. Als „Vater der Gemeinde" gilt der Reeder und Strumpffabrikant G. Roosen (1612–1711). Die M. wurden im 17. und 18. Jh. in Altona zu einem bedeutenden Wirtschaftsfaktor und verdienten ihr Geld, wie die Familien Roosen, de Voß und van der Smissen, z.B. mit Walfang und Großbäckerei. In Hbg standen die M. seit 1605 unter Schutz, durften sich aber zunächst nicht religiös betätigen und gingen daher in Altona zum Gottesdienst. Die 1672 errichtete dortige M.kirche (nach Brand Neubau 1716/17) und das Predigerhaus lagen urspr. an der ➢*Großen Freiheit*. Seit dieser Komplex 1915 verkauft wurde, befindet sich das Gemeindezentrum an der Mennonitenstraße/Langenfelder Straße in Altona-Nord. Auch der erste M.-friedhof von 1678 lag bei den „Freiheiten", bevor 1873 ein neuer in ➢*Bahrenfeld* eröffnet wurde. *NF*

Der Kaufmann, Reeder und Diakon der Mennonitengemeinde Berend Roosen (1705–88) in seinem Kontor bei der Erledigung von Geschäftspost. Hinter ihm die nach Orten sortierte Briefablage. Kupferstich aus dem 18. Jahrhundert

Merchants Adventurers Diese im 15. Jh. in England gebildete ➢*Kaufmannskompanie* befasste sich mit dem Export unbereiteter weißer Woll-Laken nach dem Kontinent. Sie wurde mehrfach von engl. Königen privilegiert und war in den kontinentalen Ländern von den Tuchhändlern als Konkurrenz gefürchtet, während sie das Wohlwollen von handelsinteressierten Landesherren genoss. 1567 gewährte Hbg den M.A. Privilegien auf zehn Jahre zur Niederlassung (court), die sie 1569–78 nutzten. Sie hatten ihren Sitz im English Court an der Gröningerstraße. Hierher kehrten sie 1611 aufgrund ihrer alten Privilegien zurück, nachdem sie zeitweilig (1587–97) ihren Court nach ➢*Stade* verlegt hatten. Im 17. Jh. stellten v.a.

Die gotische Fassade des Englischen Hauses, unmittelbar vor seinem Abriss 1819. Das 1478 errichtete Gebäude hatte die Stadt 1570 für die englischen Kaufleute erworben, 1806–17 war es Pfandhaus. Zeichnung von Jes Bundsen

freie engl. Wolltuch-Händler (interloper) eine massive Bedrohung des ohnehin rückläufigen Handels der M.A. dar. Selbst nachdem 1669 noch einmal alle Privilegien durch Hbg bestätigt worden waren, konnte sich der Handel der Engländer nicht mehr erholen.

Der Court wurde nahezu bedeutungslos und 1807 aufgelöst. 1815 neu gegründet, fehlte ihm nachhaltige Lebenskraft. 1824 löste sich die „Company" auf und beendete damit auch die Tätigkeit des Court in Hbg. Das ehem. Gebäude in der Gröningerstraße war bereits 1819 abgerissen worden. *LS*

Merck, Ernst (geb. 20.11.1811 Hbg, gest. 6.7.1863 ebd.), Kaufmann, Politiker. Nachdem M. im Anschluss an seine Lehrzeit mehrere Jahre im Ausland kaufmännische Erfahrung gesammelt hatte, kehrte er 1836 nach Hbg zurück und wurde Teilhaber im Handelshaus seines Vaters H.J. Merck. Zusammen mit seinem Schwager J. Ruperti verstand er es, die Firma an die Spitze der Hbger Merchant-Banking-Häuser zu bringen, die Waren- mit Bankgeschäften verbanden. 1848 wurde M. als einer der drei Abgeordneten Hbgs in die Frankfurter Nationalversammlung gewählt, wo er sich insbesondere für die Beibehaltung des freien Handels sowie für den Aufbau einer dt. Flotte zu dessen Sicherung einsetzte. Im zweiten Reichsministerium des Reichsverwesers Erzherzog Johann von Österreich hatte er die Leitung der Finanzen inne und war als Vertreter des Kriegsministers im Marineministerium für die Finanzierung und Ausrüstung der entstehenden Flotte verantwortlich. M. gehörte auch jener Delegation an, die König Friedrich Wilhelm IV. von Preußen 1849 in Berlin vergeblich die Kaiserkrone anbot. Enttäuscht über die politische Ergebnislosigkeit der Nationalversammlung, kehrte er im Herbst 1849 nach Hbg. zurück. Wegen seiner Verdienste um die Gründung und Finanzierung der Eisenbahn zwischen Wien und Salzburg wurde er 1860 in den erblichen österreich. Freiherrnstand erhoben. Ferner war er Initiator des 1863 auf dem Gelände des späteren Parks ➢*Planten un Blomen* eingeweihten ➢*Zoologischen Gartens. SH*

Kaufmann und Politiker: Ernst Merck, Foto von A. Siegmund

Meridian ist die aus dem Lat. kommende, so viel wie „Mittagslinie" bedeutende Bezeichnung für den die Pole verbindenden geografischen Längenkreis. Der 10. Längengrad östl. von Greenwich verläuft durch Hbg und schneidet exakt die

➢*Kennedybrücke.* Wer dort der auf der Nordseite eingelassenen Markierung des M.s Richtung Süden folgt, kommt so in die Lüneburger Heide und später über Hildesheim, Würzburg und Ulm nach Liechtenstein und ins Engadin. Weiter geht es durch Italiens Lombardei und den Appenin, über die Stadt La Spezia, das Ligurische Meer, Korsika, Elba und Tunis durch Afrika und den Atlantik hindurch bis zum Wechsel auf den 170. Grad westl. Länge nach Erreichen des Südpols. Dieser reicht über den Stillen Ozean Richtung Alëuten in Alaska und das Eismeer zu seinem Ende am Nordpol bzw. dem Beginn des „Hamburger Meridian", um auf dem Wege über Spitzbergen, die norweg. Küste, ➢*Dänemark,* Schleswig-Holstein durch Sierichstraße und Harvestehuder Weg wieder zum Fußweg der Kennedybrücke zurückzuführen. Für den „Altonaer Meridian": H.Chr. ➢*Schumacher. Ti.*

Meßberg Der Name des Platzes in der Hbger ➢*Altstadt* ist als „mesberch" seit 1458 belegt und bedeutet so viel wie Erhebung in sumpfigem Gelände (als „Melkeberg" im 16. Jh. auch als Hinrichtungsplatz überliefert). Die Gegend war wegen des niedrigen Niveaus der Marsch an dieser Stelle besonders durch Überflutung gefährdet. Zusammen mit dem ➢*Hopfenmarkt* vor ➢*St. Nikolai* war der Platz zunächst Hbgs traditioneller ➢*Großmarkt* für Gemüse aus den ➢*Vierlanden,* woran der Vierländerin-Brunnen erinnerte (1878; heute auf dem Hopfenmarkt). Um ihn drängten sich 1907 über 400 Marktstände. Im selben Jahr wurde der Blumenmarkt vom Hopfenmarkt zum M. verlegt, bevor 1911 das Markttreiben auf den nahe gelegenen Deichtorplatz übersiedelte. *Ti.*

Frisches Brunnenwasser am Meßberg, wo der Hauptröhrenknoten der Stadtwasserkunst lag, vorn ein Wasserwagen, dahinter der Vierländerin-Brunnen. Foto Ende 19. Jahrhundert

Meßberghof Der an der östl. Seite des ➢*Meßbergs* gelegene M. entstand 1922–24 nach Entwürfen der Architekten H. und O. Gerson. Er war nach dem ➢*Chilehaus* das zweite Großgebäude des ➢*Kontorhausviertels* und eines der frühen Stahlbeton-Skelettbauwerke in Dtld. Die seitlich herausragenden Strebepfeiler verstärken die massig-kompakte Wirkung der flächigen Fassadengestaltung des Gebäudes, das an den Seiten stufig gegliedert ist und auf den alten Konsolen freie Nachschöpfungen von Figuren des Bildhauers L. Kunstmann zeigt. Die Originale waren 1968 wegen ihres schlechten Erhaltungszustandes entfernt worden.

Besonderes Schmuckstück des Hauses ist das Treppenhaus mit Vergoldungen von Blättern und Rahmen der abgehenden Türen sowie der Geländersprossen und Zierleisten. Der urspr. Name lautete „Ballinhaus", und obwohl die Änderung in M. auf eine in der ➢*NS-Zeit* 1938 von K. ➢*Kaufmann* angeordnete Zwangsumbenennung zurückgeht, blieb sie bis heute bestehen. Im M. handelte die Firma Tesch & Stabenow mit ➢*Giftgas,* das sie an die NS-Vernichtungslager lieferte. Das im Zweiten Weltkrieg zerstörte Dach erhielt eine neue Gestalt, wie auch die Fassade und der Innenausbau starke Veränderung erfuhren. Heute ist eine Investmentgesell-

Der 1995–97 restaurierte Meßberghof, das ehemalige Ballinhaus, ist das bekannteste Werk der Architektenbrüder Gerson in Hamburg (1922–24).

schaft Eigentümerin, die in enger Zusammenarbeit mit dem ➢*Denkmalschutzamt* den M. 1993–96 für 35 Mio. DM restaurierte. *Ti.*

Messe Das Recht Hbgs, Messen und Märkte abzuhalten, geht auf den Freibrief Kaiser Karls IV. vom 29.1.1365 zurück. Die zu Pfingsten abgehaltenen M. wurden jedoch bereits 1383 eingestellt. Erst 1921 wurde mit der ersten Hotel- und Gastwirtmesse, heute Internorga genannt, diese Tradition, zunächst in der Ernst-Merck-Halle im ➢*Zoologischen Garten*, wieder aufgenommen. Nach dem Zweiten Weltkrieg wurde der 1935 gestaltete Park ➢*Planten un Blomen* schrittweise zum Messegelände ausgebaut. Das von der staatlichen Hamburg Messe und Congress GmbH verwaltete Gelände umfasst heute zwölf Hallen mit insgesamt 62.500 m^2 Ausstellungsfläche, die jährlich von über 1 Mio. Menschen besucht werden. Bis 2008 entstand in direktem Anschluss an das bisherige Messegelände in Richtung Bahnhof Sternschanze/Lagerstraße die Neue Messe Hamburg mit elf Hallen und einer

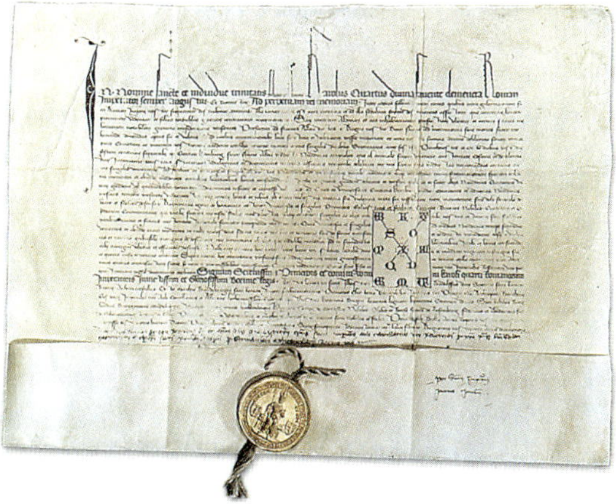

Bruttofläche von 84.000 m^2. Zu den jährlich stattfindenden M. gehören „REISEN Hamburg", die internationale Familienmesse „Du und Deine Welt" und „hanseboot". *OK*

Das Messeprivileg Kaiser Karls IV. vom 29.1.1365 ist mit einer Goldbulle, einem Siegel aus Gold, versehen, das nur bei besonders wichtigen Dokumenten verwendet wurde.

METHA Die Anlage zur **Me**chanischen **T**rennung von **Ha**fensedimenten wurde Ende März 1993 nach 18-monatiger Bauzeit in Betrieb ge-

Der Bleidecker, Freiheitskämpfer und Kunstsammler David Christopher Mettlerkamp. Kohlezeichnung eines nicht näher bekannten Künstlers namens Hess, 1815

Franz Andreas Meyer: verantwortlich für das städtebauliche Gesicht Hamburgs auf dem Weg zur Metropole. Porträtfoto

nommen – als erste ihrer Art weltweit. Ihr offizieller Name lautet „METHA III", weil unter Mitwirkung der ➢*Technischen Universität Hamburg-Harburg (TU)* zunächst zwei Versuchsanlagen gebaut worden waren. Die Planung hatte bereits in den 1970er Jahren begonnen, für die Entwicklung zeichneten neben der TU die Wirtschaftsbehörde und die Frankfurter Lurgi AG verantwortlich. Die Kosten für den südl. der Alten ➢*Süderelbe* am Auer Hauptdeich gelegenen Bau betrugen rund 136 Mio. DM, der Betrieb der M. kostet die Stadt jährlich knapp 4,5 Mio. €. In der Anlage werden alle Partikel, die größer als 10 mm sind, herausgesiebt. Danach durchläuft das feinkörnige Baggergut ein zweistufiges Verfahren: Hydroklassierung und Sortierung. Dabei wird der mit Kadmium, Quecksilber und Schwermetallen belastete Schlick aus dem Hafenbecken von dem mit ausgebaggerten Sand getrennt. Nachdem der Sand mit einem Spezialsieb abgetrennt worden ist, kann er als Baumaterial benutzt werden. Der feine Schlick wird mit Flockungsmitteln verfestigt und in eine Entwässerungsanlage gepumpt. Der getrocknete Schlick-„Kuchen" wird zu Hügeln aufgeschichtet und auf Deponiefeldern gelagert. Das für das Verfahren benutzte Wasser wird in der Spülfeld-Abwasser-Reinigungsanlage (SARA) gereinigt. 1997 wurde M. um eine 3 Mio. DM teure Feinsandanlage erweitert, mit deren Hilfe die anfallende Schlickmenge um rund 15 % reduziert werden soll. *Smo*

Mettlerkamp, David Christopher (geb. 8.6.1774 Hbg, gest. 25.7.1850 ebd.), Bleidecker, Freiheitskämpfer. Zusammen mit anderen Bürgern, den sog. ➢*Patrioten*, organisierte M. die Wiederbewaffnung und militärische Ausbildung nach der ersten Befreiung Hbgs von den Franzosen im März 1813 (➢*Franzosenzeit*). Nach seiner Vorstellung sollte ein republikanischer Stadtstaat auf die Wehrhaftigkeit seiner Bewohner gegründet sein, denn in einer „Waffengenossenschaft der Bürger" sah er die Rechte des Bürgers mit den Pflichten des Soldaten verschmolzen. Von den zurückkehrenden Franzosen zum Tode verurteilt, floh M. nach Mecklenburg und baute dort eine Freiwilligentruppe auf. An der Spitze dieser „Hanseatischen Bürgergarde" konnte er am 31.5.1814 siegreich in Hbg einziehen.
Als namhafter Kunstsammler gehörte M. 1817 zu den Begründern des heute noch bestehenden ➢*Kunstvereins*, der ältesten derartigen Organisation in Dtld. Auf dem ➢*Grasbrook* errichtete er 1829 die Neue Hamburgische Eisenhütte, doch der Aufstieg vom Handwerker zum Fabrikanten wollte ihm nicht recht gelingen; nach dem Tod seines Sohnes wurde das Unternehmen 1833 liquidiert. 1848 wurde M. in die ➢*Konstituante* gewählt, die er als Alterspräsident eröffnet hat. *Ah.*

Meyer, Franz Ferdinand Carl **Andreas** (geb. 6.12.1837 Hbg, gest. 17.3.1901 Wildungen), Bauingenieur. Nach dem ➢*Johanneum* besuchte M. seit 1854 das Polytechnikum in Hannover, wo er stark von C.W. Hase und der auf ihn zurückgehenden Hannoverschen Schule der Backsteinneugotik (sog. Hasik) beeinflusst wurde. Nach Stationen in Hannover und ➢*Bremen* wurde er 1862 von der Hamburger Schiffahrts- und Hafen-Deputation angestellt, in der er unter Wasserbaudirektor J. ➢*Dalmann* maßgeblich an der neuartigen Anlage des ➢*Sandtorhafens* beteiligt war. Seinen architektonischen Neigungen folgend, wechselte er 1868 zur Sektion Ingenieurwesen der Baudeputation, übernahm vier Jahre später von Chr. W. Plath deren Leitung und wurde somit Oberingenieur.

Die Zahl der Einw. Hbgs, die sich von 1860 bis Ende des Jhs auf 750.000 nahezu verdreifachte (➢*Bevölkerungsentwicklung*), machte eine in Größe und Konzeption grundlegend veränderte Stadtplanung nötig. M. wusste sie zu entwerfen und half, ohne als Oberbeamter selbst ein politisches Amt ausüben zu dürfen, seine städtebaulichen Ideen in den Bebauungsplänen durchzusetzen. Er nutzte hierfür seinen Einfluss in verschiedenen Vereinen und deren den ➢*Senat* beratende Stimme, v.a. die des ➢*Architekten- und Ingenieurvereins*.

Es entstand ein neues Hbg, eine „City", mit deren Gestaltung M. zu den bedeutendsten Stadtbaumeistern des 19. Jhs gehört (➢*Citybildung*). Neben seinem konzeptionellen Wirken und seinen Großprojekten (➢*Speicherstadt*, Außenalster-Ostufer 1873–75, Filtrieranlagen der Stadtwasserkunst 1891–93 zur ➢*Trinkwasserversorgung*, Einrichtung der ersten Müllverbrennungsanlage Dtlds 1894/95, Planung und Anregung zahlr. Parks) ist in der Stadt noch heute seine Vorliebe für schmiedeeiserne Schmuckdetails zu entdecken. Zu ihnen gehört auch der Rabe auf einem der Straßenschilder der Alten Rabenstraße (Rekonstruktion, Abb. S. 682). *Ti.*

Meyer, Friedrich Johann Lorenz (geb. 22.1.1760 Hbg, gest. 21.10.1844 ebd.), Domherr. Der Sohn eines Hbger Weinhändlers besuchte die Lateinschule in Otterndorf und das ➢*Akademische Gymnasium* in Hbg. Das Studium der Rechtswissenschaft in Göttingen schloss er 1782 mit der Promotion ab. Nach einer Bildungsreise durch die Schweiz, Italien und Frankreich ließ er sich als Advokat in Hbg nieder. 1784 wurde er Domherr und 1805 Präses des ➢*Domkapitels*. M. war Hbgs letzter Domherr. Seit 1785 war er in der ➢*Patriotischen Gesellschaft* von 1765 tätig, deren Sekretariat er 1790–1825 innehatte, deren Schriften er herausgab und deren Archiv und Bibliothek er neu ordnete.

M. war ein wichtiger Förderer aller praktisch-gemeinnützigen Reformbestrebungen und insbesondere der bildenden Kunst. Er gehörte zum Freundeskreis F.G. ➢*Klopstocks* und zum Reimarus-Sieveking-Zirkel. Sein Haus war einer der geistigen Mittelpunkte der Stadt. M. war Mitglied der hbg. Gesandtschaft an das Frz. Direktorium 1796 (unter G.H. ➢*Sievekings* Leitung) und an den Ersten Konsul Napoleon Bonaparte 1801. M. verfasste „Skizzen zu einem Gemälde von Hamburg" (1801–04), Reisebeschreibungen über Italien, Frankreich, Dtld und Russland, zahlr. Aufsätze und Buchbesprechungen.

M. war ein überzeugter Republikaner hbg. Prägung und ein Freund des reformorientierten Aufgeklärten Absolutismus. Die Frz. Revolution begrüßte er anfangs, wandte sich dann aber entschieden gegen Ausschreitungen und Gewalt. Auch die Direktorialzeit und die napoleonische Herrschaft sah er zunächst positiv, später überwog das kritische Urteil. *Ko.*

Ein Aufklärer und Freund der Künste: der letzte Hamburger Domherr Friedrich Johann Lorenz Meyer. Lithografie von Siegfried Bendixen nach einer Zeichnung von Friedrich Carl Gröger, 1818

Migge, Leberecht (geb 20.3.1881 Danzig, gest. 30.5.1935 Berlin), Gartenarchitekt. Nach der Schulzeit begann M. 1897 in Hbg eine Gartenbauausbildung. Seit 1904 arbeitete er für die Hbger Gartenbaufirma Ochs, die hauptsächlich bürgerliche Villengärten gestaltete und öffentliche Bauaufgaben erfüllte. Als deren künstlerischer Leiter legte M. 1909 in ➢*Fuhlsbüttel* die Grünfläche zwischen Wacholder- und Bergkoppelweg an. Die als Volkspark konzipierte Anlage, mittlerweile durch einen Parkplatz verstümmelt, war ein viel beachteter Beitrag zur Reform der Gartenarchitektur.
1913 trennte sich M. wegen urheberrechtlicher Auseinandersetzungen von seinem bisherigen Arbeitgeber und eröffnete in ➢*Blankenese* ein eigenes Büro, das er 1920 verkaufte, um sich auf dem Sonnenhof in Worpswede anzusiedeln. Hier war er an der Gründung der „Intensiven Siedlerschule in Worpswede" beteiligt und arbeitete mit der Arbeitsschule H. Vogelers auf dem Barkenhoff zusammen. 1923–29 gab M. die Zeitschrift „Die Siedlungswirtschaft" heraus. 1926 ging er nach Berlin und hatte dort Kontakte zu Anhängern der Wohnungsreformbewegung, darunter auch zu E. May. *JJF*

Milde, Carl Julius (geb. 16.2.1803 Hbg, gest. 19.11.1875 Lübeck), Künstler, Konservator, Kunsthistoriker. M. wuchs in einer kleinbürgerlichen Hbger Familie auf. Durch den Zusammenbruch der väterlichen Kaffee- und Teehandlung in der ➢*Franzosenzeit* geriet sie hart an den Rand des Ruins, und M. konnte nur eine wenig angesehene Elementarschule besuchen. Hier offenbarte sich sein besonderes Zeichentalent, das bald die Förderung bedeutender Hbger Maler erfuhr (u.a. durch Chr. ➢*Suhr*, S. Bendixen). In der Zeichenschule des Bildnismalers G. Hardorff wurde M. weiter ausgebildet und lernte eine Gruppe junger Hbger Künstler kennen, deren Mentor der berühmte Kunsthistoriker C.F. von Rumohr war. Mit seinen Freunden E. und O. ➢*Speckter* bereiste er, zeichnend und malend, die nördl. der ➢*Elbe* gelegenen Landschaften. Auf Anraten Rumohrs setzte M. seine Ausbildung 1824 an der Dresdner Kunstakademie fort, musste jedoch im Jahr darauf wegen fehlender Geldmittel nach Hbg zurückkehren. Hier lebte er bis 1830 als Bildnismaler und immer stärker gefragter Porträtist. Kurze Studienreisen führten ihn nach München und Italien, 1830–32 schließlich nach Rom. In Hbg gründete er mit 14 anderen Bildhauern, Malern und Architekten den Klub Hamburgischer junger Künstler. M. übernahm nun größere Aufgaben wie die Ausmalung des ➢*Rauhen Hauses* mit Fresken. Ferner baute er eine ca. 25.000 Stück umfassende Sammlung naturwissenschaftlicher Zeichnungen auf, die später an das Lübecker Naturalienkabinett ging. Besonders wertvoll waren M.s auf das sorgfältigste gezeichnete Insektenbilder und mehr als 400 aquarellierte Darstellungen winziger bunter Käfer. Nach einem Auftrag für die Innenraumgestaltung eines Lübecker Patrizierhauses entschloss sich M. 1838 zur Übersiedelung nach ➢*Lübeck*, wo er über sein bisheriges Metier hinausreichende Aufgaben in Angriff nahm. Seit 1841 war eine Anstellung als Zeichenlehrer am Lübecker Katharineum seine gesicherte materielle Existenz, während er sich als Künstler, Restaurator und Konservator der Gesellschaft zur Beförderung gemeinnütziger Tätigkeit beispielhaft für die Erhaltung und Pflege von Kunst- und Baudenkmälern in Lübeck einsetzte (Restaurationsarbeiten u.a. in St. Marien und im Dom). Als Konservator legte er den Grundstein für die Sammlungen der Lübecker Museen und half maßgeblich, den Abriss des Holstentors zu verhindern. Populär ist bis heute M.s Dokumentation historischer Bauten der Travestadt, das „Lübecker ABC" (1857). Durch seine zeichnerischen Entwürfe rief er das Kunstinteresse des preuß. Kronprinzenpaares hervor, und er erhielt den Auftrag, das Westportalfenster des Kölner Doms zu gestalten. Ohne die Fertigstellung zu erleben, verstarb M. nach langem Leiden und wurde auf dem Burgtorfriedhof beigesetzt. Zwischenzeitlich gerieten er und sein Werk fast in Vergessenheit. Eine Straße in ➢*Barmbek*-Nord trägt den Namen „Mildestieg". *HR*

Militär/Garnison Aufgrund der hbg. ➢*Wehrhoheit* konnte der ➢*Rat* seit dem ausgehenden Mittelalter für die Dauer akuter Bedrohungen Söldnertruppen anwerben. Seit dem Langen Rezess (➢*Rezess*) durfte dies nur mit Zustimmung der Bürger geschehen. Den ersten selbstständigen Gebrauch seines „ius belli", seiner Wehrhoheit, machte Hbg 1393 bei der Eroberung von Schloss Ritzebüttel (➢*Cuxhaven/Ritzebüttel*). In den Jahrzehnten vor dem Dreißigjährigen Krieg (1618–48) befanden sich zunächst 50 bis 100 Mann unbefristet im Dienst, bevor 1619 die politisch und militärisch notwendig gewordene Garnison aufgebaut wurde. Sie hielt in Krisenzeiten ganze Kompanien auf Wochen oder Monate im Sold der Stadt (1629 ca. 3.000 Mann), gegenüber wenigen Hundert in Friedenszeiten. Zugleich wurden eine Militärgerichtsbarkeit und die notwendigen Verwaltungseinrichtungen geschaffen (➢*Kriegsrat/Kommissariat*, Artillerie- und Fortifikationsdeputationen).

Der Hauptrezess von 1712 bestimmte für die Stadt eine Garnison von 2.000 Mann Infanterie und eine Schwadron Kavallerie (diese Größenordnung wurde bis zur Einverleibung Hbgs ins frz. Kaiserreich 1811 beibehalten). Im Verlauf des 18. Jhs vernachlässigte Hbg sein Interesse an militärischer Stärke zugunsten seiner politischen Neutralität. In den wenigen Jahren der Zugehörigkeit zum Reich Napoleons (➢*Franzosenzeit*) stellte das Departement der Elbmündung mit Hbg als Hauptstadt das 127. Infanterie-Regiment, das im Russlandfeldzug 1812/13 aufgerieben wurde.

In den Befreiungskriegen 1813/14 errichtete Hbg gemeinsam mit ➢*Lübeck* die Hanseatische Legion in einer Stärke von über 3.800 Mann. Als militärischen Beitrag zum ➢*Deutschen Bund* 1815–66 schuf Hbg gemeinsam mit Lübeck und ➢*Bremen* ein Bundeskontingent von 2.190 Mann, das zur 3. Brigade der 2. Division der X. Bundesarmee gehörte; Hbg stellte dabei seiner Bevölkerung entsprechend allein 1.298 Mann. 1834–51 bildeten die drei Städte gemeinsam mit dem Großherzogtum Oldenburg eine Brigade. Nominell bestand seit 1814 eine Wehrpflicht in Hbg, doch ergänzte sich das Militär in der Praxis durch Werbung. Daneben bestand, wie in den Jahrhunderten zuvor, eine zahlenmäßig nicht unbedeutende Bürgerwehr (➢*Bürgerwache*, ➢*Bürgermilitär*). Mit dem Eintritt in den ➢*Norddeutschen Bund* ging 1867 die hbg. Militärhoheit durch eine Militärkonvention an Preußen über, und im selben Jahr wurde das ➢*Infanterie-Regiment 76* in die Stadt verlegt. *MH*

Millerntor Auch Ellern- und später Altonaer Tor genannt, war das M. das Haupttor an der Westseite der Stadt (➢*Stadttore*). Der Bau des ➢*Neuen Walls* und des neben dem Tor 1546 angeordneten Rondells erforderte eine erhebliche Verlängerung des vorhandenen Torgewölbes. Da es nicht gradlinig fortgeführt und dadurch sehr dunkel wurde, hieß es auch das „Düsterntor". Die Brücke über den äußeren Graben war ein breiter Steinbau, in dem sich ein Stauwerk befand. Mit dem Bau der Bastionsbefestigungen wurde die Verlegung des Tores nach Westen erforderlich. 1621–1806 stand es am heutigen Millerntordamm. Zunächst nur ein einfacher Holzbau, erhielt es 1659/63 durch H. Hamelau seine endgültige Form als Massivbau, der von einem zweigeschossigen Turm gekrönt war. Über der Tordurchfahrt stand der heute am ➢*Rathaus* zu lesende lat. Sinnspruch ➢*Libertatem quam peperere* ... 1819 errichtete C.L. ➢*Wimmel* einen klassizistischen Neubau der Anlage. Sie bestand aus zwei größeren Gebäuden und zwei Torhäuschen, von denen eines erhalten ist. Zwischen ihnen lagen fünf etwa 4 m hohe Steinpfosten für einen Metallzaun, der Hbg während der nächtlichen ➢*Torsperre* vom Umland trennte. Heute ist das M. den ➢*Fußball*fans des ➢*FC St. Pauli* ein Begriff. *KKW*

Das Millerntor um 1810, aquarellierter Kupferstich eines unbekannten Künstlers

Eine Bürgerinitiative sicherte den Erhalt des Torhäuschens am Millerntor. 2004 wurde es um 30 Meter an seinen heutigen Standort versetzt.

Miniatur Wunderland Hamburg Zu den touristischen Attraktionen der ➢*Speicherstadt* gehört seit 2000 das M.W.H. (Kehrwieder 2–4), die größte Modelleisenbahnanlage der Welt. Über 5 Mio. Besucher wurden

Die St. Pauli-Landungsbrücken und die U-Bahn-Station Landungsbrücken en miniature im Miniatur Wunderland Hamburg

seither gezählt. Sieben Abschnitte widmen sich dem Harz, der süddt. Modellstadt Knuffingen, Hbg, Österreich, Amerika, Skandinavien und der Schweiz. *Ko.*

Missingsch wird die nur noch gelegentlich zu hörende Mischung aus ➢*Plattdeutsch* und Hochdeutsch genannt, die im 19. und 20. Jh. in Hbg häufig gesprochen wurde. Klassisch findet sich M. in V. Möllers Geschichten von „Klein Erna" wie der von der Katze:

„Klein Erna spielt mal mit ne Katze. ‚Pfui, Klein Erna', schreit Mamma aus 'n Fenster, ‚muscha die Katze nich immer an Schwanz ziehn!'

‚Tu ich scha auch gaanich', sagt Klein Erna, ‚die Katze zieht immer, ich halt ihr bloß fest!'"

Die beiden ersten „Klein Erna"-Bücher erschienen 1939/40, weitere Bände und Auflagen folgten seit 1949/50. Großer Beliebtheit erfreute sich in den 1950er Jahren die vierbändige Ausgabe „Klein Erna in Tüte".

Zu literarischen Ehren kam das Hbger M. durch D. Paulun, dessen Erfindungsreichtum an Wortschöpfungen und Redewendungen die letzte Strophe seines 1956 veröffentlichten Gedichts „Womma zugehm" (= Wollen wir mal zugeben) deutlich beweist – es geht um „Sankpauli" (= ➢*St. Pauli*):

„Deswehng, wenn Hambuich
schlau is unt will sich kenntlich
erzeing gehng sein nuzzbringde
Fohrstatt, denn solz man bischn
nachhelfm, daß die Baulückng
zuhwaxn. Abber jah nich zu doll
saniern, sonz schnein sich ins
eingne Fleisch unt Ast app, wo
sie auf sizzn." *Ko.*

Missionswissenschaft Die akademisch verhältnismäßig junge theologische Disziplin M. wurde in Hbg schon sehr frühzeitig gelehrt. Bereits am ➢*Kolonialinstitut* wurden seit 1909

Lehraufträge an ev. und kath. Missionswissenschaftler erteilt, seit 1913 gab es einen ständigen Lehrauftrag für den protestantischen Missionsinspektor M. Schlunk, der an der Philosophischen Fakultät der Hamburgischen Universität (➢*Universität Hamburg*) fortgesetzt wurde; 1929 trat W. Freytag seine Nachfolge an, der 1947 zum Honorarprofessor ernannt wurde. 1931 wurde eine Diplomfachprüfung für den Auslandsmissionsdienst eingeführt. Missionswissenschaftliche Themen wurden auch von der Religionswissenschaftlichen Gesellschaft unter Leitung des Afrikanisten C. Meinhof behandelt. 1953 erhielt Freytag den Lehrstuhl für Missionswissenschaft und Oekumenische Beziehungen an der Theologischen Fakultät. 1957 entstand auf seine Initiative hin die Missionsakademie an der Universität, die v.a. auf der Ebene der kirchlichen und wissenschaftlichen Kommunikation Hbg zu internationaler Bedeutung geführt hat. Zahlr. Kirchenvertreter, besonders in Afrika, sind aus ihr hervorgegangen. *He.*

Mönckebergstraße mit dem Kaufhaus Karstadt (rechts), um 1926. Die klare vertikale Gliederung der Bauten ist gut zu erkennen.

Blick durch die noch junge Mönckebergstraße auf den Rathausmarkt, links im Hintergrund die St.-Petri-Kirche, rechts das Karstadtgebäude (1912/13). Undatierte Postkarte

Mönckebergstraße Die M. wurde in den Jahren 1908–11 als Verbindung zwischen ➢*Rathaus* und ➢*Hauptbahnhof* durch das ➢*Gängeviertel* zwischen Steinstraße und Spitalerstraße gebaut. Mit dem 30 m breiten, leicht geschwungenen Boulevard erreichte die ➢*Citybildung* ihren Höhepunkt. Schnell entwickelte sich die mit aufwendigen ➢*Kontorhäusern* und Ladenetagen gesäumte Straße zur Hauptverkehrsader der Geschäftsstadt. Eine Ausnahmestellung im Straßenbild nimmt das östl. der Hauptkirche ➢*St. Petri* errichtete Hulbe-Haus ein. Es wurde 1910/11 von H. Grell für das Kunstgewerbehaus Georg Hulbe mit Anklängen an die niederländ. und dt. Renaissance im Rahmen der Heimatschutzbewegung erbaut (➢*Hamburger Heimatstil*). Ihren Namen erhielt die Straße nach dem 1908 verstorbenen ➢*Bürgermeister* J.G. Mönckeberg, der als Vorsitzender der Sanierungskommission den Bau der „Durchbruchstraße" eingeleitet und entschieden vorangetrieben hatte. *SH*

Montblanc heißt der höchste Berg Europas (4.810 m). Als weißer Stern mit sechs abgerundeten Zacken ist er das Markenzeichen des 1906 von drei Hbger Kaufleuten gegründeten

Mit diesem Plakat warb Montblanc zwischen 1919 und 1935 in vielen Schreibwarengeschäften.

Unternehmens zur Herstellung von Schreibgeräten. 1910 mietete die noch kleine Firma eine Werkstattetage im heutigen ➢*Schanzenviertel*. Sie lag in dem 1897–1907 errichteten Produktionsgebäude der „Armaturenfabrik", die als Tritonwerk bis zum Ersten Weltkrieg ein bedeutender Hersteller für gesundheitstechnische Einrichtungen aller Art war. M. vergrößerte sich schnell und konnte den ganzen Komplex zwischen Schanzenstraße und Bartelsstraße übernehmen. Mitte der 1980er Jahre stellte das Unternehmen hier die Produktion ein und übersiedelte nach ➢*Lurup*. Der sechsgeschossige Eisenbetonskelettbau mit roter ➢*Backstein*verblendung an der Schanzenstraße 75–77 behielt den Namen der Firma, und an den beiden Sandsteinportalen sind noch je zwei M.sterne zu sehen. Die heutige Montblanc GmbH gehört zur Vendôme Luxury Group. Die in drei Größen angebotenen Modelle aus der seit 1924 produzierten „Meisterstück"-Serie sind die weltweit meistverkauften Füllfederhalter. Seit den 1990er Jahren engagiert sich M. in der Kulturförderung und verleiht mehrere Preise. *Ti.*

Moorburg ist ein Stadtteil im ehem. Ortsamtsgebiet ➢*Süderelbe* des Bezirks ➢*Harburg* mit 768 Einw. auf 10,0 km² Fläche (2009). Die Besiedlung des vormaligen Glindesmoores hat vermutl. um 1300 begonnen. 1375 erwarb der Hbger ➢*Rat* das Dorf von lüneburg. Rittern und begann um 1390 mit der Errichtung der namengebenden Burg, mit der er das damalige Hauptfahrwasser, die Süderelbe, kontrollieren konnte. Bis 1937 gehörte M., dessen vorwiegend landwirtschaftliche Bevölkerung v.a. für den Hbger Milch- und Buttermarkt arbeitete, zu den wenigen Exklaven der Stadt im Süderelbbereich.

Das aktuelle Interesse der Stadt an M. rührt besonders von den ➢*Hafen*erweiterungsplänen her, nachdem die Nachbargemeinde Lauenbruch längst durch mehrere Hafenbecken zerstört ist und ➢*Altenwerder* dasselbe Schicksal beschieden wurde. Die starke industrielle Überformung Ost-M.s hat dann auch dazu geführt, dass weite Flächen für die Deponierung von Spülgut aus Stromvertiefungen genutzt wurden. Heute ist M. ein sterbender Stadtteil. *LS*

Moorfleet ist ein Stadtteil im ehem. Ortsamtsgebiet ➢*Vier-* und ➢*Marschlande* des Bezirks ➢*Bergedorf* mit 1.129 Einw. (2009) auf 4,3 km^2 Fläche. Er liegt am Übergang der landwirtschaftlichen Region zum Industriegebiet. Seine Fläche zwischen Unterem und Mittlerem Landweg, bzw. der ➢*Dove-Elbe* und der Landscheide, wird heute von den Autobahnen A 1 und A 25 angeschnitten.

M. gehört zur Landschaft ➢*Billwerder*, mit der es das gleiche historische Schicksal teilte. Der Ort erhielt anscheinend seinen Namen nach dem alten Entwässerungs-Priel „Urenfleth", der bereits 1162 in einer Bischofsurkunde vorkommt. Aus der Lagebescheibung „Thom Urenfleth" mag durch Abschleifung der Ortsname entstanden sein. Auf der um 1623 vom Landmesser J. Berens geschaffenen Zeichnung des Billwerders erscheint er als „Morenvliet". Aus dem Besitz der Kieler Linie des holstein. Grafenhauses (➢*Holstein*) gelangte M. 1395 an Hbg und wurde bald danach der Landherrenschaft Bill- und ➢*Ochsenwerder* (ab 1836: der Marschlande) zugeteilt.

Als Kirchort wurde Urenfleth 1331 in der Glockenurkunde genannt. Das urspr. wohl gotische Kirchlein war auf einer Insel des Urenfleths entstanden, später wurde es erweitert. 1618 schuf der Bildschnitzer H. Baxmann für die alte Kirche einen neuen Altar und ergänzte ihn in den Jahren 1621–25 um eine Renaissancekanzel sowie das Pastoren- und das Juratengestühl. Als nach einem schweren Sturm die Kirche stark beschädigt wurde, erfolgte ihr Abriss und auf ihren Fundamenten (von denen 1963 Überreste gefunden wurden) bis 1680 die Errichtung eines größeren ➢*Backsteinbaus* mit hölzernem Turm: die St.-Nikolai-Kirche. Von den wenig behutsam behandelten Baxmann-Werken sind nur die Renaissancekanzel und das Juratengestühl erhalten. Der heutige neugotische Turm stammt von 1885.

Der einst überwiegende Anbau von Getreide wich schon im 19. Jh. zusehends dem Gemüseanbau. 1846–53 war H.M. ➢*Sengelmann* Pastor in M. und gründete hier 1850 eine Arbeitsschule für Kinder, das Nicolai-Stift, aus der später die ➢*Alsterdorfer Anstalten* hervorgingen. Heute hat die Bevölkerung M.s mit der immer weiter von der Großstadt ausgreifenden gewerblich-industriellen Nutzung und der damit einhergehenden Schädigung von Natur und Umwelt zu kämpfen. Besonders die Bille-Siedlung war von starker Bodenbelastung (Arsen, Schwermetalle) betroffen; an ihrer Stelle entstand ein Golfplatz. *HR*

Moorweide Umgeben von Bäumen, liegt die M. als ausgedehnte Rasenfläche im Stadtteil ➢*Rotherbaum* nördl. des Theodor-Heuss-Platzes am ➢*Dammtorbahnhof*. Das Gelände diente in älterer Zeit als Weidefläche, später als Glacis der ➢*Befestigung* sowie als Exerzierplatz des ➢*Bürgermilitärs*. Von der baulichen Erschließung der Gegend im Rahmen der Stadterweiterungen des 19. Jhs wurde sie gezielt ausgenommen. Während der ➢*NS-Zeit* veranstaltete die ➢*NSDAP* Großkundgebungen auf der M., und später wurde ein Teil zum Sammelplatz der zur Deportation bestimmten Juden. Er befand sich auf dem westl. Teil, der durch die Rothenbaumchaussee abgetrennt wurde und heute Platz der Jüdischen Deportierten heißt

Hier mussten früher alle männlichen Hamburger das Exerzieren üben: die Moorweide in Rotherbaum. Im Hintergrund das Radisson Blu Hotel und der Heinrich-Hertz-Turm

(➢*Grindel*). Gegenüber, an der Moorweidenstraße, steht das Logenhaus der Provinzialloge von Niedersachsen (➢*Freimaurer*). Auf der anderen Seite des Platzes liegen an der Edmund-Siemers-Allee das Hauptgebäude der ➢*Universität Hamburg* und eine kleine Grünfläche mit einem Obelisken als ➢*Denkmal* für J.G. ➢*Büsch* (1802). 1881 wurde eine große Halle auf der M. errichtet. Sie war im Jahr darauf Zentrum des 3. Deutschen Sängerbundfestes, an dem 7.000 Menschen teilnahmen, und 1883 Veranstaltungsort des Ersten allgemeinen Deutschen Kriegerfestes. Ein Feuer zerstörte 1885 die kreuzförmige Glas-Eisenkonstruktion, die urspr. auf der Pariser Weltausstellung von 1878 als Teil der Galeries des Machines zu sehen war. Nach dem Beispiel von Speaker's Corner im Londoner Hyde-Park wurde 1966 auf der M. eine „Rednerecke" für jedermann eingerichtet, die jedoch nur kurzfristig Zuspruch fand. Wie schon vor mehr als 110 Jahren spielen Freizeitkicker auf dem weiten Rasen der M. ➢*Fußball*. „Zuschauerin" ist seit 1979 die „Liegende", ein Abguss einer Plastik von H. Moore. *Ti.*

Moorwerder Der eingedeichte Werder, der 1395 durch Kauf von den Grafen Otto und Bernhard von ➢*Holstein-Pinneberg* an Hbg kam, gehörte vor 1830 zur Landherrenschaft ➢*Bill-* und ➢*Ochsenwerder* (➢*Landgebiet*). Danach kam er zur Landherrenschaft der ➢*Marschlande*, bildete ein eigenes Kirchspiel, eine eigene Landschaft sowie eine eigene Vogtei und stellte lange Zeit eine hbg. Exklave auf der braunschweig-lüneburg., später hannoverschen Insel ➢*Wilhelmsburg* dar. 1855 umfasste M. 14 Höfe und 25 Katen, besaß eine eigene Schule, eine Windmühle, eine Branntweinbrennerei, und es lebten hier einige Fischer und Handwerker. Der fruchtbare Marschboden machte und macht hier den Gemüseanbau für den Hbger Markt besonders lohnend. Das südöstl. Ende von M. bildet die ➢*Bunthäuser Spitze*. Seit 1949 gehörte M. zum Bezirk ➢*Harburg* (ehem. Ortsamtsgebiet Wilhelmsburg), 2008 kam es zum Bezirk ➢*Hamburg-Mitte*. *LS*

Mottenburg lautet der seit Ende der 1860er Jahre nachweisbare volksmundliche Name für ➢*Ottensen*. Statt einer eindeutigen Herleitung gibt es unterschiedliche Erklärungsvarianten:

1. Ort, „wo man die Motten bekam", d.h. Schwindsucht, Tuberkulose. Diese im 19. Jh. v.a. bei den Ottenser Glasarbeitern häufig auftretende Krankheit war durch die extrem schlechten Arbeits-, Lebens- und Wohnbedingungen in der Glasindustrie verursacht: kaum Sonntagsruhe, Akkord- und Kinderarbeit, 16- bis 18-stündige Arbeitstage, keinerlei Arbeitsschutz in den Glashütten, beengte Wohnverhältnisse (30–37m^2-Wohnung für eine Familie). Die durchschnittliche Lebenserwartung eines Glasarbeiters betrug 35, das eines Glasschleifers 33 Jahre. Ähnliches galt für die Zigarrendreher: staubige Luft in den Arbeitsräumen, Kinder- und Heimarbeit ganzer Familien, die z.T. auch in den Werkstätten schliefen.

2. Eine in Berlin-Charlottenburg von D. Kalisch geschriebene Polit-Gesangsposse „Die Mottenburger" (gemeint sind: die Charlottenburger) wurde 1868/69 auch im ➢*Thalia Theater* aufgeführt. Die darin geschilderten Verhältnisse passten gut auf das von Politintrigen und -possen gekennzeichnete damalige Ottensen und wurden auch vom Publikum darauf bezogen.

Weniger wahrscheinlich sind Versionen, die von einer im Mittelalter entstandenen Verballhornung des Namens Ottensen ausgehen, oder der Bezug auf einige Tuch- und Pelzhändler-Lager in der Holländischen Reihe und die von ihnen angezogenen Kleinschmetterlinge. Später entwickelte sich der Name M. zu einer von identitätsbewussten Ottensern stolz getragenen Bezeichnung. *To*

Die Mühle an der Lombardsbrücke vor ihrem Abriss 1865. Im Hintergrund die St.-Petri-Kirche, deren Turm erst 1878 vollendet wurde. Undatiertes Foto

Mühlen Wasser- und Windmühlen waren bis ins 19. Jh. hinein für die Lebensmittelversorgung der Hbger Bevölkerung (Kornmühlen), aber auch für die gewerbliche Produktion (Kupfer-, Loh-, Farbholz-, Öl-, Sägemühlen) von großer Bedeutung. Die ersten städtischen Wassermühlen wurden am Niederdamm beim Großen Burstah (um 1189) und am Oberdamm (um 1235; ➢*Jungfernstieg*) in Betrieb genommen; für sie wurde die ➢*Alster* seinerzeit zum See aufgestaut (➢*Alsterbecken*). Die M.-Anlagen an beiden Standorten wurden durch den ➢*Großen Brand* von 1842 zerstört. Im Mittelalter erwarb der ➢*Rat* von den ➢*Holsteiner* Landesherren sämtliche M.rechte. In Hbgs Umgebung wurden Wassermühlen schon seit dem 13. Jh. in ➢*Bergedorf*, ➢*Eppendorf*, an der Eilbek (Kuhmühle, ➢*Eilbek, 2.*) und in ➢*Fuhlsbüttel* betrieben, seit dem 15. Jh. auch in ➢*Neumühlen*, ➢*Wohldorf* und ➢*Farmsen*.

Zwei erste Windmühlen in Stadtnähe sind aus dem 15. Jh. bezeugt; sie standen im Gebiet des heutigen Stadtteils ➢*Neustadt* (Nähe Eichholz und ➢*Gänsemarkt*). In ➢*Kirchwerder* war sogar schon 1318 eine Windmühle in Betrieb. Zwischen 1625 und 1641 errichtete man auf dem neuen Festungsring um Hbg fünf Windmühlen, die seitdem die Stadtansicht mit prägten. Zwei von ihnen standen beim ➢*Millerntor*, zwei an der ➢*Lombardsbrücke* und eine beim ➢*Deichtor*. Als letzte von ihnen wurde 1894 die südl., fünfflügelige Millerntor-M. abgebrochen. Wahrzeichencharakter hatte auch die Windmühle auf dem ➢*Heiligengeistfeld* (1714–1940). Insgesamt existierten um 1840 auf damaligem Hbger Gebiet (einschließlich Amt Bergedorf) ca. 30 gewerblich genutzte Windmühlen. Daneben arbeiteten in den Hbger ➢*Marschlanden* bis ca. 1890 zahlr. windgetriebene Entwässerungsmühlen; das letzte erhaltene Ex. steht heute im Rieck Haus – Vierländer Freilichtmuseum (➢*Curslack*).

Gewerbliche Windmühlen mit alter Technik existieren noch in Kirchwerder (erbaut 1830), Bergedorf (1831), ➢*Reitbrook* (1870) und ➢*Wilhelmsburg* (1875), weitere mit veränderter Technik bzw. ohne Flügel in ➢*Osdorf*, ➢*Altengamme*, ➢*Schnelsen* und ➢*Eidelstedt*. Bedeutende Verluste der Nachkriegszeit waren die Rolandsmühle in ➢*Ottensen* (17. Jh., 1953 abgebrochen) und die ➢*Groß Flottbeker* Mühle (1887, 1995 abgebrannt). Hbgs erste Dampfmühle wurde 1817 auf dem ehem. Hornwerk (➢*Befestigung*) errichtet und lag somit oberhalb der ➢*St. Pauli-Landungsbrücken*. *Wa.*

Mümmelmannsberg ist der Name einer zwischen 1970 und 1979 errichteten Großsiedlung mit 7.200 Wohnungen für 24.000 Bewohner im Osten ➢*Billstedts*, im Winkel von Autobahn (A 1) und Bundesstraße (B 5). 2009 wohnten dort knapp 19.000 Menschen. Ähnlich wie mit Perlach in München, dem Märkischen Viertel in Berlin oder mit ➢*Steilshoop* sollten mit M. quantitativ hoch gesteckte Wohnungsbauziele erreicht werden. Die Siedlung wurde unter Federführung des Gewerkschaftsunternehmens ➢*Neue Heimat Nord* von einem Dutzend Wohnungsbaugesellschaften auf kostengünstigem

Luftaufnahme eines Stadtteils aus den 1970er Jahren: Mümmelmannsberg im Osten Billstedts

Über zehn Milliarden Mal aus Hamburg: eine Münze mit dem „J" (D-Mark von 1965)

Darstellung der Münze in der Norderstraße auf einer einseitigen Bronzegussmedaille zum 25-jährigen Dienstjubiläum von Direktor Arthur Graumann 1935

Bauland am Stadtrand, freilich in ungünstiger Lage zum Industriegebiet ➢*Billbrook*, realisiert. Die Monotonie der industriellen Bauweise mit Waschbeton-Elementen konnte jedoch auch durch die von zwei Dritteln der in M. wohnenden Kinder besuchte Gesamtschule (mit Haus der Jugend) nicht aufgelockert werden, obwohl sie als Kommunkationszentrum konzipiert war. Für eine Belebung sorgte allein das ev.-luth. Kirchengemeindezentrum Steinbek-Mümmelmannsberg. Die Einkaufsmöglichkeiten blieben hinter denen des Einkaufszentrums Billstedt und eines in Oststeinbek (Schleswig-Holstein) errichteten Groß-Supermarkts zurück. Das Naherholungsgebiet ➢*Boberg*er Niederung und der Freizeitpark Glinder Au bieten einen gewissen Ausgleich, aber die ➢*Wohnform*, teils auch die Zusammensetzung der Wohnbevölkerung von „Bunny-Hill" (andere Spitznamen: „Mümmel", „Mümmelberg", „Mümmeltown") erforderten schon bald Betreuungsangebote der Sozialen Dienste; die Anteile an Bewohnern mit Migrationshintergrund und an Sozialhilfeempfängern sind überdurchschnittlich hoch. 1990 wurde M. an das ➢*U-Bahn*-Netz angeschlossen. Seit 1991 ist M. als Sanierungsgebiet ausgewiesen. *luz*

Münzhoheit/Hamburgische Münze Die älteste Nennung eines Münzhauses stammt aus dem Jahr 1189 und bezieht sich auf die Hbger ➢*Neustadt (gräfliche Siedlung)*. Das Prägerecht selbst lag seit Adolf III. bei den ➢*Schauenburger* Grafen. Den Hbger Bürgern wurde 1255 ein Aufsichtsrecht über die Münzstätte eingeräumt. Im selben Jahr ist der erste Münzvertrag Hbgs belegt, und zwar mit ➢*Lübeck*. 1293 konnte Hbg die Prägestätte zunächst von den Schauenburgern pachten und 1325 schließlich kaufen. Damit ging das „Münzregal", d.h. das Recht, das Münzwesen zu regeln, vom Landesherrn auf die Stadt über. Von spätestens 1352 an bis 1813 befand sich der eigtl. Münzbetrieb im ➢*Eimbeckschen Haus*. Seit 1815 bis zum ➢*Großen Brand* prägte der hbg. Münzmeister nur sporadisch im eigenen Haus am Valentinskamp. Im Kaiserreich nahm 1875 die in der Norderstraße erbaute Münzprägeanstalt den Betrieb auf, bis sie 1982 nach ➢*Meiendorf* verlegt wurde. Schon in seiner 48. Sitzung vom 7.12.1871 hatte der Bundesrat einer möglicherweise zu genehmigenden Hbger Münzstätte vorsorglich den Münzbuchstaben „J" zugeteilt. Urspr. war an den neunten Buchstaben des Alphabets, das „I", gedacht, den man auf Weisung des Reichskanzleramts als „J" schrieb, damit er nicht mit der röm. Ziffer „I" verwechselt werden konnte. Seit der Währungsreform 1948 wurden in Hbg für die Bundesrepublik weit mehr als 10 Mrd. Münzen mit dem Münzzeichen „J" geprägt. Heute ist der Landesbetrieb unselbstständiger Teil der Wirtschaftsbehörde mit dem Recht, kaufmännisch zu kalkulieren.

Im Bereich des heutigen Staatsgebiets lagen weitere, nichthbg. Münzstätten. In ➢*Altona* prägten seit 1589 die Grafen von Holstein-Schauenburg (bis 1640) und später die Könige von ➢*Dänemark* (1771–1863), die zudem einen Nebenbetrieb in ➢*Poppenbüttel* einrichteten (ca. 1786–1808). In Steinbek (heute ➢*Billstedt*) existierte außerdem ca. 1598–1628 eine Münze der Herzöge von Holstein-Gottorf, in ➢*Harburg* (1615–31) und Moisburg (1621–29) ließ Herzog Wilhelm August von Braunschweig-Lüneburg, der letzte Regent der Harburger Nebenlinie, Münzen schlagen. *RW*

Münzwesen Das historische Hbger M. gründet sich auf die traditionelle ➢*Münzhoheit* der Stadt. Die kleinste Einheit war seit dem Mittelalter der Pfennig. Diese Werteinheit genügte jedoch bald nicht mehr, und es kam im 14. und 15. Jh. zur Ausprägung von Blafferten (2-Pfennig-Stücke), Dreilingen (3-Pfennig-Stücke), Witten (4-Pfennig-Stücke), Sechslingen (6-Pfennig-Stücke), Schillingen (12-Pfennig-Stücke) und Doppelschillingen (24-Pfennig-Stücke). 192 Pfennige entsprachen einer lübischen Mark. Somit ergab sich folgende Staffelung: 1 Mark = 16 Schillinge, 1 Schilling = 12 Pfennige. Seit dem 16. Jh. war die Grundlage der mit ➢*Lübeck* gemeinsamen Währung der Reichstaler im 9-Taler-Fuß, wofür 9 Taler aus dem Gewicht einer feinen kölnischen Mark in Silber (= 233,855 g) geschlagen wurden. Seit 1622 galt der Reichstaler 3 Mark (= 48 Schillinge zu je 12 Pfennigen); er wurde 1619 Grundlage der ➢*Bankomark*. Im Gegensatz zum Reichstaler (= Banko- oder Speziestaler), der bis 1764 unverändert ausgeprägt wurde, sank der Silbergehalt der kleineren Münzen immer weiter ab. Der Taler und seine Unterteilungen wurden wie folgt ausgeprägt:

Nominal	Wert	Prägezeit
6 Schillinge	1/8 Taler	1621–1762
12 Schillinge	1/4 Taler	1553–1762
24 Schillinge	1/2 Taler	1553–1764
48 Schillinge	1 Taler	1553–1764

Die Dreilinge wurden Anfang des 17. Jahrhunderts zur kleinsten hamburgischen Münzsorte. Die Zeichnung aus Otto Christian und Cipriano Francisco Gaedechens' dreibändigem Werk „Hamburgische Münzen und Medaillen“ (1850–76) zeigt Vorder- und Rückseiten von Dreilingen.

Um der Verschlechterung der Kleinsilbermünzen im 17. Jh. entgegenzuwirken, ging Hbg im norddt. Raum mit der Stabilisierung der Münzverhältnisse voran. Durch Rat- und Bürgerschluss (➢*Erbgesessene Bürgerschaft*) wurde 1725 für das Kurantgeld (➢*Kurantmark*) der 34-Mark-Fuß eingeführt (d.h. 34 Mark wurden aus der feinen kölnischen Gewichtsmark ausgeprägt). Die Unterteilungen des Kurantgeldes waren folgende:

Nominal	Wert	Prägezeit
2 Schillinge		1524–1773
4 Schillinge	1/4 Mark	1506, 1512, 1515, 1546, 1620–1797
8 Schillinge	1/2 Mark	1506, 1621–1797
16 Schillinge	1 Mark	1506, 1669–1789
32 Schillinge	2 Mark	1672–1813

Darüber hinaus wurden Dreilinge (= 3 Pfennige, 1601–1855), Sechslinge (= 6 Pfennige, 1553–1855) und Schillinge (= 12 Pfennige, 1553–1855) als unterwertige Scheidemünzen ausgebracht, die im Gegensatz zu den Währungsmünzen bis zu einem bestimmten Betrag eine gesetzlich festgelegte eingeschränkte Zahlungskraft hatten. Der Kurs der Banko-Taler gegen Kurant wurde an der ➢*Börse* notiert. In der Praxis galt der Banko- oder Speziestaler 60 Schillinge Kurant.

Die hbg. Goldmünzen waren keine gesetzlichen Zahlungsmittel im eigtl. Sinne, sondern Handelsmünzen. Die ältesten sind die Goldgulden, die unmittelbar nach Ausstellung des Privilegs im Jahr 1435 geschlagen wurden. Seit 1475 prägte Hbg auch Dukaten, zu denen im 16. Jh. die ➢*Portugaleser*, im 17. Jh. die Doppeldukaten und später einige Halb- und Vierteldukaten hinzukamen. Sie wurden an der Börse notiert und hatten eine schwankende Relation zum Kurant. 1811 galt z.B. ein Dukat 7,8716 Mark Courant. In Hbg liefen weitere Zahlungsmittel um. Neben den einheimischen Sorten kursierten lübische, schleswigholstein., dän.-norweg. und mecklenburg. Münzen. Hinzu kamen hannoversche, braunschweig., brandenburg., sächs. und preuß. Taler und Talerteilstücke.

Papiergeld ist weder vom Staat noch von Banken herausgegeben worden. Die von der Norddeutschen Bank 1865 emittierten Solawechsel zu 10 und 25 Talern Kurant liefen jedoch wie Banknoten um. Zwar war durch die Münzverordnung von 1856 bestimmt worden, dass niemand gezwungen war, Papiergeld an Zahlungs statt anzunehmen, jedoch konnten sich die Banken nicht auf Dauer der Erleichterung des Zahlungsverkehrs durch Banknoten verschließen. Somit drangen preuß. und dän. Geldnoten in den hbg. Zahlungsmittelumlauf ein und wurden später auch von den öffentlichen Kassen angenommen.

Nach der staatlichen Einigung Dtlds 1871 kam es auch in Hbg zur Einführung der Markwährung. Die Hbger Kurantmark wurde mit 1,20 Mark Reichswährung gleichgesetzt (1 Schilling Kurant = 7,5 Pfennige). Das Kurantgeld verlor im September/Oktober 1875 seine Gültigkeit als gesetzliches Zahlungsmittel. *RW*

Mundsburg Das im heutigen Stadtteil ➢*Uhlenhorst* gelegene Areal verdankt seinen Namen dem Weinhändler J.H. Mundt. Dieser hatte das Gebiet 1721 gekauft und bis zu seinem Tod 1746 auf die beträchtliche

Die Hamburger Straße war vor ihrer Zerstörung im Zweiten Weltkrieg eine lebendige Geschäftsstraße. Das Luftbild zeigt links die Hamburger Straße, rechts die Oberaltenallee, im Vordergrund das alte Karstadt-Kaufhaus.

Größe von über 13 ha erweitert, sodass der Volksmund bereits zu Mundts Lebzeiten vom „Mundtshof“ oder der „Mundtsburg“ sprach. 1813 wurde der vorwiegend landwirtschaftlich genutzte Hof durch die frz. Truppen, die die Hansestadt belagerten, vollständig zerstört. Nach der ➢*Franzosenzeit* wurde er wiederaufgebaut und bewirtschaftet, bis er 1866 von der Stadt erworben wurde, die das Gebiet zur Bebauung freigab. *OK*

Murmester, Hinrich (geb. um 1435 Hbg, gest. 19.4.1481 ebd.), Bürgermeister. Der Kaufmannssohn studierte seit 1452 in Erfurt und seit 1461 in Padua Jura. Hier wurde er 1462 und 1463 zum (von den studentischen Nationen gestellten) Rektor der juristischen Fakultät gewählt und führte in seinem zweiten Amtsjahr eine durchgreifende Revision der Universitätsstatuten durch. 1464 zum Doktor des röm. Rechts promoviert, kehrte er nach kurzem Romaufenthalt nach Hbg zurück. Er wurde bereits 1465 als erster promovierter Jurist in den durchweg aus Kaufleuten bestehenden ➢*Rat* und 1467 zu einem der vier ➢*Bürgermeister* gewählt.

M. widmete sich besonders der Außenpolitik, unternahm zahlr. Reisen, namentlich zu ➢*Hanse*tagen, und vertrat auf vielen Gesandtschaften Hbgs Unabhängigkeitsinteresse gegenüber der dän. Krone (➢*Dänemark/dänische Oberhoheit*). Er suchte im langwierigen Streit zwischen König Christian I. und dessen Bruder, dem Grafen Gerhard VI. von Oldenburg, um die Herrschaft in Schleswig und ➢*Holstein* zu vermitteln und hatte 1471 maßgeblichen Anteil an der Niederschlagung einer Bauernerhebung und der Behauptung der hbg. Herrschaft in den Elbmarschen. Im gleichen Jahr trug er mit einem hbg. Truppenkontingent zum Sieg Christians I. über die Eiderstedter Friesen bei. Der König dankte ihm dafür mit einer Kornrente, bewies ihm weiter Achtung und Vertrauen und nahm noch 1480 seine diplomatische Vermittlung im Konflikt mit Dithmarschen in Anspruch. Wesentlichen Anteil hatte M., der um die Handelsinteressen der Hanse und deren innere Festigung bemüht blieb, am Abschluss des Friedens von Utrecht, der den hansisch-engl. Krieg (1469–74) beendete.

1480 erwirkte M. aufgrund seiner guten Verbindungen zu Christian I. ein herzogliches Stapelprivileg (➢*Stapelrecht*) für Hbg, dem 1482 ein kaiserl. folgte, und ebnete der Stadt so den Weg zur Beherrschung des Elbhandels. Seine Büchersammlung, die M. in seinem Testament vom 29.1.1481 der 1479 im Rathaus (➢*Rathäuser, Alte, 4.*) eingerichteten öffentlichen Bibliothek vermachte, gilt als Ursprung der ➢*Staats- und Universitätsbibliothek*. *RP*

Museum der Arbeit Das M.d.A. wurde 1990 als siebtes staatliches Museum errichtet. Auf dem ehem. Gelände der ➢*New-York Hamburger Gummi-Waaren Compagnie* zwischen Barmbeker Bahnhof und Osterbekkanal werden seit 1992 die erhaltenen Bauten aus der Zeit 1872–1922 für Museumszwecke umgebaut. Im Januar 1997 wurde das Museum in der „Neuen Fabrik“ von 1908 eröffnet. Gegenstand der Sammlungen sind die Sozialgeschichte der Arbeit und die Industriekultur in der Region Hbg. Erste Anregungen zur Gründung eines solchen Museums erfolgten 1978/79, 1980 wurde der Verein „Museum der Arbeit" gegründet, 1982 begann – zunächst als Abteilung des ➢*Museums für Hamburgische Geschichte* – der

TRUDE (Tief Runter Unter Die Elbe), das 14,2 Meter hohe und 380 Tonnen schwere Schneidrad des Elbtunnelbohrers steht als technisches Denkmal auf dem Hof des Museums der Arbeit.

Aufbau des Museums in ➢*Barmbek*. Das Museum führt auch Stadtrundgänge durch. Seit 2008 gehört das Museum der Arbeit zur ➢*Stiftung Historische Museen Hamburg*. Seine Außenstellen zeigen den ➢*Hafen* als Arbeitsort (➢*Hafenmuseum*) mit einer Kastenschute (➢*Schute*) und dem Schwimm-Dampfkran „Saatsee", der 65 Jahre lang im Nord-Ostsee-Kanal im Einsatz war und 1995 im ➢*Museumshafen Övelgönne* festgemacht hat, und das privat betriebene ➢*Speicherstadtmuseum* am St. Annenufer 2. *Ko.*

Museum der Elbinsel Wilhelmsburg (sog. Milch-Museum) Ab 1949 richtete der 1907 gegründete Verein für Heimatkunde in Wilhelmsburg e.V.

Wihelmsburgs ehemaliges Amtshaus in Kirchdorf wurde 1724 erbaut und beherbergt heute das „Milch-Museum".

im 1724 unter Verwendung eines älteren Kellers in ➢*Kirchdorf* erbauten ehem. ➢*Wilhelmsburg*er Amtshaus ein Museum ein (Kirchdorfer Straße 163). Dargestellt werden als typische Wilhelmsburger Wirtschaftszweige der vorindustriellen Phase die Milch- und Gemüsewirtschaft sowie der Schiffbau, ferner das Wilhelmsburger Bauernleben, Schul- und Lokalgeschichte sowie heimische Tierwelt. *Ri.*

Museum für Bergedorf und die Vierlande Die heimatkundlichen Sammlungen des 1847 gegründeten Bergedorfer ➢*Bürgervereins* wurden der Öffentlichkeit erstmals 1893 präsentiert. Pläne für ein eigenes Museum ließen sich nach dem Ausbruch des Ersten Weltkriegs nicht realisieren, die Gelder gingen in der Inflation verloren. 1935 fanden die Bestände im ➢*Bergedorfer Schloss* ein Domizil, 1939 wurden sie dort auch gezeigt. Im Zweiten Weltkrieg mussten sie der ➢*Polizei*, die die Räume benötigte, weichen. 1953 wurde die Sammlung dem hbg. Staat übergeben; 1955 konnte das Museum als Außenstelle des ➢*Museums für Hamburgische Geschichte* im Bergedorfer Schloss eröffnet werden. Das Museum zeigt Objekte zur Geschichte und Volkskunst ➢*Bergedorfs* und der ➢*Vierlande*, Zeugnisse bürgerlicher und bäuerlicher Wohnkultur, städtischen und ländlichen Handwerks. 1992 erhielt es mit der Jugendstilausstattung des ehem. Cafés Möller aus der Alten Holstenstraße 76 einen neuen Anziehungspunkt. *Ko.*

Museum für Hamburgische Geschichte Die Anfänge des kulturhistorischen Museums gehen auf den 1839 gegründeten ➢*Verein für Hamburgische Geschichte* zurück. Dessen

Mit seinen umfangreichen Sammlungen und häufigen Sonderausstellungen lädt das am Holstenwall (hinten) gelegene Museum für Hamburgische Geschichte – seit 2006 „hamburgmuseum" – zu Reisen in die Vergangenheit der Hansestadt.

„Artistische Sektion" begann mit der Sammlung und Pflege von „hamburgischen Alterthümern". Dazu gehörten bereits die zahlr. Architekturfragmente, die nach dem ➢*Großen Brand* von 1842 geborgen worden waren und in den heutigen Museumsbau integriert sind (➢*Denkmalschutz*). 1886 wurde der Museumsverein gegründet. Unter ihrem heutigen Namen erfolgte 1908 die Umwandlung der Altertumssammlung in eine staatliche Einrichtung. Erster Museumsdirektor wurde der Volkskundler O. Lauffer. Er konzipierte das Museum, das 1914–22 nach Plänen von F. ➢*Schumacher* sein heutiges Gebäude erhielt. Der rote ➢*Backsteinbau* im ➢*Hamburger Heimatstil* steht auf der ehem. Bastion Henricus, einem Teil der ➢*Befestigung* des 17. Jhs. Die Sammlungen des Museums reichen von den Anfängen Hbgs bis zur Gegenwart. Sie umfassen die Bereiche Hafen, Schifffahrt, Handel und Verkehr ebenso wie Numismatik, Verfassungs-, Kultur- und Sozialgeschichte; der Große Brand ist ebenso dokumentiert wie die beiden Weltkriege und die Geschichte der Juden in Hbg. Zusätzliche Besucheranreize bieten Sonderausstellungen, mehrmals im Jahr stattfindende Konzerte, z.T. im seit 1989 mit einem Glasdach überspannten Innenhof, sowie eine große Modelleisenbahnanlage. Gefördert wird das Museum durch den 1985 gegründeten Verein der Freunde des Museums für Hamburgische Geschichte e.V. Seit 2006 heißt das Museum offiziell hamburgmuseum. *IR*

Im Museum für Hamburgische Geschichte sind zahlreiche Architekturfragmente zu besichtigen. Besonders eindrucksvoll ist das Renaissanceportal (1604/05) der St.-Petri-Kirche im Innenhof, der 1989 mit einem Glasdach überspannt wurde und seither neue Nutzungsmöglichkeiten bietet.

Die Westfassade des Museums für Kunst und Gewerbe am Steintorplatz/Julius-Kobler-Weg

Museum für Kunst und Gewerbe (MKG) Das MKG am Steintorplatz zählt mit seinen jährlich rund 200.000 Besuchern zu den größten und beliebtesten staatlichen Museen in Hbg. Nach der ersten Anregung zur Gründung dieses Museums durch die ➢*Patriotische Gesellschaft* im Jahr 1861 war es v.a. J. ➢*Brinckmann*, dem späteren ersten Direktor, zu verdanken, dass dieser Anregung mit der Museumseröffnung am 25.9.1877 nachgekommen werden konnte. Anfänglich war das Museum nur im Erdgeschoss des neuen Schulgebäudes am Steintorplatz untergebracht. 1975 zog schließlich die letzte schulische Einrichtung aus, um den Sammlungen mehr Raum zu bieten. Besondere Erwähnung verdienen die noch von Brinckmann begründete Jugendstilabteilung und die Sammlung asiatischer Kunstwerke, die weltweit zu den größten ihrer Art zählt, sowie der eingebaute neubarocke Musiksaal des ehem. Budge-Palais. Das MKG besitzt auch umfangreiche Sammlungen von Plakaten und Fotografien. Ein Erweiterungsbau, der „Schümann-Flügel", wurde im Jahr 2000 bezogen, der Mittelbau nach seiner Neugestaltung 2006 als „Hartog-Flügel" wiedereröffnet. Förderverein ist die 1886 als „Kunstgewerbeverein zu Hamburg" gegründete und 1969 umbenannte Justus Brinckmann Gesellschaft. *OK*

Museum für Völkerkunde Hamburg Die sieben Abteilungen des Völkerkundemuseums besitzen zusammen ca. 350.000 Objekte und 300.000 historisch-ethnografische Fotografien von Kulturgütern aus der ganzen Welt. Zu den Vorläufern des 1879 als wissenschaftliche Anstalt (➢*Wissenschaftliche Bildung*) mit

Der prächtige Eingangsbereich des Museums für Völkerkunde an der Rothenbaumchaussee

1.834 Exponaten gegründeten Museums gehören die 1849–71 aufgebaute völkerkundliche Sammlung der Stadtbibliothek und das 1871 eingerichtete „Culturgeschichtliche Museum". 1912 erfolgte der Umzug aus dem Schul- und Museumsgebäude vor dem ➢*Steintor* in die Rothenbaumchaussee 64; der Direktor G. Thilenius hatte den Neubau zusammen mit dem Architekten A. Erbe konzipiert. Besondere Attraktion waren die Sammlungen der „Hamburger Südsee-Expedition" (1908– 10). Während Thilenius' Amtszeit (1904–35) wurde das Museum weltweit für seine Exponate bekannt, die bis heute v.a. durch großzügige Spenden Hbger Bürger erworben werden. Nach Modernisierungen der Ausstellungssäle in den 1960er und 1970er Jahren erfolgte in jüngster Zeit mit einem umfangreichen Veranstaltungsprogramm und der erneuten Umgestaltung der Dauerausstellungen eine Anpassung an moderne Museumsanforderungen. Seit 1999 besteht das vormals staatliche Museum als Stiftung öffentlichen Rechts. *Ti.*

Museumshafen Övelgönne Der 1977 gegründete gleichnamige Verein betreibt am Anleger ➢*Neumühlen* einen Museumshafen mit Seglern aus Fluss-, Küsten- und Hochseefahrt, einem alten Feuerlöschboot („Walter Hävernick") und dem Feuerschiff „Elbe 3", das 1888–1977 Dienst tat, sowie dem Eisbrecher „Stettin". Hier haben auch die dampfbetriebene ➢*Barkasse* der Wasserschutzpolizei („Otto Lauffer") und der dieselgetriebene Schwimmkran „HHLA-1" ihren Liegeplatz gefunden, die beide vom ➢*Museum für Hamburgische Geschichte* betreut werden. *Ko.*

Maritime Oldtimer haben im Museumshafen Övelgönne eine neue Heimat gefunden.

Museums- und Heimatverein Harburg Stadt und Land e.V. – Förderverein des Helms-Museums Der Kaufmann A. Helms rief 1898 den Museums-Verein für den Stadt- und Landkreis ➢*Harburg* ins Leben. Innerhalb eines Jahrzehnts traten ihm 500 Mitglieder bei. Helms führte bis zu seinem Tod 1920 den Vorsitz. Der Verein war Gründer und Träger des Harburger Museums, das 1925 nach Helms benannt wurde (➢*Helms-Museum*). 1937 übernahm die von der Stadt Harburg und dem gleichnamigen Landkreis geschaffene Gesellschaft zur Förderung des Helms-Museums Grundstücke, Gebäude und Sammlungen. Museumsverein und Helms-Museum gaben 1938 den ersten Band des Harburger Jahrbuchs heraus, dessen 22. Band 2006 erschienen ist. Heute gehören dem Verein weiterhin rund 500 Mitglieder an. *Ko.*

Musikhalle Die M. (seit 2005 „Laeiszhalle – Musikhalle Hamburg") am Johannes-Brahms-Platz ist eine Stiftung des Hbger Reeders C.H. ➢*Laeisz*. Mit einer testamentarischen Verfügung, aus seiner Firma F. Laeisz 1,2 Mio. Mark für ein neues Konzerthaus zu zahlen, ermöglichte er die Errichtung der M. Seine Witwe stockte die Summe auf 2 Mio. Mark auf. Erbaut wurde die M. 1904–08 von M. ➢*Haller* und E. Meerwein in neubarocken Stilformen als Konzerthalle mit 1.897 Sitzplätzen im Großen Saal und 610 Sitzplätzen im Kleinen Saal. Seit April 1997 beherbergt die M. das von Generalmusikdirektor G. Albrecht 1990 begründete „Klingende Instrumentenmuseum". Die M. ist Sitz der 1957 gegründeten Hamburger Symphoniker, die hier regelmäßig konzertieren. *SH*

Sophie Christine Laeisz, Gattin des Reeders Carl Heinrich Laeisz, stockte die Summe zum Bau der Musikhalle auf zwei Millionen Mark auf.

Zeugnis hamburgischen Mäzenatentums: die von der Reederfamilie Laeisz gestiftete Musikhalle wurde 1904–08 erbaut.

Nachbrandarchitektur ist ein kunsthistorischer Hilfsbegriff für die Architektur nach dem ➢*Großen Brand* von 1842. Sie zeichnet sich durch eine Vermischung des modernen historistischen Rundbogenstils, in dem seit mehr als einem Jahrzehnt besonders in Berlin gebaut wurde, mit der klassizistischen Formensprache aus. Für Letztere – und für den hellen Fassadenverputz ihrer Bauten – hegten die privaten Hbger Bauherren eine nachhaltige Vorliebe, weshalb die vielen auf die Großbaustelle des zerstörten Stadtzentrums strömenden Architekten fast ausnahmslos die zentralen Merkmale dieser vergangenen Kunstepoche beibehielten. Eingang in die Entwürfe fanden aber auch verschiedene Elemente älterer Stilrichtungen (v.a. aus Romanik und Gotik).

Bekanntes Beispiel der N. sind die ➢*Alsterarkaden* von A. de ➢*Chateauneuf*, dem architektonischen Vordenker der Wiederaufbauzeit. Zusammen mit Th. Bülau war er jedoch einer der wenigen, die dem verbreiteten weißen Putz vereinzelt das Rot des ➢*Backsteins* auch an bürgerlichen Häuserfronten entgegensetzten und sich dafür kritisieren lassen mussten.

Der historistischen Architekturauffassung von Sakralbau entsprechend, galten für die hbg. Kirchenbauten andere Vorbilder. Daher wurde als Neubau der Hauptkirche ➢*St. Nikolai* nicht G. ➢*Sempers* 1. Preis des Architektenwettbewerbs verwirklicht, sondern eine gotisch-romantische Kathedrale entsprach den Wünschen.

Die N. steht jedoch nicht nur für Hochbau, sondern auch für die städtebauliche Neuplanung Hbgs zu dieser Zeit. Ihr Kennzeichen sind neben der architektonischen Gestaltung des ➢*Rathausmarkts* das Kanalisationsnetz (W. ➢*Lindley*) und die geordnet angelegten breiten Straßen mit zumeist gleichmäßigen Höhen der traufständigen Gebäude, die nun vielfach als ➢*Etagenhäuser* entstanden. *Ti.*

Nachtwache Seit dem Mittelalter beschäftigte der ➢*Rat* berufsmäßige Nachtwächter, die von Angehörigen der ➢*Bürgerwache* unterstützt wurden. Im 14. Jh. hießen sie Wochenwärter, später Herrendiener. Eine weitere Bezeichnung war „Röper" (von ndt. Rufer), da sie stündlich die Uhrzeit ausriefen. Die Bevölkerung nannte sie auch spöttisch „Schlupwächter" und später „Uhlen" (von Nacht-Eulen). Neuorganisationen erfolgten 1610 (60 Söldner in drei Gruppen) und 1641 (90 in fünf Quartieren als „Patrouille-Wacht"). Der Dienst der mit Pike und Muskete bewaffneten Männer begann mit Toresschluss (➢*Torsperre*); zu ihrer Anstellung und Abdankung ent-

Zwei Nachtwächter, in der Hand des linken die „Rattel", mit der er Aufmerksamkeit für seine Ausrufe und Zeitansagen erweckte. Kolorierte Aquatinta-Radierung aus Christoffer Suhrs Serie „Der Ausruf in Hamburg", 1808

stand eine eigene ➢*Deputation.* Bei der erneuten Umstrukturierung 1671 wurden die Nachtwächter nach Amsterdamer Vorbild mit einer Holzratsche zur Signalgebung ausgestattet, von der sich die Bezeichnung „Rätelwacht" ableitet. Sie mussten weiterhin den Gardisten der Bürgerwache die militärischen Honneurs erweisen. Nach der Neuen Nachtwache-Ordnung von 1770 taten 284 Männer in 64 Distrikten Dienst. 1814 wurde die N. zum Corps der Nachtwache mit Sitz im ➢*Stadthaus (städtisches Verwaltungsgebäude).* Seine blau uniformierten Angehörigen waren als „Nebenberufler" zumeist wenig motiviert und brachten der Institution keinen guten Ruf. 1852 noch einmal reformiert, wurde die N. 1876 aufgelöst. Ihre Aufgabe übernahm das der ➢*Polizei*behörde unterstellte „Corps der Constabler". Auf die Konstabler ging auch der Spottname „Uhl" als „Udl" über, mit dem die Polizisten noch im 20. Jh. bedacht wurden. *Ti.*

Nationalpark Hamburgisches Wattenmeer heißt der 137 km² große, im Mündungsbereich der ➢*Elbe* gelegene Teil des Nordseewattenmeers, das wegen seiner Artenvielfalt als einzigartiger Naturraum gilt. Nachdem Schleswig-Holstein und Niedersachsen bereits 1985/86 ihre Wattenmeergebiete zu Nationalparks erklärt hatten, zog Hbg mit seinem Gesetz über den N.H.W. vom 9.4.1990 nach. Seitdem gelten in diesem Gebiet, in dem Hbg noch 1970 einen großen Tiefwasserhafen mit Industrieanlagen hatte anlegen wollen, strengste Naturschutzbestimmungen. Zu schützen sind insbesondere die Brutplätze zahlr. Wasservogelarten, Fischlaichgebiete sowie die Ruheplätze der Seehunde. Von den drei im N.H.W. liegenden Inseln ist allein ➢*Neuwerk* bewohnt; dort ist innerhalb des eingedeichten Inselkerns und in einem Teil des Vorlands eine wirtschaftliche Nutzung unter strengen Auflagen weiterhin erlaubt. Auf der unbefestigten Düneninsel ➢*Scharhörn,* die nur in Begleitung des Vogelwarts betreten werden darf, brüten jährlich bis zu 10.000 Paare z.T. gefährdeter Seeschwalbenarten. Die 1989 aufgespülte Vogelschutzinsel ➢*Nigehörn* ist für Besucher

Blick über das Wattenmeer nordwestlich von Neuwerk auf die ebenfalls zum Nationalpark Hamburgisches Wattenmeer gehörende Vogelinsel Scharhörn (rechts) sowie die 1989 künstlich aufgespülte, hochwassersichere Insel Nigehörn

gesperrt. Die Brutgebiete werden im Auftrag der Nationalparkverwaltung vom Verein Jordsand zum Schutze der Seevögel und der Natur e.V. betreut. Der N.H.W. wurde 1993 von der UNESCO in das internationale Netz der Biosphärenreservate aufgenommen.

Während die Nationalparks Niedersächsisches Wattenmeer und Schleswig-Holsteinisches Wattenmeer mit dem niederländischen Wattenmeer seit 2009 zum UNESCO-Weltnaturerbe gehören, zählt der N.H.W. bislang nicht dazu. *Wa.*

Naturdenkmale sind Landschaftselemente, die aus wissenschaftlichen, naturgeschichtlichen oder landeskundlichen Gründen oder wegen ihrer Seltenheit, Eigenart oder Schönheit rechtsverbindlich unter Schutz gestellt sind. Hbg besitzt zur Zeit zwölf N. Im ➢*Harburg*er Raum wurden bereits 1936 eine Eibe am Neuländer Elbdeich, die nach Schätzungen 800 bis 850 Jahre alt sein soll, und als Hinterlassenschaften früherer Deichbrüche mehrere Bracks in ➢*Wilhelmsburg* (Uhlenbuschbracks, Callabrack und Papenbrack) zu N. erklärt. 1986 und 1988 hat der ➢*Senat* sechs weitere N. ausgewiesen: Timmermoor (➢*Bergstedt*), Sievertsche Tongrube, Hüsermoor und Ohlkuhlenmoor (alle ➢*Hummelsbüttel*), Gutsbrack (➢*Francop*) sowie den Oberlauf des ➢*Poppenbütteler* Grabens. Eine Teilfläche des ehem. Gartens der Familie de l'Aigle in ➢*Eppendorf* ist seit 1994 N. Ein 1999 bei Baggerarbeiten in der ➢*Elbe* gefundener, 217 Tonnen schwerer Riesenfindling, der am Elbstrand von ➢*Övelgönne* abgesetzt wurde, steht seit 2001 als N. „Alter Schwede" unter Schutz. *Wa.*

Naturschutzgebiete Hbg besitzt 31 N. mit einer Gesamtfläche von 6.358 ha (= 8,42 % der Landesfläche, Stand 2010, ohne ➢*Nationalpark Hamburgisches Wattenmeer*). Zu Hbgs ältesten und bedeutendsten N. gehört das Heuckenlock am Nordufer der ➢*Süderelbe* (erste Unterschutzstellung 1936/Vergrößerung 1977); seine Merkmale sind seltener Tide-Auenwald, Süßwasserwatten und eine große Vegetationsvielfalt (ca. 700 Pflanzenarten auf 89 ha). Zu Hbgs älteren N. zählen auch der ➢*Duvenstedter Brook* (Unterschutzstellung 1939/58, 785 ha), der hbg.

Teil der ➢*Elbinsel* Neßsand (1952, 140 ha), welcher 2005 mit dem Mühlenberger Loch zu einem N. von 645 ha zusammengelegt wurde, und die Fischbeker Heide (1958, vergrößert 1992, 763 ha). Mit 857 ha Hamburgs größtes N. sind seit 1993 die Kirchwerder Wiesen mit ihrer für die ➢*Vierlande* charakteristischen Marschlandschaft. Aus einem aufgegebenen, teils auf Hamburger, teils auf schleswig-holsteinischer Seite gelegenen Truppenübungsgelände entstand 1997/98 das N. Höltigbaum; der Hamburger Anteil umfasst 262 ha. Eine bemerkenswerte Artenvielfalt von Pflanzen und Tieren weist die 2000 unter Schutz gestellte, 224 ha große Borghorster Elblandschaft auf. In den Süderelbmarschen ist 2001 unter Einbeziehung des schon seit 1978 geschützten Nincoper Moors das 796 ha große N. Moorgürtel festgelegt worden; in ihm lebt die gefährdete Vogelart des Wachtelkönigs. Die übrigen Hbger N. sind (in Klammern Größe in ha/Jahr der Unterschutzstellung): Boberger Niederung (350/1991), Auenlandschaft Norderelbe (222/2010), Stellmoorer Tunneltal (217/1978, ➢*Hamburger Kultur*), Wittmoor (213/1978, erweitert 1997), Wohldorfer Wald (134/1980), Schnaakenmoor (101/1979), Finkenwerder Süderelbe (93/1989), ➢*Zollenspieker* (80/1988), Haineschlland (71/1975), Westerweiden (64/1989), Hummelsbüttler Moore (61/2008), Die Reit (49/1973), Rodenbeker Quellental (47/1977), Schweenssand (40/1993), Wittenbergener Heide/Elbwiesen (37/1986), Raakmoor (33/1979, erweitert 2004), Volksdorfer Teichwiesen (30/1993), Kiebitzbrack (30/1985), Rhee (16/1981), Eppendorfer Moor (15/1982), Stapelfelder Moor (12/1978), Rothsteinsmoor (9/2009) und Flottbektal (8/1982) im ➢*Jenischpark*. *Wa.*

Navigationsschule Um die theoretischen Kenntnisse der Steuerleute in der Navigation auf eine solidere Grundlage zu stellen, richtete die Hbger ➢*Admiralität* 1749 regelmäßige Unterrichtskurse ein und begründete damit das öffentliche Seefahrtsschulwesen in Dtld. Angehende Steuerleute und bereits erfahrene Fahrensleute erhielten Unterricht in Mathematik, Astronomie, Physik, Zeichnen und Sprachen. 1785 begann auch die ➢*Patriotische Gesellschaft* von 1765, eigene Kurse in der Navigation zu geben. Das Ansehen der N. stieg beachtlich durch das 1819 veröffentlichte „Handbuch der Schiffahrtskunde". Auf Beschluss des ➢*Rats* wurde 1827 die Steuermannsprüfung für alle Steuerleute auf Hbger Schiffen verpflichtend, was einen Anstieg der Schülerzahl zur Folge hatte. Ständig mussten die Lehrpläne den sich wandelnden Bedingungen in der Schifffahrtstechnik und im Weltverkehr angepasst werden, um – bis heute – den modernen Anforderungen zu genügen. Ab 1825 war die N. im Gebäude der ➢*Hamburger Sternwarte* und ab 1872 im Seemannshaus am Elbhang bei den ➢*St. Pauli-Landungsbrücken* untergebracht. 1905 erhielt sie dort einen Neubau, der durch Mast und Takelage auf dem Dach auf seine Funktion hinweist. *Pe.*

NDR/Norag/NWDR Die **Norag** (Nordische Rundfunk AG) bekam im April 1924 von der Reichspost eine Sendelizenz und nahm am 2. Mai morgens um 8 Uhr für 896 zahlende Hörer (2 Mark pro Monat) den Betrieb auf. Das Studio war im Postamt 13 in der Schlüterstraße/Binderstraße untergebracht, die Verwaltungsräume lagen in den Großen Bleichen 23. Die Redakteure und der Hauptfunkleiter K. Stapelfeld kamen von den ➢*Hamburger Nachrichten*, ebenso Funkhausdirektor H. Bodenstedt. Die tägliche Sendedauer betrug zunächst vier, Ende des Jahres bereits zehn Std. Zum (Gebühren-)Einzugsgebiet gehörten die Oberpostdirektionen Hbg, ➢*Bremen*, Kiel, dazu die Hälfte des Schweriner und des Braunschweiger Bezirks, ab April 1928 deren gesamte Gebiete sowie Oldenburg. In Hannover, Bremen, Kiel und Flensburg wurden Nebensender installiert. Die Finanzierung des privaten Unternehmens sicherten Gebühren und Werbeeinnahmen (Funkwerbung Norag GmbH). Von 88.982 Ende 1924 stieg die Hörerzahl auf 621.720 im Jahr 1931, in dem das neue Funkhaus an der Rothenbaumchaussee eingeweiht wurde. Das politisch neutrale Programm folgte einem kulturellen, vorwiegend volksbildnerischen Anspruch mit lokalen und traditionell heimatbezogenen Schwerpunkten. Aufgrund der reichseinheitlichen Verstaatlichung der Rundfunkanstalten erfolgte am 19.1.1933 (653.000 Hörer) die Umwandlung der Norag in die Norddeutsche Rundfunk GmbH, die in der ➢*NS-Zeit* als „Reichssender Hamburg" durch die Reichsrundfunkkammer gelenkt wurde.

Am 3.5.1945 kam es zur Einstellung des Sendebetriebs, zur Besetzung des Funkhauses und zur sofortigen Übernahme durch die Briten („This is Radio Hamburg, a station of the Allied Military Government!"; ➢*Britische Besatzung*); es war der einzige intakte Sender in ihrer Besatzungszone. Die Mitarbeiter A. Eggebrecht und P. von Zahn hatten großen Anteil an der Gestaltung einer neuen Rundfunkkultur. Im September 1945 wurde aus Radio Hamburg der nach den BBC-Strukturen aufgebaute **NWDR** (Nordwestdeutscher Rundfunk) als Sender der brit. Besatzungszone. Ab August 1946 wurde das Hbger Programm über den NWDR Berlin, ab September auch über den NWDR Köln ausgestrahlt, bis 1948 die Übergabe an die Deutschen als Anstalt des öffentlichen Rechts mit Sitz in Hbg und Funkhäusern in Hbg, Köln und Berlin vollzogen wurde. Erster Generaldirektor war bis 1956 A. Grimme, der 1930–33 preuß., 1946–48 niedersächs. Kultusminister gewesen war. 1956 endete mit Gründung des NDR und des WDR die NWDR-Ära.

Im Funkhaus an der Rothenbaumchaussee wird seit 1931 norddeutsche Rundfunkgeschichte geschrieben. Es ist auch die Heimat des NDR Sinfonieorchesters, das 1945 als Sinfonieorchester von Radio Hamburg gegründet wurde.

Der **NDR**-Staatsvertrag zwischen Niedersachsen, Schleswig-Holstein und Hbg begründete eine Drei-Länder-Anstalt. Das Bundesverwaltungsgericht stellte 1980 in einem Urteil fest, dass die Kündigung des Staatsvertrags durch Schleswig-Holstein lediglich den Austritt dieses Landes aus dem NDR bewirke. Daraufhin wurde zwischen den drei Ländern ein neuer Staatsvertrag geschlossen, der die regionalen Komponenten der Programme stärkte und ab 1983 privaten Rundfunk zuließ (ab 1992 unter Beteiligung Mecklenburg-Vorpommerns als Vier-Länder-Anstalt). Der Staatsvertrag von 1980 regelte die weitgehende Eigenständigkeit der vier Landesfunkhäuser. Die Radioprogramme des NDR sind NDR 90,3, NDR 1 Welle Nord, NDR 1 Niedersachsen, NDR 1 Radio MV (seit 1992), NDR 2, NDR Kultur, NDR Info, N-Joy. Im Fernsehbereich ist der NDR am ARD-Gemeinschaftsprogramm DAS ERSTE beteiligt. Mit dem NDR Fernsehen (ehemals N3) hat er ein gemeinsames drittes Programm mit Radio Bremen; bis 1992 war auch der Sender Freies Berlin daran beteiligt. *AGr.*

Nettelnburg Zu den Marschländereien (➢*Marschlande*) gehörte auch die N. Der Name taucht erstmals in einer Urkunde Albrechts von Orlamünde aus dem Jahr 1208 auf, die von „Wernherus de Netelenburg" und anderen Rittern unterzeichnet ist. Ob es hier eine „Burg" gegeben hat, ist nicht geklärt. Vielleicht handelte es sich nur um ein „festes Haus", eine Art Landsitz von Adligen, auf einem Warfthügel der ➢*Billwerder Marsch*. Ab 1307 gehörte die N. mit Unterbrechungen zum Kloster Reinbek. Nach dessen Säkularisierung wurde sie ab 1540 als Vorwerk im Amt Reinbek bezeichnet und im Laufe der Zeit um einen zweiten Pachthof erweitert. 1724 wurde sie mit anderen Marschländereien vom holstein. Herzog an Hbg verpfändet und gelangte durch den ➢*Gottorper Vergleich* 1768 endgültig an die Hansestadt, die N. mehrmals verpachtete, bis alles 1834 in den Besitz der Brüder C. und H. Schaumann gelangte. 1894 brannte das alte, reetgedeckte Gutshaus ab. 1912 erwarb die Industrie-Terraingesellschaft Nettelnburg den Besitz; sie musste aber nach dem Ersten Weltkrieg aufgeben. Neun Jahre später kam N. an eine Siedlungsgenossenschaft für Kriegsbeschädigte und Kriegsteilnehmer, die, unterbrochen von der Inflation, bis zum Ende des Jahrzehnts das unerschlossene Gebiet entwickelte und durch ein Grabensystem dauerhaft entwässerte. 1930 brach eine Sturmflut den neuen Deich und setzte einen Großteil der Siedlung unter Wasser.

Der Bau der Nachkriegssiedlung mit rund 500 Häusern und der 1958 geweihten Bugenhagenkirche war 1961 abgeschlossen. 1978–82 entstand dann Nettelnburg-Süd mit 490 Eigenheimen in verdichteter Bauweise als erster Ortsteil Hbgs im Marschgebiet, bei dem die zur Oberflächenentwässerung notwendigen Fleete als stadtbildendes Element in die Bebauung einbezogen wurden. Seit 1970 gibt es die ➢*S-Bahn*-Haltestelle Nettelnburg, die in ihrem Namen die Erinnerung an die so schwer erkämpfte Siedlung wachhält. *HR*

Neu-Allermöhe (Ost und West) Hbgs ständig steigender Wohnraumbedarf führte 1969 dazu, dass in einem

Stadtentwicklungsmodell ➢*Allermöhe* als Standort eingeplant wurde. Vorgesehen war das riesige Neubaugebiet „Allermöhe-Billwerder" mit rund 25.000 Wohnungen für etwa 70.000 Menschen. Diese Vision erwies sich jedoch als nicht durchsetzbar und wurde 1976 zunächst fallen gelassen, bis sie 1981, stark reduziert, als Wohnstadtkonzeption vor den Toren ➢*Bergedorfs* mit Einfamilienhaus-Programm zur Umsetzung kam. Von 1982 an entstand auf einer Fläche von ca. 125 ha ein Wohngebiet mit rund 1.500 Geschosswohnungen und über 500 Einfamilienhäusern. In N.-A. leben heute ca. 15.000 Menschen, denen die neue Siedlung eine besondere Wohnqualität bietet. Die guten Erfahrungen von ➢*Nettelnburg*-Süd wirkten sich hier verstärkt aus. Nach holländ. Vorbild wurden Fleete geschaffen, eingebettet in Grünanlagen. Architektonisch unterschiedlich gestaltete Baugruppen ergänzen einander und lassen aufeinander abgestimmte Außenräume entstehen. Mit Schule, Kindergarten, Einkaufszentren, Arztpraxen und einem Bürgerhaus entstand schon frühzeitig eine gute Infrastruktur. Das Neubaugebiet zwischen der ➢*S-Bahn*-Linie und der Marschenautobahn A 25 ist verkehrsmäßig gut angebunden. Im Juni 1993 wurde mit dem Richtfest für 210 Wohnungen am Fanny-Lewald-Ring der letzte Bauabschnitt und damit die erste Stufe der Planung abgeschlossen.

Schon im April 1992 war der erste Spatenstich für die 4.500 Wohnungen des Projekts Allermöhe II, eines weiteren, weiter westl. gelegenen Wohngebiets mit gleicher Ausdehnung, getan. Mitte Mai 1992 begannen der Bau der Fleete und die Straßengründungen. So entstand Allermöhe-West, dessen „grüne Mitte", die zugleich kultureller Mittelpunkt ist, eine Diagonalallee durchschneidet. Damit wuchs Bergedorf weiter nach Westen. Zwei Drittel der ehem. Agrarfläche sind heute bebaut, während auf der übrigen ein Park entstand und extensive Landwirtschaft betrieben wird. An der Nahtstelle zwischen Neu-Allermöhe und Allermöhe-West steht der Rundbau einer Gesamt- und Grundschule. Zusammen mit der Marschenautobahn sorgt seit 1999 die S-Bahn-Haltestelle Allermöhe zwischen den Stationen Nettelnburg und Mittlerer Landweg auch hier für eine gute Verkehrsanbindung. Begrenzt wird Allermöhe-West vom Badesee, der A 25, der Hans-Stoll-Straße, dem Walter-Rudolphi-Weg und dem Sophie-Schoop-Weg.

Die Stadtentwicklungsbehörde wollte mit N.-A. eine moderne „Gartenstadt" mit vielen Wohnmöglichkeiten am Wasser und im Grünen schaffen (➢*Gartenstadtbewegung*). Die Wohnhäuser entstanden in Klinkerbauweise, familien- und kinderfreundlich geplant und maximal viergeschossig. Die stadtplanerische und architektonische Konzeption N.-A.s ist überregional bekannt und gilt als Musterbeispiel für flächensparendes und ökologisches Bauen. *HR*

Neue Burg Dort, wo heute die Ruine der Hauptkirche ➢*St. Nikolai* steht, ließ der Billungerherzog Ordulf, der damals die Grafengewalt über Hbg innehatte, um 1061 in einer Alsterschleife die N.B. errichten. Nach Ausgrabungsbefunden bestand sie aus einem mächtigen Holz-Erde-Ringwall von ca. 100 m Innendurchmesser. Wahrscheinlich verdankt sie ihren Namen der Tatsache, dass die Billungerherzöge bereits seit 1035/1043 mit der ➢*Alsterburg* eine ältere Burg in Hbg besaßen, die unter dem heutigen ➢*Rathaus* gelegen haben dürfte. *Ri.*

Neue Dammtor-Synagoge (NDS) war einer der drei jüd. Kultusverbände innerhalb der ➢*Jüdischen Gemeinde* in Hbg. Gegründet 1892/94, verkörperte die NDS eine gemäßigt konservative Richtung (➢*Deutsch-Israelitischer Synagogenverband*). 1895 entstand für die neuen Wohngebiete mit höherem jüd. Bevölkerungsanteil eine Synagoge im maurischen Stil in der Beneckestraße (➢*Synagogen*). 1912 erreichte die NDS die privatrechtliche Rechtsfähigkeit durch Eintragung in das Vereinsregister, erst 1924 die förmliche Anerkennung als Kultusverband durch die jüd. Gemeinde, bei etwa 430 aktiven Mitgliedern. In Zeiten ohne eigenen Rabbiner (1917–23) amtierten die Rabbiner des liberalen Tempelverbands (➢*Neuer Israelitischer Tempelverein/-verband (TV)*; tlw. gab es eine Doppelmitgliedschaft in der NDS und im TV. Gleichwohl konnte sich die NDS ihre religiöse Unabhängigkeit bewahren. 1939 erfolgte die Selbstauflösung aller Kultusverbände. Ab diesem Jahr war die Synagoge der NDS die einzige in Hbg, deren Nutzung der NS-Staat noch tolerierte, sodass sie zum Gotteshaus aller drei religiös-kulturellen Richtungen wurde (Zerstörung des Gebäudes bei den ➢*Luftangriffen* im Juli 1943); Amtszeiten der drei Rabbiner: M. Grunwald 1895–1903, A. Löwenthal 1903–17, P. Holzer 1923–38. *IL*

Neue Heimat Das gewerkschaftseigene Wohnungs- und Städtebauunternehmen war bis zu seiner Auflösung 1988/90 mit seinen über 30 Organgesellschaften größter Wohnungsbaukonzern Europas mit Sitz in Hbg. Er war nach dem Zweiten Weltkrieg durch Zusammenschluss der Wohnungsunternehmen entstanden, die den westdt. Einzelgewerkschaften gehörten und in der Mehrzahl bereits in den 1920er Jahren gegründet worden waren. Bekannt wurde die N.H. durch den Bau von Großwohnanlagen und die Entwicklung neuartiger Finanzierungsmodelle. Seit Anfang der 1960er Jahre war das Unternehmen ferner im Kommunalbau sowie im internationalen Bereich tätig.

Wegen Überschuldung kam die N.H. in den 1980er Jahren in Schwierigkeiten. Ausgelöst wurde die Krise durch einen Bericht im Nachrichtenmagazin ➢*DER SPIEGEL* vom Februar 1982, der Vorstandsmitgliedern persönliche Bereicherung anlastete.

In Hbg verbinden sich mit der N.H. u.a. der Bau der ➢*Gartenstadt*siedlungen Hohnerkamp (Reichow), ➢*Farmsen* (Gühlk u. Reichow), Neu-Altona (May/N.H.), ➢*Osdorfer Born* (N.H.), ➢*Mümmelmannsberg* (Schütz & Partner) sowie die Sanierung der ➢*Deichstraße* und der Bau des ➢*Congress Centrums Hamburg* (Schramm & Pempelfort). *KKW*

Neuenfelde Der seit 1937 hbg. Stadtteil im ehem. Ortsamtsgebiet Süderelbe des Bezirks ➢*Harburg* hat eine Fläche von 15,5 km² und 4.453 Einw. (2009). N. wurde erst 1927 durch Zusammenlegung von Hasselwerder (darin auch Liedenkummer mit dem ehem. Cranz rechts der Este; ➢*Cranz*) und Nincop gebildet und erhielt den Namen seiner Pfarre. Es liegt zwischen ➢*Süderelbe*

und ➢*Este* innerhalb der Dritten Meile des ➢*Alten Landes* und besteht aus Marschland mit Deich- und Marschhufensiedlungen. Der Obstbau spielt eine hervorragende Rolle. An der Este befindet sich die ➢*Sietas-Werft*.
Vermutl. wurden die kleineren, von Ringdeichen umgebenen Bereiche von Rosengarten und Liedenkummer schon vor der Niederlassung von Holländern (12. Jh.) durch Sachsen besiedelt. Nach der Überflutung von 1962 (➢*Flutkatastrophe*) wurden der neue, höhere Deich errichtet, die Süderelbe abgedämmt (seitdem: Alte Süderelbe) und das Sperrwerk an der Estemündung angelegt. Die auf einer Düne gelegene Kirche von 1682 mit ihrer barocken Ausstattung enthält eine Orgel des berühmten Orgelbauers A. ➢*Schnitger*, der hier gewirkt hat und in der Kirche begraben ist. *Me*

Neuengamme ist ein Stadtteil im ehem. Ortsamtsgebiet ➢*Vier-* und ➢*Marschlande* des Bezirks ➢*Bergedorf* mit 18,6 km^2 Fläche und 3.462 Einw. (2009). Das Vierländer Marschhufendorf zwischen ➢*Dove-* und ➢*Gose-Elbe* wurde 1212 zuerst erwähnt und Nova Insula, auch Nova Gamma genannt. Es war vermutl. die letzte durch den Grafen Albrecht von Orlamünde eingedeichte ➢*Elbinsel*, die auch ➢*Reitbrook* umfasste. N. mit seinen repräsentativen Fachwerkhäusern galt als reichstes Kirchspiel in den Vierlanden. Gleichwohl wirkt die helle, großräumige St.-Johannis-Kirche im Gegensatz zu den anderen Vierländer Gotteshäusern eher schlicht und nüchtern. Die erste Erwähnung einer Kirche stammt aus dem Jahr 1261, als das Patronatsrecht von den sächs. Herzögen auf die Ratzeburger Bischöfe überging. Der Haupteingang in die Kirche erfolgt durch das „Brauthaus" (1619). Der hölzerne Glockenturm (1630 erwähnt) birgt die größte Glocke der Vierlande, die der berühmte holländ. Gießermeister G. van Wou 1487 goss.
Schon im 17. Jh. wandten sich die Bewohner N.s der Blumenzucht zu und machten den Ort zu einem „Blumen- und Obstgarten". Am 6.7.1771 brach während einer schweren ➢*Sturmflut* beim Deichstück Lange Grove der Elbdeich. Das überschwemmte Gebiet erstreckte sich bis zum ➢*Deichtor* in Hbg. Der Name N. ist eng mit dem Konzentrationslager verbunden, das 1938–40 zunächst Außenlager des KZs Sachsenhausen war und dann selbstständiges Lager wurde. *HR*

Neuengamme (Konzentrationslager) Im Dezember 1938 verlegte die SS ein Außenkommando des KZs Sachsenhausen nach ➢*Neuengamme*. Die zunächst 100 Häftlinge sollten eine stillgelegte Ziegelei wieder in Betrieb nehmen. In den ersten Kriegsmonaten fiel die Entscheidung, N. zu einem großen KZ auszubauen. Im April 1940 schloss die SS-Führung einen Vertrag mit der Hansestadt Hbg, die für die am Altonaer Elbufer geplanten „Führerbauten" einen großen Baustoffbedarf hatte und deshalb für den Aufbau des Lagers und die Errichtung eines neuen großen Klinkerwerks ein Darlehen in Millionenhöhe gewährte.
Im Frühsommer 1940 wurde N. zum eigenständigen KZ erklärt. Die Häftlinge, deren Zahl schnell auf mehrere Tausend stieg, arbeiteten im Lageraufbau, beim Tonabbau für die Ziegelproduktion, bei der Schiffbarmachung der ➢*Dove-Elbe* und der

55.000 Menschen starben im KZ Neuengamme und seinen Außenlagern. Luftaufnahme vom ehemaligen KZ-Gelände, ca. 1948. Im Vordergrund das ehemalige SS-Lager, im Hintergrund das ehemalige Häftlingslager

Häftlinge des KZs Neuengamme bei der Arbeit im Kommando Dove-Elbe. Im Hintergrund sind die Dächer Vierländer Bauernhäuser zu erkennen.

Anlage eines Stichkanals mit Hafenbecken. Im Verlauf des Krieges deportierten Gestapo und Sicherheitsdienst (SD) Zehntausende aus allen besetzten Ländern Europas nach N. Grund der Einweisung war zumeist ihr Widerstand gegen die dt. Besatzungsherrschaft, Auflehnung gegen Zwangsarbeit oder rassistisch motivierte Verfolgung. Größere Gruppen stellten in N. die Russen mit 18.850, die Polen mit 16.900, die Franzosen mit 11.500 und die Ukrainer mit 10.500. Die Zahl der jüd. Häftlinge betrug ca. 13.000. Ab 1942 wurden Häftlinge als Arbeitskräfte in der Rüstungsfertigung eingesetzt – zunächst in Werkstätten, die auf dem Lagergelände errichtet wurden; später erfolgte die Zuteilung von Häftlingen direkt an die Betriebe. Auf diese Weise entstanden in den letzten Kriegsjahren bei Rüstungsfirmen in ganz Norddtld Außenlager von N. Sie dienten zur Trümmerbeseitigung nach ➢*Luftangriffen*, zum Bau von Behelfsheimsiedlungen und gegen Kriegsende zur Anlage von Panzergräben. Insgesamt zählten zu N. mehr als 80 Außenlager, von denen über 20 mit Frauen belegt waren. Im Frühjahr 1945 lebten im Hauptlager 14.000 und in den Außenlagern insgesamt 40.000 Häftlinge, davon fast ein Drittel Frauen.

Schlechte Arbeitsbedingungen, ungenügende Ernährung, unzureichende medizinische Versorgung und katastrophale sanitäre Verhältnisse sowie Misshandlungen durch die SS und die von ihr aus den Lagerinsassen als Leiter der Arbeitskommandos ausgewählten „Kapos" führten zum Tod vieler Häftlinge. N. diente der Gestapo auch als zentrale Hinrichtungsstätte. Weit über 1.000 Personen wurden zur Exekution nach N. eingeliefert. Im Herbst 1942 wurden 448 sowjetische Kriegsgefangene im Lagergefängnis mit Zyklon B vergast (➢*Giftgas*). Bei Kriegsende starben Tausende auf Todesmärschen und -transporten. Die im Stammlager N. verbliebenen 10.000 Häftlinge wurden Mitte April 1945 nach ➢*Lübeck* transportiert und auf die „Cap Arcona" und zwei Frachtschiffe verladen. Am 3.5.1945 griffen brit. Jagdbomber die in der Neustädter Bucht ankernden Schiffe, die die Piloten für Truppentransporter hielten, an. Dabei starben über 7.000 Häftlinge. Die Gesamtzahl der Todesopfer von N. ist nicht bekannt; Schätzungen zufolge kamen insgesamt 55.000 der 106.000 in N. und den Außenlagern Inhaftierten ums Leben.

Nach dem Krieg richtete die brit. Besatzungsmacht (➢*Britische Besatzung*) in N. ein Internierungslager für NS-Funktionsträger ein. 1948 übergaben die Besatzungsbehörden das Lager an die Stadt, die dort ein Gefängnis einrichtete. Auf Drängen ehem. Häftlinge errichtete der Hbger ➢*Senat* 1953 und 1965 Mahnmale. 1989 wurde die KZ-Gedenkstätte um ein Dokumentenhaus ergänzt. Der Senat kündigte 1989 an, das z.T. in den Gebäuden des ehem. Häftlingslagers untergebrachte Gefängnis an einen anderen Standort verlagern zu wollen. Die Verwirklichung erfolgte 2003, nachdem 1995 ein kleinerer Teil des Gefängnisses ausgegliedert und zu einem Ausstellungsgebäude umgestaltet worden war. Die Einweihung der am Ort des ehem. Häftlingslagers geschaffenen neuen Gedenkstätte fand am 4. Mai 2005 statt. *DG*

Neuer Israelitischer Tempelverband, vor 1868: **Neuer Israelitischer Tempelverein in Hamburg (ITV)** Der 1818 gegründete ITV war religiöses Zentrum des liberalen Hbger Judentums (➢*Jüdische Gemeinde*) und neben dem ➢*Deutsch-Isrealitischen Synagogenverband* der führende Kultusverband im Hbger Gemeindesystem. 1939 wurde er ebenso wie die beiden anderen aufgelöst. Unter dem Eindruck der ➢*Aufklärung* wollten seine Gründer zu Beginn des 19. Jhs religiöser Indifferenz und drohenden Auflösungstendenzen im Judentum entgegenwirken. Die Reform des traditionellen Gottesdienstes mit Predigt und gekürzten Gebeten in dt. Sprache sowie gemischtem Choralgesang mit Orgelbegleitung sollte fortschrittliche Juden wieder an die Religion heranführen und gleichzeitig die Emanzipationsfähigkeit der Juden gegenüber der christl. Umwelt unter Beweis stellen. Die Ablehnung dieser Modernisierung durch die Orthodoxie spitzte sich zweimal im sog. Tempelstreit zu (1818, 1844) und zog mit seinen kontroversen Diskussionen Kreise im gesamten dt. Judentum. Innerhalb der Hbger Gemeinde gelang es jedoch, einen Bruch durch Annäherung der Fronten zu vermeiden, und die Hbger Tempelgemeinde wurde zum maßgeblichen Motor für die Verbreitung des Reformjudentums in der Welt. Bedeutende Tempelprediger im 19. und 20. Jh. waren E. Kley, G. Salomon, N. Frankfurter, D. Leimdörfer, C. Seligmann, J. Sonderling, F. Rülf und B. Italiener. *AS*

Neuer Wall 1707 als erster schnurgerader Landverkehrsweg in der Stadt angelegt, ist der N.W. heute eine elegante Geschäftsstraße. Name und Verlauf deuten auf die frühere Funktion des Geländes im Rahmen der ➢*Befestigung* hin, die hier seit 1543 aufgeworfen wurde. Mit dem N.W. erschloss der ➢*Rat* das Gelände zwischen ➢*Alster*- und Bleichen*fleet* und parzellierte es in 93 Grundstücke. Weil dort vornehmes Wohnen ermöglicht werden sollte, wurde es den wenigen Ansässigen untersagt, weiterhin geruchsbelästigende Färber- und Gerbergewerbe auszuüben. Die Bebauung des Walls begann mit dem barocken ➢*Görtz-Palais*. *Ti.*

Blick in den Neuen Wall, eine der beliebtesten Einkaufsstraßen der Innenstadt

Neugraben-Fischbek ist ein Stadtteil im ehem. Ortsamtsgebiet Süderelbe des Bezirks ➢*Harburg* mit 26.729 Einw. (2009) auf 22,5 km² Fläche. N. wurde 1540, F. 1544 erstmals erwähnt; beide gelangten nach wechselnden territorialen Zugehörigkeiten 1938 im Rahmen des ➢*Groß-Hamburg-Gesetzes* zum hbg. Staatsgebiet. N. liegt zu beiden Seiten des Falkenbeks, der auch als Scheidebach bezeichnet wurde, da er bis 1938 die politische Grenze zwischen Moisburgisch-Neugraben am Westufer und Harburgisch-Neugraben am Ostufer bildete. Benannt wurde der Ort vermutl. nach dem „Newen Graben“, einer ehemals schiffbaren Verbindung zwischen der alten ➢*Süderelbe* und dem Falkenbek, die heute nicht mehr existiert. F. liegt beiderseits des namengebenden Fischbachs, der wegen der Grundwasserabsenkung zu Beginn des 20. Jhs heute weitgehend versandet ist. Die historischen bäuerlichen Siedlungskerne, von denen v.a. der Neugrabener mit seinen z.T. denkmalgeschützten Häusern sehenswert ist, liegen nördl. des über die Bundesstraße 73 geführten Durchgangsverkehrs. Im Zuge der Industrialisierung am Ende des 19. Jhs entwickelte sich der Ort zusehends zu einer Wohnsiedlung für Pendler, hauptsächlich Arbeiter und kleine Angestellte, wobei die bauliche Entwicklung bereits während des Zweiten Weltkriegs intensiviert und kurz nach dem Krieg bis an das ➢*Naturschutzgebiet* Fischbeker Heide fortgeführt wurde. *OK*

Neuland ist ein Stadtteil im ehem. ➢*Kerngebiet* des Bezirks ➢*Harburg* mit 8,0 km² Fläche und 1.241 Einw.

(2009). Als Marschensiedlung „Lewenwerder" wurde N. 1296 von Herzog Otto II. von Braunschweig-Lüneburg gegründet und mit verschiedenen Freiheiten privilegiert: Die Bewohner waren von fast allen Abgaben befreit, sie unterstanden nicht dem herzoglichen Vogt und durften ihren Richter selbst wählen. Ab 1332/33 wird das Dorf als N. bezeichnet. Spätestens 1310 besaß es eine eigene Pfarrkirche, die 1527/49 mit der Harburger vereinigt wurde. Aus der Verwaltung der zur Gesamtgemeinde gehörenden Ländereien bildete sich im 17. Jh. die noch heute existierende „Neuländer Communion" mit 26 „Interessenten". 1667 war N. ein großes Dorf mit 26 Hufnern, zehn Kätnern mit Land und sieben ohne. 1888 erfolgte die Eingemeindung von 11,3 ha mit 160 Einw. nach Harburg. Mit der Industrialisierung wurden viele Arbeiter angesiedelt, deren Zahl schon um 1920 überwog. Ab 1934 wurde die Erwerbslosensiedlung Wohlersweg gebaut. Sie umfasste 77 und später 95 Häuser. 1937 kam N. vom Landkreis Harburg nach Hbg. Ein Großteil der landwirtschaftlichen Flächen wurde von der Stadt aufgekauft. *Ri.*

Neumeister, Erdmann (geb. 12.5.1671 Uichteritz bei Weißenfels, gest. 18.8.1756 Hbg), Hauptpastor. Der Sohn eines Lehrers und Gutsverwalters besuchte die sächs. Fürstenschule Schulpforta und studierte in Leipzig Theologie. 1698 wurde er Prediger in Bibra bei Naumburg, 1704 Hofprediger in Weißenfels, 1706 Hofprediger und Superintendent in Sorau (Niederlausitz). 1715 wurde er zum ➢*Hauptpastor* an ➢*St. Jacobi* gewählt. N. war ein entschiedener Gegner des Pietismus, die Herrnhuter Brüdergemeine eingeschlossen, der ➢*Reformierten* und der ➢*Katholiken.* Als streitbarer Wortführer der luth. Orthodoxie und als Autor geistlicher Gedichte und Lieder war er weit über Hbg hinaus bekannt. Von seinen Kirchenliedern, die auch von J.S. Bach und G.Ph. ➢*Telemann* vertont wurden, finden sich einige noch heute in den Gesangbüchern. Während seiner Amtszeit an St. Jacobi bewarb sich 1720 J.S. Bach vergeblich um die Organistenstelle. In seiner Weihnachtspredigt merkte N., wie J. Mattheson überliefert hat, sarkastisch an, „wenn auch einer von den Bethlemitischen Engeln vom Himmel käme, der göttlich spielte, und wollte Organist an St. Jacobi werden, hätte aber kein Geld, so mögte er nur wieder davon fliegen". Vorgezogen wurde Bach nämlich ein Bewerber, der den ➢*Gotteskasten* anzureichern versprach. *Ko.*

Neumühlen Die einst selbstständige Siedlung gehört seit 1868 zu ➢*Ottensen.* Sie umfasst das Elbufergebiet und den rückwärtigen Hang zwischen Kaistraße und ➢*Övelgönne.* Unmittelbar westl. von ➢*Altona* gelegen, beherbergt N. seit Langem zahlr. Gewerbe- und Industriebetriebe. So spricht schon die älteste Nennung von der „Nie Moel" (Wassermühle von 1420). Daran erinnern noch das 1802 errichtete Gebäude der ehem. Wollzeug-, Leinen- und Segeltuchmanufaktur von J.D. Lawätz (Neumühlen 16–20) sowie das frühere Kühlhaus Union (1924/25), das nach seinem Umbau 1991–93 heute dem Collegium Augustinum als Seniorenheim dient. Nach Aufschüttungen wurden an der ➢*Elbe* Kaianlagen mit ➢*Speichern* geschaffen. Am Hang entstanden

➢*Landhäuser* mit ➢*Gärten und Parks*. Bis zu seiner Zerstörung im Zweiten Weltkrieg stand hier das um die Mitte des 19. Jhs für die Familie Donner errichtete monumentale „Donnerschloss". Nach Erwerb der privaten Grundstücke legte die Stadt Altona an dieser bevorzugten Stelle ab 1911 Parkanlagen an. Im

Vergangene Pracht und Herrlichkeit: das 1835–55 erbaute „Donnerschloss" des Altonaer Bankiers Bernhard Donner wurde im Zweiten Weltkrieg zerstört. Das Foto entstand während der Altonaer Gartenbauausstellung 1914.

Donner-Park wurde auf Betreiben M. ➢*Brauers* 1927 ein ➢*Heine-Denkmal* aufgestellt. *Me*

Neurahlstedt ist ein Ortsteil im Stadtteil ➢*Rahlstedt* im Bezirk ➢*Wandsbek*. Die erste urkundliche Erwähnung des holstein. Bauerndorfes fällt in das Jahr 1288. Es gehörte u.a. mit den Dörfern Lemsahl, Mellingstedt (➢*Lemsahl-Mellingstedt*) und ➢*Duvenstedt* vom 14. Jh. bis 1867 zum Amt Tremsbüttel. Seit 1867 unter preuß. Herrschaft, wurde N. 1927 nach Rahlstedt eingemeindet und gelangte mit dem ➢*Groß-Hamburg-Gesetz* 1937/38 an die Hansestadt. Der Rahlstedter Dorfplatz, Kern des alten Dorfes, steht seit 1985 unter ➢*Denkmalschutz. SH*

Neustadt ist ein Stadtteil im ehem. ➢*Kerngebiet* des Bezirks ➢*Hamburg-Mitte* mit 11.626 Einw. (2009) auf 2,2 km² Fläche. Das Gebiet der heutigen N. wurde im Zuge der ➢*Stadterweiterung* im 17. Jh. Teil der inneren Stadt. Es schloss westl. an das Areal der mittelalterlichen Hbger ➢*Neustadt (gräfliche Siedlung)* an und lag vor der alten ➢*Befestigung*. In den Wallring wurde die N. eher militärbedingt denn in Reaktion auf Überbevölkerungstendenzen im bisherigen Stadtgebiet einbezogen: Eine Beschießung Hbgs von dem fast 30 m höheren Gelände sollte ausgeschlossen werden.

Die N. entsprach annähernd dem späteren ➢*Kirchspiel* ➢*St. Michaelis*. Nach besonderem Beitrag zu den Umwallungskosten und profitabler Zuwanderung im Dreißigjährigen Krieg (1618–48) sahen sich Grundeigner in der N. vor wirtschaftliche Probleme gestellt, konnten sich aber mit dem Wunsch nach ➢*Hafen*anschluss durch den ➢*Herrengraben* nicht gegen die Altstädter durchsetzen. Mitsprache erlangten Neustädter in der ➢*Erbgesessenen Bürgerschaft* erst durch die Anerkennung als politisch berechtigtes Kirchspiel 1677/85. Wegen der übermäßigen Größe des Kirchspiels im Vergleich zu den vieren der nunmehrigen ➢*Altstadt* wurden einzelne Straßenbereiche (in Kompanien) den Bürgerkapitänen der Altstadt überlassen (➢*Bürgermilitär*).

Die N. war nicht pauschal der Stadtteil der Ärmeren, aber die Lebensverhältnisse unterlagen im Auf und Ab von Konjunktur und Bevölkerung empfindlichen Schwankungen. Noch für längere Zeit blieben größere Grundstücke und Gärten erhalten. Doch schon vor Einsetzen der Wohnungsnot Ende des 18. Jhs erfolgte verdichteter Kleinwohnungsbau (➢*Buden*, ➢*Sähle*) in ➢*Gängevierteln*. Soziale Spannungen entluden sich unter den hier massiert in wirtschaftlich prekärer Lage lebenden Seeleuten gegen die in Hbg lange fast nur in der N. geduldeten Juden (➢*Jüdische Gemeinde*); aber auch aus Mittelschichten wurde bis ins 19. Jh. Druck zur Ghettoisierung ausgeübt.
Im Nebeneinander von Stadtplanung und spekulativem Wildwuchs war die N. vielgestaltig, mit starken Milieukontrasten von ➢*Dammtor* und ➢*Gänsemarkt* bis zu den ➢*Vorsetzen*, von den Hütten der Ärmsten bis zum eleganten ➢*Jungfernstieg*. Wesentliche Veränderungen brachten die ➢*Sanierungen* des 19. und 20. Jhs, die sich in der ➢*NS-Zeit* zugleich gegen „Hochburgen" der Kommunisten (➢*KPD*) gerichtet hatten, sowie Straßendurchbrüche (➢*Ost-West-Straße*). Trotz verstärkt durchgesetzter Geschäftsinteressen blieben im Vergleich zur Altstadt mehr Wohnmöglichkeiten erhalten; man sucht wenigstens in „Inseln" Geschichte sichtbar zu machen (umstritten: ➢*Peterstraße*) oder eine Revitalisierung zu erreichen (➢*Großneumarkt*). *JE*

Neustadt (gräfliche Siedlung) Die gräfliche N. entstand ab 1186/87 im Gelände der Alsterschleife in der Gegend der ➢*Neuen Burg* bzw. der Ruine der ehem. Hauptkirche ➢*St. Nikolai*. Die Siedlung wurde durch den ➢*Schauenburger* Grafen Adolf III. gegründet, nachdem dieser seine Ansprüche auf ➢*Lübeck*, das nach Initiative seines Vaters aufgebaut worden war, nicht hatte durchsetzen können. Zur Anlage eines Handelsplatzes stellte er daraufhin etwa 50 Siedlern unter der Leitung Wirads von Boizenburg das ca. 3,2 ha große Areal zur Verfügung. Die urkundliche Privilegierung der N. durch das sog. ➢*Barbarossa-Privileg* Kaiser Friedrichs I. hat sich formal als spätere Fälschung herausgestellt, wie auch eine Begünstigung der Hbger N. durch den Kaiser nicht einwandfrei nachzuweisen ist. Dennoch wuchs die Siedlung dank ihrer günstigen Lage an ➢*Alster*, ➢*Elbe* und ➢*Bille* schnell an. 1195 wurde das ➢*Kirchspiel* St. Nikolai gegründet und um 1200 ein Rathaus errichtet (➢*Rathäuser, Alte, 1.*). 1216 vereinigte sich die N. mit der östl. in der Umgebung der ehem. ➢*Hammaburg* gelegenen bischöflichen Siedlung zur Gesamtstadt Hbg. Ihr Gebiet gilt als ➢*Altstadt*, seit im 17. Jh. die heutige Hbger ➢*Neustadt* entstand. *Ti.*

Neuwerk Die Insel ist ca. 9 km nordwestl. vor der Küste von ➢*Cuxhaven* im Wattenmeer gelegen. Sie besteht aus eingedeichtem Marschland und aus Deichvorland. 2009 wurden 42 Einw. auf 3,5 km² Fläche gezählt, in der Saison dazu eine Anzahl von Gästen. „Nige O" (= Neue Insel, der Buchstabe „O" steht für die Form eines Eilandes) bekam nach dem Bau des 30 m hohen Befestigungs- und Leuchtturms (1300–10) durch Hbg seinen heutigen Namen. Die 1937 an Preußen abgetretene Insel, die 1946 an Niedersachsen übergegangen war, kam durch den im Oktober 1969 in Kraft getretenen Staatsvertrag vom 1.2.1961

Hamburgs ältestes Gebäude steht auf der Insel Neuwerk im Wattenmeer. Den Turm zeichnete ein unbekannter Künstler im 18. Jahrhundert.

wieder zu Hbg und gehört zum ehem. ➢*Kerngebiet* des Bezirks ➢*Hamburg-Mitte*. Der Plan zur Anlage eines leistungsstarken Tiefwasserhafens wurde später aufgegeben (➢*Nationalpark Hamburgisches Wattenmeer*). Jährlich kommen mehr als 100.000 Touristen zu Fuß oder im Pferdewagen durch das Watt nach N. *Me*

Neuwiedenthal ist ein Ortsteil von ➢*Hausbruch*. Das Waldgebiet in der Gegend des Ortsteils Altwiedenthal gehörte im Mittelalter dem Erzbischof von Bremen. 1537 ließ der Braunschweig-Lüneburger Herzog Otto I. aus der Harburger Nebenlinie die Bäume fällen, um Bauholz für das im Jahr zuvor durch Brand zerstörte ➢*Harburg* zu gewinnen. Um 1540 legte er ferner eine Schäferei an. Ab 1601/04 entstand hier ein Bauernhof als Keimzelle des heutigen Altwiedenthal (Ehestorfer Heuweg 20, nicht erhalten). Um 1720 begann die Besiedlung von N. (1737 vier Kleinkätner, 1839 sechs Stellen). 1937 wurde die Tempo-Siedlung des Tempowagen-Werks errichtet. In zwei Bauabschnitten entstand 1959–68 und 1973–77 eine Großsiedlung mit ausgedehntem Wohngebiet, bestehend aus sechs Bereichen verdichteter Bebauung, Geschosswohnungszeilen und Hochhäusern. Östl. davon wurden ab 1977 Grundstücke für einen Teil der aus ➢*Altenwerder* im Zuge der geplanten Hafenerweiterung umzusiedelnden Bewohner ausgewiesen (Einfamilienhäuser). Anstelle von Hausbruch erhielt N. 1984 die ➢*S-Bahn*-Station. Wie andere Großsiedlungen bietet auch N. gegenwärtig ein Beispiel für soziale Probleme des Massenwohnungsbaus der 1960er und 1970er Jahre. *Ri.*

Bausenator, Oppositionsführer und Bürgermeister: Paul Nevermann. Fotoporträt von Fritz Kempe, 1958

Nevermann, Paul (geb. 5.2.1902 Klein Flottbek/Kreis Pinneberg, gest. 22.3. 1979 Puerto de la Cruz/Teneriffa), Bürgermeister. N., Sohn eines Brauereiarbeiters, erlernte nach dem Besuch der Volksschule den Beruf des Maschinenbauers. Er engagierte sich schon in jungen Jahren in der Arbeiterjugend, im Metallarbeiterverband und seit 1920 in der ➢*SPD*. 1923–26 absolvierte er in Hbg den ersten Arbeiterabiturientenkurs. Anschließend studierte er Jura und wurde 1930 mit einer Arbeit über „Die Auflösung der Bürgerschaft im Jahre 1927“ promoviert. 1932 wurde er Assessor am Hbger Arbeitsamt, ein Jahr später, in der ➢*NS-Zeit*, erfolgte die Entlassung des Sozialdemokraten. Im März 1933 wurde N. bei der Kommunalwahl zum Stadtverordneten in ➢*Altona* gewählt und war kurze Zeit als ehrenamtlicher Senator Mitglied des Magistrats. Danach war N. als

Rechtsanwalt tätig; 1935 erhielt er Verteidigerverbot in Hochverratsprozessen. Nach dem 20. Juli 1944 kam er in Haft.

1945 beteiligte sich N. am Neuaufbau der SPD in Hbg; 1945/46 war er Sozialsenator, 1946–53, erneut 1957–60 Bausenator, 1950–53 auch Zweiter Bürgermeister. Nach dem Wahlsieg des bürgerlichen ➢*Hamburg-Blocks* führte N. 1953–57 die sozialdemokratische ➢*Opposition* in der ➢*Bürgerschaft*. Bereits zuvor als einer der Motoren des Wiederaufbaus anerkannt, erwarb er sich dank seiner Kompetenz, seiner Schlagfertigkeit und seines Humors großen Respekt.

Als Nachfolger M. ➢*Brauers* wurde N. am 1.1.1961 Erster Bürgermeister. Größere Bürgernähe und engere Zusammenarbeit mit den Nachbarländern und ➢*Bremen* waren ihm zentrale Anliegen. N., der sich größter Popularität erfreute, erreichte bei der Bürgerschaftswahl im November 1961 das bis dahin beste Ergebnis für die SPD. Wenig später, im Februar 1962, suchte die ➢*Flutkatastrophe* Hbg heim und bot H. Schmidt, dem Senator der neu geschaffenen Innenbehörde, Gelegenheit zur Bewährung und Profilierung. Höhepunkte in N.s Amtszeit waren die Staatsbesuche des frz. Präsidenten Ch. de Gaulle 1962 und der engl. Königin Elisabeth II. 1965. Beim letzteren wurde offenbar, dass sich N. von seiner Frau getrennt hatte. Für die Zeitungen des Axel Springer Verlages (A. ➢*Springer*) war dies „keine Privatsache, sondern eine Angelegenheit der Staatsräson". N. sah in der Pressekampagne eine Reaktion auf seine entschiedene Ablehnung eines von Zeitungsverlegern bestimmten Zweiten Deutschen Fernsehens und trat am 9.6.1965 zurück. Sein Nachfolger wurde H. ➢*Weichmann*.

1966 wurde N. in einer Kampfabstimmung gegen H. Schmidt zum Landesvorsitzenden der SPD gewählt. Auch in diesem Amt, das er bis 1970 führte, war er um Bürgernähe bemüht. Der profilierte Wohnungs- und Städtebaupolitiker, der bereits 1958 eine Staffelung der Mieten im Sozialen Wohnungsbau nach Einkommen vorgeschlagen hatte und dafür den Spitznamen „Lohntüten-Paule" erhalten hatte, wurde 1967 zum Präsidenten des Deutschen Mieterbundes gewählt. Der Bürgerschaft gehörte er bis 1974 an. 1972 erhielt N. die ➢*Bürgermeiser-Stolten-Medaille*. *Ko.*

New-York Hamburger Gummi-Waaren Compagnie Bereits 1856 war aus der Firma des Hbgers ➢*Stockmeyer* die Harburger Gummi-Kamm-Compagnie hervorgegangen. 1871 gründeten ehemals dort Tätige im Zusammenwirken mit dem bis dahin in der bahnbrechenden Kautschuktechnologie der USA aktiven Hbger C. Poppenhusen als Konkurrenz-Unternehmen in ➢*Barmbek* die als AG firmierende N. Der Betrieb lag außerhalb der Stadt und somit bis zu Hbgs ➢*Zollanschluss* 1888 in absatzerleichternder Lage. Er trug wesentlich zur industriellen Überformung des Dorfes Barmbek bei und wies die bei Hbger Betrieben außerhalb der ➢*Werften* sehr hohe Beschäftigtenzahl von zunächst 300 bis zu lange Zeit mehr als 1.000 Frauen und Männern auf. Von der einst vielfältigen Erzeugung und Bearbeitung von Hartgummi ging man auch zu jüngeren Kunststoffen und zum Weichgummi über. 1930 konnte die ältere Harburger Konkurrenz angeschlossen werden, und unter den Nationalsozialisten wurde das Unternehmen zunächst als kriegswichtiger Betrieb begünstigt. Trotz schwerer Kriegsschäden (1943/44) wurde bis 1954 an beiden Standorten, danach – bis 2009 – nur noch in ➢*Harburg* produziert (hier seit 1960 mit einem Kunststoff-Zweigwerk in Stelle im Landkreis Harburg). Auf dem früheren Werksgelände in Barmbek wurde seit den 1980er Jahren schrittweise das 1997 eröffnete ➢*Museum der Arbeit* aufgebaut. *JE*

Die New-York Hamburger Gummi-Waaren Compagnie in der Darstellung um 1912/13, als das Fabrikgelände in Barmbek seine größte Ausdehnung fast erreicht hat. Das Verwaltungsgebäude oben rechts wurde aus Werbegründen dem Betrachter zugewandt gezeichnet, obwohl die Fassade eigentlich zur Hufnerstraße wies. Vorn fährt die Straßenbahn, hinten ist die Heiligen-Geist-Kirche zu sehen. Der große Bau rechts der Bildmitte ist das heutige Ausstellungsgebäude des Museums der Arbeit. Heute produziert die Firma in Lüneburg.

Niedergericht (NG) Das NG bestand seit dem 13. Jh. als erstinstanzliches Gericht für Zivil- und Strafsachen, in denen zwei Ratsherren (die für Bagatellfälle allein zuständigen Prätoren; ➢*Prätur*) und zwölf Bürger die Urteile fanden (➢*Stadtrecht* 1497). Nach der Gerichtsordnung von 1623 war es mit zwei Rechtsgelehrten und sieben NG.sbürgern aus dem Handelsstand besetzt, die alle vom ➢*Rat* auf Zeit gewählt wurden. Sie erließen die Geschäftsordnung, die sog. Leges. 1558 erhielt das Gericht ein eigenes Domizil als Anbau an der südl. Giebelseite des Rathauses (➢*Rathäuser, Alte, 4.*). 1756/57 und 1829 wurde es jeweils abgebrochen und neu errichtet.
Eine Neuregelung nach der ➢*Franzosenzeit* geschah durch eine Verordnung von 1815: Besetzung mit drei auf Lebenszeit ernannten Berufsrichtern und vier auf Zeit gewählten Kaufleuten. Zuständig war das NG für alle erstinstanzlichen Sachen außer Handelssachen (➢*Handelsgericht*) und Bagatellfällen. Diese wurden seit 1860 nicht mehr von Ratsherren, sondern von zwei Mitgliedern des NG als Prätoren entschieden. Bei Aufhebung des Gerichts zum 1.10.1879 (➢*Amtsgericht*, ➢*Landgericht*) bestand es aus 20 rechtsgelehrten und 32 kaufmännischen Mitgliedern. *JA*

Niederländische Armenkasse Protestantische Flüchtlinge, die aus den Niederlanden seit 1567 nach Hbg gelangt waren, gründeten 1581 in ➢*Altona* und 1585 in Hbg je eine Armenkasse als selbstständige Fürsorgeeinrichtungen für arme, kranke und durchreisende Landsleute. Da ihnen die örtlichen kirchlichen

Armenkassen nicht halfen, waren die Niederländer auf ein eigenes Fürsorgesystem angewiesen, das mit strikten Vorschriften der Bedürftigkeitskontrolle manches vorwegnahm, was sich im Hbger Armenwesen erst später entwickeln sollte. Gegründet u.a. von den vermögenden Kaufleuten G. de Greve und W. Amsinck, wurde die N.A. in Hbg von zwölf Vorstehern verwaltet. Einer dieser Vorsteher empfing als Jahrverwalter der Armenkasse die wöchentlich von zwei Niederländern bei ihren Landsleuten eingesammelten Spenden und teilte sie wöchentlich, später auch in größeren Abständen, an die eingeschriebenen Armen aus. Auch Spenden und Legate reicher Niederländer gehörten zu den Einnahmen. 1586/87 unterstützte die Kasse zehn Arme, deren Zahl sich jedoch bis 1601 rasch auf 35 vermehrte. Seit 1665 besuchten der Jahrverwalter und sein Nachfolger mindestens einmal jährlich die Armen zur Feststellung der Bedürftigkeit. Gewährt wurden neben der wöchentlichen Unterstützung auch außerordentliche Gaben für die Bezahlung der Miete und des Arztes, für Heizmaterial, Kleidung, Schulgeld und die Begräbniskosten, aber auch in Form von Reisegeld für durchreisende arme Niederländer. Voraussetzung war, dass der Bedürftige aus einer der niederländ. Provinzen stammte und der Augsburgischen Konfession angehörte. 1696 mussten die außergewöhnlichen Ausgaben wegen mangelnder Einnahmen eingestellt werden. Nachdem der Kreis der Unterstützten 1780 auf 299 Personen angewachsen war – seit 1771 waren auch andere Arme unterstützt worden –, beschränkte sich die Hilfe seit 1781 wieder auf die Niederländer. Die N.A. war vorbildlich für die allgemeine weitere Entwicklung des Armenwesens bis hin zur Gründung der ➢*Allgemeinen Armenanstalt* im Jahr 1788 (➢*Sozialfürsorge*). Auch an der Einrichtung des Waisenhauses (1604) und des ➢*Werk- und Zuchthauses* (1618) waren die Niederländer maßgeblich beteiligt. Die N.A. besteht noch heute. *Br.*

Niendorf ist ein Stadtteil im ehem. Ortsamtsgebiet ➢*Lokstedt* des Bezirks ➢*Eimsbüttel* mit 12,7 km² Fläche und 39.390 Einw. (2009). N. war Sitz des Ortsamts. N. wurde erstmals 1343 erwähnt. Das vorangegangene, alte Dorf lag dort, wo sich der Neue Niendorfer Friedhof befindet. Mit ➢*Holstein-Pinneberg* kam N. 1640 an den Dänischen Gesamtstaat. Um 1840 lebten in N. 731 Einw., überwiegend von der Landwirtschaft, auch vom Milchhandel nach Hbg, einige von Handwerk und Gastwirtschaft. Das ländliche N. spiegelt sich in den Werken des ➢*plattdeutschen* Dichters J. Mähl. 1907 erhielt der Ort, der sich vom Bauerndorf zur Vorstadt entwickelte, eine ➢*Straßenbahn*verbindung nach Hbg. 1927 wurde aus N., ➢*Schnelsen* und ➢*Lokstedt* die preuß. Großgemeinde Lokstedt gebildet, die 1937 an Hbg. kam.

N. gehörte urspr. zum Kirchspiel ➢*Eppendorf*, 1770 erhielt es ein eigenes Gotteshaus, eine achteckige Barockkirche, die H. Schmidt nach dem Vorbild der Kirchen in Brande-Hörnerkirchen und Rellingen erbaute. Die Ausstattung, mit einem Taufengel von 1785, ist erhalten geblieben. Der Alte Friedhof entstand mit der Kirche und wurde um 1840 erweitert. Grabstätten und Mausoleen erinnern an Hbger Familien, die in

N. Landsitze besaßen. Das Niendorfer Gehege, entstanden aus Herrschaftlich-Pinnebergischem Wald, Bauernwald und Parks dieser Landsitze, ist ein beliebtes Naherholungsgebiet. 1985 erhielt N. Anschluss an die ➢*U-Bahn*, die 1991 verlängert wurde und den neuen Ortsteil N.-Nord erschließt. In der Grünanlage am Ernst-Mittelbach-Weg steht seit 1987 ein von Th. Schütte entworfenes ➢*Denkmal* für die Widerstandskämpfer; die umliegenden Straßen sind nach Frauen und Männern benannt, die in Opposition zum Nationalsozialismus standen. *Ko.*

Nienstedten Der oberhalb des steilen Elbufers zwischen ➢*Blankenese* und ➢*Othmarschen* gelegene Stadtteil im Bezirk ➢*Altona* umfasst eine Fläche von 4,4 km² mit 7.021 Einw. (2009). Wo der Vorläufer der zuerst 1297 genannten Nygenstede (= neue Stätte) gelegen hat, ist nicht bekannt. Bis 1927 gehörte N. zum Kreis Pinneberg (➢*Holstein-Pinneberg*), dann zu Altona und seit 1937 mit diesem zu Hbg. Es ist mit einst zehn eingepfarrten Dörfern eines der ältesten Kirchspiele ➢*Holsteins.* Der Fachwerkbau der bestehenden Kirche wurde 1751 fertiggestellt. Das ehem. nördl. und vor dem Uferabbruch auch südl. der Kirche gelegene Dorf, von dem bis heute noch einiges erhalten geblieben ist, bestand meist aus kleinen Stellen von Landbesitzern und Handwerkern. An der ➢*Elbchaussee* stehen einige mit Parks umgebene ➢*Landhäuser* und seit 1791 auch das viel besuchte Restaurant ➢*Jacob.* Der Nienstedtener Friedhof ist eine parkartige Anlage mit aufwendigen Grabdenkmälern. *Me*

Nigehörn Hbgs neben ➢*Neuwerk* und ➢*Scharhörn* dritte Insel im Wattenmeer ist erst 1989 entstanden. In nur fünf Wochen spülte ein Saugbagger 1,2 Mio. m³ Sand aus einem Priel durch eine Rohrleitung auf die Sandbank südwestl. von Scharhörn. Ziel der Aufspülung der kreisrunden Insel war die langfristige Sicherung des Fortbestehens einer der größten Seeschwalbenkolonien der dt. Nordseeküste (➢*Nationalpark Hamburgisches Wattenmeer*). Insbesondere soll N. einen Ausgleich für die durch Erosion stark dezimierten Scharhörner Brutplätze schaffen. Nach der Bepflanzung mit Strandhafer und

Die Nienstedtener Kirche auf dem hohen Geestufer musste wegen Abbrüchen und Abspülungen mehrfach einen neuen Standort erhalten. Der letzte Neubau von 1750/51 stammt vom Schleswiger Landbaumeister Otto Johann Müller.

anderen standortgemäßen Pflanzenarten haben sich rasch verschiedene Vogelarten wie z.B. die Zwergseeschwalbe angesiedelt. Für Besucher ist N. gesperrt. Beobachtung und Betreuung der Insel obliegen dem Scharhörn-Vogelwart des Vereins Jordsand. *Wa.*

Nissenhütten hießen die von der brit. Armee nach dem Zweiten Weltkrieg in ihre Besatzungszone gelieferten halbrunden Wellblechbaracken. Entwickelt von dem engl. Offizier P.N. Nissen, dienten die „nissen huts" seinem Land während des Krieges als Wohnungen für Armeehelferinnen. Mit Holz- oder Zementfußböden wurden sie in Hbg seit Ende 1945 auf den Fundamenten zerstörter Häuser oder in öffentlichen Grünanlagen als Notunterkünfte errichtet. An 29 Stellen der Stadt wurden N. montiert und erhielten, soweit dies möglich war, Anschluss an das Strom-, ➢*Trinkwasser*- und Kanalisationsnetz der jeweiligen Straßenzüge. 30 N. bildeten je einen Block; vielfach mit Gemeinschaftsküchen ausgerüstet, bot dieser Wohnraum für bis zu 540 Bewohner. Noch bis 1958 bestand in ➢*Groß Borstel* eine zehn Jahre zuvor eröffnete „Nissenschule" mit sechs Klassenräumen, einer Aula mit Bühne, die zugleich als Turnhalle diente, einem Lehrer- und einem Schulleiterzimmer sowie zwei Duschräumen und drei Lehrerwohnungen. Während seines Antrittsbesuchs in Hbg im März 1950 kam Bundespräsident Th. Heuss zu einer Besichtigung. Eine Klasse begrüßte ihn mit einem Lied auf der Mundharmonika – sofern die Kinder eine hatten. Davon gerührt, vermittelte er im Nachhinein je ein Instrument an jene, die kein eigenes besaßen. *Ti.*

Ein Dach über dem Kopf und ein Schlafplatz: das Innere einer Nissenhütte

In den kriegszerstörten Stadtteilen gehörten die Nissenhütten noch etliche Jahre zum Straßenbild. Blick von der Eilbeker Versöhnungskirche auf Auenstraße und Eilbeker Weg, Foto von 1947

Norddeutsche Affinerie Die N.A. wurde 1866 als AG in das Handelsregister eingetragen. Sie war Nachfolgerin der 1770 von M.S. Beit in Hbg errichteten Gold- und Silberscheideanstalt unter nunmehr maßgeblicher Beteiligung der Norddeutschen Bank. Dank der seit 1873 von dem Chemiker E. Wohlwill entwickelten Verfahren zur elektrolytischen Raffination von Metallen wie Kupfer, Silber und Gold nahm das Unternehmen mit seiner Produktion bis in die 1890er Jahre eine beherrschende Stellung in der Welt ein. 1905 entstanden neue Anlagen auf der ➢*Elbinsel* Peute, die Stück für Stück erweitert wurden und im Wesentlichen links und rechts des Müggenburger Kanals auf der ➢*Veddel* liegen. Nach dem Ersten Weltkrieg erfolgte der Ausbau zu einer der führenden Kupferhütten Europas. Die N.A., Hbgern auch als „Affi“ bekannt, ist der größte Kupferproduzent Europas und zudem der weltgrößte Kupferrecycler. Nach Zusammenschluss mit der belg. Cumerio erfolgte im April 2009 die Umbenennung der N.A. in Aurubis AG. *SH*

Luftaufnahme der „Affi“ auf der Veddel und der Peute, von Westen aus gesehen

Norddeutscher Bund Der N.B. war ein politischer Zusammenschluss von 22 nord- und mitteldt. Staaten unter Führung Preußens, der 1866 als Nachfolgeorganisation des ➢*Deutschen Bundes* gegründet wurde. Nach anfänglichem Zögern und dem gescheiterten Versuch, eine unabhängige und neutrale Position aufzubauen, billigten ➢*Senat* und ➢*Bürgerschaft* auf preuß. Druck im Mai 1867 die Verfassung des N.B.es und damit den Beitritt der Stadt zum 1.7.1867. Anders als in dem als Staatenbund strukturierten Deutschen Bund verlor Hbg im N.B. zahlr. Hoheitsrechte wie das Konsulatswesen (➢*Konsulate*), die Handelsflagge, die diplomatischen Vertretungen, die Post- und Telegrafen- sowie die ➢*Militär*hoheit (➢*Wehrhoheit*). In den Beitrittsverhandlungen durchgesetzt werden konnten dagegen die Zollhoheit (➢*Zollwesen*) mit der Garantie eines ➢*Freihafen*gebiets und die Aufrechterhaltung des gemeinsamen ➢*Oberappellationsgerichts* der drei freien Städte ➢*Bremen*, ➢*Lübeck* und Hbg. Im neuen Bundesrat verfügte Hbg über eine von 43 Stimmen, die von einem weisungsgebundenen Regierungsvertreter wahrgenommen wurde, im Reichstag über drei von 297 Abgeordneten, die in allgemeinen, geheimen und direkten Wahlen ermittelt wurden. Der N.B. war nur eine kurze Episode von etwas mehr als drei Jahren und bereitete die 1871 vollzogene Gründung des Deutschen Reiches vor. *MH*

Norddeutscher Lloyd Die Reederei wurde 1857 als Nachfolgerin der Ocean Steamship Navigation Company v.a. durch die Initiative von H.H. Meier und E. Crüsemann in ➢*Bremen* gegründet. 1886 nahm der N.L. den Reichspostdampferdienst nach Ostasien und Australien auf. Vor dem Ersten Weltkrieg konkurrierten das Unternehmen und die ➢*HAPAG* um die schönsten und schnellsten dt. Passagierschiffe (➢*Blaues Band*). 1925 erfolgte der Zusammenschluss mit der Roland-Linie und der Hamburg-Bremer-Afrika-Linie AG. 1970 fusionierte die Reederei mit der HAPAG zur Hapag-Lloyd AG. *JJF*

Nordelbische Evangelisch-Lutherische Kirche Am 1.1.1977 trat die Verfassung der N.E.-L.K. in Kraft. Sie stellt den nach langen Verhandlungen ermöglichten Versuch dar, bisher selbstständige Landeskirchen luth. Bekenntnisses auf dem Gebiet Hbgs (➢*Hamburgische Landeskirche*) und Schleswig-Holsteins zu einer Regionalkirche zu vereinigen. Gegliedert war sie in die drei Bischofssprengel Hbg, Holstein-Lübeck und Schleswig. Ein wichtiger Hintergrund für ihre Entstehung war die kirchlich ungeklärte Situation Großhbgs (➢*Groß-Hamburg-Gesetz*), dessen Gebiet zu verschiedenen Landeskirchen zählte. Beeinflusst durch die gesellschaftliche Reformeuphorie der 1960er Jahre galt es, eine ausgewogene Verflechtung von Großstadt- und Flächenkirche zu erlangen, um eine Integration des gesamten Kirchengebiets sicherzustellen. Im Jahr 2009 zählte die N.E.-L.K. 2.0509.595 Gemeindeglieder, 1.452 Pastoren und Pastorinnen und 594 Gemeinden. Im selben Jahr beschlossen die Synoden der N.E.-L.K. und die Synoden der Landeskirchen von Mecklenburg und Pommern die Fusion ihrer Kirchen zur Nordkirche, die 2012 verwirklicht werden soll. *He.*

Nordelbische Kirchenbibliothek 1895 wurde auf Anregung des ➢*Seniors* G. Behrmann eine Kandidatenbibliothek für die Ausbildung des theologischen Nachwuchses eingerichtet, die 1923 mit Pastor H.F. Beneke einen hauptamtlichen Leiter erhielt und 1929 in Landeskirchliche Bücherei umbenannt wurde. 1950 wurde sie in die 1948 gegründete ➢*Kirchliche Hochschule* nach ➢*Alsterdorf* verlagert und 1954 der an der ➢*Universität Hamburg* neu eingerichteten Evangelisch-Theologischen Fakultät befristet zur Verfügung gestellt. 1966 in Landeskirchliche Bibliothek umbenannt, bekam sie 1969 ein eigenes Gebäude im Universitätsviertel (➢*Grindel*) an der Grindelallee 7; seit 2005 ist sie im Bibliotheks- und Medienzentrum Nordelbien im Dorothee-Sölle-Haus in der Königstraße 54 untergebracht. Mit der Gründung der ➢*Nordelbischen Evangelisch-Lutherischen Kirche* erhielt sie die bis heute gültige Bezeichnung Nordelbische Kirchenbibliothek; ihr Gesamtbestand umfasst ca. 110.000 Bände sowie 180 laufend gehaltene Zeitschriften. *He.*

Norderelbe ➢*Bunthäuser Spitze*, ➢*Elbe*

Norderstedt entstand am 1.1.1970 durch die Zusammenlegung von Garstedt und Friedrichsgabe (beide Kreis Pinneberg) mit den ➢*Stormarner* Gemeinden Harksheide und Glashütte. Mit der Gründung des dem Kreis Segeberg zugeordneten N., das auf Anhieb mit rund 54.000 Einw. zur fünftgrößten Stadt Schleswig-Holsteins avancierte, wurde einer Entwicklung Rechnung getragen, die bereits in den 1920er Jahren begonnen hatte. Durch die Expansion Hbgs wurde das bis dahin dünn besiedelte Heide- und Moorgebiet immer stärker städtisch geprägt. Nach der 1921 eröffneten Verlängerung der ➢*U-Bahn* bis Ochsenzoll begann in Garstedt und Harksheide der Bau neuer Siedlungen. Während des Zweiten Weltkriegs und in der unmittelbaren Nachkriegszeit führte der Zustrom von evakuierten Hbgern und Flüchtlingen in den vier Gemeinden zu einem erheblichen Anstieg der Bevölkerung. Die Inbetriebnahme der Alsternordbahn (➢*AKN*) sorgte 1953 für eine verbesserte Anbindung an Hbg; weitere Neubausiedlungen, wie die Gartenstadt Falkenberg in Harksheide und der neue Ortskern Friedrichsgabe-Mitte, wuchsen empor. Seit den 1960er Jahren führten der „Zug ins Grüne" mit dem Bau von Einfamilien- und Reihenhäusern und die Ausweisung von Gewerbegebieten zu einer weiteren Verstädterung, was eine kommunale Neuordnung des Gebiets notwendig machte. Entsprechend den Planungen entwickelte sich N. als zweipolige Stadt. Nach der Fertigstellung des Herold-Centers in Garstedt 1971 entstand mit dem Komplex Norderstedt-Mitte nach 1981 ein zweites Zentrum, das seit 1996 durch Verlängerung der Strecke über Garstedt hinaus ebenfalls an das Hbger U-Bahn-Netz angeschlossen ist. Friedrichsgabe entstand aus der 1821 von dem Altonaer Kaufmann und Sozialreformer J.D. Lawätz gegründeten Armenkolonie „Frederiksgabe". 2009 zählte N. 74.000 Einw. *KG*

Nordheim, Marcus (geb. 23.9.1812 Memmelsdorf/Unterfranken, gest. 25.11.1899 Hbg), Kaufmann. N. war seit 1876 im Gemeindevorstand der ➢*Jüdischen Gemeinde* in Hbg und seit 1890 deren Vorstandsvorsitzender. 1835 war er nach Hbg gekommen und hatte 1858 die Firma M. Nordheim & Co. gegründet, die mit Tierhäuten und Fellen handelte. N.s ausgeprägtes Mäzenatentum ließ ihn 1882 die Stiftung zu Freiwohnungen unbemittelter, unbescholtener Israeliten für 27 Familien in der Schlachterstraße errichten (Marcus-Nordheim-Stift); 1883 gewährte er großzügige finanzielle Unterstützung beim Bau der ➢*Israelitischen Töchterschule*. Das hinterlassene Vermögen von mehr als 10 Mio. Mark war größtenteils für gemeinnützige Zwecke bestimmt, u.a. für den Bau des Seehospitals Sahlenburg bei Cuxhaven (➢*Cuxhaven/Ritzebüttel*) für tuberkulosekranke Kinder. *IL*

Nordstaat Hinter dem zum politischen Schlagwort avancierten Begriff steht der Gedanke, die seit Gründung der Bundesrepublik Deutschland 1949 im Wesentlichen unverändert in ihren Vorkriegsgrenzen bestehenden Gebiete Schleswig-Holstein, Hbg und ➢*Bremen* sowie das 1946 aus Hannover, Braunschweig, Oldenburg und Schaumburg-Lippe gebildete Niedersachsen im Ganzen oder tlw. neu zu gliedern. Seit der deutschen Wiedervereinigung (1989/90) werden auch Mecklenburg-Vorpommern und Sachsen-Anhalt gelegentlich in die Planungen einbezogen.

Die ersten Überlegungen nach dem Zweiten Weltkrieg unterschieden die Zusammenfassung Hbgs mit Schleswig-Holstein zum „Kleinen Nordstaat" vom Viererbund mit Bremen und Niedersachsen. Als W. Brandt 1969 in seiner ersten Regierungserklärung als Bundeskanzler forderte, die Zahl der Länder sei drastisch zu reduzieren, kam die N.-Diskussion erneut in Gang. Eine

1970 von der Bundesregierung eingesetzte Kommission legte 1973 ihr Gutachten vor, das ebenso wirkungslos blieb wie die Stellungnahme ihrer Vorgängerin von 1955. Seitdem ist die Debatte in Abständen immer wieder öffentlich geführt worden; sie geht heute vielfach einher mit Überlegungen zur allgemeinen Verwaltungsreform („Deregulierung", „schlanker Staat"). Alle Gedankenspiele, ob z.B. Hbg mit Schleswig-Holstein und/oder dem nördl. Niedersachsen und/oder mit Mecklenburg-Vorpommern verschmelzen könnte, müssen weitreichende politische, wirtschaftliche, finanzielle und historische Dimensionen berücksichtigen. Gemeinsam ist allen Vorschlägen, dass sie gemäß Grundgesetz von der betroffenen Bevölkerung befürwortet werden müssen (Art. 29, Abs. 1). Wie die am 5.5.1996 wegen des negativen Ausgangs einer Volksabstimmung nicht zustande gekommene „Länderehe" zwischen Berlin und Brandenburg gezeigt hat, kann dabei ein oft unterschätzter Lokalpatriotismus die erfolgreichsten politischen Verhandlungen zunichte machen. *Ti.*

Nossack, Hans Erich (geb. 30.1.1901 Hbg, gest. 2.11.1977 ebd.), Schriftsteller. N. studierte Jura in Jena, arbeitete dann als Hilfsarbeiter und Bankangestellter, bevor er eine Kaufmannslehre begann, die ihn 1933 als Prokurist und Kommanditist in die väterliche Firma führte. Prägend auf N.s schriftstellerische Entwicklung wirkte einer der ➢*Luftangriffe*, der 1943 alle seine Arbeiten vernichtete. Nach 1945 wurde N. durch seine gesellschaftskritischen Erzählungen und dramatischen Arbeiten bekannt, die oft Menschen schildern, die nach Schicksalsschlägen ihr Leben neu ordnen müssen. Der als „nüchterner Visionär" und „existentialistischer Berichterstatter" beschriebene Autor erhielt Auszeichnungen wie den Georg-Büchner- und den ➢*Alexander-Zinn-Preis* sowie das Große Bundesverdienstkreuz mit Stern. Ferner wurde er Mitglied des Ordens Pour le mérite. 1969 kehrte N. zurück in seine Heimatstadt, die er 1956 verlassen hatte, um in verschiedenen dt. Städten zu arbeiten. Zu seinem Werk gehören „Nekyia. Bericht eines Überlebenden" (1947), „Der Untergang" (1948, ein Bericht über die Zerstörung Hbgs während der Bombenangriffe 1943), „Spätestens im November" (1955), „Spirale" (1956), „Der Fall d'Arthez" (1968). *gro*

Notabeln/Personalisten Der Begriff N. stammt vom lat. notabilis (= bemerkenswert, auffallend) und bedeutet die Vornehmen, die Angesehenen, die Prominenten. Er kam während der ➢*Franzosenzeit* in Norddtld in Gebrauch und bezeichnete seit den 1870er Jahren inoffiziell die „very important persons" der staatlichen oder öffentlich-rechtlichen Verwaltungsgremien, d.h. der ➢*Deputationen* und Kollegien, der Gerichte, der ➢*Hamburgischen Landeskirche*, der berufsständischen Selbstverwaltungsorgane der Kaufleute und der zünftigen Gewerbe. Sie alle waren durch die Verfassung von 1860 mit einer sog. Notabelnwahl privilegiert worden, die neben der Grundeigentümer- und der allgemeinen Wahl bestand (➢*Wahlrecht*). Die N. entsandten eigene Abgeordnete in die ➢*Bürgerschaft*, und zwar – unter demokratischem Aspekt – unverhältnismäßig viele:

Zwei Leben: Kaufmann und Schriftsteller. Erst nach langen Jahren im Kontor fand Hans Erich Nossack zu seiner Berufung. Fotoporträt von Fritz Kempe, 1951

1864 wählten nur 418 N. 60 Abgeordnete (von 192). Damit sollte ein Gegengewicht zum Einfluss breiterer Bevölkerungs- und eben auch Wählerkreise geschaffen werden.

Mit diesem in Dtld einmaligen Verfahren wurde an die Tradition der P. angeknüpft, die zuvor an den Konventen der ➢*Erbgesessenen Bürgerschaft* teils teilnehmen durften, teils sogar mussten, und zwar nicht als ➢*Grundeigentümer*, sondern in ihrer Funktion als Angehörige der ➢*Bürgerlichen Kollegien* oder ihrer Adjunkten. Zum Kreis der P. zählten ferner die Werkmeister der ➢*Ämter*, die ➢*Kämmereibürger*, der Oberstleutnant, die Majore und Kapitäne der Bürgerwehr (➢*Bürgerwache*, ➢*Bürgermilitär*), die aktiven und ehem. ➢*Börsenalten* sowie die Mitglieder der ➢*Handelskammer*, die Bankbürger und schließlich die aktiven und gewesenen Richter am ➢*Handels-* und ➢*Niedergericht*. Die N.wahl wich 1919 den Prinzipien der Gewaltenteilung und der Gleichheit der Wahl. *luz*

Notariat Das N. ist in Hbg bis heute nicht mit der Tätigkeit als Rechtsanwalt gekoppelt, sodass Notare ausschließlich die Aufnahme, Errichtung, Vollziehung und Beglaubigung von Urkunden, denen die Parteien öffentlichen Glauben verschaffen wollen, vornehmen. Bis zur Auflösung des ➢*Heiligen Römischen Reiches Deutscher Nation* 1806 wurden die Notare in Hbg vom Kaiser bzw. von den Hofpfalzgrafen ernannt. Anschließend ging dieses Recht auf den ➢*Rat* über. Seit der vorübergehenden Eingliederung Hbgs in das frz. Kaiserreich (➢*Franzosenzeit*) 1811 sind die Notare in der Notarkammer zusammengeschlossen. *Bü.*

Novemberrevolution Als sich seit dem Sommer 1918 die militärische Niederlage Dtlds im Ersten Weltkrieg abzeichnete und die Entbehrungen immer größer wurden, nahm die Kriegsmüdigkeit der Soldaten an der Front und unter der Bevölkerung immer mehr zu. Gleichzeitig wuchsen bei großen Teilen der Arbeiterschaft die Forderungen nach gesellschaftlichen Veränderungen und die Radikalisierung. Der Hbger ➢*Senat* und die ➢*Bürgerschaft* lehnten Ende Oktober 1918 eine Verfassungsreform und die Einführung des allgemeinen ➢*Wahlrechts* ab. Die Führung der reformbereiten ➢*SPD* riet den Anhängern ihrer Partei, abzuwarten, und bewirkte mit dieser Taktik einen Zulauf des revolutionsbereiten Bevölkerungsteils zur radikaleren USPD und zur ebenfalls von der SPD abgespaltenen Gruppe der „Linksradikalen". Am 3.11.1918 drangen erste Gerüchte über den Aufstand der Kieler Matrosen nach Hbg, am Morgen des 5.11. beschlossen Arbeiter der wichtigsten ➢*Werften* einen Solidaritätsstreik, am Nachmittag bewogen Vertreter von SPD und Gewerkschaften die Delegierten aller Großbetriebe auf einer Versammlung zum Aufschub von Kampfmaßnahmen, am selben Abend wurde jedoch auf einer USPD-Versammlung mit über 10.000 Teilnehmern im ➢*Gewerkschaftshaus* für den folgenden Tag der Generalstreik ausgerufen. Unter großem Beifall forderte der Reichstagsabgeordnete W. Dittmann die Abdankung des Kaisers und die Errichtung einer „sozialistischen Republik". In der folgenden Nacht entwaffneten Mari-

Heinrich Laufenberg spricht am 27.12.1918 vom Rathausbalkon zu Arbeitslosen.

nesoldaten – ohne Mitwirkung der politischen Gruppierungen der Arbeiterbewegung – im ➢*Hafen* liegende Torpedoboote und besetzten strategische Positionen in der Stadt. Bereits am Morgen des 6.11. bildeten sie mit führenden Vertretern der USPD einen provisorischen ➢*Arbeiter- und Soldatenrat*, der verkündete, die politische Macht übernommen zu haben und für die Aufrechterhaltung der Ordnung und die Lebensmittelverteilung sorgen zu wollen, und zu Ruhe und Besonnenheit aufforderte.

Im Anschluss an eine Versammlung von etwa 40.000 Menschen auf dem ➢*Heiligengeistfeld*, auf der der Arbeiter- und Soldatenrat über seine Ziele berichtete, zogen Soldaten und Arbeiter zum Stellvertretenden Generalkommando in ➢*Altona*, dem Zentrum der Militärgewalt im Hbger Raum. Auf dem Weg dorthin kam es zu mehreren Feuergefechten, das Generalkommando selbst war bereits verlassen. Insgesamt fanden während der N. acht revolutionäre Soldaten und zwei Zivilisten den Tod.

Dem Hbger Senat blieb nichts anderes übrig, als sich mit den neuen Machthabern zu arrangieren. Auf der Bürgerschaftssitzung am Abend des 6.11. erklärte ➢*Bürgermeister* W. von ➢*Melle* die Bereitschaft zur Zusammenarbeit mit dem Arbeiter- und Soldatenrat. Am 26.3.1919 übertrug dies Gremium die politische Gewalt der zehn Tage zuvor erstmals demokratisch gewählten Bürgerschaft. *Pe.*

NSDAP (Nationalsozialistische Deutsche Arbeiterpartei) Anfang 1922 bildete sich in Hbg eine Ortsgruppe der NSDAP, deren Mitglieder meist dem Mittelstand entstammten und völkisch-antisemitisch gesinnt waren. Beim Verbot rechtsradikaler Organisationen im Juli wurde sie noch übersehen und erst im November einbezogen. Nach dessen Aufhebung (1924) erfolgte 1925 eine Neugründung, 1926 ein wirklicher Start unter A. Krebs, Bildungsreferent beim ➢*Deutschnationalen Handlungsgehilfen-Verband (DHV).* Ab 1929 setzten sich mit Gauleiter K. ➢*Kaufmann* Führerprinzip, Professionalisierung, Oligarchisierung sowie Gewaltbereitschaft durch. Er verstand es, die anti-elitäre Tendenz der Partei ebenso zu vertreten wie die immer wichtigere Annäherung an das Großbürgertum. Krebs, Hauptschriftleiter des seit 1931 verbreiteten, zunächst stark vom DHV finanzierten „Hamburger Tageblattes“, wurde wegen „sozialistischer“ Abweichung 1932 aus der Partei ausgeschlossen. Nach dem von Reichskanzler von Papen im Juli 1932 gegen das Land Preußen verübten Staatsstreich scheute der ➢*Senat* Maßnahmen gegen die NSDAP. Diese besaß nach den Wahlen vom 24.4.1932 die größte Fraktion der ➢*Bürgerschaft* und zählte Anfang 1933 etwa 15.000 Mitglieder. In dem am 8.3.1933 gewählten Senat stellte sie den Ersten ➢*Bürgermeister* (C.V. ➢*Krogmann*), und die ➢*NS-Zeit* begann. Die ➢*KPD* war schon liquidiert, die anderen Parteien verschwanden bis Juli 1933. Die NSDAP bemächtigte sich des Staatsapparats und übte, unter Entwicklung gewisser interner Frontlinien, eine totalitäre Einparteiendiktatur aus. *luz*

Häufiger und umjubelter Gast in Hamburg: Adolf Hitler als Reichskanzler auf dem Rathausbalkon, ganz links Gauleiter Karl Kaufmann

NS-Zeit Die Frage, ob es zwischen der Beteiligung der ➢*NSDAP* am ➢*Senat* (8.3.1933) und der Kapitulation der Stadt (3.5.1945) hier – etwa aufgrund der republikanischen Tradition – „alles gar nicht so schlimm“ gewesen sei wie anderswo im „Dritten Reich“ oder im Gegenteil schlimmer („Mustergau Hamburg“), erscheint angesichts des insgesamt unermesslichen Grauens, besonders in den Hbger KZ (➢*Neuengamme, Konzentrationslager)*, weder angebracht noch entscheidbar; jegliche Eigenart dürfte in Hbg nie rigoroser unterdrückt worden sein als unter jener Gleichschaltung und Zentralisierung. Gleichwohl verlief die NS-Zeit hier „eigenartig“: Hbg erhielt (anders als ➢*Bremen* und ➢*Lübeck*) einen eigenen „Führer“, den NSDAP-Gauleiter K. ➢*Kaufmann.* 1937 wurde es durch das ➢*Groß-Hamburg-Gesetz* zur Industrie-, im Zeichen der Kriegsvorbereitungen auch zur weiter ausgebauten Garnisonsstadt. Aber die Form des ➢*Stadtstaats* wich einer Trennung staatlicher Aufgaben (Leitung: Kaufmann, G. Ahrens) und kommunaler Aufgaben (Leitung: Kaufmann, C.V. ➢*Krogmann*). Die Baupläne, Hbg neben Berlin, München, Nürnberg und Linz zu einer „Führerstadt" zu machen, blieben aus Kriegsgründen unverwirklicht. Hitler, der schon im April 1933 ➢*Ehrenbürger* wurde, begutachtete bei mehreren Besuchen die Entwürfe (K. ➢*Gutschow*). Zu den Baudenkmälern aus der NS-Z. zählen: Wehrkreisdienstgebäude, Sophienterrasse; Deutsch-Amerikanische Petroleums-Gesellschaft, Neuer Jungfernstieg 21 (bis 2007 Sitz des ➢*HWWA*, heute der Deutschen Zentralbibliothek für Wirtschaftswissenschaften, des GIGA, ➢*Iberoamerika*, sowie des Afrika-Vereins, ➢ *Ländervereine*); SS-Kaserne Tangstedter Landstraße (heute AK Nord Heidberg). 1943 zerstörten die vom nationalsozialistischen Dtld provozierten ➢*Luftangriffe* große Teile der Stadt. Nach totalitärer Diktatur und Krieg waren Hunderttausende getötet, deportiert, ermordet, in ganz Dtld verstreut. Unvorstellbares Leid brachte die NS-Z. für die jüd. Bevölkerung. Die Mitgliederzahl der ➢*Jüdischen Gemeinde* in Hbg sank von knapp 17.000 (1933) über 10.000 (1939) auf ca. 650 bei Kriegsende. Glücklicherweise entschlossen sich die braunen Machthaber im Frühjahr 1945, Hbg nicht gegen die anrückenden britischen Streitkräfte zu verteidigen. *luz*

Oberalte war das höchste der drei ➢*Bürgerlichen Kollegien.* Zur Zeit der ➢*Reformation* wurden 1527 für jedes der damals in der Stadt bestehenden vier ➢*Kirchspiele* zwölf Bürger zur Verwaltung des jeweiligen ➢*Gotteskastens* gewählt, die 48 Diakone. Die jeweils drei ältesten Diakone im Kirchspiel traten im folgenden Jahr als „Olderlude" (= Oberleute = O.) zur Verwaltung des gemeinsamen Gotteskastens, in den das Vermögen der an kein Kirchspiel gebundenen Klöster und Hospitäler floss, zusammen. Diese zwölf O. wurden im Langen Rezess von 1529 (➢*Rezess*) neben den beiden anderen Kollegien als beständige Vertretung der ➢*Erbgesessenen Bürgerschaft* gegenüber dem ➢*Rat* rechtlich verankert. Seit der Zulassung des St.-Michaelis-Kirchspiels 1685 gab es 15 O. Sie präsidierten und leiteten die Bürgerkonvente, wachten über die Einhaltung der ➢*Verfassung,* hatten eine Beschwerdepflicht bei Missbräuchen und führten bei der Gesetzgebung vorbereitende Verhandlungen mit dem Rat. Jeden Gesetzentwurf musste der Rat zunächst den O. zur Genehmigung vorlegen, die ihn den beiden anderen Kollegien zum selben Zweck weiterleiteten, bevor er schließlich in der Erbgesessenen Bürgerschaft zur Abstimmung gebracht wurde.

Theoretisch wurden die O. aus dem Kollegium der 60er (vor 1685: 48er) gewählt, faktisch jedoch rückten die Mitglieder des 60er-Kollegiums dem Senioritätsprinzip folgend ins Kollegium der O. auf. Hierdurch vergreiste dieses Kollegium stark – das Alter bei der Wahl lag zwischen 1753 und 1820 bei durchschnittlich 63,5 Jahren – und wurde deshalb auch als Kollegium der „Überalten" verspottet. Den O. stand ein gewählter rechtsgelehrter Sekretär zur Seite (F. ➢*Beneke*), der zugleich als „Actuarius der Bürgerschaft" fungierte. Die Aufgaben und Einflussmöglichkeiten machten diese Stelle des O.sekretärs zu einer der wichtigsten Positionen im hbg. ➢*Stadtstaat.* Mit der Verfassung von 1860 verschwanden die Bürgerlichen Kollegien – und somit auch die O. – vollständig als politische Körperschaften aus dem Verfassungsleben Hbgs (➢*Bürgerausschuss*).

Ein O.kollegium, gebildet aus je drei Vertretern der fünf Hauptkirchen, besteht bis heute und amtiert als Vorstand der Altenwohnheim-Stiftung „Hospital zum Heiligen Geist, Marien-Magdalenen-Kloster und Oberalten-Stift" (➢*Hospital zum Heiligen Geist,* ➢*Maria-Magdalenen-Kloster,* ➢*Stiftungen*). *MH*

Oberappellationsgericht Als höchste Gerichtsinstanz nach dem Erlöschen der Reichsgerichte (1806) schufen die vier freien Städte des ➢*Deutschen Bundes* – ➢*Lübeck,* Frankfurt, ➢*Bremen* und Hbg – 1820 in Lübeck ein gemeinsames Obergericht. Erster und langjähriger Präsident (1820–51) war der in Hbg geborene bedeutende Rechtslehrer G.A. Heise. Die Entscheidungen des Gerichtshofs in Handels- und Seerechtssachen waren weithin anerkannt und haben rechtsetzend gewirkt. Als Folge der Reichsjustizgesetze wurde das Gericht 1879 aufgelöst; seine Aufgaben übernahm das in Hbg errichtete ➢*Hanseatische Oberlandesgericht. Ah.*

Obergericht (OG) hieß die höhere hbg. Gerichtsinstanz bis 1879. Vom 13. bis 19. Jh. bildete der ➢*Rat* (seit

1860 ➢*Senat*) in seiner Gesamtheit das OG. Dabei blieb es nach der ➢*Franzosenzeit* nur im Bereich der Strafsachen. Im Übrigen entschied das Gericht in der Besetzung mit einem rechtsgelehrten Bürgermeister als Präsidenten und je fünf rechtsgelehrten und kaufmännischen Senatoren. 1859 traten zusätzlich zwei rechtsgelehrte Räte hinzu (J.C. Knauth und H. ➢*Baumeister*). Bei der Trennung von Justiz und Verwaltung durch Gesetz vom 28.9.1860 wurde ein selbstständiges OG geschaffen, das aus einem rechtsgelehrten Präsidenten und sechs Richtern gleicher Qualifikation bestand (u.a. G. ➢*Riesser*) sowie aus sechs auf Zeit gewählten Laienrichtern. Das Gericht wurde zum 1.10.1879 aufgehoben (➢*Landgericht*, ➢*Oberlandesgericht*). *JA*

Oberhafen Wie der ➢*Binnen- bzw. Niederhafen* seit dem 16. Jh. Hbgs westl. Hafeneinfahrt war, verband der O. als östl. Pendant Hbg mit dem elbaufwärts gelegenen Hinterland. Seine Anlage erfolgte beim Bau der ➢*Befestigung* Anfang des 17. Jhs im Bereich des ➢*Deichtors* am Zufluss der ➢*Bille*. Für Jahrhunderte bildete der O. das Zentrum für die Flussschifffahrt und war wichtiger Verkehrsträger für den Hbger ➢*Hafen*. Durch ihn können kleinere Schiffe über den Zollkanal (und somit unter Umgehung des ➢*Freihafens*) und durch den Binnenhafen direkt von den Oberelbehäfen zur Unterelbe gelangen. Dieser Hafenteil diente einst als Anlegestelle der Gemüse- und Obstkähne, mit denen die Gemüsebauern den nahe gelegenen Markt am ➢*Meßberg* mit frischer Ware aus den ➢*Vierlanden* belieferten. Hier befand sich zu Beginn des 20. Jhs der Obst- und Gemüsemarkt, und hier wurden nach dem Zweiten Weltkrieg die heute diesen Hafenteil prägenden ➢*Großmarkthallen* erbaut. *Pr.*

Ochsenwerder ist ein Stadtteil im ehem. Ortsamtsgebiet ➢*Vier-* und ➢*Marschlande* des Bezirks ➢*Bergedorf* mit 14,1 km² Fläche und 2.303 Einw. (2009). Der Ortsname geht vermutl. auf das Wort Außenwerder zurück – im Unterschied zu „Inwerder“, dem heutigen ➢*Spadenland*. 1253 erscheint er als „Oswerthere“. Ein Teil des alten O. hieß Avenberg und ist als solcher bereits 1142 urkundlich genannt. Neben der Ortsbezeichnung ist O. Name der Landschaft, in der ➢*Gose-* und ➢*Dove-Elbe* sowie Norder- und ➢*Süderelbe* zusammentreffen. 1231 wird sie als kultiviert, eingedeicht und besiedelt dargestellt. Urspr. gehörte sie zur Grafschaft Holstein-Stormarn (➢*Holstein*, ➢*Stormarn*). Bedeicht wurde der große Inselbereich zusammen mit ➢*Kirchwerder* und Spadenland. Am 23.4.1395 vollzogen Graf Otto I. von ➢*Schauenburg*, Holstein und Stormarn, sowie Graf Bernhard, ➢*Dompropst* zu Hbg, den Verkauf von O. und ➢*Moorwerder* an Hbg. Daraufhin wurde die Landherrenschaft ➢*Bill-* und O. errichtet (ab 1835: Landherrenschaft Marschlande; ➢*Landgebiet*). Die schon 1254 beurkundete St.-Pankratius-Kirche wurde 1332 an die heutige Stelle verlegt. Ihre bedeutendsten Ausstattungsstücke sind die Orgel von A. ➢*Schnitger* (1707/08), der Flügelaltar des Bildschnitzers H. Baxmann sowie das Juratengestühl. Kirche, Pastorat, Predigerwitwenhaus und das Pastorenbrack bilden ein reizvolles Ensemble und stehen unter ➢*Denkmalschutz*.

Zum Kirchspiel O. gehörten O., ➢*Tatenberg*, Spadenland, um 1333 auch ➢*Stillhorn* (heute ➢*Wilhelmsburg*) und Moorwerder.

Überschwemmungen und Kriegsereignisse suchten O. heim, das Anfang des 19. Jhs auch in die Napoleonischen Kriege einbezogen war. Nach den frz. Soldaten plünderten russ. Truppen das Land aus und drangsalierten die Menschen. 1940 starben bei insgesamt 22 ➢*Luftangriffen* 40 Menschen. Nach 1925 entstanden die Reitschleuse an der Gose-Elbe und daneben das Pumpwerk 1. Der Hohendeicher See ist ein beliebtes Erholungsgebiet zum Baden und Surfen. *HR*

Ochsenzoll ➢*Langenhorn*

Öjendorf hieß urspr. nach dem Familiennamen Odingethorpe und wurde 1224 erstmals erwähnt. Dem Hbger ➢*Domkapitel* zehntpflichtig, gehörte das Dorf im Mittelalter zum Kloster, später zum Amt Reinbek. Noch 1925 war Ö. mit 687 Einw. wesentlich kleiner als seine Nachbarorte ➢*Kirchsteinbek* und ➢*Schiffbek*, mit denen es 1927/28 zur Gemeinde ➢*Billstedt* zusammengeschlossen wurde. Der bäuerliche Charakter konnte in Ö. am längsten, in Spuren bis heute erhalten bleiben. Ö. ist bekannt als Alterssitz des Historikers und Schriftstellers J.W. von Archenholz, durch den zweitgrößten Friedhof Hbgs und durch den gleichnamigen Park mit See. Beide entstanden nach dem Zweiten Weltkrieg durch die Auffüllung einer Niederung am Schleemer Bach mit Hbger Trümmerschutt. *HWE*

Gustav Oelsner, Bausenator und Baumeister im Altona der Weimarer Republik

Oelsner, Gustav (geb. 23.2.1879 Posen, gest. 26.4.1956 Hbg), Architekt, Altonaer Bausenator. O. entstammte einer dt.-jüd. Familie, deren Angehörige fast alle Opfer der nationalsozialistischen Judenverfolgung wurden. In jungen Jahren schloss sich O. dem ev. Bekenntnis an. 1896–1900 besuchte er die Technische Hochschule in Charlottenburg bei Berlin, anschließend war er in Architektenbüros und staatlichen Bauämtern beschäftigt, u.a. bei P. Wallot, dem Erbauer des Reichstages in Berlin. 1904 wurde der „Regierungsbaumeister im Hochbaufach" Bauleiter der Technischen Hochschule in Breslau, 1907 Bauinspektor der Stadt Breslau, 1911 Stadtbaurat im oberschles. Kattowitz. Als diese Stadt 1922 an Polen kam, legte er sein Amt nieder. 1923 arbeitete O. im Auftrag der preuß. Regierung am General-Siedlungsplan für das preuß. Gebiet um Hbg mit.

1924 wurde O. in ➢*Altona* zum Bausenator gewählt. Wie der mit ihm befreundete F. ➢*Schumacher* in Hbg prägte O. durch seine öffentlichen Bauten (Schwesternheim an der Allee, heute Max-Brauer-Allee, 1926/27; Arbeitsamt an der Kieler Straße 1926/27; Berufsschulzentrum „Haus der Jugend" am Platz der Republik 1928–30) und mit seinen Wohnblocks in Altona, ➢*Bahrenfeld*, ➢*Ottensen* und ➢*Lurup* das Stadtbild und schuf beachtliche Zeugnisse einer Baukultur der Moderne. Für Aufträge in Altona gewann O. auch den Architekten K. ➢*Schneider.*

Ein nach der „Machtergreifung" durch die Nationalsozialisten eingeleitetes Dienststrafverfahren gegen O. wurde zwar eingestellt, doch blieb das Berufsverbot bestehen. 1939 emigrierte O. durch Vermittlung von F. Schumacher in die Türkei, deren Regierung er in Fragen des Städtebaus beriet. 1940 wurde er als Professor an die Technische Hochschule in Istanbul berufen. 1949 kehrte O. als Referent für Aufbauplanung in der Hbger Baubehörde zurück; 1952 trat er in den Ruhestand.

O. erhielt 1950 den Fritz-Schumacher-Preis. In seinem Testament schrieb er: „Ich bin evangelischer Christ, aber die Jahre des Grauens haben mich innerlich den Juden, die ich in jugendlicher Schwärmerei verlassen hatte, wieder näher gebracht. Ich möchte kein konfessionelles Begräbnis.“ *Ko.*

ÖRA (Öffentliche Rechtsauskunft- und Vergleichsstelle) Ziel der Hbger ÖRA ist es, zur Vermeidung kosten- und zeitintensiver Zivilprozesse außergerichtliche Einigungen durch Vermittlung herbeizuführen. Den Anfang öffentlicher Rechtsberatung in der Stadt bildeten die Aktivitäten des ➢*Volksheims* (seit 1901). Unter dessen Mitarbeit nahm 1913 der mit staatlichen Zuschüssen finanzierte Hamburgische Verein der gemeinnützigen und unparteiischen Rechtsauskunftsstellen seine Arbeit auf. 1922 wurde die Rechtsauskunft als Gütestelle neu eingerichtet; seit 1924: RaGü (Rechtsauskunftsgütestelle). Als ÖRA erhielt schließlich der Rechtsbeistand für Einkommensschwache auf allen Rechtsgebieten 1946 seine bis heute bestehende Bezeichnung und Organisation. Das jüngste Projekt der ÖRA heißt Mediation als moderne Form gütlicher Einigungen von Paaren in Trennungs- oder Scheidungssitution. In mehreren Gesprächsrunden erzielte Übereinkünfte werden dem Gericht vorgelegt, das ihnen ohne weiteres Verfahren (und Kosten) Rechtsverbindlichkeit verleihen kann. *Ti.*

Beliebtes Freizeitziel der Hamburger und Altonaer war und ist Övelgönne mit seinem Elbstrand. Die Ansichtskarte ist kurz nach 1900 entstanden.

Ein Containerschiff passiert die Fischer- und Lotsensiedlung Övelgönne.

Övelgönne ist eine ehem. Fischer- und Lotsensiedlung, die aus einer einzigen Häuserzeile am Fuß des Elbgeesthangs besteht und sich von ➢*Neumühlen* nach Westen am Elbstrand hinzieht. Urspr. als „Fischerbude“ oder „Fischerboden“ bezeichnet, gehörte die Siedlung im 16. und 17. Jh. zur Herrschaft Pinneberg (➢*Holstein-Pinneberg*). Die Herkunft des Namens ist unklar. Evtl. ist damit das aufgrund von Grenzstreitigkeiten „übel gegönnte“ Land gemeint, oder der Begriff ist vom ➢*plattdeutschen* „gönne“ (= das Jenseitige) abgeleitet, und diente den Bewohnern des gegenüberliegenden Elbufers und der ➢*Elbinseln* zur Bezeichnung der Siedlung. Ö. gehörte bis 1731 zu ➢*Othmarschen*, wurde dann selbstständige Gemeinde und kam erst 1890, wieder mit Othmarschen vereinigt, zu ➢*Altona* und schließlich mit dem ➢*Groß-Hamburg-Gesetz* 1937 zu Hbg. Die ältesten Bauten sind traufständige ein- und zweigeschossige Fachwerk- und Backsteinhäuser sowie Gebäude aus der Gründerzeit mit elbseitigen Vorgärten. Im 19. Jh. wurde Ö. zu einem beliebten Ausflugsziel für die Hbger und blieb es bis heute. Seit 1977 gibt es am Anleger Neumühlen den ➢*Museumshafen Övelgönne. FF*

Ohlsdorf ist ein Stadtteil im ehem. Ortsamtsgebiet ➢*Fuhlsbüttel* des Bezirks ➢*Hamburg-Nord* mit 7,2 km² Fläche und 14.517 Einw. (2009). O. wurde erstmals 1303 erwähnt, damals war es im Besitz der Hbger Familie vom Berge. Nach 1356 kam es an ➢*Lübecker* und Hbger Domherren, 1366 an das Kloster ➢*Harvestehude*, 1530 an das ➢*Kloster St. Johannis* in Hbg. 1830 wurde O. der Landherrenschaft der ➢*Geestlande* unterstellt, 1913 nach Hbg eingemeindet. 1848 lebten in O. drei Hufner, fünf Brinksitzer und elf Anbauern mit ihren Familien. 1874 begann die Stadt Hbg, Land für den ➢*Ohlsdorfer Friedhof* anzukaufen, dessen erster Teil 1877 fertiggestellt war; 1880 erhielt O. eine Omnibusverbindung, noch im selben Jahr eine Pferdebahn und 1895 eine elektrische ➢*Straßenbahn*-Linie zur Stadt. 1906 erreichte die ➢*Vorortbahn*, 1914 die ➢*U-Bahn* O., das zum Verkehrsknotenpunkt wurde. Teile des alten Bahnhofs sind erhalten, ebenso das ehem. Wartehäuschen an der Endstation der Straßenbahn, nun mitten im Wohngebiet zwischen Justus-Strandes-Weg und Im Grünen Grunde. 1926/27 wurde das Familienbad Im Grünen Grunde, mit einem Aufsichts- und Umkleidehaus von F. ➢*Schumacher*, angelegt, die erste Hbger ➢*Badeanstalt*, die keine Geschlechtertrennung mehr vornahm. Zum Stadtteil O. gehören heute auch alte Gebiete von Fuhlsbüttel mit den Justizvollzugsanstalten sowie Struckholt und ➢*Klein Borstel. Ko.*

Ohlsdorfer Friedhof Der O.F. wurde 1877 als erster kommunaler Fried-

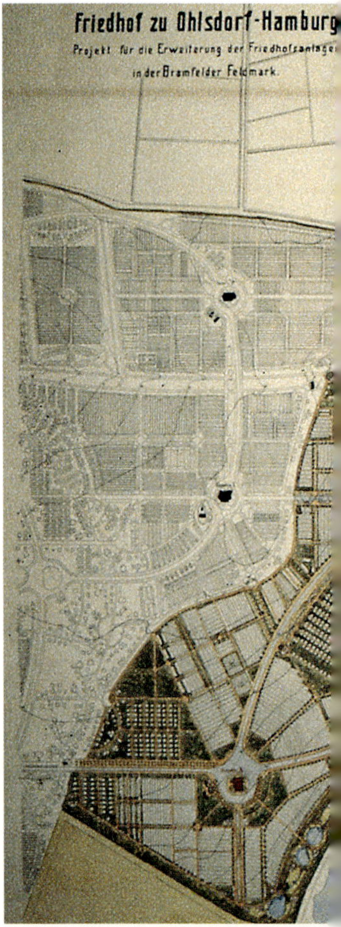

hof Hbgs (➢*Friedhöfe*) eingeweiht und ist mit 400 ha heute die weltweit größte Begräbnisstätte. Er war geplant als zukünftiger Zentralfriedhof und löste bis zum Anfang des 20. Jhs die alten Begräbnisplätze der Kirchen vor dem ➢*Damm-* und dem ➢*Steintor* ab. Der O.F. entwickelte sich in dieser Zeit unter der Ägide des Friedhofdirektors J.W. Cordes zum ersten Parkfriedhof Dtlds. Seine Besonderheit waren und sind noch heute die repräsentativen Großgrabstätten, die verstreut in einen Waldgürtel eingebettet und von dichtem Grün umgeben sind und wie kleine Privatfriedhöfe wirken. Diese Anlagen wurden von der damaligen Hbger Oberschicht mit Plastiken und Architekturen besetzt, die zum Teil von bedeutenden zeitgenössischen Künstlern geschaffen wurden. Noch heute stehen ca. 600 solcher figürlichen Werke an Ort und Stelle. Nach Cordes' Tod wurde seine landschaft-

Plan für die Erweiterung des Ohlsdorfer Friedhofs von Otto Linne. Mit der Ausführung des 1918 vorgelegten Entwurfs wurde zwei Jahre später begonnen.

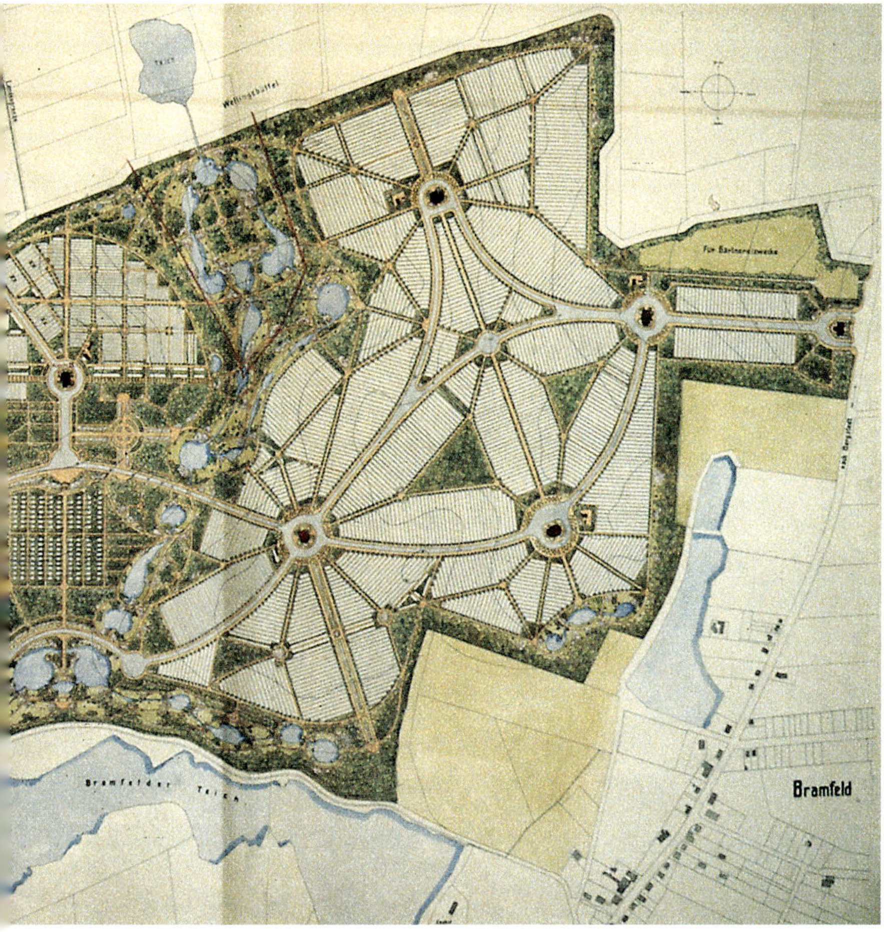

liche Planung für den Erweiterungsteil des Friedhofs auf damals preuß. Gebiet als veraltet verworfen und eine neue gartenarchitektonische Gestaltung eingeführt; sie prägt mit geometrischen Formen und wandartig geschnittenen Hecken den östl. Friedhofsbereich. Heute enthält der Friedhof ca. 256.000 Grabstätten (für 1,4 Mio. Bestattete seit 1877), u.a. im neuen Ruhewald. 17 km Straße und mehrere Buslinien durchziehen den O.F. Auf dem Gelände befinden sich ein Krematorium mit drei Feierhallen, zwölf Kapellen und zwei Grabmalfreilichtmuseen. *BL*

Richard Ohnsorg: Bibliothekar und Bühnengründer

Ohnsorg, Richard (geb. 3.5.1876 Hbg, gest. 10.5.1947 ebd.), Schauspieler, Bühnenregisseur. Nach Abitur am ➢*Johanneum*, Studium der Anglistik und Promotion zum Dr. phil. in Rostock war O. 1901–35 als Bibliothekar in Hbg tätig, zuletzt als stellvertretender Direktor der Stiftung Hamburger Öffentliche ➢*Bücherhallen*. In der von ihm 1902 gegründeten „Dramatischen Gesellschaft“ förderte er die Aufführung ➢*plattdeutscher* Stücke mit Laiendarstellern, 1914 wurde der erste rein plattdeutsche Theaterabend veranstaltet. 1920 entstand aus der „Gesellschaft für Dramatische Kunst“ die „Niederdeutsche Bühne“. Dort spielte O. viele Jahre selbst mit großem Erfolg, v.a. tragikomische Figuren: „äußerlich bärbeißig und innerlich tränenweich erscheinende Käuze“, wie in einer Würdigung zu seinem 65. Geburtstag vermerkt wurde. Viele bekannte Schauspieler sammelten bei O. erste Erfahrungen, darunter R. ➢*Schünzel*. Nach seinem Tod 1947 lebte die plattdt. Dramatik in dem nach ihm benannten ➢*Ohnsorg-Theater* weiter. *VR*

In „De Welt steiht Kopp“ wurden 1947/48 Themen der Nachkriegszeit verarbeitet.

Ohnsorg-Theater Das O.-T. geht auf die 1902 von dem Philologen R. ➢*Ohnsorg* in Hbg gegründete „Dramatische Gesellschaft“ zurück, die sich ab 1914 auf ➢*plattdeutsches* Theater spezialisierte. 1920 in „Niederdeutsche Bühne“ umbenannt, errang das Laienensemble mit Stücken von ➢*Gorch Fock*, F. Stavenhagen und H. Boßdorf große Erfolge. 1936 bezog das O.-T. ein festes Haus an den Großen Bleichen. Bundesweite Popularität erlangten das Theater und seine Schauspieler (allen voran: H. Kabel und H. Vahl) durch die seit 1954 ausgestrahlten Fernsehübertragungen. Seit 1946 heißt das Haus offiziell Richard-Ohnsorg-Theater. *SH*

Oldenfelde ist ein Ortsteil im Stadtteil ➢*Rahlstedt* (Bezirk ➢*Wandsbek*). Die erste urkundliche Erwähnung des holstein. Bauerndorfs geschah 1296. Im 13. und 14. Jh. war es tlw. im Besitz des Klosters ➢*Harvestehude* und des Hbger ➢*Domkapitels*, ab 1326 gehörte O. zum Amt Trittau. 1750–73 fiel es vorübergehend als Pfand an Hbg. Die Bahnstation Altrahlstedt der Lübeck-Büchener Eisenbahn führte vor der Jahrhundertwende 1900 zum Anwachsen der Bevölkerung. Verstärkt wurde der Zuzug ab 1904 nach Einrichtung der elektrischen Kleinbahn von Altrahlstedt nach ➢*Volksdorf*. 1927 wurde O. nach Rahlstedt eingemeindet und gelangte mit dem ➢*Groß-Hamburg-Gesetz* 1937/38 an Hbg. *SH*

Onkel Pö Die legendäre Musikkneipe wurde 1968 in einem Abbruchhaus am Mittelweg in ➢*Pöseldorf* eröffnet, an dessen Stelle heute das Pöseldorf-Center steht. Der Inhaber B. Cordua verlegte sein Lokal 1971 nach ➢*Eppendorf*, wo es an der Ecke Lehmweg/Eppendorfer Weg unter dem Namen „Onkel Pö's Carnegie Hall" aufmachte. Unter der Regie von P. Marxen entstand ein Musikclub. Bis zu seiner Schließung im Jahr 1985 blieb es ein über die Stadtgrenzen hinaus bekannter Treffpunkt der Hbger Musikszene, mit einer eigenwilligen Mischung aus Jazz, Blues, Ragtime, Rock und Blödelsongs. Deutsche und internationale Stars wie U. Lindenberg und O. Waalkes wurden hier entdeckt oder hatten ihre ersten Auftritte in Dtld wie die Jazzmusiker A. Jarreau oder P. Metheny.

Unter dem Namen „Onkel Pö" wurden in den letzten Jahren in anderen Städten, u.a. in Wismar, weitere Musikkneipen eröffnet, die aber nicht an die großen Erfolge des „Ur-Pö" anknüpfen konnten. *Smo*

In Onkel Pö's Carnegie Hall gastierten Stars und wurden neue entdeckt: Otto in der Udo Lindenberg Show, 1975

Operettenhaus 1840 wurde am Spielbudenplatz Nr. 1 auf ➢*St. Pauli* ein Circus Gymnasticus (3.000 Plätze) eröffnet, in dem u.a. Kunstreitturniere stattfanden. 1864 Central-Halle genannt, bot das Haus schon bald Komödien und Singspiele an, ab 1877 als Theater der Central-Halle. Im Neuen Operetten-Theater (ab 1904) war die Revue „Rund um die Alster" mit dem Schlager „Auf der Reeperbahn nachts um halb eins" (1911) der Renner. 1920 wurde die Spielstätte als Operettenhaus Hamburg bezeichnet, 1935 als Eden-Variété und 1939 als Theater an der Reeperbahn.

Das 1945 zerbombte Gebäude kam nach dem Zweiten Weltkrieg in Staatsbesitz und wurde 1953 wiedereröffnet. Unter K. Collien (1961–71) wurden u.a. die Musicals „Heimweh nach St. Pauli" (mit F. Quinn) und „Anatevka" (mit S. Rodensky) aufgeführt. Wie Collien kapitulierten später auch die Nachfolgepächter, die Schweizer Brüder E. und V. Grabowsky (1971–78), vor den Unkosten. Der ➢*Senat* quartierte vorübergehend das ➢*Deutsche*

Schauspielhaus und das Staatsopernballett im O. ein und baute es zum Theater am Spielbudenplatz um (1979–81). Von 1986 bis 2001 brachte die Stella AG das Musical „Cats" als gewinnträchtigen Publikumserfolg auf die Bühne. Das TUI O. wird heute von der Stage Entertainment Studios GmbH betrieben. Es bietet nahezu 1.400 Besuchern Platz. *luz*

Opposition Als Bestandteil eines zwischen der damaligen ➢*Bürgerschaftsmehrheit* von ➢*SPD* und ➢*FDP* und der oppositionellen ➢*CDU* ausgehandelten Parlamentsreformpakets kam 1971 der Artikel 23a (seit 2001: Art. 24) in die Hbger ➢*Verfassung*: „(1) Die Opposition ist ein wesentlicher Bestandteil der parlamentarischen Demokratie. (2) Sie hat die ständige Aufgabe, die Kritik am Regierungsprogramm im Grundsatz und im Einzelfall öffentlich zu vertreten. Sie ist die politische Alternative zur Regierungsmehrheit." Solch ein Artikel war – abgesehen von der Verfassung des früheren Landes Baden – einmalig in Dtld, galt als eine „Magna Charta der O." und wurde erst 1990 von Schleswig-Holstein, 1992 von Brandenburg, Sachsen und Sachsen-Anhalt aufgenommen. Kritiker wiesen darauf hin, dass der Art. 38a (heute Art. 39) eine förmliche Trennung des ➢*Senats* von genau der Bürgerschaftsmehrheit der Regierungsparteien vornahm, deren Alternative die O. sein sollte, und genau so – nämlich als Kompromiss – ist der Artikel von den damaligen Kontrahenten auch verstanden worden: Senatoren durften jetzt kein Bürgerschaftsmandat mehr ausüben; Abgeordnete können seither nicht mehr Mitglieder in ➢*Deputationen* sein. Aber die symbolische Betonung der Trennlinie zwischen Parlament und Regierung konnte auch als eine Verstärkung der Absicht des O.-Artikels verstanden werden. Jedenfalls wurde die finanzielle Besserstellung der O. vereinbart. *luz*

Hamburgs einziger je verliehener Orden: das Hanseatenkreuz von 1915

Orden Hbg hat nur einen einzigen O. geschaffen, und zwar im Verbund mit den beiden anderen selbstständigen Hansestädten ➢*Bremen* und ➢*Lübeck*: das Hanseatenkreuz, das 1915–20 für Kriegsverdienste – sowohl im Felde wie in der Heimat – verliehen wurde. Die alte Legende, dass Hbger keine O. von auswärtigen Mächten annehmen dürften, beruht auf einer unzulässigen Erweiterung der Restriktionen für die Mitglieder des ➢*Senats* (und für die Richter) auf die gesamte Bürger-, ja Einwohnerschaft. Wie sehr die Annahme von O. v.a. in der Zeit des zweiten Kaiserreichs selbst durch hohe Stadtstaatsbeamte geschätzt wurde, zeigen Aberhunderte von Vorgängen in der Überlieferung des Senats bzw. der Senatskommission für die Reichs- und Auswärtigen Angelegenheiten. *LS*

Orthodoxie Die christl. O. (griech. „rechter Lobpreis", „Rechtgläubigkeit") umfasst weltweit mehr als 150 Mio. Mitglieder und bildet eine der größten Familien unter den christl. Kirchen der Welt. Eine lange Tradition und eine hoch entwickelte Liturgie verbinden alle Orthodoxen, die jedoch in nationalen Gruppierungen organisiert sind. Gläubige der O. kamen erst im 19. Jh. nach Hbg, zuerst als ➢*Auswanderer* und nach 1917 und 1945 auch als Flüchtlinge. Die O. in Hbg vertreten heute Christen aus Armenien (seit Anfang des 20. Jhs), Äthiopien (1980), Griechenland (1905), Ägypten (Koptische Kirche, 1960), Mazedonien (1991), Russland (18. Jh., Gemeinde 1902), Südtürkei und Syrien (St.-Ignatius-Gemeinde, 1987, Syrisch-Orthodoxe, um 1965) und Serbien (nach 1945, Gemeinde 1958). Viele Kirchen der O. verwenden den alten gregorianischen Kalender und feiern einige Feste an anderen Terminen als westl. Kirchen; alle Orthodoxen feiern Ostern nach dem alten Kalender. Die Wasserweihe im Hbger ➢*Hafen* am Epiphaniastag (6.1.) wird von der griech. Gemeinde als ökumenisches Fest für die ganze Stadt gefeiert. *Sl.*

Osdorf/Osdorfer Born O. liegt an der von ➢*Altona* nach ➢*Rissen* führenden Straße östl. von deren Überquerung der Düpenau zwischen ➢*Groß Flottbek* und ➢*Iserbrook*. Der Stadtteil umfasst eine Fläche von 7,3 km² mit 25.119 Einw. (2009). Die Gemarkung ist reich an urgeschichtlichen Funden. Das zuerst 1268 genannte Oslevesthorpe (= Dorf eines Oslev) hat seinen dörflichen Charakter bis zur Eingemeindung in Altona 1927 gewahrt. 1937 fiel es mit diesem an Hbg.
1869 wurde im Osten der Feldmark das Altonaer Armenhaus errichtet. Ab 1931 entstanden im Norden Behelfshäuser. Nach dem Zweiten Weltkrieg wuchs die Bevölkerung stark an, insbesondere durch die Großsiedlung O.B. Sie wurde 1966–70 im Norden der O.er Gemarkung auf freiem Feld erbaut. Innerhalb von nur drei Jahren sind ca. 13.000 Bewohner in die z.T. bis zu 20 Geschosse zählenden Hochhäuser eingezogen. Wie in anderen Hbger Großwohnanlagen kam es hier infolge der kurzfristigen Massierung von Menschen sowie unausgeglichener Alters- und Sozialstruktur zu vielfältigen sozialen Spannungen (➢*Kirchdorf*, ➢*Mümmelmannsberg*). *Me*

Oskar vom Pferdemarkt (eigtl. Fritz Krüger, geb. 11.4.1902, gest. 18.2. 1969 Hbg), Straßenhändler. Als Sohn eines sächs. Schriftsetzers wuchs O. auf ➢*St. Pauli* auf, lernte den Beruf des Maschinenschlossers und avancierte in den 1920er und 1930er Jahren zum „König der Straßenhändler". Das Hbger Original unterhielt bis 1940 einen Verkaufsstand am Pferdemarkt. Auf O. gehen die Redensarten „Wucht in Tüten" und „frech wie Oskar" zurück. Im Anschluss an den Militärdienst eröffnete er nach Kriegsende die Kantine „Oskar-Betriebe" im Wohnlager ➢*Stadtpark*. Nach Auflösung der Unterkünfte zog es ihn wieder auf die Straße, obwohl er nun auf seinen beliebten Krakeel verzichten musste: 1951 war ihm als Schlichter einer Schlägerei der Kehlkopf zertrümmert worden. O.s Grabstätte liegt auf dem ➢*Ohlsdorfer Friedhof*. *JJF*

„Die Wucht in Tüten": Das Hamburger Original „Oskar vom Pferdemarkt" verschenkt 200 Paar Schuhe in einem Kinderheim. Pressefoto vom 8.7.1961

Ossietzky, Carl von (geb. 3.10.1889 Hbg, gest. 4.5.1938 Berlin), Publizist. Der pazifistische Journalist übte bereits während seiner Zeit als Angestellter im Hbger Justizdienst in Artikeln für die Berliner Wochenzeitung „Das freie Volk" Kritik am Militarismus und wurde für einen 1913 dort erschienenen Artikel durch ein Militärgericht zu einer Geldstrafe verurteilt. Nachdem er ab 1916 als Armierungssoldat an der Westfront eingesetzt worden war, arbeitete O. 1919/20 für die Deutsche Friedensgesellschaft und setzte in der Weimarer Republik seine publizistische Tätigkeit in Berlin fort: als Redakteur bei der „Berliner Volks-Zeitung" (1922–24) und bei

Ein Friedensnobelpreisträger aus Hamburg: der Publizist Carl von Ossietzky

den Zeitschriften „Das Tage-Buch“ und „Montag Morgen“ (1924–26) sowie v.a. als Herausgeber der „Weltbühne“ (ab 1926). Mit seinen Attacken auf Reaktion und Militarismus und seinem Eintreten für die Republik zog O. den Hass der Rechten auf sich und wurde 1931 zu 18 Monaten Gefängnis verurteilt, nachdem er die gegen den Versailler Vertrag verstoßende Aufrüstung der Reichswehr aufgedeckt hatte. 1932 amnestiert, wurde er 1933 nach dem Reichstagsbrand erneut verhaftet und 1934–36 im KZ Papenburg-Esterwegen interniert. Den 1936 verliehenen Friedensnobelpreis durfte er nicht entgegennehmen. O. starb im Berliner Sanatorium Nordend, wo er sich seit Dezember 1936 unter Aufsicht der Gestapo aufhalten musste, an den Folgen der Haft. 1983 benannte der Hbger ➢*Senat* die ➢*Staats- und Universitätsbibliothek* nach O. *Br.*

Ostasiatischer Verein (OAV)/Ostasiatisches Liebesmahl Der OAV ist der älteste Länderverein Europas (über 900 Mitglieder, ca. 550 korporierte). Aufgabe ist die allgemeine Förderung der Wirtschaftsbeziehungen Dtlds/Europas mit dem asiat.-pazif. Raum (24 Staaten in Süd-, Südost- und Ostasien). 1902 bis zur Zerstörung des Gebäudes 1942 hatte er seinen Sitz in den Räumen der ➢*Harmonie* in den Großen Bleichen, heute ist er Bleichenbrücke 9 angesiedelt.

Im Jahr 1900 von Hbger und Bremer Kaufleuten gegründet, fand sich der OAV im Jahr darauf zum ersten „Ostasiatischen Liebesmahl“ zusammen, das bis 2009 insgesamt 89-mal ausgerichtet wurde. Stets werden hierzu hochrangige politische Vertreter aus ostasiat. Staaten und aus Dtld nach Hbg eingeladen; außer Th. Heuss gehörten bisher alle dt. Bundespräsidenten zu den Gästen. Häufiger Gast in den Anfangszeiten war Prinz Heinrich von Preußen, der 1901–14 zwölfmal teilnahm.

In preuß. Militärtradition bezeichnet der auf neutestamentliche Überlieferung zurückgehende Begriff „Liebesmahl“ ein gemeinsames Festessen der Offiziere. Die Feier des OAV führt die Dank-Essen fort, zu denen die Kommandeure des Ostasien-Geschwaders der Kaiserlichen Marine schon vor der Jahrhundertwende dt. Kaufleute in den fernöstl. Hafenstädten einluden. Die Festreden haben heute überwiegend wirtschafts- und entwicklungspolitische Themen zum Inhalt. Seit 1964 werden zu dem stets Mitte März veranstalteten „Herrenessen“ auch Damen eingeladen. Seit der Wiederaufnahme der Liebesmahle nach dem Zweiten Weltkrieg 1950 finden sie im ➢*Atlantic Hotel* statt – 2009 war dies allerdings zu spät gebucht worden, und so fand das Fest mit 300 Gästen im Schuppen 52 im Freihafen statt. *Ti.*

Ost-West-Straße Die 2,5 km lange und 36 m breite Straße zwischen ➢*Millerntor* und Amsinckstraße wurde 1953–60 durch die im Zweiten Weltkrieg zerstörte Innenstadt gebrochen, um als Hauptverkehrsader den Zu- und Abgangsverkehr der City zu regeln. Ihre Linienführung – die Straße trennt den Stadtkern von seinem alten lebendigen Bezug zum ➢*Hafen* – bedeutete einen Riss durch das gewachsene Stadtbild. Der Durchbruch der O.-W.-S. geht auf Überlegungen der 1920er Jahre und Planungen nach 1937 zurück. Der Abschnitt zwischen Holstenwall und Rödingsmarkt wurde 1991 nach L. Erhard, dem ersten Wirtschaftsminister und zweiten Kanzler der Bundesrepublik, benannt. Im Dezember 2005 wurde der Abschnitt vom Rödingsmarkt bis zum Deichtorplatz in Willy-Brandt-Straße umbenannt. Damit wird an den früheren Bundeskanzler und Friedensnobelpreisträger von 1972 ehrend erinnert. *SH*

Auf der Willy-Brandt-Straße, dem östlichen Teilstück der ehemaligen Ost-West-Straße, läuft der Verkehr sechsspurig. Das dritte Gebäude von links (Nr. 47), 1761/62 entstanden, blieb als einziges unter den einst zahlreichen barocken Bürgerhäusern in Hamburg erhalten. Vor seiner Front verläuft ein Überrest der alten Gröningerstraße. Im Stil der Zeit entstanden diverse Verwaltungsbauten. Das Foto zeigt links die Turmspitze von St. Katharinen, rechts die Zentrale der Reederei Hamburg Süd.

O'Swald, William Henry (geb. 24.8. 1832 Hbg, gest. 7.5.1923 Blankenese), Überseekaufmann, Politiker (1908/09 Zweiter Bürgermeister). Als der zweite Sohn des Firmengründers Wilhelm Oswald (seit 1824 William O'Swald) 1859 in die Leitung der auf den Ostafrikahandel spezialisierten Firma eintrat, hatte er zuvor schon an der Spitze der Niederlassungen auf Sansibar, in Lagos und Palma gestanden. Im Auftrag der drei freien Städte Hbg, ➢*Lübeck* und ➢*Bremen* unterzeichnete O. 1859 einen ➢*Handelsvertrag* mit dem weit ins Innere des afrikan. Kontinents hinein einflussreichen Sultan von Sansibar. O., der zeitweise auch als dt. Honorarkonsul auf Sansibar fungierte, etablierte seine Firma zudem auf Madagaskar, an der Somaliküste und im dt.-ostafrikan. Schutzgebiet. 1866 in die ➢*Bürgerschaft* gewählt, 1869 in den Senat, gehörte er diesem Gremium bis 1912 an; obwohl er nur kaufmännisches, damit gewissermaßen zweitklassiges, „halbamtliches" Mitglied war, wurde er 1908 Zweiter Bürgermeister. O. war als langjähriger ➢*Präses* der Deputation für Handel und Schifffahrt für Hbgs ➢*Kolonialhandel* von zentraler Bedeutung. 1886 beteiligte er sich maßgeblich an der Gründung der Hbger Abteilung der Deutschen Kolonialgesellschaft und wurde später in deren Reichsvorstand gewählt (1898). Er war jedoch kein kolonialpolitischer Enthusiast und kritisierte mehrfach die Politik der offiziösen Deutsch-Ostafrikanischen Gesellschaft unter C. Peters. *luz*

Othmarschen ist ein an der ➢*Elbe* gelegener Stadtteil im ehem. ➢*Kerngebiet* des Bezirks ➢*Altona* mit 6,0 km² Fläche und 12.309 Einw. (2009). Der historisch wenig haltbar mit „Otmer" auf einen angeblichen

Promenade und Einkaufsmeile für die Bewohner der Elbvororte: die Waitzstraße am S-Bahnhof Othmarschen

fränk. Einsiedler des 9./10. Jhs zurückgeführte Ortsname wurde 1317 erstmals urkundlich erwähnt. Wahrscheinlich ist der Name auf den feuchten Marschboden mit Teichen zurückzuführen. Das Bauerndorf O. war dicht bewaldet und lag am heutigen Agathe-Lasch-Weg. Es gehörte über die Vogtei ➢*Ottensen* zur Grafschaft ➢*Holstein-Pinneberg* und kirchlich zu ➢*St. Petri* in Hbg, seit 1547 zu Ottensen. Wie die umliegenden Dörfer hatte O. unter den Soldatendurchzügen im Dreißigjährigen Krieg (1618–48) zu leiden. Anfang des 18. Jhs gab es im Dorf sieben Vollhöfe. 1731 erfolgte die Ausgemeindung ➢*Övelgönnes*. An der ➢*Elbchaussee* eröffnete 1769 mit „Ritschers Strohhütte" das erste Ausflugslokal für Hbger und Altonaer. Zur gleichen Zeit entstanden dort erste herrschaftliche ➢*Landhäuser* wohlhabender Kaufleute. Ein Reiseführer von 1804 beschreibt O. als „großen zusammenhängenden Garten". 1855 wohnten in O. und Övelgönne 362 Einw. 1867 kam O. zur preuß. Provinz Schleswig-Holstein. An der Bahnstrecke Altona–Blankenese wurde 1882 die Bedarfshaltestelle Groß Flottbek-Othmarschen eröffnet, 1897 die heutige ➢*S-Bahn*-Station Othmarschen; ab 1893 fuhr die Pferdebahn, ab 1899 die ➢*Straßenbahn* nach Altona. Die Villenviertel entlang der Trasse entstanden v.a. durch das Terrain-Consortium zur Gründung der „Villenanlage Neu-Othmarschen", dessen Initiator 1883 der Kaufmann F. Ancker war. 1890 erfolgte zusammen mit ➢*Bahrenfeld* und Övelgönne die Eingemeindung O.s nach Altona. Am 5.6.1900 wurde die Christuskirche geweiht, die ab 1910 eine eigenständige Gemeinde bildete. 1937 kam O. durch das ➢*Groß-Hamburg-Gesetz* an Hbg und erhielt im Jahr darauf den südöstl. Teil ➢*Klein Flottbeks*. Der historische Kern des alten Bauerndorfs war noch bis Mitte des 20. Jhs intakt, bevor er durch den Bau der Autobahn und der Nordeinfahrt des Neuen ➢*Elbtunnels* in zwei Teile getrennt wurde und größtenteils verloren ging. Nur der „Röperhof", ein Bauernhaus am Agathe-Lasch-Weg, ist erhalten und beherbergt heute ein Restaurant. Das westl. O. trägt bis heute den im 19. Jh. entstande-

Die Arbeit in der Gießereihalle der Schiffsschraubenfabrik Theodor Zeise hielt Max Kuchel um 1918 im Bild fest (Öl auf Leinwand, 86 x 68 cm, Altonaer Museum). Die heutigen Zeisehallen beherbergen ein Kino, Restaurants, Läden, Büros und die Jugendbibliothek der Hamburger Öffentlichen Bücherhallen.

nen Charakter eines noblen Villenvororts. *To*

Ottensen ist ein Stadtteil im ehem. ➢*Kerngebiet* des Bezirks ➢*Altona* mit 32.970 Einw. (2009). Mit 2,9 km² Fläche bedeckt er von der Strecke der ➢*S-Bahn* bis zur ➢*Elbe* die südl. Hälfte des historischen Dorfes O. Die nördl. ist die ehemals bis nach ➢*Stellingen* reichende und seit 1938 zum Stadtteil ➢*Bahrenfeld* gehörende Feldmark des alten Ortes. Siedlungsspuren führen bis in die Jüngere Steinzeit zurück; ein mittelalterlich-sächs. Dorf lag am Verbindungsweg der karolingischen Burgen ➢*Hammaburg* und Itzehoe. Urkundlich ist „Tottenhusen" erstmals 1310 erwähnt.

Über Jahrhunderte blieb O. ein Dorf mit sechs Voll- und sieben Halbhufen. Die ➢*Schauenburger* Grafen

Mottenburg, heute ein lebendiger Stadtteil mit multikulturellem Gepräge: Ottenser Hauptstraße

von ➢*Holstein-Pinneberg* verpfändeten es im 14. bis 16. Jh. mehrfach an Hbg, das Kloster ➢*Harvestehude* oder Hbger Bürger. Kirchlich gehörte es zu ➢*St. Petri* und erhielt 1547 eine eigene Kapelle mit Friedhof. 1567 siedelten sich niederländ. Glaubensflüchtlinge an („Holländische Reihe"); Ende des Jhs lebten hier ca. 500 Einw. Im Dreißigjährigen Krieg (1618–48) litt O. stark unter durchziehenden Truppen. Nach dem Aussterben der Grafen von Holstein-Pinneberg gelangte das Dorf 1640 an den königlichen Anteil des Herzogtums ➢*Holstein*. 1738 entstand die Christianskirche, vor deren Südseite 1803 F.G. ➢*Klopstock* begraben wurde. Während der ➢*Franzosenzeit* fanden im Winter 1813 vertriebene Hbger in O. Zuflucht. Daran erinnert F. Rückerts Gedicht „Die drei Gräber zu Ottensen" (1814).

1867 wurde O. preuß. und befand sich, im Gegensatz zu Altona und Hbg, im Handelsgebiet des Deutschen Zollvereins. Für den 1868 um ➢*Neumühlen* vergrößerten Ort bedeutete dies einen nachhaltigen wirtschaftlichen Aufschwung. Es wurde Standort für Eisen- und Schiffbau, Glashütten, Tabak- und Fisch-Industrie und zur Hochburg der sozialdemokratischen Arbeiterbewegung (➢*Mottenburg*). 1871 erhielt das mit 9.041 Einw. bis dahin größte preuß. Dorf Stadtrecht. 1889 erfolgte die Eingemeindung nach Altona.

Seit den 1960er Jahren setzte ein Rückgang der Industrien und damit der erneute soziale Wandel ein. Entgegen weitreichenden Abrissplänen der 1970er Jahre ist heute noch viel historische Bausubstanz erhalten und z.T. alternativer Nutzung zugeführt worden (➢*Fabrik*, Zeisehallen). O. ist gekennzeichnet von dem Nebeneinander des Villenviertels an der ➢*Elbchaussee*, einem starken Ausländeranteil in den gründerzeitlichen Arbeiter-Wohnblocks im Zentrum sowie reger Stadtteilkultur und sozialem Wohnungsbau der 1920er Jahre im nördl. Teil. Aus O. stammen J. ➢*Rist*, O. ➢*Ernst*, M. ➢*Brauer* und L. ➢*Schroeder*. *To*

Pacius, Friedrich (auch: Fredrik, geb. 19.3.1809 Hbg, gest. 8.1.1891 Helsinki), Komponist. Nach erstem musikalischem Unterricht bei A. Methfessel in Hbg studierte P. 1824–26 bei L. Spohr und M. Hauptmann in Kassel. Vorübergehend als Violinist in Norddtld konzertierend, ging er 1828 als Erster Geiger an die Hofkapelle in Stockholm. 1835 erfolgte seine Berufung zum Musikdirektor der Universität Helsinki. Von dieser Position aus wirkte er als Organisator des finn. Musiklebens durch seine Tätigkeit als Musiklehrer, Dirigent, Virtuose und als Komponist mehrerer Opern, Kantaten und Lieder, von Orchesterkonzerten und Kammermusik und wurde als „Vater der finnischen Musik" gefeiert. Von ihm stammt auch die Melodie der finn. Nationalhymne „Oi maamme, Suomi, synnyinmaa". In Hbg blieb er allerdings bis heute nahezu vergessen, und nur der P.weg in ➢*Eimsbüttel* erinnert an ihn. *GJ*

Pärrisch leben Die heute nahezu in Vergessenheit geratene Redewendung, die „sich einen guten Tag machen" bedeutet, geht auf den Hbger Kaufmann J. Parish (1742–1828) zurück. Der Sohn schott. Einwanderer begründete seinen Reichtum durch den Großhandel mit balt. Getreide. Die prunkvollen Feste Parishs, abgehalten in dessen ➢*Landhaus* an der ➢*Elbchaussee*, stehen bis heute für Feiern und Genuss im großen Stil. *JJF*

Palmaille heißt die seit 1713 zu ➢*Altona* gehörende elbnahe Straße, die parallel zum Geesthang nach Hbg führt. Sie entstand entlang dreier 1638/39 von dem ➢*Schauenburger* Grafen Otto V. nebeneinander angelegter Spielbahnen von 647 m Länge für „palle a maglio", ein im 17. Jh. aus Italien über die Alpen gelangtes Ballspiel, das mit einem

Klassizismus in Reinkultur: die Palmaille, Altonas Prachtstraße, gesehen „von Ottensen hinein". Farbige Darstellung aus dem frühen 19. Jahrhundert

Schlaghammer betrieben wurde. In mehreren europäischen Städten gab es dafür eigene Anlagen, aus denen später z.T. Prachtstraßen wurden, wie die Londoner Pall Mall.
Von der ersten Bebauung der P. mit Mietshäusern (1786) ist die Nr. 106 erhalten. Um 1800 erhielt die Straße mit den von Chr.F. ➢*Hansen* entworfenen klassizistischen Fassaden die Gestalt, mit der sie später zur weithin bekannten Sehenswürdigkeit aufstieg. Das für G.F. ➢*Baur* 1801–05 entstandene Haus P. 49 und Hansens Wohnhaus (Nr. 116), das C. ➢*Pinnau* aufwendig restauriert hat, gehören zu den schönsten Arbeiten des dän. Baumeisters. Von den für die jüd. Bankiersfamilie Dehn erbauten Häusern sind Nr. 112 und 118 erhalten. Zahlr. von Hansens Häusern sind Rekonstruktionen nach Originalplänen. Später wurde auch sein Neffe J.M. Hansen hier Architekt (P. 53–65, tlw. wiederhergestellt). An der schlichteren Nordseite erfolgte während der Gründerzeit ➢*Etagenhaus*bebauung mit Hinterhöfen. Zwei Drittel der P. wurden 1943 zerstört. Der drohende Totalverlust im Rahmen des auch hier geplanten Ausbaus Hbgs zur „Führerstadt" (nach Plänen von K. ➢*Gutschow*, dessen Büro später in der P. 81 lag) trat nicht ein. Ebenso unausgeführt blieben Ende der 1970er Jahre die Abrisspläne für die Wohnhäuser am ➢*Altonaer Balkon*, der Grünanlage an der Südwestseite der P. *Ti.*

Erwin Panofsky, einer der großen Kunsthistoriker des 20. Jahrhunderts. Porträtfoto von Minya Diez-Dührkoop

Panofsky, Erwin (auch: Panofski, geb. 30.3.1892 Hannover, gest. 15.3.1968 Princeton, New York, USA), dt.-amerikan. Kunsthistoriker. P. lehrte 1926–33 als erster Ordinarius seines Faches an der Hamburgischen Universität (➢*Universität Hamburg*) und zählte zum Kreis um A. ➢*Warburg*. 1933 gehörte P. – neben E. ➢*Cassirer* und W. ➢*Stern* – zu den namhaften Hbger Universitätslehrern, die von den Nationalsozialisten zur Emigration gezwungen wurden. Am 26.4.1933 zunächst zum Verzicht auf eine weitere Vorlesungstätigkeit gedrängt und schließlich in den Ruhestand versetzt, verließ P. Dtld und wirkte 1935–62 als Professor am Institute for Advanced Study in Princeton, ab 1963 in New York.
P. entwickelte unter dem Einfluss des Neukantianismus, v.a. aber geleitet von Cassirers Theorie der symbolischen Formen und Warburgs kulturgeschichtlichem Konzept, apriorische Grundbegriffe der Kunstwissenschaft und wurde besonders als Begründer und Hauptvertreter der Ikonologie, einer umfassenden Methode zur Deutung von Werken der bildenden Kunst, richtungweisend. Hinausgehend über die Ikonografie, die den Inhalt des Kunstwerks durch den Bezug auf literarische Quellen und die Tradition bildlicher Vorstellungen in seinem symbolischen und allegorischen Kontext zu erhellen versucht, weist die Ikonologie auf die dem Kunstwerk zugrundeliegende allgemeine Geisteshaltung hin, indem sie es in sein umfassendes historisches und kulturelles Umfeld einordnet. Das Kunstwerk steht für P. im Spannungsfeld eines rezeptiven Verhältnisses zur äußeren Welt und der konstruktiven Tätigkeit des Denkens. Zu seinen bedeutenden Arbeiten gehören u.a. „‚Idea': Ein Beitrag zur Begriffsgeschichte der älteren Kunsttheorie" (1924), „Zum Problem der Beschreibung und Inhaltsdeutung von Werken der bildenden

Kunst“ (1932), „Studies in Iconology: Humanist Themes in the Art of the Renaissance“ (1939), „Sinn und Deutung in der bildenden Kunst“ (1955) sowie „Saturn and Melancholy“ (1964, zusammen mit R. Klibansky und F. Saxl). *Br.*

Paternoster ist die geläufigere und vermutl. ältere Bezeichung für einen an zwei Endlosketten aufgehängten Personenumlaufaufzug. Sie ist abgeleitet von der kettenförmigen, seit dem Mittelalter überlieferten „Paternosterschnur“, besser bekannt als „Rosenkranz“. Jede Perle daran steht für ein Gebet, die fünf größeren für je ein P. – wie der Name des christl. Hauptgebetes, des „Vaterunsers“, in Latein lautet.

Den ersten dieser neuen „Lifts“ ließ der Kaufmann Freiherr H. von Ohlendorff nach Londoner Vorbild in seinem 1885/86 errichteten Dovenhof einbauen (➢*Kontorhaus*). Ein Jahr später fuhren in Hbg bereits neun weitere, und von den 1936 in Dtld gezählten 679 Anlagen liefen allein 344 in der Hansestadt. 1890–98 kam es nach Auskunft der Hbger ➢*Polizei*behörde zu 29 Unfällen, fünf davon mit tödlichem Ausgang. P. waren in der Massenbeförderung viel effektiver als die herkömmlichen geschlossenen Aufzüge, die fortan der Geschäftsführung und leitenden Angestellten vorbehalten blieben; jene hießen daher im Büroalltag „Proletenbagger“, diese „Bonzenheber“. Als die Bundesaufzugsverordnung, nach der bis Ende des Jahres 1994 alle P. hätten stillgelegt werden müssen, schließlich doch noch abgeschwächt wurde, waren bereits zahlr. der historischen Aufzüge durch geschlossene Fahrstühle ersetzt worden. Heute gibt es noch rund 40 P. in Hbg. *Ti.*

Patrioten war im 18. Jh. eine Bezeichnung für diejenigen Männer, die sich uneigennützig für ihr Gemeinwesen und die Verbesserung der Lebensverhältnisse im Geiste der ➢*Aufklärung* einsetzten (➢*Der Patriot*). Seine engere Bedeutung für Hbg erhielt der Begriff P. in den Befreiungskriegen gegen das napoleonische Frankreich. Sie wurde später von der historischen Forschung übernommen und bezeichnete diejenigen Männer, die nach der Niederlage der frz. Armee in Russland den militärischen Widerstand gegen die Fremdherrschaft in Hbg im Frühjahr 1813 organisierten und im Sommer eine Art Exilregierung, das „Interimistische Directorium für hanseatische Angelegenheiten“, bildeten. Zu ihnen gehörten der Jurist und spätere Oberaltensekretär F. ➢*Beneke*, der Schriftsteller J.L. von ➢*Heß*, der Bleideckermeister D.Chr. ➢*Mettlerkamp*, der Buchhändler F. ➢*Perthes* und der Jurist und spätere Senatssyndicus Karl ➢*Sieveking*. *SH*

Patriotische Gesellschaft (von 1765) Aus dem Freundeskreis des Gelehrten und Aufklärers H.S. ➢*Reimarus* entstand 1765 die Hamburgische Gesellschaft zur Beförderung der Künste und nützlichen Gewerbe, die bald den ehrenden Beinamen Patriotische Gesellschaft erhielt, unter dem sie in der Stadt bekannt wurde und bis heute in der Kurzform bezeichnet wird. Die P.G. wurde zum Mittelpunkt der Hbger ➢*Aufklärung* und ihrer Reformbestrebungen. Zum ersten Mal vereinigten sich Angehörige verschiedener Stände und Berufe, Akademiker und Kaufleute, an der Selbstverwaltung Beteiligte und von ihr Ausgeschlossene zu gemeinnütziger Reformarbeit.

Die erstmals 1791 verwendete Vignette der Patriotischen Gesellschaft: Der Bienenkorb in der Mitte steht für den Fleiß der Bürger, darüber der Wahlspruch „Emolumento Publico – dem Wohl der Allgemeinheit".

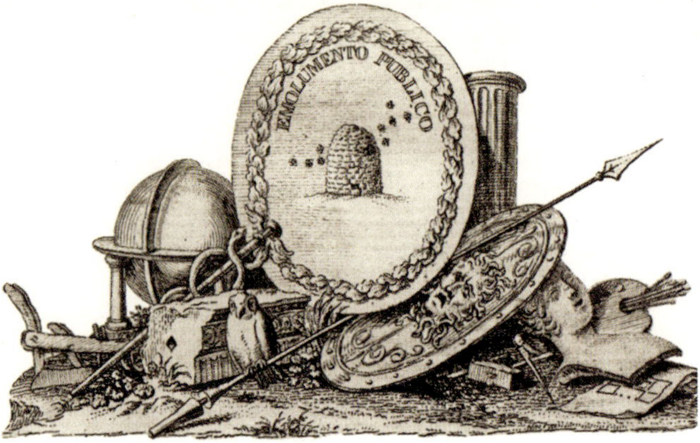

Das Haus der Patriotischen Gesellschaft in der Gestalt, die ihm Theodor Bülau 1845-47 gab. Stahlstich von James Gray von 1852. Im Zweiten Weltkrieg brannte es aus, wertvolle Sammlungen gingen verloren. Die Wiederherstellung durch Friedrich R. Ostermeyer erfolgte in den Jahren 1949–57.

Lutheraner waren ebenso vertreten wie ➢*Reformierte*, ➢*Mennoniten*, dann auch ➢*Katholiken* und seit 1800 Juden. In der Toleranz war die Vereinigung der gesamtstädtischen Entwicklung voraus.

Am Anfang der P.G. stand die Wirtschaftsförderung durch Bekanntmachen neuer Erfindungen, Prämien für ihre Anwendung und Ausstellungen. Mit der Zeichenklasse für zwölf Schüler, die im Bauzeichnen unterrichtet wurden, begann die Geschichte des berufsbildenden Schulwesens in Hbg, das die P.G. mit mehrfach erweiterten Angeboten bis zur Verstaatlichung 1864 in eigener Verantwortung gestaltete. Nach Amsterdamer Vorbild schuf die P.G. 1768 die Rettungsanstalt für im Wasser Verunglückte, die erst 1900 vom Staat übernommen wurde. An der Gründung der Allgemeinen Versorgungsanstalt mit der weltweit ersten Sparkasse (1778; ➢*Sparkassenwesen*) war die P.G. ebenso beteiligt wie an der Errichtung der ➢*Allgemeinen Armenanstalt* (1788).

Hatten in den ersten Jahrzehnten Aufklärer wie J.G. ➢*Büsch* und J.A.H. ➢*Reimarus* die Arbeit bestimmt, traten in den 1780er und 90er Jahren Jüngere wie der Jurist und spätere Senator J.A. Günther und der Domherr F.J.L. ➢*Meyer* in den Vordergrund. Günther gab der P.G. 1789 eine neue Verfassung, die zu größerer Publizität und Transparenz wie zu verstärkter Partizipation der Mitglieder führte. 1765 hatten 96 Hbger der P.G. angehört, 1789 waren es 142, allein 1790 traten 154 Hbger dem Verein bei. Die Verbindungen zu den politischen, wirtschaftlichen und geistigen Führungsschichten der Stadt wurden enger; auch einzelne Handwerker und Volksschullehrer schlossen sich an und erweiterten die Trägerschicht der Aufklärung. 1805 erwarb die P.G. in der Großen Johannisstraße ein eigenes Haus für ihre über 500 Mitglieder.

Zu den Reformprojekten gehörten das erste Badeschiff in der ➢*Binnenalster* (1793; ➢*Badeanstalten*) und die Unterstützung des Seebades in Ritzebüttel (1816; ➢*Cuxhaven/Ritzebüttel*). Die ➢*Franzosenzeit* und die sich anschließende Zeit der politischen Restauration führten zu einem Rückgang, 1833 wurden nur noch 292 Mitglieder und 42 Ehrenmitglieder gezählt. 1839 entstand aus der P.G. der ➢*Verein für Hamburgische Geschichte*, und 1859 war sie wesentlich an der Gründung des ➢*Architekten- und Ingenieurvereins* beteiligt. Beide sind ihr bis heute verbunden geblieben.

Nach dem ➢*Großen Brand* von 1842 wurde die P.G. insbesondere durch ihren führenden Kopf Chr.F. ➢*Wurm* zum Mittelpunkt politischer Diskussion und auch Opposition. Die Reform von ➢*Verfassung* und Verwaltung wie die Stellung Hbgs zum ➢*Deutschen Bund* und zum Zollverein wurden lebhaft debattiert. Auch der 1845 entstandene ➢*Bildungsverein für Arbeiter* wirkte bis zur ➢*Revolution von 1848/49* eng mit der P.G. zusammen, die in und mit der Revolution ihre politische Bedeutung einbüßte. 1844–47 erbaute Th. Bülau an der ➢*Trostbrücke*, dort wo das alte Rathaus gestanden hatte (➢*Rathäuser, Alte, 4.*), das Haus der P.G., in dem 1848/49 die ➢*Konstituante* und 1859–92 die ➢*Bürgerschaft* tagten. Die aus dem Kreis der P.G. hervorgegangene Gemeinnützige Bau-Gesellschaft von 1866 errichtete in ihrem Gründungsjahr die Jägerpassage (in der Jägerstraße in ➢*St. Pauli*, seit 1948 Wohlwillstraße), die erste, größtenteils noch erhaltene Anlage des sozialen Wohnungsbaus in Hbg (➢*Terrasse/Passage*). Die Sammlungen der P.G. bildeten 1877 den Grundstock des ➢*Museums für Kunst und Gewerbe*. Auch die Gründung der Öffentlichen ➢*Bücherhallen* (1898/99) war der P.G. zu verdanken.

Die Geschichte der P.G. im 20. Jh. ist weitgehend noch zu schreiben; die einstige Bedeutung und der Reformelan gingen jedenfalls verloren. Das 1943 zerstörte Haus konnte 1957 wieder in vollem Umfang genutzt werden und ist seither wieder häufiger Ort für Veranstaltungen und Tagungen. Zählte die P.G. 1961 rund 1.000 Mitglieder, so waren es 1981 nur noch 367. Neue Impulse erhielt die traditionsreiche Vereinigung in den 1980er Jahren. Sie wurde zu einem Forum für Fragen der Reform von Verfassung und ➢*Wahlrecht*, der Stadtentwicklung und alternativer Lebens- und Wohnformen, des ➢*Denkmalschutzes*, der Kultur- und Sozialarbeit. Heute hat die P.G. rund 350 Mitglieder. *Ko.*

Das Haus der Patriotischen Gesellschaft an der Trostbrücke heute

Pauli, Theodor **Gustav** (geb. 2.2.1866 Bremen, gest. 8.7.1938 München), Kunsthistoriker, Museumsdirektor. Nach dem Abitur begann der Sohn des späteren Bremer Bürgermeisters A. Pauli mit dem Studium der Kunstgeschichte, das er 1890 mit der Promotion abschloss. Die erste Tätigkeit im Dresdner Kupferstichkabinett unterbrach P. noch im selben Jahr aufgrund des Militärdienstes, aus dem er 1891 wegen Tuberkulose vorzeitig entlassen wurde. Von 1900 an leitete er die Bremer Kunsthalle, bis er 1914 die Nach-

Gustav Pauli leitete als Nachfolger Alfred Lichtwarks die Hamburger Kunsthalle von 1914 bis 1933.

Friedrich Christoph Perthes war 1825 Mitbegründer des Börsenvereins des Deutschen Buchhandels.

Engagiert focht Charlotte Paulsen für das Wohl der Armen und die Schulreform, couragiert setzte sie sich für die Sache der Frauen ein. Zeitgenössisches Porträt

folge von A. ➢*Lichtwark* in der ➢*Hamburger Kunsthalle* antrat. 1923 rief P. den bis heute bestehenden Verein „Freunde der Kunsthalle e.V." ins Leben. Die Sammlungspolitik seines Vorgängers führte er bis zu seiner Versetzung in den sofortigen Ruhestand im Oktober 1933 in dessen Geiste fort; neue Akzente setzte er in der Malerei und Plastik der Moderne. Im Ruhestand unternahm er mehrere Reisen, u.a. als dt. Repräsentant zu internationalen Kunsthistorikerkongressen.
Als „Dr. Retberg" ging P. in die Literatur ein, als seine Frau Magda auf Anregung von H.H. ➢*Biermann-Rathjen* 1951 unter dem Pseudonym Marga Berck die Geschichte ihrer unglücklichen Jugendliebe unter dem Titel „Sommer in Lesmona" als Briefroman veröffentlichte. Das Buch ist seither immer wieder neu aufgelegt worden. *JJF*

Paulsen, Charlotte (geb. Thornton, 4.11.1797 Othmarschen, gest. 15.11. 1862 Hbg), Sozial- und Frauenpolitikerin. P. war die Tochter des zugewanderten engl. Bankiers John Th., der durch die frz. Besetzung (➢*Franzosenzeit*) an den Rand des Ruins getrieben wurde. Im Alter von 16 Jahren sah sie sich in eine Konvenienzehe mit einem weitaus älteren Makler gegeben. Dieser ermöglichte ihr jedoch, sich vielfältigen ehrenamtlichen Aufgaben zu widmen, in der (freikirchlichen) Deutschkatholischen Gemeinde, im Pestalozzistift zur Betreuung verwahrloster Jugendlicher, in der Hochschule für das weibliche Geschlecht. P. entwickelte sich zu einer frühen Vertreterin der ➢*Frauenemanzipation.* Maßgeblich beteiligte sie sich an der Gründung des von ihr geleiteten Frauenvereins für Armenpflege (1849), der dem christl.-konservativ orientierten Verein von A. ➢*Sieveking* nachgebildet war, von diesem aus Konkurrenz- und ideologischen Gründen heftig abgelehnt wurde, ihm aber bald in der Wirkung nicht nachstand. Unter Mitarbeit von E. ➢*Wüstenfeld* und anderen begann er trotz behördlicher Schikanen, die größeren der betreuten Kinder auch in Schulen zu schicken. Nach dem Tod ihres Ehemanns waren ihre finanziellen Mittel bald erschöpft. Mit der Unbefangenheit, mit der sie Spenden für ein Schulgebäude einwarb, bewegte sich P. auch in den ➢*Gängevierteln.* Später erhielten das pädagogisch nach ihren Auffassungen konzipierte Paulsen-Stift (1866–1943) in der Norderstraße in ➢*Hammerbrook* und die Charlotte-Paulsen-Schule in ➢*Wandsbek* (seit 1945) ihren Namen. *luz*

Perthes, Friedrich Christoph (geb. 21.4. 1772 Rudolstadt, gest. 18.5.1843 Gotha), Buchhändler, Verleger. Nach seiner 1787–93 absolvierten Buchhandelslehre in Leipzig kam P. nach Hbg und wurde 1793–96 Gehilfe in B.G. Hoffmanns Buchhandlung (Verlag ➢*Hoffmann & Campe*). 1796 gründete er mit J.H. Besser ein Ladengeschäft als erste Sortimentsbuchhandlung der Stadt und heiratete im folgenden Jahr Caroline, die älteste Tochter von M. ➢*Claudius.* 1810/11 wurde er Herausgeber und Verleger der patriotischen Zeitschrift „Das vaterländische Museum zur Fortbildung der deutschen Sprache, Kunst, Geschichte und Litteratur". Im März 1813 wirkte P. bei der Vertreibung der Franzosen aus der Stadt und der Wiederherstellung der freistädtischen Institutionen in der ➢*Erbgesessenen Bürgerschaft* mit, floh nach Rückkehr der Franzosen zunächst ins Exil nach ➢*Dänemark*, dann nach Mecklenburg, war dort Mitorganisator der Hanseatischen Legion (➢*Militär*) und bildete u.a. mit Karl ➢*Sieveking* das Hanseatische Direktorium, die Exilregierung der drei freien Städte Hbg, ➢*Lübeck* und ➢*Bremen*. Im Dezember 1813 reiste er in dessen Auftrag nach Frankfurt ins Hauptquartier der alliierten Mächte. Nach der zweiten Befreiung Hbgs im Mai 1814 und dem Ende der ➢*Franzosenzeit* engagierte er sich finanziell beim Wiederaufbau der Stadt und gründete im folgenden Jahr als geistige Unterstützung für die Bewohner die Hamburg-Altonaische Bibelgesellschaft. Nach dem Tod seiner Frau 1821 übergab er im folgenden Jahr die Buchhandlung an Besser und zog nach Gotha, wo er erneut als Verleger und Buchhändler auftrat. In ➢*Hamm*-Nord erinnert der Perthesweg an ihn. *MH*

Pesthof Für Menschen mit ansteckenden Krankheiten (für die zumeist die Bezeichnung Pest galt), aber auch für andere Kranke wurde 1606 außerhalb der inneren Stadt westl. des ➢*Heiligengeistfeldes* der P. errichtet. Die Verwaltung trugen die ➢*Juraten*, die unter Aufsicht von ➢*Rat* und ➢*Erbgesessener Bürgerschaft* standen. Ein Teil des Unterhalts der Einrichtung wurde durch Einzelspenden und öffentliche Sammlungen aufgebracht. Zum Personal gehörten ein Pestarzt, ein Barbier bzw. ein Chirurg, ein Speisemeister sowie mehrere Pfleger. Im ➢*Museum für Hamburgische Geschichte* befindet sich ein Grabdeckstein des Pesthofchirurgen Chr. A. Fabricius aus der St.-Johannis-Kirche. 1797 wurde die Einrichtung per Ratsbeschluss in Krankenhof umbenannt. Die Anlage fiel 1814 der Zerstörung des ➢*Hamburger Bergs* durch die frz. Truppen zum Opfer (➢*Franzosenzeit*). Ab 1825 nahm das ➢*Allgemeine Krankenhaus* St. Georg die Aufgaben des Krankenhofs wahr. *Pr.*

Mit solchen Blättern warben die mit der Verwaltung des Pesthofs betrauten Bürger in der Stadt um Spenden für die Versorgung der Kranken und den Unterhalt der Einrichtung. Der Kupferstich aus dem Jahr 1746 zeigt die Zustände im Pesthof vor den Krankenhausreformen des späten 18. Jahrhunderts. In den „Tollkisten" im Hintergrund wurden Geisteskranke eingesperrt.

Petersen, Carl Wilhelm (geb. 31.1.1868 Hbg, gest. 6.11.1933 ebd.), Jurist, Bürgermeister. Schon der Großvater Carl Friedrich P. (1809–92) war ➢*Bürgermeister* in Hbg. Der Enkel etablierte sich nach dem Studium der Rechtswissenschaft als Anwalt. Seit 1899 ➢*Bürgerschaftsmitglied*, wandte er sich 1905/06 gegen den „Wahlrechtsraub" und forderte die Abschaffung des Klassenwahlrechts (➢*Wahlrecht*). Dieser Affront gegen die Vorrechte der Besitzenden ge-

Carl Petersen, Erster Bürgermeister 1924–29, erneut 1932/33. Foto von 1931

Überseekaufmann und von den Briten ernannter Bürgermeister: Rudolf Petersen. Foto von Willi Beutler, 1953

nügte, um ihn in den Augen seiner Standesgenossen lange Zeit zum Abtrünnigen zu stempeln. Im Herbst 1918 wurde er als Befürworter einer Aussöhnung des Hbger Bürgertums mit der Arbeiterbewegung in den ➢*Senat* berufen. Als Wegbereiter des Bündnisses zwischen Bürgern und Arbeitern in Hbg trug er dazu bei, dass der Übergang vom alten System zur neuen Ordnung weniger spannungsreich vonstattenging als in anderen Regionen. 1924–29 und erneut 1932/33 war er Erster ➢*Bürgermeister* Hbgs. Die Zusammenarbeit zwischen seiner Deutschen Demokratischen Partei (➢*DDP*) und der ➢*SPD* legte den Grund für die ungewöhnliche politische Stabilität, die Hbg in der Weimarer Republik auszeichnete. Als Mitbegründer (1918) und zeitweiliger Reichsvorsitzender der DDP (1919–24 als Nachfolger F. Naumanns) gehörte er Anfang der 1920er Jahre zu den einflussreichsten dt. Politikern. *SH*

Petersen, Peter (geb. 26.6.1884 Großenwiehe, Kreis Schleswig-Flensburg, gest. 21.3.1952 Jena), Pädagoge, Schulreformer. P. wurde ein Jahr nach der Promotion in Jena 1909 Lehrer am ➢*Johanneum* in Hbg und leitete 1920/21 die reformorientierte ➢*Lichtwarkschule*, an der er bis 1923 unterrichtete. Er verfasste zahlr. Schriften und habilitierte sich 1920. 1919/20 war er in der Volkskirchenbewegung aktiv und gab mit F. ➢*Tügel* die Zeitschrift „Die neue Kirche“ heraus. 1923–50 war P. Professor in Jena und Leiter der Jenaer Erziehungswissenschaftlichen Anstalt. Er entwickelte dort seinen schulreformerischen „Jena-Plan“, der, losgelöst vom starren Klassenaufbau, altersübergreifende Lerngruppen und ein Gesamtschulmodell beinhaltete. Dieser wichtige Versuch zur Erneuerung der Schule wird heute kontrovers diskutiert. Darüber hinaus plädierte P. für die universitäre Volksschullehrerausbildung sowie eine autonome Erziehungswissenschaft und entwickelte ab 1928 die „Pädagogische Tatsachenforschung“. *He.*

Petersen, Rudolf (geb. 30.12.1878 Hbg, gest. 10.9.1962 Wentorf), Überseekaufmann, Bürgermeister. Einer traditionsreichen Hbger Familie entstammend, verließ P. die Schule nach der Obersekunda und lernte den Kaufmannsberuf u.a. in Paris und Sibirien. 1911 wurde die Firma Rudolf Petersen und Co. (heute RPC) gegründet. In den 1920er Jahren engagierte sich P. im ➢*Übersee-Club*, im konservativen Hbger Nationalklub von 1919, im Plenum der ➢*Handelskammer* und führend im Exporteurverein. Der ➢*DVP* nahestehend, trat er ihr nicht bei – wohl aus Rücksicht auf seinen Bruder, den langjährigen ➢*Bürgermeister* Carl ➢*Petersen*, der der ➢*DDP* in führender Position angehörte. Obwohl er nach NS-Maßstäben als „Halbjude“ galt und das Handelskammerplenum verlassen musste, hat P. sich aufgrund der „ungeheuren Sicherheit, mit der wir unsere Rolle in Hamburg spielten“, während der ➢*NS-Zeit* nicht über die Maßen beeinträchtigt gefühlt. „Die abgrundtiefe Gemeinheit der Nazis“ kam P. erst zu Bewusstsein, nachdem er im Mai 1945 von den engl. Besatzern seinerseits zum Bürgermeister ernannt worden war (➢*Britische Besatzung*). Seine (selbst eingestandene) „Arroganz“ und ein ausgeprägtes Selbstvertrauen machten ihn zum anscheinend ebenbürtigen Gegenüber der Briten. 1946 erhielt

P. die Bürgermeister-Stolten-Medaille. Im selben Jahr versuchte er, ➢*CDU* und ➢*FDP* zu vereinen, scheiterte aber damit und schloss sich mit einigen Freunden der CDU an, die freilich bei der ersten Nachkriegswahl zur ➢*Bürgerschaft* ohne Erfolg blieb. Deren Mitglied war P. noch bis 1948, dann – bis 1954 – Vizepräses der Handelskammer und Präsident des Übersee-Clubs. *luz*

Peterstraße Im Bereich P./Hütten/Neanderstraße, in der ➢*Neustadt* östl. des Holstenwalls, entstand 1966–82 die „Traditionsinsel" P., die mit rund 75 Mio. DM von der ➢*Alfred Toepfer Stiftung F.V.S.* errichtet wurde. Die Nähe des ➢*Museums für Hamburgische Geschichte* galt dem Stifter als Begründung für die Wahl des Standortes. Kern des Ensembles ist das urspr. zum Abriss vorgesehene, nunmehr renovierte Beyling-Stift (1751–70 erbaut, 1824 von J. Beyling erworben, 1899 einer Stiftung für Altenwohnungen vermacht). Um die Stiftsgebäude herum entstanden Nachbauten von Häusern, die zwischen 1610 und 1780 u.a. in der Katharinenstraße, in der Gröningerstraße und im ➢*Grimm* erbaut worden und überwiegend völlig zerstört waren. Der größere Teil der Wohnungen wurde in Anknüpfung an die Tradition des Beyling-Stifts preisgünstig an Senioren vermietet. Für dieses in ➢*Denkmalschutz*kreisen kontrovers beurteilte Projekt wurde freilich an der Nordseite der P. die originale Fachwerkarchitektur abgerissen. Dem Ensemble ist ein Mangel an historischer Echtheit vorgeworfen worden, auch wegen der Wahl des Ortes stieß es auf Kritik: Es stellt eine großbürgerliche Wohnstraße dar, wie sie hier, im ehem. ➢*Gängeviertel* der Neustadt, nie existiert hat. *luz*

Schön anzusehen, aber nicht unumstritten: Wo in der Peterstraße früher einfache Fachwerkhäuser standen, wurde großbürgerliche Bebauung detailgetreu rekonstruiert, die es jedoch in diesem Teil der Neustadt nie gegeben hat. Das ehemalige Beyling-Stift (rechts) beherbergt heute das Johannes-Brahms-Museum.

Peterwagen Angeblich aufgrund eines Verständigungsproblems zwischen einem engl. Kontrolloffizier und einem Hbger ➢*Polizei*angehörigen entstand diese Benennung für Funkstreifenwagen. Als im Herbst 1946 die ersten fünf als „Radiowagen" von den Behörden der ➢*Britischen Besatzung* genehmigt werden sollten, galt es zunächst, die Aufgabe der Fahrzeuge zu klären. Der engl. Offizier hatte dabei das Wort

„Patrolcar" nicht gleich verstanden und ließ es buchstabieren: „Listen, Sir: ‚P' like Peter ..." und schon hatte er genug gehört und seine Namensversion für diese neuartigen Wagen aufgeschrieben. Heute fahren in der Stadt 230 P., deren Bezeichung auch von „Peter" für das Funkzeichen „P", in der Abkürzung P.-[olizei]Wagen abgeleitet wird. Die Hbger P. werden im polizeilichen Funkverkehr vom sog. Michel-Sprecher dirigiert. In den Schwesterstädten ➢*Lübeck* und ➢*Bremen* heißen die Funkstreifenwagen „Trave" und „Roland". *Ti.*

Petri Stuhlfeier/Petri-Mahl/Ratsköre Seit dem 6. Jh. wurde die Petri Stuhlfeier als Festtag der kath. Kirche am 22.2. anlässlich der Errichtung des antiochenischen Bischofstuhls durch Apostel Petrus begangen („festum cathedrae Petri", heute am 18.1.). In Hbg wurde P.S. die Bezeichnung für die mittelalterliche, am sog. Petriabend (also dem 21.2.) stattfindende „Umsetzung des Rates". Umsetzung meint die Neuverteilung der Ämter unter den alten und neu hinzugekommenen Mitgliedern in einer feierlichen Zeremonie (zuvor auch belegt am 21.12., St. Thomae Apostoli). Bis zur ➢*Franzosenzeit* endete auch in allen anderen Zweigen der Verwaltung das Amtsjahr mit der Schlussabrechnung am Petriabend. Nach der Wahl der ➢*Rats*mitglieder wurde bei geschlossenen ➢*Stadttoren* und vor versammelter Einwohnerschaft die ➢*Bursprake* verlesen. Am Mittag desselben Tages wurde seit dem Mittelalter bis 1724 das Petri-Mahl ausgerichtet, ein Festmahl der Ratsmitglieder zur Feier der vollzogenen Umsetzung. Ab 1621 fand es im großen Herrensaal des ➢*Eimbeckschen Hauses* statt. In Krisenzeiten fiel das Essen aus, so 1713/14 wegen der ➢*Pest.* Zur Vorberatung seiner Wahl kam der Rat mindestens zehn Tage vor Petri zur Ratsköre (von küren = wählen) ebenfalls im Eimbeckschen Haus zusammen. Weitere Gründe für die Petrifeiern in Hbg wie in anderen Städten waren das Ende der Wintermonate (Wiederbeginn der Schifffahrt) und die Funktion Petrus' als schützende Heiligenfigur neben der Stadtpatronin Maria (➢*Stadt- und Schutzpatrone*). Auch in ➢*Lübeck* fand an P.S. die jährliche Ratssetzung statt und wurde eine Bursprake verkündet. *Ti.*

Philharmonische Gesellschaft/Philharmonisches Orchester Auf der allgemeinen Musikbegeisterung zu Beginn des 19. Jhs fußend, gründete sich am 9.11.1828 die P.G. als Verein zur Aufführung von Winterkonzerten, um per Subskriptionsverfahren zum ersten Mal in Hbg regelmäßige Sinfoniekonzerte anzubieten. Als Orchester gewann der Verein Mitglieder des ➢*Stadttheaterorchesters*; der musikalische Leiter wurde speziell für die „Philharmonischen Concerte" von der Gesellschaft gewählt. Seit 1872 wurde die 1819 gegründete Singakademie (L. ➢*Reichardt*) als Chor des P.O.s in das Konzertprogramm einbezogen. Trotz zahlr. Konkurrenzunternehmen konnten die Philharmonischen Konzerte auch Krisenzeiten überdauern, durch Hinzuziehung namhafter Dirigenten, wie K. Muck (1922–33), ihren Ruf steigern und sich als wichtigste Einrichtung innerhalb dieser Sparte in Hbg etablieren. Seit 1896 erhielt die bis dahin ausschließlich mit privaten Mitteln arbeitende P.G. finanzielle Unterstützung des Hbger ➢*Senats* zur Bildung eines ständigen Hbger Sinfonieorchesters, das dann 1934 mit dem Orchester des ➢*Stadttheaters* fusionierte. Seitdem führt es als staatliche Institution die Bezeichnung „Philharmonisches Orchester", während sich die P.G. als Trägerverein auflöste. *GJ*

Phoenix Werke Die P.W. galten lange als Inbegriff der ➢*Harburg* prägenden Industriearbeitswelt. Wie die ebenfalls 1856 auf der grünen Wiese gegründete Harburger Gummi-Kamm Compagnie (➢*New-York Hamburger Gummi-Waaren Compagnie*) für Hartgummi-, standen sie für Weichgummiproduktion. Aufgebaut von den aus einer Hbger jüd. Kaufmannsfamilie stammenden, in Frankreich beruflich ausgebildeten Brüdern A. und L. Cohen, errang die Firma zunächst v.a. als Schuhfabrik europäische Bedeutung. Seit 1872 mit einer älteren Fabrik in Wimpassing/Österreich zur AG verbunden (Vereinigte Gummiwaren-Fabriken Harburg-Wien), stellte sie im Zuge der Entwicklung des Autoverkehrs auch Reifen her und separierte sich dann in einer Krise 1922 als „Phoenix". Nicht mit Werkswohnungen, sondern im spekulativen Mietwohnungsbau war Ende des 19. Jhs in ihrer Nachbarschaft das erst jüngst so genannte Phoenix-Viertel entstanden. Die Produktpalette umfasst heute kaum noch Waren des bekannten Alltags, ist insgesamt – auch nach Ende der Reifenfertigung – stark abhängig von Automobil-Konjunkturen und über Natur- und Kunstkautschuk zu neueren Kunststoffen geöffnet. Das Werk mit einem Zweigbetrieb am Anfang des 20. Jhs geschaffenen Harburger Seehafen dehnte sich nach dem Zweiten Weltkrieg auf das Nachbargrundstück der ehem. Jutefabrik aus. Den Krieg hatte es mithilfe ausländischer Zwangsarbeitskräfte überstanden und zu dessen Beendigung im Raum Hbg Eigeninteressen eingebracht; der Generaldirektor A. Schäfer verhandelte kurz vor Kriegsende mit den Briten, um die Schonung eines Reservelazaretts in den P.W. zu erreichen. Auch wenn sie ihre Produktion tlw. an andere Stätten in Norddtld und ins euro-

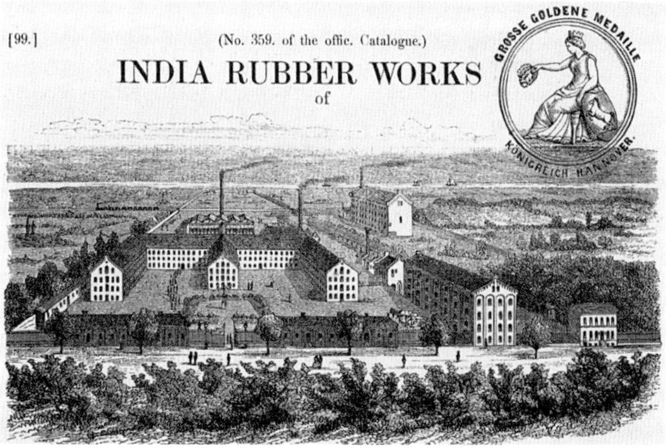

Mit der „Grossen goldenen Medaille" ausgezeichnete Gummiwaren aus dem Königreich Hannover. Die Harburger Phoenix Werke im Jahr 1864, abgebildet in einem Katalog der für die Zeit typischen Gewerbeausstellungen

päische Ausland verlagert und durch Rationalisierung Arbeitsplätze abgebaut haben, sind die P.W. ein Hauptarbeitgeber in Harburg geblieben; vielleicht auch deshalb nehmen die Anwohner die von den Fabrikanlagen ausgehenden Umweltbelästigungen in Kauf. Im Dezember 2004 stimmte eine außerordentliche Hauptversammlung der Phoenix AG der Integration von Phoenix in die ContiTechAG, eine Tochter des Continental-Konzerns in Hannover, zu. *JE*

Pik As 1913 eröffnete die Stadt in der Neustädter Straße mit dem „Polizei-Asyl" eine Übernachtungsstätte mit 748 Betten. Aus der offiziellen Abkürzung „P.As." wurde im Volksmund schnell der heutige Name. Nach 9.700 Obdachsuchenden im ersten Jahr wurden 1926 bereits 313.000 Übernachtungen von Menschen gezählt, die in den 80-Betten-Sälen Asyl suchten. In den 1930er Jahren gingen die Besucherzahlen durch die Kriminalisierung und drastische Bestrafung „arbeitsscheuer Elemente" schlagartig zurück (1942: 26.000). Gegen Ende des Zweiten Weltkriegs wurden ausgebombte Hbger Familien im P.A. untergebracht, bis das Gebäude am 11.3.1945 Bombentreffer erhielt. 1950 übernahm die Sozialbehörde die Einrichtung mit 300 Betten für Männer und 500 für Familien und verfügte, dass Übernachter erst ab 18 Uhr Zugang erhielten und die Zimmer morgens zu verlassen hätten. Nachdem Anfang der 1960er Jahre Bedürftigkeitsprüfungen eingeführt worden waren, gingen die Übernachtungszahlen schlagartig zurück. Die Polizei lieferte nun vermehrt „hilflose Personen" ein, die in eine geschlossene Abteilung aufgenommen wurden. Heute stehen rund um die Uhr ca. 250 Betten in Zwei- bis Sechsbett- und zwei Einzelzimmern zur Verfügung, zu denen im Rahmen von „Winternotprogrammen" weitere hinzukommen können. Seit 2003 besteht ein Förderverein für das von „fördern und wohnen", einer zu 100 % der Hansestadt gehörenden Anstalt öffentlichen Rechts, betriebene P.A. *Ti.*

Pinnau, Cäsar (geb 9.8.1906 Hbg, gest. 29.11.1988 ebd.), Architekt. P. lernte im väterlichen Betrieb das Tischlerhandwerk. Seiner künstlerischen Ausbildung in Berlin und München 1927–30 folgten verschiedene Anstellungen und die Rückkehr nach Berlin. Hier erhielt P. erste Aufträge von A. Speer, bevor er 1937 selbst-

Eines der schönsten Häuser des Klassizismus in der Hansestadt erwarb Hamburgs moderner Architekt der Nachkriegszeit: Cäsar Pinnau ließ Christian Frederik Hansens 1803/04 errichtetes Wohnhaus in der Palmaille 116 im Jahr 1952 aufwendig restaurieren.

ständiger Architekt wurde. Bald darauf begann seine Entwurfs- und Lehrtätigkeit als „beauftragter Architekt für die Neugestaltung der Reichshauptstadt" und Professor an der Hochschule für bildende Künste in Berlin. Wegen umfangreicher Arbeiten im Auftrag des NS-Staates blieb P. zeitlebens umstritten. Unberührt von dieser Kritik war und ist indes die hohe künstlerische Qualität von P.s Entwürfen. Sie entstanden nach dem Zweiten Weltkrieg in seinen Büros in Hbg und Frankfurt a.M. Bekannte Hbger Bauten sind die Hochhausgruppe an der ➢*Ost-West-Straße* (➢*Hamburg Süd*, 1959–64) sowie das Gebäude des Deutschen Rings (1970). Ferner baute P. zahlr. private Wohnhäuser, führte aufwendige Restaurationen durch (Chr. F. ➢*Hansen*) und gab diversen Schiffen ihre Form (➢*Cap San Diego*). P.s spektakulärstes Gebäude ist der Olympic Tower an der New Yorker Fifth Avenue, den er 1970–74 in Zusammenarbeit mit einem New Yorker Büro baute. *Ti.*

Bevor Cäsar Pinnau selbst in New York baute, übertrug er Architektur von dort nach Hamburg: das Verwaltungsgebäude der Reederei Hamburg Süd an der Willy-Brandt-Straße erinnert an das New Yorker Seagram Building.

Planetarium Der 38 m hohe, an der höchsten Stelle des ➢*Stadtparks* gelegene Monumentalbau entstand 1913 bis zur Inbetriebnahme 1915/16 als Wasserturm unter der Leitung von F. ➢*Schumacher*. Der Entwurf des ➢*Backsteinbaus* mit klassizistisch beeinflussten Stilelementen geht auf einen Wettbewerbsbeitrag von O. Menzel (1906/07) zurück. Heute ist darin das 1930 eröffnete P. beheimatet. Im Rahmen von Vorführungen werden in 13 m Höhe an der Kuppel (Ø 21 m) mit künstlichen Himmelskörpern die Sternbewegungen simuliert. Im Gegensatz zur wissenschaftlichen ➢*Hamburger Sternwarte* war das der Kulturbehörde unterstellte P. als Volksbildungseinrichtung konzipiert und nahm eine von A. ➢*Warburg* zusammengestellte und nur noch in Resten erhaltene Sammlung zur Geschichte von Sternenforschung und -glauben auf. Eine Aussichtsplattform ermöglicht einen weiten Überblick über den Park und die umliegenden Stadtteile. Nach Entkernung

Das Wahrzeichen des Stadtparks überragt die höchsten Bäume: Der 38 Meter hohe ehemalige Wasserturm nahm 1930 das Planetarium auf.

des Gebäudes 2002 erfolgte im Jahr darauf die Wiedereröffnung als modernstes P. weltweit. Mehr als 300.000 Besucher jährlich bestaunen den durch drei Ganzkuppel-Projektions- und Simulationssysteme (Zeiss Universarium 9, Digistar 3, Lobo TriDome Lasersystem) sich in der Kuppel bewegenden Sternenhimmel. *Ti.*

Planten un Blomen heißt der vor den ehem. ➢*Wallanlagen* beim ➢*Dammtorbahnhof* gelegene Erholungs- und Freizeitpark. Nach Plänen von K. Plomin erfolgte für die 1935 durchgeführte Gartenschau „Planten un Blomen" (➢*plattdeutsch* für Pflanzen und Blumen) eine Umgestaltung des Geländes, auf dem sich 1863–1930 der ➢*Zoologische Garten* befunden hatte. Ein Teil der alten ➢*Friedhöfe* vor dem ➢*Dammtor*, an die noch der Straßenname Bei den Kirchhöfen erinnert, wurde einbezogen. Anlässlich der Internationalen Gartenbauausstellungen (IGA) 1953, 1963 und 1973 wurden die Anlagen nach den jeweiligen Vorstellungen moderner Gartenbaugestaltung erneuert und verschönert. Am Nordwestrand erhebt sich das in den Park einbezogene ➢*Congress Centrum Hamburg* mit dem Tagungshotel; dort grenzt das Gelände auch an den alten ➢*Botanischen Garten. KKW*

Plattdeutsch ist die auch in Hbg häufig gebrauchte Bezeichnung für das Niederdeutsche, eine Sprache, die in Norddtld bis ins 16./17. Jh. auch als Schriftsprache üblich war. In dieser Funktion wurde sie seit der ➢*Reformation* zunehmend vom Neuhochdeutschen abgelöst. Als Umgangssprache war P. bis ins 20. Jh. weit verbreitet. In ländlichen Gebieten, auch der Großstadt Hbg, ist es heute noch im Alltag in Gebrauch, darf jedoch nicht mit ➢*Missingsch* verwechselt werden, das als Mischform zwischen P. und Hochdt. steht. Aufführungen in P. zeigt das ➢*Ohnsorg-Theater*. Der Pflege des P. widmen sich ferner der ➢*Quickborn* sowie der ➢*Verein für niederdeutsche Sprachforschung*.

Am Germanischen Seminar der ➢*Universität Hamburg* wird neben dem ➢*Hamburgischen Wörterbuch*, in dem das P. ausführlich berück-

Der Erholungs- und Freizeitpark Planten un Blomen war Schauplatz der Internationalen Gartenbauausstellungen 1953, 1963 und 1973. Im Vordergrund der 5000 Quadratmeter große Rosengarten, in dem 300 verschiedene Rosensorten gepflanzt wurden, dahinter der Heinrich-Hertz-Turm

sichtigt wird, das Mittelniederdeutsche Handwörterbuch erarbeitet. *Ko.*

Pöseldorf ist ein Quartier am Ostrand der Stadtteile ➢*Harvestehude* und ➢*Rotherbaum*. Der dort geborene A.K. ➢*Gobert*, Chronist großbürgerlicher Lebensart im Hbg der Jahrhundertwende, hat es als das „Geviert zwischen Alsterchaussee, Mittelweg, Milchstraße und Böhmersweg" bezeichnet, aber an anderer Stelle die Kirche St. Johannis – westlich des Mittelwegs – als „im Zentrum des hanseatischen Mayfairviertels Pöseldorf" einbezogen. Im 17./18. Jh. gehörte es jedenfalls zu einem Gartengebiet vor dem ➢*Dammtor*. Im nördl., ungefähr von Gobert umrissenen Teil waren die Bewohner Pächter des ➢*Klosters St. Johannis*, und v.a. hier, in durch Unterpachtverhältnisse klein gewordenen Gärten, „pöselten" sie emsig, aber nicht über die Maßen ergiebig „vor sich hin" (pöseln im Sinne von pusseln); dies gilt weniger für die groß angelegte Böckmannsche Gärtnerei zwischen Milchstraße und Alter Rabenstraße. Im 19. Jh. wurden die Straßen mit Villen bebaut, die Gärtner tlw. von Handwerkern verdrängt. Hier entstand ein ➢*Gängeviertel*, das – anders als viele Bürgerhäuser – beide Kriege überlebte und sanierungsbedürftig war. 1959 erwarb der Antiquitätenhändler E. Brinkama die heruntergekommene Wagenremise Milchstraße Nr. 10 (Architekt: M. ➢*Haller*) von der Post und setzte damit den Anfang für den partiellen Wandel P.s zu einem Viertel der Reichen, Schönen und Extravaganten – mit zahlr. restaurierten und denkmalgeschützten Bauten, freilich auch mit dem überdimensionierten „Pöseldorf-Center" am Mittelweg. Mittendrin finden sich die ➢*Hochschule für Musik und Theater* im Budge-Palais, die Jugendmusikschule am Mittelweg und die St.-Johannis-

Die Dienstmädchen der großbürgerlichen Haushalte in den vornehmen Stadtvierteln Harvestehude/Rotherbaum, zu denen Pöseldorf gehört, wurden „Kökschen" genannt. Sie blieben mitunter ein ganzes Arbeitsleben lang bei einer Familie.

Kirche (früher gelegentlich als inoffizielle „Sechste Hauptkirche" apostrophiert) am Turmweg. *luz*

Polizei Im Jahr 1814, das als ihr „Gründungsjahr" gilt, beschloss der ➢*Rat* am 25.5. die Schaffung einer einheitlichen P.behörde, die von zwei Ratsmitgliedern als „Polizeiherren" mit Sitz im ➢*Görtz-Palais* geleitet wurde. Sie übernahm die bis dahin u.a. in ➢*Wedde* und ➢*Prätur* getrennten Aufgaben. Die schon während der ➢*Franzosenzeit* 1811 vorgenommene Vereinheitlichung der P. wurde beibehalten. Vorläufer waren auch die ➢*Nachtwache*, die 1671 eingerichtet worden war und bis 1852 bestand, und die 1787 geschaffene ➢*Hafen*patrouille (Admiralitäts-, Binnenhafen- später Hafenrunde, Oberhafenpatrouille, Hafen- und Zolljacht-Patrouille, 1869 Hafenpolizei). 1875 wurde die Hafenrunde als Hafenpolizei eine Ab-

„Verkleidete Criminal-polizei-Offizianten auf Dauervigilanz“, Foto um 1895

teilung der reorganisierten P.behörde. Neben der P. bestanden zur Aufrechterhaltung der äußeren und inneren Sicherheit außer den genannten Einrichtungen das Militär (➢*Militär/Garnison*) und das ➢*Bürgermilitär* als Miliz. Die P.stärke Hbgs betrug 1842 bei ca. 200.000 Einw. nur 48 Beamte und 425 Mann der Nachtwache.

Hbgs Entwicklung zur Großstadt führte in einem langsamen Übergang zu einer militärisch ausgebildeten Schutzmannschaft, die sich überwiegend aus ehem. Unteroffizieren der preuß. Armee rekrutierte. Bereits 1870 beschloss der ➢*Senat* die Anstellung „berittener Constabler“, benannt nach der engl. Dienstbezeichnung. Das „Constablerkorps“ hatte zunächst eine Stärke von 650 Mann. 1888 wurde es Teil der Schutzmannschaft. Vier Jahre später änderte sich die Organisation der P. erneut, und sie verlor die Zuständigkeit für das Armenwesen (➢*Sozialfürsorge*). An der Spitze der P.abteilung stand ein P.hauptmann, während die Leitung der Fachbehörde der P.direktor übernahm (ab 1912: P.präsident). Die Hafenpolizei wurde in Hafen-, Alster- und Schiffahrtspolizei umbenannt, bis sie 1902 wieder die alte Bezeichnung erhielt. 1894–1918 bestand die Politische Polizei, zu deren Hauptaufgabe die Überwachung der Arbeiterbewegung wurde. 1912 wurden die Abteilungen erneut um- und neugegliedert. Die Behörde hatte 4.000 Beschäftigte. Unter der Führung des P.direktors/P.präsidenten G. Roscher (1890–1915) gewann die Hbger P., v.a. die Kriminalpolizei, internationales Ansehen. 1917 erfolgte die Bewaffnung der bis dahin überwiegend mit Hieb- und Stichwaffen ausgerüsteten Beamten mit Pistolen; Karabiner wurden 1910 – nach Unruhen in Berlin – erstmals in größerer Zahl beschafft.

Die Schutzmannschaft war den besonderen Anforderungen der Nachkriegszeit kaum gewachsen. „Volkswehr“ und andere Einrichtungen erwiesen sich ebenfalls als nicht ausreichend. Im Sommer 1919 ließ die Reichsregierung auf Wunsch des Senats nach Unruhen Regierungstruppen in Hbg eingreifen (u.a. Freikorps „Schleswig-Holstein“). Aus Soldaten und Volkswehrangehörigen entstand am 1.10. die Sicherheitspolizei, die erst ein Jahr später, am 8.9.1920, aufgelöst und durch die Kasernierte Ordnungspolizei ersetzt wurde. Sie gliederte sich zunächst wie die Sicherheitspolizei in die Bereiche Landschutz und Hafenschutz. Die Schutzmannschaft wurde als „Aufsichtsdienst der Ordnungspolizei“ (Distrikte, P.wachen, P.posten) bezeichnet. Der 1919/20 gegründete Polizeizweckverband Groß-Hamburg (unter Einbeziehung von ➢*Harburg*, ➢*Wilhelmsburg*, ➢*Altona* und ➢*Wandsbek*) wurde von der preuß. Staatsregierung nicht fortgesetzt. Beim ➢*Kapp-Putsch* 1920 erwiesen sich Teile der Ordnungspolizei als nicht zuverlässig.

Bei der „März-Aktion" 1921 und dem ➢*Hamburger Aufstand* 1923 gelang es den kommunistischen Putschisten nicht, die Kontrolle über das Stadtgebiet zu gewinnen. Im Laufe der 1920er Jahre wurden Aufsichtsdienst und Kasernierte Ordnungspolizei zusammengeführt und mit der bis dahin selbstständigen P. der Landherrenschaften

(➢*Landgebiet*) vereinigt. 1927 wurde in Hbg eine weibliche Kriminalpolizei eingerichtet, seit demselben Jahr gab es einheitliche blaue Uniformen. Mit dem Hamburgischen Polizeibeamtengesetz von 1929 waren die Neuerungen abgeschlossen.

Die Hafenpolizei hieß seit dem 1.10.1920 Ordnungspolizei – Hafen- und Schiffahrtspolizei, die Bootsbereitschaft der Kasernierten Ordnungspolizeien wurde 1932 aufgelöst. Mit der sog. Verreichlichung der P. (Übernahme der Länderpolizeien durch das Reich) 1936/37 wurde die Bezeichnung Wasserschutzpolizei eingeführt, die sich bis heute erhalten hat. Die urspr. Stärke der P. ging von 8.000 Beamten Anfang der 1920er Jahre bis auf 5.500 im Jahr 1933 zurück.

Nach der Machtübergabe an die Nationalsozialisten (➢*NS-Zeit*) geriet die P. rasch unter die vollständige Kontrolle der ➢*NSDAP*. Sozialdemokratische und demokratische Beamte wurden aus politischen Gründen entlassen, darunter auch der Chef der Ordnungspolizei, P.oberst L. Danner. Nach dem Gesetz zur Wiederherstellung des Berufsbeamtentums vom 7.4.1933 wurden auch Beamte jüd. Herkunft entlassen. Die Leitung der P.behörde übernahm der 1930 aus dem P.dienst entlassene P.oberleutnant A. Richter (NSDAP). Der neue Chef der Ordnungspolizei, P.oberstleutnant E. Simon (seit 1932 Vorsitzender der Vereinigung der nationalsozialistischen Polizeioffiziere Hamburg), befahl am 24.3. 1933 die Aufstellung des Kommandos zur besonderen Verwendung, das bald durch seine brutale Verfolgung von Gegnern der NSDAP berüchtigt wurde.

Die Staatspolizei wurde im November 1933 dem Reichsführer SS und Kommandeur der Politischen Polizei der Länder, H. Himmler, unterstellt. Leiter der Staatspolizei in Hbg (Gestapo) wurde der SS-Führer B. Streckenbach. Die Kasernierte Ord-

Angehöriger des „Corps der Nachtwache" in Tagesuniform (1814–52)

Polizeiwächter (1852–75)

Constabler zu Fuß (1876–92)

Polizeileutnant der Schutzmannschaft (1893–1918)

Wachtmeister der Ordnungspolizei (1919–33)

Hauptwachtmeister der Schutzpolizei. Diese Uniform wurde noch bis Ende 1980 von Hamburgs Polizisten getragen.

nungspolizei (Bereitschaftspolizei) wurde im Sommer 1933 in die Landespolizei umgegliedert und ein Jahr später mit der Bremer Landespolizei vereinigt. Sie war eine militärische Organisation und wurde 1935 nach der Einführung der allgemeinen Wehrpflicht in die Wehrmacht übernommen. Die übrigen uniformierten Beamten wurden als Revierpolizei bezeichnet und blieben im P.dienst. Die Kriminalpolizei wurde nach der „Verreichlichung" Teil der Sicherheitspolizei.

Nach dem ➢*Groß-Hamburg-Gesetz* von 1937 wurde die P. in Hbg und den preuß. Gebieten zusammengeführt. Diese Maßnahme ging einher mit der „Verreichlichung" der P. seit 1936 nach dem Prinzip der Gleichschaltung. Während des Zweiten Weltkriegs wurden zahlr. P.reservisten in die P. übernommen. Hbger P.bataillone wurden im „Kampfeinsatz" verwandt. Dazu zählte auch die Beteiligung an der „Endlösung der Judenfrage" im Rahmen der „Aktion Reinhard" 1942/43 im besetzten Polen.

Nach 1945 wurde die P. zunächst von den brit. Behörden (➢*Britische Besatzung*) direkt geführt, bevor ab 1947 der Erste Bürgermeister M. ➢*Brauer* die Leitung der P.behörde übernahm. Im Oktober 1945 wurde in Hbg eine weibliche uniformierte Schutzpolizei geschaffen, die sich zunächst v.a. um Kinder und Jugendliche kümmern sollte. Die Führung der P. übernahm im Mai 1945 auf Befehl der brit. Militärbehörden L. Danner, der aber noch im selben Monat durch B. Georges (P.präsident 1952–58) abgelöst wurde. Im November des Jahres verlor die P. die Zuständigkeit für alle verwaltungspolizeilichen Angelegenheiten (z.B. Bau- oder Gewerbepolizei). 1947 wurde die „Einheitslaufbahn" verfügt. Nach Verabschiedung des Gesetzes über die P.verwaltung durch die ➢*Bürgerschaft* am 7.11. 1947 gaben die brit. Behörden die Verantwortung über die P. an den Senat ab. 1950 wurde der ehem. Chef der Ordnungspolizei L. Danner ➢*Präses* der P.behörde. Im Jahr darauf verpflichtete sich Hbg gegenüber dem Bund zur Aufstellung der Bereitschaftspolizei. In der Zeit des ➢*Hamburg-Blocks* wurde die P.behörde 1954 reorganisiert (Verwaltung, Schutz-, Kriminal- und Wasserschutzpolizeiamt). Zum 1.5. 1962 wurde die Behörde für Inneres gebildet, in der die P.behörde aufging. Erster Präses wurde Senator H. Schmidt. Mit der neuen Behörde veränderte sich die Struktur der P. (P.gruppen, P.abschnitte, P.revierwachen, P.posten). Kleinere Revierwachen wurden zusammengelegt, und die P.abschnitte und -gruppen zu P.bezirken zusammengefasst, die sich mit denen der allgemeinen Verwaltung deckten.

Umfangreiche Veränderungen erfuhr die P. nach einer Untersuchung der Schweizer Unternehmensberater Knight und Wegenstein in den 1970er Jahren. Sie führten u.a. zu einer deutlichen Reduzierung der P.reviere und zu einer neuen Struktur: Die bisherigen Ämter Kriminal-, Schutz- und Wasserschutzpolizei wurden aufgelöst, und es wurde eine einheitliche Landespolizeidirektion geschaffen. Die sieben P.bezirke wurden in vier P.direktionen (PD Mitte, West, Ost, Süd) zusammengefasst. Zunächst entstanden daneben Fachdirektionen (FD 5 Führungs- und Lagedienst, 6 Spezieller Kriminaldienst, 7 Staatsschutz, 8 Landesverkehrsverwaltung, 9 Bereitschaftspolizei). Die P.-Reiterabteilung wurde aufgelöst. Teile der P.reform wurden später rückgängig gemacht (FD 6 und 7 wurden 1989 vereinigt zum Landeskriminalamt, LKA). Anfang der 1980er Jahre war die gesamte weibliche Schutzpolizei in den Dienst der Schutzpolizei integriert worden. U.a. im Zusammenhang mit dem sog. P.skandal wurde 1995 das Amt des P.präsidenten wiedereingeführt, dessen Aufgaben seit 1991 vom Landespolizeidirektor mit übernommen worden waren. Zwischen 1998 und 2007 wurden mehrfach organisatorische Veränderungen durchgeführt. Die Landespolizeiverwaltung (LPV) 3 (Rechtsabteilung) arbeitet seit Anfang 2009 als Abteilung J (Justiziariat) direkt unter der Verantwortung des P.präsidenten. Die LPV 1, 2, 3, 5 und 6 wurden mit der Bezeichnung VT (Verwaltung und Technik) zu einer neuen Organisationseinheit (VT 1 Gebäude und interner Service, VT 2 Logistik, VT 3 IT-Entwicklung, VT 4 IT-Service und -Betrieb, VT 5 Ressourcenplanung, VT 6 Gebühren- und Kostenangelegenheiten). Die LPS (Landespolizeischule) und die LPV 4 (Personalverwaltung) wurden in der Organisationseinheit ZP (Zentrales Personalmanagement) zusammengefasst (ZP 1 Allgemeine Angelegenheiten, ZP 2 Landespolizeischule – Ausbildung, ZP 3 Landespolizeischule – Fortbildung, ZP 4 Personaleinstellungen und -entwicklung, ZP 5 Personalangelegenheiten, ZP 6 Soziales und Fürsorge). Der Bereich LPS (ZP 2 und ZP 3) behielt eine eigene Leitung.

Zurzeit bestehen 25 P.kommissariate, drei Wasserschutzpolizeikommissariate, ein Wasserschutzpolizeirevier (➢*Cuxhaven*) und eine Außenstelle der Wasserschutzpolizei (Lauenburg). Die Wasserschutzpolizeischule (WSPS) im Hamburger ➢ *Freihafen* ist die Aus- und Fortbildungsstätte für die Wasserschutzpolizeien aller Bundesländer (Ausnahme: Thüringen). Sie wird gemeinschaftlich finanziert. Das 1958–62 errichtete P.präsidium, zusammen mit dem Unileverhaus (1958–64) erstes Beispiel für die Hochhausarchitektur der Nachkriegsmoderne, wurde 2000 durch einen Neubau auf dem P.gelände in ➢*Alsterdorf* ersetzt. Die Zahl der Beschäftigten umfasst heute ca. 10.000 Beamte, Angestellte und Arbeiter. *WK*

Zur Verabschiedung der Verfassung von 1952 am 6.6. vor dem Rathaus angetretene Hundertschaft; auf dem Balkon: Senat und Bürgerschaft

Poppenbüttel ist ein Stadtteil im ehem. Ortsamtsgebiet Alstertal des Bezirks ➢*Wandsbek* mit 8,1 km² Fläche und 22.041 Einw. (2009). P. war Sitz des Ortsamts. Die erste urkundliche Erwähnung des holstein. Ortes geschah 1336. 1389–1803 befand er sich im Besitz des Hbger ➢*Domkapitels*. Danach gehörte das Dorf zur Herrschaft Pinneberg (➢*Holstein-Pinneberg*) und war ab 1867 preuß. 1937/38 erfolgte die Eingliederung in das hbg. Staatsgebiet durch das ➢*Groß-Hamburg-Gesetz*. Bis zur

Mitte des 19. Jhs war die Poppenbütteler Schleuse eine wichtige Station der von Hbg kontrollierten Schifffahrt auf der ➢*Alster.*
Der Hbger Kaufmann H.Chr. Olde erwarb 1765 die Poppenbütteler

Ein Beispiel für die Burgenbegeisterung des 19. Jahrhunderts: Burg Henneberg, oberhalb der Poppenbütteler Alsterschleuse. Foto aus der Zeit des Kaiserreichs

➢*Mühlen* am Kupferteich und an der ➢*Alster*, nutzte sie als Kupferhämmer und betrieb eine Silberraffinerie. In seinem Haus und Garten traf er sich u.a. mit M. ➢*Claudius* und F.G. ➢*Klopstock*. In der zweiten Hälfte des 19. Jhs schuf die Familie Henneberg einen Großgrundbesitz, der mit rund 500 ha den größten landwirtschaftlichen Betrieb im gesamten Alstergebiet darstellte und einen Park einschloss. Hier entstand 1884–87 die „Burg Henneberg" als spätes Beispiel romantischer Mittelalterverklärung – allerdings im Miniaturformat. Um 1900 wurde P. zum beliebten Ausflugsziel. Seit dem Ersten Weltkrieg und begünstigt durch die 1918 fertiggestellte Alstertalbahn (➢*S-Bahn*) begann die systematische Bebauung des Ortes durch Villen am Alsterlauf und ab 1930 durch die Siedlungen Heimgarten und Eichenredder. Das 1970 eröffnete Alstertal-Einkaufszentrum (AEZ) ist mit 240 Geschäften auf über 59.000 m² das größte Einkaufszentrum Norddeutschlands und bildet heute den Mittelpunkt des Stadtteils. Am Kritenbarg ist eines der von KZ-Häftlingen aus ➢*Sasel* erbauten „Plattenhäuser" als Außenstelle der KZ-Gedenkstätte ➢*Neuengamme (Konzentrationslager)* eingerichtet. *SH*

Portugaleser Anfang des 16. Jhs gab das durch Kolonialbesitz reich gewordene Portugal große Goldmünzen („Portuguez") im Wert von zehn Dukaten aus. Diese erstmals 1499 geprägten Goldstücke zeigen auf der Vorderseite das portugies. Wappen in einem doppelten Inschriftenring. Die Rückseite trägt ein Kreuz mit breiten Enden, umringt von einer Inschrift. Neben anderen nordeuropäischen Städten versuchte

Vorder- und Rückseite eines Portugalesers aus der Zeit zwischen 1553 und 1562. Der Avers im Perlkreis zeigt eine Burg mit einem Nesselblatt, der Revers das Kreuz des portugiesischen Christusordens. Zeichnung aus Otto Christian und Cipriano Francisco Gaedechens' dreibändigem Werk „Hamburgische Münzen und Medaillen" (1850-76).

insbesondere Hbg, dem portugies. Vorbild nachzueifern, und prägte 1550–80 Münzen in enger Anlehnung (➢*Münzwesen*). Die Umschrift lautet: MONETA AVREA CIVITATIS HAMBURGENSIS und im inneren Kreis: NACH PORTVGALIS SCHROT UND KORN (d.h. nach Gewicht und Feingehalt). Zunächst galten diese „Portugaleser" (Portugalesen = Portugiesen) als „ganghafte Münze nach Seewärts" und fanden für größere Zahlungen Verwendung. Da sie jedoch nicht der Reichsmünzverordnung entsprachen, erfolgte 1577 ein Verbot, an das sich Hbg zunächst nicht hielt. Die in geringer Zahl hergestellten Stücke gelangten kaum in Umlauf, sondern waren als wertvolle Repräsentationsprägungen beliebte Geschenke.

Die Prägung von P. als Münzen im Wert von zehn Dukaten kam, mit gleichem Gewicht und Rückseitenbild mit Kreuz, erst im 17. Jh. wieder auf. 1653 wurde dann von der ➢*Hamburger Bank* der erste sog. Bankportugaleser ausgebracht (zehn Dukaten). Damit begann eine lange Reihe von prachtvollen Goldmedaillen, die bis 1863 ausgeprägt wurden. Gelegentlich kamen Doppel- und Teilstücke, aber auch Silberabschläge vor. Diese Medaillen haben jedoch nicht mehr das oben beschriebene Münzbild, sondern tragen sehr unterschiedliche Motive. Besonders während der Zeit des Barocks, zwischen 1600 und etwa 1770, hat sich eine Vielzahl von berühmten Medailleuren in Gold verewigt. Häufiges Motiv war die mit Schiffsabbildungen kombinierte Stadtansicht Hbgs, von der ➢*Elbe* her gesehen. Hinzu kamen antike Figuren, die Handel und Wandel symbolisierten, die ➢*Börse* oder auch das Gebäude der Hamburger Bank.

Bankportugaleser von 1667. Auf der Vorderseite ist die Stadt Hamburg mit ihren Türmen, von Süden aus gesehen, dargestellt. Die lateinische Inschrift „Sub umbra alarum tuarum" auf der Vorderseite bedeutet „Unter dem Schatten deiner (= Gottes) Flügel", die Inschrift „Da pacem Domine in diebus nostris" auf der Rückseite heißt übersetzt „Herr, gib Friede in unseren Tagen".

Außer der Bank gab noch das ➢*Admiralitäts*-Kollegium zwischen 1675 und 1801 P. heraus. Sie zeigen meist Schiffsdarstellungen – häufig aus der ➢*Konvoischifffahrt.* Die dritte Einrichtung, in deren Auftrag – allerdings nur sehr wenige – P. geprägt wurden, war die ➢*Commerzdeputation.* Sie brachte zwischen 1765 und 1868 einige den Handel verherrlichende Commerzportugaleser heraus. Die letzte Kategorie von P. wurde durch Versicherungen herausgegeben. Diese Unternehmen, auch als Assekuranzen bezeichnet, ließen meist bei ihrer Gründung oder zum Firmenjubiläum sog. Assekuranzportugaleser prägen.

Der Begriff P. hat sich in Hbg bis in die Gegenwart gehalten, und zwar

Siegel der Direktion des „Postamts der Freien Stadt Hamburg“, 19. Jahrhundert

zur Bezeichnung der vom ➢*Senat* seit 1956 anlässlich von Staatsbesuchen oder Jubiläen vergebenen Medaillen. Weil die Rückseite dieser von E. Mataré entworfenen Jubiläumsprägung die Daten der hbg. ➢*Verfassung* trägt, wird dafür auch der Terminus Verfassungsportugaleser verwendet. Einen „Portugaleser BÜRGER DANKEN“ hat der Zentralausschuss Hamburger ➢*Bürgervereine* 1986 gestiftet. *RW*

Portugiesisch-jüdische Gemeinde Den seit den 1580er Jahren in Hbg lebenden sefardischen, urspr. aus Portugal stammenden Juden waren die öffentliche Religionsausübung und der Bau von ➢*Synagogen* verboten. Bis zur Mitte des 17. Jhs wuchs die

Das Innere der Synagoge (Esnoga) der Portugiesisch-jüdischen Gemeinde in der Markusstraße um 1934. Die Ausstattung im sogenannten pseudoorientalischen Stil wurde beim Umzug in die Innocentiastraße mitgenommen. Links unten sind auf der Bima/Teba die Stifte zu sehen, auf die die Thorarollen aufgesteckt wurden.

Portugiesenniederlassung auf rund 600 Personen. Ihre vom ➢*Rat* geduldeten verschiedenen Betgemeinden schlossen sich 1652 zu der einen Gemeinde „Beth Israel“ zusammen. Deren Vorstand übte die Gerichtsbarkeit aus, wachte über die Einhaltung der Sitten und regelte die Gemeindeverwaltung, den Unterricht, die Wohltätigkeit und die Beerdigungen. Ein kleines Gebäude am ➢*Alten Wall* diente als Synagoge. Aufgrund des zunehmenden Drucks und der verschärften Judenordnung von 1697 verließ ein Teil der P.G. 1696 die Stadt und ging nach Amsterdam. Die Bedeutung der P.G. nahm rasch ab. Im 19. Jh. lebten nur noch wenige portugies. Juden in Hbg, denen jedoch 1834 – mit auswärtiger Unterstützung – der Bau einer Synagoge gelang, die nach dem ➢*Großen Brand* von 1842 im Jahr 1855 durch einen Neubau an der Markusstraße ersetzt wurde. Vor ihrer Auflösung durch die Nationalsozialisten konnte die P.G. noch 1935 eine Synagoge in der Innocentiastraße einweihen. *Pe.*

Postwesen Ursprung des Hbger P.s ist das seit dem 13. Jh. belegte Botenwesen des ➢*Rats*. Auch die Boten der Kaufleute standen unter seiner Oberaufsicht, kamen aber 1517 unter Betriebsverwaltung des „kopman“ (➢*Ehrbarer Kaufmann*); er erließ feste Gebührensätze nach Gewicht, Strecke und Wert (1550) und Botenordnungen (1578/80, 1607, 1627). Sendungen wurden bis Ende des 16. Jhs an der ➢*Börse* den Boten und später dem Postmeister in dessen Privatwohnung übergeben (seit 1641 „Posthaus“ genannt, mit Richtungsbriefkästen nach ➢*Lübeck*, Danzig/Stettin, Berlin, Leipzig/Magdeburg, ➢*Bremen*, Kopenhagen/Odense, Friedrichstadt, Emden/Oldenburg, Glückstadt, Lüneburg; Kurse ferner nach Amsterdam, Köln/Antwerpen). Da die Nachbarstaaten eine eigene Post aufbauten, mussten im 17. und 18. Jh. viele Strecken aufgegeben werden. Zugleich nahmen einige Landesherren für die

Boten das Recht in Anspruch, auch in Hbg ihre eigenen festen Poststellen neben der städtischen und der privilegierten Kaiserlichen Reichspost (1616, später Fürstlich Thurn und Taxis'sche Post, bis 1867) aufzubauen. Mit Unterbrechung durch die einheitliche frz. Postverwaltung 1811–14 (➢*Franzosenzeit*) taten dies: Schweden (1620–1869), ➢*Dänemark* (1649–1864), Brandenburg-Preußen (1654–1868), Mecklenburg (1683/92–1867), Braunschweig-Lüneburg (1684–1866, seit 1835 Königlich Hannoversche Post), Holstein-Gottorf (1695–1777, danach zu Dänemark). 1797 wurde eine private, innerstädtische „Fuß-Botenpost" eingerichtet. 1832 erfolgte die Verstaatlichung des gesamten hbg. P.s mit Einsetzung einer Postverwaltungs-Deputation, unter der bald die technischen Neuerungen in der Brief- und Paketbeförderung Einzug hielten (Eisenbahn; Innenstadt: Pferde- und ➢*Straßenbahn*). 1833 wurde mit der von A. de ➢*Chateauneuf* entworfenen „Stadtpost" ein neues Posthaus auf dem ➢*Neuen Wall* eröffnet, 15 Jahre später erfolgte der Umzug in die heutige ➢*Alte Post*. Die Zersplitterung des P.s endete mit der Eingliederung der hbg. Stadtpost in den Norddeutschen Postbezirk des ➢*Norddeutschen Bundes* 1868 (darin auch die ➢*beiderstädtische* Post von 1847). Drei Jahre zuvor waren die 22 städtischen Annahmebüros durch ein Briefkastensystem ersetzt worden. 1887 erfolgte die Indienstnahme des ehem. Gebäudes der Oberpostdirektion und des Postzustellamtes Hamburg 36 am Stephansplatz (benannt 1887 nach dem dt. Generalpostmeister H. von Stephan), 1905 des Bahnpostamtes Hühnerposten (ehem. Hamburg 1), 1907 des Fernmeldeamtes 1 als Vermittlungszentrale für das 1881 in Hbg eingeführte Telefon (zugleich als ehem. Hamburg 13 das Amt des besonders vornehmen Postzustellbezirks, u.a. für die Stadtteile ➢*Harvestehude* und ➢*Rotherbaum*). Heute ist Hbgs P. von drei Sparten geprägt: DHL Frachtdienst, Briefdienst (Hamburg-Zentrum: PLZ 20/22; Hamburg-Süd: 21) und über 100 Filialen (mit herkömmlichen Schaltern) in unterschiedlichen Größen. Das ehem. Postgebäude am Stephansplatz beherbergte bis 2009 das Museum für Post und Kommunikation, das aus der „Postgeschichtlichen Sammlung Hamburg" hervorgegangen war. Seit 1995 gehörte es zur Museumsstiftung Post und Telekommunikation. *Ti.*

Präses heißt der vom Ersten ➢*Bürgermeister* an die Spitze einer Fachbehörde berufene Behördenleiter (oder die Behördenleiterin). Er/sie ist der/die Vorsitzende der jeweiligen ➢*Deputation*; das Wort P. ist – wie auch „Präsident" – lat. Ursprungs. Die „monokratische" (alleinige) Leitung der Behörde durch die Präsides wird nur geringfügig durch die Deputationen eingeschränkt. Da sie sich gegen Beschlüsse der jeweiligen Deputation durch Anrufung des ➢ *Senats* wehren können, nehmen die Präsides eine Mittelposition ein, die die Schaffung eigener Spielräume erlaubt. Ein P. ist aber insofern nicht „Chef" seiner Behörde, als der Erste Bürgermeister, der die Senatsgeschäfte leitet, mit seiner Richtlinienkompetenz ihm Weisungen erteilen, ihn äußerstenfalls abberufen kann. Der Erste Bürgermeister ist Präses der Senatskanzlei, die ebenso wie der Bürgermeister kein be-

Oben: Hamburger Stadtpostmarke (halber Schilling, 1851)

Mitte: Bergedorfer Briefmarke (halber Schilling, 1867). Die Bergedorfer Marken zeigen das halbe Lübecker und das halbe Hamburger Wappen.

Unten: Hamburger Stadtpostmarke des Norddeutschen Postbezirks, die 1868–74 in Kurs war. Die abgebildete Marke zum Gebührensatz von einem halben Schilling diente nur dem Ortsverkehr innerhalb Hamburgs.

stimmtes Fachgebiet hat, sondern sich über das gesamte Spektrum der Senatspolitik hinweg betätigt.

Auch an der Spitze der ➢*Handelskammer* steht ein P. Die Bezeichnung erinnert daran – ebenso wie der Name ➢*Commerzbibliothek* –, dass die Handelskammer 1866 die Aufgaben der früheren ➢*Commerzdeputation* übernahm. *luz*

Prätur Bereits seit dem Mittelalter werden die beiden dem ➢*Niedergericht* vorsitzenden ➢*Rats*herren als Prätoren bezeichnet. Als weitere Aufgabe hatten sie neben der ➢*Wedde* die Polizeigewalt inne und fungierten als außergerichtliche Justizbehörde. In dieser Funktion waren sie in Streitigkeiten bis zu einem bestimmten Wert als Einzelrichter tätig. Dazu gehörten Bankrotte, Auseinandersetzungen über ➢*Kämmereigelder*, Mieten, Wechsel, Frachtgelder, Renten und sonstige Forderungen sowie Streitigkeiten zwischen Herrschaften und Gesinde. Mit der Einrichtung einer Polizeibehörde (1811/14; ➢*Polizei*) und der 1815 erfolgten Loslösung des Niedergerichts aus ihrer Zuständigkeit beschränkte sich die Kompetenz der P. nun ausschließlich auf richterliche Tätigkeit und die Vollstreckung aller gerichtlichen Erkenntnisse (Rechtstitel) innerhalb der Stadt. Nach der Trennung von Justiz und Verwaltung 1860 wurden die Präturen durch rechtsgelehrte Richter des Niedergerichts verwaltet. Mit der Einführung der reichseinheitlichen Justizorganisation 1879 (➢*Gerichtswesen*) gingen ihre Aufgaben auf die ➢*Amtsgerichte* über. *Bü.*

Pressehaus Für das „Hamburger Tageblatt“, das offizielle Organ der ➢*NSDAP*, wurde 1938 als eines der letzten Häuser im ➢*Kontorhausviertel* das P. erbaut, nach einem Entwurf von R. Klophaus. Auf dem Grundstück am Speersort stand neben anderen Gebäuden auch das der ➢*Hamburger Nachrichten*. Das Arkadenmotiv wurde dem damals noch benachbarten ➢*Johanneum* entlehnt. Die von R. Kuöhl geschaffene ➢*Kogge* – das Firmensymbol des Hamburger Tageblatts – befindet sich heute – ohne Hakenkreuz – am Eingang Curienstraße. Nach

Pressehaus am Speersort: „SPIEGEL“ und „stern“ sind längst ausgezogen, die „ZEIT“ entsteht noch immer hier. Links im Hintergrund St. Jacobi, vorn der neu gestaltete Domplatz

des Hamburger Tageblatts – befindet sich heute – ohne Hakenkreuz – am Eingang Curienstraße. Nach 1945 kam das Gebäude in den Besitz der Druckerei Auer & Co. (➢*Auer-Druck*), die es 1977 an die Allianz-Versicherung verkaufte. In dem nur relativ leicht beschädigten P. hatten zunächst das der ➢*SPD* izenzierte ➢*Hamburger Echo*, dann so bekannte Magazine wie ➢*DER SPIEGEL* und „stern" ihren Sitz. Heute arbeitet hier nur noch die Wochenzeitung ➢*DIE ZEIT*. *luz*

Prey, Johann Leonard (geb. um 1700 Gotha, gest. 1.12.1757 Hbg), Steinmetzmeister, Architekt. Seit 1736 war P. eingetragener Meister in Hbg. U.a. arbeitete er an der Erneuerung der Westfassade von ➢*St. Katharinen* (J.N. ➢*Kuhn*), bevor er 1738 die Oberaufsicht über den Neubau der Steintorbrücke (heute Steintordamm/Steintorwall) erhielt. P. erstellte im Auftrag des ➢*Bauhofs* zahlr. Gutachten.

Wahrzeichen der Vorstadt St. Georg: die Dreieinigkeitskirche von Johann Leonhard Prey. Das Gotteshaus brannte im Zweiten Weltkrieg aus. Der Neubau schließt nicht mehr an den 1956–62 wiederhergestellten Turm an, sondern wurde um ca. 50 Grad nach Westen gedreht errichtet.

Ab 1743 war er vermehrt im Kirchenbau tätig, in den er sächs. und thüring. Stilelemente einbrachte (1743–47 Dreieinigkeitskirche in ➢*St. Georg*, 1740/41 Turm von St. Pankratius in ➢*Ochsenwerder* u.a.). Bis zu seinem Tod betreute er zusammen mit E.G. ➢*Sonnin* und C.M. Möller den Neubau von ➢*St. Michaelis* (seit 1751). Fachliches Können sicherte P. ein hohes Ansehen. Dennoch stand er in Hbgs Baugeschichte lange im Schatten seines akademisch gebildeten und innovationsfreudigen Konkurrenten Sonnin, der v.a. mit seinen ingenieurtechnischen Leistungen beeindruckte. *Ti.*

Primus Mit dem Namen „P." ist das schwerste Schiffsunglück in hbg. Gewässern verbunden. In der Nacht zum 21.7.1902 kollidierte der gleichnamige Raddampfer mit dem Hochseeschlepper „Hansa" auf der Unterelbe vor ➢*Nienstedten*. An Bord befanden sich 206 Mitglieder und Freunde der ➢*Eilbeker* Liedertafel „Treue von 1887". Nachdem der Kapitän das nur für 172 Passagiere zugelassene Schiff zugunsten einer besseren Geschwindigkeit ins strömungsärmere Fahrwasser des Gegenkurses gesteuert hatte, stieß es mit dem ➢*Schlepper* zusammen. Bei der Katastrophe fanden 101 Menschen den Tod, von denen 78 auf einem gemeinsamen Grabplatz auf dem ➢*Ohlsdorfer Friedhof* beigesetzt wurden. Während des Unglücks zeichnete sich besonders der Eilbeker Kellner E. Eberhardt aus, der fünf Frauen aus den Fluten barg und beim sechsten Hilfsversuch selbst ums Leben kam. An die Katastrophe erinnert ein Gedenkstein am Ufer in Höhe der Unglücksstelle. *JJF*

PRO steht für den Konsum-, Bau- und Sparverein Produktion e.G.m.b.H. Seine Gründungsversammlung fand am 24.1.1899 im Hamburger Ball-

wichtigste Initiatoren der Hamburger P. gelten der Kaufmann R.E. May und der Gewerkschafter A. von ➢*Elm*. In Hbg hatte es schon vorher kleinere konsumgenossenschaftliche Organisationen gegeben, namentlich die Neue Gesellschaft zur Verteilung von Lebensmittelbedürfnissen von 1856, die 1926 von der Produktion übernommen wurde.

Die neu gegründete P. war von Anfang an sehr erfolgreich. Schon 1913 erfolgte die Eröffnung ihrer 100. Verteilungsstelle, 1917 hatte sie bereits 100.000 Mitglieder. Nach Verschmelzungen mit Konsumvereinen aus dem Umland stieg die Zahl der Mitglieder 1929 auf 130.000. Die P. machte damals mit 474 Läden, Betrieben und rund 5.000 Beschäftigten einen Umsatz von 90 Mio. Reichsmark. In der ➢*NS-Zeit* wurde die P. zunächst nicht liquidiert, erhielt 1936 aber zwangsweise den Namen Niederelbische Verbrauchergenossenschaft e.G.m.b.H. 1941 erfolgte durch das Gesetz zur Anpassung der verbrauchergenossenschaftlichen Einrichtungen an die kriegswirtschaftlichen Verhältnisse die Auflösung.

Schon in der unmittelbaren Nachkriegszeit bekam die im April 1946 neu gegründete Produktion e.G.m.b.H. wie alle anderen dt. Konsumgesellschaften massive Konkurrenz seitens der aufstrebenden Selbstbedienungsketten amerikan. Prägung. Als Folge schlossen sich 1974 rund 100 der kränkelnden Genossenschaften unter dem Dach der neu gegründeten co op AG zusammen. Die P. Konsumgenossenschaft wurde im selben Jahr zur Pro Verbraucher AG umgewandelt. Seit dem 1.2.1998 gehört die P. zur SPAR Handels-AG, die seit 2005 eine Tochtergesellschaft der Edeka Zentrale AG & Co. KG ist. *Smo*

Prostitution Im Hbger ➢*Stadtrecht* von 1292 werden erstmals „wandelbare frouwen“ genannt; vielleicht ist dieser Passus aber auch erst später hinzugefügt worden. In den ➢*Kämmerei*rechnungen von 1428/50 werden Frauenhäuser erwähnt, die sich wohl in städtischem Besitz befanden. Wie der ➢*Rezess* von 1483 zeigt, wurden Prostituierte auch außerhalb dieser Häuser geduldet, unterlagen aber besonderen Kleidungsvorschriften. Im 16. Jh. setzte – u.a. aufgrund der Ausbreitung der Syphilis – die Verfolgung der P. ein, was sich dann auch im 17. Jh. im Stadtrecht von 1603 sowie in der Einweisung von Prostituierten in das ➢*Werk- und Zuchthaus* (seit 1622) und das Spinnhaus (seit 1669) fortsetzte. Bis zum Ende des 18. Jhs zeigte sich, dass die P. nicht durch Repressionsmaßnahmen zu verhindern war; sie wurde immer offener praktiziert, und Bordelle wurden geduldet.

1807 wurde eine Verordnung erlassen, die die P. gesundheits- und sittenpolizeilichen Vorschriften unterwarf. Ihre Bestimmungen betrafen v.a. die Meldung und Behandlung von Geschlechtskrankheiten, die Registrierung der Prostituierten und die staatliche Konzessionierung der Bordellwirte, deren Häuser in der ganzen Stadt verteilt lagen. Diese Reglementierungen blieben bis 1921 in ihren Grundsätzen gültig. Auch die Einführung des Strafgesetzbuches 1871 im Deutschen Reich, durch das Bordelle verboten wurden, hinderte den Hbger ➢*Senat* nicht, in seiner bisherigen Konzessionsvergabe fortzufahren.

In der rasch wachsenden Handels-, Hafen- und Industriestadt stammte die überwiegende Mehrheit der 1863 registrierten 1.047 Prostituierten in 180 Bordellen von außerhalb Hbgs; insbesondere junge Frauen aus schlecht bezahlten Berufsgruppen (Dienstmädchen, Fabrikarbeiterinnen) gingen hauptberuflich oder zeitweise der P. nach. Seit den 1890er Jahren stieg die Zahl der nicht gemeldet arbeitenden Prostituierten rasch an (1895 geschätzt 3.000–4.000). Sie waren zwar nicht von Bordellwirten abhängig, gerieten aber in die Zwänge des sich neu entwickelnden Zuhälterwesens. Vergnügungszentren mit P. entstanden zu dieser Zeit in ➢*St. Pauli* (➢*Herbertstraße*) und in der Nähe des neuen ➢*Hauptbahnhofs* von 1906. Nicht zuletzt aufgrund der jahrelangen Proteste seitens der Frauenvereine und der ➢*SPD* gegen das staatlich kontrollierte Bordellwesen wurde die Organisation der P. durch die ➢*Bürgerschaft* 1921 aufgehoben. In der Ideologie der ➢*NS-Zeit* galt die P. als Gefahr für die „Volksgesundheit". Die Prostituierten wurden bei der Zentralen Überwachungsstelle der Gesundheitsbehörde registriert, ein Teil von ihnen (1945 über 1.000) entmündigt und in Anstalten zwangseingewiesen, aus denen sie auch nach 1945 nicht sofort entlassen wurden.

Die registrierte P. konzentrierte sich nach dem Zweiten Weltkrieg weiterhin auf die Stadtteile St. Pauli und ➢*St. Georg*, änderte jedoch ihre Struktur seit den 1970er Jahren durch Beschaffungsprostitution Drogensüchtiger, organisiertes Verbrechen und internationale Herkunft der Frauen, insbesondere aus Osteuropa. *Pe.*

Pulvermanns Grab ist die besonders schwierige Sprungkombination beim seit 1920 veranstalteten Deutschen Spring- und Dressurderby: Sie besteht aus einem Steilsprung über 1,40 m, führt über einen Wassergraben und schließt mit einem 1,20 m hohen Aussprunghindernis. Diese Form erhielt es 1924. Die Benennung geht zurück auf den Schöpfer des ➢*Klein Flottbek*er Parcours, den Hbger Kaufmann und leidenschaftlichen Reiter E.F. Pulvermann. 1940 wurde er wegen angeblicher „Heimtücke" und Spionage verhaftet, 1943 aber freigesprochen. Die Gestapo nahm ihn sofort fest und verbrachte ihn ins KZ ➢*Neuengamme*. P. starb am 9.4.1944 im Gefängnislazarett ➢*Langenhorn*. *Ah.*

Eine große Herausforderung für Pferd und Reiter: Pulvermanns Grab auf dem Klein Flottbeker Parcours

Quartiersleute ist die Bezeichnung für selbstständige Lagerhalter empfindlicher Güter, die im ➢*Hafen* gelöscht werden. Q. sind meist in Vierergruppen – daher der Namensbestandteil Quartier – organisiert und Spezialisten für die Lagerung von Waren wie Gewürze, Kaffee und Tee. Ihre Firmen sind nach dem Vormann und seinen Teilhabern, den „Consorten" (& Cons.), benannt. Seit 1886 gibt es den eingetragenen Verein für Hamburger Quartiersleute. *LS*

Würdige Herren in der Speicherstadt: die im Umgang mit empfindlichen Gütern erfahrenen Quartiersleute. Foto von Anton Bruhn, vor 1914

Quickborn Die Vereinigung für niederdeutsche Sprache und Literatur wurde 1904 gegründet und nahm 1906 den Namen Q. an; K. Groths gleichnamiger Gedichtband von 1852, den O. ➢*Speckter* illustriert hatte, stand Pate. Vor dem Ersten Weltkrieg war der Q. mit 650 Mitgliedern der größte Verein seiner Art (heute rund 500). Mit Vorträgen, geselligen Zusammenkünften und Publikationen widmet er sich der Pflege des ➢*Plattdeutschen.* Das Vereinsorgan „Quickborn. Zeitschrift für plattdeutsche Sprache und Literatur" erschien 2009 im 99. Jahrgang. Der Buchbestand des Vereins ging in der 1996 geschaffenen Niederdeutschen Bibliothek der Carl-Toepfer-Stiftung in der Neanderstraße 22 auf. Die Bibliothek verfügt über ca. 20.000 Medieneinheiten *Ko.*

Mitteilungen aus dem
Quickborn
Vereinigung von Freunden der niederdeutschen Sprache und Literatur (E. V.) in Hamburg
15. Jahrg. Hamburg, Herbst 1921 Nr. 1

Titelblatt eines Heftes der „Mitteilungen aus dem Quickborn" von 1921 mit einem Foto des Finkenwerder Dichters Rudolf Kinau von Ferdinand Braune

Quiddje – auch Quittje geschrieben – ist eine halb scherzhafte, halb spöttische Benennung für Nichthbger oder Neuzugezogene in der Stadt. Nach einer engeren Deutung nur auf Mecklenburger gemünzt, bezeichnet der Begriff auch allgemein Vornehmtuer oder Personen mit süddt. Dialekt. Die Herkunft des Wortes ist unbekannt. Als der populäre ➢*Bürgermeister* H. ➢*Weichmann* am 19.6.1968 den ersten Rammstoß zum Bau des Neuen ➢*Elbtunnels* in Gang setzte, kam der Kreis der Ehrengäste in den Genuss einer unfreiwilligen Dusche durch Spritzwasser aus der Dampframme. In Hbg machte daraufhin der Ausspruch eines Umstehenden die Runde, dass nun der „Quiddje aus Schlesien endlich mit Elbwasser getauft sei". *Ti.*

Rahlstedt ist ein Stadtteil im gleichnamigen ehem. Ortsamtsgebiet im Bezirk ➢*Wandsbek* mit 26,6 km^2 Fläche und 86.768 Einw. (2009). Die erste urkundliche Erwähnung des holstein. Kirchdorfes Altrahlstedt fällt ins Jahr 1248. Im 13. und 14. Jh. erlangten das Kloster ➢*Harvestehude*, das Hbger ➢*Domkapitel* und Hbger Bürger Einkünfte aus dem Ort, der als Teil des Amtes Trittau unter holstein. Oberhoheit stand (➢*Holstein*). Im Dreißigjährigen Krieg (1618–48) nahmen die beiden Feldherren Tilly und Wallenstein im Dorf Quartier. Unmittelbarer Kriegsschauplatz wurde Altrahlstedt während der ➢*Franzosenzeit*: Im Dezember 1813 kam es auf der Landstraße zwischen Braak und Stapelfeld zu einem Gefecht zwischen dän. und russ. Truppen, und fast das ganze Jahr 1814 mussten insgesamt 458 Offiziere, 21.333 Soldaten und 2.545 Pferde der russ. Armee untergebracht und beköstigt werden.

Mit der Eröffnung der Lübeck-Büchener Eisenbahn Gesellschaft 1865 (➢*Eisenbahnwesen*) begann der zunächst zögernde, seit der Jahrhundertwende (Bahnhof „Altrahlstedt" 1893) rasche Wandel vom Bauerndorf zum Villenvorort, in dem

„Heimkehr von der Taufe" in der Rahlstedter Kirche, einem der ältesten Gotteshäuser (12./13. Jahrhundert) im Hamburger Raum und einst Mittelpunkt eines großen Kirchspiels. Zeichnung von Heinrich Friedrich Plate

1901–09 auch der Dichter D. von ➢*Liliencron* lebte. 1927 wurden die preuß. Landgemeinden Altrahlstedt, ➢*Neurahlstedt*, ➢*Meiendorf* und ➢*Oldenfelde* zur Großgemeinde R. zusammengeschlossen, die mit dem ➢*Groß-Hamburg-Gesetz* 1937/38 eingemeindet wurde. 1936 und 1939 entstanden die Boehn- und die Graf-Goltz-Kaserne sowie der Standortübungsplatz Höltigbaum. Eine große Bautätigkeit setzte in R. Ende der 1950er Jahre ein. Die bis dahin landwirtschaftlich genutzten Flächen wurden für Großsiedlungen genutzt, sodass der Ort heute fast Großstadtumfang hat. Durch die Aufgabe der zwei Kasernen 1997 entstanden die neuen Wohngebiete Rahlstedter Boltwiesen und Rahlstedter Höhe. Die ➢*Wandse* fließt durch R. und wird hier gewöhnlich als „Rahlau" bezeichnet, also mit dem Namen des Wandsezuflusses in ➢*Tonndorf* belegt, da die Wasserläufe in früheren Zeiten möglicherweise verbunden waren. *SH*

Rainville war der Name eines renommierten und weithin bekannten Restaurants am hohen Elbufer in ➢*Ottensen*. Der frz. Emigrant C.L.C. Rainville hatte es 1798 gegründet. Er mietete ein vier Jahre zuvor von Chr.F. ➢*Hansen* im klassizistischen Stil erbautes ➢*Landhaus* und erwarb es 1799 käuflich. Das Lokal mit Terrasse und Garten wurde zu einem Anziehungspunkt – nicht nur der kulinarischen Genüsse und der schönen Aussicht wegen, sondern auch wegen der Promenaden und Ruheplätze sowie der Feste mit Illuminationen und Musik. Die Industrialisierung des Elbufers von ➢*Neumühlen*, die Bahnverbindungen, die andere Ausflugziele leicht erreichbar machten, und der Tod Rainvilles 1845 führten zum Niedergang. Seine Nachfolger vermochten die von ihm gebotene Qualität nicht zu halten. 1867 wur-

Ein Anziehungspunkt am hohen Elbufer: Rainville. Zwischen 1798 und 1867 war Rainville wegen der schönen Aussicht, des großen Gartens, der Gastlichkeit, der französischen Küche und Lebensart sowie der Feste ein beliebtes Ausflugsziel. Tuschzeichnung von F. Schröder, 1831, nach einem Kupferstich von Anton Radl und Friedrich Geissler

de das Lokal abgebrochen. Heute erinnern der Straßenname Rainvilleterrasse und die Aussicht von der 1934 errichteten ehem. Seefahrtschule (➢*Hochschule für angewandte Wissenschaften*), wenn auch auf eine fast völlig veränderte Szenerie, an die Glanzzeit R.s. *Ko.*

Rat Seit Ende des 12. Jhs bildete sich neben dem Stadtherrn der R. als Selbstverwaltungsorgan der Bürger aus. Zu Beginn des 13. Jhs setzte er sich aus ca. 30, im 15. Jh. aus 20 bis 30 ehrenamtlichen Mitgliedern zusammen und ergänzte sich aus den wohlhabenden ➢*Grundeigentümern* und Kaufleuten selbst; an seiner Spitze standen seit dem 14. Jh. zwei ➢*Bürgermeister.* Die Zuständigkeit des R.s beschränkte sich zunächst auf marktpolizeiliche Rechte (➢*Wedde*), wurde aber rasch erweitert. So wurde bereits um 1250 das städtische Grundbuch von ihm geführt (➢*Erbebücher*), ebenso das Buch der kaufmännischen Schuldverhältnisse (➢*Rentebücher*). Weitere Aufgaben waren die Förderung des ungestörten Handels, die Schaffung klarer Rechtsverhältnisse in der Stadt und die Sicherung der Bürger (Kaufleute) bei Handelsreisen. Dem Stadtherrn gegenüber konnte der R. während des 13. und 14. Jhs seine Position erheblich ausbauen und sowohl die Befugnis eigener Gesetzgebung und Rechtsprechung (➢*Obergericht*) als auch die ➢*Münzhoheit* und ➢*Mühlen*rechte erwerben. Den Bürgern gegenüber befand sich der R. in wechselnden Verhältnissen. Bereits nach dem ältesten erhaltenen ➢*Stadtrecht* von 1270 wurde die Stadt von R. und ➢*Erbgesessener Bürgerschaft* gemeinsam repräsentiert. So verfügte der R. zu keiner Zeit über die bewaffnete Macht oder allein über die exekutive Gewalt, wurde aber seit Beginn des 14. Jhs als Obrigkeit anerkannt und erhielt 1375 den Treueschwur der Bürger. Ebenso lagen die Verwaltung und Rechtsprechung sowie zunächst auch – bis 1563 – die Finanzverwaltung zentral beim R. (➢*Kämmerei*). Besonders charakteristisch waren die Kollegialität, die Wahrnehmung aller Funktionen durch mindestens zwei Ratsmitglieder und das Fehlen einer dauerhaften Kompetenzzuweisung im Sinne moderner Fachminister. Erst mit der ➢*Reformation* traten beständige ➢*Bürgerliche Kollegien* als Vertretungen der Bürgerschaft dem R. gegenüber; sie ließen im Langen Rezess (➢*Rezess*) von 1529 die Rechte der ➢*Bürgerschaft* schriftlich fixieren.

Auseinandersetzungen mit den Kollegien, Amtsmissbräuche und Vetternwirtschaft ließen im 17. Jh. das Ansehen des R.s schwinden und führten 1699 zu seiner faktischen Entmachtung. Durch kaiserliche Intervention wurde dann mit dem Hauptrezess von 1712 (➢*Verfassung*) der Rechtszustand geschaffen, der mit der Unterbrechung der ➢*Franzosenzeit* (1811–14) bis 1860 gültig blieb. Dem R. gehörten fortan

24 gewählte Ratsherren, vier Bürgermeister, vier nur mit beratender Stimme ausgestattete ➢*Syndici* und vier nicht stimmberechtigte Sekretäre an, wobei elf Ratsherren und drei Bürgermeister Juristen, die übrigen Kaufleute sein mussten. Auch jetzt ergänzte sich der R. selbst; bestimmte verwandtschaftliche Verhältnisse schlossen die gleichzeitige Mitgliedschaft jedoch aus. Die Amtszeit war lebenslang, wobei ein Rücktritt theoretisch möglich, bei Konkurs sogar erforderlich war. Der R. verfügte, obwohl die oberste Staatsgewalt weiter als zwischen ihm und der Bürgerschaft gemeinsam bestehend bezeichnet wurde (➢*Kyrion*), über die größeren Kompetenzen. Er vertrat die Stadt gegen Auswärtige, bildete die Spitze der Justiz, hatte – faktisch – die Gesetzgebungsinitiative und war in allen ➢*Deputationen* vertreten, mit Ausnahme der Finanzdeputation (➢*Finanzbehörde*). Damit war er hinsichtlich des Staatshaushalts vollständig von der Bürgerschaft abhängig, deren Zustimmung zudem bei allen Gesetzen und Vertragsabschlüssen erforderlich war. Die Bezeichnung „Rat“ blieb bis 1860 offiziell bestehen und wurde mit der neuen Verfassung in jenem Jahr durch den schon seit dem späten 18. Jh. geläufigen und häufig parallel verwendeten Begriff ➢*Senat* ersetzt. *MH*

Rathäuser, Alte Hbgs heutiges ➢*Rathaus* ist das sechste in der Stadtgeschichte. Es gab vier Vorgängerbauten für die Regierungs- und Verwaltungszentrale des ➢*Stadtstaats* und ein Gebäude, das nur vorübergehend diese Nutzung erfuhr (5.). Vor der Zusammenlegung der bischöflichen ➢*Altstadt* und der ➢*Neustadt (gräfliche Siedlung)* im Jahr 1216 hatten beide je ihr eigenes Rathaus.

1. Der Bau des ältesten Rathauses („domus consulum in nova civitate“) erfolgte um 1200 in der gerade gegründeten Neustadt auf dem ➢*Hopfenmarkt*, Ecke Kleiner Burstah. Das frei stehende Steinhaus wurde nach dem dritten Rathausbau bald nur noch zur Getreidelagerung genutzt; um 1280 ist es als „use olde raadhus“ erwähnt.

2. Kurz darauf entstand westl. vor dem ➢*Dom* ein Rathaus in der bischöflichen Altstadt. Es verlor seine Funktion an den dritten Bau.

3. Nach der Zusammenlegung von Alt- und Neustadt wurde um 1230 ein gemeinsames Rathaus errichtet. Es ist 1265 als „domus consulum“ und „capitolium“ belegt. Das Gebäude war ein Ziegelbau mit langem Giebelhaus, Versammlungshalle über einem hohen Kellergewölbe (➢*Ratsweinkeller*) und einer Laube für öffentliche Verkündungen (➢*Bursprake*). Es stand Ecke Kleine Johannisstraße/Dornbusch und ist vermutl. 1284 tlw. abgebrannt. Nach der Erbauung des vierten Rathauses bestand es weiter als ➢*Eimbecksches Haus.*

4. 1290 entstand an der Stelle des heutigen Hauses der ➢*Patriotischen Gesellschaft* bei der ➢*Trostbrücke* am Neß das Gebäude, das später als „Altes Rathaus“ bezeichnet wurde: ein traufständiger, zweigeschossiger ➢*Backsteinbau* (26 m Breite; 17–18,5 m Tiefe; 20 m Firsthöhe) mit großem Saal über die gesamte gemauerte Höhe (10 m). Davor wurde parallel zur Straße ein Laubenbau errichtet. Im Obergeschoss lag die Laube, ein sehr schmaler Saal (24 m x 3–4,5 m), in dem Feste veranstaltet wurden (➢*Matthiae-Mahl*,

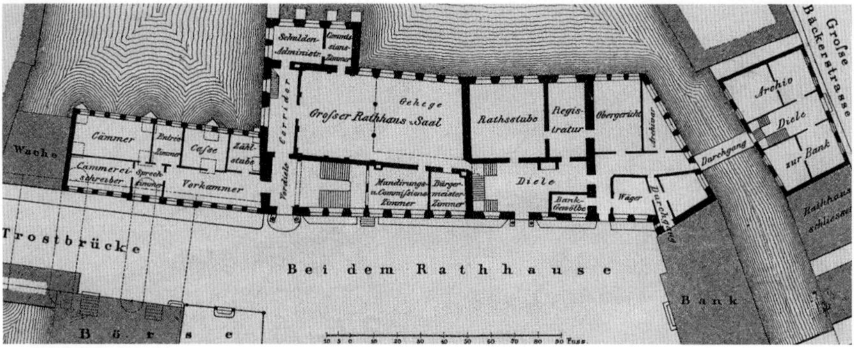

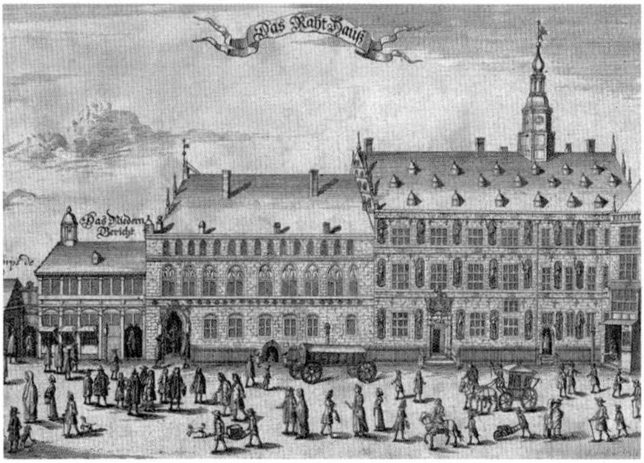

Den Grundriss zeichnete der Topograf Cipriano Francisco Gaedechens, dem wir viele Kenntnisse über das alte Hamburg verdanken, so auch diese über die Räumlichkeiten des Alten Rathauses zwischen Trostbrücke und Großer Bäckerstraße.

Diederich Lemkus hielt die Fassaden des Alten Rathauses um 1700 im Bild fest, links das Niedergericht.

➢*Petri Stuhlfeier*) und von dem aus zweimal jährlich eine Bursprake verlesen wurde. Um 1470 erfolgte die Aufstockung der Außenfront durch eine frei stehende Galerie mit 17 ausgemalten Spitzbogennischen (H. ➢*Bornemann*), um so das Missverhältnis zwischen Fassade und überhohem Dach auszugleichen. 1558 wurde für das ➢*Niedergericht* an der südl. Giebelseite ein kleinerer, später veränderter Anbau aufgeführt und 1602 der wenig höhere, dreistöckige Erweiterungsbau in nördl. Richtung. Unter Fortführung der Fassadengestaltung konnte 1649 das Haus abermals verlängert werden; zugleich wurden ein Dachreiter aufgesetzt und weitere Wandnischen für die nun insgesamt 21 Statuen dt. Kaiser und Könige an der Vorderfront geschaffen (heute z.T. am ➢*Museum für Hamburgische Geschichte*). Nach insgesamt sieben Anbauten bestand das auch im Inneren mehrfach umgestaltete „Alte Rathaus" bis zu seiner Sprengung beim ➢*Großen Brand* am 6.5.1842 morgens gegen drei Uhr.

5. Anschließend wurde das ➢*Waisenhaus* in der Admiralitätstraße für den ➢*Rat* hergerichtet. In der Kirche des Waisenhauses versammelte sich die ➢*Erbgesessene Bürgerschaft* bis zu ihrer Auflösung 1859. Die ➢*Konstituante* 1848/49 und seit 1859 die ➢*Bürgerschaft* tagten im Haus der ➢*Patriotischen Gesellschaft*. Eigtl. als Provisorium geplant, dauerte die Nutzung der Behelfsquartiere 55 Jahre. *Ti.*

Rathaus Das heutige R. ist das sechste der Stadt (➢*Rathäuser, Alte*). Vor Baubeginn 1886 konnten über Jahrzehnte hinweg zahlr. Entwurfsvorschläge für einen Nachfolgebau des im ➢*Großen Brand* 1842 gesprengten „Alten Rathauses" keinen Konsens finden. Erst eine 1880 von M. ➢*Haller* gegründete und in ihrer Zusammensetzung zunächst wechselnde Arbeitsgemeinschaft Hbger Privatarchitekten brachte konkrete Fortschritte („Rathausbaumeister-

Der Bürgermeistersaal des Rathauses. Rechts das 1897 von Hugo Vogel anlässlich der Rathauseinweihung geschaffene Gemälde des Senats mit den Syndici und den Sekretären

bund"). Nach Entwürfen von Haller als federführendem Mitglied und den sechs weiteren Hbger Architekten der Vereinigung (J. Grotjan, B.G. Hanssen, W. Hauers, E. Meerwein, H. Stammann, G. Zinnow) wurde das neue Gebäude auf dem ➢*Rathausmarkt* fertiggestellt und im Inneren in verschiedenen historischen Stilen ausgebaut und ausgestattet. Der Bau erhielt einen Hof mit Anschluss an ➢*Börse* und ➢*Handelskammer.* Im Alstermarschboden stützen 4.000 Rammpfähle den 113 m breiten und 70 m tiefen Bau samt seinem 112 m hohen Turm. Das Gebäude zählt 647 Räume.

Der am 26.10.1897 eingeweihte Neurenaissancebau ist ein bedeutendes Beispiel historistischer Repräsentationsarchitektur. Zugleich ist er bauliches Spiegelbild der hbg. ➢*Verfassung* und des ➢*Kyrion*, da im Inneren Ausbaustruktur und Raumplanung der Machtverteilung zwischen ➢*Senat* und ➢*Bürgerschaft* konsequent und in vielen Varianten und Details entsprechen. Das Gestaltungs- und Namensprogramm des Hauses weist über traditionelle historische Bezüge zur dt.

Das Rathaus von der Zeile der Alsterarkaden aus gesehen, noch ohne Flaggenmasten auf dem Rathausmarkt. Foto von Georg Koppmann, 1898

und hansischen Geschichte (Außenfront) hinaus eine politisch-zeitgenössische Anlehnung an das wilhelminische Kaiserreich auf („Kaisersaal"). Im Ganzen ist es jedoch von bürgerlichem Selbstbewusstsein dominiert. Dafür stehen der „Saal der Republiken", der „Bürgersaal" und besonders sinnfällig der ebenerdige, d.h. Gleichberechtigung zwischen regierenden und regierten Bürgern symbolisierende Zugang über die mit Porträtmedaillons 56 verdienter Bürger und Bürgerinnen gestaltete „Rathausdiele". Der linke Flügel

Die Eingangshalle des Rathauses: Blick in die Rathausdiele von der Bürgerschafts- zur Senatsseite

beherbergt den „Sitzungssaal der Bürgerschaft“ und den ➢*Ratsweinkeller*, der rechte das „Senatsgehege“ mit „Bürgermeisteramtszimmer“ und „Ratsstube“. Die Belichtung der Ratsstube erfolgt über einen 8 m hohen Lichtschacht, der die Beratung unter freiem Himmel – wie bei den Germanen – versinnbildlichen soll. Das Senatsgehege hat direkten Zugang zum Festsaal, dessen fünf Monumentalgemälde H. Vogel bis 1909 fertigstellte. Sie zeigen Stationen der kulturellen und städtischen Entwicklung Hbgs und seiner Region von der vorgeschichtlichen Zeit bis zur Gegenwart. *Ti.*

Rathausmarkt Seit Abriss der letzten baulichen Überreste des ➢*Johannis-Klosters* 1841 bestand der R. als selbstständiges, zunächst noch strukturloses Areal unter dem Namen „Johannis-Platz“. 1843/44 erhielt er die heutige Benennung. Die ➢*Börse* begrenzt den R. im Südwesten seit 1841, das ➢*Rathaus* seit 1897. An dessen südöstl. Ecke fanden sich beim Bau die Reste einer mittelalterlichen Befestigung, vermutl. der ➢*Alsterburg*. Nach den Zerstörungen des ➢*Großen Brandes* von 1842 erfolgte nach vorübergehender Bebauung mit Notunterkünften die Neugestaltung des gesamten Geländes nach einheitlicher Planung. Mit ihr entstand der Kern des „Kunstwerks Hamburg“, wie F. ➢*Schumacher* in Anlehnung an A. ➢*Lichtwark* das städtebauliche Ergebnis samt der späteren Integration des Rathausneubaus nannte. Die wesentlichen Ideen für den R. stammten dabei von G. ➢*Semper* und in der Ausführung von A. de ➢*Chateauneuf*; er entwarf die L-Form der Anlage samt den ➢*Alsterarkaden* als ihrem nördl. Abschluss. Die Viertelkreistreppe zur Kleinen Alster schuf J.H. Maack 1846. Bei der Gestaltung des R.s waren ital. Renaissanceplätze als Vorbilder zwar im Gespräch, unmittelbare Anlehnung an den Markusplatz in Venedig war jedoch nicht beabsichtigt. 1910 öffnete der Durchbruch der ➢*Mönckebergstraße* den Platz, dessen Bild 1903 bis zur Umgestaltung 1929/30 durch ein Kaiser-Wilhelm-Denkmal bestimmt war (J. Schilling, heute ➢*Sievekingplatz*, verblieben sind die zwei zugehörigen Flaggenmasten). Schräg gegenüber dem Gebäude der ehem. Reichsbank (1914–19) entstand 1930/31 an der Wassertreppe das Ehrenmal für die Kriegstoten von K. Hoffmann mit einem Relief von E. ➢*Barlach*. Barlachs Arbeit wurde 1939 vom R., der wenige Tage nach Beginn der ➢*NS-Zeit* in „Adolf-Hitler-Platz" umbenannt worden war, entfernt und 1948 rekonstruiert. Bis 1978 war der R. Endhaltestelle von ➢*Straßenbahn*-Linien, schließlich nur noch der „2" nach ➢*Schnelsen*. 1980–82 erfolgte die jüngste Neugestaltung des R.s (Granitbelag, Glasarkaden mit Kiosk, Imbiss und Café, Busbahnhof, ➢*Heine-Denkmal* im Südosten). Seit 2008 steht auf dem R. ein Blindenstadtmodell, welches den Innenstadtring Hbgs für Sehbehinderte ertastbar werden lässt.

Das ganze Jahr hindurch ist der Platz, auf dem nie ein Wochenmarkt abgehalten wurde, vielfältiger Veranstaltungsort; dazu gehören neben dem Weihnachtsmarkt seit 1986 seine alljährliche Verwandlung für ca. zwei Sommerwochen in das aus zahlr. geschmückten Buden bestehende „Stuttgarter Weindorf" und kurz darauf in ein eintrittsfreies Freiluftkino. Veranstaltet von der Kinemathek Hamburg e.V. und dem Kommunalen Kino Metropolis, zieht es an zumeist zwei Wochenenden im Juli/August bis zu 100.000 Besucher auf den R. *Ti.*

Der Rathausmarkt erhielt seine heutige Gestalt 1980–82, das Rathaus wurde 1993–97 grundlegend renoviert.

Mitunter wird hier die Politik gemacht: Blick in das Innere des Ratsweinkellers. Seinen Namen „Bunte Kuh" hat der Raum von dem Modell des Schiffs, mit dem die Hamburger um 1400 Seeräuber (Vitalienbrüder) zur Strecke brachten. Foto um 1900

Ratsweinkeller hieß bis 2007 ein sowohl von der Rathausdiele als auch von der Großen Johannisstraße her erreichbares, an einen Gastronomen verpachtetes Restaurant im Kellergewölbe des 1897 fertiggestellten ➢*Rathauses*, das seinerseits schon 1896 in Betrieb genommen wurde. Der erste R. bestand schon im Rathaus der bischöflichen ➢*Altstadt* am Dornbusch (➢*Rathäuser, Alte, 3.*), auf dessen Gewölbe später das ➢*Eimbecksche Haus* errichtet wurde. Ausschank und Verkauf dt. Weines waren früher ein Monopol des ➢*Rats*, der jährlich seine Bestände im Rhein-Mosel-Gebiet ergänzte. Der R. unterstand zwei Ratsmitgliedern, den Weinherren. Seine oft beträchtlichen Überschüsse entlasteten den städtischen Haushalt. Von

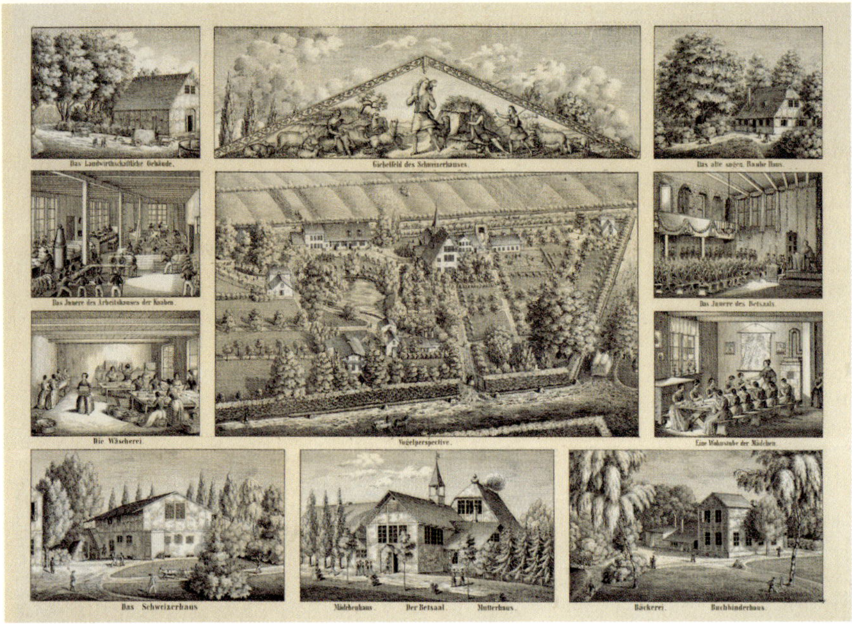

Die Geburtsstätte der Inneren Mission: Das „Tableau“ von Heinrich Friedrich Plate zeigt „Die Colonie des Rauhen Hauses im Jahre 1847 zu Horn bei Hamburg“, 14 Jahre nach Wicherns Gründung.

der Freitreppe des Eimbeckschen Hauses stammt die Mitte des 18. Jhs von J.W. Manstadt geschaffene Bacchus-Statue an der Treppe des Eingangs Große Johannisstraße. Seit 2007 wird im Keller des Rathauses das Restaurant „Parlament“ betrieben, von Unternehmern, denen noch – 2009 – drei weitere Hamburger Lokale gehören. *luz*

Rauhes Haus (Das Rauhe Haus) 1833 hatte J.H. ➢*Wichern* von ➢*Syndicus* Karl ➢*Sieveking* in ➢*Horn* die Kate „Rauhes Haus“ (eigtl. „Ruges Haus“, nach einem Vorbesitzer Ruge) nebst sechs Morgen Landes zur Einrichtung einer von Förderern finanzierten Erziehungsanstalt für verwahrloste Kinder und Jugendliche erhalten. Im selben Jahr wurde die Stiftung „Das Rauhe Haus“ gegründet, mit dem Ziel, verwaisten und verwahrlosten Kindern eine nach dem Prinzip der Familie organisierte Heimstatt zu geben. In dieser Geburtsstätte der 1848 beim Kirchentag in Wittenberg institutionalisierten ➢*Inneren Mission* sind Jungen und Mädchen stets zusammen mit anderen Schulkindern zunächst aus Horn und ➢*Hamm* unterrichtet worden (seit 1927: Wichern-Schule). Sozialarbeit und die Ausbildung dazu (seit 1967 auch für Frauen) waren immer mit dem R.H. verbunden. Die in der „Brüder- und Schwesternschaft“ organisierten Diakoninnen und Diakone arbeiten in den Hbger Einrichtungen des R.H.es und in Anstalten in ganz Dtld. Wicherns Grundsatz der finanziellen Unabhängigkeit vom Staat musste später aufgegeben werden. Heute bestehen auf dem Traditionsgelände die der ev. Kirche verbundene Stiftung für Sozialarbeit (bürgerlichen Rechts) mit Abteilungen für Jugendhilfe, Behindertenhilfe, Sozialpsychiatrie und Altenhilfe („Haus Weinberg"), die Wichern-Schule, die Ev. Fachhochschule für Sozialpädagogik, die Ev. Fachschule für Altenpflege und das 1990 gegründete Institut für Soziale Praxis. 2009 wurden über 3.000 Menschen im Rauhen Haus betreut und ausgebildet. 975 Mitarbeiterinnen und Mitarbeiter, mehrheitlich in Teilzeit, waren in der Stiftung beschäftigt. *luz*

Rechnungshof Die Hbger ➢*Verfassung* bestimmt in Artikel 71, dass die gesamte Haushalts- und Wirtschaftsführung des Staates durch einen unabhängigen, nur dem Gesetz unterworfenen R. überwacht wird. Bis zur Verfassungsreform von 1996 wurden die Mitglieder des R.s vom ➢*Senat* mit Zustimmung des ➢*Bürgerausschusses* ernannt, seither werden sie von der ➢*Bürgerschaft* gewählt und vom Senat ernannt. Erforderlich ist die Zweidrittelmehrheit im Parlament. Der R. legt der Bürgerschaft jährlich einen Bericht über seine Prüfungsergebnisse vor. Die Bürgerschaft, der Senat und der ➢*Präses* der ➢*Finanzbehörde* können den R. um Gutachten ersuchen.

Eine in den Bürgerkämpfen 1699 geforderte General-Rechenkammer kam nicht zustande. 1814 wurde eine Revisions-Kommission, 1858 eine Kontrolle bei der Hauptstaatskasse und 1896 ein Revisions- und Kontrollbüro eingerichtet. 1922 wurde dies eine eigenständige Behörde und hieß nun Rechnungsamt des Hamburgischen Staates (seit 1933 R.). 1945–48 bestand es als Rechnungsprüfungsamt. Gegen den Willen des Finanzsenators W. ➢*Dudek* entstand dann, von der Militärregierung unterstützt, ein unabhängiger R. Der letzte Präsident des Rechnungsprüfungsamtes und erste des neuen R.s, H. ➢*Weichmann*, war daran entscheidend beteiligt. Unter seiner Leitung wurde der R. zur geachteten Prüfungs- und Kontrollinstanz. *Ko.*

Rechtsfähiger Verein (r.V.) Das Bürgerliche Gesetzbuch (BGB), das am 1.1.1900 in Kraft trat, bestimmte im § 21, dass Vereine durch Eintragung in das Vereinsregister des zuständigen ➢*Amtsgerichts* Rechtsfähigkeit erlangen, wenn sie eine Reihe von Vorschriften, u.a. zum Namen, Zweck und Sitz des Vereins, zur Zahl, zu Rechten und Pflichten der Mitglieder, erfüllen. Ein im Vereinsregister geführter Verein gilt als e.V. (eingetragener Verein). In Hbg gelten aufgrund des Ausführungsgesetzes zum BGB von 1899 Vereine, die damals bereits bestanden, als rechtsfähig, wenn sie vom ➢*Senat* ermächtigt worden waren, sich Grundstücke oder Hypotheken zuschreiben zu lassen, oder ihre Rechtsfähigkeit eigens beantragt hatten. Sie sind berechtigt, ihrem Namen den Zusatz r.V. beizufügen und werden nicht im Vereinsregister, sondern bei der Senatskanzlei geführt. Nicht ohne Stolz auf diese ➢*Hamburgensie* tragen ältere Vereine, wie der Mieterverein zu Hamburg von 1890 oder ➢*Bürgervereine* wie der St. Pauli Bürgerverein von 1843, der Bürgerverein vor dem Dammtor von 1848, der Barmbeker Bürgerverein von 1859 und der Winterhuder Bürgerverein von 1872, im Namen das r.V. *Ko.*

Rée, Anton (geb. 9.11.1815 Hbg, gest. 13.1.1891 ebd.), Pädagoge, Politiker. Nach dem Besuch des ➢*Johanneums* und des ➢*Akademischen Gymnasiums* studierte R. Philosophie in Kiel (Promotion 1837). In Hbg wurde er Lehrer und langjähriger Direktor der liberalen Israelitischen Freischule (1838–91). R. forderte und förderte eine Reform des Hbger ➢*Schulwesens* in Form der nicht konfessionell gebundenen Volksschule; übergreifend setzte er sich für die politische Emanzipation der Juden, insbesondere für deren soziale Integration ein (➢*Judenemanzipation*). 1846 gründete R. die Gesellschaft für soziale und politische Interessen der Juden, 1859 den Verein für Gewissensfreiheit. Unter seinem Einfluss wurde die jüd. Stiftungsschule von 1815 seit 1859 zur Simultanschule ausgebaut und stand somit jüd. und christl. Schülern offen. Als Anhänger liberal-demokratischer Ideen war R. gewähltes Mitglied der Hbger Verfassunggebenden Versammlung (1848–50; ➢*Konstituante*), der ➢*Bürgerschaft* (1859–71) und Mitglied des Deutschen Reichstages (1881–84). *IL*

„Die Freiheit als eine Freiheit für alle zu betrachten" war das politische Credo des Pädagogen Anton Rée. Das Porträt wurde 1891 einem Nachruf vorangestellt.

Reeperbahn heißt Hbgs berühmteste Straße im Vergnügungs- und Rotlichtviertel von ➢*St. Pauli*. Auf ihrer Südseite liegt der Spielbudenplatz, eine offiziell eigenständige Straße, die aber im Allgemeinen als Teil der R. verstanden wird. Die R. hat ihren Namen von den Bahnen der Reepschläger, die zwischen 1626 und 1883 ein baumbestandenes Areal beiderseits der heutigen Seilerstraße zur Herstellung von Schiffstauen („Reep") aus Hanf nutzten. Im 18. Jh. ging der Name „Reeperbahn" auf den südl. vor diesem Gelände gelegenen Teil des Weges zwischen Hbg und ➢*Altona* über; 1899 wurde auch die sich westl. anschließende Straße „Lange Reihe" durch Umbenennung zu einem Teil der R. Die Nordseite der R. wurde um 1826 erstmals planmäßig mit Häusern bebaut.

Die Anfänge des Vergnügungsviertels reichen in die Zeit vor 1800 zurück, wobei dessen Mittelpunkt zunächst eine jahrmarktartige Ansammlung von Holzbuden, der Spielbudenplatz, bildete. Erstes Wahrzeichen der R. war der „Trichter", ein um 1805 gebauter hölzerner Pavillon mit Spitzdach für Erfrischungen (verschiedene Nachfolgebauten). Mit der Expansion des ➢*Hafens* stieg die Zahl der Seeleute, die auf der R. Amüsement such-

Von 1626 bis ins 19. Jahrhundert stellten Reepschläger dort Hanfseile her, wo heute Hamburgs „sündigste Meile" verläuft. Seit dem 18. Jahrhundert ist der Name Reeperbahn in Gebrauch. 1882 erwarb die Stadt das Areal. Der Weiterverkauf der Parzellen war für die Stadt ein glänzendes Geschäft. Das Blatt stammt aus dem Nachlass des Hamburger Schusters Rudolf Loewendei, der in seiner Freizeit die Stadt porträtierte. Das Tor im Vordergrund wird von zwei Walfischknochen gebildet.

ten. Immer neue Attraktionen bewirkten einen ständigen Wandel im Vergnügungsangebot von R. und Spielbudenplatz: Ab 1840 entstanden mehrere Volkstheater (➢*St. Pauli-Theater*), nach 1860 große Bierhallen, Ballhäuser und Musikpaläste, seit der Jahrhundertwende ➢*Kinos* („Knopf's Lichtspielhaus"), nach 1920 neue Stimmungslokale („Zillertal"), Varietés („Alkazar") und Tanzbars („Café Heinze"). Nach den Zerstörungen im Zweiten Weltkrieg kam der Amüsierbetrieb erst allmählich wieder in Schwung. Neue Akzente setzten ab 1953 das „Café Keese", seit den 1960er Jahren Diskotheken („Top Ten"), die Großbordelle „Eros-Center" und „Palais d'Amour", Sex-Shops, Peep-Shows und Spielhallen. In letzter Zeit haben sich auf der R. und in ihrem Umfeld neue Lokale und Kleinkunsttheater („Schmidts Tivoli", „Schmidt Theater") etabliert, die außer Touristen auch wieder mehr das Hbger Publikum anziehen. *Wa.*

Der „Kiez"-Boulevard, die Reeperbahn, erwacht erst nach Einbruch der Dunkelheit so richtig zum Leben. Das rote Gebäude in der Bildmitte ist der Neubau des Schmidt Theaters (2006), rechts daneben Schmidts Tivoli, das St. Pauli-Theater und die Davidwache.

Reformation Um 1500 zählte Hbg in seinen vier ➢*Kirchspielen* rund 14.000 Einw. Ihr Verhältnis zur vom ➢*Domkapitel* geführten Kirche war von zeittypischer Frömmigkeit und wachsender Kleruskritik bestimmt. Schon früh waren Mitspracherechte bei der Pfarrerwahl gefordert worden. Besonders der Domdekan A. ➢*Krantz* hatte versucht, Missstände in der Geistlichkeit zu beheben. 1523 schied die Dithmarscher Kirche aus der Hoheit des hbg. Kapitels aus, und in zweijährigem Streit rangen die Bürger dem Domscholaster die Nikolai-Kirchspielschule ab (➢*Schulwesen*). Am Beginn der Auseinandersetzung hatten 1522 Vertreter aller Kirchspiele angekündigt, künftig jedem Unrecht vonseiten geistlicher wie weltlicher Obrigkeit solidarisch entgegenzutreten, und so in genossenschaftlichem Geist die politische Trennung der Kirchspiele überwunden. Bald darauf zeigten sich erste Anzeichen der luth. Lehre. 1522/23 publizierte eine kurzlebige Druckerei niederländ. Emigranten 16 reformatorische Schriften, darunter Luthers Septembertestament in ➢*plattdeutscher* Übersetzung. Damit war Hbg zeitweilig Zentrum reformatorischer Propaganda in Norddtld. Unter den Prädikanten der neuen Lehre erlangte 1523 im ➢*Maria-Magdalenen-Kloster* der Rostocker Fran-

Auch in Hamburg wurden vor der Reformation päpstliche Ablassbriefe verkauft. Der abgebildete, mit Heiligenbildern reich illustrierte und mit zahlreichen Siegeln prächtig aufgemachte Ablassbrief von 1484 brachte Geld für Weiterbau und Ausstattung der St.-Nikolai-Kirche. Martin Luther wandte sich entschieden gegen den Ablasshandel.

ziskaner S. ➢*Kempe* die größte Wirkung. Die Predigt war wichtigstes Medium der neuen Lehre. Zwar vereitelte der ➢*Rat* den Versuch der Bürger zu ➢*St. Nikolai*, J. ➢*Bugenhagen* für ihre Pfarre zu gewinnen, doch erläuterte dieser den Hbgern 1525 seine Theologie in seinem die reformatorische Bewegung stark beeinflussenden Sendbrief „Vom Christenglauben". Der Rat, vorrangig besorgt um Ordnung und Sicherheit, konnte diese Bewegung mit Verordnungen nicht aufhalten. Gegen seinen schwindenden Widerstand bestimmten die Bürger 1525 den Magdeburger J. Zegenhagen zum Pfarrer zu St. Nikolai; 1526 den Lübecker J. Fritze an ➢*St. Jacobi* und 1527 S. Kempe an ➢*St. Katharinen*. Bevor die R. formell vollzogen war, hatten damit drei der vier Hauptkirchen luth. Pfarrer, jeder bald nach Luthers Vorbild mit einer ehem. Nonne verheiratet. Die Zuspitzung des Streits um das Abendmahl nötigte im Mai 1527 den Rat, eine Disputation abzuhalten. Der Erfolg der Lutherischen ermutigte die Nikolai-Bürger, dann auch die übrigen Kirchspiele, zur Gründung eines ➢*Gotteskastens* für Arme, Kranke, Kirchen- und Schulpersonal. Die Kastenordnung zeigt die ev.-genossenschaftlichen Motive der Träger, zumeist Angehörige der kaufmännischen Oberschicht.

Der Rat fügte sich in die Entwicklung. Bei Zuwahlen im März 1528 nahm er statt der vorgesehenen Alt-

gläubigen vier Lutherische auf. Widerstand altgläubiger Handwerkerkreise sammelte sich im ➢*Johannis-Kloster*. Umsturzgerüchte und Kanzelpolemik verschärften die Spannung, bis sich der Rat entschloss, zur Herstellung einheitlicher Predigten eine weitere öffentliche Disputation der streitenden Geistlichen abzuhalten (28.4.1528). Deren Entscheidung nahm er praktisch vorweg, als er die Bibel zur alleinigen Richtschnur erklärte. Nach dem eindeutigen Sieg der Lutherischen wurden die hartnäckigsten altgläubigen Geistlichen aus der Stadt gewiesen; andere gingen freiwillig. Es war der Durchbruch der R., das Ende der kath. Messen, Feiertage, Zeremonien und Bräuche, der Klöster und der geistlichen Autorität des Domkapitels.

Der Wandel betraf auch die politischen Verhältnisse. Während der Rat nun Bugenhagen zur kirchlichen Neuordnung herbeirief, erweiterten die Kirchspiele ihre 48 Gotteskastenverwalter zu einem 144er-Kollegium für Verhandlungen mit dem Rat und errichteten als Zentrale ihrer Gotteskästen eine Hauptkiste, verwaltet von den zwölf ➢*Oberalten* (aus den 48ern). Ergebnis der politischen Verhandlungen war der Lange Rezess vom 16.2.1529 (➢*Rezess*), der neben zahlr. rechtlichen und wirtschaftlich-gewerblichen Regelungen den Oberalten und 144ern verschiedene Mitspracherechte einräumte und Erstere zum Sprachrohr bürgerlicher Klagen und zur Kontrollinstanz gegenüber dem Rat erhob, auch wenn dieser Abstriche an seinem Selbstergänzungsrecht und die Offenlegung seiner Finanzverwaltung ablehnte. Die bürgerliche Mitsprache stabilisierte die innerstädtischen Verhältnisse und stützte die Ratsautorität; viele Oberalte gelangten später selbst in den Rat.

Bugenhagens Kirchenordnung vom 23.5.1529 folgte dem braunschweig. Muster: Sie ordnete dauerhaft das Schulwesen, richtete eine Gelehrtenschule ein (➢*Johanneum*), gab Geistlichkeit und Gottesdienst Regeln und führte die Diakonie weiter, als deren Geldmittel erlaubten; denn seit 1528 klagte das Domkapitel vor dem Reichskammergericht auf Restitution. Dieser Prozess bestimmte Hbgs Politik jahrzehntelang. Er nötigte später zur Rückgabe kirchlicher Sachwerte und 1536 zum Eintritt in den Schmalkaldischen Bund, das protestantische Defensivbündnis gegen Kaiser Karl V. Hbgs hohe finanzielle Beiträge und der verlorene Krieg gegen die kaiserl. Truppen führten zu fortgesetzter Verschuldung, sodass der Rat den Bürgern 1563 mit der ➢*Kämmerei* die Finanzverwaltung der Stadt ganz überließ. Der Bremer Vergleich bewahrte 1561 dem Kapitel Autonomie und Besitz, verwehrte ihm aber jeden Einfluss auf Kirchen- und Schulwesen. Über die Reinheit der Lehre wachte seit 1532 als erster Superintendent J. ➢*Aepinus*. Auch die im Rahmen der R. vollzogene politische Neuordnung Hbgs erwies sich als dauerhaft: Die ➢*Bürgerlichen Kollegien* bestanden bis 1860. *RP*

Reformierte Die R. sind protestantische Christen in der theologischen Tradition U. Zwinglis und J. Calvins. Die zentrale Stellung der Wortverkündigung, die symbolische Interpretation des Abendmahls und eine demokratische Form der Gemeindeverwaltung charakterisieren den Glauben der R. Im 16. Jh. wur-

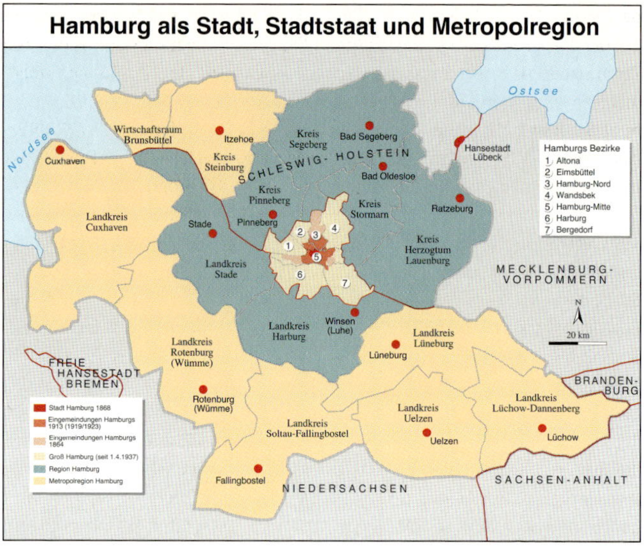

Die Karte zeigt die Metropolregion Hamburg, darin die Stadtkarte mit den farblich hervorgehobenen Phasen der Eingemeindungen, und die Region, die aus den unmittelbar angrenzenden Landkreisen besteht. Seit August 2005 gehört auch der Norden des Kreises Dithmarschen zur Metropolregion.

den Gemeinden u.a. in der Schweiz, Süddtld, Frankreich (Hugenotten) und den Niederlanden gegründet. Besonders in den letztgenannten Ländern wurden R. verfolgt. Flüchtlinge aus diesen Ländern kamen nach Norddtld und gründeten Gemeinden zunächst in ➢*Stade* (1588) und dann in der ➢*Altonaer* Kleinen Freiheit (1602). In Hbg wohnende R. genossen wegen der guten Handelsbeziehungen der Holländer und der Hugenotten zwar Ansehen, waren aber religiös nur geduldet; eine eigene Kirche konnte erst Anfang des 18. Jhs im Garten der holländ. Gesandtschaft am Valentinskamp gebaut werden. 1716 wurde die Hbger Gemeinde von der Altonaer abgesondert. Beide erfuhren Spaltungen in dt. und frz. Gemeinden (Altona 1686, Hbg 1761). Hbgs R. wurden 1785/86 freie Religionsausübung und später weitere Bürgerrechte (1814, 1819) gewährt. Die dt. und frz. Gemeinden Altonas vereinigten sich 1831 wieder und zogen 1911 in eine neue Kirche in der ➢*Palmaille* Nr. 37 ein. Die Hbger (dt.) Gemeinde weihte 1857 eine neue Kirche in der Ferdinandstraße ein, die nach ihrer Zerstörung 1943 in modernen Formen wiederaufgebaut und 1965 geweiht wurde. 1976 schlossen sich die Altonaer und die zwei Hbger Gemeinden zusammen (ca. 3.500 Mitglieder). Die Gottesdienste finden in beiden Kirchen statt. *Sl.*

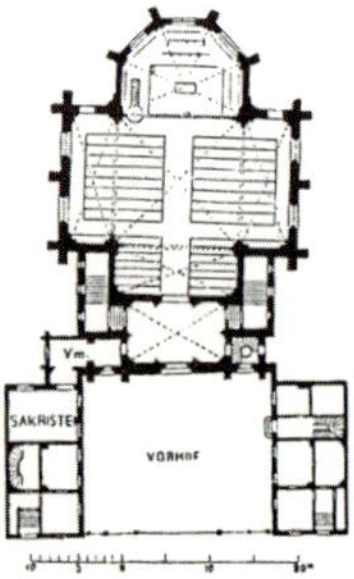

Grundriss der im Zweiten Weltkrieg zerstörten doppeltürmigen Kirche (1854–57) an der Ferdinandstraße

Regionales Entwicklungskonzept (REK) Nachdem die in den ersten Jahren der Weimarer Republik geführte Diskussion um Groß-Hamburg, d.h. die Eingemeindung preuß. Nachbarstädte und -gemeinden, ohne Ergebnis geblieben war, bemühte sich u.a. F. ➢*Schumacher* um Landesplanung und Raumordnung. So entstand 1928 der hbg.-preuß. Landesplanungsausschuss. Nach wenigen Jahren beendete er wegen des ➢*Groß-Hamburg-Gesetzes* seine Arbeit. 1946 schufen die Landesplanungsämter in Hbg, Hannover und Kiel eine gemeinsame Arbeitsgruppe für das Unterelbegebiet. In den 1950er Jahren intensivierte sich die Zusammenarbeit: 1955 trat der Gemeinsame Landesplanungsrat Hamburg/Schleswig-Holstein erstmals zusammen, 1957 folgte der Gemeinsame Landesplanungsrat Hamburg/Niedersachsen.

1991 vereinbarten die drei Landesregierungen eine neue Grundlage der Kooperation: ein Regionales Entwicklungskonzept (REK), das in Stufen bis 1996 erarbeitet wurde. Das Konzept bezieht sich auf die Metropolregion Hbg, zu der neben der Freien und Hansestadt Hamburg die niedersächs. Landkreise Cuxhaven, Harburg, Lüchow-Dannenberg, Lüneburg, Rotenburg (Wümme), Soltau-Fallingbostel, Stade und Uelzen sowie die schleswig-holstein. Kreise Herzogtum Lauenburg, Pinneberg, Segeberg, Steinburg und Stormarn, außerdem aus dem Kreis Dithmarschen der Wirtschaftsraum Brunsbüttel, seit 2005 der gesamte Kreis Dithmarschen gehören. In der Metropolregion Hbg lebten 2009 rund 4,3 Mio. Menschen.

Zentrale Aufgabe des REK ist es, die ökonomische, soziale und ökologische Funktionsfähigkeit der Metropolregion zu sichern und auszubauen. Dazu bedarf es der Zusammenarbeit insbesondere in der Siedlungs- und Freiraumentwicklung, der Verkehrsinfrastruktur, der Abfall- und Wasserwirtschaftsplanung. Im Rahmen der Regionalkonferenz, die 1997 erstmals tagte, wirken die Länderparlamente, die Kammern, Gewerkschaften und Verbände mit. Steuerungsorgan ist der Lenkungsausschuss, dem Vertreter der Länder und der kommunalen Ebenen angehören. Die programmatische und planerische Vorarbeit ist Aufgabe des Planungsrates. Er berichtet den Länderparlamenten über Stand und Perspektiven der Zusammenarbeit. *Ko.*

Reichardt, Louise (geb. 11.4.1779 Berlin, gest. 17.11.1826 Hbg), Gesangslehrerin, Komponistin. Als Tochter des Komponisten J.F. Reichardt und der Sängerin J. Benda wurde R. schon früh durch den Umgang mit den Romantikern ihrer Generation geprägt. Zu ihrem Freundeskreis gehörte u.a. Ph.O. ➢*Runge*, von dem sie später mehrere Gedichte vertonte. 1809 zog sie nach Hbg und war hier als Gesangslehrerin tätig. R. gründete eine Musikschule für Frauen und einen Frauenchor, mit dem sie auch öffentlich auftrat (u.a. bei der Aufführung von ➢*Händels* „Messias" 1818 in der ➢*St.-Michaelis*-Kirche) und so als eine der ersten Dirigentinnen in die Musikgeschichte einging. Gemeinsam mit J.H. Clasing schuf sie 1816 den Gesangverein, der in der 1819 gegründeten Singakademie aufging. Ihr kompositorisches Schaffen umfasst v.a. Sololieder und Werke für Frauenchor. *GJ*

Reichsdeputationshauptschluss heißt der Beschluss über die Festlegung der Entschädigungen der dt. Territorien, die infolge der Friedensverträge mit Frankreich in der Zeit zwischen 1795 und 1801 ihre linksrheinischen Gebiete verloren hatten, durch eine außerordentliche Reichsdeputation vom 25.2.1803. Zu diesem Zweck wurden 112 Reichsstände beseitigt, die meisten geistlichen Fürsten zugunsten ihrer weltlichen Nachbarn enteignet und die reichsfreien Städte mit Ausnahme Hbgs, ➢*Lübecks*, Frankfurts, Augsburgs, Nürnbergs und ➢*Bremens* den Nachbarstaaten einverleibt. Zudem wurden die geistlichen Güter in den einzelnen Territorien säkularisiert (= verstaatlicht). Für Hbg bedeutete dies das Ende der ungeliebten Exterritorialität des ➢*Doms*, der an die Stadt fiel und bis 1807 abgerissen wurde; die Domherren waren zuvor großzügig entschädigt worden. Infolge der Gebietsbereinigungen mit ➢*Dänemark* Mitte 1803 gingen die vordem zum Dom gehörenden Orte Spitzerdorf (heute zu ➢*Wedel*) und ➢*Poppenbüttel* sowie das zum ➢*Kloster St. Johannis* gehörende Bilsen und der hbg. Anteil an Hoisbüttel in dän. Besitz über; Hbg erhielt dafür ➢*Alsterdorf* von Dänemark. *MH*

Reihefahrt bezeichnet allgemein die Abwicklung aller im Fuhrwesen und der Transportschifffahrt anfallenden Fahrten nach der Reihe der dazu berechtigten Fuhrleute oder Schiffer; zumeist ist damit die Fixierung von Transporttaxen verbunden. In Hbg wurde schon Mitte des 15. Jhs die Fahrt nach ➢*Stade* als R. organisiert. 1613 regelte dann eine sog. Börtordnung die R. von Hbg nach Amsterdam; für die umgekehrte R. galt eine Amsterdamer Ordnung. 1692 erhielt ➢*Altona* eine Börtverbindung mit Haarlem. Um 1700 wurde die R. im oberelbischen Verkehr mit Berlin eingeführt. Nach der napoleonischen Ära ging auch die R. zu Ende; 1819 wurde sie für die Route Hbg–Amsterdam formell aufgehoben. Eine eher informelle R. gab es Ende des 18. Jhs auch bei der Rückbefrachtung von aus dem nördl. ➢*Holstein* und Schleswig stammenden Bauernfuhrleuten. *LS*

Vielseitiger Gelehrter und Aufklärer: Hermann Samuel Reimarus, Kupferstich von Christian Fritzsch, 1751

Reimarus, Margaretha Elisabeth, **„Elise"** (geb. 22.1.1735 Hbg, gest. 2.9.1805 ebd.), Aufklärerin. Die Tochter des Philosophen H.S. ➢*Reimarus* erhielt eine sorgfältige Ausbildung. Sie blieb unverheiratet, widmete sich der Erziehung ihres Neffen und ihrer Nichte J.M. Reimarus, der späteren Frau G.H. ➢*Sievekings*. Mit der zweiten Gattin ihres Bruders, S. ➢*Reimarus*, bestimmte sie den Geist des „Theetischs" im Hause Reimarus. Mit G.E. ➢*Lessing*, J.H. ➢*Campe*, M. ➢*Claudius*, A. Hennings und F.G. ➢*Klopstock* war sie bekannt. 1776 lernte sie Lessing näher kennen, mit dem sie 1778–81 einen Briefwechsel führte. 1783 begegnete R. in Berlin dem von ihr verehrten M. Mendelssohn, mit dem sie fortan ebenfalls korrespondierte. In der Fehde zwischen F.H. Jacobi und Mendelssohn über Lessings Spinozismus wurden zu ihrem Kummer auch ihre privaten Briefe an die Kontrahenten von Jacobi publiziert. Eine enge Freundschaft verband R. mit C. ➢*Rudolphi*. Mit ihren Briefen nahm sie aktiv am Prozess der ➢*Aufklärung* teil. *Ko.*

Reimarus, Hermann Samuel (geb. 22.12.1694 Hbg, gest. 1.3.1786 ebd.), Philosoph. R. besuchte das ➢*Johanneum*, an dem sein Vater Lehrer war, und das ➢*Akademische Gymnasium*. Er studierte in Jena und Wittenberg, wo er den Magistergrad erwarb, Philosophie und Philologie. In Wittenberg habilitierte er sich auch (1719). Hier begann er nach einer Reise in die Niederlande und nach England seine Lehrtätigkeit. 1723 wurde er Rektor der Großen Stadtschule im damals schwed. Wismar. Von dort kehrte er 1727 als Professor der orientalischen Sprachen zum Hbger Akademischen Gymnasium zurück, an dem er bis zu seinem Tode unterrichtete. Mit seinem Schwiegervater

J.A. Fabricius, mit seinen Kollegen M. ➢*Richey* und J.G. ➢*Büsch* und seinem Freund B.H. ➢*Brockes* war R. einer der Träger der Hbger ➢*Aufklärung*. R.s philologische, philosophische und naturwissenschaftliche Bücher erhielten große Resonanz, die aus ihm einen der wirkungsvollsten Vertreter der aufgeklärten Popularphilosophie werden ließ („Vernunftlehre" 1759; „Allgemeine Betrachtungen über die Triebe der Thiere" 1760). Sein bedeutendstes Werk, die „Apologie oder Schutzschrift für die vernünftigen Verehrer Gottes", wagte R. zu Lebzeiten nicht zu veröffentlichen. Wäre die radikale Bibel- und Religionskritik, die nur wenige Eingeweihte, darunter Brockes und J. ➢*Klefeker*, kannten, im Druck erschienen, hätte ihn dies sein Amt gekostet, ihm wohl auch Stadtverweis oder Haft eingebracht. G.E. ➢*Lessing* gab Teile als „Fragmente eines Ungenannten" heraus und löste damit den Fragmentenstreit aus (J.M. ➢*Goeze*). Die „Apologie" erschien in vollständiger, von dem Hbger Philologen und Bibliothekar G. Alexander besorgter Ausgabe erst 1972.

Aus dem an politischen, wirtschaftlichen, technischen und naturwissenschaftlichen Themen interessierten Freundeskreis von R. entstand die ➢*Patriotische Gesellschaft* von 1765. Eine seinerzeit heftig umstrittene Plakette am Lessing-Denkmal von 1881 auf dem ➢*Gänsemarkt* erinnert an den Hbger Aufklärer. *Ko.*

Reimarus, Johann Albert Heinrich (geb. 11.11.1729 Hbg, gest. 6.6.1814 Schloss Rantzau/Holstein), Arzt. Der Sohn von H.S. ➢*Reimarus* studierte nach dem Besuch des ➢*Johanneums* und des ➢*Akademischen Gymnasiums* in Göttingen, Leiden, Edinburgh und wiederum Leiden Medizin. 1759 ließ er sich als Arzt in Hbg nieder. Der Mitbegründer der ➢*Patriotischen Gesellschaft* von 1765 und engagierte Vertreter der ➢*Aufklärung* war an zahlr. Reformen beteiligt, so an der Einführung des ➢*Blitzableiters* und der Pockenimpfung. Bei einer Impfung lernte er seine zweite Frau, Sophie (S. ➢*Reimarus*), kennen. 1796 wurde er Professor der Naturlehre und -geschichte am Akademischen Gymnasium. Sein Haus war, v.a. dank seiner Schwester Elise (E. ➢*Reimarus*) und seiner zweiten Frau, ein Mittelpunkt der Hbger Aufklärung. In zahlr. Publikationen trat R. für Freiheit und Freihandel ein; er war ein entschiedener Gegner von Monopolen und Zunftzwängen, im Handel wie im Gewerbe, in der Bildung wie in der Medizin. Er lehnte Fürsten- und Adelswillkür ab, befürwortete politische Rechte für die wirtschaftlich Selbstständigen und sah die „gerechte und gesicherte Freiheit" der Republik Hbg als vorbildlich an, zumal sie für Reformen Freiräume bot. *Ko.*

Reimarus, Christina Sophia Louise, „Sophie" (geb. Hennings, 14.4.1742 Pinneberg, gest. 30.9.1817 Hbg), Aufklärerin. R., Tochter eines Beamten im Dienste des Dänischen Gesamtstaats und Schwester des Aufklärers, Beamten und Schriftstellers A. Hennings, heiratete 1770 den Arzt J.A.H. ➢*Reimarus*. Der „Theetisch" der „Doktorin" war einer der Mittelpunkte der Hbger ➢*Aufklärung*, ein Ort des offenen Gedankenaustauschs und ein Ziel vieler Besucher aus nah und fern. Die Briefwechsel mit A. Freiherr Knigge und ihrem Bruder zeigen sie als eine gebildete, vielseitig interessierte,

Arzt, Schriftsteller und Mitbegründer der Patriotischen Gesellschaft: Johann Albert Heinrich Reimarus. Aquatintablatt von Johann Joachim Faber

Als Gastgeberin des „Theetisches" und Korrespondentin war Sophie Reimarus aktiv an der Aufklärung beteiligt. Foto eines Gemäldes von Friedrich Carl Gröger

Eines der wenigen erhaltenen Ensembles althamburgischer Bauweise ist die Reihe der Bürgerhäuser an der Reimerstwiete.

das Zeitgeschehen wach und eigenständig begleitende Persönlichkeit. Sie war den Prinzipien der Aufklärung, dem „Gemeingeist der Vernunft", den Grundwerten der Amerikan. und Frz. Revolution verpflichtet. Ihre Tochter Christine heiratete 1796 den aus Württemberg stammenden frz. Diplomaten und zeitweiligen Außenminister (1799) K.F. Reinhard, der 1795–98 und 1802–05 Frankreichs Interessen in Hbg vertrat. *Ko.*

Reimerstwiete Die schmale Querstraße der ehem. ➢*Cremon-Insel* entstand vermutl. im Anschluss an die 1267 schon vorhandene Reimersbrücke, die zum Nikolaikirchspiel führt. Der südl. des Katharinenfleets gelegene Teil der Twiete zeigt noch das alte Straßenprofil. An der Westseite sind Wohnhäuser und ➢*Speicher* aus der zweiten Hälfte des 18. Jhs erhalten. Sie gehören zu den letzten Beispielen der Fachwerkbauweise, die Hbg bis ins 19. Jh. hinein prägte (➢*Althamburgisches Bürgerhaus*). *SH*

Archivar und Historiker im Wechsel der Zeiten: Heinrich Reincke auf einem Foto, das dem Nachruf in der Zeitschrift des Vereins für Hamburgische Geschichte (Band 47, 1961) vorangestellt ist

Reincke, Heinrich Theodor (geb. 21.4.1881 Hbg, gest. 3.11.1960 ebd.), Historiker, Jurist. R. war Sohn eines Hbger Medizinalrats und besuchte das ➢*Johanneum.* Anschließend folgten Jura- und Geschichtsstudium in Erlangen und Bonn (Dr.jur. 1906). 1909 wurde er wissenschaftliche Hilfskraft im hbg. ➢*Staatsarchiv*, 1919/20 Dozent der juristischen und philosophischen Fakultät der Hamburgischen Universität (➢*Universität Hamburg*). Hier habilitierte er sich 1925 für Mittlere und Neuere Geschichte, 1928 erhielt er vom ➢*Senat* den Titel Professor. 1933 wurde R. Direktor des Staatsarchivs, 1945 entlassen, aber bald darauf als „politisch unbelastet" eingestuft und wieder eingestellt. 1947 trat er in den Ruhestand; er starb 1960, hochgeehrt für seine historischen Arbeiten (1956 Dr.phil. h.c. der Universität Hamburg und Lappenberg-Medaille in Gold des ➢*Vereins für Hamburgische Geschichte*).

Verwurzelt in den Traditionen des Kaiserreichs, war R. entschiedener Gegner der Weimarer Republik und stand dem NS-Regime aufgeschlossen gegenüber. Überzeugt von seiner Auffassung, dass sich die Geschichtsschreibung ihrer jeweiligen Zeit anpassen und auch aus politischen Motiven und Absichten heraus interpretierbar sein müsse, stell-

Die Reitbrooker Mühle, ein Wahrzeichen der Marschlande, im Sonnenschein

te er seine Forschungsergebnisse (v.a. zur hansischen Geschichte) nahezu vorbehaltlos im Zeichen der nationalsozialistischen „Blut und Boden"-Ideologie dar; systematisch änderte er in diesem Sinne seine früheren Positionen sowie die Neuauflage seiner Gesamtdarstellung der hbg. Geschichte (1925/33). Sich dessen bewusst und die Unmöglichkeit des nochmaligen Umschreibens seines Buches vor Augen, schrieb er 1951 an einen befreundeten Lübecker Kollegen, er glaube nicht, dass die Nachwelt seine Leistungen dauerhaft anerkennen werde. Wie sich dies für seine politisch geleitete Auslegung und Instrumentalisierung der Geschichte bewahrheiten sollte, so blieb dennoch der wissenschaftliche Wert vieler seiner z.T. bis heute richtungweisenden Forschungen, so zur Bevölkerungs- oder zur älteren Rechtsgeschichte Hbgs, erhalten. *Ti.*

Reitbrook ist ein Stadtteil im ehem. Ortsamtsgebiet ➢*Vier-* und ➢*Marschlande* des Bezirks ➢*Bergedorf* mit 6,9 km² Fläche und 480 Einw. (2009). Aus der Frühzeit des 1154 gegründeten Ratzeburger Bistums existiert vom 26.3.1162 eine Urkunde des Bremer Erzbischofs Hartwig über die Zuordnung von neun Marschgemeinden zum Ratzeburger Sprengel, unter denen auch „Ragit" genannt ist. Da dieser Name in weiteren Urkunden auch als „Raghet" und „Raieth" erscheint, könnte dies die urkundlich erste Erwähnung von R. sein. Der Ortsname wird als Reetbruch, also schilfbestandenes Feuchtgebiet, interpretiert. Die Bewohner von R. bauten 1212 mit denen von ➢*Neuengamme* einen gemeinschaftlichen Ringdeich. Damals lagen beide Orte im dän. Herrschaftsbereich unter dem Grafen Albrecht von Orlamünde (➢*Dänemark/dänische Oberhoheit*). Nach der Dänenzeit (1202–27) fielen die Marschlande an ➢*Holstein*. Mitte des 14. Jhs kamen Teile R.s an das Kloster Reinbek, weshalb es 1395 nicht mit allen drei Werdern zu Hbg kam (➢*Bill-*, ➢*Ochsen-* und ➢*Moorwerder*). Damals bestand R. aus zwei Teilen, dem Oldenbrook und dem Neuen Brook. Auf ➢*Lorichs' Elbkarte* von 1568 liegt „Reidbrockh" als von Weidegründen umgebene Siedlung zwischen den Elbarmen.

1605 erbaute der Landvogt H. Odemann ein neues Fährhaus, ein noch heute existierendes Strohdach-Fachwerkhaus. Aus der Familie Odemann gingen neun Landvögte und sieben Juraten (Kirchenvorsteher) hervor. Am zweiten Ostertag 1713 starben bei einem Fährunglück auf der Fahrt zur Pfarrkirche nach ➢*Allermöhe* auf der ➢*Dove-Elbe* etwa 20 aus R. gebürtige oder dort in Diensten stehende Menschen.

Von dem Gottorper Herzog Karl Friedrich, der im Besitz der Ländereien des säkularisierten Klosters Reinbek war, wurde 1724 R. zusammen mit dem Gut ➢*Nettelnburg*, dem holstein. ➢*Krauel* und der Bojewiese auf 20 Jahre an Hbg verpfändet, bis sein Sohn Karl Peter Ulrich es wieder einlöste. Bald verpfändete dieser einen Großteil seiner Dörfer im Amt Reinbek erneut an Hbg, da er zur Vorbereitung auf seine russ. Thronfolge als Zar (Peter III.) größeren Geldbedarf hatte. Durch den ➢*Gottorper Vergleich* kam auch R. 1768 endgültig zum Hbger ➢*Landgebiet*.

Das Müllerhaus neben dem Wahrzeichen R.s, der Mühle, ist das Geburtshaus A. ➢*Lichtwarks*, dessen Vater Mühlenbesitzer gewesen war. Gegenüber, seit 1982 auf Allermöher Grund, weist ein 1891 wiedergefundener Fährstein aus dem 18. Jh. auf den Elbübergang ➢*Zollenspieker*. Völlig unerwartet entwickelte sich R. zum „Energiekreuz des Nordens", als 1910 am Kirchwerder Landweg am Ortsrand zu Neuengamme Erdgas austrat. Es entzündete sich und bildete drei Wochen lang ein „Flammenkreuz". Dieser Erdgasausbruch leitete die erste wirtschaftliche Nutzung von Naturgas ein. 1937/38 startete die Preussag durch Abteufung der Bohrung „Reitbrook I" die Ölförderung in R. Auf zwei Feldern, Reitbrook-Ost und Reitbrook-West, entstanden rund 35 Pferdekopfpumpen. Doch wichtiger als die Ölförderung blieb die Lagerstätte als Untergrundspeicher für die ➢*Hamburger Gaswerke* (heute E.ON Hanse): Sie können den enorm gestiegenen Energiebedarf problemlos decken. *HR*

Im Dienste der Stadt und ihrer Repräsentanten: ein Reitendiener in Uniform als Garde des Rats bei feierlichen Anlässen, farbige Lithografie. Die Reitendiener sind die Vorgänger der Ratsdiener, die heute als gute Geister im Rathaus wirken.

Reitendiener Schon im Mittelalter versorgten die R. die Pferde und den Fuhrpark des ➢*Rats*. Als berittene und bewaffnete Bedienstete der Stadt waren sie von den Wachdiensten in der ➢*Bürgerwache* befreit. Im 16. Jh. gab es etwa 20 R., die neben Botenritten die militärische Funktion einer Garde erfüllten und auch „Wapene" (= Bewaffnete) genannt wurden. Sie unterstanden dem Befehl des Stadthauptmanns und eskortierten die Ratsherren, wenn diese außerhalb Hbgs tätig waren. Eine weitere Aufgabe der reitenden Diener war die Organisation und die Begleitung feierlicher Begräbnisse, bei denen zur besonderen Ehrung des Verstorbenen der ratseigene Leichenwagen zum Einsatz kam (➢*Leichenbegängnisse*). Nachdem das Amt Ende des 17. Jhs käuflich geworden war, mussten die

R. für Pferd und Ausrüstung selbst aufkommen (Pistolen, Seitengewehr). In der Wehrverfassung der Stadt spielten sie seit dem 17. Jh. keine Rolle mehr, und ihr längst unzeitgemäß gewordenes Amt wurde 1865 abgeschafft. Der Rat beschäftigte daraufhin „Hausdiener". *Ti.*

Rentebücher Neben den ➢*Erbebüchern* spiegeln die R. seit dem 13. Jh. die Entwicklung auf Hbgs Grundstücks- und Kapitalmarkt wider. Während jene der Eigentumssicherung eines Grundstücks dienten, wurden diese zum Nachweis der Hypothekenbelastung angelegt. Das Geschäft ging wie folgt vor sich: Ein kapitalkräftiger Rentenkäufer stellte einem Kreditnehmer die vereinbarte Summe zur Verfügung und erhielt von ihm in jährlicher Zahlung eine Rente. Der Kreditnehmer haftete für die Zahlung, die gerichtlich einklagbar war, mit seinem Grundstück. Zu dieser Form des Geldverkehrs waren die Beteiligten gezwungen, weil die Kirche gewinnorientierte Geldgeschäfte in ihren „kanonischen Zinsverboten" des 12./13. Jhs untersagt hatte. Deshalb wurden die finanziellen Gewinne, die Zinsen, als „Renten" getarnt. Jüd. Geldverleiher spielten im Mittelalter in Hbg keine Rolle, und die ➢*Hamburger Bank* ist eine Gründung erst des 17. Jhs. *Bü.*

Repsold, Johann Georg (geb. 19.9.1770 Wremen, gest. 14.1.1830 Hbg), Feinmechaniker, Optiker, Oberspritzenmeister. Nach der Ausbildung unter dem Wasserbaudirektor R. Woltmann, in deren Verlauf er u.a. mit Wasserbauarbeiten im Amt Ritzebüttel (➢*Cuxhaven/Ritzebüttel*) beschäftigt war, fand R. 1795 Anstellung als Stadtlandmesser. 1798 wurde er Spritzenmeister, später Oberspritzenmeister. Er ordnete das Hbger Feuerlöschwesen neu und verbesserte es durch viele technische Neuerungen (➢*Brände und Feuerlöschwesen*). Nebenbei betätigte er sich als Astronom und richtete 1802 am ➢*Stintfang* ein später vom Staat übernommenes Observatorium ein, weshalb R. als Begründer der ➢*Hamburger Sternwarte* gelten kann. In seiner feinmechanischen Werkstatt fertigte er zahlr. physikalisch-optische Instrumente, deren hohe Qualität auch im europäischen Ausland geschätzt wurde. R. kam bei einem Brandeinsatz auf dem Stubbenhuk ums Leben, als er aus dem brennenden Haus trat und ein Teil des gemauerten Giebels auf ihn herabstürzte. In unmittelbarer Nähe des ➢*Museums für Hamburgische Geschichte* steht das 1833 von O.S. Runge nach Entwurf von A. de ➢*Chateauneuf* geschaffene Repsold-Denkmal. *Pr.*

Dem verdienten Mitbürger Johann Georg Repsold setzten Hamburger auf Initiative der Patriotischen Gesellschaft 1833 ein Denkmal. Im Hintergrund die Sternwarte mit Navigationsschule. Die Inschriften galten Repsolds Wirken und Ende: „Erfindungsreich waffnete er die Wissenschaft", „Bekämpfend die Feuersbrunst von Trümmern erschlagen". Farbige Darstellung von Wilhelm Heuer

Reventlow, Christian Detlev Graf von (geb. 21.6.1671 Hadersleben, gest. 1.10.1738, begraben Radsted/Lolland), General, Oberpräsident. Nach dem Studium trat R. in den dän.

Kriegsdienst ein und war mehrfach in diplomatischen Missionen tätig. 1707 ernannte ihn König Friedrich IV. zum Geheimen Rat und zum General der Infanterie. In den Auseinandersetzungen mit Schweden im Nordischen Krieg von 1700–21 kommandierte er das Feldheer, erkrankte jedoch und nahm seinen Abschied. Auf seinen Wunsch wurde er im März 1713 zum ersten Oberpräsidenten ➢*Altonas* ernannt. Der Wiederaufbau der zwei Monate zuvor durch die Schweden zu drei Fünfteln niedergebrannten Stadt ist eng mit R. verbunden. Auf seine Anregung wurden die zollfreie Einfuhr von Baumaterial bewilligt, ein eigener Stadtbaumeister bestimmt (C. Stallknecht), der den Neubau und die Anlage der Straßen zu überwachen hatte, Maßregeln gegen Seuchen getroffen und die Beamtenschaft reorganisiert.

R., der bis 1731 Oberpräsident blieb, kann als Neuschöpfer Altonas bezeichnet werden. Das von ihm 1715 errichtete Stift an der Königstraße mit der Kapelle zum Heiligen Geist wurde im Zweiten Weltkrieg zerstört, erhalten blieb nur der 1878 geschlossene Heiligen-Geist-Kirchhof, der heutige Schleepark über der ➢*S-Bahn*-Station Königstraße, mit Gräbern Altonaer Persönlichkeiten und Familien. Das Stift war bereits 1883 an die Bernstorffstraße verlegt worden. *SH*

Höhepunkt revolutionärer Unruhen: der Brand am Steintor in den Abendstunden des 9.6.1848. Sozialer Protest richtete sich gegen die Torsperrengebühren und die Abgaben- und Steuerlast. Kolorierte Kohlezeichnung, die im Titel die „Kräftige Volksdemonstration" herausstellt

Revolution von 1848/49 Die im Februar 1848 in Frankreich begonnenen Unruhen breiteten sich europaweit aus und erfassten Anfang März 1848 auch Hbg. Dabei bildeten sich im Verlauf mehrerer Monate zwei Aktionsfelder. Die eigtl. Auseinandersetzung zwischen den reaktionären und liberalen Kräften fand auf politischer Ebene statt, wobei Reformprogramme von profilierten liberalen Vordenkern (v.a. in Ausschüssen und Vereinen) erarbeitet wurden. Parallel dazu kam es auf den Straßen bis Mitte Juni zu unkoordinierten Krawallen, u.a. am 13.3. am ➢*Millerntor*, die jedoch nie die Ausmaße der Unruhen in Paris oder Berlin annahmen. Höhepunkt war der 9.6.1848, als eine große Volksmenge aus Protest gegen ➢*Torsperre* und ➢*Akzise* das ➢*Steintor* stürmte und in Brand setzte. Der ➢*Rat* blieb – wohl v.a. aus Furcht vor einer Eskalation der Lage – in Kontakt mit den revolutionären Wortführern, betrieb dabei aber vornehmlich eine Politik, die zwischen Zugeständnissen und Hinhaltemanövern pendelte. So tagte die von Rat und ➢*Erbgesessener Bürgerschaft* eingesetzte „Reform-Deputation“ wochenlang, um schließlich nur ein sehr problematisches Pressegesetz, das zwar die Zensur aufhob, aber „Preßverbrechen“ und „Preßvergehen“ mit Strafen bedrohte, zu präsentieren.

Die wohl signifikantesten Ereignisse der R. waren die Aufhebung der Pressezensur Anfang März und die Bildung der ➢*Konstituante* am 14.12. des Jahres. Spätestens seit Anfang 1849 verloren die revolutionären Aktivitäten zunehmend an Kraft, und nach dem Einmarsch der preuß. Truppen am 17.8., dem Pressegesetz und der „Verordnung zur Verhütung des Missbrauchs des Versammlungs- und Vereinigungsrechtes“ vom 20.9.1849 verebbten sie völlig. Dennoch trug die R. nachhaltig zur Politisierung bei und schuf Grundlagen für eine neue ➢*Verfassung* der Stadt. *Smo*

Rezess (von lat. recedere = zurückweichen, zurückgehen) wurden in Hbg solche Verträge genannt, in denen sich ➢*Rat* und ➢*Erbgesessene Bürgerschaft* nach offenem Konflikt oder, wie später zumeist, um diesen abzuwenden, über Streitpunkte feierlich verständigten. Sie bildeten hier – unbeschadet ähnlicher Vereinbarungen auch in anderen Städten – eine spezifische, kontinuierlich über 300 Jahre währende Rechtstradition mit erheblicher Bedeutung für die politisch-soziale Stabilität der Stadt. Der erste hbg. R. wurde 1410 nach den ➢*Bürgerunruhen* – der Rat hatte auf die Beschwerde des sachsen-lauenburg. Herzogs einen Bürger ohne Prozess inhaftiert – vom Rat und einem Bürgerausschuss ausgehandelt und zählte 20 Artikel. Er gestand den Bürgern Rechtssicherheit gegenüber dem Rat, Anhörung bei der Erhebung neuer oder erhöhter Steuern und bei Entscheidungen über Krieg und Frieden zu. Der R. wurde zwar 1417 auf Drängen anderer Hansestädte aufgehoben, doch floss sein Inhalt 1458 größtenteils in den zweiten R. ein, durch den eine Erhebung der ➢*Ämter* im Zusammenhang des sog. Lüneburger Prälatenkriegs beigelegt wurde. Der R. normierte und senkte die Schossabgaben (➢*Abgaben und Steuern*) und verbesserte die Rechtssicherheit der Bürger, bekräftigte anderseits die Kontrollrechte des Rates über Ämter und ➢*Kirchspiele* und verbot spontane Bürgerversammlungen. Nach den vorwiegend wirtschaftlich begründeten Unruhen des Jahres 1483 führte wiederum ein R. zur Befriedung, der den vorherigen großenteils aufnahm, präzisierte und verschärfte. Er erhob die ➢*Juraten* der vier Kirchspiele, die auch die Einberufung der Erbgesessenen Bürgerschaft beantragen durften, zur Beschwerdeinstanz gegenüber dem Rat, enthielt zudem eine Reihe wirtschaftlicher Maßgaben und umfasste nun 70 Artikel. Damit waren die R. – stets ausgehandelt auf der Grundlage bürgerlicher Forderungskataloge und vom Rat sorgfältig eingehalten – zum bewährten Instrument und Sinnbild innerstädtischer Verständigung geworden.

Im Verlauf der ➢*Reformation*, die auch in Hbg politische und soziale Fragen aufwarf, beauftragte die Bürgerschaft einen 144er-Ausschuss –

36 Mitglieder aus jedem Kirchspiel (➢*Bürgerliche Kollegien*) –, unbefristet mit dem Rat über alle Fragen zu verhandeln, die Frieden und Gemeinwohl der Stadt betrafen. Auch dem Rat lag daran, die Spannungen des reformatorischen Wandels friedlich zu bewältigen. Ergebnis der Verhandlungen war der „Lange Rezess“ (132 Artikel) vom 16.2.1529, der seine Vorläufer ebenso bestätigte wie die (noch nicht vollendete) Kirchenordnung von J. ➢*Bugenhagen*; es war der erste R., dem keine offenen Unruhen vorangegangen waren. Während sich die Bürgerforderungen nach Mitwirkung bei Wahlen zum Rat und Einblick in dessen Finanzverwaltung und Eide nicht durchsetzen ließen, wurden zahlr. rechtliche und wirtschaftlich-gewerbliche Vereinbarungen getroffen, wurde den Bürgerlichen Kollegien Mitsprache in verschiedenen Rechtsfragen, bei der vorgesehenen Novellierung der städtischen Rechtsbücher (➢*Stadtrecht*) und bei der Sicherung der Getreideversorgung eingeräumt. Die Ausschüsse, namentlich die ➢*Oberalten*, sollten die Einhaltung der politischen und kirchlichen Satzungen überwachen und einschlägige Klagen vor den Rat bringen, gegebenenfalls auch dessen Mitglieder selbst belangen dürfen, was jedoch nie geschah; spontane Bürgerversammlungen blieben weiterhin verboten.

Auch in den folgenden Jahrzehnten einigten sich Rat und Bürger bei drängenden Fragen mehrmals auf R., nun ohne Wiederholung der jeweils vorherigen. 1531 ging es um die Besetzung der Superintendentur (J. ➢*Aepinus*) und das Ratswahlverfahren, 1548 um die drückende Finanznot: Die Bürger billigten Abgabenerhöhungen und neue Zulagen, der Rat verzichtete zeitweilig auf seine Schossfreiheit. Ein R. von 1562, in dem die Bürger neue Geldbewilligungen an bestimmte Festlegungen des Rates gegenüber dän. Pressionen knüpften, wurde später als aufgezwungen aufgehoben. Als sich der Rat 1563 gezwungen sah, die ➢*Kämmerei* ganz den Bürgern zu übertragen, wurde dieser Beschluss wegen seiner Bedeutung vielfach (zu Unrecht) den R. zugerechnet. 1570 hielt ein R. die Ratsherren zu strenger Präsenz und gewissenhafter Amtsführung an. Außerdem enthielt er Bestimmungen gegen Korruption und Vetternwirtschaft. 1579 wurden Brandschutzregeln vereinbart. Der R. von 1603 knüpfte an den von 1529 an, den er weithin wörtlich wiederholte, um zwischenzeitliche Improvisationen zu beenden. Allerdings schien die Stellung des Rates – auch unter dem wachsenden Druck ➢*Dänemarks* – geschwächt. Er musste Mahnungen für seine Amtsführung hinnehmen, dem Erhalt fester Honorare von der Kämmerei zustimmen und fortan alle bürgerlichen Abgaben leisten.

Seit Mitte des 17. Jhs standen die R. im Zeichen der anhaltenden inneren Krise der Stadt. 1650 suchte darin der Rat seine obrigkeitliche Autorität zu verankern, 1657 trat die Bürgerschaft in einem R. jeder Schmälerung ihrer hergebrachten Rechte entgegen. Klagen wegen Bestechlichkeit und Vetternwirtschaft bei Ratswahlen wollte der Wahlrezess von 1663 begegnen; die 24 Ratsherren sollten danach künftig je zur Hälfte Kaufleute und graduierte Juristen sein, drei der vier ➢*Bürger-*

48

Mit Uhrkund dieses Brieffs / besiglet mit Unserm Kayserlichen anhangenden Insigel / der Geben ist in Unserer Statt Wien / den siebenden Monats-Tag Septembris, nach Christi Unseres lieben HErrn und Seeligmachers Gnadenreichen Gebuhrt / im Siebenzehen Hundert und Zehenden / Unserer Reichen / des Römischen im Ein und Zwantzigsten / des Hungarischen im Drey und Zwantzigsten / und des Böheimbischen im Sechsten Jahre.

Joseph.

V. E. Ludwig / Graff von Sinzendorff.

Ad Mandatum Sac. Cæs. Majest. proprium.

C. F. Consbruch.

Collat. und Registrirt
Johann Friderich Wening v. W. Registrator. Mpp.

Der Unionsrezess von 1710 – hier abgebildet – und der Hauptrezess von 1712 beendeten jahrzehntelange Bürgerkämpfe um die Hamburger Verfassung und die Machtverteilung zwischen Rat und Bürgerschaft. Der Unionsrezess wurde bis 1858 von allen neu gewählten Ratsherren unterschrieben und besiegelt.

meister Juristen. Auch durften Schwiegervater und Schwiegersohn dem Rat nicht gleichzeitig angehören. Das Misstrauen zwischen Rat und Bürgern blieb, und 1674 musste erstmals eine kaiserl. Kommission unter dem Grafen G. von Windischgrätz einen R. herbeiführen, der die Bürgerversammlungen wieder auf das jeweilige Kirchspiel und seine Erbgesessenen beschränkte, doch das Odium des äußeren Drucks nahm ihm seine Wirkung. Der R. des Jahres 1699 kam einer Kapitulation des Rates vor der Bürgerschaft gleich. Die Bürgerlichen Kollegien sahen ihre Entscheidungsfreiheit eingeschränkt, Rat- und Bürgerkonvente wurden auch Nichterbgesessenen geöffnet, die Bürger an der Ratswahl faktisch beteiligt.

Die Unsicherheit der hbg. Verhältnisse rief schließlich 1708 erneut eine kaiserl. Kommission unter dem Grafen H.D. von Schönborn auf den Plan, die in vierjähriger Arbeit die Ordnung wiederherstellte und die strittigsten Gegenstände in vier Gesetzeswerken regelte. Das „neue Reglement der Hamburgischen Raths und Bürger-Convente" vom 4.6.1710 bekräftigte die Gemeinschaftlichkeit der Stadtherrschaft durch Rat und Bürger, grenzte aber die bürgerlichen Mitspracherechte und den Kreis der dazu Berechtigten mit erhöhtem Zensus ein; hinzu kam eine Reihe ➢*Notabeln* als Personalisten. Der „Unionsrezess des Senats" vom 17.11.1710, der den Wahlrezess von 1663 erneuerte, sollte das Vertrauen in die Ratsobrigkeit, ihre Rechtsprechung und Verwaltung festigen und beschrieb ihre Rechte und Pflichten. Erstmals wurde einer der vier Ratssekretäre zum Ratsarchivar bestellt. Der „Unionsrezess der Kollegien" vom 5.10.1712 wies besonders den Oberalten ein Wächteramt über die Verfassung zu, erhob sie zur Rekursinstanz bei Rechtsverweigerung und Beschwerden über den Rat und stärkte die Kollegien gegenüber dem Bürgerkonvent.

Der „Hauptrezess“ vom 13.10.1712 schließlich verwies zusammenfassend auf alle in Hbg gültigen Rechtsordnungen und R., zog einen Schlussstrich unter die zurückliegenden Machtkämpfe und bekräftigte in seinem ersten Artikel die untrennbare Gemeinschaftlichkeit des Stadtregiments durch Rat und Erbgesessene Bürgerschaft (➢*Kyrion*). Neben dem Gleichgewicht in Gesetzgebung und Steuerwesen hatte allerdings der Rat in der Rechtsprechung, der Außenvertretung und wichtigen Verwaltungsbereichen ein Übergewicht. Zwar kam es zwischen Rat und Bürgern einerseits und der kaiserl. Kommission andererseits über die endgültige Gestalt des Hauptrezesses zu keiner Einigung, doch bestand an seiner faktischen Gültigkeit kein Zweifel. Er schuf eine konservative Verfassungsordnung mit festen Orientierungen, zu der Hbg nach den Umwälzungen der ➢*Franzosenzeit* bereitwillig zurückkehrte und die bis zur neuen ➢*Verfassung* von 1860 in Kraft blieb. Eine wissenschaftlich zuverlässige Edition der hbg. R.e fehlt. *RP*

Als Lehrer am Akademischen Gymnasium, als Schriftsteller und Wörterbuchmacher ein Repräsentant der Hamburger Aufklärung: Michael Richey auf einem Kupferstich von Christian Fritzsch

Richey, Michael (geb. 1.10.1678 Hbg, gest. 10.5.1761 ebd.), Professor, Schriftsteller. R. besuchte das ➢*Johanneum* und das ➢*Akademische Gymnasium*. Das Studium der Theologie und Philosophie führte ihn nach Wittenberg, dort erwarb er 1699 die Magisterwürde. 1704–13 war er Rektor des Gymnasiums Athenaeum in ➢*Stade*, 1717–61 Professor für Geschichte und Griechisch am Akademischen Gymnasium in Hbg. Als Lehrer, als Mitglied der Teutsch-übenden Gesellschaft und der ersten Patriotischen Gesellschaft (➢*Der Patriot*) war R. einer der wirkungsvollsten Vertreter der ➢*Aufklärung* in Hbg. Dazu trugen auch seine zahlr. Gelegenheitsgedichte bei, mit denen er aufklärerische Werte vermittelte. Seine „Deutschen Gedichte“ erschienen posthum in drei Bänden (1764–66). Die Sammlung hatte über 1.000 Subskribenten, die meisten der Vorbesteller lebten in Hbg. Sein bedeutendstes wissenschaftliches Werk ist das ➢*Idioticon Hamburgense* (1743, 2. Aufl. 1755), ein hbg. Wörterbuch. *Ko.*

Rickmer Rickmers heißt ein Museums- und Denkmalsschiff im Hbger ➢*Hafen*, bei den ➢*St. Pauli-Landungsbrücken*. Das dreimastige, stählerne Frachtsegelschiff lief 1896 auf der Werft der Bremerhavener Reederei Rickmer C. Rickmers vom Stapel und machte für sie zwölf Rundreisen, meist via USA und Fernost. 1912 wurde es von der Hbger Reederei Carl C.D. Krabbenhöft für die Salpeterfahrt nach Chile erworben. 1914, nach Ausbruch des Ersten Weltkriegs, vor den neutralen Azoren vor Anker gegangen, wurde es 1916 vom Staate Portugals beschlagnahmt und transportierte als „Flores“ Kriegsmaterial für Großbritannien. Nach Umbau diente es 1924–62 der portugies. Kriegsmarine als Schulschiff „Sagres“ und erhielt 1930 zwei Diesel-Hilfsmotoren. Dann lag es als Depotschiff „Santo André“ im Marinehafen Alfeite bei Lissabon. 1974 wurde vom Vorsitzenden des Hamburger Hafen-Vereins von 1872, W. („Fiete“) Schmidt, der Verein Windjammer für Hamburg mit dem Ziel gegründet, „Hamburgs Vergangenheit als Kauffahrtei- und Schiffahrtsstadt in lebendiger Erinnerung zu halten“; 1978 wurde er auf die alte R.R. aufmerksam und konnte sie 1983, zum

Exponent und Exponat der Windjammerzeit: Die „Rickmer Rickmers“ hat bei den St. Pauli-Landungsbrücken festgemacht und kann dort besichtigt werden.

794. Hafengeburtstag (➢*Barbarossa-Privileg/Hafengeburtstag*), erworben. Nach aufwendigen, durch ehrenamtliches Engagement unterstützten Reparaturarbeiten ist das Schiff seit 1987 am Fiete-Schmidt-Anleger zur Besichtigung freigegeben. *luz*

Rieckhof heißt das Kultur- und Veranstaltungszentrum im Stadtteil ➢*Harburg*. Träger ist der 1975 gegründete Verein Freizeitzentrum Hamburg-Harburg. Das vielfältige Programmangebot reicht von Theater- und Konzertveranstaltungen bis zu Flohmärkten, von aktuellen politischen oder kulturellen Podiumsdiskussionen bis zum gemütlichen Klönschnack bei Kaffee und Kuchen. Die Entstehung des R.s steht in engem Zusammenhang mit dem „Sanierungsgebiet 2“, dem Seeveviertel. Seit Anfang der 1970er Jahre waren die Planungen für die Bebauung mit Kaufhäusern und Ladenpassagen von der hartnäckig wiederholten Forderung einer Bürgerinitiative nach einem nichtkommerziellen Freizeitzentrum in dem Gebiet begleitet. Sie setzte sich durch; 1981–84 erfolgte der Bau des R.s in der Rieckhoffstraße 12. Die in Anlehnung an den Straßennamen gewählte Bezeichnung der Einrichtung soll das Bild des Hofes als eines abgegrenzten Versammlungsortes vermitteln. Viele Harburger kritisieren indes die Benennung als Verballhornung des Namens des überzeugten Demokraten und Pazifisten A. Rieckhoff. Er hatte in der 1950 nach ihm benannten Straße lange Jahre eine Drogerie betrieben. Dessen ungeachtet ist der R. ein Beispiel für eine erfolgreiche Bürgerinitiative. *Cl.*

Riesser, Gabriel (geb. 2.4.1806 Hbg, gest. 22.4.1863 ebd.), ein Enkel des Altonaer Rabbiners R. Kohen, Jurist, Politiker, Publizist. Nach seinem Abitur am ➢*Johanneum* 1823 studierte R. Rechtswissenschaften in Kiel und Heidelberg (Promotion 1826) und ab 1827 Philosophie in München. 1829 wurde ihm die Privatdozentur in Heidelberg, 1830 in Jena verwehrt. Die erstrebte Zulassung als Anwalt in Hbg blieb ihm 1829 versagt. Seit 1832 gab R. die programmatische Zeitschrift „Der Jude“ heraus und verfasste zahlr. „Denkschriften“ zur Judenemanzipation (R. war Mitglied des Hbger reformorientierten Israeliti-

Als „den Anwalt der Juden, der Deutschen, der Freiheit und des unteilbaren gleichen Rechtes aller Menschen“ charakterisierte Erich Lüth den Politiker und Publizisten Gabriel Riesser. Zeitgenössisches Porträt

schen Tempelvereins; ➢*Neuer Israelitischer Tempelverband*). 1840 erfolgte seine Ernennung zum Notar in Hbg.

Im Mai 1848 wurde R. als Kandidat der Liberalen in die Frankfurter Nationalversammlung für das Herzogtum Lauenburg gewählt (2. Vizepräsident und Mitglied des Verfassungsausschusses). Mit seiner berühmt gewordenen Rede vom 29.8.1848 über die Religionsfreiheit erreichte R. die rechtliche Gleichstellung der Juden in der Paulskirchenverfassung; in seiner „Kaiserrede“ am 21.3.1849 befürwortete er das konstitutionelle Erbkaisertum. R. wurde 1859 Vizepräsident der auch als Verfassungsversammlung gewählten Hbger ➢*Bürgerschaft* und ein Jahr später als Hbger Obergerichtsrat der erste jüd. Oberrichter in Dtld (➢*Obergericht*). R. trat als glänzender Redner und kritischer Publizist zeitlebens für die vorbehaltlose Emanzipation der Juden in Dtld ein. *IL*

Hamburg und Cuxhaven waren wichtige Stationen im Leben von Joachim Ringelnatz.

Ringelnatz, Joachim (eigtl. Hans Bötticher, geb. 7.8.1883 Wurzen/Sachsen, gest. 17.11.1934 Berlin), Schriftsteller, Maler. Der Sohn des Musterzeichners und Jugendschriftstellers G. Bötticher (Hg. von Auerbachs Kinderkalender) fuhr nach dem Schulverweis mehrere Jahre zur See. Bis 1914 betätigte er sich u.a. als Zeitungsverkäufer, Hausmeister, Bibliothekar, Schaubudengehilfe und Dekorateur. Seit 1909 war er „Hausdichter“ in der Münchner Künstlerkneipe „Simplicissimus“. Nach Hbg führte ihn die Tätigkeit als Angestellter einer Spedition und Korrespondent eines Reisebüros. Im Ersten Weltkrieg ging R. zur Marine und war dort zuletzt als Kommandant eines Minensuchboots vor Cuxhaven (➢*Cuxhaven/Ritzebüttel*) eingesetzt, das von der ➢*Schaarhörn* aus befehligt wurde. Diese Zeit beschrieb er später in seinem autobiografischen Werk „Als Mariner im Krieg“ (1928). Nach 1918 widmete er sich dem Kabarett (u.a. M. Reinhardts Kleinkunstbühne „Schall und Rauch“), der Malerei und seiner allseits beliebten Prosa und Lyrik. Neben den „Turngedichten“ (1920, erweitert 1923) wurde R. v.a. durch seine Verse vom Seemann „Kuttel Daddeldu“ (1920) bekannt. Beide Werke erschienen unter seinem Pseudonym, das auf den Glücksbringer der Seefahrer, das auch R. genannte Seepferdchen, zurückzuführen ist. An die Hbger Zeit des humoristischen Literaten erinnert heute die Ringelnatztreppe am Elbuferweg in ➢*Othmarschen*. *JJF*

Rissen ist ein im Hbger Westen an der ➢*Elbe*, vor dem holstein. ➢*Wedel*, gelegener Stadtteil im ehem. Ortsamtsgebiet ➢*Blankenese* des Bezirks ➢*Altona* mit 16,6 km^2 Fläche und 14.511 Einw. (2009). R. liegt auf der Geest in einem Gebiet mit einst ausgedehnten Heiden, mit Dünen und dem Schnaakenmoor (➢*Naturschutzgebiete*). In der Gemarkung kamen zahlr. vorgeschichtliche Funde zutage. Zuerst 1255 als „Risne“ genannt, was so viel wie Strauch- und Buschwerk bedeutet, gehörte das Dorf jahrhundertelang zu ➢*Holstein-Pinneberg*. Es enthielt eine ganze Anzahl von Bauernstellen, doch nur dürftige Böden. Die Landesherrschaft erwarb 1789 das Gebiet des ➢*Klövensteens* und ließ es aufforsten. Im 19. Jh. kaufte v.a. der Hbger Kaufmann und Reeder J.C. VI. ➢*Godeffroy* als Jagdfreund ausgedehnte Ländereien, die er aufforsten ließ. R. wurde 1927 in Altona eingemeindet und mit diesem 1937 in Hbg. Der Bau der Bahnlinie Blankenese–Wedel 1883 und die Vorzüge der Lage ließen allmählich einen Großstadtvorort entstehen. Viel besucht ist das reizvolle Elbufer von ➢*Wittenbergen*. *Me*

Rist, Johann (geb. 8.3.1607 Ottensen, gest. 31.8.1667 Wedel), Pastor, Dichter. Der Pfarrersohn aus ➢*Ottensen* besuchte das ➢*Johanneum* in Hbg und das Gymnasium Illustre in ➢*Bremen*. Das Studium der Theologie absolvierte er in Rostock und Rinteln. R. erwarb auch medizinische und naturwissenschaftliche Kenntnisse. Nach einer Hauslehrertätigkeit in Heide (Dithmarschen) übernahm er 1635 das Pastorat in ➢*Wedel*, wo er v.a. wegen der Nähe Hbgs zeitlebens blieb. R. zählt zu den wichtigsten dt. Barockdichtern, insbesondere mit seinen geistlichen Liedern, seiner weltlichen Lyrik und seinen Schauspielen („Das Friedewünschende Teutschland", 1647; „Das Friedejauchzende Teutschland", 1653). R. gehörte mehreren Sprachgesellschaften an und gründete selbst 1658 den Elbschwanenorden, zu dem G.E. ➢*Lessing* freilich gut ein Jh. später anmerkte, es seien auch viele Gänse in ihm vertreten gewesen. Hbg war für R. ein Ort vielfältiger geistiger Anregungen – im Theater, in Bibliotheken, in der ➢*Börse*, in Wirtshäusern, im Austausch mit Gelehrten, Kaufleuten und Diplomaten. An seinen Musensitz, den „Parnaß", erinnert die Parnaßstraße in Wedel. 1908 erhielt R. vor der Wedeler Kirche ein ➢*Denkmal*. Das Gymnasium der Stadt trägt seinen Namen. *Ko.*

Ritzebüttel ➢*Cuxhaven/Ritzebüttel*

Rode Grütt Hbger Rote Grütze ist als festes Rezept unter diesem Namen erst seit etwa 100 Jahren verbreitet. Das Früchtekompott wird aus roten Johannisbeeren und Himbeeren, meist im Verhältnis 2:1, eingekocht und mit Vanille verfeinert. Dazu wird Milch gereicht, „Schleckermäuler" dürfen auch Sahne nehmen. *OK*

Rodig, Erich Wasa (geb. 23.8.1869 Horka/Niederlausitz, gest. 26.10.1940 Hbg), wurde 1913 Oberbürgermeister der preuß. Stadt ➢*Wandsbek*. Der parteilos gebliebene Jurist war zuvor Zweiter Bürgermeister in Forst in der Lausitz und in der Residenzstadt Potsdam gewesen. Die Kriegsumstände bewogen ihn 1916, zusammen mit B. ➢*Schnackenburg* dem Kieler Regierungspräsidenten – vergeblich – die Eingemeindung Wandsbeks, ➢*Altonas* und anderer Gemeinden nach Hbg vorzuschlagen. R. sah Wandsbek als Hbger Vorort: Allmählich abflachende Bebauung, umfangreiche Grünanlagen, an Hbg anschließende Ausfall- und Durchgangsstraßen entsprachen dem von F. ➢*Schumacher* 1921 publizierten „Schema der natürlichen Entwicklung des Organismus Hamburg" (➢*Stadterweiterung*). Dem widersprach nicht eine maßvolle Industrieansiedlungs- und Eingemeindungspolitik: 1926 bezog die Zigarettenfirma Haus Neuerburg ein Gebäude von F. ➢*Höger* in Wandsbek, 1927 entstand durch die Eingemeindung des westl. Teils von ➢*Tonndorf*-Lohe und von ➢*Jenfeld* ein „Groß-Wandsbek"; 1929 legte R. Vorschläge zur interkommunalen Zusammenarbeit mit Hbg vor, 1931 schied der parteilose, aber als liberal einzustufende R. aus dem Amt. *luz*

Wandsbeks Oberbürgermeister Erich Wasa Rodig im Dezember 1924, Foto im „Hamburger Fremdenblatt". Seine Verdienste um die Stadt wurden 1931 mit dem Ehrenbürgerrecht gewürdigt.

Rönneburg ist ein Stadtteil im ehem. ➢*Kerngebiet* des Bezirks ➢*Harburg* mit 2,3 km^2 Fläche und 3.233 Einw. (2009). Namengebend ist die im Ort auf dem Burgberg als ovaler Ringwall erhaltene R., die im 10./11. Jh. bestand (seit 1941 unter ➢*Denkmalschutz*). Die erste urkundliche Erwähnung des Dorfes geschah um 1233. Im 15. Jh. bildeten die damals vier Höfe eine einheitliche Besitzmasse der Herzöge von Braunschweig-Lüneburg. 1667 gab es fünf Hufner, einen Kätner, zwei Brinkkätner, 1801 waren es 25 landwirtschaftliche Stellen. Um 1645 wurde die Vogtei Höpen mit Sitz des Vogts in R. als untere Verwaltungseinheit des braunschweig-lüneburgischen, ab 1705 des kurhannoverschen Amtes Harburg gegründet. Sie war bis 1852 zuständig für alle 30 Dörfer und einstelligen Höfe südl. Harburgs zwischen ➢*Neugraben* und Meckelfeld-Friesenwerdermoor. Ab 1900 wurden einzelne Villen, ab 1930 verschiedene Einfamilienhäuser gebaut. 1937 kam R. mit 1.170 Einw. und noch 16 landwirtschaftlichen Betrieben vom Landkreis Harburg nach Hbg. Ab 1957 gab es erste größere Bauvorhaben, ab 1964 Mehrfamilienhäuser und Reiheneigenheime am Hüllbeen, ab 1972 Reiheneigenheime am Rotbergkamp, ab 1988 das Wohngebiet Langenbeker Feld. *Ri.*

Ross, Edgar Daniel (geb. 11.2.1807 London, gest. 23.3.1885 Hbg), Kaufmann, Politiker. R. entstammte einer urspr. in Schottland und England ansässigen Familie. Sein Großvater, C. Ross, war in Hbg als Arzt und Sekretär des English Court (➢*Merchants Adventurers*) tätig gewesen. Der in Hbg aufgewachsene Vater D. Ross hatte M. Vidal geheiratet, die aus einer nach Hbg zugewanderten Hugenottenfamilie kam. Die Eltern zogen 1817 von London nach Hbg. R. trat 1823 in die Firma Ross, Vidal & Co. ein, 1830 wurde er Teilhaber. Er intensivierte den Handel mit Australien und Südostasien. 1842 setzte sich R. für die Reform der Hbger ➢*Verfassung* ein.

Der Befürworter des Freihandels wurde 1848 als einer der Hbger Abgeordneten in die Frankfurter Nationalversammlung gewählt. Dort trat er für eine dt. Flotte ein. Enttäuscht über die Arbeit des Paulskirchenparlaments, gab er sein Mandat bald auf. Als Nachfolger wurde der Kaufmann und überzeugte Freihändler G. Godeffroy gewählt. R. war 1848/49 Mitglied der Hbger ➢*Konstituante*. 1859 forderte er erneut eine Verfassung für Hbg. Der ➢*Bürgerschaft* gehörte er 1859–74 an, 1859–61 war er ihr Vizepräsident. Ebenfalls 1859 wurde er in die ➢*Commerzdeputation* gewählt, deren ➢*Präses* er 1862 war. 1867–70 war er Mitglied des Reichstages des ➢*Norddeutschen Bundes*, 1871 des ersten Deutschen Reichstages. R.s besonderes Interesse galt der Entwicklung von ➢*Hafen*, Schifffahrt und Verkehr. *Ko.*

Roß, Rudolf (geb. 22.3.1872 Hbg, gest. 16.2.1951 ebd.), Pädagoge, Bürgermeister. Der Volksschullehrer gehörte zu den treibenden Kräften in der pädagogischen Reformbewegung vor 1914. Er setzte sich für ➢*Bücherhallen* und Kunsterziehung ein. 1903 übernahm er die Redaktion der „Pädagogischen Reform“, der inoffiziellen Zeitschrift der ➢*Gesellschaft der Freunde des vaterländischen Schul- und Erziehungswesens*. 1919 wurde er Leiter der neu gegründeten ➢*Volkshochschule*. Im selben Jahr in die ➢*Bürgerschaft* gewählt, wurde er schon ein Jahr später deren Präsident. 1928 trat R. in den ➢*Senat* ein; er war zunächst Zweiter, 1930/31 Erster, dann wieder Zweiter ➢*Bürgermeister* bis 1933. 1943 hielt er auf dem ➢*Ohlsdorfer Friedhof* die Trauerrede für den langjährigen Schulsenator E. ➢*Krause* und entsprach damit einem Wunsch des Verstorbenen. *Ko.*

Rothenburgsort ist ein Stadtteil im Bezirk ➢*Hamburg-Mitte* mit 7,4 km^2 Fläche und 8.650 Einw. (2009); im Mündungsgebiet der Bille in die Elbe gelegen, erstreckt sich R. auf dem Gebiet des einstigen Billwerder Ausschlags, des uneingedeichten Weidelandes vor dem Dorf ➢*Billwerder* auf der gleichnamigen Insel. 1383 von Hbg erworben, gehörte Billwerder Ausschlag seit 1410 zur Landherrenschaft Bill- und ➢*Ochsenwerder*, seit 1830 zu der der ➢*Marschlande* (➢*Landgebiet*). 1614 erwarb die Kaufmannsfamilie Rodenburg Grundeigentum; auf dem Gelände entstand später Trauns Park. „Rodenburgs Ort" wurde – ungeachtet der Überflutungsgefahr – Standort von ➢*Landhäusern* und Lustgärten auch anderer Großbürger (➢*Gärten und Parks*). Nachdem der ➢*Große Brand* 1842 die drei „Wasserkünste" (➢*Trinkwasserversorgung*) der inneren Stadt zerstört hatte, ließ der ➢*Rat* hier 1848 nach Plänen von W. ➢*Lindley* und A. de ➢*Chateauneuf* die erste städtische Wasserkunst Dtlds bauen (Turm 65 m). Nachdem die Aufhebung der Torsperre zu verstärktem Zuzug geführt hatte, wurde Billwerder Ausschlag (inklusive Billhorn) 1871 ➢*Vorort* (mit gut 7.000 Einwohnern), 1894 Stadtteil (mit 40.000 Einwohnern). Hafenarbeitersiedlungen breiteten sich aus, teils in Form ungesunder Hinterhofbebauung, in den 1920er Jahren kamen Backsteinwohnanlagen hinzu; der Norden und Nordosten veränderten sich zu einem Industriegebiet. 1938 wurden Billwerder Ausschlag und R. geteilt, 1970 unter dem Namen R. wieder vereint. Das zwischen Gründerzeit und Zweitem Weltkrieg gewachsene Industrie- und Arbeiterwohnquartier R. wurde 1943 bei ➢*Luftangriffen* so stark zerstört, dass es nicht einmal mehr zu lohnen schien, den seit 1915 bestehenden ➢*U-Bahn*-Anschluss zum ➢*Hauptbahnhof* aufrechtzuerhalten. In Trümmer fiel auch die „Hanseatenhalle" an der Ausschläger Allee, mit der R. seit 1935 die größte europäische Veranstaltungshalle besessen hatte. In der Volksschule am ➢*Bullenhuser Damm* wurde ein Außenlager des KZ Neuengamme (➢*Neuengamme [Konzentrationslager]*) untergebracht, und noch wenige Tage vor Kriegsende, im April 1945, wurden zahlreiche Insassen durch die SS umgebracht. Heute ist die „Janusz-Korczak-Schule" eine Gedenkstätte. Auch im ehemaligen Kinderkrankenhaus R. wurden derartige Verbrechen verübt. Nach 1945 entstand erneut ein „Mischgebiet" mit

Alle Zerstörungen in Rothenburgsort überlebte der 65 Meter hohe Turm der Wasserkunst, das älteste erhaltene Zeugnis moderner Wasserversorgung in Deutschland, eingeweiht 1848, kurz nach der Inbetriebnahme dargestellt von Peter Suhr.

relativ geringer Wohnbevölkerung und hohem Anteil von Menschen mit Migrationshintergrund. *luz*

Rotherbaum ist ein Stadtteil im ehem. ➢*Kerngebiet* des Bezirks ➢*Eimsbüttel* mit 2,7 km^2 Fläche und 15.458 Einw. (2009). Der Name erinnert an einen Schlagbaum am Beginn der *Rothenbaumchaussee.* Vor dem ➢*Dammtor* lagen im späten 18. Jh. einige Gärten und ➢*Landhäuser.* Sie wurden in der ➢*Franzosenzeit* 1813/14 zerstört. Nach Aufhebung der ➢*Torsperre* setzte stärkere Bebauung ein, 1871 wurde R. ➢*Vorort,* 1894 Stadtteil. Die Entwicklung R.s spiegelt sich in unterschiedlichsten Bauten: Villen und ➢*Stadthäuser* zwischen ➢*Alster* und Rothenbaumchaussee, ➢*Etagenhäuser* und ➢*Terrassen* zwischen Grindelallee, Bundesstraße, Grindelhof und Hallerstraße. Das ➢*Grindel*viertel war bis zur Verfolgung und Vernichtung der Juden in der ➢*NS-Zeit* Mittelpunkt des jüd. Lebens in Hbg. Nach Gründung der Hamburgischen Universität 1919 (➢*Universität Hamburg*), insbesondere seit den 50er Jahren, entstand ein Campus mit dem Haupt- oder Vorlesungsgebäude, dem früheren ➢*Kolonialinstitut,* der ➢*Staats- und Universitätsbibliothek – Carl von Ossietzky,* dem Auditorium Maximum und dem Philosophenturm. Das Haus Allende-Platz 1 (früher Bornplatz) wurde 1908 für ein Fuhrgeschäft erbaut. Seit 1929 dient es als zweiter Bau nach dem Vorlesungsgebäude der Universität und wird bis heute nach seiner früheren Bestimmung „Pferdestall" genannt. Hier lehrten und forschten bis zu ihrer Vertreibung E. ➢*Cassirer* und W. ➢*Stern.* Auf die Geschichte des Hauses und seiner Umgebung beziehen sich die Wandbilder im Treppenhaus von C. Hahm (1986). Dank der vielfältigen Veranstaltungen der Universität, des ➢*Abatons,* der ➢*Hamburger Kammerspiele* und des ➢*Hamburger Museums für Völkerkunde* ist R. auch ein kultureller Mittelpunkt Hbgs. In der Sportwelt war der „Rothenbaum" vor Einführung der Bundesliga 1963 als Austragungsort der ➢*Fußball*spiele des ➢*HSV* bekannt, heute steht der Begriff für die Internationalen Tennismeisterschaften von Dtld; seit 1990 hat der Deutsche Tennisbund auf der in den letzten Jahren mehrfach umgestalteten Anlage zwischen Haller- und Hansastraße seine Zentrale. *Ko.*

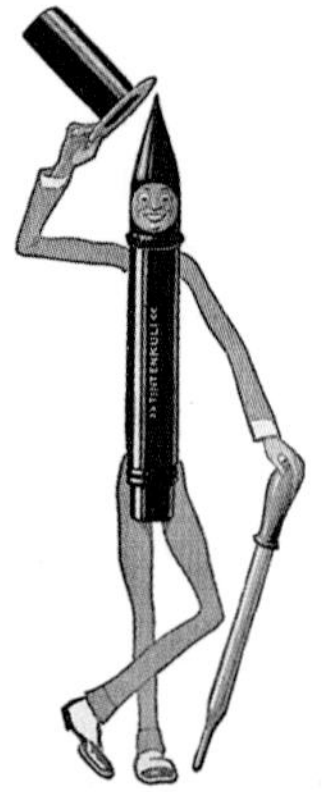

Werbung für Schreibgeräte aus dem Hause rotring, hier für den „Tiku", den Tintenkuli, mit dem 1928 alles begann

rotring ist der Name eines in ➢*Bahrenfeld* ansässigen Unternehmens für Schreibgeräte und technischen Zeichenbedarf. Der Hbger Kaufmann W. Riepe entwickelte aus dem herkömmlichen Füllfederhalter den „Tintenkuli" und machte sich 1928 in ➢*Altona* (Donnerstraße 5) selbstständig. Er benannte den Stift nach dem Kuli, dem willfährigen Diener, der die Tinte auf das Papier bringen sollte: Statt mit einer kratzenden

Feder war Riepes Gerät mit einer robusten Röhrchenspitze versehen, die auch Kopien über Kohlepapier ermöglichte. 1935/36 brachte die Firma die ersten Mehrfarbstifte (mit einer Blei- und mehreren Farbminen) auf den Markt. 1953, als die „Riepe-Werke" ihre Produkte bereits in 34 Länder exportierten, wurde mit dem „Rapidographen" ein Röhrchen-Tuschefüller präsentiert, der bis heute vertrieben wird. Ab 1965 benannte sich die Firma nach der Wortbildmarke „rotring". Sie stand bald für den weltweit größten Anbieter von technischem Zeichenbedarf. In den 1970er und 1980er Jahren wurden Firmen in Übersee übernommen. 1998 ging die rotring Gruppe in den Besitz des amerikan. Unternehmens Newell-Rubbermaid über und gehört dort bis heute zur Unternehmensgruppe Sanford. *Ti.*

Rowohlt Verlag/Rowohlt, Ernst (geb. 23.6.1887 Bremen, gest. 1.12.1960 Hbg), Verleger. Der in großbürgerlichen Verhältnissen aufgewachsene R. entdeckte früh seine Leidenschaft für Bücher. Er brach eine Banklehre ab und war 1905–08 Buchhandelsvolontär in Leipzig, München und Paris. Seine anschließend mit ersten verlegerischen Versuchen begonnene Selbstständigkeit endete vier Jahre darauf mit der Trennung von seinem Partner K. Wolff und dem Verkauf der Verlagsrechte (u.a. für F. Kafka, A. Zweig). Nach zwei Anstellungen (S. Fischer, Hyperion) und Kriegseinsatz 1914–18 gründete er 1919 in Berlin seinen zweiten Verlag, der mit Belletristik deutscher Autoren (K. Tucholsky, R. Musil, H. Fallada, J. ➢*Ringelnatz*) sowie der Übersetzung moderner amerikanischer Literatur (Th. Wolfe, E. Hemingway), historischen Biografien und Klassikerausgaben bald erfolgreich und in der Wirtschaftskrise überlebensfähig war, bis er von den Nationalsozialisten eingeengt wurde. R., der auch jüd. Autoren verlegt hatte, erhielt 1938 Berufsverbot und ging bis 1941 in die Emigration. Nach Dtld zurückgekehrt, wurde er Soldat, jedoch im Jahr darauf wegen politischer Unzuverlässigkeit entlassen. Das Verlagshaus war 1938 als Tochtergesellschaft der Deutschen Verlagsanstalt, Stuttgart, angegliedert und von H.M. Ledig-Rowohlt, R.s Sohn aus der Verbindung mit der Schauspielerin M. Ledig, weitergeführt worden, bis es 1943 wegen „kulturpolitischer Unzuverlässigkeit" endgültig schließen musste. Im Februar 1946 bezog R. in Hbg eine Dachkammer des tlw. zerbombten ➢*Broschek*hauses. Einen Monat später gründete er seinen dritten Verlag, konnte Autoren wie W. Jens, W. ➢*Borchert* und A. ➢*Schmidt* gewinnen und etablierte das moderne Sachbuch (C.W. Ceram, d.i. K.W. Marek). Ledig-Rowohlt initiierte wegen Materialmangels 1946 die 50 Pf. teuren ro(wohlt)-ro(tations)-ro(mane) im Zeitungsdruck. 1950 wurde auf dem dt. Markt das Taschenbuch eingeführt (Gesamttitelzahl von rororo bis 2008 ca. 16.000 Bde mit einer Auflage von fast 600 Mio.). In Reinbek entstand 1960 ein modernes, mehrfach erweitertes Verlagshaus (F. Trautwein) für heute ca. 150 Mitarbeiter.

Der charismatische, lebenslustige Verleger erhielt 1957 das Große Bundesverdienstkreuz und zugleich die Ehrendoktorwürde der Universität Leipzig. Im selben Jahr gab R. als erster Hbger Unternehmer seiner Belegschaft den Sonnabend frei.

Ernst Rowohlt (oben) bei der Arbeit in seinem dritten Verlag. Das Erbe trat sein Sohn Heinrich Maria Ledig-Rowohlt (unten) an, der dem Taschenbuch zum Durchbruch verhalf.

Der seit 1983 zur Verlagsgruppe Georg von Holtzbrinck gehörende R. Verlag pflegt deutschsprachige (E. Jelinek, D. Kehlmann) und amerikan. (J. Updike, J. Franzen) Literatur. Zum Verlag gehören neben dem Stammhaus Rowohlt Berlin, Wunderlich, Kindler sowie der Theaterverlag. *Ti.*

Eine Pionierin der Frauenbildung: Caroline Rudolphi, Autotypie

Rudolphi, Caroline Christiane Louise (geb. 24.8.1753 Magdeburg oder Potsdam, gest. 15.4.1811 Heidelberg), Pädagogin. Da ihr Vater früh starb, musste R. den Lebensunterhalt für ihre Mutter und für sich mit Handarbeiten und Unterricht verdienen. Sie war auch schriftstellerisch tätig: 1778, 1787 und 1796 erschienen Sammlungen ihrer Gedichte. Da sie als Erzieherin auf einem mecklenburg. Gut erfolgreich war, entschied sich R. für die Mädchenbildung als Lebensaufgabe. Sie gründete 1783 eine Erziehungsanstalt für Mädchen in Trittauerheide, die sie 1784 nach ➢*Billwerder* und um 1785 nach ➢*Hamm* verlegte. Mit E. ➢*Reimarus* und F.G. ➢*Klopstock* war sie freundschaftlich verbunden. 1803 übersiedelte sie mit ihrer Schule nach Heidelberg und stand auch dort in engem Kontakt mit Wissenschaftlern und Literaten. R. war als „weiblicher Sokrates" berühmt und geachtet. 1807 fasste sie ihre pädagogischen Erfahrungen in dem zweibändigen „Gemälde weiblicher Erziehung" zusammen, das 1807 erschien (4. Aufl. 1857). *Ko.*

Rühmerdörfer (auch Rümerdörfer, von altsächsisch „rumo" = weit, geräumig) ist eine untergegangene Landschaftsbezeichnung für die holstein. Dörfer ➢*Alsterdorf*, ➢*Bergstedt*, ➢*Bramfeld*, ➢*Meiendorf*, ➢*Oldenfelde*, ➢*Rahlstedt*, ➢*Sasel* und ➢*Steilshoop*, die nordöstl. Hbgs, im Winkel zwischen ➢*Wandse* und ➢*Alster*, im Gegensatz zu den ➢*Walddörfern* auf „freiem/geräumtem/gerodetem Gelände" lagen. Sieben von ihnen (ohne Rahlstedt) waren zwar schon 1750–68 in hbg. Pfandbesitz, wurden aber, bis auf Alsterdorf (1803), erst 1937 Teil der Hansestadt. *HWE*

Ruhrfestspiele Als im Hbger Notwinter 1946/47 auch das Theaterleben durch den Energiemangel zu erliegen drohte, machten einige Bühnenangehörige eine Reise ins Ruhrgebiet, um Kohlen zu „organisieren". Auf einer Zeche in Recklinghausen trafen sie Bergleute, die Verständnis hatten und hinter dem Rücken der brit. Besatzungsmacht Kohletransporte für die Hbger Theater auf den Weg brachten. Zwar wurde bei dieser spontanen und nicht ungefährlichen Hilfsaktion kein Tausch „Kunst gegen Kohle" vereinbart – wie immer wieder behauptet wird –, aber die Hbger Bühnen bedankten sich im Sommer 1947 mit Gastspielen in Recklinghausen. Damit war der Grundstein für die seitdem jährlich stattfindenden R. gelegt. *HWE*

Rundstück heißen die speziellen Hbger Brötchen, die weiß, rund bis länglich und ohne Kniff und Falte seit 1623 in der Stadt gebacken werden. Ein „Rundstück warm" wird mit gekochtem Schinken belegt und mit dunkler Bratensoße serviert. *SH*

Runge, Philipp Otto (geb. 23.7.1777 Wolgast, gest. 2.12.1810 Hbg), Maler, Zeichner. R. kam 1795 nach Hbg und war im Kontor der brüderlichen Firma tätig. Er wurde mit F.Chr. ➢*Perthes* und M. ➢*Claudius* bekannt. Nach erstem Zeichenunterricht in Hbg u.a. durch G. Hardorff d.Ä. und Ausbildung in Kopenha-

gen und Dresden war R. seit 1804 als Künstler wieder in Hbg ansässig. Neben C.D. Friedrich wurde er zum wichtigsten Vertreter der norddt. Romantik, dessen Bedeutung A. ➢*Lichtwark* neu entdeckte. R. versuchte, durch symbolhaft gestaltete Landschaft eine Einheit der innerhalb und außerhalb der menschlichen Seele liegenden Welt darzustellen („Tageszeiten“, unvollendet). Die von herbem Realismus geprägten Bildnisse („Die Hülsenbeckschen Kinder“) sowie seine übrigen Werke waren Stufen und Vorbereitungen zu diesem Ziel. Der weitaus größte Teil seines Werkes ist im Besitz der ➢*Hamburger Kunsthalle. KKW*

Ruscheweyh, Herbert (geb. 13.11.1892 Hbg, gest. 11.3.1965 ebd.), Rechtsanwalt, Politiker, Richter. Nach Studium und Wehrdienst im Ersten

Zu Philipp Otto Runges Hauptwerken gehören „Die Hülsenbeckschen Kinder“ (1805/06) in der Hamburger Kunsthalle.

Das 1801/02 entstandene Selbstbildnis Philipp Otto Runges veröffentlichte Gustav Pauli in seinem Werk „Philipp Otto Runges Zeichnungen und Scherenschnitte“, Berlin 1916. Es gehört heute zum Bestand der Hamburger Kunsthalle.

Weltkrieg, Promotion und Zweiter Juristischer Staatsprüfung wurde R. 1921 als Rechtsanwalt zugelassen. 1928 wurde der Sozialdemokrat Mitglied der ➢*Bürgerschaft* und 1931 deren Präsident (bis 1933). Deshalb leitete er 1946 die konstituierende Sitzung der ernannten Bürgerschaft. Im selben Jahr wurde er zunächst Vizepräsident und dann, als Nachfolger W. Kiesselbachs, Präsident des ➢*Hanseatischen Oberlandesgerichts* und des Hamburgischen Oberverwaltungsgerichts. Unter Beibehaltung dieses Amtes stand R. 1948–51 als Präsident an der Spitze des Deutschen Obergerichts für das Vereinigte Wirtschaftsgebiet in Köln. Mit dem Inkrafttreten der Hbger ➢*Verfassung* wurde er 1952 Präsident des ➢*Hamburgischen Verfassungsgerichts.* Im selben Jahr übernahm er als Nachfolger von E. Wolff den Vorsitz der Ständigen Deputation des Deutschen Juristentages (bis 1960); er war Präsident der Juristentage in Hbg (1953), Berlin (1955), Düsseldorf (1957) und München (1960). Nach seinem Eintritt in den Ruhestand (1960) blieb er Vorsitzender des Tarifschiedsgerichts für die dt. Seeschifffahrt (bis 1964). Seine von G. Seitz geschaffene Büste steht im Bürgersaal des ➢*Rathauses.* Als geistiges Vermächtnis R.s können die von ihm formulierten Inschriften an dem 1949 errichteten KZ-Mahnmal auf dem ➢*Ohlsdorfer Friedhof* gelten. *JA*

Ruths, Johann Georg **Valentin** (geb. 6.3.1825 Hbg, gest. 17.1.1905 ebd.), Landschaftsmaler. Nach einer kaufmännischen Ausbildung ging R. bei dem Lithografen C.F.E. Beer in die Lehre. 1846–48 besuchte er die Polytechnische Schule in München. Mit 23 Jahren gewann er mit seinem ersten Ölbild ein Stipendium, das ihm 1851–54 die Ausbildung an der Düsseldorfer Akademie ermöglichte. Daran schloss sich eine zweijährige Italienreise an. Nach Hbg zurückgekehrt, hatte R. schnell als Maler stimmungsvoller Landschaften Erfolg und wurde mit Aufträgen überhäuft. Er war Lehrer seiner Nichte, der Malerin A. Ruths, bevor diese Hbg verließ und zum Studium ins niederländ. Antwerpen übersiedelte. *BL*

Neben zahlreichen Hamburg-Darstellungen sind Valentin Ruths vor allem Schilderungen der norddeutschen Landschaft zu verdanken: Sein Gemälde „Abend an der Ostsee" entstand 1874 und ist im Besitz des Altonaer Museums.

Sachsenwald Der östl. von Hbg im Kreis Herzogtum Lauenburg gelegene S. ist mit 68 km² Fläche das größte geschlossene Waldgebiet Schleswig-Holsteins und ein bedeutendes Naherholungsgebiet für die Metropole Hbg. Der S. liegt zwischen drei alten Verkehrswegen (Hbg–Lauenburg, Hbg–Lübeck und Lauenburg–Lübeck) und stellt den letzten Rest jenes frühgeschichtlichen Urwaldgürtels dar, der das nordalbingische Siedlungsgebiet vom wendischen trennte (Limes Saxoniae). Der S. kam 1871 durch Schenkung Kaiser Wilhelms I. an den Fürsten O. von Bismarck, der sich nach seiner Entlassung aus dem Amt des Reichskanzlers (1890) ganz auf das Schloss Friedrichsruh im S. zurückzog. Noch heute ist der S. im Familienbesitz. *SH*

Sähle waren Etagenwohnungen, die im alten Hbg nur zur Miete, nicht als Stockwerkseigentum, bewohnt werden konnten. Sie hatten eine gesonderte Eingangstür neben der (oder denen) des Erdgeschosses, die zum Hauseigner oder zu einer (oder mehreren) ➢*Buden* führte. Bestand die Eigner-Wohnung, die „Haus" genannt wurde, nicht nur aus der Erdgeschosswohnung, so war die Treppenverbindung zu den anderen Wohnungen rückwärtig angelegt und damit von der Sahltreppe getrennt. Die S. konnten nach Belegenheit (nach Stadtteilen, im straßenseitigen Haupthaus oder in der Hofbebauung), Gebäudetyp (Haus oder Bude, Fachwerk oder Massivbau), Größe und Ausstattung sehr unterschiedlich sein. Sie umfassten überwiegend nur eine Stube, eine (Schlaf-)Kammer und eine zugleich als Vorplatz dienende Küche. Um 1800 gab es ein bis vier S. je Stockwerk; damals machten die rund 9.000 S. gegenüber ➢*Wohnkellern* und Buden den Großteil der Mietwohnungen aus. Konnten manche als angenehm und geräumig gelten, waren die meisten „von geringem, doch oft nahrhaftem Pöbel vollgepfropft" (Chr.L. von Griesheim 1760 in seiner Stadtbeschreibung). An Abbildungen von ziemlich tiefen Fachwerkhäusern mit durchgehenden Fensterreihen (z.B. ➢*Brahms'* Geburtshaus, S. 108) lassen sich klimatische Verhältnisse nachempfinden. Nach dem ➢*Großen Brand*

Der Sachsenwald, das größte Waldgebiet Schleswig-Holsteins, ehedem wichtiger Holzlieferant für Hamburg, dann kaiserliches Geschenk an Otto von Bismarck, heute ein beliebtes Naherholungsgebiet der Großstädter

setzte sich als neue ➢*Wohnform* gegenüber den eher ärmlichen S. mit ihren gemeinsamen Zugangsräumen durch die je abgeschlossenen „Etagen" das ➢*Etagenhaus* mit abgeschlossenen Geschosswohnungen zunehmend durch. *JE*

SAGA GWG (Siedlungs-Aktiengesellschaft Hamburg und Gesellschaft für Bauen und Wohnen mbH) Zur Überwindung der Wohnungsnot nach dem Ersten Weltkrieg gründete die Stadt ➢*Altona* am 29.12.1922 die Siedlungs-Aktiengesellschaft Altona (SAGA). Die SAGA übernahm damit die Aufgaben des 1914 gegründeten Gemeinnützigen Bauvereins Altona-Ottensen GmbH, der den Bau der Siedlung Steenkamp betrieben hatte und dessen Arbeit von der 1919 gegründeten Gemeinnützigen Heimstätten AG Altona fortgesetzt worden war. Die SAGA, die anfangs nur die stadteigenen Wohnungen verwaltete, erweiterte ihren Aufgabenbereich ab 1934 durch eine eigene – bescheidene – Bautätigkeit. Probleme in der Wohnungsbewirtschaftung gab es durch die Wirtschaftskrise Ende der 1920er Jahre und durch die Zerstörungen während des Zweiten Weltkriegs. Infolge des ➢*Groß-Hamburg-Gesetzes* wurde die S. 1939 mit der Baugesellschaft Hamburg mbH vereinigt. Dem Wiederaufbau zerstörter Wohnblocks nach 1945 folgte der Neubau, z.B. seit 1947 der ➢*Grindel-Hochhäuser*. Bei der Aufteilung des Stadtgebiets auf vier städtische Wohnungsunternehmen 1948 erhielt die S. die Zuständigkeit für den Westen. Seit den 1960er Jahren war die SAGA zunehmend im Wohnungsneubau tätig; in ihrem Auftrag entstand z.B. die Großwohnsiedlung Osdorfer Born (➢*Osdorf*). 1972 fusionierte die S. mit den drei anderen städtischen Unternehmen Deutsche Wohnungsbaugesellschaft Harburg (DWG), Neues Hamburg und Freie Stadt. Von 1999 bis 2007 bildeten die SAGA und die GWG Gemeinnützige Wohnungsgesellschaft einen Gleichordnungskonzern, seit 2007 sind sie als SAGA GWG ein integrierter Konzern. Die SAGA GWG verwaltet heute rund 130.000 über ganz Hbg verteilte eigene Wohnungen und 1.500 Ladengeschäfte (Stand 2010). *Pe.*

Weithin sichtbares Wahrzeichen: Der „Sander Dickkopp" in den Sander Tannen wurde 1906/07 als Wasserturm erbaut. Zeitgenössische Postkarte

Sande 1. Ortsteil von ➢*Kirchwerder*. 2. Teil von ➢*Lohbrügge*, der bis 1929 als Gemeinde bestand. Der Ortsname des kleinen Dorfes weist auf die Flug- und Dünensandbeschaffenheit des Bodens hin. Wanderdünen haben manche Ortschaften wüst fallen lassen, auch Hope, das am ➢*Bergedorf*-Hbger Handelsweg liegende Vorgängerdorf von S. (Straßenname „Höperfeld"). Die kärglichen Erträge des geringwertigen Bodens verhinderten ein Anwachsen der Siedlung. 1303 gehörten Hope und Lohbrügge zum Klosterbesitz von Reinbek.

Zwischen 1576 und 1590 wurden für den neuen Ort erst drei Häuser angegeben.

1579 ist erstmals der Ortsname des sich spät entwickelnden S. genannt; es gehörte mit Ladenbek zu Lohbrügge. Da seit 1601 an der Handelsstraße der Holzzoll erhoben wurde, entstand beim Zollhaus ein Haltepunkt. Handwerk (Hufschmiede, Sattler, Stellmacher) und Dienstleistungsgewerbe (Gastwirte mit „Ausspann", Küper, Fuhrleute u.a.) siedelten sich an. Da S. außerhalb des Zunftzwangs lag, ließen sich dort Handwerker nieder, wodurch das Dorf aus Bergedorfer Sicht zur ungeliebten Konkurrenz wurde. Zwischen 1627 und 1681 kam es wiederholt zu Kriegseinwirkungen. Damals musste Lohbrügge, zusammen mit S. und Ladenbek, die höchste Kriegssteuer zahlen. Ähnliches vollzog sich später zur ➢*Franzosenzeit*.

1841 gab es in S. 19 Kätner und 7 Anbauernstellen, dazu 31 größtenteils hier wohnende Handwerker. Zählte S. in diesem Jahr insgesamt 660 Einw., so stieg die Zahl durch den Bau der Eisenbahnlinie Hbg-Bergedorf, die 1846 nach Berlin weitergeführt wurde, stark an. Der Sieg Preußens über ➢*Dänemark* beendete 1864 auch für die holstein. Lande die dän. Oberherrschaft, und der Transitzoll fiel fort. Das bewog den ➢*Geesthacht*er Fabrikanten W. Bergner im selben Jahr, sein Industriewerk von dort nach S. direkt an die Bahnlinie zu verlegen (1867 Bergedorfer Eisenwerke genannt). 1873 kam unmittelbar daneben die Hufnagelfabrik Sande dazu, und die Zahl der Einw. stieg weiter kontinuierlich an (1867: 1.000; 1885: 2.200; 1914: 7.000). Wohnsiedlungen entstanden, und das nur ein Zehntel der Bodenfläche Lohbrügges einnehmende und dennoch stärker bevölkerte S. entwickelte sich zur Bergedorfer Vorstadt. 1892 vernichtete eine Feuersbrunst die 9 ha große Waldfläche „Sander Tannen". Dies war 1899 der Auslöser dafür, auf entstandener Freifläche die Erlöserkirche zu erbauen.

1894 war S. kirchlich eine selbstständige Gemeinde geworden, nachdem es jahrhundertelang zu ➢*Kirchsteinbek* gehört hatte. 1895 verschmolzen S. und Lohbrügge unter dem Namen S. zu einer Gemeinde. 1906/07 wurde, zusammen mit einer Pumpstation, der Wasserturm („Sander Dickkopp") erbaut. In der revolutionären Zeit im und nach dem Ersten Weltkrieg gab es im „roten Sande" heftige politische Auseinandersetzungen. Am 1.7.1929 endete S.s politische Entwicklung, als es mit ➢*Boberg* und Lohbrügge unter dem Namen Lohbrügge zu einer Großgemeinde vereinigt wurde. Nur der Straßenname Sander Damm und der Sportplatz Sander Tannen erinnern an das ehem. Dorf. *HR*

Sandtorhafen Unmittelbar im Umfeld des alten Stadtgrabens, an dem das Sandtor als altes ➢*Stadttor* lag, entstand 1863–66 der S. Nach langen, seit Ende des 18. Jhs geführten Diskussionen konnten Mitte des 19. Jhs die Wasserbaudirektoren J. ➢*Dalmann* und H. Hübbe ihre Konzeption zum Bau offener Tidehäfen gegen Ausbaupläne als Dockhafen durchsetzen. 1866 wurde der Sandtorkai mit hölzernem Bollwerk mit Eisenbahnanschluss (➢*Eisenbahnwesen*) und dazugehörigen Schuppen fertiggestellt; die Eröffnung des Kaiserkais mit Kaimauer an der Südseite erfolgte 1872. Die von der

Auftakt zum Welthafen: Der Sandtorhafen, ein Werk des Wasserbaudirektors Johannes Dalmann, wurde 1866 in Betrieb genommen, das Foto entstand etwa zwölf Jahre später.

Berlin-Hamburger-Eisenbahngesellschaft betriebenen Gleisanlagen ermöglichten zum ersten Mal einen direkten Umschlag zwischen Eisenbahn und Seeschiff. Ein Teil der am Kai auf Schienen beweglich einsetzbaren ➢*Kräne* war mit dampfgetriebenen Winden ausgestattet. Damit begann im Güterumschlag das Ersetzen der menschlichen Muskelkraft durch Kraftmaschinen.

Der S. als erstes Hafenbecken mit seeschifftiefen Kais und Eisenbahnanschluss bildete den Ausgangspunkt des modernen Hbger ➢*Hafens* und diente weiteren Hafenausbauten als Vorbild. Im ➢*Museum für Hamburgische Geschichte* ist ein für die Wiener Weltausstellung 1873 im Maßstab 1:200 gefertigtes Modell des S.s zu besichtigen. *Pr.*

Sanierung Mit S. werden in der Urbanistik Maßnahmen bezeichnet, die der Behebung von „städtebaulichen Missständen" dienen sollen. Die in Hbg bis 1960 realisierten S. waren durch Abbruch ganzer Wohnviertel und Neubebauung gekennzeichnet. Seit dem 19. Jh. galten besonders die alten, übervölkerten ➢*Gängeviertel* der inneren Stadt als sanierungsbedürftig; erste größere Abrissmaßnahmen erfolgten im Zusammenhang mit der Anlage neuer Straßen (Wexstraße 1865–67, Kaiser-Wilhelm-Straße 1890–92). Aufgrund der ➢*Cholera-Epidemie* von 1892 wurden drei innerstädtische Wohnquartiere mit unhygienischen Verhältnissen formell zu S.gebieten erklärt. Zur S. der südl. ➢*Neustadt* wurden 1900–14 alte Wohngebäude durch neue Wohnblocks für eine verringerte Bewohnerzahl ersetzt, während die 1905 begonnene S. in der ➢*Altstadt* zur Umwandlung eines Wohngebiets in ein Geschäftsviertel führte (➢*Citybildung*, ➢*Kontorhausviertel*, ➢*Mönckebergstraße*). Im dritten S.gebiet, dem Neustadt-Gängeviertel östl. der Straße Kohlhöfen, erfolgten Abriss und Neubau

erst 1933–37. In der ➢*NS-Zeit* galt als Ziel der S., „gemeinschädliche“ Wohngebiete und damit auch „Brutstätten des Marxismus“ zu beseitigen; Untersuchungen zur Identifizierung solcher Gebiete stellte der in Hbg lehrende Soziologe A. Walther an.
Die letzte Flächen-S. im innerstädtischen Bereich betraf 1958–60 das Viertel östl. der ➢*Musikhalle*, das dem 1961–64 errichteten Unilever-Hochhaus Platz machte. Seit den 1970er Jahren haben im Rahmen von Stadterneuerungskonzepten Instandsetzung und Modernisierung alter Wohnungsbauten zunehmend Vorrang vor Abriss und Neubau erhalten. Allerdings ist die S.politik auch weiterhin umstritten geblieben, besonders wegen der Gefahr, dass zu starke Eingriffe in ein Wohngebiet zur Verdrängung der angestammten Bewohnerschaft führen.
Zwischen 1972 und 1997 hat der ➢*Senat* insgesamt 31 S.gebiete nach dem Städtebauförderungsgesetz bzw. später nach dem Baugesetzbuch förmlich festgelegt; in weiteren Gebieten wurden vorbereitende Untersuchungen eingeleitet. Die einschneidendsten S.maßnahmen wurden bisher durchgeführt in ➢*Harburg*, ➢*Rahlstedt*, ➢*Billstedt*, *Neustadt*, ➢*St. Pauli*, ➢*St. Georg*, ➢*Altona*, ➢*Ottensen* und ➢*Eimsbüttel*; 1991/92 wurden auch die Großsiedlungen von ➢*Steilshoop*, ➢*Kirchdorf-Süd* und ➢*Mümmelmannsberg* zu S.gebieten erklärt. Ein weiteres S.gebiet befindet sich in ➢*Barmbek*-Nord. Insgesamt verzeichnet die Behörde für Stadtentwicklung und Umwelt über die Sanierung hinaus 43 Fördergebiete der Stadterneuerung. Soziale-Stadt-Gebiete nach § 171e BauGB befinden sich in ➢*Lurup*, ➢*Osdorfer Born*, Großlohe, ➢*Rothenburgsort*, ➢*Veddel*, ➢*Lohbrügge-Nord* und ➢*Heimfeld*-Nord (Stand 2009). *Wa.*

Sasel ist ein Stadtteil im Ortsamtsgebiet Alstertal des Bezirks ➢Wandsbek mit 8,4 km^2 Fläche und 22.552 Einw. (2009). Die erste urkundliche Erwähnung des holstein. Ortes geschah 1296. Seit 1356 im Besitz des Hbger ➢*Domkapitels*, wurde es 1576 wieder holstein. und gehörte zum Amt Trittau, war 1750–73 an Hbg verpfändet und danach wieder landesherrlicher Besitz. 1867 wurde S. preuß. Landgemeinde; seit dem ➢*Groß-Hamburg-Gesetz* von 1937/38 ist es Hbger Stadtteil. In S. liegt die fast nicht mehr zu erkennende Wallanlage der „Mellingburg“. Sie gilt als eine der drei in ➢*Stormarn* bekannten frühmittelalterlichen sächs. Fluchtburgen. Erhalten blieb die Mellingburger Schleuse (➢*Alster*).
Der Wandels S.s vom Bauerndorf zum Hbger Vorort begann erst nach dem Ersten Weltkrieg. Ausgehend von der genossenschaftlichen „Siedlung Sasel“ entstanden ausgedehnte Einzelhausgebiete, sodass S. vor dem Zweiten Weltkrieg mit über 6.300 Bewohnern der einwohnerstärkste Ort des Alstertals war. 1944/45 befand sich in S. ein Außenlager des KZ ➢*Neuengamme*. Hier wurden rund 500 jüd. Frauen aus dem KZ Auschwitz unter unmenschlichen Bedingungen gefangengehalten und mussten Zwangsarbeit leisten; u.a. bauten sie in ➢*Poppenbüttel* Plattenhäuser für ausgebombte Hbger Familien. *SH*

S-Bahn (Stadtschnellbahn) Die von der Deutschen Bahn AG betriebene S-Bahn entstand 1934 durch Umbenennung der ➢*Vorortbahn*. Wie das

Fahrkarten der Hamburger S-Bahn aus der Zeit vor der Einführung des Einheitsfahrscheins des HVV im Jahr 1966

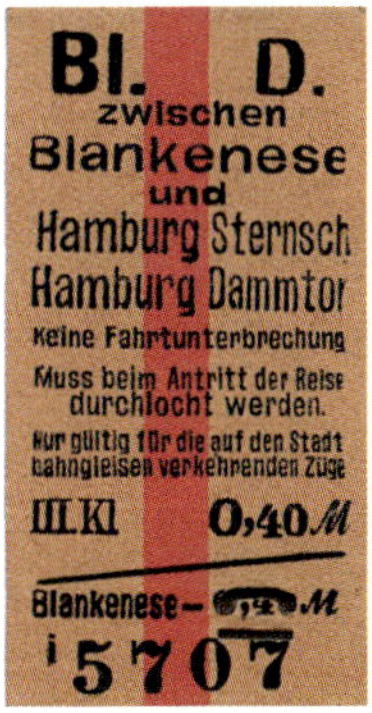

Über ein halbes Jahrhundert fuhren die blauen S-Bahnen, hier ein ET 471 (ex 171) in Originallackierung (oberes Foto). Das neue Bild auf den Strecken prägt der ET 474/5.

Berliner Vorbild erhielt auch die Hbger S-Bahn ein weißes „S" in grünem Kreis als Erkennungszeichen. Ab 1939 erfolgte die allmähliche Umstellung des Betriebes vom Oberleitungs-Wechselstrom auf Gleichstrom, der von einer Seitenschiene abgenommen wird. Im Oktober 1939 wurden die ersten Großraum-Wagen ausgeliefert (ET 171), die 2002 ihr letztes Betriebsjahr erlebten. Der kriegsbedingte Mischbetrieb der Wechselstrom- und Gleichstrom-Triebzüge konnte 1955 eingestellt werden. Seit 1967 kamen die bis zu 100 km/h schnellen ET 470 als Neubauten zum Einsatz, ab 1975 die ET 472/3 und ab 1997 die ET 474/5. Mit Herausgabe des ersten Fahrplanbuchs des ➢*HVV* am 2.1.1967 wurden die Linienbezeichnungen auf dem kontinuierlich erweiterten Streckennetz der S-Bahn numeriert.

Die Linie **S1/11** (➢*Wedel* bis ➢*Poppenbüttel*) verläuft zwischen der 1918 eröffneten Alstertalbahn von Poppenbüttel nach ➢*Ohlsdorf* (1924 elektrifiziert) und der 1950 elektrifizierten Strecke von ➢*Blankenese* nach ➢*Sülldorf* sowie ihrer mit dem Ende des Dampfbetriebs erfolgten Verlängerung bis Wedel am 20.5. 1954 (ehem. Kleinbahn Blankenese-Wedel). Die S1 schließt die erste elektrische S-Bahn-Linie Blankenese-Ohlsdorf ein (ehem. Vorortbahn, heute S11).

Die Linie **S2/21** (Aumühle bis Elbgaustraße) besteht aus der 1958 zwischen ➢*Bergedorf* und Berliner Tor eingerichteten und im darauffolgenden Jahr bis zum ➢*Hauptbahnhof* verlängerten Strecke und der seit 1962 bestehenden Verbindung zwischen Holstenstraße und ➢*Langenfelde* (1965 bis Elbgaustraße, 1967 bis Pinneberg, heute S3) sowie dem 1969 fertiggestellten Teilstück Bergedorf–Aumühle (S21); S2 heute Bergedorf–Altona.

Die Linie **S3/31** wurde 1983 vom Hbf über ➢*Wilhelmsburg* nach Harburg Rathaus gebaut und 1984 bis ➢*Neugraben* verlängert (ab Pinneberg fährt sie als S3; ab Altona als S31). 2007 wurde die Strecke über Buxtehude bis ➢*Stade* erweitert.

Eine wichtige Neuerung in der Geschichte der Hbger S-Bahn war 1967–81 der technisch schwierige Bau der unterirdischen Strecke vom Hbf, unter der ➢*Binnenalster* zum ➢*Jungfernstieg*, über ➢*St. Pauli-Landungsbrücken* (1975) bis Altona (S1/S2/S3) zur Entlastung der alten Trasse der ➢*Verbindungsbahn* über Dammtor (S11/S21/S31).

2008 erfolgte die Anbindung Ohlsdorfs an den ➢*Flughafen Hamburg-Fuhlsbüttel* (S-Bahn-Station Hbg Airport). Ab 1925 wurde ein einheitlicher Bahntarif über das elektrische Netz hinaus bis ➢*Friedrichsruh*, ➢*Harburg*, ab 1938 bis ➢*Ahrensburg* und Neugraben geschaffen. Die diesel- und E-Lok-getriebenen Vorortzüge auf Fernbahngleisen galten als S-Bahnen und werden bis heute im Netzplan so bezeichnet (ehem. S3 Hbf–Harburg–Maschen, S4 Hbf–Ahrensburg, S5 Elmshorn–Pinneberg–Altona, ehem. S6 Aumühle-Bergedorf). *To*

SC Victoria Als Traditions- und Großverein mit ca. 2.000 Mitgliedern konnte der Sport-Club Victoria am 5.5.1995 auf eine 100-jährige Vergangenheit zurückblicken. Urspr. als ➢*Fußball*-Club entstanden, benannte sich der Verein, der Gründungsmitglied des Deutschen Fußball-Bundes war, 1908 in SC um, da eine Tennis- und eine Leichtathletik-Abteilung hinzugekommen waren. Nach Spielstätten in ➢*Altona* und auf dem ➢*Heiligengeistfeld* nutzte der SC V. 1904–06 den Innenraum der Radrennbahn am ➢*Grindel* als ersten abgeschlossenen Fußballplatz in Hbg. Ein Jahr später wurde der Verein mit dem neuen Sportplatz an der Hoheluft heimisch; dort errichtete er 1911 die erste überdachte Tribüne in Norddtld. Der Platz war Austragungsort von Länderspielen und Endspielen um die dt. Meisterschaft. Zwei „Victorianer", W.A. Cordua und A. Mannheimer, initiierten 1909 mit der ➢*Alsterstaffel* eine der traditionsreichsten Veranstaltungen der dt. Leichtathletik. 1932 fand im Stadion eine Wahlkampfveranstaltung Hitlers mit 50.000 Besuchern statt. Den spektakulärsten Sieg für den Verein errang E. Kruzycki, als er 1951/52 den Silvesterlauf von São Paulo gewann. Ihren letzten großen Erfolg erzielten die Fußballer mit der dt. Vizemeisterschaft der Amateure 1975.

Heute bietet der Club, Badminton, Fußball, Handball, Hockey, Karate, Leichtathletik, (Tisch-) Tennis und Turnen/Gymnastik an. Auch ein Sportkindergarten gehört zum Angebot. *KT*

Schaarhörn heißt Hbgs seit 1993 unter ➢*Denkmalschutz* stehendes, nach der Insel ➢*Scharhörn* benanntes und seit 2002 der Stiftung Maritim gehörendes Museumsdampfschiff. 1908 erbaut, wurde die urspr. als Peildampfer zur Tiefenmessung des Elbfahrwassers konzipierte S. zu Repräsentationszwecken vom ➢*Senat* genutzt (später auch Senats- oder Staatsjacht bzw. -dampfer genannt). Im Ersten Weltkrieg wurde sie Minensuchboot und 1925 schließlich zur Erfüllung ihrer anfänglichen Bestimmung nach ➢*Cuxhaven* verlegt. Der Außerdienststellung 1972 folgte später der Verkauf ins Ausland. Ein privater Verein erwarb die 42 m lange und 232 BRT große S.

Nach langer Odyssee wieder im Heimathafen: Die „Schaarhörn", die früher auch „Senatsdampfer" genannt wurde, eine Staatskarosse für die Wasserwege, dampft heute auf Charterfahrten in ihrem alten Revier, der Elbe.

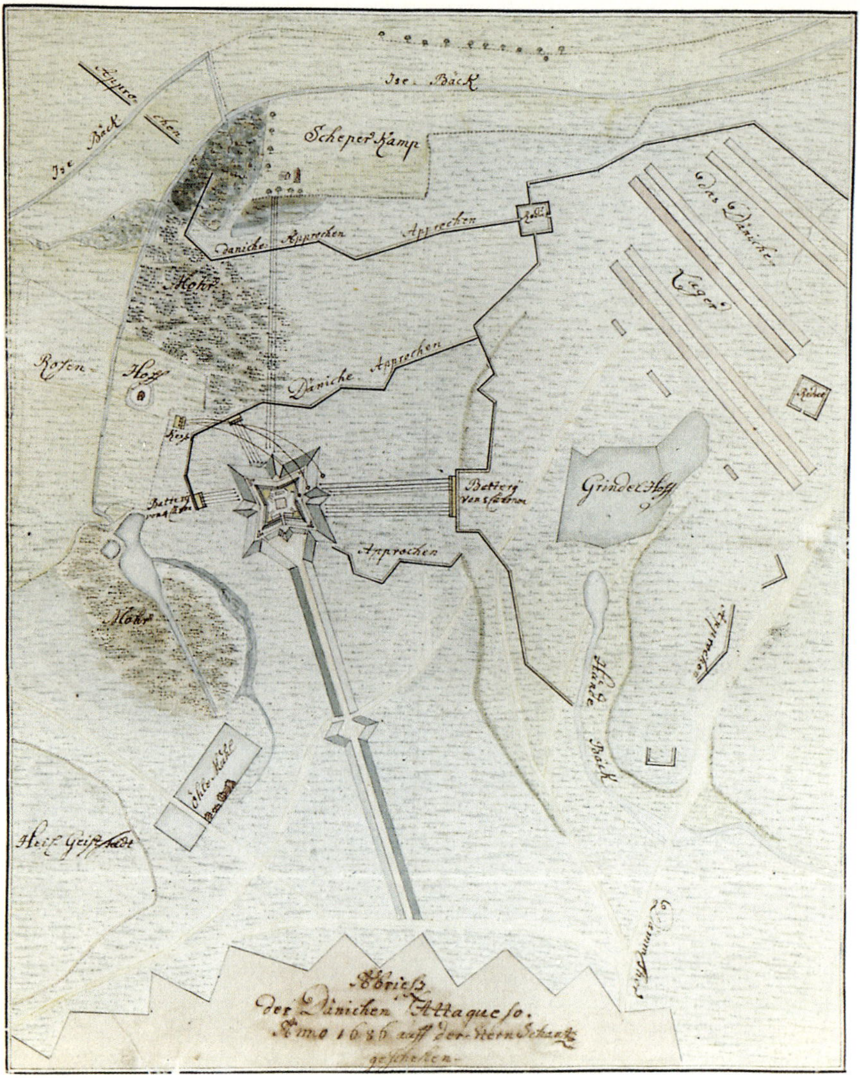

Plan der dänischen Belagerung der Sternschanze 1686. Die Karte nennt wohlvertraute Namen: Isebek, Schäferkamp, Rosenhof, Heiligengeistfeld und Grindelhof, teilweise in alter Schreibweise.

1990 zurück. Seit 1995 ist sie vollständig restauriert und mit voller Klassifikation des ➢*Germanischen Lloyd* als Fahrgastschiff auf Küstenfahrt einsetzbar; der „Schwan der Elbe“ dampft auf Charterfahrten in seinem alten Revier. Mehrfach erwähnt ist das Schiff im autobiografischen Werk „Als Mariner im Krieg“ von J. ➢*Ringelnatz*, dessen Minensuchboot 1917/18 von der S. aus befehligt wurde. *Ti.*

Schanzenviertel Der erst in den 1980er Jahren aufgekommene Begriff „Schanzenviertel“, in jüngster Zeit auch zu „Schanze“ verkürzt, bezeichnet ein weitgehend geschlossenes Altbauviertel in der Grenzregion der Stadtteile ➢*Eimsbüttel*, ➢*Rotherbaum*, ➢*Altona* und ➢*St. Pauli*. Zentrum des Viertels sind das Schulterblatt und die Schanzenstraße mit dem Bahnhof Sternschanze und dem angrenzenden Sternschanzenpark. „Wahrzeichen" des Viertels ist der dortige Wasserturm (1907–10), der seit 2007 als Hotel genutzt wird. Ab 1682 lag hier die Sternschanze, eine sternförmige Bastion, die mit dem Wallring durch einen Laufgraben verbunden war (➢*Befestigung*). Entstanden ist das Stadtviertel im Eimsbütteler Teil westl. der Altonaer Straße als gutbürgerliches ➢*Stadterweiterungsgebiet* um 1860/70. Mit dem Bau des Bahnhofs Sternschanze (1866) an der ➢*Verbindungsbahn* zwischen Hbg und Altona und durch die Ansiedlung des Schlachthofs entwickelte sich der stadtnahe Teil östl. der Altonaer Straße proletarisch-kleinbürgerlich. An der Schanzenstraße/Bartelsstraße produzierten zahlr. Unternehmen und Fabriken (➢*Montblanc*, ➢*Steinway & Sons*). Der „Rote Hof" in der Bartelsstraße 55 war ein Zentrum der Arbeiterbewegung und des Widerstands gegen den Nationalsozialismus in Hbg. Heute ist das Viertel durch ein überwiegend junges und multikulturelles Leben geprägt. Seit 2008 ist das Schanzenviertel als neuer Stadtteil Sternschanze mit 7.610 Einw. (2009) auf 0,6 km² Fläche Teil des Bezirks Altona. *FF*

Scharfrichterpfennig Der S. ist eine historische ➢*Hamburgensie*. Der Scharfrichter, dessen Beruf traditionell nicht zu den ehrbaren Tätigkeiten gehörte, unterstand dem besonderen Schutz des ➢*Rats*herrn, der für die Dauer eines Jahres als ältester Gerichtsherr fungierte (➢*Prätur*). Bei seinem Ausscheiden wurde ihm vom Scharfrichter für den gewährten Schutz eine symbolische Abgabe überreicht. Dies war der sog. S., eine Medaille ohne Geldwert, die zwischen 1541 und 1810 belegt ist. Zunächst handelte es sich um gravierte Silberplättchen; im 16. Jh. ging man zur Gusstechnik (auch Hohlgüsse) über. V.a. im 17. Jh. waren dicke, gewundene Ränder beliebt. Zudem wurden gelegentlich große Ringe angebracht, deren Funktion unklar ist. Einige Stücke zeigen Spuren einer Vergoldung.

Die Gestaltung der S.e folgt einem mehr oder weniger einheitlichen Schema. Die beiden Seiten zeigen das Hbger ➢*Wappen* und das Wappen des jeweiligen Gerichtsherrn. Die Umschriften in Hoch- oder ➢*Plattdeutsch* lauten: „Anno ... war Herr ... ältester Gerichtsherr in Hamburg" bzw. „Anno ... was Herr ... Oldester Richther tho Hamborch". Obwohl die S. Einzelstücke sein sollten, gibt es von einigen mehrere Ex. oder spätere Nachbildungen. *RW*

Scharhörn Die 15 km nordwestl. des Festlandes und 5 km vor ➢*Neuwerk* gelegene Düneninsel von ca.

Der nördliche Teil des Schanzenviertels zwischen Amanda- und Bellealliancestraße – hier die Fettstraße um 1900 auf einer Postkarte – gehört zu den ersten Gründerzeitquartieren im Hamburger Westen. Spekulanten hatten damals Hochkonjunktur.

Der Hamburger Henker übergab beim Ausscheiden aus dem Amt dem Ratsherrn, dem er unterstand, als Dank einen sogenannten Scharfrichterpfennig. Abgebildet ist ein Exemplar, das 1719 der Ratsherr Hans Jacob Faber erhielt.

4,1 km² ist seit den 1920er Jahren durch Sandaufwehungen entstanden, gefördert durch Sandfangzäune und -aufspülungen. Hier ließ H. ➢*Leip* seine 1927 veröffentlichte Erzählung „Der Nigger von Scharhörn" spielen. Die von zahlr. Seevögeln aufgesuchte und daher unter Naturschutz gestellte Insel ist Teil des ➢*Nationalparks Hamburgisches Wattenmeer.* Sie wird nur im Sommer von zwei Vogelwarten bewohnt und gehört wie Neuwerk offiziell seit 1969 zu Hbg, und zwar zum ehem. ➢*Kerngebiet* des Bezirks ➢*Hamburg-Mitte. Me*

Graf Adolf III. von Schauenburg, Gründer der Hamburger Neustadt, erhielt 1883 ein von Engelbert Peiffer geschaffenes Denkmal auf der Trostbrücke.

Schauenburger Die Burg Schauenburg bei Rinteln wurde von einem möglicherweise aus dem Magdeburger Raum (Sandersleben) stammenden Grafengeschlecht, das um 1030 mit der Grafschaft zwischen Rinteln und Hameln belehnt worden war, erbaut. Nach dieser Burg nannten sich die Grafen „Schauenburger" oder „Schaumburger". Graf Adolf I. wurde 1111 durch den sächs. Herzog Lothar von Süpplingenburg auch mit den Grafschaften ➢*Holstein* und ➢*Stormarn* belehnt. Es gelang dem Grafen Adolf I., diese Herrschaft zu konsolidieren. Sein Enkel Adolf III., der Gründer der ➢*Neustadt (gräfliche Siedlung)*, unterlag 1205 dem dän. König Waldemar II. und wurde seines Lehens entsetzt; erst seinem Sohn, dem späteren Adolf IV., gelang es, mit Hilfe aus Hbg, ➢*Bremen*, ➢*Lübeck* und Dithmarschen in der Schlacht bei Bornhöved 1227, die Grafschaft zurückzugewinnen. Dies bedeutete auch für Hbg das Ende der Dänenzeit (➢*Dänemark/dänische Oberhoheit*). Nach seinem Tod 1261 wurden die Grafschaften in zwei Teile getrennt, die nach den wichtigsten Burgen Kiel und Itzehoe genannt wurden. Die Kieler Linie teilte sich in der nächsten Generation in den Segeberger und Kieler Zweig, die 1308 bzw. 1321 ausstarben. Aus der Itzehoer Linie entsprossen der Plöner, der Pinneberger und der Rendsburger Zweig, von denen der erste bereits 1390 erlosch.

Hauptgewinner wurde die Rendsburger Linie, der es gelang, in Nordeuropa beträchtlichen Einfluss zu gewinnen, das Herzogtum Schleswig 1375/86 auf Dauer an sich zu bringen und die Pinneberger, Inhaber der Stammlande an der Weser und der Grafschaft ➢*Holstein-Pinneberg*, von der Erbbeteiligung auszuschließen. Mit den drei letzten Rendsburger Grafen Heinrich IV. (gest. 1427), Gerhard VII. (gest. 1433) und Adolf VIII. (gest. 1459), dem 1435 die Vereinigung der Grafschaft mit Ausnahme Holstein-Pinnebergs gelang, starb diese Linie im Mannesstamm aus. Die Schwester der genannten drei, Heilwig, war mit dem Grafen Dietrich von Oldenburg und Delmenhorst verheiratet, aus welcher Ehe Christian entspross, der 1440 das Erbe seines Vaters antrat, 1448 zum König von Dänemark gewählt wurde und 1460 die Nachfolge seines Onkels Adolf VIII. als Graf von Holstein und Stormarn sowie als Herzog von Schleswig antrat.

Die Schauenburg-Pinneberger Linie blieb – 1460 von allen weiteren Erbansprüchen ausgekauft – noch bis zu ihrem Aussterben 1640 im Besitz der kleinen Grafschaft Holstein-Pinneberg. Die Stammlande an der Weser waren 1377 um die seit 1400/05 an Lippe verpfändete und im 16. Jh. endgültig verlorene Grafschaft Sternberg und die 1492 durch Heirat erworbene Herrschaft Gemen (bis 1635), schließlich um die durch Erbfall erworbene Herrlichkeit Bergen in Nordholland (1641 verkauft) erweitert worden; deshalb führten die S. bis zum Ende den Titel „Graf zu Schauenburg, Holstein und Stormarn, Herr zu Sternberg und Gemen". Die landesfürstlichen Ambitionen des Grafen Ernst (1621 gefürstet) führten 1619 zur Gründung der Universität in Stadthagen, die – 1621 nach Rinteln verlegt – erst 1810 aufgehoben wurde. Bückeburg wurde in dieser Zeit Residenzstadt. Nach dem Aussterben der S. wurde das Gebiet des Fürstentums zwischen Braunschweig-Lüneburg, Hessen-Kassel und dem Haus Lippe aufgeteilt, wobei aus dem letzteren Gebiet das spätere Fürstentum Schaumburg-Lippe hervorging. *LS*

Schauerleute sind Hafenfacharbeiter, die den Umschlag (das Umladen) der Waren vornehmen. Sie arbeiten zumeist in Gruppen, den „Gangs", zusammen. Häufig werden sie nur speziell für das Laden und Löschen eines bestimmten Schiffes eingestellt. *KKW*

Schauspielhaus ➢*Deutsches Schauspielhaus*

Schiefler, Gustav (geb. 28.12.1857 Hildesheim, gest. 9.8.1935 Hbg), Jurist, Kunstförderer. S. kam als 30-Jähriger nach Hbg, wo er als Richter, zuletzt als Landgerichtsdirektor, tätig war. Anfangs unter dem Einfluss von A. ➢*Lichtwark* stehend, machte er sich mit dem hansestädtischen Kulturleben vertraut, das er bald mitprägte. Sein besonderes Engagement galt der modernen Grafik und Malerei. Er wurde einer der wichtigsten Wegbereiter des Expressionismus in Dtld und Ehrenmitglied der Künstlervereinigung „Die Brücke". Berühmt sind seine Kataloge zum grafischen Werk von M. ➢*Liebermann*, E. Munch, E. Nolde und E.L. Kirchner. Mit den genannten und zahlr. anderen Künstlern und Literaten pflegten er und seine Frau Luise umfangreiche Briefwechsel. Erst 50 Jahre nach seinem Tod wurde seine bedeutende „Kulturgeschichte Hamburgs 1890–1920" veröffentlicht. *HWE*

Der Jurist und Kunstliebhaber Gustav Schiefler war einer der wichtigsten Förderer der Expressionisten. Foto von Rudolph Dührkoop, 1905

Schiffbek Ob das 1212 erstmals erwähnte Dorf nach der bis hierhin schiffbaren ➢*Bille* oder nach dem kurz vor seiner Mündung in diesen Fluss aufgestauten Schleemer Bach benannt wurde, ist ungeklärt. Auf dem Geestsporn im westl. Mündungswinkel lag die aus dem 9. Jh. stammende Spökelburg (vgl. den heutigen Straßennamen). Im Mittelalter zeitweise dem Hbger ➢*Domkapitel* zehntpflichtig, im Übrigen aber zum Kloster, dann zum Amt Reinbek gehörig, wurde S. bekannt als Erscheinungsort des „Hollsteinischen unpartheyischen Correspondenten" (1712–14, 1721–30), der anschließend in Hbg herausgegeben wurde (➢*Hamburgischer Correspondent*). Mit der Gründung der Jutespinnerei setzten 1881 die industrielle Entwicklung des Dorfes und das rasche Anwachsen seiner Einwohnerzahl ein, u.a. durch Zuwanderung von kath. Arbeitern aus Polen und Böhmen. Durch diese Entwicklung trat S. aus dem Schatten ➢*Kirchsteinbeks* heraus und zählte 1925 mit 8.776 Einw. eine viermal so große Bevölkerung auf zwei Dritteln der Fläche. 1927/28 wurde der Ort mit Kirchsteinbek und ➢*Öjendorf* zur Gemeinde ➢*Billstedt* zusammengeschlossen. *HWE*

Schiffszimmerer ➢*Allgemeine Deutsche Schiffszimmerer-Genossenschaft*

Erfolgreich als Wirtschaftswissenschaftler und Wirtschaftspolitiker – keine selbstverständliche Kombination: Karl Schiller auf einem Fotoporträt von Fritz Kempe im Jahre 1959

Schiller, Karl August Fritz (geb. 24.4. 1911 Breslau, gest. 26.12.1994 Hbg), Politiker. Als erster sozialdemokratischer Bundeswirtschaftsminister prägte der Hbger Professor der Volkswirtschaftslehre von 1966 bis zu seinem Rücktritt (und Austritt aus der ➢*SPD*) 1972 die Wirtschaftspolitik zunächst der Großen Koalition, seit 1969 der sozialliberalen Koalition in Bonn. Er führte Konzepte wie die „Globalsteuerung", die „Konzertierte Aktion", die „Mittelfristige Finanzplanung", die „Soziale Symmetrie" in die Wirtschaftspolitik ein, brachte das Stabilitäts- und Wachstumsgesetz von 1967 auf den Weg und bekämpfte damit die erste Rezession der bundesdt. Nachkriegszeit. Im letzten Jahr seiner Amtszeit war er gleichzeitig Finanzminister („Superminister").
Seine wissenschaftliche Laufbahn führte den in Kiel aufgewachsenen Sohn eines Ingenieurs u.a. über Heidelberg (Promotion 1935), Kiel (Habilitation 1939, Gastprofessur 1946) 1947 an die ➢*Universität Hamburg*, deren Rektor er 1956–58 war. In Hbg begann S.s politische Karriere in der SPD (Verkehrs- und Wirtschaftssenator 1948–53, Mitglied der ➢*Bürgerschaft* 1949–57), bevor er über den Berliner Senat (1961, Wirtschaftssenator) in die Bundespolitik (1965) wechselte. Eine maßgebliche Rolle spielte er bei der im Godesberger Programm (1959) fixierten Kursänderung seiner Partei von der Plan- zur Marktwirtschaft.
Nach 1972 war S. als Berater für verschiedene nationale und internationale Organisationen, Unternehmen und Regierungen tätig; 1980 kehrte er zur SPD zurück. S., der zuletzt in Hbg und im niedersächs. Jesteburg lebte, war viermal verheiratet und Vater von drei Kindern. 1986 erhielt er die ➢*Bürgermeister-Stolten-Medaille. AB*

Der Siebenjährige Krieg machte ihn reich: Heinrich Carl Graf von Schimmelmann, Gutsherr von Ahrensburg und Wandsbek, nach einem um 1765 entstandenen Gemälde von Johann Georg Ziesenis

Schimmelmann, Heinrich Carl Graf von (geb. 13.7.1724 Demmin, gest. 15.2. 1782 Kopenhagen), Kaufmann, dän. Schatzmeister, Diplomat. S. stand während der zweiten Hälfte des 18. Jhs in enger Beziehung zu Hbg. Während des Siebenjährigen Krieges (1756–63) ließ sich der gewiefte Geschäftsmann, der v.a. durch Getreidehandel und Geldgeschäfte (➢*Dreieckshandel*) sowie durch den Verkauf von Meißner Porzellan ein

Riesenvermögen erworben hatte, in Hbg nieder. 1759 kaufte er das vor den Toren Hbgs liegende Gut ➢*Ahrensburg* und drei Jahre später das Gut ➢*Wandsbek*. An der Stelle der alten Wandesburg errichtete er ein prächtiges Schloss. Auch förderte er die Ansiedlung von Gewerbebetrieben. 1761 wurde er zum dän. Gesandten beim Niedersächsischen Reichskreis ernannt und 1762 in den Adelsstand erhoben. In den folgenden Jahren sanierte er als Schatzmeister des Königs von ➢*Dänemark* die maroden Staatsfinanzen. Am Abschluss des ➢*Gottorper Vergleichs* (1768) war S. als dän. Unterhändler beteiligt. *SH*

Schippers, Joseph (geb. 15.4.1880 München-Gladbach, heute Mönchengladbach, gest. 6.11.1948 Hbg), Soldat, Schausteller. Mit einer Größe von 2,12 m war S. um die Jahrhundertwende der „längste Soldat des Kaisers". Nach seiner Dienstzeit ließ er sich in Uniform zusammen mit einem Liliputaner auf Jahrmärkten bestaunen. 1912 gründete er mit seinem Freund und Kollegen O. van de Ville eine Firma zum Bau von Jahrmarktsattraktionen in ➢*Altona*, die bald weltweit bekannt wurde. *BL*

Schlepper sind Spezialschiffe zum Schleppen oder Bugsieren motorloser, manövrierunfähiger oder anderer Schwimmkörper und v.a. zur Assistenz beim An- und Ablegen von größeren Seeschiffen. Die Verbindung zwischen S. und Schiff erfolgt durch die Schleppleine oder -trosse, die am Schlepphaken befestigt ist oder von einer Schleppwinde abgespult wird. Bei größeren Schiffen werden zumeist zwei oder vier starke Bugsierschlepper eingesetzt; die leichteren Hafenschlepper sind für den Transport der ➢*Schuten* auf Binnengewässern, also auch im ➢*Hafen*, vorgesehen. *KKW*

Schmidt, Arno Otto (geb. Hbg 18.1.1914, gest. Celle 3.6.1979), Schriftsteller, Übersetzer. S. wuchs als Sohn eines Polizisten und einer Gerberstochter im Hbger Stadtteil ➢*Hamm* auf. Er besuchte hier bis 1928 die Volks- und Realschule. Nach dem Umzug nach Lauban in Schlesien legte er 1933 das Abitur an einem Görlitzer Gymnasium ab. Im selben Jahr erzwangen die Nationalsozialisten seinen Studienabbruch, sodass S. 1934 als Lagerbuchhalter in einer Textilfirma tätig werden musste. Nach der Kriegsteilnahme als Artillerie-Unteroffizier in Norwegen und brit. Gefangenschaft bei Brüssel arbeitete er als Dolmetscher in einer brit. Hilfspoli-

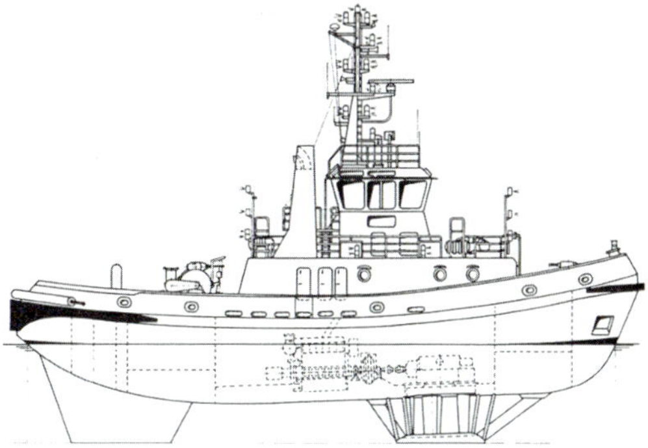

Hafenschlepper (Zeichnung oben) werden heute zumeist nicht mehr von Schiffsschrauben am Heck angetrieben, sondern von Rotoren (Voith-Schneider-System) oder von um 360 Grad schwenkbaren Propellern (Schottel-System).

Ein Schlepper in Aktion: „Bugsier 5" bringt die „Cosco Germany" an ihren Liegeplatz.

zeischule in Benefeld/Lüneburger Heide. Seit 1947 war S. als freier Schriftsteller in Cordingen tätig. Nach mehreren Ortswechseln zog das Ehepaar S. 1958 in ein kleines Holzhaus nach Bargfeld in der Lüneburger Heide, wo es abgeschieden lebte und wo S. seit 1965 u.a. an seinen großen Typoskriptwerken „Zettels Traum“ (1970), „Schule der Atheisten“ (1972) und „Abend mit Goldrand“ (1975) arbeitete.

S.s Werke zeichnen sich durch eine eigenwillige und experimentelle Sprache aus. Beachtenswert sind seine zahlr. Übersetzungen (u.a. J.F. Cooper, W. Faulkner, E.A. Poe) sowie seine Dialog-Essays zu „Büchern und Menschen“, in denen er auch B.H. ➢*Brockes* und F.G. ➢*Klopstock* würdigte. *JJF*

Schmuddelwetter herrscht bei schwachem Wind, hohem Luftdruck, tief hängender, dichter Wolkendecke und Niesel- oder Sprühregen. Besonders häufig zieht S. im Herbst auf, es kann aber bei jeweils unterschiedlichen Temperaturen zu allen Jahreszeiten entstehen. Dass Hbg die „Traufe Deutschlands“ ist (weil das Wetter hier in einer Hälfte des Jahres schlecht sei, während es in der anderen regne), ist wissenschaftlich nicht erwiesen, wird aber v.a. von Zugereisten aus milderen Klimazonen häufig so empfunden und von der Mehrzahl der 1,7 Mio. Einw. gern bestätigt (➢*Klima*). *Ti.*

Schnackenburg, Bernhard (geb. 5.7. 1867 Schwetz/Kreis Graudenz, gest. 27.1.1924 Altona), Altonaer Oberbürgermeister. Der national und liberal denkende Jurist war Vorsteher („Bürgermeister“) der ab 1912 zum Zweckverband Groß-Berlin gehörenden Landgemeinde Friedenau. 1909 wurde er Bürgermeister und im folgenden Jahr Oberbürgermeister von ➢*Altona.* 20 Jahre nach dem Fortgang F. ➢*Adickes',* der pessimistisch über die Zukunft der Stadt geurteilt hatte, oblag S. nun die Bewältigung der Defizite aus zwischenzeitlicher Misswirtschaft. Altona war hinter Hbg stark zurückgeblieben und benötigte fortwährende preuß. Unterstützung. Aus Anlass der 250-Jahr-Feier des Stadtrechts veranstaltete S. 1914 eine Gartenbauausstellung, nicht nur um auf die Notwendigkeit einer Grünpolitik hinzuweisen, sondern ebenso um den Behauptungswillen gegenüber der „gewaltigen Nachbarin“ Hbg zu demonstrieren. 1916 vertrat er dann die Auffassung, dass ein Anschluss an Hbg zu empfehlen sei. In Altona beurlaubt, erlebte er als letzter Oberpräsident der Provinz Westpreußen (März bis August 1919) Preußens Verkleinerung im Osten und forderte nun die Beseitigung der staatlichen und kommunalen Grenzen; dabei schloss er ein mögliches Aufgehen Hbgs in Preußen nicht aus. Im selben Jahr wurde S. Mitglied der ➢*DDP.* Da sich eine hbg.-preuß. Einigung nicht abzeichnete, konzentrierte sich S., der 1921 – ungeachtet einer sozialdemokratischen Mehrheit in der Stadtverordnetenversammlung – für weitere zwölf Jahre in seinem Amt bestätigt wurde, auf die Verbesserung der Existenz Altonas, insbesondere die Schaffung „Groß-Altonas“. Sie kam erst 1927 (durch die Eingemeindung ➢*Stellingen*-Langenfeldes, ➢*Eidelstedts,* ➢*Lurups,* ➢*Osdorfs,* ➢*Groß Flottbeks,* ➢*Klein Flottbeks,* ➢*Nienstedtens,* ➢*Blankeneses,* ➢*Sülldorfs* und ➢*Rissens*) zustande, nach seinem Tod. 1924 starb S. an Typhus. *luz*

Altonas Oberbürgermeister 1909–24: Bernhard Schnackenburg. Porträt auf einer Menükarte, die 1909 zum Festmahl „aus Anlaß des Scheidens“ aus seinem früheren Amt als Bürgermeister von Friedenau gedruckt wurde

Dem Neuen Bauen verpflichtet: der Architekt Karl Schneider um 1927

Das von Karl Schneider 1923/24 erbaute Landhaus Michaelsen in Falkenstein, „das erste Manifest des Neuen Bauens der zwanziger Jahre in Hamburg“ (Hermann Hipp). Der hier von dem Architekturfotografen Ernst Scheel aufgenommene Bau beherbergt heute eine Galerie und das Puppenmuseum Falkenstein mit seinen kulturgeschichtlich wertvollen Sammlungen.

Schneider, Karl Rudolf (geb. 15.5.1892 Mainz, gest. 11.12.1945 Chicago), Architekt. Der Tischlersohn S. wurde Lehrling bei einem Mainzer Architekten und besuchte anschließend die reformorientierte Kunstgewerbeschule der Stadt. Dem Examen 1911 folgte eine Anstellung als Architekt in Dresden, bevor S. im Jahr darauf nach Berlin und u.a. in die Büros von W. Gropius (1912–14) und P. Behrens (1915/16) wechselte. Nach Kriegsdienst und rumän. Gefangenschaft begann 1920 die Zusammenarbeit mit F. ➢*Höger* bei Wettbewerben und beim Bau des ➢*Chilehauses*. Deshalb übersiedelte S. nach Hbg, wo er sich selbstständig machte. Später folgten ein zweites Hbger Büro und eines in Berlin. S., dessen besonderes Zeichentalent geachtet war, gewann zahlr. Wettbewerbe, und spätestens seit 1926 gehörte er mit dem 1. Preis für den städtebaulichen Entwurf der ➢*Jarrestadt* zu den wichtigsten Architekten im Großraum Hbg. Nach ausbleibenden Aufträgen im Zuge der Weltwirtschaftskrise wurde er 1930 Architekturlehrer an der Landeskunstschule (➢*Hochschule für bildende Künste, HfbK*). In Hbg und ➢*Altona* war S.s Architektur die „modernste“. In seinen Entwürfen zeigte sich das Neue Bauen der 1920er Jahre, das sich deutlich vom allseits aufgeführten ➢*Hamburger Heimatstil* abhob. Am nachhaltigsten blieb sein Wirken im Hbger und Altonaer Geschosswohnungs- und Siedlungsbau. Daneben entstanden prägnante Villen, Gewerbe- und Industriebauten (u.a. Haus Lehmann 1929/30, ➢*Kino* „Emelka-Palast“ 1927/28, Röntgenröhrenfabrik C.H.F. Müller 1928/30). Den Ehrungen aus Architekten- und Künstlerkreisen (➢*Hamburgische Sezession*) sowie seiner Stellung an der Hochschule stand von Beginn an unausgesetzte Kritik konservativer Kreise entgegen; im September 1933 wurde er entlassen und erhielt als „Kulturbolschewist“ Bauverbot. Fünf Jahre später emigrierte er in die USA, wo er weiter als Designer und Architekt tätig war. 1984 wurde in der HfbK das Karl-Schneider-Archiv eingerichtet. Im Jahr darauf wurde im Sven-Simon-Park in Falkenstein die von S. 1923/24 entworfene Villa Michaelsen restauriert und zur Aufnahme einer Galerie und des Puppenmuseums umgebaut. *Ti.*

Schnelsen ist ein Stadtteil im ehem. Ortsamtsbereich ➢*Lokstedt* des Bezirks ➢*Eimsbüttel* mit 9,0 km² Fläche und 27.462 Einw. (2009). Der Name des 1347 erstmals erwähnten Ortes weist wahrscheinlich auf einen Sippen- oder Personennamen Snel oder Sello hin. Der Ortsteil Burgwedel wurde 1388 zum ersten Mal urkundlich genannt. Mit ➢*Holstein-Pinneberg* kam S. 1640 zum Dänischen Gesamtstaat. 200 Jahre später lebten in S. 390 Einw., die überwiegend in der Landwirtschaft, einige auch im Handwerk tätig waren. 1884 erhielten S. und Burgwedel Anschluss an die Strecke Altona-Kaltenkirchen der ➢*AKN*, 1912 an die ➢*Straßenbahn* nach Hbg. 1927 wurde S. mit ➢*Niendorf* und Lokstedt zur Großgemeinde Lokstedt zusammengeschlossen, die 1937 an Hbg kam. An die landwirtschaftliche Vergangenheit erinnert noch die Windmühle von 1888 an der Peter-Timm-Straße. Nach dem Zweiten Weltkrieg hatte S. rund 11.000 Einw.; in der Folge entstanden mehrere neue Siedlungsgebiete, zuletzt das Großprojekt Burgwedel. *Ko.*

Eines der Hauptwerke Arp Schnitgers ist die Orgel in der Hauptkirche St. Jacobi, die der Meister 1689–93 schuf. Sie ist die größte erhaltene Barockorgel in Norddeutschland.

Schnitger, Arp (geb. 2.7.1648 Schmalenfleth/Oldenburg, begraben 28.7. 1719 Neuenfelde bei Hbg), Orgelbauer. Nach einer Tischlerlehre im väterlichen Betrieb lernte S. ab 1666 das Orgelbauhandwerk bei B. Hu[e]ß in Glückstadt und ließ sich 1677 als selbstständiger Orgelbauer in ➢*Stade* nieder. 1682 erhielt er den Auftrag, für die Hbger ➢*St.-Nikolai*-Kirche eine neue Orgel zu bauen, die nach ihrer Fertigstellung die größte Orgel des deutschsprachigen Raums war. S. siedelte im selben Jahr nach Hbg über und entfaltete von hier aus seine Tätigkeit über ganz Norddtld und Nordeuropa. Auch nach England, Russland, Portugal und Spanien ist der Export seiner Orgeln belegt. Ca. 160 Orgelbauten dieses „bedeutendsten Orgelbauers der Barockzeit in Nordeuropa" sind nachweisbar. Sie gelten als Höhepunkte des „Hamburger Orgeltyps", der das innere Werkprinzip an der äußeren Gliederung des Prospektes erkennen lässt. Als bedeutendstes erhaltenes Werk S.s vermittelt die Orgel in der ➢*St.-Jacobi*-Kirche, von der auch die sog. Norddeutsche Orgelbewegung der 1920er Jahre ihren Ausgang nahm, nach der Restaurierung 1989/93 wieder das Klangbild der typischen Schnitger-Disposition. *GJ*

Schöffel, Johann Simon (geb. 22.10. 1880 Nürnberg, gest. 28.5.1959 Hbg), Hauptpastor, erster ➢*Landesbischof*. Nach dem Theologiestudium war S. Hofkaplan in Schönberg/Hessen, absolvierte das Vikariat und legte 1908 das zweite Examen ab. 1909 übernahm er eine Pfarrstelle in Schweinfurt, 1921 dort das Dekanat. An der Erlanger Universität wurde er 1916 zum Dr. phil und 1918 zum Lic.theol. promoviert, 1922 erhielt er dort die theologische Ehrendoktorwürde. 1921 wurde er zum ➢*Hauptpastor* an der ➢*St.-Michaelis*-Kirche in Hbg, 1922 zum Vorsitzenden des Evangelischen Elternbundes, 1929 auch zum Präsidenten der Synode gewählt. S. war führender Vertreter der orthodoxen, „positiven" kirchlichen Richtung. Seit seinem Amtsantritt setzte er sich für die Einrichtung des Bischofsamts ein, die 1933 erfolgte und ihn in dieses Amt brachte, wobei der amtsältere Hauptpastor H. ➢*Beckmann* ausgeschaltet wurde. S. wirkte am Sturz F. von Bodelschwinghs und an der Wahl L. Müllers zum Reichsbischof mit, der ihn in sein Geistliches Ministerium berief. Aufgrund von Spannungen

Simon Schöffel bekleidete 1933/34 und 1946–54 ein Amt, das der hamburgischen Kirche bis dato fremd war, das des Landesbischofs. Pressefoto vom Oktober 1955

mit den Deutschen Christen verlor er zunächst auf Reichsebene seine Funktion, im März 1934 auch das Bischofsamt in Hbg, das F. ➢*Tügel* übernahm. Nach dessen Rücktritt wurde er 1946 wiedergewählt und amtierte bis zum Eintritt in den Ruhestand 1954, dem Jahr seiner Ehrung mit der ➢*Bürgermeister-Stolten-Medaille.*

Seit seinem Amtsantritt lehrte S. am Allgemeinen Vorlesungswesen (➢*Wissenschaftliche Bildung*) der Hamburgischen Universität (➢*Universität Hamburg*), 1931–37 auch in der Religionslehrerausbildung und 1945–54 am Kirchlichen Vorlesungswesen bzw. der ➢*Kirchlichen Hochschule*, wo er 1950 den Professorentitel erhielt. S. publizierte zahlr. wissenschaftliche Abhandlungen, darunter den ersten Band einer Hbger Kirchengeschichte. *He.*

Ihretwegen pilgerten viele Hamburger nach Eimsbüttel: „Die schöne Marianne". Holzschnitt, um 1827

Schöne Marianne (eigtl. Johanna Maria Caroline Schindler, geb. Ruaux, geb. 2.7.1802 Altona, gest. 4.7.1882 Hbg), Wirtin. Die Tochter frz. Einwanderer führte seit 1824 das unter ihrem Namen weithin bekannte Ausflugslokal an der Emahusbleiche in ➢*Eimsbüttel.* Das schlichte Etablissement erfreute sich bis 1831 einer großen Beliebtheit, die ausschließlich auf die anmutige Erscheinung der Wirtin zurückzuführen war. Sie löste einen regelrechten „Mariannenkult" aus; H. ➢*Heine* verewigte sie in den „Memoiren des Herren von Schnabelewopski" als eine der zehn Merkwürdigkeiten der Stadt.

Wenige Wochen vor der Geburt ihrer unehelichen Tochter Emilie (Vater der späteren Gräfin Bothmer war der Hbger Kaufmannssohn J. Jochmus) eröffnete die S.M. 1831 ein zweites Lokal an Doormanns Bleiche in Eimsbüttel, dem heutigen Doormannsweg. 1836 heiratete sie den Leipziger Kaufmann R. Schindler, der ihre Tochter adoptierte und mit dem sie vier weitere Kinder hatte. Das Ehepaar zog drei Jahre später nach Hbg, wo es erfolglos versuchte, erneut im Gastgewerbe Fuß zu fassen. Nach zwölf Ehejahren ließ sie sich von Schindler scheiden. Dieser wurde wegen hoher Schulden „idiotisch" und starb 1849. Nach seinem Tod ermöglichten Hbger Freunde und Gönner der

S.M., ein kleines Hotel in der Großen Theaterstraße zu führen, das sie bis 1853 unterhielt. Bis 1866 betrieb sie Restaurants in Hbg und 1871 ein Gasthaus an der Fruchtallee. Sie starb 1882 in ihrer Wohnung am Kleinen Schäferkamp. *JJF*

14 Jahre, 1946–60, stilprägend im Amt des Bürgerschaftspräsidenten: Adolph Schönfelder auf einem Fotoporträt von Fritz Kempe aus dem Jahr 1950

Schönfelder, Adolph (geb. 5.4.1875 Hbg, gest. 3.5.1966 ebd.), Senator, Bürgerschaftspräsident. Die Familie S. verlor durch den Bau der ➢*Speicherstadt* ihre Wohnung; der Sohn eines Polizisten wuchs in ➢*Barmbek* auf. Er erlernte das Zimmererhandwerk, engagierte sich ab 1902 in der ➢*SPD* und wurde 1905 Sekretär des Zentralverbandes der Zimmerer Deutschlands; 1921–25 war er Vorsitzender im Hauptausschuss des Verbands. 1919 wurde S. in die ➢*Bürgerschaft*, 1925 in den ➢*Senat* gewählt; er war zunächst zuständig für die Baubehörde, 1926–33 als „Polizeiherr" für die ➢*Polizei*. Am 3.3.1933 trat er mit den anderen SPD-Senatoren zurück. Im selben Jahr war S. in Haft und in ein Hochverratsverfahren verwickelt.

1945 wurde S. neben R. ➢*Petersen* Zweiter ➢*Bürgermeister* und war maßgeblich am Wiederaufbau der Verwaltung beteiligt. Außerdem war er zugleich – ein Unikum in der hbg. Verfassungsgeschichte – Präsident der Ernannten Bürgerschaft. Bis 1960 blieb S. Bürgerschaftspräsident, auch in der Zeit des ➢*Hamburg-Blocks*. Wie sein Freund, Berufs- und Gewerkschaftskollege K. Olfers in Niedersachsen und A. Hagedorn in ➢*Bremen* gehörte S. zu den Parlamentspräsidenten, die das politische Leben in den Ländern der jungen Bundesrepublik nachhaltig prägten. E. ➢*Lüth* bescheinigte ihm, dass er „die hamburgische Demokratie nach 1945 mit Heiterkeit und Würde personifiziert" habe. Mit P. de ➢*Chapeaurouge* vertrat S. Hbg 1948/49 im Parlamentarischen Rat, dessen Vizepräsident er war. Das Grundgesetz – auch dies einzigartig – hat S. zweimal unterschrieben, als Vizepräsident der verfassunggebenden Versammlung und als Präsident der Bürgerschaft. Großen Anteil hatte er an der Erarbeitung der neuen Hbger ➢*Verfassung* von 1952.

S.s besonderes Interesse galt zeitlebens der Bildung und Wissenschaft. Er setzte sich insbesondere für die Mitwirkung der Eltern im ➢*Schulwesen* und für die ➢*Universität Hamburg* ein. Auch der Kultur galt seine Zuneigung; seine große Liebe gehörte der Staatsoper (➢*Stadttheater/Staatsoper*). Die ➢*Bürgermeister-Stolten-Medaille* wurde S. 1946, das ➢*Ehrenbürgerrecht* 1950, die ➢*Hamburgische Ehrendenkmünze* in Gold 1960 verliehen. Die Handwerkskammer ernannte ihn zum Ehrenmeister, die Staatsoper zum Ehrenmitglied, die Universität zum Ehrensenator. *Ko.*

Schopenstehl/Schopenstehlkrawalle Schopenstehl heißt eine Straße im Stadtteil Hamburg-Altstadt (➢*Altstadt*) im Bezirk ➢*Hamburg-Mitte* zwischen Altem Fischmarkt und Kattrepel. Der Name geht möglicherweise auf ein mittelalterliches Strafvollzugsinstrument zurück, den Schupfenstuhl, eine Art Badekorb an einem langen, drehbar gelagerten Stiel, womit Diebe etc. ins Wasser (des ehem. Reichenstraßenfleets) getunkt wurden. Es gibt aber mehrere alternative Namensdeutungen. Im Gefolge von Protestaktionen, zu denen die ➢*SPD* aufgerufen hatte, ereigneten sich im Schopenstehl am 17.1.1906 Krawalle, denn an diesem Tag debattierte die ➢*Bürgerschaft* den gegen die SPD gerichteten und von den ➢*Vereinigten Liberalen* abgelehnten Plan einer ➢*Wahlrechts*verschlechterung. Da die Aktionen um 16 Uhr, für viele Geschäftszweige also noch während der Arbeitszeit, begannen und da die Teilnehmerzahl imposant war, wurde der Protest später als „Deutschlands erster Generalstreik" bezeichnet. Nach 22 Uhr kam es im Schopenstehl zu mehr kriminell denn politisch motivierten Zerstörungen, Plünderungen, Brandstiftungen von Randgruppen und zu Straßenschlachten mit der zum Teil brutal reagierenden ➢*Polizei*. Die Ausschreitungen haben das Bild jenes „Roten Mittwochs" stark beeinträchtigt und die herrschenden Kreise in ihrer Repression der Sozialdemokratie noch bestärkt. *luz*

Schramm, Percy Ernst (geb. 14.10.1894 Hbg, gest. 12.11.1970 Göttingen) S. wurde als Sohn des Rechtsanwalts und späteren ➢*Bürgermeisters* Max S. in eine Familie hineingeboren, die seit Generationen der kaufmännischen Oberschicht Hbgs angehörte. Dieser Herkunft spürte S. schon als Gymnasiast und später als Student der Geschichte nach. Auch als er von 1929 an Professor für Geschichte in Göttingen war, hat seine Passion für die hbg. Geschichte nie geruht. Neben wissenschaftlicher Arbeit als universalhistorisch interessierter Mediävist, die S. besonders in der Zeit nach dem Zweiten Weltkrieg zu einem der bekanntesten und angesehensten dt. Historiker werden ließ, entstand in Göttingen eine Reihe umfänglicher Bücher, in denen er seine familiengeschichtlich motivierten Hbg-Studien zu Gesamtdarstellungen hanseatischer Wirtschafts-, Sozial- und Kulturgeschichte zu verdichten wusste (u.a. „Hamburg, Deutschland und die Welt", 1943; „Neun Generationen", 2 Bände, 1963/64; „Hamburg. Ein Sonderfall in der Geschichte Deutschlands", 1964).

Am Ersten Weltkrieg nahm S., der sich mit 19 Jahren als Kriegsfreiwilliger gemeldet hatte, teil, ebenso als reaktivierter Reserveoffizier am Zweiten Weltkrieg, zuletzt als Major. Die von S. 1943–45 im „Führerhauptquartier Wolfsschanze" verfassten Kriegstagebücher des Wehrmachtführungsstabes sind eine wichtige Quelle für die Geschichte des Zweiten Weltkriegs. *SH*

Schreibweise von Gebietsbezeichnungen und Straßennamen Im Amtlichen Anzeiger, dem Beiblatt des ➢*Gesetz- und Verordnungsblattes*, wurde am 15.1.1947 eine Senatsbekanntmachung vom 7. des Monats veröffentlicht, wonach der ➢*Senat* am 27.9.1946 für alle Gebietsbezeichnungen und Straßennamen mit „Fleth", „Flet", „beck" und „wärder" die Schreibweise in ➢„*Fleet*", „bek" und „werder" geändert hatte. *Ko.*

Schröder, Friedrich Ludwig (geb. 3.11. 1744 Schwerin, gest. 3.9.1816 Rellingen), Schauspieler, Theaterdirektor. Als leiblicher Vater S.s gilt der Theaterprinzipal K.E. Ackermann. Mit ihm und seiner Mutter S.Ch. Biereichel, die 1749 Ackermann heiratete, zog S. von Ort zu Ort und trat schon als Dreijähriger auf.

Er erhielt Privatunterricht und besuchte 1756/57 das Collegium Fridericianum in Königsberg. Wanderjahre führten ihn durch Dtld und die Schweiz. 1771–80, 1786–97 und 1811/12 war S. Direktor des hbg. Theaters am ➢*Gänsemarkt* (➢*Stadttheater/Staatsoper*), 1781–85 leitete

Zeitlebens seiner Heimatstadt Hamburg und ihrer Geschichte eng verbunden: der Historiker Percy Ernst Schramm auf einem Fotoporträt von Otto Steinert, aufgenommen um 1961

Von Ottensen nach Berlin: Louise Schroeder, eine der profiliertesten sozialdemokratischen Politikerinnen. Die Zeichnung, wohl aus der Zeit, als Louise Schroeder Berlins Stadtoberhaupt war, schenkte ihr der frühere Reichstagspräsident Paul Löbe, ein enger Freund und langjähriger Weggefährte.

er das Burgtheater in Wien. Seit 1797 lebte S. auf seinem Landsitz in Rellingen und widmete sich literarischen und freimaurerischen Arbeiten (➢*Freimaurer*).

S. gehörte zu den bedeutendsten Schauspielern und Intendanten seiner Zeit. Er entwickelte den von Ackermann und K. ➢*Ekhof* begründeten „Hamburger Stil" der natürlichen und wahrscheinlichen Darstellung durch Wort und Gestik, Sprache und Gebärde weiter. Große Verdienste erwarb er sich um die Durchsetzung der Werke des Sturm und Drang, J.W. von Goethes und F. von Schillers. In der Figur des Serlo hat ihm Goethe im „Wilhelm Meister" ein Denkmal gesetzt.

S.s Anteil an der Einbürgerung der Werke W. Shakespeares in Dtld war groß. Als S. 1776 den „Othello" inszenierte, soll es im Publikum zu Ohnmachten, ja infolge des Gesehenen zu Fehl- und Frühgeburten gekommen sein. Ab der dritten Aufführung wurde das Schauspiel in abgemilderter Version und mit einem versöhnlichen Schluss gegeben. Große Erfolge hatte S. mit bürgerlichen Rühr- und Familienstücken, auch als Autor. Die gesellschaftliche Anerkennung der Schauspieler war ihm ein besonderes Anliegen. Ihr dienten auch eigene Theatergesetze und strenge Disziplin. Für kranke und mittellose Schauspieler setzte sich S. engagiert ein.

Seit 1774 war S. Freimaurer; 1787 wurde er Meister vom Stuhl in der Hbger Loge „Emanuel". Als Reformer des maurerischen Rituals im Sinne der Rückkehr zu den urspr. Grundlagen und als Gründer des „Engbundes" von 1802, einer Vereinigung von Meistern zur wissenschaftlichen Erforschung der Freimaurerei, trug er zur Erneuerung der Logen bei. 1814–16 fungierte S. als Großmeister der „Großen Loge" von Hbg. *Ko.*

Schroeder, Louise Dorothea Sophie (geb. 2.4.1887 Altona, gest. 4.6. 1957 Berlin), Reichstagsabgeordnete, Bürgermeisterin. Die Tochter eines Bauarbeiters und einer Gemüsehökerin wuchs in der Thedestraße in ➢*Altona* und der Völckersstraße in ➢*Ottensen* auf, besuchte die Mittelschule in Altona und die kaufmännische Abteilung der Gewerbeschule für Mädchen in Hbg. Sie war als Stenotypistin und Sekretärin tätig. 1910 trat sie in die ➢*SPD* ein, 1915 wurde sie Vorstandsmitglied des Ortsvereins Altona-Ottensen. 1919 war sie in der Nationalversammlung unter den ersten dt. Parlamentarierinnen, 1920–33 gehörte sie dem Reichstag an. Sie setzte sich besonders für die Gleichberechtigung der Frau, die Rechte unehelicher Kinder und ihrer Mütter sowie den Mutterschutz ein. 1919 war sie Mitbegründerin der Arbeiterwohlfahrt, an deren Schule in Berlin sie 1928–33 als Dozentin für Sozialpolitik unterrichtete.

1933 – sie hatte im Reichstag mit der SPD-Fraktion gegen das Ermächtigungsgesetz gestimmt – wurde S. arbeitslos und stand unter Polizeiaufsicht. Am Louisenweg in ➢*Hamm* eröffnete sie 1934 ein kleines Brot- und Lebensmittelgeschäft. Da sie sich weigerte, mit „Heil Hitler" zu grüßen und die Hakenkreuzfahne zu hissen, boykottierten die Nationalsozialisten ihren Laden. Sie zog daraufhin 1938 nach Berlin und arbeitete als Sekretärin in Textil- und Baufirmen.

1945 war sie am Wiederaufbau der SPD und der Arbeiterwohlfahrt in Berlin maßgeblich beteiligt,

1946–51 war sie dritte Bürgermeisterin, 1947/48 amtierte sie anstelle des von der Sowjetunion abgelehnten E. Reuter als Oberbürgermeisterin; sie war damit die erste weibliche Regierungschefin in Dtld. Als Sprecherin des freien Berlins, als „Mutter Berlins" während der Blockade der Stadt, wurde S. weithin bekannt. 1948/49 stand sie als Präsidentin dem Deutschen Städtetag vor. 1949–57 war sie Mitglied des Deutschen Bundestages, seit 1950 auch der Beratenden Versammlung des Europarates.

Anlässlich ihres 70. Geburtstages erhielt sie als erste Frau die Ehrenbürgerwürde der Stadt Berlin. Ihrem Wunsch entsprechend, wurde S. auf dem Ottenser Friedhof beigesetzt (20.6.1957). Am Haus Völckersstraße 36 erinnert eine Gedenktafel an sie. 2009 erhielt die Schule Chemnitzstraße (heute Thedestraße 100) den Namen Louise Schroeder Schule. *Ko.*

Schröderstift Das S. wurde vom Hbger Kaufmann und Bankier J.H. Freiherr von Schröder ins Leben gerufen und finanziert. Bestimmung war die Unterstützung Bedürftiger, insbesondere unbemittelter Frauen aus „gebildeten Ständen". Die von A. Rosengarten entworfene Gebäudeanlage entstand 1851/52 gegenüber der Sternschanze an der Schröderstiftstraße. Sie besteht aus drei Flügeln und zentraler, kuppelbekrönter Kapelle mit Ehrenhof zur Sternschanze (➢*Schanzenviertel*). Nachdem das Stift 1972 nach ➢*Langenhorn* verlegt worden war, erwarb die Stadt die Gebäude und vermietete sie nach erfolgter Renovierung an alternative Gruppen. *Me*

Mit dem Schröderstift gegenüber der Sternschanze verewigte sich der Bankier Johann Heinrich Freiherr von Schröder als Wohltäter und Mäzen. Die Anlage erbaute Albert Rosengarten 1851/52. Lithografie von R. Deppermann, um 1860

Schünzel, Reinhold (geb. 7.11.1888 Hbg, gest. 11.09.1954 München), Schauspieler, Regisseur. Aufgewachsen in ➢*St. Pauli*, arbeitete S. nach dem Schulabschluss zunächst als Verlagsangestellter und ab 1905 auch als Statist am Königlichen Schauspielhaus in Berlin. Als Schauspieler und Regisseur bei R. ➢*Ohnsorg* in Hbg sammelte er Bühnenerfahrung. 1916, nach kurzer Militärzeit in ➢*Bahrenfeld*, übernahm er eine erste Filmrolle in C. Froehlichs „Werner Krafft". In der Folgezeit wurde er viel beschäftigter Darsteller von Lebemännern und

Bösewichten in Stummfilmen. Obwohl er nach 1933 als „Halbjude" für jeden Film eine spezielle Arbeitserlaubnis beantragen musste, inszenierte er in dieser Zeit dennoch mit „Viktor und Viktoria" (1933) und „Amphitryon" (1935) seine erfolgreichsten Werke. Nach der Uraufführung seines Operettenfilms „Land der Liebe" (1937) sah S. sich gezwungen, Dtld zu verlassen. Es gelang ihm, in den USA mit der Inszenierung aufwendiger Musikfilme, darunter „Tanz auf dem Eis" (1938) mit J. Crawford und J. Stewart, Fuß zu fassen. In den 1940er Jahren verkörperte er als Schauspieler den Typus des finsteren Nazischergen in F. Langs „Auch Henker sterben", den er in A. Hitchcocks Meisterwerk „Berüchtigt" (1946) noch ein wenig variierte. Nach seiner Mitwirkung in J. Tourneurs Nachkriegsdrama „Berlin-Expreß" (1948) kehrte S. 1949 nach Dtld zurück, konnte hier jedoch nicht mehr an seine Vorkriegserfolge anknüpfen. Zuletzt war er in einer kleinen, aber prägnanten Rolle in „Meines Vaters Pferde" (1954) zu sehen. Der Regisseur H.-Chr. Blumenberg verarbeitete in dem Film „Beim nächsten Kuß knall ich ihn nieder" die Lebensgeschichte seines Kollegen. *VR*

Schütz, Paul Wilhelm Lukas (geb. 23.1. 1891 Berlin, gest. 26.7.1985 Starnberg), Theologe, Hauptpastor. Nach dem Studium der Theologie und Philosophie wurde S. 1914 in Jena zum Dr. phil. und 1922 in Halle zum Lic. theol. promoviert. Nach dem zweiten theologischen Examen 1922 war er Hilfsprediger und 1925–40 Pastor in Schwabendorf bei Marburg. 1940 wurde er ➢*Hauptpastor* an ➢*St. Nikolai* in Hbg. 1952 ließ er sich als erster und bislang einziger Hauptpastor aufgrund von Differenzen zum luth. Bekenntnis in den Ruhestand versetzen. 1926–28 leitete er die „Dr. Lepsius-Deutsche-Orient-Mission", 1930–37 war er Privatdozent für Praktische und ab 1937 für Systematische Theologie in Gießen. In Hbg lehrte er am Allgemeinen Vorlesungswesen (➢*Wissenschaftliche Bildung*) sowie am Kirchlichen Vorlesungswesen und an der ➢*Kirchlichen Hochschule*, seit 1950 als Professor, Systematische Theologie und Philosophie, wobei er interdisziplinär arbeitete. 1971 erhielt er die theologische Ehrendoktorwürde der Universität Basel. S. gilt als einer der bedeutendsten Hbger Theologen. 1935 setzte er sich als einer der Ersten mit der Politischen Religion auseinander. 1960 erschien sein Hauptwerk „Parusia". *He.*

Schulwesen Ein kirchliches S. ist in Hbg seit dem 9. Jh. – in Verbindung mit dem ➢*Dom* – zu erkennen; später kamen einzelne Kirchenschulen, wie 1281 die an der ➢*St.-Nikolai*-Kirche, hinzu. Die Domschule wurde 1803 aufgelöst, die Nikolaischule 1906. Mit der ➢*Reformation* wurde das S. durch die Schulordnung geregelt. 1529 wurde die Gelehrtenschule des ➢*Johanneums* gegründet und das Scholarchat anstelle des früheren Domscholasticus als Schulaufsichtsbehörde über die höheren Schulen sowie über die Stadtbibliothek eingerichtet. Dieses Kollegium bestand aus den vier amtsältesten Ratsherren, den ➢*Hauptpastoren* mit deren Senior an der Spitze und sämtlichen ➢*Oberalten*. Im 16./17. Jh. entstanden Stiftungsschulen, 1788 die Armenschule der ➢*Allgemeinen Armenanstalt.* Vom ➢*Rat* bekämpft

wurden die seit dem 15. Jh. bestehenden privaten Winkelschulen.
Im Zusammenhang mit der Trennung von Staat und Kirche wurde in Hbg erst relativ spät ein staatliches S. mit allgemeiner Schulpflicht geschaffen. Grundlage war das Gesetz, betreffend das Unterrichtswesen vom 11.11.1870. 1863 war bereits die Interimistische Oberschulbehörde entstanden, die das Scholarchat ablöste und ab 1871 Oberschulbehörde hieß. Die 18 Schulen der Armenanstalt einschließlich der Strafschule (1833–1906) und zweier Elementarklassen wurden übernommen und staatliche Volksschulen eingerichtet. Getrennt verwaltet wurde das Schulwesen im ➢*Landgebiet*. Als erste vom Staat gegründete höhere Lehranstalt wurde 1881 das ➢*Wilhelm-Gymnasium* geschaffen, dem in den folgenden Jahren weitere Neugründungen folgten. Als erste staatliche höhere Mädchenschule wurde 1872 die Unterrichtsanstalt des ➢*Klosters St. Johannis* (heute: Gymnasium ➢*Klosterschule*) ins Leben gerufen, 1910 wurden für Mädchen das Helene-Lange-Gymnasium und das Gymnasium Lerchenfeld eingerichtet. In der Weimarer Republik entstanden Reformschulen wie die ➢*Lichtwarkschule*. 1939 wurden privat geführte Schulen wie die Elise-Averdieck- und die Heilwig-Schule verstaatlicht. Ab Mitte der 1960er Jahre erfolgten im Rahmen des Ausbaus des Bildungswesens zahlr. Neugründungen von Gymnasien. Gesamtschulen wurden in Hbg seit 1968 zunächst als Versuchs-, seit 1979 als Regelschulen eingerichtet. Ab 2010 bestehen Grundschulen, Gymnasien und Stadtteilschulen. Die Einführung der sechsjährigen Primarschule wurde in einer Volksabstimmung im Juli 2010 abgelehnt.
Staatliche Sonderschulen wurden in Hbg zuerst durch die Übernahme von Stiftungsschulen konstituiert. 1881 übernahm der Staat die Gehörlosenschule, die 1827 von einer Milden Stiftung gegründet worden war. 1893 wurde die Blindenschule verstaatlicht, die 1830/31 ebenfalls aus einer Stiftung hervorgegangen war. Als staatliche Gründung wurde 1892 in der Volksschule Seilerstraße eine „Hülfsklasse für schwachsinnige Kinder“ geschaffen; im Jahr 1900 gab es bereits fünf sog. Hilfsschulen in verschiedenen Stadtteilen. 1912 wurden Klassen für Sprachbehinderte und 1913 eine Schwerhörigenschule eingerichtet, 1922 kam eine zweite Sprachheilschule hinzu. In den 1960er Jahren wurden verschiedene Sonderschulen neu errichtet, wie 1961 die Schule für Geistigbehinderte Kiel-

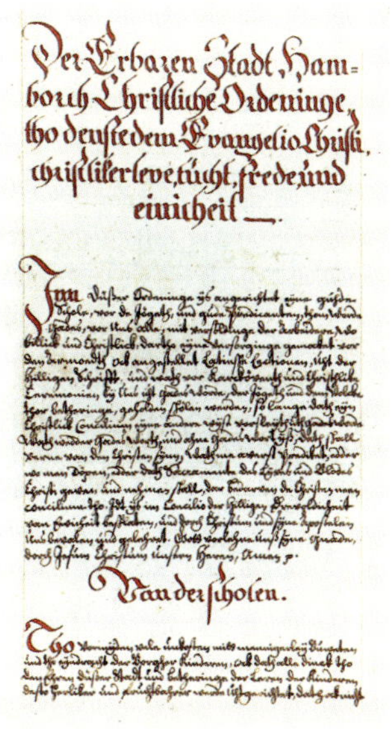
Der Erbaren Stadt Hamborch Christliche Ordeninge, tho deustedem Evangelio Christi, christliker leve, tucht, frede und einicheit —

Van der scholen.

Die Schulordnung von 1528/29 bestimmte, dass Kinder vom siebten bis zum zwölften Lebensjahr zur Schule geschickt werden sollten. Die Schulpflicht freilich führte Hamburg als letzter deutscher Staat erst 1870 ein.

kamp. Die 1956 gegründete heutige Schule Tegelweg war die erste staatliche Schule für Körperbehinderte in der Bundesrepublik.

Die gewerbliche Ausbildung lag im 19. Jh. in den Händen der ➢*Patriotischen Gesellschaft*, die eine gewerbliche Unterrichtsanstalt eingerichtet hatte. 1864 wurde dann die Gründung einer staatlichen Gewerbe- und einer Bauhandwerkerschule beschlossen und deren Verwaltung der Oberschulbehörde unterstellt. 1898 begann ein kaufmännischer Unterricht; 1902 entstand die erste Fortbildungsschule, deren Aufgaben nach 1922 von den Handelsschulen übernommen wurden. Haushaltungsschulen gab es seit 1896 auf privater Basis, 1906 wurde von der Oberschulbehörde die erste staatliche Haushaltungsschule eingerichtet. 1914 nahm die Behörde für das Gewerbe- und Fortbildungsschulwesen, 1922 die Berufsschulbehörde die Verwaltung und Schulaufsicht wahr. 1931 wurde die Berufsschulbehörde mit der Oberschulbehörde zur Landesschulbehörde zusammengelegt, die 1933 zusammen mit der Hochschulbehörde die Landesunterrichtsbehörde bildete; 1936 entstand die Kultur- und Schulbehörde. Die 1947 gegründete Schulbehörde war bis 1970 auch für die Hochschulverwaltung zuständig. Das Hamburger Schulmuseum befindet sich in der ehem. Schule Seilerstraße 42. *He.*

Schumacher, Fritz (eigtl. Friedrich Wilhelm, geb. 4.11.1869 Bremen, gest. 5.11.1947 Lüneburg), Architekt, Stadtplaner, Oberbaudirektor. S. stammte aus alter Bremer Familie. Nach Studium und ersten Anstellungen in Berlin und München erhielt er 1899 eine Professur an der Technischen Hochschule Dresden. 1909 nach Hbg an die Spitze der Baudeputation berufen, entwarf er in einer ersten Schaffensphase als Baudirektor (bis 1920) zahlr. staatliche Hochbauten und Anlagen. Erst als S. 1914 in seiner Behörde eine städtebauliche Abteilung einrichten konnte, wurde es ihm möglich, stärker auf die bisher vom städtischen Ingenieurwesen verantwortete Stadtgestaltung einzuwirken. Während einer Beurlaubung 1920–23 konzipierte S. die Kölner Stadtplanung von Grund auf neu.

Fritz Schumacher wurde, so Hans Leip 1931, „einer der wertvollsten und schöpferischsten Kenner und Gestalter des hamburgischen Stadtplanes und Stadtbildes". Er war ein Stadtbaumeister am richtigen Ort und zur richtigen Zeit. Foto aus den 1920er Jahren

Mit der Rückkehr nach Hbg begann S.s zweite Wirkungszeit in der Stadt. Als „Oberbaudirektor" wurde ihm nun die Kontrolle des gesamten staatlichen Hoch- und Städtebaus übertragen. Unter seiner Leitung wurden die einzelnen Bebauungspläne den Erfordernissen der Großstadt angepasst; sie waren dabei zugleich in seine Konzeption der Gesamtplanung Hbgs integriert (➢*Stadterweiterungen*). Zentrale Aufgabe der 1920er Jahre war die Bekämpfung der (Klein-) Wohnungsnot; zahlr. Siedlungsbauten entstanden (➢*Dulsberg*, ➢*Jarrestadt*,

Die Bastion an der Meenkwiese, Zeichnung von Fritz Schumacher, 1913. Die Bastion ist in Schumachers Planung ein entscheidender Bereich. Sie markiert den Beginn des im 20. Jahrhundert kanalisierten Abschnitts der Alster und war als einheitlicher Komplex aus Bebauung, Grün- und Uferanlagen in Verbindung mit der großen Wasserfläche geplant. Ausgeführt wurden nur die Grundstrukturen.

➢*Barmbek*-Nord). 1933 von den Nationalsozialisten entlassen, widmete sich S. ganz seinen vielen Vorträgen und publizistischem Wirken. Mit diesen Tätigkeiten hatte er schon während seiner Amtszeit die Hbger Architektenschaft einerseits nachhaltig beeinflussen können und war andererseits als ihr Vermittler zu Politik und Gesellschaft aufgetreten.

S.s Stil ist von der beginnenden Moderne beeinflusst, die er als Gründungsmitglied des Werkbundes (1907) mitformte. Seine Abkehr vom Historismus zeigt sich auch im ➢*Hamburger Heimatstil*, den er vom Bauinspektor A. Erbe übernahm und zusammen mit anderen weiterentwickelte. S. erhielt zahlr. Ehrungen und Preise sowie drei Ehrendoktorwürden, darunter den Dr.med.h.c. der Universität Köln: Wie hier hat er auch in Hbg im Rahmen seiner Stadtplanung das Grün in die Großstadt zurückgeholt und so die gesundheitlichen Verhältnisse verbessert.

Für besondere Leistungen in Architektur oder Städtebau verleiht der ➢*Senat* den 1961 gestifteten Fritz-Schumacher-Preis. *Ti.*

Schumacher, Heinrich Christian (geb. 3.9.1780 Bramstedt, gest. 28.12. 1850 Altona), Astronom, Publizist. Im Alter von zehn Jahren verlor S. seinen Vater. Dieser war ehem. Kabinettssekretär und Vertrauter des dän. Monarchen gewesen und hinterließ seinem Sohn die kgl. Gunst, die diesem später in nachhaltiger wissenschaftlicher Förderung zuteil wurde. Nach Absolvierung des ➢*Christianeums* folgte ein Jurastudium mit anschließender Promotion (Göttingen), Dozententätigkeit (Dorpat) und Verwaltungsstelle (Kopenhagen), bevor sich S. schließlich ganz den Sternen zuwandte. Er erhielt eine außerordentliche Professur für Astronomie in Kopenhagen, blieb jedoch in ➢*Altona*. Freundschaftlich mit J.G. ➢*Repsold* verbunden, führte er in dessen Hbger Observatorium Untersuchungen durch.

1821 begründete S. die ➢*Altonaer Sternwarte*; in dem Gebäude lag der Nullpunkt seiner 1817–30 durchgeführten Gradmessung und Triangulation des Dänischen Gesamtstaats sowie der topografischen Aufnahme von ➢*Holstein*, Hbg und Lauenburg. Sie entstand z.T. in enger Zusammenarbeit mit C.F. Gauß. S.s fachliche Bedeutung lag v.a. in der Herausgabe der „Astronomischen Nachrichten“, des zentralen Organs seiner Wissenschaft, und ferner in Übersetzungen fremdsprachiger Arbeiten. Vier Jahre nach S.s Tod wurde sein Sohn Richard Observator in Altona und wechselte nach zehnjähriger Unterbrechung mit der Einrichtung nach Kiel. Das Grab seines zu Lebzeiten berühmten und hochgeehrten Vaters liegt neben dem westl. Ausgang des ➢*S-Bahn*hofs Königstraße im heutigen Schleepark, der Grünanlage des ehem. Heiligen-Geist-Kirchhofs; kaum einen Meter neben dem Grabstein verläuft der ehem. Altonaer Meridian, der als Markierung neben dem Bahnhofszugang eingelassen ist (0^{s}30'25", östl. Paris). *Ti.*

Schute bezeichnet ein breites, kielloses Boot ohne Motor mit 50–250 t Tragfähigkeit. S. werden für Transporte im ➢*Hafen* eingesetzt, befahren aber auch, zu Paketen oder Schubverbänden zusammengestellt, die sonstigen Binnengewässer. Gezogen werden sie von den Hafen-➢*Schleppern.* Sie befördern als offene S. Massengüter, als geschlossene auch Stückgüter. Die Schutenführer heißen in Hbg ➢*Ewerführer.* Eine Hbger Kastenschute von 1913 liegt als Museumsschiff des ➢*Museums der Arbeit* von Mai bis Oktober im Nikolaifleet und ist zur Besichtigung von der ➢*Deichstraße* aus zu erreichen. *KKW*

Schutzverwandte, also solche Menschen, welche mit einer polit. Gemeinschaft in Verbindung standen und, ohne eigentliche Mitglieder zu sein, deren Schutz genossen, waren seit der Frühen Neuzeit Bewohner der Stadt Hbg, die das ➢*Bürgerrecht* aus materiellen Gründen nicht erwerben konnten oder wollten. Ihnen wurde als alternative Form des „Nexus“ (der Anbindung) die Schutzverwandtschaft angeboten. Sie gewährte keine politischen Rechte, aber einige „Befugnisse“, wozu vorrangig die Aufnahme einer Arbeit und das Eheschließungsrecht gehörten. Die Schutzverwandtschaft wurde durch Handschlag vor der ➢*Wedde* erworben; „für den Genuss des Schutzes der Stadt“ und zum Zeichen der „Untertanenpflicht“ war jährlich ein Schutztaler zu entrichten. In späterer Zeit wurde ein Schutzbrief ausgestellt. 1830/35 wurde die „Schutzverwandtschaft auf dem Lande“ eingeführt; sie verpflichtete zur Zahlung eines nach

Die Schuten waren ein unentbehrliches Transportmittel im Hafen und auf den innerstädtischen Wasserstraßen. Foto von Georg Koppmann, September 1884

Eine Schute wird von der Bleichenbrücke aus mit Trümmerschutt beladen. Foto um 1946/47

den Vermögensverhältnissen abgestuften Schutzgeldes – einer Art Steuer. Nachdem 1837/43 alle Bewohnerinnen und Bewohner mit dem Heimatsrecht (➢*Staatsangehörigkeit*) ausgestattet worden waren, wurde die Schutzverwandtschaft allen angeboten, „die sich von ihrer Hände Arbeit ernähren“ konnten, auch durch selbstständiges Gewerbe. 1864 fand die Schutzverwandtschaft ihr Ende, weil das Gesetz betreffend die Staatsangehörigkeit und das Bürgerrecht alle Hbger mit einem Minimalkatalog an Rechten und Befugnissen ausstattete. *luz*

Schwarze Berge Auch Harburger Berge genannt, erheben sich die S.B. von der Marsch zwischen ➢*Harburg* und Neu-Wulmstorf aus nach Süden und erreichen bei Sieversen im Landkreis Harburg eine Höhe von 155 m. Sie wurden in der Saale-Eiszeit von den aus dem Osten kommenden Gletschern als ein Moränenrücken gebildet, der sich, als es noch kein Elbtal gab, in den Höhen von ➢*Blankenese* nach Norden fortsetzte. Der Name war im 18. Jh. noch auf den Geesthang zwischen Harburg und Bostelbek beschränkt und entstand möglicherweise in Anlehnung an die dunkel erscheinenden Heideflächen. *Me*

Sechslingspforte heißt seit 1884 eine Straße zwischen den Stadtteilen ➢*St. Georg* und ➢*Hohenfelde*. Ihr Name ist die volksmundliche Benennung der „Alsterpforte“, einer 1852 von einer Aktiengesellschaft eingerichteten Zahlstelle für ein Wegegeld. Sie befand sich an einem neu angelegten Fußweg von der Lohmühle zur ➢*Uhlenhorst* bei einer Brücke über den ehem. Wallgraben des Neuen Werks (➢*Befestigung*). Die 1864 abgebrochene S. wurde nach dem Geldstück für sechs Pfennige, dem Sechsling, benannt, der zum Passieren bis 1862 entrichtet werden musste. *Ti.*

Seebäderdienst Von Hbg aus wurden seit dem frühen 19. Jh. regelmäßige Schiffsdienste zu wichtigen Nordseebädern betrieben. Nach der Einrichtung ➢*Cuxhavens* als Seebad wurde 1816 mit dem Raddampfer „The Lady of the Lake“ eine erste, jedoch nur wenige Monate aufrechterhaltene Linie Hbg–Cuxhaven eröffnet. 1829, drei Jahre nach Gründung des dortigen Seebads, wurde ein Bäderdienst nach Helgoland eingerichtet, der sechs Jahre Bestand hatte. Nach weiteren, mit wechselndem Erfolg betriebenen Linien begann 1867 schließlich die ➢*HAPAG* mit Helgoland-Fahrten, die zum Rückgrat ihres später bis Sylt ausgedehnten S.es wurden. Die ➢*HADAG* eröffnete 1926 eine regelmäßige Cuxhaven-Linie. 1952 übernahm sie von der HAPAG deren Traditionsdienst Hbg–Cuxhaven–Helgoland–Sylt. Bis 1967 noch unter dem Doppelnamen HAPAG-

Regelmäßige Linien verbanden Hamburg mit den Seebädern an der Nordsee. Farbige Plakate warben um die Passagiere. Reedereiplakat um 1880/90

HADAG geführt, nahm sie 1955 die erste „Wappen von Hamburg" in Betrieb; weitere Bäderschiffe gleichen Namens folgten (in friedlicher Anlehnung an fünf hbg. Seekriegsschiffe namens ➢*Wapen von Hamburg*). Das Ende regelmäßigen S.es in Hbg kam 1982 durch die Einstellung der zuletzt mit der dritten „Wappen von Hamburg" betriebenen Hbg-Helgoland-Linie. Seitdem werden nur noch Ausflugsfahrten nach Helgoland angeboten. *NF*

Seemannsschule (Deutsche Seemannsschule Hamburg) 1862 veröffentlichten G. Schuirman und G. Thaulow einen Plan zur Errichtung eines Erziehungsinstituts zur Vor- und Heranbildung junger Leute für das Seefach nach dem Vorbild der seit 1832 bestehenden Elsflether Unterrichtsanstalt für Fahrensleute. Der Plan wurde von den Hbger Reedern Th. Dill, W. Droege, A. Godeffroy, F. ➢*Laeisz*, A.P. O'Swald, R.M. ➢*Sloman* jr. und A.E. Vidal aufgegriffen. Am 1.12.1862 wurde die Deutsche Seemannsschule in Hbg als AG gegründet. Sie nahm in einem Gebäude auf ➢*Steinwerder* den Betrieb auf; ein hölzernes Übungsschiff an Land und ein Übungskutter auf der ➢*Elbe* wurden angeschafft. Die Schüler sollten 13 bis 17 Jahre alt sein; ihre Ausbildung dauerte ein bis zwei Jahre. Erste Schulleiter waren die geistigen Väter Schuirman und Thaulow, die aber schon 1869 und 1871 ausschieden.

1887 wurde die AG liquidiert und in eine Stiftung umgewandelt. 1889 machten es die ➢*Hafen*erweiterungen nötig, die Schule nach ➢*Waltershof* zu verlegen; 1913 erfolgte der Umzug nach ➢*Finkenwerder*. Die Ausbildungsdauer war schon vorher auf sechs Monate verkürzt worden. Der Unterricht wurde 1920–22 unterbrochen, nachdem er bereits während des Ersten Weltkriegs eingeschränkt worden war. Mit dem erneuten Aufschwung der Seeschifffahrt hatte auch die S. neue Chancen. 1932 wurde das Segelschulschiff „Großherzogin Elisabeth" erworben. Unter dem Einfluss der Reichsverkehrsgruppe Seeschiffahrt ging der Finkenwerder Schulbetrieb 1933–44 in vollem Umfang weiter. Die zahlr. ➢*Luftangriffe* auf Hbg erzwangen dann die Verlegung der Schule an Bord der „Großherzogin Elisabeth" nach Wismar. Das Schiff wurde 1945 von der brit. Kriegsmarine beschlagnahmt und später den Franzosen übergeben, die es bis 1957 als Wohnschiff in Brest nutzten. Der Schulbetrieb ruhte, die Gebäude in Finkenwerder wurden vom Ortsamt beschlagnahmt und anderweitig genutzt.

Erst 1953 konnte mit dem Erwerb der Villa Grüneck am Falkensteiner Ufer in ➢*Blankenese* ein neues Schulgebäude in Dienst gestellt werden; ein Bootshafen ergänzte die Baulichkeiten. Die in den 1950er Jahren in Kraft getretenen Bestimmungen über die Berufsausbildung von Seeleuten machten den Besuch einer staatlich anerkannten Seemannsschule obligatorisch. Dadurch wuchs die Zahl der Bewerber an. Das Stiftungskuratorium mietete daraufhin als weitere Schul- und Internatsgebäude eine ehem. Hauswirtschaftsschule für Mädchen in Hbg, ein modernes Schulgebäude in Bremervörde und das ehemalige Überseeheim für Auswanderer auf Finkenwerder. Mit dem Sinken der Schülerzahlen mussten Teile der Schule wieder aufgegeben werden: 1972 Bremervörde, 1974 Haus

Grüneck. Der Unterricht in den meisten seemännischen Fächern wurde staatlicherseits übernommen (Staatliche Gewerbeschule Werft und Hafen). Schließlich musste 1984 der Ausbildungsbetrieb auch in Finkenwerder aufgegeben werden. *LS*

Seevekanal Der in alten Darstellungen oft nur „die Seeve“ genannte S. ist ein mit einem Wehr ca. 1 km nördl. des Dorfes Maschen künstlich geschaffener, 8 bis 10 m breiter Nebenarm des Heideflusses Seeve (Quelle in der Nähe des Dorfes Wehlen – Mündung bei Over in die ➢*Elbe*). Als ein 1,5 km langer, durch das Meckelfelder Moor gegrabener Kanal, dem verbreiterten Bett eines schon vorher das Moor entwässernden Baches folgend, mündet der S. nach 8 km in den Kaufhauskanal des Harburger Binnenhafens, dem er in Normalzeiten pro Sekunde 2,5 bis 3 m^3 Wasser zuführt.

Angelegt wurde der S. 1540/41, als ➢*Harburgs* erster Herzog, Otto I. aus der Harburger Nebenlinie der Welfen, die Binnenmühle (später Schlossmühle) vergrößern ließ. Die Mühle, die den Marschvogteien zum Mahlen vorgeschrieben war, stand dort, wo heute die Harburger Schlossstraße auf die Seehafenstraße stößt. Neben der Wasserversorgung der Mühle sollte der Kanal auch der schnelleren Trockenlegung des Meckelfelder Moors dienen, dessen Kultivierung der Herzog vorantreiben wollte. Heute ist der S. auf den letzten 500 m seines Laufes überbaut; der letzte Nachfolgebau der alten Schlossmühle verschwand 1971 aus dem Stadtbild. *Cl.*

Semper, Gottfried (geb. 29.11.1803 Altona, gest. 15.5.1879 Rom), Baumeister, Architektur- und Kunsttheoretiker. S. stammte aus alter Altonaer Familie, besuchte in Hbg das ➢*Johanneum* und anschließend das ➢*Akademische Gymnasium*. Der Ausbildung zum Architekten in München folgten Studienaufenthalte in Frankreich, Griechenland und Italien. Durch seine Bau- und Lehrtätigkeiten in Dresden (1834–49), Zürich (1855) und Wien (1870) einerseits und seine kunsttheoretischen Erkenntnisse und Schriften andererseits wurde S. zum führenden dt. Architekten seiner Zeit. In Hbg trat er nach dem ➢*Großen Brand* in Erscheinung, als er während seines Besuchs der Brandstätte auf Bitten seines Jugendfreundes Senator E. Sthamer an den ersten Sitzungen der Technischen Kommission als Gast teilnahm. In dieses für den Wiederaufbau geschaffene Gremium brachte S. sogleich umfangreiche Gegenentwürfe zu den in erster Linie von praktischen Überlegungen geleiteten Rasterplanungen W. ➢*Lindleys* ein. Obwohl keiner seiner Vorschläge angenommen wurde, gingen S.s grundsätzliche Überlegungen dennoch in die weiteren Planungen der Kommission ein und beeinflussten maßgeblich die Gestaltung des ➢*Rathaus*-

Venezianische Inspirationen, die ungebaut, aber städtebaulich nicht ohne Einfluss blieben: Gottfried Sempers Entwurf für das neue Rathaus aus dem Jahr 1842

In der Ratsstube im Senatsgehege des Hamburger Rathauses versammelt sich dienstags die Regierung des Stadtstaats.

markts durch A. de ➢*Chateauneuf.* Die wenigen Privatbauten, die S. in Hbg errichtete, sind zerstört (Wohnhaus Große Bäckerstraße, Museumsbau für C.H. Donner in ➢*Neumühlen*); sein 1. Preis im Wettbewerb für den Wiederaufbau der 1842 zerstörten Hauptkirche ➢*St. Nikolai* wurde nicht realisiert. *Ti.*

Senat Durch die ➢*Verfassung* von 1860 wurde aus dem ➢*Rat* ein S. – mit nur noch 18 Mitgliedern einschließlich der beiden Bürgermeister und nunmehr ohne richterliche Kompetenz. Gemäß der klassischen Gewaltenteilungslehre obliegt dem S. seither die Prärogative (Führung) und die Exekutive (Ausführende Gewalt); an der Legislative (Gesetzgebende Gewalt) ist er beteiligt. Die Senatoren wurden ab 1860 unter Beteiligung der ➢*Bürgerschaft* gewählt, amtierten aber weiterhin lebenslang. 1921 wurde der S. mit der Beseitigung des ➢*Kyrions* zur parlamentarisch gewählten, teils auch kontrollierten Landesregierung, deren Amtsdauer freilich nicht an die Dauer einer Legislaturperiode gebunden wurde: Nach einem Rücktritt blieb sie bis zur Wahl eines neuen S. im Amt. Diese „Ewigkeit" wurde in die Verfassung von 1952 übernommen, nicht aber die Möglichkeit eines Volksentscheids darüber, ob im Konflikt zwischen S. und Bürgerschaft diese aufzulösen sei oder jener zurückzutreten habe. Dagegen wurde ein Vertrauensentzug durch die Bürgerschaft mit der Auflage verbunden, zugleich einen neuen S. zu wählen (konstruktives Misstrauensvotum). Die Richtlinien der Politik wurden vom S. als Kollegialorgan bestimmt, nicht vom Ersten ➢*Bürgermeister.*

Durch die Verfassungsänderung von 1996 wurde der „Ewige Senat" abgeschafft, und der Erste Bürgermeister erhielt die Richtlinienkompetenz. Seine Amtszeit und die der maximal elf Senatoren endet seitdem mit der Legislaturperiode. Die Senatoren werden nicht länger von der Bürgerschaft gewählt, sondern nur mehr nach ihrer Nominierung durch den Ersten Bürgermeister bestätigt. Entlässt der Erste Bürgermeister Senatoren, bedarf es dazu der Zustimmung des Parlaments nicht. Tritt der Erste Bürgermeister zurück, endet zugleich die Amtszeit

der von ihm nominierten Senatoren. Die Bürgerschaft kann einen Ersten Bürgermeister im Wege eines konstruktiven Misstrauensvotums durch einen anderen ersetzen. Als Präsides (➢*Präses*) stehen die Senatoren an der Spitze der Behörden, für die sie gemäß senatsinterner Geschäftsverteilung Verantwortung tragen. Doch führt der S. insgesamt die Verwaltung; hier ist er nicht politische führende Landesregierung, sondern administrierende Behörde, bestehend aus dem Bürgermeister und seinen Senatoren, den ➢*Senatsämtern* und Senatskommissionen; wenn der S. die Staatsräte (➢*Syndicus*) mit beratender Stimme an seinen Sitzungen teilnehmen lässt, tut er dies als Behörde. Da in Hamburg Kommunal- und Landespolitik nicht voneinander getrennt sind, entscheidet der Senat über alle die „Angelegenheiten, die von allgemeiner Bedeutung sind"; für diese „allgemeine Bedeutung" hat er selbst die Definitionskompetenz: Der Senat kann Angelegenheiten von Bezirken, „die gesamtstädtische Bedeutung entwickeln" und seinen Zielen zuwiderlaufen, an sich ziehen. *luz*

Senator-Biermann-Ratjen-Medaille Die 1978 gestiftete Medaille wird vom ➢*Senat* an Personen oder Personengruppen vergeben, die sich durch künstlerische oder andere kulturelle Leistungen um Hbg verdient gemacht haben. So kann sie auch an Initiativen verliehen werden, die das kulturelle Erscheinungsbild der Stadt in besonderer Weise geprägt haben. Namensgeber ist der 1969 verstorbene Kulturpolitiker und Senator H.H. ➢*Biermann-Ratjen*. *RW*

Senatsämter Zur Ausübung seiner Führungsfunktion und seiner Koordinierungs- und Beaufsichtigungsaufgaben gegenüber den Fachbehörden des ➢*Stadtstaates* bedient sich der ➢*Senat* v.a. der S., außerdem der Senatskommissionen und des Gremiums aller Staatsräte (➢*Syndicus*). S. werden gemäß dem Gesetz über Verwaltungsbehörden ohne Mitwirkung der ➢*Bürgerschaft* durch einfachen Senatsbeschluss errichtet, auch ➢*Deputationen* gibt es in S. nicht. Nur wenn wichtige Kompetenzen, die bisher bei Fachbehörden lagen, auf S. übertragen werden, ist die Zustim-

Einer der großen Männer der Diakonie: Heinrich Matthias Sengelmann, der Gründer der Alsterdorfer Anstalten. Porträt um 1860

mung des Parlaments erforderlich; mehr hat die Bürgerschaft bisher nicht reklamiert. Zusammen mit dem Ersten ➢*Bürgermeister* und den Senatoren bilden die S. die Behörde „Senat". Im Gegensatz zu den Senatskommissionen verfügen sie über einen eigenen Verwaltungsunterbau. Als dem Senat unmittelbar unterstellte, unselbstständige Amtsstellen stehen sie unter der Dienstaufsicht eines Senators und/oder Staatsrats. Hinsichtlich der Zahl und der Aufgaben von S. werden, wie auch hinsichtlich der „Zuschneidung" von Behörden, politische Entscheidungen getroffen und programmatische Akzente gesetzt. 1998, kurz nach der Verfassungsreform von 1996, bestanden als S. die Senatskanzlei, das ➢*Staatsarchiv*, das Senatsamt für den Verwaltungsdienst sowie die S. für Bezirksangelegenheiten und für die Gleichstellung (der Frauen). 2009 ist die Zahl der S. zurückgegangen, einige S. sind aufgelöst und ihre Aufgaben in nunmehr zuständige Behörden integriert worden. Geblieben ist neben der Senatskanzlei nur mehr das Personalamt (früher: Senatsamt für den Verwaltungsdienst); das Personalamt ist oberste Dienstbehörde im Sinne des Dienst- und Disziplinarrechts sowie Sozialpartner im Sinne des Tarifrechts. Außerdem erfolgt hier die Auswahl der Bewerber für die verschiedenen Ausbildungen des öffentlichen Dienstes. Die Senatskanzlei, die traditionell vom Präsidenten des Senats, dem Ersten Bürgermeister, geleitet wird, besteht aus dem Planungsstab, der Pressestelle des Senats, dem Stabsbereich Protokoll, dem Staatsamt und der Vertretung Hamburgs beim Bund. Eine weitere Aufgabe ist die Unterrichtung der Öffentlichkeit über die Arbeit des Senats und der Verwaltung sowie die mittel- und langfristige Finanzplanung. *luz*

Sengelmann, Heinrich Matthias (geb. 25.5.1821 Hbg, gest. 3.2.1899 ebd.), Pastor. S., Sohn eines aus ➢*Holstein* zugewanderten Viehhändlers, besuchte das ➢*Johanneum* und studierte in Leipzig und Halle Theologie. Neben der Hbger ➢*Erweckungsbewegung* beeinflussten ihn die Hallenser Theologen F.A. Tholuck und J. Müller. Nach der Promotion zum Dr.phil. (1842) kehrte er nach Hbg zurück, wurde Kandidat des ➢*Geistlichen Ministeriums* und war als Lehrer tätig. 1846 wurde er zum Pastor an St. Nikolai in ➢*Moorfleet* gewählt. Dort richtete er 1850 eine christl. Arbeitsschule ein, die 1853 in das St.-Nicolai-Stift umgewandelt wurde. Im selben Jahr wechselte S. als Diakon an die Hauptkirche ➢*St. Michaelis* in Hbg. 1860 verlegte S. das St.-Nicolai-Stift nach ➢*Alsterdorf*. Neben der Arbeitsschule entstand 1863 ein Heim für geistig behinderte Kinder, die „Ärmsten der Armen". 1863 gilt daher als Gründungsjahr der ➢*Alsterdorfer Anstalten*. 1867 gab S. sein Amt an St. Michaelis auf und widmete sich ganz den Alsterdorfer Anstalten, die noch im selben Jahr eine Kapelle, 1889 ein eigenes Gotteshaus, die St.-Nicolaus-Kirche, erhielten. 1874 gründete S. die „Conferenz für Idioten-Heil-Pflege", der Direktoren der Anstalten für geistig Behinderte, Ärzte und Pädagogen angehörten. 1885 erschien S.s Hauptwerk „Idiotophilus. Systematisches Lehrbuch der Idioten-Heilpflege". „Heilung der bildungsfähigen, Pflege der bildungsunfähigen Idioten" war die Aufgabe, die S.

der christl. Diakonie, der Medizin und der Heilpädagogik stellte. 1896 konnte S. sein 50-jähriges Amtsjubiläum feiern; die Universität Halle zeichnete ihn mit der theologischen Ehrendoktorwürde aus. Drei Jahre später starb er. Seinem Wunsch entsprechend, wurde er in Moorfleet beigesetzt. *Ko.*

Der Stempel des IV. Hamburgischen Staatssiegels, Platte in Aufsicht, Bild und Umschrift erscheinen negativ.

Siegel Seit 1241 belegt, zeigt das S. bis heute das Hbger Wappen (➢*Wappen, Hamburg*). Die drei ältesten Siegelstempel der Stadt gingen im Verlauf des Mittelalters verloren. Ältester erhaltener ist der Stempel IV, der 1304–1810 in Gebrauch war. Er wurde 1945 entwendet, ging durch private Hände und gelangte schließlich in den Antiquitätenhandel. Nach einem mehrjährigen Rechtsstreit wurde er 1993 der Stadt gerichtlich abgesprochen.
Schon im 14. Jh. gab es neben dem Hauptsiegel andere städtische S., die sich mit wechselnden Umschriften, aber im Wesentlichen gleichem Bild zu den heutigen Behördenstempeln entwickelten. *HWE*

Siemers, Edmund Julius Arnold (geb. 12.3.1840 Hbg, gest. 20.11.1918 ebd.), Kaufmann, Reeder. Die 1811 gegründete großväterliche Firma G.J.H. Siemers stieg unter Leitung von S. zu einer bedeutenden Kaufmannsreederei auf. Sie gehörte zu den ersten Petroleumimporteuren der Hansestadt und lieferte nicht nur das raffinierte Leuchtöl, sondern auch die entsprechenden Lampen aus Amerika. Seit 1887 setzte S. eigene Tankdampfer ein. Nachdem 1891 die Petroleumgeschäfte der Firma auf die 1890 gegründete Deutsch-Amerikanische Petroleum-Gesellschaft (DAPG) übergegangen waren, widmete er sich erfolgreich dem Salpeterimport und dessen Vertrieb. Die zu diesem Zweck eingesetzten Großsegler zählten stets zu den schnellsten der dt. Seglerflotte. S. war ab 1892 Mitglied der ➢*Bürgerschaft* und gehörte 1898–1906 der Finanzdeputation (➢*Finanzbehörde*) an. Er stiftete die von M. ➢*Haller* erbaute Lungenheilstätte Edmundsthal-Siemerswalde bei ➢*Geesthacht* und schenkte der ➢*Hamburgischen Wissenschaftlichen Stiftung* das Vorlesungsgebäude an der heutigen Edmund-Siemers-Allee, heute das Hauptgebäude der ➢*Universität Hamburg*. Anlässlich der Einweihung erhielt er die selten verliehene ➢*Hamburgische Ehrendenkmünze* in Gold. *JJF*

Siemsen, Anna (geb. 18.1.1882 Mark bei Hamm/Westfalen, gest. 22.1. 1951 Hbg), Pädagogin, Politikerin.

Durch Import von Petroleum und Salpeter zu Reichtum, durch Stiftungen zu Nachruhm gelangt: Edmund Siemers auf einem Foto von Rudolph Dührkoop

Die rastlose Reformpädagogin, eine promovierte Oberlehrerin, war u.a. Beigeordnete für das Berufsschulwesen in Düsseldorf (1920), Oberschulrätin in Berlin (1921) und Thüringen (1923), Honorarprofessorin an der Universität Jena (1923–33). Sie gehörte der Deutschen Friedensgesellschaft und anderen pazifistischen Organisationen an, der USPD, der ➢*SPD* und – nach Protest gegen den Mangel an innerparteilicher Demokratie in der SPD (1930) – der Sozialistischen Arbeiterpartei. 1928–30 saß sie im Reichstag. 1933 in die Schweiz emigriert, heiratete sie Walter Vollenweider, hieß nun Siemsen-Vollenweider und erhielt die schweizerische Staatsbürgerschaft. In der Schweiz stieß sie zu der dort aus dem europäischen Widerstand heraus entstandenen Europabewegung. Gerufen von politischen Freunden, kam S. 1946 nach Hbg. Sie wurde jedoch nicht am Neubau des Bildungswesens beteiligt, sondern erhielt Lehraufträge am Pädagogischen Institut der ➢*Universität Hamburg.* 1947 erschien ihr Hauptwerk, „Die gesellschaftlichen Grundlagen der Erziehung". Der dt. Zweig der Sozialistischen Bewegung für die Vereinigten Staaten von Europa wurde später Anna-Siemsen-Kreis genannt. Auch trägt die als jüd. Gründung 1815 entstandene Stiftungsschule heute den Namen Anna-Siemsen-Schule (➢*Zeughausmarkt*); als einzige Fachschule im deutschsprachigen Raum bildet die Anna-Siemsen-Schule in Hbg Gewandmeister aus, die für Theater und Film Kostüme schneidern. *luz*

Sierck, Detlef (geb. 26.4.1897 Hbg, gest. 14.1.1987 Lugano), Filmregisseur. Der in ➢*Eimsbüttel* geborene S. verließ Hbg 1920. Nach einigen Theaterengagements begann seine Karriere bei der UFA in Berlin. „Zu neuen Ufern" (1937) und „La Habanera" (1938), beide mit Z. Leander, waren große Erfolge. Ende der 1930er Jahre ging S. über Frankreich nach Amerika, wo er 1942 mit „Hitler's Madman" debütierte. Wenn in renommierten Filmlexika auf seine Herkunft aus „Skagen" oder „Jütland" hingewiesen wird, beruht dies auf bewusst falschen Angaben der Hollywood-Studios, die während des Zweiten Weltkriegs aus dem Emigranten einen gebürtigen Dänen machen wollten. Hauptsächlich durch mehrere Spielfilme mit R. Hudson (für die Filmgesellschaft Universal) wurde er unter dem Künstlernamen „Douglas Sirk" berühmt. Anfang der 1960er Jahre kehrte der „Meister des Melodrams" nach Europa zurück und übernahm u.a. Inszenierungen am ➢*Thalia Theater* in Hbg. 1995 rief das Filmfest Hbg den Douglas-Sirk-Preis ins Leben, der alljährlich an Filmschaffende im In- und Ausland verliehen wird und so an den prominenten Hbger Filmregisseur erinnert. *VR*

Sietas-Werft (Johann Jacob Sietas KG) Die Geschichte der an der ➢*Este* im Stadtteil ➢*Neuenfelde* gelegenen ➢*Werft* reicht bis 1635 zurück. Der über Hunderte von Jahren im Holzschiffbau tätige Familienbetrieb vollzog zu Beginn des 20. Jhs die Umstellung auf Eisen- und Stahlschiffbau. Da das Werftgelände zu klein war, wurden Neubauten in Schwimmdocks auf Kiel gelegt, wobei die Schiffsabmessungen durch die Esteschleuse vorgegeben waren. Zu Beginn der 1970er Jahre konnten mit der Übernahme der Norderwerft am ➢*Reiherstieg* Reparaturen dort durchgeführt und der Schiffsneubau in Neuenfelde konzentriert werden. Auf der S.-W. sind ca. 1000 Mitarbeiter beschäftigt. *Pr.*

Eine Werft, die sich immer noch zu behaupten vermag: Sietas in Neuenfelde

Sieveking, Amalie (geb. 25.7.1794 Hbg, gest. 1.4.1859 ebd.), Diakonisse. Aus großbürgerlicher Familie stammend – der Vater wurde 1800 in den ➢*Rat* gewählt –, verlebte S. gleichwohl infolge der ➢*Franzosenzeit* und familiärer Schicksalsschläge eine entbehrungsreiche Jugend. Ihre damals vollzogene Hinwendung zu einer emotionalen Religiosität und selbstloser Liebestätigkeit hat ihr Lebenswerk geprägt. Die zeitgenössische ➢*Erweckungsbewegung*, die Folgen des Pauperismus und insbesondere der ➢*Cholera-Epidemie* von 1831/32 bewegten S. 1832, den Weiblichen Verein für Armen- und Krankenpflege ins Leben zu rufen. Diese von Frauen aus der Oberschicht getragene Einrichtung hat vorbildhaft, auch über die Stadt hinaus, gewirkt. Ch. ➢*Paulsen* und E. ➢*Wüstenfeld* sind S. später mit dem Ausbau der weiblichen Diakonie gefolgt. Reiche Spenden ermöglichten S. sogar den Bau von Armenwohnungen in der Vorstadt ➢*St. Georg*; das von A. de ➢*Chateauneuf* entworfene Erste Amalienstift (1840, Stiftstraße 65) steht unter ➢*Denkmalschutz*. Das breit ausgerichtete Evangelische Sozialwerk arbeitet seit 1978 unter dem Namen Amalie Sieveking-Stiftung. *Ah.*

Für eine „Emancipation des weiblichen Geschlechts in christlichem Sinne" wirkte Amalie Sieveking. Lithografie von Otto Speckter, 1859

Sieveking, Ernst Friedrich (geb. 24.6. 1836 Hbg, gest. 13.11.1909 ebd.), Senator, Präsident des Hanseatischen Oberlandesgerichts. Ein Jahr nach seiner Promotion in Göttingen ließ sich der Enkel G.H. ➢*Sievekings* 1858 als Advokat in Hbg nieder. 1874 wurde er Mitglied der ➢*Bürgerschaft* und drei Jahre später Senator. 1879 erfolgte seine Ernennung zum ersten Präsidenten des ➢*Hanseatischen Oberlandesgerichts*. S. war Mitglied des Comité Maritime International und der Society for the Reform and Codification of the Law of Nations. Er publizierte über See- und Seeversicherungsrecht und präsidierte seit 1879 häufig internationalen Seerechtskonferenzen (u.a. im Rahmen der International Law Association). 1904 entstanden ein Gruppenporträt von S. als Oberlandesgerichtspräsident im Kreise seiner vier Senatspräsidenten, geschaffen von

Der erste Präsident des Hanseatischen Oberlandesgerichts: Ernst Friedrich Sieveking. Porträtfoto von Rudolph Dührkoop, um 1900

Graf L. von Kalckreuth, und eine Marmorbüste von F. Behn, die im Oberlandesgerichtsgebäude ihren Platz haben. Behn ist ebenfalls Schöpfer der Gedenktafel am Haus Große Theaterstraße 34, wo bis 1943 S.s Stadthaus stand. *JA*

Sieveking, Georg Heinrich (geb. 28.1. 1751 Hbg, gest. 25.1.1799 ebd.), Kaufmann, Aufklärer. S. erhielt zunächst Privatunterricht, absolvierte eine Kaufmannslehre und besuchte die Handelsakademie von J.G. ➢*Büsch*. Er wurde Teilhaber, später Inhaber der Firma Voght und Sieveking. Als solcher gehörte er zu den erfolgreichsten Hbger Kaufleuten seiner Zeit. Seine Handelsverbindungen erstreckten sich von Russland bis Nordamerika, bezogen West- und Ostindien sowie Afrika ein; zu Frankreich, damals Hbgs wichtigstem Handelspartner, bestanden besonders enge Beziehungen. Mit seinen Jugendfreunden J.M. Hudtwalcker und C. ➢*Voght* zählte S. zu den Kaufleuten, die sich früh der ➢*Aufklärung* zuwandten. Aufklärung und Empfindsamkeit prägten ihren Mitte der 1760er Jahre entstandenen freundschaftlichen Zirkel, dem sich auch P. Ochs, der spätere Baseler Politiker und Geschichtsschreiber, anschloss. Aus diesem Freundeskreis entstand 1770 eine Lesegesellschaft. Großen Einfluss auf S. hatten die Werke F.G. ➢*Klopstocks*, G.E. ➢*Lessings* und M. Mendelssohns. S. war aktives Mitglied der ➢*Patriotischen Gesellschaft* von 1765. Auch in der ➢*Freimaurerei* engagierte er sich. In seinen Ämtern in der städtischen und kaufmännischen Selbstverwaltung trat S. für Reformen und die konsequente Nutzung der Mitbestimmungsrechte ein. S.s. politisches Denken und Handeln wurde von den Menschenrechten bestimmt, die er als Jahresvorsteher des ➢*Werk- und Zuchthauses* 1790 ausdrücklich auch dessen Insassen zubilligte.

Begeistert für Freiheit, Gleichheit und Brüderlichkeit: der Kaufmann und Aufklärer Georg Heinrich Sieveking. Kupferstich von Loeser Leo Wolf, 1800

Am 14.7.1790, dem ersten Jahrestag des Sturms auf die Bastille, feierte S. im Garten seiner Familie in ➢*Harvestehude* an der ➢*Alster* ein Freiheitsfest, das als Bekenntnis zur Frz. Revolution weithin Aufsehen erregte. Unter den Teilnehmern waren Klopstock und Freiherr Knigge. S. hatte für das Fest ein „Freiheitslied" verfasst. 1792 war S. Präsident der „Société de Lecture", in der sich Hbger Kaufleute und Publizisten mit in der Stadt lebenden Franzosen zusammenfanden. Bereits Ende 1792 musste S. diese Lesegesellschaft auf Druck konservativer Kräfte inner- und außerhalb Hbgs auflösen. Gegen den Vorwurf, ein Jakobiner zu sein, verteidigte sich S. 1793 in einer Schrift „An meine Mitbürger". Er bekannte sich darin zur ➢*Verfassung* Hbgs. Als Gegner aller Todesstrafen lehnte er auch die Hinrichtung Ludwigs XVI. ab.

S. plädierte für freie Vereinbarungen von Bürgern, übertriebenen Luxus abzustellen, ➢*Abgaben und Steuern* ehrlich zu leisten. Auflagen, die Ärmere hart trafen, sollten zugunsten von Luxus- und Erbschaftssteuern abgeschafft werden. S. entwarf auch den Plan einer Ersparniskasse zur Sicherung arbeitender Menschen in Fällen von Arbeitslosigkeit und Krankheit. Wohlhabende müssten diese Kasse unterstützen.

Mit seiner Frau Johanna Margaretha, einer geborenen Reimarus, die von ihrer Tante E. ➢*Reimarus* erzogen worden war, führte S. ein gastfreundliches Haus. V.a. sein ➢*Landhaus* in ➢*Neumühlen* an der ➢*Elbe* war ein viel besuchter Treffpunkt, ein Ort unvoreingenommener Begegnungen und offenen Gedankenaustauschs von europäischem Rang. 1796 übernahm S. erfolgreich eine heikle diplomatische Mission, als er in Paris die Interessen Hbgs vertrat und die Aufhebung des Embargos auf hbg. Schiffe erreichte. *Ko.*

Sieveking, Karl (geb. 1.11.1787 Hbg, gest. 30.6.1847 ebd.), Jurist, Politiker. S. war während der Epoche des Vormärz einer der prägenden Männer des politischen und geistigen Lebens in Hbg. Der Sohn G.H. ➢*Sievekings* ließ sich nach dem Jurastudium 1812 als Privatdozent für Geschichte in Göttingen nieder. Aufgrund der politischen Ereignisse kehrte er schon bald nach Hbg zurück: 1813/14 beteiligte er sich am bürgerlichen Widerstand der ➢*Patrioten* gegen die frz. Fremdherrschaft (➢*Franzosenzeit*). In seiner Funktion als ➢*Syndicus* des ➢*Rats* (seit 1820) übernahm er wichtige auswärtige Missionen. Von 1830 bis zu seinem Tod wirkte er als hbg. Bundestagsgesandter in Frankfurt. Mit den Vertretern der anderen Staaten verband ihn ein enges, häufig auch freundschaftliches Verhältnis. In seiner Heimatstadt förderte er nachhaltig künstlerische und wissenschaftliche Bestrebungen. Durchdrungen von dem Gedanken der pietistischen ➢*Erweckungsbewegung*, unterstützte er 1833 J.H. ➢*Wichern* bei der Gründung des ➢*Rauhen Hauses*. *SH*

Sieveking, Kurt (geb. 21.2.1897 Hbg, gest. 16.3.1986 ebd.), Politiker, Bürgermeister. S. stammte aus alter Hbger Familie und gehörte nach dem Zweiten Weltkrieg, als ihm die Leitung der Senatskanzlei (➢*Senatsämter*) der Hansestadt übertragen wurde, zu dem Kreis der politisch Unbelasteten. Nach Gründung der Bundesrepublik wechselte der promovierte Jurist in deren auswärtigen Dienst. 1951 wurde er Generalkonsul in Stockholm und dann im Zuge der Erhebung verschiedener Generalkonsulate zu diplomatischen Vertretungen Gesandter in Schweden. Nicht zuletzt aufgrund seines renommierten Namens wurde er zur Bürgerschaftswahl 1953 vom bürgerlichen ➢*Hamburg-Block* als Kandidat für das Amt des Ersten ➢*Bürgermeisters* aufgestellt. Nach dem knappen Wahlsieg dieses Zusammenschlusses führte er eine Legislaturperiode lang den ersten rein bürgerlichen ➢*Senat* in der Nachkriegsgeschichte der Hansestadt. In seine Amtszeit fallen die sog. Reform der Schulreform (➢*Schulwesen*), die zur Verkürzung der Grundschuldauer von sechs auf vier Jahre führte, und die „Politik der Elbe“, auf welche die ➢*Städtepartnerschaft* Hbgs mit St. Petersburg (damals noch Leningrad) zurückgeht.

Der Bürgermeister des Hamburg-Blocks: Kurt Sieveking. Fotoporträt von Fritz Kempe aus den 1950er Jahren

Nach der Wahlniederlage 1957 führte er bis 1962 die christdemokratische ➢*Opposition* in der ➢*Bürgerschaft.* 1967 erhielt er die ➢*Bürgermeister-Stolten-Medaille. MR*

Sievekingplatz Der 1911 zu Ehren des langjährigen Präsidenten des ➢*Hanseatischen Oberlandesgerichts,* E.F. ➢*Sieveking*, benannte Platz in den ➢*Wallanlagen* ist das Zentrum des sog. Justizforums. Zur Anlage gehören das Strafjustizgebäude (1879–82, C.J.Chr. Zimmermann), das Ziviljustizgebäude (1898–1903, ders., Erweiterung 1928–30 von F. ➢*Schumacher* und Chr. Ranck) und in deren Mitte das Gebäude des Hanseatischen Oberlandesgerichts (1907–12, Lundt & Kallmorgen), zugleich Sitz des ➢*Hamburgischen Verfassungsgerichts. SH*

Das Justizforum am Sievekingplatz. Links das Ziviljustizgebäude mit dem halbrunden Anbau von Fritz Schumacher (1928–30), rechts das Strafjustizgebäude, in der Mitte das Hanseatische Oberlandesgericht. Ganz oben rechts im Bild die ehemalige evangelisch-lutherische Gnadenkirche, die seit 2004 der russisch-orthodoxen Kirche als Gotteshaus dient

Sinstorf ist ein Stadtteil im ehem. ➢*Kerngebiet* des Bezirks ➢*Harburg* mit 2,6 km^2 Fläche und 3.370 Einw. (2009). Archäologisch im 9. Jh. nachgewiesen, wird es erstmals 1181 erwähnt – mit dem Herkunftsnamen des Edelherrn Ludwig von S., der wahrscheinlich auf dem umwallten, mit der Kirche verbundenen Hof seinen Sitz hatte (heute Pastorat). S. war Zentrum eines mittelgroßen Kirchspiels, das im 16. Jh. 14 Dörfer, im 19. Jh. 17 Dörfer und vier einstellige Höfe mit (1823) 1.880 Einw. umfasste und von ➢*Neugraben* bis Meckelfeld-Friesenwerdermoor reichte. Folgende Kirchenbauphasen seit dem 9. Jh. sind nachgewiesen: 1–2) zwei Holzkirchen 9.–11. Jh.: 3) dreischiffige Feldsteinkirche mit vorgelagertem Graben, um 1100, Nordwand des Mittelschiffs erhalten; 4) einschiffige Saalkirche mit eingezogenem Chor und Rundturm, um 1400, Chorabschluss erhalten; 5) gegenwärtiger Bau, um 1660, größere Umbauten 1906/07.

1667 hatte das Dorf sechs Hufner, einen Groß- und vier Kleinkätner, einen Brinksitzer. 1937 kam es vom Landkreis Harburg nach Hbg. Intensivere Bebauung der Feldmark, überwiegend mit Einzel- und Doppelhäusern, erfolgte ab dem Zweiten Weltkrieg (Wohnhäuser für Flakkaserne Sinstorfer Kirchweg). Ab 1973 entstanden die Autobahn A 7 und die Maldfeldstraße sowie Kleingärten am Sinstorfer Weg und das Sportgelände Scharfsche Schlucht. *Ri.*

Mit solchen Figuren wurde um Spenden zur Auslösung der von den „Barbaresken" gefangenen Hamburger Seeleute geworben, in der Mitte eine Sammelbüchse.

Sklavenkasse 1622 wurde die „Casse der Stücke von Achten" gegründet, aus deren Mitteln Schiffskapitäne und Steuerleute, die von nordafrikan. Piraten gefangen worden waren, freigekauft werden konnten. Vor jeder Fahrt mussten die Mitglieder dieser Kasse einen bestimmten Betrag in Pesos zu acht Realen – daher der Name der Kasse – einzahlen. Das Lösegeld wurde in dieser in Kastilien gebräuchlichen Währung an die Piraten gezahlt. Da die Mitgliedschaft für die meisten Seeleute unerschwinglich war, wurde 1624 die „Sklavenkasse" gegründet. Alle Seeleute, die auf Hbger Schiffen fuhren, mussten fortan in diese Kasse eine Summe einzahlen, die nach ihrem jeweiligen Rang bemessen und sogleich von der Heuer abgezogen wurde. Regelmäßige „Sklavenkollekten" in den Kirchen der Stadt ergänzten die Einnahmen der S. *Br.*

Sloman, Robert Miles jr. (geb. 30.7. 1812 Itzehoe, gest. 3.10.1900 Othmarschen), Reeder, Schiffsmakler, Politiker. S. war Enkel des 1791 aus England nach Hbg gekommenen Kapitäns William Sloman, der 1793 eine Schiffsmakler-Firma eröffnet hatte und Sohn von Robert Miles

Blickfang an der Hafenkante: das Slomanhaus (1908/09) am Steinhöft/Ecke Baumwall

Sloman, der als Makler 1828 eine „Packet-Linie" Hbg–New York einrichtete. 1838 trat Letzterer selbst als Reeder auf, übergab seinem Sohn R.M. jr. den Maklerstock (➢*Maklerwesen*) und betätigte sich erfolgreich im Geschäft mit der Beförderung von Auswanderern (➢*Auswanderung*). Der fortschrittsbegeisterte jüngere S. plädierte frühzeitig für die Einführung eiserner Schiffe. Zeitweise war er Mitglied im Reichstag des ➢*Norddeutschen Bundes*, 1864–88 der ➢*Bürgerschaft* und dort ein entschiedener Gegner der Sozialdemokratie,

Kurs auf Nordamerika: das Vollschiff „Electric" der Reederei Sloman. Kolorierte Lithografie von Wilhelm Heuer, 1862

zugleich aber auf paternalistische Weise sozial aufgeschlossen. Davon zeugten die Errichtung eines Sanatoriums für Kinder aus den ➢*Gängevierteln* auf dem 1866 erworbenen Gut Lammershagen am Selenter See (von dem der Familie S. verwandten A.K. ➢*Gobert* in der Erzählung „Almershagen" literarisch konserviert) und der Bau der Sloman-Siedlung für Hafenarbeiter auf der ➢*Veddel*, wo der Slomanstieg und die Slomanstraße nach ihm benannt sind. S. hatte keine Söhne, und die Leitung der Firma ging nach seinem Tod in die Hände der verschwägerten Familie Edye über.

Die Reederei residiert seit 1908/09 im Slomanhaus, einem von M. ➢*Haller* und H. Geißler erbauten und 1921/22 von F. ➢*Höger* erweiterten ➢*Kontorhaus* am ➢*Baumwall*. 1993 beging sie das 200-jährige Firmenjubiläum. *luz*

Snuten un Poten Viele traditionelle Speisen aus Norddtld entstanden aus Gründen der Resteverwertung oder sollten lange haltbar sein (➢*Labskaus*). Der heute mit Erbsen- und Kartoffelpüree zu servierende Eintopf S.u.P. gibt dafür ein Beispiel, das sogar in einem Hbger Gassenhauer besungen wurde. Eine größere Menge gepökelter Schweinepfoten und Schweinekopf muss zunächst bis zu drei Stunden kochen. Das danach ausgelöste Fleisch wird mit einer gleich großen Menge Sauerkraut eine halbe Stunde lang gegart. Dazu gibt es die Pürees, welche mit geröstetem Speck und Zwiebeln angerichtet werden. *SU*

Solmitz, Fritz (geb. 22.11.1893 Berlin, gest. 18./19.9.1933 Hbg), Journalist. Der als entschiedener Gegner der Nationalsozialisten bekannte Redakteur des „Lübecker Volksboten" wurde am 12.3.1933 in ➢*Lübeck* verhaftet und im Mai nach ➢*Fuhlsbüttel (Konzentrationslager)* eingewiesen. Obwohl der Lübecker Senat seine Haftentlassung gegen eine

Von den Nationalsozialisten in den Tod getrieben: der sozialdemokratische Politiker und Journalist Fritz Solmitz. Das Foto zeigt ihn um 1929 mit seiner Tochter.

Kaution von 50.000 Reichsmark in Aussicht gestellt hatte, wurde S. im Anschluss an einen Besuch des Lübecker Polizeipräsidenten aus dem Gemeinschaftssaal in eine Einzelzelle im Keller des „Kola-Fu" verlegt. Dort wurde S. im Beisein des kurz zuvor zum Führer des Fuhlsbütteler Wachkommandos ernannten SS-Sturmführers W. Dusenschön wiederholt schwer misshandelt. Offenbar wollten die Wachleute verhindern, dass S. das Lager lebend verlassen konnte. Von den erlittenen Qualen legen Tagebuchnotizen Zeugnis ab, die S. unbemerkt in seiner Zelle auf Zigarettenpapier niederschrieb und unter dem Deckel seiner Taschenuhr verbarg.

Nach tagelangen schwersten Misshandlungen kündigten die Folterer am 18.9.1933 ihrem Opfer weitere Schläge an und forderten S. – nachweislich der Tagebuchaufzeichnungen – auf, sich doch selbst zu erhängen. Am folgenden Morgen wurde der engagierte Antifaschist in seiner Einzelzelle, in die er sechs Tage zuvor eingeliefert worden war, tot aufgefunden; die NS-Presse meldete, dass sich der „Jude Solmitz selbst gerichtet" habe. Ob diese Darstellung zutrifft oder ob andere Hand angelegt hatten, ist ungewiss. Sicher ist, dass es ein von den SA-Schergen gewollter Tod war. *DG*

Sonnin, Ernst Georg(e) (geb. 10.6.1713 Quitzow bei Perleberg, gest. 8.7. 1794 Hbg), Techniker („Mechanicus"), Ingenieur, Architekt. Ohne Abschluss blieb ein Theologiestudium in Halle, wo sich S. bereits der

Selbstbewusst präsentiert sich der Aufklärer und Baumeister Ernst Georg(e) Sonnin vor seinem berühmtesten Bauwerk, dem Hamburger „Michel". Kupferstich von Friedrich Fleischmann

Pflege seiner mathematisch-naturwissenschaftlichen Begabung widmete. 1737 kam er nach Hbg, war zunächst als Hauslehrer tätig und gründete im selben Jahr mit C.M. Möller eine Werkstatt für nautische, astronomische und bautechnische (Mess-)Instrumente. Am Bauwesen reizte ihn eher die Lösung technischer Probleme als die architektonisch-künstlerische Gestaltung, bei der er die maßgebliche Unterstützung des zeichnerisch hochbegabten Möller erhielt.

Erster größerer und zugleich bedeutendster Auftrag für S. war die Wiederherstellung der 1750 abgebrannten Großen ➢*St.-Michaelis*-Kirche, zunächst zusammen mit J.L. ➢*Prey*. Der legendäre Ruf S.s beruht auf Ingenieurleistungen beim Geraderichten von Kirchtürmen (1759 St. Petri und Pauli in ➢*Bergedorf*; 1759/60 Hauptkirche ➢*St. Nikolai*; 1762 ➢*Dom*; 1770 ➢*St. Katharinen*; weitere Kircheninstandsetzungen in ➢*Harburg*, ➢*Wilhelmsburg*, ➢*Stade*, Selent bei Kiel). Neben der Errichtung einiger Wohnhäuser in Hbg sowie der Kirche in Wilster (1774–80) trat S. v.a. in der Begutachtung und Anlage von ➢*Mühlen-* und Wasserbauten hervor. Lüneburg berief ihn 1785 zum Stadt- und Salinenbaumeister.

Neben seiner Arbeit engagierte sich S. in Hbg bei der Gründung der ➢*Patriotischen Gesellschaft* von 1765, die er bei der Einrichtung einer Zeichenschule unterstützte. Sein Eintreten für eine Verwissenschaftlichung der Bautechnik nach rationalistischen, empirischen Grundsätzen zeigt S. als einen Verfechter der ➢*Aufklärung*. Porträtreliefs auf der ➢*Rathaus*diele und außen am südl. Querschiff der St.-Michaelis-Kirche (1912, Bronze, O. Ulmer) erinnern an ihn. *Ti.*

Sottje Das im Mittelndt. noch unbekannte Wort S. dürfte eine Neubildung des 19. Jhs sein. Es geht aus von dem ➢*plattdeutschen* Grundwort „Sott" = Ruß (das Angesetzte).

Als S. (in ➢*Holstein* auch Sottjer, Suttje) wird volkstümlich der Schornsteinfeger (plattdt. „Schorsteenfeger" oder „Schosteenfeger") bezeichnet. *LS*

Souveränität Wie das ➢*Kyrion* nach innen, beinhaltet die S. die Staatshoheit nach außen (➢*Dänemark/dänische Oberhoheit*). Mit der Niederlegung der Kaiserkrone durch Franz II. am 6.8.1806 endete das ➢*Heilige Römische Reich Deutscher Nation* und damit die Reichsstandschaft Hbgs. Die neu erlangte S., die die Stadt rechtlich auf eine Stufe mit Staaten wie Frankreich, Großbritannien oder Russland stellte, wurde jedoch bereits am 19.11.1806 durch den Einmarsch frz. Truppen infrage gestellt und formaljuristisch durch die Einverleibung in das frz. Kaiserreich zum 1.1.1811 aufgehoben (➢*Franzosenzeit*). Nach der Befreiung 1813/14 wurde die S. wiederhergestellt, und die Stadt bildete gemeinsam mit 40 (1866 nur noch 34) Staaten den am 8.6.1815 gegründeten ➢*Deutschen Bund.* Die Staatshoheit der Bundesglieder war nur insoweit beschränkt, als sie Konflikte miteinander nicht gewaltsam austragen und keine Allianzen gegen den Bund schließen durften sowie sich Beschlüssen der Bundesversammlung zu unterwerfen hatten. Das Ende des Deutschen Bundes im Juli 1866 brachte für Hbg kurzzeitig erneut eine völlige äußere S., die jedoch im folgenden Jahr durch den Beitritt zum ➢*Norddeutschen Bund* stärker beschränkt wurde als im Deutschen Bund. So wurden der Stadt die eigene Handelsflagge, das ➢*Postwesen*, das Telegrafenwesen, die eigenen Konsulate, die eigene ➢*Wehrhoheit* sowie die Handelspolitik (➢*Handelsverträge*) und das Gesandtschaftsrecht genommen. Der hier eingeschlagene Weg setzte sich mit der Reichsgründung 1871 fort: Hbg war fortan lediglich ein Bundesstaat und trat die äußere S. an das Deutsche Reich ab. *M.H.*

Sozialfürsorge Zu allen Zeiten konten Teile der hbg. Bevölkerung ihren Lebensunterhalt aufgrund von fehlenden Erwerbsmöglichkeiten, Krankheit oder Alter nicht ohne Unterstützung bestreiten. Die Größe dieser Gruppe schwankte nach der wirtschaftlichen Lage in der Stadt, und auch die Art der S. war starken Wandlungen unterworfen. Im Mittelalter war sie vorrangig eine Aufgabe der Kirche, der Klöster und geistlichen ➢*Stiftungen* (➢*Wohnstifte*). Diese bemühten sich um die Armen der Stadt und ließen ihnen die milden, aus christl. Wohltätigkeit von der Bevölkerung gespendeten Gaben zukommen. Aus den Reihen der ➢*Bürgerschaft* wurden in der ersten Hälfte des 13. Jhs für Kranke und Arme das ➢*St.-Georgs-Hospital* und das ➢*Hospital zum Heiligen Geist* gegründet; es folgten ein Haus für Geisteskranke und 1505 das St.-Hiobs-Hospital (Pockenhaus) sowie einzelne Armenhäuser wie das St.-Ilsaben-Haus.

Mit der ➢*Reformation* wurde 1529 durch die Kirchen- und ➢*Gotteskasten*verordnung eine Neuregelung und Kommunalisierung der Armenfürsorge eingeführt. Je zwölf Diakone der Hauptkirchen sollten in ihren ➢*Kirchspielen* Hilfsbedürftige regelmäßig aufsuchen und ihnen zu Arbeit oder Unterstützung verhelfen. 1622 wurde diese wenig erfolgreiche Regelung erneuert; nun mussten sich Arme allerdings bei den Diakonen einschreiben lassen.

Die Gründung des ➢*Werk- und Zuchthauses* 1618 ist ein Zeichen für die Neubewertung von Armut und sozialen Problemen in der Stadt: Arme, Kranke, Bettler, Prostituierte (➢*Prostitution*) und Kriminelle fanden dort Aufnahme; abweichendem Verhalten sollte in der geschlossenen Anstalt durch Disziplinierung und „Erziehung zur Arbeit" begegnet werden. Ortsfremden Armen wurde der Zugang zur Stadt verweigert. Statt die Ursachen von Armut zu bekämpfen, wurden die Armen ausgegrenzt. Auch die traditionelle Privatwohltätigkeit, die durch die Reformen des 16. Jhs eingedämmt werden sollte, spielte in der S. bis ins 19. Jh. weiterhin eine wichtige Rolle.

Eine Zunahme der Armut im letzten Drittel des 18. Jhs veranlasste aufgeklärte Mitglieder der ➢*Patriotischen Gesellschaft* 1788, die ➢*Allgemeine Armenanstalt* zu gründen. Nach dem Prinzip der Selbstverwaltung und bürgerlichen Mitverantwortung erhielten Arme und Kranke Unterstützung, Arbeit und Unterricht. Die geschlossene wich der offenen Armenversorgung. Die Einrichtung wurde durch ihre Erfolge zum Vorbild für andere Städte in Europa.

Mit der Entwicklung Hbgs zur Industrie- und Großstadt im 19. Jh. und der rasch ansteigenden Bevölkerungszahl (➢*Bevölkerungsentwicklung*) wuchsen auch die sozialen Probleme in der Stadt, ohne dass geeignete Maßnahmen zu ihrer grundsätzlichen Lösung gefunden wurden. Neben Vereinen zur Verhütung und Bekämpfung von Armut, darunter Versicherungsvereine und Frauenvereine, wurden zahlr. private Wohnstifte gegründet. Es bestand jedoch die Tendenz, die S. an den Staat zu delegieren. Als Reaktion auf die zunehmenden sozialen Missstände und den daraus folgenden Druck auf die staatlichen Stellen wurden im Deutschen Reich in den 1880er Jahren Kranken-, Unfall- und Rentenversicherungsgesetze erlassen, von denen vorerst zwar nur ein kleiner Teil der Arbeiter profitierte, die aber die Grundlage des heute noch geltenden Systems der Sozialversicherung sind. Die S. wurde dann zu Beginn und am Ende der 1920er Jahre durch die Wirtschaftskrisen mit hohen Arbeitslosenzahlen stark in Anspruch genommen. Während der ➢*NS-Zeit* wurden die bestehenden Wohlfahrtsverbände zentralisiert und ebenso wie die Sozialleistungen den Zielen des Regimes unterworfen.

Von privaten Initiativen abgesehen, entwickelte sich nach 1945 keine ausgesprochen hbg. S. Die grundgesetzliche Verpflichtung des Sozialstaatsprinzips (Art. 20 Abs. 1/Art. 28 Abs. 1 Satz 1 Grundgesetz), nämlich die Existenzsicherung jedes Bürgers, der nicht für sich selbst sorgen kann, zu garantieren, wurde 1961 durch das Bundessozialhilfegesetz festgeschrieben. Seit den 1970er Jahren hat sich die Sozialhilfe, die aus dem Haushalt der Kommune finanziert wird, als unterste Stufe der sozialen Sicherheit zu einem Grundversorgungssystem entwickelt. Arbeitslosigkeit, Verschuldung, Wohnungsnot und Obdachlosigkeit betreffen – nach Stadtteilen unterschiedlich gewichtet – trotz des gleichzeitigen Wohlstands in der Stadt mehr als 100.000 Menschen in Hbg. *Pe.*

Sozialgerichte (SG) Für Sozialsachen bestehen in Hbg das SG mit 58

Kammern (je ein Berufs- und zwei ehrenamtliche Richter) und das LandesSG mit sechs Senaten (je drei Berufs- und zwei ehrenamtliche Richter). Ihr Sitz ist am Kapstadtring 1 in der ➢*City Nord*. Die Gerichtsverfassung und das Verfahren regeln das SG-Gesetz von 1953 (mit späteren Änderungen) und ein hbg. Ausführungsgesetz. *JA*

Sozialpädagogisches Institut Die Diskrepanz, die zu Beginn des Ersten Weltkriegs zwischen der Hilfsdienstbereitschaft zahlr. Frauen des Bürgertums einerseits und ihrem Dilettantismus andererseits sichtbar wurde, führte auch in Hbg zur Gründung einer Sozialen Frauenschule nach dem von A. Salomon in Berlin 1908 geschaffenen Vorbild. Ein privater Trägerverein gründete 1917 nach den 1916 bereits in Umrissen in der Zeitschrift „Die Frau" veröffentlichten Plänen der ersten Leiterin, G. Bäumer (bis 1919), als Doppelinstitut die Soziale Frauenschule und – darauf aufbauend – das S.I.; ausgebildet wurden „Staatlich geprüfte Wohlfahrtspflegerinnen". Nachdem Bäumer und ihre Mitleiterin M. Baum für die ➢*DDP* in die Nationalversammlung gewählt worden waren, übernahm M. Treuge bis 1933 die Leitung der 1923 – während der Inflationszeit – verstaatlichten Anstalt, die jetzt nur noch S.I. hieß. 1930 wurden erstmals männliche Schüler aufgenommen. Nach Auswechslung der Lehrkräfte in der ➢*NS-Zeit* begann am S.I. die Ausbildung von „Volkspflegern" und „Volkspflegerinnen". 1954 erhielt das S.I. der Freien und Hansestadt Hamburg die Zusatzbezeichnung Gertrud-Bäumer-Schule. 1970 ging es als Fachbereich Sozialpädagogik in der neu gegründeten Fachhochschule Hamburg (➢*Hochschule für Angewandte Wissenschaften)* auf. *luz*

Spadenland ist ein Stadtteil im ehem. Ortsamtsgebiet ➢*Vier-* und ➢*Marschlande* des Bezirks ➢*Bergedorf* mit 3,4 km² Fläche und 494 Einw. (2009). Das Dorf zieht sich an der Norderelbe und – zusammen mit dem Spadenländer Ausschlag – an der Einmündung der ➢*Dove-Elbe* in die Norderelbe hin, östl. begrenzt von der Ochsenwerder Landstraße. Urspr. hieß der Ort vermutl. „Inwerder". 1371 erhielten ➢*Ochsenwerder* Bauern als Ersatz für durch ➢*Sturmfluten* verlorenes Land den „Inwerder, de by deme Thatenberghe is geleghen". Der heutige Ortsname wird 1465 erstmals urkundlich genannt. Er bedeutet eingedeichtes, nach Spatenrecht besiedeltes Land, d.h., wenn ein Deichanlieger sein Deichstück (Kabel) nicht instand hielt, konnte ihm sein Grundstück abgesprochen und einem anderen übergeben werden (als Symbol für diesen Vorgang wurde dem Betreffenden ein Spaten in den Deich gestoßen). Zunächst bestand nur ein Sommerdeich. Als ein fester Winterdeich gezogen wurde, erfolgte der Anschluss von S. an Ochsenwerder. Mit ihm wurde es 1395 – nachdem es 1334 an Hbger Ratsherren gekommen war und sich wohl bis 1355 in Hbger Pachtbesitz befunden hatte – von den Grafen von ➢*Holstein* endgültig an Hbg abgetreten. Die Lage des Ortes an der Trennung der ➢*Elbe* in ihren nördl. und südl. Teil (➢*Süderelbe*) war für die Stadt außerordentlich wichtig. 1427 verkaufte Graf Otto II. von Holstein eine zum Ausschlag gehörige Weide des Deichdorfs an den Hbger Ratsherrn Erich von Zeven, aus dessen Besitz 1470 auch dieser Teil vom S. hbg. ➢*Landgebiet* wurde. Die weitere Geschichte S.s, von der sonst nicht viel bekannt ist, ist mit der Ochsenwerders eng verbunden. *HR*

Sparkassenwesen 1778 stiftete die ➢*Patriotische Gesellschaft* eine Versorgungsanstalt, deren 9. Klasse, die „Ersparungs-Classe", das Urbild aller dt. Sparkassen geworden ist. Diese Einrichtung „zum Nutzen geringer fleißiger Personen" sollte vor Verarmung schützen. Sie fand großen Zuspruch, musste aber nach Annexion der Stadt durch Frankreich 1811 (➢*Franzosenzeit*) ihre Tätigkeit einstellen. In den ersten Jahren des ➢*Deutschen Bundes* wurden, wiederum durch private Initiative, in den vier Stadtstaaten Sparkassen eingerichtet: in ➢*Lübeck* 1817, Frankfurt 1822, ➢*Bremen* 1825 und Hbg 1827. Sie alle bestehen noch heute als Freie Sparkassen – „frei", weil sie keinen öffentlich-rechtlichen Gewährträger kennen. In Hbg spaltete sich 1864 die „Neue Sparcasse" ab, sodass sich von nun an – einzig in Dtld – zwei Freie Sparkassen auf demselben Staatsgebiet als Konkurrenten gegenüberstanden. 1972 fusionierten beide Unternehmen zur ➢*Hamburger Sparkasse* (zum S. in ➢*Altona*: ➢*Altonaisches Unterstützungs-Institut*). *Ah.*

SPD (Sozialdemokratische Partei Deutschlands) Als 1863 in Leipzig der Allgemeine Deutsche Arbeiterverein (ADAV) gegründet und F. Lassalle zum Präsidenten gewählt wurde, waren auch Delegierte aus Hbg und ➢*Harburg* (Th. ➢*York*) vertreten. Beide Städte, seit 1864 auch ➢*Altona*, gehörten zu den Zentren der neuen politischen Arbeiterbewegung. Als Lassalle 1864 an den Folgen einer Duellverletzung starb, fand auch in Hbg eine Trauerfeier statt, für die J. Audorf d.J. die „Arbeitermarseillaise" dichtete. Die 1869 in Eisenach gegründete Sozialdemokratische Arbeiterpartei (SDAP) besaß auch in Hbg und Altona Ortsvereine. Zwischen ADAV und SDAP kam es zunächst zu heftigen, tlw. handgreiflichen Auseinandersetzungen, seit 1874 zu verstärkter Zusammenarbeit. In Gotha vereinigten sich 1875 beide Organisationen zur Sozialistischen Arbeiterpartei Deutschlands (SAPD). Hbg wurde Sitz des Parteivorstands und zu einer Hochburg der SAPD wie der Gewerkschaftsbewegung. Auch das Sozialistengesetz (Gesetz gegen die gemeingefährlichen Bestrebungen der Sozialdemokratie), das 1878–90 in Kraft war, konnte den Aufstieg der Partei – trotz Ausweisungen, Belagerungszustands und Presseverboten (J.H.W. ➢*Dietz*; ➢*Hamburger Echo*) – nicht aufhalten. 1880 gewann die SAPD ihr erstes, 1883 ihr zweites Hbger Reichstagsmandat (A. ➢*Bebel*), 1890 auch den dritten Hbger Wahlkreis. Bereits 1884 war die seit 1890 Sozialdemokratische Partei Deutschlands (SPD) genannte Partei bei Reichstagswahlen stärkste politische Kraft in Hbg. Mit O. ➢*Stolten* wurde 1901 der erste Sozialdemokrat in die ➢*Bürgerschaft* gewählt, 1904 war die SPD mit 13 Abgeordneten vertreten. Der „Wahlrechtsraub" von 1906 (➢*Wahlrecht*) verfehlte sein Ziel, die wachsende parlamentarische Bedeutung der SPD einzuschränken. 1913 zählte die Partei in Hbg 62.000 Mitglieder. 1917 trennte sich die innerparteiliche Opposition von der SPD und organisierte sich in der Unabhängigen Sozialdemokratischen Partei (USPD) bzw. in der Gruppe der „Linksradikalen“ (H. ➢*Laufenberg*, E. ➢*Thälmann*). Kurz nach der ➢*Novemberrevolution* trat die Hbger SPD für die Neuwahl der Bürgerschaft nach dem allgemeinen, gleichen, direkten und geheimen Wahlrecht ein.

In der Weimarer Republik prägte die SPD im Bündnis mit den liberalen Parteien (➢*DDP*, ➢*DVP*) die hbg. Politik dieser Jahre (E. ➢*Krause*, R. ➢*Roß*), die sich in der im Auftrag der Oberschulbehörde von H. ➢*Leip* verfassten Schrift „Von Großstadt, hansischem Geist, Grüngürtel, Schule und guten Wohnungen in Hamburg“ (1931) widerspiegelt. Die überalterte Partei erhielt in den letzten Jahren der Weimarer Republik neue Impulse. 1929 wurde K. Meitmann Vorsitzender, mit ihm gewannen jüngere Reformer an Einfluss. Am 3.3.1933 traten die sozialdemokratischen Senatoren zurück, weil sie das von der Reichsregierung geforderte Verbot des „Hamburger Echos“ nicht mittragen wollten. In einer mutigen Rede erklärte der Fraktionsvorsitzende H. Podeyn am 8.3.1933 in der Bürgerschaft: „Wir stehen jetzt in der Oppostition. Wir sehen, dass uns diese Opposition durch eine rücksichtslose Machtpolitik erschwert werden soll. Mag der sozialistische Befreiungskampf dadurch gehemmt werden, bezwungen wird er nicht!“

Im Kampf um die Republik: Plakat der SPD zur Bürgerschaftswahl am 27.9.1931

Am 11.5.1933 wurde A. Biedermann, langjähriger Bürgerschafts- und Reichstagsabgeordneter der Hbger SPD, bei Recklinghausen tot neben den Bahngleisen gefunden. Ob er den Freitod gewählt hatte oder ermordet worden war, ist ungeklärt. Seine Beisetzung auf dem ➢*Ohlsdorfer Friedhof* wurde zu einer letzten großen Demonstration gegen den Nationalsozialismus. Zum ersten Todestag 1934 suchten Tausende Hbger sein Grab auf.

Sechs Bürgerschaftsabgeordnete erklärten im Mai 1933 ihren Austritt aus der SPD-Fraktion, bildeten eine eigene Gewerkschaftsgruppe und schlossen sich der ➢*NSDAP*-Fraktion als Hospitanten an. Ihre Mandate wurden wie die der SPD im Juli für erloschen erklärt.

Der Widerstand gegen die NS-Diktatur ging v.a. von den Distrikten, den Ortsvereinen, Gruppen der Sozialistischen Arbeiterjugend und des Reichsbanners Schwarz-Rot-Gold aus. In einem Flugblatt informierte der Eilbeker Distriktsvorsitzende W. Schmedemann, der spätere Gesundheitssenator, 1934 über die Folterungen im ➢*Stadthaus* (städtisches Verwaltungsgebäude) und im KZ Fuhlsbüttel (➢*Fuhlsbüttel, Konzentrationslager*). Verbindungen nach Hbg hatte Th. Haubach in Berlin, 1927–29 Bürgerschaftsabgeordneter, der zum Kreisauer Kreis gehörte und am Umsturzversuch des 20. Juli 1944 beteiligt war. Am 23.1.1945 wurde er hingerichtet. Sein Mitstreiter G. Dahrendorf, früherer Bürgerschafts- und Reichstagsabgeordneter, überlebte und war am Wiederaufbau der SPD und der Genossenschaften maßgeblich beteiligt.

Im Sommer 1945 entstand die Hbger SPD wieder, K. Meitmann wurde 1., W. Schmedemann 2. Vorsitzender. Auch Mitglieder kleiner sozialistischer Gruppen aus der Weimarer Republik wurden integriert. Geprägt wurde die Hbger SPD v.a. durch den Ersten ➢*Bürgermeister* M. ➢*Brauer*. 1946–2001 stand die Partei, unterbrochen nur 1953–57 von den Jahren des ➢*Hamburg-Blocks*, in der Regierungsverantwortung. Der Weg der SPD zur Volkspartei wurde in Hbg früh beschritten. Unter P. ➢*Nevermann* und H. ➢*Weichmann* erreichte die SPD ihre mit Abstand besten Wahlergebnisse. Seit den 1970er Jahren bestimmten Generationswechsel und Polarisierung der Flügel auch die Hbger SPD, die gleichwohl von Abstürzen, wie sie die Partei in Frankfurt a.M. und Berlin erfuhr, trotz einiger Wahlniederlagen (➢*Hamburger Verhältnisse*) verschont blieb. 1991 erreichte die Hbger SPD noch einmal die absolute Mehrheit der Mandate, 1997 fiel sie auf 36,2 % der Stimmen zurück. Seit 2001 befindet sie sich in der parlamentarischen Opposition, zeitweise in heftigen inneren Krisen. Die Hbger SPD zählt 10.610 Mitglieder (2009). Zurückgegangen ist auch der bundespolitische Einfluss. Mit H. Schmidt, H. ➢*Wehner* und H. Apel hatten Politiker aus Hbg in der Führung der SPD, in der Bundestagsfraktion und in der Bundesregierung wichtige Ämter inne. *Ko.*

Speckter hieß eine Künstlerfamilie, deren Mitglieder über drei Generationen führend am geistigen Leben Hbgs beteiligt waren. **Johann Michael S.** (geb. 5.7.1764 Uthlede/Herzogtum Bremen, gest. 1.3.1845

Der Illustrator und Lithograf Otto Speckter auf einem Foto von Carl Ferdinand Steltzner, um 1860

Hbg), von Haus aus Kaufmann, gründete 1818 am Valentinskamp die erste norddt. Steindruckerei. Dort waren auch seine beiden in Hbg geborenen und gestorbenen Söhne **Erwin** (18.7.1806–23.11.1835) und **Otto** (9.11.1807–29.4. 1871) als Zeichner und Illustratoren tätig. Während der hochbegabte Erwin nach einer umfassenden akademischen Ausbildung und der Vollendung nur weniger Werke früh verstarb, verschaffte sich Otto nach der Übernahme des väterlichen Geschäfts durch seine zahlr. Lithografien große Anerkennung. Über Hbg hinaus wurde er durch seine Illustrationen für W. Heys „Fünfzig Fabeln für Kinder“ (1833) bekannt. Ottos Sohn war der Maler **Hans** (geb. 27.7.1848 Hbg, gest. 29.10.1888 Lü-

Denkmalgeschütztes Ensemble: die Speicherstadt. Die Brücken über den Zollkanal verbinden Hamburgs Innenstadt mit Speicherstadt und HafenCity. Links die Jungfernbrücke, prägnant im Vordergrund die Kibbelstegbrücke

Seltener Einblick in eine längst vergangene Arbeitswelt: Speicher am Alten Wandrahm. Foto von Georg Koppmann, um 1885

beck), der sich v.a. durch seinen unermüdlichen Einsatz für die Gründung eines historischen Museums Verdienste erworben hat (➢*Museum für Hamburgische Geschichte*). *SH*

Speicher gab es schon im Hbg des 13. Jhs. Sie wurden als Zweckbauten von Kaufleuten errichtet und dienten zur Warenlagerung und gegebenenfalls als Umschlagplatz. Bestehend aus einem Erdgeschoss und mehreren darüberliegenden Böden, standen die S. in den Häuserreihen hinter und später auch vor den Deichen. Im Zuge der Entwicklung des bald massenweise gebauten ➢*Althamburgischen Bürgerhauses* wurden S. an deren zum Wasser gelegenen Rückseiten angefügt und ermöglichten somit über ➢*Schuten* und Kähne den Anschluss an den ➢*Hafen*. Zuerst als Fachwerkkonstruktionen und dann überwiegend als ➢*Backsteinbauten* ohne jeglichen Gebäudeschmuck errichtet, bildeten die zahlr. S. gegenüber den seit Mitte des 18. Jhs überwiegend hell verputzten Vorderfassaden Hbger Häuser das „rote" Gegenstück der Stadt, wie sie von den ➢*Fleeten* aus anzusehen war. Im Laufe des 19. Jhs wurden die S. wieder von den Wohnhäusern getrennt gebaut und verschwanden am Jahrhundertende mit der Hbger ➢*Citybildung* nahezu vollständig aus der Innenstadt (➢*Speicherstadt*). Die verbliebenen S.reihen gingen im Zweiten Weltkrieg bis auf einen Rest in der Straße ➢*Cremon* verloren (außendeichs, Nr. 33–36). Einzelne Bauten sind in der Admiralität- und in der ➢*Deichstraße* erhalten. In der Altonaer Großen Elbstraße 39 stehen drei um 1880 für die Hamburg-Altonaer Getreide- und Waaren-Nie-

derlassung errichtete S. seit 1996 unter ➢*Denkmalschutz. Ti.*

Speicherstadt Im Zusammenhang mit dem ➢*Zollanschluss* Hbgs an das dt. Zollgebiet wurde 1885–88 auf der Kehrwiederinsel südl. des Zollkanals zwischen ➢*Kehrwiederspitze* und Kannengießerort mit einem Speicherareal der erste Teil der S. gebaut und von der Freihafen-Lagerhaus-Gesellschaft, der heutigen ➢*Hamburger Hafen und Logistik AG (HHLA)*, verwaltet. Weitere Speicherkomplexe wurden 1891–96 bis zur Straße St. Annen und 1899–1912 auf der ➢*Wandrahm-Insel* errichtet. 1925–27 wurde der letzte, bis zur Straße Poggenmühle reichende Block (W) fertiggestellt.

Für den Bau der insgesamt ca. 1,5 km langen S. und des ➢*Freihafens* mussten über 20.000 Menschen umgesiedelt werden. Der Abriss der Häuser auf der Kehrwiederinsel begann 1883. Nach dem Prinzip des ➢*Althamburgischen Bürgerhauses* mit seinen angefügten ➢*Speichern* ist jeder Block von der Straße zu begehen und vom Wasser aus mit ➢*Schuten* erreichbar. Die konstruktiv z.T. unterschiedlichen Speicherbauten erhielten von F.A. ➢ *Meyer* ein einheitliches, neugotisches ➢ *Backsteinkleid.* Mit vielen Architekturdetails (Türmchen, Blendnischen, Friese), Keramikschmuck und Glasursteinen reich verziert, verlieh es – zusammen mit der Insellage und den Brücken – dem Hbger Stadtbild eine weitere markante Prägung. In ähnlichem Stil wie die Speicher, jedoch repräsentativ hervorgehoben, entstand 1902/03 das „Rathaus der Speicherstadt" genannte Verwaltungsgebäude (Bei St. Annen 1, Architekten J. Grotjan, B.G. Hanssen, E. Meerwein).

Im Zweiten Weltkrieg zur Hälfte zerstört, wurde die S. durch W. Kallmorgen teils rekonstruktiv, teils vereinfacht, teils modern wiederaufgebaut; sie steht seit 1991 unter ➢*Denkmalschutz.* Die Blöcke dienen heute vorrangig der Lagerung hochwertiger Importgüter und sind Sitz von ca. 300 Firmen mit etwa 2.500 Beschäftigten. Zu den Waren gehören Genussmittel (Kaffee, Tee, Kakao, Gewürze), Schiffsausrüstungen und zunehmend auch elektronische Geräte. Rund ein Drittel der weltweiten Teppichproduktion wird hier umgeschlagen. Annahme, Prüfung, Pflege und Verpackung der auf den „Böden" lagernden Waren geschieht durch ➢*Quartiersleute.* Außer den eindrucksvollen Speicherfassaden selbst sind in der S. u.a. das ➢*Deutsche Zollmuseum*, das Gewürzmuseum Hot Spice (Sandtorkai 31), das als Außenstelle des ➢*Museums der Arbeit* privat betriebene ➢*Speicherstadtmuseum*, das ➢*Internationale Maritime Museum Hamburg* und das ➢*Miniatur Wunderland Hamburg* zu besichtigen. *Pr.*

Hafenumschlag und Speicherstadt auf einem Foto von Strumper & Co., 1890. Rechts im Hintergrund der Turm von St. Michaelis

Das Speicherstadtmuseum (ab 2011 im Block L, Am Sandtorkai 36) vermittelt einen anschaulichen Eindruck vom Innenleben und der Arbeitswelt in den Speichern.

Speicherstadtmuseum Das S. am St. Annenufer 2 informiert über das Innenleben und die Arbeitswelt (➢*Ewerführer*, ➢*Quartiersleute*) der ➢*Speicherstadt*, über den Warenumschlag und die Warenverarbeitung wichtiger Importgüter. Öffentliche Kaffee-, Tee- und Kakaoverkostungen gehören ebenso zum Programm wie Lesungen von Krimis und historischen Romanen. Das S. ist eine privat betriebene Außenstelle des ➢*Museums der Arbeit. Ko.*

SPIEGEL ➢*DER SPIEGEL*

Sportmedaille Für Spitzenleistungen im Amateursport wird seit 1927 die S. vergeben. Ihre Verleihung erfolgt in Silber oder Bronze sowie in zwei Größen. Sie kann in Ausnahmefällen auch an Persönlichkeiten verliehen werden, die sich auf dem Gebiet des Sports als Funktionäre besondere Verdienste erworben haben. Drei verschiedene Ausführungen sind von dieser Medaille bekannt. Die beiden älteren Varianten aus der Zeit vor 1957 zeigen auf der Vorderseite im runden Mittelfeld das Hbger ➢*Wappen* und im äußeren Ring verschiedene Sportdisziplinen. Die Rückseite ist bei beiden Stücken gleich und stellt zwei Läufer dar. Die jetzige Form wurde von H. Kock im Rahmen eines Künstlerwettbewerbs

entworfen. Die Vorderseite gibt hier das Hbger Wappen in stilisierter Form wieder. Die Umschrift lautet: „DER SENAT DER FREIEN VND HANSESTADT HAMBVRG". Die Rückseite zeigt einen Lorbeerzweig und die Inschrift: „DEM SIEGER IM SPORT".
Die S. gehört zu den am häufigsten verliehenen Hbger Auszeichnungen. Dt. Meister, Inhaber dt. Rekorde, Medaillenträger bei Olympischen Spielen und Pokalsieger in internationalen Wettbewerben haben ein Anrecht auf diese Ehrung, die seit 1958 im Rahmen eines Senatsempfangs verliehen wird. Neben vielen anderen war darunter der Ruderer P.-M. Kolbe. Allein 1985 gewannen 95 Aktive aus Hbg 16 Gold-, sieben Silber- und zwei Bronzemedaillen bei Weltmeisterschaften. *RW*

Springer, Axel/Axel Springer Verlag Im Jahr 1946 legte der Altonaer Verlegersohn Axel Caesar Springer (geb. 2.5.1912 Altona, gest. 22.9.1985 Berlin) mit der Herausgabe der „Nordwestdeutschen Hefte" und der Programmzeitschrift „HÖRZU" den Grundstein für seinen Medienkonzern, die Axel Springer Verlag AG. Zunächst expandierte das Unternehmen bei den Printmedien mit Tageszeitungen wie dem ➢*Hamburger Abendblatt* (1948) und der ➢*Bild-Zeitung* (1952) sowie Beteiligungen an und Übernahmen von anderen Verlagshäusern (u.a.: ➢*DIE WELT*, Ullstein-Verlag, zahlr. norddt. Tageszeitungen, Lizenzausgaben in europäischen Ländern). 1970 fand die Umwandlung der Verlagsgruppe Axel Springer in eine Aktiengesellschaft statt. Seit 1984 ist der Verlag über Beteiligungen, z.B. an „SAT 1", „Radio Schleswig-Holstein", „Radio Hamburg" oder dem lokalen Hbger Fernsehsender „Hamburg 1" auch bei den elektronischen Medien vertreten. 1985 erfolgte der Börsengang, 2003 die Umfirmierung in Axel Springer AG.
Den Hauptsitz seines Konzerns verlegte S. 1967 von Hbg nach Berlin. Sowohl die Person als auch der Verlag waren ab 1968 Ziel heftiger Angriffe der Studentenbewegung. S.s besondere politische Anliegen waren u.a. die Wiedervereinigung und ein gutes Verhältnis der Bundesrepublik zu Israel. Im Jahr 1986 gründete der Verlag in Hbg die Journalistenschule Axel Springer.
Mit 10.740 Mitarbeitern, davon ca. 2.750 in Hbg, erzielte der Verlag 2009 einen Konzernumsatz von über 2,6 Mrd. €. 1996 wurde das von F. Streb 1953–56 erbaute Hochhaus des Verlages am Axel-Springer-Platz unter ➢*Denkmalschutz* gestellt, die großflächige Eingangshalle (Axel-Springer-Passage) des Erweiterungsbaus wurde 1997 eingeweiht. *AB*

Verleger Axel Springer, erfolgreicher Zeitungsmacher mit Sendungsbewusstsein, und seine Hamburger Wirkungsstätte, das von Ferdinand Streb 1953/54 erbaute Verlagshaus am 1990 so benannten Axel-Springer-Platz

Sprinkenhof/Sprinkenhof AG Der S. wurde 1927–43 in drei Abschnitten von F. ➢*Höger* und den Brüdern H. und O. Gerson erbaut, in enger Nachbarschaft zum ➢*Chilehaus*. Der zwischen der Altstädter- und der Burchardstraße gelegene Komplex überbaut die nur noch als Durchfahrt erhaltene Springeltwiete. Der S. ist das größte Gebäude im ➢*Kontorhausviertel*. Bei Fertigstellung galt das Haus – nach J. Sprink benannt (der das Gelände 1384 vom ➢*Domkapitel* erworben hatte) – gar als das größte Bürogebäude der Welt. Hier hat die staatseigene Sprinkenhof AG ihren Sitz. 1927 als Geschäftshaus Altstadt AG gegründet, 1935 vom Staat übernommen, 1937 mit dem seither gültigen Namen versehen, erhielt die AG 1950 die Bewirtschaftung sämtlicher staatseigener, überwiegend gewerblich genutzter, vermieteter oder angemieteter Objekte übertragen. Es handelt sich, wie es 1977 anlässlich des 50. Firmenjubiläums hieß, um das einzige dt. Unternehmen, das nach privatwirtschaftlichen Prinzipien staatlichen Grundbesitz verwaltet. Es stellt damit eine wirtschaftspolitische ➢*Hamburgensie* dar. Die Auswahl des Vorstands der AG, die ihre Gewinne an die Hamburgische Gesellschaft für Beteiligungsverwaltung abführt, ist aber unter dem Einfluss des ➢*Senats* durchaus (partei-)politisch geprägt. Ende 2007 verwaltete die Sprinkenhof AG nach ihren Angaben insgesamt 1.874 überwiegend städtische Objekte mit zusammen 5.618 Mietverträgen sowie 4.312 Kfz-Stellplätzen, u.a. die ➢*Hamburgische Staatsoper*. *luz*

Das größte der Hamburger Kontorhäuser: der 1927–43 in drei Abschnitten erbaute Sprinkenhof

St. Georg Seinen Namen erhielt der heute zum ehem. ➢*Kerngebiet* des Bezirks *Hamburg-Mitte* gehörende Stadtteil mit 1,8 km² Fläche und 9.980 Einw. (2009) von dem um 1200 errichteten ➢*St.-Georgs-Hospital* für Leprakranke. Weiden und Gärten, aber auch Einrichtungen, die bewusst vor die Stadt gelegt worden waren, bestimmten über Jahrhunderte das Bild St.G.s. Hier stand seit 1554 der hbg. Galgen; 1564 wurde vor dem ➢*Steintor* ein Pestfriedhof angelegt (➢*Friedhöfe*); es gab Schweineställe, den „Gassenkummerplatz" (Müllhalde) und eine Pulvermühle. Durch den Bau des

Neuen Werks 1679–82 wurde St. G. in die ➢*Befestigung* Hbgs einbezogen. Auf dem Gelände dieser Anlagen wurde 1821–23 das AK St. Georg (➢*Allgemeine Krankenhäuser*) errichtet. 1830 erlangte St.G. den Status einer Vorstadt, die das bisherige Hospitalsgebiet sowie Teile der Landherrenschaft ➢*Hamm* und ➢*Horn* umfasste (➢*Landgebiet*).

Das Ende der ➢*Torsperre* 1860 und die Eingliederung nach Hbg 1868 beschleunigten die Bevölkerungszunahme und die großstädtische Bebauung. Zwischen 1873 und 1893 entstand um den neu angelegten Hansaplatz ein modernes ➢*Etagenhaus*viertel. Ein Teil St.G.s wurde mit der Eröffnung des ➢*Hauptbahnhofs* 1906 und den folgenden Hotelbauten (u.a. ➢*Atlantic Hotel* 1909, Reichshof 1910) zum geschäftigen Bahnhofs- und Vergnügungsviertel. Neue Theater, Varietés und Lokale eröffneten, die ➢*Prostitution* nahm zu. Die nach dem Zweiten Weltkrieg diskutierten großflächigen Sanierungspläne der ➢*Neuen Heimat*, die St.G. 1966–75 in ein Hochhausareal verwandelt hätten („Alsterzentrum“ mit z.T. über 200 m hohen Wohntürmen), wurden nicht realisiert. Seit Mitte der 1970er Jahre wird dagegen auf eine behutsame ➢*Sanierung* des Stadtteils gesetzt. Zu den größten Problemen St. G.s. zählen neben der Verkehrsbelastung in erster Linie der hier seit den 1980er Jahren konzentrierte Handel und Konsum von harten Drogen. *KG*

St.-Georgs-Hospital Das St.-G.-H. entstand vermutl. um 1200. Urkundlich erwähnt wurde es erstmalig 1220. Das östl. der ➢*Alster* vor dem ➢*Steintor* gelegene Hospital, dem der Stadtteil ➢*St. Georg* seinen Namen verdankt, war kein Krankenhaus im modernen Sinn, sondern ein Asyl für Leprakranke, wie es in vielen Städten unter dem Patronat des St. Georg oder St. Jürgen eingerichtet wurde. Die Gründung des St.-G.-H.s geht möglicherweise auf den Grafen Adolf III. von ➢*Schauenburg* und ➢*Holstein* zurück. 1296 erließen ➢*Rat* und ➢*Erbgesessene Bürgerschaft* gemeinsam mit dem ➢*Domkapitel* Statuten, die die innere Organisation regelten und u.a. festlegten, dass die Kranken die Stadt nicht betreten und keine Nahrungsmittel aus dem Hospital herausgeschafft werden durften. Nach Errichtung des ➢*Pesthofs* am ➢*Hamburger Berg* im Jahr 1606

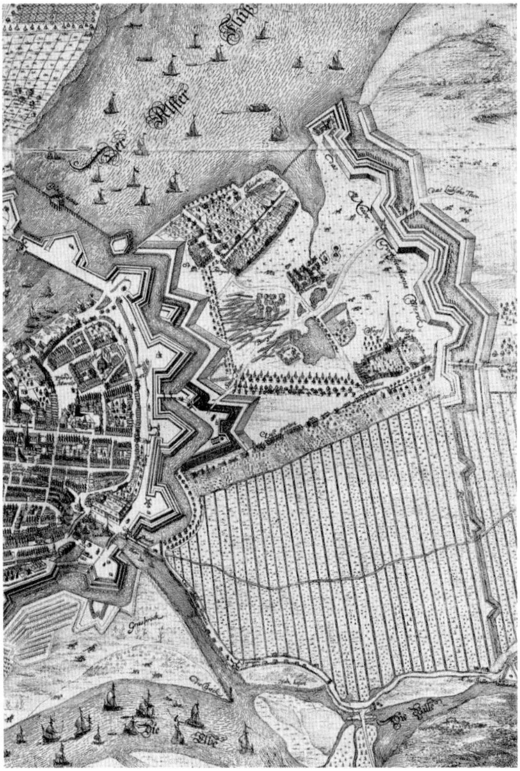

Städtisch befestigt, aber noch weitgehend ländlich geprägt: Südlich der Häuser der Vorstadt St. Georg lagen im 17. Jahrhundert zahlreiche Gärten. Vom Steintor führt eine Allee zum Geestrand und zu den „Lusthäusern“ am Besenbinderhof. Am unteren Bildrand ist die Bille zu erkennen, rechts die Landwehr als Fortführung der östlichen Bastionsbefestigung. Kupferstich von Diederich Lemkus, 1671/72

wurde aus dem Hospital ein Armenstift. Die überwiegend von alten Frauen bewohnte Einrichtung bestand bis 1951. Das letzte noch erhaltene Gebäude, ein 1830 errichtetes Siechenhaus, wurde 1973 abgerissen. *KG*

St. Gertrud **1.** St. G. wurde 1391–99 im ➢*Kirchspiel* ➢*St. Jacobi* am heutigen Gertrudenkirchhof (zwischen Rosen- und Lilienstraße) zunächst

Die 1885 geweihte Kirche St. Gertrud, noch ohne das sie heute umgebende dichte Grün, davor das westliche Pastorat. Blick von der 1873/74 errichteten Kuhmühlenbrücke, Foto vom Ende des 19. Jahrhunderts

als Friedhofskapelle errichtet. Der achteckige, kuppelbekrönte Bau mit vielen kleinen Seitenkapellen wurde mehrfach erweitert, 1530 als Folge der ➢*Reformation* geschlossen und erst 1580 als protestant. Kirche eingerichtet und geweiht. Eine weitere Renovierung und der Einbau eines neuen Orgelwerks erfolgten 1607. 1842 wurde die Kapelle ein Raub der Flammen des ➢*Großen Brandes.* Ihr Vermögen diente der Finanzierung des Nachfolgebaus; **2.** 1882–85 als Ersatz für 1. von J. Otzen entworfene luth. Pfarrkirche. Sie liegt am Kuhmühlenteich im Stadtteil ➢*Uhlenhorst* auf dem Gelände der 1256 erstmals erwähnten Stadtweide, unmittelbar vor dem geografischen Mittelpunkt Hbgs (➢*Hamburg [geografisch]*). Der fantasievoll variierte Baukörper auf kreuzförmigem Grundriss entstand in der Formensprache der Hannoverschen Schule (F.A. ➢*Meyer*) unter Verwendung von über 460 Sorten ➢*Backstein.* Außen wie innen ist das Kernmauerwerk mit hellroten, dünn verfugten Maschinenziegeln verblendet. Zusammen mit R. Ockelmann und F. Westphal entwarf Otzen auch die Innenausstattung, die außer Ausmalung und Farbverglasung im Wesentlichen erhalten ist. Der Turm misst 88 m. 1967 wurde eine neue Führer-Orgel eingeweiht, 1987 erfolgte der Einbau einiger erhaltener Farbfenster der Hauptkirche ➢*St. Nikolai*; **3.** im November 1879 auf Beschluss des Kirchenrates gebildete Gemeinde aus den ➢*Vororten* ➢*Uhlenhorst*, ➢*Barmbek* und ➢*Hohenfelde*; bis heute gingen aus ihr elf weitere Gemeinden hervor. 1961–63 entstanden ein Gemeindezentrum in der Ifflandstraße und darin 1969–71 der große Gemeindesaal sowie die St.-Laurentius-Kapelle. *Ti.*

St. Jacobi Die erste urkundliche Erwähnung der Hauptkirche stammt aus dem Jahr 1255; St.J. war die Pfarrkirche im gleichnamigen ➢*Kirchspiel.* Der Neubau als ➢*Backstein*-Hallenkirche im 14. und 15. Jh. wurde 1493–1508 durch ein zweites südl. Seitenschiff erweitert. Über der Sakristei liegt der mit den Wappen der Pastoren und Kirchspielherren versehene Kirchensaal, genannt „Herrensaal“. Die 1710/11 von J.M. Riesenberger d.J. geschaffenen Deckengemälde versinnbildlichen politische und bürgerliche Tugenden; wie Gobelins anmutende Landschaftsdarstellun-

Der heilige Jacobus mit Pilgerstab und Hut über der Schulter. Eichenholzfigur, 17. Jahrhundert

gen, ebenfalls von Riesenberger, zieren die Wände. Der Raum wurde 1992 vollständig restauriert.
Die barocke Westfassade wurde 1737–43 von J.N. ➢*Kuhn* zur Stützung des Turmes gebaut, auf dem 1770 der erste ➢*Blitzableiter* Dtlds installiert wurde. 1826–27 erhielt die Kirche einen neuen Turmhelm von H.P. Fersenfeldt. Nach schweren Kriegszerstörungen 1944/45 erfolgte der Wiederaufbau in der alten Form, während der Turmhelm 1959–62 nach einem Entwurf von B. Hopp und R. Jäger neu gestaltet wurde. Zur wertvollen Innenausstattung gehören der Lukas-Altar (um 1500, H. ➢*Bornemann*) und die 1689–93 von A. ➢*Schnitger* geschaffene Orgel, die 1990–93 restauriert wurde. 1819 gelangte die 1681 von J. Luhn gemalte Stadtansicht Hbgs von Süden, die bis 1788 die Ratsstube geschmückt hatte, in die Jacobikirche. *SH*

St. Katharinen Die erste urkundliche Erwähnung der Hauptkirche fällt in den Zeitraum 1251–56. Der dreischiffige ➢*Backsteinbau* wurde unter mehreren Planänderungen im 14. und 15. Jh. errichtet. Den barocken Turmhelm schuf P. ➢*Marquard* 1659, die barocke Westfassade J.N. ➢*Kuhn* 1732–37 zur Stützung des Turmes. Nach den schweren Kriegszerstörungen 1943/44 erfolgte in den 1950er Jahren der Wiederaufbau in der alten Form, der Turmhelm als Stahlkonstruktion. Seine vergoldete Spitze stammt nur der Sage nach aus ➢*Störtebekers* Beutegut; sie verweist auf die Märtyrerkrone der Kirchenpatronin, deren Statue (um 1630) an der Südseite des Turmes zu sehen ist. Zur modernen Innenausstattung gehört der Albatros von G. ➢*Marcks*, der an den Untergang des Segelschulschiffs „Pamir“ erinnert. Bekanntester Hauptpastor war J.M. ➢*Goeze*. Einen Großteil ihrer Gemeindeglieder verlor die Hauptkirche durch den Bau von ➢*Freihafen* und ➢*Speicherstadt*. St.K. fungiert als Universitätskirche. Zurzeit wird der Wiederaufbau der 1943 zerstörten und von J.S. Bach geschätzten Orgel betrieben. *SH*

Die St.-Jacobi-Kirche von Südosten aus gesehen (links). Davor eine Anschlagsäule und die Häuserzeile der um 1680 errichteten Lübschen Buden an der Steinstraße. Aquarell von Rudolf Loewendei, 1880

Einst Mittelpunkt eines dicht bebauten Kirchspiels: die St.-Katharinen-Kirche auf dem Grimm. An der Stelle der Häuserzeile verläuft heute am Zollkanal die Straße Zippelhaus. Kolorierte Autotypie von Wilhelm Heuer, 1886

Der „Michel", wie wir ihn heute kennen, ist das Werk von Johann Leonhard Prey und Ernst Georg(e) Sonnin. Das 1762 geweihte Gebäude fiel 1906 einem Brand zum Opfer, wurde aber originalgetreu wiederaufgebaut.
Der barocke, festliche Innenraum imponiert durch seine geschwungene Empore und bildet einen herrlichen Rahmen für Gottesdienste und Konzerte.

Der „Michel" und ein Teil der Neustadt aus der Vogelschau

St. Michaelis Der „Michel" oberhalb des ➢*Hafens* ist Hbgs volkstümlichste Hauptkirche und ein Wahrzeichen der Stadt. Er ist einer der bedeutendsten Kirchenbauten des Barocks in Norddtld. Das ➢*Kirchspiel* St. Michaelis entstand zu Anfang des 17. Jhs mit der ➢*Neustadt*. Die erste, 1648–61 erbaute Kirche und ihr 1669 vollendeter Turm vernichtete 1750 ein vom Blitz entfachtes Feuer. Der zweite Bau wurde nach Plänen von E.G. ➢*Sonnin* und J.L. ➢*Prey* in den Jahren 1750–62 als Saalbau in Form eines griech. Kreuzes errichtet. Den 132 m hohen Turm ergänzte Sonnin in den Jahren 1777–85. Dieser Bau wurde 1906 durch einen bei Reparaturarbeiten verursachten Brand fast vollständig zerstört. Der Neubau (1907–12) ist aber weitgehend mit dem Vorgänger identisch. Bemerkenswert an dem 3.000 Menschen fassenden, in Weiß und Gold gehaltenen Innenraum sind der barocke Opferstock von 1763 und der 20 m hohe Altar (1912). Die Fassade zieren eine Statue des hl. Michael mit dem Drachen (über dem Turmportal, 1912), an der Nordseite ein Bronzestandbild Luthers (1912, O. Lessing) und eine Büste von Bürgermeister J.H. ➢*Burchard* (1912) sowie an der Südseite ein Gedenkrelief für Sonnin, der auch im Michel begraben liegt. Im Turm, 82 m über der Straße, befindet sich eine offene, für Besucher zugängliche Säulenhalle. Nach Beseitigung von Kriegsschäden (G. Langmaack) wurde St.M. 1952 neu geweiht. Seit 1983 wurde die Kirche aufwendig renoviert; 1996 konnte die Turmerneuerung abgeschlossen werden. *Smo*

St. Nikolai vor dem Großen Brand (1842) nach einer Zeichnung von Peter Suhr, um 1835

Der Gotik nachempfunden war die 1943 zerstörte St.-Nikolai-Kirche am Hopfenmarkt. Foto aus den 1930er Jahren

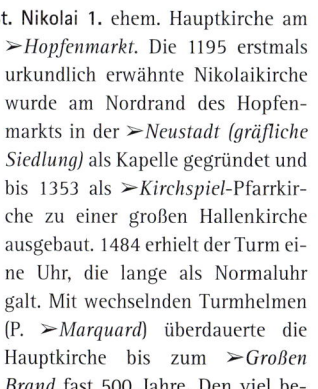

St. Nikolai 1. ehem. Hauptkirche am ➢*Hopfenmarkt.* Die 1195 erstmals urkundlich erwähnte Nikolaikirche wurde am Nordrand des Hopfenmarkts in der ➢*Neustadt (gräfliche Siedlung)* als Kapelle gegründet und bis 1353 als ➢*Kirchspiel*-Pfarrkirche zu einer großen Hallenkirche ausgebaut. 1484 erhielt der Turm eine Uhr, die lange als Normaluhr galt. Mit wechselnden Turmhelmen (P. ➢*Marquard*) überdauerte die Hauptkirche bis zum ➢*Großen Brand* fast 500 Jahre. Den viel beachteten Wettbewerb für den Wiederaufbau gewann zwar G. ➢*Semper*, zur Ausführung kam aber unter der Leitung von I. Wood 1846–74 ein Bau des Engländers G. Scott, der sich in seinen Entwürfen an eine romantisch-mittelalterliche Kathedrale angelehnt hatte. Nachdem die Kirche im Zweiten Weltkrieg schwer getroffen worden war, wurde nur der mit über 145 m heute dritthöchste Steinkirchturm in Dtld als Mahnmal erhalten und die Ruine des Kirchenraums als Gedenkstätte

Die heutige Hauptkirche St. Nikolai am Klosterstern

eingerichtet. Im Kellergewölbe besteht eine Weinhandlung, der ein kleines Weinmuseum angeschlossen ist; **2.** 1959–62 entstand am Klosterstern in ➢*Harvestehude* die neue Hauptkirche. Architekt war G. Langmaack, der ihr ein blockhaftes Westwerk gab. Sie ist Ersatz für 1., die durch ihre Lage in der zur Geschäftsstadt gewandelten Innenstadt den Großteil ihrer Gemeinde verloren hatte. Im Zentrum des hel-

1820, sieben Jahre nach der Zerstörung des kleineren Vorgängers auf dem Hamburger Berg, wurde das „Ballhaus Trichter" eröffnet. Das viel besuchte „Wirthschaftslocal" war in einem Rundbau mit spitzem Dach untergebracht, das an einen umgestülpten Trichter erinnerte, und bestand bis in die 1860er Jahre. Kupferstich nach Johann Friedrich Fritz, 1850/51

len, asymmetrisch geschwungenen Kirchenraumes ist hinter dem Altar das Mosaik „Ecce homo" angebracht (1974, nach einer Vorlage von O. Kokoschka). Das große farbige Fenster (1939, E. Coester) war urspr. für 1. bestimmt, wurde dort aber wegen des Kriegsausbruchs nicht mehr eingebaut. Der kleine Taufaltar ist aus Steinen der Ruine errichtet; **3.** weitere Nikolaikirchen befinden sich in ➢*Altengamme*, ➢*Billwerder* und ➢*Moorfleet*. *Ti.*

St. Pauli ist der Name eines Hafen-, Vergnügungs- und Wohnstadtteils im ➢*Kerngebiet* des Bezirks ➢*Hamburg-Mitte* mit 21.099 Einw. (2009) auf 2,3 km² Fläche. Am 6.11.1833 beschloss der ➢*Rat*, der Vorstadt ➢*Hamburger Berg* den Namen St. Pauli zu geben – nach der 1682 erbauten Kirche, die 1814, zum Ende der ➢*Franzosenzeit* mit aller weiteren Bebauung demoliert worden, 1819–29 aber durch C.L. ➢*Wimmel* wiedererrichtet worden war. 1843 konstituierte sich in St.P. der erste Hbger ➢*Bürgerverein*.

Im Hafenbereich entstanden u.a. seit 1839 die Landungsbrücken für die modernen Dampfschiffe (➢*St. Pauli-Landungsbrücken*) und seit 1861 ein Fischereihafen mit Fischgroßmarkt (➢*Fischmarkt*). Nach Aufhebung der ➢*Torsperre* entwickelte sich St.P. v.a. nördl. der ➢*Reeperbahn* zu einem dicht besiedelten Viertel, das nach Einführung der Gewerbefreiheit 1865 allmählich mit der Altstadt von ➢*Altona* ein geschlossenes Stadtgebiet zu bilden begann. Als St.P. 1894 Hbger Stadtteil wurde, zählte es rund 72.000 Einw. Durch die 1937 beschlossene Vereinigung Altonas mit Hamburg erfolgte eine Vergrößerung des Stadtteils (u.a. um die Straßen Schulterblatt, Kleine und Große Freiheit). Neben dem klassizist. Neubau der St.-Pauli-Kirche am Pinnasberg sticht die 1906/07 errichtete Gnadenkirche von F.

Lorenzen hervor, gelegen hinter dem Oberlandesgerichtsgebäude am ➢*Sievekingplatz*, zeigt sie für Hbg völlig ungewohnte rheinisch-romanische Formen.

Neben die Miets- und Hinterhausbebauung der Gründerzeit trat vornehmlich auf dem der Stadt gehörenden Gelände des ehem. ➢*Pesthofs*, zuletzt „Krankenhofs" (z.B. spätere Wohlwillstraße/Hein-Hoyer-Straße) öffentlich geförderter und kontrollierter Wohnungsbau im Zeichen der Arbeiterwohnreform, wie ihn z.B. die ➢*Allgemeine Deutsche Schiffszimmerer-Genossenschaft* verfolgte (➢*Terrasse/Passage*); um den Paulinenplatz konzentrierten sich Fürsorgeeinrichtungen. Schon 1841–43 war von S. ➢*Heine* an der Simon-von-Utrecht-Straße das ➢*Israelitische Krankenhaus* gebaut worden. In den 1980er Jahren begannen im Bereich dieser hinter ➢*Hafen*- und Vergnügungsbereich oft vergessenen Seite von St.P. Maßnahmen des ➢*Denkmal*- und Ensembleschutzes.

Das Vergnügungsviertel („Kiez"), dem St.P. sein weltweites, teils zwiepältiges Renommee verdankt, umfasst also nur einen behördlich eingegrenzten Teil (v.a. Reeperbahn, Spielbudenplatz, Herbertstraße, Große Freiheit). Eine weit über Hbg. hinaus bekannte Institution im Stadtteil ist der 1910 gegründete Fußballverein ➢*FC St. Pauli*, der seine Heimspiele im Millerntor-Stadion auf dem ➢*Heiligengeistfeld* austrägt. *luz*

St. Pauli-Landungsbrücken Vorläufer der zwischen Überseebrücke und ➢*Fischmarkt* gelegenen Landungsbrücken bildeten weiter stromabwärts befindliche Schiffslandestellen mit hölzernen Zugangsbrücken und großen Pontons für seegängige Dampfschiffe. Wegen des gesteigerten Verkehrsaufkommens, insbesondere des Ausflugsverkehrs, und wegen der Ausweitung der Dampfschifffahrt bedurfte es um die Wende vom 19. zum 20. Jh. neuer Schiffsanlegestellen. So entstanden die St. P.-L. als An- und Ablegestelle für die im ➢*Hafen* Beschäftigten und zugleich als Ausgangspunkt für die Unterelbe- und Seebäderschifffahrt (➢*Seebäderdienst*). Heute bilden sie v.a. das Zentrum für die großen Hafenrundfahrten der ➢*HADAG* und anderer Anbieter sowie für einen nur noch in beschränktem Maße vorhandenen Fährverkehr. Die St.P.-L. mit ihrem mächtigen,

Hamburgs „Tor zur Welt", gesehen von der Ringbahn-Station „Hafentor", heute Landungsbrücken. Ein Passagierdampfer der Hamburg Süd verlässt den Hafen. Foto um 1930

Ein Anziehungspunkt für Hamburger und Gäste der Stadt: die St. Pauli-Landungsbrücken heute

durch Bogendurchgänge zu den Brückenpontons gegliederten Empfangsgebäude sind 1906–10 nach Plänen der Architekten L. Raabe und R. Wöhlecke errichtet worden. Die Bauplastiken schuf A. Bock. Neben dem Turm mit einer Normaluhr am Ostende befindet sich ein Wasserstandsanzeiger, westl. der Anlage liegt der stadtseitige Eingang zum Alten Elbtunnel (➢*Elbtunnel, Alter*). Die im Zweiten Weltkrieg zerstörten Pontons wurden 1953–55 als Betonkonstruktion mit Oberdeck von W. Hebebrand erneuert. *Pr.*

St. Pauli-Theater 1841 wurde am Spielbudenplatz das Urania-Theater mit 1.300 Plätzen eröffnet: Die ➢*Torsperre* hinderte die St. Paulianer am Besuch des Hbger ➢*Stadttheaters*. Wegen wirtschaftlicher Probleme 1844 in ein „Actien-Theater" umgewandelt, wurde das Haus – nach Aufhebung der Torsperre – 1864 von dem benachbarten Hotelier Wagner übernommen. Nachdem das aus heutiger Sicht älteste Privattheater Hamburgs 1884 in den Besitz des Schauspielers E. Drucker übergegangen war, kam 1885 der erste Riesenerfolg: Der später aus dem Staatsdienst entlassene Konstabler Schölermann von der ➢*Davidwache* hatte die tragikomische Lokalposse „Familie Eggers" verfasst, die im Theater zur Uraufführung gelangte. Im 1895 nach Drucker benannten Theater erzielten dann auch ➢*Zitronenjette* und „Nachtjackenviertel" über 1.000 Aufführungen. 1921 ging das Theater in den Besitz der Theaterfamilie Simon über, der schon die ➢*Flora* gehörte. Tochter Anna leitete das Haus 1924–64. 1941, im Jahr seines 100-jährigen Bestehens, wurde es in St. Pauli-Theater umbenannt (Drucker war Jude gewesen). 1969 umgebaut, wurde das Haus 1970 vom Direktor des Operettenhauses, K. Collien, übernommen und mit dem Musical „Der Junge von St. Pauli" mit F. Quinn in der Hauptrolle wiedereröffnet. ➢*Plattdeutsch* ist seither von der Bühne verbannt. Seit 2003 wird das St. Pauli-Theater von Th. Collien und U. Waller geleitet und versteht sich „als Lokomotive für den Imagewandel dieses lange Zeit vernachlässigten Stadtteils". *luz*

Das 1841 gegründete St. Pauli-Theater, das erst Urania-Theater, dann, wie zur Zeit der 1855 entstandenen Lithografie von Julius Gottheil, Actien-Theater hieß. Rechts daneben die alte Davidwache

St. Petri ist die älteste Hbger Hauptkirche und zugleich das Hbger Ur-➢*Kirchspiel*. Die erste Petrikirche gehörte der Anfang des 11. Jhs gegründeten Petrigemeinde und ist 1195 als „Marktkirche" erstmals urkundlich erwähnt. Ihr Gründungsbau geht vermutl. auf die von Karl dem Großen 810/11 bei der ➢*Hammaburg* errichtete Taufkirche des Priesters Heridag zurück. Zwischen 1310 und 1320 erfolgte ihr Neubau als dreischiffige gotische Hallenkirche, die 1418 um ein zweites, südl. Seitenschiff erweitert wurde. 1516 war der neue Turm vollendet. 1604/05 erhielt das Seitenschiff ein Renaissanceportal, das heute im Innenhof des ➢*Museums für Hamburgische Geschichte* zu sehen ist. An die ➢*Franzosenzeit*, in der St.P. mit vielen anderen Gotteshäusern zum Pferdestall wurde, erinnert ein Epitaph-Gemälde von S. Bendixen (1817; Abb. S. 231). Dargestellt ist die Austreibung von mehr als 1.800 in der Kirche zusammengezogenen Einw. Sie gehörten zu den insgesamt 20.000 am Weihnachtstag 1813 aus der belagerten Stadt vertriebenen Menschen.

1842 wurde St.P. beim ➢*Großen Brand* größtenteils zerstört, bedeutende Teile der Ausstattung konnten jedoch gerettet werden. Besondere Kunstwerke aus der Petrikirche sind u.a. der Hochaltar (1383 von ➢*Meister Bertram* vollendet, heute ➢*Hamburger Kunsthalle*), Bild und Eichenholzstatue des hl. ➢*Ansgar* (Bild ca. 1450, H. ➢*Bornemann* und Statue 1480/83, Werkstatt B. Notkes) sowie der Löwenkopfzieher an der linken Tür des Westportals (1342), der als älteste Hbger Kunstschöpfung gilt.

A. de ➢*Chateauneuf* und H.P. Fersenfeldt lehnten den bereits 1849 geweihten Neubau eng an das historische Vorbild an (Turmhelm 1866–78 vollendet, J.H. Maack) und ordneten den Innenraum neu.

Im Zuge der Wandlung der Hbger Innenstadt zur Geschäftsstadt verlor die im Zweiten Weltkrieg weitgehend verschonte Kirche einen Großteil ihrer Gemeinde. 2005–07 halfen vor den Baugerüsten der West- und Südfassade fast vollflächig inszenierte Werbebotschaften einer Bekleidungskette, die Sanierung der Kirche zu finanzieren. *Ti.*

Blick auf die Hauptkirche St. Petri. Links in der Straße Hinter St. Peter sind alte Domkurien dargestellt. Lithografie nach einer Zeichnung von Peter Suhr, 1837

Am linken Türflügel des Hauptportals von St. Petri ist Hamburgs ältestes erhaltenes Kunstwerk, der bronzene Türzieher mit Löwenkopf, zu sehen. Er entstand bald nach 1342, die Umschrift überliefert, dass in diesem Jahr die Fundamente für den Turm gelegt wurden.

Das Gedächtnis der Stadt: Zu den Schätzen des Staatsarchivs gehören die in 107 Bänden erhaltenen Kämmereiprotokolle (1563–1861).

Staatsangehörigkeit Mit einer über das ➢*Bürgerrecht* der Freien Reichsstadt (im ➢*Heiligen Römischen Reich Deutscher Nation*) hinausgehenden Art von S. machte die Hbger Bevölkerung erstmals unter frz. Herrschaft (1810/11–1814) Bekanntschaft, als auf Departementsebene „Cartes civiques" (Ausweise) ausgestellt wurden. Der 1815 – im Rahmen des ➢*Deutschen Bundes* – als souverän anerkannte Freistaat Hbg (➢*Souveränität*) definierte 1837/43 erstmals die Zugehörigkeit seiner Bürger, ➢*Schutzverwandten*, Einw., Juden und Fremden in minimal einheitlicher Weise. Es musste u.a. geklärt werden, auf welche im dt. und sonstigen Ausland befindlichen Bewohner sich der Schutz seiner Behörden erstreckte. Das neue „Heimatsrecht" bedeutete, „als dem Staate angehörig behandelt zu werden". Die ➢*Konstituante* wollte 1849 auf ein ähnlich allgemein gehaltenes „Staatsbürgerrecht" die gleichmäßige Verteilung der politischen Rechte gründen. Die ➢*Verfassung* von 1860 setzte Heimatsrecht und S. gleich und eröffnete die Möglichkeit, die „staatsbürgerlichen Rechte" über den Kreis der Bürger hinaus auf weitere Staatsangehörige zu erstrecken, doch dies geschah nicht. Seit 1871 wurde die S. allgemein durch das Deutsche Reich geregelt; im ➢*Stadtstaat* Hbg konnte aber weiterhin die hbg. S. erworben werden. Die politischen Rechte blieben den Inhabern des ➢*Bürgerrechts* vorbehalten. Erst seit der ➢*Novemberrevolution* (mit Unterbrechung in der ➢*NS-Zeit*) besitzen die meisten Bewohner und Bewohnerinnen mit der (auf Reichs- bzw. Bundesebene definierten) dt. S. zugleich die „staatsbürgerlichen Rechte" in Hbg. *luz*

Staatsarchiv Das S. entstand aus der 1293 erstmals erwähnten Threse (von lat. Thesaurus = Schatzkammer), dem Verwahrort der wichtigsten Urkunden der Stadt. Seit 1710 ist es ein Amt des ➢*Rats*, untergebracht im oder beim ➢*Rathaus*, 1972–97 im eigenen Gebäude an der ABC-Straße, seit 1998 im Neubau in ➢*Wandsbek* an der Kattunbleiche. Als „Gedächtnis der Stadt" verwahrt das S. die historisch wertvollen Unterlagen von amtlichen Stellen, aber auch z.B. von Kirchen, Vereinen, Firmen und Privatpersonen. Beim ➢*Großen Brand* erlitt es

1842 erhebliche Verluste. Heute umfassen seine Bestände rund 30 km Akten, 3 Mio. Karten, Pläne, Plakate, Bilder und Pressefotos sowie 150.000 Bücher, Zeitungen, Zeitschriften und sonstiges Dokumentationsmaterial. Jeder hat das Recht, das S. zu benutzen (Hamburgisches Archivgesetz 1991). *HWE*

Staats- und Universitätsbibliothek Hamburg – Carl von Ossietzky (SUB) Die ersten „jedem ehrbaren Manne" öffentlich zugänglichen Bücher in Hbg befanden sich in der 1479–81

maßgeblich von H. ➢*Murmester* begründeten Ratsbibliothek; sie ist somit als älteste Vorgängerin der SUB abgekürzten Bibliothek anzusehen. 1529 entstand die Büchersammlung des ➢*Johanneums*, die später auch das ➢*Akademische Gymnasium* nutzte. Mit ca. 50.000 Bänden wurde aus ihr 1751 die Öffentliche Stadtbibliothek. Zu Beginn des 19. Jhs hatte sich die Zahl der Bände mehr als verdoppelt, und 1840 zog die Bibliothek in einen Neubau am Speersort. Von den 850.000 dort bis 1943 gesammelten Büchern gingen 700.000 bei den ➢*Luftangriffen* verloren. Der Wiederaufbau erfolgte ab 1945 im ehemaligen Gebäude des ➢*Wilhelm-Gymnasiums* an der ➢*Moorweide*. In mehreren Bauabschnitten wurde das Gebäude durch einen Magazinturm, einen Verwaltungstrakt und den 1979–82 errichteten Benutzungstrakt ergänzt.

Seit 1919 auch Universitätsbibliothek, umfasst die SUB heute etwa 3 Mio. Bände und hält 6.300 laufende Zeitschriften. U.a. stehen eine umfangreiche Handschriftensammlung, ein Lesesaal für Hbg-Literatur, eine Musikbibliothek und eine Lehrbuchsammlung mit ca. 50.000 Titeln zur Verfügung. Seit 1669 erhält die SUB von allen in Hbg veröffentlichten Druckwerken Pflichtexemplare. Sie besitzt und betreut die Nachlässe u.a. von J. ➢*Jungius*, F. von ➢*Hagedorn*, F.G. ➢*Klopstock*, D. von ➢*Liliencron*, R. ➢*Dehmel*, H.H. ➢*Jahnn*, W. ➢*Borchert* und H. ➢*Fichte*. Gemäß ➢*Senats*beschluss trägt die SUB, die auf dem Campus meist nur „Stabi“ genannt wird, seit 1983 den Namen des Pazifisten und Publizisten C. von ➢*Ossietzky*. Nach ihm ist auch ein eigener Lesesaal benannt, in dem die Bibliothek der ➢*Hamburger Arbeitsstelle für deutsche Exilliteratur* untergebracht ist. *Ti.*

Der Neubau des Staatsarchivs an der Kattunbleiche in Wandsbek wurde 1998 eingeweiht. Vorher stand hier die Feuerwache Wandsbek.

Staatsoper ➢*Stadttheater/Staatsoper*

Staatspreis der Freien und Hansestadt Hamburg Die 1897 gestiftete Medaille dient als Preis für hervorragende Leistungen auf einem bestimmten Spezialgebiet, wie z.B. bei Ausstellungen oder auch bei Wettbewerben aller Art. Gewinner von Fotowettbewerben, Hunde- und Geflügelausstellungen, Friseure und Kaninchenzüchter werden mit dieser Medaille ausgezeichnet. In abgewandelter Form wurde der S. auch den Mitarbeitern der Internationalen Gartenbauausstellung 1973 verliehen. Ausgegeben werden kann die Medaille in Silber oder in Bronze sowie in zwei verschiedenen Größen. Die auch heute noch vergebene Staatspreismedaille zeigt auf der Vorderseite das Hbger Staatswappen (➢*Wappen, Hamburg*) mit der Umschrift „H STAATSPREIS H DER H FREIEN H UND H HANSESTADT H HAMBURG“. Die Rückseite stellt einen hockenden nackten Jüngling dar, der sich schützend über einen Baumschössling beugt. Die von K. Opfermann ungefähr 1935 entworfene „neue“ Staatspreismedaille der

➢*NS-Zeit* bildete auf der Vorderseite ein überdimensionales Hakenkreuz ab und hatte die Umschrift „Preis des Senats der Freien und Hansestadt Hamburg". *RW*

Staatstitel Hbg fühlte sich seit dem späten Mittelalter frei von Landeshoheit; ➢*Landesfarben* und ➢*Wappen* bringen dies zum Ausdruck. Die Reichsunmittelbarkeit als „kaiserlich freie Reichsstadt" wurde spätestens mit dem ➢*Gottorper Vergleich* von 1768 anerkannt. Nach dem Ende des Alten Reiches 1806 war Hbg für kurze Zeit souverän und nannte sich „Freie Hansestadt" (➢*Souveränität*). Damit wurde als selbstständiges Namenselement die Erinnerung an die längst vergangene ➢*Hanse*, aber auch ein Bezug auf die beiden anderen freien Hansestädte ➢*Lübeck* und ➢*Bremen* aufgenommen. Das 1819 eingefügte „und" betont dagegen, dass die Stadt ihre Bundesunmittelbarkeit nicht aus ihrer Eigenschaft als frühere Hansestadt ableitete. Seit 1938 wurde das von den Nationalsozialisten gleichgeschaltete Hbg nur noch „Hansestadt" genannt. Die ➢*Verfassung* von 1952 führte den S. von 1819 wieder ein, und das Land der Bundesrepublik Deutschland heißt „Freie und Hansestadt Hamburg". *HWE*

Stade war noch im Hochmittelalter der bedeutendste Handelsplatz an der Unterelbe. Erst im Spätmittelalter verlor er seine Vormachtstellung an Hbg, da die zunehmend größeren (und tiefgängigeren) Seehandelsschiffe nicht mehr durch die – zudem versandende – Schwinge zum Stader Hafen gelangen konnten. Größere Schiffe mussten deshalb vor der Schwingemündung im Ausweichhafen Stadersand anlegen. Mithilfe des 1259 vom Landesherrn, dem Bremer Erzbischof Hildebold, verliehenen ➢*Stapelrechts* und des Elbzolls (➢*Elbe*, ➢*Zollwesen*) versuchten die Stader der wachsenden Bedeutung Hbgs für den Elbhandel entgegenzuwirken. Der Versuch scheiterte am Widerstand der Hbger, die die Anerkennung ihres gefälschten ➢*Barbarossa-Privilegs* 1266–68 durchsetzen konnten. Den Hbger Kaufleuten blieb damit zwar der Stapel, nicht aber der Zoll erspart, der in geminderter Höhe bis zum 1.7.1861 fortbestand.

Seit dem 16. Jh. konnte die Handelsmetropole Hbg ihre Vorherrschaft im Elbhandel quasi zum Monopol erweitern, das sie auch militärisch und gerichtlich zu bestätigen suchte (➢*Lorichs' Elbkarte*). Die Streitigkeiten der beiden Städte führten schließlich 1601 zum Ausschluss Stades aus der ➢*Hanse*. Nur für wenige Jahre hatten die Stader die Handelsentwicklung gegenüber den Hbgern zu ihren Gunsten beeinflussen können, als sie 1587 die aus Hbg vertriebenen ➢*Merchants Adventurers* bei sich aufnahmen. Davon zeugt noch die Erweiterung der städtischen Lateinschule zum Gymnasium Athenaeum 1588, dem die Hbger erst 1613 mit dem ➢*Akademischen Gymnasium* eine universitätsvorbereitende Ausbildungsstätte entgegensetzen konnten. Trotz der Rivalität war das Verhältnis zwischen den beiden Hansestädten auch von Zusammenarbeit geprägt, so etwa bei der Sicherung der Elbschifffahrt, für die die Stader im Gegenzug vom Werkzoll zur Erhaltung des Leuchtturms auf ➢*Neuwerk* befreit waren.

Heute spielen die Stadt Stade (46.831 Einw., 2009) und der zugehörige Landkreis mit etwa 19.000

Berufspendlern (2008) in der Regionalplanung als sog. Achsenendpunkt eine wichtige Rolle, beispielsweise für den Ausbau der Infrastruktur. Seit 2009 nennt sich Stade offiziell wieder Hansestadt. *OK*

Stadterweiterungen Die ersten wachstumsbedingten S. waren die Ausdehnungen der zur ➢*Hammaburg* gehörigen Siedlung im 9./10. Jh. in südl. und westl. Richtung. Die im ➢*Wandrahm-Insel*. Im 17. Jh. wiederholte sich der Vorgang im Gebiet der mit der ➢*Befestigung* bis 1628 entstandenen ➢*Neustadt*. Über den Wallring hinaus dehnte sich die Stadt im Westen um den ➢*Hamburger Berg* und im Osten um ➢*St. Georg* aus. Nicht als Erweiterung des eigtl. Stadtgebiets, sondern überwiegend als Vergrößerung des Staatsgebiets sind die Zuwächse des

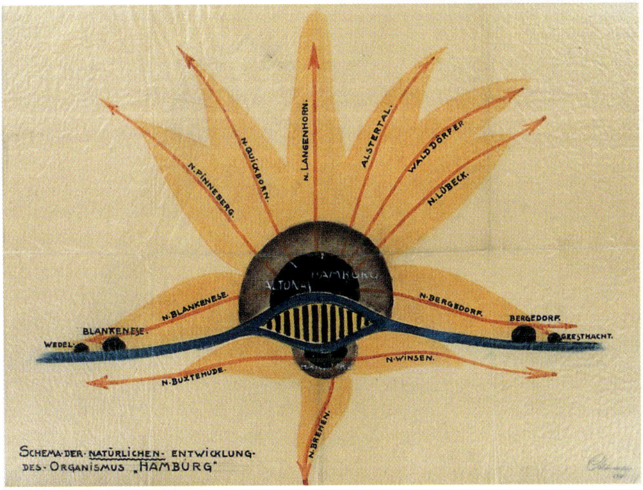

„Schema der natürlichen Entwicklung Hamburgs", wie es Fritz Schumacher 1920 in einer Zeichnung darstellte. Bis heute orientiert sich die Stadt- und Landesplanung an diesen Achsen, die sich auch im Regionalen Entwicklungskonzept wiederfinden.

Jahr 1216 vollzogene Vereinigung dieser ➢*Altstadt* mit der ➢*Neustadt (gräfliche Siedlung)* ist die erste von zahlr. S., bei denen nach politischen Verhandlungen ein bereits bestehendes Gemeinwesen per Verwaltungsakt zu Hbg kam, wenn auch in diesem Fall noch aus zwei Siedlungen eine größere wurde. Bis zum 15. Jh. erfolgte die Erweiterung des Stadtgebiets im Zuge der allmählichen Verdichtung und Ausweitung der ➢*Kirchspiele* durch steigende Bevölkerungszahlen (➢*Bevölkerungsentwicklung*) und Bebauung der bisherigen Garten- und Gewerbeflächen in St. Jacobi und auf der hbg. ➢*Landgebiets* anzusehen. Sie geschahen nach militärischen Eroberungen (➢*Bergedorf*, ➢*Cuxhaven/Ritzebüttel*), diplomatischen Verhandlungen (➢*Gottorper Vergleich*), Landkäufen oder Landpfandnahmen als Folge zumeist handelspolitischer Erwägungen. Der enorme Anstieg der Bevölkerungszahlen im 19. Jh. machte S. dringend notwendig und bewirkte nach dem Ende der ➢*Torsperre* die Erschließung der vor dem ➢*Dammtor* gelegenen Gebiete (➢*Rotherbaum*, ➢*Harvestehude*). Hbg wuchs über seine alten Grenzen hinaus und verwandelte die nächstgelegenen Landgemeinden zunächst in ➢*Vororte*, später in Stadtteile. Im abgebildeten Achsenplan, nach dem sich Hbg als Millionenmetropole künftig entwickeln sollte, sitzt die innere Stadt wie die „Spinne im Netz". Das ➢*Groß-Hamburg-Gesetz* gab dieser Konzeption 1937/38 den rechtlichen Rahmen und schuf den ➢*Stadtstaat* als Einheitsgemeinde. Zu ihr gehörten fortan auch die unmittelbar benachbarten Städte ➢*Altona*, ➢*Harburg* und ➢*Wandsbek*. Die entfernteren Hbger Gebiete gingen an die sie bis dahin umschließenden preuß. Provinzen (Cuxhaven/Ritzebüttel, ➢*Geesthacht*, ➢*Großhansdorf-Schmalenbeck*) über. Die beiden jüngsten S. stellen die hbg. Inseln ➢*Scharhörn* und ➢*Nigehörn* dar. Im ➢*Regionalen Entwicklungskonzept* verlieren die Stadtgrenzen zusehends ihren trennenden Charakter. *Ti.*

Stadthaus (bürgerliches Reihenhaus) Der Wohnhaustyp des S.es kam verstärkt auf, als private Investoren die Erschließung des Gebiets der heutigen Stadtteile ➢*Harvestehude*, ➢*Uhlenhorst*, ➢*Hohenfelde* sowie von Teilen ➢*Eppendorfs* systematisch vorantrieben. Zumeist an rasterförmigen Straßennetzen entstanden S. hier vorwiegend als standesgemäße Wohnungen für das gehobene Bürgertum, das aus der zusehends für Wirtschaft und Verwaltung hergerichteten Innenstadt in die Gebiete der ➢*Stadterweiterungen* umzog. Die Weiträumigkeit mancher S. ließ sie mit Ausnahme der Einzellage den großbürgerlichen Villen in nichts nachstehen. Hochparterre und „Beletage" im ersten Obergeschoss dienten der Repräsentation, die weiteren Stockwerke als Schlafräume für die Familie und die Hausangestellten. Der Haustyp S. wurde in vielen norddt. Städten gebaut; in Hbg wurde er wegen seines häufigen Vorkommens in den genannten Quartieren bereits als „Harvestehuder Haus" bezeichnet, wie er in ➢*Bremen* seit Langem als „Bremer Haus" allgemein bekannt ist.
Ein öffentlich zugängliches S. ist das ➢*Literaturhaus Hamburg* am Schwanenwik 38, das 1868 zusammen mit seinen Nachbarhäusern als zeittypisches Spekulationsobjekt erbaut wurde. Die konventionelle Fassadengestaltung zeigt späten Rundbogenstil, der bei Nr. 37 mit romantisch gotisierenden Elementen versetzt ist. 1989 wurde das Haus unter ➢*Denkmalschutz* gestellt. Seiner Instandsetzung folgte die Restaurierung der gründerzeitlichen, imposanten Innengestaltung, die im 1889 rückwärtig angebauten Festsaal mit Pilastern aus Stuckmarmor und aufwendiger Deckenbemalung besonders sehenswert ist. *Ti.*

Stadthaus (städtisches Verwaltungsgebäude) war zunächst eine Bezeichnung für ein Haus als städtisches Eigentum, bevor S. der gebräuchliche Name für das ➢*Görtz-Palais* wurde, solange dies der Stadt gehörte. Von dem seit 1814 von der ➢*Polizei* und anderen städtischen Einrichtungen genutzten Gebäude am ➢*Neuen Wall* 86 ausgehend, entstand 1888–92 zur Straße Stadthausbrücke hin für dieselbe Behörde ein viergeschossiger Erweiterungsbau von Baudirektor C.J.Chr. Zimmermann (Neuer Wall 88). 1914–23 wurde von F. ➢*Schumacher* die dreiflügelige Anlage um einen fleetüberspannenden Bau erweitert (Stadthausbrücke 8) und somit die Verbindung zu den Gebäuden der Baubehörde auf der anderen Seite des Bleichenfleets geschaffen. Fassadengliederung und Benennung als S. gingen auf die drei nun zusammenhängenden Polizeigebäude über. In allen Geschossen verliefen durchgehende Mittelkorridore.

Verbunden mit dem Görtz-Palais, wurde das 1888–92 errichtete Stadthaus (Ecke Stadthausbrücke/Neuer Wall) Sitz der Polizeiverwaltung; in der NS-Zeit war es ein Ort von Gewalt und Verfolgung. Heute ist dort die Behörde für Stadtentwicklung und Umwelt untergebracht.

Die beiden Erweiterungsbauten waren während der ➢*NS-Zeit* Sitz der Geheimen Staatspolizei (Gestapo). Politisch Verdächtige oder im Widerstand Engagierte wurden hier festgehalten und verhört. Dabei kam es vielfach zu Misshandlungen und Folterungen. Eine Gedenktafel im Eingangsbereich Stadthausbrücke 8 erinnert daran. Nach schweren Kriegszerstörungen wurde der nun von der Baubehörde genutzte Komplex in äußerlich schlichterer Gestaltung und ohne Anschluss an das von der Stadt verkaufte Görtz-Palais wiederhergestellt. *Ti.*

Stadtpark heißt der östl. der ➢*Alster* gelegene 151 ha große Waldpark im Stadtteil ➢*Winterhude*. Am westl. Endpunkt seiner Hauptachse steht das weithin sichtbare ➢*Planetarium*, hinter dem die dem S. angeschlossenen Sportstätten liegen (Jahnkampfbahn, 1929/39, heute verändert). Die Idee zu einer großen Grünanlage in dieser Gegend geht auf F.A. ➢*Meyer* zurück. Der Park entstand schließlich auf dem 1901/02 von der Stadt angekauften Sierichschen Gehölz, das A. Sierich aufgeforstet hatte; das Forsthaus von 1885 steht an der Hindenburgstraße. Ohne konkrete Ergebnisse blieben 1904 ein Gutachtergremium mit J. ➢*Brinckmann*, J.W. Cordes, A. ➢*Lichtwark* und F.E. Vermehren sowie 1908 ein Wettbewerb. Die Anlage erfolgte dann nach dem städtebaulichen Konzept von F. ➢*Schumacher*, der auch die im Wesentlichen 1911–14 durchgeführten Pflanzungen (beides mit F. Sperber, dem Leiter des Ingenieurwesens) und die Hochbauten in den verschiedenen Gartenteilen entwarf: Großrestaurant Stadthalle (östl. des Sees, 1943 ebenso wie Stadtcafé und Milchwirtschaft zerstört). Erhalten sind die Gaststätte Landhaus Walter, die heute auch einen Bluesmusik-Club beherbergt, und das Brunnenhaus (1910–12, heute Seniorentagesstätte). Mit Spielplatz, Planschbecken und Freilichtbühne folgten nach 1918 weitere Freizeit- und Kultureinrichtungen für das „Freiluft-Volkshaus" mit seiner 12 ha großen Festwiese (nach dem Krieg entstand ein Schwimmbad, 1976 ein Blindengarten). In den 1930er und wieder in den 1950er Jahren wurden im S. Motorradrennen ausgetragen.

Der 1912 gegründete Stadtparkverein hat die Aufstellung zahlr. Plastiken initiiert; z.B. sind zu entdecken: „Badende" (Nähe Planschbecken, R. Begas, ca. 1870); „Diana mit Hirschkuh" (Dianagarten, G. Wrba, 1910); „Diana mit Hunden"

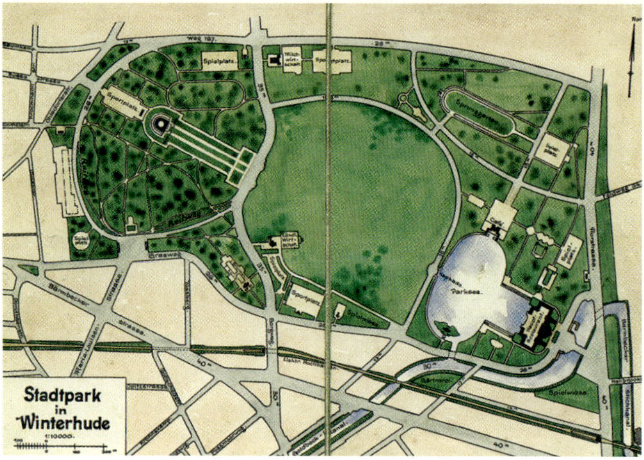

Der farbige Plan des Stadtparks in Winterhude aus den 1920er Jahren zeigt die vielfältigen Nutzungsmöglichkeiten von Hamburgs „Freiluft-Volkshaus" (Fritz Schumacher).

(Nähe Brunnenhaus, A. Bock, 1911, gestiftet von O. Troplowitz); überlebensgroße weibliche Muschelkalkfiguren (westl. Anfang der Festwiese, G. Kolbe, 1926/27, gestiftet von E. Budge). Die Bombeneinschläge im Zweiten Weltkrieg und die Abholzungen als Folge der Brennholznot sowie die veränderte Wiederherstellung bis 1953 gaben der ganzjährig von Erholungsuchenden und Sportlern besuchten Anlage ein neues Gesicht. *Ti.*

Stadt- und Schutzpatrone Hbgs Geschichte kennt mit der Gottesmutter Maria, dem Apostel Petrus sowie der weltlichen „Hammonia" und ihren männlichen Vorläufern mehrere S. Die religiösen S.- u. S. entstanden in christl.-mittelalterlicher Tradition durch Ausweitung der Schutzfunktion der namengebenden Heiligen vom ➢*Dom* und von ➢*St. Petri* auf das Gemeinwesen der Stadt. Der Dom war Maria geweiht, die als Stadtpatronin bis zur ➢*Reformation* verehrt wurde und deren zwei „Mariensterne" sich im Stadtwappen erhalten haben (➢*Wappen, Hamburg*). Daneben gab es Petrus als Patron der Bürger- und Kaufmannssiedlung und ihrer „Marktkirche" St. Petri (➢*Petri Stuhlfeier*). Im 15.–17. Jh. ist er zusammen mit Maria auf hbg. Goldmünzen dargestellt, und beide waren schon früher in das Portal des „Alten Rathauses" (➢*Rathäuser, Alte, 4.*) gemeißelt worden. Daneben wird eine Zeit lang „Hama", der Vorkämpfer der heidnischen Sachsen, als S.- u. S. erwähnt. Ihn hatte im 15. Jh. der Chronist A. ➢*Krantz* als Namengeber Hbgs ins Spiel gebracht. Er tat dies als Ent-

Hamburgs Schutzpatronin auf einem Denkmalsentwurf von Siegfried Bendixen (1832): Hammonia mit Schwert, Eisernem Kreuz und Siegeskranz. Die Szene auf dem Sockel bezieht sich auf das Weltgericht im Matthäus-Evangelium, Kapitel 25, Verse 35/36, und ist ein Appell an die tätige Nächstenliebe, die beim Jüngsten Gericht ihre Würdigung finden wird. Darüber ein Fries mit den Medaillons der Hauptkirchen, begrenzt durch Liktorenbündel als Symbol republikanischer Macht. Von ihren üblichen Insignien trägt diese Hammonia nur die Mauerkrone.

gegnung auf eine Namensdeutung zeitgenössischer Humanisten, die den afrikan. Jupitergott „Hammon“ aus der Antike nach Norddtld übertragen hatten; sie erkannten in ihm einen von den sächs. Ur-Hbgern eingeführten Schutzpatron. Beide Figuren verloren sich wieder und wurden von der „Hammonia“ abgelöst, die zumeist mit Mauerkrone, Merkurstab sowie dem auf einer Stange getragenen Freiheitshut dargestellt wurde. B.H. ➢*Brockes* hatte ihr 1710 in einem Kantatentext zum Durchbruch als Stadtmutter verholfen. Seitdem wurde sie variationsreich in vielen Liedern (➢*Hammonia-Lied*), Gedichten und Schriften genannt und bildlich dargestellt, besonders zur Ausgestaltung des Hbger Wappens sowie auf Münzen und Medaillen. Sie ist auch in der künstlerischen Ausgestaltung des ➢*Rathauses* zu sehen, besonders imposant z.B. am Turm und im Phönixsaal, beides Werke von A. Fitger. In der ➢*NS-Zeit* passte Hammonia als Freiheitssymbol in keiner Weise in die kontrollierte Ideologie der Machthaber und wurde beiseitegeschoben. Heute wird sie gelegentlich wieder als altes Sinnbild städtischer Identität zitiert und abgebildet. *Ti.*

Stadtrecht ist Hbg von seinen Landesherren, den Grafen von Holstein-Stormarn (➢*Holstein*, ➢*Stormarn*), 1188 verliehen und fortan bestätigt worden. Weitere, diese urspr. Privilegien vermehrenden Rechte wurden von Königen und Kaisern gewährt. Z.Z. der ➢*Hanse* basierte die hbg. ➢*Verfassung* auf Gewohnheitsrecht nach ➢*Lübecker* Vorbild. Einzelne Verfassungsgrundsätze erfuhren seit Mitte des 14. Jhs in den ➢*Bursprakes* und im 15. Jh. durch ➢*Rezesse* eine schriftliche Fixierung. Das älteste überlieferte S. ist das Ordeelbook (Urteilbuch) von 1270, dessen Überarbeitung 1301 („dat rode book“), 1302, 1305 und 1306 erfolgte. Obwohl das Rote Stadtbuch nicht offiziell angenommen worden war, bildete es seit 1330 die Grundlage der Rechtsprechung des ➢*Rats*. Parallel dazu wurden aber auch das Ordeelbook von 1270 (seine letzte Abschrift stammt von 1493) und die revidierten Urteilbücher von 1276/77 weiter angewandt.

1497 kam es zu einer erneuten Revision, die Bürgermeister H. ➢*Langen-*

Das nach seinem Einband so genannte Rote Stadtbuch von 1301 ist die älteste erhaltene Handschrift des Hamburger Stadtrechts. Aufgeschlagen ist die Registerseite, links eine Miniatur: Oben thront Christus als Weltenrichter, unten wird den Gerechten das Himmelreich aufgetan, und den Sündern öffnet sich die Hölle.

beck besorgte. In seiner Überarbeitung versuchte er, dem inzwischen vorgedrungenen Gemeinen Recht und dem Sachsenspiegel subsidiäre Funktionen zuzuweisen und die Einflüsse des Römischen Rechts zurückzudrängen. Die Rats-Handschrift des revidierten S.s ist durch eine Reihe aussagekräftiger Miniaturen an jedem Kapitelbeginn illustriert (➢*Hexen*). Die Bilder sind in der Stadt- und Hansegeschichtsforschung vielfältig reproduziert worden.

Die Bilderhandschrift des Hamburger Stadtrechts von 1497 gehört zu den wichtigsten illustrierten Rechtshandschriften aus dem Mittelalter. Die Miniatur „Van schickinge unde vorderinge des neddersten gherichtes“ zeigt in szenischen Darstellungen Verhandlungen vor dem Niedergericht.

1603 kam es zu einer erneuten grundlegenden Revision des S., die 1605, 1618, 1627 und 1712 verändert wurde, dann aber – mit Unterbrechung durch die ➢*Franzosenzeit* – bis in die Mitte des 19. Jhs Verfassungsgrundlage blieb. Reformhoffnungen nach 1814 und 1842 erfüllten sich nicht; der Verfassungsentwurf der sog. ➢*Konstituante* von 1849 wurde nie in Kraft gesetzt. Erst 1859/60 kam es zu einer Verfassungsreform, die bis 1920 in Kraft blieb.

Zwar blieb das S. bis 1859/60 für alle Rechtsbereiche in Gültigkeit, doch sah sich die hbg. Rechtspraxis von allen Seiten durch eine wachsende Zahl ausführlicher Kodifikationen bestimmter Rechtsbereiche umgeben. Nach 1860 wurden dann auch hier Einzelgesetze erlassen, die im Zuge der Reichsgründung und der 1879 eintretenden Reichsjustizreform Veränderungen unterlagen, da zunehmend reichsgesetzliche Vorschriften auch in Hbg griffen (➢*Gerichtswesen*). *LS*

Stadtstaat Anders als in den Flächenstaaten der Bundesrepublik Deutschland fallen im S. Hbg die Stadt als Kommune (Staatsstadt) und das Staatswesen (S.) zusammen. Alle öffentlichen Angelegenheiten sind „Landesangelegenheiten“. Auch die Bezirke bilden keine besondere kommunale Ebene. Kommunale Selbstverwaltung hat es innerhalb des Stadtstaatswesens Hbg nie gegeben, weder im ➢*Heiligen Römischen Reich Deutscher Nation* (bis 1806) noch danach, nur vorübergehend und ansatzweise unter napoleonischer Herrschaft (➢*Franzosenzeit*, 1811–14), dann noch einmal zeitweise und partiell im gewissermaßen politisch zweitklassigen (Land-)Gebiet, als eine „hinkende“ kommunale Selbstverwaltung: 1921 unterschied die ➢*Verfassung* die Stadtgemeinde Hbg – als Staatsstadt, ohne interne kommunale Selbstverwaltung – von 30 Landgemeinden und drei Städten (➢*Bergedorf*, ➢*Cuxhaven*, seit 1924 auch ➢*Geesthacht*); die Landgemeinden besaßen Selbstverwaltung unter Aufsicht des ➢*Senats* der Staatsstadt, der aus seiner Mitte einen „Landherrn“ bestimmte (➢*Landgebiet*). 1934 verlor Hbg seine Eigenschaft als Staat. 1938 machte das Gesetz über die Verfassung und Verwaltung der Hansestadt Hamburg (➢*Groß-Hamburg-Gesetz*) das 1937 geschaffene Groß-Hamburg (49 Landgemeinden und Städte) zu einer reichsunmittelbaren Einheitsgemeinde: „staatlicher Verwaltungsbezirk" und zugleich „Selbstverwaltungskörperschaft". Staatliche und gemeindliche Aufgaben wurden bei der Behörde „Reichsstatthalter" vereint. Damit war die Trennung in Staatsstadt und abhängiges Landgebiet beendet. Die Vorläufige Verfassung von 1946 sanktionierte die Einheitsgemeinde und stellte gleichzeitig Hbg als Staatswesen wieder her; sie unterschied allerdings noch staatliche „Gesetze" und kommunale „Satzungen". In der Verfassung von 1952 (Art. 4) wurde diese Trennung beseitigt. *luz*

Stadttheater/Staatsoper Das erste öffentliche, jedoch privat finanzierte Theater in Hbg war die 1678 eröffnete Oper am ➢*Gänsemarkt*, die bis 1738 regelmäßig mit festem Ensemble musikalische Werke aufführte. Nach der Schließung der Oper diente das Gebäude dann wechselnden reisenden Theatertruppen als Bühne. 1763 errichtete der Schauspieler K.E. Ackermann auf demselben Gelände ein neues Komödienhaus und führte es überwiegend als Sprechtheater, das 1771 sein Stiefsohn F.L. ➢*Schröder* als neuer Direktor übernahm. Das Repertoire umfasste unter seiner und seiner Nachfolger Leitung neben dem Schauspiel auch Singspiele und Ballettaufführungen. 1826/27 wurde wegen Baufälligkeit des Komödienhauses das neue Stadttheater an der Dammtorstraße nach Plänen von C.L. ➢*Wimmel* errichtet (unter Abänderung eines Entwurfs von K.F. Schinkel, 1873 Umbau von M. ➢*Haller*). Dessen bauliche Substanz hat sich mit zahlr. technischen Veränderungen z.T. bis in das heutige Opernhaus von 1955 bewahrt. Der gemischte Spielplan wurde weitergeführt, aber seit der Eröffnung des ➢*Thalia Theaters* 1843 mehr und mehr wieder auf musikalische Werke konzentriert. Seit 1919 erhielt das bis dahin privatgesellschaftlich geführte Stadttheater staatliche Subventionen und wurde 1933 ganz der staatlichen Verwaltung unterstellt;

Als man noch per Kutsche zum Musentempel fuhr: das Stadttheater in der Dammtorstraße in der Kaiserzeit. Farbige Lithografie von David Martin Kanning, 1880

1919 erfolgte auch die Umwandlung des Stadttheaters in ein reines Musiktheater, das seit 1934 den Namen Hamburgische Staatsoper führt. Zwölf Jahre nach der Zerstörung des Zuschauerhauses während der ➢*Luftangriffe* wurde im Oktober 1955 der architektonisch qualitätvolle Neubau des Architekten G. Weber eröffnet.

Die Hbger Oper erlangte von Beginn an – und v.a. durch die Arbeit der Intendanten G. Rennert (1946–56) und R. Liebermann (1959–73, 1985–88) – immer wieder Weltgeltung durch Ur- und Erstaufführungen und bewahrte trotz mancher Tiefpunkte ein hohes künstlerisches Niveau. In der Staatsoper finden auch die Aufführungen des Hamburg Ballett statt, das seit 1973 von J. Neumeier geleitet wird. Für seine Verdienste um das Ballett wurde er 2007 mit der Ehrenbürgerwürde ausgezeichnet (➢*Ehrenbürger*). 1989 wurde in einem von F. ➢*Schumacher* erbauten Schulgebäude an der Caspar-Voght-Straße in ➢*Hamm* das Ballettzentrum Hamburg mit Ballettsälen und der 1978 von J. Neumeier gegründeten Ballettschule eingeweiht. *GJ*

Stadttore hießen die Öffnungen in den ➢*Befestigungs*anlagen, die nachts und im Verteidigungsfall geschlossen wurden; sie dienten gleichzeitig als Zoll- und Kontrollpunkte (➢*Zollwesen*). Generell waren S. die Schwachpunkte der Verteidigungsanlagen. Das mittelalterliche Hbg hatte zehn Stadttore: ➢*Millern-*, Mühlen-, Alster-, Spitaler-, ➢*Stein-*, Niedern-, Winser-, Bau-, Schaal- und Schaar*tor*. Mit Umbau und Erweiterung der Befestigungsanlagen 1531–58 wurden im Süden vor dem Bau- das Brooktor und vor dem Schaal- das Sandtor errichtet; das Millern-, ➢*Damm-* (ehem. Mühlen-) und Schaaltor mussten umgebaut werden. Nördl. des Pulverturms – zwischen Millerntor und Niederbaum – wurde ein kleiner gewölbter Durchgang, später Bullenstall genannt, angelegt. Das Niederntor war offenbar schon früher geschlossen worden.

Mit dem Bau der Bastionsbefestigungen 1616 wurde die Zahl der Tore auf sechs reduziert: im Westen das Millerntor, im Norden das Dammtor, im Osten das Steintor, im Südosten vor dem Winser- das ➢*Deichtor*; im Süden verblieben das Brook- und das Sandtor. Die neuen Toranlagen wurden nach dem gleichen Schema gebaut: In der Mitte des Verbindungsstücks zwischen zwei Bastionen, der Kurtine, führte ein Gewölbe durch den Wall. Anschließend gelangte man über eine den Graben überspannende Zug-

Das Brooktor während der Franzosenzeit. Im Hintergrund die von den Franzosen erbaute Elbbrücke bis zur ersten Fähre. Nach einer Zeichnung von Peter Suhr

brücke in ein Ravelin, von dort durch ein weiteres Gewölbe durch die Ravelinface und über eine zweite Zugbrücke zum Bedeckten Weg und von dort durch einen Schlagbaum ins Umland.
Zwei weitere Tore, das Berliner und Lübecker, entstanden im Zuge der Errichtung des Neuen Werkes 1679/82 im Osten des Stadtteils ➢*St. Georg*. Ausschließlich als ➢*Akzise*sperren wurden noch Mitte des 19. Jhs das Ferdinands-, Hafen- und Holstentor eingerichtet. Im Rahmen der Entfestigung (➢*Wallanlagen/Entfestigung*) und später der Aufhebung der ➢*Torsperre* 1860 wurden alle S., soweit noch nicht geschehen, abgebrochen. Viele Straßen- und Platznamen in den Innenstadtbereichen erinnern an ihre ungefähre Lage. *KKW*

Städtepartnerschaften Hbg unterhält weltweit Partnerschaften mit acht Städten. Die ersten beiden Vereinbarungen wurden im Zeichen der Aussöhnung nach dem Zweiten Weltkrieg mit St. Petersburg (damals noch Leningrad, 1957) und mit Marseille (1958) geschlossen. Später folgten weitere mit Shanghai (1986), Dresden (1987), Osaka, León (beide 1989), Prag (1990) und Chicago (1994). Die Partnerschaften sind Grundlage für kulturellen Austausch auf allen Ebenen und dienen ebenso wissenschaftlichen, technologischen und wirtschaftlichen Interessen, besonders im Falle Shanghais und Osakas. Das in Nicaragua liegende León ist der Entwicklungspartner der Hansestadt. 2010 schloss Hbg eine Städtepartnerschaft mit der ostafrikanischen Stadt Daresalam (Tansania). *Ti.*

Städtischer Musikdirektor Die offizielle Bezeichnung des S.M.s lautete „Cantor und Director Chori Musici" und umriss damit die offiziellen Aufgaben, wie sie seit J. ➢*Aepinus'* Kirchenordnung bis zum Beginn des 19. Jhs in Hbg an die Position des Kantors des ➢*Johanneums* geknüpft waren. Dem Kantor als Leiter des Johanneumsschulchores oblag die Aufsicht über die gesamte Kirchenmusik der Stadt, für die er nach Möglichkeit auch eigene Kompositionen zu liefern hatte. Zudem wurden ihm in der Regel noch das Kantorat des nicht unter städtischer Verwaltung stehenden ➢*Doms* und die musikalische Organisation der großen Feiern der ➢*Bürgerlichen Kollegien* übertragen, sodass praktisch die gesamte offizielle Musikpflege der Hansestadt in seinen Händen lag. Die Reihe der Hbger S.M.en weist mehrere Persönlichkeiten von musikgeschichtlicher Bedeutung auf: E. Decker (bis 1605), E. Sartorius (bis 1637), Th. Selle (bis 1663), Chr. Bernhard (bis 1674), J. Gerstenbüttel (1675–1721), G.Ph. ➢*Telemann* (bis 1767), C.Ph.E. ➢*Bach* (bis 1788) und Chr.F.G. Schwencke (bis 1822). Nach Schwenckes Tod wurde das Amt entsprechend der veränderten Musikorganisation der Stadt abgeschafft. *GJ*

Stalhof (engl. Steelyard) hieß der für die Hbger besonders wichtige ➢*Kontor*komplex der ➢*Hanse* in London. Der Name stammt vom ➢*plattdeutschen* Verb „stalen" für das Anbringen von Blei- oder Wachsplomben an Tuchen. Nach den Kölner Kaufleuten (1157) wurde es den Hbgern (1266) und Lübeckern (1267) erlaubt, in London ihre eigene „Hansa" zu unterhalten. 1281 erfolgte der Zusammenschluss unter einem gewählten „Ältermann". Der unter Selbstverwaltung stehende S. hatte im Rahmen der Londoner Stadtgemeinde die Aufgabe, das Bischofstor zu verteidigen. Dem S. nachgeordnet waren weitere hansische Niederlagen, in Boston und King's Lynn v.a., nördl. Londons an der brit. Ostküste. Die Speicher, die in Lynn noch erhalten sind, geben Anhaltspunkte dafür, wie man sich den S. baulich vorzustellen hat; ferner hat der Londoner Stadtchronist J. Stow (1525–1605) eine detaillierte Beschreibung des S.s gegeben. 1598 wurden die S.-Gebäude von Königin Elisabeth I. beschlagnahmt, weil ihre ➢*Merchants Adventurers* sich in Dtld nicht dem Prinzip der Gegenseitigkeit entsprechend behandelt sahen – nur das am Englandhandel besonders interessierte Hbg machte hier eine Ausnahme. 1606 wurde das Gebäude an die Hanse zurückgegeben und seit 1629 von den Städten ➢*Lübeck*, ➢*Bremen* und Hbg verwaltet (➢*Hanseatische Gemeinschaft*). Beim Great Fire, der großen Londoner Brandkatastrophe von 1666, wurde der S. eingeäschert. Das auf Kosten Hbgs, Lübecks und Bremens wiederaufgebaute Haus wurde zum Sitz der diplomatischen Vertretung der Hanseatischen Gemeinschaft, aus dem S.-Meister wurde der Generalkonsul oder Ministerresident; der letzte Amtsinhaber, J. Colquhoun (1780–1855) wurde Hbger, aber auch Lübecker und Bremer Ehrenbürger. 1853 erwarb die Stadt London den Komplex, um ihn bald darauf abzubrechen. An seiner Stelle entstand zehn Jahre später ein Bahnhof, die Cannon-Street-Station (nördl. der Themse, westl. der London Bridge). *luz*

Stapel, Wilhelm (geb. 27.10.1882 Calbe/Milde, gest. 1.6.1954 Hbg), Publizist. S. studierte nach Buchhändlerausbildung und Abitur Kunstgeschichte, Germanistik, Theologie, Philosophie und Volkswirtschaft. 1911 wurde er mit einer kunstgeschichtlichen Arbeit in Göttingen promoviert und Redakteur des „Kunstwarts" sowie Geschäftsführer des „Dürerbundes". 1917 leitete er das Hbger ➢*Volksheim* und wurde 1918 Schriftleiter der 20 Jahre später eingestellten Zeitschrift „Deutsches Volkstum"; daneben veröffentlichte er eine Fülle journalistischer Arbeiten. 1926–31 war er zusätzlich Leiter der kulturpolitischen Abteilung der ➢*Hanseatischen Verlagsanstalt*, bei der er später als Lektor tätig war. 1946 wurde S. auf Anordnung der brit. Militärregierung (➢*Britische Besatzung*) entlassen. Mit seiner Volkslehre gilt er als Wegbereiter der Nationalsozialisten, deren Machtübernahme er begrüßte und deren Terrormaßnahmen er publizistisch unterstützte. *He.*

Stapelrecht ist ein Privileg, das im Mittelalter einigen Städten durch Gewohnheit oder als verliehenes Recht zukam: Sie konnten durchziehende Kaufleute dazu zwingen, ihre Waren zu Preisen anzubieten, die von der Stadt festgelegt worden waren. Der Begriff Stapel stammt aus dem ➢*Plattdeutschen* und bedeutet dort etwa Unterlage, Gerüst oder Verkaufsstelle. So wird ein Schiff vom Stapel gelassen, oder gleichartige Gegenstände wie z.B. Warenballen werden zu einem Stapel aufgeschichtet. Durch die hansische Geschäftssprache verbreitete sich dieser Terminus weit über den dt. Sprachraum hinaus und wurde in Gestalt des S.s zum juristischen Be-

griff für Kauf- oder Vorkaufsrecht. Kaiser Friedrich III. bestätigte Hbg am 14.7.1482 in einer Urkunde die althergebrachte Gewohnheit, dass auf der ➢*Elbe* vorbeiziehende Kaufleute ihre Waren, v.a. das für die ➢*Bier*brauerei so wichtige brandenburg. Getreide, zunächst in Hbg anzubieten hatten.
Ob das Vorbeifahren auf der ➢*Süderelbe* diesem Gebot zuwiderlief, blieb dabei ungeregelt, was zu langwierigen Auseinandersetzungen mit den Herzögen von Braunschweig-Lüneburg führte (➢*Lorichs' Elbkarte*). Wiederholt brachte Hbg Getreideschiffe zwangsweise von der Süderelbe in den eigenen ➢*Hafen*. Der 1554 von der Stadt vor dem Reichskammergericht begonnene Prozess, dem sich auf herzoglicher Seite die Städte Buxtehude und ➢*Stade* anschlossen, endete nach über 100 Jahren 1661 ohne Entscheidung. 1611 hatten sich Hbg und die Herzöge von Braunschweig-Lüneburg dahingehend verglichen, dass die Hansestadt alle vorbeifahrenden Schiffe anhalten bzw. auf der Süderelbe verfolgen konnte.
Die erfolgreiche wirtschaftliche Entwicklung Hbgs, deren Anfänge zu einem großen Teil auf der vom Kaiser unterstützten Elbschifffahrtspolitik beruhten, hatte für unumstößliche Tatsachen gesorgt. Hbg war es dank seiner günstigen geografischen Lage besser als anderen Hansestädten gelungen, die ab dem 16. Jh. nach Westeuropa verlagerten Warenströme über sein Territorium zu lenken. *Bü*

Star-Club hieß 1962–69 ein Veranstaltungslokal im Haus ➢*Große Freiheit* 39. Der Gastronom M. Weißleder übernahm die seit 1949 bestehenden „Stern-Lichtspiele“ und baute sie zu einem Musikclub um. In seinem Auftrag fuhr der Geschäftsführer H. Fascher nach England und engagierte dort junge, talentierte Bands des Rock 'n' Roll nach Hbg. Am Premierenabend am 13.4.1962 spielten u.a. die noch unbekannten „Beatles“, deren märchenhafter Aufstieg auf dem Hbger ➢*Kiez* begann. Noch im selben Jahr gastierte mit G. Vincent der erste „Star“, bereits weltberühmt war auch R. Charles. Schon 1963 war der S.-C. ein international renommiertes Zentrum der Rockmusik.

Der Kiez war Ausgangspunkt einer Weltkarriere: Im legendären Star-Club wurden die Beatles populär. Foto vom ersten Auftritt im April 1962

Nahezu alle namhaften amerikan. Bands und Solisten bemühten sich um Konzerttermine, und Größen wie Ch. Berry, B. Haley oder F. Domino ließen sich ihre Auftritte schriftlich bestätigen. Daneben veranstaltete Weißleder weiterhin Nachwuchs-Wettbewerbe für Amateur-Bands, gründete eine Schallplattenfirma und gab mit den „Star-

Club-News" eine eigene Musikzeitschrift heraus. Name und Konzept des S.-C.s wurden an Betreiber in zahlr. dt. Städten vermietet.
Wegen Schwierigkeiten mit der Konzession und steigender Gagen bei stagnierenden Umsätzen verpachtete Weißleder 1967 seinen Club. Trotz Auftritten von J. Hendrix, „The Nice" oder „Yes" sowie eines erneuten Pächterwechsels 1969 schloss der Club im selben Jahr endgültig. Bis zur Zerstörung des Hauses bei einem Brand 1983 befand sich in den Räumen mit R. Durands „Salambo" ein Erotik- und Sex-Theater. *Ti.*

Statistisches Amt für Hamburg und Schleswig-Holstein – Anstalt des öffentlichen Rechts (Statistikamt Nord) Als Amt der Behörde für Inneres ist das S.A. die Zentralstelle für die amtliche Statistik in Hbg und führt zugleich als Landeswahlamt die Wahlen zum Europaparlament, zum Bundestag, zur ➢*Bürgerschaft* und zu den Bezirksversammlungen durch (➢*Bezirke*, ➢*Wahlrecht*). Das S.A. nahm seine Arbeit 1866 als Bureau für Steuerstatistik bei der ➢*Deputation* für direkte Steuern auf, nachdem Juristen und Kaufleute bereits 1853 einen Verein für Statistik gegründet hatten. Von Anfang an übernahm es auch die Aufgabe einer schon seit 1863 bestehenden Zentralwahlkommission. Seit 1872 Statistisches Bureau der Steuer-Deputation genannt, erhielt es u.a. 1872 durch die Einführung von Standesämtern sowie die vom Reich angeordneten Volkszählungen und anderen Auftragsarbeiten, die sich zunehmend auf Handel und Schifffahrt bezogen, weitere Aufgaben. 1874 wurde erstmals das „Statistische Jahrbuch für den Hamburgischen Staat" herausgegeben. 1886 wurde dem S.A. die Herausgabe des „Amtsblatts der Freien und Hansestadt Hamburg" und seines Beiblatts, des „Öffentlichen Anzeigers", übertragen (➢*Hamburgisches Gesetz- und Verordnungsblatt*), bis diese Aufgabe 1906 auf die Senatskanzlei überging.
Die Zahl der Publikationen des S.A. hat seither stetig zugenommen. Dazu gehört auch das zuletzt 2008 erschienene Straßen- und Gebietsverzeichnis der Freien und Hansestadt Hamburg. Seine Grundlage ist die vom Amt geführte Adress- und Schlüsseldatenbank, die alle rund 8.000 Straßen und mehr als 270.000 Hausnummern der Stadt nachweist. Zum 1. Januar 2004 legten Hbg und Schleswig-Holstein ihre Statistischen Landesämter zusammen. Seitdem besteht das gemeinsame Statistische Amt für Hamburg und Schleswig-Holstein – Anstalt des öffentlichen Rechts – (Statistikamt Nord). Es stellt an seinen beiden Standorten – Hbg und Kiel – zwei umfassende Fachbibliotheken rund um die Arbeit der Amtlichen Statistik für die breite Öffentlichkeit und Wissenschaft bereit, mit einem Fundus von ca. 140.000 Publikationen mit aktuellen und historischen Daten und Fakten für Hbg und Schleswig-Holstein. *luz*

STATT Partei DIE UNABHÄNGIGEN heißt die Protestpartei, die 1993 bei der Wiederholung der Wahl zur ➢*Bürgerschaft* acht Sitze erhielt. Initiator war der aus der ➢*CDU* ausgetretene Verlegererbe M. Wegner. Er hatte zuvor in der „Vereinigung Demokratische Offenheit" (DemO) mitgearbeitet, die 1991 von Mitgliedern aller Bürgerschaftsparteien gebildet worden war (u.a. von

W. Steffani/CDU, U. Skirke/SPD; M. Schmidt/GAL) – für innerparteiliche Demokratie und gegen „Hamburger Filz". Mit anderen DemO-Mitgliedern hatte Wegner unter Hinweis auf Mängel an innerparteilicher Demokratie in der CDU zunächst die Ergebnisse der Bundestagswahl 1990 gerichtlich angefochten, erfolglos, sodann die der Bürgerschaftswahl 1991. Der hierbei vor dem Hbger Verfassungsgericht erzielte Erfolg und das Medienecho regten ihn zur Gründung der S. an, die in der Öffentlichkeit als „grau" bezeichnet wurde. Sie schaffte es aber weder, an die Parteienkritik der DemO anzuknüpfen, noch ein Hbg-Programm zu präsentieren, noch sich mit größerer Resonanz bundesweit auszudehnen. Sie ging ein Regierungsbündnis mit der ➢*SPD* ein, die bei der Bürgerschaftswahl ihre absolute Mehrheit verloren hatte, und erhielt das Vorschlagsrecht für zwei Mitglieder des „rot-grauen" ➢*Senats*. Schon 1995 zählte sie nur noch fünf Abgeordnete und hatte ihren Fraktionsstatus verloren. Wegner, vom Magazin ➢*DER SPIEGEL* als „Polit-Irrwisch" eingeschätzt, war einem Ausschlussverfahren durch Austritt zuvorgekommen. SPD und ➢*GAL* räumten der Fraktion der S. durch Gesetzesänderung den Status einer parlamentarischen „Gruppe" ein. Bei der Bürgerschaftswahl 1997 scheiterte die S. an der 5 %-Hürde. *luz*

Stauer ist die Bezeichnung für einen ➢*Hafen*facharbeiter im Seehafenumschlagbetrieb, der das Stauen der Güter unter Berücksichtigung ihrer transporttechnologischen Eigenschaften im Laderaum oder auf Deck eines Schiffes anleitet und kontrolliert. Das Laden und Löschen der Schiffe wird zumeist an Stauereibetriebe vergeben. *KKW*

Steilshoop ist ein Stadtteil im Bezirk ➢*Wandsbek* mit 19.116 Einw. (2009) auf 2,5 km^2 Fläche. Das bis 1867 zum Amt Trittau, danach zum Kreis ➢*Stormarn* gehörige Dorf zählte zu den holstein. Ortschaften, die am längsten im Kirchspiel ➢*Eppendorf* eingepfarrt blieben; es kam erst in preuß. Zeit zur Kirche von ➢*Bramfeld*. S. hatte 1855 drei Vollhufen und drei Altenteilsstellen mit einer Bevölkerung von nur 71 Menschen. Die Bauern lebten von Ackerbau und vom Milchverkauf in das nahe Hbg, später auch nach Wandsbek. In preuß. Zeit wurde die Landgemeinde zu einem beliebten Villenort für hbg. Bürger. 1937/38 kam sie zu Hbg. 1961–77 wurde die Großsiedlung S., die heute weitgehend das Image des Stadtteils bestimmt, geplant und ausgeführt. Sie stellt den Abschluss der aus ➢*Barmbek* nach Norden herausgewachsenen Wohnquartiere dar. Das Gebiet orientiert sich an einer zentralen Fußgängerachse, von der aus Ringe abgehen, die die Bebauung um große Hofinnenflächen erschließen. Ein markantes Zentrum bietet einen Anknüpfungspunkt für differenzierte Raumbildungen im Umfeld der Großsiedlung. *LS*

Steinheim, Salomon Ludwig (bis 1808 Levi, geb. 6.8.1789 Bruchhausen bei Ottbergen, gest. 18.5.1866 Zürich), Arzt, Theologe. S. entstammte der seit 1685 im Gebiet der reichsunmittelbaren Abtei Corvey ansässigen jüd. Familie Levi. 1804–07 besuchte Salomon Levi das ➢*Christianeum* in ➢*Altona*. 1808 nahm er den Namen Steinheim an. Nach dem Medizinstudium in Kiel und Berlin, das er 1811 mit der Promotion in

Kiel abschloss, ließ er sich in Altona als Arzt nieder. Bei der Bekämpfung von Epidemien – 1814 Typhus, 1830 Cholera – zeichnete er sich besonders aus. 1827 war er Mitgründer der Flussbadeanstalt in Altona. Der jüd. Gemeinde diente er als Armen- und Hospitalarzt. S. gehörte zu den Vorkämpfern der ➢*Judenemanzipation* in ➢*Holstein*; G. ➢*Riesser* zählte zu seinen Freunden. Nach 1845 lebte S. meist in Italien. Sein Haus in Rom war, wie zuvor schon sein Altonaer Domizil, ein Anziehungspunkt für Künstler und Gelehrte.

S. war ein bedeutender jüd. Theologe. Sein Hauptwerk „Die Offenbarung nach dem Lehrbegriff der Synagoge" (4 Bde, 1835–36) behandelt die Unterschiede von Philosophie und Religion, Vernunft und Offenbarung. Kern der Lehre der Offenbarung war für S. „Daß der geoffenbarte Gott, als Schöpfer, ein durchaus freier Geist, als Ursache der Welt ist" und „Daß der Schöpfergott den Menschen in seinem Ebenbilde, d.i. als eine freie, sich und sein Tun selbst bestimmende Ursache erkennt". Nach S. wurde 1986 an der Universität/Gesamthochschule Duisburg ein Institut für deutsch-jüdische Geschichte benannt. *Ko.*

Wie sich Peter Suhr um 1830 den Blick durch das Steintor in die Stadt im Jahr 1600 vorstellte: Zwischen die beiden 20 Meter hohen Tortürme zeichnete er die Turmspitzen von St. Jacobi und St. Petri ein, links davon die des Doms.

Steintor Bereits in der mittelalterlichen ➢*Befestigung* war dieses erstmals 1266 erwähnte Tor das Haupttor im Osten der Stadt. 1483 wurde es im Zuge der Wallverstärkung in repräsentativer Form umgebaut: Es bestand danach aus zwei runden, wuchtigen, etwa 20 m hohen Türmen mit dazwischen liegendem hohem Gewölbe; der neue Stadtgraben wurde mit einer Zugbrücke überquert. Ab 1531 wurde das Tor mit Außenwerken versehen, und erst 1580 waren die Verstärkungsarbeiten abgeschlossen. Mit dem Bau der Bastionsbefestigungen und der Verringerung der ➢*Stadttore* musste das Tor nach Norden verlegt werden. Das alte Tor lag nun hinter der Bastion Sebastian und diente bis 1837 als Pulvermagazin. Für das neue Tor hatte der Ingenieur J. van ➢*Valckenburgh* dem ➢*Rat*

1616 eine detaillierte Bauanweisung übersandt. Zunächst in einfacher Form gebaut, wurde es 1678 massiv aufgemauert. Schon 1625 waren zur weiteren Sicherung vor das Tor ein Ravelin und 1672 davor noch ein Hornwerk gelegt worden. Das S. wurde 1806 abgebrochen. *KKW*

Steinway & Sons Hamburg 1850 wanderte der Seesener Tischlermeister H.E. Steinweg mit seiner Familie in die Vereinigten Staaten aus. Drei Jahre später gründete er gemeinsam mit seinen vier Söhnen in New York das Unternehmen Steinway & Sons, das 1880 um die Hbger Steinway Fabrik in der Schanzenstraße erweitert wurde. Zwischen 1853/80 und 2004 wurden unter den in beiden Werken koordiniert vergebenen Seriennummern ca. 570.000 Pianofortes (Flügel) und Pianinos (Klaviere) hergestellt und weltweit vertrieben. 1923–28 entstand am Rondenbarg in ➢*Bahrenfeld* eine neue, mehrfach erweiterte Fabrik. 1953 erfolgten der Verkauf der inzwischen nur noch von der Verwaltung genutzten Werkstätten in der Schanzenstraße und im selben Jahr die Eröffnung des Steinway-Hauses in den ➢*Colonnaden* 29. Es ersetzte die 1904 am Jungfernstieg eingerichteten Verkaufsräume. Seit Januar 2005 befindet sich das Steinway-Haus am Rondenbarg 15. Das Unternehmen beschäftigt heute ca. 357 Mitarbeiter (15 Auszubildende) und gehört zur Steinway & Sons Inc., New York. *Ti.*

Ein Firmenname mit gutem Klang in der ganzen Welt: Steinway & Sons produziert seit 1880 Flügel und Klaviere an der Elbe. Alte Fabrikschuppen am Rondenbarg, Foto um 1950

Steinwerder ist ein Hafen- und Industrie-Stadtteil im Bezirk ➢*Hamburg-Mitte* mit 45 Einw. auf 7,8 km² Fläche (2009). Im Osten und Westen wird S. von den Elbarmen Reiherstieg und ➢*Köhlbrand* begrenzt, im Süden von der früheren Insel Neuhof und der ➢*Köhlbrandbrücke.*

Die Namen S. (S. Hafen, S. Kai, S. Kanal), Ellerholz (Ellerholzhafen, -schleuse), Grevenhof (Grevenhofkai, -kanal), Kuhwerder (Kuhwerder Hafen) und Roß (Roßhafen, -kanal) gehen auf ➢*Elbinseln* oder darauf gelegene Pachthöfe zurück, die v.a. infolge des ➢*Gottorper Vergleichs* (1768) aus dän.-holstein. Besitz zu

Hbg kamen. Auf dem nach 1840 hochwassersicher aufgehöhten S. entstanden bald am Reiherstieg die ersten Schiffbauplätze. 1885–90 wurden 3.000 Menschen ausgesiedelt. Die Arbeitskräfte kamen aus der ➢*Neustadt* und ➢*St. Pauli* nach S., das seit 1911 durch den Alten ➢*Elbtunnel* erreichbar ist. ➢*Blohm + Voss* und andere ➢*Werften* auf S. machten Hbg zu einem Welt-Schiffbauzentrum. Nach dem Zweiten Weltkrieg setzte unter der ➢*Britischen Besatzung* v.a. hier die ➢*Demontage* an, die aber – mittelfristig betrachtet – zugleich Platz für neues, moderneres, freilich auch verändertes Wachstum schuf: Der Großschiffbau ist in der zweiten Hälfte des 20. Jhs stark zurückgegangen, und der ➢*Containerverkehr* prägt zunehmend das Bild; der Containerterminal Tollerort (➢*HHLA*) liegt im Nordwesten des Stadtteils. Auf einem ehemaligen Werftgelände am Südufer der Norderelbe ist für Musicalaufführungen das private Theater im ➢*Hafen* Hamburg errichtet worden, dessen Gäste z.T. von den gegenüberliegenden ➢*St. Pauli-Landungsbrücken* mit Fährschiffen übergesetzt werden. *luz*

Stellingen ist ein Stadtteil im gleichnamigen ehem. Ortsamtsgebiet des Bezirks ➢*Eimsbüttel* mit 22.812 Einw. (2009) auf 5,8 km² Fläche. Das bis 1892 zum Kirchspiel ➢*Niendorf* gehörende Dorf war bis 1867 Teil der Herrschaft Pinneberg (➢*Holstein-Pinneberg*) und lag im Zuständigkeitsbereich der Kirchspielvogtei ➢*Ottensen*. Danach wurde es Landgemeinde im Kreis Pinneberg. 1855 hatte es sieben Vollhufen, eine Dreiviertelhufe, zwei Halbhufen, elf Sechzehntelhufen und ca. 30 Anbauernstellen. Insgesamt lebten in S. damals 870 Einw. Eine Reihe von Stellen lag abseits des eigtl. Dorfes an der Chaussee von ➢*Altona* nach Kiel; hier waren auch die sechs Wirtshäuser angesiedelt (➢*Langenfelde*). Milchhandel nach Altona bildete für die Landwirte einen wichtigen Erwerbszweig. Es gab eine Reihe von Handwerkern und Gewerbetreibenden, daneben auch eine Ziegelei. In preuß. Zeit entwickelte sich das Dorf zum Vorort von Hbg und Altona; zu Letzterem erhielt es um 1900 ➢*Straßenbahnverbindung*. Auf den Bau einer eigenen Kapelle (1890) folgte 1892 die Abtrennung einer mit ➢*Eidelstedt* gemeinsamen Kirchengemeinde von Niendorf. 1906 wurde wiederum Eidelstedt ausgepfarrt, eine eigene Kirche erhielt S. 1908. Seit 1898 gab es hier das Krüppelheim Alten Eichen, eine Heil-, Erziehungs- und Pflegeanstalt für körperbehinderte Kinder mit 90 Pfleglingen (1907). Im Ort siedelten sich zahlr. Gewerbe an, darunter zwei Lederfabriken. Die Ansiedlung von ➢*Hagenbecks Tierpark* auf einem 21 ha großen Gelände schuf hier 1902–07 weltweit erstmals einen naturnahen zoologischen Garten. S. wurde 1927 nach Altona eingemeindet und kam 1937/38 an Hbg. *LS*

Stern, Otto (geb. 17.2.1888 Sohrau, heute Zory/Polen, gest. 17.8.1969 Berkeley/Kalifornien, USA), Physiker. Nach seinem Physikstudium begann S.s Lehrtätigkeit in Frankfurt a.M. und in Rostock. 1923–33 war S. neben seiner Professur für physikalische Chemie an der Hamburgischen Universität (➢*Universität Hamburg*) Direktor des physikalisch-chemischen Instituts. Nach Erlass des „Gesetzes zur Wiederherstellung des Berufsbeamtentums" durch die Nationalsozialisten wurde der international hoch angesehene jüd. Wissenschaftler 1933 in die Emigration gedrängt. S. übersiedelte in die USA und arbeitete dort am Carnegie Institute of Technology in Pittsburgh/Pennsylvania. U.a. entdeckte er die Richtungsquantelung (Stern-Gerlach-Versuch) und entwickelte die Molekularstrahlmethode zur Bestimmung der atomaren und nuklearen Eigenschaften. 1943 erhielt er den Nobelpreis für Physik. *Ti.*

Stern, William Louis (geb. Berlin 29.4. 1871, gest. 27.3.1938 Durham, N.C., USA), Psychologe, Philosoph. S. kam nach seinem Studium bei H. Ebbinghaus in Berlin und einer ersten Lehrtätigkeit in Breslau (1897–1916; seit 1907 als Professor) 1916 nach Hbg. Am 1.3.1916 übernahm er im Rahmen des Allgemeinen Vorlesungswesens (➢*Wissenschaftliche Bildung*) den Lehrstuhl für Psychologie. S. war aktiver Beförderer der 1919 vollzogenen Gründung der Hamburgischen Universität (➢*Universität Hamburg*). U.a. rief er ab dem 6.1.1919 Notkurse für Kriegsheimkehrer ins Leben. Durch seine Kooperation mit der Arbeitsgemeinschaft für Berufsberatung bewirkte er wesentliche Fortschritte auf dem Gebiet der psychologischen Berufsberatung. 1933 zur Emigration gezwungen, floh S. zunächst in die Niederlande, dann in die USA. Dort lehrte er fortan an der Harvard University und der Duke University.

Sich nachdrücklich gegen den Behaviorismus wendend, strebte S. nach einer Synthese von experimenteller und verstehender Psychologie. Seine Konvergenztheorie, die vom Zusammenwirken von Anlage und Umwelt als Prinzip der psychischen Individualentwicklung ausgeht, ist von ebenso großer wissenschaftlicher Tragweite wie seine Begründung der differenziellen Psychologie, die das individuelle Verhalten und Erleben v.a. hinsichtlich der Unterschiede bei persönlichen Eigenheiten sowie der sozialen Herkunft von Individuen untersucht („Die differentielle Psychologie in ihren methodischen Grundlagen", 1911). Bedeutend sind zudem S.s Beiträge zur Wirtschafts-, Arbeits- und Berufspsychologie und der von ihm geprägte Begriff des Intelligenzquotienten („Die psychologischen Methoden der Intelligenzprüfung", 1912; „Methodensammlung zur Intelligenzprüfung", 1920) sowie seine Arbeiten zur pädagogischen Psychologie („Psychologie der frühen Kindheit", 1914).

Philosophisch vertrat S. eine personalistische Position, die nicht den Sachen, sondern allein der Person metaphysische Realität zugesteht („Person und Sache. System des kritischen Personalismus", 3 Bde, 1906–24; „Allgemeine Psychologie auf personalistischer Grundlage", 1935). *Br.*

William Stern wies in der Erforschung psychologischer Aspekte der Berufs- und Arbeitswelt neue Wege und prägte den Begriff des Intelligenzquotienten. Foto um 1920

Sternschanze ➢*Schanzenviertel*

Stiftung Historische Museen Hamburg Zum 1. Januar 2008 wurden in der neuen Stiftung das ➢*Altonaer Museum*, das ➢*Helms-Museum*, das ➢*Museum für Hamburgische Geschichte* – seit 2006 hamburgmuseum – und das ➢*Museum der Arbeit* einschließlich ihrer Außenstellen zusammengeführt. Es ist zu hoffen, dass es der Stiftung gelingt, sowohl die Zusammenarbeit dieser Museen mit gemeinsamen Projekten und Ausstellungen zu stärken als auch die eigenständig gewachsenen Traditionen und spezifischen Profile der einzelnen Häuser zu bewahren. *Ko.*

Stiftungen S. haben in Hbg Tradition. Sie sind seit dem 13. Jh. bezeugt und wurden aus religiösen, philanthropischen und sozialreformerischen Motiven eingerichtet. Seit dem Mittelalter waren immer wieder Bürger bereit, für soziale, kulturelle und wissenschaftliche Zwecke uneigennützig zu stiften. Hbg weist unter den dt. Städten mit fast 1.200 (2010) die meisten S. auf. Die Rechtsaufsicht über die S. führt die Justizbehörde, die fachliche Aufsicht obliegt den zuständigen Fachbehörden.

Zu den ältesten S. in Hbg gehören die Stiftung ➢*Hospital zum Heiligen Geist* mit Oberalten-Stift, ➢*Maria-Magdalenen-Kloster* und Altendank, die auf das Jahr 1227 zurückgeht, das Gast- und Krankenhaus von 1248 (erneuert 1629–32), entstanden aus dem mittelalterlichen Gasthaus für Pilger und arme Reisende des Hospitals zum Heiligen Geist, seit 1632 eigenständig für arme Kranke tätig, das St. Gertrud-Stift von 1454, das Hiob-Hospital von 1505, das urspr. alten Menschen Wohnungen bot und von ansteckenden Krankheiten Befallene aufnahm, die Vereinigten Tile Nigel und Johann Bockholt Stiftungen, errichtet Anfang des 16. Jhs, und das Anna Büring-Testament von 1535. Alle diese S. geben alten und bedürftigen Menschen Wohnungen und Fürsorge (➢*Wohnstifte*).

S. sind auch die aus den ➢*Alsterdorfer Anstalten* (1863) hervorgegangene Evangelische Stiftung Alsterdorf, die Evangelisch-lutherische Diakonissenanstalt Alten Eichen (1867), die Stiftung Hamburgisches Krankenhaus Edmundsthal-Siemerswalde in ➢*Geesthacht* (1898), die Krankenhäuser Bethesda (1856) und Elim (1890) sowie das ➢*Israelitische Krankenhaus* (1839).

Zu den großen S. der Gegenwart gehören die ➢*Körber-Stiftung*, die ➢*Alfred Toepfer Stiftung F.V.S.*, die Werner Otto Stiftung, die v.a. die Medizin fördert (Alsterdorfer Anstalten), die Michael Otto Stiftung für Umweltschutz, die Hamburgische Stiftung für Wissenschaften, Entwicklung und Kultur des Ehepaars Dr. H. und H. Greve, das der ➢*Universität Hamburg* die Flügelbauten neben dem Hauptgebäude an der Edmund-Siemers-Allee stiftete, die Hermann Reemtsma Stiftung und die ➢*ZEIT-Stiftung Ebelin und Gerd Bucerius. Ko.*

Stillhorn hieß eine geschützt liegende ehem. ➢*Elbinsel* im Stromspaltungsgebiet zwischen Norder- und ➢*Süderelbe*. Nachdem die Besiedelung der ➢*Vier-* und ➢*Marschlande* um 1330 bis an S. herangereicht und eine ➢*Sturmflut* 1331 im gegenüberliegenden ➢*Ochsenwerder* zu erheblichen Landverlusten geführt hatte, wurde begonnen, die Insel einzudeichen und urbar zu machen. Eine Urkunde von 1333 bezeugt die Übereinkunft des Ritters J. Schacke mit dem Vogt von Ochsenwerder zur Eindeichung. Zuerst wurde das Ochsenwerder zugewandte „Alte Feld" eingedeicht. In den 1360er Jahren erwarb das Adelsgeschlecht der Groten die Insel und errichtete kurz darauf eine Burg. Zunächst nach Ochsenwerder eingepfarrt, erhielt S. 1388 ein eigenes Gotteshaus, das 1397 geweiht wurde; der Neubau der Kirche erfolgte 1614 (➢*Kirchdorf*). Für 1624 ist eine Schule auf der Insel überliefert. Nach der Übernahme der Groteschen Besitzungen durch Herzog Georg von Braunschweig-Lüneburg-Celle 1672 ging S. in ➢*Wilhelmsburg* auf. *NF*

Stintfang ist die volkstümliche Bezeichnung der Elbhöhe oberhalb der ➢*St. Pauli-Landungsbrücken*, die das Gelände der 1620 aufgeschütteten Bastion Albertus einnimmt. Der Name S. lässt sich bis in das Jahr 1780 zurückverfolgen und bezog sich zunächst nur auf den bis an den Fuß des Hügels heranreichenden Wallgraben, in dem es besonders viele Stinte gab. Der Stint, auch Stierling (lat. Osmerus eperlanus), ist ein Edelfisch und gehört zu den Stinklachsen. In Ost- und Nordsee zu Hause, wird der Seestint auch heute noch im Mündungsgebiet der ➢*Elbe* gefangen. Die Ortsangabe „Auf dem Stintfang" bezeichnet die Spitze der Elbhöhe, die einen eindrucksvollen Blick über den ➢*Hafen* eröffnet. Die dort seit Schaffung des ➢*Befestigungs*rings zu Beginn des 17. Jhs befindliche Bastion wurde am Ende des 18. Jhs beseitigt, während der ➢*Franzosenzeit* 1813/14 erneuert und 1819 endgültig geschleift. 1869 fand hier die erste Internationale Gartenbauausstellung auf dt. Boden statt. In den Jahren 1880–81 wurde auf dem Plateau die im Zweiten Weltkrieg zerstörte ➢*Deutsche Seewarte* erbaut, seit 1954 steht hier eine Jugendherberge. Ihren Bau an dieser Stelle, wo Bürgermeister M. ➢*Brauer* ein Hotel bevorzugt hätte, setzte Hbgs erste Senatorin, P. Karpinski, als ➢*Präses* der Jugendbehörde durch. 1974 wurde auf dem S. eine Aussichtsterrasse angelegt, der sog. Hafen-Balkon. *Smo*

Der verschneite Stintfang im von den Franzosen im Winter 1813/14 wieder befestigten Hamburg. Rechts oben ein französischer Wachsoldat. Zeichnung von Peter Suhr

Stockmeyer (eigtl. Heinrich Christian Meyer, geb. 4.6.1797 Nesse bei Bremerlehe/Bremerhaven, gest. 26.7. 1848 Hbg), Unternehmer. M. wuchs in ärmlichen Verhältnissen als Sohn eines Tischlers auf, der in Hbg eine kleine Stuhl- und Spazierstockproduktion besaß. Bereits achtjährig musste er die von seinem Vater hergestellten Spazierstöcke auf der Straße verkaufen und hatte deshalb keine Gelegenheit, die Schule zu besuchen. Da er den Straßenverkauf eifrig betrieb, bekam er den auch später verwendeten Spitznamen

„Stockmeyer". Mit 19 Jahren gründete er eine eigene Spazierstock-Werkstatt, die er mit organisatorischem Talent im Laufe von nur zwei Jahrzehnten zur größten und modernsten Fabrik Hbgs ausbaute. Einen Teil der Produktion verlegte er 1854 nach ➢*Harburg*. Als sozial engagierter Unternehmer gründete Meyer 1828 eine der ersten dt. Fabrikkrankenkassen. An der Erschließung des ➢*Hammerbrooks* war er maßgeblich beteiligt. Sinnreich steht daher das ihm 1854 von seinen Freunden gewidmete ➢*Denkmal*, ein Granit-Obelisk, heute in der Uferanlage am Mittelkanal unweit der ➢*S-Bahn*-Station Hammerbrook. *SH*

Störtebeker, Klaus (gest. 20.10.1400 [nicht 1402] durch Hinrichtung), Seeräuber. Zusammen mit G. Michels (1401 in Hbg hingerichtet) war der vermutl. aus Wismar stammende S. der bekannteste Anführer der ➢*Vitalienbrüder*. Sein Vorname ist nicht eindeutig gesichert, erst im 15./16. Jh. setzte sich „Klaus" in der Überlieferung durch. 1394, als eine engl. Klageakte ihn für die großen Verluste engl. Kaufleute durch Kaperüberfälle verantwortlich macht, findet sich seine erste schriftliche Erwähnung als Hauptmann der Vitalienbrüder. In diesem Zusammenhang wird er in den folgenden Jahren fortwährend in engl. Aufzeichnungen genannt. Wann er seine Aktivitäten von der Ost- in die Nordsee verlegte, ist unbekannt. Da er zusammen mit Michels zwischen 1398 und 1400 in größerem Maße von Ostfriesland aus operierte, ist zu vermuten, dass er sich bereits vor 1398 in der Nordsee festgesetzt hatte. Der Überlieferung nach wurde S. 1400 in der für Hbg erfolgreichen Schlacht vor Helgoland gefangengenommen und im Oktober mit 30 seiner Leute auf dem ➢*Grasbrook* enthauptet. Im Hamburgischen Jahrregister von 1457, der ältesten Chronik der Stadt, wurde die Hinrichtung irrtümlich auf 1402 datiert.

Während er zu Lebzeiten an Bedeutung hinter Michels zurückstand, setzte ihn die Legende an die erste Stelle. Ein Kupferstich im Besitz des ➢*Museums für Hamburgische Geschichte* galt lange Zeit als Porträt S.s. Auf diesen Irrtum gehen die angeblichen Porträts S.s auf zwei Medaillen zurück. Ein von H. Wagner

Stolz und noch erhobenen Hauptes steht Störtebeker bei der Magdeburger Brücke am Brooktor. Bronzestatue von Hansjörg Wagner

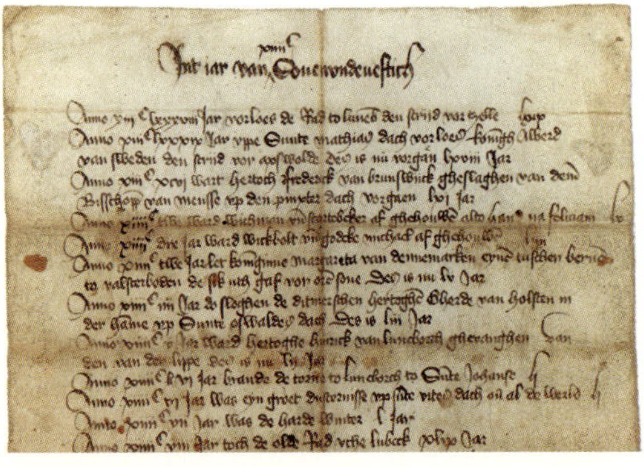

Das Hamburgische Jahrregister, die älteste Chronik Hamburgs, nennt in der siebten Zeile der Abbildung 1402 als Jahr der Hinrichtung Störtebekers. Neuere Forschungen weisen jedoch auf 1400 hin.

geschaffenes Bronzestandbild wurde 1982 auf private Initiative hin am Brooktor an der Magdeburger Brücke aufgestellt. *IR*

Stolten, Johannes Ernst **Otto** (geb. 4.4.1853 Hbg, gest. 8.1.1928 ebd.), Politiker, Zweiter Bürgermeister. Der gelernte Schlosser wurde auf der Wanderschaft in Dresden Sozialdemokrat. 1887 trat er in die Redaktion des ➢*Hamburger Echos* ein. S. zählte zu den führenden Männern der Hbger ➢*SPD* und vertrat einen reformorientierten, pragmatischen Kurs. 1901 wurde er – im Wahlbezirk ➢*Hammerbrook* – als erster Sozialdemokrat in die ➢*Bürgerschaft* gewählt; 1904 übernahm er den Vorsitz der ersten SPD-Fraktion. Seine Überzeugungskraft, Sachlichkeit und fachliche Kompetenz fanden über die Parteigrenzen hinweg Anerkennung. 1913 wurde S. als Nachfolger A. ➢*Bebels* in den Reichstag gewählt, in dem er sich mit Finanz- und Rechtsfragen befasste. 1919 gehörte er der Nationalversammlung an. 1919–25 war er Zweiter ➢*Bürgermeister*. S. begnügte sich mit diesem Amt, da er der Auffassung war, dass der Erste Bürgermeister „auch den alten Hamburger Familien" nahestehen sollte. Die nach seinem Ausscheiden vom ➢*Senat* gestiftete und ihm als Erstem zuerkannte ➢*Bürgermeister-Stolten-Medaille* wird seither „Personen verliehen, die sich durch ihr öffentliches Wirken bleibende Verdienste um Hbg erworben haben". Bürgerschaftsabgeordneter blieb S. bis 1927. *Ko.*

Stoltzenberg-Skandale Der Chemiker und Unternehmer H. Stoltzenberg war im Ersten Weltkrieg Assistent von F. Haber, dem sog. Vater des Gaskriegs. In den 1920er Jahren spielte der promovierte Chemiker und Kampfgasspezialist eine wesentliche Rolle bei den heimlichen dt. Aktivitäten im Bereich der C-Waffen-Rüstung. Verschiedenen Ländern half er bei der Produktion von C-Waffen, so Spanien, das ab 1924 Giftgas bei der Niederschlagung des Rifkabylen-Aufstandes in Marokko einsetzte, und der Sowjetunion. Schlagzeilen machte seine 1923 auf der ➢*Veddel* gegründete Firma, als bei der Explosion eines Phosgen-Tanks am 20.5.1928 zwölf Menschen starben und über 300 verletzt wurden. Nach diesem ersten S.-S. siedelte die Firma 1929 nach ➢*Eidelstedt* um. Dort kam es 1979 zu einem erneuten Skandal, als ein Junge beim Hantieren mit Explosivstoffen starb, die vom Firmengelände stammten. Das anschließend entdeckte Durcheinander von Kampfstoffen, Chemikalien und Munition führte zu einer Regierungskrise in Hbg und erschütterte nachhaltig das Vertrauen in die städtische Verwaltung, deren Mängel ein Parlamentarischer Untersuchungsausschuss offenlegte. Daraufhin setzte der ➢*Senat* 1980 eine Kommission zur Überprüfung von Verbesserungsmöglichkeiten in der Hbger Verwaltung (Haas-Kommission) ein. *Wa.*

Stormarn bildete mit ➢*Holstein* und Dithmarschen die drei sächs. Gaue im Gebiet nördl. der ➢*Elbe*. Der Name leitet sich nach dem Gudrunlied von den „sturmarii", den Sturmleuten, ab. Der am weitesten östl. gelegene Gau erstreckte sich etwa von der Krückau bis an den Kisdorfer Wohld im Nordosten und den ➢*Sachsenwald* im Osten, reichte also bis an den Grenzsaum zu den seit etwa 700 hier eingewanderten Westslawen heran. Der Gau, dem

Der erste Sozialdemokrat in der Bürgerschaft: Otto Stolten erwarb sich große Verdienste um Hamburgs Weg zur Demokratie, er war von 1919–1925 Zweiter Bürgermeister. Aus dieser Zeit stammt auch das Porträt, das sich im Hamburger Rathaus befindet.

ein sog. Overbode vorstand, war viergeteilt; die Gauviertel unterstanden den Boden. Der Viertelseinteilung entsprach die Einteilung in Kirchspiele, die sich bis 1000 jedoch in S. schon geteilt hatten: Es gab Rellingen, ➢*Eppendorf*, ➢*Nienstedten*, Hbg, Steinbek, ➢*Rahlstedt*, Berne (➢*Farmsen-Berne*) und Sülfeld. Holstein und S. wurden Kernbestandteile der Grafschaft Holstein-S., die 1111 an die ➢*Schauenburger* verlehnt wurde. Die Teilungen des Landes unter verschiedene Linien des Grafenhauses und Verkäufe brachten auch eine Teilung S.s mit sich (Grafschaft ➢*Holstein-Pinneberg* westl. und nördl. von Hbg, östl. der Anteil der Plöner Linie, der später holstein-gottorfisch wurde). Die Ämter Trittau, Tremsbüttel und Reinbek blieben bis 1773 gottorfisch und wurden dann kgl.-dän. Gemeinsam mit den Ämtern Reinfeld und Rethwisch sowie der Stadt Oldesloe und den hier liegenden Gütern des Itzehoer Güterdistrikts, zu denen auch ➢*Wandsbek* gehörte, wurde nach der Annexion durch Preußen 1867 – in Erinnerung an die alte Grafschaft – der Landkreis S. gebildet. Zunächst blieb der Sitz des Landrats Reinbek, 1873 wurde Wandsbek Kreisstadt. Als diese 1901 als eigener Stadtkreis kreisfrei wurde, blieb die Kreisverwaltung gleichwohl dort; erst 1943/49 wurde Oldesloe Sitz. 1937 gingen aufgrund des ➢*Groß-Hamburg-Gesetzes* die Gemeinden ➢*Bergstedt*, ➢*Billstedt*, ➢*Bramfeld*, ➢*Duvenstedt*, ➢*Hummelsbüttel*, ➢*Lemsahl-Mellingstedt*, ➢*Lohbrügge*, ➢*Poppenbüttel*, Rahlstedt, ➢*Sasel*, ➢*Steilshoop* und ➢*Wellingsbüttel* in die Gesamtgemeinde Hbg über. 1970 verlor S. an ➢*Norderstedt* und den Kreis Segeberg die zwei gewerblich-industriell bedeutsamen Gemeinden Harksheide und Glashütte. Heute gehört S. zur Metropolregion Hamburg (➢*Regionales Entwicklungskonzept*). *LS*

Strafvollzug Im Mittelalter bestanden als Gefängnisse in Hbg: als Aufbewahrungsgefängnisse die Wachen, für die abgeurteilten Schwerverbrecher die Frohnerei und für leichtere Fälle der Brook- und der Winserturm, die sog. Roggenkiste (➢*Winserbaum*). 1618–22 wurde das ➢*Werk- und Zuchthaus* eingerichtet, dessen Strafvollzugsfunktion sich unter dem Namensbestandteil „Zuchthaus" unter gänzlich anderen rechtlichen Voraussetzungen bis 1969 erhielt. Daneben kam es 1827 zur Gründung des Detentionshauses (Gefängnis). 1841 wurde das Zuchthaus Strafgefängnis für hierher verwiesene aufgegriffene Bettler und Vagabunden; ferner wurden „leichte Diebe" und andere „leichtere Verbrecher" eingewiesen, in eigens dazu eingeräumte Säle aufgenommen und zu schwerer Arbeit angehalten. Als Detentionshäuser galten: das Detentionsgefängnis, der ausschließlich zur Aufnahme hiesiger Bürger bestimmte Winserbaum und die Wache auf dem ➢*Großneumarkt*. Die ➢*Gänsemarkt*wache diente als Disziplinar-Gefängnis des ➢*Bürgermilitärs*, die Pferdemarktwache zur Arrestanten-Unterbringung der ➢*Nachtwache*. Der ➢*Große Brand* erforderte provisorische Lösungen: Das bisherige Detentionshaus wurde zum interimistischen Spinn- und Zuchthaus; hier wurden auch einzelne Untersuchungsgefangene untergebracht. Das bisherige Lombardhaus an der ➢*Lombardsbrücke* wurde in einem Flügel als Detentionshaus zur Aufbewahrung leichter Untersuchungsgefangener und überhaupt als Arrestlokal verwendet, während der Rest des Gebäudes vorübergehend als Strafarbeits- und Kurhaus (leichte Strafanstalt) genutzt wurde. Die Pferdemarktwache wurde als Arrestlokal für 25 Gefangene eingerichtet. 1852 wurde die Raboisenwache erweitert und neben der Pferdemarktwache als Arrestanstalt verwandt. 1854 wurde auf der Hüttenwache ein Arrestlokal für 84 Arrestanten gebaut, das Ersatz für die Großneumarkt- und Gänsemarktwache schuf. Die Strafprozessordnung von 1869 legte drei Freiheitsstrafformen fest: die einfache Haft, die in der Hüttenwache bzw. (bei Selbstversorgung und -beschäftigung) am Winserbaum, die Gefängnisstrafe, die im Detentionshaus bzw. auf der Raboisenwache, und die Zuchthausstrafe, die im Zuchthaus abzusitzen war. Parallel wurde eine Korrektionsanstalt für leichtere Verfehlungen, v.a. jüngerer Menschen, beim Werk- und Armenhaus eingerichtet. 1879 wurde nach jahrzehntelangen Planungen und dreijähriger Bauzeit das Zentralgefängnis in ➢*Fuhlsbüttel* eingeweiht, 1881 das Untersuchungsgefängnis am Holstentor (Holstenglacis), das ab 1877 gebaut worden war. 1889 kam es zur Erweiterung der Hüttenwache. Das Zentralgefängnis Fuhlsbüttel erhielt in den Jahren 1901–05 einen zweiten Bau (Gefängnis II). Ab 1913 wurde der Hahnöfersand als Jugendstrafanstalt aufgebaut und 1928 eröffnet; im selben Jahr kam es auch zur Eröffnung der Reformstrafanstalt Glasmoor. 1929 verwaltete die Gefängnisbehörde (Oberaufsicht über die Gefangenenanstalten) unter Leitung des Direktors der Strafanstalten folgende Anstalten: I Männergefängnis (Fuhlsbüttel), II Männerzuchthaus (Fuhlsbüttel), IV Jugendgefängnis (Hahnöfersand), V Frauenanstalt und -arbeitshaus (Fuhlsbüttel), VI Untersuchungsgefängnis (Holstenglacis), VIII Festung und Arbeitshaus für Männer in Groden im Landesteil Ritzebüttel (➢*Cuxhaven/Ritzebüttel*), ferner die Anstalt Glasmoor (Männergefängnis) und das Gerichtsgefängnis für ➢*Bergedorf*. Durch die sog. Verreichlichung der Justizverwaltung wurden die Strafanstalten dem Generalstaatsanwalt beim ➢*Hanseatischen Oberlandesgericht* unterstellt. Es gab 1935 folgende Anstalten: Hbg 1: Untersuchungsgefängnis, Hbg 2: Fuhlsbüttel Männergefängnis, Hbg 3: Fuhlsbüttel Zuchthaus, Hbg 5: Fuhlsbüttel Frauengefängnis, Hbg 6: Glasmoor Männergefängnis, Hbg 7: Hahnöfersand Jugendgefängnis, Hbg 8: Bergedorf Gefängnis, Hbg 9: Cuxhaven Gefängnis. 1939 werden die Aufgaben der einzelnen Anstalten wie folgt umschrieben: Untersuchungsgefängnis Hbg-Stadt mit Hauptdienststellen, Zentrallazarett, Kriminalbiologischer Sammelstelle,

Der Eingang zur Justizvollzugsanstalt am Suhrenkamp, die 1879 als Zentralgefängnis erbaut wurde. Im Torhaus befindet sich eine Gedenkstätte für das KZ Fuhlsbüttel.

Gerichtsgefängnis Bergedorf, Gefängnis ➢*Wandsbek*; Strafanstalten Fuhlsbüttel mit Männerzuchthaus, Männerstrafgefängnis, Frauenstraf- und Frauenjugendgefängnis; Strafgefängnis Glasmoor; Jugendgefängnis Hahnöfersand; Gefängnis ➢*Harburg*; Gefängnis ➢*Altona*. 1942 hatte sich nur der Charakter des Gefängnisses Bergedorf gewandelt, das in der Zeit Jugendarrestanstalt war.

Nach dem Krieg veränderte sich die Struktur der Strafvollzugsanstalten nur geringfügig. Bestehen blieben die Untersuchungshaftanstalt mit dem Zentralkrankenhaus, die Strafanstalt Fuhlsbüttel (als Zuchthaus bis 1969, „Santa Fu“), die Aufnahme- und Strafanstalt Fuhlsbüttel, die Verwahranstalt Bergedorf, das Männergefängnis Glasmoor (offene Anstalt), die Frauenstrafanstalt Fuhlsbüttel und die Jugendstrafanstalt Hahnöfersand; neu hinzu kamen: das Männergefängnis ➢*Neuengamme* (halboffene Anstalt), die Übergangsanstalt Alt-Erfrade mit gelockertem Vollzug und die Jugendarrestanstalt Wandsbek. 1997 wurde der Neubau des ersten Hbger Frauengefängnisses auf Hahnöfersand, 2003 der Neubau der Justizvollzugsanstalt (JVA) ➢*Billwerder* in Betrieb genommen. 2010 bestehen in Hbg sechs JVA mit rund 2.600 Haftplätzen: die Anstalten des geschlossenen Vollzugs, JVA Billwerder, JVA Fuhlsbüttel, JVA Hahnöfersand, Sozialtherapeutische Anstalt in Fuhlsbüttel, Untersuchungshaftanstalt am Holstenglacis, und die Anstalten des offenen Vollzugs, JVA Glasmoor in ➢*Norderstedt* und die JVA Hahnöfersand. *LS*

Straßenbahn Vorläufer der S. waren Pferdeomnibuslinien, die seit 1824 Hbg, ➢*Altona* und später ➢*Wandsbek* und andere Gemeinden verbanden. Vom 16.8.1866 an verkehrte die erste Schienen-Pferdebahn („Rathaus-Wandsbecker Zollamt“). Die Elektrifizierung der Pferdebah-

Hochbetrieb auf Straße und Schiene zwischen Gänsemarkt und Jungfernstieg. Foto um 1900

nen begann am 5.3.1894 mit der „Ringlinie Hamburger Innenstadt“ und war nach vier Jahren Bauzeit (und Zwischenspielen mit Dampfbetrieb) auf allen wichtigen Linien im Hbger Großraum abgeschlossen. Im Juni 1900 erfolgte die Linien-Numerierung.

1923 war mit der Übernahme der Hamburg-Altonaer Centralbahn-Gesellschaft durch die Hamburger Hochbahn AG (➢*U-Bahn*), die 1919 mit der Straßen-Eisenbahn-Gesellschaft (SEG) fusioniert hatte, die Vereinheitlichung des S.wesens abgeschlossen (vor 1891 vier große Gesellschaften). Die S.verbindung von Altona nach ➢*Blankenese* erlag 1921 der ➢*S-Bahn*-Konkurrenz. 1912 war der Aufbau des engmaschigen Streckennetzes (40 Linien) mit dem Anschluss von ➢*Harburg* und ➢*Schnelsen* vorerst beendet; 1928 folgte der Anschluss des ➢*Flughafens Hamburg-Fuhlsbüttel*. 1930 führte die Wirtschaftskrise zur Reduzierung auf 33 Linien (bis Juli 1943). Die ➢*Luftangriffe* 1943–45 und der Abbau von Nebenstrecken zur Materialgewinnung schränkten den S.betrieb stark ein.

Alte Straßenbahn-Billetts

Nach 1945 erfolgte der Wiederaufbau eines ausgedünnten, in die Außenbezirke verlängerten Netzes (1948 ➢*Bramfeld*, 1954 ➢*Jenfeld*, 1955 ➢*Lurup*). 1957 gab es 18 Linien (Linien 1–9/11–19). Mit dem

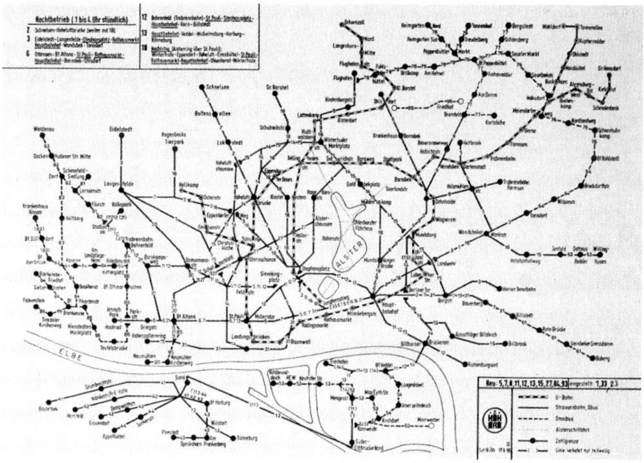

Das Liniennetz der Hamburger Straßenbahn. Stand Mai 1955

Ausbau der U-Bahn-Strecken erfolgte ab 1960 stadtteilweise die Einstellung der S.-Linien. Am 30.9. 1978 fuhren die letzten Wagen (Linie 2 von Schnelsen zum ➢*Rathausmarkt*). Seit dem ➢*Bürgerschafts*wahlkampf 1987 ist die Wiedereinrichtung der S. als kostengünstiges und umweltfreundliches Verkehrsmittel auf den Hauptverkehrsachsen in der Diskussion. *To*

Straßenbeleuchtung Im Mittelalter verfügte Hbg mit Ausnahme des Rathauses (seit 1382) und einiger ➢*Brücken* und Tore über keine öffentliche S., sodass die Einw. gezwungen waren, sich mit der eigenen Handlaterne heimzuleuchten. 1673 verordneten die Stadtväter erstmals die Aufstellung von Tran-, später auch Öllampen in Wohnstraßen, bis es Ende des Jhs ca. 2.700 solcher Leuchten gab. Nach der Leuchtenordnung von 1724 brannten sie jedoch nicht notwendig die ganze Nacht, sondern nur in Anpassung an die Mondscheinphasen; bei dichter Wolkendecke konnte es deshalb finster bleiben. Im Jahr 1845 erfolgte die Umstellung auf Gaslaternen. Die Elektrifizierung der S. begann 1882 mit dem ➢*Rathausmarkt*, bis 1981 schließlich die letzte Gaslaterne durch eine elektrische Lampe ersetzt wurde. *OK*

Straßennamen (und wiederkehrende Namensteile) Offiziell gibt es S. und Hausnummern in Hbg seit dem Rat- und Bürgerschluss vom 3.7.1788. Sie wurden zum besseren Auffinden der von der ➢*Allgemeinen Armenanstalt* zu versorgenden Bedürftigen festgelegt. Ihre Namen sind in den bis 1966 erschienenen ➢*Adreßbüchern* zu finden und seit 1909 amtlich im regelmäßig neu herausgegebenen Straßen- und Gebietsverzeichnis des ➢*Statistischen Amtes für Hamburg und Schleswig-Holstein* verzeichnet (zuletzt 2008). Ein zur ersten Information geeignetes Verzeichnis mit Erklärung der

Ein sprechendes Straßenschild: der Rabe an der Ecke Alte Rabenstraße/Alsterufer. Namengebend für die Straße war 1858 das Wirtshaus „De Rave“, das schon im 18. Jahrhundert ein beliebter Ausflugsort war. Als „De Rave“ ins Hochdeutsche übersetzt wurde, entstand durch Verwechslung des Artikels „Die Rabe“. In der zweiten Hälfte des 18. Jahrhunderts etablierte sich ein konkurrierendes Lokal, die „Neue Rabe“, und der Wirt des älteren Gasthauses führte die Bezeichnung „Die alte Rabe“ ein. Von der Alten Rabe führte die Fähre nach St. Georg.

Namen, verfasst von H. Beckershaus unter Mitarbeit von H.O. Möller, erschien erstmals 1997. Viele Hbger Straßennamen im Innenstadtbereich stammen aus dem Mittelalter (➢*Meßberg*, ➢*Schopenstehl*). Andere wurden bestimmten Ereignissen gewidmet (Brandsende: Der Straßenverlauf kennzeichnet das Ende des ➢*Großen Brandes*) oder erfolgten nach Ortsmerkmalen (➢*Alter* und ➢*Neuer Wall*). Häufig sind Personen namengebend – entweder als Ehrung oder zur Erinnerung an einen Vorbesitzer (➢*Mönckebergstraße*, ➢*Cremon*).

Viele Hbger Straßennamen enthalten wiederkehrende, z.T. ➢*plattdeutsche* Namensteile: Au, Busch, Ende, Kamp (Feld, Ackerstück) und Ried sind frei erfundene Benennungen in Anlehnung an allgemeine Flurbezeichnungen. Dagegen spiegeln Bollwerk, Diek (Deich oder Teich), Glacis, Graben, Koppel, Pforte, Tor, Wall und Wisch (Wiese) eine besondere Nutzung wider, während Bek (Bach), Brook (Bruch = Sumpf, Marsch), ➢*Fleet*, Pool (Pfuhl), Tal, Ufer und Werder (Flussinsel, trockengelegtes Land) auf die Beschaffenheit der Umgebung hinweisen. Eine Chaussee ist ein eigener, in Frankreich entwickelter Straßentyp und daher nicht allein durch Landstraße übersetzbar (chaussieren = beschottern). „Damm“ kann sowohl eine befestigte, gepflasterte Straße meinen als auch einen aufgeschütteten Erddamm durch ein Gewässer oder anderweitig schlecht passierbares Gelände. Gang, Pfad, Steg, Stieg und Twiete stehen meist synonym für Weg als kleinere Form der Straße (häufig zwischen zwei größeren). Plattdeutsch für „Spitze“, deuten Höft, Hörn und Ort – gelegentlich mit verdoppeltem Vokal – auf besonders hervorstechende Ecken in Landschaft oder Straßenführung oder auch auf einzelne vorspringende Gebäude hin. „Markt“ und „Platz“ sind in Hbg bedeutungsgleich (➢*Gänsemarkt*, ➢*Rathausmarkt*, ➢*Zeughausmarkt* etc. = Hauptplätze im jeweiligen Stadtteil); eine Ausnahme ist jedoch die Straße Rödingsmarkt, deren Bezeichnung sich seit dem 13. Jh. von Rodigesmarke (Marke = Grenze des Geländes von Rodiger = Rüdiger) ableitete. Ein Redder ist ein mit Knicks eingefasster (Feld-)Weg, meist eine Sackgasse. „Reihe" deutet auf die urspr. einseitige Bebauung der Straße hin und ist nicht zu verwechseln mit „Reye" (z.B. Schlankreye) oder „Rei" als einen Hinweis auf einen kleinen Wasserlauf. *Ti.*

Streit's (Haus, Hof, Hotel, Kino, Kontorhaus) „Streit's Haus" am Jungfernstieg 38 und „Streit's Hof" in der Poststraße 14–16 beherbergen heute Büros, Läden sowie ein Kino mit mehr als 500 Plätzen. Vor 1945 stand hier eines der renommierten Hbger Hotels. Sein Namensgeber war Chr.D.F. Streit, der es im Jahr 1837 durch Übernahme und Erweiterung des Gasthofs „Der römische Kaiser" gegründet hatte. Besondere Bedeutung erhielt „Streit's Hotel" am 5.10.1841, als hier zu Ehren des Politikers K.Th. Welcker erstmals das „Lied der Deutschen" öffentlich gesungen wurde (➢*Deutschlandlied*). Während des ➢*Großen Brandes* musste das Hotel, um das Feuer einzudämmen, am 6.5.1842 gesprengt werden. Anschließend wurde es erweitert wiederaufgebaut. 1909 wurde „Streit's Kontorhaus" (heute: „Streit's Hof") an der Königstraße (heute: Poststraße) errichtet, 1930 das Hotel erneut aufgestockt. 1945 beschlagnahmte die brit. Militärregierung (➢*Britische Besatzung*) das „Streit's", das erst zehn Jahre später wieder freigegeben und in Büroräume umgewandelt wurde. 1956 eröffnete im ehem. Speisesaal das „Streit's-Kino". *He.*

Strom- und Hafenbau 1863 wurde die 1814 gebildete Schiffahrts- und Hafendeputation aufgelöst, die an die Stelle der ➢*Admiralität*, der ➢*Düpe* und anderer ➢*Deputationen* getreten war. Nun wurde die Sektion für S.-u.H. der Baudeputation für den Wasserbau zuständig, die anderen Aufgaben übernahm die Deputation für Handel und Schiffahrt. 1930 wurde der S.-u.H. der Deputation

Nach dem Großen Brand von 1842 wurde Streit's Hotel (rechts) – ein Gasthof „erster Klasse" – prächtig wiederaufgebaut. Hier logierten viele Berühmtheiten – so auch der Komponist Peter Tschaikowsky, an den heute eine Gedenktafel erinnert.

für Handel, Schiffahrt und Gewerbe angegliedert. In der ➢*NS-Zeit* wechselte die Behördenzuständigkeit mehrmals. Seit 1947 gehört der S.-u.H. zur Wirtschaftsbehörde und

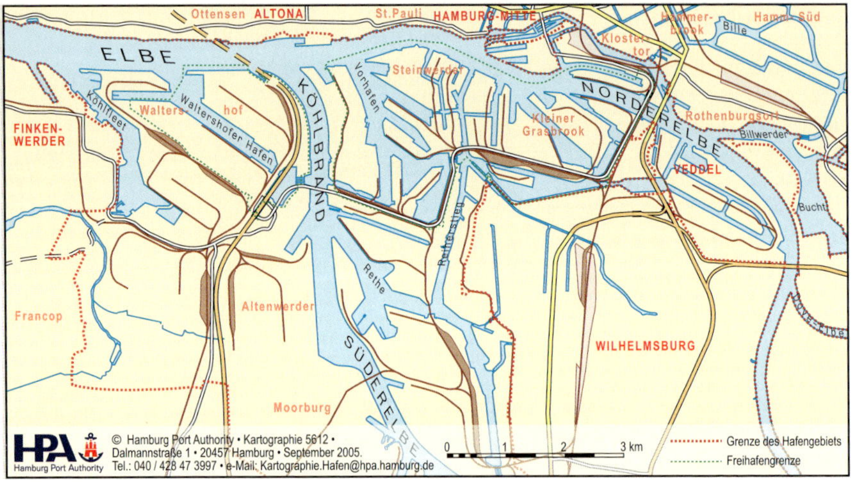

Zuständig im Hamburger Hafen: Strom- und Hafenbau, seit 2005 Hamburg Port Authority (HPA), nun eine Anstalt öffentlichen Rechts

ist – seit 1955 als eigenes Amt – zuständig für Entwicklung, Planung, Ausbau, Instandhaltung und Betrieb der Hafeninfrastruktur. Seit 2005 firmiert das Amt als Hamburg Port Authority. Es verwaltet mit ca. 1.800 Mitarbeitern alle baulichen Wasser- und Verkehrsanlagen im Hafenbereich, so u.a. 35 km Kaimauern, 147 ➢*Brücken*, 137 km öffentliche Straßen, 314 km Gleisanlagen, drei Sperr- und drei Stauschleusen. *KKW*

Johann Friedrich Struensee: Arzt in Altona, Staatsmann in Kopenhagen. Kopie eines verschollenen Gemäldes von Jens Juel

Struensee, Johann Friedrich (geb. 5.8.1737 Halle/Saale, gest. 28.4. 1772 durch Hinrichtung in Kopenhagen), Arzt, Staatsmann. Der Sohn eines pietistischen Geistlichen besuchte die Schulen der Franckeschen Stiftungen in seiner Vaterstadt und begann als 14-Jähriger an der dortigen Universität das Studium der Medizin. 1757 wurde er promoviert und sammelte praktische Erfahrungen in Berlin und Göttingen. Noch im selben Jahr wurde er zum Physikus, zum Amtsarzt, für ➢*Altona* und die Herrschaft Pinneberg (➢*Holstein-Pinneberg*), 1758 auch für die Grafschaft Rantzau ernannt. Er setzte sich erfolgreich für die Pockenimpfung ein (die sein Vater, A. Struensee, inzwischen Hauptpastor in Altona, als Eingriff in die göttliche Vorsehung ablehnte), bekämpfte Seuchen, die Menschen und Vieh heimsuchten, richtete ein kleines Krankenhaus und eine Entbindungsanstalt ein, die auch ledigen Schwangeren offenstand.

Der Arzt und Freigeist nahm auch publizistisch für die ➢*Aufklärung* Partei. Zu seinen Freunden gehörten der jüd. Arzt H. Gerson in Altona und J.A.H. ➢*Reimarus* in Hbg. Seine Erfolge bei der Pockenimpfung ließen ihn auch zum Arzt schleswig-holstein. Adliger werden. 1768 wurde er zum Reisearzt des dän. Königs Christian VII. bestimmt und gewann auf der Reise nach England und Frankreich das Vertrauen des Herrschers, der an einer Geisteskrankheit litt. Nach der Reise wurde S. zum Leibarzt ernannt und siedelte nach Kopenhagen über. Als Leibarzt und Vorleser des Regenten, als Vertrauter und Liebhaber der Königin Caroline Mathilde gewann er zunehmend an Einfluss. 1770 wurde er Verwaltungschef des kgl. Kabinetts, 1771 Kabinettsminister. S. organisierte die dän. Zentralverwaltung neu und setzte mit über 1.800 Kabinettsordern eine Vielzahl von Reformen in Gang. Große Beachtung überall in Europa fand die Einführung der Pressefreiheit im September 1770.

Mit seinem Reformwerk, seiner Machtfülle, seinem Kampf gegen den Luxus am Hof und seiner Liaison mit der Königin, die am 7.7.1771 Louise Augusta, die „Prinzessin Struensee", gebar, rief S. Gegner und Widersacher auf den Plan. Er brachte die herrschenden Stände, große Teile des Hofes und der Kirche gegen sich auf und fand kaum Rückhalt im Volk. Eine Palastrevolution führte zur Verhaftung, ein Scheinprozess zur Verurteilung zum Tode und zur Hinrichtung. Großen Anteil am Schicksal S.s nahmen G.E. ➢*Lessing* und seine Braut E. König. Viele Reformansätze S.s wurden im Zeichen des Aufgeklärten Absolutismus später in ➢*Dänemark* verwirklicht. *Ko.*

Studio Hamburg GmbH S.H. ging 1960/61 durch Namensänderung aus der 1947 von W. ➢*Koppel* und G. Trebitsch gegründeten REAL-FILM Atelierbetriebsgemeinschaft hervor und hat sich nach diversen Erweiterungen und Umstrukturierungen als Firmengruppe zu einem bundesweit tätigen Produktionsdienstleistungsunternehmen für Film und Fernsehen entwickelt. Neben Kino- und Fernsehfilmen produziert S.H. zahlreiche bekannte Reihen und Serien (u.a. „Tatort",

Gyula Trebitschs Villa an der Tonndorfer Hauptstraße ist die Keimzelle des heutigen Studiogeländes. Foto aus den 1950er Jahren

„Großstadtrevier") für öffentlich-rechtliche und private Fernsehanstalten, außerdem die ARD-Tierfilmdokumentationen und mit der Telenovela „Rote Rosen" auch industriell gefertigte Serien. Stammsitz ist das Studiogelände in ➢*Tonndorf*, daneben produziert S.H. mit zur Firmengruppe gehörenden Studios in Berlin-Adlershof, in Potsdam (Babelsberg) und mobil mit eigenen Übertragungswagen. Die Firmengruppe beschäftigt rund 800 Mitarbeiter und vergibt seit 1997 den Studio Hamburg Nachwuchspreis. *Ti.*

Sturmfluten Die Chronologie der S. in Hbg beginnt mit der Julianenflut vom 17.2.1164, die kurz nach der Kolonisation im Elbgebiet viele der neuen Deiche zerstörte, woraufhin – so Helmold von Bosaus Slawenchronik – „viele tausend Menschen und eine unzählige Menge Vieh ertranken". Wie hier, so waren bei allen frühen S. die Zahl der Opfer und die Schadensmeldungen in der Regel ungesichert. Bei den Fluten im 13.–15. Jh. (u.a. Allerkindleinsflut 28.12.1248, Cäcilienflut 21.11.1412) litt wohl besonders der Gorieswerder, die einstige große, noch im Namen

„Georgswerder" überlieferte ➢*Elbinsel* im Stromspaltungsgebiet zwischen Norder- und ➢*Süderelbe* (➢*Köhlbrand*). Auch die Allerheiligenflut am 1./2.11.1570 betraf in erster Linie das Stromspaltungsgebiet. Die verheerende Weihnachtsflut am 24./25.12.1717 richtete nicht nur an der gesamten Nordseeküste schwersten Schäden an, sondern führte auch in Hbg zu zahlr. Deichbrüchen. Knapp 40 Jahre später, am 7.10. 1756, war es die Markusflut, die zum Bruch des Stadtdeichs und der Deiche in ➢*Billwerder*, ➢*Wilhelmsburg* und ➢*Finkenwerder* führte.

Seit dem 18. Jh., als der Küstenschutz zunehmend auf wissenschaftliche Grundlage gestellt wurde, fielen die Schäden trotz höherer Wasserstände tendenziell geringer aus. Zu einer bis dahin ungeahnten Höhe lief am 3./4.2.1825 die S. an der Nordseeküste und in Hbg auf; ihr Pegelstand in ➢*St. Pauli* (5,24 m ü.NN) blieb bis 1962 Richtschnur für die Deichhöhe (➢*Hochwasserschutz*). Die S. am 1./2.1.1855 übertraf zwar nicht in St. Pauli, wohl aber in ➢*Harburg* sowie den ➢*Vier-* und ➢*Marschlanden* den alten Höchststand von 1825. Im 20. Jh. bildet die ➢*Flutkatastrophe* von 1962 einen tragischen Höhepunkt. Mit der bis heute gültigen Höchstmarke von 6,45 m ü.NN (St. Pauli-Pegel am 3./4.1.1976) richtete die Serie von elf S. 1975/76 trotz tlw. höherer Wasserstände als 1962 aufgrund der nun verbesserten Deiche weniger Schäden an. *NF*

Süderelbe Die S. ist der wasserreichere der beiden Hauptarme, die das Stromspaltungsgebiet der ➢*Elbe* nördl. und südl. begrenzen. Hbg suchte über Jahrhunderte die freie Schifffahrt auf der S. zu hindern, um sein ➢*Stapelrecht* durchzusetzen. Die Auseinandersetzungen, vornehmlich mit den Herzögen von Braunschweig und Lüneburg, die um die Entwicklung ihres Süderelbehafens ➢*Harburg* bemüht waren, eskalierten bis zu kriegerischen Aktionen. Ein von Hbg angestrengter Prozess vor dem Reichskammergericht in Speyer dauerte von 1554 bis zur Urteilsverkündung 1619 (➢*Lorichs' Elbkarte*). Darin wurde die freie Schifffahrt auf der S. festgestellt. Hbg legte Rechtsmittel ein und änderte an seinen Praktiken zur Durchsetzung des Stapelrechts nur wenig, zumal sich Harburgs letzter Herzog, Wilhelm August, aus wirtschaftlicher und militärischer Schwäche immer wieder zu Kompromissen drängen ließ.

Andererseits war die S. verbindendes Element zwischen Hbg und Harburg. Der Transport von Personen und Waren auf der S. durch den ➢*Köhlbrand* oder den ➢*Reiherstieg* war bis 1846 Privileg der Harburger Schiffergilde, die die Fahrten mit acht kleinen und neun großen ➢*Ewern* ausführte, im Winter mit Schlitten über das Eis. Seit Mitte des 17. Jhs fehlte es nicht an Projekten zur Belebung des Handels auf der S. Neben Plänen für großzügig angelegte Kaufmannsstädte gab es 1728 sogar die Überlegung, die S. in einem künstlichen Bett direkt in den Mündungstrichter der Elbe in die Nordsee zu führen. Die Realität war bescheidener. Beim Harburger Festungsbau 1650 entstand ein durch Schleusen abgeschlossener tidenunabhängiger Binnenhafen, dessen Zufahrt durch den äußeren Festungsgraben führte. Dieser Hafen wurde 1845–49 ausgebaut und von nun an für Seeschiffe nutzbar. Dem

Bau dreier Seehafenbecken direkt an der S. westl. Harburgs fiel 1904–07 das Dorf Lauenbruch zum Opfer; 1929 wurde ein viertes in Betrieb genommen.
Ab der Abzweigung des Köhlbrands, durch den der Schiffsverkehr führt, verlief die S. als „Alte Süderelbe“ flacher und schmaler, bevor sie nach der ➢*Flutkatastrophe* von 1962 und der folgenden Eindeichung zu einem toten Elbarm zwischen ➢*Moorburg* und dem bei ➢*Finkenwerder* liegenden Mündungstrichter, dem Mühlenberger Loch, wurde. Die erste, jedoch bereits nach vier Jahren wieder abgebrochene Überbrückung der S. schufen 1813 die frz. Besatzungstruppen mit einer Pfahlbrücke und zwei Zugfähren über das offene Wasser. 1874 wurde eine Eisenbahnbrücke, 1899 eine Straßenbrücke eingeweiht. Heute verbinden die mehrfach verbreiterte Eisenbahnbrücke und fünf Straßenbrücken das Harburger und das ➢*Wilhelmsburger* Ufer der S.
S. ist auch der Name eines ehem. Ortsamtsgebiets im Bezirk Harburg, zu dem die Stadtteile ➢*Altenwerder*, ➢*Cranz*, ➢*Francop*, ➢*Hausbruch*, ➢*Moorburg*, ➢*Neuenfelde* und ➢*Neugraben-Fischbek* gehörten. Sitz des Ortsamts war Neugraben. *Cl.*

Süllberg Mit 74,7 m gehört der S. zu den höchsten Erhebungen in Hbg nördl. der ➢*Elbe*. Der Bremer Erzbischof Adalbert ließ hier um 1060 eine Burg und Propstei anlegen. Aufständische Bewohner des Umlandes zerstörten die Anlage 1066. Auch eine Befestigung der ➢*Schauenburger* Grafen aus der Zeit zwischen 1258 und 1262 hatte nur kurzen Bestand, da sich die Hbger auf ihre im ➢*Barbarossa-Privileg* gewährte ➢*Wehrhoheit* beriefen, die im Umkreis von zwei Meilen (ca. 15 km) die Anlage von Wällen oder Burgen ausschloss.
1837 begann die Gastronomie auf dem S., die im Lauf des Jhs erweitert wurde. Das damals eröffnete Restaurant mit seinen markanten zwei Türmchen ist auch nach der 1997 begonnenen grundlegenden Umgestaltung des S.plateaus erhalten geblieben. Eine Bürgerinitiative hatte sich für die Bewahrung der gewohnten Silhouette eingesetzt, 1998 wurde das historische Ensemble unter ➢*Denkmalschutz* gestellt.
Wenn auch nicht mehr in so großer Zahl wie noch vor wenigen Jahrzehnten, erfreuen sich doch bis heute Kinder aus ➢*Blankenese* am ➢*Kreek*fahren an den Hängen und Wegen des verschneiten S.s *Ti.*

Blankenese mit dem Süllberg. Ansicht aus einem Prospekt der Süllberg-Gastronomie („Café – Restaurant – Grosser Concert- und Ballsaal – Aussichtsthurm“), um 1886

Sülldorf liegt nördl. der Elbhöhen von ➢*Blankenese* und vom ➢*Süllberg*. Der Stadtteil des Bezirks ➢*Altona* mit 5,6 km² Fläche und 8.920 Einw. (2009) erstreckt sich auf der Geest, die einst zum großen Teil mit Heide bedeckt war. Die Gemarkung ist reich an urgeschichtlichen Funden. 1256 zuerst urkundlich als Suldorpe genannt, gehörte das Dorf lange zu ➢*Holstein-Pinneberg*. S. wurde 1927 in Altona eingemeindet und kam 1937 mit diesem zu Hbg. Mit dem Bau der Eisenbahnlinie Blankenese nach ➢*Wedel* 1883 entwickelte es sich zunächst langsam, seit dem Zweiten Weltkrieg schnell zum Großstadtvorort. Dennoch ist nördl. der Bahn auch heute noch der dörfliche Charakter erhalten, wie auch die anschließende Feldmark noch landwirtschaftlich genutzt wird. *Me*

Suhr, Gebrüder (geb. und gest. in Hbg); **Christoffer** (29.5.1771–13.5.1842) Maler, Grafiker; **Cornelius** (8.1.1781–3.7.1857), Grafiker; **Peter** (17.6.1788–20.9.1857), Grafiker. Die Ansichten Hbger Topografie und hbg. Volkslebens aus der Suhr'schen Bilderproduktion prägen bis heute den Begriff der ➢*Hamburgensie*. Als einziger der drei Brüder genoss Christoffer eine künstlerische Ausbildung, zunächst bei dem Porträtmaler F.C. Löhr in Hbg, dann bei P.J.F. Weitsch in Braunschweig. 1792–95 schloss sich die übliche Italienreise an. 1796 erhielt Christoffer von der Berliner Akademie den Titel „Professor extraordinarius" verliehen. Seit diesem Jahr war er in Hbg ansässig, bekannt als Porträtmaler, zunehmend aber durch seine grafischen Serien „Kleidertracht und Gebräuche in Hamburg" (ab 1800) und „Der Ausruf in Hamburg" (erschienen 1806/07). Sein Bruder Cornelius arbeitete seit 1805 in dem Betrieb mit. Er war v.a. als Stecher und Zeichner für die großen Panoramaansichten tätig und organisierte deren Vertrieb. Der jüngste Bruder Peter kümmerte sich seit 1812 überwiegend um die Druckerei und das Verlagsgeschäft der gemeinsamen Firma, lieferte aber auch zeichnerische Vorlagen u.a. für die ab 1829 erscheinenden lithografischen Serien der „Ansichten von Hamburg und der Umgegend". *GJ*

Swing-Jugend Seit Ende der 1930er Jahre entstanden in Hbg als Zusammenschlüsse von Jugendlichen aller Bevölkerungsschichten sog. Swing-Cliquen. Ohne einheitliche Organisation und präzise politische Vorstellungen brachte die S.-J. ihre Ablehnung des Nationalsozialismus nicht nur durch ihre Begeisterung für den

Nonkonformisten in gleichgeschalteter Zeit: die Hamburger Swing-Jugend. Das Foto von Otto Bender zeigt einen Auftritt von „Heinz Beckmann und seinen Solisten" im Curio-Haus im März 1940.

vom NS-Regime als „artfremd" verpönten Jazz zum Ausdruck, sondern auch durch demonstrative anglophile Neigungen: Dazu gehörten engl. Spitznamen ebenso wie ein betont am engl. Vorbild orientierter Habitus sowie engl. Kleidung, die von den wohlhabenderen „Swingern" bei „Ladage & Oelke" (gegründet 1845) und „Peter Wilkens" (gegründet 1907) gekauft wurde. Treffpunkte waren der ➢*Alsterpavillon*, das „Kleine Fährhaus" von Helene Prien („Tante Lo") an der ➢*Alster*, die „Caricata-Bar" oder das ➢*Curio-Haus*. Immer wieder ging die Gestapo gegen Tanzfeste der S.-J. vor und verhaftete einzelne Anwesende. So wurde am 28.2.1942 ein Konzert des Orchesters John Kristel im Alsterpavillon aufgelöst und das Etablissement vorübergehend geschlossen. Ab dem 25.6.1942 musste der Alsterpavillon täglich schon um 17 Uhr geschlossen werden, damit keine derartigen Veranstaltungen mehr stattfinden konnten. Von den rund 1.500 Hbger „Swingern" – einige von ihnen hatten auch Kontakt zum Hbger Zweig der ➢*Weißen Rose* – wurden bis 1944 etwa 400 zeitweise verhaftet und 40 bis 70 in Konzentrationslagern interniert. *Br.*

Synagogen Die Juden in ➢*Altona* und in Hbg konnten urspr. für ihren Gottesdienst weder Raum noch Platz

„Das Innere des neuen Israelitischen Tempels in Hamburg. Eingeweiht den 5ten Septem. 1844." Nach einer Zeichnung von Friedrich Carl Alexander Lill. Reste der Ostwand des Tempels haben sich in der Poolstraße 12/13 erhalten.

frei wählen. Das Judenreglement von 1710 erlaubte ihnen nur, sich in Privatwohnungen zu versammeln. Hierzu durften in Hinterhäusern verborgene Räumlichkeiten gebaut und genutzt werden. Erst nach 1848/49 kam es zum Bau eines

Die 1906 eingeweihte Synagoge am Bornplatz im Grindelviertel. Der Grundriss der 1939/40 abgerissenen Synagoge und des Deckengewölbes ist seit 1988 an ihrem früheren Standort, der 1989 in Joseph-Carlebach-Platz umbenannt wurde, im Boden eingelassen.

S.gebäudes, das trotz Hoflage als repräsentativ gelten konnte. Die auf freiem Platz errichtete große Gemeinde-S. am Bornplatz von 1906 blieb eine Ausnahme. Als frei stehendes, von drei Seiten weithin sichtbares Gebäude zeugte sie vom emanzipatorischen Selbstbewusstsein der Hbger Juden. Der Tempel Oberstraße von 1931 wurde – obwohl an der Straße gelegen und damit öffentlich sichtbar – wiederum ein wenig hinter die Straßenfront versetzt. Der erste nachweisbare Bau einer S. im Hbg-Altonaer Raum war die aschkenasische S. in der Kleinen Papagoyenstraße (Altona, 1680/84); 1771 folgte der Bau einer sefardischen S. in der Altonaer Bäckerstraße. Der früheste Bau einer Hbger S. war 1788/90 die aschkenasische S. in der 1. Elbstraße in der ➢*Neustadt*. Es folgten 1817 der Bau des liberalen Tempels Alter Steinweg; 1833/34 der Neubau der sefardischen S. ➢*Alter Wall*; 1840 der Bau der S. Königsreihe (➢*Wandsbek*); 1842/44 der Bau des liberalen Tempels Poolstraße; 1855/57 der Bau der sefardischen S. Markusstraße; 1857/59 der Bau der aschkenasischen S. Kohlhöfen; 1895 der Bau der ➢*Neuen Dammtor-S.* Beneckestraße; 1904/06 der Bau der Gemeinde-S. Bornplatz; 1930/31 der Bau des liberalen Tempels Oberstraße; 1935 die Einrichtung einer sefardischen S. Innocentiastraße. Die Gemeinde-S. am Bornplatz wurde in der Pogromnacht vom 9.11.1938 im Inneren zerstört, 1939/40 abgerissen. Die ➢*Jüdische Gemeinde* in Hbg besitzt heute eine 1960 neu errichtete S. an der Hohen Weide (➢*Eimsbüttel*). *IL*

Syndicus (Mehrzahl Syndici) heißt der Sachwalter und Justitiar des ➢*Rats*. Infolge der komplizierter werdenden Rechtsverhältnisse wählte der Rat erstmals 1436 einen S., nach 1454 mit Unterbrechungen 1484–1500 und 1517–46 bis zu drei, 1710–1850 vier S. auf Lebenszeit. Aufgaben waren die Führung der Stadtbücher, Ausfertigung von Verträgen, Leitung der Ratskanzlei, Verwaltung der Urkundenthrese und Beurkundung von Privatrechtsgeschäften, daneben die auswärtige Vertretung der Stadt in Rechtsangelegenheiten (z.B. vor den Reichsgerichten) und diplomatische Missionen. Die S. vereinigten somit in ihrer Person die Ämter eines Stadtschreibers, Archivars, Notars und Gesandten. Voraussetzung für die Übernahme in das Syndikat war – mit wenigen Ausnahmen – die juristische Doktorwürde. Waren die S. zunächst (seit 1604) Stadtbeamte, so gehörten sie danach dem Rat als Mitglieder mit beratender Stimme an, bekleideten jedoch protokollarisch den Rang nach den ➢*Bürgermeistern* und vor den Ratsherren.

Nach der Blüte des Syndikats 1710–1860 wurden die S. in den ➢*Verfassungen* von 1860 und 1879 nicht mehr erwähnt. Das Amt blieb jedoch, wenn auch in veränderter Bedeutung, bestehen. Die zunächst zwei, seit 1889 wieder vier S. verloren ihre protokollarische Stellung sowie ihr Stimmrecht im ➢*Senat* und wurden annähernd auf die Stufe der Sekretäre und in ein beamtenähnliches Verhältnis gestellt. Die Beschäftigungsfelder waren nun die innere Verwaltung im Bereich der ➢*Deputationen* und Behörden. In der Zeit der Weimarer Republik setzte sich diese Entwicklung, die zur Aufhebung der Sonderstellung der S. führte, fort. Seit der Verfassung von 1921 wurden sie Staatsräte genannt und zwei Jahre später durch Gesetz zu sog. politischen Beamten, die jederzeit ohne Angabe von Gründen in den einstweiligen Ruhestand versetzt werden konnten. Zusammen mit der freistädtischen Verfassung wurde das Amt in der ➢*NS-Zeit* aufgehoben.

Nach dem Zweiten Weltkrieg wurden dem Senat zur Erledigung wichtiger Entscheidungen wieder S. als Mitarbeiter beigegeben; die Verfassungen von 1946 und 1952 nahmen den alten Titel wieder auf. Seit der Novellierung des Besoldungsgesetzes 1963 ist die offizielle Bezeichnung wieder „Staatsrat". Mit der Novellierung des Beamtengesetzes von 1978 wurden die S. erneut zu politischen Beamten.

Ihre Aufgaben beschränken sich auf die Beratungen im Plenum des Senats, auf Mitwirkung in den Senatskommissionen, auf die Dienstaufsicht über ➢*Senatsämter* und auf die Vertretung eines Senators in seiner Fachbehörde. *MH*

Tallymänner an Bord des 1874 gebauten Laeisz-Seglers „Polynesia". In den Ladepapieren angegebene Maße prüfen sie mit der Messlatte (5 englische Fuß = 152 cm). Foto von Johann Hamann, 1889

Tallymann Die Aufgabe des T.s ist es, Schiffsladung zu kontrollieren. Er muss Stück- oder Sackgüter identifizieren, ihre Anzahl erfassen und den äußeren Zustand prüfen. Der T. trägt die Verantwortung für die Ladung, solange sie sich an Bord befindet. Die Tallyfirma, für die er arbeitet, wird vom Reeder mit der Vorbereitung der Ladungsabfertigung beauftragt. Der Name geht zurück auf engl. tally (= Kerbholz): Früher wurde die Anzahl der Ladungsstücke in ein solches Holz eingeschnitten. *KKW*

Die Talmud-Tora-Realschule am Grindelhof. Im Hintergrund die Bornplatz-Synagoge. Das Bild entstand vor 1914.

Talmud-Tora-Schule/-Realschule/-Oberrealschule Finanziert von orthodoxen Gemeindekreisen, wurde 1805 die Israelitische Armenschule der Talmud-Tora in der Elbstraße 122 (➢*Neustadt*) als Religionsschule für arme Jungen eröffnet. Mit umfassenden Reformen wurde 1821 das Lehrangebot bedeutend erweitert, und profane Fächer fanden Aufnahme. Oberstes Erziehungsprinzip sollte die harmonische Verbindung jüd.-religiöser und zeitgemäßer weltlicher Bildung werden. Sowohl das gestiegene Fächerangebot als auch das hohe Niveau machten die Schule für das jüd. Bürgertum attraktiv und schlugen sich so sehr in wachsenden Schülerzahlen nieder, dass 1857 ein Neubau erforderlich wurde (Kohlhöfen 20). 1870 erfolgte die staatliche Anerkennung als Realschule, und nach weiteren inneren und äußeren Reformen umfasste sie schließlich, pädagogisch modern konzipiert, einen Grundschul-, Volksschul- wie Realschulzweig. 1932 wurde die T.-T.-S. auch als Oberrealschule anerkannt und genoss einen ausgezeichneten Ruf. 1939 musste das 1911 bezogene Gebäude am Grindelhof auf Weisung des NS-Reichsstatthalters geräumt werden, und die verbliebenen Schüler wurden in die ➢*Israelitische Töchterschule* aufgenommen. Direktoren waren I. Bernays (1821–49), A. Stern (1851–88), J. Goldschmidt (1889–1921), J. ➢*Carlebach* (1921–26) und A. Spier (1926–40). Das Gebäude wurde 2004 von der Stadt Hbg an die ➢*Jüdische Gemeinde* zurückgegeben. Es dient als Gemeindezentrum und beherbergt seit 2007 wieder eine Schule. *AS*

Tarpenbek Der Nebenfluss der ➢*Alster* entspringt in ➢*Norderstedt*-Harksheide, ist Grenzfluss zwischen Hbg und Schleswig-Holstein, unterquert den ➢*Flughafen*, bildet die Grenze zwischen den Bezirken ➢*Eimsbüttel* und ➢*Hamburg*-

Nord, unterquert den Flughafen erneut, führt um ➢*Groß Borstel* herum und erreicht über den Eppendorfer Mühlenteich, der bereits 1263 aufgestaut wurde, am Hayns Park die Alster. Vom Flughafenzaun bis zur Mündung führt ein Wanderweg, tlw. durch Kleingartengelände. *Ko.*

Tatenberg ist ein Stadtteil im ehem. Ortsamtsgebiet ➢*Vier-* und ➢*Marschlande* des Bezirks ➢*Bergedorf* mit 3,1 km² Fläche und 512 Einw. (2009). Das Marschhufendorf T. liegt zwischen der Ochsenwerder Landstraße und der ➢*Dove-Elbe* und bildet zusammen mit ➢*Spadenland* die Nordwestspitze von ➢*Ochsenwerder*. Um 1315 war die Siedlung bebautes Land, als drei Adlige ihren Zehnten in „Thadekenberghe" an das Kloster ➢*Harvestehude* verkauften. Bis 1355 wurden Teile an Hbg verpfändet, bevor T. mit dem ganzen Ochsenwerder 1395 endgültig von ➢*Holstein* an Hbg abgetreten wurde. Ab 1410 gehörte es zur Landherrenschaft ➢*Bill-* und Ochsen*werder* (➢*Landgebiet*). Bis Ende des 15. Jhs besaßen einige Hbger Familien hier stattliche Herrenhöfe, darunter den Bieber-Hof mit einer urspr. Fläche von 100 ha. Zum Herrenhaus gehörten gepflegte Gärten und ein bekannter Park. Heute dient der Hof der Freizeitgestaltung am Jachthafen Tatenberg.

Die Tatenberger Schleuse wurde zwischen 1949 und 1952 erbaut. Dadurch erfolgte eine vollständige Abdämmung der Dove-Elbe, die seither nicht mehr den Gezeiten ausgesetzt ist.

Auf ➢*Lorichs' Elbkarte* erscheint „Tatenborch" noch als eine von neun ➢*Elbinseln* im Stromspaltungsgebiet der ➢*Elbe*. 1639 bekam T. mit Ochsenwerder und Spadenland einen geschlossenen Deichverband. Bevor die Hauptdeichlinie gebaut wurde, war T. stets gefährdet, denn es liegt nur 0,5–0,7 m ü.NN. Die Tidenunabhängigkeit wurde erst 1952 durch den Bau der Tatenberger Schleuse, die auch einen tidenfreien Binnenschifffahrtsverkehr über die

Dove-Elbe und den Schleusengraben nach Bergedorf gewährleistete, erreicht. Mit dem an der Schleuse angebauten Wehr konnte zudem der Wasserstand reguliert werden – mit günstigen Auswirkungen auf die Wasserwirtschaft der Vier- und Marschlande und die Tidenentwicklung in der Norderelbe.

T. wird von der Trasse der ehem. Marschbahn durchschnitten, deren Damm jetzt als Radwanderweg dient. Der ehem. Bahnhof auf dem Tatenberger Deich stammt von H. Grell. Weitere historische Bebauung säumt den Hofschlägerweg. Auf dem Bieber-Hof-Gelände entstand um 1981 die größte Dauerkleingartenanlage Hbgs (➢*Gärten und Parks*), die in einen Grünzug zwischen Norder- und Dove-Elbe eingebunden werden soll; Wassersportanlagen sind geplant. Der Wasser- und Freizeitpark Dove-Elbe, schon seit 1965 als Ausbau betrieben, bietet u.a. mit der Regattastrecke, dem Tatenberger Hafen, dem Badesee, den Parkanlagen und Wanderwegen viele Sport-, Erholungs- und Freizeitmöglichkeiten. *HR*

Technische Universität Hamburg-Harburg (TUHH) Der Oberbürgermeister des preuß. ➢*Altona*, M. ➢*Brauer*, hatte schon 1928 eine Technische Hochschule zur Strukturförderung der Niederelberegion gefordert. Doch erst 1978 erfolgte die Gründung der heutigen TUHH, in der 1980 der Forschungs- und 1982 der Lehrbetrieb begann. Der räumliche Ausbau geschah bis 1991 in drei Stufen, und 1996 begann ein vierter Bauabschnitt. An der TUHH gibt es keine Fachbereiche, stattdessen werden Forschung und Lehre bei personeller Verknüpfung organisatorisch getrennt geführt, was die Forschungsintensität erhöht und die Möglichkeit eröffnet, effizient und flexibel auf gesellschaftliche Anforderungen zu reagieren. Durch die allein gehaltene Tochtergesellschaft TUHH-Technologie-GmbH erfolgt eine praxisnahe Verflechtung zur Wirtschaft. 2008 zählte die Hochschule in über 40 Studiengängen 94

Neue Hochschule und High-Tech-Schmiede in Hamburgs Süden: der Campus der TU Harburg

Professoren, 460 Mitarbeiter und rund 5.000 Studierende. *KKW*

Telemann, Georg Philipp (geb. 14.3. 1681 Magdeburg, gest. 25.6.1767 Hbg), Komponist. T. war neben G.F. ➢*Händel* und J.S. Bach der bedeutendste Komponist des dt. Hoch- und Spätbarocks. 1701 begann er in Leipzig ein Jurastudium, übernahm dort die Leitung der Opernbühne und gründete ein studentisches „collegium musicum". Er wurde Kantor an der dortigen Neukirche, 1705 Hofkapellmeister in Sorau, 1706 Konzertmeister in Eisenach und 1712 städtischer Kirchenmusikdirektor in Frankfurt a.M. Als Nachfolger J. Gerstenbüttels übernahm er am 10.6.1721 das Amt des ➢*Städtischen Musikdirektors* in Hbg. Der sehr populäre T. gründete auch hier ein „collegium musicum", leitete 1722–38 die Oper am ➢*Gänsemarkt* und organisierte ein reges Konzertleben (➢*Stadttheater/Staatsoper*). Seit 1728 gab er die Zeitschrift „Der getreue Music-Meister" heraus. Bis ins hohe Alter blieb T. modernen Musikströmungen gegenüber aufgeschlossen, gestaltete sie mit und führte zahlr. Neuerungen im Kompositionsstil sowie im Einsatz der Musikinstrumente ein. Sein Grab befindet sich in der ➢*St.-Michaelis*-Kirche. Ferner erinnern eine Gedenktafel vor dem ➢*Rathaus* an sein urspr. Grab auf dem dort belegenen Friedhof der St.-Johannis-Kirche sowie die Telemannstraße in ➢*Eimsbüttel* an den Komponisten; die 1957 gegründete Hamburger Telemann-Gesellschaft bewahrt durch Konzerte und Publikationen sein Andenken. *MH*

Terrasse/Passage Diese Begriffe bezeichneten urspr. von öffentlichen Straßen abzweigende Privatstraßen für geschlossene Kleinwohnungsanlagen und wurden später allgemein für Wohnhinterhöfe verwendet. Zu erkennen ist diese ehem. ➢*Wohnform* der Hbger Arbeiterschaft an eigenständiger, geschlossener Blockinnenbebauung, beiderseits an rechtwinklig von einer Straße abzweigenden Fahr- oder Fuß-

Der Komponist Georg Philipp Telemann auf einem zeitgenössischen Kupferstich

Die Passage zwischen Rothenbaumchaussee (Nr. 101 a-f und Nr. 103 a-e) und Schlüterstraße wurde 1889–94 angelegt. An manchen Hauseingängen sind neben den Namen und Stockwerken noch die Berufsbezeichnungen früherer Bewohner zu lesen. Foto aus den 1990er Jahren

wegen gelegen – als Sackgasse: Terrasse, als Verbindung zweier Straßen: Passage. Die zwei- und später mehrgeschossigen Wohnanlagen mit kleinen, familiengerechten Grundrissen entstanden, ausgehend v.a. von ➢*St. Pauli*, dem ➢*Schanzenviertel* und ➢*St. Georg*, bald in allen Gebieten der ➢*Stadterweiterungen* des 19. Jhs, um den starken Wohnraumbedarf der mit der fortschreitenden Industrialisierung in die Stadt strömenden Arbeiter zu decken. Ihre Form bestimmte das Baupolizeigesetz von 1865 (erliegen in ➢*Eppendorf* (1890–1911, Schrammsweg, 631 Wohnungen) und in ➢*Winterhude* (1890, Mühlenkamp, 295 Wohnungen). *Ti.*

Die Teufelsbrücke wie sie 1872 Wilhelm Heuer sah, mit Ruder- und Segelbooten an der Flottbekmündung in die Elbe, im Hintergrund der Jenischpark

setzt 1882, novelliert 1893). T. und P. sind heute weitgehend aus dem Stadtbild verschwunden. Die Jägerpassage in der Wohlwillstraße ist eines der ältesten erhaltenen Beispiele aus der Frühzeit des dt. Arbeiterwohnungsbaus (1866–69, angeregt von der ➢*Patriotischen Gesellschaft*). Die größte zusammenhängende Bebauung dieses Haustyps sind die 1880–1903 entstandenen Falkenried-Terrassen im Stadtteil ➢*Hoheluft*-Ost. Weitere größere T.

Teufelsbrück heißt der Abschnitt des Elbufers im Stadtteil ➢*Klein Flottbek* südl. von Wesselhoeft- und ➢*Jenischpark*, mit Jachthafen und Landungsbrücke. Hier wurden im Verlauf der alten Heerstraße von Hbg nach ➢*Blankenese* (➢*Elbchaussee*) schon früh Brücken über die in eine Sumpfniederung eingebetteten Mündungen des Quellentaler Baches und der Flottbek in die ➢*Elbe* gebaut. Der Name T. für die aus groben Feldsteinen gemauerte Brücke über die Flottbek, der erstmals 1674 in den Rechnungen für Reparaturarbeiten auftaucht, ist vermutl. von der Bezeichnung für das damals bis ans Wasser reichende, baumbestandene, wohl unheimlich anmutende Gelände abgeleitet, das 1301 die ➢*Schauenburger Grafen* einem Hbger Bürger als „Duwels Bomgarde“ verkauft hatten. 1697 entstand eine wassergetriebene

➢*Mühle*, 1717–1919 war T. Sitz einer Brauerei, und seit Mitte des 18. Jhs bis 1943 gab es das „Café zum Bäcker". Nach einem Brand wurde die Siedlung T. 1834 wiederaufgebaut. 1889 wurde hier ein Hafen für die preuß. Gemeinden Nienstedten und Klein Flottbek angelegt; 1962 wurden die unterspülten Kaimauern entfernt. T. ist ein beliebtes Ausflugsziel, bietet einen Bootshafen und eine ➢*HVV*-Fährstation nach ➢*Finkenwerder.*

Durch J.-P. Sartre hat T. Eingang in die Weltliteratur gefunden: In seinem in Hbg zum Teil mit Misstrauen betrachteten Theaterstück „Les séquestrés d'Altona" (1959, dt. „Die Eingeschlossenen") lässt er den an der Elbchaussee wohnenden Werftbesitzer Gerlach und seinen Sohn Franz, die sich in der ➢*NS-Zeit* schuldig gemacht haben, in selbstmörderischer Absicht mit überhöhtem Tempo über die gefährliche Teufelsbrücke in Richtung Hbg in den Tod fahren. *luz*

Thälmann, Ernst (geb. 16.4.1886 Hbg, ermordet August 1944 KZ Buchenwald), Arbeiter, Vorsitzender der ➢*KPD.* T. war Rollkutscher und ➢*Hafen*arbeiter, bevor er im Alter von 17 Jahren der ➢*SPD* und ein Jahr später der Transportarbeitergewerkschaft beitrat. Drei Reisen als Kohlentrimmer auf dem Liniendampfer „Amerika" führten ihn 1907 nach New York, wo ihn die guten Lebensbedingungen beeindruckten. Im Ersten Weltkrieg wurde er zweifach verwundet. 1918 schloss er sich in Hbg der USPD an, wurde 1919 in die ➢*Bürgerschaft* gewählt und 1920 Vorsitzender der Hbger USPD. T. kämpfte für das Rätesystem, den Zusammenschluss mit der KPD und den Anschluss an die Kommunistische Internationale. 1921 wurde er Vorsitzender der Hbger KPD und hauptamtlich Funktionär, 1925 Vorsitzender der Gesamtpartei. Der vermutl. unter T.s Regie ausgelöste ➢*Hamburger Aufstand* von 1923 und seine geringe politische Wirkung wurden in der westl. und östl. Geschichtsschreibung unterschiedlich bewertet. T. war kein Theoretiker und als volkstümlicher Politiker besonders in Hbg sehr populär. In seiner Partei galt er als moskauhörig und kominternabhängig. Seit 1924 nahm er

Titelblatt der Berliner „Arbeiter-Illustrierten Zeitung" vom März 1925 mit dem KPD-Kandidaten für die Reichspräsidentenwahl, Ernst Thälmann

neben dem Bürgerschaftsmandat auch ein Reichstagsmandat wahr. 1925 kandidierte er für das Amt des Reichspräsidenten und verhinderte als Zählkandidat (6,3 %), dass der Zentrumskandidat W. Marx sich gegen den Kandidaten der Rechten, P. von Hindenburg, durchsetzen konnte. T. zieh die SPD immer wieder des „Sozialfaschismus" und trug so zur Spaltung der Antifaschisten und zur Stärkung der ➢*NSDAP* bei. Im Februar 1933 wurde T. in Berlin festgenommen und nach elf Jahren Einzelhaft im August 1944 zu Beginn der Aktion „Gewitter“ im KZ Buchenwald ermordet. In seinem letzten Wohnsitz, Tarpenbekstraße 66, ist heute die Gedenkstätte Ernst Thälmann e.V. untergebracht. *FF*

Thalia Theater 1843 wurde am Pferdemarkt (seit 1946: Gerhart-Hauptmann-Platz) von Chéri Maurice (eigtl. Charles Schwartzenberger) das T.T. eröffnet. Maurice, der das Haus bis 1885 leitete, und B. Pollini, der es 1894–97 führte, begründeten den Ruf der Bühne. In den beiden ersten Jahrzehnten durften mit Rücksicht auf mögliche Konkurrenz für das ➢*Stadttheater* nur Lustspiele aufgeführt werden. In den 1850er und 1860er Jahren wurde das Theater auch über Hbg hinaus beachtet. H. Ibsens „Nora“ wurde 1880 mit Happy End gegeben: Die Titelheldin musste bei Mann und Kind bleiben. Unter dem Oberspielleiter L. Jessner hielt 1904–15 die Moderne Einzug. 1912 wurde auf der gegenüberliegenden Seite des Platzes ein Neubau eröffnet. 1945 beschädigten Bomben das Zuschauerhaus schwer, sodass vorübergehend Ausweichspielstätten wie die Aula der Schule Schlankreye genutzt werden mussten. 1960 konnte der vollständig wiederhergestellte und von W. Kallmorgen modernisierte Bau mit dem neuen Bühnenhaus bespielt werden. W. Maertens, Intendant 1945–64, und B. ➢*Gobert*, 1969–80 Leiter, prägten das Theater nachhaltig. Gobert wandte sich den Klassikern und zeitgenössischen Werken zu. Unter J. Flimm, Intendant 1985–2000, und seinem Nachfolger U. Khuon (2000–2009) avancierte das T.T. erneut zu einer der führenden dt. Sprechbühnen. Seit 2009 leitet J. Lux das T.T. *Ko.*

Theater im Zimmer Im Juli 1947 fand im Haus Alsterchaussee 5 in der

Nach Renovierung in neuem Glanz: das Thalia Theater. Hamburger Bürger und Unternehmen spendeten großzügig für die Erneuerung ihrer geliebten Bühne.

Wohnung H. Gmelins im vierten Stock eine Aufführung von H. Ibsens „Gespenster" durch seine Schauspielschüler, darunter B. ➢*Gobert*, statt. Die offizielle Eröffnung des T.i.Z. erfolgte am 24.3.1948 mit F. Hebbels „Maria Magdalena". Im Sommer 1952 erhielt die Bühne in einem klassizistischen ➢*Landhaus*

Klein, aber fein: das Theater im Zimmer in Harvestehude. Foto aus den 1990er Jahren

von 1828/29 in der Alsterchaussee 30 eine eigene Spielstätte, die weiterhin den Eindruck der Unmittelbarkeit und Intimität vermittelte. Nach dem Tod des Gründers übernahm 1959 seine Tochter Gerda die Leitung des Hauses, die sie bis zu dessen Schließung 1999 innehatte. Als Schauspielerin, Regisseurin und Prinzipalin hat sie das Theater geprägt, von dem Bürgermeister K. von Dohnanyi zum 40-jährigen Bestehen treffend sagte: „Bescheidenheit bei der finanziellen Ausstattung gehört ebenso zum Charakter dieser Bühne wie Offenheit und aktives Interesse an Neuem, an den Ausdrucksformen avantgardistischer Autoren und Dramaturgen." Versuche, den Theaterbetrieb wieder aufzunehmen, scheiterten. *Ko.*

Thetje mit de Utsichten Mit seinem Schauspiel „Familie Eggers oder: Eine Hamburger Fischfrau" erzielte Konstabler J. Schölermann im Variété-Theater (➢*St. Pauli-Theater*) 1885 einen Riesenerfolg und bewahrte das Haus vor dem drohenden Bankrott. An die Hauptfigur, den Hafenarbeiter Thetje Eggers, wurde in dem Stück mehrmals die Frage gerichtet: „Na Thetje, hast all Arbeit?" Seine Antwort „Nee, Arbeit nich – ober Utsichten!" wurde als „Thetje mit de Utsichten" zum geflügelten Wort bei ungewissen Projekten und Vorhaben. *Ko.*

Thielicke, Helmut (geb. 4.12.1908 Barmen, gest. 5.3.1986 Hbg), Theologe. Nach dem Studium in Greifswald, Marburg, Erlangen und Bonn wurde T. 1932 zum Dr.phil. und 1934 zum Lic.theol. promoviert; 1935 habilitierte er sich für Systematische Theologie und wurde 1936 Dozent in Erlangen. 1936–40 vertrat er einen Lehrstuhl in Heidelberg und wurde dann, nachdem er sich vergeblich um das Amt des ➢*Hauptpastors* an der ➢*St.-Nikolai*-Kirche in Hbg beworben hatte, Pfarrer in Ravensburg und 1942 Leiter des Theologischen Amtes der Württembergischen Landeskirche. 1945 wurde er Ordinarius für Systematische Theologie in Tübingen, 1951 war er als Rektor der Universität auch Präsident der Westdeutschen Rektorenkonferenz. 1952–54 gehörte er dem Berufungsausschuss für die Theologische Fakultät der ➢*Universität Hamburg* an, deren erster Lehrstuhlinhaber für Systematische Theologie er bis zu seiner Emeritierung im Wintersemester 1973/74 war. T. wurde durch Veröffentlichungen, Vorträge und Predigten einem größeren Publikum bekannt. 1955 war

Fritz Kempe porträtierte 1972 den Theologen Helmut Thielicke, der als Professor und Prediger große Wirkung entfaltete.

der Andrang zu T.s Predigten so groß geworden, dass seine Gottesdienste aus der ➢*St.-Jacobi-* in die ➢*St.-Michaelis*-Kirche verlegt wurden. *He.*

Thünen, Johann Heinrich von (geb. 24.6.1783 Canarienhausen/Jever, gest. 22.9.1850 Gut Tellow, Kreis Güstrow), Gutsbesitzer, Agrarwissenschaftler. Nach seiner Lehrzeit besuchte der Bauernsohn 1802/03 die von L.A. Staudinger geleitete Landwirtschaftliche Lehranstalt in ➢*Groß Flottbek*, das erste derartige Institut in Dtld. Hier formulierte der 20-Jährige die Grundidee seiner bahnbrechenden Standortlehre: Da mit zunehmender Entfernung von einem zentralen Absatzmarkt (hier Hbg/➢*Altona*) die Transportkosten je nach Gewicht und Volumen eines Gutes ansteigen, folgerte T., dass entgegen den Lehren der „rationellen Landwirte" um A. Thaer kein Bewirtschaftungssystem absoluten Vorrang vor einem anderen beanspruchen dürfe, sondern dass jedes einzelne unter bestimmten Voraussetzungen das beste sein könne. Diese Theorie von der relativen Vorzüglichkeit aller Anbausysteme hat T. später in seinem Hauptwerk „Der isolierte Staat" eingehend dargestellt. Die zur mathematischen Ableitung jenes Sachverhalts erarbeitete Partialanalyse wird ebenso wie die anschauliche grafische Darstellung („Thünensche Kreise") noch heute in der Wirtschaftsgeografie zur Deutung von Agrarstrukturen eingesetzt.

Für die 1826 auf Empfehlung von C. ➢*Voght* durch F. ➢*Perthes* in Hbg verlegte Schrift, ein modelltheoretisches Meisterwerk und zugleich ein „Klassiker" der ökonomischen Dogmengeschichte, erhielt T. 1830 das Ehrendoktorat der Universität Rostock. *Ah.*

Tiedenkieker ➢*Hamburgische Geschichts- und Heimatblätter*

Timm, Marianne (geb. 8.2.1913 Hbg, gest. 1.11.1993 ebd.), Theologin, Religionspädagogin. Nach Theologiestudium und Engagement in der christl. Studentinnenbewegung legte T. 1937 und 1939 die theologischen Examina ab und arbeitete als Pfarramtshelferin in einer Gemeinde sowie in der Studentenseelsorge an der Hamburgischen Universität (➢*Universität Hamburg*). 1941 war sie Reisesekretärin für die Evangelischen Studentengemeinden, organisierte inoffizielle Tagungen und sammelte Geld für in der Illegalität lebende Juden. 1948 wechselte T. an die Evangelische Akademie, später an das Katechetische Amt, wo sie für Religionspädagogik zuständig war, in Fortbildungskursen Lehrer für das Fach Religion ausbildete und zahlr. Bücher und Sammlungen für den Unterricht erstellte. 1969 erhielt sie den Titel „Pastorin", ein Jahr später wurde sie als erste Theologin in den Kirchenrat gewählt. Als Geschäftsführerin des Ausschusses für Bild und Film im Religionsunterricht der Evangelischen Kirche in Deutschland erstellte sie selbst mehrere Bildserien zur christl. Kunst. Seit den 1950er Jahren führte sie Lehrergruppen auf Reisen durch Israel und engagierte sich im christl.-jüd. Dialog. Über ihren Ruhestand 1979 hinaus unterstützte sie Christen in der ehem. DDR und ein Kinderheim in Israel. *He.*

Toepfer, Alfred Carl (geb. 13.7.1894 Altona, gest. 8.10.1993 Hbg), Getreidekaufmann, Mäzen, Hbger ➢*Ehrenbürger*. Nach Abschluss einer kaufmännischen Lehre war T. als

Angestellter beschäftigt. 1911 wurde er Mitglied im „Wandervogel" und nahm 1913 am Treffen der Jugendbewegung auf dem Hohen Meißner teil. 1914–18 war T. Soldat. 1920 gründete er eine eigene Firma, die in wenigen Jahren eine führende Stellung im Getreide- und Futtermittelhandel erreichte. Bis 1933 stiftete er fünf Jugendherbergen. 1931 rief er die Stiftung F.V.S. in Hbg (➢*Alfred Toepfer Stiftung F.V.S.*) sowie die Johann Wolfgang von Goethe-Stiftung (seit 1968 in Basel) ins Leben, zu denen später die Carl-Toepfer-Stiftung in Hbg (1936) und die Alexander von Humboldt Foundation in New York (1959) hinzutraten. 1931–68 führte er diesen Stiftungen sein Vermögen zu. Seit 1948 baute T., der am Zweiten Weltkrieg als Soldat teilgenommen hatte, seine Firmengruppe erfolgreich aus. Durch seine Stiftungen förderte er v.a. den europäischen Gedanken und die Völkerverständigung. 1953–85 war er Vorsitzender des Vereins Naturschutzpark Lüneburger Heide; auf seine Initiative entstand das Programm für die Entwicklung der dt. Naturparke. Durch T. wurde 1967–85 die Rekonstruktion hbg. Bürgerhäuser in der ➢*Peterstraße* und der Neanderstraße ermöglicht. An ihn erinnern eine Gedenktafel bei Niederhaverbeck (Lüneburger Heide) und ein von M. Sihle-Wissel geschaffener Bronzekopf (u.a. im Haus Georgsplatz 10). Hbg verleiht für Verdienste um Stadtentwicklung oder Umweltschutz die 1986 vom ➢*Senat* gestiftete ➢*Alfred-Toepfer-Medaille*. Den gleichen Namen trägt die jährlich von der Europäischen Föderation der Natur- und Nationalparke vergebene höchste Auszeichung. *JA*

Tonndorf heißt ein Stadtteil im Bezirk ➢*Wandsbek* mit 3,9 km² Fläche und 12.539 Einw. (2009). 1314 wurde der holstein. Ort erstmals urkundlich erwähnt. Seit Mitte des 14. Jhs gehörte er zum Kloster Reinbek. Im Zuge der ➢*Reformation* wurde T. wieder landesherrlicher Besitz (Gottorper Anteil des Herzogtums ➢*Holstein*). 1646 erfolgte der Verkauf der Dörfer T. und ➢*Hinschenfelde* an den Wandsbeker Gutsherrn A.B. Behrens. 1867 entstand die preuß. Gemeinde T.-Lohe. 1927 wurde T. in die Stadt Wandsbek eingemeindet, Lohe fiel an die Großgemeinde ➢*Rahlstedt*. 1937/38 ging T. im Zuge des ➢*Groß-Hamburg-Gesetzes* in Hbg auf. Die um die Jahrhundertwende beginnende, fortschreitende Bautätigkeit ließ den dörflichen Charakter T.s schließlich verschwinden. 1948 gründeten W. ➢*Koppel* und G. Trebitsch in T. die REAL-FILM-Gesellschaft (➢*Studio Hamburg*). Während der 1950er und 1960er Jahre erreichte die allgemeine Bauwelle auch T.; es entstanden Großwohnblocks an der Tonndorfer Hauptstraße und an der Stein-Hardenberg-Straße. In T. fließt der kleine Bach Rahlau, der nahe der Straße Ölmühlenweg in die ➢*Wandse* mündet, die irreführenderweise in Rahlstedt ebenfalls gelegentlich Rahlau genannt wird, weil möglicherweise die beiden Wasserläufe in früherer Zeit zusammenhingen. *SH*

Topografien T. bedeuten nach der Übersetzung aus dem Griech. Ortsbeschreibungen. Gemeint sind solche in Textform zum Unterschied von den topografischen Karten. Hinzugefügt sind Angaben aus der Statistik im alten Sinne, der sog. Staaten-Beschreibung, d.h. nicht

Erfolgreicher Kaufmann und großzügiger Mäzen: Alfred Toepfer. Er wurde unter anderem mit der Bürgermeister-Stolten-Medaille ausgezeichnet.

nur Zahlen, sondern auch Materialien über Staat und Verwaltung, Wirtschaft, Bevölkerung, Kulturleben u.a. mehr. Für die Historiografie sind diese Beschreibungen vergangener Zustände von beträchtlichem Quellenwert. In Hbg war diese Schriftgattung besonders entwickelt. Zwischen 1668 und 1925 entstanden 31 T. ausschließlich über Hbg. Durch Umfang, Reichhaltigkeit und Zuverlässigkeit sind von besonderem Wert: J.L. von ➢*Heß*: Hamburg topographisch, politisch und historisch beschrieben, 3 Teile, 1. Aufl. 1787–92, 2. Aufl. 1810/11 (darin die Verhältnisse vor der Eingliederung in das frz. Kaiserreich); F.H. Neddermeyer: Topographie der Freien und Hansestadt Hamburg, 1832; derselbe: Zur Statistik und Topographie der Freien und Hansestadt Hamburg und deren Gebietes, 1847 (gibt den Zustand vor dem ➢*Großen Brand* von 1842 wieder); C.F. Gaedechens: Historische Topographie der Freien und Hansestadt Hamburg und ihrer nächsten Umgebung von der Entstehung bis auf die Gegenwart, 1880; W. Melhop: Historische Topographie der Freien und Hansestadt Hamburg 1880 bis 1895, 1895 (im Anschluss an die Historische Topographie von C.F. Gaedechens); derselbe: Historische Topographie der Freien und Hansestadt Hamburg 1895–1920, 2 Bde, 1923–25.

Die T. erschienen seit Mitte des 19. Jhs immer seltener und gingen schließlich ein. Dies war hauptsächlich bedingt durch die Schaffung staatlicher statistischer Ämter, so in Hbg 1866 (➢*Statistisches Amt für Hamburg und Schleswig-Holstein*), ferner durch die Spezialisierung in vielen Bereichen. So ist es charakteristisch, dass die Werke von Gaedechens und Melhop zumeist auf die Vergangenheit gerichtet sind. *Me*

Tor zur Welt „Hamburg – das Tor zur Welt“: Die stolzen Worte sind in Hbg, ja in Dtld fast jedem geläufig. Von wem sie zuerst ausgesprochen worden sind, scheint dagegen niemand zu wissen. H. Claudius (ein Urenkel von M. ➢*Claudius*) hat ein Gedicht, „Hamburg“ betitelt, in dem Satz kulminieren lassen: „Du schaust und fühlst: Du stehst am Tor der Welt.“ „Tor der Welt“ (oder für die Welt) zu sein, kann freilich auch als nachteilig gelten: Napoleon, der Hamburg 1806 einem Besatzungsregime unterzog, betrachtete die Stadt und ihren Hafen als Einfallstor für brit. Industriewaren, und solche Kritik kam vor 1806 und nach 1814 auch aus anderen Teilen Deutschlands.

Hamburg-Werbung mit dem Slogan „Tor zur Welt“. Plakat aus den 1920er Jahren

Das heute von der Hbg-Werbung ausgiebig benutzte Motto weckt unterschiedliche Assoziationen. Wer will, kann den Geist des nach einem „Platz an der Sonne“ strebenden Kaiserreiches spüren, dessen Welthafen Hbg nach dem ➢*Zollan-*

schluss 1888 wurde: „Die Elbe und das Meer waren die Avenuen zu Weltgeltung und Handelsmacht, zum Kolonisieren, zur Flottendemonstration und zum nationalen Auftrumpfen“ (G. Moltmann). „Mein Feld ist die Welt“ war der Leitspruch der ➢*HAPAG* und ihres Generaldirektors A. ➢*Ballin*.
Nahe liegt auch die Verbindung zum hbg. Wappen (➢*Wappen, Hamburg*), das die beiden Tore der dreitürmigen Burg zwar heute geschlossen darstellt, aber – wie man sich vorstellen kann – nur zum Zwecke der äußeren Sicherheit. „Haltet das Tor offen“ war im ➢ *Bürgerschafts*wahlkampf 1931 die vom Leiter der Staatlichen Pressestelle, A. Zinn, erdachte Parole der republikanischen Kräfte (vom zur Mitte geneigten Flügel der ➢*DVP* bis zur ➢*SPD*) gegen die politischen Extreme: „Haltet das Tor offen! Haltet den Hafen offen! Hamburg ist Deutschlands Tor zur Welt!“ Auf Plakaten stemmte sich ein Hafenarbeiter dem von rechts und links gegen ein offenes Tor mit dem Hbger Wappen gerichteten Ansturm entgegen. In der nachfolgenden ➢*NS-Zeit* wurde „Hamburg – das Tor zur Welt“ erstmals beim 750. Hafengeburtstag (➢*Barbarossa-Privileg/Hafengeburtstag*) 1939 als offizieller Leitspruch der Stadtwerbung verwendet. *luz*

Torsperre Als am 31.12.1860 die T. aufgehoben wurde, galt sie – nach der Anfang des 19. Jhs erfolgten Entfestigung (➢*Wallanlagen/Entfestigung*) – als bloßes Relikt und als Hindernis der ➢*Stadterweiterung*. Ihre Einrichtung nach jahrelangen Auseinandersetzungen am 13.9.1798 war dagegen ein Fortschritt: Statt die ➢*Stadttore* in mittelalterlich-frühneuzeitlicher Tradition bei Sonnenuntergang zu verschließen, hielt man jetzt das ➢*Steintor* nach ➢*St. Georg* noch für Stunden „aufgesperrt“. Da-

Öffnungs- und Schließzeiten der Stadttore wurden jedem sichtbar angezeigt. Im Museum für Hamburgische Geschichte sind solche Tafeln und Schilder, Torschlüssel und -schlösser sowie Torsperrmarken zu sehen.

mit sollten der Verkehr mit der östl. Vorstadt erleichtert und ein Ventil gegen die akute – nun auch den „Mittelstand" gefährdende – Wohnungsnot geschaffen werden. Nach dem Vorbild des Steintors folgten ab 1808 ➢*Dammtor*, ➢*Millerntor* und später weitere Durchlässe. *JE*

Trinkwasserversorgung Bis ins hohe Mittelalter hinein gab es in Hbg keine organisierte T. für Endverbraucher. Private und gewerbliche Nutzer befriedigten ihren Wasserbedarf an Schöpfstellen und Brunnen oder kauften von umherfahrenden Wasserwagen und Wasserträgern; vielfach war dies Frauenarbeit, wenngleich mit ➢*Hummel* ein Mann berühmt wurde. Erste Wasserleitungen wurden aus Feldbrunnen oder Quellteichen vor der Stadt gespeist und versorgten wohlhabende Haushalte seit dem 14. Jh. 1531 wurde am Oberdamm, bei der heutigen Reesendammbrücke, eine später mehrfach ausgebaute „Wasserkunst" errichtet. In ihr wurde mittels wasserkraftbetriebener Kolbenpumpen ➢*Alster*wasser in einen unter dem Dach gelegenen Sammelbehälter und von dort aus weiter in ein Röhrensystem geleitet. Zwei weitere solcher Wasserwerke folgten am Graskeller und am Oberbaum selbst, während die Bewohner ärmerer Stadtgegenden auf Eigenversorgung angewiesen blieben.

Das 1853–55 erbaute Wasserhochreservoir am Berliner Tor wurde 1908 außer Betrieb genommen und drei Jahre später abgebrochen.

Beim ➢*Großen Brand* versagte die Löschwasserversorgung, alle Alsterwasserkünste wurden zerstört. Beim Wiederaufbau entstand nach den Planungen W. ➢*Lindleys* die erste zentrale T. des Kontinents nach engl. Vorbild. Die mit ➢*Elb*wasser betriebene Anlage lag mit drei Ablagerungsbecken für das Absinken der Schwebeteilchen des Elbwassers, zwei Dampfpumpen und einem 65 m hohen Schornstein in ➢*Rothenburgsort*. Sie war der Baubehörde unterstellt und versorgte das gesamte innere Stadtgebiet; die ➢*Gängeviertel* erhielten Sammelanschlüsse. Fehlende Filtration des zunehmend verschmutzten Elbwassers war besonders in diesen Quartieren immer wieder Ursache von ➢*Cholera-Epidemien*; der letzte Ausbruch forderte 1892 über 8.000 Menschenleben, während im bereits mit filtriertem Wasser versorgten ➢*Altona* kaum Krankheitsfälle auftraten. Im Jahr darauf nahm in Kaltehofe die jahrzehntelang geplante Elbwasser-Filtrieranlage den Betrieb auf. Gute Wasserqualität erreichte jedoch erst seit 1905 das Grundwasserwerk ➢*Billbrook*. Zusammen mit der 1928 in ➢*Curslack* gebauten Anlage leistete es zwei Drittel der Hbger T. Die Wassertürme am Winterhuder Weg auf der ➢*Uhlenhorst*, im Sternschanzen- und im ➢*Stadtpark* sorgten seit 1915 gemeinsam für höheren Wasserdruck in den Leitungen und ersetzten die Hochreservoire am Berliner Tor, am ➢*Stintfang* und an der Sternschanze.

1924 wurde die Stadtwasserkunst zur städtischen Hamburger Wasserwerke GmbH, die später zur Versorgung der ➢*Walddörfer* zusammen mit der preuß. Stadt ➢*Wandsbek* und dem Kreis ➢*Stormarn* die Wasserwerke Hamburg-Ost GmbH (HWW) gründete. Nach dem Zweiten Weltkrieg, in dem bei ➢*Luftangriffen* das innerstädtische Leitungssystem drei Wochen lang lahmgelegt wurde, konnte bis Anfang der 1960er Jahre die völlige Umstellung der T. auf Grundwasser vollzogen werden. Heute gibt es 18 Hbger Grundwasserwerke innerhalb und außerhalb der Stadtgrenzen. Die Grundwasserentnahme erfolgt aus 460 Brunnen und wird über ein Rohrnetz von 5.500 km Länge verteilt. Die HWW bildet seit 2006 zusammen mit der Hamburger Stadtentwässerung (HSE) den Konzern HAMBURG WASSER. *Ti.*

Gedenkblatt zur „Stadtwasserkunst" Rothenburgsort aus dem Lindley-Album, gefertigt von Hermann Wilhelm Soltau 1852. Oben links ein Grundplan des Hauptröhrenknotens auf dem Meßberg, oben rechts die „Ablagerungs-Bassins" (Absetzbecken für Elbwasser), links die Schnittzeichnung des Turms und des Maschinenhauses mit einer der beiden Cornwall-Pumpen. Der Turm diente nicht als Wasserbehälter, sondern als Schornstein für die Dampfmaschinen. Er enthielt ferner die 55 Meter hohe Steig- und eine Fallleitung zur Erzeugung eines gleichmäßigen Leitungsdrucks. Für den Gegendruck sorgte ein Hochwasserreservoir am Stintfang (Bildmitte). Zur Entstehungszeit des Blattes waren bereits über 4.000 Haushalte an das Leitungsnetz angeschlossen.

Trostbrücke Die heutige T. wurde 1881–83 nach Entwürfen von Oberingenieur F.A. ➢*Meyer* erbaut. Als „pons Trostes", vermutl. nach einem

Die Trostbrücke: die erste feste Verbindung zwischen erzbischöflicher Alt- und gräflicher Neustadt. Heute wird sie vom Laeiszhof (links) und vom Haus der Patriotischen Gesellschaft flankiert. Ganz rechts das Gebäude der Commerzbank

ehem. Besitzer des Geländes namens Trost, wird eine Brücke an dieser Stelle erstmals 1266 urkundlich erwähnt (außerdem 1266: pons campsorum, lat. = Wechslerbrücke, nach den neben der T. tätigen Geldwechslern). Die T. verband die Kernbereiche der Hbger ➢*Altstadt*, nämlich die bischöfliche Stadt, und die von den ➢*Schauenburger Grafen* gegründete neue Kaufmannsstadt, die ➢*Neustadt (gräfliche Siedlung)*, das spätere Nikolaikirchspiel. Die von E. Peiffer geschaffenen Statuen von ➢*Ansgar* und dem Schauenburger Grafen Adolf III. erinnern an die historische Bedeutung der Brücke. *SH*

Franz Tügel war Hamburger Landesbischof in der NS-Zeit.

Tügel, Franz Eduard Alexander (geb. 16.7.1888 Hbg, gest. 15.12.1946 ebd.), ➢*Landesbischof.* T. wurde nach dem Theologiestudium und den theologischen Examina 1914 ordiniert und 1916 zum Pastor an der ➢*St.-Nikolai*-Kirche gewählt. Aufgrund der 1919 erfolgten Konversion seiner Frau zum Katholizismus wurde T. von seinen Vorgesetzten gedrängt, entweder sich scheiden zu lassen oder sein Amt aufzugeben. Daraufhin wechselte er an die Gnadenkirche in ➢*St. Pauli*, wo er bis Ende 1933 blieb. 1931 trat er der ➢*NSDAP* bei und engagierte sich als „Gauredner“ und bei den Deutschen Christen, deren Vertrauensmann er 1933 wurde. Im selben Jahr wurde er Mitglied des Aktionsausschusses der Kirche, um den Kontakt zur NSDAP zu halten, und Oberkirchenrat. Nach Auseinandersetzungen der Deutschen Christen mit Landesbischof S. ➢*Schöffel* trat dieser im März 1934 zurück, und T. wurde in das nun vakante Bischofsamt gewählt, das er bis zum Herbst 1945 ausübte. 1934 wurde er als Bischof zugleich Hauptpastor an der ➢*St.-Jacobi*-Kirche, bis er 1940 aus gesundheitlichen Gründen auf dieses Amt verzichtete. T. publizierte zahlr. Artikel und Predigten. *He.*

U-Bahn (Hoch- und Untergrundbahn) ist die seit 1941 in Fahrplänen verwandte, ab 1947 offiziell mit weißem „U" in blauem Quadrat ausgeschilderte Bezeichnung für die bis dahin „Ringbahn" genannten Züge der am 27.5.1911 gegründeten Hamburger Hochbahn AG (HHA). Die Bahn sollte die im Rahmen der ➢*Citybildung* in weiterer Entfernung von Stadtkern und ➢*Hafen* entstandenen und weiter im Ausbau befindlichen Wohnquartiere wie z.B. ➢*Eimsbüttel*, ➢*Barmbek* oder ➢*Rothenburgsort* mit dem Hafen und dem ➢*Kontorhausviertel* verbinden und zugleich die gehobenen Wohnviertel um die ➢*Alster* bedienen. Seit der stufenweisen Eröffnung ab 1912 ist heute die dritte bis fünfte Wagengeneration in Betrieb.

Die Ringbahn mit insgesamt 23 Haltestellen fuhr vom ➢*Rathausmarkt* über ➢*Hauptbahnhof*, Barmbek, Kellinghusenstraße, ➢*St. Pauli-Landungsbrücken* bis Rathausmarkt und entsprach der jetzigen **U3**. Diese wurde 1967 vom Berliner Tor zur Legienstraße und 1968/70 über ➢*Billstedt* zur Merkenstraße verlängert. Ab 1990 endete sie in ➢*Mümmelmannsberg*.

Die heutigen Linien, die seit 1967 nummeriert sind, entstanden durch Stichbahnen. Es sind dies:

1914 Schlump–Hellkamp, bis Lutterothstraße 1965, bis ➢*Hagenbecks Tierpark* 1966, bis ➢*Niendorf*-Markt 1985, bis Niendorf-Nord 1991 (heute **U2**); seit 1973 von Schlump aus mit Berliner Tor verbunden.

1914 Kellinghusenstraße–➢*Ohlsdorf*, bis Ochsenzoll mit der „Langenhorner Bahn" (1918–20 unter Dampf, dann elektrisch), seit 1969 bis Garstedt und seit 1996 bis ➢*Norderstedt*-Mitte (heute **U1**).

1915–43 Hauptbahnhof–Rothenburgsort, aufgegeben nach den ➢*Luftangriffen* im Sommer 1943.

Noch fährt eine Lorenbahn auf dem Fördergerüst beim Hafentor, wo später die Gleise der U-Bahn verlaufen werden. Bau des Hochbahn-Viadukts an der Ecke Johannisbollwerk/ St. Pauli-Landungsbrücken, fotografiert am 22.6.1909

Reger Verkehr in der Hamburger Innenstadt: Über den von der Straßenbahn, Handkarren, Pferdewagen und Automobilen verstopften Großen Burstah fährt ungestört ein Zug der Ringbahn. Postkarte, nach 1910

Zu den eindrucksvollsten Hamburg-Erlebnissen gehört die Fahrt auf der U-Bahnstrecke am Hafen. Im Bild die Station Baumwall

1918/20 erfolgte in Barmbek der Anschluss der ➢*Walddörferbahn* an das Hochbahnnetz. Sie wurde 1921 verlängert bis ➢*Großhansdorf*, 1925 von ➢*Volksdorf* bis ➢*Ohlstedt* (heute U1).

Als schnellere Anbindung der nördl. Stadtteile an das Zentrum konnte 1929 die Linie Kellinghusenstraße–Stephansplatz eröffnet werden. 1931/34 wurde sie weitergeleitet bis ➢*Jungfernstieg*, 1960 weiter über ➢*Meßberg*, Hauptbahnhof, 1961 zur Lübecker Straße und Wartenau, 1962 bis ➢*Wandsbek-Markt* und 1963 bis Wandsbek-Gartenstadt (heute ebenfalls U1). Im Sommer 2009 wurde die Streckenführung der U2 und U3 geändert: Die U2 verbindet nun Niendorf Nord und Mümmelmannsberg, die U3 befährt die alte Ringstrecke und führt von Barmbek bis Wandsbek-Gartenstadt weiter. Im Bau befindet sich die **U4** vom Jungfernstieg zur ➢*HafenCity*. Sie soll 2012 den Betrieb aufnehmen. Mit dem Ausbau der U-Bahn ab 1960 wurden in den betreffenden Stadtteilen die Linien der ➢*Straßenbahn* stillgelegt. Heute umfasst das U-Bahn-Netz 100 km und 89 Haltestellen. Bisher hat das Verkehrsmittel insgesamt ca. elf Mrd. Fahrgäste befördert. *To*

Übersee-Club Der auf Initiative des Hbger Bankiers M.M. Warburg (➢*Warburg, Bankhaus M.M.*) gegründete Ü.-C., urspr. Gesellschaft für wirtschaftlichen Wiederaufbau

und Auslandskunde e.V. (Überseeklub Hamburg), fördert seit 1922 den Austausch zwischen Wirtschaft und Wissenschaft. War nach dem Ersten Weltkrieg die Wiederbelebung des freien Handels vordringlichstes Ziel der Vereinigung, so bietet der Ü.-C. heute ein Forum für zahlr. Themengebiete: Bildungsreform, Kultur, Sicherheitspolitik, Hbgs ➢*Verfassung* und Zukunftsperspektiven. An das Motto von Warburgs Eröffnungsrede anknüpfend („Nobis bene, nemini male – Uns zum Guten, niemandem zum Bösen"), wurde 1933 die Auflösung des Clubs beschlossen und im folgenden Jahr durchgeführt. Die Neugründung erfolgte 1948. Nutzte der Ü.-C. seit den 1920er Jahren Räumlichkeiten des ➢*Hotels Atlantic* oder der ➢*Patriotischen Gesellschaft*, so konnte 1970 das Amsinck-Palais, das einzig erhaltene Gebäude seiner Art in der Innenstadt, am Neuen Jungfernstieg bezogen werden. Der Name des 1833 von F.G. Forsmann für den Bankier G. Jenisch errichteten spätklassizistischen Putzbaus weist auf seinen zweiten Besitzer hin, den Hbger Kaufmann G. Amsinck. *JJF*

Erstklassige Adresse für Begegnungen von Wirtschaft, Wissenschaft und Politik: der Übersee-Club am Neuen Jungfernstieg

Uhlenhorst ist ein Stadtteil am linken Ufer der ➢*Außenalster* mit einer Fläche von 2,2 km^2 Fläche und 15.445 Einw. (2009). Der Name U. (= Eulennest) für das zuvor als „Papenwerder" bekannte Gebiet ist 1608 erstmals erwähnt. Das Gut U., das der ➢*Kämmerei* gehörte und dem ➢*Rat* von 1711 an lange Zeit zur Bewirtung von Gästen diente, wurde 1837 an ein Konsortium, bestehend aus den Kaufleuten August Abendroth (Auguststraße), Carl Heine (Karlstraße) und Adolph Jencquel (Adolphstraße, seit 1985 Herbert-Weichmann-Straße) verkauft. Nach Absenkung des Alsterspiegels im Rahmen der städtebaulichen Neuordnung Hbgs nach dem ➢*Großen Brand* wurde das Gelände seit 1844 durch Kanäle entwässert, mit Straßen versehen und zur Wohnbebauung aufgeteilt.

Mit Aufhebung der ➢*Torsperre* 1860 entwickelte sich das Gebiet westl. des Hofwegs als Folge der

Bis zum Zweiten Weltkrieg einer der beliebtesten Treffpunkte in Hamburg: das Uhlenhorster Fährhaus am östlichen Außenalsterufer

sog. Uhlenhorster Bedingungen zu einer exklusiven Wohngegend mit Villen- und ➢*Stadthaus*bebauung und ohne jede Gewerbetätigkeit; aufgrund geringer Kriegszerstörungen ist dieser Charakter bis heute erhalten geblieben. Die U. wurde 1871 ➢*Vorort* und 1894 Stadtteil. Südl. des früheren ➢*Uhlenhorster Fährhauses* liegt das Clubhaus des Norddeutschen Regatta-Vereins (NRV), ihm gegenüber wurde in den 1960er Jahren eine iranisch-schiitische Moschee mit doppeltem Minarett errichtet. *Ah.*

Uhlenhorster Fährhaus An die Stelle einer einfachen Gastwirtschaft trat 1873 der von M. ➢*Haller* geschaffene dreitürmige Bau, der v.a. nach der Übernahme durch den aus Wien zugewanderten „Jean" Schwegler beliebter Ort für Ausflüge, Bälle und Diners wurde. Das U.F. wurde 1943 stark zerstört, die Ruine 1952 gesprengt und das Gelände eingeebnet. Der Maler M. ➢*Liebermann* hielt das bunte Treiben am Fährhaus 1909/10 in mehreren Gemälden und Zeichnungen fest. *Ko.*

UNESCO-Institut für Pädagogik Das 1951 gegründete Institut ist eines der drei erziehungswissenschaftlichen Institute der UNESCO, der Organisation der Vereinten Nationen (UNO) für Bildung, Wissenschaft und Kultur. Seine Schwerpunkte liegen in der Erwachsenen- und Weiterbildung, der Alphabetisierung und Wegen des „lebenslangen Lernens". Seit 2006 firmiert es als UNESCO Institute for Lifelong Learning. Das Institut ist in der ehem., von der Stadt zur Verfügung gestellten Villa von A. ➢*Ballin* an der Feldbrunnenstraße 58 untergebracht. Es besitzt ein Dokumentationszentrum und eine Bibliothek mit rund 55.000 Bänden und 300 laufend gehaltenen Zeitschriften. *Ko.*

Universität der Bundeswehr Hamburg/ Helmut-Schmidt-Universität Im Stadtteil ➢*Jenfeld* gelegene, nach angel-

Das Ende der „Hansischen Universität". Foto vom 14.4.1945

Moderne Campus-Architektur in Jenfeld: die im Dezember 2003 so benannte Helmut-Schmidt-Universität, Universität der Bundeswehr Hamburg. Foto aus den 1990er Jahren

sächs. Vorbild Lehr-, Forschungs- und Wohnbereiche vereinigende, vergleichsweise großzügig ausgestattete „Campus-Universität", in der 2010 ca. 2.800 voll besoldete Offiziere der Bundeswehr von ca. 100 Professor(inn)en und ca. 350 wissenschaftlichen Mitarbeiter(inne)n nach dem Kleingruppenkonzept in neun Studiengängen betreut wurden: Elektrotechnik, Maschinenbau, Pädagogik, Geschichtswissenschaft, Betriebs- und Volkswirtschaftslehre, Politikwissenschaft, Wirtschaftsingenieurwesen, Rechnergestützte Ingenieurwissenschaften. Die Höchststudiendauer beträgt vier Jahre. Durch „Erziehungs- und gesellschaftswissenschaftliche Anteile" (EGA) werden allen Studenten u.a. historische und juristische Dimensionen erschlossen. Der Lehrbetrieb begann 1973, nachdem der damalige Bundesminister für Verteidigung, H. Schmidt, ein wissenschaftliches Studium für längerdienende Zeit- sowie Berufsoffiziere vorgeschrieben hatte. Der Bund und der Hbger ➢*Senat* schlossen daraufhin das Abkommen über die Errichtung einer wissenschaftlichen Hochschule für Soldaten der Bundeswehr (seit 1985: Universität). *luz*

Universität Hamburg Sehr viel länger als eine Universität gibt es die Pflege der Wissenschaft (➢*Wissenschaftliche Bildung*) in der Kaufmannsstadt Hbg, die sich eine allgemeine Hochschule lange nicht leisten wollte. Die Gründungspläne des 19. und frühen 20. Jhs – die zuletzt unter der maßgeblichen Führung W. von ➢*Melles* vorgetragen wurden –

Auch auf T-Shirts und als Aufkleber zu haben: das Siegel der Universität Hamburg

blieben erfolglos; erst 1919 kam die Einrichtung einer Universität schließlich zustande. Durch die Zustimmung der ➢*SPD* konnte in der ersten Sitzung der nach demokratischem Wahlrecht zusammengesetzten ➢*Bürgerschaft* die Gründung der „Hamburgischen Universität" am 28.3. beschlossen werden. Die aus den vier Fakultäten Rechts- und Staatswissenschaft, Medizin, Philosophie und Naturwissenschaften bestehende Einrichtung wurde am

Der Campus der Universität am Von-Melle-Park. Rechts das Auditorium Maximum, links der „Philosophenturm"

10.5.1919 eröffnet; 1935 wurde sie in „Hansische Universität", 1945 in „Universität Hamburg" umbenannt. 1954 kam die Theologische Fakultät hinzu, im selben Jahr wurden die Wirtschafts- und Sozialwissenschaften selbstständig.

1969 erfolgten mit der Hochschulreform der Wechsel von der Rektorats- zur Präsidialverfassung sowie die Aufteilung der sechs Fakultäten in 15 Fachbereiche.

Seit 2005 gliedert sich die U.H. erneut in sechs Fakultäten: Rechtswissenschaft; Wirtschafts- und Sozialwissenschaften; Medizin; Erziehungswissenschaft, Psychologie und Bewegungswissenschaft; Geisteswissenschaften (mit Ev. Theologie); Mathematik, Informatik und Naturwissenschaften.

Im Wintersemester 2009/10 unterrichteten 650 Professor(inn)en, davon 120 am ➢*Universitäts-Krankenhaus Hamburg-Eppendorf (UKE)*, 38.000 Studierende. Mit etwa 5.800 Beschäftigten in Technik und Verwaltung (davon 3.800 im UKE) gehört die U.H. zu den größten Arbeitgebern der Stadt. Die U.H. ist mit zahlr. ausländischen Hochschulen partnerschaftlich verbunden.

Bis 1969 wechselte das Rektorat in der Regel jährlich. Erster Amtsinhaber war K. Rathgen 1919/20, bekannte Nachfolger wurden H. Sieveking 1928/29, E. ➢*Cassirer*

1929/30, B. Snell 1951–53, K. ➢*Schiller* 1956–58, H. ➢*Thielicke* 1960/61. Erster Präsident wurde 1969 P. Fischer-Appelt, der bis 1991 amtierte; ihm folgte J. Lüthje. Von 2006 bis Anfang Juli 2009 war M. Auweter-Kurtz Präsidentin, seit März 2010 amtiert D. Lenzen. Hauptgebäude ist der von E. ➢*Siemers* für das Allgemeine Vorlesungswesen gestiftete Kuppelbau an der Edmund-Siemers-Allee (1909–11, Distel & Grubitz). Im benachbarten ➢*Grindel*viertel (Stadtteil ➢*Rotherbaum*) entstand in den 1950er Jahren unter der Leitung von P. Seitz der Campus (Studentenhaus mit Mensa 1950/51 und „Philosophenturm" 1957–62, P. Seitz; Auditorium Maximum 1957–59, B. ➢*Hermkes*). Hier ist der Großteil der Fachbereiche und Institute angesiedelt.

Ein Ort der Erinnerung an die Geschichte, eine Stätte kritischer Auseinandersetzung mit der Vergangenheit der U.H. und eine Fundgrube zur überregionalen Universitäts- und Wissenschaftsgeschichte ist die Hamburger Bibliothek für Universitätsgeschichte, die seit 2006 im Hauptgebäude beheimatet ist. *He.*

Universitäts-Krankenhaus Hamburg-Eppendorf (UKE) Das UKE geht zurück auf das „Neue Allgemeine Krankenhaus", das 1884–89 zur Entlastung des ➢*Allgemeinen Krankenhauses* in ➢*St. Georg* errichtet worden war. Von dessen Leiter H. Curschmann stammte die Konzeption der Anlage, die aus Gründen des Infektionsschutzes mit über 70 Einzelhäusern in einem weitläufigen Parkgelände entstand. Sie war die größte des 19. Jhs und galt mit ihrem „Pavillonsystem" weltweit als Vorbild. Die große Patientenzahl ermöglichte breit gefächerte klinische Forschung und zog bedeutende Ärzte an. Zu ihnen gehörten der Hbger Neurologe M. Nonne und auf

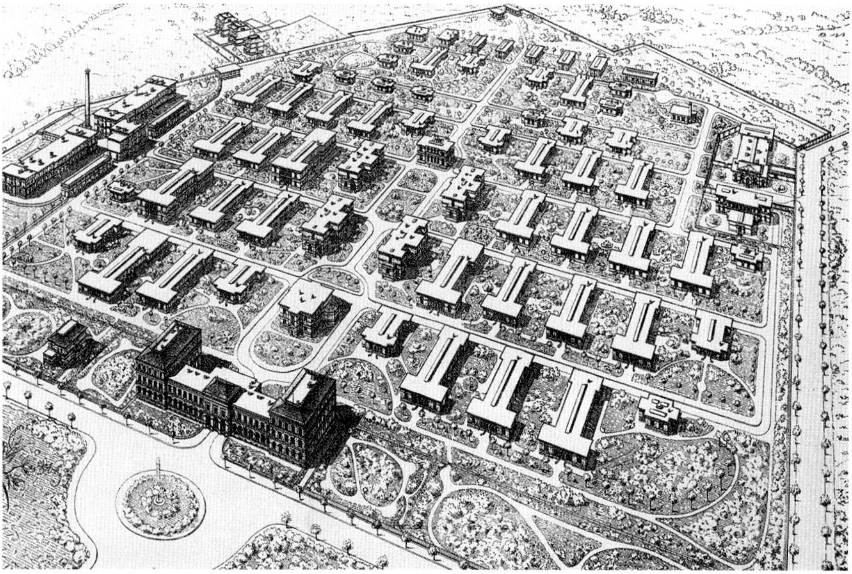

Vogelschau des „Neuen Allgemeinen Krankenhauses in Eppendorf" aus „Hamburg und seine Bauten", 1890. Gut zu erkennen ist das Pavillonsystem der zur Vermeidung von Ansteckungen so von Heinrich Curschmann konzipierten Anlage.

dem Gebiet der Sexualpathologie und forensischen Psychiatrie H. Bürger-Prinz. Seit 1919 diente das Krankenhaus – wie alle staatlich-medizinischen Einrichtungen – der universitären Ausbildung, bis es 1934 offiziell Universitäts-Krankenhaus wurde (➢*Universität Hamburg*). Elf Jahre nach den schweren Zerstörungen von 1943 begann der Umbau der Pavillonanlage zum modernen Klinikum. Zu Beginn des 21. Jahrhunderts setzen die UKE-Verantwortlichen nicht mehr auf Licht

Das Neue Klinikum des Universitäts-Krankenhauses Hamburg-Eppendorf (UKE)

und Luft, sondern auf Zentralisierung. Das Neue Klinikum wurde 2009 bezogen. Zurzeit verfügt das UKE über 1.500 Betten und zählt jährlich rund 55.000 stationär aufgenommene Patienten. Dazu werden ca. 52.000 Notfälle versorgt und ca. 70.000 ambulante Patienten betreut. In den 14 Zentren mit mehr als 80 Kliniken, Polikliniken und Instituten arbeiten ca. 6.200 Beschäftigte; hier werden rund 3.300 (2009/10) Studierende der Medizin und Zahnmedizin betreut. Daneben gibt es rund 500 Ausbildungsplätze. In der Medizin weltweit bekannt wurde der Name „Eppendorf" durch den Ingenieur H. Netheler und den Physiker H. Hinz, die auf dem UKE-Gelände 1945 eine Werkstatt für medizintechnische Geräte einrichteten. Aus ihrem kleinen Unternehmen wurde die Eppendorf-Netheler-Hinz GmbH, inzwischen eppendorf AG, mit 2.490 Beschäftigten und Stammsitz in ➢*Hummelsbüttel. Ti.*

Utrecht, Simon von (gest. 14.10.1437 Hbg), Bürgermeister. Der Legende nach gilt der aus Holland stammende U. mit seinem Schiff ➢*Bunte Kuh* als derjenige, der entscheidenden Anteil am Hbger Erfolg in der Seeschlacht gegen die ➢*Vitalienbrüder* unter K. ➢*Störtebeker* vor Helgoland im Jahr 1400 hatte. Tatsächlich spielte er dabei jedoch nur eine untergeordnete Rolle. 1425 wurde U. Mitglied des ➢*Rates*, erhielt im Jahr darauf die ➢*Prätur* und wurde 1429 ➢*Kämmerei*herr. Die seinen Ruhm begründenden Verdienste erwarb er in der Bekämpfung der Seeräuberei in Ostfriesland, die Anfang der 1430er Jahre im Gebiet der norddt. Küste überwunden war. Weitere militärische Erfolge hatte er bei der Einnahme Emdens und der Zerstörung der Sibetsburg. Neben kriegerischen Fähigkeiten bewies der vielseitig begabte U. in verschiedenen Missionen auch diplomatisches Geschick. 1431/32 war er ➢*Bürgermeister.*

U.s im 17. Jh. überarbeiteter Grabstein befindet sich im ➢*Museum für Hamburgische Geschichte*; zu einer Zeit, als die Piraterie wieder einmal hbg. Interessen stark bedrohte, wurde der Stein mit einem modernen Kriegsschiff und einer Inschrift versehen, die U. als Sieger über Störtebeker und G. Michels feierte. *IR*

Valckenburgh, Johan van (geb. um 1575 in Holland, gest. Ende Mai/Anfang Juni 1625 Voorburg bei 's-Gravenhage), Oberstleutnant, niederländ. Festungsbaumeister. Der Calvinist V. gehörte zeit seines Lebens dem Ingenieuroffizierskorps der Generalstaaten (Republik der Vereinigten Niederlande) an und war Vertreter der frühniederländ. Bastionsbefestigungsmanier; wie sein Lehrmeister und Landesherr Prinz Moritz von Oranien stand er unter dem Einfluss der idealtheoretischen Überlegungen barocker Festungsbaukunst. Nach verschiedenen Einsätzen in den Niederlanden und unter dem General der Fortifikation J. van Rijswijk in Dtld (Lippe, ➢*Bremen*) wurde er 1609 zum Ingenieur der sechs korrespondierenden Hansestädte (Bremen, Hbg, ➢*Lübeck*, Lüneburg, Braunschweig und Magdeburg) berufen und stand unter dem Befehl des Grafen Friedrich zu Solms-Laubach. Ab 1614 war er zugleich im Auftrag des Prinzen von Oranien mit dem Ausbau der Festungsanlagen in Emden und den von den Generalstaaten besetzten und zur sog. niederländ. Ostbarriere gehörenden Städten im Westen des Reiches (Jülich, Rheydt, Emmerich, Rees, Ravenstein, Leerort) betraut. 1617/19 plante und baute er die Ulmer Bastionsanlagen; weitere Planungen und Beratungen galten Rostock, Stralsund und Dillenburg. Das umfangreichste und bedeutendste Werk V.s war die ➢*Befestigung* Hbgs, deren Planungen er bereits 1609 aufgenommen hatte. Die Arbeiten selbst begannen 1616 und wurden nach fast elfjähriger Bauzeit abgeschlossen. Bis zu seinem Tod leitete er – unbeschadet seiner weiteren Aufgaben – ihren Ausbau. In den Jahren 1620/21 war V. gleichzeitig Kompaniechef einer Söldnertruppe, die er im ➢*Ratsauftrag* anlässlich des Einfalls des Herzogs von Braunschweig-Lüneburg in die ➢*Vier-* und ➢*Marschlande* im Rheinland angeworben hatte. *KKW*

Vaterstädtischer Bund Hamburg hieß die politische (Dach-) Partei, die Ende 1945 von P. de ➢*Chapeaurouge* gegründet worden war. Der ➢*SPD* sollte eine bürgerliche Sammlungsorganisation entgegengestellt werden; sie entstand in der Tradition der Weimarer „D-Parteien" (➢*DDP*, ➢*DNVP*, ➢*DVP*) und in Anpassung an das von den brit. Besatzungsbehörden verordnete ➢*Bürgerschaftswahlrecht*, das ein Zweiparteien- oder zumindest Zweilagersystem begünstigte. Da ➢*CDU* und ➢*FDP* sich einer Vereinigung unter dem „Dach" des VBH verweigerten, kandidierte de Chapeaurouge bei der ersten Nachkriegswahl zur Bürgerschaft 1946 auf der Liste der CDU und trat ihr bei. Der VBH blieb als „Hülse" bestehen und wurde bei der nächsten Bürgerschaftswahl 1949 reaktiviert: CDU, FDP und die Deutsche Konservative Partei traten mit einer gemeinsamen VBH-Kandidatenliste an. Da eine Beteiligung der z.T. militant auftretenden Deutschen Partei (DP) am Widerstand der von SPD-Seite teils umworbenen, teils verunsicherten FDP gescheitert war, hatte der VBH jedoch keine Chance. Zusammen mit der DP erhielt er zwar 47,8 % der Stimmen (gegenüber 42,8 % für die SPD), aber nur 49 der 120 Parlamentssitze (65 für die SPD). In den nach Verhältniswahl gewählten sieben Bezirksversammlungen errangen VBH und DP dagegen viermal

Die von Fritz Schumacher konzipierte „Groß-Siedlung Veddel“ aus der Vogelschau, unten links die Kirche der Immanuel-Gemeinde. Hierhin zogen Bewohner der Altstadt, deren Wohnungen dem Kontorhausviertel weichen mussten.

die Mehrheit; Chapeaurouge hatte mit seinem Bürgerblock-Plan also rein rechnerisch recht behalten; er wurde 1953 mit dem ➢*Hamburg-Block* wieder aufgegriffen. *luz*

Veddel ist ein Stadtteil des Bezirks ➢*Hamburg-Mitte*, zwischen ➢*HafenCity* und ➢*Wilhelmsburg*, von der Innenstadt durch die Norderelbe getrennt, seit 1872/1888 durch die ➢*Elbbrücken*, aber mit ihr durch Bahn- und Straßenverkehr verbunden, aber auch durchschnitten von der Autobahn (A 252). Die V. umfasst 4,4 km² Fläche mit 4.852 Einw. (2009). Urspr. Teil der zusammenhängenden, im Lauf der Zeit erodierten ➢*Elbinsel* Gorieswerder wurden die holstein. Inseln Große V., Kleine V. und Peute, auf denen Viehzucht getrieben wurde – V. bedeutet vermutl. „Weideland“ –, 1643 dän. und kamen 1768 im ➢*Gottorper Vergleich* zu Hbg. Nach Hbgs ➢*Zollanschluss* (1881) wurden sie Hafen- und Industriegebiet; auf der Peute entstand u.a. 1908 das Kupferschmelzwerk der ➢*Norddeutschen Affinerie*. Am Veddeler Bogen wurden 1901 die Auswanderer-Hallen der ➢*HAPAG* (➢*BallinStadt*) in Betrieb genommen, die 5.000 Menschen beherbergten und im Zweiten Weltkrieg als Kaserne und Lazarett dienten. Im Nordwesten der 1894 zum Stadtteil erhobenen V. war 1879–90 von einer gemeinnützigen Baugesellschaft unter dem Vorsitz des sozialpolitisch aufgeschlossenen Reeders R.M. ➢*Sloman* eine gartenstadtähnliche Siedlung (➢*Gartenstadtbewegung*) v.a. für Arbeiter errichtet worden, die einer Tätigkeit im nahegelegenen Hafen nachgingen („Slomansiedlung“); sie wurde freilich 1928 unter der Regie von Oberbaudirektor F. ➢*Schumacher* durch eine sechsgeschossige „Groß-Siedlung Veddel“ ersetzt; diese wurde 1979 zum Problem- und Prioritätsgebiet der Stadtplanung erklärt, 1985 aber unter Milieuschutz ge-

stellt. 2007 betrug der Ausländeranteil hier 51 %, 90 % wiesen einen Migrationshintergrund auf (➢*Einwanderung*). *luz*

Verbindungsbahn hießen Züge und Strecke der Bahnlinie, die zwischen dem ➢*Altonaer Bahnhof* und dem Hbger Verbindungsbahnhof am ➢*Klostertor* verlief. Ihre Trasse ist Hauptachse des Hbger Eisenbahnverkehrs von Nord nach Süd. Am 16.7.1866 fand die Einweihung der von Verkehr und Wirtschaft dringend benötigten V. statt, deren Bau im Staatsvertrag zwischen Hamburg und ➢*Dänemark* (für ➢*Holstein*) am 30.4.1860 beschlossen wurde.

Aus dem eigens für die V. ausgebauten Altonaer Bahnhof verlief die Strecke nordöstl. ausschwenkend zum an der Grenze zu Hamburg gelegenen Bahnhof Schulterblatt (1865 Inbetriebnahme, 1891 geschlossen) und von dort aus, den engen Kurven der ➢*Wallanlagen* folgend – was häufig zu Entgleisungen führte –, ostwärts weiter über die neuen Bahnhöfe an der Sternschanze im ➢*Schanzenviertel* und den ➢*Dammtorbahnhof* zum „Bahnhof am Klosterthor"; die ➢*Alster* wurde dabei zuerst provisorisch, ab 18.7.1868 über die neu erbaute ➢*Lombardsbrücke* gequert. Der Bahnhof Klostertor stand wegen der Enge des Geländes rechtwinklig zum Berliner Bahnhof an der Stelle der heutigen ➢*Markthalle* und war von ihm aus nur umständlich über ein Rangiergleis zu erreichen. Zuerst eingleisig auf Straßenniveau gebaut, was oft nur Schritttempo und eine Fahrzeit zwischen Altona und Klostertor von über 30 Min. sowie nur wenige Zugfahrten zuließ, zudem den Straßenverkehr beider Städte behinderte, wurde die V. auch wegen des stark gestiegenen Eisenbahnverkehrs ab 1890 im Zuge des Ausbaus des Altonaer und Hbger Eisenbahnnetzes nach dem Vorbild der Berliner Stadt-

Der Bahnhof Sternschanze, links im Bild, war bis 1903 in Betrieb; er ist bis heute erhalten und wird zurzeit von der Deutschen Bahn AG vermietet (Sternschanze 1). Im Hintergrund Gebäude der „Zollvereins-Niederlage Hamburg", die zum Gebiet des Deutschen Zollvereins gehörten, somit Zollausland waren und daher mit dem Zollanschluss Hamburgs 1888 überflüssig wurden. Lithografie von Wilhelm Heuer

bahn viergleisig ausgebaut und auf einen Damm straßenkreuzungsfrei hochgelegt. Der Neubau erfolgte mit repräsentativen Hallenbauten der Bahnhöfe Altona (1898), Holstenstraße (1893, Ersatz für Bahnhof Schulterblatt), Sternschanze (auch wichtiger Güterbahnhof am Schlachthof), Dammtorbahnhof (Neubau: 1903) und dem Hbger ➢*Hauptbahnhof* (1906). Das spätklassizistische Gebäude des ersten Bahnhofs Sternschanze blieb als einziges aus der ersten Phase der V. an der Sternschanze 1 erhalten, während Hbg-Altona, Holstenstraße und Sternschanze in den 1970/80er Jahren achtlos abgerissen wurden. Fernverkehr (wie seit 1906) gibt es auf den zwei südl. Gleisen mit Halt nur noch in Hamburg-Altona, Dammtor und Hauptbahnhof, der ➢*S-Bahn*-Verkehr verläuft auf den zwei nördl. Gleisen der ehem. ➢*Vorortbahn* mit Halt zusätzlich in Holstenstraße (Fernbahnsteig Ende der 1980er Jahre abgebaut) und Sternschanze (kein Güterverkehr mehr, Fernbahnsteig ungenutzt, Autoreisezugverladung im Juni 1997 aufgegeben). Die Fahrzeit Altona–Hauptbahnhof beträgt heute 11 Min. *To*

Erkennungszeichen vieler Hamburgensien: das Siegel des 1839 gegründeten Vereins für Hamburgische Geschichte

Verbraucherzentrale Hamburg e.V. Die V. wurde am 5.3.1957 von zwölf Frauen in der Gaststätte des ➢*Gewerkschaftshauses* als Arbeitskreis für Verbraucherfragen Hamburg gegründet. Dies war die Geburtsstunde der Verbraucherberatung in Dtld. E. ➢*Weichmann* war maßgeblich an der Entstehung der zunächst in der Rothenbaumchaussee ansässigen Einrichtung beteiligt und wurde deren erste Vorsitzende. Schon 1958 erfolgte auch satzungsgemäß die Umbenennung des Arbeitskreises in Verbraucherzentrale Hamburg e.V. Nach Stationen in der Großen Theaterstraße und ab 1962 in den Großen Bleichen ist seit 1995 das „Haus des Verbraucherschutzes" in der Kirchenallee 22 Sitz der V. 100 Mitarbeiter, darunter 40 Festangestellte, sind für Verbraucherfragen tätig und leisten v.a. juristische Beratungen bei der Reklamation von Produkten und Dienstleistungen aller Art. 2006 wurde das Angebot der V. 323.153-mal persönlich genutzt, zudem gab es ca. 1,3 Mio Nutzer des Angebots der V. im Internet. Wegen des Rückgangs der staatlichen Förderung finanziert sich die Einrichtung zunehmend selbst durch Verkauf von Broschüren und Entgelte für Beratungen und Verbraucherseminare oder die Benutzung des Infozentrums. Kern ist die Infothek, in der aktuelle Auskünfte zu allen erdenklichen Konsum- und auch zu allgemeinen Lebensfragen zu erhalten sind. 1997 gründete sich der Verein zur Förderung der Verbraucherzentrale Hamburg e.V. *Ti.*

Verein der Hamburger ➢*Verein geborener Hamburger e.V.*

Verein für Hamburgische Geschichte (VHG) heißt der 1839 mit Hilfe der ➢*Patriotischen Gesellschaft* von 1765 gegründete Zusammenschluss historisch interessierter Bürger zur Pflege der Stadtgeschichte. Bis zum Ersten Weltkrieg betrieb der VHG historische Forschung fast monopolartig, ohne dass eine Universität oder staatliche Aktivitäten seine Arbeiten beeinflusst hätten. Mit seinen zahlr. Veröffentlichungen, v.a. der ➢*Zeitschrift des Vereins für Hamburgische Geschichte* und den ➢*Hamburgischen Geschichts- und Heimatblättern*, schafft der Verein

Grundlagen sowohl für die Erforschung wie für die Verbreitung der hbg. Geschichte. Mit etwa 1.100 Mitgliedern gehört der VHG zu den großen Geschichtsvereinen in der Bundesrepublik. Er bietet Vorträge, Führungen und Exkursionen an. Seine Bibliothek mit ca. 10.000 Bänden befindet sich im ➢*Staatsarchiv*. *SH*

Verein für niederdeutsche Sprachforschung Der Verein wurde im September 1874 in und für Hbg unter der Führung K. ➢*Koppmanns* von einem philologisch interessierten Freundeskreis zur Erforschung der ➢*plattdeutschen* Sprache in Literatur und Dialekt gegründet. Auf der Pfingstversammlung des ➢*Hansischen Geschichtsvereins* im September 1875 in Hbg konstituierte er sich als überregionaler Verein und hielt zusammen mit diesem seine erste Jahresversammlung ab; er begründete damit eine Tradition, die sich lange erhalten hat. Seit 1876 gibt der Verein das „Jahrbuch" und seit 1877 das „Korrespondenzblatt" heraus. *SH*

Verein geborener Hamburger e.V. 1897 wurde der Hbger Heimatverein zum Schutz der städtischen Kultur vor „Überfremdung" ins Leben gerufen. Er war eine Reaktion auf die Bildung von Landsmannschaften der nach Hbg Zugezogenen. Die Gründung geschah vor dem Hintergrund der rasch ansteigenden Einwohnerzahl (➢*Bevölkerungsentwicklung*) in einer Zeit, in der Hbg sein Gesicht durch Ausbau von Industrie und ➢*Hafen* grundlegend veränderte. Nach mehr als 3.000 Mitgliedern noch in den 1950er Jahren zählte der Verein trotz seiner 1977 erfolgten Öffnung für Frauen Ende der 1990er Jahre nur noch rund 600 Mitglieder. Alle waren wirklich in Hbg geboren. Doch starke Bestrebungen zur Zulassung der Zugereisten, der ➢*Quiddjes*, setzten sich durch. Schließlich hätten städtische Integrationsfiguren wie die ➢*Bürgermeister* M. ➢*Brauer* (geb. in Holstein) oder H. ➢*Weichmann* (geb. in Schlesien) nicht Hbger im Sinne des Vereins sein können. Heute kann Mitglied im inzwischen so genannten „Verein der Hamburger" werden, wer seit drei Jahren in Hamburg lebt. Neben den ➢*plattdeutschen* Theaterstücken der „Faxenmoker" sind ein Seemannschor und ein Akkordeonorchester die wichtigsten Aktivposten des Vereins, der derzeit 300–400 Mitglieder hat. *Ti.*

Vereinigte Liberale (VL) war der Name der linksliberalen Bürgerschaftsfraktion, dann auch Partei (1906–18), die von Opponenten gegen die 1906 von ➢*Senat* und ➢*Bürgerschaft* beschlossene „Wahlrechtsverschlechterung" gebildet wurde: Bei der „allgemeinen" Wahl zur Bürgerschaft im Stadtgebiet durften die wenigen Gutsituierten doppelt so viele Abgeordnete wählen wie die Masse der Geringerverdienenden (➢*Wahlrecht*). Der Protest gegen diese Maßnahme, mit der das Vordringen der ➢*SPD* aufgehalten werden sollte, ging von Mitgliedern der Fraktion der Rechten um die aus Bürgermeister- und Senatorenfamilien stammenden C. ➢*Petersen* und C.J. Braband aus, die schon 1898 im vorparlamentarischen Raum einen Nationalsozialen Wahlverein für Hamburg-Altona und Umgegend im Sinne F. Naumanns mitbegründet hatten. 1903 waren die Nationalsozialen in den „Liberalen Verein" eingetreten, der als Wahlverein der reichsweit (unter E. Richter) auftretenden „Freisinnigen Vereinigung" fungierte, und sie hatten darin die Führung übernommen. 1906 spalteten sich auch von anderen „Alten Fraktionen" (Fraktion Linkes Zentrum, Fraktion der Linken) einige Abgeordnete ab und schlossen sich der neuen Gruppierung an. Zu ihrer vorparlamentarischen Organisation machte sie zunächst den Liberalen Verein. Vor dem Ersten Weltkrieg zählte die „Partei"-Basis der anfänglich 13-köpfigen VL-Fraktion schon 6.000 Mitglieder und entsandte 30 Bürgerschaftsabgeordnete (von 160), 1917/18 kamen J.H. Garrels und C. Petersen in den Senat. Nach der ➢*Novemberrevolution* 1918 gingen die VL in der neu gegründeten ➢*DDP* auf. *luz*

Verfassung Das rechtliche und politische Leben in Hbg beruhte für mehr als 600 Jahre sowohl auf überlieferten Rechtstraditionen wie auf geschriebenen Gesetzen. Am Anfang der Entwicklung zu einer selbstbestimmten V. Hbgs stand die schrittweise Zurückdrängung der zunächst noch umfassenden Lehensrechte der Burggrafen der ➢*Hammaburg* im 9. Jh. und der nachfolgenden Stadtherren (➢*Schauenburger*) durch die Stadtbewohner. Dies geschah einerseits durch kirchliche Reservate (➢*Erzbistum*) und andererseits durch die seit Ende des 11. Jhs zunehmende Ausbildung bürgerlicher Privilegien. Wichtigste Elemente dieser Privilegien, über die seit Ende des 12. Jhs der ➢*Rat* wachte, waren der freie Grundbesitz in der Stadt, Marktrechte, richterliche und gesetzgeberische Rechte sowie die ➢*Wehrhoheit.*

In der Folge entwickelten sich mit ➢*Stadtrecht*, ➢*Rezess* und ➢*Bursprake* drei verbindliche Rechtsgrundlagen des bürgerlichen Verfassungslebens. Während die Stadtrechte grundsätzliche und auf Dauer angelegte Regelwerke darstellten, entstanden Rezesse zunächst zur rechtlichen Fixierung erzielter Einigungen über Lösungen drängender, grundsätzlicher Probleme; mehreren gingen ➢*Bürgerunruhen* voraus. Eine Bursprake war eine „Ansprache" an die Bewohner der Stadt als obrigkeitliche Anordung mit Gesetzeskraft. Die Mitspracherechte der Bürger durch die Einführung der ➢*Bürgerlichen Kollegien* besiegelte der „Lange Rezess" von 1529. Zugleich verankerte er mit der ➢*Kirchenordnung* die ➢*Reformation* in der V. Hbgs und begründete so die bis 1860 bestehende Einheit von Kirche und Staat.

Die schwerste Verfassungskrise entwickelte sich in der zweiten Hälfte des 17. Jhs, als Rat und Bürgerschaft um die Macht und Gewalt, um das ➢*Kyrion* in Hbg kämpften. Ursachen hierfür waren zum einen die Idee des Gottesgnadentums in Kreisen des Rats, zum anderen ein gewachsenes Selbstbewusstsein der Bürger, aber auch soziale und wirtschaftliche Spannungen (➢*Jastram-Snitger-Rebellion*). Weder eine Reihe von Rezessen noch kaiserl. Kommissionen konnten der Situation Herr werden, die 1699 in der faktischen Entmachtung des Rats und dem Ende der Verpflichtung zur Erbgesessenheit (➢*Erbgesessene Bürgerschaft*) als Teilnahmebedingung für die Bürgerkonvente gipfelte. Hbg allein vermochte den Frieden nicht wiederherzustellen, erst eine erneute kaiserl. Kommission unter Graf von Schönborn konnte 1712 die im „Hauptrezess" gebündelten Kompromisse herbeiführen

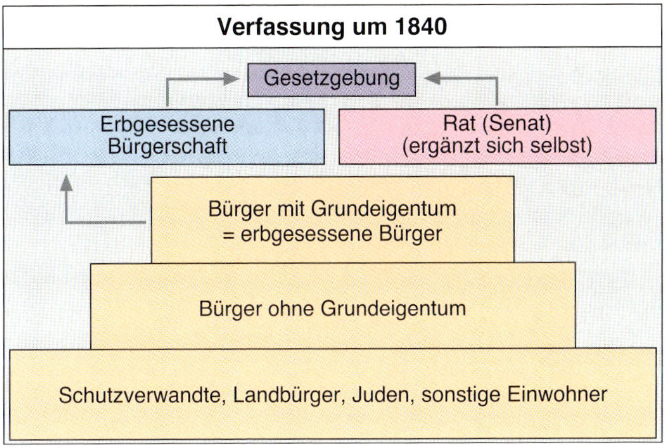

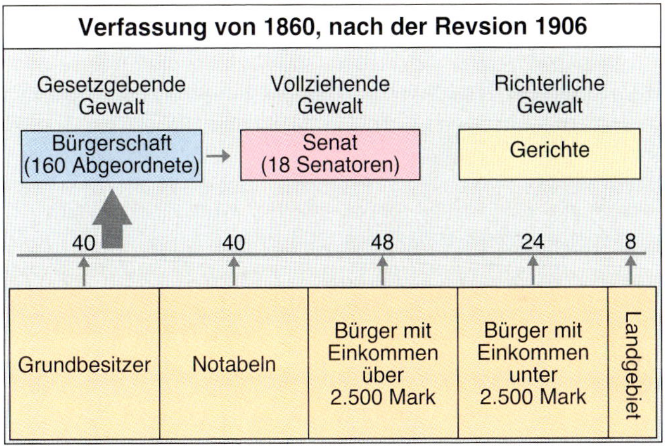

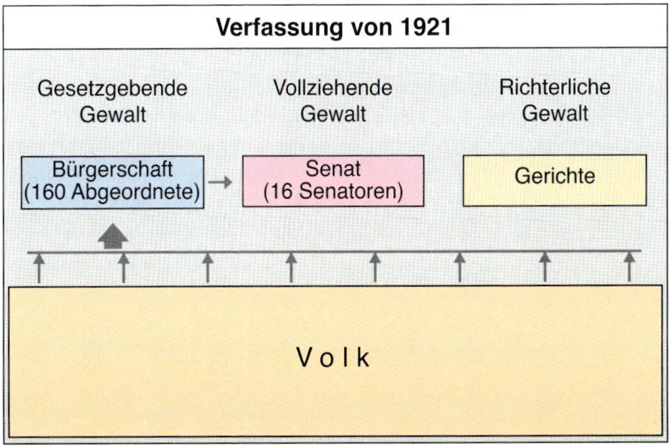

Schaubilder der Hamburger Verfassungen: die auf 1529 und 1712 zurückgehende alte Verfassung, die neue Verfassung von 1860, die das Repräsentativprinzip einführte, und die demokratische Verfassung von 1921

und somit auf Grundlage der überarbeiteten, ergänzten und verbesserten alten Rechtsgrundsätze eine neue V. entwickeln.

Tatsächlich besaß der Rat in vielen Bereichen ein gewisses Übergewicht, indem er als höchste Regierungsinstanz die Stadt nach außen vertrat, die Gesetzesinitiative besaß und als Obergericht die Spitze der Justiz bildete. Gleichzeitig war er jedoch in vielfältiger Weise von der Bürgerschaft und den drei Kollegien abhängig: Sie hatten über Krieg und Frieden abzustimmen (➢*Kriegsrat*), zu jedem Gesetz war ihre Einwilligung erforderlich (wobei Abänderungen auf Initiative der Bürgerschaft möglich waren), und in ihren Händen lag seit 1563 exklusiv die Finanzverwaltung (➢*Kämmerei*). Grundsätzlich beruhte das gesamte öffentliche Leben Hbgs auf Beteiligung der Bürger im Bereich der Verwaltung, der Mitwirkung in den zahlr. ➢*Deputationen*, den Kollegien und der Bürgerschaft. Das umständliche Gesetzgebungsverfahren sowie die Vielzahl der bestehenden Deputationen, geteilte Zuständigkeiten und der umständliche Behördengang hatten eine Ineffektivität von Regierungs- und Verwaltungstätigkeit zur Folge, sodass zwischen 1712 und der ➢*Franzosenzeit* nur wenige wirklich bedeutende Gesetzesprojekte zu Ende geführt werden konnten.

Die Einverleibung Hbgs in das frz. Kaiserreich zum 1.1.1811 brachte das vorläufige Ende der alten V. An ihre Stelle trat die frz. Departements-, Präfektur- und Munizipalverwaltung. Diese hatte u.a. mit der Trennung von Justiz und Verwaltung vorübergehend moderne, effiziente Verfassungsgrundsätze eingeführt. Der Eindruck der Besatzungswillkür überwog jedoch die Vorzüge der Neuerungen, sodass nach der endgültigen Befreiung der Stadt die alten Strukturen der V. wiederhergestellt wurden. Eine Reorganisationsdeputation, die sog. Zwanziger, schlug zwar ein Reformpaket vor, das aber von der Erbgesessenen Bürgerschaft abgelehnt wurde. Ihre Angehörigen fürchteten um hergebrachte Privilegien, und die Reformbemühungen der Folgezeit blieben auf die Neugliederung der Zuständigkeiten von ➢*Ämtern* und Deputationen beschränkt.

Erst die ➢*Revolution von 1848/49* brachte neue Impulse; zur Verabschiedung einer neuen V. wurde die ➢*Konstituante* von allen volljährigen männlichen Hbgern gewählt. Sie scheiterte am Widerspruch des Rats gegen die Beschneidung seiner Rechte. Weitere Revisionsversuche der Jahre 1850–56 kamen an der ablehnenden Haltung der Bürgerschaft oder an außenpolitischen Rücksichtnahmen zu Fall – Hbg war einer von nur vier republikanisch regierten Staaten im ansonsten monarchisch dominierten ➢*Deutschen Bund.*

Die ➢*Handelskrise* 1857 sowie das Versagen der ➢*Hamburger Bank* und der ➢*Commerzdeputation* in dieser Situation bewirkten schließlich doch eine Revision. Der Rat, fortan ➢*Senat* genannt, erarbeitete zusammen mit einer erstmals gewählten ➢*Bürgerschaft* die am 28.9.1860 in Kraft getretene V., in der die Erbgesessenheit durch das Repräsentativprinzip abgelöst wurde. Das gemeinsame Kyrion blieb zwar erhalten, die Aufgabenbereiche wurden jedoch klarer umrissen, tlw. die Gewaltenteilung eingeführt und die Bürgerlichen Kollegien abgeschafft. Der Senat verzichtete auf die Leitung des Justizwesens, das fortan selbstständig war, wurde dafür jedoch durch die Gründung der Finanzdeputation erstmals seit 1563 wieder am Finanzwesen der Stadt beteiligt (➢*Finanzbehörde*). Die Zahl der Senatsmitglieder verringerte sich von 28 auf 18, die weiter auf Lebenszeit, jedoch mit Beteiligung der Bürgerschaft, gewählt wurden. Die Bürgerschaft bestand aus 192 Abgeordneten, von denen 84 in allgemeinen Wahlen, 60 durch die ➢*Notabeln* und 48 durch die ➢*Grundeigentümer* gewählt wurden. Zudem hatte sie nun auch das legislative Initiativrecht.

Im Kaiserreich verlief die Verfassungsentwicklung uneinheitlich. Schritten in Richtung auf eine breitere politische Partizipation aller Bürger in den Jahren 1879 und 1896 folgte 1906 angesichts der erstarkenden Sozialdemokratie eine Beschränkung zugunsten des Finanz- und Bildungsbürgertums durch die Differenzierung der allgemeinen Wahlen (➢*Wahlrecht*). Erst nach dem Ende des Ersten Weltkriegs konnte gegen Beharrungsversuche der alten Eliten und gegen sozialistische Rätegedanken der ➢*Arbeiter- und Soldatenräte* der Jahre 1918/19 mit der Landesverfassung vom 9.1.1921 eine vollständige Demokratisierung auf parlamentarischer Basis durchgesetzt werden. Erstmals in der Geschichte Hbgs kam es nun auch zu einer konsequenten Gewaltenteilung. Die höchste Staatsgewalt lag fortan beim Volk, das in gleichen, allgemeinen und geheimen Wahlen nach dem reinen Verhältnis die Bürgerschaft wählte. Diese besaß die Gesetzgebungskompetenz und wählte den Senat. Der weiterhin kollegialisch geführte Senat büßte damit seine bisherige überlegene Stellung ein und wurde eine von der Bürgerschaft abhängige Regierung. Das Prinzip der Volkssouveränität fand neben den freien Wahlen seinen Ausdruck in den Volksentscheiden und Volksbegehren. Mit ihnen konnten Beschlüsse der Bürgerschaft aufgehoben, der Senat gegen den Willen der Bürgerschaft im Amt bestätigt und in gewissen Fällen Gesetzesvorhaben ohne Beteiligung der Bürgerschaft durchgesetzt werden.

Die vollständige Abhängigkeit der hbg. V. von den Verhältnissen auf Reichsebene wurde 1933 deutlich: Mit der „Machtergreifung" der Nationalsozialisten in Berlin endete auch die Rechtsstaatlichkeit auf Länderebene. Obwohl die ➢*NSDAP* bei den Bürgerschaftswahlen 1932 keine Mehrheit erhalten hatte, kam es im Zuge der Gleichschaltung der Landesregierungen am 8.3.1933 auch in Hbg zur Bildung eines von der NSDAP geführten Senats. In den folgenden Jahren wurden infolge der Ermächtigungsgesetze unter Verstoß gegen die hbg. V. die Bürgerschaft aufgelöst, die unabhängigen Parteien verboten, der Senat zu einem abhängigen Verwaltungsorgan umgeformt, die Eigenstaatlichkeit der Stadt beendet und die politische Führung in die Hände des von Hitler ernannten Reichsstatthalters K. ➢*Kaufmann* gelegt (➢*NS-Zeit*).

Das Jahr 1945 brachte mit dem Ende des Zweiten Weltkriegs und der nationalsozialistischen Diktatur einen von den Alliierten bestimmten verfassungsrechtlichen Neubeginn. Dabei orientierte sich die brit. Mili-

Flaggenhissung beim Staatsakt zur Verkündung der Hamburgischen Verfassung am 6.6.1952 auf dem Rathausmarkt; die Polizei salutiert. Pressefoto

tärregierung an den alten freistädtischen Traditionen Hbgs und stellte die Eigenstaatlichkeit sowie die Institutionen der Bürgerschaft und des Senats wieder her. Die im Februar 1946 von der ➢*Britischen Besatzung* eingesetzte Bürgerschaft verabschiedete bereits im Mai 1946 die „Vorläufige Verfassung der Hansestadt Hamburg" als Organisationsstatut, die sich grundsätzlich an die V. von 1921 anlehnte und dabei insbesondere den demokratisch-parlamentarischen Charakter sowie die Gewaltenteilung zwischen Bürgerschaft und Senat bestätigte. Auf dieser Basis sowie auf dem Grundgesetz der Bundesrepublik Deutschland aufbauend, erarbeiteten Bürgerschaft und Senat in den folgenden Jahren die neue V., die am 1.7.1952 in Kraft trat und mit ihren Ergänzungen und Veränderungen der Jahre 1969, 1971 und 1996 bis heute Gültigkeit besitzt. Sie setzt auch die Tradition der V. von 1921 fort, legt die legislative Gewalt in die Hände der Bürgerschaft, die exekutive in die des von der Bürgerschaft gewählten und ihr gegenüber verantwortlichen Senats und führt die Deputationen als ehrenamtliche

Mitwirkung der Bevölkerung an der Verwaltung wieder ein. Mit der V.reform von 1996 erhielt der Erste ➢*Bürgermeister* die Richtlinienkompetenz, der „Ewige Senat" wurde durch die Bindung der Amtszeit an die Dauer der Legislaturperiode abgelöst und die ehrenamtliche Ausübung der Abgeordnetentätigkeit in der Bürgerschaft beendet. 1996 wurden auch Volksentscheide und Volksbegehren wieder möglich. *MH*

Verfassungsgericht ➢*Hamburgisches Verfassungsgericht*

Versmann, Johannes Georg Andreas (geb. 7.12.1820 Hamburger Berg/St. Pauli, gest. 28.7.1899 Hbg), Jurist, Bürgermeister. Der Sohn eines aus Uelzen stammenden Apothekers in der ➢*Vorstadt* ➢*St. Pauli* besuchte eine dortige Vorschule, das ➢*Christianeum* in ➢*Altona* und das ➢*Akademische Gymnasium* in Hbg. 1840 begann er in Jena das Studium der Naturwissenschaften und Medizin, wechselte 1842 zur Jurisprudenz, der er sich in Göttingen und Heidelberg widmete. Nach der Promotion ließ sich V. 1844 als Advokat in Hbg nieder. Der junge Anwalt gewann rasch Mandanten und Ansehen. 1845 trat er dem ➢*Bürgerverein* von St. Pauli bei. 1848 schloss er sich als Freischärler der schleswig-holstein. Armee an und geriet kurz in dän. Gefangenschaft. In die ➢*Konstituante* gewählt, wurde er zunächst zweiter Vizepräsident, 1849 Präsident der verfassunggebenden Versammlung. 1851 wurde V. Vizepräsident, 1859 Präsident des ➢*Handelsgerichts*. Im selben Jahr übernahm er das Amt des Präsidenten der ersten gewählten ➢*Bürgerschaft*. Am Zustandekommen der ➢*Verfassung* von 1860 war er maßgeblich beteiligt. 1861 wurde V. in den ➢*Senat* gewählt, ab 1887 war er neunmal ➢*Bürgermeister*.
1862–78 wirkte V. in der Oberschulbehörde und begründete das staatliche Gewerbeschulwesen mit. Mit Zoll- und Steuerfragen war V. seit 1863 befasst. Der ➢*Zollanschluss* im Jahr 1881 war von V. als Hbgs Bevollmächtigtem beim Bundesrat in Berlin vorbereitet, mit dem Reich abgestimmt und in Senat und Bürgerschaft durchgesetzt worden. Das Reich übertrug die Zollverwaltung an Hbg. Es beteiligte sich auch mit 40 Mio. Reichsmark an den Kosten für die Erschließung des neuen ➢*Freihafen*-Bezirks, für die Räumung der Wohnviertel auf der Brook- und ➢*Wandrahm-Insel* und für die Zollbauten, die insgesamt mit Kosten von 148 Mio. Reichsmark veranschlagt wurden. Der Zollanschluss wurde 1888 vollzogen. Für die neuen ➢*Hafen*- und Freihafenanlagen machte sich V. auf Reisen in große europäische Hafenstädte deren Erfahrungen zunutze. Mit O. von Bismarck war V. in seinen späten Jahren befreundet. Zur Einweihung des neuen ➢*Rathauses* hielt er 1897 die Festrede. *Ko.*

Verwaltungsgerichtsbarkeit 1921 wurde in Hbg eine zweistufige V. mit umfassender Zuständigkeit (Generalklausel) geschaffen. Bis 1985 war das Oberverwaltungsgericht organisatorisch mit dem Oberlandesgericht (➢*Hanseatisches Oberlandesgericht*) verbunden. Das Verwaltungsgericht hat heute einen Präsidenten, einen Vizepräsidenten, und rund 50 Richter als Mitglieder; es besteht aus 15 allgemeinen Kammern sowie sieben Fachkammern, u.a. für Seeunfalluntersuchungen und für Personalvertretungssachen. Der Sitz des Gerichts ist am Lübeckertordamm 4. Ebendort ist das Hamburgische Oberverwaltungsgericht mit seinen sechs Senaten und zwei Personalvertretungssenaten ansässig; ihm gehören ein Präsident, ein Vizepräsident, vier Vorsitzende Richter und rund 20 Richter an. Die Gerichtsverfassung und das Verfahren regeln die Verwaltungsgerichtsordnung von 1960 (mit späteren Änderungen) und ein hbg. Ausführungsgesetz sowie Einzelgesetze, z.B. das Asylverfahrensgesetz. *JA*

Ein Hamburger Original im frühen 19. Jahrhundert: Vetter Kirchhoff. Farbige Darstellung aus der Biedermeierzeit

Vetter Kirchhoff (das ist Jacob Friedrich Kirchhoff, geb. 13.2.1791 Hbg, gest. 14.5.1844 ebd.). K., von Beruf Leinwandmakler, von Familienstand Junggeselle, von Gestalt stattlich, stets mit Frack und modischem weißen Seidenhut gekleidet und mit goldener Lorgnette versehen, war ein Original und galt als „Hamburgs Eulenspiegel“, dessen Scherze und Neckereien Stadtgespräch wurden. Als Freund guter Tropfen, schöner Frauen und des Theaters war K. bekannt. Seine launigen Einfälle galten Droschkenkutschern, ➢*Reitendienern*, den Wachen an der ➢*Torsperre* und manchem Udl (➢*Nachtwache*), zuweilen auch den Damen und Herren der feinen Gesellschaft. Mitunter kam er als nicht immer stiller Zecher mit der Obrigkeit in Konflikt. Der Vorladung auf das ➢*Rathaus* leistete er eines Morgens genaueste Folge, als er zwischen zehn und elf Uhr „auf dem Rathaus“ erschien – auf dessen Dach nämlich. Sein Freund, der Maler und Schriftsteller J.P.Th. Lyser, überlieferte die Schelmenstreiche in seinem Buch „Vetter Kirchhoff, wie er leibte, lebte, liebte und sich lustig machte“, das er anonym 1861/62 erscheinen ließ. *Ko.*

Vierländer Blutegelhandel Als es im frühen 19. Jh. Mode wurde, sich gegen Blutstau, Krämpfe u.a. Blutegel anzusetzen, entstand in den ➢*Vierlanden* ein reger Handel mit den Ringelwürmern (lat. Hirudo medicinalis). Träger waren die Kleinbauern (Kätner), die gegenüber den Großbauern (Hufnern) wirtschaftlich beweglicher waren und sich erfolgreich dem Kleinhandel zuwenden konnten. Zuerst fischten sie in den heimischen Gräben und verkauften die gefangenen Blutsauger. Das brachte Gewinn und ermutigte zur Ausweitung der „Fanggebiete“ weiter nach Osten. Die Bauern zogen familienweise los, bildeten regelrechte Konvois und bauten Relaisstationen auf. Sie brachten ihre Ware nach Hbg, wo um 1850 in einem Gasthaus in ➢*Horn* eine Blutegelbörse stattfand. Dies brachte der Stadt einen neuen Wirtschaftszweig und machte sie zum internationalen Handelsplatz für Umschlag und Vertrieb des Blutegels; in Hbg und ➢*Bremen* zusammen wurden um 1855 jährlich 40 Mio. Stück verschifft. Einige der Vierländer Händler waren seit 1839 nach Russland und bis Orenburg an den Ural vorgedrungen. Bei ihrer Rückkehr wurden diese „Russen“ von den Vierländern wie Helden bestaunt. Von 259 namentlich nachgewiesenen Blutegelhändlern ab 1818 bis zum Ersten Weltkrieg waren 168 Vierländer, von denen mindestens 51 bis nach Russland kamen. *HR*

Vierlande Die Vierlande sind Teil der Elbmarschen (➢*Marschlande*) und umfassen die vier Dörfer ➢*Altengamme*, ➢*Curslack*, ➢*Kirchwerder*, ➢*Neuengamme*. Das Gebiet wurde im 12. Jh. besiedelt. Nach dem Ende der Dänenzeit (1202–27, ➢*Dänemark/dänische Oberhoheit*) gelangte es samt ➢*Bergedorf* an die Sachsen-

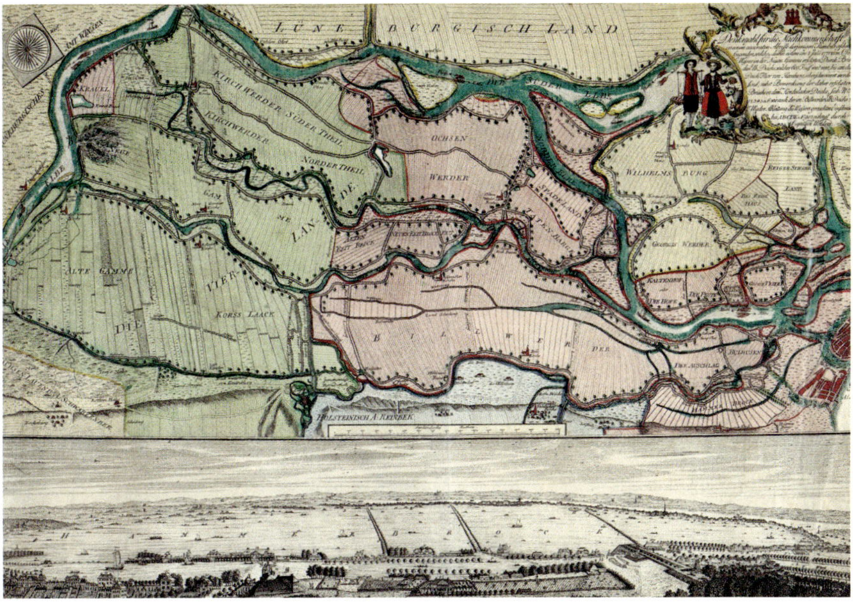

Schadenskarte und „Prospect“ der Vierlande, gezeichnet anlässlich des Deichbruchs in Neuengamme (links) am 8.7.1771. Das Elbwasser überschwemmte den Großteil der Vier- und Marschlande bis zum Deichtor. Bergedorf ist am unteren Kartenrand zu erkennen.

herzöge. 1320 wurde es unter zwei Linien des Herzoghauses aufgeteilt. Seit 1420 waren die V. bis 1867 ➢*beiderstädtisch*, gehörten danach zur hbg. Landherrenschaft (➢*Landgebiet*) und schließlich mit ihren etwa 26.000 Menschen und ca. 130 km² Fläche zum Bezirk Bergedorf. Die ➢*Dove*- und die ➢*Gose-Elbe* unterteilen die Ortschaften. An die Kolonisationszeit erinnern noch die streifenförmigen, lang gestreckt von den Deichen bis tief ins Hinterland reichenden Flurstücke. In den zwischen ihnen liegenden Gräben wurde überschüssiges Wasser abgeführt. Im ständigen Kampf mit Wasserdrang und Überflutungen wurden die Gebäude in der tief gelegenen Marsch auf Wurten errichtet.

Nach dem Aufbau der Kulturlandschaft machte sich seit dem 16. Jh. die Marktnähe Hbgs bemerkbar. Die dortige Nachfrage v.a. nach Gemüse setzte in den V. im späten 17. Jh. einen schrittweisen Wandel der Agrarlandschaft in Gang. 1693 erschienen „Grünhöker“ mit Gemüse und Erdbeeren aus eigenen Gärten als Handelsleute erstmals auf dem Hbger Markt, bevor im 18. Jh. der Gartenbau systematisiert und zur hoch entwickelten Kultur wurde. 1870–90 gelangte die „Maiblumenkultur“ (Anbau von Maiglöckchenkeimen) zu ihrem Höhepunkt. ➢*Ewer* mit hohem Segelmast beförderten die Waren auf den Elbarmen bis in die 1930er Jahre nach Hbg, und der Bau der Bahnlinie Hbg-Bergedorf-Berlin 1842–46 sowie der Marschbahn von ➢*Geesthacht* nach ➢*Billbrook* nach dem Ersten Weltkrieg schufen neue Absatzmärkte. Ein besonderer Wirtschaftszweig entwickelte sich mit dem ➢*Vierländer Blutegelhandel.*

Heute sind die V., insbesondere Neuengamme und Curslack, das größte Schnittblumen-Erzeugerge-

Vierländerin mit Erdbeeren. Kolorierte Radierung von Christoffer Suhr, um 1805

biet Dtlds. Energiekosten und starke Konkurrenz des Auslands machen dem Gartenbau neuerdings schwer zu schaffen. Steigende Nachfrage erfahren die Erzeugnisse der ansässigen Ökobauern. Eine wichtige Beratungsfunktion hat das Bildungs- und Informationszentrum des Gartenbaus Hbg (BIG), das nach Bürgerschaftsbeschluss von 1997 die 1911 gegründete Hbg. Gartenbau-Versuchsanstalt Fünfhausen ablöste. Der jüngste Wirtschaftszweig in den V. wuchs mit der Installation energieerzeugender Windkraftmühlen, von denen die ersten 1995 in Betrieb genommen wurden.

Das Rieck Haus in Curslack, eine Außenstelle des Altonaer Museums, dokumentiert Vierländer Landwirtschaft und Volkskultur. Rechts eine Feldentwässerungsmühle aus Ochsenwerder

Das früh entwickelte wirtschaftliche Potenzial der V. ließ schon im 16. Jh. prächtige ndt. Hallenhäuser entstehen, von denen das Rieck Haus in Curslack als Außenstelle des ➢*Altonaer Museums* ein herausragendes Beispiel bietet. Aus der Zeit um 1535–80 stammen noch drei in Altengamme, Neuengamme und auf der Ohe in Kirchwerder stehende „Spiker" (= ➢*plattdeutsch* Speicher). Viele der Strohdachhäuser erhalten heute unter Rekonstruktion ihrer historischen Außengestalt einen modernen Innenausbau. Großen Einfluss auf den Erhalt der bodenständigen Volkskunst und die Pflege des traditionellen Heimatstils bei Neubauten nahm der 1901 gegründete Verein für Vierländer Kunst und Heimatkunde, dem u.a. J. ➢*Brinckmann*, A. ➢*Lichtwark*, O. Schwindrazheim, F. Holtz, H. Haase, H. Förster angehörten. Sie schützten das charakteristische Kulturgut der V. Dazu zählen die um 1635 beginnende Intarsienkunst der heimischen Landtischler mit ihrer Blütezeit im letzten Viertel des 18. Jhs, die Vierländer Tracht, die sich 1750–70 herausbildete und etwa ab 1795 auf dem ➢*Großmarkt* als Gütesiegel für die anerkannt hohe Qualität des Vierländer Gemüses stand, oder die schmiedeeisernen Hutständer in den Kirchen auf der Männerbankseite, gefertigt von heimischen Schmieden nach Vorlagen der Intarsientischler seit dem 18. Jh. Beispiele ihrer Kunst bewahrt das ➢*Museum für Bergedorf und die Vierlande*. *HR*

Vitalienbrüder Die V., auch als „Like(n)deeler“ und „Hattebröder“ bezeichnet, waren Seeräuber, die im ausgehenden 14. Jh. den Handel der ➢*Hanse* im Bereich der Ost- und Nordsee massiv beeinträchtigten. Das Aufkommen ihres Namens steht im Zusammenhang mit dem dän.-mecklenburg. Krieg um die schwed. Krone (1389–95), in dem die von den Mecklenburgern zur Durchsetzung ihrer Ziele angeworbenen Piraten das von dän. Truppen eingeschlossene Stockholm mit Lebensmitteln (lat. Viktualien) versorgten. Mit diesen Kaperern, die den Mecklenburgern die Häfen Rostock und Wismar öffneten, lebte die Seeräuberei in der Ostsee neu auf. Bis 1391 scheinen die V., deren Hauptleute vielfach mecklenburg. Adlige waren, in engem Zusammenhang mit den regulären mecklenburg. Truppen gestanden zu haben. Bald aber richteten sich ihre Kaperzüge gegen jegliche Handelsschifffahrt. Nach dem Friedensvertrag zwischen ➢*Dänemark* und Mecklenburg spalteten sich die V. 1395 in viele kleine Gruppen. Bis zu ihrer Vertreibung durch den Deutschen Orden 1398 war Gotland ihr Hauptstützpunkt in der Ostsee. Das zweite Revier der V. wurde die Nordsee, an deren ostfries. Küste sie sich festsetzten.

1400/01 gelangen schließlich die entscheidenden Schläge gegen das sich beständig ausbreitende Unwesen der V. Eine Flotte der Städte Hbg und ➢*Lübeck* schlug im Mai 1400 die Piraten auf der Osterems. Im selben Jahr gewannen Hbger Schiffe unter dem Oberkommando des Ratsherrn N. Schoke die Schlacht vor Helgoland, bei der auch K. ➢*Störtebeker* in Gefangenschaft geriet. Kurz darauf fiel ihnen auf der Weser G. Michels in die Hände, der mit 73 seiner Männer auf dem ➢*Grasbrook* enthauptet wurde. Die endgültige Vertreibung der V. aus der Nordsee gelang Anfang der 30er Jahre des 15. Jhs durch D. ➢*Koel.*

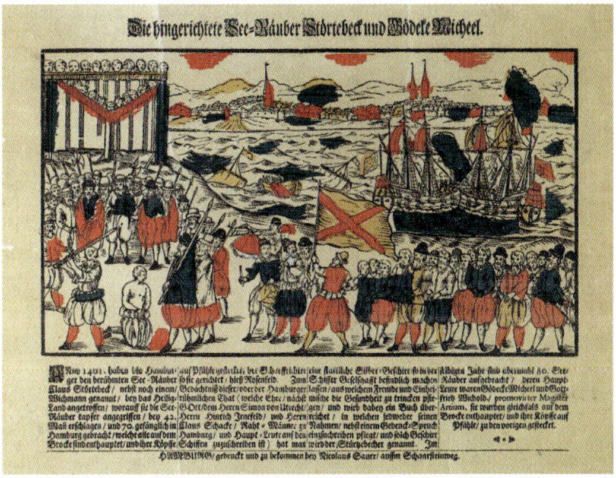

Der kolorierte Holzschnitt eines unbekannten Künstlers aus späterer Zeit zeigt die Hinrichtung von Störtebeker und seinen Kumpanen auf dem Grasbrook.

Th. Fontane plante 1894/95 einen Roman über „Die Likedeeler“, von dem nur Entwürfe vorliegen. So blieb „Der Stechlin“ Fontanes Alterswerk. *IR*

Völkerkundemuseum ➢*Museum für Völkerkunde*

Voght, Caspar (geb. 17.11.1752 Hbg, gest. 20.3.1839 ebd.), Kaufmann, Landwirt, Philanthrop. Das vom Vater, einem hbg. Senator, um 1750 gegründete Handelshaus spielte eine Pionierrolle bei der Erschließung der Märkte Nordamerikas. Die so erlangte wirtschaftliche Unabhängigkeit schuf die Voraussetzung für V.s anderweitige Aktivitäten. In Flottbek gestaltete er die seit 1785 zahlr. erworbenen Bauernhufen zu einer „ornamented farm“ nach engl. Vorbild, deren Reste heute den ➢*Jenischpark* bilden. Auf diesem nach Grundsätzen der „rationellen Landwirtschaft“ geführten Mustergut begründete sein Verwalter L.A. Stau-

Kaufmann, Gutsherr und Sozialreformer: Caspar Voght nach einer Lithografie von Friedrich Carl Gröger und Heinrich Jacob Aldenrath

dinger die erste Landwirtschaftliche Lehranstalt Dtlds (1798), hier auch formulierte dessen Schüler J.H. von ➢*Thünen* die Grundidee seines „Isolierten Staates“ (1801/02). Zusammen mit J.G. ➢*Büsch* entwickelte V. das Konzept einer produktiven Armenfürsorge, das 1788 in Gestalt der ➢*Allgemeinen Armenanstalt* verwirklicht wurde. Deren Organisationsprinzipien („Hamburger System“) propagierte V. später in zahlr. Städten Europas; für die Reorganisation des Wiener Armenwesens erhielt er 1802 den Reichsfreiherrntitel. Nach der Liquidation seines Handelshauses (1799) reiste V. rastlos durch Westeuropa. Am Musenhof der Madame de Staël in Coppet am Genfer See wurde er zum gern gesehenen Mittler dt. Dichtung und Literatur. Die eigentümliche Verknüpfung erwerbswirtschaftlicher, sozialreformerisch-pädagogischer und ästhetischer Motivationen in V.s Wirken lässt ihn als reichsstädtischen Bürger und weltmännischen Edelmann zugleich erscheinen. Sein 1794–97/98 von J.A. Arens im Stil des Klassizismus gestaltetes ➢*Landhaus* liegt an der Baron-Voght-Straße Nr. 63, die aufwendige Gruft auf dem Friedhof ➢*Nienstedten*, unmittelbar am Eingang ➢*Elbchaussee. Ah.*

Volksdorf ist ein Stadtteil mit 19.890 Einw. auf 11,6 km² Fläche (2009) im ehem. Ortsamtsgebiet ➢*Walddörfer.* Die Benennung V.s geht auf einen Volkward zurück. 1296 wurde es anlässlich der Übertragung des Zehnten von insgesamt 13 Dörfern an das Kloster ➢*Harvestehude* erstmals erwähnt. V. gehörte urspr. zu ➢*Stormarn.* 1497 verpfändete es der Grundherr Bruneke von Alvesloh zusammen mit anderen Dörfern (u.a. ➢*Wohldorf*) an Hbg. Da das Pfand nie eingelöst wurde, blieben V. und Wohldorf hbg. ➢*Walddörfer.* 1867 pachtete der im Guanohandel reich gewordene – später geadelte – H. Ohlendorff eine Jagd und begann in der Folgezeit, in großem Stil Eigentum in V. und Umgebung zu erwerben. Durch den Bau der Kleinbahn von Altrahlstedt (➢*Rahlstedt*) nach Wohldorf und dann der

Das Museumsdorf in Volksdorf überliefert als Freilichtmuseum mit seinen Bauten Alltagskultur der Bauern und Handwerker in den Walddörfern und ihrer Umgebung.

➢*Walddörferbahn* wurde die von Ohlendorff und anderen Grundeigentümern vorangetriebene Besiedlung gefördert. Trotz weiterer starker Bautätigkeit nach dem Zweiten Weltkrieg und einer raschen Bevölkerungszunahme ist V. ein landschaftlich reizvoller Stadtteil geblieben. In der Ortsmitte hält ein Freilichtmuseum (Museumsdorf) die Erinnerung an die ländliche Vergangenheit wach. V. war Sitz des Ortsamts Walddörfer. *HWE*

Volksfürsorge wurde die Wirtschaftseinrichtung genannt, die seit 1911 von einer Studienkommission zur Gründung einer gewerkschaftlich-genossenschaftlichen Volksversicherung konzipiert worden war, um wirtschaftlicher Not vorzubeugen und sozialen Missständen zu begegnen. Am 22.5.1913 in das hbg. Handelsregister eingetragen, erlebte das Unternehmen einen raschen Aufstieg, obwohl kleine Beamte und Lehrer massiv vor einem Beitritt gewarnt wurden, der mit ihrer Stellung als Staatsbedienstete unvereinbar sei. In exklusiver Lage (An der Alster 57) bezog die V. 1931 ihr neues, von Distel & Grubitz entworfenes Verwaltungsgebäude. Von den Nationalsozialisten enteignet, erhielten die Gewerkschaften nach Kriegsende wieder die V. in ihren Besitz. Sie zogen sich erst Ende der 1980er Jahre aus der V. zurück, die ab 1993 mehrheitlich zum AMB Generali-Konzern gehörte. Die V.-Holding AG war bis 2008 eine der größten dt. Versicherungsgruppen mit rund 3.500 Beschäftigten. Bei Lebensversicherungen nahm sie mit rund 4,5 Mio. Verträgen und einem Beitragsaufkommen von 2,3 Mrd. € (2008), bei Hausrat- und Privathaftpflichtversicherungen mit fast fünf Mio. Verträgen und rund 649 Mio. € Beitragseinnahmen einen der führenden Ränge ein. Zum

Volksfürsorge
Gewerkschaftlich-Genossenschaftliche Versicherungs-Aktiengesellschaft
Hamburg
Versicherungsschein Nr.

Der Versicherungsschein der Volksfürsorge von 1913: Zeugnis sozialen Fortschritts, gestaltet im damals modernen Jugendstildekor

1. Januar 2009 wurde die Volksfürsorge mit der Generali Deutschland fusioniert. *Ah.*

Volksheim Am 12.4.1901 gründeten der Theologe und spätere Oberlehrer W. ➢*Classen*, der Richter und spätere Direktor der Jugendbehörde W. Hertz und der Kaufmann und Senator H. Traun das „Hamburger Volksheim" mit der Einrichtung eines Lehrlingsvereins in ➢*Hammerbrook*. 1905 wurde in ➢*Rothenburgsort* ein eigenes Haus bezogen, wo sich – wie später auch in ➢*Barmbek*, ➢*St. Pauli*, ➢*Eimsbüttel* und anderen Arbeitervierteln – die Mitarbeiter um die Arbeiterjugend bemühten. Pastoren, Juristen und Erzieher strebten als Gegengewicht zu den Sozialdemokraten eine „Verständigung" mit den Arbeitern an. Sie veranstalteten Kurse, Vorträge, Wanderungen, gemeinsame Theateraufführungen und boten Beratungen in Erziehungs- und Rechtsfragen an (➢*ÖRA*). Vorbild war die engl. Settlement-Bewegung, die Classen auf einer Studienreise kennengelernt hatte. Heute ist die Kulturelle Vereinigung V. besonders durch das Theater an der Marschnerstraße bekannt. *He.*

Volkshochschule (VHS) Die rund 6.000 Kurse der Hbger VHS werden in den Stadtbereichen Mitte/Nord, Ost, West, Bergedorf und Harburg von ca. 80.000 Teilnehmern besucht. Das allen Bürgern offenstehende Angebot reicht vom Nachholen des Schulabschlusses über berufsqualifizierende Weiterbildung und Sprachunterricht bis zum Kennenlernen neuer Freizeitmöglichkeiten. Die geringen Kursgebühren – sie decken etwa 25 % der Kosten, während die restlichen 75 % durch staatliche Zuschüsse finanziert werden – sind der wesentliche Bestandteil des Bildungskonzepts der am 28.3.1919 geschaffenen Institution, die v.a. weniger vermögenden Hbgern die Chance zur zumeist abendlichen Weiterbildung bieten sollte. Zeitgleich wurde mit der Gründung der Hamburgischen Universität (➢*Universität Hamburg*) eine feste Institution für die ➢*wissenschaftliche Bildung* in der Hansestadt geschaffen. *OK*

Volkswohl (Harburg) Am 25.11.1911 wurde die von 24 Mitgliedern verschiedener Gewerkschaften gegründete Sport- und Spielplatz Volkswohl G.m.b.H. in Harburg ins Handelsregister eingetragen. Ziel der Gesellschaft war die Schaffung eines Naherholungsparks für ➢*Harburgs* Arbeiterschaft. Auf einem 10 ha großen Waldgelände, direkt an der Bremer Straße bei Appelbüttel gelegen, wurde Ende 1912 der Erholungs- und Vergnügungspark V. eröffnet. Zu seiner Ausstattung gehörten neben ausgedehnten Spielflächen ein Restaurant, ein Musikpavillon, eine Tanzhalle, eine Kegelbahn und als besondere Attraktion eine Sommerrodelbahn. Am Rande des Geländes angelegte Schrebergärten wurden an Gewerkschaftsmitglieder verpachtet. Das V. war bald ein beliebtes Ausflugsziel nicht nur für Harburger Arbeiterfamilien. Daneben war es auch der Ort für Gewerkschaftsfeiern, Maikundgebungen und für Feste der seit 1923 in Harburg bestehenden Freien Weltlichen Schule. 1933 von der ➢*NSDAP* übernommen und in „Deutscher Garten" umbenannt, schloss das V. 1935 seine Pforten. Gelände und Gebäude wurden als Lager für den Frauenarbeitsdienst genutzt. Eine Wiederbelebung des V. nach dem Zweiten Weltkrieg scheiterte. Das Gelände wurde daraufhin parzelliert und zur Bebauung freigegeben. *Cl.*

Vorortbahn Offizieller Name der V. war Hamburg-Altonaer Stadt- und Vorortbahn. Sie entstand aufgrund des Ohlsdorfer Vertrags (12.12. 1904) zwischen Hbg und Preußen als betriebliche Zusammenlegung der für den Öffentlichen Personennahverkehr erweiterten ➢*Verbindungsbahn* zwischen ➢*Altona* und Hbg, der Strecke von Altona nach ➢*Blankenese* sowie der Neubaustrecke vom ➢*Hauptbahnhof* über ➢*Barmbek* nach ➢*Ohlsdorf*. Eigentümerin wurde die Königlich Preußische Eisenbahnverwaltung. Am 5.12.1906 wurde die V. eröffnet. Im Jahr darauf fuhren statt der Dampfloks die ersten elektrischen Züge mit Wechselstrom-Betrieb. Die Aufnahme des vollen Betriebs Ohlsdorf–Blankenese erfolgte am 29.1.

1908 unter Fahrdraht mit Abteil-Triebzügen. Die Fahrzeit betrug 63 Min., die Höchstgeschwindigkeit 50 km/h (1997: 44 Min. mit der bis zu 80 km/h erreichenden ➢*S-Bahn-*

Wechselstromzug im Bahnhof Ohlsdorf 1939 auf dem Weg nach Barmbek. Im Vordergrund sind bereits die Stromschienen für den Betrieb mit Gleichstrom zu sehen.

Linie 11). 1925 wurde über das elektrische Netz der V. hinaus ein einheitlicher Tarif bis ➢*Friedrichsruh* und ➢*Harburg* geschaffen. Nach Berliner Vorbild wurde 1934 die Umbenennung der V. in S-Bahn vorgenommen. *To*

Vororte war die seit 1874 gültige Bezeichnung für die mit der Landgemeindeordnung (im Juni 1871 in Kraft getreten) aus dem bisherigen ➢*Landgebiet* herausgelösten Gebietsteile. Die Schaffung der V. war eine Reaktion der Verwaltung auf die wachsende Bevölkerung (➢*Bevölkerungsentwicklung*) und die Verstädterung des Hbger Umlands. Betroffen waren die 15 zum Stadtgebiet nächstliegenden Orte, die fortan in direkter Verwaltung der städtischen Behörden standen: ➢*Rotherbaum*, ➢*Harvestehude*, ➢*Eimsbüttel*, ➢*Eppendorf*, ➢*Winterhude*, ➢*Barmbek*, ➢*Eilbek*, ➢*Uhlenhorst*, ➢*Hohenfelde*, ➢*Borgfelde*, ➢*Hamm*, ➢*Horn*, ➢*Billwerder*-Ausschlag, ➢*Steinwerder* und ➢*Kleiner Grasbrook*. *SH*

Vorsetzen heißt eine Straße in der ➢*Neustadt* zwischen Johannisbollwerk und ➢*Baumwall* am Niederhafen (➢*Binnenhafen/Niederhafen*). Der Name ist wörtlich zu nehmen, da zur Sicherung der Uferseite gegen Ausspülungen Eichenbohlen in der Art einer Spundwand vorgesetzt wurden. Dadurch konnten Schiffe direkt am Ufer festmachen und beladen oder gelöscht werden. Diese Maßnahme und die Bebauung der Straße sind älter als die erste

Die Vorsetzen in den 1920er Jahren, vorn die Haltestelle Baumwall der Ringbahn. Darunter mündet das Herrengrabenfleet in den Niederhafen. Hinter der Überseebrücke die „Cap Arcona" der Hamburg Süd. Links am oberen Bildrand die Helgen der Werften auf Steinwerder

Erwähnung ihres Namens 1528. Mit der neuen ➢*Befestigung* wurden die V. in die innere Stadt einbezogen. 1621 entstand der Neustädter Neuer Weg als Verbindung zwischen Schaarmarkt und V., die die Straße noch bis Ende des 19. Jhs von Ost nach West namentlich in „1. und 2. Vorsetzen" teilte.

1873 wurde der Verlauf der V. etwa 30 m in die ➢*Elbe* hinein verbreitert, um dadurch mehr Fläche für das Ladegeschäft der Kleinschifffahrt (➢*Ewer*) zu gewinnen. Parallel zur Roosenbrücke (1773, später Rosenbrücke), dem Fußgängerüberweg über das ➢*Herrengrabenfleet* zum Baumwall, entstand 1874/75 eine eiserne Fahrbrücke.

Bis 1889 waren die hölzernen Konstruktionen am Ufer der V. so baufällig geworden, dass sie in den folgenden Jahren erneuert werden mussten; damit einher ging die abermalige Verbreiterung der Straßenfläche. Auf diese Weise war bereits der Platz geschaffen, den 1910 die Hochbahn (➢*U-Bahn*) für ihre Ringbahn benötigte, die ab der Haltestelle Hafentor (heute Landungsbrücken) bis hinter Rödingsmarkt auf Viadukten verläuft. Über dem östl. Ende der V. liegt unweit der Gebäude von ➢*Gruner + Jahr* und des ➢*Germanischen Lloyds* die Station Baumwall der heutigen U-Bahn-Linie 3.

Seit ihrem Bestehen und trotz zahlr. Erhöhungen des Straßenniveaus sind Überflutungen der V. bei Hochwasser nie ganz ausgeschlossen. *Ti.*

Wahlrecht Allgemeine, gleiche und direkte Wahlen, allerdings nur für volljährige, also mindestens 22 Jahre alte Männer, fanden in Hbg erstmals während der bürgerlichen ➢*Revolution von 1848/49* statt: im April 1848 zur Nationalversammlung in Frankfurt (Paulskirche), im Herbst 1848 zur Hbger Verfassunggebenden Versammlung (➢*Konstituante*). Nach dem Scheitern ihres demokratischen Entwurfs machte erst die Verfassungsreform von 1859 aus der ➢*Erbgesessenen Bürgerschaft* eine gewählte, bis heute ➢*Bürgerschaft* genannte Volksvertretung. Sie wurde bis zum Ersten Weltkrieg von privilegierten männlichen Bürgern nach einem ungleichen Gruppen-W. (➢*Grundeigentümer*, ➢*Notabeln*) bestimmt, wobei ohnehin nur 8,7 % der Einw. das zur Wahl berechtigende ➢*Bürgerrecht* besaßen (1875). Obwohl seit 1871 alle männlichen Einw. an Reichstagswahlen teilnehmen durften, änderten hbg. Reformen von 1879/80 und 1896 nichts am undemokratischen Charakter des W.s; 1906 wurde es sogar für die Mehrheit der Wähler weiter verschlechtert („Wahlrechtsraub"), um die Sozialdemokratie abzuwehren (➢*Schopenstehl/Schopenstehlkrawalle*). Kurz vor dem Ersten Weltkrieg gab es in Hbg bei 260.000 Reichstagswählern nur 83.000 Bürgerschaftswähler, von denen eine Minderheit die Mehrheit der Abgeordneten bestimmen konnte. Erst die ➢*Novemberrevolution* von 1918 brachte demokratische Verhältnisse. Hbgs Frauen durften erstmals im Januar 1919 gleichberechtigt zur Weimarer Nationalversammlung wählen, im März 1919 erstmals zur Bürgerschaft. 10 % der Abgeordneten waren weiblich, seit der Bürgerschaftswahl 2008 sind es knapp 34 %. *HWE*

Waisengrün Das W. war neben dem ➢*Lämmermarkt* das letzte verbliebene Volksfest im alten Hbg. Es fand seit 1633 jedes Jahr am ersten Donnerstag im Juli statt. Die Waisenkinder zogen unter Musikbegleitung durch die Stadt und sammelten bei den zahlr. Zuschauern Geldspenden für das ➢*Waisenhaus*. Vor dem ➢*Steintor* wurde dann ein Fest gefeiert. Viele Hbger nahmen am W. teil, das letztmals

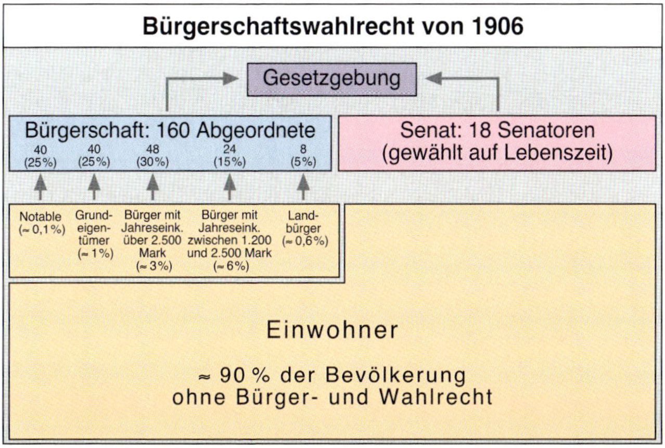

Schaubild des Bürgerschaftswahlrechts von 1906, ein Klassenwahlrecht eigener Art

Auf dem jährlichen Umzug der Waisenkinder durch die Stadt, dem „Waisengrün“, hielten die Kinder ihre an langen Stangen befestigten Sammelbüchsen den Bewohnern in die Fenster. Kolorierte Radierung von Christoffer Suhr, um 1800

Der 1785 vollendete Neubau des Waisenhauses an der Admiralitätstraße in der Neustadt

am 6.7.1876 veranstaltet wurde. H. ➢*Heine* schrieb in seinen letzten Lebensjahren das Gedicht „Erinnerung an Hammonia“, in dem er das W. schildert, wie er es selbst in Hbg erlebt hatte (Gedichte. 1853 und 1854). *Ti.*

Waisenhaus Das W. wurde 1604 auf Initiative von ➢*Rat* und ➢*Erbgesessener Bürgerschaft* für arme und verwaiste eheliche Kinder im Alter von vier bis zehn Jahren gestiftet. Drei Ratsmitglieder und acht Vorsteher verwalteten das W. Seit 1863 nahm diese Aufgabe ein Vorstand aus zwei Rats- und sechs Bürgerschaftsmitgliedern wahr. Das Vermögen bestand aus Vermächtnissen, Sammlungen und Schenkungen. 1646 betrug die Zahl der betreuten Kinder rund 700, obwohl zugleich auch das 1615 gegründete ➢*Werk- und Zuchthaus* Waisenkinder aufnahm und weitere als Kostkinder bei Familien versorgt wurden. Auch die ➢*Allgemeine Armenanstalt* betreute seit 1788 Waisenkinder.

Seit dem Ende des 18. Jhs wurde besonders in aufgeklärten Kreisen wiederholt beraten, ob die Erziehung von Waisenkindern in Gastfamilien nicht der in einer Anstalt vorzuziehen sei. 1781/85 erhielt das W. einen Neubau an der Admiralitätstraße, der seit der Zerstörung des Rathauses durch den ➢*Großen Brand* bis 1897 dessen Funktionen übernahm (➢*Rathäuser, Alte, 5*). Das W. wurde 1858 bewusst „ins Grüne“ an die Averhoffstraße auf der ➢*Uhlenhorst* verlegt. 1892 wurde die gesamte Waisenpflege für das hbg. Stadtgebiet dem Waisenhauskollegium übertragen. 1908 erhielt das W. einen Neubau von A. Erbe auf seinem Grundstück, dem 1915/18 ein von F. ➢*Schumacher* erbautes Kleinkinderhaus folgte. 1922 wurden im W. von 200 Angestellten 1.250 Kinder – u.a. auch in den Kinderheimen in ➢*Langenhorn* und Garstedt – betreut. Das W. wurde 1943 zerstört und nicht wieder aufgebaut. *Pe.*

Walddörfer Zu den W. zählen die von Wäldern umgebenen Dörfer Farmsen, Berne (➢*Farmsen-Berne*), ➢*Volksdorf*, Wohldorf, Ohlstedt, Großhansdorf und Schmalenbeck (➢*Großhansdorf-Schmalenbeck*). Sie gelangten schon im späten Mittelalter an Hbg, lagen aber als Exklaven in holstein. Gebiet. Von ihnen wurden die ➢*Rühmerdörfer* unterschieden. Zum ehem. Ortsamtsgebiet W. (Bezirk ➢*Wandsbek*) gehörten die Stadtteile Volksdorf, ➢*Wohldorf-Ohlstedt*, ➢*Bergstedt*, ➢*Lemsahl-Mellingstedt* und ➢*Duvenstedt*. *HWE*

Walddörferbahn Seit September 1918 provisorisch mit Dampfbetrieb und ab dem 6.9.1920 mit elektrischem Betrieb, verband die W. ➢*Volksdorf* mit ➢*Barmbek* und war zugleich der Anschluss an die „Ringbahn" der Hamburger Hochbahn AG (➢*U-Bahn*). 1921 bzw. 1925 wurden die von preuß. Gebiet umschlossenen hbg. Exklaven Großhansdorf (➢*Großhansdorf-Schmalenbeck*) und Ohlstedt (➢*Wohldorf-Ohlstedt*) angeschlossen. Die Strecke entspricht den heutigen nördl. Armen der U-Bahn-Linien U3 und U1. Die W. brachte die seit 1904/07 betriebene Kleinbahn von Altrahlstedt (➢*Rahlstedt*) über Volksdorf nach Wohldorf zum Erliegen, nachdem sie zuletzt bis 1961 als straßenbahnartige Verlängerung der Hochbahn von Ohlstedt nach Wohldorf gedient hatte. *HWE*

Premiere am 5.11.1921: Der erste Zug mit elektrischem Antrieb fährt über Volksdorf nach Großhansdorf.

Wallanlagen/Entfestigung Anfang des 19. Jhs begannen der Abbau der ➢*Befestigung* der Stadt nach Plänen von P.G. Heinrich und die Umwandlung der ehem. W. zu Parkanlagen durch den Bremer Gärtner I.H.A. Altmann. Die Arbeiten, während der ➢*Franzosenzeit* unterbrochen und zum Teil zur erneuten Befestigung rückgängig gemacht, wurden im Wesentlichen um 1826 beendet. Beseitigt wurden in erster Linie die Außenwerke, die Brustwehren und die Bastionen; Wall und Stadtgraben dienten noch bis 1860 als ➢*Akzise*grenze. Entstanden war ein Grünzug von etwa 300 m Breite und 4 km Länge in unmittelbarer

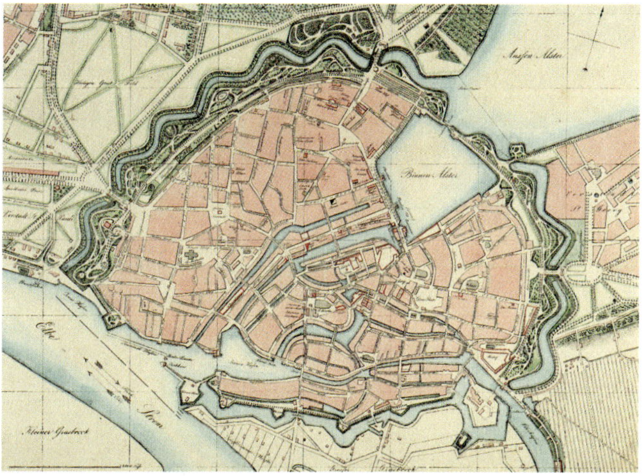
Aus militärischen Befestigungen wurden Grünanlagen: „Plan von Hamburg, den Wallanlagen und den nächsten Umgebungen der Stadt", 1835

Nähe zur Innenstadt. Nach Aufhebung der ➢*Torsperre* 1860 wurden auch die Wälle abgetragen und der Stadtgraben zugeschüttet. Schon 1842 und vermehrt in den folgenden Jahrzehnten wurde dieser Grünstreifen durch öffentliche Hoch- und Verkehrsbauten, die jedoch ohne städtebauliches Leitkonzept entstanden, dezimiert. Als zusammenhängendes Gelände erhalten sind daher nur der nordwestl. Bereich, die Große und Kleine Wallanlage und der Alte ➢*Botanische Garten* mit einem letzten Rest des Stadtgrabens. 1973 erfolgte im Rahmen der Internationalen Gartenbauausstellung die letzte grundlegende Umgestaltung. *KKW*

Walter-A.-Berendsohn-Forschungsstelle für deutsche Exilliteratur ➢ *Hamburger Arbeitsstelle für deutsche Exilliteratur*

Waltershof ist ein Hafen- und Industrie-Stadtteil im Bezirk ➢*Hamburg-Mitte*, südl. der Norderelbe, zwischen Köhlfleet (und ➢*Finkenwerder*) im Westen und ➢*Köhlbrand* (und ➢*Steinwerder*) im Osten mit 6 Einw. auf 9,3 km² Fläche (2009). Der Name wurde 1788 einem Gut gegeben, das auf den ➢*Elbinseln* Rugenbergen und Griesenwerder lag. Er bezog sich auf den Senator Walter Beckhoff. Das Gut wurde 1838 vom hbg. Staat erworben. Rugenbergen gehörte seit dem 15. Jh. zum Hbger ➢*Landgebiet*, Griesenwerder war 1768 durch den ➢*Gottorper Vergleich* zu Hbg gekommen. Das 1775 erbaute Herrenhaus musste 1969 dem neuen ➢*Elbtunnel* weichen. Vor dem Ersten Weltkrieg wurde das stille, grüne W. in die Hafenerweiterungspläne einbezogen, es entstanden der neue Petroleumhafen (➢*Kleiner Grasbrook*) 1911, der Parkhafen 1913, der W.er Hafen 1915, die Rugenberger Schleuse zur Verbindung der Häfen mit dem Köhlbrand, ferner der Maakenwerder Hafen 1924, der Griesenwerder Hafen 1930. Das Lotsenhaus für die Hafenlotsen (➢*Lotsenwesen*) erbaute F. ➢*Schumacher* 1913/14. Nach dem Zweiten Weltkrieg wurden auf W. v.a. auch Containerumschlagplätze hergerichtet. Der Maakenwerder Hafen wurde im Zuge der Vorbereitungen für die südl. Rampe des Neuen Elbtunnels zugeschüttet, und darauf steht heute der Containerterminal Burchardkai der ➢*Hamburger Hafen- und Logistik AG (HHLA)*. Hinzu kommt die große Containeranlage Eurogate mit dem Predöhlkai am Waltershofer Hafen. Charakteristisch für das Gesamtbild des Stadtteils ist das Klärwerk Dradenau der Hamburger Stadtentwässerung mit seinen „Dracheneiern". *luz*

Wandrahm-Insel heißt die Insel, die sich west-östl. zwischen Zollkanal und Wandrahmsfleet erstreckt und durch den Wandrahmsteg mit dem ➢*Meßberg* verbunden ist. In ost-westl. Richtung wird sie durch die Straßen Alter Wandrahm und Neuer Wandrahm durchzogen. Die W.-I. ist der östl. Teil der Brookinsel, die im 17. Jh. in die ➢*Befestigung* einbezogen wurde (➢*Grasbrook*). Sie erhielt ihre künstliche Form durch die Maßnahmen zur Schaffung des ➢*Freihafens*. Die 1909 erbaute Große Wandrahmsbrücke wurde im Zweiten Weltkrieg zerstört. Im 14. bis 17. Jh. hatten hier die Wandbereiter (Tuchhersteller) selbst produzierte oder importierte Stoffe nach dem Walken und Einseifen auf Holzgestellen („Wandrahmen") zum Trocknen aufgestellt, auf sog. Rah-

Blick von der St. Annen-Brücke nach Westen in die Holländische Reihe auf der Wandrahm-Insel. Foto von Georg Koppmann, 1884

menhöfen. Der Alte Wandrahm wurde 1574 als „Rahmenhof auf dem Brook“ bezeichnet. 1609 wurde diesem Gewerbe ein Gelände auf dem südl. gelegenen ➢*Grasbrook* zugewiesen. Im Norden entstanden zunehmend Häuser von Handwerkern (u.a. Wandschneidern), v.a. aber wohlhabenden, z.T. aus Holland eingewanderten Kaufleuten („Holländischer Brook“). Mit dem Abbruch des Quartiers Alter Wandrahm/Neuer Wandrahm 1886 verschwanden prächtige Barockhäuser, wie sie E. Tesdorpf in vielen Zeichnungen festgehalten hat. Auch hierauf bezog A. ➢*Lichtwark* sein bitteres Wort von der „Freien und Abrißstadt Hamburg“ (1912). Die über 20.000 von der Brookinsel Umgesiedelten kamen, sofern sie Arbeitnehmer waren, vielfach in die noch jungen „Arbeiterviertel“ (➢*Barmbek*, ➢*Eimsbüttel*, ➢*Hammerbrook*). *luz*

Wandsbek entwickelte sich aus einem holstein. Gutsdorf, wurde Flecken, dann preuß. Stadt und ist heute zugleich Hbger Bezirk (mit 408.435 Einw. 2009 in 18 Stadtteilen auf 147,5 km² Fläche) und Stadtteil (mit 32.003 Einw. auf 6,0 km² Fläche). Die erste Erwähnung von „Wantesbeke“ geschah zusammen mit zwölf anderen stormarnschen Dörfern in einer Urkunde der ➢*Schauenburger* Grafen aus dem Jahr 1296. Das aus wenigen Gehöften bestehende Dorf samt gleichnamigem Gut erwarb der schleswig-holstein. Adlige H. Rantzau 1564 von A. Tratziger, dem letzten einer Reihe Hbger Bürger, die zuvor den Gutshof als Pfandbesitz des dän. Königs innegehabt hatten. Einer von ihnen, H. ➢*Murmester*, gilt als möglicher Gutsgründer. 1568 erfolgten Abriss des Gutshauses und Bau des Wasserschlosses („Wandesburg“), von dessen Turm

Ein Opfer von Grundstücksspekulation wurde 1861 das Wandsbeker Schloss, das Carl Gottlob Horn 1772–78 für Heinrich Carl Graf von Schimmelmann im klassizistischen Stil gestaltet hatte. Zeichnung von Carl Martin Laeisz, um 1860

aus 1597/98 der dän. Astronom T. Brahe seiner Wissenschaft nachging. Der dän. König Christian IV. war 1614–41 Gutsherr und gewährte den in W. lebenden Juden die Gemeindebildung sowie 1637 die Anlage eines Friedhofs in der Königsreihe (➢*Dreigemeinde*, ➢*Jüdische Friedhöfe*). Nach dessen Schließung im Jahr 1886 entstand ein zweiter, heute ebenfalls nicht mehr fortgeführter in der Jenfelder Straße.

1645 kam das Gut an den Hbger Bürger A.B. Behrens, der es im Jahr darauf durch den Kauf der Dörfer ➢*Hinschenfelde* und ➢*Tonndorf* großflächig erweiterte. 1762 gelangte das Gut an H.C. von ➢*Schimmelmann*, der die Gewerbeansiedlung vorantrieb; bis zu 1.500 Arbeiter waren in fünf Kattundruckereien beschäftigt. Anstelle der Wandesburg entstand ein aufwendiges Schloss, das bis zu seinem Abriss 1861 an der heutigen Schlossstraße in der Gegend der Postfiliale lag. In wirtschaftlich günstiger Lage vor den Toren Hbgs begann Ende des 18. Jhs ein stetiger ökonomischer Aufschwung des seit 1773 zum Dänischen Gesamtstaat gehörenden Dorfes W. Das Gut wurde 1807 in einen kgl. Teil und ein gräflich-privates Gebiet geteilt, das etwa der Fläche des Stadtteils ➢*Marienthal* entsprach. V.a. durch die 1865 angelegte Eisenbahnlinie Hbg–Lübeck setzte sich das Wachstum W.s fort, das erst 1833 Fleckengerechtigkeit erhalten hatte (1856: 5.010 Einw.; 1908: 33.706). 1867 kam es an Preußen und wurde 1870 zur Stadt erhoben (➢*Wappen, Wandsbek*). 1873 erfolgte die Aufnahme der Landkreisverwaltung ➢*Stormarns*. Seit Ende des 19. Jhs siedelte sich eine Vielzahl weiterer Gewerbebetriebe und Fabriken an (Schokoladeherstellung; Tabakverarbeitung „Haus Neuerburg"). Schon während des Ersten Weltkriegs war von Oberbürgermeister E.W. ➢*Rodig* die Eingemeindung nach Hbg vorgeschlagen worden, die 1937/38 im Rahmen des ➢*Groß-Hamburg-Gesetzes* vollzogen wurde.

Weit mehr als die unregelmäßig gewachsene Verwaltungsstruktur sind die starken Zerstörungen des Zweiten Weltkriegs Ursache für die uneinheitliche Erscheinung vieler Stadtteile im ehem. ➢*Kerngebiet* des Bezirks. Zentrum war und ist das alte W. (Wandsbek-Markt, Stadtteil Wandsbek), im Umkreis der ev.-luth. Christuskirche (1953/54, Hopp & Jäger; vierter Kirchenbau an dieser Stelle seit der ersten Pfarrkirche von 1633/34) und des Bezirksamts (1922/23, F. ➢*Höger*; als „Stormarnhaus" bis 1943 Sitz der Kreisverwaltung). Bedeutendstes Baudenkmal ist das klassizistische Schimmelmann-Mausoleum auf dem Alten Friedhof, fertiggestellt von C.G. Horn 1792. Im gesamten dt. Sprachraum bekannt wurde W. durch den Dichter M. ➢*Claudius* (1740–1815) und sein Wirken als Publizist und Literat („Wandsbecker Bothe"). Der 1848 gegründete ➢*Bürgerverein* Wandsbek betreut ein Heimatmuseum zur Geschichte von Gut und Dorf, zur Entwicklung des Fleckens zur Stadt und schließlich zum Bezirk und Stadtteil. *Ti.*

Das Wandsbeker „Rathaus" an der Schloßstraße, als Stormarnhaus ehemals Sitz der Kreisverwaltung, heute Bezirksamt, ein Bau von Fritz Höger. Foto aus den 1990er Jahren

Wandsbeker Husaren war die volkstümliche Bezeichnung für das 1866 gegründete und 1871 nach ➢*Wandsbek* verlegte Königlich Preußische Husaren-Regiment (Hannoversches) Nr. 15. Die Uniform dieser Reiter bestand aus einer dunkelblauen, mit weißen Schnüren besetzten Jacke (Attila), Reithosen aus dunkelblau meliertem Tuch, grauer Hose mit rotem Vorstoß (Biese) und schwarzer Seehundfellmütze. Die Einheit – seit 1898 Königlich Preußisches Husaren-Regiment „Königin Wilhelmina der Niederlande" (Hannoversches) Nr. 15 – wurde auf vielen Kriegsschauplätzen eingesetzt: u.a. Spichern 1870, Gravelotte 1870, Marne-Schlacht 1914 und Masurische Seen 1915. An den 1919 aufgelösten Truppenteil erinnern bei der ehem. Kaserne Am Husarendenkmal ein Gedenkstein (1923) und ein bronzener Meldereiter (1938). *JJF*

Wandse heißt der neben der Aue/Ammersbek mit ca. 20 km Luftlinie längste Nebenfluss der ➢*Alster*. Die heute im Oberlauf nur noch wenig Wasser führende und im Unterlauf kanalisierte W. entspringt westl. des Dorfes Siek aus vier Quellbächen. Ihr Name ist im Oberlauf als „Wanne" oder „Wanse" bis 1821 zurückzuverfolgen und setzte sich später auch für den Mittellauf durch. Vorher wurde der Bach gemäß seiner Nutzung als Antrieb von bis zu acht Wassermühlen (davon sechs im Gutsbereich ➢*Wandsbek*) als „Beckfluss", „Mühlenbek" oder „Mühlenstrom" bezeichnet, woran noch die ehem. Staustufen Holzmühlen- und Mühlenteich sowie der Straßenname Ölmühlenweg erinnern.
Bis heute begleiten die W. eine Vielzahl von Namen: Offiziell heißt der Alsterzufluss von Siek bis ➢*S-Bahn*hof Friedrichsberg W., wird aber in ➢*Rahlstedt*, wo sie nördl. des Ortsamtes die Stellau aufnimmt, oft fälschlich Rahlau genannt (➢*Tonndorf*). Bis zur Friedrichsberger Straße fließt die W. als Eilbek (➢*Eilbek, 2.*), von dort bis zum Kuhmühlenteich als Eilbekkanal, um schließlich als Mundsburger Kanal bei der Schwanenwikbrücke in die Alster zu münden. *Ti.*

Der Elberfelder Fabrikant Emil Weyerbusch als Rittmeister der Reserve in der Uniform der Wandsbeker Husaren. Ölgemälde von Paul Gerhard Vowe, 1905

Das Altonaer Wappen

Das Bergedorfer Wappen

Das Hamburger Wappen

Das Harburg-Wilhelmsburger Wappen

Wapen von Hamburg hießen insgesamt vier der sieben Hbger Convoyer, die als „Wapen" (➢*plattdeutsch* = Waffen) im Dienst der Hansestadt zur Sicherung der Handelsschifffahrt standen (➢*Konvoischifffahrt*). Die W.v.H. I wurde 1669 nach zweijähriger Bauzeit in Dienst gestellt. Mit 150 Mann Besatzung, 54 Kanonen und bis zu 100 Soldaten an Bord stand die 40 m lange Fregatte u.a. unter dem Kommando des Admirals B.J. ➢*Karpfanger*. Am 10.10. 1683 sank das Schiff auf der Reede von Cádiz, nachdem bei einem Brand die Pulverkammer explodiert war. Die W.v.H. IV (1740) wurde seit der Einstellung der Geleitzüge im Jahr 1747 bis zu ihrem Verkauf zur Abwrackung 1778 als Schiffskirche genutzt. 1955–82 fuhren noch einmal drei moderne Fahrgastschiffe mit dem traditionsreichen Namen „Wappen von Hamburg" im ➢*Seebäderdienst* unter hbg. ➢*Flagge*. *Ti.*

Wappen, Altona Das 1664 vom dän. König Friedrich III. als Herzog von ➢*Holstein* der von ihm gegründeten Stadt verliehene und bis 1937 (➢*Groß-Hamburg-Gesetz*) geltende W. zeigt in Rot eine dreitürmige weiße Burg mit geöffnetem Tor über einem Fluss (Wellen). Entgegen landläufiger Meinung symbolisiert das offene Tor nicht ➢*Altonas* Liberalität und Toleranz, sondern die Hoheit des Landesherrn und sein Recht auf jederzeitigen Zutritt. *HWE*

Wappen, Bergedorf Das W. des Amtes ➢*Bergedorf* zeigte bis 1867 rechts die rechte Hälfte des lüb., links die linke Hälfte des hbg. W. und symbolisierte damit die von 1420 bis 1867 dauernde ➢*beiderstädtische* Herrschaft über Amt und Städtchen Bergedorf. Das aus dem Mittelalter stammende W. der Stadt Bergedorf zeigte drei aus einem Berg (Dreiberg) wachsende Bäume (Eichen), die von 1885 bis 1927 mit je einem Wappenschild belegt waren, dem lauenburg., hbg. und beiderstädtischen W. *HWE*

Wappen, Hamburg Das W. der Freien und Hansestadt Hbg „zeigt auf rotem Schild die weiße dreitürmige Burg mit geschlossenem Tor" (➢*Verfassung* von 1952). Die Ausgestaltung des Wappenbildes unterlag stets dem Zeitgeschmack, doch sind die wesentlichen Elemente auf Münzen des 12. und ➢*Siegeln* des 13. Jhs überliefert. Seit Langem ist der Mittelturm der Burg mit Kuppel und Kreuz bekrönt, über den Flügeltürmen stehen weiße Sterne. Mauer und Türme symbolisieren Wehrhaftigkeit, das geschlossene Tor die tatsächliche oder beanspruchte Unabhängigkeit, und auf den ➢*Dom* weisen Kuppel, Kreuz sowie die zwei „Marien-Sterne" hin. Die Tingierung (Farbgebung) ist seit 1835 für die weiße Burg auf rotem Grund festgelegt (➢*Landesfarben*) und beendete so die umgekehrte Variante mit roter Burg in Weiß (➢*Flagge*). In der ➢*Franzosenzeit* verlieh Napoleon der Stadt ein W. mit zwei charakteristischen Änderungen: Das Tor ist geöffnet, als sein kaiserl. Emblem sind drei goldene Bienen hinzugefügt. *HWE*

Wappen, Harburg-Wilhelmsburg Nach dem Zusammenschluss von ➢*Harburg* und ➢*Wilhelmsburg* 1927 nahm die Stadt 1931 ein Wappen an, das sich an das mittelalterliche Harburger Stadtsiegel anlehnt: In Weiß eine rote, dreitürmige Burg, über den Flügeltürmen je eine blaue Lilie, im Torbogen ein rechtsgewendeter blauer Löwe. Die Lilien erinnern an die aus Frankreich stammende Gräfin von Wilhelmsburg, Eleonore d'Olbreuse, der Löwe an die welfische Vergangenheit der beiden Orte. *HWE*

Wappen, Wandsbek Bereits 1870 nach der Erhebung des Fleckens ➢*Wandsbek* zur Stadt beschlossen, aber erst 1890 endgültig festgelegt und nur bis 1937 (➢*Groß-Hamburg-Gesetz*) geltend, zeigt das W. in Blau die weißen Figuren Hut, Stock und Tasche des „Wandsbecker Bothen" M. ➢*Claudius* und im rechten oberen Viertel den weißen ➢*Stormarner* Schwan in rotem Schild. Damit sind die schleswig-holstein. Farben Blau-Weiß-Rot aufgenommen. *HWE*

Warburg, Aby (Abraham) Moritz (geb. 13.6.1866 Hbg, gest. 26.10.1929 ebd.), Kunsthistoriker. W. hatte auf die traditionell dem Erstgeborenen vorbehaltene Führung des Bankhauses M.M. ➢*Warburg* zugunsten seines Bruders Max verzichtet, der dafür lebenslang seine Buchrechnungen bezahlte. Nach dem Studium in Bonn, München und Straßburg, zehnjährigem Italienaufenthalt und der Heirat mit der Hbger Bildhauerin M. Hertz kehrte W. 1902 nach Hbg zurück. Hier baute er nach und nach eine riesige Privatbibliothek in seinem Haus in der St. Benedictstraße auf, derentwegen er 1909 in die Heilwigstraße 114 umziehen musste. Auf dem Nachbargrundstück (116) wurde 1926 die Kulturwissenschaftliche Bibliothek Warburg (KBW) eröffnet und der Öffentlichkeit zugänglich gemacht. Sie entwickelte sich, auch durch Vortragsveranstaltungen und Publikationen, zu einer zentralen geistigen Institution in der Hansestadt, die eng mit der 1919 gegründeten ➢*Universität Hamburg* kooperierte und zahlr. Wissenschaftler, wie den Kunsthistoriker E. ➢*Panofsky* und den Philosophen E. ➢*Cassirer*, anzog. Die KBW widmete sich als pro-

Das Wandsbeker Wappen

Der Lesesaal der Kulturwissenschaftlichen Bibliothek Warburg in den 1920er Jahren

Das Bankhaus M.M. Warburg an der Ferdinandstraße

Der Kulturwissenschaftler und Bibliotheksgründer Aby Warburg. Foto aus dem Jahr 1925

Fotoporträt des Bankiers Eric M. Warburg

blemorientierte Forschungseinrichtung dem Nachleben antiker Motive in der Kunst der Renaissance. Zugleich war sie eine geistige Trutzburg für Juden in einer zunehmend antisemitisch werdenden Umwelt. Den irrationalen Strömungen der 1920er Jahre begegnete sie mit akribischer Wissenschaftlichkeit. 1933 konnten unter der Leitung F. Saxls die 60.000 Bände und 25.000 Abbildungen nach London gerettet werden, wo sie noch heute als Abteilung im Warburg Institute ihren Platz haben und seit 1944 zur Universität London gehören. 1993 wurde das Gebäude in der Heilwigstraße von der Stadt Hbg erworben und 1995 in einem Festakt der Aby-Warburg-Stiftung übergeben, die es in enger Gemeinschaft mit der Universität nutzt. *He.*

Warburg, Bankhaus M.M. Die alteingesessene Privatbank wurde 1798 in Hbg durch die Brüder Moses Marcus und Gerson W. gegründet. Sie führten damit das Geldwechsel- und Pfandleihgeschäft fort, das ihnen ihr Vater Gumprich Marcus Samuel W. übertragen hatte. Hbg galt zu dieser Zeit als Mittelpunkt des nordeuropäischen Wechselverkehrs. Nachdem 1856 die verwitwete Schwiegertochter Moses M. W.s, Sara, gemeinsam mit ihrem Sohn Siegmund W. das Bankhaus übernommen hatte, wurde ab 1865 größeres Eigenkapital gebildet. Nach 1871 ermöglichte u.a. eine stärkere Beteiligung am Emissionsgeschäft eine Erweiterung. Seit 1891 war Max M. W. als einziger von fünf Brüdern – zunächst als Prokurist – in der Geschäftsleitung des Bankhauses tätig. Für die Firma M.M.W. setzte eine bedeutende wirtschaftliche Expansion in alle Welt ein, getragen von den verwandtschaftlichen Beziehungen, insbesondere in die USA. 1913 war der Neubau des noch heute genutzten Firmensitzes in der Ferdinandstraße 75 fertiggestellt. Den angebotenen Posten als Reichsfinanzminister lehnte Max M. W. 1918 „als Jude" ab, ebenso einen Sitz im Hbger ➢*Senat*; dennoch nahm er an den Friedensverhandlungen in Versailles teil, was später zu heftigen antisemitischen Angriffen führte. Nach der „Machtergreifung" der Nationalsozialisten wurde das Bankhaus

M.M.W. partnerschaftlich „arisiert" (1938), 1941 in Brinckmann, Wirtz & Co. umbenannt. 1956 kehrte Max M. W.s Sohn Eric M. W. aus den USA zurück, und 1991 gewann unter dessen Sohn Max M. W. die erfolgreiche Privatbank den traditionsreichen Namen M.M. Warburg Bank zurück. *IL*

Wasserschout Der seit 1691 in Hbg amtierende W. – Schout ist die niederländ. Form von Schultheiß, lat. scultetus – hatte die Aufgabe, die An- und Abmusterung der Seeleute entgegenzunehmen und zu protokollieren. Aus den Meldungen stellte er Besatzungslisten der Schiffe mit Angaben der Heuer zusammen. Er hatte auf die Qualität der Bewerber zu achten, den Dienstantritt zu überwachen und Streitigkeiten unter Seeleuten zu schlichten. Außerdem nahm er Meldungen über Geburts- und Todesfälle auf hbg. Schiffen sowie Beschwerden entgegen. Das Amt des W.s übernahm 1873 aufgrund der Reichsseemannsordnung das Seemannsamt Hbg. *LS*

Wedde Die altgerman. Bezeichnung für Strafgeld ging im Mittelalter auf die ➢*Rats*behörde über, die diese Beträge einzog. Vier Ratsherren bildeten die W., die neben der ➢*Prätur* die eigtl. ➢*Polizei*behörde Hbgs war. Ihr oblagen die Aufsicht über das Markt- und Gewerbewesen, sittenpolizeiliche Aufgaben sowie die Überwachung der Fremden. Mit der Einführung einer eigenen Polizeibehörde nach dem Abzug der frz. Truppen im Jahr 1814 beschränkte sich ihre Tätigkeit auf das Heiratswesen, die Annahme von Bürgern und ➢*Schutzverwandten*, die Angelegenheiten der jüd. Gemeinde, die Aufsicht über Kran (➢*Kräne*) und Waage sowie über das Auktionswesen. 1837 war sie zur Personenstandsbehörde der Stadt geworden, die ihre Aufgaben 1866 auf das neu geschaffene Zivilstandsamt, den Vorläufer der Standesämter, übertrug. *Bü.*

Wedel in Holstein ist eine Stadt mit 32.187 Einw. (2010), die westl. von Hbg auf einem Geestausläufer am Rande der Haseldorfer Marsch im schleswig-holstein. Kreis Pinneberg an der ➢*Elbe* liegt. W. wurde erstmals 1212 als Fährplatz der Herren „von Wedele" (Wedel = Furt) erwähnt. 1311 kam es an ➢*Holstein-Pinneberg*, dessen Grafen den Ort, der den Endpunkt des von Norden kommenden Ochsen- und Heerweges bildete, gegen Hbger Proteste zum bedeutenden Fähr- und Marktplatz für die von Jütland hergetriebenen Ochsen ausbauten (1600: über 23.000 Ochsen). Auf der befestigten Hatzburg hatte die Vogtei ihren Sitz, und W. bekam Marktgerechtigkeit. Von ihr zeugt die 1558 zuerst erwähnte und gut erhaltene Roland-Statue. Im Dreißigjährigen Krieg (1618–48) verlagerte sich der Ochsenhandel nach Hbg; der heutige „Ochsenmarkt" ist lediglich als Volksfest von Bedeutung. Seit 1640 zum Dänischen Gesamtstaat gehörig, erhielt W. 1786 durch Christian VII. das Fleckenrecht, 1867 mit Preußen eine neue Obrigkeit und 1875 Stadtrecht. Industrie siedelte sich an (Pulver- und Zuckerfabrik), 1883 erfolgte der Kleinbahnanschluss nach ➢*Blankenese* (➢*Eisenbahnwesen*). 1906 wurde Schulau eingemeindet. Seit 1937 liegt W. in direkter Nachbarschaft zum Hbger Stadtteil ➢*Rissen* und entwickelte sich nach 1945, u.a. durch Einquartierungen ausgebombter Hbger (➢*Butenhamburger*) und

Wahrzeichen der Stadt Wedel: der Roland auf dem Marktplatz

ostdt. Kriegsflüchtlinge zu einem Wohnvorort der Großstadt; seit 1954 mit ➢*S-Bahn*-Anschluss. Touristischer Anziehungspunkt W.s ist die nach dem Zweiten Weltkrieg eröffnete Schiffsbegrüßungsanlage ➢*Willkomm Höft* an der Gaststätte „Schulauer Fährhaus". Berühmte Persönlichkeiten W.s waren der Pastor und Dichter J. ➢*Rist* sowie der Bildhauer, Grafiker und Dichter E. ➢*Barlach*, dessen Heimatort ihm zu Ehren in seinem Geburtshaus eine kleine Dauerausstellung unterhält. *To*

Vertreter des Wahlkreises Hamburg-Harburg im Deutschen Bundestag: Herbert Wehner. Foto von Jupp Darchinger, um 1965

Wehner, Herbert (geb. 11.7.1906 Dresden, gest. 19.1.1990 Bonn), SPD-Politiker. Der Sohn eines Schuhmachers besuchte die Realschule und war zunächst kaufmännischer Angestellter, dann Journalist. 1922/23 gehörte er der Sozialistischen Arbeiterjugend an, danach der Syndikalistischen Arbeiterföderation. 1927 schloss er sich der ➢*KPD* an, für die er 1930 als jüngster Abgeordneter in den Sächsischen Landtag gewählt wurde. 1932 ging er als Sekretär des Politbüros nach Berlin, 1933–35 war er im Widerstand gegen den Nationalsozialismus aktiv. 1935 emigrierte er nach Prag, 1937 nach Moskau, wo er für die Komintern tätig war. In ihrem Auftrag ging er 1941 nach Schweden. Dort wurde er 1942 wegen „Gefährdung der schwedischen Freiheit und Neutralität" zu einem Jahr Haft verurteilt. Nach der Entlassung war er als Viskosearbeiter und wissenschaftlicher Hilfsarbeiter beschäftigt. In Schweden brach W. mit dem Kommunismus.

1946 kam W. nach Hbg, trat der ➢*SPD* bei und wurde Redakteur beim ➢*Hamburger Echo*. Der SPD-Vorsitzende K. Schumacher forderte ihn 1949 auf, für den Deutschen Bundestag zu kandidieren. 1949–83 vertrat W. den Wahlkreis Hbg-Harburg. 1949–66 war er Vorsitzender des Ausschusses für Gesamtdeutsche und Berliner Fragen, 1966–69 Bundesminister für Gesamtdeutsche Fragen. Seit 1958 stellvertretender Vorsitzender der SPD (bis 1973), war W. an der programmatischen und außenpolitischen Neuorientierung der Partei wie auch an der Bildung der Großen Koalition 1966–69 maßgeblich beteiligt. 1969–83 war W., der als „Zuchtmeister", „Kärrner" und respektvoll als „Der Onkel" charakterisiert wurde, Fraktionsvorsitzender der SPD im Bundestag. Er war ein leidenschaftlicher Parlamentarier, ein Meister des Zwischenrufs, meisterhaft auch, was die Zahl der Ordnungsrufe betrifft, die er erhielt. Neben seinen Bonner Aufgaben widmete sich W. engagiert der Wahlkreisarbeit und half vielen Menschen, u.a. während und nach der ➢*Flutkatastrophe* 1962. Pflichtbewusstsein und Bescheidenheit bestimmten seinen Arbeits- und Lebensstil. 1986 wurde W., zusammen mit G. ➢*Bucerius*, Hbger ➢*Ehrenbürger*. *Ko.*

Wehrhoheit Der Anfang der hbg. W. kann an den Beginn der Stadtfreiheit im späten 12. Jh. gelegt werden. Bis in das 18. Jh. hinein begründete die Stadt ihre W. als Grundlage ihrer Wehrverfassung durch die Auslegung des sog. ➢*Barbarossa-Privilegs* von Kaiser Friedrich I.: Hbg argumentierte, dass es zur Wahrung der kaiserl. Freiheitsgarantien und Ehre das Recht und sogar die Pflicht zur militärischen Verteidigung seit jeher besäße. Konkret legte das Elbprivileg von 1189 fest, dass im Umkreis von zwei Meilen (= ca. 15 km) um Hbg keine Wälle oder Burgen angelegt werden durften. Die W. bedeutete für die Stadt, dass sie ihre Sicherheitsmaßnahmen selbstständig und ohne Rücksprache mit einem Landesherrn organisieren konnte. Die Landesverteidigung ihrer ➢*Schauenburger* Stadtherren brauchte Hbg nicht zu unterstützen. Ebenso ließ der dän. König und holstein. Landesherr Christian I. die städtische W. unangetastet, bis ➢*Dänemark* sie 1768 im ➢*Gottorper Vergleich* ausdrücklich anerkannte. 1628 war Hbgs W. im Großen Elbprivileg Kaiser Ferdinands II. entscheidend ausgedehnt worden, auf und an dem Strom bis zur Nordsee und fünf Meilen flussaufwärts waren nur hbg. Kriegsschiffe und keine fremden Befestigungsanlagen zulässig.

Einzelne Wehrbereiche waren ➢*Befestigung*, Bündnisverträge, Wehr- und Wachorganisation, Truppenwerbung und deren Vereidigung auf die Stadt sowie Verteidigung des ➢*Landgebiets*. Die W. war Rechtsgrundlage für die Errichtung verschiedener Formationen zur Stadtverteidigung und der polizeilichen Organisation innerhalb der Wälle: Dies waren die ➢*Bürgerwache*, die Garnison (➢*Militär/Garnison*), die ➢*Nachtwache*, die ➢*Reitendiener*, die ➢*Konvoischifffahrt* und das ➢*Bürgermilitär*. Die städtische W. endete 1867 und ging mit dem Eintritt Hbgs in den ➢*Norddeutschen Bund* durch eine Militärkonvention auf Preußen über. Die Sorge für die Aufrechterhaltung der öffentlichen Ordnung lag seit 1814 bei der neu gegründeten ➢*Polizei*behörde und dem „Corps der Nachtwache". *Ti.*

Weichmann, Elsbeth Freya (geb. Greisinger, 20.6.1900 Brünn/Mähren, gest. 10.7.1988 Bonn), Statistikerin, Bürgerschaftsabgeordnete. Die Tochter eines Sparkassendirektors studierte 1918–26 in Graz Volkswirtschaft. Anschließend wurde sie zum Dr.rer.pol. promoviert und arbeitete als Statistikerin bei der Genossenschaft Deutscher Bühnenangehöriger. 1928 heiratete sie H. ➢*Weichmann*. 1933 folgte W. ihrem jüd. Mann auf eine abenteuerliche Flucht, die beide nach zwischenzeitlicher Internierung in Frankreich und erneuter Flucht unter falschem Namen 1940 schließlich in die USA führte. 1941 studierte W. Statistik an der New York University und lebte vom Verkauf selbst genähter Stoffpuppen in Kaufhäusern, bis sie 1942 wieder als Statistikerin für diverse Firmen und Institutionen tätig wurde (1943–45 als Supervisor in der Statistischen Abteilung der Film-Sektion des Museum of Modern Art und bei der Rockefeller Foundation).

1949 folgte W. ihrem Mann aus den USA nach Hbg. Hier kümmerte sie sich aktiv um staatsbürgerliche Erziehung, um Frauenfragen und besonders um Verbraucherschutz. Unter W.s Vorsitz entwickelte sich die ➢*Verbraucherzentrale Hamburg*. Später wurde sie Vorstandsmitglied der Arbeitsgemeinschaft der Verbraucherverbände in Bonn und Präsidentin des Brüsseler Büros für Verbraucherverbände der EWG-Staaten. Im Zusammenhang mit ihrem Engagement für eine Verbesserung der gesellschaftlichen Position der Frau war sie an der Organisation der Ausstellung „Du und Deine Welt – Ausstellung für die Frau" (1955) beteiligt (➢*Messe*).

1957–74 gehörte W. der ➢*Bürgerschaft* an, in der sie sich auch für

Engagierte Verbraucherschützerin, Kulturpolitikerin und Förderin der Exilforschung: Elsbeth Weichmann. Foto von Fritz Kempe, 1964

kulturelle Belange einsetzte. 1974 erhielt sie die ➢*Bürgermeister-Stolten-*, 1978 die ➢*Senator-Biermann-Ratjen-Medaille* und im März 1988 die Würde einer Ehrensenatorin der ➢*Universität Hamburg.*

In Weiterführung einer Initiative W.s gründete sich ein Jahr nach ihrem Tod die ➢*Herbert und Elsbeth Weichmann Stiftung. Ti.*

Weichmanns Leben, so sein Nachfolger Peter Schulz, war gekennzeichnet „vom tätigen Bekenntnis zum freiheitlichen Rechtsstaat, vom mutigen Kampf für soziale Demokratie, vom Widerstand gegen Willkür, vom Dienst an der Gemeinschaft, für die Bürger". Fotoporträt von Fritz Kempe, 1957

Weichmann, Herbert Kurt (geb. 23.2. 1896 Landsberg/Oberschlesien, gest. 9.10.1983 Hbg), Jurist, Bürgermeister. Der Sohn einer jüd. Arztfamilie wuchs im oberschles. Liegnitz auf und schloss sich dem Wandervogel an. Bei Kriegsausbruch 1914 meldete er sich freiwillig und wurde als Medizinstudent Sanitäter. 1918 begann W.s politische Laufbahn als Soldatenrat in Litauen, bevor er 1920 in die ➢*SPD* eintrat. Nach dem Krieg studierte er an verschiedenen dt. Universitäten (Dr.jur., Breslau 1922) und wurde Journalist in Breslau und Essen. Nach einer Anstellung als Landrichter in Breslau und als Zeitungsredakteur in Kattowitz (Katowice) wurde W. 1928 als persönlicher Referent des Ministerpräsidenten O. Braun ins preuß. Staatsministerium berufen. Im selben Jahr heiratete er E. Greisinger (E. ➢*Weichmann*). Der Entlassung W.s aus dem Staatsdienst 1933 folgte die Flucht des Paares über die Tschechoslowakei nach Frankreich und im Anschluss an die dortige Internierung 1939/40 über Spanien und Portugal in die USA. Nach Fortbildungsstudien war W. als Wirtschaftsprüfer tätig.

Im Juni 1948 kam W. auf Bitten M. ➢*Brauers* nach Hbg. Er wurde Präsident des ➢*Rechnungshofs* (1948–57) und war danach bis 1965 Finanzsenator, als der er wegen seiner Sparsamkeit nicht ohne Respekt die Spitznamen „Pennich-Schieter" oder „Dukaten-Scheich vom Gänsemarkt" erhielt. Seit 1956 nahm er Lehraufträge an der ➢*Universität Hamburg* wahr und wurde 1964 Honorarprofessor für öffentliches Haushalts- und Rechnungswesen. W., der seit 1961 auch der ➢*Bürgerschaft* angehörte, wurde 1965, ohne diese Aufgabe angestrebt zu haben, nach dem Amtsrücktritt P. ➢*Nevermanns* zum ➢*Bürgermeister* gewählt. Politischer Weitblick sowie seine Erfahrung und persönliche Ausstrahlung ermöglichten ihm bis 1971 eine erfolgreiche Amtszeit, in der er sich besonders für den Ausbau des Wirtschaftsstandorts Hbg einsetzte und Industrieansiedlungen forcierte. In die „Ära Weichmann" fallen ferner die Optimierung des innerstädtischen Verkehrs (➢*HVV*) und die Planung des ➢*CCH.* Im letzten Amtsjahr erhielt er das ➢*Ehrenbürgerrecht.*

W., der ehem. preuß. Beamte, stand strikt für die parlamentarische Demokratie ein und verurteilte so die Systemkritik neuer politischer Gruppierungen und der Außerparlamentarischen Opposition, v.a. deren Forderungen als unberechtigte Ansprüche auf „Nebenregierung", wie er sie verstand. Für das Amt des Bundespräsidenten, für das er im Gespräch war, wollte er nicht kandidieren. *Ti.*

Weiß, Ernst (geb. 14.9.1911 Hbg, gest. 6.3.1998 ebd.), Malermeister, Senator. Der im Arbeiterstadtteil ➢*Hammerbrook* aufgewachsene W. erlernte nach dem Besuch der Volksschule das Malerhandwerk. 1930 trat er in die ➢*SPD* ein. In der ➢*NS-Zeit* wurde er zweimal verhaftet. Nach Kriegsdienst und frz. Gefangenschaft kehrte er 1947 in seine Heimatstadt zurück. 1948–82 gehörte er der Hamburgischen ➢*Bürgerschaft* an, 1957–78 leitete er als ➢*Präses* die Behörden für Arbeit und Soziales. Als er aus dem Amt schied, war er dienstältester Minister der Bundesrepublik Dtld. Als Sonderbevollmächtigter des ➢*Senats* organisierte er nach der ➢*Flutkatastrophe* 1962 die Hilfsmaßnahmen für die betroffene Bevölkerung. W. setzte sich besonders für schwache, behinderte und alte Menschen, für die Integration der Flüchtlinge, Vertriebenen und Kriegsopfer, für den Bau von Altenheimen und Behindertenwerkstätten wie für die von ihm ins Leben gerufene Aktion „Essen auf Rädern" ein. Der Hamburger Blindenstiftung hat er über drei Jahrzehnte als Vorsitzender und Ehrenvorsitzender des Vorstandes gedient. Seine Menschlichkeit und Wärme zeichneten ihn aus. 1978 erhielt er die ➢*Bürgermeister-Stolten-Medaille. Ko.*

Weiße Rose Seit Ende 1942 bestanden Verbindungen zwischen einem nicht fest organisierten Kreis Hbger Gegner des NS-Regimes und der an der Münchener Universität um Chr. Probst, A. Schmorell und die Geschwister H. und S. Scholl gebildeten Widerstandsgruppe, die unter dem Namen „Die Weiße Rose" seit Sommer 1942 mit Flugblättern die nationalsozialistischen Verbrechen anprangerte und zu passivem Widerstand gegen die Fortführung des Krieges aufrief. Der Kreis, der als „Hamburger Zweig der Weißen Rose" bezeichnet wird, setzte sich aus verschiedenen Gruppen zusammen, die sich der Vereinnahmung durch den Nationalsozialismus verweigerten und ihre geistige Unabhängigkeit bewahren wollten: zunächst ein von E. Stahl, einer ehem. Studienrätin an der reformpädagogischen ➢*Lichtwarkschule* in ➢*Winterhude*, initiierter Lesezirkel früherer Lichtwarkschüler (H. Kucharski, M. Rothe, T. Lafrenz u.a.), sodann Kreise antinazistisch gesinnter Studenten um den Pädagogikprofessor W. ➢*Flitner* und – unter dem Eindruck der Ermordung behinderter Kinder – um den Hbger Ordinarius für Kinderheilkunde Professor R. Degkwitz. Zahlr. Kontakte knüpfte der Germanistikstudent R. Meyer, dessen elterliche Buchhandlung (der Agentur des ➢*Rauhen Hauses*) am ➢*Jungfernstieg* der Hbger W.R. als Treffpunkt diente. Auch einige Angehörige der ➢*Swing-Jugend* stießen dazu. Den Kontakt zur Münchner Gruppe stellte während eines Stu-

Im Auditorium Maximum der Universität Hamburg erinnert eine Gedenktafel an den Hamburger Zweig der Widerstandsgruppe Weiße Rose.

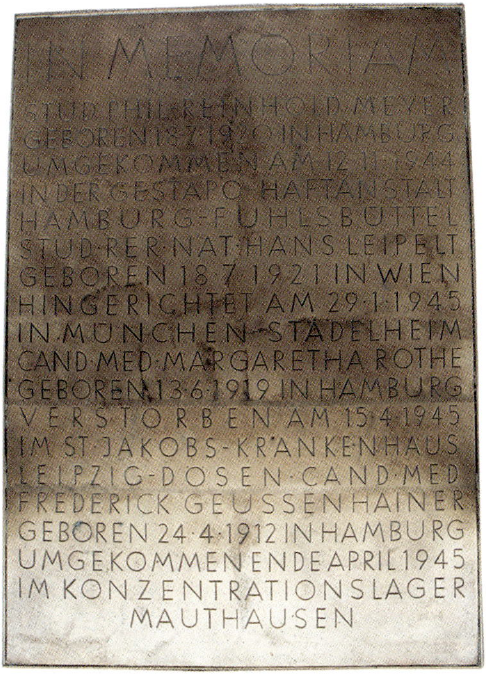

dienaufenthalts T. Lafrenz her, die Ende 1942 Flugblätter der W.R. nach Hbg brachte. Für deren Verbreitung in den zum Hbger Zweig gerechneten Freundeskreisen sorgte v.a. ihr Schulfreund H. Kucharski. Nach der Verhaftung der Hauptakteure der Münchner W.R. im Februar 1943 war der aus Hbg stammende Chemiestudent H. Leipelt, ein Freund Kucharskis, maßgeblich an der Weiterführung der Aktivitäten beteiligt, so an dem Nachdruck des letzten Flugblatts der Geschwister Scholl, das in Hbg mit dem Zusatz „Ihr Geist lebt weiter" verbreitet wurde. Obgleich er sich 1939 als Kriegsfreiwilliger gemeldet hatte, war er im August 1940 als sog. jüd. Mischling aus der Wehrmacht ausgeschlossen worden.

Nach der Verhaftung Leipelts in München im Oktober 1943 gelang es der Gestapo, mithilfe von Spitzeln auch die Hbger W.R. aufzudecken. Bis zum März 1944 wurden ingesamt 30 ihrer Mitglieder festgenommen. Der Volksgerichtshof verurteilte Leipelt und Kucharski zum Tode; Leipelt wurde am 29.1.1945 durch das Fallbeil hingerichtet, Kucharski konnte beim Transport zur Exekution ins Zuchthaus Bützow-Dreibergen fliehen. M. Rothe, R. Meyer und fünf weitere Mitglieder der Hbger W.R. kamen in der Haft ums Leben oder wurden im April 1945 im KZ ➢*Neuengamme* ohne Gerichtsurteil hingerichtet. An die Hbger W.R. erinnert eine Gedenktafel im Auditorium Maximum der ➢*Universität Hamburg*. *DG*

Im Torhaus des ehemaligen Gutes Wellingsbüttel befindet sich das Alstertal-Museum.

Wellingsbüttel ist ein Stadtteil im ehem. Ortsamtsbereich Alstertal des Bezirks ➢*Wandsbek* mit 4,1 km^2 Fläche und 9.903 Einw. (2009). Die erste urkundliche Erwähnung des holstein. Ortes erfolgte 1296. Gut und Dorf gehörten seit dem frühen 15. Jh. den Hbg-Bremer Erzbischöfen (➢*Erzbistum*) und gelangten so nach dem Dreißigjährigen Krieg (1618–1648) unter schwed. Herrschaft. Seit 1651 galt W. als reichsunmittelbar, unterstand also direkt dem Kaiser in Wien, ein Status, der von ➢*Dänemark* nicht anerkannt wurde. 1673–1806 war es im Besitz der Adelsfamilie von Kurtzrock, die in Hbg mehrere Thurn- und Taxis'sche Postmeister (➢*Postwesen*) und kaiserl. Gesandte stellte; ihnen verdankt W. den alten Baumbestand um das Gut und die unter ➢*Denkmalschutz* stehenden Gebäude: Herrenhaus (1750) und Torhaus (1757; hier befindet sich das Alstertal-Museum). 1806 wurde W. von den Kurtzrocks an die dän. Krone verkauft, 1810 erfolgte die Trennung von Dorf und Gut. 1867 wurde W. preuß. Landgemeinde, bevor es 1937/38 durch das ➢*Groß-Hamburg-Gesetz* zu Hbg kam. Nach dem Ersten Weltkrieg wurde W., begünstigt durch seine Lage und die ➢*S-Bahn*-Verbindung, zum bevorzugten Villenvorort. *SH*

WELT ➢*DIE WELT*

Werften Die Schiffbautradition in Hbg reicht bis in das Mittelalter zurück. Einer der ältesten Schiffbaubetriebe im Hbger Umland ist die noch bestehende, 1635 gegründete Werft Johann Jacob Sietas (➢*Sietas-Werft*). Die Werft Reiherstieg, die bis 1925 bestand, war eine Gründung des 18. Jhs, als der holländ. Einfluss auf den hiesigen Schiffbau, v.a. auf dem Gebiet des Kleinschiffbaus, noch groß war. Den Schiffbau jener Zeit prägten Auseinandersetzungen zwischen Zunft- und freien Schiffszimmerermeistern. Auch im 19. Jh. sah sich das hiesige Schiffbaugewerbe durch Streitigkeiten zwischen Holz- und Eisenschiffbauern und durch die große Konkurrenz des engl. Schiffbaus in seiner Ertragslage erheblich beeinträchtigt. Der Übergang zum Dampfantrieb sowie zum Eisen- und Stahlschiffbau hat die Struktur des Hbger Schiffbaugewerbes in der zweiten Hälfte des 19. Jhs nachhaltig verändert. Mit der Ausweitung des Schiffsverkehrs entstanden u.a. auf ➢*Steinwerder* zahlr. neue W., darunter H.C. Stülcken (1848), Bernhard Wencke (1851), Janssen & Schmilinsky (1858) und schließlich ➢*Blohm + Voss* (1877). Steinwerder entwickelte sich zu einem Zentrum des Schiffbaus. Dabei vollzog sich im Zuge der Industrialisierung eine Entwicklung von der handwerklichen zur industriellen Fertigung. Mit Zunahme des Überseehandels nach erfolgtem ➢*Zollanschluss* 1888 wurden weitere ➢*Hafen*becken geschaffen, und 1909–11 wurde die Vulcan-Werft errichtet, aus der später die Howaldtswerke-Deutsche Werft AG hervorging. Die nach der dt. Niederlage im Ersten Weltkrieg im Versailler Friedensvertrag verfügten Beschränkungen und die Weltwirtschaftskrise 1929 brachten den Schiffbau vorerst zum Erliegen.

Der 250-Tons-Hammerwippkran im Einsatz bei der Montage der „Vaterland" auf der Werft von Blohm + Voss. Foto vom 13.5.1913

Das verödete Gelände der früheren Helgenkrananlagen von Blohm + Voss nach der Zerstörung im Zweiten Weltkrieg und den Demontagen während der Britischen Besatzung im Herbst 1950. Im Hintergrund die Stadtsilhouette

Die Hamburger Werften laufen in den 1960er Jahren wieder auf Hochtouren: Die Jungen bestaunen zwei Tankerneubauten der Deutschen Werft.

Auch das Reparaturgeschäft ging deshalb stark zurück, und viele Schiffe lagen nutzlos auf Reede. In der ➢*NS-Zeit* führte die verstärkte Aufrüstung v.a. zum Ausbau traditioneller Großwerften wie Blohm + Voss, Deutsche Werft und Howaldt. Mit dem Aufbau von Reedereiflotten lebten in der Nachkriegszeit und in den 1960er Jahren hiesige Schiffbaubetriebe wieder auf. Infolge der Schiffbaukrise kam es in den 1970er Jahren zu Übernahmen und Fusionen. Dieser anhaltende Konzentrationsprozess, das „Werftensterben", lässt Hbgs einstige Bedeutung als Schiffbauzentrum zunehmend schwinden. *Pr.*

Werk- und Zuchthaus Das W. wurde 1618 nach Plänen, die bis 1604 zurückreichen, auf Initiative der ➢*Bürgerschaft* am südöstl. Ufer der ➢*Binnenalster* errichtet. Es diente im 17. und 18. Jh. v.a. der Internierung von sozialen Randgruppen wie Bettlern und Vaganten, aber auch von Personen, die auf Initiative ihrer Verwandten wegen verschwenderischen oder sonstigen „liederlichen" Lebenswandels eingewiesen wurden. Als Disziplinarinstanz war es die bedeutendste Institution des Hbger Armenwesens bis zu den Reformen der ➢*Allgemeinen Armenanstalt* von 1788. Das unter bürgerlicher Kollegialverwaltung stehende Haus verkörperte in erster Linie einen neuartigen Umgang mit dem Problem der Stadtarmen, die – anstelle der bisherigen Almosenpraxis – durch die im W.-u.Z. verrichteten Zwangsarbeiten ihren Lebensunterhalt selbst verdienen sollten. Durch ein strenges Regime von Zwangsarbeit mit festgelegtem Arbeitspensum, Bestrafungen und Belohnungen sollten die Insassen darüber hinaus von ihrer vermeintlichen Neigung zu Faulheit und Müßiggang abgebracht und zu einer Arbeitsdisziplin nach Maßgabe bürgerlicher Erwerbshaltung erzogen

Die „Kurtze Beschreibung des Werck- und Zucht-Hauses in Hamburg" von 1710 trägt im Kopf eine Bildleiste, die schon in der Anfangszeit des Hauses entstand und die damals üblichen Arbeiten zeigt. Auf der linken Seite ist eine mittels eines Laufrads betriebene Mühle dargestellt; sie zerstampft den Hanf, der zum Leinweben benötigt wird. Rechts zwei Insassen beim Raspeln von Farbholz, aus dessen Spänen ein Farbstoff für Textilien gewonnen wird. Der mittlere Teil zeigt Leinweber-, Schneider-, Schuster-, Spinn-, Spul- und Näharbeiten.

werden. Nachdem es 1666 abgebrannt und 1670 wiederaufgebaut worden war, wurde das W. 1727 auch Sitz des Armenkontors, das Stadtarme auch außerhalb des W.-u.Z.es mit Arbeit versorgte. Seit dem späten 18. Jh. wandelte sich das Haus zunehmend zu einer Anstalt des ➢*Strafvollzugs* und beherbergte in einer Übergangszeit gleichermaßen Arme wie Straftäter. Die schließlich dominierende Funktion des Strafvollzugs wurde durch die Reform des Gefängniswesens unter der frz. Besetzung 1811 manifestiert (➢*Franzosenzeit*) und machte die getrennte Unterbringung von Armen im Werk- und Armenhaus sowie von Strafgefangenen im Zuchthaus erforderlich; dennoch gehörten beide Abteilungen zum selben Gebäudekomplex. Nachdem 1816 für die Versorgung Kranker das Kurhaus angebaut worden war, zerstörte 1842 der ➢*Große Brand* das Haus. *Br.*

Westphal, Joachim (geb. 1510 Hbg, gest. 16.1.1574 ebd.), Theologe, Hauptpastor. Der Sohn eines Handwerkers besuchte die Kirchenschule an ➢*St. Nikolai* und die Schule in Lüneburg. Als Theologiestudent in Wittenberg wurde er mit M. Luther, Ph. Melanchthon und J. ➢*Bugenhagen* bekannt. 1532 erwarb er den Magistergrad und wurde Subrektor am Hbger ➢*Johanneum*. 1534 kehrte er nach Wittenberg zurück. 1541 wurde er in Rostock Professor, kam jedoch im selben Jahr als ➢*Hauptpastor* an ➢*St. Katharinen* wieder nach Hbg. Als P. von ➢*Eitzen* 1562 nach Schleswig wechselte, führte W. als Senior das ➢*Geistliche Ministerium*. 1571 wurde er zum Superintendenten gewählt. W. war einer der entschiedensten Vertreter der luth. Lehre in den Auseinandersetzungen mit den Calvinisten um die unterschiedlichen Auffassungen über das Abendmahl. Mit großem Argwohn sahen W. und die von ihm geprägte, fortan in Hbg stark vertretene luth. Orthodoxie die Zuwanderung konfessioneller Minderheiten, v.a. der ➢*Reformierten*. *Ko.*

Wichern, Johann Hinrich (geb. 21.4.1808 Hbg, gest. 7.4.1881 ebd.), Sozialreformer. Der ausgebildete Theologe schuf 1833 in ➢*Horn* eine Heimstatt für verwahrloste Jugendliche. Das ➢*Rauhe Haus* wurde zum Ausgangspunkt für das weithin bekannte Evangelische Sozialwerk mit Alters- und Pflegeheim, Schule und Fachhochschule für Sozialpädagogik (➢*Sozialpädagogisches Institut*; ➢*Hochschule für Angewandte Wissenschaften Hamburg*). Begründer des Evangelischen Kirchentages, initiierte W. 1848 die ➢*Innere Mission* und wirkte später bei der Reform des preuß. Gefängniswesens mit. Sein Grab befindet sich auf dem aufgelassenen Friedhof der Hammer Dreifaltigkeitsgemeinde. *Ah.*

Johann Hinrich Wichern, der Begründer des Rauhen Hauses und der Inneren Mission. Ölgemälde von Jacob Nöbbe, um 1869. Wicherns Motto war: „Unser Glaube ist der Sieg, der die Welt überwunden hat“ (1. Johannes 5,4).

Wikinger 845 unternahmen drei Flottenverbände dän. W. im Auftrag des Dänenkönigs Horich I. eine kombinierte Aktion gegen die fränk. Teilreiche, wobei auch Hbg angegriffen wurde. Dies geschah so plötzlich, dass keine Zeit für Abwehrmaßnahmen blieb. Bischof ➢*Ansgar* und seine Geistlichen konnten fliehen, ebenso ein Teil der Bewohner, während die übrigen gefangen genommen oder getötet wurden. Die W. plünderten den Ort und verbrannten die ➢*Hammaburg* mitsamt dem ➢*Dom*. Die Kaufmanns- und Hafensiedlung erholte sich relativ schnell, das Bistum Hbg hingegen hatte seine Basis verloren, sodass

➢*Bremen* fortan zum Sitz des späteren ➢*Erzbistums* Hamburg-Bremen wurde. *Ri.*

Wilhelm-Gymnasium Am 26.4.1881 wurde die „Neue Gelehrtenschule" neben der Gelehrtenschule des ➢*Johanneums* und dessen Realgymnasium als dritte neunstufige staatliche höhere Lehranstalt Hbgs gegründet. 1883 erhielt sie zu Ehren Kaiser Wilhelms I. ihren heutigen Namen, 1885 zog die Schule aus ihrem alten Fachwerkhaus „vor dem Holstenthore" in das neue Gebäude auf der ➢*Moorweide*, den heutigen Altbau der ➢*Staats- und Universitätsbibliothek*. 1921 wurde aus dem Gymnasium eine Doppelanstalt mit humanistischem und deutschem Zug. Ihr gemeinsamer Unterbau endete 1938 mit der Teilung in Gymnasium und in Deutsche Oberschule, an der 1957 das letzte Abitur abgelegt wurde. 1943 beschädigten Bomben das Schulgebäude schwer, weshalb das W.-G. 1945 in die Albrecht-Thaer-Schule am Holstenglacis einquartiert werden musste. 1952 zog es in die Oberschule ➢*Eimsbüttel* am Kaiser-Friedrich-Ufer um. Die ersten Schülerinnen wurden dort 1953 offiziell aufgenommen, nachdem schon seit 1914 kriegsbedingt vereinzelt Mädchen am Unterricht des Gymnasiums teilgenommen hatten. 1961–64 erhielt die Schule ein eigenes Domizil in ➢*Harvestehude*. In diesem altsprachlichen Gymnasium wird ab Klasse 5 Latein und Englisch gelehrt, in Klasse 8 Griechisch oder Französisch. *gro*

Wilhelmsburg ist der heute mit 35,3 km^2 flächenmäßig größte Hbger Stadtteil mit 50.091 Einw. (2009). Bis 2008 war W. ein eigenes Ortsamtsgebiet im Bezirk ➢*Harburg*. Seit 2008 gehört es zum Bezirk ➢*Hamburg-Mitte*. W. ging aus der Eindeichung verschiedener Inseln im Stromspaltungsgebiet zwischen Norder- und ➢*Süderelbe* hervor. Die ersten Flächen wurden ab 1333 in ➢*Stillhorn* eingedeicht, dessen Kirche 1388 gegründet wurde (➢*Kirchdorf*). Als Herzog Georg Wilhelm von Braunschweig-Lüneburg-Celle 1672 Gebiete der ➢*Elbinseln* in Stillhorn und ➢*Georgswerder* erwarb und mit Reiherstieg-Rotehaus zusammendeichte, entstand die nach ihm benannte Herrschaft W. Später wurde sie hannoversches Amt, der Amtmann residierte in der alten Burg der Groten in Stillhorn. An deren Statt wurde 1724 das bis heute erhaltene hannoversche Amtshaus errichtet. 1859 wurde das damals ca. 3.000 Einw. zählende Amt W. mit dem Amt Harburg vereinigt, bevor beide 1866 als Teil der Provinz Hannover zu Preußen kamen. Bis zum späten 19. Jh. hatte sich der Ort zur bedeutenden landwirtschaftlichen Versorgungsregion für Hbg entwickelt, insbesondere mit Milch und Milchprodukten. Noch heute ist im Ortsbild, v.a. östl. der Autobahn A 1, die Marschbauerntradition erkennbar. Nach dem ➢*Zollanschluss* Hbgs je-

Das Stadtteil- und Kulturzentrum „Honigfabrik" in Wilhelmsburg, dem Standort der IBA Hamburg (Internationale Bauausstellung 2007–13) und der internationalen gartenschau hamburg 2013

doch wandelte sich W. aufgrund der hafennahen Lage rasch zum Industrieort. Die Zahl der Einw. stieg von ca. 8.800 (1890) auf 28.000 (1910), darunter knapp ein Fünftel Polen – ein früher Hinweis auf den bis heute hohen Anteil an Zuwanderern. Neben Kirchdorf entstanden weitere Kirchengemeinden, zuerst 1895 Reiherstieg. 1925 zur Stadt erklärt, wurde W. zwei Jahre später mit Harburg zusammengelegt, bevor beide 1937 in Groß-Hamburg aufgingen; zugleich wurde das schon seit 1395 hbg. ➢*Moorwerder* dem neuen Stadtteil W. zugeschlagen.

Seit Langem wird W. von wichtigen Verkehrsachsen durchschnitten. Die Georg-Wilhelm-Straße entspricht der alten Hbg-Harburger Handelsverbindung, die einst die Fährstellen an Norder- und Süderelbe verband, bis diese von einer Eisenbahn- (1872) bzw. Straßenbrücke (1888) abgelöst wurden. 1951 wurde die 5,8 km lange Wilhelmsburger Reichsstraße als neue Verkehrsachse zwischen Harburg/W. und Hbg eröffnet (inzwischen ausgebaut zur A 252/A 253). Besonders augenfällig wird die städtebauliche Aufsplitterung in der isolierten Lage des 1903 errichteten Rathauses an der Mengestraße (heute Kundenzentrum des Bezirks Mitte) und des neuen Kommunikationszentrums „Bürgerhaus Wilhelmsburg“ (1985). Heute präsentiert sich W., das von der ➢*Flutkatastrophe* 1962 besonders stark betroffen war, als ein von unterschiedlich strukturierten Wohngebieten, Relikten bäuerlicher Kultur, Naturreservaten (Heukenlock), stark befahrenen Verkehrswegen und Industrie- bzw. Hafengebieten geprägter Stadtteil mit tlw. großen sozialen Problemen. Die Geschichte des Stadtteils wird im ➢*Museum der Elbinsel W.*, dem „Milch-Museum“, dargestellt. *NF*

Willkomm Höft heißt die Schiffsbegrüßungsanlage im Ortsteil Schulau der Stadt ➢*Wedel.* Ganzjährig, auch an Sonn- und Feiertagen, werden von Sonnenauf- bis Sonnenuntergang alle in den Hbger ➢*Hafen* einlaufenden oder ihn seewärts verlassenden Schiffe über 500 BRT begrüßt oder verabschiedet. Dies geschieht per Lautsprecher in der jeweiligen Landessprache und mit der zugehörigen Nationalhymne.

Seit 1952 eine Geste der Weltoffenheit: die Schiffsbegrüßungsanlage Willkomm Höft in Schulau (Wedel)

Darüber hinaus, und dies auch bei kleineren Schiffen, wird die Hbger ➢*Flagge* gedippt (also zum Gruß abgesenkt und wieder aufgezogen) und das internationale Signal für „Gute Reise“ am 40 m hohen Mast aufgezogen. Domizil der am 12.6. 1952 in Betrieb genommenen Anlage ist die Gaststätte „Schulauer Fährhaus“, die bei den ➢*Sturmfluten* 1962 und 1976 stark beschädigt wurde. Im Kellergeschoss der Gaststätte ist ein Buddelschiff- und Muschel-Museum eingerichtet. *Ti.*

Wilstorf ist ein Stadtteil im ehem. ➢*Kerngebiet* des Bezirks ➢*Harburg* mit 3,5 km^2 Fläche und 15.958 Einw. (2009). Archäologisch im 9. Jh. nachgewiesen, wurde es erstmals um 1202 urkundlich erwähnt. Damals überließ Erzbischof Hartwig II. von Bremen seine vermutl. im 12. Jh. gegründete Eigenkirche in W. dem Dekanat des Hbger ➢*Domkapitels*. Die Nikolaikirche in W. war bis ins 15. Jh. auch für Harburg Pfarrkirche; spätestens 1527/38 ist W. nach Harburg eingepfarrt und die Kirche abgerissen. In Verbindung mit der Kirche bestand im 13. Jh. ein umwallter Hof, wahrscheinlich Sitz der Ministerialenfamilie von W. (heutiges Schulgrundstück Kapellenweg 63). 1565 legte Herzog Otto II. aus der Harburger Nebenlinie der Welfen die Außenmühle mit dem ➢*Außenmühlenteich* an; am Teich entstand 1907–32 der Harburger Stadtpark, die letzte Mühle wurde 1930 abgebrochen. 1667 war W. ein großes Dorf mit zwölf Hufnern, sieben Kätnern und einem Brinksitzer. Zwischen 1871 und 1885 stieg die Zahl der Einw. mit der Industrialisierung von 467 auf 2.379. Eine Jutespinnerei und eine Maschinenfabrik siedelten sich an, Wilstorfer und Winsener Straße wurden bebaut. 1888 erfolgte die Eingemeindung nach Harburg. 1891 begann die weitere Bebauung v.a. durch Baugenossenschaften. Die landwirtschaftlichen Betriebe gingen von 26 (1871) auf 15 (1949) zurück. 1937 kam W. mit Harburg-Wilhelmsburg nach Hbg. Inzwischen ist es vollständig bebaut, zuletzt durch die Wohnsiedlung Hanhoopsfeld 1960–65. *Ri.*

Der Architekt und Baudirektor Carl Ludwig Wimmel. Lithografie von Carl Heinrich Kitzerow, 1830

Wimmel, Carl Ludwig (geb. 23.1.1786 Berlin, gest. 16.2.1845 Hbg), Architekt, Baudirektor. Nach einer Zimmermannslehre kam W. als Geselle nach Hbg. Durch seine überdurchschnittlichen Leistungen fiel er in der Baugewerbeschule Chr.F. Langes auf und erhielt ein Stipendium der ➢*Patriotischen Gesellschaft*. Dies ermöglichte ihm die zur Architektenausbildung nötigen Reisen. Nach Studienaufenthalten und Assistenztätigkeiten in Karlsruhe, Paris und Rom ließ er sich Ende 1814 in Hbg nieder. Mit seiner umfassenden architektonischen Ausbildung war er eine Ausnahme unter Hbgs Baumeistern. Seit 1816 „2. Stadtbaumeisteradjunkt“, erhielt W. infolge seiner künstlerischen Kompetenz bald die Aufsicht über das gesamte öffentliche Bauwesen. Damit versah er faktisch die seit 1815 vakante Stelle eines höchsten hbg. Baubeamten, die er offiziell erst 1841 mit der Reform des Bauwesens und seiner Ernennung zum Baudirektor erhielt. Zu seinen bekanntesten Bauten gehören die St.-Pauli-Kirche (1819/20), das ➢*Allgemeine Krankenhaus* St. Georg (1821–23), die Häuser am ➢*Zeughausmarkt* (1823–27) und an der Nordseite der ➢*Esplanade* (1827–30). In Zusammenarbeit mit F.G. Forsmann entstanden 1837–40 das ➢*Johanneum* am Speersort und 1837–41 die neue ➢*Börse* am Adolphsplatz. Nach dem ➢*Großen Brand* war es die Leistung von W. und G.P. Heinrich, den modernen städtebaulichen Einflüssen und Ideen von G. ➢*Semper* und A. de ➢*Chateauneuf* die praktische und rechtliche Durchführbarkeit zu verleihen. W.s Stil waren der Spätklassizismus und schließlich der Rundbogenstil (➢*Nachbrandarchitektur*), den er am Johanneum ausführte. *Ti.*

Winserbaum Der W. war die schon im Mittelalter bestehende Sperre (➢*Baum*) des nördl. Mündungsarms der ➢*Bille*, der nördl. des ➢*Grasbrooks* und südl. der ➢*Altstadt* verlief und dessen unterster Teil beim Einfluss der ➢*Alster* den ältesten ➢*Hafen* Hbgs bildete. Der Name leitet sich ab von dem 1374 erstmals

Das Winser Tor am Winserbaum als Rekonstruktion der Situation von 1587, gedruckt und verlegt von Peter Suhr

genannten Winser Tor der ➢*Befestigung* (➢*Stadttor*). Dessen Turm wurde als Kornspeicher genutzt („Roggenkiste") und diente später als Bürgergefängnis (➢*Strafvollzug*). 1832 wurde er abgebrochen. *LS*

Winterhude ist ein Stadtteil im ehem. ➢*Kerngebiet* des Bezirks ➢*Hamburg-Nord* mit 48.618 Einw. (2009) auf 7,6 km^2 Fläche. W. wurde erstmals 1250 urkundlich erwähnt, als die Grafen von ➢*Holstein* dem Priester des ➢*St.-Georgs-Hospitals* eine Kornrente vermachten. In W. hatten das Kloster ➢*Harvestehude* und Hbger Bürger Besitz. 1365 kam das ganze Dorf an das genannte Kloster, mit der ➢*Reformation* dann an das ➢*Johannis-Kloster*. Von 1768 bis 1831 währte ein Prozess der Bauern von W. um ihre Rechte an der Nachtweide, der bis ans Reichskammergericht ging. 1773 wurden ihnen ihre silbernen Löffel gepfändet, die sie 1831 zurückerhielten. 1774 drohten die Bauern sogar, sie würden notfalls nach Amerika ziehen, „wo man gerecht und menschlich mit uns umgehn wirt".

In der Mitte des 19. Jhs gab es in W. sieben Vollhufen, einen Brinksitzer und 23 Eigentumsstellen, darunter mehrere ➢*Landhäuser*. 410 Einw. lebten im Dorf, darunter einige Handwerker und Gastwirte. 1839 erwarb die Familie Sierich ersten Landbesitz in W., 1864 die gesamte Nachtweide. Sie erschloss das zwischen der heutigen Sierichstraße und der ➢*Alster* gelegene Terrain mit Kanälen, Straßen und Brücken. Die Straßen wurden nach Vornamen von Familienangehörigen benannt, die Andreasstraße nach dem befreundeten Oberingenieur F.A. ➢*Meyer*. Den Süden W.s erschloss der Lotteriekollekteur J. Gertig, der 1857 das Gasthaus „Mühlenkamp" erwarb und zu einem beliebten Ausflugsziel machte, das seit 1859 auch von den Dampfern der ➢*Alsterschifffahrt* angesteuert wurde.

Ein Lotteriekollekteur zog das große Los: Julius Gertigs Ausflugslokal „Mühlenkamp" wurde von den Hamburgern als Vergnügungszentrum mit Gelegenheit zum Tanzen, Turnen, Kegeln und Schießen rege besucht. Seit 1859 war es auch mit dem Alsterdampfer zu erreichen.

1885/86 legte Gertig eine Trabrennbahn an, die bis 1901 bestand.

1902 erwarb die Stadt das Sierichsche Gehölz am Grasweg und Borgweg, das zum Ausgangspunkt für den ➢*Stadtpark* wurde. Das ➢*Planetarium* wurde zu einem Wahrzeichen von W. 1871 wurde W. ➢*Vorort*, 1894 Stadtteil. 1900 lebten in W. 14.365 Einw., 1910 waren es 32.422, 1937 schon 63.019. In den 1920er Jahren entstand im Osten des Stadtteils mit der Jarrestraße ein neues Wohnquartier (➢*Jarrestadt*). Zu W. gehört auch die ➢*City Nord*. Beliebter Treffpunkt der Bewohner und vieler Gäste aus ganz Hbg war seit den 1860er Jahren das „Winterhuder Fährhaus", das 1980 abgerissen wurde. Im Neubau von 1988 hat die Komödie Winterhuder Fährhaus, ein Boulevardtheater, ihre Spielstätte.

Im 19. Jh. bot W. mit den Alsterwiesen zahlr. Wäschereien und Bleichereien einen idealen Standort, der erste Betrieb entstand 1835 an der Ulmenstraße. Dort und in der Ohlsdorfer Straße haben sich Bleicherhäuser aus den Jahren um 1850 und 1860 erhalten. An der Bebelallee und am Winterhuder Kai finden sich ➢*Stadthäuser* und Villen aus den 1920er Jahren, an der Hudtwalckerstraße, am Winterhuder Marktplatz, am Lattenkamp, Lattenkampstieg und in der Alsterdorfer Straße Wohnhäuser aus Klinker aus derselben Zeit (➢*Backsteinbau*). Zwischen Braamkamp und Alsterdorfer Straße liegen mehrere in der Weimarer Zeit erbaute ➢*Wohnstifte*. *Ko.*

Wissenschaftliche Bildung Schon lange vor der Gründung der Hamburgischen Universität (➢*Universität Hamburg*) 1919 wurde in Hbg Wissenschaft betrieben und vermittelt. Seit 1493 hielt der Lektor am ➢*Dom* theologische und philosophische Vorlesungen, und J. ➢*Bugenhagen* sah in seiner Schulordnung von 1529 ein Lectorium zur Erwachsenenbildung vor. 1613 wurde das ➢*Akademische Gymnasium* für die Absolventen des ➢*Johanneums* eingeweiht, die sich hier den Artes liberales, den „freien Künsten", widmen konnten, um anschließend mit dem Studium an der Fakultät einer auswärtigen Universität zu beginnen. Die Professoren sollten zudem auch öffentliche Vorlesungen abhalten. 1764 wurde auf Initiative von J.G. ➢*Büsch* das 1837 reformierte Allgemeine Vorlesungswesen etabliert. Das Akademische Gymnasium wurde aufgrund mangelnder Nachfrage 1883 geschlossen. Nunmehr unter der Aufsicht der Oberschulbehörde bestanden weiterhin wissenschaftliche Institute (Anstalten) wie der ➢*Botanische Garten* (1833), das Chemische Staatslaboratorium (1878), das Physikalische Staatslaboratorium (1885), das Laboratorium für Warenkunde (1885), die Pharmazeutische Lehranstalt (1894, ➢*Apothekenwesen*) und das Institut für Schiffs- und Tropenkrankheiten (1900). 1895 wurde auf Initiative W. von ➢*Melles* das Allgemeine Vorlesungswesen grundlegend reorganisiert und erheblich ausgeweitet (E. ➢*Marcks*). Gefördert von der ➢*Hamburgischen Wissenschaftlichen Stiftung*, gelang es von Melle in der Folgezeit, mehr als 20 Professoren unterschiedlichster Fachrichtungen zu berufen, die Vorlesungen und Seminare veranstalteten. Pläne zur Universitätsgründung gab es seit Mitte des 19. Jhs, doch konnten sie nicht umgesetzt werden. 1908 wurde das ➢*Kolonialinstitut* eingerichtet, das für den Dienst in den Kolonien ausbildete. 1911 stiftete der Kaufmann E. ➢*Siemers* ein Vorlesungsgebäude am ➢*Dammtor* (heute Hauptgebäude der Universität). Bis dahin waren vom Kolonialinstitut und im Rahmen des Allgemeinen Vorlesungswesens zusammen 395 Vorlesungen von 203 Dozenten gehalten worden. Nachfolger der „Zentralstelle" des Kolonialinstituts wurde das Hamburgische Welt-Wirtschafts-Archiv (➢*HWWA*). Einen wichtigen Beitrag zur w.B. in Hbg leistet die 1919 zeitgleich mit der Universität eingerichtete ➢*Volkshochschule*. An das Allgemeine Vorlesungswesen knüpft die Universität seit dem Sommer 1982 mit einem Veranstaltungsprogramm an, das sich an alle Bürgerinnen und Bürger der Stadt wendet. *He.*

Witte, Otto **Karl** Emil (geb. 6.5.1893 Aken/Elbe, gest. 18.2.1966 Hbg), Hauptpastor, Bischof. Nach Theologiestudium und Kriegsdienst im Ersten Weltkrieg legte W. 1918 das zweite theologische Examen ab und wurde 1920 Pfarrer in Oranienburg. 1921 verzichtete er auf die Rechte des geistlichen Standes, die ihm 1934 durch ➢*Landesbischof* F. ➢*Tügel* wieder verliehen wurden. 1921–26 leitete er die Fichte-Hochschule in Hbg, eine Einrichtung der 1916 gegründeten völkischen „Fichtegesellschaft von 1914" zur Erwachsenenbildung. 1926 übernahm er als Vorsteher die Stadtmission, die die übervölkerten Wohngebiete betreute, Kinder und Jugendliche aus „nicht geordneten" Familienverhältnissen erzog sowie die Auseinandersetzung mit Gegnern des Christentums (Freidenker, Deutschgläubige) führte. 1933 erhielt er die theologische Ehrendoktorwürde der Universität Rostock und bis 1937 leitete er das Hamburger Amt für Volksmission. Ab 1941 war er stellvertretender, ab 1946 hauptamtlicher Pastor an St. Andreas, bis er 1956 als ➢*Hauptpastor* an ➢*St. Petri* eingeführt wurde. 1959 wählte ihn die Synode zum Bischof, als der er bis zu seinem Ruhestand 1964 amtierte. 1934–36 lehrte W. Systematische Theologie und Neues Testament im Rahmen der Religionslehrerausbildung, 1948–54 als nebenamtlicher Dozent an der ➢*Kirchlichen Hochschule* und ab 1954 an der Theologischen Fakultät, die ihn 1960 zum Honorarprofessor ernannte. *He.*

Witte, Otto (geb. 16.10.1872 Düsseldorf, gest. 13.8.1958 Hbg), Schausteller. W. wurde bekannt als „König von Albanien". Durch seine Ähnlichkeit mit dem türk. Prinzen Halim Etti und die Wirkung der Fantasie-Uniform aus einem Wiener Kostümverleih gelang es dem vielseitig talentierten Artistensohn und Schausteller, sich als rechtmäßiger Anwärter auf den alban. Thron auszugeben. Albanien hatte 1912 in den Balkankriegen seine Unabhängigkeit proklamiert. Am 15.2.1913 wurde W. in Tirana gekrönt, nachdem er zuvor seine Ankunft in der Stadt dem Oberbefehlshaber der Armee telegrafisch mitgeteilt hatte. Als sein Schwindel wenige Tage später aufflog, flüchtete der als Bettler verkleidete W. seinen Angaben zufolge nach Dtld. Nach verschiedenen Stationen ließ er sich in Hbg nieder und lebte in einem Wohnwagen auf ➢*St. Pauli*, wo sein Sohn auf dem ➢*Hamburger Dom* ein Fahrgeschäft betrieb. Er öffnete grundsätzlich keine Post, die sich an ihn ohne seinen hoheitlichen Titel richtete – diesen war er gemäß Beschluss eines dt. Gerichts zu führen berechtigt. W., der mit seiner Tochter in zahlr. Revuen als alban. König oder „Fünf-Tage-König" auftrat, wurde auf dem ➢*Ohlsdorfer Friedhof* unter Anteilnahme von mehr als 300 Trauergästen zu Grabe getragen. *Ti.*

Wittenbergen heißt das im Süden ➢*Rissens* an der ➢*Elbe* gelegene Steilufer. Sein Name stammt aus der

Zeit, als es noch nicht bewaldet war, sondern den kahlen Sand zeigte und somit als der „witte" (= weiße) Elbhang bezeichnet wurde. Im Ostteil ist ihm ein Sandstrand vorgelagert. Die Schönheit der Landschaft zog schon im 19. Jh. Maler an, z.B. J.G. Haeselich. In der ersten Hälfte des 20. Jhs wurde das mit einer Anlegestelle für Ausflugsdampfer ausgestattete W. als Strandbad genutzt. Wahrzeichen W.s ist der als Richtfeuer angelegte Leuchtturm. Das auf der Höhe sich nördl. anschließende ➢*Naturschutzgebiet* Wittenbergener Heide (1986) ist zum größten Teil aufgeforstet. *Me*

Ein Wahrzeichen in Hamburgs Westen: der Leuchtturm an der Elbe in Wittenbergen. Er misst 36 Meter über Normalnull und dient als Unterfeuer.

Wittmoor (Konzentrationslager) Der Hbger Polizeisenator A. Richter (➢*NSDAP*) verfügte am 31.3.1933 die Einrichtung eines Lagers für Gefangene, die im Zuge der Herrschaftsstabilisierung der gerade im Deutschen Reich an die Macht gekommenen Nationalsozialisten in sog. Schutzhaft genommen worden waren. Dieses erste Hbger KZ lag im äußersten Norden der Stadt in der Nähe der damaligen Gemeinde Glashütte (➢*Norderstedt*). Hier wurden in einem mit Stacheldraht umzäunten Gebäude einer Torfverwertungsfabrik bis zu 140 politische Regimegegner (zumeist Hbger Kommunisten) inhaftiert. W. unterstand der Hbger ➢*Polizei*behörde. Es wurde von Polizeibeamten und aus den Reihen der SA rekrutierten Hilfspolizisten bewacht. Neben den Instandsetzungsarbeiten an dem Fabrikgebäude wurden die Häftlinge zum Torfstechen und Trockenlegen von Moorflächen eingesetzt – eine schwere Arbeit, die sie ohne Rücksicht auf Alter und körperliche Verfassung leisten mussten. Die gleichgeschaltete Hbger Presse berichtete mehrfach über das Lager in W. Die Berichterstattung sollte nicht nur den NS-Gegnern die Folgen oppositioneller Betätigung vor Augen führen und mithin abschreckend wirken, sondern zugleich auch durch Verharmlosung und Herausstreichen angeblicher „Umerziehung" ein falsches Bild von den KZ und den zielstrebig ausgeweiteten Repressionen vermitteln. Schon bald galt der politischen Führung das polizeiliche Bewachungspersonal in

W. als zu nachsichtig. Da gleichzeitig die Landesjustizverwaltung darauf drängte, sämtliche Hbger KZ-Häftlinge „unter einheitliche straffe Verwaltung" zu stellen, und da W. zudem keine Ausweitungsmöglichkeiten bot, wurde das Lager im Oktober 1933 aufgelöst, die Häftlinge wurden in das am 4.9.1933 eröffnete KZ ➢*Fuhlsbüttel* verlegt. *DG*

Wölber, Hans-Otto Emil (geb. 22.12. 1913 Hbg, gest. 10.8.1989 ebd.), Hauptpastor, Bischof. Nach dem Theologiestudium legte W. 1939 und 1940 die theologischen Examina ab und wurde 1941 in Erlangen zum Dr.theol. promoviert und 1942 in Hbg ordiniert. Nach dem Kriegsdienst war er von 1945–56 Landesjugendpastor und wurde dann zum ➢*Hauptpastor* an der ➢*St.-Nikolai*-Kirche gewählt; in den Jahren 1955–63 war er Lehrbeauftragter an der Theologischen Fakultät. 1959–64 war er zudem Senior, 1964–83 Bischof der ➢*Hamburgischen Landeskirche*. Von 1967 an gehörte er drei Jahre dem Rat der Evangelischen Kirche in Deutschland an, 1969–75 war er Leitender Bischof der Vereinigten Evangelisch-Lutherischen Kirche Deutschlands und Vorsitzender der luth. Bischofskonferenz. Zahlr. Veröffentlichungen haben ihn einem größeren Publikum bekannt gemacht. *He.*

Woermann (Handelsfirma, Reederei) Das 1837 vom Bielefelder Leinenhändler-Sohn **Carl W.** (1813–80, Mitglied der ➢*Bürgerschaft*) gegründete Unternehmen stieg zu einer der bedeutendsten dt. Handelsfirmen und Reedereien auf. Anfangs betätigte sich W. im Westindiengeschäft und kaufte 1847 sein erstes Segelschiff. 1849 begann der Handel mit Westafrika, wo 1854 in Liberia eine Faktorei entstand, 1868 folgte eine Niederlassung in Kamerun. Auf Betreiben von **Adolph W.** (1847–1911, Sohn Carls und Chef des Hauses, ➢*Präses* der ➢*Handelskammer*, nationalliberaler Reichstagsabgeordneter), wurde Kamerun 1884 „deutsches Schutzgebiet". 1885 erfolgte die Trennung von Handelshaus und Reederei. Zur Afrika Dampfschiffs-AG (Woermann-Linie) kam 1890 die Deutsch-Ostafrika Linie AG (DOAL), die 1914 zusammen 78 Schiffe besaßen. **Eduard W.** (1863–1920, Bruder Adolphs) verkaufte 1916 die Firmen-Aktien der W.-Linien u.a. an die ➢*HAPAG*. Nach dem Ersten Weltkrieg erfuhr die heute noch existierende Reederei einen neuerlichen Aufschwung. Beauftragt durch die NS-Regierung, fusionierte der Reeder J.T. Essberger die W.-Linie, DOAL und die Hamburg-Bremer-Afrika-Linie zur Deutschen Afrika Linie (DAL). Das Handelshaus führte **Kurt W.** (1888–1951, Sohn Adolph W.s, schon vor 1933 Mitglied der ➢*NSDAP*), der sich auch in der Kolonialbewegung engagierte. Nach dem Zweiten Weltkrieg wurden die verloren gegangenen Handelsverbindungen nach Westafrika wieder aufgenommen. Die Firma besteht noch heute mit der Gründungsadresse Große Reichenstraße 27 im „Afrika-Haus" (gebaut 1900 von M. ➢*Haller*) unter Familienleitung von Kurts Sohn **Heinrich** (geb. 1919) und Enkel **Detlev** (geb. 1949) als Kommanditgesellschaft. *To*

Wohldorf-Ohlstedt ist ein Stadtteil im ehem. Ortsamtsbereich ➢*Walddörfer* des Bezirks ➢*Wandsbek* mit 17,3 km² Fläche und 4.392 Einw. (2009). Er ging aus der 1871/72 von

W. und O. gemeinsam gebildeten Landgemeinde hervor.

Wohldorf: Die erste urkundliche Erwähnung als befestigter Adelssitz (Burg Woltorpe) geschah 1303. Nachdem W. um 1370 schon einmal im Besitz Hbger Bürger gewesen war, gelangte es 1437 endgültig in die Hand der Stadt und wurde Verwaltungsmittelpunkt der Walddörfer. An der Stelle der ehem. Burg entstand 1487–89 ein Herrenhaus (später abgerissen und 1712–14 durch das heutige Herrenhaus ersetzt), das den Waldherren als Amtssitz diente. Außerdem wurden im 15. Jh. die Kornmühle (Zwangsmühle für alle Walddörfer) und 1622 eine Messingdrahtmühle errichtet, die später zum Kupferhammer umgebaut wurde und schließlich als Weberei in der zweiten Hälfte des 19. Jhs rund 150 Arbeiter beschäftigte. Während dieser Zeit wurde der W.er Wald zum beliebten Ausflugsziel.

Ohlstedt: Die erste urkundliche Erwähnung des holstein. Ortes erfolgte 1292. Um 1391 im Besitz Hbger Bürger, gelangte O. 1463 endgültig an den Hbger ➢*Rat*. Seinen Charakter als Bauerndorf hat O. lange Zeit erhalten können. Erst die in der Zeit vor dem Ersten Weltkrieg entwickelten Erschließungspläne für die Walddörfer und die verbesserte Verkehrsanbindung – der Ort war seit 1907 durch die Kleinbahn Altrahlstedt-Wohldorf leichter erreichbar – kennzeichnen eine Entwicklungsphase, die im Verkauf fast sämtlicher Grundstücke an eine Terrain-Gesellschaft endete. Zu einem noch heute bevorzugten Villenviertel wurde der Ort erst nach Inbetriebnahme der neuen Teilstrecke der ➢*Walddörferbahn* (1925). *SH*

Der herbstliche Kupferteich in Wohldorf-Ohlstedt, ein Idyll zwischen Duvenstedter Brook und Wohldorfer Wald

Adolf Wohlwill, der vielseitige und verdiente Hamburg-Historiker

Wohlwill, Adolf (geb. 10.5.1843 Seesen, gest. 7.7.1916 Hbg), Historiker. Der Sohn von Immanuel W., der Lehrer an der Israelitischen Freischule in Hbg (A. ➢*Rée*) und Prediger am Tempel (➢*Synagogen*) war, besuchte das ➢*Johanneum* und das ➢*Akademische Gymnasium*. Es folgten das Studium der Geschichte, Philologie und Nationalökonomie in Heidelberg und Göttingen, dort 1866 die Promotion. Seit 1867 war W. mit breit gefächerter Vortragstätigkeit im Auftrag der Hbger Oberschulbehörde als Dozent in der „Erwachsenenbildung" tätig (➢*Wissenschaftliche Bildung*). 1873/74 wurde W. Hilfslehrer für Geschichte am Johanneum – er war dort der erste Lehrer jüd. Glaubens –, 1874–83 lehrte er am Akademischen Gymnasium und war 1883–1907 Dozent des Hbger öffentlichen Vorlesungswesens. Seit 1887 im Beamtenverhältnis, erhielt er 1890 den Professorentitel verliehen. W. verfasste zahlr. Arbeiten zur hbg. Geschichte, u.a. Biografien über die Bürgermeister Petersen, ➢*Kirchenpauer* und ➢*Versmann*. Sein Hauptwerk ist die 1914 in Gotha erschienene „Neuere Geschichte der Freien und Hansestadt Hamburg, insbesondere von 1789 bis 1815". Die 1948 erfolgte Umbenennung der Jäger- in Wohlwillstraße (➢*St. Pauli*) geschah in Erinnerung an W.s Schwester Anna (1841–1919), die 1866–1911 die Schule des Paulsen-Stifts geleitet hatte. *IL*

Wohnformen Die allgemeine W. im Hbg des 9./10. Jhs war die in die städtische Siedlung übernommene bäuerliche Wohnanlage. Aus dem zentralen Raum, der Diele, entwickelten sich das Dielenhaus und im späten Mittelalter das ➢*Althamburgische Bürgerhaus* des wohlhabenden Kaufmanns als Wohn- und Arbeitsstätte für Familie und Bedienstete. Es stand reihenweise als Binnen- oder Außendeichhaus in den Marschteilen der Stadt zwischen Straße und ➢*Fleet*. Die hier lebende Oberschicht richtete sich seit dem 16. Jh. zusätzlich stadtnahe Landsitze ein (➢*Landhaus*).

Bürgerlich-mittelständische W. entwickelten sich auf der Geest mit Einfamilienhäusern entlang schmalen Straßen, z.T. mit regelmäßiger Hofbebauung und integrierten Werkstätten. Das gehobene Bürgertum fand dann später im Rahmen der ➢*Citybildung* im ➢*Stadthaus (bürgerliches Reihenhaus)* und in den ➢*Vororten* neue W. Im gleichen Zuge führten Verarmung und Überbevölkerung in den ➢*Gängevierteln* zur Verelendung in diesen Wohnquartieren.

Schon im Mittelalter bestand ein weitverbreitetes Mietwohnungswesen (➢*Buden*, ➢*Sähle*, ➢*Wohnkeller*) mit der Sonderform der ➢*Wohnstifte*. Ältestes erhaltenes Hbger Mietshaus ist der Paradieshof (1762, Alter Steinweg 49–51). Nach dem ➢*Großen Brand* von 1842 kamen im Wiederaufbaugebiet die ersten modernen Mietshäuser auf (➢*Etagenhäuser*), die, beginnend mit den „Schiffszimmerern" am Ende des Jhs, auch genossenschaftlich errichtet wurden (➢*Allgemeine Deutsche Schiffszimmerer-Genossenschaft*). In den Jahrzehnten nach dem Wohnungsbaugesetz von 1865 entstand vielerorts eine geschlossene Hinterhofbebauung für die Arbeiterschaft (➢*Terrasse/Passage*).

Eine neue W. kam Anfang des 20. Jhs mit der ➢*Gartenstadtbewegung* auch nach Hbg. Die nach dem Ersten Weltkrieg weiter ansteigende Wohnungsnot führte zum systematischen Bau von Wohnanlagen und Siedlungen (z.B. ➢*Dulsberg*, ➢*Jarrestadt*) sowie zu verstärkter Planung und Schaffung von Wohnquartieren (z.B. in ➢*Barmbek*, ➢*Eimsbüttel*, ➢*Eppendorf*).

Nach dem Wiederaufbau 1945–60 mit rund 20.000 jährlich neu gebauten Wohnungen in den 1950er Jahren erfolgte bis in die 1970er Jahre die vermehrte Besiedlung der äußeren Stadt, teils mit Einfamilienhäusern („Zug ins Grüne") und teils mit Großwohnsiedlungen und Punkthochhäusern (➢*SAGA*, ➢*Neue Heimat*), wie in ➢*Steilshoop*, ➢*Mümmelmannsberg*, ➢*Kirchdorf-Süd*, ➢*Neuwiedenthal* und Osdorfer Born (➢*Osdorf*). In den 1980er Jahren ging zunächst der Mietwohnungsbau zurück; stattdessen wurde das Eigenheim stärker gefördert. Im selben Jahrzehnt beherrschte die alternative W. ➢*Hafenstraße* wiederholt die hbg. Tagespolitik und ➢*Polizeiarbeit*. Durch planvollen „Stadtumbau" und durch „Stadtreparatur" versucht die 1991 eingerichtete Stadtentwicklungsbehörde (heute: Behörde für Stadtentwicklung und Umwelt) den Wohnraumerfordernissen in Hbg gerecht zu werden, das mit dem Wegfall der innerdt. Grenze 1989 – und z.T. schon vorher – wieder zur „Boomtown" geworden ist. Dies gelingt auch nach erneuter Wohnungsbauinitiative des Senats 2007 nicht immer bedarfsgerecht. *Ti.*

Wohnkeller hieß eine ➢*Wohnform*, die mit der Herrichtung unterirdisch gelegener Hausteile als vermietbarer Wohnraum entstand. Wenn sie nicht zur Warenlagerung oder -fertigung oder als Verkaufslokale genutzt wurden, dienten Hbger Keller in großer Zahl als W. oder zu kombiniertem Gebrauch. Häufig lagen sie unter ➢*Buden* und wurden mitunter auch als solche bezeichnet. In den höher gelegenen Geestteilen der Stadt waren die Keller mitunter mehrgeschossig und z.T. weitverzweigt. Durch die normalerweise hohe Feuchtigkeit war das Leben in einem W. ungemütlich bis gesundheitsgefährdend und überdies von Überflutungen bedroht. 1810 wurden 1.633 W. gezählt. Während dauerhaft trockene Keller hohe Mieten erzielten und von Handwerkern und Gastwirten genutzt wurden, war der im Regelfall nur aus einem Flur und einem Raum bestehende W. eine erbärmliche Wohnform der ärmsten Hbger Bevölkerungsteile. Zur Schaffung besserer hygienischer Wohnverhältnisse erfolgte 1893 die Novellierung des Baupolizeigesetzes von 1882, nach deren § 7 ein W. nur noch in Vorderhäusern an Straßen mit Sielanschluss und nicht tiefer als einen Meter unter dem umgebenden Terrain liegen durfte. *Ti.*

Wohnstifte Die rund 60 bestehenden W. verweisen auf eine Hbger Tradition der Privatwohltätigkeit, deren Wurzeln in den kirchlichen Hospitälern des Mittelalters mit ihrer stationären Armenpflege liegen (➢*Gotteswohnungen*, ➢*Sozialfürsorge*, ➢*Stiftungen*). Kam es unter dem Eindruck der luth. Soziallehre bei drückendem Wohnungsmangel bereits im 16. Jh. durch wohlhabende Bürger zu einer Wiederbelebung solcher Einrichtungen für weite Bevölkerungsgruppen, so wurde das 19. Jh. zur eigtl. Blütezeit der W. Zumeist Kaufleute oder deren Witwen begründeten bis zum Ersten Weltkrieg ca. 70 Stiftungen mit über 110 Gebäuden, in denen v.a. alleinstehende ältere Frauen kostenlose oder fast mietfreie Wohnungen fanden, da besonders sie unter dem dramatischen Wohnungsmangel zu leiden hatten. Ein Drittel dieser W. ging auf jüd. Kaufleute zurück, bei einem insgesamt gegen 2 % tendierenden Bevölkerungsanteil (➢*Jüdische Gemeinde*); sie stifteten vornehmlich Familienwohnungen. Die Siedlungsgeschichte der W. mit ihrer Konzentration in einigen

Stadtteilen (besonders in ➢*St. Georg*, in der ➢*Altstadt* und ➢*Neustadt*, in ➢*Rotherbaum*, ➢*Borgfelde*, ➢*Hohenfelde*, ➢*Eilbek* und ➢*Eppendorf*) zeichnet die städtebauliche Entwicklung Hbgs nach. In ihrer architektonischen Vielfalt stehen die überwiegend noch im urspr. Stiftungszweck genutzten Gebäude heute als steinerne Zeugnisse privatbürgerlicher Sozialfürsorge da. *AS*

Das 1906/07 nach Plänen von Martin Haller und Hermann Geißler erbaute Daniel Schutte-Stift in Eppendorf mit seinen 52 Kleinwohnungen ist ein typisches Beispiel für Hamburger Wohnstifte. Im Lauf der Stadtentwicklung verlagerten sich die Stiftseinrichtungen aus der Innenstadt zunächst in die Vorstädte, später dann in die Stadterweiterungsgebiete und so auch nach Eppendorf.

Wolf, Gebrüder Derber Plauder- und Gesangshumor war das Markenzeichen der in Hbg seit Ende der 1890er Jahre populären Unterhaltungskünstler, Schauspieler und Musiker Ludwig, Leopold und James Wolf-Isaac. Sie traten als „Wolf-Trio", „Wolf-Duo" und „Gebrüder Wolf" auf (Abb. S. 315), später wirkten Söhne von ihnen mit. Couplets wie „Snuten un Poten" und „Een echt Hamburger Jung" wurden bald überall gesungen und Zeilen wie „Mariechen, das süße Viehchen" in ganz Dtld bekannt. Wegen ihrer jüd. Herkunft erhielten die G.W. in der NS-Zeit weitgehendes Auftrittsverbot, J. Wolf kam 1943 in Theresienstadt um. 2002 erinnerte U. Wallers Stück „Die Jungs mit dem Tüdelband" in den ➢*Hamburger Kammerspielen* an die Gruppe, es erschienen mehrere CDs, Bücher und der Film „Return of the Tüdelband" (2003). Seit 2008 gibt es in ➢*St. Pauli* den Gebrüder-Wolf-Platz. *Ti.*

Wolffson, Isaac (geb. 21.1.1817 Hbg, gest. 12.10.1895 ebd.), Jurist, Parlamentarier. Nach dem Besuch des ➢*Johanneums* studierte W. Rechtswissenschaft in Heidelberg und Göttingen (Promotion 1838). Die Zulassung zur Anwaltschaft in Hbg wurde ihm verweigert, da er als Jude kein ➢*Bürgerrecht* besitzen durfte. Seit 1842 nahm er engagiert am politischen Kampf um die bürgerliche und staatsbürgerliche Gleichstellung der Juden teil (➢*Judenemanzipation*). Neben A. ➢*Reé* war W. Mitglied der Hbger ➢*Konstituante* von 1848/49. Von 1859 an war er über 30 Jahre Abgeordneter der Hbger ➢*Bürgerschaft*, der er 1861–63 präsidierte. W. war damit der erste frei gewählte jüd. Präsident eines Landesparlaments. Neben seiner Tätigkeit als erfolgreicher Anwalt war er 1871–81 Mitglied des Deutschen Reichstags für die Nationalliberale Partei. Im ➢*Israelitischen Tempelverband* war er Mitglied und wirkte im Vorstand. Als einziger Anwalt arbeitete er in der II. Kommission für den Entwurf des Bürgerlichen Gesetzbuchs mit. Neben G. ➢*Riesser* war W. der bedeutendste jüd. Parlamentarier Hbgs im 19. Jh. *IL*

Couragierte Sozial- und Bildungspolitikerin: Emilie Wüstenfeld in einer Lithografie von Marie Davids

Wüstenfeld, Emilie (geb. 17.8.1817 Hannover, gest. 2.10.1874 Hbg), Sozial- und Frauenpolitikerin. Durch Heirat nach Hbg gekommen, engagierte sich W., die sich von der herrschenden luth. Orthodoxie, wie sie u.a. von A. ➢*Sieveking* vertreten wurde, abgestoßen fühlte, 1846 als Mitgründerin eines liberalen und ökumenischen Vereins zur Förderung von „Frauen und Jungfrauen" der neuen deutschkatholischen Gemeinde, sodann 1848 in einem Verein zur Verbindung von Christinnen und Jüdinnen. Der erstgenannte Verein ging 1849 in einem – u.a. von dem Pädagogen F. Fröbel inspirierten – Frauenbildungsverein zur Gründung einer Hochschule für das weibliche Geschlecht auf. Die Führungsschicht in Staat und Kirche, welche noch bis 1860 nicht voneinander getrennt waren, betrachtete die in einer breiteren Öffentlichkeit begrüßte Hochschule skeptisch; als deren Leiter, F. Fröbels Neffe K. Fröbel, sich mit den radikalen Ansichten der Frauen im Vereinsvorstand nicht mehr identifizieren mochte, blieben die Unterstützer aus, die Hochschule scheiterte 1852. W. konzentrierte ihr Engagement jetzt auf den 1849 unter Führung von Ch. ➢*Paulsen* gegründeten Frauenverein zur Unterstützung der Armenpflege. Dieser schuf Bewahr- und Bildungseinrichtungen – in einer Zeit, als Freiplätze an den etablierten Schulen nur an Kinder von Bürgern vergeben wurden. W. schaffte es, nach Paulsens Tod den gemeinsamen Wunsch nach einem eigenen Schulgebäude zu realisieren. 1866 wurde in ➢*Hammerbrook* das Paulsen-Stift eröffnet. An W. erinnert u.a. das Emilie-Wüstenfeld-Gymnasium an der Bundesstraße. *luz*

Der politische Professor in Vormärz und Revolution: Christian Friedrich Wurm. Fotogravüre und Druck von Meisenbach, Riffarth & Co., Berlin

Wurm, Christian Friedrich (geb. 3.4.1803 Blaubeuren/Württemberg, gest. 2.2.1859 Reinbek bei Hbg), Pädagoge, Politiker. Der aus einer Gelehrtenfamilie stammende Historiker und Publizist ließ sich nach dem Studium der Theologie und Philosophie und zeitweiligem Aufenthalt in England 1827 in Hbg nieder. Die Stadt wurde seine zweite Heimat und Hauptstätte seines Wirkens. 1833 wurde er zum Professor der Geschichte am ➢*Akademischen Gymnasium* berufen, einem Amt, dem er sich bis zu seinem Tod mit Eifer und Hingabe widmete. Daneben galt sein Interesse den gemeinnützigen Bestrebungen der ➢*Patriotischen Gesellschaft*, deren Vorsitz er 1838–40 und 1847/48 innehatte. W. war überzeugter Liberaler und Vorkämpfer für die nationale Einheit, von seinem Einsatz für Reformen der hbg. ➢*Verfassung* und die Gründung einer hbg. Universität bis hin zum Auftreten in der Frankfurter Nationalversammlung, in die er als Abgeordneter des württemberg. Wahlbezirks Waiblingen-Eßlingen-Schorndorf entsandt wurde. Seine schriftstellerische und parlamentarische Tätigkeit kann als beispielhaft für das Wirken des „politischen Professors" im Vormärz und während der ➢*Revolution von 1848/49* gelten. *SH*

York, Theodor (geb. 13.5.1830 Breslau, gest. 1.1.1875 Hbg), Gewerkschafter, Politiker. Der gelernte Tischler ließ sich 1856 in ➢*Harburg* nieder und wurde bald zum Führer des radikal-demokratischen Flügels der Arbeiterbildungsvereine Hannovers. Als solcher war er 1863 Gründungsmitglied des Allgemeinen Deutschen Arbeitervereins (ADAV). 1868 erfolgte seine Wahl zum Präsidenten des Allgemeinen Deutschen Holzarbeitervereins. 1869 trat Y. aus dem ADAV aus und schloss sich der Sozialdemokratischen Arbeiterpartei an, in deren Parteiausschuss er gewählt wurde. Seit 1873 wirkte er als Sekretär des Leitungsgremiums. Er übersiedelte schließlich nach Hbg, wo sein Begräbnis am 3.1.1875 zur eindrucksvollen Demonstration der Sozialdemokratie und der Gewerkschaftsbewegung wurde. *AGr.*

Theodor York, der Harburger Sozialdemokrat und Gewerkschafter, spielte in der Frühzeit der Arbeiterbewegung eine wichtige Rolle. Zeitgenössische Zeichnung

ZEIT ➢*DIE ZEIT*

Zeitschrift des Vereins für Hamburgische Geschichte (ZHG) Die ZHG ist das jährlich herausgegebene Periodikum des ➢*Vereins für Hamburgische Geschichte* (zuletzt erschien Band 95, 2009). 1841 wurde sie unter maßgeblicher Mitwirkung J.M. ➢*Lappenbergs* begründet. Jeder Band enthält mehrere Aufsätze und einen umfangreichen Besprechungsteil der neuesten historischen Hbg-Literatur. Damit ist die ZHG seit mehr als 150 Jahren eine unverzichtbare Grundlage für die Orientierung über den neuesten Stand der hbg. Geschichtsforschung. *SH*

ZEIT-Stiftung Ebelin und Gerd Bucerius Die Z.-S. wurde 1971 von G. ➢*Bucerius* gegründet. Sie fördert Wissenschaft, Bildung und Erziehung, Kunst und Kultur. Bis zum Tod ihres Stifters im Jahr 1995 bewilligte sie 33 Mio. DM für Fördervorhaben. Die Z.-S. ist Universalerbin des Vermögens von G. Bucerius und seiner 1997 verstorbenen Ehefrau Ebelin. Sie verfügt über jährliche Erträge von rund 24 Mio. € (2009).
Die Z.-S. hat mehrere nach ihrem Stifter benannte Lehrstühle an dt. Universitäten errichtet, sie unterstützt die private Universität Witten/Herdecke, sie stellt Stipendien für Studierende und Doktoranden der Universität Kaliningrad (früher Königsberg) bereit und hat das ➢*Literaturhaus Hamburg* ermöglicht.
Der Z.-S verdankt Hamburg auch die im Jahr 2000 gegründete ➢*Bucerius Law School* an der Jungiusstraße, die erste private Hochschule für Rechtswissenschaft in Deutschland, das 2002 eröffnete ➢*Bucerius Kunst Forum* am ➢*Rathausmarkt* und die Gerd Bucerius Bibliothek im ➢*Museum für Kunst und Gewerbe*. Seit 2000 erscheint im Ellert & Richter Verlag die vom früheren Bundeskanzler H. Schmidt angeregte Buchreihe „Hamburger Köpfe“ mit Würdigungen verdienter Hamburger Persönlichkeiten, die ebenfalls von der Z.-S. gefördert wird. *Ko.*

Albert Ballin: der erste Band der von der ZEIT-Stiftung Ebelin und Gerd Bucerius und dem Ellert & Richter Verlag herausgegebenen Buchreihe „Hamburger Köpfe“

Zeughausmarkt Der Z. entstand im 17. Jh. im Zuge des Ausbaus der ➢*Neustadt*. An der Ostseite des heutigen Platzes stand das 1661 von H. Hamelau errichtete Artillerie-Zeughaus, ein zweigeschossiger Fachwerkbau von ca. 40 m Länge und 13 m Breite; er wurde 1826 abgebrochen. An der Südseite des Z.es steht bis heute die engl.-bischöfliche Kirche St. Thomas à Becket, die 1836–38 von O.J. Schmidt als spätklassizistischer Putzbau mit ionischem Portikus errichtet wurde. Nach Plänen von C.L. ➢*Wimmel* erhielt der Z. 1823–27 eine Randbebauung. Sie ist heute an der Westseite stark verändert erhalten und auf der anderen Seite der Ludwig-Erhard-Straße nur noch als kulis-

Im Zippelhaus lagerten und verkauften die Bardowicker Gemüsehändlerinnen ihre Ware. Zeichnung von Rudolf Loewendei aus den 1880er Jahren

senartige Rekonstruktion zu erahnen. 1914–17 entstand am Z. die heutige Anna-Siemsen-Schule nach einem Entwurf von F. ➢*Schumacher. Ti.*

Zippelhaus Das 1535 in unmittelbarer Nachbarschaft zur Hauptkirche ➢*St. Katharinen* erbaute Z. wurde 1604 für eine geringe Jahresmiete den Bardowicker Gemüsehändlerinnen von der Stadt auf ewige Zeiten überlassen. Sie nutzten es als Verkaufslokal, Warenlager und Unterkunft. Benannt wurde es nach dem ➢*plattdeutschen* Wort für die Zwiebel, eines ihrer wichtigsten Produkte. Der schmale, einstöckige Fachwerkbau besaß an der Straßenfront hölzerne Läden, die zum Verkauf der Waren heruntergeklappt werden konnten. Das Z. verfügte zum Löschen der auf dem Wasserweg nach Hbg transportierten Ware über einen Landungsplatz am Zollkanal. Das Gemüse wurde von den Händlerinnen außer vom Z. aus auch auf dem ➢*Hopfen-* und Schaarmarkt sowie in den Gassen angeboten. Dabei balancierten die Frauen ihr Gemüse in langen Körben mittels einer runden Unterlage auf dem Kopf. Wegen Baufälligkeit wurde das Z. 1674 durch einen Neubau ersetzt und 1888 wegen Straßenbaumaßnahmen abgerissen. Die Bardowicker hatten zuvor auf ihr Mietrecht verzichtet und das Haus ➢*Deichstraße* 27, den „Bardowicker Speicher", erworben.

Heute bezeichnet Z. den Straßenabschnitt zwischen Bei den Mühren und Dovenfleet, der an die Lage des ursprünglichen Z.es grenzt. An diesem steht auch das 1890/91 erbaute Kontorgebäude, das, ebenso wie das darin befindliche Restaurant, den Namen des historischen Gemüsespeichers trägt. *Pr.*

Zitronenjette (eigtl. Johanne Henriette Marie Müller, geb. 18.7.1841 Dessau, gest. 8.7.1916 Hbg), Hbger Original. Die Z. verkaufte in den letzten beiden Jahrzehnten des 19. Jhs tagsüber am Graskeller und nachts in Kneipen der ➢*Neustadt* die gelben Südfrüchte mit dem Ausruf „Zitroon, Zitroon!" Wegen Trunkenheit und geistiger Verwirrung wurde sie

Ein Hamburger Original, das als Bühnenfigur populär blieb: die Zitronenjette. Hier dargestellt in einer kolorierten Zeichnung. Ihr Denkmal von Hansjörg Wagner (1986) steht an der Ludwig-Erhard-Straße, Höhe Krayenkamp.

im August 1894 in die Anstalt ➢*Friedrichsberg* eingeliefert, in der sie bis zu ihrem Tod kleinere Arbeiten verrichtete. Bereits 1900 erschien ein nach ihr benanntes Schauspiel von Th. Francke im Ernst-Drucker-Theater (➢*St. Pauli-Theater*). *JJF*

Zollanschluss 1815 trat Hbg dem ➢*Deutschen Bund* bei, es blieb indessen dem Deutschen Zollverein von 1834 vorerst fern. Die selbstständige Zoll- und Handelspolitik wurde mit dem Übergang des 1871 gegründeten Deutschen Reichs zur Schutzzollpolitik unhaltbar. Hbg konnte nicht Teil des Reiches sein und zugleich Zollausland und Freihandelszone bleiben. Durch die 1881 geschlossenen und 1888 vollzogenen Vereinbarungen mit dem Deutschen Reich lag der hbg. Staat nun in dessen Zollgebiet, wobei mit dem ➢*Freihafen* ein zollfreies Areal geschaffen wurde. Die mit einem wirtschaftlichen Aufschwung verbundene Freihafenlösung führte bis zum Ersten Weltkrieg zu Verbesserungen in den ➢*Hafen*- und Strombaueinrichtungen. Sie hat Hbgs Stellung als Dtlds ➢*Tor zur Welt* begründet. Durch Eingliederung in den Zollverein wurde der Freihafen zum bevorzugten Industriestandort. Die ➢*Werften* und ihre Zulieferer entwickelten sich zu lebenswichtigen Industriezweigen der Stadt und wurden Zentren der dt. Schiffbauindustrie. Um 1900 löste sich die Bindung der Stadt an den Hafen, und unabhängige, sich rasch entwickelnde Industriezweige konnten entstehen. Diese Tendenz setzte sich insbesondere nach dem Zweiten Weltkrieg fort. *Pr.*

Zollenspieker Der „Zoln Spiker", eine Zoll- und Wehranlage, entstand im 16. Jh. am ➢*Eislinger Zoll*, und der Name ging schon früh auf den ganzen Ortsteil von ➢*Kirchwerder* über. Die Anlage wurde möglicherweise aus Steinen der 1512 abgebrochenen Riepenburg auf dem steinbefestigten Elbdeich mit meterdicken Mauern an seiner heutigen Stelle errichtet; von hier aus ließ sich gut „spieken" (➢*plattdeutsch* = ausspähen). Ab 1584 wurden die Zollabgaben, die zur Deckung der Amtsverwaltungskosten vorgesehen waren, von ➢*Lübeck* miterhoben. Eine exakte Zeichnung von D. Frese aus der Zeit um 1600 zeigt „De tollen Spicker" als Doppelgebäude mit Plankenwerk und Fähranleger sowie der Fahrtroute zweier sich begegnender Schiffe. 1620 wurden Zollstätte und Schanze im Rahmen der Auseinandersetzungen um den ➢*Gammerdeich* von braunschweig-lüneburg. Truppen geplündert und zerstört. Im Jahr darauf erfolgte der Wiederaufbau. 1686 wurde der Z. erneut von herzoglichen Truppen besetzt und diente einem General Georg Wilhelms als Quartier. Ab 1746 war der Z. Poststation, zunächst für die Hannoversche Post. 1806 wurde der Zollbetrieb mit der Aufhebung des Elbzolls durch die Franzosen vorübergehend eingestellt. Sieben Jahre später kämpften hier hanseatische und frz. Truppen gegeneinander. Mit der Elbschiff-fahrtsakte von 1821 wurde der Zoll aufgehoben, und nur die Funktionen als Fährstelle und Krug blieben erhalten. 1926 erfolgte die Grunderneuerung des Gebäudes. Noch Ende April 1945 kam es im Zweiten Weltkrieg hier zu Kampfhandlungen zwischen brit. und dt. Soldaten. Im Juni 1991 schloss das historische Fährhaus, in dem viele Familien- und Vereinstreffen stattgefunden hatten, vorübergehend seine Pforten. 1995 kaufte es ein Investor, um nach aufwendiger Sanierung und Wiederentdeckung von Barock- und Renaissance-Fresken den Z. als eines der ältesten Hbger Kulturdenkmäler 1998 wiederzueröffnen. 1988 wurde das ➢*Naturschutzgebiet* Zollenspieker eingerichtet. *HR*

Zollwesen Bis zum Beginn des 14. Jhs gab es in Hbg folgende Zölle: den Land- und Elb-Ein- und -Ausfuhrzoll und den Schauenburger Zoll. Der erste war ein städtischer, der zweite ein landesherrlicher Zoll, der 1604 zur Hälfte und 1768 ganz an Hbg gelangte. Später kamen – nach dem Bau des Turms zu ➢*Neuwerk* – noch der sog. Werkzoll, im 16. Jh. der Tonnen- und Bakenzoll hinzu; beide dienten je speziellen Finanzbedürfnissen. Mit der Errichtung des ➢*Admiralitäts*-Kollegiums 1623 wurden zudem der Admiralitätszoll und das Konvoigeld erhoben; es betrug bei nach Portugal, Spanien, Italien, den Kanaren und Westindien verschifften Waren 1 ‰, bei nach Frankreich, England und Russland verschifften 0,5 ‰ des Wertes. Diese Zölle wurden – je nach ihrer Erhebung – unterschiedlich bezeichnet: Land- und Elbzoll sowie Werkzoll als Herrenzoll, Tonnen- und Bakenzoll als Bürgerzoll. Eine erste Zollordnung stammt von 1621. Transitgüter mit Ausnahme von Holz, Korn, Wein, Branntwein und Essig wurden 1727 vom städtischen Zoll befreit; 1777 wurde nur noch das durchgehende Holz verzollt, weitere Exemtionen folgten. Die direkte Zollkontrolle wurde bis 1787 durch zwei der Admiralität unterstehende Ausliegerschiffe auf der ➢*Elbe* und durch Visiteure an den Toren und ➢*Bäumen* wahrgenommen; 1787 wurde die Zolljacht in Dienst gestellt. Nach dem Ende der ➢*Franzosenzeit* kam es 1814 zur Verschmelzung der vormaligen Zölle zu einem einzigen: Er betrug bei seeseits aus- und eingeführten und von See eingekommenen und danach zu Wasser oder Land nach Hbg weiterge-

Als Fährstelle und Gaststätte seit Jahrhunderten eine beiderstädtische, dann hamburgische Institution: der Zollenspieker an der Elbe

führten Gütern 1,5 %, bei landseits ein- und ausgehenden Gütern 0,5 % des Wertes. Die Aufsicht über das Z. hatte die 1814 eingesetzte Zoll- und Accise-Deputation (➢*Akzise*). Die Zollordnung von 1839 setzte den Zollsatz auf 0,5 % des Wertes für alle einkommenden, auf 0,125 % für alle ausgehenden Güter fest und bestimmte, dass alle Transitgüter zollfrei bleiben sollten. 1868 schloss sich Hbg dem Deutschen Zollverein an, verzögerte aber zur Sicherung seines Hafenverkehrs den ➢*Zollanschluss* an das Deutsche Reich, der erst 1888 nach Abschluss der ➢*Freihafen*regelung von 1881 vollzogen wurde. Das führte dazu, dass die bis dahin Aufsicht führende preuß. Provinzialsteuerdirektion in ➢*Altona* durch eine eigene Generalzolldirektion ersetzt wurde, die wiederum dem Zollkommissariat des ➢*Senats* (seit 1891 Verwaltungsabteilung für das Z., seit 1896 Senatskommission für das Z.) unterstand. Vor dem Zollanschluss gab es nur ein Zollamt des Deutschen Zollvereins, das seit 1873 Kaiserliches Hauptzollamt hieß und dem Zollabfertigungsstellen untergeordnet waren.

Mit dem Übergang der Erhebung der Zölle und Verbrauchssteuern

Auch vor Hagenbeck hatte Hamburg schon seinen Zoo. Plan vom Zoologischen Garten aus der Zeit vor dem Ersten Weltkrieg (Süden oben)

auf das Reich 1919 wurde die hbg. Generalzolldirektion in die Reichsfinanzverwaltung überführt. Das Z. ist gegliedert in das Zollfahndungsamt und die Hauptzollämter Hbg-Hafen, Hbg-Jonas und Hbg-Stadt. Im Hbger Z. arbeiten 1.938 Beschäftigte (2009). Diejenigen von ihnen, die im Schiffsdurchsuchungstrupp des Wasserzolldienstes tätig sind, werden als „Schwarze Gang" bezeichnet. Als Weltneuheit wurde 1996 eine Zweistrahl-Röntgenanlage zur Überprüfung von LKW- und Containerladungen am Zollübergang ➢*Waltershof* in Betrieb genommen. *LS*

Zoologischer Garten Auf Initiative des Hbger Kaufmanns E. Freiherr von ➢*Merck* wurde am 10.6.1860 die Zoologische Gesellschaft A.G. gegründet, deren Hauptzweck die Errichtung eines zoologischen Gartens war. Drei Jahre später, am 16.5.1863, erfolgte die Eröffnung. Unter der Führung seines Gründungsdirektors, des bekannten Zoologen und Forschungsreisenden A. ➢*Brehm*, entwickelte sich der Park zu einem beliebten Ausflugsziel. Neben den Tieren boten die wechselnden Ausstellungen, Konzerte und sogar Theatervorstellungen den Besuchern reichhaltige Abwechs-

Der Turm der „Eulenburg“ auf einer Postkarte um 1900. Auch im Zoologischen Garten wurde der Burgenbegeisterung des 19. Jahrhunderts entsprochen und als eine Attraktion der Anlage eine mittelalterliche Ruine fantasievoll errichtet.

lung. Durch die Konkurrenz von ➢*Hagenbecks Tierpark*, der 1907 seine Pforten in ➢*Stellingen* geöffnet hatte, verlor der Z.G. zunehmend an Besucherinteresse. Die Weltwirtschaftskrise bedeutete mit dem am 26.2.1930 beschlossenen Verkauf der Tiere das Ende der Anlage; sie wurde in einen Volks-, Vogel- und Vergnügungspark umgestaltet, der 1935 in ➢*Planten un Blomen* aufging. *OK*

Zucker war in Hbg bereits im Mittelalter bekannt, gewann jedoch erst mit steigendem Tee- und Kaffeekonsum seit Ende des 17. Jhs an Bedeutung (➢*Kaffeehäuser*). Von Niederländern im 16. Jh. an die ➢*Elbe* gebracht, florierte die „Zuckerbäckerei“, je mehr der Süßstoff zum gefragten Handelsprodukt wurde. 1806 existierten ca. 400 Betriebe in der Stadt, und 8.000–10.000 Menschen waren direkt oder indirekt mit Produktion und Handel von Z. beschäftigt. In den vorangegangenen 50 Jahren lagen die Zahlen zumeist darunter; sie waren wegen der Marktabhängigkeit des Rohstoffs starken Schwankungen unterworfen. Die Zuckersiedereien lieferten höchste Qualität, und die Hbger Händler erlangten eine Monopolstellung in Norddtld; Zentrum des Zuckergewerbes blieb jedoch weiterhin Amsterdam.

Während der ➢*Kontinentalsperre* wurde die Einfuhr von Rohzucker verboten, wovon sich die Großzahl der Betriebe auch nach Abzug der Besatzer nicht mehr erholen konnte. Das Gewerbe verschwand in den folgenden Jahrzehnten fast vollständig aus Hbg, da die komplizierte Aufarbeitung (Raffinierung) des überseeischen Rohstoffes mehr und mehr von einem neuen Herstellungsverfahren aus der heimischen Zuckerrübe abgelöst wurde. *Ti.*

Zwei Zuckerbäcker bei der Arbeit. Lithografie aus Christoffer Suhrs Serie „Kleidertracht und Gebräuche in Hamburg“, 1822. Die Darstellung zeigt die beiden Arbeiter vermutlich sehr geschönt. Ihre Arbeit in den heißen Räumen der Siedereien war schwer, und Zuckerbäcker galten als besonders rohe Gesellen.

Unterstreichungen = eigener Artikel

➢= siehe

s.a.= siehe auch

Das Personenregister enthält alle in diesem Lexikon genannten Personen. Hinter den Namen sind in Klammern die Lebensdaten und die Tätigkeit angegeben. Bei Herrschern sind dagegen gelegentlich stattdessen die Zeiten der Regentschaft bzw. der Ausübung der Funktion genannt. In diesen Fällen folgen die Daten ohne Klammern den Namen. Die Herrscher und Angehörigen regierender Häuser sind alphabetisch nach ihren Ländern aufgeführt und innerhalb der Länder chronologisch geordnet. (Römisch-) deutsche Könige und Kaiser stehen jeweils an erster Stelle.

André, Etkar (1894–1936, KPD-Politiker, Bürgerschaftsabgeordneter) ➢KPD
Anouilh, Jean (1910–87, frz. Dramatiker) ➢Hamburger Kammerspiele
Ansgar (801–865, Benediktiner, Erzbischof, Kirchenheiliger) s.a. Bornemann, Hans; Dom; Erzbistum; St. Petri; Trostbrücke; Wikinger
Apel, Hans (geb. 1932, SPD-Politiker, Bundesminister) ➢SPD
Archenholz, Johann Wilhelm von (1745–1812, Schriftsteller) ➢Öjendorf
Arendt, Hannah (1906–75, Philosophin, Sozialwissenschaftlerin) ➢Lessing-Preis
Arens, Johann August (1757–1806, Architekt) ➢Badeanstalten ➢Büsch, Johann Georg ➢Denkmäler ➢Hansen, Christian Frederik ➢Landhaus ➢Voght, Caspar
Armytage, H.W.H. (brit. Brigadegeneral) ➢Britische Besatzung
Arndt, Ernst Moritz (1769–1860, Schriftsteller) ➢Hammerich, Johann Friedrich
Asmussen, Hans (1898–1968, Theologe) ➢Altonaer Bekenntnis
Audorf, Jacob d.J. (1835–98, SPD-Politiker, Schriftsteller) ➢SPD
Auer, Ignatz (a. Ignaz, 1846–1907, Sattler, Sozialdemokrat, Journalist) ➢Auer-Druck
Augspurg, Anita (1857–1943, Frauenrechtlerin) ➢Heymann, Lida Gustava
Augstein, Rudolf (1923–2002), Journalist, Herausgeber) s.a. DER SPIEGEL; Ehrenbürger; Eiffe der Bär
Auweter-Kurtz, Monika (geb. 1950, Physikerin, Universitätspräsidentin) ➢Universität Hamburg
Averdieck, Elise (1808–1907, Pädagogin, Schriftstellerin) s.a. Erweckungsbewegung; Großer Brand; Innere Mission
Averkamp, Ludwig (geb. 1927, Erzbischof von Hamburg) ➢Erzbistum
Axen, Catharina Margaretha von (1773–99, Senatorentochter) ➢Lokstedt

Baasch, Ernst (1861–1947, Bibliothekar, Historiker)
Bach, Carl Philipp Emanuel (1714–88, Komponist) s.a. Claudius, Matthias; Joachim Jungius-Gesellschaft der Wissenschaften; Städtischer Musikdirektor; Telemann, Georg Philipp
Bach, Johann Sebastian (1685–1750, Komponist) ➢Händel, Georg Friedrich ➢Telemann, Georg Philipp ➢Bach-Preis ➢Neumeister, Erdmann ➢St. Katharinen
Bärmann, Georg Nicolaus (1785–1850, Literat) ➢Hammonia-Lied
Bästlein, Bernhard (1894–1944, kommunist. Widerstandskämpfer) ➢Bästlein-Jacob-Abshagen-Gruppe
Bäumer, Gertrud (1873–1954, Pädagogin, Schriftstellerin, Frauenrechtlerin) ➢Hochschule für Angewandte Wissenschaften ➢Lange, Helene ➢Sozialpädagogisches Institut
Baker, Josephine (1906–75, Revuetänzerin, Sängerin) ➢Hansa-Theater
Ballin, Albert (1857–1918, Kaufmann, Reeder) s.a. Flughafen Hamburg-Fuhlsbüttel; Hamburgische Wissenschaftliche Stiftung; HAPAG; Tor zu Welt; UNESCO-Institut für Pädagogik; ZEIT-Stiftung Ebelin und Gerd Bucerius
Ballin, Samuel Joel (1804–74, Unternehmer) ➢Ballin, Albert
Bamberger, Naftali Bar-Giora (geb. 1919–2000, Judaist) ➢Medaille für Kunst und Wissenschaft
Banco, Alma del (1878–1943, Malerin) ➢Hamburgische Sezession
Barbarino, Stephan (geb. 1955, Intendant, Regisseur) ➢Hamburger Kammerspiele
Bargheer, Eduard (1901–79, Hamburger Maler) ➢Hamburgische Sezession
Barlach, Ernst (1870–1931, Bildhauer, Grafiker, Dichter) s.a. Altonaer Rathaus; Ernst Barlach Haus; Hochschule für bildende Künste; Marcks, Gerhard; Rathausmarkt; Wedel
Bartels, Willi, eigtl. Wilhelm B. (1914–2007, Gastronom, Unternehmer) ➢Eiffe der Bär
Bartels, Johann Heinrich (1761–1850, Advokat, Bürgermeister) s.a. Ehejubiläumsmedaille; Bürgerunruhen; Jastram-Snitger-Rebellion
Barth, Johann *Heinrich* (1821–65, Geograf, Linguist, Ethnologe, Entdecker) s.a. Hamburgische Ehrendenkmünze
Basedow, Johann Bernhard (1724–90, Theologe, Philosoph, Reformpädagoge) s.a. Campe, Joachim Heinrich; Christianeum
Bauer, Gebrüder (preuß. Hoflieferanten) ➢Hotel Atlantic
Baum, Marie (1874–1964, Chemikerin, Sozialpolitikerin) ➢Sozialpädagogisches Institut

von (1831–1910, Theologe, Sozialreformer) ➢Innere Mission
Böhm, Karl (1894–1981, Generalmusikdirektor) ➢Johannes-Brahms-Medaille
Boehn, Max von (1850–1921, General) ➢Hamburgische Ehrendenkmünze
Börne, Ludwig, eigtl. Löb Baruch (1786–1837, Schriftsteller, Journalist) ➢Campe, Julius ➢Heine, Heinrich
Börner, Carl (1828–1905, Bildhauer) ➢Denkmäler ➢Lombardsbrücke
Böse, Johannes (1879–1956, Lehrer) ➢Griffelkunst-Vereinigung
Bötticher, Georg (1849–1918, Schriftsteller) ➢Ringelnatz, Joachim
Bohne, Walter (1903–44, Schiffszimmerer, kommunist. Widerstandskämpfer) ➢Bästlein-Jacob-Abshagen-Gruppe
Boldewan, Johannes (gest. 1531, Abt, Pastor an St. Petri) ➢Aepinus, Johannes ➢Bugenhagen, Johannes
Bolland, Jürgen (1922–74, Direktor des Hamburgischen Staatsarchivs 1961–74) ➢Burspraken
Bolten, August (1812–87, Reeder) ➢Hamburg Süd
Bonfort, Helene (1854–1940, Lehrerin, Vertreterin der Frauenbewegung) ➢Frauenbewegung
Borchard, Johann (1490 Hamburger Bürger, 1491–1510 Buchdrucker in Hamburg) ➢Buchdruck
Borchard, Thomas (1491–1510 Buchdrucker in Hamburg) ➢Buchdruck
Borchert, Hertha (1895–1985, Heimatdichterin) ➢Borchert, Wolfgang
Borchert, Wolfgang (1921–47, Schriftsteller) s.a. Billbrook; Ehre, Ida; Eppendorf; Hamburger Kammerspiele; Rowohlt Verlag/Rowohlt, Ernst; Staats- und Universitätsbibliothek
Borchert, Wolfgang (1922–2007, Schauspieler, Theatergründer) ➢Ernst-Deutsch-Theater
Borgward, Carl F.W. (1890–1963, Automobilbauer) ➢Bremen
Bornemann, Berteke (Frau von Hinrik Bornemann) ➢Bornemann, Hans
Bornemann, Hans (um 1420–nach 1473, Maler) s.a. Ansgar; Funhof, Hinrik; St. Jacobi; St. Petri; Rathäuser, Alte, 4.
Bornemann, Hinrik (gest. 1499) ➢Bornemann, Hans
Bossard, Johann Michael (1874–1950, bildender Künstler) ➢Curio-Haus
Boßdorf, Hermann (1877–1921, ndt. Dichter) ➢Ohnsorg-Theater
Bosselt, Rudolf (1871–1938, Medailleur, Bildhauer) ➢Bürgermeister-Stolten-Medaille ➢Hamburgische Rettungsmedaille
Bothmer, Emilie Gräfin, geb. Ruaux (1831–1911) ➢Schöne Marianne
Bouts, Dirck, auch Dierick B. (um 1415–75, niederländ. Maler) ➢Funhof, Hinrik
Braband, Carl Julius (1870–1914, Bürgerschaftsabgeordneter) ➢Vereinigte Liberale
Brahe, Tycho (1546–1601, dän. Astronom) ➢Wandsbek
Brahms, Johannes (1833–97, Komponist) s.a. Ehrenbürger; Johannes-Brahms-Medaille; Sähle
Brandes, Gerhard (geb. 1923, Bildhauer) ➢Altonaer Balkon
Brandt, Emil (Altonaer Stadtbaumeister) ➢Altonaer Rathaus
Brandt, Willy, früher Herbert Ernst Karl Frahm (1913–92, SPD-Politiker, Bundeskanzler) ➢Augstein, Rudolf ➢Nordstaat, ➢Ost-West-Straße
Brauer, Max (1887–1973, Bürgermeister, SPD-Politiker) s.a. Altona; Bürgermeister-Stolten-Medaille; Bürgerschaft; Ehrenbürger; Eppendorf; Hamburg-Block; Hamburgische Ehrendenkmünze; Heine, Heinrich; Jenischpark; Koch, Christian; Lüth, Erich; Neumühlen; Nevermann, Paul; Ottensen; Polizei; SPD; Stintfang; Technische Universität Hamburg-Harburg; Verein geborener Hamburger e.V.; Weichmann, Herbert
Braun, Otto (1872–1955, preuß. Ministerpräsident, SPD-Politiker) ➢Weichmann, Herbert
Braune, Ferdinand (um 1910 in Hbg tätiger Fotograf) ➢Quickborn
Braune, Heinrich (1904–90, Journalist, Verleger) ➢Hamburger Morgenpost ➢Hochbaum, Werner
Brecht, Bertolt, eigtl. Berthold *Eugen* Friedrich (1898–1956, Dichter, Regisseur) ➢ Bredel, Willi ➢Dessau, Paul ➢Deutsches Schauspielhaus ➢Jahnn, Hans Henny
Bredel, Willi (1901–64, Dreher, Schriftsteller) s.a. Kampnagel
Brehm, *Alfred* Edmund (1829–84, Naturforscher, Schriftsteller) s.a. Zoologischer Garten
Bremer, Detlev (1403–64, Kaufmann, Bürgermeister) s.a. Holstein; Landgebiet
Bretschneider, Hein (1904–44, Zimmer-

mann, kommunist. Widerstandskämpfer) ➢Bästlein-Jacob-Abshagen-Gruppe
Brinckmann, Johann Ludwig Engelhard, 1798–1822 Waldvogt und Förster ➢Forstwesen
Brinckmann, Justus (1843–1915, Jurist, Kunsthistoriker, Museumsdirektor) s.a. Bergedorf; Curslack; Denkmalschutz; Hamburger Heimatstil; Gesellschaft der Bücherfreunde zu Hamburg; Lichtwark, Alfred; Museum für Kunst und Gewerbe; Stadtpark; Vierlande
Brinkama, Eduard (1927–78, Antiquitätenhändler) ➢Pöseldorf
Brockes, Barthold Hinrich, auch Heinrich (1680–1747, Dichter, Ratsherr) s.a. Aufklärung; Besenbinderhof; Cuxhaven/Ritzebüttel; Denner, Balthasar; Der Patriot; Reimarus, Hermann Samuel; Schmidt, Arno; Stadt- und Schutzpatrone
Bronnen, Arnol(d)t (1895–1959, österreich. Schriftsteller) ➢Jahnn, Hans Henny
Broschek, *Albert* Vincent (1858–1925, Buchdrucker, Zeitungsverleger) s.a. DIE WELT; Hamburger Fremdenblatt
Broschek, Kurt *Nikolaus* Albert (geb. 1941, Kaufmann) ➢Broschek, Albert
Broschek, *Kurt* Rudolph (1884–1946, Zeitungsverleger) ➢Broschek, Albert
Broschek, Ludwig (1883–1920, Zeitungsverleger) ➢Broschek, Albert
Bruhn, *Anton* Joachim Christian (geb. 1868, gest. n. 1928, Fotograf) ➢Quartiersleute
Bruhn, *Gustav* Karl Wilhelm (1889–1944, Tischlergeselle, preuß. Landtagsabgeordneter, kommunist. Widerstandskämpfer) ➢Bästlein-Jacob-Abshagen-Gruppe
Bubert, Heinrich (um 1814–1857, Medailleur) ➢Hamburgische Ehrendenkmünze
Bucerius, Ebelin (1911–97) ➢ZEIT-Stiftung Ebelin und Gerd Bucerius
Bucerius, Gerd (1906–95, Politiker, Verleger, Publizist) s.a. DIE ZEIT; Dönhoff, Marion Gräfin; Ehrenbürger; Gruner + Jahr; Wehner, Herbert; ZEIT-Stiftung Ebelin und Gerd Bucerius
Budge, Emma (1852–1937, Kunstförderin) ➢Hochschule für Musik und Theater ➢Museum für Kunst und Gewerbe ➢Stadtpark
Bülau, Theodor (1800–61, Architekt) ➢Backsteinbau ➢Nachbrandarchitektur ➢Patriotische Gesellschaft
Bülow, *Hans* Guido Freiherr von (1830–94, Pianist, Dirigent) ➢Mahler, Gustav
Bürger-Prinz, Hans (1897–1976, Psychiater) ➢Universitäts-Krankenhaus Hamburg-Eppendorf
Büsch, Johann Georg (1728–1800, Professor, Aufklärer) s.a. Akademisches Gymnasium; Allgemeine Armenanstalt; Bach, Carl Philipp Emanuel; Brockes, Barthold Hinrich; Claudius, Matthias; Denkmäler; Hamburger Sternwarte; Hamburgische Addreß-Comtoir-Nachrichten; Klopstock, Friedrich Gottlieb; Lessing, Gotthold Ephraim; Moorweide; Patriotische Gesellschaft; Reimarus, Hermann Samuel; Sieveking, Georg Heinrich; Voght, Caspar; Wissenschaftliche Bildung
Büsch, Margarethe Auguste, geb. Schwalb (1739–98, Frau von Johann Georg) ➢Büsch, Johann Georg
Büsch, Paul Christoph (1696–1741, Pastor, Vater von Johann Georg) ➢Büsch, Johann Georg
Bugdahn, Paul (1890–1948, Verleger, Bürgerschaftsabgeordneter) ➢Hamburger Echo
Bugenhagen, Johann (1485–1558, Theologe, Reformator Norddtlds) s.a. Aepinus, Johannes; Eitzen, Paul von; Johanneum; Landesbischof; Reformation; Westphal, Joachim; Wissenschaftliche Bildung
Bundsen, Jes (1766–1829, Zeichner, Maler) ➢Merchants Adventurers
Burchard, Johann Heinrich (1852–1912, Rechtsanwalt, Bürgermeister) s.a. Bremen; St. Michaelis
Burchard-Motz, *Wilhelm* Amsinck (1878–1963, Jurist, Zweiter Bürgermeister) ➢DVP
Burg, Hansi (1897–1975, Schauspielerin) ➢Albers, Hans
Burse, van der (Brügger Kaufmannsfamilie) ➢Börse

Calvin, Johannes (1509–64, Reformator) ➢Reformierte
Campe, Elisabeth, geb. Hoffmann (1786–1873, Schriftstellerin) ➢Hoffmann & Campe
Campe, Franz *August* Gottlob (1773–1836, Buchhändler, Verleger) ➢Campe, Julius ➢Hoffmann & Campe
Campe, Joachim Heinrich (1746–1818, Pädagoge, Sprachforscher, Verleger) s.a. Basedow, Johann Bernhard; Curio, Johann Carl Daniel; Klopstock, Friedrich Gottlieb; Reimarus, Elise

Campe, Johann *Julius* (1792–1867, Buchhändler, Verleger) s.a. Deutschlandlied; Heine, Heinrich; Hoffmann & Campe
Campe, Julius (Enkel von Julius) ➢Heine-Denkmal
Carl von Hessen, Statthalter der Herzogtümer Schleswig und Holstein (1744–1836) ➢Dänische Besetzung
Carlebach, Charlotte, geb. Preuss (1900–42, Frau von Joseph) ➢Carlebach, Joseph
Carlebach, Joseph (1883–1942, Oberrabbiner, Pädagoge) s.a. Altona; Deutsch-Israelitischer Synagogenverband; Grindel; Talmud-Tora-Schule
Carlebach, Salomon (1845–1919, Rabbiner in Lübeck, Vater von Joseph) ➢Carlebach, Joseph
Caroline Mathilde (1751–75, engl. Prinzessin, dän. Königin, Frau von Christian VII., 1772 nach Celle verbannt) ➢Struensee, Johann Friedrich
Cassirer, Ernst (1874–1945, Philosoph) s.a. Lessing-Preis; Panofsky, Erwin; Rotherbaum; Universität Hamburg; Warburg, Aby
Cassirer, Paul (1871–1926, Kunsthändler, Verleger) ➢Hamburgische Sezession
Cassius Dio, eigtl. Lucius Claudius Cassius Dio Cocceianus (ca. 163/64–229, röm. Historiker) ➢Buchdruck
Carstenn, Johann (Gutsbesitzer) ➢Marienthal
Ceram, C.W., eigtl. Kurt Wilhelm Marek (1915–72, Schriftsteller) ➢Rowohlt Verlag/Rowohlt, Ernst
Cézanne, Paul (1839–1906, frz. Maler) ➢Ahlers-Hestermann, Friedrich
Chapeaurouge, Jacques (Jacob) de (1744–1805, Kaufmann) ➢Hammer Park
Chapeaurouge, Paul de (1876–1952, Notar, Politiker) s.a. Bürgermeister-Stolten-Medaille; CDU; DVP; Schönfelder, Adolph; Vaterstädtischer Bund Hamburg
Charles, Ray, eigtl. Ray Charles Robinson (1930 o. 1932–2004, amerikan. Jazzpianist) ➢Star-Club
Chateauneuf, Alexis de (1799–1853, Architekt) s.a. Alsterarkaden; Alte Post; Backsteinbau; Colonnaden; Eilbek, 1.; Eisenbahnwesen; Kunstverein; Lindley, William; Nachbrandarchitektur; Postwesen; Rathausmarkt; Repsold, Johann Georg; Rothenburgsort; Semper, Gottfried; Sieveking, Amalie; St. Petri; Wimmel, Carl Ludwig
Christian I., König von Dänemark (1426–81) ➢Bremer, Detlev ➢Holstein ➢Murmester, Hinrich ➢Wehrhoheit
Christian IV., König von Dänemark (1577–1648) ➢Dammtor ➢Grönlandfahrt ➢Wandsbek
Christian VI., König von Dänemark (1699–1746) ➢Christianeum
Christian VII., König von Dänemark (1749–1808) ➢Eppendorf ➢Klopstock, Friedrich Gottlieb ➢Struensee, Johann Friedrich ➢Wedel
Christian, Herzog von Braunschweig-Lüneburg (1566–1633) ➢Gammerdeich
Christine, Königin von Schweden (1626–89)
Christoffers, Hans (1905–42, Schiffszimmerer, kommunist. Widerstandskämpfer) ➢Bästlein-Jacob-Abshagen-Gruppe
Chrysander, Friedrich (1826–1901, Musikwissenschaftler) ➢Händel, Georg Friedrich
Clasing, Johann Heinrich (1779–1829, Musiker) ➢Reichardt, Louise
Classen, *Walt(h)er* Friedrich (1874–1954, Theologe, Pädagoge) s.a. Volksheim
Claudius, Anna *Rebecca*, geb. Behn (1754–1832) ➢Claudius, Matthias
Claudius, Caroline (1774–1821, Tochter Matthias') ➢Perthes, Friedrich Christoph
Claudius, Hermann (1878–1980, Schriftsteller, Urenkel von Matthias) ➢Hummelsbüttel ➢Tor zur Welt
Claudius, Matthias (1740–1815, Dichter) s.a. Bach, Carl Philipp Emanuel; Hamburgische Addreß-Comtoir-Nachrichten; Kaffeehäuser; Perthes, Friedrich Christoph; Poppenbüttel; Reimarus, Elise; Runge, Philipp Otto; Wandsbek; Wappen, Wandsbek
Clausen, Rosemarie (1909–90, Fotografin) ➢Gobert, Boy
Clemens IX., 1667–69 Papst ➢Christine, Königin von Schweden
Coester, Elisabeth (1900–41, Glasmalerin) ➢St. Nikolai, 2.
Cohen, Albert, eigtl. Abraham *Albrecht* Benjamin C. (1819–1880, Unternehmer) ➢Phoenix Werke
Cohen, Louis, eigtl. *Ludwig* Salomon C. (1827–89, Unternehmer) ➢Phoenix Werke
Collien, Kurt (1907–2002, Theaterintendant) ➢Operettenhaus ➢St. Pauli-Theater
Collien, Thomas (geb. 1966, Theaterintendant) ➢St. Pauli-Theater

Colquhoun, James (1780–1855, Jurist, Diplomat) ➢Ehrenbürger ➢Stalhof
Cooper, James Fenimore (1789–1851, amerikan. Schriftsteller) ➢Schmidt, Arno
Cordes, Johann Wilhelm (1840–1917, Friedhofsdirektor) ➢Ohlsdorfer Friedhof ➢Stadtpark
Cordua, Bernd (geb. 1941, Gastronom) ➢Onkel Pö
Cordua, Walther A. (1882–1961, Sportler, Sportjournalist) ➢Alsterstaffel ➢SC Victoria
Corinth, Lovis (1858–1915, Maler, Grafiker) ➢Kaisertage
Crawford, Joan (1906–77, Schauspielerin) ➢Schünzel, Reinhold
Crüsemann, Eduard (1826–69, Reeder) ➢Norddeutscher Lloyd
Cuno, Wilhelm (1876–1933, Generaldirektor der HAPAG, Reichskanzler) ➢HAPAG
Curio, Johann Carl Daniel (1754–1815, Lehrer, Publizist) s.a. Bürgerrecht; Gesellschaft der Freunde des vaterländischen Schul- und Erziehungswesens
Curschmann, Heinrich (1846–1910, Ärztlicher Direktor des Allgemeinen Krankenhauses) ➢Universitäts-Krankenhaus Hamburg-Eppendorf
Czeschka, Carl Otto (1878–1960, Maler, Gebrauchsgrafiker) ➢Hochschule für bildende Künste

Dahlmann, Friedrich Christoph (1785–1860, Historiker, liberaler Politiker) ➢Lappenberg, Johann Martin
Dahrendorf, Gustav (1901–54, Bürgerschafts- und Reichstagsabgeordneter, SPD-Politiker) ➢SPD
Dalmann, Johannes (1823–75, Wasserbaudirektor) s.a. Elbe; Meyer, Franz Andreas; Sandtorhafen
Danner, Lothar (1891–1953, Polizeichef, Senator) ➢Polizei
Dante Alighieri (1265–1321, ital. Dichter) ➢Christianeum
Darboven, Hanne (1941–2009, Konzeptkünstlerin) ➢Edwin-Scharff-Preis ➢Hochschule für bildende Künste
Darchinger, Jupp (geb. 1925, Fotograf) ➢Wehner, Herbert
Dassell, Hartwig von, Pseudonym: Theophil Dossiliander (1557–1608, Jurist) ➢Hexen
Dau, Herbert (1911–2000, SPD-Politiker, Präsident der Hamburgischen Bürgerschaft) ➢Bürgerschaft ➢Ehrenbürger
David, Johann Marcus (1764–1810, Maler) ➢Dom
Davids, Marie (1847–nach 1904, Malerin) ➢Wüstenfeld, Emilie
Davis, Miles (1926–91, Jazz-Trompeter) ➢Fabrik
Davout, Louis-Nicolas, Herzog von Auerstaedt, Fürst von Eckmühl (1770–1823, frz. Reichsmarschall) s.a. Butenhamburger; Franzosenzeit; Hamburger Bank
Decker, Eberhard (ca. 1532–ca. 1605, Kantor) ➢Städtischer Musikdirektor
Dehmel, Richard (1863–1920, Schriftsteller) s.a. Ernst, Otto; Falke, Gustav; Liliencron, Detlev von; Staats- und Universitätsbibliothek
Dehn (jüd. Bankiersfamilie) ➢Palmaille
Dehn, Claus (Bibliothekar) ➢Buchdruck
Dedeke, Wilm (Hbger Maler des späten 15. Jhs) ➢Bornemann, Hans
Degkwitz, Rudolf (1889–1971, Ordinarius für Kinderheilkunde am Universitäts-Krankenhaus Hamburg-Eppendorf, 1948 Auswanderung in die USA) ➢Weiße Rose
Denicke, Heinrich (1856–1943, Jurist, Harburger Bürgermeister)
Denner, Balthasar (1685–1749, Bildnismaler, Radierer) s.a. Hagedorn, Friedrich von
Deppermann, R. (um 1840 in Hbg tätig, Inhaber einer Steindruckerei) ➢Schröderstift
Dessau, Paul (1894–1979, Komponist)
Detel, Adolf (1903–1995, Professor an der Hochschule für Musik und Theater) ➢Johannes-Brahms-Medaille
Dettmann, Friedrich (1879–1970, KPD-Politiker, Senator) ➢KPD
Deutsch, Ernst (1890–1969, Schauspieler) ➢Ernst-Deutsch-Theater
Dickmann, Lotte (Fotografin) ➢Leip, Hans
Diedrich, Amandus (Zeitungsverleger) ➢Hamburger Fremdenblatt
Diedrich, Gustav Amandus (1834–94, Zeitungsverleger) ➢Hamburger Fremdenblatt
Dierksen, J. (vermutl. Johann, arbeitete in Hbg um 1600) ➢Börse
Dietrich, der Glückliche, Graf von Oldenburg und Delmenhorst (erstmals erwähnt 1394, gest. 1440) ➢Schauenburger
Dietrich, Amalie (1823–91, Botanikerin) ➢Godeffroy, Johann César (VI.)

Dietrich, Horst (geb. 1935, Maler, Mitgründer/Geschäftsführer der Fabrik) ➢Fabrik
Dietz, Johann Heinrich Wilhelm (1843–1922, Verleger) s.a. Auer-Druck; SPD
Diez-Dührkoop, Minya (1873–1929, Fotografin) ➢Lippmann, Leo ➢Panofsky, Erwin
Dill, Theodor (1797–1885, Kaufmann) ➢Börse ➢Seemannsschule
Distel, Hermann (1875–1943, Architekt) ➢Universitäts-Krankenhaus Hamburg-Eppendorf ➢Volksfürsorge
Dittmann, Wilhelm (1874–1954, SPD-Politiker; 1917–22 in der USPD) ➢Novemberrevolution
Dönhoff, *Marion* Hedda Ilse Gräfin (1909–2002, Journalistin, Publizistin) s.a. Ehrenbürger; DIE ZEIT
Dohnanyi, Klaus von (geb. 1928, Bundesminister, Bürgermeister, SPD-Politiker) ➢Hafenstraße ➢Theater im Zimmer ➢Bürgermeister-Stolten-Medaille
Domino, Fats, eigtl. Antoine D. (geb. 1928, Rhythym-&-Blues-Pianist und Sänger) ➢Star-Club
Donner, Bernhard (1809–65, Altonaer Kaufmann und Bankier, dän. Etatsrat) ➢Neumühlen
Donner, Conrad Hinrich (1774–1854, Altonaer Kaufmann und Bankier, dän. Konferenzrat) ➢Commerzbank AG ➢Semper, Gottfried
Dorn, Ernst Paul (1852–1913, Architekt) ➢Krematorien
Drebber, Johann von (1589–1647, herzoglicher Kanzler) ➢Gut Moor
Droege, Wilhelm (1808–79, Kaufmann) ➢Seemannsschule
Drucker, Ernst (1855–1918, Schauspieler) ➢St. Pauli-Theater
Dudek, Walter (1890–1976, Jurist, Harburger Oberbürgermeister, Senator) s.a. Bürgermeister-Stolten-Medaille; Denicke, Heinrich; DER SPIEGEL; Harburg; Rechnungshof
Dührkoop, Rudolph (1848–1918, Fotograf) ➢Averdieck, Elise ➢Brinckmann, Justus ➢Dehmel, Richard ➢Schiefler, Gustav ➢Siemers, Edmund ➢Sieveking, Ernst Friedrich
Dunlop, J.K. (brit. Commissioner) ➢Britische Besatzung
Durand, René (geb. 1927, Erotikrevue- und Sex-Theaterbetreiber) ➢Star-Club
Dusenschön, Willi (geb. 1909, Sterbedatum unbekannt, SS-Sturmführer) ➢Solmitz, Fritz
Duve, Karen (geb. 1961, Schriftstellerin) ➢Hubert-Fichte-Preis
Duwe, Harald (1926–84, Maler) ➢Hochschule für bildende Künste

Ebbinghaus, Hermann (1850–1909, Psychologe) ➢Stern, William
Eberhardt, Emil (1884–1902, Eilbeker Kellner, Lebensretter) ➢Primus
Eberlein, *Gustav* Heinrich (1847–1926, Bildhauer) ➢Altonaer Rathaus
Ebert, Friedrich (1871–1925, Reichspräsident, SPD-Politiker) ➢Goldenes Buch
Echternach, Jürgen (1937–2006, Jurist, CDU-Politiker) ➢CDU
Eckener, Hugo (1868–1954, Luftfahrtpionier) ➢Hamburgische Ehrendenkmünze
Edinger, Burchard (Lithograf, um 1840/50 in Hbg tätig) ➢Bartels, Johann Heinrich
Edward VII., König von Großbritanien und Irland (1841–1910) ➢Dammtorbahnhof
Eggebrecht, Axel (1899–1991, Schriftsteller, Publizist) ➢NDR/Norag/NWDR
Eggerstedt, Otto (1886–1933, Altonaer Polizeipräsident) ➢Altonaer Blutsonntag
Ehlers, Martin (1732–1800, Lehrer, Professor) ➢Christianeum
Ehre, Ida (1900–89, Schauspielerin, Regisseurin, Theaterleiterin) s.a. Ehrenbürger; Hamburger Kammerspiele; Hamburger Volksbühne e.V.
Ehren, Julius von (1864–1944, Maler) ➢Hamburgischer Künstlerclub von 1897
Eiffe, Peter-Ernst (1941–84, Verwaltungsangestellter, Graffiti-Sprayer) ➢Eiffe der Bär
Eitner, Ernst (1867–1955, Maler) ➢Hamburgischer Künstlerclub von 1897 ➢Hummelsbüttel ➢Jacob
Eitzen, Paul von (1521–98, Theologe, Superintendent) s.a. Aepinus, Johannes; Westphal, Joachim
Ekhof, Hans *Konrad* Dietrich (1720–78, Schauspieler) s.a. Schröder, Friedrich Ludwig
Elingius, Erich (1879–1948, Architekt) ➢Kontorhaus
Elingius, Jürgen (geb. 1912, Architekt) ➢Hermkes, Bernhard ➢Großmarkt/Großmarkthalle
Elisabeth I., Königin von England (1533–1603) ➢Stalhof
Elisabeth II., Königin von Großbritannien

und Nordirland (geb. 1926) ➢Nevermann, Paul
Elisabeth, Kaiserin von Österreich, Königin von Ungarn (1837–98) ➢Heine-Denkmal
Elm, Adolph von (1857–1916, Journalist, Gewerkschaftler) s.a. Eißendorf; PRO
Elstner, Helga (geb. 1924, Senatorin, Bürgerschaftspräsidentin, SPD-Politikerin) ➢Bürgerschaft
Embden, Moritz (1790–1860, Kaufmann) ➢Esplanade
Emden, Jakob (1697–1776, Rabbiner, jüd. Aufklärer) ➢Hamburger Rabbinerstreit
Ender, *Emma* Elisabeth (1875–1954, Frauenpolitikerin) s.a. Frauenbewegung
Engel, Erich (1891–1966, Theater- und Filmregisseur) ➢Hamburger Kammerspiele
Engelhard, Edgar (1917–79, Kaufmann, Wirtschaftssenator) ➢FDP ➢Hamburg-Block
Enghaus, Christine (1817–1910, Schauspielerin) ➢Lensing, Elise
Erbe, Albert (1868–1922, Architekt, Bauinspektor) ➢Bucerius Law School ➢Hamburger Heimatstil ➢Hamburger Kunsthalle ➢Hamburger Sternwarte ➢Kontorhausviertel ➢Museum für Völkerkunde ➢Schumacher, Fritz ➢Waisenhaus
Erhard, Ludwig (1897–1977, CDU-Politiker, Bundeskanzler) ➢Ost-West-Straße
Erich IV., Herzog von Sachsen-Lauenburg (1354–1412) ➢Bergedorf
Erich V., 1412–36 Herzog von Sachsen-Lauenburg ➢Bergedorf
Ernst, 1601–22 Graf von Holstein-Schauenburg ➢Altona ➢Große Freiheit ➢Holstein-Pinneberg ➢Schauenburger
Ernst, Otto, eigtl. Ernst Otto Schmidt (1862–1926, Lehrer, Schriftsteller) s.a. Ottensen
Ernst, Senta-Regina (1897–1998) ➢Ernst, Otto
Essberger, John T. (1886–1959, Reeder) ➢Woermann
Essig, Olga (1884–1965, Pädagogin, Frauenpolitikerin)
Evans, Richard J. (geb. 1947, engl. Historiker) ➢Medaille für Kunst und Wissenschaft
Everling, Henry (1873–1960, Senator, Genossenschaftler) ➢Ehrenbürger
Eybeschütz, Jonathan (ca. 1690–1764, Oberrabbiner, jüd. Gelehrter) ➢Hamburger Rabbinerstreit
Faber, Hans Jacob (1665–1729, Kaufmann, Bürgermeister) ➢Scharfrichterpfennig
Faber, Johann Joachim (1778–1846, Maler) ➢Gurlitt, Johannes ➢Reimarus, Johann Albert Heinrich
Fabricius, Christoph A. (1720–47, Pesthofchirurg) ➢Pesthof
Fabricius, Johann Albert (1668–1736, Professor am Akademischen Gymnasium) ➢Brockes, Barthold Hinrich ➢Buchdruck ➢Reimarus, Hermann Samuel
Falk, Gerhard (1922–78, Kartograf, Verlagsgründer) ➢Falk Verlag
Falke, Gustav (1853–1916, Schriftsteller) s.a. Ernst, Otto; Liliencron, Detlev von
Fallada, Hans, eigtl. Rudolf Ditzen (1893–1947, Schriftsteller) ➢Rowohlt Verlag/Rowohlt, Ernst
Fascher, *Horst* Ernst John (geb. 1936, Musikmanager) ➢Star-Club
Faulkner, William (1897–1962, amerikan. Schriftsteller) ➢Schmidt, Arno
Faulwasser, Julius (1855–1944, Architekt, Schriftsteller) ➢Eppendorf
Fedder, Winfried (geb. 1931, Kinobetreiber) ➢Abaton
Fehling, Jürgen (1885–1968, Regisseur) ➢Deutsches Schauspielhaus
Feininger, Lyonel (1871–1956, Maler, Grafiker) ➢Hochschule für bildende Künste
Fellner, Ferdinand (1847–1916, Architekt) ➢Deutsches Schauspielhaus
Fera, Charlotte, geb. Helmke (1905–98, CDU-Politikerin) s.a. Bürgermeister-Stolten-Medaille
Fersenfeldt, Hermann Peter (1786–1853, Architekt, Baumeister) ➢Chateauneuf, Alexis de ➢St. Jacobi ➢St. Petri
Feuchtwanger, Lion (1884–1958, Schriftsteller) ➢Bredel, Willi
Fichte, Hubert (1935–86, Schriftsteller) s.a. Hubert-Fichte-Preis; Staats- und Universitätsbibliothek
Fischer, Carl-Friedrich (1909–2001, Architekt) ➢Görtz-Palais
Fischer-Appelt, Peter (geb. 1932, Theologe, Universitätspräsident) ➢Universität Hamburg
Fitger, Arthur (1840–1909, Maler) ➢Stadt- und Schutzpatrone
Flacius, Matthias, eigtl. Matthias Vlacich (1520–75, Theologe) ➢Aepinus, Johannes
Flebbe, Hans-Joachim (geb. 1951, Kinobesitzer) ➢Kino

weibliche Geschlecht) ➢Wüstenfeld, Emilie
Froehlich, Carl (1875–1953, Filmregisseur) ➢Schünzel, Reinhold
Fuchs, Charles (1803–77, Fotograf) ➢Kran
Funhof, Hinrik (um 1430/40–1484/85, Maler)
Furtwängler, Wilhelm (1886–1954, Dirigent) ➢Johannes-Brahms-Medaille

Gaedechens, Cipriano Francisco (1818–1901, Topograf) ➢Hospital zum Heiligen Geist ➢Münzwesen ➢Portugaleser ➢Rathaus ➢Topografien
Gaedechens, Otto Christian (1791–1856) ➢Cuxhaven/Ritzebüttel ➢Münzwesen ➢Portugaleser
Ganske, Kurt (1905–79, Verleger) ➢Hoffmann & Campe
Ganske, Thomas (geb. 1947, Verleger) ➢Hoffmann & Campe
Garbers, Karl (1864–1943, Bildhauer) ➢Altonaer Rathaus ➢Barlach, Ernst
Garrels, Johann Hinrich (1855–1920, Bürgerschaftsabgeordneter, Senator) ➢Vereinigte Liberale
Gaulle, Charles de (1890–1970, frz. General, Politiker) ➢Nevermann, Paul
Gauß, Carl Friedrich (1777–1855, Mathematiker, Astronom) ➢Schumacher, Heinrich Christian
Geertz, Henry L(udwig) (geb. 1872, Maler) ➢Ballin, Albert ➢Hamburgische Wissenschaftliche Stiftung
Geissler, Friedrich (1778–1853, Maler) ➢Rainville
Geißler, Hermann (1859–1939, Architekt) ➢Haller, Martin ➢Sloman, Robert Miles jr. ➢Wohnstifte
Gensler, Johann Günther (1803–84, Maler) s.a. Gurlitt, Louis
Gensler, Johann Jacob (1808–45, Maler) s.a. Landhaus
Gensler, Martin (1811–81, Maler) s.a. Kauffmann, Hermann
Georg Wilhelm, 1665–1705 Herzog von Braunschweig-Lüneburg (Celle; 1624–1705) ➢Bergedorf ➢Wilhelmsburg ➢Zollenspieker
George, Heinrich (1893–1946, Schauspieler, Theaterintendant) ➢Hochbaum, Werner
Georges, Bruno (1892–1968, Polizeipräsident) ➢Polizei
Gerhard V., 1323–50 Graf von Holstein-Schauenburg ➢Bergedorf
Gerhard VI., 1454–1500 Graf von Oldenburg ➢Murmester, Hinrich
Gerhard VII., Graf von Schauenburg (gest. 1433) ➢Schauenburger
Gerkan, Meinhard von (geb. 1935, Architekt) ➢Flughafen Hamburg-Fuhlsbüttel ➢Hanseviertel
Gerson, Hans (1881–1931, Architekt) ➢Höger, Fritz ➢Kontorhaus ➢Meßberghof ➢Sprinkenhof/Sprinkenhof AG
Gerson, Hirsch Hartog (jüd. Arzt in Altona) ➢Struensee, Johann Friedrich
Gerson, Levi (1288–1344, Rabbiner) ➢Carlebach, Joseph
Gerson, Oskar (1886–1966, Architekt) ➢Höger, Fritz ➢Kontorhaus ➢Meßberghof ➢Sprinkenhof/Sprinkenhof AG
Gerstenbüttel, Joachim (1647–1721, Musiker, Komponist) ➢Städtischer Musikdirektor ➢Telemann, Georg Philipp
Gertig, Julius (gest. 1898, Lotteriekollekteur, Grundbesitzer) ➢Winterhude
Gildemeister, Johann Carl Friedrich (1779–1849, Bremer Senator) ➢Iberoamerika
Giles, Francis (1787–1847, Ingenieur) ➢Lindley, William
Gillis-Carlebach, Miriam (geb. 1922, Pädagogin) ➢Carlebach, Joseph
Giordano, Ralph (geb. 1923, Fernsehautor, Schriftsteller) ➢Barmbek
Girardet, Wilhelm (1838–1918, Verleger) ➢Hamburger Anzeiger
Giraudoux, Jean (1882–1944, frz. Schriftsteller) ➢Hamburger Kammerspiele
Glitza (vor 1848 Glitz), Adolph (1820–94, Theologe, Bruder von Friedrich) ➢Glitza, Friedrich
Glitza (vor 1848 Glitz), *Friedrich* Johann Heinrich (1813–97, Sprachheillehrer) s.a. Heinicke, Samuel
Glitza (vor 1848 Glitz), Wilhelm (1822–93, Schulvorsteher, Bruder von Friedrich) ➢Glitza, Friedrich
Glückel (von) Hameln, (1646/47–1724, Kauffrau)
Gmelin, Gerda (1919–2003, Schauspielerin, Theaterleiterin) ➢Theater im Zimmer
Gmelin, *Helmuth* Gustav Robert (1891–1959, Schauspieler, Theaterleiter) ➢Gobert, Boy ➢Theater im Zimmer
Gobert, Ascan Klée (1894–1967, Jurist, Versicherungskaufmann, Schriftsteller, Senator) s.a. CDU; Gobert, Boy; hanseatisch; Pöseldorf; Sloman, Robert Miles jr.
Gobert, *Boy* Christian (1925–86, Schau-

Gröger, Friedrich Carl (1766–1838, Porträtmaler) s.a. Abendroth, Amandus Augustus; Heine, Salomon; Meyer, Friedrich Johann Lorenz; Reimarus, Sophie; Voght, Caspar
Grosenich, P. (Künstler) ➢Baumeister, Hermann
Grot, Otto (1905–87, Kommandeur der Schutzpolizei) ➢Flutkatastrophe
Grote, August Otto Graf (1747–1830, preuß. Gesandter und bevollmächtigter Minister bei den Hansestädten) ➢Ehrenbürger
Grote(n), Adelsgeschlecht aus Lüneburg ➢Kirchdorf ➢Stillhorn ➢Wilhelmsburg
Groth, Klaus (1819–99, niederdeutscher Dichter) ➢Quickborn
Grotjan, Johannes (1845–1922, Architekt) ➢Rathaus ➢Speicherstadt
Grubitz, August (geb. 1876, bis 1943 in Hbg, Architekt) ➢Universitäts-Krankenhaus Hamburg-Eppendorf➢Volksfürsorge
Gründgens, Gustaf (1899–1963, Schauspieler, Regisseur) s.a. Biermann-Ratjen, Hans Harder; Deutsches Schauspielhaus
Grund, Georg Christian (1695–1758, Buchdrucker und Verleger) ➢Hamburgischer Correspondent
Gruner, Richard (1926–2010, Drucker) ➢Gruner + Jahr ➢DIE ZEIT
Grunwald, Max (1871–1953, Rabbiner) ➢Neue Dammtor-Synagoge
Guddorf, Wilhelm (1902–43, kommunist. Journalist und Politiker) ➢Bästlein-Jacob-Abshagen-Gruppe
Gühlk, Otto (1892–1972, Architekt) ➢Gartenstadtbewegung ➢Neue Heimat
Günther, Johann Arnold (1755–1805, Senator) ➢Allgemeine Armenanstalt ➢Apothekenwesen/Pharmazeutische Lehranstalt ➢Curio, Johann Carl Daniel ➢Patriotische Gesellschaft
Guilbert, Yvette (1867–1944, frz. Sängerin, Schauspielerin) ➢Hansa-Theater
Gundlach, Franz Christian (geb. 1926, Fotograf, Sammler) ➢Deichtorhallen
Gundolf, Friedrich, eigtl. Friedrich Gundelfinger (1880–1931, Literaturhistoriker) ➢Lessing-Preis
Gurlitt, Johannes (1754–1827, Aufklärer, Pädagoge) s.a. Büsch, Johann Georg
Gurlitt, Louis (1818–97, Landschaftsmaler)
Gutschow, Konstanty (1902–78, Architekt, Städteplaner); s.a. Backsteinbau; Elbbrücken; Jenischpark; NS-Zeit; Palmaille
Gutzkow, Karl (1811–78, Schriftsteller, Journalist) ➢Campe, Julius ➢Heine, Heinrich

Haase, Hermann (1862–1934, Maler, Zeichner, Illustrator) ➢Vierlande
Haber, Fritz (1868–1934, Chemiker) ➢Stoltzenberg-Skandale
Händel, Georg Friedrich (1685–1759, Komponist) s.a. Brockes, Barthold Hinrich; Telemann, Georg Philipp
Haerlin, Friedrich (1857–1941, Hotelbesitzer) ➢Hotel Vier Jahreszeiten
Haeselich, Johann Georg (1806–94, Maler) ➢Kauffmann, Hermann ➢Wittenbergen
Hagedorn, Anna Maria (1676–1732, Mutter von Friedrich) ➢Hagedorn, Friedrich von
Hagedorn, August (1888–1969, SPD-Politiker, Präsident der Bremischen Bürgerschaft) ➢Schönfelder, Adolph
Hagedorn, Christian Ludwig von (1712–80, Kunstwissenschaftler, Kunstsammler) ➢Hagedorn, Friedrich von
Hagedorn, Friedrich von (1708–54, Dichter) s.a. Denner, Balthasar; Lessing, Gotthold Ephraim; Staats- und Universitätsbibliothek
Hagenbeck, Carl jun. (1844–1913, Tierimporteur, Tierparkbetreiber) ➢Hagenbecks Tierpark
Hagenbeck, Gottfried Claas *Carl* (1810–87, Fischhändler, Kaufmann) ➢Hagenbecks Tierpark
Hahm, Constantin (geb. 1945, Maler) ➢Rotherbaum
Haid, Johann Jacob (1704–67, Künstler) ➢Denner, Balthasar
Haley, Bill (1927–81, Rock-'n'-Roll-Musiker) ➢Star-Club
Halim Etti, türk. Prinz ➢Witte, Otto
Haller, *Martin* Emil Ferdinand (1835–1925, Architekt) s.a. Alsterpavillon; Architekten- und Ingenieurverein Hamburg; HAPAG; Hochschule für bildende Künste; Kontorhaus; Kulturinstitute anderer Laeisz; Länder; Musikhalle; Pöseldorf; Rathaus; Siemers, Edmund; Sloman, Robert Miles jr.; Stadttheater/Staatsoper; Uhlenhorster Fährhaus; Woermann; Wohnstifte
Haller, Martin Joseph (1770–1852, Präses der Commerzdeputation, Großvater von Martin) ➢Kolonialhandel

Haller, Nikolaus *Ferdinand* (1805–76, Bürgermeister, Vater von Martin) ➢Haller, Martin

Hamann, Johann (1859–1935, Fotograf) ➢Tallymann

Hamburger, Käte (1896–1992, Philosophin) ➢Cassirer, Ernst

Hamelau, Hans (ca. 1615/20–70, Baumeister) ➢Bauhof ➢Baumhaus ➢Kornhaus ➢Millerntor ➢Zeughausmarkt

Hameln, Chaim (gest. 1689, jüd. Kaufmann) ➢Glückel (von) Hameln

Hammerich, Amalia Cäcilia Maria (1810–31, Frau von Wilhelm Boje Theodor Lesser) ➢Hammerich, Johann Friedrich

Hammerich, Johann Friedrich (1763–1827, Verleger) s.a. Altona; Hamburger Abendblatt

Hansemann, Walther (1900–60, Journalist) ➢Hamburger Abendblatt

Hansen, Christian Frederik (1756–1845, dän. Architekt) s.a. Palmaille; Pinnau, Cäsar; Rainville

Hansen, Johann Mathias (1781–1850, Architekt, Neffe von Christian Frederik) ➢Baur, Georg Friedrich ➢Hansen, Christian Frederik ➢Palmaille

Hanssen, *Bernhard Georg* Jacob (1844–1911, Architekt) ➢Rathaus ➢Speicherstadt

Hardorff, Ge(e)rdt d.Ä. (1769–1864, Maler, Zeichenlehrer) ➢Kauffmann, Hermann ➢Milde, Carl Julius ➢Runge, Philipp Otto

Harlan, Veit (1899–1964, Schauspieler, Filmregisseur) ➢Lüth, Erich

Harmsen, Diedrich Anton (1716–96, Drucker, Verleger) ➢Hamburgische Addreß-Comtoir-Nachrichten

Harnack, Arvid (1901–42, Jurist, Widerstandskämpfer) ➢Bästlein-Jacob-Abshagen-Gruppe

Harris, Arthur Travers (1892–1984, engl. General) ➢Luftangriffe

Harris, John (Künstler) ➢Binnenalster

Harsdorff, Kaspar Fredrik (1735–99, dän. Baumeister) ➢Hansen, Christian Frederik

Hartmeyer, Heinrich Ambrosius (1786–1855, Verleger) ➢Hamburger Nachrichten

Hartmeyer, Heinrich *Emil* (1820–1902, Verleger) ➢Hamburger Nachrichten

Hartwig I. von Stade, 1148–68 Bremer Erzbischof ➢Reitbrook

Hartwig II. von Bremen, 1184–1207 Bremer Erzbischof ➢Wilstorf

Hase, Conrad Wilhelm (1818–1902, Architekt, Architekturlehrer und -theoretiker) ➢Meyer, Franz Andreas

Hasse, Johann Adolf (1699–1783, Komponist) s.a. Bergedorf

Hasselriis, Ludvig (1844–1912, Bildhauer) ➢Heine-Denkmal

Haubach, Theodor (1896–1945, Reichstagsabgeordneter, SPD-Politiker, Widerstandskämpfer) ➢SPD

Hauers, Georg Friedrich *Wilhelm* (1836–1905, Architekt) ➢Colonnaden ➢Harvestehude ➢Rathaus

Hauptmann, Gerhart (1862–1946, Dichter) ➢Goldenes Buch ➢Hamburger Volksbühne e.V.

Hauptmann, Ivo (1886–1973, Maler, Radierer) ➢Hamburgische Sezession

Hauptmann, Moritz (1792–1868, Musiker, Musiktheoretiker) ➢Pacius, Friedrich

Hauschild-Thiessen, Renate (geb. 1929, Historikerin) ➢Hamburgische Geschichts- und Heimatblätter

Haydn, Franz *Joseph* (1732–1809, österreich. Komponist) ➢Deutschlandlied

Hebbel, Christian *Friedrich* (1813–63, Dichter) s.a. Campe, Julius; Deutsches Schauspielhaus; Gurlitt, Louis; Lensing, Elise; Theater im Zimmer

Hebebrand, Werner (1899–1966, Architekt, Oberbaudirektor) ➢Altona ➢City Nord ➢Freie Akademie der Künste ➢St. Pauli-Landungsbrücken

Heckmann, Otto (1901–83, Astronom) ➢Hamburger Sternwarte

Heckscher, *Johann Gustav* Wilhelm Moritz (1797–1865, Anwalt, Politiker)

Heckscher, Markus Abraham, nach der Taufe 1815 Martin Anton (1770–1823, Bankier) ➢Heckscher, Johann Gustav ➢Heine, Salomon

Heilwig, (erste Hälfte 15. Jh., Mutter Christians I. von Dänemark) ➢Schauenburger

Heine, Beer *Carl* (1810–65, Kaufmann, Mäzen, Sohn von Salomon) ➢Uhlenhorst

Heine, Charlotte (1800–99, Schwester von Heinrich) ➢Esplanade

Heine, Johann Christian *Heinrich*, bis 1825 Harry (1797–1856, Schriftsteller, Neffe von Salomon) s.a. Campe, Julius; Esplanade; Hammonia-Lied; Heine, Salomon; Heine-Denkmal; Israelitisches Krankenhaus; Klopstock, Friedrich Gottlieb; Neumühlen; Schöne Marianne; Waisengrün

Heine, Maximilian (1807–79, Arzt, Bruder von Heinrich) ➢Campe, Julius

Heine, Salomon (1767–1844, Bankier) s.a. Heckscher, Johann Gustav; Israelitisches Krankenhaus; St. Pauli

Heine, Samson (1764–1828, Kaufmann, Vater von Heinrich) ➢Jüdische Friedhöfe

Heineking, Peter Hermann (Altonaer Buchhändler) ➢Hammerich, Johann Friedrich

Heinemann, Gustav W. (1899–1976, SPD-Politiker, 1969–74 Bundespräsident) ➢Eiffe der Bär ➢Lessing-Preis

Heinicke, Samuel (1727–90, Sprachlehrer) s.a. Eppendorf; Glitza, Friedrich

Heinrich VI., röm.-dt. Kaiser (1165–97) ➢Dänemark/dänische Oberhoheit

Heinrich VIII., König von England (1491–1547) ➢Aepinus, Johannes

Heinrich, preuß. Prinz (1862–1929, Oberbefehlshaber der Ostsee-Streitkräfte) ➢Ostasiatischer Verein/Ostasiatisches Liebesmahl

Heinrich IV., Rendsburger Graf (gest. 1427) ➢Schauenburger

Heinrich der Löwe, Herzog von Sachsen und Bayern (um 1129–95) ➢Bergedorf

Heinrich, Gottlob Paridom (1787–1864, Oberingenieur) ➢Cuxhaven/Ritzebüttel ➢Wallanlagen ➢Wimmel, Carl Ludwig

Heins, Valentin (1637–1704, Rechenmeister, Lehrer an der St. Michaelis Kirchenschule) ➢Mathematische Gesellschaft

Heise, Carl Georg (1890–1979, Direktor der Hamburger Kunsthalle) ➢Hamburger Kunsthalle ➢Mahlau, Alfred

Heise, Georg Arnold (1778–1851, Jurist) ➢Oberappellationsgericht

Heise, Johann Arnold (1747–1834, Senator, Bürgermeister) ➢Baur, Georg Friedrich

Heise, Marianne (1781–1851) ➢Baur, Georg Friedrich

Heise, Wilhelm (Erster Vorsitzender des Obersten Soldatenrats) ➢Laufenberg, Heinrich

Heißmeyer, Kurt (1905–67, Lungenfacharzt, Internist) ➢Bullenhuser Damm

Hellinger, Horst (1946–1999, Künstler) ➢Kunst im öffentlichen Raum

Helmer, Hermann (1849–1919, Architekt) ➢Deutsches Schauspielhaus

Helmold von Bosau (vor 1125–nach 1177, Pfarrer, Chronist) ➢Lappenberg, Johann Martin ➢Sturmfluten

Helms, August (1847–1920, Kaufmann, Museumsgründer, Senator in Harburg) ➢Helms-Museum ➢Museums- und Heimatverein Harburg Stadt und Land

Hemingway, Ernest (1899–1961, amerikan. Schriftsteller) ➢Rowohlt Verlag

Hendrix, Jimi, eigtl. James Marshall H. (1942–70, Rock-Gitarrist) ➢Star-Club

Henneberger, August (1873–1961, Altonaer Bildhauer) ➢Infanterie-Regiment 31

Hennings, August (1746–1826, Beamter, Schriftsteller) ➢Hammerich, Johann Friedrich ➢Reimarus, Elise ➢Reimarus, Sophie

Hensel, *Fanny* Cäcilia, geb. Mendelssohn Bartholdy (1805–47, Pianistin, Komponistin) ➢Mendelssohn Bartholdy, Felix und Fanny

Hensel, Wilhelm (1794–1861, Maler) ➢Mendelssohn Bartholdy, Felix und Fanny

Hentrich, Helmut (1905–2001, Architekt) ➢Esplanade

Herbst, Thomas (1848–1916, Maler) ➢Hamburgischer Künstlerclub von 1897

Herder, Johann Gottfried von (1744–1803, Theologe, Philosoph, Schriftsteller) ➢Claudius, Matthias

Hergeröder, Heinrich Wilhelm Carl (1814–72, Drucker und Zeitungsverleger) ➢Harburger Anzeigen und Nachrichten

Hergeröder, Johann Christian *Carl* (1788–1872, Buchdrucker) ➢Harburger Anzeigen und Nachrichten

Heridag (8./9. Jh., fränk. Priester) ➢St. Petri

Hermann, Johann Heinrich (1750–1821, Verleger) ➢Adreßbuch ➢Hamburger Nachrichten

Hermkes, Bernhard (1903–95, Architekt) s.a. Botanischer Garten; Grindel-Hochhäuser; Großmarkt/Großmarkthalle; Kennedybrücke; Lurup

Herntrich, *Volkmar* Martinus (1908–58, Hauptpastor, Landesbischof)

Hertz, Gustav (1887–1975, Physiker) s.a. Franck, James

Hertz, *Gustav* Ferdinand (1827–1914, Justizsenator) ➢Hertz, Heinrich

Hertz, *Heinrich* Rudolf (1857–94, Physiker) s.a. Heinrich-Hertz-Turm; Hertz, Gustav

Hertz, Mary, verheiratete Warburg (1866–1934, Bildhauerin) ➢Warburg, Aby

Hertz, Wilhelm (1873–1939, Amtsrichter) ➢Volksheim

Herzog, Jacques (geb. 1950, Schweizer Architekt) ➢Elbphilharmonie

Holzer, Paul (1892–1975, Rabbiner) ➢Neue Dammtor-Synagoge
Hopp, Bernhard (1893–1962, Maler, Architekt, Denkmalpfleger) ➢Grindel-Hochhäuser ➢St. Jacobi ➢Wandsbek
Horich I. (Horik), dän. König (Mitte 9. Jh.) ➢Wikinger
Horn, Carl Gottlob (1734–1807, Architekt) ➢Wandsbek
Hoßtrup, *Gerhard* Carsten Jakob von (1771–1851, Modewarenhändler, Verleger) ➢Börsenhalle
Houdini, Harry (1874–1926, Entfesselungskünstler) ➢Hansa-Theater
Hrdlicka, Alfred (1928–2009, österreich. Bildhauer) ➢Infanterie-Regiment 76
Hude, Hermann von der (1830–1908, Architekt) ➢Hamburger Kunsthalle
Hudson, Rock, eigtl. Roy Fitzgerald (1925–85, amerikan. Filmschauspieler) ➢Sierck, Detlef
Hudtwalcker, Johann Michael (1747–1818, Kaufmann, Senator) ➢Sieveking, Georg Heinrich
Hudtwalcker, Martin Hieronymus (1787–1865, Senator) ➢Chateauneuf, Alexis de
Hübbe, Heinrich (1803–71, Wasserbaudirektor) ➢Sandtorhafen
Hübener, Helmuth (1925–42, Verwaltungslehrling, Widerstandskämpfer)
Hu[e]ß, Berendt (17. Jh., Orgelbauer) ➢Schnitger, Arp
Hulbe, Georg (1851–1917, Buchbinder, Kunstgewerbler) ➢Mönckebergstraße
Hultberg, Peer (1935–2007, dän. Schriftsteller) ➢Hubert-Fichte-Preis
Humboldt, Alexander von (1769–1859, Naturforscher, Geograf) ➢Büsch, Johann Georg
Hummel, das ist Johann Wilhelm Bentz (1787–1854, Wasserträger, Hamburger Original) s.a. Trinkwasserversorgung

Ibsen, Henrik (1828–1906, norweg. Dramatiker) ➢Thalia Theater ➢Theater im Zimmer
Illies, Arthur (1870–1953, Maler, Grafiker) ➢Hamburgischer Künstlerclub von 1897 ➢Hochschule für bildende Künste
Italiaander, Rolf (1913–91, Schriftsteller) ➢Freie Akademie der Künste
Italiener, Bruno (1881–1956, Tempelprediger) ➢Neuer Israelitischer Tempelverein
Jacob, Carl Louis (1827–1908, Hotel- und Restaurantbetreiber) ➢Jacob
Jacob, Daniel Louis, eigtl. D.L. Jacques (1763–1830, Landschaftsgärtner, Restaurantbetreiber) ➢Jacob
Jacob, Franz (1906–44, kommunist. Politiker, Mitglied der Bürgerschaft, Widerstandskämpfer) ➢Bästlein-Jacob-Abshagen-Gruppe
Jacob, Louis Carl (1797–1875, Hotel- und Restaurantbetreiber) ➢Jacob
Jacob, Walter, Pseudonym: Paul Walter (1905–77, Schauspieler, Regisseur) ➢Hamburger Arbeitsstelle für deutsche Exilliteratur
Jacobi, Friedrich Heinrich (1743–1819, Philosoph, Schriftsteller) ➢Reimarus, Elise
Jacobsen, Arne (1902–71, dän. Architekt, Designer) ➢Christianeum ➢HEW
Jacobsen, Walter (Politiker) ➢Bund Freies Hamburg
Jacobus a Voragine (1230–98, Erzbischof von Genua) ➢Buchdruck
Jäger, Rudolf (1903–78, Architekt) ➢Grindel-Hochhäuser ➢St. Jacobi ➢Wandsbek
Jahn, Friedrich Ludwig (1778–1852, Pädagoge, Politiker) ➢Hamburger Turnerbund von 1816 r.V. ➢Lühring, Johanna
Jahnn, Hans Henny (1894–1959, Orgelbauer, Schriftsteller) s.a. Freie Akademie der Künste; Hoffmann & Campe; Lessing-Preis; Lichtwarkschule; Staats- und Universitätsbibliothek
Jahr, John (1900–91, Verleger) ➢DIE ZEIT ➢Gruner + Jahr
Janssen, Horst (1929–95, Zeichner, Maler) s.a. Edwin-Scharff-Preis; Mahlau, Alfred
Jarnach, Philipp (1892–1982, Komponist, Direktor der HfMT) ➢Hochschule für Musik und Theater
Jarre, Nikolaus (1603–78, Jurist, Bürgermeister) ➢Jarrestadt
Jarreau, Al (geb. 1940, Sänger) ➢Onkel Pö
Jastram, Cord (gest. 1686, Schiffer) ➢Jastram-Snitger-Rebellion
Jelinek, Elfriede (geb. 1946, österr. Schriftstellerin) ➢Rowohlt Verlag/Rowohlt, Ernst
Jencquel, Adolph (1792–1855, Kaufmann) ➢Uhlenhorst
Jenisch, Gustav (1797–1875, Bankier) ➢Übersee-Club
Jenisch, Martin Johann d.J. (1793–1857,

Lange, Rolf (geb. 1942, Seemann, Kaufmann, Politologe, Innensenator) ➢Hamburger Kessel

Langenbeck, Hermann (1452–1517, Jurist, Bürgermeister) s.a. Stadtrecht

Langmaack, Gerhard (1898–1986, Architekt) ➢St. Michaelis ➢St. Nikolai, 2.

Lappe, Herren von ➢Cuxhaven/Ritzebüttel

Lappenberg, Johann Martin (1794–1865, Historiker, Archivar) s.a. Beneke, Otto; Hamburgisches Gesetz- und Verordnungsblatt; Zeitschrift des Vereins für Hamburgische Geschichte

Lassalle, Ferdinand (1825–64, Publizist, Politiker) ➢DGB ➢SPD

Lasch, Agathe (1879–1942, Philologin) ➢Hamburgisches Wörterbuch

Laufenberg, Heinrich (1872–1932, Politiker, Historiker) s.a. KPD; SPD

Lauffer, Otto (1874–1949, Volkskundler, Museumsdirektor) ➢Museum für Hamburgische Geschichte ➢Museumshafen Övelgönne

Lawätz, Johann Daniel (1750–1826, Altonaer Unternehmer, Aufklärer) ➢Neumühlen ➢Norderstedt

Leander, Zarah (1907–81, schwed. Schauspielerin, Sängerin) ➢Sierck, Detlef

Leber, Julius (1891–1945, Journalist, SPD-Politiker, Widerstandskämpfer) ➢Bästlein-Jacob-Abshagen-Gruppe

Le Corbusier, eigt. Charles-Édouard Jeanneret-Gris (1887–1965, Architekt) ➢City Nord

Lederer, Hugo (1871–1940, Bildhauer) ➢Bismarck-Denkmal ➢Heine-Denkmal

Ledig, Maria, genannt M. Lee (Schauspielerin) ➢Rowohlt Verlag/Rowohlt, Ernst

Ledig-Rowohlt, Heinrich Maria (1908–92, Verleger) ➢Rowohlt Verlag/Rowohlt, Ernst

Legien, Carl (1861–1920, Drechsler, Gewerkschafter) ➢DGB

Lehmann, Johann Georg Christian (1792–1860, Professor am Akademischen Gymnasium) ➢Botanischer Garten

Leibniz, Gottfried Wilhelm (1646–1716, Universalgelehrter) ➢Idioticon Hamburgense

Leimdörfer, David (1851–1922, Tempelprediger) ➢Neuer Israelitischer Tempelverein

Leip, Hans (1893–1983, Schriftsteller, Maler, Grafiker) s.a. Altonaer Balkon; Scharhörn; Schumacher, Fritz; SPD

Leipelt, Hans (1921–45, Chemiestudent, Widerstandskämpfer) ➢Weiße Rose

Leisching, Friederike (1767–1846, Malerin) ➢Claudius, Matthias

Lemkus, Diederich (Hamburger Kupferstecher des späten 17. und frühen 18. Jhs) ➢Hexen ➢Rathaus ➢St. Georg

Lensing, Elise (1804–54, Geliebte Friedrich Hebbels)

Lenz, Siegfried (geb. 1926, Schriftsteller) ➢Ehrenbürger ➢Hoffmann & Campe ➢Lessing-Preis

Lenzen, Dieter (geb. 1947, Erziehungswissenschaftler, Universitätspräsident) ➢Universität Hamburg

Leo, Gustav Heinrich (1868–1944, Baudirektor) ➢Architekten- und Ingenieurverein

Leonhardt, Fritz (Bauingenieur) ➢Heinrich-Hertz-Turm

Leopold III. Friedrich Franz, (1740–1817, seit 1758 Fürst, ab 1808 Herzog von Anhalt-Dessau) ➢Basedow, J.B.

Lesser, Wilhelm Boje Theodor (1805–85, Buchhändler) ➢Hammerich, Johann Friedrich

Lessing, Gotthold Ephraim (1729–81, Kritiker, Dichter) s.a. Bach, Carl Philipp Emanuel; Christianeum; Claudius, Matthias; Deutsches Schauspielhaus; Eimbecksches Haus; Ekhof, Konrad; Ernst-Deutsch-Theater; Freimaurer; Gänsemarkt; Goeze, Johan Melchior; Hagedorn, Friedrich von; Hamburger Volksbühne e.V.; Lessing-Preis; Reimarus, Elise; Reimarus, Hermann Samuel; Rist, Johann; Sieveking, Georg Heinrich; Struensee, Johann Friedrich

Lessing, Otto (1846–1912, Bildhauer) ➢St. Michaelis

Lessing, Traugott (geb. und gest. 1777, Sohn von Gotthold Ephraim) ➢Lessing, Gotthold Ephraim

Lettow-Vorbeck, Paul von (1870–1964, General) ➢Jenfeld ➢Kapp-Putsch

Levy, Cerf (gest. 1712, jüd. Bankier) ➢Glückel (von) Hameln

LeWitt, Sol (1928–2007, amerikan. Künstler) ➢Altonaer Rathaus

Lichtwark, Alfred (1852–1914, Kunsthistoriker, Museumsdirektor) s.a. Bergedorf; Brinckmann, Justus; Griffelkunst-Vereinigung Hamburg-Langenhorn e.V.; Hamburger Heimatstil; Hamburger Kunsthalle; Hamburgischer Künstlerclub von 1897; Jacob; Kauffmann, Hermann; Kunsterziehungsbewegung; Lichtwarkschule; Liebermann, Max; Marcks, Erich; Meister Bertram; Pauli, Gustav; Rathausmarkt; Reitbrook; Runge, Philipp Otto; Schiefler, Gustav; Stadtpark; Vierlande; Wandrahm-Insel

Liebermann, Max (1847–1935, Maler, Grafiker) s.a. Altonaer Rathaus; Jacob; Schiefler, Gustav; Uhlenhorster Fährhaus

Liebermann, Rolf (1910–99, Komponist, Intendant, Großneffe von Max) ➢Hamburgische Ehrendenkmünze ➢Stadttheater/Staatsoper

Liebknecht, Wilhelm (1826–1900, Journalist, SPD-Politiker) ➢Bebel, August

Liepmann, Moritz (1869–1928, Jurist, Universitätsprofessor) ➢Koch, Christian

Liesche, Hans (Sportler) ➢Eimsbütteler Turnverband

Liliencron, Detlev von, eigtl. Friedrich Adolph Axel Freiherr von L. (1844–1909, Lyriker) s.a. Dehmel, Richard; Elbchaussee; Ernst, Otto; Falke, Gustav; Farmsen-Berne; Rahlstedt; Staats- und Universitätsbibliothek

Lilje, Hanns, eigtl. Johannes (1899–1977, Landesbischof von Hannover) ➢Deutsches Allgemeines Sonntagsblatt

Lill, Friedrich Carl Alexander (1807–79 Maler, Lithograf) ➢Hopfenmarkt ➢Synagogen

Lindenberg, Udo (geb. 1946, Rockmusiker) ➢Fabrik ➢Onkel Pö

Lindley, William (1808–1900, Ingenieur) s.a. Badeanstalten; Chateauneuf, Alexis de; Hammerbrook; Nachbrandarchitektur; Rothenburgsort; Semper, Gottfried; Trinkwasserversorgung

Linga, Carlos R. (1877–1963, Kaufmann) ➢Iberoamerika

Lingen, Ursula, eigtl. U. Meisel, geb. Schmitz (geb. 1928, Schauspielerin) ➢Hamburger Kammerspiele

Linne, Otto (1869–1937, Leiter des Gartenbauwesens) ➢Hammer Park ➢Ohlsdorfer Friedhof

Lippelt, Julius (1829–64, Bildhauer) ➢Denkmäler

Lippmann, Leo (1881–1943, Staatsrat, stellvertretender Vorsitzender der Jüdischen Gemeinde)

Lippmann, Mathilde (gest. 1899, Pädagogin, Schulleiterin) ➢Israelitische Töchterschule

Lodders, Rudolf (1901–78, Architekt) ➢Grindel-Hochhäuser

Löbe, Paul (1875–1967, SPD-Politiker, Reichstagspräsident) ➢Schroeder, Louise

Löhr, Franz Conrad (um 1835–1912, Porträtmaler) ➢Suhr, Gebrüder

Loewendei, Rudolf (1849–1906, Schuster, Maler) ➢Reeperbahn ➢St. Jacobi ➢Zippelhaus

Löwengard, Kurt (1895–1940, Maler) ➢Hamburgische Sezession

Löwenthal, Abraham (1868–1928, Rabbiner) ➢Neue Dammtor-Synagoge

Lohse, Hermann (1815–93, Baumeister, Ingenieur) ➢Elbbrücken

Lord von Barmbeck, das ist Julius Adolph Petersen (1882–1933, Gastwirt, Ein- und Ausbrecher)

Lorenz, Lovis H. (1898–1976, Kunsthistoriker, Schriftsteller, Journalist) ➢DIE ZEIT

Lorenzen, Johannes *Fernando* Frederico (1859–1917, Architekt) ➢St. Pauli

Lorichs, Melchior (1526/27–nach 1583, Maler) ➢Lorichs' Elbkarte

Lothar, Graf von Süpplingenburg, Herzog von Sachsen, als Lothar III. röm.-dt. Kaiser (um 1075–1137) ➢Schauenburger

Louise Augusta, dän. Prinzessin, Herzogin von Schleswig-Holstein-Sonderburg-Augustenburg (1771–1843) ➢Struensee, Johann Friedrich

Ludwig I., der Fromme, röm.-dt. Kaiser (778–840) ➢Erzbistum

Ludwig II., der Deutsche, König des Ostfrankenreichs (um 806–876) ➢Erzbistum

Ludwig XVI., König von Frankreich (1754–93) ➢Sieveking, Georg Heinrich

Lühring, Johanna, verheiratete Lucks (1796–1866, Freiheitskämpferin)

Lütgens, August (1897–1933, Seemann) ➢Altonaer Blutsonntag

Lüth, Erich (1902–89, Journalist, Senatssprecher, Schriftsteller) s.a. Alexander-Zinn-Preis; Bürgermeister-Stolten-Medaille; Lessing-Preis; Riesser, Gabriel; Schönfelder, Adolph

Lüthje, Jürgen (geb. 1941, Universitätspräsident) ➢Universität Hamburg

Lüttge, Gustav (1909–68, Gartenarchitekt) ➢Gartenstadtbewegung

Lüttwitz, Walther Freiherr von (1859–1942, General) ➢Kapp-Putsch

Luhn, Joachim (gest. 1717, Hamburger Maler) ➢St. Jacobi

Luksch, Richard (1872–1936, Bildhauer) ➢Bürgermeister-Stolten-Medaille ➢Hochschule für bildende Künste ➢Liliencron, Detlev von

Lumière, Auguste (1862–1954, Kinopionier) ➢Kino

Lumière, Louis Jean (1864–1948, Kinopionier) ➢Kino

Lundt, Werner (1859–1938, Architekt) ➢Hanseatisches Oberlandesgericht ➢Höger, Fritz ➢Sievekingplatz

Luther, Martin (1483–1546, Reformator) ➢Aepinus, Johannes ➢Bugenhagen, Johannes ➢Kempe, Stephan ➢Reformation ➢St. Michaelis ➢Westphal, Joachim

Lux, Joachim (geb. 1957, Intendant) ➢Thalia Theater

Lyser, Johann Peter Theodor, Pseudonym für J.P.T. Burmeister (1804–70, Maler und Schriftsteller) ➢Hoffmann & Campe ➢Vetter Kirchhoff

Maack, Johann Hermann (1809–68, Bauinspektor) ➢Binnenalster ➢Brücken ➢Lombardsbrücke ➢Rathausmarkt ➢St. Petri

Mähl, Joachim (1827–1909, ndt. Dichter) ➢Niendorf

Maertens, Willy (1893–1967, Intendant) ➢Thalia Theater

Maetzel, Emil (1877–1955, Maler) ➢Hamburgische Sezession

Magnus, Eduard (1799–1872, Bildnis- und Historienmaler) ➢Mendelssohn Bartholdy, Felix

Mahlau, Alfred (1894–1967, Zeichner, Gebrauchsgrafiker) s.a. Edwin-Scharff-Preis; Freie Akademie der Künste; Hochschule für bildende Künste; Janssen, Horst

Mahler, Gustav (1860–1911, Komponist)

Maimon, Salomon (1753–1800, Philosoph) ➢Christianeum

Maler, Wilhelm (1902–76, Direktor der HfMT) ➢Freie Akademie der Künste

Mann, Klaus (1906–49, Schriftsteller) ➢Gründgens, Gustaf

Mann, Thomas (1875–1955, Schriftsteller) ➢Freie Akademie der Künste

Mannheimer, Arthur (geb. zwischen 1880 und 1883, umgekommen im KZ, Sportler) ➢Alsterstaffel ➢SC Victoria

Manstadt, Johann Wilhelm (1722–88, Bildhauer) ➢Eimbecksches Haus ➢Ratsweinkeller

Mantius, Ernst (1838–97, Bergedorfer Bürgermeister) ➢Bergedorf

Marcks, Erich (1861–1938, Historiker) s.a. Hamburgische Wissenschaftliche Stiftung; Marcks, Gerhard

Marcks, Gerhard (1889–1981, Bildhauer, Grafiker) s.a. Edwin-Scharff-Preis; Hochschule für bildende Künste; St. Katharinen

Marcus, Mary (1844–1930, Pädagogin, Schulleiterin) ➢Israelitische Töchterschule

Marg, Volkwin (geb. 1936, Architekt) ➢Flughafen Hamburg-Fuhlsbüttel ➢Hanseviertel

Marquard, Joachim (17. Jh., Bauhandwerker) ➢Marquard, Peter

Marquard, Peter (gest. 1689/90, Baumeister) s.a. St. Katharinen; St. Nikolai, 1.

Martens, Joachim Friedrich (1806–77, Tischler, Politiker) ➢Bildungsverein für Arbeiter

Marx, *Karl* Heinrich (1818–83, Philosoph, Nationalökonom) ➢Heine, Heinrich

Marx, Wilhelm (1863–1946, Zentrumspolitiker) ➢Thälmann, Ernst

Marxen, Peter (geb. 1939, Gastronom) ➢Onkel Pö

Mataré, Ewald (1887–1965, Bildhauer) ➢Portugaleser

Matisse, Henri (1869–1954, frz. Maler, Grafiker) ➢Ahlers-Hestermann, Friedrich

Matsen, Nicolaus (1739–94, Senatssyndicus, Sozialreformer) ➢Allgemeine Armenanstalt

Mattheson, Johann (1681–1764, Musiker, Schriftsteller) ➢Neumeister, Erdmann

Maurice, Chéri, eigtl. Charles Schwartzenberger (1805–96, Intendant) ➢Thalia Theater

May, Ernst (1886–1970, Architekt, Stadtplaner) ➢Altona ➢Hohenfelde ➢Migge, Leberecht ➢Neue Heimat

May, Georg Oswald (1738–1816, Maler) ➢Lessing, Gotthold Ephraim

May, Raphael Ernst (geb. 1858, Kaufmann) ➢PRO

Meerwein, Wilhelm *Emil* (1844–1927, Architekt) ➢Haller, Martin ➢Musikhalle ➢Rathaus ➢Speicherstadt

Meier, Hermann Henrich (1809–98, Kaufmann) ➢Norddeutscher Lloyd

Meigerius, Samuel (1532–1610, Pastor, Historiker) ➢Hexen

Möller, Walter (1905–33, Arbeiter) ➢Altonaer Blutsonntag
Mönckeberg, Johann Georg (1839–1908, Bürgermeister) ➢Bismarck-Denkmal ➢Mönckebergstraße
Mohaupt, Lutz (geb. 1942, ehem. Hauptpastor an St. Jacobi, Bürgerschaftspräsident) ➢Bürgerschaft
Mohrbutter, Alfred (1867–1916, Maler) ➢Hamburgischer Künstlerclub von 1897
Molkenbuhr, Hermann (1851–1927, SPD-Politiker) ➢Bebel, August
Moller, Meta ➢Klopstock, Meta
Moltke, Helmuth Graf von (1800–91, preuß. Generalfeldmarschall) ➢Ehrenbürger
Moltmann, Günter (1926–94, Historiker) ➢Tor zu Welt
Moltrecht, Hannibal (1812–82, Spritzenmeister, Bürgerschaftsmitglied) ➢Brände und Feuerlöschwesen
Mommsen, Theodor (1817–1903, Historiker, 1902 Nobelpreis für Literatur) ➢Christianeum
Monk, Egon (1927–2007, Regisseur) ➢Barmbek ➢Deutsches Schauspielhaus
Moore, Henry (1898–1986, engl. Bildhauer, Zeichner) ➢Moorweide
Morgenstern, *Christian* Ernst Bernhard (1805–67, Maler, Radierer) ➢Kauffmann, Hermann
Morin, Georges (1874–ca. 1935) ➢Baumeister, Hermann
Moritz, Prinz von Oranien (1567–1625, niederländ. Statthalter, Feldherr) ➢Valckenburgh, Johan van
Muck, Carl, später Karl (1859–1940, Dirigent) ➢Philharmonische Gesellschaft/ Philharmonisches Orchester
Müller, Johanne Henriette Marie (1841–1916, Zitronenverkäuferin, Hamburger Original) ➢Zitronenjette
Müller, Julius (1801–78, Theologe) ➢Sengelmann, Heinrich Matthias
Müller, Ludwig (1883–1945, Reichsbischof) ➢Schöffel, Simon
Müller, Otto Johann (1692–1762, Baumeister) ➢Nienstedten
Münch, Ingo von (geb. 1932, Jurist, Universitätsprofessor, FDP-Politiker, Zweiter Bürgermeister) ➢FDP
Mulert, Oskar (1881–1951, Jurist, Präsident des Preußischen und Deutschen Städtetages) ➢Bezirksverwaltung
Munch, Edvard (1863–1944, Maler, Grafiker) ➢Hamburgische Sezession ➢Schiefler, Gustav
Mundt, Johann Hinrich (gest. 1746, Weinhändler) ➢Mundsburg
Mundt, Theodor (1808–61, Schriftsteller) ➢Hammerich, Johann Friedrich
Murmester, Hinrich (um 1435–81, Bürgermeister) s.a. Staats- und Universitätsbibliothek; Wandsbek
Musil, Robert Edler von (1880–1942, Schriftsteller) ➢Rowohlt Verlag/Rowohlt, Ernst
Mutzenbecher, Franz Matthias (1779–1846, Kaufmann) ➢Baur, Georg Friedrich
Mutzenbecher, Matthias (1653–1735, Senator) ➢Ehejubiläumsmedaille

Nagel, Ivan (geb. 1931, Journalist, Intendant) ➢Deutsches Schauspielhaus
Nannen, Henri (1913–96, Journalist, Publizist) ➢Gruner + Jahr
Napoleon I., Kaiser der Franzosen (1769–1821) ➢Davout, Louis-Nicolas ➢Elbblockaden ➢Franzosenzeit ➢Hanseatische Gemeinschaft ➢Kontinentalsperre ➢Meyer, Friedrich Johann Lorenz ➢Militär/Garnison ➢Tor zur Welt ➢Wappen, Hamburg
Nathan, Nathan Max (geb. 1879, 1942 deportiert, Syndikus der Jüdischen Gemeinde) ➢Lippmann, Leo
Naumann, Friedrich (1860–1919, liberaler Politiker) ➢Classen, Walt(h)er ➢Petersen, Carl Wilhelm
Nay, Ernst Wilhelm (1902–68, Maler) ➢Hochschule für bildende Künste
Neander, Johann *August* Wilhelm, eigtl. David Mendel (1789–1850, Theologe, Kirchenhistoriker) ➢Gurlitt, Johannes
Neddermeyer, Franz Heinrich (1790–1849, Topograf) ➢Topografien
Nesch, Rolf (1893–1975, Maler, Grafiker) ➢Hamburgische Sezession
Netheler, Heinrich (1909–99, Elektroingenieur, Unternehmer) ➢Universitäts-Krankenhaus Hamburg-Eppendorf
Neumayer, Georg von (1826–1909, Direktor der Deutschen Seewarte) ➢Hamburgische Ehrendenkmünze
Neumeier, John (geb. 1942, Tänzer, Choreograf, Ballettdirektor) ➢Ehrenbürger ➢Stadttheater/Staatsoper
Neumeister, Erdmann (1671–1756, Hauptpastor) s.a. Goeze, Johan Melchior
Nevermann, Paul (1902–79, Jurist, Bürger-

Otto I., 1370–1404 Graf von Holstein-Schauenburg ➢Moorwerder ➢Oberhafen ➢Ochsenwerder

Otto II., 1426–64 Graf von Holstein-Schauenburg ➢Spadenland

Otto V., 1635–40 Graf von Holstein-Schauenburg ➢Holstein-Pinneberg ➢Palmaille

Otto siehe Waalkes, Otto

Otto, Waldemar (geb. 1929, Bildhauer) ➢Heine-Denkmal

Otto, Werner (geb. 1909, Kaufmann) ➢Alsterdorfer Anstalten/Evangelische Stiftung Alsterdorf ➢Bürgermeister-Stolten-Medaille ➢Hamburgische Ehrendenkmünze

Otzen, Johannes (1839–1911, Architekt) ➢Altona ➢St. Gertrud, 2.

Overbek, Jobst von (1663–1726, Kaufmann) ➢Kuhn, Johann Nikolaus

Overweg, Adolph (1822–52, Geograf, Geologe, Astronom, Entdecker) ➢Barth, Johann Heinrich

Pacius, Friedrich, auch Fredrik P. (1809–91, Komponist)

Paik, Nam June (1932–2006, korean. Video-Künstler) ➢Hochschule für bildende Künste

Palladio, Andrea (1518–80, ital. Architekt) ➢Hansen, Christian Frederik

Panofsky, auch: Panofski, Erwin (1892–1968, Kunsthistoriker) s.a. Cassirer, Ernst; Warburg, Aby

Pape, Ute (geb. 1949, Lehrerin, SPD-Politikerin, Bürgerschaftspräsidentin) ➢Bürgerschaft

Papen, Franz von (1879–1969, Reichskanzler) ➢Altonaer Blutsonntag ➢NSDAP

Parish, John (1742–1828, Getreidekaufmann) ➢Pärrisch leben

Paryla, Karl (1905–96, Schauspieler, Theaterregisseur) ➢Ernst-Deutsch-Theater

Pauli, *Alfred* Dominicus (1827–1915, Jurist, Bremer Bürgermeister) ➢Pauli, Gustav

Pauli, Magda, geb. Melchers (1875–1970, Schriftstellerin unter Pseudonym Marga Berck, Frau von Gustav) ➢Pauli, Gustav

Pauli, Theodor *Gustav* (1866–1938, Kunsthistoriker, Museumsdirektor) s.a. Hamburger Kunsthalle; Kauffmann, Hermann; Runge, Philipp Otto

Paulsen, Charlotte, geb. Thornton (1797–1862) s.a. Frauenbewegung; Sieveking, Amalie; Wüstenfeld, Emilie

Pedro I., Kaiser in Brasilien, als Pedro IV. König von Portugal (1789–1834) ➢Iberoamerika

Peiffer, Engelbert (1830–96, Bildhauer) ➢Ansgar ➢Baumeister, Hermann ➢Bugenhagen, Johannes ➢Denkmäler Hopfenmarkt ➢Schauenburger ➢Trostbrücke

Peitzner, Georg Ludwig, 1789–1808 Kaufmann in Hbg ➢Harmonie

Pempelfort, Gerd (1928–86, Architekt) ➢Congress Centrum Hamburg ➢Neue Heimat

Perschau, Hartmut (geb. 1942, CDU-Politiker) ➢CDU

Perscheid, Nicola (1864–1930, Fotograf) ➢Bebel, August

Perthes, Friedrich Christoph (1772–1843, Buchhändler, Verleger) s.a. Beneke, Ferdinand; Claudius, Matthias; Lappenberg, Johann Martin; Patrioten; Runge, Philipp Otto; Thünen, Johann Heinrich von

Peter III., russ. Zar, siehe Karl Peter Ulrich, Herzog von Holstein-Gottorf

Peters, Carl (1856–1918, Afrikaforscher, Kolonisator, Schriftsteller) ➢Albers, Hans ➢O'Swald, William Henry

Peters, Christian August Friedrich (1806–80, Astronom) ➢Altonaer Sternwarte ➢Hamburger Sternwarte

Petersen, Adolph Cornelius (1804–54, Astronom) ➢Altonaer Sternwarte

Petersen, Carl Friedrich (1809–92, Bürgermeister) ➢Brahms, Johannes ➢Görtz-Palais ➢Goldenes Buch ➢Liebermann, Max ➢Petersen, Carl ➢Wohlwill, Adolf

Petersen, *Carl* Wilhelm (1868–1933, Rechtsanwalt, liberaler Politiker, Bürgermeister) s.a. DDP; Krause, Emil; Petersen, Rudolf; Vereinigte Liberale

Petersen, Julius Adolf (1882–1933, Gastwirt, Ein- und Ausbrecher) ➢Lord von Barmbeck

Petersen, Peter (1884–1952, Pädagoge, Schulreformer)

Petersen, Rudolf (1878–1962, Kaufmann, Bürgermeister) s.a. Biermann-Ratjen, Hans Harder; Bucerius, Gerd; Bürgermeister-Stolten-Medaille; Bürgerschaft; Bund Freies Hamburg; CDU; Demontagen; Gobert, Ascan Klée; Schönfelder, Adolph

Petrus (Märtyrertod um 64 n.Chr., Apostel, Kirchenheiliger) ➢Petri Stuhlfeier ➢Stadt- und Schutzpatrone

Petschnigg, Hubert (1913–97, Architekt) ➢Esplanade
Pfordte, Franz (1840–1917, Restaurant-Betreiber) ➢Atlantic Hotel
Philippi, Gertrud (1878–1967, Lehrerin) ➢Klosterschule
Pinkerle, Loeb (jüd. Kaufmann) ➢Glückel (von) Hameln
<u>**Pinnau**</u>, Cäsar (1906–88, Architekt) s.a. Cap San Diego; Hamburg Süd; Palmaille
Plagemann, Volker (geb. 1938, Senatsdirektor in der Kulturbehörde) ➢Kunst im öffentlichen Raum
Plate, Heinrich Friedrich (1824–95, Lithograf) ➢Rahlstedt ➢Rauhes Haus
Plath, Christian Wilhelm (1820–94, Oberingenieur) ➢Meyer, Franz Andreas
Plomin, Karl (1904–86, Gartenarchitekt, Landschaftsplaner) ➢Planten un Blomen
Podeyn, Hans (1894–1965, SPD-Politiker, Diplomat) ➢SPD
Poe, Edgar Allen (1801–49, amerikan. Schriftsteller) ➢Schmidt, Arno
Pollini, Bernard, eigtl. Baruch Pohl (1838–97, Intendant) ➢Thalia Theater
Poppenhusen, Conrad (1818–83, Unternehmer) ➢New-York Hamburger Gummi-Waaren Compagnie
Povorina, Alexandra, verheiratete Ahlers-Hestermann (1888–1963, russ.-dt. Malerin) ➢Ahlers-Hestermann, Friedrich ➢Hamburgische Sezession
<u>**Prey**</u>, Johann Leonhard (um 1700–57) s.a. Sonnin, Ernst Georg(e); St. Michaelis
Prien, Helene, „Tante Lo“ (Gastwirtin) ➢Swing-Jugend
Probst, Christoph (1919–45, Medizinstudent, Widerstandskämpfer) ➢Weiße Rose
Pulvermann, Eduard F. (1882–1944, Kaufmann) ➢Pulvermanns Grab
Puritz, Walt(h)er (1882–1957, Architekt) ➢Curio-Haus

Quadflieg, Will (1914–2003, Schauspieler) ➢Deutsches Schauspielhaus ➢Gründgens, Gustaf
Quatre Barbes, Vicomte Augustin Lanclot des (Kaffeehausbetreiber) ➢Alsterpavillon
Quinn, Freddy, eigtl. Franz Eugen Helmuth *Manfred* Nidl-Petz (geb. 1931, Sänger) ➢Operettenhaus ➢St. Pauli-Theater

Raabe, Ludwig (gest. 1931, Altonaer Architekt) ➢Elbtunnel, Alter ➢Groß Flottbek ➢St. Pauli-Landungsbrücken
Rabels, Peter (geb. 1937, Staatsrat) ➢Hamburger Kessel
Radel, *Georg(e)* Martin Hermann (1860–1948, Architekt) ➢Kontorhaus
Radl, Anton (1774–1852, Künstler) ➢Rainville
Rainville, César Lubin Claude (1767–1845, Gastronom) ➢Rainville
Rambach, Johann Jakob (1772–1812, Arzt) ➢Apothekenwesen/Pharmazeutische Lehranstalt
Rambatz, Johann Gottlieb (1859–1920, Architekt) ➢Alsterpavillon ➢Kontorhaus
Ramée, Joseph Jacques (1764–1842, Gartenarchitekt) ➢Baur, Georg Friedrich
Ranck, Johann *Christoph* Otto (geb. 1869, Baudirektor) ➢Sievekingplatz
Rantzau, Daniel (1529–69, holstein. Adliger) ➢Ahrensburg
Rantzau, Heinrich (1526–98, kgl.-dän. Statthalter, Amtmann) ➢Marienthal ➢Wandsbek
Rantzau, Peter (1535–1602, Gutsherr, Amtmann) ➢Ahrensburg
Raschke, Joachim (geb. 1938, Politologe) ➢GAL (Grün-Alternative Liste)
Rathgen, Karl (1856–1921, Nationalökonom) ➢Universität Hamburg
Rau, Hans (1926–95, FDP-Politiker, Zweiter Bürgermeister) ➢FDP
Raue, Karl (1863–1924, Volksschullehrer, Gewerkschafter) ➢Deutscher Beamtenbund
Rauhe, Hermann (geb. 1930, Musikwissenschaftler, Präsident der HfMT) ➢Hochschule für Musik und Theater
Rautenberg, Johann Wilhelm (1791–1865, Pastor in St. Georg) ➢Erweckungsbewegung
Rée, Anita (1835–1933, Malerin) ➢Hamburgische Sezession
<u>**Rée**</u>, Anton (1815–81, Pädagoge, Politiker) s.a. Wolffson, Isaac
Reemtsma, Hermann F. (1892–1961, Unternehmer, Kunstmäzen) ➢Barlach, Ernst ➢Ernst Barlach Haus
Reemtsma, Jan Philipp (geb. 1952, Literaturwissenschaftler, Mäzen) ➢Hamburger Institut für Sozialforschung ➢Lessing-Preis
Reich, Otto (Fotograf) ➢Bismarck-Denkmal

Reichardt, Johann Friedrich (1752–1814, Komponist) ➢Reichardt, Louise
Reichardt, Louise (1779–1826, Gesangslehrerin, Komponistin) s.a. Liedertafel; Philharmonische Gesellschaft/Philharmonisches Orchester
Reichow, Hans Bernhard (1899–1974, Architekt) ➢Gartenstadtbewegung ➢Neue Heimat
Reichwein, Adolf (1898–1944, Pädagoge, Widerstandskämpfer) ➢Bästlein-Jacob-Abshagen-Gruppe
Reimarus, Elise, eigtl. Margaretha Elisabeth R. (1735–1805, Aufklärerin) s.a. Lessing, Gotthold Ephraim; Reimarus, Johann Albert Heinrich; Rudolphi, Caroline; Sieveking, Georg Heinrich
Reimarus, Hermann Samuel (1694–1768, Philosoph) s.a. Akademisches Gymnasium; Aufklärung; Basedow, Johann Bernhard; Buchdruck; Goeze, Johan Melchior; Joachim Jungius-Gesellschaft der Wissenschaften; Lessing, Gotthold Ephraim; Patriotische Gesellschaft; Reimarus, Elise; Reimarus, Johann Albert Heinrich
Reimarus, Johann Albert Heinrich (1729–1814, Arzt) s.a. Bach, Carl Philipp Emanuel; Blitzableiter; Büsch, Johann Georg; Campe, Joachim Heinrich; Lessing, Gotthold Ephraim; Patriotische Gesellschaft; Reimarus, Elise; Reimarus, Sophie; Struensee, Johann Friedrich
Reimarus, Sophie, eigtl. Christine Sophia Luise R., geb. Hennings (1742–1817, Aufklärerin) s.a. Reimarus, Elise; Reimarus, Johann Albert Heinrich
Reimers, Stephan (geb. 1944, Landespastor, Leiter des Diakonischen Werks Hamburg) ➢Hinz & Kunzt
Reincke, *Heinrich* Theodor (1881–1960, Jurist, Historiker) s.a. Barbarossa-Privileg/Hafengeburtstag
Reincke, *Otto* Henry Max (1907–44, Maschinenführer, kommunist. Widerstandskämpfer) ➢Bästlein-Jacob-Abshagen-Gruppe
Reinhard, Christine, geb. Reimarus (1771–1815) ➢Reimarus, Sophie
Reinhard, Karl Friedrich (1761–1837, Diplomat, Schriftsteller) ➢Reimarus, Sophie
Reinhardt, *Carl* August (1818–77, Maler, Schriftsteller) ➢Großer Brand
Reinhardt, Heinrich (1868–1947, Architekt) ➢Hauptbahnhof
Reinhardt, Max, eigtl. M. Goldmann (1873–1943, Theaterregisseur) ➢Ringelnatz, Joachim
Rennert, Günther (1911–78, Film- und Theaterregisseur, Intendant) ➢Stadttheater/Staatsoper
Repsold, Johann Georg (1770–1830, Feinmechaniker, Optiker, Oberspritzenmeister) s.a. Altonaer Sternwarte; Brände und Feuerlöschwesen; Hamburger Sternwarte; Schumacher, Heinrich Christian
Reuter, Ernst (1889–1953, SPD-Politiker, Regierender Bürgermeister von Berlin) ➢Schroeder, Louise
Reutter, Otto (1870–1931, Vortragskünstler) ➢Hansa-Theater
Reventlow, Christian Detlev Graf von (1671–1738, Oberpräsident von Altona) s.a. Altona
Richey, Michael (1678–1761, Professor am Akademischen Gymnasium) s.a. Billwerder; Brockes, Barthold Hinrich; Der Patriot; Grasbrook; Hagedorn, Friedrich von; Idioticon Hamburgense; Reimarus, Hermann Samuel
Richter, Alfred (1895–1981, SA-Standartenführer, Polizeisenator 1933) ➢Polizei ➢Wittmoor (Konzentrationslager)
Richter, Eugen (1838–1906, liberaler Politiker) ➢Vereinigte Liberale
Richter, Jacob Ferdinand (1814–75, Zeitungsverleger) ➢Die Reform
Rieckhoff, Adolf (1858–1945, Harburger Pazifist) ➢Rieckhof
Riepe, Wilhelm (1882–1945, Kaufmann, Firmengründer) ➢rotring
Riesenberger, Johann Moritz d.J. (gest. 1740, Hamburger Maler) ➢St. Jacobi
Riesser, Gabriel (1806–63, Jurist, Politiker, Publizist) s.a. Hammerich, Johann Friedrich; Judenemanzipation; Obergericht; Steinheim, Salomon Ludwig; Wolffson, Isaac
Rijswijk, Johan van (gest. 1612, niederländ. General der Fortifikation) ➢Valckenburgh, Johan van
Rimbert, 865–888 Erzbischof von Hamburg-Bremen, Kirchenheiliger ➢Ansgar
Ringelnatz, Joachim, eigtl. Hans Bötticher (1883–1934, Schriftsteller, Maler) s.a. Rowohlt Verlag/Rowohlt, Ernst; Schaarhörn
Rist, Johann (1607–67, Pfarrer, Dichter) s.a. Ottensen; Wedel
Rodenburg, Kaufmannsfamilie und Grundbesitzer ➢Rothenburgsort

Rodensky, Shmuel (1906–89, Schauspieler, Sänger) ➢Operettenhaus
Rodewald, Otto (1891–1960, Maler) ➢Hamburgische Sezession
Rodig, Erich Wasa (1869–1940, Wandsbeker Oberbürgermeister) s.a. Wandsbek
Röder, Berndt (geb. 1948, CDU-Politiker) ➢Bürgerschaft
Rösing, Johannes (1793–1862, Bremer Kaufmann, demokratischer Vorkämpfer, Politiker) ➢Lühring, Johanna
Rohde, Hans (1914–79, Fußball-Nationalspieler) ➢Eimsbütteler Turnverband
Roland, Jürgen (1925–2007, Film- und Fernsehregisseur) ➢Davidwache
Roosen, Berend (1705–88, Kaufmann, Reeder) ➢Mennoniten
Roosen, Gerrit (1612–1711, Reeder, Strumpffabrikant) ➢Mennoniten
Roscher, Heinrich *Gustav* Theodor (1852–1915, Polizeipräsident) ➢Polizei
Rosenberg, Georg Johann Freiherr von (1731–98, Rittmeister, Freimaurer) ➢Freimaurer
Rosengarten, Albert (1810–93, Architekt) ➢Schröderstift
Ross, Colin (1734–93, Arzt) ➢Ross, Edgar Daniel
Ross, Daniel (1776–1840, Kaufmann) ➢Ross, Edgar Daniel
Ross, Edgar Daniel (1807–85, Kaufmann)
Roß, Rudolf (1872–1951, Volksschullehrer, Reformpädagoge, Bürgermeister, SPD-Politiker) s.a. Hamburger Volksbühne e.V.; Krause, Emil; SPD
Rothe, Margaretha (1919–45, Medizinstudentin, Widerstandskämpferin) ➢Weiße Rose
Rotteck, Karl von (1775–1840, Historiker, liberaler badischer Politiker) ➢Hammerich, Johann Friedrich
Rousseau, Jean-Jacques (1712–78, Philosoph, Pädagoge) ➢Basedow, Johann Bernhard ➢Campe, Joachim Heinrich
Rowohlt, Ernst (1887–1960, Verleger) ➢Rowohlt Verlag/Rowohlt, Ernst
Ruaux, Johanna Maria Caroline (1802–82, Gastwirtin) ➢Schöne Marianne
Rudolphi, *Caroline* Christiane Louise (1753–1811, Pädagogin) s.a. Reimarus, Elise
Rückert, Friedrich (1788–1866, Dichter) ➢Ottensen
Rühmann, Heinz (1902–94, Schauspieler, Regisseur) ➢Koppel, Walter
Rühmkorf, Peter (1929–2008, Schriftsteller) ➢Alexander-Zinn-Preis
Rülf, Friedrich, auch: Shlomo (1896–1976, Tempelprediger) ➢Neuer Israelitischer Tempelverein
Rümker, Carl Ludwig Christian (1788–1862, Marineoffizier, Astronom) ➢Hamburger Sternwarte
Rümker, George (1832–1900, Astronom) ➢Hamburger Sternwarte
Rumohr, Carl Friedrich von (1785–1843, Kunsthistoriker, Kunstkritiker) ➢Milde, Carl Julius
Runde, Ortwin (geb. 1944, SPD-Politiker, Bürgermeister) ➢HafenCity
Runge, Otto Sigismund (1806–39, Bildhauer, Sohn von Philipp Otto) ➢Repsold, Johann Georg
Runge, Philipp Otto (1777–1810, Maler, Zeichner) s.a. Buchdruck; Hamburger Kunsthalle; Hochschule für bildende Künste; Reichardt, Louise
Runze, Ottokar (geb. 1925, Filmregisseur) ➢Lord von Barmbeck
Ruperti, *Justus* Carl Wilhelm (1791–1861, Kaufmann) ➢Merck, Ernst
Ruscheweyh, Herbert (1892–1965, Jurist, SPD-Politiker)
Rust, Alfred (1900–83, Vorgeschichtsforscher) ➢Ahrensburg ➢Hamburger Kultur ➢Meiendorf
Ruths, Amalie (1871–1956, Malerin, Nichte von Valentin) ➢Ruths, Valentin
Ruths, Johann Georg *Valentin* (1825–1905, Lithograf, Landschaftsmaler) s.a. Baumhaus; Jungfernstieg
Rzekonski, Rudolf (Architekt) ➢Etagenhaus

Sabbatai Zwi (1626–76, jüd. Pseudo-Messias) ➢Hamburger Rabbinerstreit
Saefkow, Anton (1903–44, Maschinenbauer, Kraftfahrer, Widerstandskämpfer) ➢Bästlein-Jacob-Abshagen-Gruppe
Salomon, Alice (1872–1948, Vorkämpferin für soziale Frauenberufe) ➢Sozialpädagogisches Institut
Salomon, Gotthold (1784–1862, Tempelprediger) ➢Neuer Israelitischer Tempelverein
Sander, Albrecht (1907–85, Architekt) ➢Grindel-Hochhäuser
Sandig, Armin (geb. 1929, Maler) ➢Freie Akademie der Künste
Sartorius, Erasmus, auch: E. Schneider, (1577–1637, Organist, Komponist) ➢Städtischer Musikdirektor

Sartorius, Georg Friedrich (1765–1828, Historiker) ➢Lappenberg, Johann Martin
Sartre, Jean-Paul (1905–80, frz. Philosoph, Schriftsteller) ➢Hamburger Kammerspiele ➢Teufelsbrück
Saxl, Fritz (1890–1948, österreich. Kunsthistoriker) ➢Panofsky, Erwin ➢Warburg, Aby
Schacke, Johann (14. Jh., Ritter) ➢Stillhorn
Schädel, Bernhard (1878–1926, Romanist) ➢Iberoamerika
Schäfer, Albert (1881–1971, Unternehmer, Präses der Handelskammer) ➢Bürgermeister-Stolten-Medaille ➢Phoenix Werke
Schaper, Friedrich, genannt Fritz (1841–1919, Bildhauer) ➢Finkenwerder ➢Gänsemarkt ➢Hamburgischer Künstlerclub von 1897 ➢Lessing, Gotthold Ephraim
Scharff, Edwin (1887–1957, Bildhauer) ➢Edwin-Scharff-Preis ➢Hochschule für bildende Künste
Schaudt, Johann *Emil* (geb. 1871 oder 1874, Architekt) ➢Bismarck-Denkmal ➢Curio-Haus
Schaumann, Claus (1807–80, Landwirt) ➢Nettelnburg
Schaumann, Henning (1809–84, Landwirt) ➢Nettelnburg
Scheel, Ernst (1903–86, Architekturfotograf) ➢Schneider, Karl
Scheffler, Karl (1869–1951, Schriftsteller, Kunsthistoriker, Publizist) ➢Eppendorf
Schellhaffer, Heinrich Gottlieb (1707–57, Jurist, Philosoph) ➢Idioticon Hamburgense
Schelsky, Helmut (1912–84, Soziologe) ➢Hochschule für Wirtschaft und Politik
Schiefler, Gustav (1857–1935, Jurist, Kunstförderer) s.a. Gesellschaft der Bücherfreunde; Hamburgische Sezession
Schiefler, Luise (1885–1967, Kunstförderin) ➢Schiefler, Gustav
Schiller, *Franz* Bernhard (1815–57, Bildhauer) ➢Blücher-Altona, Conrad Daniel Graf von
Schiller, Friedrich von (1759–1805, Dichter) ➢Alfred Toepfer Stiftung F.V.S. ➢Bildungsverein für Arbeiter ➢Denkmäler ➢Deutsches Schauspielhaus ➢Klopstock, Friedrich Gottlieb ➢Schröder, Friedrich Ludwig
Schiller, *Karl* August Fritz (1911–94, Volkswirt, SPD-Politiker, Senator, Bundesminister) s.a. Bürgermeister-Stolten-Medaille; Klasen, Karl; Universität Hamburg
Schilling, Johannes (1828–1910, Bildhauer) ➢Barlach, Ernst ➢Infanterie-Regiment 76 ➢Rathausmarkt
Schimmelmann, Heinrich Carl Graf von (1724–82, Kaufmann, dän. Schatzmeister, Diplomat) s.a. Ahrensburg; Claudius, Matthias; Dreieckshandel; Gärten und Parks; Gottorper Vergleich; Heinicke, Samuel; Marienthal; Wandsbek
Schindler, Johanna Maria Caroline, geb. Ruaux (1802–82, Wirtin) ➢Schöne Marianne
Schindler, Robert (1809–49, Kaufmann, Ehemann von Johanna Maria Caroline) ➢Schöne Marianne
Schinkel, Karl Friedrich (1781–1841, Baumeister, Architekturtheoretiker) ➢Chateauneuf, Alexis de ➢Jenisch Haus ➢Stadttheater/Staatsoper
Schippers, Joseph (1880–1948, Schausteller, Unternehmer)
Schirges, Georg Gottlieb (Schriftsteller) ➢Bildungsverein für Arbeiter
Schirmer, Friedrich (geb. 1951, Intendant) ➢Deutsches Schauspielhaus
Schirrmacher, Georg Theodor (1833–64, Architekt) ➢Hamburger Kunsthalle
Schlesselmann, Anke (geb. 1947, Theaterdirektorin) ➢Cremon
Schlesselmann, Gerd (geb. 1942, Intendant) ➢Cremon ➢Hamburger Kammerspiele
Schlunk, Martin (1874–1958, Theologe) ➢Missionswissenschaft
Schmedemann, Walter (1901–76, Gesundheitssenator, SPD-Politiker) ➢SPD
Schmid, Carlo (1896–1979, Jurist, SPD-Politiker) ➢Chapeaurouge, Paul de
Schmidt, *Arno* Otto (1914–79, Schriftsteller) s.a. Beneke, Ferdinand; Rowohlt Verlag/Rowohlt, Ernst
Schmidt, Bernhard (1879–1935, Astro-Optiker, Konstrukteur) ➢Hamburger Sternwarte
Schmidt, Heinrich (18. Jh., Baumeister) ➢Niendorf
Schmidt, Helmut (geb. 1918, Diplom-Volkswirt, SPD-Politiker, Senator, Bundeskanzler) ➢Bremen, Verhältnis zu ➢DIE ZEIT ➢Ehrenbürger ➢Flutkatastrophe ➢Klasen, Karl ➢Langenhorn ➢Nevermann, Paul ➢Polizei ➢SPD ➢Universität der Bundeswehr ➢ZEIT-Stiftung Ebelin und Gerd Bucerius

Schulz, Frank (geb. 1957, Schriftsteller) ➢Hubert-Fichte-Preis
Schulz, Peter (geb. 1930, SPD-Politiker, Senator, Bürgermeister, Bürgerschaftspräsident) ➢Bürgerschaft ➢Weichmann, Herbert
Schulze, *Fritz* „Fiete" Karl Franz (1894–1935, KPD-Politiker) ➢KPD
Schulze-Boysen, Harro (1909–42, Oberleutnant, Widerstandskämpfer) ➢Bästlein-Jacob-Abshagen-Gruppe
Schumacher, Fritz, eigtl. Friedrich Wilhelm S. (1869–1947, Architekt, Stadtplaner, Publizist) s.a. Architekten- und Ingenieurverein Hamburg; Backsteinbau; Badeanstalten; Barlach, Ernst; Barmbek; Bernhard-Nocht-Institut; Bremen; Citybildung; Davidwache; Denkmalschutz; Dulsberg; Farmsen-Berne; Finanzbehörde; Frauenklinik Finkenau; Fuhlsbüttel; Gänsemarkt; Görtz-Palais; Groß Borstel; Gutschow, Konstanty; Handwerkskammer; Hamburger Heimatstil; Hochschule für Angewandte Wissenschaften; Hochschule für bildende Künste; Hohenfelde; Jarrestadt; Johanneum; Krematorien; Langenhorn; Lichtwarkschule; Markthalle; Museum für Hamburgische Geschichte; Oelsner, Gustav; Ohlsdorf; Planetarium; Rathausmarkt; Regionales Entwicklungskonzept; Rodig, Erich Wasa; Sievekingplatz; Stadterweiterungen; Stadthaus (städtisches Verwaltungsgebäude); Stadtpark; Stadttheater/Staatsoper; Veddel; Waisenhaus; Waltershof; Zeughausmarkt
Schumacher, Georg Friedrich (1771–1852, Lehrer, Schulrektor) ➢Christianeum
Schumacher, Heinrich Christian (1780–1850, Astronom, Jurist, Publizist) s.a. Altonaer Sternwarte; Meridian
Schumacher, Kurt (1895–1952, SPD-Politiker) ➢Wehner, Herbert
Schumacher, Richard (1827–1902, Astronom, Landvermesser) ➢Schumacher, Heinrich Christian
Schumann, Robert (1810–56, Komponist) ➢Brahms, Johannes
Schurek, Paul (1890–1962, Schriftsteller) ➢Barlach, Ernst
Schwabe, Gustav Christian (1813–97, Kaufmann, Kunstförderer) ➢Ehrenbürger
Schwegler, Johannes „Jean" (Gastwirt) ➢Uhlenhorster Fährhaus
Schwencke, Georg Christian Friedrich Gottlieb (1767–1822, Komponist) ➢Städtischer Musikdirektor
Schwindrazheim, Oscar (1865–1956, Kunsterzieher, Leiter der Kunstgewerbeschule) ➢Vierlande
Scott, Gilbert (1811–78, Architekt) ➢St. Nikolai, 1.
Seeler, Uwe (geb. 1936, Fußball-Nationalspieler) ➢Ehrenbürger ➢HSV
Seitz, Gustav (1906–69, Bildhauer) ➢Ruscheweyh, Herbert
Seitz, Paul (1911–89, Künstler, Architekt, Baudirektor) ➢Kulturinstitute ➢Kunstverein ➢Universität Hamburg
Seligmann, Caesar (1860–1950, Tempelprediger) ➢Neuer Israelitischer Tempelverein
Selle, Thomas (1599–1663, Komponist) ➢Städtischer Musikdirektor
Semper, Gottfried (1803–79, Baumeister, Kunsttheoretiker) s.a. Nachbrandarchitektur; St. Nikolai, 1.; Rathausmarkt; Wimmel, Carl Ludwig
Sengelmann, Heinrich Matthias (1821–99, Theologe, Sozialreformer) s.a. Alsterdorfer Anstalten; Erweckungsbewegung; Innere Mission; Moorfleet
Seyler, Abel (1730–1800, Kaufmann, Theaterleiter) ➢Ekhof, Konrad
Shakespeare, William (1564–1616, Schauspieler, Dramatiker) ➢Deutsches Schauspielhaus ➢Gründgens, Gustaf ➢Schröder, Friedrich Ludwig
Siebelist, Arthur (1870–1946, Maler, Grafiker) ➢Alster ➢Hamburgischer Künstlerclub von 1897 ➢Lichtwark, Alfred
Siegmund, A. (Fotograf) ➢Merck, Ernst
Siemers, *Edmund* Julius Arnold (1840–1918, Kaufmann, Reeder) s.a. Flughafen Hamburg-Fuhlsbüttel; Gartenstadtbewegung; Geesthacht; Hamburgische Ehrendenkmünze; Hamburgische Wissenschaftliche Stiftung; Kolonialinstitut; Langenhorn; Universität Hamburg; Wissenschaftliche Bildung
Siemers, Kurt Hartwig (1907–88, Bankier, Wissenschafts- und Kunstförderer) ➢Hamburgische Wissenschaftliche Stiftung
Siemsen, Anna (1882–1951, Reformpädagogin) s.a. Essig, Olga
Sierck, Detlef, Künstlername Douglas Sirk (1897–1987, Filmregisseur)
Sierich, Adolph (1826–89, Goldschmied, Immobilienkaufmann) ➢Stadtpark
Sieveking, Amalie (1794–1859, Diakonisse) s.a. Averdieck, Elise; Erweckungsbewegung; Innere Mission; Paulsen, Charlotte; Wüstenfeld, Emilie

Springer, Axel Caesar (1912–85, Verleger) s.a. Bergedorfer Zeitung; Bild-Zeitung; DIE WELT; Eiffe der Bär; Hamburger Abendblatt; Hamburger Anzeiger; Hammerich, Johann Friedrich
Springer, *Hinrich* Andreas Theodor (1880–1949, Verleger) ➢Hammerich, Johann Friedrich
Sprink, Johann (14. Jh., Grundbesitzer) ➢Sprinkenhof/Sprinkenhof AG
Staël, Anne Louise Germaine Baronin von Staël-Holstein, genannt Madame de Staël (1766–1817, Schriftstellerin) ➢Voght, Caspar
Stahl, Erna (1900–80, Lehrerin an der Lichtwark-Schule, seit 1935 an der Oberschule im Alstertal) ➢Lichtwarkschule ➢Weiße Rose
Stalin, Jossif Wissarionowitsch, eigtl. J.W. Dschugaschwili (1879–1953, Generalsekretär der Kommunistischen Partei der Sowjetunion) ➢KPD
Stallknecht, Claus (1781–1834, Altonaer Stadtbaumeister) ➢Altona ➢Altonaer Rathaus ➢Reventlow, Christian Detlev Graf von
Stammann, Hugo (1831–1909, Architekt) ➢Rathaus
Stapel, Wilhelm (1882–1954, Publizist)
Stapelfeld, Kurt (1898–1981, Zeitungs- und Radioredakteur) ➢NDR
Stapelfeldt, Dorothee (geb. 1956, SPD-Politikerin, Bürgerschaftspräsidentin) ➢Bürgerschaft
Staudinger, Lucas Andreas (1770–1842, Gutsverwalter) ➢Thünen, Johann Heinrich von ➢Voght, Caspar
Stavenhagen, Fritz (1876–1906, Schriftsteller) ➢Groß Borstel ➢Ohnsorg-Theater
Steidle, Otto (1943–2004, Architekt) ➢Gruner + Jahr
Stein, Gottlob Friedrich „Fritz“ Konstantin Freiherr von (1772–1844, Beamter) ➢Büsch, Johann Georg
Steinert, Otto (1915–78, Fotograf) ➢Schramm, Percy Ernst
Steinhagen, Heinrich (1880–1948, Maler) ➢Hamburgische Sezession
Steinheim, Salomon Ludwig, bis 1808 S. Levi (1789–1866, Arzt, Religionsphilosoph) s.a. Christianeum; Jüdische Friedhöfe
Steinwachs, Ginka, eigtl. Gisela (geb. 1942, Schriftstellerin) ➢Hubert-Fichte-Preis
Steinweg, Heinrich Engelhard (1797–1871, Tischlermeister, Unternehmer) ➢Steinway & Sons Hamburg
Steltzner, Carl Ferdinand (1805–94, Fotograf) ➢Speckter, Otto
Stephan, Heinrich von (1831–97, dt. Generalpostmeister) ➢Hamburgische Ehrendenkmünze ➢Postwesen
Stern, Anschel (1820–88, Oberrabbiner, Schulleiter) ➢Deutsch-Israelitischer Synagogenverband ➢Talmud-Tora-Schule
Stern, Lazar, eigtl. Manfred S. (1896–1954, sowjet. Militärberater) ➢Hamburger Aufstand
Stern, Otto (1888–1969, Physiker)
Stern, *William* Louis (1871–1938, Philosoph, Psychologe) s.a. Cassirer, Ernst; Kunert, Sophie; Panofsky, Erwin; Rotherbaum
Stewart, James (geb. 1908, Schauspieler) ➢Schünzel, Reinhold
Sthamer, Eduard (1803–72, Ratsherr) ➢Semper, Gottfried
Stockhausen, Karlheinz (geb. 1928, Komponist) ➢Bach-Preis
Störtebeker, Klaus (hingerichtet 1400, Seeräuber) s.a. Bunte Kuh; Grasbrook; St. Katharinen; Utrecht, Simon von; Vitalienbrüder
Stöttrup, Andreas (1754–1811, Maler, Kupferstecher) ➢Bach, Carl Philipp Emanuel ➢Büsch, Johann Georg
Stolten, Johannes Ernst *Otto* (1853–1928, Schlosser, SPD-Politiker, Zweiter Bürgermeister) s.a. Bebel, August; Bürgermeister-Stolten-Medaille; Bürgerschaft; Hamburger Echo; Hammerbrook; SPD
Stoltzenberg, Hugo (1883–1974, Chemiker, Unternehmer) ➢Stoltzenberg-Skandale
Stow, John (ca. 1525–1605, Historiker) ➢Stalhof
Strack, Ludwig Philipp (1761–1836, Maler) ➢Baurs Park
Strauß, Franz Josef (1915–88, CSU-Politiker) ➢Augstein, Rudolf ➢DER SPIEGEL
Streb, Ferdinand (1907–70, Architekt) ➢Alsterpavillon ➢Grindel-Hochhäuser ➢Springer, A./Axel Springer Verlag
Streckenbach, Bruno (1902–77, Leiter der Staatspolizei in Hamburg) ➢Polizei
Streit, Christian Daniel Friedrich (1794–1862, Hotelbesitzer) ➢Streit's
Strippel, Arnold (1911–94, SS-Hauptsturmführer, Stützpunktleiter der Außenlager des KZ Neuengamme in Hamburg) ➢Bullenhuser Damm

Stromberg, Tom (geb. 1960, Intendant) ➢Deutsches Schauspielhaus

Struensee, Adam (1708–91, Hauptpastor in Altona) ➢Struensee, Johann Friedrich

Struensee, Johann Friedrich (1737–72, Arzt, Aufklärer) s.a. Christianeum; Klopstock, Friedrich Gottlieb

Strumper, Friedrich (1844–1913, Fotograf) ➢Hamburger Kunsthalle ➢Speicherstadt

Struve, Heinrich Christian Gottfried von (1772–1851, außerordentlicher russ. Gesandter und Minister bei den Hansestädten) ➢Ehrenbürger

Stüler, Friedrich August (1800–65, Baumeister) ➢Haller, Martin

Stumme, Absolon (gest. um 1510, Hamburger Maler) ➢Bornemann, Hans ➢Funhof, Hinrik

Süßenguth, Georg (1862–1940, Architekt) ➢Hauptbahnhof

Suhr, Christoffer (1771–1842, Maler, Grafiker) s.a. Bier; Blankenese; Lotterie/Lotto; Milde, Carl Julius; Nachtwache; Vierlande; Waisengrün; Zucker

Suhr, Cornelius (1781–1857, Grafiker)

Suhr, Peter (1788–1857, Grafiker) s.a. Allgemeine Krankenhäuser; Brände und Feuerlöschwesen; Esplanade; Hamburgensie; Kontinentalsperre; Maria-Magdalenen-Kloster; Rothenburgsort; St. Nikolai; St. Petri; Stadttore; Steintor; Stintfang; Winserbaum

Tamm, Peter (geb. 1928, Verlagsmanager, Sammler) ➢HafenCity ➢Internationales Maritimes Museum Hamburg

Telemann, Georg Philipp (1681–1767, Komponist) s.a. Bach, Carl Philipp Emanuel; Billwerder; Brockes, Barthold Hinrich; Händel, Georg Friedrich; Neumeister, Erdmann; Städtischer Musikdirektor

Tesch, Bruno (1913–33, Klempnergeselle) ➢Altonaer Blutsonntag

Tesch, Bruno (hingerichtet 1946, Chemiker, Kaufmann) ➢Giftgas

Tesdorpf, Ebba (1851–1920, Zeichnerin) ➢Wandrahm-Insel

Tettenborn, Friedrich Carl Freiherr von (1778–1845, russ. General) ➢Ehrenbürger ➢Franzosenzeit ➢Lappenberg, Johann Martin

Thälmann, Ernst (1886–1944, Arbeiter, KPD-Vorsitzender) s.a. Eppendorf; Hamburger Aufstand; KPD; SPD

Thaer, *Albrecht* Daniel (1752–1828, Agrarreformer) ➢Thünen, Johann Heinrich von

Thaulow, Georg (bis 1871 Leiter der Seemannsschule) ➢Seemannsschule

Thielen, Georg (1853–1901, Architekt, Maler) ➢Hamburg und seine Bauten

Thielicke, Helmut (1908–86, Theologe) s.a. Universität Hamburg

Thietmar von Merseburg, (975–1018, Bischof von Merseburg, Geschichtsschreiber) ➢Lappenberg, Johann Martin

Thilenius, Georg (1869–1937, Mediziner, Anthropologe, Ethnologe, Museumsdirektor) ➢Museum für Völkerkunde

Thissen, Werner (geb. 1938, Erzbischof von Hamburg) ➢Erzbistum

Tholuck, Friedrich August (1799–1877, Theologe) ➢Sengelmann, Heinrich Matthias

Thomas Becket (um 1118–70, Heiliger, Bischof von Canterbury) ➢Kaufmannskompagnien ➢Meister Francke ➢Zeughausmarkt

Thünen, Johann Heinrich von (1783–1850, Volkswirtschaftler) s.a. Voght, Caspar

Tieffbrunn, Eibert (gest. 1712, Oberalter) ➢Groß Borstel

Tietjen, Heinz (1881–1967, Dirigent, Intendant der Staatsoper) ➢Johannes-Brahms-Medaille

Tilgner, Victor Otto (1844–96, Bildhauer) ➢Görtz-Palais

Tilly, Johann Tserclaes Graf von (1559–1632, Feldherr) ➢Rahlstedt

Tiltzig, Johann Georg (gest. 1777, Maurermeister, Lehrer) ➢Eimbecksches Haus

Timm, Marianne (1913–93, Theologin, Religionspädagogin)

Toepfer, *Alfred* Carl (1894–1993, Unternehmer, Mäzen) s.a. Alfred Toepfer Stiftung F.V.S.; Alfred-Toepfer-Medaille; Bürgermeister-Stolten-Medaille; Ehrenbürger; Hamburgische Ehrendenkmünze; Hesse Newman Bank

Tourneur, Jacques (1904–77, Regisseur) ➢Schünzel, Reinhold

Trapp, Ernst Christian (1745–1818, Pädagoge) ➢Christianeum

Tratziger, Adam (1523–84, Hamburger Senatssyndicus, Wandsbeker Gutsherr, Chronist) ➢Lappenberg, Johann Martin ➢Wandsbek

Traun, Heinrich (1838–1909, Kaufmann, Senator) ➢Fuhlsbüttel ➢Volksheim

Trautwein, Fritz (1911–93, Architekt) ➢Grindel-Hochhäuser ➢Heinrich-Hertz-Turm ➢Rowohlt Verlag/Rowohlt, Ernst
Trebitsch, Gyula, sprich: Dschula (1914–2005, Filmkaufmann) ➢Bürgermeister-Stolten-Medaille ➢Koppel, Walter ➢Studio Hamburg ➢Tonndorf
Treitschke, Heinrich von (1834–96, Historiker, Publizist) ➢Marcks, Erich
Treuge, Margarete (1876–1962, Pädagogin, Frauenpolitikerin) ➢Sozialpädagogisches Institut
Troplowitz, Oscar (1863–1918, Apotheker, Unternehmer) ➢Beiersdorf AG (BDF) ➢Stadtpark
Trunz, Erich (1905–2001, Germanist) ➢ Hamburger Ausgabe ➢Klopstock, Meta
Tschaikowsky, Peter Iljitsch (1840–93, russ. Komponist) ➢Mahler, Gustav ➢Streit's
Tucholsky, Kurt (1890–1935, Schriftsteller) ➢Rowohlt Verlag/Rowohlt, Ernst
Tügel, *Franz* Eduard Alexander (1888–1946, Landesbischof) s.a. Petersen, Peter; Schöffel, Simon; Witte, Karl
Tüngel, Richard (1893–1970, Journalist) ➢DIE ZEIT ➢Dönhoff, Marion Gräfin
Türpe, Paul (geb. 1859, Bildhauer) ➢Fischmarkt
Tukur, Ulrich (geb. 1957, Schauspieler) ➢Hamburger Kammerspiele
Tutenberg, Ferdinand (1874–1939, Altonaer Gartendirektor) ➢Altonaer Volkspark

Ulmer, *Oskar* Ernst (1888–1963, Bildhauer) ➢Sonnin, Ernst Georg(e)
Ulrichs, Timm (geb. 1940, Konzept- und Ideenkünstler) ➢Borchert, Wolfgang
Ungers, Oswald Mathias (1926–2007, Architekt) ➢Hamburger Kunsthalle ➢Kunstverein
Unna, Paul Gerson (1850–1929, Hautarzt) ➢Beiersdorf AG (BDF)
Unwan (1013–29 Bremer Erzbischof) ➢Domkapitel
Updike, John (1932–2009 Schriftsteller) ➢Rowohlt Verlag/Rowohlt, Ernst
Utrecht, Simon von (gest. 1437, Bürgermeister) s.a. Bunte Kuh

Vahl, Henry (1897–1977, Schauspieler) ➢Ohnsorg-Theater
Valckenburgh, Johan van (um 1575–1625, Festungsbaumeister) s.a. Befestigung; Großneumarkt; Steintor
Varzandeh, Gisela (Künstlerin) ➢Hasse, Johann Adolf
Vechta, Conrad von (Hamburger Maler des 15. Jhs) ➢Bornemann, Hans
Vering, Hermann Carl (1879–1955, Senator) ➢DVP ➢Hamburg-Block
Vermehren, Franz Eduard (um 1847–1907, Oberingenieur) ➢Stadtpark
Versmann, *Johannes* Georg Andreas (1820–99, Jurist, Bürgermeister) s.a. Wohlwill, Adolf
Vértes-Schütter, Isabella (geb. 1962, Theaterintendantin) ➢Ernst-Deutsch-Theater
Vetter Kirchhoff, das ist Jacob Friedrich Kirchhoff (1791–1844, Leinwandmakler, Hamburger Original)
Vidal, Adolph Eduard (1800–65, Kaufmann, Reeder) ➢Seemannsschule
Vidal, Melusine Jeanette (1776–1859) ➢Ross, Edgar Daniel
Ville, Otto van der (1888–1956, Unternehmer) ➢Schippers, Joseph
Vincent, Gene (1935–71, Rockmusiker) ➢Star-Club
Vogel, Hugo (1855–1934, Maler) ➢Rathaus
Vogeler, Heinrich (1872–1942, Maler, Grafiker, Innenarchitekt) ➢Migge, Leberecht
Voght, Caspar, seit 1802 Reichsfreiherr (1752–1839, Kaufmann, Sozialreformer) s.a. Allgemeine Armenanstalt; Groß Flottbek; Hammer Park; Jenischpark; Klein Flottbek; Klopstock, Meta; Landhaus; Lessing, Gotthold Ephraim; Sieveking, Georg Heinrich; Thünen, Johann Heinrich von
Vollenweider, Walter (1903–71, Sekretär der Schweizer Arbeiterjugend) ➢Siemsen, A.
Voscherau, Henning (geb. 1941, SPD-Politiker, Bürgermeister, Notar) ➢HafenCity
Voß, de (aus Flandern im 17. Jh. nach Altona eingewanderte Kaufmannsfamilie) ➢Mennoniten
Voss, Ernst (1842–1920, Schiffbauingenieur, Werftgründer) ➢Blohm + Voss GmbH
Voß, Johann Heinrich (1751–1826, Dichter, Übersetzer) ➢Bach, Carl Philipp Emanuel ➢Hammerich, Johann Friedrich
Vowe, Paul Gerhard (gest. 1937, Maler) ➢Wandsbeker Husaren
Vynk, Grundbesitzer-Familie ➢Finkenwerder

Waalkes, Otto (geb. 1948, Komiker, Zeichner) ➢Fabrik ➢Onkel Pö

Wagner, Carl *Eduard* (1842–1909, Zeitungsverleger) ➢Bergedorfer Zeitung
Wagner, Karl J.B. (1819–84 Theater-Direktor, Hotelier) ➢St. Pauli-Theater
Wagner, Hansjörg (geb. 1930, Bildhauer) ➢Störtebeker, Klaus ➢Zitronenjette
Waldemar II., der Sieger, König von Dänemark (1170–1241) ➢Dänemark/dänische Oberhoheit ➢Schauenburger
Waldersee, Alfred Graf von (1832–1904, preuß. Generalfeldmarschall) ➢Ehrenbürger
Wallenstein, *Albrecht* Wenzel Eusebius von (1583–1632, Feldherr, Kriegsunternehmer) ➢Rahlstedt
Waller, Ulrich (geb. 1957, Intendant) ➢Hamburger Kammerspiele ➢St. Pauli-Theater ➢Wolf, Gebrüder
Wallot, Paul (1841–1912, Architekt) ➢Oelsner, Gustav
Walter, Hans-Albert (geb. 1935, Literaturwissenschaftler) ➢Hamburger Arbeitsstelle für deutsche Exilliteratur
Walther, Andreas (1879–1960, Soziologe) ➢Sanierung
Walther, Franz Erhard (geb. 1939, Objekt-Künstler, Lehrer an der Hochschule für bildende Künste) ➢Kunst im öffentlichen Raum
Wangenheim, Adolf Freiherr von (Oberst, Garnisonältester von Hamburg, Altona und Wandsbek 1919/20) ➢Kapp-Putsch
Warburg, *Aby* (Abraham) Moritz (1866–1929, Kunsthistoriker) s.a. Cassirer, Ernst; Gesellschaft der Bücherfreunde; Lessing-Preis; Panofsky, Erwin; Planetarium
Warburg, Eric M. (1900–91, Bankier) ➢Warburg, Bankhaus M.M.
Warburg, Gerson (1765–1826, Bankier) ➢Warburg, Bankhaus M.M.
Warburg, Gumprich Marcus Samuel (1727–1801, Betreiber eines Geldwechsel- und Pfandleihgeschäfts) ➢Warburg, Bankhaus M.M.
Warburg, Max M. (1867–1946, Bankier, Bruder von Aby) ➢Ballin, Albert ➢Übersee-Club ➢Warburg, Aby ➢Warburg, Bankhaus M.M.
Warburg, Max M. (geb. 1948, Bankier, Sohn von Eric M.) ➢Warburg, Bankhaus M.M.
Warburg, Moses Marcus (1763–1830, Bankier) ➢Warburg, Bankhaus M.M.
Warburg, Sara (1805–84, Bankbesitzerin) ➢Warburg, Bankhaus M.M.
Warburg, Siegmund (1835–89, Bankier) ➢Warburg, Bankhaus M.M. ➢Commerzbank AG
Weber, Friedrich (1813–82, Kupferstecher) ➢Heine, Heinrich
Weber, *Gerhard* Johannes (1909–86, Architekt) ➢Stadttheater/Staatsoper
Weber, Karl (gest. 1854, Bürstenbinder, Hamburger Original) ➢Aalweber
Weber, Renatus (1908–92, Jurist, Politiker) ➢DVP
Wedde, Friedrich Christoph *Johannes* „Hannes" (1843–90, Schriftsteller, Redakteur, Politiker) ➢Auer-Druck ➢Hamburger Echo
Wedderkop, Magnus von (1637–1721, schleswig-holstein. Staatsminister) ➢Kuhn, Johann Nikolaus
Weerth, Georg (1821–56, Schriftsteller, Redakteur) ➢Heine, Heinrich
Wegener, Alfred (1880–1930, Geophysiker) ➢Deutsche Seewarte
Wegner, Markus (geb. 1953, Verleger, Parteigründer) ➢STATT Partei DIE UNABHÄNGIGEN
Wehner, Herbert (1906–90, SPD-Politiker) s.a. Ehrenbürger; SPD
Weichmann, *Elsbeth* Freya, geb. Greisinger (1900–88, Statistikerin, SPD-Politikerin, Bürgerschaftsabgeordnete) s.a. Bürgermeister-Stolten-Medaille; Herbert und Elsbeth Weichmann Stiftung; Verbraucherzentrale Hamburg; Weichmann, Herbert
Weichmann, *Herbert* Kurt (1896–1983, SPD-Politiker, Verwaltungsjurist, Bürgermeister) s.a. Alsterverein; Ehrenbürger; Hamburgische Ehrendenkmünze; Herbert und Elsbeth Weichmann Stiftung; Nevermann, Paul; Quiddje; Rechnungshof; SPD; Verein geborener Hamburger e.V.; Weichmann, Elsbeth
Weiß, Ernst (1911–98, Malermeister, SPD-Politiker, Senator) s.a. Bürgermeister-Stolten-Medaille
Weiss, *Peter* Ulrich (1919–82, Schriftsteller) ➢Ernst-Deutsch-Theater
Weißleder, Manfred (1926–80, Musikveranstalter, Gastronom) ➢Star-Club
Weitling, Otto (geb. 1930, dän. Architekt) ➢Christianeum ➢HEW
Weitling, Wilhelm (1808–71, Frühsozialist) ➢Bildungsverein für Arbeiter
Weitsch, Pascha Johann Friedrich (1723–1803, Maler) ➢Suhr, Gebrüder

Wohlwill, Gretchen (1878–1962, Malerin) ➢Hamburgische Sezession
Wohlwill, Immanuel (1799–1847, Lehrer, Schriftsteller, Vater von Anna und Adolf) ➢Wohlwill, Adolf
Wolf, James (bis März 1924: J. Isaac, 1870–1943, Unterhaltungskünstler) ➢Hansa-Theater ➢Wolf, Gebrüder
Wolf, Leopold (bis März 1924: L. Isaac, 1869–1926, Unterhaltungskünstler) ➢Hansa-Theater ➢Wolf, Gebrüder
Wolf, Loeser Leo (gest. 1840, Kupferstecher) ➢Klopstock, Friedrich Gottlieb ➢Sieveking, Georg Heinrich
Wolf, Ludwig (bis März 1924: L. Isaac, 1867–1955, Unterhaltungskünstler) ➢Hansa-Theater ➢Wolf, Gebrüder
Wolfe, Thomas (1900–1938, Schriftsteller) ➢Rowohlt Verlag/Rowohlt, Ernst
Wolff, Ernst (1877–1959, Jurist) ➢Ruscheweyh, Herbert
Wolff, Karl (1911–33, Schuster) ➢Altonaer Blutsonntag
Wolff, Kurt (1887–1963, Verleger) ➢Rowohlt Verlag/Rowohlt, Ernst
Wolffheim, Fritz (1888–1942, Kommunist, Nationalbolschewist) ➢KPD ➢Laufenberg, Heinrich
Wolffheim, Hans (1904–73, Germanist) ➢Hamburger Arbeitsstelle für deutsche Exilliteratur 1933–1945
<u>**Wolffson**</u>, Isaac (1817–95, Jurist, Politiker)
Woltmann, Reinhard (1757–1837, Wasserbaudirektor) ➢Repsold, Johann Georg
Wood, Isaiah (gest. um 1876, Architekt) ➢Eilbek, 1. ➢St. Nikolai
Wou(w), Geert van (um 1440–1527, holländ. Glockengießer) ➢Neuengamme
Wrba, Georg (1872–1939, Bildhauer) ➢Stadtpark
<u>**Wüstenfeld**</u>, Emilie (1817–74, Sozial- und Frauenpolitikerin) s.a. Frauenbewegung; Paulsen, Charlotte; Sieveking, Amalie
Wunderlich, Paul (1927–2010, Maler, Grafiker) ➢Hochschule für bildende Künste
<u>**Wurm**</u>, Christian Friedrich (1803–59, Historiker, Publizist) s.a. Jastram-Snitger-Rebellion; Patriotische Gesellschaft
Wutcke, *Paul* Eduard Adolf (1872–1945, Fotograf) ➢Gängeviertel
Wurzbach, G.F. (Lithograf) ➢Großer Brand

<u>**York**</u>, Theodor (1830–75, Sozialdemokrat, Gewerkschafter) s.a. Harburg; SPD

Zadek, Peter (1926–2009, Regisseur, Intendant) ➢Deutsches Schauspielhaus ➢Gobert, Boy
Zahn, Peter von (1913–2001, Journalist) ➢NDR
Zahrnt, *Heinz* Friedrich Bernhard (1915–2003, Theologe, Journalist) ➢Deutsches Allgemeines Sonntagsblatt
Zapf, Michael (geb. 1965, Fotojournalist in Hamburg) ➢Chilehaus
Zassenhaus, Hiltgunt (1916–2004, Ärztin, half politischen Gefangenen aus Skandinavien im Zweiten Weltkrieg) ➢Hamburgische Ehrendenkmünze
Zegenhagen, Johann (an der Pest gest. 1531, Pfarrer zu St. Nikolai) ➢Reformation
Zehrer, Hans (1899–1966, Journalist) ➢Deutsches Allgemeines Sonntagsblatt
Zeller, Friedrich ➢Arbeiter- und Soldatenrat
Zess, Hermann (1901–75, Architekt) ➢Grindel-Hochhäuser
Zeuner, Friedhelm (geb. 1936, Architekt) ➢Fabrik
Zeven, Erich von, 1414–50 Ratsherr
Ziegel, Erich (1876–1950, Schauspieler, Theatergründer) ➢Deutsches Schauspielhaus ➢Gründgens, Gustaf ➢Hamburger Kammerspiele
Ziegeler, Wilhelm (1891–1958, Politiker) ➢DNVP
Ziesenis, Johann Georg (1716–76, Maler) ➢Schimmelmann, Heinrich Carl Graf von
Zimmermann, Carl Johann Christian (1832–1911, Baudirektor 1872–1908) ➢Sievekingplatz ➢Stadthaus
Zinn, Adelbert *Alexander* (1880–1941, Schriftsteller, Journalist) ➢Alexander-Zinn-Preis ➢Tor zur Welt
Zinnendorf, Johann Wilhelm Kellner von, ursp. J.W. Ellenberger (1731–82, Arzt, Freimaurer) ➢Freimaurer
Zinnow, Gustav (1846–1934, Architekt) ➢Rathaus
<u>**Zitronenjette**</u>, das ist Johanne Henriette Marie Müller (1841–1916, Zitronenverkäuferin, Hamburger Original) ➢St. Pauli-Theater
Zweig, Arnold (1887–1968, Schriftsteller) ➢Altonaer Blutsonntag ➢Rowohlt Verlag/Rowohlt, Ernst
Zwingli, Ulrich (1484–1531, Reformator) ➢Reformierte

Unterstreichungen = eigener Artikel

➢ = siehe

s.a. = siehe auch

Zeitschriften

Hamburgische Geschichts- und Heimatblätter (= erschienen von 1926 bis 2009). Vorgänger: Mitteilungen des Vereins für Hamburgische Geschichte 1878–1925). Seit 2010 fortgesetzt als Tiedenkieker, Hamburgische Geschichtsblätter, N.F.

Zeitschrift des Vereins für Hamburgische Geschichte (= erscheint seit 1841). Die meisten Bände jetzt auch in digitalisierter Form in Hamburgensien digital (Staats- und Universitätsbibliothek Hamburg Carl von Ossietzky).

Bibliografien und Archivübersichten

Bücherkunde zur Hamburgischen Geschichte.
I: 1900–37 (1939); II: 1938–54 (1956); III: 1955–70 (1971); IV: 1971–80 (1983); V: 1981–86 (1990); VI: 1987–1991 (2005). Erscheinungsort: Hamburg.
Ab 1992:
Hamburg-Bibliographie. 1. Bd., 1992. München u.a. 1995; 2. Bd., 1993. München 1997; 3. Bd. 1994, München 1999; 4. Bd. 1995, München 2000; 5. Bd. 1996, München 2002; 6. Bd. 1997, München 2004.
Fortsetzung: Hamburg-Bibliographie online (Staats- und Universitätsbibliothek Hamburg Carl von Ossietzky).

Flamme, Paul/Gabrielsson, Peter/Lorenzen-Schmidt, Klaus-Joachim (Hg.): Kommentierte Übersicht über die Bestände des Staatsarchivs der Freien und Hansestadt Hamburg. 2. Aufl. Hamburg 1999.

Lehberger, Rainer/Wendt, Joachim: Bibliographie zur Hamburger Schulgeschichte von den Anfängen bis 1945. Hamburg 2007. (= Beiträge zur Geschichte Hamburgs, 62).

Meyer, Gerhard: Kleiner Führer durch das Hamburg-Schrifttum. Hamburg 1994. (= Beiträge zur Geschichte Hamburgs, 48).

Studemund-Halévy, Michael: Bibliographie zur Geschichte der Juden in Hamburg. München, New Providence, London, Paris 1994. (= Bibliographien zur deutsch-jüdischen Geschichte, 5).

Lexika und Lebensbilder

Bussler, Peter: Historisches Stadtlexikon für Cuxhaven. Bremerhaven 2002. (= Sonderveröffentlichungen des Heimatbundes der Männer vom Morgenstern, N.R., 36).

Dehio. Handbuch der deutschen Kunstdenkmäler. Hamburg. Schleswig-Holstein. Bearb. von Johannes Habich, Christoph Timm, Lutz Wilde. 3. Aufl. Aktualisiert von Susanne Grötz, Klaus Jan Philipp, Lutz Wilde. München, Berlin 2009.

Hamburg von Altona bis Zollenspieker. Das Haspa-Handbuch für alle Stadtteile der Hansestadt. Konzept u. Redaktionsleitung: Daniel Tilgner. Hamburg 2002.

Das Jüdische Hamburg. Ein historisches Nachschlagewerk. Hg. vom Institut für die Geschichte der deutschen Juden. Redaktion: Kirsten Heinsohn. Göttingen 2006.

Kopitzsch, Franklin/Brietzke, Dirk (Hg.): Hamburgische Biografie. Personenlexikon. Bd. 1. 2. Aufl. Göttingen 2008, Bd. 2 Hamburg 2003, Bd. 3 Göttingen 2006,. Bd. 4 Göttingen 2008, Bd. 5. Göttingen 2010. Der Band 6 erscheint 2012.

Lexikon der hamburgischen Schriftsteller bis zur Gegenwart. 8 Bde. Hamburg 1851–1883.

Matthes, Olaf/Metzger, Bardo (Hg.): Bergedorfer Personenlexikon. Hamburg 2003.

Richert, Harald: Zwischen Bille und Elbe. Stadtteil-Lexikon des Bezirks Bergedorf. Hamburg 1987.

Röpke, Georg-Wilhelm: Zwischen Alster und Wandse. Stadtteil-Lexikon des Bezirks Wandsbek. 2. Aufl. Hamburg 1986.

Rosenfeld, Angelika: Das Alstertal-Lexikon. Historisches Handbuch. Bergstedt, Duvenstedt, Hummelsbüttel, Lemsahl-Mellingstedt, Klein Borstel, Poppenbüttel, Sasel, Wellingsbüttel, Wohldorf-Ohlstedt. Hamburg 2009.

Rump, Kay (Hg.): Der neue Rump. Lexikon der bildenden Künstler Hamburgs, Altonas und der näheren Umgebung. Bearb. von Maike Bruhns. Neumünster 2005.

Schade, Herwarth von: Hamburger Pastorinnen und Pastoren seit der Reformation. Ein Verzeichnis. Hg. von Gerhard Paasch. Bremen 2009.

Schoenfeld, Helmut: Der Ohlsdorfer Friedhof. Ein Handbuch von A–Z. Unter Mitarbeit von Norbert Fischer, Barbara Leisner, Lutz Rehkopf. 2. Aufl. Bremen 2009.
Tilgner, Daniel: Kleines Lexikon Hamburger Begriffe. 10. Aufl. Hamburg 2009.
Seit 1989 erscheinen, herausgegeben vom Verein für Hamburgische Geschichte, die „Hamburgischen Lebensbilder" (Edition Temmen Bremen), seit 2000, hg. von der ZEIT-Stiftung Ebelin und Gerd Bucerius, die „Hamburger Köpfe" (Ellert & Richter Verlag Hamburg).

Wichtige Handbücher

Hamburg und sein Umland in Karte und Luftbild. Eine Landeskunde von Hans-Peter Jorzick, Ilse Möller, Uwe Muuß, Hans-Peter Patten unter Mitarbeit von Imme Ferger-Gerlach, Klaus Janus und Gisela Jorzick. Neumünster 1989.
Hamburg und seine Bauten. Bisher 8 Bände. Hamburg 1890–1999.
Hamburgisches Wörterbuch. 5 Bände. Neumünster 1985–2006.
Hipp, Hermann: Freie und Hansestadt Hamburg. Geschichte, Kultur und Stadtbaukunst an Elbe und Alster. 3. Aufl. Köln 1996. (= DuMont-Kunstreiseführer).
Lange, Ralf: Architektur in Hamburg. Der große Architekturführer. Über 1000 Bauten in Einzeldarstellungen. Hamburg 2008.
Möller, Ilse: Hamburg. Stuttgart 1985. (= Länderprofile). 2. Aufl. 1999.
Plagemann, Volker: Kunstgeschichte der Stadt Hamburg. 2. Aufl. Hamburg 1997.
Schubert, Dirk: Hamburger Wohnquartiere. Ein Stadtführer durch 65 Siedlungen. Berlin 2005.
In der Denkmaltopographie der Bundesrepublik Deutschland sind im Hamburg-Inventar, Stadtteilreihe, Bände zu den Vier- und Marschlanden, Altona-Altstadt und -Nord, Eimsbüttel und Hoheluft-West, Bergedorf und Lohbrügge sowie Harburg und Umgebung erschienen.

Zur Stadtgeschichte allgemein

Bracker, Jörgen: Hamburg. Von den Anfängen bis zur Gegenwart. Wendemarken einer Stadtgeschichte. 3. Aufl. Hamburg 1992.
Eckardt, Emanuel: Hamburg. Eine Liebeserklärung. Hamburg 2010.
Eckardt, Hans Wilhelm: Von der privilegierten Herrschaft zur parlamentarischen Demokratie. Die Auseinandersetzungen um das allgemeine und gleiche Wahlrecht in Hamburg. 2. Aufl. Hamburg 2002.
Heimatchronik der Freien und Hansestadt Hamburg. Von Erich von Lehe, Heinz Ramm, Dietrich Kausche mit einem wirtschaftsgeschichtlichen Teil von Günther Jantzen und Rolf Wiemer. 2. Aufl. Köln 1967. (= Heimatchroniken der Städte und Kreise des Bundesgebietes, 36). Enthält auch ausführliche Abschnitte zu Altona von Heinz Ramm und Harburg von Dietrich Kausche.
Jochmann, Werner/Loose, Hans-Dieter (Hg.): Hamburg. Geschichte der Stadt und ihrer Bewohner. 2 Bde. Hamburg 1982–1986.
Kleßmann, Eckart: Geschichte der Stadt Hamburg. 7. Aufl. Hamburg 1994. Neuausgabe Hamburg 2002.
Kludas, Arnold/Maass, Dieter/Sabisch, Susanne: Hafen Hamburg. Die Geschichte des Hamburger Freihafens von den Anfängen bis zur Gegenwart. Hamburg 1988.
Kossak, Egbert: Hamburg. Die grüne Metropole. Hamburg 1996.
Kossak, Egbert: Hamburg. Stadt im Fluss. Hamburg 1989.
Krieger, Martin: Geschichte Hamburgs. München 2006 (= C.H. Beck Wissen, Beck'sche Reihe, 2606).
Michalski, Wolfgang: Hamburg. Erfolge und Erfahrungen in der globalisierten Welt. Hamburg 2010.
Prange, Carsten: Auf zur Reise durch Hamburgs Geschichte. A Journey through Hamburg's History. Hamburg 1990.
Schütt, Ernst Christian: Die Chronik Hamburgs. Unter Mitarbeit von Norbert Fischer und Hanna Vollmer-Heitmann sowie Erik Verg. Dortmund 1991. 2. Aufl. mit dem Titel: Chronik Hamburg. Gütersloh, München 1997.
Sommer, Theo: Hamburg. Weltstadt im Wellengang der Zeiten. Mit einem Geleitwort von Helmut Schmidt. Hamburg 2004.
Verg, Erik: Das Abenteuer das Hamburg heißt. 4. Aufl. Hamburg 2007.

Verzeichnis der Siglen

AB Angela Behrens
AGr. Angela Graf
Ah. Gerhard Ahrens
AS Angela Schwarz
Au. Gerrit Aust
BL Barbara Leisner
Br. Dirk Brietzke
Bü. Annett Büttner
Cl. Jörn Claußnitzer
DG Detlef Garbe
FF Frank Fechner
GJ Gisela Jaacks
gro Iris Groschek
He. Rainer Hering
HR Harald Richert
HWE Hans Wilhelm Eckardt
IL Ina Lorenz
IR Ida-Christine Riggert-Mindermann
JA Jan Albers
JE Jürgen Ellermeyer
JJF Jan-Jasper Fast
KG Klaus Gille
KKW Karl-Klaus Weber
Ko. Franklin Kopitzsch
krue Olaf Krüger
KT Klaus Tornier
LS Klaus-Joachim Lorenzen-Schmidt
luz Helmut Stubbe-da Luz

Gerhard Ahrens, geb. 1939, Dr. rer. pol., Professor am Institut für Sozial- und Wirtschaftsgeschichte der Universität Hamburg i.R., erster Leiter der Arbeitsstelle für Hamburgische Geschichte, zahlr. Veröffentlichungen zur hanseatischen, besonders zur hbg. Geschichte

Jan Albers (1922–2006), Dr. jur., Präsident des Hamburgischen Oberverwaltungsgerichts a.D., Veröffentlichungen zur hbg. Justizgeschichte

Gerrit Aust, geb. 1952, Historiker, Mitarbeit an Ausstellungen, Veröffentlichungen zur norddt. Regionalgeschichte

Angela Behrens, geb. 1964, Dr. phil., Sozial- und Wirtschaftshistorikerin, Stadtarchivarin in Ahrensburg/Ammersbek, Veröffentlichungen zur Sozial- und Wirtschaftsgeschichte

Dirk Brietzke, geb. 1964, Dr. phil., Wissenschaftlicher Mitarbeiter der Arbeitsstelle für Hamburgische Geschichte, Redakteur der Zeitschrift des Vereins für Hamburgische Geschichte, Veröffentlichungen zur Sozial- und Regionalgeschichte der Frühen Neuzeit

Annett Büttner M.A., geb. 1965, war Archivarin am Staatsarchiv der Freien und Hansestadt Hamburg, jetzt an der Fliedner-Kulturstiftung Kaiserswerth, Veröffentlichungen zur hbg. Geschichte

Jörn Claußnitzer, geb. 1941, Historiker, war Kustos am Helms-Museum – Hamburger Museum für Archäologie und die Geschichte Harburgs, Veröffentlichungen zur Geschichte Harburgs

Hans Wilhelm Eckardt, geb. 1948, Dr. phil., war Archivdirektor am Staatsarchiv der Freien und Hansestadt Hamburg und Lehrbeauftragter am Historischen Seminar der Universität Hamburg, Veröffentlichungen zur Geschichte der Frühen Neuzeit, zur Geschichte Hbgs und zu archivkundlichen Themen

Jürgen Ellermeyer, geb. 1942, Dr. phil., war Kustos am Museum der Arbeit in Hamburg, Veröffentlichungen zur hbg. und zur vergleichenden Stadtgeschichte

Jan-Jasper Fast, geb. 1969, Diplom-Soziologe, Dr. phil., Bibliothekar an der Niedersächsischen Staats- und Universitätsbibliothek Göttingen, Veröffentlichungen zur hbg. Geschichte und zur Geschichte Lübecks

Frank Fechner, geb. 1962, Diplom-Politologe, war Pressesprecher der Hamburgischen Bürgerschaft und Geschäftsführer des FC St. Pauli, 2005 Geschäftsführer, 2010 Vorsitzender des Eimsbütteler Turnverbands, Veröffentlichungen zur Politikwissenschaft

Manfred F. Fischer, geb. 1936, Prof. Dr. phil., 1973–98 Leiter des Denkmalschutzamts der Freien und Hansestadt Hamburg, Veröffentlichungen zur europäischen Bau- und Kunstgeschichte, zur Kunstgeschichte Hbgs und zur Geschichte und Theorie der Denkmalpflege

Norbert Fischer, geb. 1957, Prof. Dr. phil., Sozial- und Kulturhistoriker, lehrt am Historischen Seminar und am Institut für Volkskunde/Kulturanthropologie der Universität Hamburg, Veröffentlichungen zur Geschichte des Todes und der Trauerkultur sowie zur Stadt- und Regionalgeschichte Norddeutschlands

Detlef Garbe, geb. 1956, Dr. phil., Leiter der KZ-Gedenkstätte Neuengamme, Veröffentlichungen zur Geschichte der Konzentrationslager, der Zeugen Jehovas und anderer marginalisierter Opfergruppen, zur Wehrmachtsjustiz und zur Vergangenheitsbewältigung

Klaus Gille, geb. 1955, Historiker, Veröffentlichungen zur Sozial- und Kulturgeschichte des 18. und 19. Jhs mit Schwerpunkt Schleswig-Holstein und Hamburg

Angela Graf, geb. 1947, Dr. phil., Diplom-Bibliothekarin, Leiterin der Gerd Bucerius Bibliothek im Museum für Kunst und Gewerbe, Redakteurin des Rezensionsteils der Zeitschrift des Vereins für Hamburgische Geschichte, Veröffentlichungen zur Sozialgeschichte, zum Bibliothekswesen und zur Medienforschung

Iris Groschek, geb. 1968, Dr. phil., war Archivangestellte im Staatsarchiv der Freien und Hansestadt Hamburg und ist jetzt in der KZ-Gedenkstätte Neuengamme in der Gedenkstättenpädagogik tätig, Veröffentlichungen zur Bildungs- und zur Zeitgeschichte Hamburgs

Rainer Hering, geb. 1961, Prof. Dr. phil., Direktor des Landesarchivs Schleswig-Holstein in Schleswig, lehrt am Historischen Seminar der Universität Hamburg Neuere Geschichte und Archivwissenschaft, Veröffentlichungen zur Kirchengeschichte, Landesgeschichte, Verbandsgeschichte, Wissenschafts- und Universitätsgeschichte im 19. und 20. Jh., Antisemitismusforschung und Archivwissenschaft

Michael Hundt, geb. 1965, Dr. phil., war Wissenschaftlicher Assistent am Lehrstuhl für Sozial- und Wirtschaftsgeschichte unter besonderer Berücksichtigung der Frühen Neuzeit an der Universität der Bundeswehr in Hamburg, Veröffentlichungen zum Wiener Kongress, zur dt. Verfassungsgeschichte im 19. Jh. und zur Geschichte der europäisch-überseeischen Beziehungen in der Frühen Neuzeit

Sebastian Husen, geb. 1965, Dr. phil., Historiker, tätig als hauptamtlicher Kulturreferent der Landsmannschaft Ostpreußen, Veröffentlichungen zur hbg. Geschichte und zur Vereinsgeschichte

Gisela Jaacks, geb. 1944, Prof. Dr. phil., war Wissenschaftliche Direktorin des Museums für Hamburgische Geschichte, Lehrtätigkeit an der Hochschule für Künste in Bremen, Veröffentlichungen zur norddeutschen. Musikgeschichte und -theorie, zur Porträt- und Kostümgeschichte

Franklin Kopitzsch, geb. 1947, Dr. phil. Professor für Sozial- und Wirtschaftsgeschichte an der Universität Hamburg, Leiter der Arbeitsstelle für Hamburgische Geschichte, Veröffentlichungen zur Sozialgeschichte der Frühen Neuzeit, insbesondere der Aufklärung, zur norddt. Stadt- und Landesgeschichte und zur Literaturgeschichte

Wolfgang Kopitzsch, geb. 1949, war Leiter der Landespolizeischule Hamburg und ist jetzt Bezirksamtsleiter von Hamburg-Nord, Veröffentlichungen zur Erziehungs- und Bildungsgeschichte Schleswig-Holsteins und zur Zeitgeschichte

Oliver Korn, geb. 1969, Diplom-Kaufmann, Dr. phil., Sozial- und Wirtschaftshistoriker, Veröffentlichungen zur hansestädtischen Wirtschaftsgeschichte

Olaf Krüger, geb. 1968, Diplom-Kaufmann, Dr. phil., Geschäftsführer der Wirtschaftsförderung Sindelfingen GmbH, Veröffentlichungen zur Wirtschafts- und Verkehrsgeschichte

Barbara Leisner, geb. 1946, Dr. phil., freie Autorin, Veröffentlichungen zur Geschichte und Kultur der Friedhöfe und Bestattungen (Schwerpunkt Ohlsdorfer Friedhof) und zur hbg. Stadtgeschichte

Ina Lorenz, geb. 1949, Dr. phil., Professorin für Sozial- und Wirtschaftsgeschichte an der Universität Hamburg i.R., war stellvertretende Leiterin des Instituts für die Geschichte der deutschen Juden, Hamburg, Veröffentlichungen besonders zur dt.-jüd. Geschichte des 19. und 20. Jhs und quellenorientierte Arbeiten über die Jüdische Gemeinde in Hamburg

Klaus-Joachim Lorenzen-Schmidt, geb. 1948, Dr. phil., Oberarchivrat am Staatsarchiv der Freien und Hansestadt Hamburg, Lehrbeauftragter am Historischen Seminar der Universität Hamburg, Veröffentlichunggen zur Wirtschafts- und Sozialgeschichte, Stadtgeschichte des Mittelalters und der Frühen Neuzeit und zur Agrargeschichte Schleswig-Holsteins

Gerhard Meyer, geb. 1922, Dr. phil., Oberbibliotheksrat an der Stadtbibliothek der Hansestadt Lübeck i.R., Veröffentlichungen zur Geschichte Lübecks, Lauenburgs, Hbgs und Südniedersachsens, Verfasser mehrerer Bibliografien zur Geschichte und Regionalgeschichte

Ortwin Pelc, geb. 1953, Dr. phil., Kustos im Museum für Hamburgische Geschichte, Leiter der Abteilung 19./20. Jh., Judaica, Einzelblattsammlung, Veröffentlichungen zur hbg. und norddt. Regionalgeschichte

Rainer Postel, geb. 1941, Professor für Sozial- und Wirtschaftsgeschichte unter besonderer Berücksichtigung der Frühen Neuzeit an der Universität der Bundeswehr in Hamburg i.R., Veröffentlichungen zur hbg., hansischen und zur Reformationsgeschichte, zur Geschichte der Geschichtswissenschaft sowie zur antiken Numismatik

Carsten Prange, geb. 1942, Dr. phil., war Oberkustos am Museum für Hamburgische Geschichte, Leiter der Abteilung Wirtschafts- und Sozial- sowie Verkehrs- und Technikgeschichte, Veröffentlichungen zur hbg. Stadt- und Wirtschaftsgeschichte

Me	Gerhard Meyer
MFF	Manfred F. Fischer
MH	Michael Hundt
MR	Manuel Ruoff
NF	Norbert Fischer
OK	Oliver Korn
Pe.	Ortwin Pelc
Pr.	Carsten Prange
Ri.	Klaus Richter
RP	Rainer Postel
RR	Roswitha Rogge
RW	Ralf Wiechmann
SH	Sebastian Husen
Sl.	Dennis L. Slabaugh
Smo	Matthias Schmoock
SU	Silke Urbanski
Ti.	Daniel Tilgner
To	Hartwig Todt
VR	Volker Reißmann
Wa.	Hans Walden
WK	Wolfgang Kopitzsch

Volker Reißmann, geb. 1966, Diplom-Bibliothekar, Angestellter im Staatsarchiv der Freien und Hansestadt Hamburg, Veröffentlichungen zur Film- und Mediengeschichte

Harald Richert (1921–2009), Lehrer i.R. in Bergedorf, im Schuldienst zuletzt als Lehrer und stellvertretender Schulleiter in Altengamme, Dozent für Heimatgeschichte im „Haus im Park", Seniorenzentrum der Körber-Stiftung in Bergedorf, Veröffentlichungen zur Geschichte und Genealogie Hamburgs, Bergedorfs und der Vierlande

Klaus Richter, geb. 1942, Dr. phil., war Archivdirektor am Staatsarchiv der Freien und Hansestadt Hamburg und Redakteur des Aufsatzteils der Zeitschrift des Vereins für Hamburgische Geschichte, Veröffentlichungen zur hbg. Geschichte und Geschichte des Hamburger Raums, vor allem im Mittelalter

Ida-Christine Riggert-Mindermann, geb. 1961, Dr. phil., Historikerin in Stade, Veröffentlichungen insbesondere zur mittelalterlichen Klostergeschichte

Roswitha Rogge, geb. 1965, Dr. phil., Gymnasiallehrerin, war Lehrbeauftragte für Mittelalterliche Geschichte an der Universität Hamburg, Veröffentlichungen zur Hexenverfolgung und zur Frauen- und Geschlechtergeschichte Hbgs

Manuel Ruoff, geb. 1964, Dr. phil., Historiker, Mitverfasser des Archiv- und Dokumentationsführers Hamburg, Veröffentlichungen zur Zeitgeschichte

Matthias Schmoock, geb. 1963, Dr. phil., Redakteur beim Hamburger Abendblatt, Autor zahlr. Serien zur hbg. Geschichte, Buchveröffentlichungen zur hbg. Geschichte

Angela Schwarz, geb. 1958, Dr. phil., Sozial- und Wirtschaftshistorikerin, Wissenschaftliche Mitarbeiterin im Stadtteilarchiv Eppendorf e.V., Veröffentlichungen zur hbg. Geschichte

Dennis L. Slabaugh, geb. 1950, Ph. D., Kirchenhistoriker, Arbeitsstelle Kirche und Stadt am Fachbereich Praktische Theologie der Universität Hamburg, Veröffentlichungen zur Reformationsgeschichte des 16. Jhs, zur Geschichte der Täufer und zur amerikan. Kirchengeschichte

Helmut Stubbe-da Luz, geb. 1950, Dr. phil., Privatdozent an der Helmut-Schmidt-Universität/Universität der Bundeswehr Hamburg, Historiker, Philosophielehrer, 1991–94 Lehrbeauftragter an der Universität Hamburg und an der Universität der Bundeswehr Hamburg (Neuere Geschichte), 1994–97 Lehrer am Deutsch-Französischen Gymnasium in Buc (bei Versailles), Veröffentlichungen zur Geschichte der Parteien, der Kommunalpolitik und der Frauenbewegung, zu Fragen der politischen Philosophie und der Politik

Daniel Tilgner, geb. 1965, Dr. phil., Historiker, war Mitarbeiter an der Arbeitsstelle für Hamburgische Geschichte, Verlagsangestellter in Bremen, Veröffentlichungen zu Hbg und zur Regionalgeschichte

Hartwig Todt, geb. 1965, Gymnasiallehrer für Musik und Geschichte an der Hebbelschule in Kiel, Veröffentlichungen zur Geschichtsdidaktik

Klaus Tornier, geb. 1939, Diplom-Politologe, war Pressereferent der Universität Hamburg, Veröffentlichungen zur Sportgeschichte, zu Zeitungen und Verlagen in Hbg

Silke Urbanski, geb. 1964, Dr. phil., Lehrerin und Lehrbeauftragte am Historischen Seminar der Universität Hamburg, Veröffentlichungen zur Stadt- und Klostergeschichte im Mittelalter, von Unterrichtsmaterialien und historischen Romanen

Hans Walden, geb. 1952, Dr. phil., Historiker, Veröffentlichungen zur Umwelt-, Industrie-, Politik- und Stadtteilgeschichte Hbgs

Karl-Klaus Weber, geb. 1928, Dr. phil., Diplom-Ingenieur und Architekt, Veröffentlichungen zur Stadt- und Territorialgeschichte der Frühen Neuzeit sowie zur Baugeschichte des klassischen Altertums

Ralf Wiechmann, geb. 1961, Dr. phil., Archäologe und Numismatiker, Leiter des Münzkabinetts im Museum für Hamburgische Geschichte, Veröffentlichungen zur Numismatik

Agentur des Rauhen Hauses, Hamburg 19, 386, 414, 753

Altonaer Museum, Hamburg 38/39, 74 o., 527, 592, 727 u.

Arbeitsstelle für Hamburgische Geschichte (AHG), Universität Hamburg 56 u., 69, 143 o., 153, 168, 222, 228 o., 287, 303 u., 451, 612, 618 o., 711 o.

Archiv Ellert & Richter Verlag, Hamburg 533 u., 768

Archiv ZEISEVERLAG, Hamburg Klappe vorne re., 33, 45 u., 47 u., 49, 156, 206, 227, 248, 281, 286 u., 311, 342 o., 367 o. und u., 376 o., 442 m., 478, 512, 659, 662, 710

Bildagenturen, Bildarchive akg-images, Berlin: Klappe vorne li., 64 li.; Archives of the history of art, The Getty-center for the history of art and the humanities, Santa Monica/California, USA: 421 u.; bildarchiv-hamburg.de, Hamburg: 108 re.; bpk – Bildagentur für Kunst, Kultur und Geschichte, Berlin: 315 o., 366 o., 437, 438 o., 450 u., 523 u., 584, 591 o. (Hamburger Kunsthalle/Elke Walford), 673, 744 o. li.; dpa, Hamburg: 218 li. o.; Stiftung Deutsche Kinemathek, Berlin: 271; ullstein bild, Berlin: 99 (Photo Ambor), 225 o.

Rosemarie Clausen, Hamburg 250

Jupp Darchinger, Bonn 746

Denkmalschutzamt Hamburg Bildarchiv (DHB) 31, 57 o., 71, 107 o. re., 109, 113, 116, 213, 221 o., 234 o., 240, 251, 268, 275 li., 308, 333, 365 u., 393 o., 408, 411, 428 o., 460 o., 462, 500 u., 505 o. und u., 509, 604 li., 610, 618 u., 628, 629, 649 u. re., 651 o., 692 o., 696, 699 re., 744 u., 747, 748

Firmenarchive Archiv Hamburger Hochbahn AG, Hamburg: 32 u.; Archiv (ehem.) Phoenix AG, Hamburg: 539; Aurubis AG (ehem. Norddeutsche Affinerie), Hamburg: 506; Axel-Springer-Verlag, Hamburg: 643 re.; Beiersdorf AG, Hamburg: 79 o. und u.; Blohm + Voss GmbH, Hamburg: 98; Bucerius Law School, Hamburg: 117 u.; Code Unique, Dresden: 274 o.; DESY, Hamburg: 169 o.; Falk Verlag, Ostfildern: 215 u.; FC St. Pauli, Hamburg: 216 u.; F. Laeisz Schiffahrtsgesellschaft: 423, 484 li.; gmp von Gerkan, Marg und Partner architekten, Hamburg: 215 o.; HafenCity Hamburg GmbH, Hamburg, Illustration: M. Korol: 272/273; Hagenbeck-Archiv, Hamburg (Foto: Michael Zapf): 276 o.; Hamburger Hafen und Logistik AG, Hamburg: 270; Hamburger Sport-Verein, Hamburg: 355 re.; Hansa-Theater, Hamburg: 315 u.; Hapag-Lloyd AG, Hamburg: SU vorne li., 64 re., 323 o.; Herzog & de Meuron, Basel: SU vorne re., 202 u.; K&K Center of Beat, Hamburg (Foto: Danny Wall): 667 u.; Montblanc GmbH, Hamburg: 471; Ohnsorg-Theater, Hamburg: 520 o. und u.; rotring Archiv, Hamburg: 588; Rowohlt Verlag, Reinbek bei Hamburg: 102 re., 589 o. (Foto: Gabriele du Vinage, Hamburg) und u. (Foto: Christian Geisler, Wohltorf); S.Fischer Verlag, Frankfurt/Main: 218 li. u.; Steinway & Sons, Hamburg: 671; Trebitsch Produktion Holding, Hamburg: 685; Voith Hydro GmbH Schiffstechnik, Heidenheim: 605 o.; Volksfürsorge AG, Hamburg: 731; Wachholtz Verlag, Neumünster: 280

Forschungsstelle für Zeitgeschichte in Hamburg (FZH) 62 o., m., u., 228 u.

Galerie Herold, Hamburg (Fotos: Karlheinz Grünke, Hamburg) 28 li., 303 o., 305

K.-D. Gehm, Hamburg 292

Hamburger Kunsthalle (Fotos: Elke Walford, Hamburg) 458, 459 li.

Handelskammer Hamburg (Fotos: Michael Zapf, Hamburg) 409 o. li. und re.

Helms-Museum – Hamburger Museum für Archäologie und die Geschichte Harburgs 164, 325

Manfred W. Jürgens, Hamburg 415

Urs Kluyver, Hamburg 34, 44, 130 u., 185, 221 u., 231, 253 o., 322, 395, 452 o., 481 u., 646 u., 679, 682, 749

Egbert Kossak, Hamburg 181, 349, 396 o., 436, 517 o., 540, 555, 699 li., 711 u.

Egbert Kossak/BSU (ehem. Steb), Hamburg 55, 74 u. re., 518/519

Sammlung Kossak, Hamburg 73, 94 o., 258, 310 u., 320 li., 365 o., 366 u., 601 o., 734

KZ-Gedenkstätte Neuengamme, Hamburg 494 o. und u., 632 u.

Gerhard Launer, Rottendorf 486/487

Museum für Hamburgische Geschichte/hamburgmuseum (MHG) (Fotos: Fotostudio Fischer-Daber, Hamburg) Vor- und Nachsatz, 17, 18, 36/37, 48, 72 re., 115, 122, 188, 191, 219, 257, 288, 295 li., 299, 309, 444, 464 o., 476 o. und u., 556 li., 576, 596, 619, 631 o., 640 u., 642 o., 703 o. und u.

Trotz aller Bemühungen ist es uns nicht gelungen, für einige Bilder die Rechteinhaber zu ermitteln. Wir bitten diese, sich gegebenenfalls mit uns in Verbindung zu setzen.

Michael Pasdzior, Hamburg 602, 741 o., 745

Private Leihgeber und Vereine Archiv AIV, Hamburg: 50; Otto Bender, Hamburg: 688; Heiko Dassow, Griesheim (für Wikipedia): 563 o.; Rainer Hering, Hamburg: 706 u.; Hans G. Lehmann, Hamburg: 521; Patriotische Gesellschaft von 1765, Hamburg: 532 o.; Edgar Petersen, Wentorf: 627 u.; Wolfgang Reimer, Hamburg: 32 o.; Volker Reißmann, Hamburg: 58 o.; Klaus Tornier, Hamburg: 175; Mathias du Vinage, Gabriele du Vinage, Hamburg: 400; Michael Studemund-Halévy, Hamburg: 550 u.

Senatskanzlei Hamburg (Fotos: Urs Kluyver, Hamburg) 677

Staatsarchiv der Freien und Hansestadt Hamburg (StAH) (Fotos: Kiemer & Kiemer, Hamburg) SU vorne m., Klappe hinten li. und re., 14, 15, 16 (DHB), 22, 23, 27, 40, 46, 56 o., 57 m. (Foto: Michael Zapf), 57 u., 58 u., 60, 66 (DHB), 67, 70 o. und u., 72 li., 74 u. li., 75 o. und u., 77, 83 o., 86, 89, 93 o., 94 u., 95 o. und u., 101, 102 li., 104/105, 107 o. li. und u., 112, 114, 119, 123 li. und re. (DHB), 129, 130 o., 134 (DHB), 136 li. und re., 138, 141 o., 142, 147, 155, 157, 158, 159 o. und u., 160 u., 161 o. und u., 163 u., 166, 169 u., 170 (DHB), 180, 183, 192 o., 196, 199 o., 202 o., 203 u., 209, 211, 212, 216 o., 225 u., 230, 252 o. und u., 253 u., 254, 261, 263, 265, 266 u., 275 re., 276 u. re., 284, 293 o., 298, 307, 312 o., 313, 316 (DHB), 331, 335 o. und u., 339, 348 o., 352, 353, 357, 359, 360, 364 u., 371 o., 372, 375, 376 u., 378 (Foto: Michael Zapf), 379, 380, 382, 384, 388, 389, 393 u., 396 u., 397 u., 401, 405 (DHB), 406, 409 u., 410, 413, 422 (DHB), 428 u., 430, 431, 432, 433, 434, 435, 438 u., 439 o., 442/443, 442 u., 445, 446, 447, 452 u., 459 re., 460 u., 461 o. und u., 463 u. (DHB), 464 u., 465, 468 o., 470 u., 474, 485, 498, 500 o., 511, 522, 523 o., 529, 532 u., 534 o. und u., 535, 536 o. und u., 547, 556 re., 557, 558, 560 o. und u., 561 u., 563 u., 564, 566 o. und u., 568 (DHB), 572, 573 o. und u., 574 u., 577, 578, 581 (DHB), 582, 583 u., 585, 587, 590, 591 u., 600 (DHB), 601 u. (Foto: Michael Zapf), 603, 604 re., 606, 609 li. und re., 613, 615 (DHB), 616, 617, 621, 624, 625 o. und u., 627 m., 632 o., 633, 638, 639, 645, 646 o., 647 li. und re., 649 u. li., 650 u., 652, 653 o., 654, 657, 660 o. und u., 661 (DHB), 663, 664, 670, 675, 676 li. (DHB), 684 u., 687, 689, 690, 695 o., 697, 705, 718, 724, 726, 727 o., 729 o. und u., 736 o. und u., 737 u., 739 o., 740, 742 alle, 743 o., 751 o. und u., 752 o. und u., 756, 757 o. und u., 762 u., 766 o. und u., 767, 769 o. und u., 772/773, 774 o. und u.

Erich Staisch, Heikendorf/Kiel 41 o. und u., 195 o. und u., 597, 598 o., 680 li. und re., 681, 707, 708 o., 717, 733, 737 o.

Otto Steinert, Essen 611

Frank Thamm, Bosau 38, 76 (nach einer Grafik aus Ilse Möller, Hamburg, Stuttgart 1985), 81 o., 120, 192 u., 255, 278, 306 o. und u., 324, 427 (nach einer Grafik aus Karl Wölfle, Hamburger Geschichtsatlas, Hamburg 1926), 570 o., 721, 735, 739 u.

Universität Hamburg, Kommunikation und Öffentlichkeitsarbeit 712 o.

Carl Weller, Berlin 1926 470 o.

Michael Zapf, Hamburg SU hinten li. und re., Buchrücken, 21, 26, 28 re., 30, 35, 42, 45 o., 47 o., 51, 54 o. und u., 59 o. und u., 61 o. und u., 63, 81 u., 83 u., 85, 92, 93 u., 96/97, 100, 106, 125, 133 o., 137, 141 u., 143 u., 144, 148, 151, 154, 160 o., 162, 163 o., 171, 172, 173, 178, 199 u., 203 o., 204, 205, 210, 218 re., 224, 226, 241, 264, 266 o., 269, 272, 273, 274 u., 276 u. li., 286 o., 289, 290, 291, 293 u., 295 re., 296, 310 o., 312 u., 314, 319, 321, 323 u., 326, 326/327, 329, 330 li. und re., 336, 337, 345, 346, 354, 355 li., 362 o. und u., 363, 364 o., 368/369, 371 u., 373, 383 o. und u., 385, 392, 397 o., 402, 412, 421 o., 424, 439 u., 443 u., 448, 454, 457, 463 o., 468 u., 473, 475, 480 o. und u., 481 o., 482 o., 483, 484 re., 489, 496, 504, 517 u., 525, 526, 528, 533 o., 537, 541 o. und u., 542, 552, 553, 561 o., 562, 567, 574 o., 575, 583 o., 593, 598 u., 599, 605 u., 608, 622/623, 627 o., 630, 631 u., 640/ 641, 643 li., 644, 648, 648/649, 650 o., 651 u., 653 u., 655, 676 re., 693, 694, 695 u., 698, 706 o., 708 u., 709, 712 u., 714, 716, 728, 730, 744 o. re., 750, 754, 755, 760, 762 o., 765, 771

Monika Zucht/DER SPIEGEL 53

Aus Veröffentlichungen abgenommene Abbildungen 150 Jahre Polizei in Hamburg 1814–1964, Hamburg 1964: 545;

1871–1996, Hypothekenbank in Hamburg (S. 56 o.): 702; 275 Jahre Commerzbibliothek, Hamburg 2010 (S. 36/ 37, Foto: Michael Zapf): 150; Dieter Beckmann/ Klaus Martens, Star-Club, Reinbek bei Hamburg 1980 (Ausschnitt vom Einband): 667 o.; Beate Budach/ Urs Kluyver, Harvestehude und Eppendorf, Hamburg 1989 (S. 41): 543; DIE ZEIT, Hamburg: 176; Peter Feddersen, Tschaikowsky in Hamburg, Mainz 2006: 683; Otto Christian und Cipriano Francisco Gaedechens, Hamburgische Münzen und Medaillen, Hamburg 1843–76, Bd. 1, 1843 (S. 185): 187; Otto Christian und Cipriano Francisco Gaedechens, Hamburgische Münzen und Medaillen, Hamburg 1850–76, Bd. 2, 1854 (S. 317, 213): 477, 548 re.; Germanischer Lloyd, Internationales Register 1867–1992, herausgegeben anlässlich des 125-jährigen Jubiläums der Gesellschaft am 16. März 1992, Hamburg 1992, Titelblatt: 246; Hamburg und seine Bauten, Hamburg 1890 (S. 3, Titelblatt, 638, 85, 234/235): 152, 279 li., 407, 570 u., 713; Hamburg und seine Bauten, Hamburg 1914, Bd. 1 (S. 342): 692 u.; Hamburg und seine Bauten, Hamburg 1914, Bd. 2 (S. 229): 453; Hamburgische Männer und Frauen am Anfang des XX. Jahrhunderts, Hamburg 1905: 133 u.; Petrus Hesselius, Hertzfliessende Betrachtungen von dem Elbe-Strom, Altona 1675: 200; Übersee-Jahrbuch 1929: 234 u.; Hoffmann & Campe (Merian Extra, Der Verlag, Oktober 1991, S. 108): 348 u.; Urs Kluyver/Bernd Schiller, Das Alstertal, Hamburg 1997 (S. 95): 548 li.; Johann Paul Langermann, Hamburgisches Münz- und Medaillenvergnügen, Hamburg 1753, Nr. 23: 549; Johann Paul Langermann, Hamburgisches Münz- und Medaillenvergnügen, Hamburg 1753, Nr. 75: 121; Hakon Lund/Anne Lise Thygesen, C. F. Hansen, Bd. 1, 1995 (S. 97 u.): 320 re.; Alfred Mahlau, Bucheinband der Festschrift zum 30. Deutschen Geographentag in Hamburg 1955, Kiel 1955: 450 o.; Oberpostdirektion Hamburg (Hg.), Briefmarken erzählen von Hamburg, 2. Aufl., Hamburg 1990 (S. 22, S. 1): 550 o., 551 o., m. und u.; Nicolaus Remigius, Daemonolatria, Hamburg 1693, Titelkupfer: 342 u.; Gustav Roscher, Großstadtpolizei, Hamburg 1912, Abb. 114: 544; Gustav Schmidt-Küster (Hg.), Ein Leben für das politische Buch, Hannover 1963, (S. 8): 177; VVN-Bund der Antifaschisten (Hg.), Hamburger im Widerstand gegen Hitler. Antifaschistische Reihe, Heft 1 (1980), Helmuth Hübener (Umschlagabbildung): 356; Ursula Wamser/Wilfried Weinke (Hg.), Ehemals in Hamburg zu Hause: jüdisches Leben am Grindel, Hamburg 1991 (S. 88): 374; Karl Wölfle, Hamburger Geschichtsatlas, Hamburg 1926: 391

Weitere staatliche und private Hamburger und auswärtige Museen, private Einrichtungen und Stiftungen Archiv Elke Dröscher, Hamburg: 607 li.; Archiv Kultur- und Geschichtskontor Bergedorf, Hamburg: 594; Bucerius Kunst Forum, Hamburg/Wolfgang Neeb: 117 o.; Carl-Toepfer-Stiftung, Hamburg (Foto: Frank Mihm, Kassel): 701; Förderkreis Ohlsdorfer Friedhof e.V., Hamburg: 416; Hamburger Wasserwerke GmbH, Hamburg, mit freundlicher Genehmigung der Firma H.C. Meyer jr., Hamburg-Harburg: 704; Hamburg Port Authority, Hamburg: 684 o.; Konrad-Adenauer-Stiftung e.V, Archiv für Christlich-Demokratische Politik, Plakatsammlung: 279 re.; Karl-Schneider-Archiv, Hamburg: 607 re.; Marion Dönhoff Stiftung, Hamburg: 179; Miniatur Wunderland Hamburg: 469; Museum der Arbeit, Hamburg: 502; Museum für Bergedorf und die Vierlande, Hamburg: 84; Museum für Völkerkunde, Hamburg: 482 u. re.; Privatarchiv Dr. Henning Ritter, Frankfurt/Main: 139; Robert-Schumann-Haus, Zwickau: 108 li.; Speicherstadtmuseum, Hamburg: 642 u.; Stadtteilarchiv Ottensen, Hamburg: 516; Von der Heydt-Museum Wuppertal, Wuppertal: 741 u.; Warburg-Haus, Hamburg: 530, 743 u.

© **für die Abbildungen von Kunstwerken**

© Rosemarie-Clausen-Nachlass GbR, Hamburg: 250

Mit freundlicher Genehmigung von Ernst Christian Wolters, Hamburg: 305

© Stefan Steinert, Essen/Museum Folkwang, Essen: 611

© VG BILD-KUNST, Bonn 1998: 28 li.

Bibliografische Information der Deutschen Nationalbibliothek
Die Deutsche Nationalbibliothek verzeichnet diese Publikation in der Deutschen Nationalbibliografie; detaillierte bibliografische Daten sind im Internet über http://dnb.d-nb.de abrufbar.

ISBN 978-3-8319-0373-3

Lektorat: Annette Krüger, Hamburg
Redaktion: Dinah Geißendörfer, Hamburg, Simone Winkens, Hamburg
Gestaltung: Büro Brückner + Partner, Bremen
Lithografie: Griebel-Repro, Hamburg
Gesamtherstellung: Offizin Andersen Nexö GmbH, Leipzig
www.ellert-richter.de

Die Veröffentlichung entstand unter Mitwirkung des Vereins für Hamburgische Geschichte.

Alle Angaben zu dem Hamburg Lexikon sind mit Sorgfalt zusammengestellt worden, jedoch ohne jegliche Gewähr. Wenn Sie Ergänzungs- oder Berichtigungsvorschläge haben, schreiben Sie bitte an:

Ellert & Richter Verlag
Große Brunnenstraße 116–120
22763 Hamburg

oder an:

Arbeitsstelle für Hamburgische Geschichte
Allende-Platz 1
20146 Hamburg

Umschlagabbildungen
Titel: HAPAG-Plakat von 1913/14 mit dem Schnelldampfer „Imperator"; „Hamburg mit den Alsterbassins", gezeichnet von Wilhelm Heuer um 1882; Elbphilharmonie in der HafenCity, geplant vom Basler Architekturbüro Herzog & de Meuron; Darstellung der „Zitronenjette", eines Hamburger Originals um 1900

Klappe links: Albert Ballin, Porträtgemälde von Henry L. Geertz; Moorburg nach der Flutkatastrophe im Februar 1962

Klappe rechts: Der Große Brand im Mai 1842, kolorierte Lithografie von G.F. Wurzbach; Blankeneser Fischer verkaufen ihren Fang auf dem Markt, kolorierter Aquatintastich von Christoffer Suhr aus dem Jahr 1803

Rückseite: Die „Queen Mary 2" verlässt den Hamburger Hafen, links der Turm von St. Michaelis; Blick über die Binnenalster mit der Alsterfontäne auf das Rathaus

Rücken: Abendstimmung an den St. Pauli-Landungsbrücken mit Blick auf den Hafen

Vor- und Nachsatz
Panorama Hamburgs im 17. Jahrhundert, Gemälde von Elias Galli. Vorn links erkennt man die Konvoischiffe „Wapen von Hamburg" und „Leopoldus Primus", hinter den umfangreichen Festungsanlagen die Kirchen St. Michaelis, St. Nikolai, St. Katharinen, St. Petri, den Dom und St. Jacobi (von links nach rechts), ganz rechts die Kuppel der Gertrudenkapelle, links von der Petrikirche das Johanneum.